高霞摩缣集

——王昆吾先生执教三十五周年纪念

马银琴 编

凤凰出版社

图书在版编目（ＣＩＰ）数据

高处摩翎集：王昆吾先生执教三十五周年纪念 / 马
银琴编. -- 南京 : 凤凰出版社，2022.12
ISBN 978-7-5506-3801-3

Ⅰ．①高… Ⅱ．①马… Ⅲ．①王小盾－纪念文集
Ⅳ．①K825.6-53

中国版本图书馆CIP数据核字(2022)第218588号

书　　　名	高处摩翎集：王昆吾先生执教三十五周年纪念
编　　　者	马银琴
责 任 编 辑	单丽君
装 帧 设 计	陈贵子
出 版 发 行	凤凰出版社(原江苏古籍出版社)
	发行部电话025-83223462
出版社地址	江苏省南京市中央路165号,邮编:210009
照　　　排	南京凯建文化发展有限公司
印　　　刷	南京新洲印刷有限公司
	江苏省南京市六合区雨花路2号,邮编:211500
开　　　本	718毫米×1005毫米　1/16
印　　　张	58.25
字　　　数	979千字
版　　　次	2022年12月第1版
印　　　次	2022年12月第1次印刷
标 准 书 号	ISBN 978-7-5506-3801-3
定　　　价	480.00元

(本书凡印装错误可向承印厂调换,电话:025-57500228)

王昆吾先生

王昆吾先生在桂林弘毅峰下

王昆吾先生在清华大学

弁言

王小盾

我于 1985 年底入职上海师范大学，1987 年上讲台，次年担任研究生导师。从那时算起，执教鞭约 35 周年。

1993 年，我通过国务院组织的博士生导师评聘，取得到扬州大学主持中国古代文学专业博士点的资格。到今天，也有 30 个年头。

在我的人生中，1993 年是一个转折。由于导师任半塘先生在前年去世，需要有人接续他的学术薪火，这一年，我接受邀请，从上海迁居扬州。为工作方便计，我向校方提出关于导师自主权的一些要求，于是成立"扬州大学中国文化研究所"作为博士点的工作基地。在 20 世纪最后六年，我和支部书记陈文和合作，营建了一个相对宽松的教学环境。

现在回想起来，我这一生，最大的幸运便是和学生一起，享受过这样一段时期的宽松。在上海、扬州读过研究生的同学，应该还记得那个被称作"桃花源"的环境：在鲜花果木簇拥之下，在比别人多出半年的学习期中，研究生不需要参加任何非学术的活动，不需要为谋求学分而接受碎片化的课堂教学，更不需要为发表而写作。可以说，这是一个比较尊重学术独立性的环境。这个环境很难得。本书所表明的各种学术成绩，都是它的产物。

饮水思源。以上种种，是同我的两位导师相关的。我在复旦大学随王运熙教授攻读硕士学位，在扬州师范学院随任半塘教授攻读博士学位，领受的主要教诫便是不外求，潜心读书。比如王运熙老师对我们的训练，乃以阅读历代经典为中心。他设计了中国古代文学、文献学、历史学、中国思想史等四门研究生课，自任各课的主导教师，很少把课程外包。这样一来，我们就可以循序渐进，用读原著的方式打基础，用贯串历代的方式扩大知识面。经验证明，这种做法甚有助于受教者建立较完整的知识结构。后来，我在上海师范大学和扬州大学任导师，也采用了这种"手工作坊"式的指导方式。

在学生眼里，王运熙老师是一位温和的长者；但他其实有菩萨低眉、金刚怒目之两面。我曾在农村劳动十年，所读主要是"马克思主义"的经典著作。改革开放以来，又关心美学，阅读了朱光潜、宗白华的全部著作和译作。我其实是作为文艺青年进入复旦的，凡有写作，便不免发蹈空之论。王老师因此多次把我叫进一间无人的办公室，关起门来厉声批评。这促使我用三年时间较彻底地清洗了文艺学积习。我从此懂得"脱胎换骨"的必要性，认为它是一名好学生所能达到的最高境界。

所以，当我作为博士生、作为博士生导师两次进入扬州的时候，很快就接受了任半塘先生建立的所有规矩，并且在博士生教学中推广了这些规矩。比如，我们学习任先生关于"聪明正直，至大至刚"的警示，以此要求自己，倡导严肃的批评和自我批评。我们像任先生那样施行一对一的教学，定期用批改日记和札记的方式进行师生间的书面交流。另外，我们按任先生的习惯，减少对外来往，同社会风潮保持距离，以发展自己的学术个性。最重要的是，我们秉承两位老师"实事求是"的传统，一方面重视建立文献学基础，每进入一项课题，便把创设完善的资料库作为前提；另一方面重视考据学训练，为每篇博士论文设计三到四个较具分量的练习作为支撑。比如周广荣和何剑平，入学第一年便分别通读了《大正新修大藏经》和《中华大藏经》，在编写《汉文佛经中的音乐史料》一书的名义下建立了自己的资料库，然后再进入梵语悉昙章研究和敦煌维摩诘文学研究。又如崔炼农、许继起、孙尚勇、尚丽新、王立增、喻意志，在进行《乐府诗集》研究之前做了五项文献学练习和五项考据学练习，并完成了《乐府诗集》的对校、本校和初步他校。再如赵塔里木，在写作学位论文《在中亚传承的中国西北民歌：东干民歌研究》之前，完成了"《四部精要》解题""中国古代诗歌札记""中国西北民歌体式的音乐学考察""中国北方民族关于音乐的概念"等文献考据作业；马银琴，在写作学位论文《西周诗史》之前，完成了"百种序跋与《四库全书总目》对读""《诗三百年表》校补""诗序探源""三家诗与毛诗的异同"等文献考据作业。有人问扬州教学的要点是什么，在我看来答案就是：重视做基础练习。

《隋书》说："中庸则可久，通变则可大。"意思是：优良传统的生命力，是通过遵守正道来维护的，是通过继承中的改变来发扬的。这话说的正是我们同传统的关系。从"发扬"方面看，为了顺应学术发展，我们在教学活动中尝试了多学科结合。这体现为跨学科招生，比如前两届五位博士生，分别来自中国古代文学、戏剧学、历史学、外国文学、民族音乐学等五个专业。也体现为因材施教，比如如上所说，为来自不同专业的博士生，分别设计一套课程和一组练习，要求他们在各自方向上走到学术前沿。这样做有一定难度，对于朝夕相处于一室的学生来说，既意味着多种学术方法的交叉，也意味着文献、文物、民间遗存等多种资料的综合；对于导师来说，则意味着知识结构和教学方式的改变。1997 年，我曾偕同博士生赵塔里木前往吉尔吉斯斯坦、哈萨克斯坦，对东干民族的音乐与文学进行为期三个月的调查，探索了一条综合采用历史学、民族学手段来研究音乐传播、文学传播的路线；1998 年，我把历年所著跨学科（包括天文学、地理学、神话学、历史语言学、宗教学等学科）的论文，以《中国早期艺术与宗教》为题结集出版。这两件事，便代表了对以上"改变"之要求的策应；从另一面看，也体现了这个"实事求是"传统的新特色。

时间过得很快。以上说的故事，主体上发生在二十年以前。今天，马银琴代表在上海、扬州、北京、成都和我同游的学弟们，通知我：他们编好了一部纪念文集，请我看一看，发表一点意见。我一边翻阅书稿，一边想起以上故事。这些故事大致可以说明本书各篇文章的背景。比如有篇文章谈到我说过的三句话——"远大的学术理想，朴素的工作作风，灵活的研究方法"——这些话，便可看作对传统新特色的表达。因为"远大"是说"求是"无止境，"朴素"是说"实事"要彻底，"灵活"则是说要打破方法的、视野的、学科旧框架的各种局限。又比如有篇文章提出"先摧毁你的精神意志，然后重建"，其说便可以联系上文所谓"脱胎换骨"来理解。来自音乐学院的学生善于用耳而不善用眼，喜欢用"抓取"的方式而非"竭泽而渔"的方式搜集资料，为求真，自然要对阅读习惯加以改变——就像用现代考古学的系统性代替盗墓方式的苟且。有文艺学积习的学生善于演绎而不善归纳，喜欢用图像思维代替历史考察，要求实，就要对思维习惯加以改变——比如用对于事物关系的中肯认识代替华而不实的简单比附。至于文献学、考据学，其褊狭之处，则也需要通过跨学科研究加以改进。改变意味着走出舒适圈，自然很困难，甚至很痛苦。所以，本书分为两集："勤奋录"主要反映走出舒适圈所得到的收获，"承学录"主要记录为走出舒适圈而付出的代价。

马银琴另外向我布置了一项任务：为文集起个名。我很快想起任先生写于1926年的《玉簟凉》词。词末云："犹有血性未泯，便矢志，激厉霜星。秋后隼，瞰海云，高处摩翎。"写词之时，任先生29岁，相当于文集各位作者进入博士课程的中位年龄。词中对雏隼的描写——"高处摩翎"，既代表任先生当年的激厉之志，也是本文集立意呈现的姿态。

最后补充一句话：每个人、每一群人，他们的存在都是独特的，像是百花园中的一枝、一簇。我的经历也是这样：在厂房林立的大城市里开设过一间小作坊，在知识生产的流水线中维修了一间小书院，使它们多存活一段时间。这一经历有很多瑕疵，既不值得夸耀，更不值得推广，只宜作为怀旧的对象。不过对于最细心的读者，也许能提供这样的观感：它只是在追逐功利的潮流中未甘堕落，因此用一种特别的方式，折射了中国传统学术的精光。

2022 年清明节

目　录

勤奋录

勤奮錄

序

戴伟华

10年前，大家想借一次集体活动去成都看望王师，最好的理由是为王师庆生，但被王师和师母婉拒了。在王师"缺席"的情况下我们的活动仍然暗暗进行，我拟一封邮件，群发诸位：

各位老师、各位同门：

端午节快乐！

日前接同门某公短信，言及王师小盾教授今年六十生日事，已私下计议如何庆贺。在下非常惭愧，差点误了大事。王师生日是公历7月10日，现在筹办，显然十分仓促。拟借老师生日之名，暑假成都或扬州一聚，乐之如何？与王师商量，王师未允。此事如何方能两全，仰诸位献计献策。辛弃疾《清平乐》（寿某公）词云："读书万卷。合上明光殿。案上文书看未遍。眉里阴功早见。 十分竹瘦松坚。看君自是长年。若解尊前痛饮，精神便是神仙。"看来古人重视祝寿，也从祝寿中得到快乐，所谓和谐者，则物我、人人之间皆能实现。

私意以为，师生同乐不限于此，如有机会，可另假名目。此次亦可各随其分，各表寸心。如给老师献上一纪念品，可请川中何君剑平代办。敬请赐复，共善其成。

余不一一，专此，顺祝诸位顺心如意！

戴伟华

2010年6月16日

活动进行得很顺利，新老渐相识，异地约同心，活动过程中收集整理的材料一直保存在电脑里。这次银琴师妹为王师70庆生策划、建群建档，众兄弟姐妹积极响应，提交论文，汇编成集，颇为可观。银琴命我写序，不容商量，没有退让的空间。

在研读同门论文时，我又翻看了王师的著作。王师学识渊博，思考精深，其研究的广度和深度，令人敬仰，我真不能评论，这也是学生愧对老师的地方。不过我曾写过两篇书评，推介吾师《隋唐五代燕乐歌辞研究》（1996 年）、《中国早期艺术与宗教》（1998 年），那是我认真拜读老师著作的学习体会。

关于《中国早期艺术与宗教》的读后心得，开始以文字表述时，总希望把全书面面俱到介绍给学界，后来觉得一是学养不够，二是时间不够，只能从方法上切入，以考据知识和方法解读王师著作的要义，并作归纳：一、利用实物史料进行考证。随着地下文物的出土，人们越来越懂得实物史料在研究中的作用。这使出土器物在空间上和时间上都得到了规定，被赋予具体的意义。从另一方面说，这种工作也可以说是"思想史的考古"——在对上古史实作考订时，有意识地注意到凝聚为物质形态的符号所涵有的哲学命题。二、利用民俗资料进行考证。娴熟地利用民族学、民俗学资料进行文学艺术研究和历史研究。利用民族资料进行研究，不仅是一种方法，也是一种学术精神，即对学术的真理性认真负责的精神。三、利用语言学资料进行考证。语言学资料对于学术研究的意义，自清代乾嘉以来，日益受到人们的重视，已成为考据学的重要支撑点。但传统学术所重视的语言学资料，大致属于汉语语文资料；随着历史比较语言学的传入，一个国际视野的中国语言学，包括中国各民族语研究和汉语各亲属语研究在内的语言学才建立起来。昆吾师正是站在这样一个前沿位置上来从事他的考据学工作的。积极利用语言学的成果来从事自己的研究，一个目的是扩大文学研究的视野和资料范围，另一个目的，则不妨说是推动中国古代文学学科的现代化。四、利用宗教资料进行考证。这不仅因为早期艺术总是宗教形态的艺术，而且因为中国和西方通过丝绸之路进行的文化交流也以宗教为重要纽带。而中国中古时期的文学艺术新品种，一般可以归结为中西文化交流的产物。

具体而言，列举五端。第一，事物呈现出清楚的时间关系和事物运动的段落关系。关于诗的考论，显示了昆吾师对上古文艺的独特见解，在纷乱的现象后面隐含着表演艺术和文学的区别，先生正是洞察这一区别，娴熟地运用音乐理论，理清了六诗和六义之间的关系，研究的深入展开正是以阶段性的划分为标识的。

第二，隐含的事物结构和关系更为明晰，体现出逻辑结构和历史结构的统一。这种对应关系正是昆吾师研究所一贯追求逻辑结构和历史结构的统一的体现。第三，学术具有创造性和独断精神。每一篇文章都很精彩，都有独创和发明。这里展示的不仅是一种知识体系，更是一种治学的刚毅精神、"聪明正直，至大至刚"的品格完善。第四，解决了学术史上的重大问题。不仅能够解决中国学术史上的重大问题，而且本身就是一个成熟的深刻的理论系统。第五，在方法上为学术研究提供了示范意义，而且这种方法具有跨学科和前沿价值。这里通过具体操作指出考据学使用的方法，即从文献学、考古学、语言学和宗教学的综合运用来解决问题。

王师后来出版多种著作，时时拜读，毕业后仍能继续跟着老师的新成果学习，算是学生最大的幸福。

2000 年来广州后，我常常想到两件事，一是把同门的学术成果用一种方式向学界展示，让学界更多了解老师培养学生的选题和方法；二是找一个理由让同门再次集中在老师面前，听老师讲课。我和老师提到多次，地点可以听老师安排，扬州、上海、成都、温州等地皆可。此次王师指导的研究生每人提交了一篇论文，以类编排，其意义不仅是向老师汇报，更是想得到老师的指导。

（一）汉民族文学与其他文学艺术的比较研究

王胜华《云南古戏台的分类与价值》论述云南古戏台实物化的历史价值、科学化的建筑价值、艺术化的仪式价值，古戏台就能成为一个不容忽视的文化符号。云南古戏台是一个功能多元的文化存在，一方面，因为云南地处边疆，民族政策特殊，风俗各异，保留下来的古戏台的数量和样式相对丰富。这无疑是一笔丰厚的文化财富，也是中国文化对云南一地的馈赠。另一方面，也必须承认，由于历史和社会的原因，现存的古戏台较前已大幅减少。无法改变历史与现实，但可以进行补救性的工作。

赵塔里木《中亚东干民歌的语词构成和来源》认为，130 多年来，东干人顽强地保存着从故土带来的传统文化，同时与迁入地多民族文化不断交融，形成传统传续和延展的新文化样态。东干民歌即是这种独特文化的表征。东干民歌唱词反映了东干语词汇构成的四个来源：一是东干语基本词汇，即清末以前汉语陕甘方言词汇；二是伊斯兰教用语中的阿拉伯语、波斯语借词；三是东干人入俄后在陕甘方言基础上自造的新词；四是俄语借词。东干民歌使用各类词汇提示了各种异文产生、流传的地域、年代信息等情况。中亚民歌为中国民歌史的建构提供了一个晚清参照系和一个文化传承与变迁的样本。

傅修延《为什么麦克卢汉说中国人是"听觉人"——中国文化的听觉传统及其对叙事的影响》认为，人类主要通过叙事来传递自己对外部世界的感知，而故事的讲述方式又会受到感知媒介与途径的影响。视觉固然是人类最重要的感知方式，但中国传统文化对听觉情有独钟，"听"在汉语中往往指包括各种感觉在内的全身心反应，"闻声知情"更被认为是一种圣贤境界的认知能力。听觉传统作用下中国古代叙事的表述特征，可以概括为"尚简""贵无""趋晦"和"从散"，而"简""无""晦""散"对应的恰好就是听觉传播的模糊、断续等非线性特征。"缀段性"是胡适等中国学者和西方汉学家对明清小说结构的讥评，导致这一讥评的是亚理斯多德重视外显联系的有机结构观，批评者没有注意到明清小说中其实存在着"草蛇灰线"般的隐性脉络。中西结构观念的差异表现在前者讲究有"连"有"断"，以或隐或显、错落有致的组织形式为美，后者则专注于"连"，以"头身尾"一以贯之的有机整体为美，而结构观念的差异又与感官倚重不无关系，这一认识有助于我们更有穿透力地去观察一些文化现象。

（二）中国文学与相关文献研究

陈绪平《从韩非子"说林"看早期文献的编撰》认为，周官失其职，而诸子之学以兴，由此学术史进入了"百家争鸣"的子学时代。区别于《论语》之"语录体"、《老子》韵唱文之"格言体"等文章样式，《韩非子》一书中独有的《说林》《储说》诸篇，因其特色可以名之曰"说林体"。它意味着：在说客辩士的策动下，文献编撰从重视王家档案（文书）、注意君子道德之嘉言诸角度，开始转向注意"故事"等世俗资料。从学术史角度观察："说林体"意味着故事进入文学时代的来临。

刘明《宋本〈曹子建文集〉考论》认为，宋本曹植集乃以晁公武著录本为底本而重刻，而晁本实即《龙城录》记载的北宋十卷本曹植集，与北宋秘阁藏本《陈思王集》并非同一版本系统。通过与《文选》所载曹植诗文的比勘，断定十卷本曹植集的重编主要依据了非李善注本系统，且至迟重编在北宋初。据"愍"

字阙笔及载有《画赞》《列女传颂》等篇目的内证，结合与《文选》李善注所引曹植诗文的互勘，断定宋本曹植集属唐二十卷本系统，而李善注所据曹植集则属三十卷本系统，此即《旧唐志》著录二十卷本与三十卷本曹植集之关系。曹魏以来存在选本性质的秘阁本和曹植自编全集本两种系统，而二十卷本继自曹魏秘阁本，三十卷本则继自自编全集本。《四库》本曹植集乃据抄自翻宋嘉定本，版本价值优于宋本，且属明代曹植集的祖本，校勘整理曹植集宜选择为底本使用。

汪俊《〈山海经〉无"古图"说》钩稽各种文献资料，认为《山海经》不存在"古图"，最早为《山海经》配图的是晋代的郭璞。关于《山海经》图的记录均是东晋以后的记载。

任子田《从清谈的政治功用看"玄学"及"二十四友"的产生》认为，东汉末年士大夫阶层凭借累世经学的优势，利用清谈、清议等方式，将儒学这一主流文化从宦官代言的皇权手中抢夺过来，并由此主导了民间品藻与朝廷选官用人的权力。汉末以来核心权力与主流文化的分离，以及由此导致的选举权的旁落，是正始时期何晏、王弼等人提倡玄学，西晋时期贾谧等人推崇文学、发起"二十四友"的根本原因。

(三) 文学传播和文体变迁研究

戴伟华《独白：中国诗歌的一种表现形态》认为，中国古代诗歌创作中一直存在着"独白"现象，它是诗歌的一种表现形态。独白诗的产生有其原因，缘于"诗言志"的诗学传统，文人的孤独情怀和自我情感描述的体验。独白诗在体式和表现手法上有明显的特征，常以组诗、古体的形式出现，表意上呈现出多义性和隐晦性，并有潜在的对话对象。

马银琴《风、风声、风刺以及〈风〉名的出现》认为，"风"是一个内涵极为丰富的概念，它既可指自然之风，也可指风化之教；既被视为音声曲调，又被称为民歌民谣；既被视为圣王之遗化，又被当作主文而谲谏的讽刺与劝说。这诸多的义项，实际上经历了一个漫长的历史发展过程：飞鸟振翅而风生，是甲骨文以"凤"为"风"的根本原因；在商周文明发生剧烈冲突的变革时期，在类似于"大块噫气，其名曰风"的认识推动下，"凤"与"风"出现分化，在"凤"字逐渐指向神性凤鸟的同时，作为"后起本字"的"风"字出现。风为土气，土气鼓动而形成音，音乐也必然反映着风土人情，"循弦以观于乐，足以辨风"的认识中，透露出风土之气与风俗之音之间密不可分的联系。就在"风"因与"音"、与"律"关联而具有指向歌声、曲调的意义时，由"风"之飘忽流散、托物而不着于物的特点，又引申用"风"来指称没有明确来源、没有具体内容、没有明确指斥对象的特殊存在状态的意义，"风言""风听""风议"等词即因此而来。而与之相关联的"风刺"，便指不着痕迹、委婉曲折的言说方式；因这种进谏方式而来的作品，便是最早的"风"诗。这些"风刺"之诗，或归属于《小雅》，或分列于各国，都只是被统纳于"诗"名之下，一直到孔子删《诗》正乐时，同属乡乐的十五国诗，才被正式地归为一类，作为《诗经》作品类名的"国风"（或"风"）由此产生。至《毛诗序》，则在集合种种"风"义并对之加以解释之余，又在"六义"的新名目下，为"风"字增添了一个影响更为深远的新义项。

孙尚勇《"诗书礼乐"与"强国之术"——在早期秦文化进程中透视〈秦风·蒹葭〉》认为，秦穆公自诩之"中国以诗书礼乐法度为政"表征了其在位中后期秦国制度文化建设方面的重大成就，秦国因此可以跟东方传统礼乐国家平等相处。穆公之后，秦国疾速衰落，东方诸侯再一次像秦建国初时那样，视秦为夷翟。经历长期衰弱不振，秦人终于放弃"诗书礼乐"，重新专心追逐"强国之术"。《蒹葭》是上述政治和文化战略转折关头的作品，代表了秦人面临"诗书礼乐"和"强国之术"重大抉择时的迷茫、忧伤和思索。

李飞跃《诗词曲辨体的文艺融通与史论重构》指出，诗词曲辨体的格律、歌唱与曲调等标准，反映了不同历史时期歌诗的构成要素、形态特征与文体观念。曲—词—诗，由艺到文、由俗到雅的文体推尊，诗—词—曲，由文到艺、由简到繁的文体进化，遮蔽了更为丰富多样的文艺景观。我们应当根据诗词曲同源这一基本历史事实打通诗词曲之间的文体区隔，反思文本生成的历史，重视诗词曲的综合艺术特征，将它们视为歌诗的不同艺术形态与历史形态，辩证地理解它们之间的共生关系，并由此重新思考戏曲、小说等文体的发生与特征。借助歌辞、艺术的研究视角，可以在整体性和长时段视域中促进相关史论命题的重释和文体谱系的重构。

（四）音乐文献研究

李方元《"乐""音"二分观念与周代"雅郑"问题》提出中国古代音乐源

于两个系统：一个是"乐"的系统，与历史时间相关，背后是同血缘与群体理性有关的表达；一个是"音"的系统，与空间方域相关，背后是同个体与情感有关的表达。"雅郑"之分，即源于历史上的"乐""音"二分观念。雅乐，在西周，其主体是周人之乐，根源上讲是姬周族群之乐；而郑声，则属别于姬周人之乐的侯国方域之乐。周族翦商立国后，姬周族群之"乐"上升为国家治理层面的文化形态与意识形态，随着春秋时诸侯蜂起，方域要素成为重要的政治因素，区域性表达充满政治诉求，由此雅乐、郑声对立而矛盾突起。"雅郑"问题，表面看是音乐问题，但实质上是族群、政治和文化三种因素在周代社会文化层面上矛盾与冲突的集中体现。

王福利《清华简〈周公之琴舞〉新解》认为，从清华简《周公之琴舞》一作《周公之颂志》看，它隶属雅舞之庙祭乐，为成王朝史官、乐官及鲁公为祭祀周公而作。"琴舞"之称与祭祀周公时为季夏、古乐八音与四时八风的对应密切相关。禘祭大乐由"降神""正乐"两部分组成，庙祭乐舞"迎神"所奏曲、辞皆同，以及"九成"乐章声调系统的具体应用，为正确解读《周公之琴舞》前后两部分内容提供了文献依据。"降神""皆不过金奏升歌一二节"，则说明了"元纳启"四句歌辞的完整性，该部分出现的"琴舞九絉"是指配合大祝、鲁公及众助祭者九献之礼所作的九成乐曲演奏，词同"升歌"。"正乐"部分的"九启""九乱"亦合而为"琴舞九絉"，其所对应者为祭祀人鬼所特具的《九德之歌》《九韶之舞》。

许继起《马王堆三号汉墓"遣册"中的几支乐事简及其他》认为，马王堆三号墓随葬"遣册"涉及的乐事简文，记录了较为丰富的乐器、乐人、表演等乐事情况，尝试对"遣册"中几支乐事简文的排序提出新的认识。简文中相关的军用乐器具有很强的等级含义，尤其"建鼓""大鼓"并题，且同出"遣册"，辨析二者名义关系，并尝试对西壁帛画"建鼓图"中的建鼓进行复原，以确定其"晋鼓"的性质，这对认识墓主的军事身份具有重要意义。

李晓龙《〈巴渝舞〉宫廷流变考述》论述《巴渝舞》本是民间乐舞，产于古代巴地，因受刘邦喜爱而进入汉宫。其后，《巴渝舞》的名称和舞辞经历一系列演变，其性质和功能也发生更改。《华阳国志》《乐府诗集》和正史乐志等典籍对《巴渝舞》多有记载。梳理《巴渝舞》的文献资料，考察其流变，可得知以下三点信息：其一，民间乐舞是宫廷仪式乐舞的来源之一，即宫廷仪式乐舞与民间乐舞有着紧密的关系；其二，古代乐舞具有动态属性，这种动态属性不仅表现为乐舞自身的艺术发展与成熟，也表现为它的形态和功能会随着政权更迭和政治需要而作出相应改变；其三，乐舞史料在文献典籍记录中有一定的复杂性和矛盾性，这就要求我们综合多种研究方法，认真审视材料，才有可能还原某个乐舞品种的源流。

孙晓辉《论目录学体系中的器乐立目——兼论南宋莆田二郑的音乐分类观及其影响》指出，南宋莆田郑樵《通志·艺文略》与郑寅《郑氏书目》的音乐分类观念对后世产生了重要影响。陈振孙《直斋书录解题》的音乐分类意识有两个主要来源：一是郑樵以"贵声"为主旨，视音乐为专门之学并予独立立类的思想；二是郑寅分列于经、子二部（从经部抽离羯鼓、琵琶而置于子部"音乐类"）的思想。至清代《四库全书总目》，音乐类目各得其所：一是以"乐"入经部乐类，二是以"声"入子部艺术类，三是以"音"入集部词曲类。于是，正式厘清雅乐与俗乐两界，俗乐有器乐与声乐的分野，且音乐书、谱皆有雅俗同构的对应关系。

余作胜《唐代九、十部乐施用情况新考——兼与〈唐五代多部伎演出情况考〉一文商榷》指出，唐代九、十部乐是用于宴飨百僚宾客、朝会大典等场合的仪式乐舞，在唐代政治及文化生活中具有重要的地位和意义，学界历来多有关注。《唐五代多部伎演出情况考》共考得文献所载唐代九、十部乐施用记录47次，是目前关于唐代九、十部乐施用情况最重要的研究成果。然该文误考现象较为严重，其中无效条目多达10条，系时错误条目2条。此外，尚有见于今存文献的12次施用记录为该文所失考。经重新考证，删除《情况考》无效条目10条，增加失考条目12条，共得唐代九、十部乐有效施用记录49次。当然，随着新文献的发现与旧文献的深入挖掘，这个数目应该还会增加和改写。

伍三土《汉京房六十律以来一脉相承的变律体系——要论三百六十律生律顺序的还原与多重错位逾越现象》认为，京房六十律、钱乐之三百六十律、万宝常一百四十四律、蔡元定十八律，内在数理逻辑相同，属同一体系。按生律顺序排列，视十二律为一个生律循环，它们分别生律五轮、三十轮、十二轮、一轮半不等。任意相邻两轮对应之律的音差，均为23.46音分。按律高顺序排列，十二组每组律数却不等，这是因为经过多轮生律后，累加的23.46音分差值超过了一律，部分音律发生了错位"逾越"现象。六十律体系的错位比较单纯，而三百六十律体系的错位"逾越"则由一重到六重不等，每重错位"逾越"以 53 律为一周期。

喻意志《从宋本〈乐府诗集〉小注看〈乐府诗集〉的编纂》以宋刊《乐府诗集》中的小注为切入点，通过大量校勘，认为郭茂倩编纂《乐府诗集》时并非简单抄录所据底本，同时还参考了其他多种文献，并将异文以"一作"的方式加以标注。《乐府诗集》小注除少部分源自所据底本外，大部分则是《乐府诗集》在成熟过程中，编者参考其他文献时所标之异文。

温显贵《清代乐论史料述论》认为，清代乐论内涵丰富，其所依存的文献载体也庞大多样，这成为清代乐论史料最为明显的总体特点。但到目前为止，学术界对于清代乐论史料的关注、整理和研究尚处于刚刚起步阶段，成果远逊于此前其他各历史时期，这无疑应当引起学界的高度重视。通过对清代乐论史料基本状况的梳理，可以得知清代乐论的主要特点是：它能够客观真实地看待音乐的性质，更加重视俗乐的地位，考证、梳理了音乐史上的一些模糊问题。开展清代乐论史料的整理工作，可以使该领域不再荒芜，同时可以知晓家底、整理成果能够给人们提供便利的工具参考。

（五）音乐文学研究

杨晓霭《关于李清照"乐府声诗并著"说的再理解》认为，李清照"乐府声诗并著"之说产生在南北宋之交重建礼乐文化的时代大潮中，在于揭示"诗"之歌唱的发展历史，强调"诗"之歌唱的必然性，以及创作"协音律"之"歌词"的特殊性。"乐府""声诗"均为历史概念。在《苕溪渔隐丛话》所引"李易安云"这段话中，"乐府"指"永依声"之"歌"，"声诗"指"声依永"之"歌"。以"乐府"名"词"，已是当时惯例。

王立增《关于乐府史料学的构建》认为，在乐府学日益受到关注之际，应该建立专门的"乐府史料学"。它丰富和发展了专门史料学，有利于认识乐府史料的价值，为乐府研究提供可靠的文献依据。现存的乐府史料记载散乱，正误交错，主要见于正史、政书、野史笔记、类书、目录书、文集、方志等，此外还有乐府诗相关史料、实物类史料和口传类史料等。目前亟需开展的工作是对某些乐府史料的汇编、辑佚与考辨，并编制一些索引、辞典，尽快将史料电子化。在乐府史料的研究过程中，要重视乐府史料的独特性，树立"竭泽而渔"的史料收集意识与"多闻阙疑"的研究态度，充分利用古代文学、古代历史、古代音乐史的史料研究成果。

张长彬《感红观堂联珠日　应是剧史合璧时——从任中敏和王国维看戏剧史研究的可能出路》指出，一百多年以来，中国戏剧史的研究取得了辉煌的成果，但始终没能对中国戏剧于宋元之间陡然转变的历史事实做出令人信服的解释。任中敏先生在《唐戏弄》一书中曾经指出宋戏相对于唐戏有萎缩之象，这一认识有助于理解中国戏剧在唐宋期间发展的逻辑：唐人礼乐观念的松弛造成了戏剧意识的旺盛与戏剧行为的萌发，宋人对礼乐建设的重视则在一定程度上遏制这一潮流的自然发展，因此才出现了中国戏剧发展在唐宋之间回环曲折令人费解的一幕。理解这一逻辑十分重要，但更重要的是要重视这一逻辑得以被认清的前提基础——唐人戏剧意识的旺盛及唐代戏剧的繁荣。这两项事实都无法从具体史料中直接获得，它们都是任中敏先生特殊气质学术活动的成果凝结。当今学界应当学习任中敏的这种工作精神，即对历史事物进行深层次描述的学术追求。

（六）域外汉文学研究

何仟年《中国典籍流播越南的方式及对阮朝文化的影响》指出，东亚汉文化圈之所以能形成，汉文典籍从中国向周边的流播无疑是重要的条件之一。通过比较中越与中日、中朝之间的书籍流播方式，可看到同在汉文化圈内，越南获得中国书籍的方式与朝鲜相近，与日本有较大不同，这种不同可能是造成两国文化发展有所差异的原因之一。

朱旭强《越南古史叙事中婚姻的表达功能——以"赘婿夺宝"情节类型为中心的考述》认为，越南古代不同文体的叙事文献之间存在着复杂的因袭及影响关系，可为研究提供多版本的异文比勘个例。研究者在梳理和考察史传和神话、轶事、志怪以及事物起源传说的过程中发现，特殊婚姻状况在不同叙事情节中呈现出类型化的表达功能。本文集中描述一种表现为从妻居即所谓"入赘"的现象，来自史传与神话传说的材料不断重述类似的情节，屡屡将此导向妻族的灾祸。研究者试图考索其表达功能趋同的历史动机，认为它与特殊历史事件相关，而反映了在社会发展过程中，婚姻与文化其他方面变化发展和信息互渗的痕迹。

刘玉珺《"南国有人"：越南使臣冯克宽的诗赋外交及其文学形象》指出，在强烈的民族意识驱动下，曾出使明朝的越南使臣冯克宽被其国官修史书和古代文学作品塑造成知识阶层的杰出代表和诗赋外交的典范。但是冯克宽的诗赋外交在越南汉籍和朝鲜燕行录中的记述，呈现出截然不同的面貌，展现了朝越两国渴望实现"国中有人"的相同愿望，但二者的思想基础却有所不同。越南对中原王朝的文化认同和政治背离并存，使得相关的汉语文学叙事往往回避现实世界里因宗藩关系而造成的政治不对等，以空间方位代替政治指称，将中越两国置于南北平等的语话架构之中。同时又往往忽略历史真实，通过虚构诸多文化争胜的故事情节，向处于中华文明优势地位的他者传达自己的文化理想。

王皓《越南〈四书五经性理大全节要〉及其与科举的关系》认为，《四书五经性理大全》在越南有着较为广泛的传播，其版本主要包括中国传入的印本和越南的重印本，其传播形式主要有统编式和专书式两种。尤其是裴辉璧，他将这套书删节为《四书五经性理大全节要》，以一种更为简洁明了的方式将《大全》的精要集中起来，形成了一部受越南士子所青睐的举业教材。从内容看，裴氏《节要》"训释详核，援引该博"，是删节《大全》的典范之作。从功用看，"节要"是科举之学，可以"便记诵备决科"。所以，在面对《大全》等科举教材严重不足的情况下，裴氏《节要》等私家删节《大全》之作就成为一套极其重要的读本。

（七）观念、方法、史实及其版本考订

方志远《学术研究的"问题意识"与"非问题意识"》指出，文、史、哲等"人文"学科，和数、理、化等"自然"科学之间，有着巨大的差异。对于"人文"，与其称之为"科学"，倒不如称为"学科"，除非我们建立起划分"自然科学""社会科学""人文科学"的不同的界定标准。否则，按自然科学的要求，人文是无法进入"科学"范畴的。而包括历史学在内的人文学科，完全没有必要硬挤进以"自然科学"为标准的"科学"行列，也没有必要用自然科学般的"问题意识"来考察其科学性。否则，或许成为"科学"了，但"人文"也就剥离了。近几十年人文学科在发展的过程中所遭遇的各种问题、各种困境，与用"自然科学"的理念进行要求、用"自然科学"的办法进行管理不无关系。这对于人文学科来说，并非福祉，而是灾难。没有"问题意识"，不可能有好的作品；没有"非问题意识"，不可能有大的制作。而缺乏人文情怀的作品，则不可能奢望得到社会的人文认同。

蒋瑞《"地方"观念起源的天文观察背景》认为，天圆地方是周秦汉唐间最

流行的知识信仰之一。这个"地方"是建立在"四方"之上的。在对日月东升西落的视运动的观察中，先产生了东西方和东西边的观念，然后在观察上中天时的太阳和日影的过程中，南北方和南北边得以萌芽，最后在测日影的活动中，才逐渐明确了南北方和南北边，使四方以及地方得以最终形成。对于四象等其他恒星的观察，则可在一定程度上有助于地方观念的形成和巩固。而从天文观察与方位判断的关系来看，从测影活动的发展来看，从史前建筑所寓含的四方知识来看，尤其是从陕西石峁遗址等史前祭坛所寓含的天圆地方思想来看，地方观念应该就是起源于上述天文观察的途径，其起源的时间当不晚于新石器时代晚期。

曹柯平《茶托、发酵茶和汤剂——以考古发现切入中国早期茶史》认为，商周时期，巴蜀地区的人们从菜蔬中认识了苦菜，又在苦菜中辨认出了茶。就是在这个"煮茶"的阶段，中国茶文化获得了其药用的功能，它规定了六朝、隋唐时期，"煎茗"阶段的煎煮方法；亦决定了五代、宋时期，"点茶"阶段的制茶技术；还影响了元明，自元明以降，"泡茶"阶段的饮用方式。可以推定，南朝时期才是中国茶文化符号正式设立和稳定为日用生活方式的时期，并且自南宋开始，茶文化的药用功能逐渐向保健养生功能转化，进而又对造茶、茶具、茶艺表演等产生了一系列新的规定。

潘建国《明代公案小说的文本抽毁与版本流播——以余象斗〈皇明诸司廉明奇判公案〉为例》认为，明余象斗编撰《皇明诸司廉明奇判公案》是明代诸司体公案小说集的第一部，存世版本达九部。最新发现的朝鲜燕行使旧藏明末金陵大业堂刊本，独家保存着一篇曾因触犯地方权贵而被抽毁的小说《王巡道察出匿名》，它揭开了一段隐藏在书叶背后的明代小说出版史秘闻，而且，以此为版本标记物，考察其在诸版本中的存删痕迹，可以清晰简便地厘清存世九部版本的学术关系。不仅如此，《廉明公案》在中国、日本、朝鲜半岛的东亚流播史，也从书籍史和小说史的角度，带给研究者新的思考与认识，海外存藏汉籍对于明代小说研究的特殊文献意义，仍需深入认知开掘；明代公案小说的时事因子和现实品格，有待进一步关注探讨；而公案小说的文体性质与小说史价值，或许亦可在小说知识学的维度下，获得新的观照、评估和阐释。

崔炼农《从赵均刻本编目体例探窥〈玉台新咏〉古本之遗》对《玉台新咏》赵均刻本的编目实况进行细致考察，发现其卷首目录的编辑体例包括［作者名+诗题或诗类名+总篇数］和［作者名+总篇数］两种格式，前者属于中古时期习用的体例,具有相当明显的时代性;其正文编目体例包括"题附辞后"和"题置辞前"两种格式,其中"题附辞后"的编目格式以及双重编目格式并存一书的现象至唐以后已属罕见。较之五云溪馆本和冯班抄本,赵均刻本更多地保留了徐陵旧本原始痕迹,当为目前最可靠的覆宋本。

樊昕《赵烈文〈落花春雨巢日记〉的文史价值》考察赵烈文尚未披露的《落花春雨巢日记》,该日记现藏于南京图书馆,共有赵氏稿本、能静居钞本、南京图书馆钞本三个版本,而其中以能静居钞本最为完整。该日记记录咸丰二年(1852)至咸丰六年(1856)间,二十一岁至二十五岁的赵烈文的乡居生活,如最后一次赴江宁应试、太平天国兴起及与湘军在长沙、武昌、南昌等地的攻战,以及受曾国藩聘,第一次赴南康大营的始末与细节、在家乡参与绿梅庵词会的文学活动等等,内容与《能静居日记》适相衔接,具有十分重要的史料价值。

(八) 宗教及其艺术研究

周广荣《当真言遭遇王权》指出,从古至今,世界上恐怕没有哪个国家或民族像古代印度那样对"语言"问题作持续不断的探求与思索,进而把梵语置于至高无上的神圣地位。本文以最能体现梵语神圣属性的真言与王权之关系为题,分别探求婆罗门教、印度佛教、汉传佛教传统中,真言与世俗王权之间的不同关系,揭示不同社会文化传统中蕴含的政教关系。

何剑平《佛教论义的记录本及其东传——以敦煌遗书及日本的维摩会为中心》通过对敦煌遗书中所存之佛教论义相关文献的考察,探讨了敦煌佛教论义材料的印度源头及其与日本中世维摩会之间的关系,认为敦煌遗书中存在一批佛教论义的记录本。从这些记录本中可以看出中土佛教论义的过程及论义规则,并展现中土论义和印度佛教论法(因明)一脉相承的联系。当中土的佛教论义在北宋日趋衰微之际,敦煌佛教论义体式在日本维摩会的论义场中得到了延续和发展。

尚丽新《刘萨诃与番禾瑞像——中古丝路上的"两种佛教"》指出,在不同社会背景下番禾瑞像的起源和演变都与佛教向世俗统治阶级争取正统地位有关,而刘萨诃信仰则典型地展现了佛教入华后在民间传播的原始状况和传播方式。这"两种佛教"因刘萨诃预言番禾瑞像的传说而产生交集,从而典型地体现了佛教在中古上、下层社会的传播和发展变迁。

金溪《北魏石窟寺伎乐形象的出现、演变及其原因》认为，北魏石窟寺伎乐形象类型的出现与演变是在"象教"观念的指引下，带有明确目的性的官方整体规划的产物，并与以佛诞日庆祝仪式为代表的国家性佛教庆典活动的成形同步。或者说，它是国家佛教仪式的逐步完善在佛教美术中的体现。较早出现的伎乐天类型是根据佛经记载描绘出的以伎乐供养佛的场面，而连环画式的佛传画则具有在仪式中为信众讲述佛传故事的作用，它们共同构成了佛教庆祝仪式的内容，可以与记载相互印证；迁洛后的伎乐人与礼佛图等图像类型，则比较忠实地记录了佛诞日庆典等大型佛教仪式的形态，因此具有更为明确的史料意义。

这次论文有如下特点：1. 时间跨度长，从先秦到明清。2. 空间范围广，大量论文以海外汉籍为研究对象，或者在论文中运用了海外汉籍资料。3. 覆盖领域宽，包括文学、音乐学、文化学、叙事学、天文学、考古学等。学生的成就综合体现出王老师学术视野宽广、因材施教、治学严谨，重视材料与追求创新等特点。或言："小盾先生究天人之际，通古今之变，成一家之言。其弟子亦有善可陈，或卓有成就。"良有以也。

此次写序，感触很深。王师学问博大精深，或云"夫子之墙数仞，不得其门而入"。王师讲文献学三阶，用及门、登堂、入室作比方，吾等能及门，实在幸运。

就我个人而言，1994 年入门读博士，让我对学术有了更深入的理解。我在应约撰写的个人小传中提到："王老师招收博士，不拘一格，不限学科。学生中有戏剧、外国文学、历史学、音乐学、文艺学等专业方向。王老师招我是因为《唐方镇文职僚佐考》的工作。记得有人问王老师为什么招我，老师说，《唐方镇文职僚佐考》五六十万字，是重要的文献工作，你不服，可以把这本书抄一遍试试。王老师自谓行走在文学研究的边缘，让文学和其他学科结缘，解决文学问题。王老师带学生有一套自己的方法。有些学生进门已有学术成绩了，为了让学生知道有新任务，要写好博士论文，他把学生已在《中国史研究》《历史研究》《文学遗产》等刊物发表过的论文拿来讲解分析，指出文章结构、用词用语的问题，特别指出如何用恰当的语言表达思想，学生收获很大，后来我自己也常用这一方法指导学生。分析文章的过程，是警示学生的过程，指出不当或错误，毫不含糊，学生当面难堪，私下不得不佩服老师的学术眼光和对辞须达意的追求。王老师治学路数独特，也让我们认识了不同学科的学者，见识了他们的治学方法。

比如音乐学的'南赵北黄'，都是第一次从王老师讲课中知道的音乐学大家。南赵，指赵宋光；北黄，指黄翔鹏。赵宋光先生曾应邀到扬州大学讲乐律学，他讲得太专门、太深奥了，我听得云里雾里。如果懂一点也好，可以用乐律学去阐释《淮南子》所述十二律吕与二十四节气对应，与《史记》以'为调称谓'提到的各均的逻辑结构。因王老师关系，赵宋光先生也参加过前几年我组织的音乐与文学专题对话，让参会者开了眼界。这是一个很好的群体，王老师的学术理想和境界、建树以及工作忘我的状态，是我们最好的精神财富。同门都学有所成，出版了很多重要著作，成为各个行业有影响的学者。在这样的群体中，有很多好处，如我在考虑文学问题时，常常试图和其他学科建立联系。比如我会关心音乐与文学、语言与文学的关系，最关心的还是历史与文学的关系。在研究中，我经常会琢磨历史叙事与历史解释、历史想象与历史真理等关联性，史料辨析、考证、比较等方法也会尝试运用。王老师常说，要能从看似无联系的材料中寻找其间的联系，以探究事物本质。"

我和王师真有缘分。我听王师在多个场合说："伟华和我有缘，我考博士时，是伟华把床铺让我睡的。"其实，在老师读博期间，还有几件事。一是我和辅导员好友邀王师在师院文科大课室做过一次学术演讲，我估计这是王师博士毕业前在扬州师院的唯一一次演讲，我很幸运参与和聆听。二是王师推荐我做任先生助手。一次在教工餐厅，王师简单对我说："我推荐你去任老那做助手，系里会通知你的。"和任先生见面时，依例先在来客登记簿上签名，注明单位。因为紧张，说过什么大多不记得了，但有几句话我记得很清楚。任先生说："你来了。我会发你补助，但你就要为我工作了。一天工作 12 小时，一年工作 360 天，不打折扣。"我不置可否地"嗯"了一声。回家后，我和夫人商量。夫人说："机会好，但工作一紧张就睡不了，也没法工作，要不还是不去了吧。"我也觉得有理，就托人回话不去了。没有做任先生的学术助手，真是失去了一次机会；而我因失眠的状况确实也承担不了责任，完成不了任务，甚至会耽误任先生的学术研究。这样一想也就原谅自己了。不过有了这次经历，自己对学术研究也有了新的要求，以后做《唐方镇文职僚佐考》时，稍有懈怠，就会想要坚持，因为再苦也没有当任先生助手辛苦。

王师有严格要求的一面，也有温暖可爱的一面。于我能感受王师的两面，大致以博士毕业为界。读博期间，王老师要求很严，比如，初入师门，我婉转提出，我的导师只要王老师一人。王师当即严厉批评，导师组是需要的；比如，在呈交的论文批语中有"胡说八道"。那时，王师经常晚上讨论问题，我睡觉不好，过了10点才睡，大概率是一夜无眠，实在难以坚持。我鼓动我爱人去找王师，王师应允"伟华10点可回"。可见王师遇到"不可教"的学生也是气愤之极，而又无可奈何！

　　更多是温馨的画面，离开扬州时，王师率同门诸位在楼下送别，一直到师院大门合影留念。特别是到了广州后，王师给予我很多支持和帮助。比如，刘禹锡学会在连州召开，王师从白云机场坐近5小时车才能到达会场，南开大学卢盛江教授说："你真了不起，把王老师都请来了。"王师每次到广州，都能来学校作演讲，组织学术对话，让人羡慕。

　　王师很看重学生的成长，我和张之为作《唐声诗》校理，并要求将张之为署名在前，在我担心王师能否同意时，王师说："你这样做很好！"2017年4月在扬州纪念任先生学术会上，王师作总结时还特别在青年学者中表扬了张之为。最近商务印书馆出版任先生《唐声诗》，王师约我一起写导言，我把王师相关论述聚集，稍有发挥，恳请王师独立署名，王师不允，幽默回复说"抄的不多，但抄的很有功力"，而且把我的名字署前。

　　王师的幽默，时有逗乐之处。很巧有几次在境外看望王师，在首尔出地铁站打探去机场方向路线，王师英语和手势并用，比划和对方交流片刻，对方不明白，王师稍弯腰，头上仰，然后左右伸展双手，灵活摆动手掌，作飞机飞行状。

　　在读书期间，我因住在家里，又要上本科的课，和胜华交流甚少。胜华和王师住一起，得王师教诲尤多，《导师训诫笔录》，留下一笔精神财富，从中可知胜华给王师带来的喜悦和安慰。胜华兄早逝，令我们痛心，我两次去麻园看望嫂夫人及其家人，卞佳发在朋友圈，修延兄点了七个赞，云"有情有义"。其实我常想到他，想到在餐桌上他那口哨的表演，流利而独特，旋律优美，细腻深情。王廷洽20多年不见了，1997年春节他送我《中国印章史》，我时常会拿出来看看，多想他提交一篇论文，放上自己的近照，头发还是那样浓密而有力吗？广荣的理想是经常喝点啤酒，骑着摩托去兜风，但尚未见他骑行的照片，清华园可能不会给他发行驶驾照。剑平向我展示过蹇长春先生送他的李贺诗集，扉页是蹇先生的题记，心里想着，请他拍照传给我，至今还没有得到他的回音。有次去南昌，曹柯平很兴奋地对我说："傅老说，这次我们打的去。"修延兄官居正厅，廉洁自律，让我感动，他同意打的，也让柯平如此高兴。志远兄也多时不见了，好在存有一张和《百家讲坛》宣传广告中的志远肖像合影。同门故事多，我离开扬州前，曾在《扬州日报》副刊发表《五仙居》，写楼下兄弟的，报纸找不着了，但修延讲故事的神情历历在目，可惜那时没有手机，没有摄像和录音工具。

年岁大了，比较喜欢写不需要深入思考的往事，故将本该写入问学杂忆的内容放在这里了。再说讲些故事，让老师开心；同门提供的论文，本该有评述，却未写成。在此深表歉意。

特别要向王师说一声"对不起"，本来想在中国学术史中写王师的学术成就和重要地位，但学生学识有限，心有余而力不逮。王国维《沈乙庵先生七十寿序》云："其所以继承前哲者以此，其所以开创来学者亦以此。使后之学术变而不失其正鹄者，其必由先生之道矣。"静安先生所论所评意味深长。

2020 年 7 月 6 日写于广州平斋，窗外阳光灿烂

学术研究的"问题意识"与"非问题意识"

方志远

"问题意识"及因"问题意识"而产生的成果早已有之。两千多年前秦始皇君臣关于"封建"与"郡县"的讨论，贾谊《过秦论》对于秦朝二世而亡的分析，都可以说是由"问题意识"催生的作品。当然，如果要归类，这些作品大抵应该归于"社会"或"人文"学科，更确切地说，是"历史学"或者是"政治学"的范畴。随着学术的发展，学科的分类越来越细，"隔行如隔山"并非虚言。尽管各学科之间客观、求真的科学精神是一致的，但不同学科的不同特点则决定研究方法和表述方式的不同。本文拟以历史研究为关照，就学术研究中的"问题意识"略抒己见，希望能够引起共鸣，更希望能够得到批评。

一、"问题意识"的是与非

学术界对"问题意识"的认识，从来没有像最近 20 年特别是进入二十一世纪以来这样强烈，强烈到成为学术研究乃至公共话语的重要甚至"核心"理念①。硕

① 姚亮教授在《学术研究中的问题意识》一文中，开宗明义提出："问题意识是学术研究的核心要义。"（《学习时报》2013 年 12 月 2 日）房寿高、吴星二位学者的《到底什么是问题意识》（《上海教育科研》2006 年第 1 期）一文，根据"中国期刊网镜像站"的资料，统计出从 1995 年到 2004 年，国内学者发表的与"问题意识"有关的论文数量，十年中依次是：1、7、9、13、17、21、53、80、110、112 篇。最近十余年应该更多。

士、博士研究生的开题报告、论文答辩，往往必须回答："你的问题意识是什么？""你准备解决或者已经解决了什么问题？"等等。弄得一些博士、硕士也忘乎所以地宣称："这个问题已经被我解决。"更有不少学者现身说法，指明自己的成功经验，乃是持续不断的"问题意识"的结果，因而倡导青年学者增强"问题意识"①。从某种意义上说，"问题意识"之所以被特别提出并且能够成为学术研究的"核心"理念，又是与"国际接轨"的结果②。而在当今中国，任何事情一旦贴上和"国际"接轨的标签，遂成时髦。"问题意识"也是如此③。

毫无疑问，"问题意识"是基本的科学精神，是人们不断探求未知、不断破解难题的强大动力。可以说，无问题意识便无科学技术的进步，无问题意识便无学术研究的推进，无问题意识便进不了学术之门。"问题意识"的强化，对中国大陆的学术研究已经产生并将持续产生重大影响，不仅各类学术著作和论文的数量以几何级数增长，而且有大量高品质的作品问世。

但是，毋庸讳言的是，被社会诟病的"硕士不硕""博士不博"的现象，以及著作等身、思想贫乏，学者成堆、大师稀缺的状况，却也不能不说与"问题意识"过于强烈有一定关系④。因为过于强烈的"问题意识"违背了人类思维的一般规律，容易导致忽略过程直奔结果、关注细节忽略大局，特别是容易助长急功近利的浮躁心理和立竿见影的实用主义之风。

所以，在对一些尚未步入学术门槛或者虽然已经步入门槛却仍在徘徊的学者，建立或强化"问题意识"，是完全必要的。但是，在"问题意识"已经成为时髦、成为标签的今日，给"问题意识"降降温，应该也有必要。少一些"问题

---

① 黄宗智《问题意识与学术研究：五十年的回顾》，《开放时代》2015 年第 6 期。
② 俞吾金《问题意识：创新的内在动力》（《浙江日报》2007 年 6 月 18 日，第 11 版）列举了德国哲学家克罗纳、英国哲学家波普、美国哲学家杜威等人关于"问题意识"的主张或者通过"问题意识"所取得的成果。
③ 本文的一位评审专家指出："问题意识本是西方社会科学借鉴自然科学的方法，即提出问题假说，指出问题现象，然后找数据和材料进行解释，完成问题模式，然后经过验证。如在使用者那里得到证明，新理论就产生了。"这种由西方社会科学借鉴自然科学的"新理论"产出的方法固然可以借鉴，但如果要运用于文史哲等人文学科并成为"核心"或"基本"方法，则存在诸多问题。
④ 当然，"硕士不硕""博士不博"的现象，以及著作等身而思想贫乏、学者成堆而大师稀缺的状况，有更深层的社会原因，"问题意识"的过于强化只是这些深层原因在学术要求上的表现而已。

意识"，多一些"非问题意识"，学者的生产欲望可能会少一些，科学精神或许会多一些；科研成果可能会少一些，传世之作或许会多一些；著作等身的学者可能会少一些，博学通达的学者可能会多一些。这或许也是"文武之道，一张一弛"：当缺乏问题意识的时候，我们倡导多一些问题意识；当问题意识过于强烈的时候，我们倡导多一些"非问题意识"。

这里所说的"非问题意识"，并非不要"问题意识"，而是在一定程度上淡化问题意识，关注"问题"之外的事物、关注看似并非"问题"却是问题所由发生的事物。具体地说，是在欣赏过程中发现问题、在培育情怀中超越问题。如果说"问题意识"是务实，"非问题意识"便是务虚。这样，当我们回过头来重新看"问题"的时候，或许可以更加深刻地认识问题。也就是说，当急功近利的"务实"冲动使我们"只顾拉车"而"无暇看路"的时候，"务虚"的客观冷静可能会使我们适时放缓脚步并调整前进的方向。

问题、意识、问题意识是三个相互关联又相互独立的概念。"问题"是人们在认知自然、认知社会、认知自我的过程中自然而然生成的，"问题意识"则是人们在认知自然、认知社会、认知自我过程中积极寻找问题并试图解释或者解决这些问题所产生的意图或动机。

人类认知自然、认知社会、认知自我有其自身的规律，有个从"无意识"到"有意识"、从"有意识"到意识到"问题"、再到产生"问题意识"的过程。在这个过程中，无意识是有意识的前提与基础，有意识则是问题意识的前提与基础。弗洛伊德将其归纳为人类思维活动的潜意识、前意识、意识三个层次的递进。在弗洛伊德看来，潜意识恰恰是人类更深层、更隐秘、更原始、更根本的"心理能量"，是人类一切行为的"内驱力"。正是这些心理能量、这些内驱力，从深层支配着人的心理和行为，成为人的一切动机和意图的源泉。但是，人们首先感觉到的，却是最表层的意识，然后才是前意识，而最容易被忽略的，恰恰是最为重要的潜意识①。所以，弗洛伊德在展示他的研究时，是从最容易感觉到的意识开始，向不易感觉到的前意识、潜意识逆向推进。而且，即使在"意识"这

① 弗洛伊德在《梦的解析》（孙名之等译，国际文化出版公司，2001 年）中提出关于"潜意识"（有学者译为"无意识"）的概念，后来又在《精神分析引论》（高觉敷译，商务印书馆，1984 年）、《精神分析新论》（郭本禹译，译林出版社，2011 年）中不断完善和丰富了关于潜意识、前意识、意识这一人类思维方式的理论。

个层面，也有从"意识"到"问题意识"的递进；而在"潜意识"发生的过程中，还应该经历过"无意识"。从这个角度说，"问题意识"恰恰是思维的表层现象，而"非问题意识"才是思维的深层现象。

可以说，从无意识到有意识，从非问题意识到问题意识，从客观存在的问题到人们认识到问题，从人们认识到问题到产生解释或解决问题的愿望和动机，是人类的认知过程或者说是人类思维的一般规律。与此同时，新一轮的潜意识、前意识、意识，新一轮的无意识、有意识、问题意识，以及问题意识、意识、无意识的思维循环，也早在人们的不自觉中开始。在这个过程或循环中发现问题和带着目的寻找问题，是两个不同层级的不同意识。人们发现的问题，有些可能随着人们生活阅历的丰富、知识积累的充实以及社会文明的进步而自然化解，有些则如影随形、挥之不去，甚至随着人们认知水平的提高、生活阅历的加深、社会文明的进步反复出现。正是这些如影随形、挥之不去的问题，才有可能导致人们产生"问题意识"，导致人们产生解释或解决问题的意图和动机，或者说，只有这些问题，才是真正需要启动"问题意识"进行破解的问题。

所以，从认识到问题到产生解释或解决问题的意图和动机，同样有一个过程。在这个过程中，人们对"问题"是要进行"筛选"的，而这种"筛选"也多是自然而然的结果。如果跳过过程直接寻找问题、跳过筛选直接解决问题，寻找到的问题固然多、解决的问题固然多，但未必是真正需要解决的问题。而省略过程直奔结论，往往是欲速而不达。犹如前些年在学术研究中同样时髦的"填补空白"。当"填补空白"说刚刚兴起的时候，"填补空白"是对学者研究成果的最高褒扬；而当"填补空白"成为时髦、成为标签时，对成果鉴定不说"填补空白"就等于说这项成果没有价值。但是，难道所有的"空白"都必须"填补"吗？或者说，难道所有的所谓"问题"都需要去花大力气解决吗①？

过于强烈的"问题意识"，容易在认知的两个阶段发生"问题"。第一，在学习阶段或积累阶段，它跃过欣赏材料感知材料的过程，而这恰恰是在学习和积累

---

① 邱振中教授和我讨论这一问题时戏称："上衣的背后有那么多的空白处，裁缝为何不填补空白多做一些口袋，以便小偷光顾？"虽是戏言，但也可说明许多的所谓"空白"、许多的所谓"问题"，是毋需花大力气去填补、去解决的。等到人们发现上衣背后的那些空白确实有价值时再填补不迟。但那个时候的填补，成本会降低许多，而且功能也不是我们现在的智慧所能想到的。

阶段必须经历的过程。第二，在研究阶段或突破阶段，它妨碍了直接从材料出发，而是将已有研究作为起点或作为"靶子"。从学术史的角度看，许多"问题"其实是学者在研究过程中的"预设"或者"失误"，其中不少属于"伪问题"。如果不是从"预设"或"失误"出发，而是从原始材料出发，完全有可能直接"论从史出"。这其实是学术研究的两个途径，是从"问题"出发还是从"材料"出发，是"论从史出"还是"论从论出"①。

有学者将"问题意识"概括为"发现问题，界定问题，综合问题，解决问题，验证问题"五个环节，认为这五个环节构成一个完整的问题意识②。这种概括是有道理的，但是，这种概括严格地说也只是对自然科学更为适合，社会科学，特别是人文学科则未必如此拘泥。如上文所说，发现问题其实有两种情况，一种是在过程中的"自然而然"，另一种则是带有某种目的的"刻意寻找"。后者可以归为"问题意识"，前者却属"非问题意识"。在自然科学中，"验证问题"是必不可少的，如果无法验证，结论就说不上是科学的、客观的。但在社会科学特别是人文学科中，强调"验证"却过于苛求。而且，越是涉及"人"，越是涉及个体的思想和行为，就越是难以验证乃至无法验证。

以史为鉴，从历史中吸取经验和教训，可以说是中国历代统治者乃至大众都十分重视的事情。前文提及的秦始皇君臣正是从周朝灭亡的历史经验和教训中讨论秦朝的制度建设。讨论的结果是，西周分封子弟，数代之后关系疏远，遂至诸侯纷争、天下大乱。这个结论无疑是有一定道理的，而且此后还部分地被西汉分封、完全地被西晋分封所"验证"。但是，由于这场讨论的主角秦始皇过于直奔主题，"问题意识"过于强烈，过于"功利"，致使完全不屑于不同的意见，完全无视西周分封的意义和价值所在，特别是忽略秦统一中国后"封建"理念的惯性影响及对"分封"进行改造的可能性和必要性。所以，尽管废分封而行郡县，秦朝却是二世而亡，比西周的瓦解迅速得多。但是，秦废分封行郡县的大趋势却是对的。继秦而起的西汉顺其自然、因势利导，秦朝进两步，西汉退一步，在中央势力能够达到的地区行郡县制，中央势力一时难以达到的地区在郡县之上同时建

---

① 这段论述是在和王小盾教授的学术通信中得到的启示，可以说主要是陈述或阐释他的观点。

② 劳凯声《人文社会科学研究的问题意识、学理意识和方法意识》，《北京师范大学学报》2009年第1期。

立王国加以控制（始为异姓王国后为同姓王国），是为郡国并行。这个措施看似无为而治，却符合当时的客观形势；看似制度倒退，却成就了两汉的大一统。但是，当西晋刻意效法时，却同样是二世而亡。贾谊《过秦论》是对秦朝二世而亡的反思，固然也是带着"问题意识"，但这时的"问题意识"已经升华为一种人文情怀，是在更高的层次上讨论王朝的兴亡过程。而且，这个问题也并非只是贾谊在关注，而是"自然而然"地摆在人们面前，全社会都在"自然而然"地讨论、"自然而然"地进行总结。此后，柳宗元、苏轼等人也加入"封建"与"郡县"的讨论之中，顾炎武则在分析"封建"与"郡县"的利弊中，提出"寓封建于郡县之中"的折中方案①。

"竹林七贤"之一的阮籍在考察了当年楚汉相争的战场后发表评论："时无英雄，使竖子成名。"② 被阮籍称为"竖子"的，自然是汉高祖刘邦，以及被刘邦打败的对手项羽。暂且不论阮籍是否不知天高地厚，但他的说法却在不经意间重复了陈胜的理念："王侯将相，宁有种乎！"帝王的出身和个性是没有固定模板的，虽然我们可以寻找到其间的共同点，但作为个体的汉高祖刘邦却是前无古人后鲜来者，既难以复制也无法验证。一个底层亭长，一个不务正业的混混，一个动辄称儒生为"腐儒"的半文盲，一个几乎被所有的读书人看不起的人，在年过半百的时候，竟然借着秦末农民战争之势，夺取天下，做了皇帝。而父亲为他树立的榜样、种田能手哥哥刘仲，却在这个乱世之中受其奚落。但是，两百多年之后，也是两兄弟——刘縯、刘秀，哥哥刘縯有刘邦的气象，弟弟刘秀却有刘仲的爱好，但最后"复兴汉室"的，却不是酷似刘邦英雄气象的刘縯，而是颇类刘仲的种田能手和经营高手刘秀。

人文学科可以探求也必须探求人类社会发展的大趋势、总规律，但在具体问题上如果要强行"验证问题"，其结果经常会让人大跌眼镜，这和自然科学可能恰恰相反。这也导致"历史教训"人人都想吸取、"历史经验"人人都想借鉴，但真正能够顺利吸取、成功借鉴的，却又罕见。历史问题，人的问题，从来就不

---

① 贾谊《过秦论》，《汉书》卷三一《陈胜项籍传》，中华书局，1962 年，第 1821—1825 页；柳宗元《柳河东集》卷三《论·封建论》，上海人民出版社，1994 年，第 43—48 页；《苏轼文集》卷五《论封建》，孔凡礼点校，中华书局，1986 年，第 157—158 页；顾炎武《顾亭林诗文集·亭林文集》卷一《郡县论一》，中华书局，1974 年，第 12 页。
② 《晋书》卷四九《阮籍传》，中华书局，1974 年，第 1361 页。

是一加一可以等于二的。

二、欣赏过程　发现问题

坦率地说，在撰写本文之前，笔者没有任何"问题意识"，完全是从欣赏过程中产生的兴趣、生成的潜意识。回想起来，大概和曾经读过的几种文献以及自己的学术经历有关。

第一种文献是老子的《道德经》（暂且从众说，视老子为《道德经》的作者）。《道德经》中有两段流传甚广的话。第一段：

> 道可道，非常道；名可名，非常名。无名天地之始，有名万物之母。故常无欲以观其妙，常有欲以观其徼（窍）。（卷上《体道第一》）①

这一段话是《道德经》的开篇，不但为喜好者津津乐道，也为学术研究、历史研究揭示了一些有趣的"常理"和"人情"。而在我看来，"人文"学科的研究态度，最好是"循常理、顺人情"。

《道德经》这段话对我的启示是：其一，"可道"之道，即通过人们观察、领悟并描述出来的"道"，其实已非客观存在的"道"，因为客观存在的道是不可"道"或难以"道"的。虽然我们不断地想探讨历史的真相乃至试图"复原"历史，但历史的真相是不可能被穷极的，历史的原貌也是不可能被复原的；尽管我们不断地想揭示人类历史发展的"规律"，但我们所描述的仍然只是已经发生的事实，很难相信人类以后的发展真会像现在人们所预测的那样行进。其二，虽然如此，我们仍然要通过各种努力，尽可能地揭示接近于历史真相的历史，尽可能在局部和细节上复原可能符合历史真实的历史，尽可能地在大趋势上预测人类历史发展的方向，并且随着时代的行进，不断修正这些预测。这正是历史研究的基本动力和终极价值。也就是说，虽然这些被描述的"道"并非完全是客观存在的

---

① 按：注《道德经》者甚多，见仁见智，歧义百出。就笔者看来，由于"语境"的接近，越早的注本应该越接近原意，所以主张读《道德经》以"河上公"及王弼的注本为主。本文所引《道德经》及注，皆依"河上公"本。

"道"，但仍然得继续去探求"道"、描述"道"。其三，那么，如何尽可能地揭示接近真相的历史、如何尽可能地在局部和细节上复原可能符合历史真实的历史、如何尽可能地在大趋势上预测人类历史发展的方向，如何使"可道"之"道"接近"常道"之"道"？那就应该是既"无欲"而又"有欲"，无欲和有欲在这个过程中应该是相辅相成、不可偏废的。

《道德经》所谓的"无欲"，我喻之为"非问题意识"。只有不带任何的成见、任何的企盼、任何的预设，才可能客观地欣赏历史发展的过程、真切地感受历史发展的脉搏、欣喜地发现历史发展的无穷妙趣，或许能够从中领悟到历史的某些规律。所谓的"有欲"，我喻之为"问题意识"。我们在欣赏历史发展的过程中，发现其间的关节和问题，并且产生出解释或解决这些关节和问题的动机和愿望，同时将这些关节和问题置于历史发展的过程之中，做出我们的判断、推进我们的研究。如果没有"无欲"地欣赏过程，也就难以真正"有欲"地解释或解决问题。

《道德经》的另一段话是：

> 人法地，地法天，天法道，道法自然。（卷上《象元第二十五》）

这段话简洁而富有节奏，熟悉的人更多。有朋友提示，这段话的要害，就是"人法自然"。可以说是一语中的、直奔主题。

但是，明明一句话可以说完的事情，老子为何要分四句，读起来甚至有些"玄之又玄"？这就是我们对老子的不理解了，说到底，老子是在强调事物的"过程"。

《史记·老子韩非列传》中关于孔子见老子的一段文字，有利于我们理解老子为何一句话分四句说。《史记》说，孔子适周，将问礼于老子。老子对孔子有一番告诫：

> 子所言者，其人与骨皆已朽矣，独其言在耳。且君子得其时则驾，不得其时则蓬累而行。吾闻之，良贾深藏若虚，君子盛德，容貌若愚。去子之骄气与多欲，态色与淫志，是皆无益于子之身。吾所以告子，若是而已。①

---

① 《史记》卷六三《老子韩非列传》，中华书局，1959 年，第 2140 页。

老子让孔子把自己的诸多欲望、诸多想法，以及时时以文武周公代言人自居的傲气，统统放下，这样才能平心静气地讨论"礼"。"圣人"孔子尚且多欲，尚且多骄气、多态色、多淫志，何况我等凡夫俗子。

所以，"人法自然"要有一个过程。首先是"法地"。地的特点是："安静柔和，种之得五谷，掘之得甘泉，劳而不怨也，有功而不制也。"只有放下种种欲望，像地那样安静平和、奉献不争，然后才可能"法天"。天的特点是："湛泊不动，施而不求报，生长万物，无所收取。"只有像天那样光明无私、包容万物，然后才可能"法道"。只有像"道"那样清净、那样无声无息、那样一切自成，然后才可能"法自然"，才可能像"自然"那样，没有羁绊、没有崖岸，生生息息、永不停顿。说到底，人法自然，是要一切因势利导、顺乎自然。但即使是这样，也只能是"法自然"而不可能就"成自然"。

这也可以说是一种研究的境界，这个境界并非刻意为之，而是"顺乎自然"，才能接近于"道法自然"、水到渠成的结果，研究的结论才可能更加循乎常理而顺乎人情。

第二种文献是王阳明弟子所录的《传习录》。《传习录》收集了王阳明与朋友及弟子有关学术的通信，以及和弟子们讨论学术的对话。其中王阳明和弟子薛侃之间关于"花"与"草"的对话，在某种程度启发了我对"问题意识"与"非问题意识"的认识，特别是在"欣赏过程"中"发现问题"的感受。节选如下：

（薛）侃去花间草，因曰："天地间何善难培、恶难去？"

先生曰："天地生意，花草一般，何曾有善恶之分？子欲观花，则以花为善，以草为恶；如欲用草时，复以草为善矣。此等善恶，皆由汝心好恶所生，故知是错。"

曰："然则无善无恶乎？"

曰："无善无恶者理之静，有善有恶者气之动。不动于气，即无善无恶，是谓至善。"

曰："草既非恶，即草不宜去矣。"

曰："如此却是佛、老意见。草若有碍，何妨汝去？"

曰："如此又是作好作恶？"

曰："不作好恶，非是全无好恶，却是无知觉的人。谓之不作者，只是好恶一循于理，不去又着一分意思。如此，即是不曾好恶一般。"①

薛侃关于花善草恶的认识，可以说是"问题意识"，也可以说是"有欲"；王阳明的"天地生意，花草一般"，可以说是"非问题意识"，也可以说是"无欲"。只有持"无善无恶"的"非问题意识"，才可能发现：在我们的认识中，当"以花为善"时，往往"以草为恶"；当我们"欲用草时，复以草为善"。假如"问题意识"过于强烈，站在"今日"或"现时"的立场上，立即判断花为善而草为恶，必欲除之而后快。而在另一个时空设定下，发现曾经认为"恶"的草，对于人类甚至比一直被认为"善"的花更为可贵时，草已经在当时的"善恶""意识"下被铲除殆尽了。

所以，后来王阳明给弟子不断宣讲他的"四句教"："无善无恶是心之体，有善有恶是意之动，知善知恶是良知，为善去恶是格物。"② 由"无善无恶"到"有善有恶"，由"知善知恶"到"为善去恶"也是一个过程。没有这个过程，直接为善而去恶，所去之恶未必是真恶，而所为之善也许并非真善。

学术研究其实也是这样，以明史研究为例。明太祖曾经杀功臣、杀贪官、剥夺富人、打击持不合作态度的文人。此是"善"还是"恶"？对当时和之后的明朝有何"善"果、有何"恶"果？明神宗二十年不上朝，除了和皇室利益有关之事，大抵不过问，明朝官场及明代社会在"惯性"中运行。此是"善"还是"恶"？对于明代社会的开放和明朝的灭亡有何"善"果、有何"恶"果？我们只有站在当时人、后世人的双重立场上，在欣赏过程的客观中，用陈寅恪先生的话，在"理解之同情"的立场上，才可能做出更加合理的解释。

如果我们把目光从花与草、从明朝的存与亡，延伸到中国传统文化，何为善、何为恶？何为精华、何为糟粕？道家是善、是精华？但老子的"鸡犬之声相闻、老死不相往来"不是被批判为小国寡民、与世隔绝？儒家是善、是精华？但儒家的"中庸""仁义道德"不也曾经被批判为"伪善"？那么佛家是善、是精华？基督教是善、是精华？如果用我们通常所说的概念，"存其精华、去其糟粕"，那么，道家、儒家、佛家、基督教中哪些是精华、哪些是糟粕？去后、留

---

① 王守仁《王阳明全书》卷三《语录一·传习录上》，上海人民出版社，1992 年，第 29 页。
② 王守仁《王阳明全书》卷三《语录三·传习录下》，第 117 页。

后还叫道家、儒家、佛家、基督教吗?

虽然王阳明不断教诲弟子,遇事不要"着相"、心中要少一些"芥蒂",要"儒佛老庄皆为我用",但王学末流的"空疏"仍然为世所讥。虽然更多是因为时代所赐,但也不能不说和王阳明自己的急迫有关。《传习录》中收录了王阳明自撰的《朱子晚年定论序》:

> 守仁早岁业举,溺志词章之习,既乃稍知从事正学,而苦于众说之纷挠疲迩,茫无可入。因求诸老释,欣然有会于心,以为圣人之学在此矣。然于孔子之教,间相出入,而措之日用,往往缺漏无归,依违往返,且信且疑。其后谪官龙场,居夷处困,动心忍性之余,恍若有悟。体验探求,再更寒暑,证诸五经四子,沛然若决江河而放诸海也。然后叹圣人之道,坦如大路,而世之儒者,妄开窦,蹈荆棘、堕坑堑,究其为说,反出二氏之下。宜乎世之高明之士,厌此而趋彼也,此岂二氏之罪哉!①

王阳明自己经历过"溺志词章""从事正学""求诸老释"的长期探索过程,又有"居夷三年"的感悟②,并经历了剿灭南赣汀漳民变、平定南昌宁王宸濠兵变,以及应对各种复杂局势的经历后,才提出"良知"的心得,因此他自称这一心得是从"百死千难"中所得。但是,王阳明一方面担心学生"得之容易,把作一种光景玩弄,不实落用功";另一方面又唯恐学生走了弯路,故而"不得已与人一口说尽"③。于是往往忽略过程,直接讲求"尽性至命"、直接将学生带入"良知"。犹如时下所谓的"心灵鸡汤",在修心养性上或许立竿见影,但在修习

---

① 王守仁《王阳明全书》卷三《语录三·传习录下·朱子晚年定论序》,第127—128页。标点略有改动。

② 按:王阳明每每称自己"居夷三年",其实他真正在贵州的时间,应该是一年零九个月左右。据《王阳明全书》卷三三《年谱一》,阳明于正德二年(1507)春离京南下,三年春末到贵州龙场驿;五年三月,抵达江西庐陵县任知县。(参见王守仁《王阳明全书》卷三三《年谱一》,第1227、1228、1230页)这个经历从王阳明的诗文中也可以得到证实。又《明史》卷一九五《王守仁传》说:"(刘)瑾诛,(守仁)量移庐陵知县。"(中华书局,1974年,第5160页)今人研究"王学"者多从此说。但刘瑾"诛"在正德五年八月,而王阳明在正德四年底得到调任庐陵知县的文书后,即离开龙场驿,这年的除夕是在往庐陵的舟中度过的。(参见《王阳明全书》卷一九《外集一·舟中除夕二首》,第51页)

③ 王守仁《王阳明全书》卷三四《年谱二》,第1279页。

学术上，如果不是本来学有根基，那就只能是"空疏无物"。

第三种文献是徐复观的《我的读书生活》。

徐复观先生在《我的读书生活》中，说到自己拜熊十力先生为师的一段轶事：

> 第一次我穿军服到北碚金刚碑勉仁书院看他（熊十力）时，请教应该读什么书。他老先生教我读王船山的《读通鉴论》；我说那早年已经读过了；他以不高兴的神气说："你并没有读懂，应当再读。"过了些时候再去见他，说《读通鉴论》已经读完了。他问："有点什么心得？"于是我接二连三的说出我的许多不同意的地方。他老先生未听完便怒声斥骂说："你这个东西，怎么会读得进书！任何书的内容，都是有好的地方，也有坏的地方。你为什么不先看出他的好的地方，却专门去挑坏的；这样读书，就是读了百部千部，你会受到书的什么益处？读书是要先看出他的好处，再批评他的坏处，这才像吃东西一样，经过消化而摄取了营养。譬如《读通鉴论》，某一段该是多么有意义；又如某一段，理解是如何深刻。你记得吗？你懂得吗？"①

徐复观当时刚刚三十岁，已经是国民党陆军少将，可谓春风得意。熊十力的一番骂，骂得这位"陆军少将"目瞪口呆。但徐复观认为，正是这一骂，骂得他在学术上"起死回生"。按时下的说法，徐复观在"国学大师"熊十力的要求下重读《读通鉴论》，是带着批评的眼光、带着"问题意识"去读的，却被骂得狗血淋头。在熊十力看来，读书首先应该是"欣赏"，特别是对于《读通鉴论》这样的名著，应该先看到书中的好处，吸取书中的营养。在欣赏中发现问题，并且进行超越。

这个故事不少人都知道，它向我们揭示了一个读书的方法、研究的方法。读书本来应该是一个愉悦的过程，可以充分享受作者给我们提供的各种信息、感受作者传递给我们的各种情感。与此同时，也可以发现作者的一些问题。前者是强大自我、提出创见的基础，后者是超越前人的关节和契机，二者相辅相成。没有过程的欣赏，很难发现"原生"的问题。问题从哪里来？当然可以从他人的研究

---

① 　徐复观《我的读书生活》，《徐复观集》，群言出版社，1993 年，第 51 页。

成果中来。但是，如果忽略了欣赏的过程，没有发现"原生"问题，可能一开始就陷入和已有研究的"预设"对话，而不是和古人、和历史直接对话。

曾经的关于中国资本主义萌芽问题的讨论，激发出诸多的优秀作品。但是，这些真正优秀作品的特点，恰恰不是因为它们解决了最核心的"问题"，如有无萌芽、何时发生萌芽，以及这些萌芽是否能够发展到资本主义的生产关系等，而是在这个过程中，淡化"萌芽"的"问题意识"，老老实实地阅读史料，在阅读中欣赏中国古代社会的发展状态，发现具体的经济与社会问题，然后解读或解决问题。而过于强烈的问题意识，导致学者把中国前资本主义社会的"雇佣劳动"和西方的"资本主义生产关系"牵强附会地联系在一起，从而有清代萌芽说、明中后期萌芽说、元末明初萌芽说，以及元代、南宋、北宋、唐代、南北朝、东汉、西汉、战国等"萌芽"说。所以产生这样的问题，是因为尽管我们宣称是在用马克思主义辩证唯物论的方法研究问题，但在这场长达数十年的学术讨论中，最被忽略的恰恰是恩格斯早就指出的一个原则："如果不把唯物主义方法当做研究历史的指南，而把它当做现成的公式，按照它来剪裁各种历史事实，那它就会转变为自己的对立物。"[①] 资本主义的发生是一场运动、一个过程，是一场各种因素发生作用的"偶然"。由于这个偶然在后来成为席卷全球的潮流，我们就认为它是人类发展的"必然"。而这个特定的问题假设，促使几代学者苦苦寻找我们自身的这种"必然"的蛛丝马迹。

或许是受业师欧阳琛教授的影响，也得益于二十世纪七十年代末八十年代初"读书"气氛的浓烈，笔者在步入史学门槛的一段时间里，得以安心读书，而且是不带任何功利色彩、不带任何"问题意识"地读书。读什么书？读最为常见的书。读通史的顺序是《春秋左传正义》《史记》《资治通鉴》，读明史的顺序是《明通鉴》《明史》《明史纪事本末》《明会典》。同时读明朝人的笔记。读哪些？学校图书馆和历史系资料室有的《纪录汇编》《万有文库》《丛书集成初编》等收录的明人笔记，有什么读什么、见什么读什么。一年多下来，笔记和卡片做了许多，文章一篇也没写。当时有关心我的老师觉得奇怪，说有几十张卡片就可以写论文了，你抄了几千张吧，怎么不写论文？我说我老师不让写，自己也没有想到要写，还有许多书没有读。为何会是这样，我当时也不明白。后来逐渐明白，

---

① 《马克思恩格斯选集》第4卷，人民出版社，2012年，第595页。

先师是让我在阅读中"走进"历史、"感受"历史,"走进"明朝、"感受"明朝。如果不是要写毕业论文,我估计先师还会让我再读下去。写毕业论文怎么办?还是读书,读《明实录》和相关文集、笔记,而不是读已有的研究成果。毕业以后的若干年,仍然是不带任何目的读书,读先师早年为中正大学(江西师大前身)购置的南京图书馆藏钞本《明实录》(当时黄彰健先生主持校勘的台湾"中研院"校勘本尚未在大陆流行),许多"问题"正是在这个"过程"中发现的。当一些朋友将《明实录》《明史》视为"常见史料"而弃之不顾时,我却感觉从中受益巨大。

大概是因为这个过程,我的研究习惯或"路数"和很多学者不太一样,第一步不是从"学术史"中寻找问题,与研究者对话,而是在"阅读文献"即"欣赏过程"中发现问题,与古人对话。开始写"内阁""巡抚""镇守中官""御马监",后来写"江右商""传奉官""山人""冠带荣身"①,都是在写完初稿之后再去关注"学术史"。十分幸运的是,竟然少有"撞车";即使"撞车",由于资料比较翔实、视野比较舒展、角度比较独特,所以"闯关"也比较顺利。这大概是因为认识直接从史料中来,较少被后人的研究"先入为主",较少"成见"与"崖岸",所以可能更为接近当时的"实况"。

只有欣赏过程,才可能使学者站在更加客观的立场上,尊重历史发展的基本规律,得出更为科学的结论。如明朝的灭亡,是李自成推翻、多尔衮终结的。但是,如果站在更加客观的立场上,我们可以发现,明朝"灭亡"其实也是一个过程,其间的契机不止一个,当时种种看似偶然的因素聚集在一起,已经到了不得不亡的时候了。万事万物,有生就有灭,从来没有真正"传之万世"的朝代。范仲淹《岳阳楼记》"不以物喜,不以己悲"的文学语言,其实也是以平和的心态看待事物过程的研究境界。

① 参见方志远:《论明代内阁制度的形成》,《文史》第 33 辑,中华书局,1990 年;《明代的巡抚制度》,《中国史研究》1988 年第 3 期;《明代的镇守中官制度》,《文史》第 40 辑,中华书局,1994 年;《明代的御马监》,《中国史研究》1997 年第 2 期;《明清江右商帮》,香港中华书局,台湾万象书局,1995 年;《"传奉官"与明成化时代》,《历史研究》2007 年第 1 期;《"山人"与晚明政局》,《中国社会科学》2010 年第 1 期;《"冠带荣身"与明代国家动员——以正统至天顺年间赈灾助饷为中心》,《中国社会科学》2013 年第 12 期。

三、培育情怀　超越问题

我在《马克思主义历史学与海外中国学》一文中曾发过这样的感慨：

> 如果有宽松的研究环境、良好的研究条件、平和的研究心态，中国历史研究的最好成果应该是由中国学者贡献。因为只有体内流淌着中国血液，才有可能真正用心去感受中国的事情、才可能有与生俱来的对中国问题的感悟。历史学家应该有"纵览天下"的视野，应该有"究天人之际，通古今之变"的追求，却不必也不可能揽起"包打天下"的责任。除去浮躁、卸下不该背上的包袱，好的作品或者更容易出来。①

重读这段感慨，发现其实是在说两个概念：一个是"情怀"，一个是"问题"。我一直认为，自然科学需要不断地"发现"问题、"解决"问题，所以"问题意识"应该更为强烈；人文学科更多的是在"解释"或"解读"问题，所以需要多一些"非问题意识"以培育人文情怀、超越具体问题。即使是"自然"科学家，当研究达到一定境界时，也必然会注入更多的人文情怀，这才是他们不断有所发明、有所创造的终极动力。我们熟知的许多华人科学家，如华罗庚、李政道等，恰恰是因为拥有博大的人文情怀，才走上研究科学的道路。

作为历史学者，我们能够通过"问题意识"解决的是什么问题？主要是具体的考证问题。如前见顾诚教授考证沈万三的活动时间是在元朝还是明朝，以及为何明明是元朝人却被误认为是明初人的问题②；再如近见南炳文教授考证之"沈周"何时到南京，以及为何有关于沈周11岁或15岁到南京的记载的问题③；再如我在《"传奉官"与明成化时代》考证诸多"传奉官"真实身份，以及他们的公开职务与真实身份关系的问题，等等。以历史学科为例，人文学科能够解决的

---

① 该文发表于《江西社会科学》2010年第6期，这段引文本是文章的结束语，刊出时限于篇幅被删去，特识。
② 顾诚《沈万三及其家族事迹考》，《历史研究》1999年第1期。
③ 南炳文《沈周首次游南京十一岁、十五岁两说皆误辨》，《文史》2015年第4辑。

主要是"有形"的问题，即具体的人物、具体的时间、具体的地点、具体的事项，等等。

对于"无形"的问题，如谷霁光教授关于王安石被称为"拗相公"之"拗"的解释①、吴晗先生关于明太祖朱元璋定国号为"大明"的解释②，以及《"传奉官"与明成化时代》中关于传奉官现象与明代中期多元化社会的关系的解释，等等，都只能是解释而很难说是已经解决，更不用说明朝为何亡而清朝为何兴、中国走出中世纪为何如此艰难等"巨大"而且"无形"的问题。其实，许多人文与社会问题是无法真正有定论的。我一直为忘记一则史料的出处而耿耿于怀。这则史料是一位晚明官员的笔记，说是在崇祯十三、十四年间（1640—1641），西北有张献忠、李自成，东北有皇太极、多尔衮，官场中文官爱财、武将怕死，皇帝又是没有经过实践历练的青年，明朝眼看无法收拾，于是人们竟然怀念起魏忠贤来：觉得如果这个时候"魏珰"还在，以"魏珰"的铁腕，国家恐怕不至于落到这个地步。而就在十年前，魏忠贤还是人人必欲杀之而后快的。

当然，即使是看似"有形"的问题，我们常常也未必能够"解决"而只能"解读"。比如陈寅恪先生关于"牛李党争"中牛党多寒门而李党多世族的著名论断③，再如田余庆先生《蜀史四题》中关于刘备集团中的中原、荆州、蜀中三大势力关系的分析④，等等，都是言之有据且鞭辟入里，但历史的"真实"未必完全如此。再如我在《阳明史事三题》中提出的王阳明没有生育能力的推测，自以为理由充分⑤。但《阳明年谱》明明记载，在原配诸氏去世之后，续弦的张氏生了一个儿子，这就是后来继承王阳明"新建伯"爵位的"嗣子"王正亿。真相到底怎样？恐怕只有动用"DNA"了。

周一良先生曾经用六个"W"概括学习历史、研究历史的诸要素：Who（何人）、When（何时）、Where（何地）、What（何事）、How（如何）、Why（为

① 谷霁光《王安石变法与商品经济》，《中华文史论丛》复刊号第 1 辑（总第 7 辑），上海古籍出版社，1978 年。
② 吴晗《明教与大明帝国》，氏著《读史札记》，生活·读书·新知三联书店，1956 年，第 235—270 页。
③ 陈寅恪《唐代政治史述论稿》，中华书局，1957 年。
④ 田余庆《蜀史四题：蜀国新旧纠葛的历史追溯》，《文史》第 35 辑，中华书局，1992 年。
⑤ 方志远《阳明史事三题》，《江西师范大学学报》2003 年第 4 期。

何)①。我们能够解决的，充其量只有两个半"W"，即时间、地点，以及人物或事件的部分内容，其他的只能是解释。那么，用什么理念进行解释，当然要有"问题意识"，但我认为，更需要的是"人文情怀"，比较流行的说法是"人文关怀"，也可以说是"非问题意识"。

前些年读刘大椿教授的《问题意识与超越情怀》②，感到有知音；近日读黄宗智教授的《问题意识与学术研究：五十年的回顾》，更感到振奋。在当代知名学者中，黄宗智教授是十分强调"问题意识"的，但就在《问题意识与学术研究：五十年的回顾》这样讨论"问题意识"的文章中，他开篇就说：

> 今天回顾，我清楚地认识到学术研究也是一个自我认识和理解的过程，其中的关键也许是个人心底里最关心的问题。对我来说，主要是在中西思想和文化的并存和矛盾之中，怎样来对待其间的张力、拉锯、磨合，甚或融合和超越。这既是一个认识的过程，也是，甚至更是感情层面上的过程。这样的矛盾可能成为迷茫和颓废的陷阱，但也可以是独立思考和求真的动力；它可以使自己沮丧，但也可以成为深层的建设性动力。③

黄宗智说自己的学术研究是一个自我认识和理解的过程，虽然用了"也许"两个字，但真切地呼唤出"心底里最关心的问题"。而这个"心底里最关心的问题"，显然并非我们所理解的"问题意识"所说的"问题"，而是深切的人文情怀。所以，他说自己 50 年的学术历程，既是一个"自我认识和理解的过程"，更是"感情层面上的过程"。那么，是什么样的"感情"推动作者做出学术的转变并向学界和社会贡献出一部又一部高品质的作品？黄宗智并没有把答案放在这篇文章的标题上，而是放在"把'老百姓'的福祉认作人生和学术的最高目的和价值"。正是这种把"老百姓"的"福祉"认为人生和学术的"最高目的和价值"的感情和情怀，成为黄宗智价值观上的"关键动力"。而黄宗智所说的这个"关键动力"，正是弗洛伊德所说的意识之前的"潜意识"。如果黄宗智自己不揭示出来，

---

① 赵和平《周一良先生的治学精神与方法》，《文史知识》1996 年第 3 期。
② 刘大椿《问题意识与超越情怀》，《中国人民大学学报》2004 年第 4 期。
③ 黄宗智《问题意识与学术研究：五十年的回顾》，《开放时代》2015 年第 6 期。

谁也不会把他后来的研究，特别是将《华北的小农经济与社会变迁》《长江三角洲小农家庭与乡村发展》和 1948 年的一场使上海一夜之间冻死三千人的事件联系在一起，自然更不会把这些著作与《水浒传》《三国演义》等"闲书"的影响，和"侠义"的精神、"抱不平"的价值观联系在一起。

虽然黄宗智为这篇"回顾五十年"的文章取名为"问题意识与学术研究"，但自始至终都在阐述自己的人文情怀，并且在文章的结尾再次强调：

> 回顾自己过去五十多年的学术生涯，我自己都感到比较惊讶的是，感情，作为自己学术研究的问题意识的来源和动力，其实比理性的认识起到更根本的作用。我们习惯认为"问题意识"主要来自于一个学者的学术或理论修养，而在我的人生经历之中，它其实更来自于感情。而且，感情的驱动，区别于纯粹的思考，也许更强有力、更可能成为个人长期的激励。

这种情怀开始的时候往往不易被察觉到，往往是一种"潜意识"。但在弗洛伊德看来，潜意识恰恰是人类更深层、更隐秘、更原始、更根本的"心理能量"，是人类一切行为的"内驱力"。正是这些心理能量、这些内驱力，从深层支配着人的心理和行为，成为人的一切动机和意图的源泉。

黄宗智的这种人文情怀，在某种意义上正是"非问题意识"，正是老子所说的"无欲以观其妙"的境界。当然，在具体的研究过程中，自然是由无数的问题组成的"问题意识"在推动，这也是老子所说的"有欲以观其窍"的过程。

不仅仅是黄宗智，黄宗智的老师萧公权、和萧公权同辈的钱穆，同样是具有深切人文情怀的学者。萧公权先生"人如秋水淡，诗与夕阳红"的境界①，绝非一般的"问题意识"可以企及。钱穆先生的巨制《国史大纲》，首揭中华文化的三大特征：历史的"悠久"、发展的"不间断"，记载的"详密"②。可以说，"中华文化"这一大情怀，是钱穆所有著作的"原动力"，是超越和驾驭研究过程中所有"问题"的大视野。

岂止黄宗智、萧公权、钱穆，中国历史上几乎所有产生过重大影响的伟大学

---

① 萧公权《萧公权先生寄示七十退休长句二章即呈短诗》，周策众《周策纵自选集》之《忘年诗友：悼念萧公权先生》，山东教育出版社，2005 年，第 452 页。

② 钱穆《国史大纲》，商务印书馆，2011 年，"引论"，第 1 页。

者，皆有大情怀。司马迁的情怀是"究天人之际，通古今之变"，司马光的则是"关国家兴衰，系生民休戚"。我们常常说"无欲则刚"，既然"无欲"，为何要"刚"？"刚"的目的又是什么？"刚"说明有欲，但非一般的欲、非世俗意义上的具体的"欲"，而是有大"欲"，有大的抱负和大的情怀。

这里又牵涉到另外一个命题："为学术而学术。"就我看来，"为学术而学术"也应该有两层境界。第一层境界是心无旁骛地关注正在学习或研究的对象，把学习或研究做到就专业要求而言可能达到的极致。在这个过程中，"问题意识"应该是基本的动力。没有这个层面的"为学术而学术"，没有"问题意识"，就根本进入不了学术。但是，当学术做到一定的层面，得进入第二层境界也是更高的境界。那么，一个学者所追求的"为学术而学术"的更高境界是什么？不同的学科可能各有不同，就历史学而言，我认为应该是两千多年前司马迁所说的："究天人之际，通古今之变。"尽管我们无法真正做到"究天人之际"，我们最终也许只是自以为"通古今之变"，但是，我们却需要带着这样深切的人文情怀朝着这个方向努力。这才是历史学"为学术而学术"的更高境界。

文、史、哲等"人文"学科，和数、理、化等"自然"科学之间，有着巨大的差异。对于"人文"，与其称之为"科学"，倒不如称为"学科"，除非我们建立起划分"自然科学""社会科学""人文科学"的不同的界定标准。否则，按自然科学的要求，人文是无法进入"科学"范畴的。而包括历史学在内的人文学科，完全没有必要硬挤进以"自然科学"为标准的"科学"行列，也没有必要用自然科学般的"问题意识"来考察其科学性。否则，或许成为"科学"了，但"人文"也就剥离了。近几十年人文学科在发展的过程中所遭遇的各种问题、各种困境，与用"自然科学"的理念进行要求、用"自然科学"的办法进行管理不无关系。这对于人文学科来说，并非福祉，而是灾难。当然，出现这种状况的原因，不完全在管理者，也在一些人文研究者自身，研究活生生的"人"的学问，为何硬要往公式化的"科学"行列中挤？

今日的人文学科论著不可谓不多，问题意识不可谓不强，但为何难以出"大制作"，恐怕在于"非问题意识"不够，急功近利，人文情怀缺乏。似乎可以说：没有"问题意识"，不可能有好的作品；没有"非问题意识"，不可能有大的制作。而缺乏人文情怀的作品，则不可能奢望得到社会的人文认同。

相比许多勤奋的学者，我比较懒散；相比许多高产的朋友，我属于低产。人与人之间，性情、阅历、师从和环境不一样，学习、研究的路数可能也不一样。这篇文章只是根据自己的感受，不主张过于"刻意寻求"问题，而是建议多在"欣赏过程"中"发现问题"；主张在倡导"问题意识"的过程中，多一些"非问题意识"，多注入一些人文情怀。如果这样，学者的胸怀可能更加博大、视野可能更加宽广，境界可能更加升华，作品的穿透力可能会更加强大。

（原刊于《中国社会科学评价》2016 年第 2 期）

作者简介：

　　方志远，祖籍安徽休宁，1950 年 2 月出生于江西吉安。1966 年 7 月吉安一中初中毕业，1968 年 10 月下放安福县山庄公社秀水村，1971 年 12 月进江西第四机床厂。1977 年参加高考，1979 年 9 月，与王小盾一道，提前毕业于江西师范学院南昌分院中文科，同年师从欧阳琛教授，在江西师范学院（今江西师范大学）历史系攻读中国古代史专业研究生，1981 年 10 月毕业留校工作至今。期间，1996 年 9 月—1999 年 10 月，往扬州师范学院（今扬州大学），师从王小盾教授，攻读中国古代文学研究生，与汪俊、周广荣同学，获博士学位，师兄傅修延为答辩委员之一。主要研究兴趣是：明代国家制度与社会进程、明清江西商人与地域社会、明代市民文学与社会思潮，代表作有《明代国家权力结构及运行机制》《明清湘鄂赣地区的人口流动与城乡商品经济》《国史通鉴（1—6）》《"传奉官"与明成化时代》《"山人"与晚明政局》《"冠带荣身"与明代国家动员》《学术研究的"问题意识"与"非问题意识"》等。

为什么麦克卢汉说中国人是"听觉人"

——中国文化的听觉传统及其对叙事的影响

傅修延

视觉文化的兴起虽是人类历史发展的普遍趋势，但若对中国文化中的听觉传统作一番回顾，就会发现相对于"视觉优先"在西方的较早出现，我们这边在很长时间内一直保持着听觉社会的诸多特征。人类只有通过自己的感官才能与外部环境发生"接触"，虽然分布于世界各地的人们拥有同样的感觉器官，但他们对各种感官的倚重程度不会完全一样，而这种"路径依赖"又必然会影响到包括叙事在内的信息传播方式。从感官倚重这一角度进行观察，或许有助于我们更深入地认识中国叙事的表述特征与其来所自。

一、中国文化的听觉传统

首先必须承认，眼睛是人身上最重要的感觉器官，人们在潜意识中往往将"看"等同于认知，失去视觉几乎就是与外界隔绝。《我们赖以生存的譬喻》一书在"理解是见"的条目之下，列出了英语中一系列"以视为知"的常用譬喻，这些譬喻译成汉语后对如今的国人来说也不陌生，其中有些简直就是我们的日常话语①。不过，在看到"视即知"模式向全球范围弥漫的同时，也应看到中国古代文化中存在着对听觉感知的高度重视，这种重视不是像"视即知"那样简单地在"视"与"知"之间画等号，而是用"听"来指涉更为精微的感知以及经常用听觉来统摄其他感觉方式。文字是最有代表性的文化符号，汉字中可以窥见中国文化的精髓，我们不妨先对以下几个带"耳"的汉字作一番观察与讨论：

聽 聰 聞 聖 職 廳

首先来看"聽"。该字除左旁有"耳"显示信号由耳朵接受之外，其右旁尚有"目"有"心"，一个单字内居然纳入了耳、目、心三种人体重要器官，说明造字者把"听"作为一种全方位的感知方式。不仅如此，"聽"与"德"的右旁完全相同，这也不是没有缘故的——古代的"德"不仅指"道德"之"德"，还有与天地万物相感应的内涵，《左传》宣公三年王孙满对楚子说的"在德不在鼎"就有此意。《庄子·人间世》更指出耳听只是诸"听"之一：

回曰：敢问心斋？仲尼曰：若一志；无听之以耳，而听之以心；无听之以心，而听之以气；听止于耳，心止于符。气也者，虚而待物者也，唯道集虚，虚者，心斋也。

引文中"听之以心""听之以气"等表述方式，显示庄子心目中的"听"非耳朵所能专美，"心斋"可以理解为像母腹中的胎儿一样用整个身体去感应身外的动静，这种全身心的感应是西方的认知话语无法表达的，古人对感知的理解远远走在"听触一体"的现代观念之前。

"聰"与"聽"的构形相似，该字不但从"耳"而且有"心"，因此对其的理解也应是"耳闻之而心审之"。就像古代汉语中的"听"不仅是耳听一样，"聪"也是以耳闻来钤栝其他感知，所谓"聪明"是指感知渠道畅通无阻。"耳聪目明"这样的表达次序告诉我们，今人习以为常的先说"看"后说"听"（如

---

① "I see what you are saying.（我看出［→知道/了解］你在说什么）/It looks different from my point of view.（从我的角度看就不一样）/What is your outlook on that?（你有什么看法?）/ I view it differently. （我的看法不同［→我有不同想法］）/Could you elucidate your remarks?（你可以把意思说明白/清楚一点吗?）"乔治·雷可夫、马克·詹森著，周世箴译《我们赖以生存的譬喻》，联经出版社，2012年，第91—93页。

"视听"），在传统汉语中往往是反过来的，"闻见""耳目""声貌""听视""绘声绘色""声色俱厉"和"音容笑貌"等均属此类。"闻见"一词中的"闻"亦可放在此处讨论。现在人动不动就说"在我看来"，而在主要依靠听觉传播的古代社会，人们常以自己的听闻为开场白。中国第一部历史文献《尚书》中，"我闻曰""古人有言曰"领起的直接引语不下十句，历代皇帝的诏书亦往往以"朕闻……"发端。此外，"耽溺"之"耽"、"昏聩"之"聩"以及"振聋发聩"之"聩"，皆从"耳"而非从"目"①，殷孟伦考证"闻"字在甲骨文中便从"耳"，其"嗅"义系从听觉引申而来②，这些都从侧面说明古人把耳朵当作最重要的信息接受器官。

　　"圣"字则是理解中国听觉传统的关键。许慎《说文解字》释"圣"为"通"，段玉裁指出"圣"的发音来自假借字"声"："圣从耳者，谓其耳顺。《风俗通》曰：圣者，声也，言闻声知情，按圣、声古相假借。"据此可以将"通"理解为听觉渠道的灵通顺畅③。"耳顺"现在一般理解为能听进逆耳之言，这其实是一种误解。今天人们常说的"六十而耳顺"出自《论语·为政》——"吾十有五，而志于学。三十而立，四十而不惑，五十而知天命，六十而耳顺，七十而从心所欲，不逾矩"，把"六十而耳顺"放进整段话的语境中，便会发现孔子说的是自己的认知和感应能力随着年龄增长而不断提高，到六十岁这个阶段达到了"闻声知情"的境界，即汉儒郑玄注《论语》中所说的"耳闻其言，而知其微旨"。如果只取"耳顺"的字面意义，那么做圣人的门槛未免太低了一些。清人焦循在《论语补疏》中如此为"耳顺"释义："学者自是其学，闻他人之言，多违于耳。圣人之道，一以贯之，故耳顺也。"刘宝楠的《论语正义》看到焦循之解与郑玄不同，但取和事佬态度未作细究："焦此义与郑异，亦通。"今人杨伯峻则说"（耳顺）这两个字很难讲，企图把它讲通的也有很多人，但都觉牵强"，他自己对"六十而耳顺"的解释是"六十岁，一听别人言语，便可以分别真

---

① 有学者提出"振聋发聩"之"聩"应从"目"（"瞶"），见张巨龄《以讹传讹的"振聋发'聩'"》，载《光明日报》2002 年 7 月 17 日。愚以为正是因为过去的视听倚重在今天发生了反转，所以今人会以为"聩"不应从"耳"而应从"目"。

② 殷孟伦《子云乡人类稿》，齐鲁书社，1985 年，第 278—281 页。

③ 古人常用"通"来形容听觉，如刘安《淮南子·修务训》中的"禹耳叁漏，是谓大通"。

假"①。杨释实际上是回到了郑注，闻声而知情之真伪，与闻声而"知其微旨"没有多大不同。《史记·老子韩非列传》中提到老子"姓李氏，名耳，字聃"，这一名称也标示出圣人与听觉的某种联系。

"職"与"廳"亦不能分开来观察。段玉裁在解释《说文》的"職，记微也"时说："记犹識也。纤微必識是曰職。周礼太宰之職，大司徒之職，皆谓其所司。凡言司者，谓其善伺也。凡言職者，谓其善聽也。"这段话再清楚不过地表明，不仅圣人需要聪察，凡在"廳"内为官者都要有一副善于聆听的耳朵。然而由于时代悬隔和汉字简化，"识微"与"善听"这一"職"中应有之义已被时光淘洗殆尽，大多数现代人已经不明白"職"字为什么会从"耳"，"廳"字里面为什么会有"聽"，当然也就更不明白古代为什么会有"听政""听事"和"听讼"之类的提法。本人之见，"听政"不是说统治者真的只凭听觉施政，而是强调他们要有洞烛幽微的"闻声知情"能力，这与段玉裁所说的"识微"与"善听"并无二致。以此类推，"听戏"也并非意味着只听不看，而是指精细入微地体察戏台上发生的一切。

《西游记》第五十八回中讲述的真假悟空故事，或许能让我们更好地理解古人所说的"听"常常不只是耳听。故事中两个一模一样的孙悟空从天宫闹到地府，就在十殿阴君一筹莫展之际，地藏王菩萨请出自己经案下的灵兽"谛听"伏地聆听，须臾之间便"听"出了假悟空的本来面目，但因畏惧假悟空的神通不敢"当面说破"。后来两个猴子闹到西天，法力无边的如来指出假悟空乃是"善聆音，能察理"的六耳猕猴所化，"此猴若立一处，能知千里外之事；凡人说话，亦能知之"。这个故事告诉人们视觉并非万能，通晓"七十二变"的孙悟空经常靠欺骗别人眼睛占得上风，但这保不住别人总有一天会以其人之道反制其人之身，因此六耳猕猴令人畏惧之处并不在于他像真悟空一样善于迷惑别人的视觉，而在于他拥有具有超越诸根的遥感能力——"能知千里外之事"，以"六耳"为名意在突出其主要感官的超级配备！

超越诸根之外的感觉或可称为"超觉"，那些达到识微知几、闻声知情境界的圣人，其感觉的灵敏度必定大大超过常人。"心听"与"神听"今天看来非常神秘，在过去却是一种经常用到的预测手段，古代文献中记录甚多的"听军声而

---

① 杨伯峻《论语译注》，中华书局，2007 年，第 16—17 页。

诏吉凶"便属此类，现代人很难相信从声音中能够得到来自未来或未知领域的信息，但不管是人声还是器乐，只要这声音发自于人，一定会或多或少地携带发声者或演奏者的某种情绪，因此以"宫商角徵羽"来鉴别士气并不是全无道理。说来也许有人不信，"听军声而诏吉凶"的传统一直延续到晚近，抗日战争结束之前，苏州昆曲社社长陆景闵就曾根据中日军乐之声的变化，发出了日寇行将伏诛的预言①。

以汉字来说明听觉在中国古代文化中的地位，可能会使许多人觉得困惑，因为汉字在人们印象中是由象形文字演变而来，其图像特征似在表明它与视觉的联系比西方的拼音文字更为紧密。黑格尔说"由于象形文字的书面语言的缘故，中国的声音语言就缺少那种通过字母文字在发音中所获得的客观确定性"②，这类汉字图像说的观点不但在西方人士中颇为流行，许多国人也受其迷惑。麦克卢汉则持完全不同的意见，他认为拼音文字是将"没有意义的字母和没有意义的语音相对应"，结果导致"使用者以眼睛代替耳朵"③；而与"延伸视觉统一性和连续性模式"的拼音文字不同，汉字作为表意文字是一种"内涵丰富的完形，它不像拼音文字那样使感觉和功能分离"：

> 作为视觉功能的强化和延伸，拼音字母在任何有文字的社会中，都要削弱其他官能（声觉、触觉和味觉）的作用。这一情况没有发生在诸如中国这样的文化中，因为它们使用的是非拼音文字，这一事实使之在经验深度上保留着丰富的、包容宽泛的知觉。这种包容一切的知觉，在拼音文字的发达文化中受到了侵蚀。会意文字是一种内涵丰富的完形，它不像拼音文字那样使

---

① 1945 年 4 月，诗人金天羽与陆景闵等人同至昆山欣赏昆曲，金问陆此时"聆音识曲"是否合宜，陆回答说："是强梁者行将自绝于天。吾尝听金奏之声，又审管籥之音，曩者涩而今者谐，曩者愤怒而今者宽易，而虏帐之筇鼓多死声，是殆不能久驻于吾疆矣。胡不可行乐之有？"金天羽《顾曲记》，载《天放楼诗文集》（下册），上海古籍出版社，2007 年，第 1029—1030 页。

② 黑格尔著，杨祖陶译《精神哲学——哲学全书·第三部分》，人民出版社，2006 年，第 283 页。

③ 马歇尔·麦克卢汉著，何道宽译《理解媒介——论人的延伸》，商务印书馆，2000 年，第 120—121 页。

感觉和功能分离①。

麦克卢汉认为拼音文字是一种过于抽象的写音符号，其中的感觉因素已被剥离，使用这种文字必然导致除视觉外其他感官功能的削弱，相比之下，表意的汉字却凭借其多样化的符码成为"一种内涵丰富的完形"（即"格式塔"）。中国读者大多都能明白引文中没有完全表达出来的意思：我们的汉字实际上是一种"形""声"兼备的符号体系，其中不仅有诉诸视觉的"形符"，还有诉诸听觉与心灵的"声符"与"义符"，因此汉字的"象形"并不必然导致对声音的排斥。

　　麦克卢汉不光用视觉模式与听觉模式来概括拼音文字和非拼音文字，他还把西方人称为"活版印刷人"或"视觉人"，对比之下我们中国人在他看来则是"听觉人"：

　　　　中国文化精致，感知敏锐的程度，西方文化始终无法比拟，但中国毕竟是部落社会，是听觉人。……相对于口语听觉社会的过度敏感，大多数文明人的感觉显然都很迟钝冥顽，因为视觉完全不若听觉精细。②

麦克卢汉的许多论断被人讥讽为猜测有余而依据不足，他对中国文化的了解恐怕也来自一鳞半爪的印象，不过其预言如"地球村""信息高速公路"等在几十年后的应验，让人不得不承认他在许多问题上是先知先觉。"部落社会"和"听觉人"这样的提法，即便用在往昔的中国人头上也有笼统武断之嫌，但我们理解这位现代传播学先驱发此惊人之论，是为了强调途径或媒介对信息接受的影响。这种影响的一个典型例子，是电视观众与电台听众对同一新闻得到的印象不尽相同，麦克卢汉据此按信息量传输的多寡，将媒介分为"冷"与"热"两类："冷媒介"因信息量小而引发高卷入度，"热媒介"因信息量大而引发低卷入度，所谓"卷入"指的是参与者的认知投入③。按照这一理论，与眼睛看到的清晰图景相比（所谓"眼见为实"），耳朵听到的声音带有很大的模糊性与不确定性（所

---

①②　马歇尔·麦克卢汉著，赖盈满译《古腾堡星系：活版印刷人的造成》，猫头鹰书房，
　　2008 年，第 52 页。
③　马歇尔·麦克卢汉著，何道宽译《理解媒介——论人的延伸》，第 51—52 页。

谓"耳听是虚"），弄清这些声音的意义须得联合其他感觉并通过大脑对信息作推测、分析和验证，这种高卷入度自然与"冷"（更准确地说是"酷"）更有缘分。麦克卢汉注意到中国文化与听觉之间存在某种不解之缘，他说西方文化在"感知敏锐"上无法与中国文化相比拟，这一概括应当引起我们自己的高度重视。

二、听觉传统作用下中国古代叙事的表述特征

现代传播学认为，感知媒介或途径不仅决定信息接受，对信息发送也有很大影响，也就是说感知者通过什么去感知，不仅决定其感知到什么，还会影响其如何表述。人类主要通过叙事来传递自己对外部世界的感知，不管学者怎样界定叙事的内涵，故事的讲述方式总是会受到感知媒介与途径的影响。中国文化中源远流长的听觉传统，导致古人的讲故事方式也带有听觉传播的模糊性与不确定性。麦克卢汉称东方艺术为"冷"艺术或曰"酷"艺术，是因为他觉得东方艺术不像西方艺术那样提供了足够完整和清晰的信息——"观赏人（在'冷'艺术中）自己就成了艺术家，因为他必须靠自己去提供一切使艺术连成一体的细节"[1]。让观赏人靠自己的想象去补充细节，说明"冷"艺术旨在引发接受方面更多的卷入，那些面无表情的酷派演员就是想让观众产生这种冲动。但用"冷"或"酷"来描述此类艺术仍嫌笼统，本文认为，听觉传统作用下中国古代叙事的表述特征，似可概括为"尚简""贵无""趋晦"和"从散"等四个方面，而"简""无""晦""散"对应的恰好就是听觉传播的非线性性质。如果说"尚简"是能少说则少说，"贵无"是能不说则不说，"趋晦"是能模糊则模糊，那么"从散"就是能散则散或曰能不连就不连。

"尚简""贵无"和"趋晦"比较容易理解，对"从散"则需作些解释。"从散"与汉语的使用有深刻的内在关联，前文提到汉字是一种"完形"（格式塔），这一认识源于汉字构形具有强大的表意功能：许多汉字可以单字成词，加上汉字内部的构形部件也能各自表意，汉字堪称汉语中最小的叙事单位。以"塵"字为

---

[1]　马歇尔·麦克卢汉《作者第二版序》，载马歇尔·麦克卢汉著、何道宽译《理解媒介——论人的延伸》，第25页。

例，土地上出现三匹奔跑的鹿（"尘"字的古体为"麤"），其结果自然是尘土飞扬。表意构件间的内在张力，很容易激起与行动、状态等相关的联想，单个汉字的叙事意味便是如此产生。汉语中不但有汉字这样的"完形"，还有被启功称为"集成电路"的成语典故①，这些成语典故大多被压缩为四字代码的定型词语，使用时只要提及这些词语，人们心目中就会浮现与其相关的整个故事。汉字的"完形"特征与汉语词组的"集成电路"性质，说明汉语在字词层面就已具备了某种程度上的表意自足性，既然不用完整的句子也能实现交流，"从散"就成了表述者何乐而不为的一种选择，更何况它还符合"尚简"这一要旨。

　　就像"简""无""晦"看上去不够"高大上"一样，"散"在许多人心目中亦有其趋于消极的一面，不仅如此，由于人们习惯上将意识等同于言语过程，"从散"在思维层面似乎意味着逻辑混乱。麦克卢汉对这类认识有过大力批驳："意识不是一种言语过程。但是在使用拼音文字的千百年间，我们一直偏重的是作为逻辑和理性记号的推理链。中国的文字却大不相同，它赋予每一个会意字以存在和理性的整体直觉，这种整体直觉给作为精神努力和组织记号的视觉序列所赋予的，仅仅是很小的一个角色。"② 他还说拼音文字使西方人用线性、序列的眼光看待一切，将人"卷入一整套相互绞结的、整齐划一的现象之中"，实际上"在意识的任何时刻都存在着的整体知觉场中，却没有任何线性的东西或序列的东西"③。麦克卢汉将汉字的"整体直觉"与意识的"整体知觉场"相提并论，不啻是为"从散"的汉语叙事正名。语言固然是意识的反映，但意识必须通过一定的程序方能变成有序的语言信息，其本来面目是杂乱无章和纷至沓来的，所谓"思绪万千"或"浮想联翩"，指的是大量碎片状的念头在脑海中此起彼伏又转瞬即逝，这样的"知觉场"与线性序列自然是风马牛不相及。

　　麦克卢汉思想的犀利之处，还在于他进一步指出相关性与因果性不能混为一谈，甲和乙相邻不等于甲是乙的起因或乙是甲的结果。叙事学界一直以来喜欢用"国王死了，不久王后也死去"来说明事件、情节与故事之间的关系④，然而麦

---

① 启功《汉语现象论丛》，中华书局，1997 年，第 96—97 页。

②③ 马歇尔·麦克卢汉著，何道宽译《理解媒介——论人的延伸》，第 122 页。

④ "'国王死了，不久王后也死去'便是故事，而'国王死了，不久王后也伤心而死'则是情节。"爱·摩·福斯特著，苏炳文译《小说面面观》，花城出版社，1984 年，第 75 页。

克卢汉告诉我们：

> 在西方有文字的社会中，说什么东西是什么什么"尾随而至"的起因，仍然是说得通的和可以接受的，仿佛造成这样的序列中有什么东西在起作用。大卫·休谟在18世纪已经证明，任何序列中，无论是自然序列还是逻辑序列中，都不存在因果关系。序列是纯粹的相加关系，而不是因果关系（Sequence is merely additive, not causative）。康德说："休谟的论点使我从教条的沉睡中惊醒。"然而，西方人偏爱序列，把它当成是全面渗透的拼音文字技术的逻辑。①

导致王后死去的原因其实有很多，但将"不久王后也死去"置于"国王死了"之后，会让读者产生两者有因果关系的联想，道勒齐尔等人甚至认为，这种编排事件的叙事策略在小说和历史中都有存在②。麦克卢汉援引的休谟观点——"序列是纯粹的相加关系，而不是因果关系"，在笔者看来给了偏爱因果关系者致命的一击。西方人识字之初便接受字母表这样的序列训练，就像汉字的笔画不能变动一样，字母组成单词后彼此间的位置也不能变动，这就使他们养成了对序列的敏感与依赖，认为意义产生于事件的线性排列之中。经典物理学描述的世界模式就是如此——此一瞬间决定下一瞬间，此一事件决定下一事件，万事万物之间存在着不容置疑的因果联系。相比之下，汉字却是一个个自成一体的灵动方块，许多词语中的汉字可以颠倒位置，如"互相"与"相互"、"光荣"与"荣光"、"洋洋得意"与"得意洋洋"等。此类颠倒甚至可以发生在整个句子之中，如杜甫《秋兴八首·其八》中的"香稻啄余鹦鹉粒，碧梧栖老凤凰枝"，这在西方的拼音文字中是绝对无法想象的。单个汉字与汉字词语所具备的表意自足性，使得汉语在表述上较为灵活自如，因为表述者无须特别顾及表意单元之间的连续性与黏合度，这当然会导致故事讲述人不大在意事件之间的线性排列。如果说"连续性的线性序列"通过拼音文字渗入西方人的心理结构与社会组织，那么方块汉字对中国叙事的影响也可作如是观。

---

① 马歇尔·麦克卢汉著，何道宽译《理解媒介——论人的延伸》，第122页。
② 卢波米尔·道勒齐尔《虚构叙事与历史叙事：迎接后现代主义的挑战》，载戴卫·赫尔曼主编，马海良译《新叙事学》，北京大学出版社，2002年，第181、183页。

任何归纳都隐藏着将对象简单化的危险，因此这里还是有必要作一点补充或曰修正——从"尚简""贵无""趋晦"与"从散"四个方面总结中国叙事的表述特征，并不代表我们认为古人只知一味追求"简""无""晦""散"。汉语的表述常常是言在此而意在彼，更具体地说是言在此端而意在超越彼端，因此更为准确的归纳应当是：就"尚简"而言，古人最理想的"简"是以少胜多或曰"四两拨千斤"；就"贵无"而言，最高明的"无"是无中生有或曰"无为而无不为"；就"趋晦"而言，最顶尖的"晦"是隐而愈显或曰"大隐隐于显"；就"从散"而言，最微妙的"散"是外松内紧或曰"形散神不散"。只有这样辩证地看问题，我们才能把握住中国古代叙事的真谛。

三、为"缀段性"结构一辨

以上所论只是来自"面"上的观察，为了更具体地说明问题，以下我们将由"面"沉降至"点"——选择明清小说结构这个典型案例作进一步讨论。明清小说是古代叙事作品的重要代表，其结构颇能体现听觉传统对中国叙事的影响，但自章回体小说"换型"为现代小说以来，上文讨论的"简""无""晦""散"等特征便与讲求有机整体感的西方叙事观念形成冲突，而后者由于时代原因处在"放送"影响的上风地位，这就导致包括《红楼梦》在内的一批叙事经典都曾遭遇过结构是否合理的质疑。现在看来，这些质疑主要源于质疑者所受的文化影响，而中西文化不同的感官倚重则是不同结构观念形成的重要原因。

小说结构一般指事件的组织方式，如果作者对事件的配置"看"起来缺乏连续性，相互之间的衔接不那么紧密，人们在阅读中就会得出"散"的印象。印象即外部观感，西方汉学家最初接触明清时期的中国章回体小说时，首先感到其"'外形'上的致命弱点"令他们无法接受。《中国叙事学》一书的作者浦安迪（Andrew H. Plaks）如此总结"前代的西方汉学家"的认识：

> 总而言之，中国明清长篇章回小说在"外形"上的致命弱点，在于它的"缀段性"（episodic），一段一段的故事，形如散沙，缺乏西方 novel 那种

"头、身、尾"一以贯之的有机结构，因而也就缺乏所谓的整体感。①

浦安迪对中国古代小说有较为深入的研究，他本人并不同意这些汉学家的批评意见，但他坦承自己先前对《水浒传》的阅读体验也是如此："我们初读时的印象，会感到《水浒传》是由一些出自民间的故事素材杂乱拼接在一起的杂烩。"② 浦安迪所说的"杂烩"和"前代的西方汉学家"使用的"散沙"，都是对无序状态的负面形容，以这样的词语作譬喻，可以想见明清小说的结构在他们当时看来是松散已极。"散沙"和"杂烩"印象的得出缘于"缀段性"，也就是"一段一段的故事"被作者"杂乱拼接在一起"，对于习惯了明清小说叙事风格的中国读者来说，"缀段性"并不构成接受上的障碍，但是对于将"'头、身、尾'一以贯之的有机结构"奉为小说圭臬的西方汉学家来说，这样的结构绝对与"整体感"无缘。

对明清小说叙事结构的诟病不仅来自西方，我们这边也有几位重要学者发表过同样的意见。胡适认为明清小说的问题在于"穿插"过多（"缀段性"的原文episodic 又可译为"穿插式"），"《红楼梦》这里开一个菊花诗社，那里开一个秋海棠诗社；今回老太太做生日，下回薛姑娘做生日"；"（《儒林外史》）全是一段一段的短篇小品连缀起来的；拆开来，每段自成一篇；斗拢来，可长至无穷"③。在胡适看来，这种"翻来覆去，实在有点讨厌"的随意穿插④，乃是这些作品缺乏"结构布置"的表现。《红楼梦》等经典既然都是如此，遑论其他等而下之的作品，"所以这一千年的小说里，差不多都是没有布局的"⑤。鲁迅对传统事物如中医和京剧等多持鄙夷不屑的态度，他对古代叙事的总体评价也庶几近之——在说到"中国古书，叶叶害人"时，他用"大抵谬妄"来形容其中的"说故事"，还说"陋易医，谬则难治也"⑥。《中国小说史略》检阅历代名著时多

---

① 浦安迪讲演《中国叙事学》，北京大学出版社，1996 年，第 56 页。
② 浦安迪讲演《中国叙事学》，第 65 页。
③ 胡适《五十年来中国之文学》，载《胡适古典文学研究论集》（上册），上海古籍出版社，2013 年，第 123—129 页。
④ 胡适《五十年来中国之文学》，载《胡适古典文学研究论集》（上册），第 129 页。
⑤ 胡适《五十年来中国之文学》，载《胡适古典文学研究论集》（上册），第 128—129 页。
⑥ 鲁迅《致许寿裳》（1919 年 1 月 16 日），载《鲁迅全集》第 11 卷，人民文学出版社，1981 年，第 357 页。

录原文，议论部分惜墨如金，少有肯定之语，这与其"大抵谬妄"的成见不无关系。或许是由于《儒林外史》的讽刺风格与自己的文风相近，鲁迅难得地对它多给了一点赞扬，但对其叙事结构还是有点不以为然："惟全书无主干，仅驱使各种人物，行列而来，事与其来俱起，亦与其去俱讫，虽云长篇，颇同短制；但如集诸碎锦，合为帖子。"① 显而易见，鲁迅描述的"无主干"，正是胡适用尖锐语言批评的"缀段性"，鲁迅虽然没有使用"散沙""杂烩"之类的字眼，但"集诸碎锦，合为帖子"与"缀段性"的意思完全相同。对明清小说结构持贬议的还有陈寅恪，他认为古代文学中篇幅较小的作品尚能做到"结构组织"上的"精密"和"有系统"，"然若为集合多篇之文多首之诗而成之巨制，即使出自名家之手，亦不过取多数无系统或各自独立之单篇诗文，汇为一书"②。把过去的大型作品说成是"无系统或各自独立之单篇诗文"的集合，不能不让人想起胡适所说的"一段一段的短篇小品连缀"。胡适说"这一千年的小说里，差不多都是没有布局的"，陈寅恪的批评也几乎是同样严厉："至于吾国之小说，则其结构远不如西洋小说之精密。在欧洲小说未经翻译为中文以前，凡吾国著名之小说，如《水浒传》《石头记》与《儒林外史》等书，其结构皆甚可议。"③

　　胡适、鲁迅和陈寅恪对明清小说结构的讥评，与他们所受的外来影响不无关系。胡适和陈寅恪在欧美待的时间较长，鲁迅留学时的日本在文化上也已"脱亚入欧"，他们均有大量阅读西方文学作品的经历，因此西方的小说形式和结构理念，特别是从亚理斯多德那里延续下来的有机整体观，不可能不在他们的认识中留下烙印。"'头、身、尾'一以贯之"的思想出自亚理斯多德，他在《诗学》中将悲剧定义为"对于一个完整而具有一定长度的行动的摹仿"，紧接着又对句中的"完整"作了这样的解释：

　　　　所谓"完整"，指事之有头，有身，有尾。所谓"头"，指事之不必然上承他事，但自然引起他事发生者；所谓有"尾"，恰与此相反，指事之按照必然律或常规自然的上承某事者，但无他事继起后；所谓"身"，指事之承

----

① 鲁迅《中国小说史略》，载《鲁迅全集》第 9 卷，第 221 页。
② 陈寅恪《论〈再生缘〉》，载陈寅恪《寒柳堂集》，生活·读书·新知三联书店，2001 年，第 67—68 页。
③ 陈寅恪《论〈再生缘〉》，载陈寅恪《寒柳堂集》，第 68 页。

前启后者。①

"头、身、尾"这样的提法让人想起动物的躯体，亚理斯多德采用此种表述并非偶然，因为他还是生物学的创始人，有过解剖50多种动物的经历，对他来说把艺术作品与生命机体联系起来并不奇怪。不仅如此，亚理斯多德在《诗学》中还直接指出"缀段性"是一种"最劣"结构：

> 在简单的情节与行动中，以"穿插式"为最劣。所谓"穿插式的情节"，指各穿插的承接见不出可然的或必然的联系。②

引文中的"穿插式"如前所述乃是 episodic 的别译，浦安迪所说的"前代的西方汉学家"，便是把亚理斯多德的"'头、身、尾'一以贯之的有机结构"当作金科玉律，用这样的标准来套明清小说的叙事结构，自然会得出"散沙"之类的印象。至于胡适、鲁迅和陈寅恪，当他们三人带着西方观念回过头来"整理国故"，与西方小说迥然有异的章回体形式自然会使他们觉得刺眼。

　　将亚理斯多德的结构观奉为正宗，对二十世纪初年的中国学者来说还有时代风气的影响。胡适等人对明清小说的批评并非个例，许多未亲身在西方文化中浸润过的同时代人也觉得自己的小说不如人家，这种"自我矮化"心理的产生，与鸦片战争以来国人的自信心连续遭受重创不无关系。假如把明清小说的章回体形式比喻为长袍马褂，那么西方小说的叙事模式在国人眼中便是西装革履，既然脱下长袍马褂后只有穿西装打领带这一种选择，人们便很容易唯西方马首是瞻，将其叙事模式奉为正宗。这种情况就像今天许多人把西装当成唯一的"正装"一样。明白了"自我矮化"的心理源于西强中弱的历史格局，更容易理解为什么胡适等人会将中国小说的结构形式视为正常之外的异常，他们衡量小说结构时使用的正反尺度，如"主干"与"碎锦"、"布局"与"散漫"以及"系统"与"支蔓"等，明显采用了以线性秩序为正常、以非线性秩序为异常的西方标准。胡适对《红楼梦》中"翻来覆去"的做生日、起诗社表示"讨厌"，这"讨厌"二字

---

① 亚理斯多德著，罗念生译《诗学》，人民文学出版社，1962 年，第 24 页。
② 亚理斯多德著，罗念生译《诗学》，第 30 页。

透露出他的西式文学胃口已经无法容纳"缀段性"这样的中式结构。胡适还说自己"写了几万字考证《红楼梦》，差不多没有说一句赞颂《红楼梦》的文学价值的话"①，"没有说"的原因显然是觉得这方面无足称道，要让一个只以西装革履为美的人开口赞美长袍马褂，确实是一件难以做到的事情。

话又说回来，尽管本文不能同意用"散沙""杂烩""无主干"之类来形容明清小说的结构，但这种结构让人觉得"外形"上比较松散，却是一个不容回避的事实。事物的"外形"诉诸视觉，亚理斯多德喜欢使用视觉譬喻，他在讨论诗学问题时，总倾向于拿绘画之类的造型艺术来做类比，而当涉及更为抽象的问题如情节安排或美感呈现时，为了使原本难以把握和描摹的东西变得"直观"起来，他的表达方式仍然离不开"看"②。《诗学》中涉及视觉的表达不胜枚举，它们表明亚理斯多德对事物的认知主要依赖视觉，《诗学》译者罗念生甚至认为亚氏有自己的视觉理论："在亚理斯多德的视觉理论中，对象的大小与观察的时间成正比例。一个太小的东西不耐久看，转瞬之间，来不及观察，看不清它的各部分的安排和比例。"③ 如前所述，亚理斯多德的"完整"是指"事之有头，有身，有尾"，这种形象化的表述也显示出一种对"外形"或外显联系的重视。胡适说章回小说中"一段一段"的连缀和"翻来覆去"的穿插可使作品"长至无穷"，用《诗学》中的语言来说，此类结构就像是在头后面接了一个"一万里长的"怪异身子，自然"不能一览而尽，看不出它的整一性"④。亚氏用"最劣"来评价"穿插式"结构，依据是"各穿插的承接见不出可然的或必然的联系"，平心而论，明清小说中那些连缀在一起的同类事件，从表面上看确实"见不出"相互之间的有机联系。

亚理斯多德对视觉的倚重，代表着西方文化中影响极为深远但个中人往往习焉不察的"视即知"认知模式。以视为知必然导致感知向"外形"与表象倾斜，所以西方文化中人更强调事物之间"看得出"的关联，这种关联具体到小说的组织上就是"'头、身、尾'一以贯之的有机结构"。结构其实有显隐、明晦或表里之分，不能说一眼"看不出"的关联就不是关联，前述对明清小说"无结构"

---

① 胡适《答苏雪林书》，载《胡适文集》（5），人民文学出版社，1998年，第426页。
② 亚理斯多德著，罗念生译《诗学》，第22、55、24—25页。
③ 亚理斯多德著，罗念生译《诗学》，第24页。
④ 亚理斯多德著，罗念生译《诗学》，第25页。

"无布局"和"无主干"之类的批评,让人感觉到批评者只关心那种浮于表面、一望而知的事件关联,而不注重"看不见的"的隐性脉络,这种重"显"轻"隐"的做法未免失之于简单。金圣叹在解释明清小说特有的"草蛇灰线法"时说:"骤看之,有如无物,及至细寻,其中便有一条线索,拽之通体俱动。"① 这一解释指出隐性脉络具有三个特点:一是"骤看"若无,二是"细寻"则有,三是通体贯穿。胡适觉得采用"西洋侦探小说的布局"的《九命奇冤》比"这一千年的(中国)小说"都更高明,陈寅恪认为中国小说结构"远不如西洋小说之精密",原因在于他们只是"骤看"而未"细寻",更谈不上把内在的草蛇灰线"拽"上一"拽",因而与明清小说中通体贯穿的隐性脉络失之交臂。

"缀段性"结构被视为无序还有一个重要原因,这就是亚理斯多德的结构观讲究"一以贯之"的连续,明清小说中则存在大量不相连续的间隔,这些间隔直接导致了"缀段性"印象的产生。对于为什么要使用间隔,金圣叹和毛纶、毛宗岗在批注《水浒传》和《三国演义》时已经作了非常清楚的解释②。金批和毛批都指出间隔的功能在于避免因"文字太长"而令人觉得"累缀",毛批还将"妙于连者"与"妙于断者"等量齐观,认为"文之短者"不妨"连叙","文之长者"则"必叙别事以间之",这样才能产生"错综尽变"的效果。值得注意的是,毛批所说的"必叙别事以间之",正是亚理斯多德否定的"穿插式"或曰"缀段性",这个"间"字说明"断"在古代作者那里是有意为之,他们认识到事件不能光"连"不"断","连"而不"断"的冗长叙述只会使读者觉得枯燥,这种认识导致古代小说评点中经常出现"隔""间""锁""关""架"等指涉"断"的词语。在我们的古人看来,不管是与"断"相关的"间隔""关锁",还是与"连"相关的"联络""照应",它们都是不可偏废的结构要素,谋篇布局中不能重此轻彼。借评点家常用的譬喻"横云断山"与"横桥锁溪"来说,正是因为"横云"隔断了逶迤绵延的山岭,"横桥"锁住了奔腾不息的溪水,山岭与溪水才更显得"错综尽变"和气象万千。

如此看来,中西结构观念的一大区别,在于前者讲究有"连"有"断",以

① 施耐庵著,金人瑞评,刘一舟校点《金圣叹评批水浒传》(上),齐鲁书社,1991 年,第 24 页。

② 施耐庵著,金人瑞评,刘一舟校点《金圣叹评批水浒传》(上),第 25 页;毛纶、毛宗岗评书,袁世硕、伍丁整理《三国志演义》,山东文艺出版社,1991 年,第 10 页。

或隐或显、错落有致的组织形式为美，后者则专注于"连"，以"头身尾"一以贯之的有机整体为美。审美品位的不同缘于文化的不同，文化没有美丑之分，讲故事的方式也无对错之别，我们可以理解西方文化中人初次接触明清小说时的不习惯，但批评"缀段性"结构者也应想到它对应的是中国文化中人的阅读胃口。亚理斯多德的看法是就古希腊戏剧而言，那时许多文艺样式还未诞生，他所反感的"穿插式"未见得不能运用于未来的小说，他的结构观念更不能作为置之四海而皆准的最高原则。如同我们已经看到的那样，明清小说的事件之间并非真的"见不出可然的或必然的联系"，不仅如此，小说中是要"见出"这种联系还是让其像"草蛇灰线"一样若有若无，是一个见仁见智无法给出标准答案的难题，这就像中西人士不可能在何谓美食问题上统一认识一样。现在整个世界都已明白文化方面不能强求一律，我们对本民族的叙事传统更应当持一种宽容的态度。

对"连"和"断"的态度不同，归根结底还是源于感官倚重的不同。韦尔施对视听关注的对象有如此区分——"可见和可闻，其存在的模式有根本不同。可见的东西在时间中持续存在，可闻的声音却在时间中消失。（所以）视觉关注持续的、持久的存在，相反听觉关注飞掠的、转瞬即逝的、偶然事件式的存在"①。由于视觉对象在时间中"持久存在"，"看"可以从容不迫地反复进行，相比之下，声音的"转瞬即逝的、偶然事件式的存在"，迫使"听"不得不向"事件的进程开放"。韦尔施的话把我们引向这样的认识：一种高度倚重视觉的文化必定会对事件的组织形式作精细的审查，而与听觉保持密切关系的文化则更关心事件稍纵即逝的运行。在听觉模糊性与视觉明朗性背景之下形成的两种冲动，不仅影响了中西文化各自的语言表述，而且渗透到对结构的认识之中。趋向明朗的西式结构观要求事件之间保持显性的紧密连接，顺次展开的事件序列之中不能有任何不相连续的地方，这是因为视觉文化对一切都要作毫无遮掩的"核查"与"测度"；相反，趋向隐晦的中式结构观则没有这种刻板的要求，事件之间的连接可以像"草蛇灰线"那样虚虚实实断断续续，这也恰好符合听觉信息的非线性传播性质。按照韦尔施的说法，专注于"看"还会进一步提升人类对外部世界的支配把握——存在既然是可以被目光"进一步核查"的，当然也是"可予测度"和

① 沃尔夫冈·韦尔施著，陆扬、张岩冰译《重构美学》，上海译文出版社，2002 年，第221—222 页。

"可以肢解"的，科学和技术就是这样在以视觉为主导的西方社会中发展起来。据此而言，技术工具不过是代替了人类目光对存在作"测度"和"肢解"，视觉倚重成了西方文化亲近认知和科学的重要原因。与视觉对象相比，飞掠而过的声音不会重回人类耳畔，这种不稳定性削弱了对存在的支配感和把握感，《道德经》中的"恍兮惚兮，惚兮恍兮"和《论语》中的"瞻之在前，忽焉在后"，颇能代表国人对世界和事物的印象。

韦尔施对视觉何以"亲近认知和科学"未作更多解释，麦克卢汉认为拼音文字靠"连续性的线性序列"将字母组成词句，这种偏向视觉的组织方式深刻影响了人们的心理结构和社会组织，因此"使用拼音文字的文化"不但与认知和科学更有缘分，而且更宜于工商业与军备的发展。换句话说，大型制造业、库存目录和工序复杂的流水生产线等之所以首先出现在西方，是因为"连续性的线性序列"从一开始就引导西方人"将各种经验分解为整齐划一的单位"，以便对其实行统一的"转换和控制"，这种因文字规训而形成的逻辑思维和理性态度，使得西方人能够有条不紊地管理庞大的工业集团和商业帝国①。现代人没有机会看到当年罗马军团如何迈着整齐的步伐为帝国开疆拓土，但是麦当劳、必胜客、苹果手机专卖和汽车 4S 店等连锁销售方式，已经以一种新的 "VENI VIDI VICI"（恺撒名言"我来，我看，我征服"）姿态来到我们身边，各种水电气光缆更是不由分说地将千家万户编织进一张张无远弗届的网络。由西方开始的现代化或曰全球化运动，可以形象地表述为将一切存在都用"顺次展开和连续展开"的网络覆盖，不管愿意不愿意，人们都因不得不使用各种现代设施而成了各类网络上的一个个微小节点。

"连续性的线性序列"由拼音文字向社会各方面弥漫，从最深的文化根基上解释了"缀段性"讥评的其来所自。西方文化中人由于长期处在相互联接的各种网络之中，很容易把线性序列视作天经地义的安排，这在使用方块汉字、崇尚直觉思维的国人看来有点匪夷所思。以上讨论还能使我们对一些文化现象有更深理解。举例来说，中国游客在境外受人侧目的表现，深层原因可能在于国人对"线性组织"的不适应。联合国教科文组织曾在印度的一个乡村铺设自来水管，"由于水管是一种线性组织，所以不久村民就要求拆除自来水管。因为对他们来说，

---

① 马歇尔·麦克卢汉著，何道宽译《理解媒介——论人的延伸》，第 123 页。

大家不再上公用井汲水以后，村子里的社交生活都被削弱了"①。类似情况在中国也有发生，我们的乡村过去就是众声喧哗的"整体知觉场"，一旦生产和生活都被纳入线性序列的轨道，部落文化的种种魅力即不复存在。对这一事件还可作进一步分析：自来水管代表的线性秩序与公用井边的非线性秩序有很大不同，井边的人们不一定按先来后到的次序汲水，因为人们并不都是为了汲水而来到井边：有人来这里可能是为了发布新闻，有人可能是为了打听消息，有人可能是为了与人会面。在这种露天的社交场合，大声说话和谁先拿到水桶谁就动手汲水一样是很正常的事情。即便是在用上了自来水之后，人们也不可能立即改变祖祖辈辈养成的行为方式，他们会把新的公共空间当成井边，不自觉地按原有方式行事。换而言之，一种文化中"正常"的行为，到了另一种文化中有可能显得不那么"正常"，如果只用一把尺子来衡量，我们就会不加分析地将大声说话之类统统看作是缺点，甚至把问题上纲上线到"国民素质"这样的高度。

综上所述，中西小说的结构差异源于中西文化导致的观念差异，而文化与观念差异又与感官倚重不无关系。用文化差异来解释叙事并不新鲜，归结到感官层面却似乎是首次。本人多年来致力于探讨中国叙事传统的发生与形成，一直在念兹在兹地思考为什么它会是我们今天所见到的这种样貌，接触到麦克卢汉的感知途径影响信息传播（所谓"媒介即讯息"）之说后，本人觉得从感官倚重角度切入中国叙事学研究，一些问题似可得到更为贯通周详、更具理论深度的解释。麦克卢汉用"听觉人""视觉人"来划分中西，这样的提法未免有点绝对，不过中国文化中听觉倚重甚于西方文化，却是有大量证据支撑的事实。前面讨论的"尚简""贵无""趋晦"和"从散"等中国叙事的表述特征，以及本节涉及的"缀段性"结构（其实就是"从散"的一种表现），与听觉感知的断续性、模糊性和零散性皆有高度契合，这一点似应引起学界关注。本文愿在听觉传统对叙事形式的影响方面为一引玉之砖，希望今后能看到对这一问题真正深入的探讨。

回到现实中来，当前有一种现象特别令人困惑，这就是尽管批判"全盘西化"的声音一直不绝于耳，实际情况却是全球化往往被偷换为西化。只要看到许多人还未走出以西服为唯一正装的认识误区，就会明白抵御"文化殖民"并不像想象的那么容易，当前我们离中华文化的"伟大复兴"还有很大距离。保持文化

---

① 马歇尔·麦克卢汉著，何道宽译《理解媒介——论人的延伸》，第 123 页。

的多样性本是全球化的题中应有之义，中西文化包括感官文化在许多方面可以相辅相成，没有必要完全倒向一方。但是我们这边从洋务运动开始，一波接一波的变革图强运动都以振"聋"发"聩"的"睁眼看世界"为开场白，跟在"德先生""赛先生"后面悄悄进场的是以视为知的认知模式。二十世纪见证了国人感官天平向视觉一端的迅速倾斜以及"闻声知情"能力的不断丧失，如今不单是"听戏"之类表达方式早已为"看戏"所代替，人们的注意力几乎全被各式各样的"视觉盛宴"吸引和占据。这种不知伊于胡底的感觉失衡与传统失守，是到了应该引起严重关切的时候了。

（原刊于《文学评论》2016 年第 1 期，入选中国社会科学院文学研究所编选的《〈文学评论〉六十年纪念文选》，社会科学文献出版社，2017 年）

作者简介：

　　傅修延，江西铅山人，1951 年 4 月 24 日出生于南昌。1968 年初中未毕业即下放鄱阳湖畔朱港农场（后为江西生产建设兵团五团），在赣江和鄱阳湖上开拖轮三年。1971 年 12 月—1976 年 5 月在江西新余冶金机械修造厂当起重工，工作时从 15 米高的车间屋顶摔下，导致严重脑震荡和左股骨粉碎性骨折，伤愈后调南昌冶金汽车修理厂，被厂方派往江西冶金建设公司子弟中学教英语。1977 年参加"文革"结束后首次高考，起初因父亲右派问题未获录取，后因中央出台招收走读生政策，于 1978 年 4 月入读江西师范学院外语系。1979 年破格考取江西师范学院中文系外国文学专业研究生，师从董星南、张谨之教授，硕士学位由北京师范大学授予。1981 年底毕业留校。1995 年 9 月—1998 年 10 月为扬州大学中国文化研究所中国古代文学专业博士研究生，师从王小盾教授，与王廷洽、赵塔里木一道获博士学位。1988 年 8 月—1989 年 12 月、2006 年 9 月—2007 年 3 月，分别在加拿大多伦多大学比较文学中心与英国伦敦国王学院英语系做访问学者。主要从事叙事学、比较文学与赣鄱生态文化等方面的研究，代表作有《讲故事的奥秘》《先秦叙事研究》《文本学》《赣文化论稿》《济慈评传》《济慈诗歌与诗论的现代价值》《中国叙事学》《为什么麦克卢汉说中国人是"听觉人"》和英文论文 "The Ante-narrative On Bronze Wares and the Chinese Narrative Tradition" 等。

"地方"观念起源的天文观察背景

蒋　瑞

"天圆地方",是中国古代一种古老的宇宙观,也是周秦汉唐间最流行的知识信仰之一。其最早可信的记录见于《周髀算经》卷上商高答周公问"环矩以为圆,合矩以为方。方属地,圆属天,天圆地方"[①];《庄子·说剑》"上法圆天以顺三光,下法方地以顺四时,中和民意以安四乡"[②];以及《淮南子·天文训》"天道曰圆,地道曰方""天圆地方,道在中央"[③] 等。然而究此观念的产生,天或可为"圆",地却无从为"方",何来"地方"的说法?原来,此间一直藏着一个秘密:地方观念并非来源于"地",却是起源于"天"。

一、相关研究的进展

跟地方观念起源有密切关系的,是研究以天圆地方为主旨的盖天学说的形成,以及天圆地方思想在古遗址或古器物上的体现。

近年较早从天文考古的角度关注这类问题的有冯时先生。在充分研究了河南濮阳西水坡 45 号墓地的形制之后,经仔细计算复原,冯先生认为,中国古人以首、以南属天,该墓墓穴南部为圆形,北部为方形,象征天圆地方,意味着盖天

---

① 无名氏《周髀算经》卷上（商高答周公问部分）,文物出版社影印上海图书馆藏南宋嘉定六年本,1980 年,第 9 页。

② 王先谦《庄子集解》,中华书局,1987 年,第 272 页。

③ 刘文典《淮南鸿烈集解》,中华书局,1989 年,第 80、107 页。

宇宙观的形成①。同时冯先生赞成辽宁牛河梁红山文化中的积石冢也体现了天圆地方的意识②。

直接并集中论及地方观念的起源，并为地方观念的起源指出具体途径的，有刘沛林先生和王胜利先生。

刘先生在《天圆地方说考辨》中认为，上古先民从田地、领地的方形，发展出了大地方形的认识③。

王先生在《"天圆地方"观探源》中注意到较后的古人因为意识到地不可能是方的，因而曲解"天圆地方"的"地"字和"方"字，认为上古的"地方"确应作地为方形解释，认为"天圆地方"是由先民对"天动地静"现象（暗含有圆易动而方易静的意识）的观察判断而来；同时王先生也注意到辽宁东山嘴和牛河梁红山文化中的方、圆形积石冢，以及河南濮阳西水坡 45 号墓地，推测先民在五六千年前即可由思考"天动地静"而产生"天圆地方"的观念④。

刘沛林先生的长文从田地、领地的方形，推测古人受此启发，得出地方的认识，颇具创意。但是，一则自然条件下方形田地并不常见（作为制度的井田出现较晚）；二则即使是普通方形的田地，也很难想象可以不通过某种中介而发展出地方的认识，毕竟再大的田地比起大地来都太过渺小。以小概大也不合一般推理的做法。所以这个说法的可信度不大。

王胜利先生的说法则更有启发的意义。中国古人对于天地运动的关注，确要超过今天一般的民众。然而思考"天动地静"而生天圆地方之说，一方面比较笼统，一方面方圆与动静也没有必然的联系，因而与地方观念的起源也较难构成直接的关系。

可见，对于地方观念的起源，于今仍有进一步探讨的必要。

---

① 冯时《河南濮阳西水坡 45 号墓的天文学研究》，《文物》1990 年第 3 期，第 52—60 转 69 页；冯时《星汉流年——中国天文考古录》，四川教育出版社，1996 年，第 143—154 页，又第 212—213 页；冯时《天文考古学与上古宇宙观》，《濮阳职业技术学院学报》2010 年第 4 期，第 1—11 页。

② 冯时《河南濮阳西水坡 45 号墓的天文学研究》，《文物》1990 年第 3 期，第 60 页。

③ 刘沛林《天圆地方说考辨》，《衡阳师专学报》（社会科学版）1992 年第 2 期，第 80—86 页。

④ 王胜利《"天圆地方"观探源》，《江汉论坛》2003 年第 11 期，第 75—79 页。

二、地方观念起源的途径

作为观念世界中一种虚拟存在的"地方"，我们没必要证实它，也不可能证实它。然而作为一种古老的宇宙观和一种流传甚广的知识信仰，探讨它可能的来源，仍是有意义的事情。

从概念起源的逻辑上看，既言"地方"，则必先有"方"的概念。此"方"即王胜利先生等强调的"四方"，即东西南北四方。则应该认为，四方的起源是地方起源的前提条件。因此探讨地方观念的起源，不能不先从四方开始。

然与四方不同的是，地方不仅有四个方向，更有四个边界；四方是人们认识世界所必然导致的知识体系，而地方实际上只是人们观念世界中的一个误会。从四方到地方，也许需要较长时间的酝酿，也许只需要一念之转。关键在于四方是如何有边的，以及这些边产生于什么时候。

《淮南子》成书于汉初。《庄子·说剑》或非庄子本人所作，其要亦为先秦文献。《周髀算经》卷上商高与周公问答的部分，其成书时间学界公认在《周髀算经》中最早，甚至有可能是在西周时期①。所以"地方"的出现有可能早至西周。而文献所见四方的起源更为古老，甲骨文不仅有东西南北四方的名称，而且有关于四方风名、神名的明确记载②。所以探讨四方的起源以及地方的起源，理应着眼于商周以前。

在商周以前的观察条件下，一般地表对天的目视观察，天确似圆形。所以"天圆"似可认为是有目测的"依据"的。可是登高视地，地亦如圆形（以观察者自身为圆心的平面圆，并非方形）——即今人所谓"地平圈"。然而，由于大地的无垠，地平圈是随着观察点的变动而变动的，先民此前对于大地轮廓为圆形的认识，很快就会被他另外的观察所否定——地不可能是"圆"的。

事实上，仅凭对大地本身的直接观察，大地的形状是不可知的。既不可能从

---

① 陈遵妫《中国天文学史》第一册，上海人民出版社，1980年，第109页；曲安京《〈周髀算经〉新议》，陕西人民出版社，2002年，第8页。

② 胡厚宣《甲骨文四方风名考证》，《甲骨学商史论丛初集》（外一种）（上），河北教育出版社，2002年，第265—276页。

地平圈推知大地为圆形，也不可能从地平圈推知大地为方形，更不可能从地平圈内更为局部的地形，甚至生活中某些器物的形状，去推测大地为方形。所以一般地看，地方似乎就只能来源于其他地外观察的途径，即天文观察。而实际上，从四方的起源到地方的起源，也正是天文观察起了决定性的作用：

（一）察日月

大家知道，四方最早是起源于东西二方的[①]。对于日月视运动的观察，包括日视运动和年视运动，使东西二方得以最先产生。这既可说是专家学者的看法，也可说是普通百姓的感受。

其实人类自诞生起，就与日月星辰为伴。清代的顾炎武曾说："三代以上，人人皆知天文。"[②] 为了生活、生产的方便，人们需要确定时间、方位和季节，例如每天作息对于时间的依赖，采集、狩猎、远足等对于方位和季节的依赖，以及原始农业对播种时令的依赖，在没有计时和定方位工具的情况下，天文观察是必不可少的。

《周易·系辞上传》谓："县象著明，莫大乎日月。"[③] 太阳、月亮等天空中耀眼的星球，伴随着先民每天的生活，就不可避免地成为先民首要观察的对象。

据《山海经·大荒东经》记载，日月所出的山有"大言""合虚""明星""鞠陵于天（东极、离瞀）""猗天苏门""壑明俊疾"六座[④]。而《山海经·大荒西经》记载日月所入之山也有六座："丰沮玉门""龙山""日月山""鏖鏖巨""常阳之山""大荒之山"[⑤]。完全是一出对一入的关系。正如天文史家郑文光先生所说："说明古人对不同季节不同月份太阳出山入山时在不同的方位，已经有了十分清晰的认识。"[⑥]

近年考古发现的陶寺文化中期（公元前 2100 年左右）构造精密的天文观象

① 卢央、邵望平《考古遗存中所反映的史前天文知识》，中国社会科学院考古研究所编《中国古代天文文物论集》，文物出版社，1989 年，第 1—16 页；江林昌《甲骨文四方风与古代宇宙观》，《殷都学刊》1997 年第 3 期，第 21—25 页。

② 顾炎武《天文》，黄汝成《日知录集释》卷三○，岳麓书社，1994 年，第 1049 页。

③ 阮元校刻《十三经注疏》，中华书局，1980 年，第 82 页。

④ 袁珂《山海经校注》，巴蜀书社，1993 年，第 392、397、399、401、410、411 页。

⑤ 袁珂《山海经校注》，第 453、457、459、464、468、472 页。

⑥ 郑文光《中国天文学源流》，科学出版社，1979 年，第 51—52 页。

台，更证明先民观察日出月出以确定时令的活动，甚至可以达到非常精致的程度①。

完全可以认为，远古先民在能够准确地测定正东、正西以前，仅凭对日月出入方位的观察，就能形成大致的东西方观念。现代彝族人民甚至还直接把东方方位叫作日出之处（彝语"布都"），把西方方位叫作日落之处（"布借"）②。就是根据太阳出入命名东西二方的证明。

那么显然也就容易据此引导出边际的观念，因为在视觉上太阳显然是从地外出、入的，这就足以推测出地有东、西两个"边"，稍后或同时，由方位上的二方顺势就可得出地有二边的"认识"。

东西方和大地东西边的认识就由此产生了。这是四方、地方认识中最容易的一步。下一步对太阳视运动的进一步观察，尤其是对太阳年视运动的进一步观察，就可能滋生出南北方向的认识。

太阳每天正午到达最高点即"上中天"的时候，是很容易引起先民注意的；甚至由于作息的需要，还是很多劳作的先民必须注意的。商代甲骨文把这个时刻称作"中日"③。中日之日之所在，就是正南方。

甲骨文还有一个"昃"字，是表达一天里太阳到达最高点以后开始偏斜下沉以后的时段的，即过午时分④。也可说明先民对于上中天太阳的关注。传世文献《周易·丰卦·象传》所说"日中则昃，月盈则食"⑤，已似当时流行的熟语。

因为容易引起人们注意，这才有"中日"和"昃"这样的专门名词。对于太阳上中天那边的方向的认识，也没有比这一点更具有标志的意义了。南方的意识当可由此萌芽。

对于正南方的长期的重视，还使得后世形成一个天文观察的传统，就是中国古代先民观察日躔和判断季节时令，除了直接观察上中天的太阳和上中天时的日影之外，还往往选取昏、旦时分（日没后不久和日出前不久）南中天的星宿作为

---

① 武家璧、陈美东、刘次沅《陶寺观象台遗址的天文功能与年代》，《中国科学》2008 年第 9 期，第 1265—1272 页。

② 卢央《彝族星占学》，云南人民出版社，1989 年，第 53 页。

③ 徐中舒主编《甲骨文字典》，四川辞书出版社，1989 年，第 23 页。

④ 徐中舒主编《甲骨文字典》，第 720—723 页。

⑤ 阮元校刻《十三经注疏》，第 67 页。

观察的基准，以至于产生了"昏中""旦中""昏旦中星"之类的专有名词。

并且由于习惯于对于正午太阳的关注，也必定能注意到这时阳光在其他物体上的投影，对这时影子的观察，也可以引导出朦胧的北方的认识，因为正午时候的日影，都是指向正北的。

经过不需要太多的几年的对于正午时分的太阳和日影的观察，先民就会发现，太阳除了每天做东西运动外，还在每年做南北运动：即在南北回归线之间来回移动。这对于南北方观念的形成也很有帮助。

相对于每年来说，冬至这一天太阳移到最南端，如《左传·僖公五年》说："春，王正月，辛亥朔，日南至。"杜预注："周正月，今十一月。冬至之日，日南极。"① 那么在观察者的心目中它不能够再往南了，这在以地球为本位的先民看来，因为太阳是随着大地运动的，想必这应该也就对应着大地的南端了吧。于是可能滋生出南边的意识。

不过相对于日月的升落而导致对东西方和东西边认识的清晰来说，南北方和南边的认识，要模糊很多。能够使南北方和南北边意识变得相对清晰的，并最终据以建立起四方以及地方观念的，还要等待另一项活动的增多，就是测日影。

（二）测日影

世界各原始民族普遍存在测日影活动。通过测日影以确定方向、时间、季节，以方便人们的生活、生产。

以中国大部分地区都处于北纬 23.5°（北回归线）以北的方位，每天正午太阳的投影正指北方，而每年夏至日日影最短，冬至日日影最长，每天正午和每年夏至、冬至，都是测定南北方的非常好的标志性时节。

文献常见"日中之景""日至之景"的说法。"日中之景"指一天中正午时的日影，可知测影是经常有意选择正午的。"日至之景"指夏至日或冬至日日影，可知测影是一项经常性的工作——因为一般要确定二至大约在哪几天比较容易，而要准确地认定在哪天，无疑需要连续的跟踪观察，只有对连续测量的结果做比较，才能确定哪天日影最长、最短。

这样中国大部分地区，每个晴天的正午都有指向正北方的日影。在测影标杆

---

① 阮元校刻《十三经注疏》，第 1794 页。

的指示下，南北方向非常清晰、实在。在测影人的工作平面上，南北方向简直就是一条非常清晰、明确的影线。如果说，仅凭此前自然观察对于南北方向的认识还可能比较模糊的话，那么现在在测影人的心目中，它却再清晰不过了。两者结合起来，对于南北方向的认识就更加巩固，而随着测影活动的增多，关于南北方向的知识也就会随之传播开来。

同时在长期的测影活动中，从冬至到夏至，太阳由最南端移到最北端，而且移动到最北端的时候，在视觉上正处在观察者的头顶，面对自"南极"向正北而来的太阳，面对夏至日总是固定的日影长度（相对于同样长度的立杆来说），测影人也会站在地球本位的角度去想象，这个日影的长度可能是与大地南向一半的长度对应的，身后北向的则是另一半，于是他在得出南北方向认识之后，得出了大地存在南北边的"认识"。

后世《周礼·地官·大司徒》正好就有这种思想遗留的痕迹："以土圭之法测土深、正日景，以求地中。日南则景短，多暑；日北则景长，多寒；日东则景夕，多风；日西则景朝，多阴。日至之景，尺有五寸，谓之地中：天地之所合也，四时之所交也，风雨之所会也，阴阳之所和也。"①

据东汉郑玄之《注》，所谓"测土深"就是测量大地南北东西的长度，"求地中"就是测定大地的中心点。对此郑玄甚至还给出了明确的数值："凡日景于地，千里而差一寸"，"景尺有五寸者，南戴日下万五千里，地与星辰四游升降于三万里之中，是以半之得地之中也"②。在《礼记·月令》题解唐孔颖达之《疏》还引到郑玄注《考灵耀》的话"地盖厚三万里"，又说"地则中央正平"③。其实这些话里最关键的数字仍是夏至日影一尺五寸、往南对应大地一万五千里。大地广深三万里实际上是根据一万五千里推出来的，"地中"就在离南北东西四边一万五千里处。

可证正是测影人将日影的长度与大地一半的长度对应起来的。因为郑玄虽然博学多闻，却并非专业的测影人，他能说得这样具体，只能说明这种知识已由行业内传到行业外了，而这肯定也是历代传承、修整的结果。

先秦至汉，本是"天圆地方"最流行的年代。《周礼》大司徒领导的团队通

① ②　阮元校刻《十三经注疏》，第 704 页。
③　阮元校刻《十三经注疏》，第 1352 页。

过测日影以求土深、以求地中的做法，实际上已包含了地方认识的前提：大地的广深是一定的，地中就在离南北东西四边等距之处，这样才能够去"求"。尽管其中好些说法与现代科学不符，我们重视的是它所反映出的地方观念。《周礼》传为周初文献，后世虽多有疑虑，其要亦当为先秦文献。然其有关测影和地方的思想当有更古的来源，因为测影的传统，实可自远古始。

所以至此我们可以肯定，地方观念的建立，会是一个很长的过程。先有东西方和东西边的观念，然后出现南北方和南北边的模糊的认识，最后在测日影的活动中，才逐渐明确了四方以及地方。

（三）察恒星

有助于四方和地方观念的形成和巩固的另一种途径，是察恒星，即观察太阳之外的恒星，主要有"四象"和北极星、北斗星群等。

中国古代先民很早就将天空星座按分区、拟形来认识，发展出"四象"说（又称"四陆""四宫"等），即东方青龙、北方玄武、西方白虎、南方朱雀。四象定型以后各包含七个星座（即二十八宿之四分）。

四象最初也是由东西二象开始的①。这表明四象的起源一开始就是与方位联系在一起的。一般认为，先民由观察参、商等星团而首先确立二象，然后进一步发展出四象。四象与地面的四方相对应，具有明显的指示四方的功用。

四象之外，北极星和北斗星群也是黑夜里指示方向的好标志。北极星是最接近天球北极的恒星，北斗则是围绕天球北极旋转的，由于两者位置比较靠近（视觉上），既可以互相指示所在（取决于当时它们的亮度），同时又都是指示真天球北极的最好的标志星。

对于一般人来说，如果北方在白天可能还比较模糊，那么夜晚它就非常清晰了。白天、黑夜的观察结合起来，四方的观念就可更加巩固。

在中国古人的意识中，人权天授、天人合一，天与地一直具有不可分割的联系。考虑到世界各民族普遍具有利用天上的星宿指示地面方位的习惯，而中国先民尤其具有将天上的星宿区域与地面的行政区域相对应的习惯，例如分野、主星等观念的普遍存在，使得天上的四方与地上的四方足以互相影响，则可以在一定

---

① 潘鼐《中国恒星观测史》，学林出版社，1989年，第38页。

程度上有助于地方观念的形成和巩固。这使得察恒星也因此而成为可以导致地方观念产生的一种辅助性的途径。

当然现在我们知道，依靠目视观察并非不能导致对地球真实形状的认识。在发生月食这样的特定的时候，尤其是月全食的时候，地球在月球上的投影正好是圆形。然而在没有彻底弄清地、日、月在太空中的位置关系以前，要引起这样的思路是极为困难的。否则，"天圆地方"的观念也就无从产生了。

三、地方观念起源的时间

从以上的论述可知，地方的观念是与四方的观念相先后而产生的。则从四方观念起源的时间，或能大致推断出地方观念起源的时间；同时通过对相关问题的探索，也可以进一步说明地方观念起源的途径。

（一）从天文观察与方位判断的关系来看

由于星球方位是随着时令的迁移而有规律地变化的，这使得原始民族的天文观察，从一开始就是与方位和时令联系在一起的。探讨世界范围内技术发展的《技术史》的作者就说："所有的原始文明都注意到每年不同的季节可以看到不同的星座。"[①]

目前通过考古可知中国最早的星象记录在新石器时代早期。在浙江萧山距今7000—8000 年左右的跨湖桥遗址的彩陶残片上，发现了多个太阳纹[②]。其纹以同心圆为中心，环周布施射线，着白色厚彩，形象地描绘了太阳发光的情景。到了新石器时代中期的仰韶文化时期，发现的太阳及星辰纹饰就更多一些。

年代稍前的河南汝州洪山庙遗址的彩陶，发现了太阳、月亮纹。"洪山庙 M1 出土的 W91：1 号缸所绘的太阳和月亮，是仰韶文化时期最具有特色的太阳、月亮图案。"[③]

---

① ［英］查尔斯·辛格（Charles Slinger）等主编，王前、孙希忠主译《技术史》第 1 卷，上海科技教育出版社，2004 年，第 543 页。
② 浙江省文物考古研究所、萧山博物馆编《跨湖桥》，文物出版社，2004 年，第 62 页。
③ 河南省文物考古研究所《汝州洪山庙》，中州古籍出版社，1995 年，第 73 页。

"天象中日月星辰的转换，早已引起先民们的重视。河南地区目前发现年代最早的太阳、月亮纹则是汝州洪山庙 W91 上绘的太阳、月亮纹了。在 W91 号缸上，太阳以红彩绘出，鲜艳夺目，月亮用白彩画就，黑彩镶边，皎洁无比，二者相对，是人们观察太阳、月亮的见证。"①

稍后的郑州大河村仰韶文化第三期彩陶上，发现了太阳纹、日晕纹和六角星纹图案②。天文史家潘鼐先生当时曾据大河村的太阳纹等判断它们是"我国最早的天文星象图"③，说明天文观察在新石器时代的普遍。应该说，很多时候这种观察是带有现实目的的，前文所引《山海经》记载的对日月出没之山东西方位的观察就与季节的判断联系在一起④。

当原始农业出现以后，在必须决定作物播种时节的要求下，与方位时令相联的更为专业的天文观察就出现了，中国古籍称为"历象授时"。历象授时的主要内容就是辨别四方天象以决定四时节点。

据《国语·楚语下》记载，到了传说中的颛顼时代，颛顼"乃命南正重司天以属神，命火正黎司地以属民"⑤，已出现了"南正重""火正黎"这样的专职天文官⑥。而这样的天文职官之所以叫作"南正"，是因为我们有重视南方的传统。因为南方的测定与东西南北和春夏秋冬的判定有特殊的关系⑦。

稍后到了《尚书·尧典》"历象日月星辰，敬授人时"的帝尧时代⑧，更为专业的观察——观察地点分别选在东、南、西、北四方，二分时日影与正东西方向重合，初昏时于正南方对"鸟、火、虚、昴"四星（"四仲中星"）的观察，更至少从以上三个不同方面表明了四季的确定与方向的确定的不可分割的关系⑨。

这可以说明远古先民既有与方位判断紧密相联的天文观察的需要，也有这种

---

① 河南省文物考古研究所《河南史前彩陶》，河南美术出版社，1996 年，第 43 页。
② 郑州市文物考古研究所《郑州大河村》（上），科学出版社，2001 年，第 191—192 页。
③ 潘鼐《中国恒星观测史》，第 1 页。
④ 郑文光《中国天文学源流》，第 51—52 页。
⑤ 上海师范大学古籍整理研究所校点《国语》，上海古籍出版社，1988 年，第 562—563 页。
⑥ 蒋瑞《先秦阴阳理论起源考略》，湖北大学古籍研究所，硕士学位论文，2000 年，第 23 页。
⑦ 郑文光《中国天文学源流》，第 28 页。
⑧ 阮元校刻《十三经注疏》，第 119 页。
⑨ 蒋瑞《先秦阴阳理论起源考略》，第 25—29 页。

观察的习惯。所以从理论上推，四方的起源当十分古老。

1987 年，河南考古发现了距今 6000 年左右的河南濮阳西水坡 45 号墓。其墓主头南足北，东侧有蚌塑之龙，西侧有蚌塑之虎，足下北侧还有两根人胫骨连接一个蚌塑三角形图案①。四方对应的关系是如此确定，使人很容易联想到青龙、白虎。李学勤先生和冯时先生据此都认为当时已有四象或至少四象中的两象②、③，其蚌塑三角或为帝星（李学勤说），人胫骨与蚌塑三角合在一起或为北斗之斗及杓（冯时说）。

按文献所载，上古先民观察星象，确以东西二象为多，学界一般也都认为四象首先起源于东西二象，所以若说当时已有四方，并非没有可能。退一步说，当时至少已有东西二方的认识，如伊世同先生所说："北斗的发现使 45 号墓室天文图不再成为争论话题"，"从季节上看，当时大概把一年分为春秋两季；从方位上看，当时已能分清东（朝）与西（夕）；更由于北斗呈现，则南北和冬夏也将逐渐齐全"④。

除此之外，分野、主星观念的起源也非常古老。分野、主星概念提出的前提就已包含对方位的考虑，例如以东方之星配东方之国等。

冯时先生考察分野观念的起源，认为"分野观念""在远古时代已具雏形"，"来源于一种最原始的恒星建时方法，通过对新石器时代有关天文遗迹的分析，这种方法在当时显然已经基本形成"⑤。

而据《左传·昭公元年》记载："昔高辛氏有二子，伯曰阏伯，季曰实沈。居于旷林，不相能也。日寻干戈，以相征讨。后帝不臧，迁阏伯于商丘，主辰，商人是因，故辰为商星。迁实沈于大夏，主参，唐人是因，以服事夏商。"⑥ 则主

---

① 濮阳市文物管理委员会、濮阳市博物馆及文物队《濮阳西水坡遗址发掘简报》，《华夏考古》1988 年第 1 期，第 1—4 转 29、113 页。

② 李学勤《西水坡"龙虎墓"与四象的起源》，李学勤《走出疑古时代》，辽宁大学出版社，1997 年，第 142—149 页（按：该文最初发表在《中国社会科学院研究生院学报》1988 年第 5 期，后收入本书）。

③ 冯时《河南濮阳西水坡 45 号墓的天文学研究》，《文物》1990 年第 3 期，第 52—60 转 69 页。

④ 伊世同《北斗祭——对濮阳西水坡 45 号墓贝塑天文图的再思考》，《中原文物》1996 年第 2 期，第 22—31 页。

⑤ 冯时《中国天文考古学》，社会科学文献出版社，2001 年，第 76 页。

⑥ 阮元校刻《十三经注疏》，第 2023 页。

星观念的起源也有可能在夏商以前。

这些都可以说明，四方很可能在新石器时代晚期以前就已存在，则地方观念在新石器时代就可能具备起源的基础。

（二）从测影活动的发展来看

阳光下地面上的树木、山岩和各种人工建筑的影子，一定会吸引先民注意的。对于日影的观察，既可以指示时间，也可以指示方位。

自然日影因为容易受到外围地形和外围物体的影响，为了获得更好的观测体验，先民是很容易从观察自然日影中发展出立杆测影的。太阳下随便立一根杆，就可见到影子。如果选择在某个平面前立杆测影，效果就会更好。这就是原始的测影了。

现代中国四川凉山地区美姑县的彝族毕摩阿克甲兹，在自家房子西墙外立一根杆，他先将一年中重要的农时节令的影长位置刻画在墙上做好记号，以后就根据影长到达相应的刻线位置种植玉米等，获得了好收成①。阿克甲兹观测的是太阳在自家西墙上的投影，更多原始先民的做法是在地平面上立杆，在地平面上观测。

如《技术史》的作者就说："文字发明以前的人可用的第三种天文观测是对影子的观察。如果把一根棍子垂直插进地里做成一个日晷，任意给定的一天中影子的最短长度是很容易观测到的。"② 该书并列举现代婆罗洲的迪雅克人和文字发明以前的秘鲁人都曾使用过这样的技艺为证。

立杆之后就是我们所熟知的立表测影。中国至迟在商代已经有了立表测影的活动。商代甲骨文已发现有确切表达测影活动的文字，如"臬""丨""‖"（按，象双表之形）、"立中"等；并且从甲骨文"癸（✗）""直（↲）"等字来看，当时已掌握了周代以后惯用的以水测定地平和以绳悬重以定垂直的方法，表明其测影活动已能达到相当的精确度③。

---

① 陈久金、卢央、刘尧汉《彝族天文学史》，云南人民出版社，1984 年，第 116—117 页。
② ［英］查尔斯·辛格（Charles Slinger）等《技术史》第 1 卷，第 75 页。
③ 温少峰、袁庭栋《殷墟卜辞研究——科学技术篇》，四川省社会科学院出版社，1983 年，第 9—27 页。

从技术的角度看，能够提高测量精度的，主要不在于表和杆的区分，而在于地平的程度和表杆垂直的程度。商代所使用的以水平地和以绳悬重的方法，从《周礼·考工记·匠人》"匠人建国，水地以县，置槷以县，视以景"（按，"槷"通"臬"，即测影之杆）来看①，就是后世长期继承使用的方法。可见商代的测影水平确已达到相当的高度。则此前的技术积累亦当有较高的水平。

大家知道，在地球人口最稠密的中纬度地区（包括南北两半球），观测一年中正午南北日影最短、最长可以确定两至，观测一年中晨昏东西日影的重合可以确定两分。因为两至时太阳移到南北回归的极点，两分时太阳正好从正东西升落。发现了这个规律，就表明先民离精确地测定四方不远了。而这一切，只需要立杆测影就能做到。

由此可以推测，根据日影判断分至，在史前就有可能。所以冯时先生认为："大约八千年前，人们显然已达到了能够测定分至的水平。"② 从技术上讲，这完全没有问题。因为即使史前不懂得以水平地和以绳悬重的方法，通过肉眼找一块相对的平地和把表杆竖得比较垂直，从而逐渐发现一年中日影短长、重合的规律，也不是太难的事情。

然而更重要的是，测影精度的提高，对于精确地测定方位和分至节气，甚至制历，意义重大，而对于大致地判断四方和萌生地方意识来说，则并不是必不可少的。因为东西方和东西边本没有太大的问题，能够确定南北方，并能根据日影定长推测大地存在南北边，就足够了。而这在无须精确地测定四方以前就能做到。所以从测影活动的发展来看，至少在商代以前，就已能够对地方观念建立所需的方位认知提供技术支持。

（三）从史前建筑所寓含的四方知识来看

受地理位置和季风风向的影响，中国先民营造居室城池，为了避风、采风、采光和出入的便利等，是很注意朝向的。

如《诗·墉风·定之方中》就说："定之方中，作于楚宫。揆之以日，作于楚室。"毛《传》注："定，营室也。方中，昏正四方"；"揆，度也。度日出日

---

① 阮元校刻《十三经注疏》，第 927 页。
② 冯时《中国天文考古学》，第 198 页。

入，以知东西。南视定，北准极，以正南北"。孔《疏》注："东西南北皆既正，方乃为宫室。"①

在这样的背景下，考古发现的史前建筑的朝向，是有可能反映先民掌握四方知识的情况的。卢央、邵望平先生已经从新石器时代的墓葬朝向和房屋门向等对此做出过考察，认为当时可能已经出现了四方甚至八方的概念②，我们拟主要从新石器时代的城址方面做些补充。

到目前为止，中国发现的最早的古城，是距今约 6000 年前湖南澧县的城头山城址③。该城址外形略呈圆形（外圆直径 325 米，面积约 8 万平方米），"保存有东—西、南—北相对的四个缺口，虽因历史取土或造田皆有所拓宽，但从其位置和结构看，当是城门。城门未筑在正方位的轴在线，西门为西偏北 4°，南门为南偏西 13°，北门则北偏东 13°，东门为东偏南 4°"④。四个城门的东西、南北分别沿中心点严格对称，东、西门向与正东西只差 4°，这样精确的分布关系，在这样大型城址的建设中，如果没有事先对方位的比较精确地测量，是很难做到的。可见城头山先民应已掌握四方的知识。

距今 4000 年左右的属于新石器时代晚期的河南王城岗遗址和平粮台遗址反映的史前先民的四方知识，就更加明确。

河南登封王城岗龙山文化二期的城址，有东西并列的两座。东城的西墙就是西城的东墙。东城的南城墙与西城墙相交处的角度为 88°，近乎直角。东城方向为北偏东 15°。西城的西墙的方向为北偏西 5°，它与南墙相交处的角度为 90°，直角相接。西城的西城墙与北城墙相交处的角度为 89°，也近似直角相接。整个西城呈每边长约 90 多米的正方形，城内面积近 10000 平方米⑤。

平粮台城址也呈正方形，长宽各 185 米，城内面积 3.4 万多平方米，方向为

---

① 阮元校刻《十三经注疏》，第 515 页。

② 卢央、邵望平《考古遗存中所反映的史前天文知识》，中国社会科学院考古研究所编《中国古代天文文物论集》，第 1—16 页。

③ 湖南省文物考古研究所《湖南省考古工作五十年》，文物出版社编《新中国考古五十年》，文物出版社，1999 年，第 295—311 页。

④ 湖南省文物考古研究所、湖南省澧县文物管理所《澧县城头山屈家岭文化城址调查与试掘》，《文物》1993 年第 12 期，第 21—30 页。

⑤ 河南省文物研究所、中国历史博物馆考古部《登封王城岗与阳城》，文物出版社，1992 年，第 28—31 页。

北偏东 6°。如包括城垣及外侧附加部分，面积达 5 万多平方米①。

严文明先生曾评论说："全城成正方形，座北朝南，方向为磁北偏东 6 度，几乎与子午线重合。南门较大，为正门，设于南墙正中；北门甚小，又略偏西，当为后门。这种格局显然是精心规划的，它所体现的方正对称的思想一直影响到中国古代城市几千年的发展，成为中国城市的一大特色。"② 马世之先生在考察了若干中国史前古城之后也认为平粮台城址（与石家河城址）是"经过统一规划的"③。

王城岗与平粮台的城址都接近正南北排列，南北墙与东西墙的交角是 90°或很接近 90°，尤其是王城岗的西城和平粮台城址的走向，其南北、东西几乎与经、纬线重合。从发掘报告可知，没有地形和其他的因素要求这些城址必须如此排列，则其正南北东西的取向，应该是人为的。

据此可以认为，当时测定四方的能力，已达到相当精确的程度。可以肯定，到新石器时代晚期，人们已完全具备建立地方观念所需的方位基础。

（四）从史前祭坛所寓含的天圆地方思想来看

更为难得的是，部分史前祭坛建筑遗址的本身，可能就已寓含了天圆地方的思想。

属于新石器时代晚期偏早的辽宁牛河梁遗址的积石冢，其冢附近往往有祭坛分布，冢和祭坛的形状或方或圆结合在一起，报告者认为当时人或已具备方圆观念或即天圆地方观念④。冯时、王胜利等先生也先后对此表示同意。我们认为，往往作为以祭祀天地为主要目的的祭坛，其旁边附属的方圆形建筑若没有特殊的涵义，是不大可能的；若说它寄寓了天圆地方的思想，是非常合理的推测，尽管牛河梁积石冢表现得可能还不是十分明显。

而越是到了较后的时期，这种思想的表现似乎就越明显。先是在内蒙古包头

---

① 河南省文物研究所、周口地区文化局文物科《河南淮阳平粮台龙山文化城址试掘简报》，《文物》1983 年第 3 期，第 21—36 页。

② 白寿彝总主编《中国通史》第 2 卷《远古时代》，上海人民出版社，1994 年，第 319—320 页。

③ 马世之《中国史前古城》，湖北教育出版社，2003 年，第 205 页。

④ 朝阳市文化局、辽宁省文物考古研究所《牛河梁遗址》，学苑出版社，2004 年，第 27 页。

市东郊大青山南麓莎木佳新石器时代晚期遗址，发现了一组形制"颇为特殊"的建筑遗址①。遗址由三座"圆形土丘"组成，作南北中轴排列，由北向南依次渐小，彼此间隔 1 米左右。靠北的土丘高 1.2 米，绕土丘基部和腰部各砌有一个方形石圈，四角均呈弧形。基部石圈见方 7.4 米，腰部石圈见方 3.3 米。土丘顶部还平铺一层石块。中间位置的土丘高 0.8 米，沿土丘基部砌有一个长方形石圈，东西 3.8 米，南北 3 米，四角呈弧形。靠南的土丘略高出地面，绕土丘基部砌有一个圆形石圈，直径 1.5 米。中间土丘的顶部还发现两件磨制石斧，斧身平卧，大部分埋在土中。

《中国古代建筑史》第一卷《原始社会夏商周秦汉建筑》的作者认为该处遗址"有可能表现了古人最早的'天圆地方'思想"②。我们认为，该遗址最北的土丘有三层，底部和中间为方形，顶部平铺的一层石块呈圆形，下方上圆，很可能寓含了"天圆地方"的思想；而三座土丘中最北的、中间的土丘都是方形或投影为方形，最南的土丘却是圆形，正好与以南属天的信仰相合，也可能寓含了"天圆地方"的思想。所以该遗址可能是寓含了二环的"天圆地方"思想。

而从最近的报道得知，号称"史前中国第一大城"的陕西神木县石峁遗址在近日又有了新的发现③。石峁城址的年代与同属新石器时代晚期的良渚城址和陶寺城址相近，但是规模要大于后二者。除过去发现的大型城址和若干民居、陶器、玉器外，近日于城址外城东南方向叫樊庄子的地方，发现了用于祭祀的祭坛。祭坛上下共 3 层，自上而下分别为圆丘形土筑遗迹和一小一大两层方台形石构基址，最底的石构基址边长 90 米，整体高度距现地表超过 8 米。祭坛外围并且发现了数座祭祀坑，面积 3—5 平方米，最深的一座距地表深约 3 米。

大城配祭坛，与后世的筑城思想完全一致。以上圆下方的祭坛祭祀天地，其所寓含的天圆地方思想，应该说是非常明显了。由于该祭坛旁边明确布列有祭祀坑，石峁遗址的祭坛属性无可怀疑。

---

① 包头市文物管理所《内蒙古大青山西段新石器时代遗址》，《考古》1986 年第 6 期，第 485—496 页。

② 刘叙杰主编《中国古代建筑史》第 1 卷《原始社会夏商周秦汉建筑》，中国建筑工业出版社，2003 年，第 88 页。

③ 敬泽昊《曲里拐弯的石峁城墙内首次发现祭坛遗址》，（陕西）《神木报》2014 年 3 月 9 日，第 32 版。

以此回顾牛河梁和莎木佳遗址的方圆型祭坛建筑，其表现出的一致性使我们相信，当时天圆地方的思想，至少在辽宁、内蒙古和陕西一带，已经有了一定范围的传布。

综合以上的论述，我们认为，地方观念就是在四方的基础上起源于天文观察，其起源的时间当不晚于新石器时代晚期。

（原刊于《长安学研究》第一辑，中华书局，2016 年）

作者简介：

蒋瑞，男，汉族，1963 年 12 月生，湖南辰溪人。湖北大学中国古典文献学硕士，上海师范大学先秦两汉文学方向博士。2000 年负笈扬州入王昆吾师门下修学（学籍属上海师范大学），2003 年完成博士论文《铭刻书写与中国散文的产生》。现任湖州师范学院文学院副教授，主要从事先秦文学与文化研究。在《古汉语研究》《中国史研究》《中国哲学史》《周秦汉唐文化研究》《现代语文》《中国中医基础医学杂志》等杂志或辑刊发表文章多篇。出版普及性读物《诸子百家人生智慧》一部（2010 年）。主持国家社科基金后期资助项目"中国散文起源研究"一项（21FZWB100）。

茶托、发酵茶和汤剂

——以考古发现切入中国早期茶史

曹柯平

宽泛的中国茶史研究包含了茶业经济史、茶业科技发展史和茶文化史三大领域。茶业经济史主要是涉及茶叶生产、茶叶贸易和茶叶消费等方面的讨论。茶业科技发展史主要联系于茶叶的化学、药学分析，茶树栽培与管理技术的发展。茶文化史则主要对茶具、茶艺、饮茶习俗及茶与文学、美学、宗教、哲学等展开探究，对中外茶文献加以辑佚、校注、汇编①。本篇文稿，笔者以考古出土的南朝洪州窑茶托为切入点，先揭示公元 5 至 8 世纪这类瓷质茶具的稳定形态结构，然后由器形推及器用，试从其仪式功能联系到曾盛行一时、但详情已不甚清楚的中古制茶工艺，并通过复原中古发酵茶制作工艺，使人豁然会悟：源远流长的中国人对茶的利用、加工和饮法，一直是受到中药方剂，尤其汤剂制作实践与理论的推动②，才依时代先后，表现为从食用、药饮到保健养生的有序嬗变。

---

① 宋丽《〈茶业通史〉的研究》，安徽农业大学硕士学位论文，2009 年。丁以寿《当代中国茶文化研究略评》，浙江工商大学中国饮食文化研究所编《饮食文化研究》，2009 年下。朱聿婧《21 世纪以来茶史研究综述》，《长江文史论丛》，湖北人民出版社，2017 年，第 153—167 页。

② 关剑平早注意到了魏晋南北朝时期末茶的烹点与中药药剂学原理、技术乃至工具之间的关系。但笔者的论证思路和关氏不尽相同。见关剑平《中国茶文化的形成》（上）（下），《上海青年管理干部学院学报》2004 年第 2、3 期。

一、斜收腹（碗）盏和托，相扣成套可称为"茶托"

2002 年 5 月，南昌县小蓝乡县烟草公司宿舍工地出土一套南朝洪州窑青釉碗托与碗（图 1、2）①，2004 年 4 月，南昌县富山乡柏林工地又出土一套南朝洪州窑青釉碗托与碗（图 3、4）②，这两套青瓷器具的发现，使得以往的类似发现被贯穿成了一组饶有意味的链接。

图 1　江西省南昌县小蓝乡出土洪州窑茶托

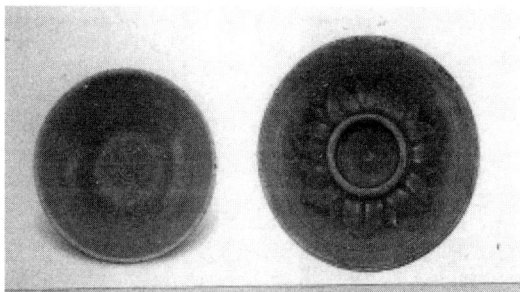

图 2　江西省南昌县小蓝乡出土洪州窑茶托

图 3　江西省南昌县富山乡出土洪州窑茶托

图 4　江西省南昌县富山乡出土洪州窑茶托

如 1957 年在陕西西安市曾出土七枚刻铭自称为"浑金涂茶拓子"银胎鎏金茶托子，其标记铸造时间是唐大中十四年（860）③。1987 年陕西扶风县法门寺地

① 洪州窑青瓷博物馆编，罗劲松等撰《洪州青瓷》，江西人民出版社，2012 年，第 92 页。
② 洪州窑青瓷博物馆编，罗劲松等撰《洪州青瓷》，第 91 页。
③ 马得志《唐代长安城平康坊出土的鎏金茶托子》，《考古》1959 年第 12 期。

宫出土唐僖宗（874—889在位）所施一组茶具里，亦有一副"瑠璃茶椀柘子"。（图5、6）①。若再将同时期（820—900）唐长沙窑②产的带自名的"茶垸"（图7）③，以及浙江临安市吴越国康陵出土的五代（约939年）"越窑青釉盏托、侈口碗"（图8）④，都用来跟"洪州窑青釉碗托、碗"，进行早晚排比，便几乎肯定——尽管由不同的材质制作，尽管有略微不同的地域形制风格差别，但整体上看，承盘内底附着一周凸棱的托以及底足与那周凸棱正可扣合的斜收腹的碗或盏，在南朝的宋齐年间（待后笔者有详论），已成为一套造型特征十分显著的组合器物⑤。

图5　陕西省扶风县法门寺地宫出土　　图6　陕西省扶风县法门寺地宫出土琉璃茶托

冯先铭、孙机早指出这种器物组合，即古代文献中屡屡提到的饮茶器具"茶托子"⑥，它们首见唐李匡乂的《资暇集》：

---

① 国家文物局主编《惠世天工——中国古代发明创造文物展》，中国书店，2012年，第119、140、25页。

② 长沙窑"茶垸"，大致在周世荣拟长沙窑分期的中期（827—878）上下的时间刻度内。见耿宝昌等主编，周世荣著《中国古代名窑系列丛书·长沙窑》，江西美术出版社，2016年，第13页。

③ 耿宝昌等主编，周世荣著《中国古代名窑系列丛书·长沙窑》，第74页。

④ 张玉兰《浙江临安五代吴越国康陵发掘简报》，《文物》2000年第2期。

⑤ 吴小平、饶华松曾论证托与盏的组合于六朝中晚期，在长江中下游流行，还认为这标志着我国煮茶习俗的真正形成。见吴小平、饶华松《论唐代以前的盏托》，《华夏考古》2013年第2期。

⑥ 冯先铭《从文献看唐宋以来饮茶风尚及陶瓷茶具的演变》，《文物》1963年第1期。孙机《唐宋时代的茶具与酒具》，《中国历史博物馆馆刊》1982年第4期。

始建中，蜀相崔宁之女，以茶杯无衬，病其熨指，取楪子承之，既啜而杯倾，乃以蜡环楪子之央，其杯遂定。即命匠以漆环代蜡，进于蜀相。蜀相奇之，为制名而话于宾亲，人人为便，用于代。是后传者，更环其底，愈新其制，以至百状焉。①

后来它们在北宋高承的《事物纪原》里，又被称作"托子"②，在南宋程大昌的《演繁露》里，或曰"盏托"③。由于确凿的考古发现已把这套器物的确立时间往前推了二三百年，进而也就否定了崔宁之女的发明专利。可为了讨论的方便，我们仍不妨给予这套年代跨度七八百年（东晋晚至元代初），其间虽有型式细节变化，但整体形制基本维持稳定的器物，以一个简捷和新的科学概括，即命名为"茶托"（含托与碗或盏）。

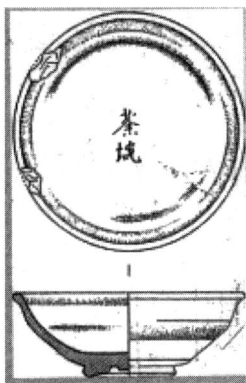

图 7　湖南省长沙市长沙窑之茶碗　　图 8　浙江省临安市吴越国康陵之越窑茶托

在本文排出的南朝至五代的茶托演变略图里（图 1 到图 8），可发现碗或盏的形制，总在强调腹部的斜收。这或许与饮茶时方便茶末和配料的顺利倾倒有内在的关联，并很契合陆羽说过的瓷质茶碗"口唇不卷，底卷而浅"④ 的特征。器形和器用的关系，可谓一目了然。此外，承盘内底附着的凸棱随时间的推移逐渐地增高，以至到晚唐呈现为明显的托圈。这固然出于隔热防烫的需要，但何尝又不

① 李匡义《资暇集》，载《苏氏演义（外三种）》，中华书局，2012 年，第 204 页。
② 高承《事物纪原》卷八，中华书局，1989 年，第 419 页。
③ 程大昌《演繁露》卷十五，明嘉靖本第 7 页。
④ 陆羽等著，宋一明译注《茶经译注（外三种）》，上海古籍出版社，2009 年，第 27 页。

是反映了当时饮茶活动的仪式要求和审美要求呢？

《茶经》的《四之器》篇中，有两段紧要的文字经常被后人引用。

> 若邢瓷类银，越瓷类玉，邢不如越一也；若邢瓷类雪，则越瓷类冰，邢不如越二也；邢瓷白而茶色丹，越瓷青而茶色绿，邢不如越三也。
>
> 越州瓷、岳瓷皆青，青则益茶，茶作白红之色。邢州瓷白，茶色红；寿州瓷黄，茶色紫；洪州瓷褐，茶色黑……①

陆羽应该在比较了盛于不同窑口出产的茶碗里"沫饽"（汤花）与茶汤跟各种瓷釉相映衬出的不同色泽和色调后，才评鉴出"碗，越州上，鼎州次，婺州次，岳州次，寿州、洪州次"②的唐代六大名窑的座次。因而，追究那时的饮茶为什么会汤花堆白和茶汤泛红，便成为我们下面讨论的题中应有之义。

二、跟诸釉色茶托相辉映，引人注目的是发酵茶的汤花和茶汤

洪州窑创烧于东汉时期，主要分布于今江西丰城市境内赣江或与赣江相衔的药湖南岸的山坡、丘陵冈埠以及清丰山溪河的河东岸畔丘陵地带③。然其在陆羽时代已由盛而衰、颓势尽显了。《茶经》云："寿州瓷黄，茶色紫；洪州瓷褐，茶色黑，悉不宜茶。"④ 可如果往前推早到隋代和南朝，情形还是很不一样的。

南北朝时，虽然北方战乱频仍、政治动荡，但南方地区人口增加、经济繁荣。这时的洪州窑窑场由于使用东晋晚期发明的匣钵装烧工艺，使坯件避免了明火接触和窑顶落渣对釉面的污染，进而器皿受热均匀、釉面光润，瓷器的质量大为提升。那些青釉瓷产品，胎质细腻、质地坚密，纹样别致。尤其是釉色青里泛黄，色调与光泽犹如早春植物的萌芽，招人喜爱。加上器物的类型丰富，造型规

---

① 陆羽等著，宋一明译注《茶经译注（外三种）》，第27—28页。

② 陆羽等著，宋一明译注《茶经译注（外三种）》，第27页。

③ 耿宝昌等主编，张文江等著《中国古代名窑系列丛书·洪州窑》，江西美术出版社，2016年，第4页。

④ 陆羽等著，宋一明译注《茶经译注（外三种）》，第28页。

整，精美绝伦。此阶段洪州窑生产的瓷器，较同时的越窑有过之而无不及，亦胜于同期诸名窑出品①。

隋代洪州窑瓷器，从胎料淘洗，到规模使用单体戳印技法以及有效地控制高温焙烧，制作工艺又有较大改进②，其流布范围不仅覆盖今江西地区，还流向今湖北、安徽、江苏、浙江、广东、广西和陕西的一些地方③。虽说釉色逐渐偏向了不受人欢迎的酱褐色，但挟持着东晋以来的影响力，直至唐天宝二年（743），洪州窑瓷器仍被当作珍贵的地方特产送至长安给君王唐玄宗展示④。

由上可得知，南朝洪州窑茶托的横空出世，正值洪州窑烧造工艺的巅峰时期，当时洪州窑特有的青中闪黄的釉色与"白红之色"的茶水交互辉映，一定分外好看。

根据现代科学对茶叶所做的物理、化学分析能知道：在茶树鲜叶中，水分约占 75%，干物质为 25%。茶叶的干物质组成非常复杂，它们由 3.5%—7% 的无机物和 93%—96.5% 的有机物组成，可正是这些有机化合物，构成了茶叶色香味品质特征与药用疗效的物质基础⑤。

有唐一代的文化精英们，对茶的汤花之美的惊艳，好像远超过对于茶汤之甘滑的兴致。因而，在制茶、碾茶、筛茶、煎茶、盛茶、品茶，乃至于饮茶的每个环节，让茶汤泡沫如何获得一个合适的量⑥，成为彼时茶师苦心孤诣的首件要务。

已有的实验研究证明，茶叶的有机化合物中所含的"茶皂素"，是茶汤泡沫生成或有利于泡沫持久的决定性物质。由于溶液中皂素类浓度只要 0.005% 左右，即能形成稳定性的泡沫⑦，所以，无论哪一类茶的茶皂素含量，实际上皆是足以起泡的，但想使泡沫（汤花）量多，而且又洁白、持久，制茶工艺里的"发酵"环节就至关重要了⑧。

笔者曾细读《茶经》的《三之造》篇，得知唐朝时饼茶的制作包括："采

---

① 耿宝昌等主编，张文江等著《中国古代名窑系列丛书·洪州窑》，第 49—51 页。
② 耿宝昌等主编，张文江等著《中国古代名窑系列丛书·洪州窑》，第 54—55 页。
③ 权奎山《洪州窑瓷器流布初探》，《中国历史文物》2008 年第 3 期。
④ 刘昫等撰《旧唐书》卷一〇五《韦坚传》，中华书局，1975 年。
⑤ 丁以寿、章传政编著《中国茶文化》，中华书局，2012 年，第 39—44 页。
⑥ 郑立盛《茶沫与唐代茶文化》，《农业考古》1995 年第 2 期。
⑦ 黄鉴舜、叶宝存等《汤花形成的基础及影响条件》，《福建茶叶》1993 年第 2 期。
⑧ 叶宝存、黄鉴舜《汤花试释》，《福建茶叶》1991 年第 3 期。

之、蒸之、捣之、拍之、焙之、穿之、封之，茶之干矣。"① 这段简短扼要的文字，经过今天学者研读，或可以这样解释：茶叶采来后，先放在甑、釜中蒸一下，然后将蒸软的茶叶用杵臼捣烂。再把捣烂的茶叶透凉了弄成末，放在铁制规承（亦即模）中拍压成团饼。最后，将茶饼穿起来烘焙，封存藏养至干②。

倘若，再去检阅《茶经》的《二之具》篇，则又有一件耐人寻味的制茶器具——"育"。

> 育，以木制之，以竹编之，以纸糊之。中有隔，上有覆，下有床，傍有门，掩一扇。中置一器，贮煻煨火，令煜煜然。江南梅雨时，焚之以火。育者，以其藏养名。③

作为收藏、保养茶的"育"，大概是这么一个物件：先是用木制成框架，再编织上了竹篾，后又将纸糊好。中间是隔开的，上面有盖，下面有托架，旁边还有门，并且关上一扇。在"育"中放置了一个容器，里面贮盛带火的热灰，让火势保持微弱。由于江南梅雨季节，气候潮湿，便要生起明火④。换言之，那已经拍好、焙好、穿好的"茶饼"，最后得要封藏在"育"中，保温养干。

如果将上述细节都联系起来，其实并不难意识到：陆羽所记载的大部分唐代饼茶实际该算作微发酵或半发酵茶。因为制茶过程中存在了发酵工艺的运用。比如蒸之后的"捣""拍"，茶体都仍然和水、空气保持有接触。而饼茶最后的封藏养干又是在持续的保温中进行的。所以，因存在水分和温度的条件导致发酵，使多酚类物质氧化，形成大量网状结构物质，这些便奠定了能产生耐久泡沫的物质条件。于是，沸腾的茶汤出现"重华累沫，皤皤然若积雪耳"⑤ 的奇观。并且也只有当饼茶中的有机化合物茶多酚，由于发酵又氧化，形成了高聚合的茶黄素、

---

① 陆羽等著，宋一明译注《茶经译注（外三种）》，第 14 页。
② 除参照宋一明的注释，笔者还参考了朱自振、沈冬梅等对《茶经》的注释。朱自振、沈冬梅等《中国古代茶书集成·〈茶经〉》，上海文化出版社，2010 年，第 14—51 页。
③ 陆羽等著，宋一明译注《茶经译注（外三种）》，第 12 页。
④ 朱自振、沈冬梅等《中国古代茶书集成·〈茶经〉》，第 19 页。
⑤ 陆羽等著，宋一明译注《茶经译注（外三种）》，第 36 页。

茶红素、茶褐素时①，茶汤才可能在瓷釉的映衬下，呈现出"茶色红""茶色丹""茶色紫"，亦即黄红色；或呈色为"茶色绿"，亦即黄绿色的样子。《茶经》中专门提到"茶作白红之色"②，亦即指汤花之白与茶汤之红的混合。

当然，实际情况也许要复杂得多，因为在唐代文人笔下，令他们赏心悦目的汤花（"沫饽"）和茶汤的混合状态，既可能来自发酵茶，也可能来自非发酵茶。

前者像"碧沉霞脚碎，香泛乳花轻"（曹邺《故人寄茶》）③——碧褐的茶末，在红色的茶汤中翻滚浮沉，乳白香溢的汤花轻轻堆起。"泛花邀坐客，代饮引清言"（颜真卿等《月夜啜茶联句》）④——以茶代酒，邀请来尊贵的客人，面对着汤花泛起，大家言辞清新、兴逸遄飞。"育花池晚菊，沸沫响秋蝉"（张又新《谢庐山僧寄谷帘水》）⑤。"蓕叶照人呈夏簟，松花满碗试新茶"（刘禹锡《送蕲州李郎中赴任》）⑥。"铫煎黄药色，碗转曲尘花"（元稹《茶》）⑦。这些犹如晚菊、松花、曲尘花的黄白相间的茶水，在今天的我们看来，不正是发酵茶才能产生的美丽现象？

后者如"斯须炒成满室香，便酌泝下金沙水。骤雨松声入鼎来，白云满碗花徘徊"（刘禹锡《西山兰若试茶歌》）⑧——炒青而制成的茶叶已经满室生香，再配以名贵的金沙泉水。山间松涛汇入了火炉上沸腾如雨啸的茶水之鸣，进而白云似的汤花涌起，缓缓漫布到碗盏边沿。"朱唇啜破绿云时，咽入香喉爽红玉"（崔珏《美人尝茶行》）⑨。"惟忧碧粉散，常见绿花生"（郑愚《茶诗》）⑩。细究起来，原来非发酵茶也可以发出白洁的泡沫，但茶汤却呈现为翠绿之色。

至此，笔者终于弄明白：陆羽生动描绘了各种发酵茶和非发酵茶的茶汤之艳。

---

① 丁以寿、章传政编著《中国茶文化》，第43页。
② 陆羽等著，宋一明译注《茶经译注（外三种）》，第28页。
③ 陈彬藩、余悦等编《中国茶文化经典》第二卷《隋唐五代茶诗》，光明日报出版社，1999年，第42—43页。
④ 陈彬藩、余悦等编《中国茶文化经典》第二卷《隋唐五代茶诗》，第36页。
⑤⑥⑧ 陈彬藩、余悦等编《中国茶文化经典》第二卷《隋唐五代茶诗》，第39页。
⑦ 陈彬藩、余悦等编《中国茶文化经典》第二卷《隋唐五代茶诗》，第41页。
⑨⑩ 陈彬藩、余悦等编《中国茶文化经典》第二卷《隋唐五代茶诗》，第43页。

　　如枣花漂漂然于环池之上，又如回潭曲渚青萍之始生，又如晴天爽朗有浮云鳞然。其沫者，若绿钱浮于水滨，又如菊英堕于镈俎之中。饽者，以滓煮之，及沸，则重华累沫，皤皤然若积雪耳。①

　　总之，茶圣提及的唐代四大成品茶——粗茶、散茶、末茶和饼茶②，除了连同嫩茎一起采摘并加工成的粗茶，一部分蒸或炒后直接烘干的散茶，它们当属于非发酵茶的范畴。而那些经过了蒸、捣、焙、封的复杂程序制成的大部分饼茶以及蒸、捣后干燥而成的末茶，却大约属发酵茶的一类了。

　　故笔者有充足理由认为，中唐以后，皇室、贵族、文化精英们主要饮用的乃是以饼茶为核心的发酵茶，当他们在各种充满仪式意味的场合，手把茶托激动抒发起"楼中饮兴因明月，江上诗情为晚霞"（刘禹锡《送蕲州李郎中赴任》）的情怀时刻，中国茶文化的艺术品饮形式已然十分成熟。这种情况还可能追溯到更早的时期。

三、饮茶方式变迁，其实受制于中药汤剂制作的演变

（一）"荼""茶"之惑

　　那便让我们凭借以上讨论的有关唐代发酵茶的知识背景，辅以相关较早的文献佐证，再来审视一组考古出土的、年代清楚、完整成套的"南朝洪州窑茶托"。

　　1975 年 7 月，考古人员在江西吉安长圹公社屋场大队（即今凤凰镇屋场村），发掘了一座南朝齐永明十一年（493）墓。墓中出土的一组"青瓷莲瓣纹托盘""青瓷莲瓣纹碗"③ 正好构成一套有明确纪年的"南朝洪州窑茶托"。令人击节欣喜的是这套茶托与南昌县小蓝乡县烟草公司宿舍工地、富山乡柏林工地发现的茶托非常相似。

　　笔者即而推定：最迟在 420—557 年的南朝宋、齐、梁年间甚或更早，长江中下游地区的饮茶，仪式环节已然郑重其事。很可能仪式的物质载体就是如洪州窑

---

① 陆羽等著，宋一明译注《茶经译注（外三种）》，第 36 页。
② 陆羽等著，宋一明译注《茶经译注（外三种）》，第 41 页。
③ 平江、许智范《江西吉安县南朝齐墓》，《文物》1980 年第 2 期。图版陆：3、4。

茶托这样的物件。成书于南朝宋，由刘敬叔撰写的《异苑》云："剡县陈务妻，少与二子寡居，好饮茶茗。以宅中有古冢，每饮辄先祀之。"① 南朝齐武帝萧颐在《遗诏》中特意强调："我灵座上慎勿以牲为祭，但设饼果、茶饮、干饭、酒、脯而已。"② 因而，西晋杜育《荈赋》曰"器择陶简，出自东隅"③，其意实即"器择陶拣，出自东瓯"④，亦谓：六朝时代的越州等地早就在生产特别的茶具，用于程式化、仪式化的饮茶活动之中。再有，陆羽曾直指《荈赋》"惟兹初成，沫沉华浮。焕如积雪，晔如春敷"⑤，该段文字的内涵等同"重华累沫，皤皤然若积雪耳"。这也意味着早在晋代，包含发酵环节的饼茶制作工艺已经出现。

笔者认为：唐人将茶饼炙、碾、罗之后，变成细细的茶末，投到水中煎煮的做法⑥，可能就是模仿秦汉以来把中药材粉碎成粗颗粒或粗末后进行煎煮，滤取药液或连同药渣服用的"煮散"剂型⑦。而这种"煮散累沫"的饮茶方式，由前述已知，在六朝时即亦存在。倘若进一步追问："煮散累沫"的饮茶方式的前世，更早的茶文化确立期的茶文化传播方式是什么样的状态呢？

学界多倾向于唐玄宗开元二十三年（735）正式颁示天下的《开元文字音义》⑧ 比陆羽初完成《茶经》时（760 年左右)⑨ 早二十多年已隶定了"茶"字。无独有偶，清初音韵学家顾炎武亦推测，在南朝之梁代，"茶"字已读今音。

　　　茶，宅加切，古音涂。按，茶荈之茶与茶苦之茶，本是一字。古时未分麻韵，茶荈字亦只读为徒。汉魏以下乃音宅加切……梁以下始有今音，又妄减一画为茶字。⑩

---

① 陆羽等著，宋一明译注《茶经译注（外三种）》，第 55 页。
② 陆羽等著，宋一明译注《茶经译注（外三种）》，第 58 页。
③ 欧阳询等撰，汪绍楹校《艺文类聚》卷八二"茗"，上海古籍出版社，2007 年，第 1411 页。
④ 熊寥《中国陶瓷与中国文化》，浙江美术学院出版社，1991 年，第 46 页。
⑤ 欧阳询等撰，汪绍楹校《艺文类聚》卷八二"茗"，第 1411 页。
⑥ 刘昭瑞《中国古代饮茶艺术》，陕西人民出版社，2012 年，第 62 页。
⑦ 许霞《宋以前方剂剂型的历史研究》，中国中医科学院博士学位论文，2010 年，第 84 页。
⑧ 王泉《〈开元文字音义〉考》，《中国文字研究》2013 年第 2 期。
⑨ 陆羽著、沈冬梅编著《茶经》前言，中华书局，2010 年，第 3—4 页。
⑩ 顾炎武《唐韵正》卷四，载《音学五书》，中华书局，2005 年。

如再往上追溯，文献里不光是提到了茶，并且最早明确谈及茶事的，大概非西汉晚期王褒的《僮约》莫属，其中蜀地"烹茶尽具""武都买茶"故事，使得"荼"即是"茶"，差不多成为了不易之论①。

但在周代结集的《诗经》之《邶·谷风》《大雅·绵》《豳·七月》《郑·出其东门》《豳·鸱鸮》《大雅·桑柔》《周颂·良耜》中，虽屡屡出现"茶"的前身——"荼"字，可都和山茶科的"茶"不能直接画等号。自西汉毛亨、南宋朱熹以来，《诗经》里的"荼"，一直被密切关注，然经过现代植物学和中医药学的重新检验，才弄清了它们大体包括：① 可食用蔬菜中之一种或数种，属菊科植物（如《谷风》"谁谓荼苦，其甘如荠"）。② 摇曳生姿的禾本科芦苇属植物（如《出其东门》"出其闉闍，有女如荼"）。③ 为野草或杂草（如《良耜》"其镈斯赵，以薅荼蓼"）②。

公元前 11 世纪—前 6 世纪的《诗经》时代，华夏雅言系所云的"苦荼"，实际是指菊科苣荬菜属的一种或数种植物。其既可当蔬菜供人食用，还可因为具备苦寒性味而制成汤液供人药用。故而，它们另外被叫作"苦菜"。

问世于约公元 500 年（南齐永元二年）的中药本草经典《本草经集注》中，陶弘景为后世留存了《名医别录》和《神农本草经》这些珍贵的文字③，里面就有提到四种苦菜。

　　①《名医》曰：一名游冬。生益州山陵道旁，凌冬不死，三月三日采，阴干。④

　　② 析蓂子：味辛，微湿。主明目，目痛泪出，除痹，补五脏，益精光。

---

① 方健《"烹茶尽具"和"武都买茶"考辨》，《农业考古》1996 年第 2 期。
② 刘祥秀《〈诗经〉中"荼"与"茶"之关系考析》，《乐山师范学院学报》2006 年第 7 期。
③ 南朝梁代陶弘景作《本草经集注》时，他见到的《本草经》，应是多种同名异书的本子，并早有各家名医在诸《本草经》中附经为说。今流行的各种《本草经》之辑本，都要追溯到陶氏厘定的文字，而各种《本草经》尚存的《别录》文字，亦归于陶氏的整饬之功。见尚志钧《梁·陶弘景〈本草经集注〉对本草学的贡献》，《北京中医药大学学报》1995 年第 3 期。
④ 吴普等述，孙星衍、孙冯翼辑《神农本草经》，山西科学技术出版社，2010 年，第 104 页。

久服，轻身，不老。一名蒐析，一名大蒐，一名马辛。生川泽及道旁。①

③ 败酱：味苦平，主暴热火创，赤气，疥搔，疽痔，马鞍热气。一名鹿肠。生川谷。②

④ 苦菜。味苦，寒。主五藏邪气，厌谷，胃痹。久服，安心益气，聪察少卧，轻身、耐老。一名茶草，一名选，生川谷。③

按照南朝晚期颜之推《颜氏家训》的说法：（游冬）"叶似苦苣而细，断之有白汁，花黄似菊。"④ 很明显，"游冬"和《诗经》里的"荼"，即菊科苣荬菜属是一类的，而那接近十字花科荠属的"析蓂子"和"败酱"，它们在外观上也跟游冬较相像。只有第④种"苦菜"，因它的功效为"安心益气，聪察少卧"，且两晋之交的郭璞（276—324）曾注："树小如栀子，冬生叶，可煮作羹，今呼早采者为荼，晚取者为茗，一名荈。蜀人名之苦菜。"⑤ 这使只要略具生活常识的人都能联想到：此"苦菜"，应为今天我们饮用的山茶科的茶叶了。

根据"药食同源"的基本原理⑥，鉴于《本草经集注》所记四种苦菜，皆是生长在川谷环境，又都具有味苦、性寒的中药共性，因而笔者以为：中国茶文化的发生与传播，是以山茶科的茶之药用功能，从食用的菜蔬类及苦菜类里得到辨认和区分为条件的。

由于山茶科的茶树并不适应北方偏低的气温，故茶文化的发生与传播就先启程在了中原地区的外围。这也是为什么《诗经》中歌唱的"荼"，多和菊科植物有关，可和山茶科植物无涉。不过，既也作为苦菜，那么华夏雅言系统对于"苦荼"的发音，便成为我们破解"荼""茶"之惑的钥匙。

将目前所知道中古以前或已流行的"茶"之别称，比如："荼""槚""蔎"

---

① ［日］森立之撰，吉文辉等点校《本草经考注》，上海科学技术出版社，2005 年，第 41—42 页。
② 吴普等述，孙星衍、孙冯翼辑《神农本草经》，第 130 页。
③ 吴普等述，孙星衍、孙冯翼辑《神农本草经》，第 104 页。
④ 崔光志、李峰等《中药苦菜的文献考证》，《中国实验方剂学杂志》2012 年第 23 期。另参李光燕、王德群《〈神农本草经〉苦菜考》，《第十八届全国药学史暨本草学术研讨会学术论文集》，2015 年。
⑤ 李光燕、王德群《〈神农本草经〉苦菜考》。
⑥ 单峰、黄璐琦等《药食同源的历史和发展概况》，《生命科学》2015 年第 8 期。

萌""蔎""荈""茗"等聚拢来考察①,笔者发现(1)它们都是"茶"字确定前的一组假借字;(2)它们也是一组形声兼会意字,从声符(含构造)出发,可找到与其所谐字的意义关联。像"茗"和"荈",当假借来对早采、晚摘两种不同形态茶叶的指称②;"蔎",借来对飘逸茶香加以描述③;"槚",大概是借来指示茶的木本状态。

西汉人扬雄、晋人郭璞等慧眼识金,指明了"槚""蔎""荈"字的先秦音和巴蜀方言密切相关④,说明对茶的认识和利用的确先发生于巴蜀地区,时间当早到商周之时⑤。而相对要晚些时候的西汉司马相如、东晋常璩所说的"荈诧""葭萌"⑥,亦即"荈""槚"的相似或相同表达罢了。

但三国时陆玑特别强调了"蜀人作茶、吴人作茗"⑦。或许这个"茗"字是源自长江中下游的人们对茶的特定称呼⑧。《茶经》的《六之饮》《七之事》篇中,陆羽搜罗的六朝文献凡有提到"茗",一般多涉及长江中下游地区。

> 《神异记》:"余姚人虞洪入山采茗,遇一道士,牵三青牛,引洪至瀑布山。"
>
> 《续搜神记》:"晋武帝世,宣城人秦精,常入武昌山采茗。"
>
> 《广陵耆老传》:"晋元帝时有老姥,每旦独提一器茗往市鬻之。市人竞买。"

---

① 陆羽搜集的茶之早期别称是:"槚""蔎""茗""荈"。另(晋)常璩《华阳国志·蜀志》中记载:战国中期(公元前 347 年)蜀王"封弟葭萌于汉中,号苴侯,命其邑曰葭萌焉。"明代四川人杨慎《郡国外夷考》云:"蜀人谓茶曰葭萌。"见刘昭瑞《中国古代饮茶艺术》,第 4、76 页。

② 赵天相《陆羽〈茶经〉研究的几点认识》,《农业考古》2009 年第 5 期。

③ 另参宋一明对《茶经》的注释。陆羽等著、宋一明译注《茶经译注(外三种)》,第 4—6 页。

④ 陆羽等著,宋一明译注《茶经译注(外三种)》,第 4—6 页。

⑤ 笔者推测,巴蜀人最早称"槚"字时,未必是发与"茶""苦"相近的音。他们可能要晚到东周受雅言的影响才读若"茶"或"苦"。而在周代的时候,巴蜀地区因有自己的文明,也许有王早以"葭萌"自称。

⑥ 赵凯、王少卿《茶源葭萌的考证》,《巴蜀史志》2014 年第 5 期。

⑦ 陆玑《毛诗草木鸟兽虫鱼疏》(四库全书本),商务印书馆,2013 年。

⑧ 陆羽著、沈冬梅编著《茶经》前言,第 7 页。

鲍昭妹令晖著《香茗赋》。①

笔者推测，在巴蜀地区的人们知道辨认茶、利用茶之后，茶文化的主流沿着茶的植物分布空间②，顺长江而传播到长江中下游及邻近区域。有一条较早的材料前推到齐景公（公元前 547—前 490 年在位）为晏婴提供的膳食中有一道"茗菜"③。这或提示我们，早在东周时期，对"茗"的加工并煮饮的生活方式已由长江之南，北传至强大的齐国。

特别引起我们关心的是："槚"跟"荼"、"葭萌"之"葭"、"苦"，在上古音里同属于鱼部，并且"槚""葭"是见母双声；"槚""苦"亦是见溪旁纽；虽然"苦""荼"为溪定邻纽，但"苦"发舌根音、"荼"发舌音，两者的区分不算明显④。亦即"槚""葭（萌）""荼"与"苦"，在西周时已发音相近。所以笔者大胆推定：茶文化传入中原的时间虽然至少晚于西周，但是至东周时，巴蜀和中原地区都流行用雅言"苦荼""苦菜"来对茶的令人"少睡""悦志"功能予以说明了，而长江中下游的人们则另外使用着"苦茗"一词⑤。这里用华夏雅言的发音对山茶科的茶之性味苦、寒的强调，既是汉语逐渐稳定的明显表征，更是茶的饮用方式根本上受到了中医药实践与理论，尤其汤剂制作技术制约的结果。

（二）从"煮羹配伍"到"煮散累沫"，再至"炮制冲点"和"揉捻冲泡"

有学者猜测，陆羽主要利用唐初虞世南、欧阳询等人编著的《北堂书钞》和《艺文类聚》等类书，方汇集到这么多的茶史材料。然而，笔者反倒是相信，陆羽当阅读过大量已经亡佚的各类写本文献，分类摘录了其中与茶相涉的资料，除

---

① 陆羽等著，宋一明译注《茶经译注（外三种）》，第 49、53、55、58 页。
② 丁以寿、章传政编著《中国茶文化》，第 44—46 页。
③ 陆羽等著，宋一明译注《茶经译注（外三种）》，第 46 页。
④ 汉语大字典编辑委员会《汉语大字典》（缩印本），湖北辞书出版社、四川辞书出版社，1995 年，第 546、1357、1327、1342 页。另参王力《同源字典》，商务印书馆，1987 年，第 18 页。
⑤ 《太平御览》之"饮食部"引《神农食经》云："苦茗，宜久服，令人有力，悦志。"又云："茗，苦荼，味甘苦微寒，无毒……"转引自王家葵、孙启明《苦菜思辨录》，《中国中药杂志》1993 年第 8 期。

了在《七之事》篇，还在《一之源》《六之饮》《八之出》等篇里加以援引。它们和类书所抄的文字，部分是有共同源头的，另也有部分来自其他的出处。因此，笔者自始至终尊重《茶经》所录的史料，以它们为讨论的支点，进而建立本文的诸多论证。

有两段西晋时的文字，正好反映了巴蜀和长江中下游两个地区不同的茶艺特征及茶文化不同的传播方式。

> 姜桂茶荈出巴蜀，椒橘木兰出高山。(孙楚《出歌》)①
>
> 水则岷方之注，挹彼清流；器择陶简，出自东隅；酌之以匏，取式公刘。惟兹初成，沫沈华浮。焕如积雪，晔若春敷。(杜育《荈赋》)②

司马相如的《凡将篇》将"桂""茱萸"和"荈诧"排在了一起③，而保留在宋初所编《太平御览》卷八六七引三国魏人张揖《广雅》曰："荆巴间采叶作饼，叶老者，饼成以米膏出之。欲煮茗饮，先炙令赤色，捣末置瓷器中，以汤浇覆之，用葱、姜、橘子芼之。"④ 如若再联系唐代樊绰《蛮书》"物产"中有说"茶出银生城界诸山，散收无采造法"，但"蒙舍蛮以椒、姜、桂和烹而煎之"⑤。我们即可明白，陆羽很不以为然的"用葱、姜、枣、橘皮、茱萸、薄荷之等，煮之百沸，或扬令滑，或煮去沫"的饮茶习俗⑥，应当起源于巴蜀先民从食用的菜蔬及苦菜中认识了茶的苦寒药性及"主五藏邪气，厌谷，胃痹"功效后⑦，有意地与偏性温的葱、姜、桂等配伍，煮为羹汤药用，以达到消食健脾、胃，提神益气及针对西南地区的瘴气而驱寒、解毒的效果。

如此"煮羹配伍"的饮茶方式，即是伴随着茶文化药用功能确立过程所形成

---

① 陆羽等著，宋一明译注《茶经译注（外三种）》，第51页。
② 欧阳询等撰，汪绍楹校《艺文类聚》卷八二"茗"，第1411页。
③ 陆羽等著，宋一明译注《茶经译注（外三种）》，第46页。
④ 丁以寿认为，《广雅》这段佚文，不符合《广雅》的训释体例，亦非《广雅》正文。但笔者以为这条史料在魏晋时代是可能成立的，不宜忽视。见丁以寿《〈茶经〉"〈广雅〉云"考辨》，《农业考古》2000年第4期。
⑤ 刘昭瑞《中国古代饮茶艺术》，第76页。
⑥ 陆羽等著，宋一明译注《茶经译注（外三种）》，第39页。
⑦ 吴普等述，孙星衍、孙冯翼辑《神农本草经》，第104页。

的第一种比较流行的茶文化传播方式。笔者以为"煮羹配伍"的饮茶方式滥觞于巴蜀文明期，相当商周之时。那时的巴蜀人借来了"槚""蔎"等字，并用地方方言表音称谓山茶科的茶。

秦汉以降在长江中下游地区新兴起了一种所谓"煮散累沫"的饮茶（茗）方式。前引过的《广雅》佚文提到"荆巴间采叶作饼……欲煮茗饮，先炙令赤色，捣末置瓷器中，以汤浇覆之"，说明早在三国之际，长江中游的荆州已经采造出茶饼。随后，又有传晋时丹阳郡之弘君举所撰《食檄》云"寒温既毕，应下霜华之茗"①，这分明描绘了发酵茶才会产生的"焕如积雪，晔如春敷"的汤花。南朝宋元嘉到齐天监近百年的时间（424—519），这种被尊贵的刘宋皇族刘子尚、刘子鸾叹为"甘露"的"茶茗"②，被南梁刘孝绰夸如琼玉之粲的"茗"③，其实就是高僧释法瑶、昙济借以款待吴兴郡赫赫沈氏望族中沈演之等名流贵人的饼"茶"④。

> 新安王子鸾、豫章王子尚，诣昙济道人于八公山。道人设茶茗，子尚味之曰："此甘露也，何言茶茗？"
>
> 羞非纯束，野麏裹似雪之驴；鲊异陶瓶，河鲤操如琼之粲。茗同食粲，酢颜望楫。
>
> 宋释法瑶，姓杨氏，河东人。元嘉中过江，遇沈台真；请真君武康小山寺。年垂悬车，饭所饮茶。

若是再多了解一点南朝的历史，就知道活跃于今浙江德清县的沈氏家族，在能征善战的武夫沈田子、沈林子、沈演之、沈庆之之后，涌现的反是沈约、沈浚这样的文豪才子。似理解了这边是刘宋皇室末日的暴戾恣睢，那厢却是王子们在八公山品茗悟佛的反差人生。我们猜测，沈约的好友刘绘之子刘孝绰，这位《昭明文选》的最主要编纂者，回首六朝的关键时期也即——齐、梁朝，应该明察到了中国文化正朝文人自觉建立规范、法度，突显抒情、传神的特质，追求意象遥

---

① 陆羽等著，宋一明译注《茶经译注（外三种）》，第51页。
② 陆羽等著，宋一明译注《茶经译注（外三种）》，第57页。
③ 陆羽等著，宋一明译注《茶经译注（外三种）》，第58页。
④ 陆羽等著，宋一明译注《茶经译注（外三种）》，第55页。

深、幽微婉约之美而转折的大势所趋①。

　　刘孝绰喜爱不已的或盛于越窑或洪州窑茶托里"煮散累沫"的茶茗，亦是大趋势过程里长江中下游人们对"煮羹配伍"饮茶方式的一种改造，并慢慢地成为唐代饮茶主要的形式。"茶"字的发音和书写，已然稳定成型。南朝时期，应是中国茶文化符号正式设立和稳定为日用生活方式的时期。再后来才轮次上演茶在宋、元、明、清几个朝代被"炮制冲点"和"揉捻冲泡"饮用的图景。

　　汤剂，古称"汤液"，亦俗称"汤药"，是中药饮片加水煎煮，去渣取汁的液体剂型。由于它溶剂廉价、制备方法简单易行，通过煎煮，可以充分发挥方药的各种成分，人体吸收快、奏效迅速，故而成为中药里应用最早和最广泛的方剂剂型。西晋皇甫谧《针灸甲乙经》自序载："伊尹以亚圣之才撰用神农本草，以为汤液。"《汉书·艺文志》的"方技略"已记录了"汤液经法三十二卷"②。

　　前面笔者考证过，在公元前16世纪—前9世纪的商周时期，巴蜀人已能从食用的菜蔬及苦菜中分辨出茶，并与葱、姜、桂等配伍煮羹而药饮。这明显是借鉴了中医药实践里汤剂之常见的"煮剂"制法③。煮剂特点为煎煮时间较长，药物形态相对较大。

　　大约在公元三世纪至五世纪，可能因大量生产茶和远程运输，还因魏晋名士服散的影响④，长江中下游人开始将茶制成如"丸剂"一样的饼茶。"荆巴间采叶作饼，叶老者，饼成以米膏出之"再捣碾为粉末煮（浇）散而饮用，以达到"轻身、耐老"⑤的功效。若按中药学的概括：丸剂，系指中药材细粉或药材提取物加适宜的黏合剂及其他辅料制成的球形或类球形剂型的统称⑥。对照相传是出于《广雅》的文字，可说基本合榫。

　　由于中药服用主要通过肠胃道给药，所以，无论是固体的散剂（由一种或多种药材混合制成的粉末状制剂）⑦，或丸剂，皆仍然在服用环节上与汤剂发生较多

①　刘跃进《门阀士族与永明文学》，生活·读书·新知三联书店，1996年。另参该书附录《从武力强宗到文化士族——吴兴沈氏的衰微与沈约的振起》。
②③　许霞《宋以前方剂剂型的历史研究》，第168页。
④　蔡松穆、廖培辰《关于魏晋南北朝时期的五石散》，《北京中医药》2008年第4期。
⑤　吴普等述，孙星衍、孙冯翼辑《神农本草经》，第104页。
⑥　许霞《宋以前方剂剂型的历史研究》，第171页。
⑦　许霞《宋以前方剂剂型的历史研究》，第166页。

的交集，即所谓的"煮散"①。煮散，乃药材颗粒与水共煮而制成的液体药剂。其特点是煎煮时间相对较短，药物形态相对较小，它发生的时间可能在秦汉时。东汉张仲景《伤寒论》的经方中，虽无"煮散"二字，但以煮散之实应用的方剂并不乏其例。而据孙思邈的《备急千金要方》和王焘的《外台秘要》，大致到唐代前期，煮散的使用已相当广泛。煮散，当为继汤剂之煮剂之后的第二种制法，它直接导致了"煮散累沫"饮茶（茗）方式的形成。

本文第三部分还谈到了唐代饼茶制作中存在着发酵工艺的有意识运用。但公元三世纪饼茶起源之时，发酵工艺肯定是偶然被发现的，它之所以会被反复使用以及后来宋元人更多凭借中药炮制技术加工茶饼，跟中古以降的人们越来越追求饮茶的仪式美感与享受口感的"香甘重滑"是有极大关系的。

从公元十世纪的五代开始，饼茶制作的烦琐、复杂远胜唐代。由南宋赵汝砺的《北苑别录》可知：采摘来的茶叶，要经过严格的选择，选过之后，要加以洗涤，然后才蒸，蒸过后，榨去茶叶中所含的水分及茶汁（即膏）。蒸过的茶叶叫作"茶黄"，将之取出先用水淋几次，然后入小榨，把水挤压干净，再入大榨，用力榨去茶汁（即膏）。在入大榨之前，把茶用细布或绸布包住，用竹篾捆好，然后才榨。榨一次后，取出来揉匀，再捆好入榨，这一次叫翻榨。这种人力操作的茶榨，竟要昼夜不停，以至于"彻晓奋击"②。

如再继续观察后面的"研""造""过黄"等工序，会发现五代和宋、元的加工饼茶的做法，应模仿了中药制作中的"炮制技术"，尤其所谓的"水火共制法"。炮制，系加工处理中药的技术和方法，古代又称为炮炙、修事和修治等。公元五世纪南朝刘宋雷敩撰写的《雷公炮炙论》便是第一部中药炮制的专著③。而水火共制法，指将药物通过水、火共同加热，以改变药物性质与形态的方法，主要包括了蒸、煮、熬、潦（即挤擦）等四种④。

宋徽宗赵佶的《大观茶论》恰巧赞叹了："夫茶以味为上，甘香重滑，为味

① 许霞《宋以前方剂剂型的历史研究》，第 84 页。另参徐海波《中药煮散源流考》，《河北中医药学报》1999 年第 4 期。
② 赵汝砺撰，汪继壕按校《北苑别录》，载朱自振、沈冬梅等《中国古代茶书集成》。
③ 徐楚江等编《中药炮制学》，上海科学技术出版社，1985 年。
④ 樟树中药研究会编《樟树中药炮制全书》，江西科学技术出版社，1990 年，第 26—27 页。

之全，惟北苑、壑源之品兼之。"① 福建建安县北苑贡茶，炮制技艺源远流长、传承有绪，其实现目标即通过蒸、漉（即榨）等炮制技术改变茶的性味，使茶由原来的味苦性寒，变得味甘性温且健脾、养胃。

中药炮制技术深深影响了五代以后饼茶的制作，对汤剂之饮剂制法的效仿，也是引致"煮散累沫"饮茗之后，"炮制冲点"茶文化传播方式产生的关键。饮剂，即以沸水浸泡药物后再服用的方剂剂型②。它因可以灵活掌控药物的服用剂量和时间，故自东晋葛洪《肘后备急方》首载"饮剂"后，其作为汤剂中特殊的一种制法，亦常施用于一些不宜久煎久煮的药物。将灵活的饮剂制法移植于茶事活动之中，方使得一手执壶，一手执筅——注沸水和旋转打击茶盏中的茶汤，这样高度技巧性的两相配合成为可能，以创造出"斗茶"（亦即"分茶"）艺术的最佳效果。

只是从公元十二世纪的南宋便初现端倪：采造极繁复、成本高昂的饼茶，以及"炮制冲点"方式发展到极致而催生的奇幻的"茶百戏""水丹青"，终究离茶文化形而上的最高要求"茶性俭"③ 渐行渐远。当叶状散茶登上了茶饮茶艺的历史舞台，并受到饮剂制法制约，一种新的饮茶方式——可称之为"揉捻冲泡"就逐渐成形了。这种饮茶方式在元、明时代的确立，亦意味着中国茶文化功能由药饮转变为保健养生，这是茶文化继食用转变为药饮之后，又一次极其重要的转折。笔者拟另撰文加以探讨。

上古至中古中国人烹饪与制剂的关键因素，其实在于"水"和"火"。或许日复一日的平淡生活却让老百姓于水、火相济之间，发现了中国的茶道。若纵览中国早期茶史，那在诗词歌赋被中反复吟诵的煎茶、分茶、团茶、斗茶、谷雨茶……都不过是历代各色文化精英、皇家贵胄在中医药日用实践与理论的静水深流之上，扑腾起的一朵又一朵美丽浪花。说中国茶文化是发端于民众的日常实践，却确立于社会精英所操弄仪式的文化传播运动并不为谬④。只是要了解和认识这样具有多层面貌的复杂文化运动，我们不仅得去搜寻新材料，更需要改变以

---

① 赵佶撰《大观茶论》，载朱自振、沈冬梅等《中国古代茶书集成》，第 126 页。
② 许霞《宋以前方剂剂型的历史研究》，第 169 页。
③ 陆羽等著，宋一明译注《茶经译注（外三种）》，第 36 页。
④ 可参王师小盾《中国韵文的传播方式及其体制变迁》，《中国社会科学》1996 年第 1 期。

往狭隘的学术视野与趣味①。

（原刊于《中国农史》2019 年第 5 期）

作者简介：

　　曹柯平，男，1963 年 12 月出生，江西南昌市人。1984 年 6 月毕业于武汉大学历史系考古专业。1984 年 7 月至 1994 年 2 月，在江西省博物馆考古队（即今江西省文物考古研究院）工作，曾参加广昌恐龙、樟树吴城商代遗址、瑞昌铜岭古矿冶遗址的发掘；另外还参与过江西九江神墩遗址、鹰潭角山商代窑址、广丰社山头遗址等数十处遗址或墓葬的挖掘及整理。1994 年调入江西师范大学历史系。1999—2004 年于扬州大学中国文化研究所师从王小盾先生攻读中国古代文学专业博士。2005—2006 年在电子科技大学中山学院短暂教书一年。2007 年回江西师大接手创办江西省首个文博专业，2018 年该专业在省级评估中被评为第一名。现任江西师范大学历史文化与旅游学院文物与博物馆学系主任、副教授。省文旅厅全省博物馆高质量发展专家库专家。曾发表《江西旧石器考证》《江西万年仙人洞遗存再研究及对中国稻作农业起源新认识》等十余篇论文及考古报告；参与编撰《江西历史研究论集》等四部著作。作为第一副主编，编撰《江西畲族百年实录》；作为主编，编撰《青白瓷精品鉴赏》等著作。目前承担有省级及省级重点课题的子课题共三项。

---

① 本文写作得到了好友舒鸣和学生陈浩的尽心支持，有关制茶工艺和中医实践的部分内容，向两位多有请益。

中亚东干民歌的语词构成和来源

赵塔里木

中亚东干人是十九世纪末从中国西北迁入中亚俄属地区的回民群体，主要居住在哈萨克斯坦、吉尔吉斯斯坦和乌兹别克斯坦境内，人口约 12 万。"东干"原为中国西北地区和中亚一带操突厥语的民族对回民的称呼。东干人入俄后，俄国人沿用了这个称呼（Дунгане）。苏联十月革命后，东干人成为苏联的一个少数民族，"东干"遂成为苏联官方以及在国际上使用的正式族称。东干人自称"回族""老回回""中原人"。1953 年，苏联创制了用西里尔字母拼写陕甘方言的东干文，刊印报纸、教科书等出版物。130 多年来，东干人顽强地保存着从故土带来的传统文化，同时与迁入地多民族文化不断交融，形成传统传续和延展的新文化样态。东干民歌即是这种独特文化样态的表征。

东干民歌唱词反映了东干语词汇构成的四个来源。一是东干语基本词汇，即清末以前汉语陕甘方言词汇；二是伊斯兰教用语中的阿拉伯语、波斯语借词；三是东干人入俄后在陕甘方言基础上自造的新词；四是俄语借词。

东干人称民歌为"曲子"，有两种原生分类。按体裁分为"小曲子""大曲子"（长篇）和"少年"①；按入俄前后产生的作品分为"老曲子"和"新曲子"（含作家创作的新民歌）。一、二类词汇分布于民歌的所有类型，三、四类词汇仅见于"新曲子"类。东干民歌词汇构成与民歌原生分类法的契合，透露出民歌的跨界流传、年代和异文等信息。

---

① 中国西北地区称"花儿"。

本文材料来源：东干文民歌文献三种，即《中原民人曲子》（1958 年）①、《苏联回族民人的口传文学样书子》（1960 年）②、《苏联回族人的曲子》（1981 年）③；笔者 1997 年 2—5 月在吉尔吉斯斯坦共和国和哈萨克斯坦共和国东干人主要居住区的田野记录。文中民歌文献举例用出版时间和页码表示，如"1958，p21"；田野记录民歌用"ty，演唱者"表示。

一、汉语陕甘方言词汇

汉语陕甘方言词汇是各种体裁东干民歌使用的基本词汇。在这类词汇中，既有跨陕甘方言区使用的，也有仅在陕甘方言区内部使用的。兹分别举例如下：

（一）跨陕甘方言区使用的词汇

这类词汇比较集中地保存在老曲子的小曲子中。由于小曲子曾经广泛流传在中国北方广大地区，因此唱词中有许多通行于这些地区的词汇。比较小曲子唱词与中国元、明、清时期的戏曲、小说等俗文学作品中出现的相同词汇，可以了解清末以前通行于中国北方的一些词汇在东干民歌中的保存情况，同时可以反观它们在中国被使用的时间和空间范围。如：

傍［bàng］，傍个：旁边，侧近。《蓝桥担水》（ty，傅乡老④）："东傍个发白亮上来，东海里闪出个太阳来。"《老回回过国》（1960，p66）："秋里河傍里刮稻子撵过千担，就这么价我们利利住站。"《警世通言》卷十五："金满好言好语都请出去了，只剩得秀童一人在傍答应。"⑤《红楼梦》二九回："到明儿我在正面楼上，你在傍边楼上，你也不用到我这边来立规矩，可好不好?"⑥

---

① Х·Юсуров. Жун-ян Минжын ЧУзы . (Дунганские Народные Песни). Фрунзе, 1958.
② Х·Юсуров. Сўлян Хуэйзў Минжынди Кучуан ВынщУ ди Ёнфузы. (Образцы Фольклора Советских Дунган). Фрунзе, 1960.
③ Х·Юсуров. Р·Юсуров. Совет Хуэйзў жынди ЧУзы. (Песни Советских Дунган Народные Песни). Фрунзе, 1981.
④ 傅乡老·西拉子，男，1916 年出生，吉尔吉斯斯坦米粮川乡农民。
⑤ 冯梦龙编，严敦义校注《警世通言》卷十五，人民文学出版社，1956 年，第 126 页。
⑥ 曹雪芹、高鹗著，俞平伯校《红楼梦》二十九回，人民文学出版社，2000 年，305 页。

赶早：清早。如《五更盘道》（1960，p34）："清赶早出门我不回家，我就迟等日落。"《走口外》（1958，p97）："掌柜的，他与我，添了工钱；清赶早，下馆子，去吃便饭。"《警世通言》卷十五："王溜儿道：'金相公今日起得好早！'金令史问道：'溜儿，你赶早买酒籴米，往哪里去？'"《红楼梦》第九十一回："原来宝蟾尚未梳洗，恐怕人见，赶早来取家伙。"

晚夕：从天黑到天亮的一段时间。《高大人领兵》（1958，p9）："一晚夕跑了个百儿七八，戈壁上没水渴煞煞。"《闹五更》（ty，吴金友①）："五更里来东方白，架上的鸡娃儿把膀儿拍。骂了一声鸡娃儿这么早的叫，一晚夕的福气凉耽了。"元无名氏《飞刀对箭》第二折："到晚夕下寨安营，到来日看俺相持"。《初刻拍案惊奇》卷一："少不得朝晨起早，晚夕眠迟。"②

场合：赌场或游艺场所，或称"场户"。《出门人》（1958，p22）："亲戚朋友们说我不成材，都说我不成材，场合里抹了牌。"《张连卖布》（1958，p121）："曾不记那一年遭荒旱，我在场合里不赢钱，你在家里干撧乱，饿得你，翻白眼，把娃娃饿得呱叫唤。"睢玄明：《耍孩儿·咏鼓》套："但场户阑珊了些儿个，恨不得添五千串拍板。"③ 邓玉宾《村里迓古·仕女圆社气球双关》套："场户儿宽绰，步骤儿虚嚣，声誉儿蓬勃。"

抄化子：叫花子。《放风筝》（ty，傅乡老）："王侯家的公子千上万，绣球单打的抄化子手，羞实了王员外。"抄化，本指僧道沿街募化。如《水浒传》第六回："那老和尚道：'我等端的三日没饭吃。却才去村里抄化得这些粟米，胡乱熬些粥吃，你又吃我们的。"《警世通言》十一卷："当下与老尼商议停妥，托了钵盂，出庵而去。一路抄化，到于当涂县内。"因沿街乞讨的叫化，其行为与此相类，故用称乞讨，乞讨者亦被称作抄化子。如《金瓶梅》第六十回："我如今抄化子不见了拐棒儿，受狗的气了。"④

郎君：情人，丈夫。《月月儿照花台》（1958，p69）："一更子里来月月儿照花台，郎君哥儿有话今夜晚上来，叫了一声丫环忙打了四两酒，四个头的菜碟急忙端上来。"《十二离情》（1960，p45）："留了诗的情人儿，写了字的郎君儿，

① 吴金友·木合买提，男，1922 年出生，吉尔吉斯斯坦稍葫芦乡（阿列克山德罗夫卡）农民。
② 凌濛初《初刻拍案惊奇》第一卷，人民文学出版社，1958 年，第 1 页。
③ 隋树森编《金元散曲》，中华书局，1964 年，第 547—548 页。
④ 兰陵笑笑生著，戴鸿森校点《金瓶梅词话》第六十回，人民文学出版社，1992 年。

你在何处。"《青衫泪》一折《油葫芦》曲："我则道过中年人老朱颜改，谁想他扑郎君虎瘦雄心在。"《两世姻缘》一折正旦白："不是我卖弄，但是郎君每来行走，焉敢造次近傍的我。"关汉卿《一支花·不伏老》套："我是个普天下郎君领袖，盖世界浪子班头。"①

单方：药方。《小郎害病》（1958，p78）："初四的早起去看郎，四路的八方问了单方，谁把小郎的病看好，双手的戒指儿抹五双。"宋戴复古《访友人家即事》："妻病无钱供药物，自寻野草试单方。"②清陆以湉《冷庐杂识·汤火药方》："《镜花缘》说部，征引浩繁，所载单方，以之治病辄效。"

落草：婴儿出生。《十不亲》（ty，吴金友）："养女子亲来也不亲，从头落草外心人。成人长大婆子家娶，一时报不上父母的恩。"《红楼梦》第八回："另外有那一块落草时衔下来的宝玉。"《三侠五义》第二回："将来你母亲若问时，就说落草不多时就死了。"③

书子：书信。《孟姜女》（1958，p59）："二月里到来龙抬头，千里路上来了书子，书子上没写个别的字，单写了我的丈夫范喜郎。"《绣荷包》（1958，p52）："二月里梅花儿开，开得好奇怪，咋不见我的个情人捎上个书子来。"《儒林外史》第十二回："宦成依旧搭船，带了书子，回湖州回覆两公子。"④《红楼梦》第一百二十回："那日贾政的家人回家，呈上书子，说'老爷不日到了'。王夫人叫贾兰将书子念给听。"

望乡台：阴间。《十不该》（1960，p28）："站了望乡台往下看，我的声声儿好可怜，黄狗扯来黑狗看，眼睛珠滚了个不见面。"按旧时迷信，谓阴间有望乡台，人死后鬼魂可登台眺望阳世家中情况。亦借指阴间。元无名氏《争报恩》第二折："昏惨惨云雾埋，敕刺刺的风雨筛，我一灵儿直到望乡台。"⑤

但：假如、只要（假设条件）。《茉莉花》（1958，p82）："啪啦啦把门开，开开那个门来，无一个人进来，但不是妖魔怪，就是一个情人来。"《小郎害病》

① 隋树森编《金元散曲》，第 172 页。
② 吴之振，吴留良，吴自牧选；管庭芬，蒋光熙补《宋诗钞》，中华书局，1986 年，第2750 页。
③ 石玉昆著《三侠五义》第二回，中华书局，2013 年，第 8 页。
④ 吴敬梓著，李汉秋辑校《儒林外史》第十二回，上海古籍出版社，1999 年，第 158 页。
⑤ 臧晋叔编订《元曲选·争报恩三虎下山杂剧目录》，明万历四十四年（1616）刻本。

（1981，p95）："谁但把小郎的病看好，夫妻二人同上香。"《水浒传》第三回："但有，只顾卖来，一发算钱还你。"《警世通言·王娇鸾百年长恨》："但出牌呼妾，妾便出来。"《金瓶梅》第六十七回："左右我是你老爷老娘家，不然你但有事来就来缠我？"

跟前：同"根前"，意为面前，眼前（时间）。《十不该》（1981，p93）："抽烟人的身世太可怜，黄狗啃来黑狗跟前站。"《卖货郎》（ty，吴金友）："梅香门前坐，货郎儿跟前过。"按《水浒传》："一个鬓边老大一搭朱砂记，拿着一条朴刀，望杨志根前来。"第十九回："众人赶到根前，拿个空。"① 关汉卿《二十换头·双调·新水令》："酒劝到根前，只办的推延。"

扎挣：挣扎。《十里墩》（1958，p73）："送郎送在十里墩，我有心再送上一里墩，小金莲儿疼得难扎挣，我拉的情人手哭一阵。"《高大人领兵》（1958，p9）："七月里来七月七，七天打了半罐儿米，个家的身子难扎挣，哪里的力量往前行。"元无名氏《陈州粜粮》第一折："打得来满身血迸，教我呵，怎生扎挣。"《红楼梦》第十九回："（凤姐）本性要强，不肯落人褒贬，只扎挣着与无事的人一样。"

闪：突然显现。《蓝桥担水》（1958，p85）："东傍个发白亮上来，东海里闪出个太阳来。太阳出来照山川，绣房里闪出蓝玉莲。"按《水浒传》第十回："忽一日，李小二正在门前安排菜蔬下饭，只见一个人闪将进来。"《三国演义》第七回："袁绍当先赶来，不到五里，只听得山背后喊声大起，闪出一彪人马，为首三员大将，乃是刘玄德、关云长、张翼德。"

靸：踩着鞋帮，穿鞋。《男寡夫上坟》（1958，p36）："二月里龙抬头，袍无袖，裤无裆，靸脚的鞋无一双，做鞋的人是娃娃的娘。"元秦简夫《赵礼让肥》第一折："破麻鞋脚下靸。"《儒林外史》第十回："他靸了一双钉鞋，捧着六碗粉汤。"②

扎：读作〔za〕，落脚。《五更盘道》（ty，傅乡老）："三更里想起我就要出家，那哪搭儿都难扎。"《西游记》第六十七回："那呆子真个一溜烟跑过山去，果见有个孔窟，他就扎定脚。"③

①　施耐庵，罗贯中著《水浒传》第十九回，人民文学出版社，1975年，第237页。
②　吴敬梓著，李汉秋辑校《儒林外史》第十回，第138页。
③　吴承恩著，黄素秋注释《西游记》六十七回，人民文学出版社，1980年第二版。

生分：疏远，陌生。《开花的吉尔吉斯斯坦》（1981，p19）："吉尔吉斯国里民族都能成，Компартия（共产党）领上往前行，他们好像同胞亲弟兄，一个帮助一个不生分。"元李致远《还牢末》第一折："若取回来，不生分了他的心？过几日慢慢取吧。"①《红楼梦》三十二回："宝玉道：'林姑娘从来说过这些混帐话吗？要是他也说过这些混帐话，我早和他生分了。'"

（二）陕甘方言内部使用的词汇

这类词汇分布在清末以前仅在中国西北地区流传的老曲子中，唱词中较多地出现陕甘方言特有的词汇。如：

先后：妯娌。《五劝人心》（ty，吴金友）："三劝人心是先后们的听，先后们活人还要有点心。来人（的个）客气是大嫂嫂看，推磨（的个）萝面二嫂嫂看。丢下那个三嫂岁数也年轻，抹桌儿洗灶还要有点儿心。"《十不亲》（ty，吴金友）："先后们亲来也不亲，家中不和气叽叽吵吵。叽叽吵吵还不算，挑唆男人另开二道门。"《史记·孝武本纪》："神君者，长陵女子，以子死悲哀，故见神于先后宛若。"裴骃集解引孟康曰："兄弟妻相谓先后。"司马贞索隐："即今妯娌也。"②《广雅·释亲》："妯娌、娣姒，先后也。"③《汉书·郊祀志》师古注："先后古谓之'娣姒'。今关中俗呼之为'先后'，吴楚俗谓之为'妯娌'。"可见在汉魏时期，"先后"已是西北民间通行之称谓。

亲亲：亲戚。《十不亲》（ty，吴金友）："亲亲们亲来也不亲，亲亲们的门上拿礼行。三头八件不到齐，亲亲不上亲亲的门。"关中方言称"亲戚"为"亲亲"。《汉书·哀帝纪》："汉家之制，推亲亲以显尊尊。"颜师古注："天子之至亲，当极尊号。"④ 南朝宋刘义庆《世说新语·贤媛》："汝若不与吾家作亲亲者，吾亦不惜余年。"⑤

娘老子：母亲。《十不亲》（ty，吴金友）："养儿亲，也不亲，娘老子为儿子

---

① 臧晋叔编订《元曲选·都孔目风雨还牢末杂剧目录》，明万历四十四年（1616）刻本。
② 班固撰，裴骃集解，司马贞索引，张守节正义《史记》卷十二《孝武本纪第十二》，中华书局，1958年，452—453页。
③ 王念孙撰《广雅疏证》卷第六下，上海古籍出版社，1983年。
④ 班固撰《汉书》卷十一《哀帝纪第十一》，中华书局，1962年，第339页。
⑤ 刘义庆撰，徐震堮著《世说新语校笺》，中华书局，1984年，第373页。

挣金银。金银挣下上千万，临末了你拿不上一吊两吊钱。"《五劝人心》（1958，p20）："一劝了人心娘老子听，娘老子活人很要用些心。十分的尖巧使上三分，丢下七分留给儿孙。"

冤家：对小孩的昵称。《男寡夫上坟》（ty，吴金友）："六月里热难当，进了绣房眼泪多，一对儿冤家要了娘，好像钢刀把心扎。"《姐儿怀胎》（1981，p106）："怀胎九月九，姐儿尽发忧愁，肚儿里小冤家，翻了个楞跟头。"

个家：自个，自家。《十不亲》（ty，吴金友）："弟兄们亲来也不亲，弟兄们的怀窝里揣另心。各干的舍财维朋友，耽搁了个家的亲弟兄。"

礼行：礼物。《十不亲》（ty，吴金友）："亲戚们亲来也不亲，亲戚们的门上拿礼行。三头八件不到齐，亲戚不上亲戚的门。"

生活：笔的别称。《白袍救唐王》（ty，吴金友）："这这儿没有生活砚，拿什么给你写江山。"按，清黎士宏《仁恕堂笔记》："甘州人谓笔曰生活。"[1] 银川方言称"生花"，音义取自"妙笔生花"一词。

帖子：货币单位。《少年》（1981，p54）："三百帖子买了个房子，三个帖子买了个锁子；尕妹子儿坐的个内窗子，脸蛋儿好像是红果子。"

胛拐儿：肩胛骨，肩膀。《五劝人心》（ty，傅乡老）："爹妈儿的来看了我，胛拐儿上斜担上三串两吊钱。"《庄稼汉》（1958，p30）："怀抱上镢头手提上锨，胛拐儿上斜担上个犁铧箭。"

城堡：城市。《老回回过国》（1960，p65）："套牛车往前走，一站的一站，走到阿拉木图，城堡没再好看。"

三点儿水：货郎鼓的一种鼓点。《少年》（1981，p53）："拨浪鼓儿摇了三点儿水，胛脖上担的是两柜柜，年青的时候草上箭飙呢，过去的少年老来不后悔。"

跷蹊：蹊跷。《十二离情》（1958，p13）："正月里来观罢灯笼，我郎君去，却不知哪些事儿服侍没到你，是神仙解不开情中的意，多有些儿跷蹊。"

狱监：监狱。《五劝人心》（ty，傅乡老）："遇了那个清官是实里办，遇了那个赃官下了狱监。"

摀：读作〔wǔ〕，塞。《十道黑》（1958，p32）："染坊里买了个白大布，摀到那个缸里捂到黑。"按"捂到黑"为"五道黑"的双关谐韵。

---

[1] 黎士宏《仁恕堂笔记一卷》，《丛书集成续编》第095册，上海书店，1994年。

掸：拍打、弹涂。《五点红》（ty，木萨①）："这才是我丈夫出门在外，掸不上个胭脂粉，短了精神。"

打捶：打架。《五劝人心》（ty，吴金友）："人人骂仗耍听言，人家打捶耍（不要）添拳。"按《陕西通志·风俗》："打捶者，厮打也。"②

扽：读作〔dèng〕。用力拉。《五劝人心》（ty，吴金友）："打了那个死捶还不算，拉拉扽扽也见了官。"

断：1）追赶、驱逐。《打搅儿》（1981，p107）："聋子听见喇叭响，瞎子满滩断黄羊，瘸子跑开谁都撵不上。"2）骂。《五劝人心》（1981，p63）："两家子的娃娃打了捶，各把各的娃娃狠断两声。"

缭：缝补。《十二离情》（ty，吴金友）："闰七月秋后到寒风冷，我郎君在外边多受些风寒，衣裳烂了谁缭呢，出门的人儿难。"《月儿照花台》（1960，p43）："你耍扯，扯烂了还要姑娘缭，不如你疼疼地拍上两巴掌。"

浪：逛、玩。《姐儿怀胎》（1981，p105）："怀胎八月八，姐儿浪娘家，妈妈一见她，忙把鸡娃杀。"《十杯酒》（1981，p109）："七杯子酒儿浪花园，手把花儿墙泪涟涟，咱二人再团圆。"

平：量，称（重量）。《十里墩》（1958，p72）："送郎送在二里墩，头上的金簪抹（ma）下来，手平了金簪有多重，一两三钱单八分。"《弟兄三个人》（ty，傅乡老）："老二要出门，商商量量出了门，走了回南八城，金银拿斗平。"

滚：沸腾，读作〔gǒng〕。《五点红》（ty，傅乡老）："这才是我丈夫出门在外，灶火里无柴，锅无的滚。"

望想：期望。《少年》（1981，p58）："半夜里睡到凉花台，天天望想你你不来，今天你自己个的来，好像明月儿落在我怀。"

贪心：不满足（褒义）。《我们唱呢高兴呢》（1981，p13）："我们唱呢高兴呢，连花儿一样长呢，念的时上贪心呢，顶好的嘉冠拿呢。"《睡觉歌》（1981，p33）："噢，噢我娃娃可睡甜，长大念书把心贪，有高知识你不难，它像珍珠使不完。"

害气：生气。《十二离情》（1958，p13）："是神仙解不开情中的意，多有些

---

① 达吾子·木萨，男，1936年出生，吉尔吉斯斯坦米粮川乡农民。
② 刘於义修，沈青崖纂《陕西通志》卷四十五《风俗》，清雍正十三年刻本。

儿跷蹊。格登登的相思儿，黑沉沉的郎君儿，从头儿又害气。"陕北安塞民歌《偷红鞋》："四更里月溜西，新媳妇起来问女婿，你是我家长伙计，没有我绣鞋真害气。"①

泼烦：烦恼。《五更盼亲娘》（1981，P60）："一更里手扳栏杆儿眼观天，心窝里发泼烦，作难又作难。舍了家，衣食在外，心不宽，想亲娘，心窝里酸，眼泪把心淹。这才是出门人的落脚，这才是，十二上离亲娘，泼烦又泼烦。"《少年》（ty，吴金友）："世上（嘛）活的（哈）有钱（了）汉，穷阿哥活下（者）可怜；思谋下思谋下泼球了烦，两把手把皮袄扯烂。"

杂：多种多样的。《绣荷包》（ty，吴金友）："十绣十三省，杂样才绣成，绣成的荷包箱子窝子搁。"《过国家》起首部分的套语（1960，p65）："要唱唱得干干的，要搅搅得烂烂的，要说说得深深的，要拉拉得杂杂的。"

尕：小。《马五哥》（ty，吴金友）："揭开门帘，女婿尕，背过身子眼泪儿洒。"《送情人》（1981，p68）："我送我的情哥儿十字儿坡，十字坡上石头多，拐了尕子妹的尕尕脚，这一肚子冤屈给谁说？"《少年》（ty，吴金友）："尕姊妹脸蛋（哈）咬一了嘴（哎，我的牵连招手），嘴嘴（者）抿给的笑哩。"

碎：小。《马五哥》（ty，吴金友）："你甕看我人碎本事大，三个月的后头叫你怀娃娃。"

歪：凶、厉害。《马五哥》（ty，吴金友）："墙又高来狗又歪，不是马五阿哥再谁来？"

乏：差劲。《拉骆驼》（1958，p64）："姐儿的脸皮儿生得麻，维下的朋友是乏娃娃；姐儿的脸皮儿生得白，维下的朋友是老回回。"

眼气：讨厌。《卖货郎》（1981，p80）："骂了一声货郎哥太眼气，十字当街伤了我心，今天不饶你。"

远迢：遥远。《十二离情》（ty，傅乡老）："隔上一带千山，隔上两带万水，山高路又远，山高路远迢。"

哪搭儿：哪里。《五更盘道》（ty，傅乡老）："一心主张游天下，我走到哪搭儿是我的家。"《十二离情》（1960，p44）："你在哪搭儿成双了，你在哪搭儿配

---

① 中国民间文艺研究会编，中央音乐学院民间音乐研究室整理《陕甘宁老根据地民歌选》，新音乐出版社，1953年，第82页。

对了，撇奴家守空房，撇奴家受孤单。"

高头：在……上面。《少年》（ty，吴金友）："山高头打枪（哈）山底下响（哎，我的牵连招手），枪子儿漂不到水上；相思（者）顶在（哈）心窝（哟）里（哎，我的牵连招手），尕妹妹坐不到腿上。"

连：连词，用法与和、同、跟、与相同。《月儿照花台》（ty，傅乡老）："酒盅子上来摆上两行，我连我的郎君哥喝上一场。"《马五哥》（ty，吴金友）："白马喝上两口水，我连马五招了嘴。"《王哥放羊》（1981，p47）："白铁的壶壶茶沏上，我连我们王哥喝一场。"象……一样。如《老回回过国》（1981，p51）："皮斯该的上山里荒草滩，黄长虫连黄蟒一般，女人看见头绳打战，娃娃看见连哭带喊。"

嫑："不要"的合音字，读作〔bo〕，意为不要。《马五哥》（ty，吴金友）："马五阿哥你嫑慌，我开门来你进房。""骂了一声没羞的嘴嫑歪，兰州城里告一状。"

欻：象声词，读作〔chua〕，如"欻啦啦"。《绣荷包》（ty，傅乡老）："钥匙欻啦啦响，打开了牛皮箱。"

子：语缀词。《十里墩》（ty，傅乡老）："送郎送在一里子墩，一盘子糖果一盏灯。"《茉莉子花》（1958，p82）："好一朵茉莉子花。"

的个：语缀词。《五劝人心》（ty，吴金友）："十一的个十二正当年，十二的个十三学了茶饭。十三的个十四学了针线，十五的个十六找了婆家。"《男寡夫上坟》（ty，吴金友）："七月子里来秋风凉，朋友们劝我娶一个妻，娶下贤妻当家的个人，娶下后妻受了委屈。"

踏：行，走。《列宁世界光》（1981，p8）："我们的花园大，把花儿种的杂，把路修得大，有心往前踏。"《五月初一的节气》（1981，p36）："手连手来往前踏，好像花园开红花。"

肯：经常、喜欢（做某事）。《运气》（1981，p11）："可是我总没见过，他避躲我；单怕它不喜爱我，我爷肯说。"

凡常：经常，不停地。《开花的吉尔吉斯斯坦》（1981，p19）："好像白枝松树长得旺，凡常开花结籽不怕霜。"《列宁世界光》（1981，p8）："我们是年轻军，凡常往前行。"

失笑：可笑，滑稽。《给母亲》（1981，p10）："我太爱你，母亲啊，你不知道，我想叫你心疼呢，给你失笑。"

浪：玩、逛。《我们唱呢高兴呢》（1981，p13）："我们唱呢高兴呢，在花园里浪呢，把一切的歹毒虫，连根我们剜呢。"

户家：农民。《列宁里边的曲子》（1981，p19）："列宁，列宁闹革命，工人，户家都得胜，江山得上往前行。"《十月革命的大恩典》（1981，p38）："赶早起来我出滩，太阳的热气照地面，没有地主了户家儿转，十月革命的大恩典。"

东干民歌中保存着的陕甘方言词汇在使用中有两种情况：一种是通行于日常生活用语和民歌唱词中的词汇，这是多数。另一种是仅保存在民歌唱词中词汇，如以上例中的"落草""远迢""望乡台""单方"等。在中国西北地区，以上所列方言区内部使用的某些词汇已很少或不被使用，如"凡常""贪心（褒义）""帖子"等，但它们仍然保存东干民歌的唱词中，并且在日常生活中经常使用。

二、伊斯兰教用语中的波斯、阿拉伯语
借词和汉语译词

这类词汇常用于东干人的日常生活，但在东干民歌中仅见于三个异文：《高人人领兵》（ty，傅乡老）、《出门人》（1981，p64）和《过国家》（1960，p65，《老回回过国》的异文）。虽然前两首民歌是东干人入俄前在中国西北地区回民中流传的老曲子，但唱词中伊斯兰教用语则出现在东干人入俄之后。《过国家》的曲名和唱词内容表明其产生在东干人入俄初期。这类词汇在东干民歌中虽不多见，但它们反映了东干人传承中国西北民歌的一个变异方向。如：

也帖木：阿拉伯语音译，意为"孤儿"。《高大人领兵》（ty，傅乡老）："六月里来热难当，也帖木哥哥好不安畅，身穿一身白坎夹，头戴铁帽儿熬煞煞。"这首民歌的其他东干异文和中国西北地区的异文没有"也帖木"一词，而作"当兵的""出门的""吃粮的"或"粮子们"等。

都瓦尔：阿拉伯语 Duā 的音译，意为"祈祷"。《过国家》（1961，p65）："乡老请的阿訇把经念，席把子铺给了一架滩，高头坐给了一半千，阿訇的都瓦儿狠劲地唱。"

阿訇：波斯语 Akhund 的音译，原意为"教师"。在通用波斯语的穆斯林中，是对伊斯兰教学者的尊称。清代以后成为中国回族穆斯林对伊斯兰教教职人员的称谓。见上例。另见《过国家》（1961，p65）："三月里来三清明，领兵打仗是汉子阿訇，前营开炮后营拥，好汉子个个往前伸。"

真主：中国通用汉语的穆斯林对伊斯兰教信奉的唯一神（安拉）的称谓。《出门人》（ty，傅乡老）："真主呀保佑了我，多少挣些钱，拿回去看母亲。""真主"一词在其他东干异文和中国西北地区的异文中作"老天爷"。

乡老：清真寺主持的助手，由围寺而居的教民选举产生。例见《老回回过国》。

三、俄语借词

这类词汇仅见于十月革命之后产生的新曲子中。

Совет：苏联中央和各级地方的权力机关。《Совет 国》（1981，p28）："Совет 国里站道满，火车走的上千万，踏的路是两根线，过来过去咋不断。"

Компартия（或 Партия）：共产党。《花儿红，叶叶儿青》（1981，p28）："Совет 光阴上，领袖是 Компартия（花儿红，叶叶儿青），新修的社会上，民族们都随上。"

Социализм：社会主义。《永世的列宁》（1981，p17）："列宁、Партия 连民人，他们凡常都在一同，世上 Социализм 正修成，民人里头都显了能。"

Коммунизм：共产主义。《永世的列宁》（1981，p17）："列宁好像活神仙，他带 Компартия 唱起少年，领手民人只是往前，因为 Коммунизм 还要实看。"

Завод：工厂；Фабрика：制造厂。《Совет 国》（1981，p28）："Совет 国四十三年，Завод、Фабрика 千上万，Партия 的任务的往实上干，修治 Коммунизм 光阴都征战。"

Колхоз：集体农庄。《十月革命的大恩典》（1981，p38）："Колхоз 家们的菜蔬值了钱，他们的住房用铁页页子苫，'Москвич''Победа'跑得欢，这是户家们的大恩典。"（"Москвич""Победа"为轿车品牌。）《Колхоз 的地里》（1981，p21）："Колхоз 的地里男女多，手连手来都做活，大众英雄全连功，Колхоз 的事由儿往前行。"《毛燕的委屈》（ty，吴金友）："娃娃的大大浪闲娃，一天到黑不回家，吃烟耍钱酒拉拉，Колхоз 里头不要他。"

Совхоз：国营农场。《开春》（1981，p39）："飞禽渐渐来的呢，户家都欢乐的呢，Колхоз、Совхоз 种欢哩，打滩道里红火哩。"

Машнэ（Машина）：汽车。《连 Фашист 们征战（连法西斯们征战）》（1981，p29）："五月里来五端阳，把伤带到左腿上，赶紧拉到 Машнэ 上，到了药房里就包上。哎哟，妹妹宽心不叫愁怅。"

Самоход：收割机。《十月革命的大恩典》（1981，p38）："Колхоз 收粮不用镰，Самоход 地头上转一转，Машнэ 打粮拉不完，这也是十月的大恩典。"

Сеялак：播种机。《十月革命的大恩典》（1981，p38）："红花开的滩道里满，Сеялак 的活络像披肩，各样的机器地头上转，Совет 户家们的大恩典。"

Трактор：拖拉机。《十月革命的大恩典》（1981，p38）："风风儿刮的苗苗儿颤，太阳照得露水干，Трактор 犁地 Сеялак 转，这是十月的大恩典。"

Метро：地下铁道。《Метро》（1981，p12）："咱们的机器知识高，在地里头把洞掏，一切地面都知道，Совет 国里的 Метро 好。"

Радио：无线电广播。《十月的节气》（1981，p26）："巷子里走的队，喇叭响连天，众人抬头看，Радио 把话念。"

Фашист：法西斯。《连 Фашист 们征战》（1981，p29）："十月里来冷寒天，给仗口上把人添，坦克里头和大炮，打得 Фашист 满滩跑。哎哟，打得 Фашист 满滩跑。"

Комсомол：共青团书记。《毛燕的委屈》（ty，吴金友）："隔壁有一个金花娃，年纪不大将十八，十三上念书本事大，人家当的 Комсомол。"

四、自造新词

同俄语借词在东干民歌中的使用情况相同，这类词汇也仅仅见于十月革命后产生的新曲子中。如：

风船：飞机。《十月的节气》（1981，p26）："空中观一眼，风船空中旋，一个连一个，都把跟头翻。"《连 Фашист 们征战》（1981，p29）："八月里来月儿圆，天上风船遮半天，飞的旋的撂炸弹，妇女娃娃遭大难。哎哟，当兵的人人儿也可怜。"

脚歌：队列行进中有节奏的口号。《五月初一的节气》（1981，p36）："脚歌念得好，声音都一般，政府的门前过，'乌拉'喊得欢。"

理事：智慧。《列宁世界光》（1981，p8）："列宁理事大，列宁理事大，我们把功费上，都要细学他。我们是青年军，凡常往前行。"

香油：香水。《营盘》（1981，p10）："说是巴黎的香油窜，我也洒过，可是四季我闻的滋泥味道。"

影图：照片。《五月初一的节气》（1981，p36）："手肘红旗往前站，政府的影图肘得端，高高兴兴都喜欢，曲子音调上蓝天。"

杂民：各民族。《列宁里边的曲子》（1981，p19）："列宁，列宁爱杂民，杂民相好像家庭，权势得上都一平。"

书房：学校。《Партия（党）的光亮》（1981，p36）："Коммунизм（共产党）光阴上到了天下，一满的苦汉都喜欢，书房盖下的千上万，老少的人把书念。"

结　语

东干民歌各类词汇在民歌中分布规律：从中国西北地区带入中亚的"老曲子"主要使用清末以前的陕甘方言词汇。十月革命后产生的"新曲子"出现了词汇杂糅现象——除了使用陕甘方言，还使用在陕甘方言基础上自造的新词和俄语借词。伊斯兰教用语中的波斯、阿拉伯语借词仅出现在个别老曲子的异文中。东干民歌词汇的来源和使用情况，契合了东干人按入俄时间民歌分类法。

东干民歌使用各类词汇提示了各种异文产生、流传的地域和年代信息。比较"小曲子"中跨方言区使用的词汇与中国元、明、清时期的戏曲、小说等俗文学作品中的相同词汇，可以看到清末以前通行于中国北方民间的一些词汇在东干民歌中保存和使用的情况。在当下中国西北地区，东干民歌中的清代陕甘方言词汇已很少或不被使用，但它们仍然在东干民歌的唱词中保存着，并且在东干人日常生活中使用和传承着。

东干语比较完整地保存了清代陕甘方言的语音、词汇、语法系统，被语言学家称为研究清代西北方言的活材料。东干语是东干民歌的构成材料，它的保存和独立发展对民歌的传承有着直接影响。陕甘方言词汇是东干民歌唱词的基本材料，陕甘方言作为在东干人中通行的母语，为清代西北民歌在中亚的保存提供了最基本的条件。

从历史的角度看，东干人所保存的民歌大多是清末以前西北地区汉、回族人民共同创造并共同享有的文化产品，它们反映了历史上西北地区汉、回族在民间文化中存在着部分兼容的客观事实。然而，在清代官方文献中，凡涉及回汉民族关系，回汉对立的主题掩盖了两族在文化上长期共存和发展的史实。值得庆幸的是，在东干人中传承着的中国西北民歌填补了文献记录的这部分空白，为我们重新认识上述文化历史提供了活的、有力的证据。东干人称本民族的民歌为"中原曲子"，这一称呼本身便表明了东干民歌的历史来源。东干民歌同中国西北民歌曲目、曲调、唱词、内容等方面大量重合的现象，反映出清末以前中国西北地区回、汉两族共同的民间生活内容。

对于中国民歌史研究来说，保存在中亚地区的东干民歌提供了重要而独特的资料。其价值在于：它虽然流传在当代，但其跨境流传的特殊背景给出了这种风格存储的年代标记——时间下限不晚于十九世纪七十年代；它提供了一批活着的、有可能同文献记录建立互证联系的民歌史材料。通过对东干民歌词汇的描述和研究，可以为中国民歌史研究提供一个参照系，既可以看到清末以前这些民歌中的词汇在中国西北地区流传的面貌，也可以反观近代以来它们在内容和形式上的演变轨迹。

附录：东干文民歌出版物书影

　1.《中原民人曲子》封面、扉页、目录、前言

ЖУН-ЯН
МИНЖЫН
ЧУЗЫ

Шуди зэмусы миндуйля чузыди жыйли
ХАРСАН ЮСУРОВ.

ХЫРГУЙЧУРВАНШЭ
Фрунзе — 1958

ГИ НЯНЖЯМУ.

Жыгы фубынзы литуди цэлёсы да Хырхыз-
стан дэ Хасахстан жўди жун-ян минжынму гын-
чян щеди, шухади. Да йичеди цэлё литу тёди,
жянли зэмусы шыдуэли 40 чўзы.

Фубынзы литуди чўзы дусы дажунжын жы-
доди. Дуэди чўзы жын ду хўэй чонни.

Жы 40 чўзы литуди йисы ду бу йиён.

Жун-янжын да жыще чўзышон нын ба нэхур
минжынму гуэхади кўнан гуонйин жыдо.

Дуэ йибанзы чўзы литуди чё хуа вужин чын-
ха гуонйин либянди кулюрли. Да йиче чўзышон-
ди вынхуашон нын ба жун-янжынди вынмин
канчў-лэ.

给念家子们（东干语转写）

这个书本子里头的材料是打 Хырхызстан 带 Хасахстан 的中原民人们跟前写
的、收下的。打一切的材料里头挑了，拣了，再么是拾掇了40曲子。书本子里头
的曲子多是大众人知道的，多的曲子人都会唱呢。这40曲子里头的意思都不一
样。中原人打这些曲子上能把那会儿民人们过下的苦难光阴知道。多一半子曲子
里头的巧话如今成下光阴里边的口溜儿咧。打一切曲子上的文化上能把中原人的
文明看出来。

致读者（现代汉语转写）

这本书里的材料是从居住在吉尔吉斯斯坦和哈萨克斯坦的中原民人中记录和采集的。在所有材料中选择、整理了40首曲子。书中的大部分曲子是大众熟悉的，很多人会唱。40首曲子的意思都不一样。中原人能从这些曲子中了解到旧时的苦难光阴。多数曲子里的巧话已经成为日常生活中的俗语。从所有的曲子中可看到中原人的文明。

【出门人】ЧЎ МЫН ЖЫН（民歌，小曲子）节选及书末版权页

2.《苏联回族民人的口传文学的样书子》封面、扉页、目录、版权页

3. 《苏联回族人的曲子》封面、扉页、目录、版权页

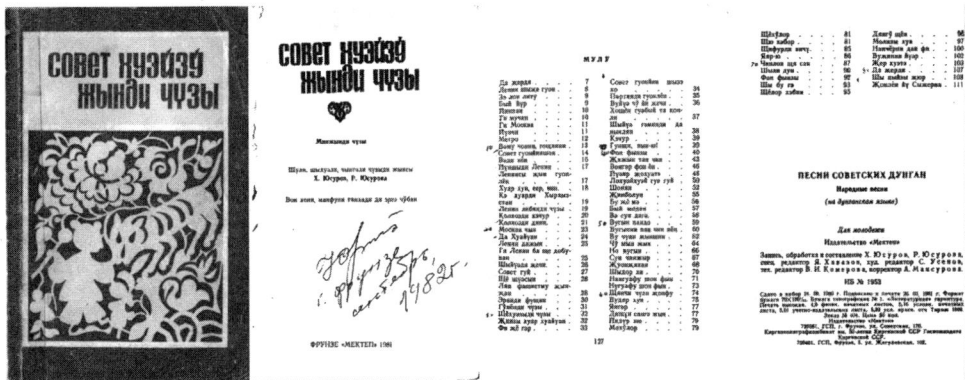

（原刊于《民族文学研究》2020 年第 1 期）

作者简介：

赵塔里木，1954 年生，湖南衡山人。1971 年在新疆博尔塔拉蒙古自治州文工团参加文艺工作。1978—1982 年，在新疆师范大学音乐系学习，主修作曲理论，获学士学位。1982—1987 年在新疆师范大学音乐系任教，1987 年考入中国音乐学院音乐学系攻读硕士学位研究生，研究方向为民族音乐学，1990 年获文学（音乐学）硕士学位。1990—1995 年在新疆师范大学任教，1995 年 4 月调往新疆艺术学院，同年 9 月考入扬州大学中国文化研究所，师从王小盾教授在职攻读博士学位研究生，研究方向为"汉民族与少数民族文学艺术的比较研究"，完成博士学位论文《在中亚传承的中国西北民歌：东干民歌研究》，1998 年获文学博士学位。2002—2006、2006—2010 年任教育部高等学校艺术类专业教学指导委员会委员，新疆维吾尔自治区学位委员会委员，中国少数民族音乐学会副会长等职务。2005 年被国家留学基金委选拔为高级研究学者在美国伊利诺依大学（UIUC）从事民族音乐学合作研究。2009—2015 年任中国音乐学院院长，博士研究生导师。现任第八届音协副主席、中国音协理论委员会主任、教育部高等学校艺术类专业教学指导委员会委员、中国少数民族音乐学会会长等职务。主要研究领域是民族音乐学，发表论文 40 余篇，出版著作多部。2004 年获新疆维吾尔自治区"开发建设新疆奖章"。

云南古戏台的分类与价值

王胜华

引　言

　　我对云南古戏台的关注，可以追溯到二十世纪六十年代，当时曾在农村的古戏台上参加过演出。自八十年代，即已拍摄了云南、山西、广西、江浙一带的部分古戏台，着意从事古戏台的研究。但苦于个人力量的薄弱，一直未能展开。直至 2000 年才再次开始对云南现存的古戏台进行研究、搜集。2005 年之前，以个人出资为主要方式，从事过数次田野作业。2005 年申报云南省教育厅科研项目，获立项资助之后，才有了一个起步较晚的全面展开。时至今日，"云南古戏台"项目组已基本完成了云南省内现存的人多数建筑丁 1912 年之前的近百处古戏台的考察，拍摄图片资料 335 帧。

　　古戏台就是古代演戏的场所。它的首要功能是代表人群理想的戏剧搬演。所以，传统的古戏台首先是一个社区的艺术中心。在电影电视出现并普及之前，中国观众在同时满足视听觉需求方面的唯一样式，就是戏台上的戏曲演出了。即使电影走进广大乡镇之后，古戏台的中心地位也无可替代，一是因为戏曲的表演仍占据着最大的消费市场；二是电影的银幕常常是以古戏台为依托的。在云南广大城乡地区，古戏台上演戏曲或广场放映露天电影，就是人们精神上的集体盛宴。

　　云南古戏台的修建，一般认为始于清乾嘉以后，以道咸时期最为集中。清代光绪年间进行的翻修与重建最为多见。这一点，与我国我省戏曲发展史的基本走向是吻合的。从上往下俯视，古戏台则呈一个倒"品"字形，主戏台向外突出，形成三面观剧的格局。缩于后部的左右两侧是厢房，又称副台或耳房，是演员更衣和休息的地方。在某一些古戏台上还有修建于台基的通道，这种通道常常是庙宇的大门或者村镇的街道，这一构造把古戏台与庙宇及居民区联为一体，使古戏台成为社区中一个有机的、不可或缺的部分。在另一篇讨论古戏台的文章中，我们曾做这样的表述："如果一个乡镇中最好的房子是政府，这是权力的象征；如果一个乡镇最好的房子是学校，这是文明的象征；如果一个乡镇最好的建筑是戏台，这就是传统的象征。"而事实上，前面两个"最好"常常是一厢情愿，而后一种"最好"却是随处可征的事实。

一、云南古戏台的两种分类

为了使本项目条理化、科学化，我们根据现有的资料，对云南古戏台进行下列分类简说。

第一种分类法是根据其历史特征和文化特征，将云南古戏台分为三个层次类别：原貌古戏台、改建古戏台、仿古戏台。

第二种分类法是依据古戏台的型制和功能特征，分别为庙宇戏台、广场戏台、魁阁戏台、庭院戏台、水上戏台等。

（一）按历史文化分类的古戏台类别

第一类：原貌古戏台。这一类戏台未经大规模修葺，或虽经修葺，但台址和样式基本保存了古代戏台的原始风貌，历史确凿，影响巨大，弥足珍贵。这一类古戏台代表了云南古戏台的主体，也是最为珍贵的部分。因而也是建筑价值和文化价值最高的古戏台。如"大理市周城古戏台""大理宝林寺古戏台""海东本主金轮圣母庙"（简称海东土主庙）及"曲靖市会泽县西会馆万寿宫古戏台""玉溪市九龙池古戏台"等。

还有一些修葺后的古戏台，系在原址上翻盖、翻修或重新修建过但功能未变的古戏台，只是细部的样式或色彩已发生了变化，这种变化往往很难具体鉴定。此类戏台也归为原貌古戏台，尤其是在大理地区和红河等地区，数量巨大，分布普遍，基本每县必有，成为当地一道亮丽的风景。

大理宝林寺古戏台

玉溪市易门县大龙潭古戏台

昆明市海源寺古戏台

个旧市云庙古戏台

第二类：改建古戏台。地址或样式已在重建、翻盖中发生改变并改为非戏剧演出活动的戏台。此类戏台一个重要的外部特征是三面台口已封闭。如大理海东文武村古戏台、红河州石屏县龙朋乡六街村古戏台等皆属此类。一个令人感兴趣的现象是：古戏台功能发生改变后，常常有三种用途，一是学校，二是老年活动场所，三是会场。

改为学校的石屏县龙朋乡六街村古戏台

或许，这三种场所与古戏台高台教化、娱乐欣赏及集会中心密切关联。

改建后最常见的形式往往是学校、老年活动中心和会场。这正是古戏台先天所具备的主体功能。从形式上来说，老年活动中心是游乐的场所，常常有棋牌、麻将等供老人们（尤其是男性老人）娱乐。但老年人聚集的地方，又常常是社区的舆论中心，对社区的伦理道德有着很强的影响力。有的古戏台下并未建为挂牌的老年活动中心，但老年人们却常常会集中在古戏台下，议论着生活中的家长里

改为老年活动中心的大理市海东文武村古戏台

短、是是非非。老人群体因经历而拥有经验，因时间而拥有阅历，或者因为长寿而令人羡慕。即便是过去的天子君王，在外出巡狩时也有一个访问老者的任务，这种高寿老人常常被称为"人瑞"，在古代社会，一个人活了八十岁就有可能历经了三个以上的朝代。所以，在任何社会结构中，老人都因是一个特殊的阶层而备受重视。

会场也兼有舆论和教育的双重功能。从新中国建立开始，高音喇叭作为政策的传声筒就是社区的信息中心，而今，这种工具常常被安置在古戏台上。

同时，在城市和乡镇的会议中心，也经常建有一个可以演戏的舞台，舞台可以安装幕布以及相应的灯光，成为兼有开会和演戏双重功能的所在。

关于这一点，红河州蒙自县新安镇中山堂比较典型。学校虽则是以教育中心为主，教师阶层作为知识群体在社区舆论上的力量也不能小觑。老年人代表着文

红河州蒙自县新安镇中山堂古戏台

化的以往，而学校教师与学生则代表着文化的未来。此二者究竟哪个更重要，从历史的角度来看是很难分高下的。当某些事务委决不下时，教师的意见常常成为决定性的因素。

既然古戏台是诸多中心的集合点，那么，它还有可能是一个社区的商业中心。

这一点，大理周城古戏台和海东双廊古戏台表现得比较典型。当年我们第一次走进周城社区和双廊考察古戏台时，首先看到的是一个具有规模的市场。

某些古戏台经过改建后面目全非，不经指点一般不知是古戏台。在这方面，比较典型的是楚雄州元谋县中医院（原马王庙）古戏台。

据当地人介绍，此地原本是县工商局，有过戏台，但已经被改造成为医院的一部分，难知戏台的具体所在。环视中医院，如果当初戏台没有被拆掉只是在原址基础上进行一些改造的话，那么医院门口那座二层小楼应该就是当初的马王庙寺观戏台的旧址。

第三类：仿古戏台。此类戏台已不具备"遗址"的性质，也不存在古戏台的文化功能，但它仍可用于戏剧演出或旅游观光，供人发思古之幽情。例如保山市腾冲县文化广场的仿古戏台即属此类。

还有一部分圈入公园或景区的古戏台亦有此性质。如建水县张家花园里的古戏台。这一部分戏台的意义在于：人们承认古戏台是民间建筑的代表性部分，并利用它在建筑学上的精美程度，纳入日常观光与装饰的内容，以提高景点的知名度和观光游览比率。

保山市腾冲县文化广场仿古戏台

建水县张家花园仿古戏台

（二）按型制与功能分类古戏台类别

云南对于早期古戏台，统称为"万年台"，又称为"草台""露台"，所以，一些不甚正规的班社，往往被称为"草台班子"。这种"万年台"带有临时的性质，有如宋元时期的勾栏、瓦舍。

自雍正年间以来云南地区就有对演出场所的记载，清乾隆年间《赵州志》记载：清雍正三年（1725），赵州（今弥渡、宾川、凤仪一带）知州汪邦彦，重建州署北面的城隍庙时，增盖戏楼三楹、露台一座；大理喜州河矣城村龙王庙《洱河祠碑记》记有清乾隆三十九年（1774）曾建有供"徒工歌巫舞"的露台一座；洱源县于清道光年间（1826），进士赵辉璧在《施孝子传》（见《浪穹县志》）中载："邑有施姓者，乾隆时人……其父八十余，有足疾，喜观剧，每邑有戏场，孝子必负其父往观之。"清雍正时建盖、架搭的戏台（场），均未留下实物，不清楚它们的具体样式，但据外地相关戏台资料可以推知，这些露台是以所谓"草台"为主体的临时戏台，具有宋时勾栏、瓦舍的性质。以露台为代表的戏台样式是中国古代广场戏台的主体。除了露台外，云南现各地尚存的戏台样式可分为以下几种。

庙宇戏台　即戏台建在庙宇大门之上，戏台面向大殿，为三面开放式戏台。这样的戏台目前保留较多。

这类戏台从大梁题记得知，清光绪年间重修或建盖的居多。

昭通市大龙洞公园仿古戏台建筑

大理市海东土主庙古戏台

大理州剑川县财神殿古戏台

　　它的演出活动与宗教的祭祀活动关系较为密切，戏台面向大殿神像，主要出于娱神、酬神等原因。建有戏台的庙宇，除供奉龙王、城隍或佛道神像外，在白族地区较为突出的则供奉地方保护神"本主"，如剑川沙溪石龙村本主庙供奉的是当地群众的保护神"大黑天神"；下关宝林寺除供奉龙王外还供奉有当地的本主、斩蛇英雄"段赤城"。

　　魁阁戏台　这类戏台一般建盖在广场上或庙宇前。戏楼分三层，一层为戏台，二层设有神龛条案，三层塑有魁星金身。戏台也常为三面开放式戏台。

　　广场戏台　三面开放式戏台，一般建在当地村子中心或庙宇前的广场上。舞台利用自然坡度或四围高台地形，居中建盖，便于多数观众看戏，如大理市周城古戏台。

　　过街戏台　三面开放式戏台，一般建于村中道路的正当中，台下可走行人或过往车马。戏台利用道路的倾斜坡度，便于群众看戏，如曲靖市师宗县保太古戏台。

　　除以上几种形式外，还有建水县朱家花园的水榭戏台，需要说明的是，云南的水榭戏台与鲁迅先生在《社戏》中所描写的不同。由于自然条件所限，云南的水榭戏台多不在水边湖畔，不能行船，只能起到隔离观众与舞台的作用。

　　云南古戏台还有木垛房戏台、庭院戏台以及临时搭盖的彩棚、松棚等样式，俗称草台或露台。因后二者用过即拆，很难保存。

　　1982年以后各地农村逐渐恢复演出传统戏曲，部分地区的农民群众集资重修或翻盖了戏台。同时，随着城市的大规模建设，也有大量的古戏台被拆毁或挪作他用。

大理市周城古戏台

曲靖市师宗县保太古戏台

建水县朱家花园古戏台

蒙自县周家老宅庭院戏台

二、云南古戏台的多重价值

（一）实物化的历史价值

在本文的开始部分，我们首先谈到的是"原貌古戏台"，这些保持了原貌的建筑，就可以称之为具有"实物化的历史价值"的代表。就如同真正的出土文物的价值高出于复制品一样，实物所能给人们提供的知识和震撼是无可比拟的。人们之所以要走进博物馆并不是要看到与画册或图片不同的东西，而是要看到那些实物。因为，只有这些实物才是历史段落的真实部分。

如同石器或青铜器可以告诉我们人类曾经的生产生活方式一样，古戏台也可以证明在某一历史阶段，人们是如何创造并面戏剧艺术的。正所谓"戏台曾作古人戏，新人如今演旧人"。戏台的表演随着时间而变化，但戏台本身却又是古时的遗存。人类之所以不懈地保存并维护着一些文化遗址，就是因为它们是历史本身，而不是历史的复述。举一个人们司空见惯的例子：历史上的毛泽东主席和演员扮演的毛泽东主席不是一回事，而与演员本人就更谈不到一起了；演员之所以与毛泽东主席搭上关联，只因为外部的几分相似而已。

因此，历史上的毛泽东故居及遗迹，无论是韶山的还是北京的，无论是延安的还是西安的，都是历史文物；而艺术角色毛泽东所涉及的场景不过是道具或布景罢了。

当然，文物在其始创时期，还称不得文物；现代社会的某些非文物成果，在未来也可能成为文物，但这需要时间和机遇。

云南古戏台是经历了时间的，所以，它与其他古代建筑一样，具备了历史价值。因此，也就具有文物的价值。凡属文物，均是不可能再生产、再创造，一经破坏就无法挽回的实物。

文物必须是历史当时的，否则就不能作为一个历史的物证，就没有价值了。大型建筑设备不能解释古代纯手工的建房技术，现在剧场不能作为古代戏剧演出的物证。只有古戏台及相关遗址才可以证明古代戏剧的某些特征。同时，也只有从古戏台的纹饰上才可以了解当时的建筑与美术的艺术价值。正因为这样，古戏台才可以激起我们对于戏剧的民族自信心和自豪感。每个民族都会珍惜自己的民族文化，并从中获取继续创新的源泉。除古戏台本身而外，历史上的班社、演员及其他人员也会在古戏台的板壁上留下一些文字，例如伙食账目、演出心得、演员评价等。文人墨客也会为古戏台写下诗篇，其中有相当部分被刊刻为碑文、匾额、楹联等形式。这些都不失为后人研究戏剧历史的宝贵史料。

如果文物一旦被破坏，就失去了历史的特征，就不存在证明历史的价值了。一个古戏台如果被改建为职工宿舍，那它首先就失去了演剧的功能，同时，既没有古代的民居特征，也不如现代住宅那样舒适。所以，一旦古戏台出现陈化、残损，在维修的时候就有"修旧如旧"的原则：用原有的材料，按原来的面貌、型制、结构、工艺、尺寸、纹饰进行维修。凡是在古戏台外观维修中使用马赛克、金属管材、钢窗铁门及塑料零件的，都是对古戏台的破坏。与其破坏性修建，还不如暂时搁置，留待条件成熟时再做不迟。

笔者在研究戏曲表演史的过程中，曾多次读到某些名角的史料，其中说某些演员能够纵身跃起，双腿勾住横梁亮相、表演，这似乎有些令人费解，以为是不可能实现的技巧。但考察了古戏台以后才发现，其空间高度远远不及现代舞台，"双腿勾梁"的表演固然很难，但是可以实现。还有关于演出"目连戏"的记载，说扮打叉手的演员能把钢叉准确地打在戏台台柱上，造成惊险的特技效果。这一点，也必须依赖木质立柱，水泥柱或石柱则是无法完成的。

历经了历史长河的冲刷和社会变革的动荡，以古戏台为代表的古建筑已是大为减少。这使民族化的建筑文化实物越来越少，因而也显得弥足珍贵。凡是一个中华民族的成员，仅仅以文化遗产而自豪是远远不够的，还应当以自己的力量和热情投入遗产保护之中。

大理州剑川县沙溪乡长乐村古戏台

昆明市宜良县古城镇古戏台

弥勒县大树村月牙池古戏台

楚雄市禄丰县黑井镇武家大院古戏台

（二）科学化的建筑价值

云南古戏台与我国北方古戏台相同，一般为古式的土木结构建筑，飞檐翘角，雕梁画栋，外貌极为壮观。在如今以灰黄色调和以水泥、马赛克为主的云南民居中，不愧为一道亮丽的风景。

古戏台的台基一般为砖石结构，台面以上为梁柱式木结构；顶部为木瓦结构，值得关注的是古戏台顶部的抬梁斗拱，是一种最具中国特色的建筑巧思：它既可以支撑起沉重的顶部，又可以放大表演时的声音；除了浓郁的装饰效果，还有防震的作用。

据考古遗址证明，远在殷商时期，中国就有了大规模的城市建设。据最新考古发现，在更为遥远的良渚文化时期就有了城市建设。消息曰：

> 中国考古界重大发现！4000 年前良渚有个中国最大古城。都市快报 11 月 30 日报道：浙江省考古所昨天发布重大考古成果——历经 18 个月，在良渚遗址区内发现一座面积 290 万平方米的古城（面积和北京颐和园差不多）。专程赶来的著名考古学家、北京大学教授严文明这样评价古城：这是目前中国所发现同时代古城中最大的一座，称得上是"中华第一城"；它改变了原本以为良渚文化只是一抹文明曙光的认识，标志着良渚文化其实已经进入了成熟的史前文明发展阶段；是继二十世纪河南安阳殷墟发现之后，中国考古界的又一重大发现，将极大推动中国文明史研究进程和考古学发展。

建筑技术可以支撑起建设一座城市，这足以说明建筑学程度之高，技术之发达。专家告诉我们：中国古代建筑的特点，主要就在于完整的木构架系统。其中又主要分为抬梁、穿斗、井干三种不同的结构方式。如我们前文谈到的会泽县江西会馆万寿宫古戏台，就是抬梁兼穿斗式结构；穿斗在古建筑遗存中较为多见；井干式又可称为木垛式，这种结构的房屋在云南省主要见于独龙族、怒族及藏族等边远民族居所。在云南汉民族生活中，井干式结构常常用于家畜的圈养和临时场所。

由于"木作"在建筑中的地位，中国传统观念中对以鲁班为代表的木作、石作有着极高的评价，著名工匠的技艺已达到了出神入化的高妙之境。据史载，周穆王时的巧匠偃师所制的木偶能唱歌跳舞，甚至会向观众送媚眼；墨翟所制的飞鸢能三日不落；白族木匠制作的木龙可与真龙在空中大战；始建于北魏的山西悬空寺历经一千五百年而不坠；孔明发明的木牛流马能够千里运粮；鲁班则更甚，他的众多发明改变了中国制造史、建筑史和工具史，至今留下许多遗迹和传说。依照中国人习惯崇拜祖师的传统，这些有名的匠师被神化并进行祭祀，形成了中国传统信仰中最具特色的行业神、祖师神崇拜。

传说是神奇的，传统是实在的。仍以提及的传统斗拱来看一看吧。

建筑业中有些特殊的木作技巧，也能标明建筑物本身的价值和重要性。抬梁式结构中"斗拱"就是如此。中国封建社会的建筑，由于等级制度的关系，只有宫殿、寺庙及其他高级建筑才允许在柱上和内外檐的枋上安装斗拱。所谓"斗拱"，是在方形坐斗上用若干方形小斗与若干弓形的拱层重叠装配而成。

中国古代的建筑匠师们发现斗拱具有结构和装饰的双重作用，因而，斗拱的使用是中国建筑史上的重大发明，也是中国传统建筑的特色之一。云南的古戏台之所以使用斗拱，一方面是木作匠人的高超技术，另一方面是因为古戏台属于封建制度下的高级建筑物。无论它是单座建筑，还是建筑群的一个单位，都在社会和民众生活中占据着重要的地位。对于戏剧演出来说，斗拱还有一个非常重大的功能：斗拱所造的屋顶穿井所产生的回声，能造成强烈的共鸣使演员的唱白更加珠圆玉润，观众在远处也能听得一清二楚。

云南古戏台的建筑，在声学上也颇为考究。戏曲演出要让观众听得见，古来多说"听戏"而少谈观戏，可见声音的重要。除了斗拱的使用，古人在戏台修建上还有三项发明：一是戏台以板材为主要材料，增加共鸣，改善音响；木质戏台的守旧和台面就有这样的功能；二是缩小"出将""入相"（上下场门）的尺寸，封堵后台后壁，防止音响"后泄"；三是古戏台在可能的条件下，选址要考虑回声的问题，如玉溪市易门县大龙泉古戏台及九龙池古戏台都是依山临水，回声颇佳。这一点是令我国北方平原地区的工匠们所艳羡不已的。现代化的剧场安装了扩音设备，但在放大音响的同时，也放大了噪音，扭曲了本真的美妙。所以至今有些表演艺术家在演唱时拒用麦克风。

综上所述，斗拱是一种既简单，又复杂的现象：材料细碎而做工复杂，一些小小的方形或弓形木块，层叠堆砌，件件相扣，就形成了坚固、美观且音响良好的戏台穿井。

又因为斗拱、瓦作和檐柱的结合，具有很强的变化与造型能力，这一点为古建筑的顶部提供了美化的可能。人们发明了向上翘起的屋檐，发明了振翅欲飞的"翼角"，使沉重的屋顶变得轻盈、灵动了许多。因而，这二者往往被俗称为"飞檐"。"飞檐"工艺是木作与瓦作的结合。而"瓦作"又是造就各式屋顶的主要手段。一些大型建筑，柱顶上支撑着一个大屋顶，而这些屋顶的支点都是落在一个个斗拱上，这些斗拱也是用一块块木头做成特殊的构件，巧妙地搭接在一起，托住了巨大厚重的屋顶。

中国原本是一个森林资源丰富的国家。当我们拥有大量的木材时，才可以谈得上完善的木构架系统。所以古诗有云："天子明堂缺梁木，此有彼求两不知。"当然，这句诗是咏叹怀才不遇的，但从现今大量的古建筑遗存来看，的确有大量的全木结构的大型建筑物，我们可以随手拈出若干例子：山西五台山佛光寺大殿、五台山南禅寺大殿、山西应县木塔、北京天坛祈年殿……这些都是中国建筑中木构架建筑物的典范之作。只可惜经过"大炼钢铁""以粮为纲，全面砍光""毁林造田、造地"等历史浩劫，中国的林木资源锐减，以至成为一个人均占有森林资源和绿地资源最少的国家！

频仍的自然灾害，特别是发生于 2008 年 5 月 12 日的四川汶川大地震，使人们重新认识中国古代建筑的价值。据网络 2008 年 8 月 1 日载文《古建筑大多未倒，请向传统建筑学习防震抗震》说道：

> 同济大学建筑与城市规划学院建筑系主任常青教授，在亲赴灾区实地考察灾区古建筑与文物损毁情况后表示，地震灾区的"世遗"（世界文化遗产）和"国宝"（国家级文化保护建筑）的现状是"整体尚存，露椽落瓦；局部垮塌，存真毁假"，历史文物中老祖宗留下的建筑遗产大都没倒，倒掉的多是近一二十年来质量不高的仿古建筑。

正如常青教授考察所发现，在我国名胜古迹中有许多建筑，如寺庙、佛塔、亭台等历经多次强烈地震而巍然挺立、完好无损，成为中国乃至世界建筑史上的抗震奇迹。如广西合浦县的四排楼，因经历多次地震及强台风却安然无恙，故被称为"抗震阁"；位于河北蓟县的抗震寺——独乐寺，被建筑学权威梁思成先生誉为"集古代建筑之大成"，能抗 8 级以上地震；山西省应县也有"抗震塔"。

中国古代建筑何以能抗震？一些建筑学家给出的答案主要是：这些古建筑均

为木结构建筑，木材是柔性材料，有一定的弹性作用；在结构上、梁柱之间、斗拱之间，或榫卯连接，或木齿相咬，不仅结实巧妙，而且能耐蚀抗震；这种卯榫结构的样式早在6000年前浙江宁波河姆渡遗址中已经出现了。发生地震时，这些木构架的柱子和梁架，柱头的斗拱就充分发挥出柔性的作用，可以减弱或抵抗地震的震波。古代早就传下来的谚语"墙倒柱不倒，房塌屋不塌"，就科学地说明了这些道理。1996年3月4日云南丽江发生7级大地震，因为丽江全是中国传统木结构房屋，木柱梁、木屋架，房屋一排排相互连着，屋顶上都铺着瓦片，地震一来就会有响声，人就得了警报而可以逃避，最重要的是木结构能抗震，阻止了毁灭性破坏恶果。联合国教科文组织派了专家去观察，发现丽江依然基本保持了它昔日的风采。以美国、日本为代表的西方国家，在建筑防震上也借鉴了中国传统建筑的长处，大量采用木结构建筑。在木材缺乏的情况下，采用"轻钢龙骨"结构。这种结构，只是材料变为硬性的金属，其原理仍是木结构的原理。

建筑物应当是牢固的，应当是人性化的。这一点理所当然地应当表现在它对人的保护上。杜甫诗"风雨不动安如山，大庇天下寒士俱欢颜"正是这样的理想。但某些事实却是：本应呵护人类生活的建筑，却在霎时成为夺人性命、财产的"杀手"！这是一个令人不得不面对的沉重话题。现实中，能够为我们提供最大量古代建筑标本的不外乎寺庙或古戏台。在长期的古戏台考察中，我们常常徘徊于那些陈年的梁柱之间，看着斑驳的穹顶和长满蒿草的屋脊，耳畔似乎响起优雅动听的音乐与唱腔，眼前似乎闪过古戏台的建筑情景。追古抚今，不禁为中国古代建筑的精妙和人性化情怀而长叹。

（三）艺术化的仪式价值

一个以血缘或文化纽结而成的传统社区（如氏族、部落或乡镇），大约有不可或缺的几样东西：庙宇、古戏台、祠堂、集市、学校。这几种场所均是思想性的，同时又是物质性的。在物质外壳上，它们各有不同；在功能上，它们既各司其职，又相互交融。它们互相勾连，粘着在一起，构成了文化的主要方式。很难说在一个庙宇戏台上的演出就一定与信仰无关；很难说在广场戏台上的演出就不对社区结构无所作为。在此，古戏台的中心作用最为突出而典型。它既可以成为庙宇或祠堂的一个部分，又可以成为学校或集市的空间，如一座无形的桥梁，横亘在精神与物质之间，集中体现着仪式的精神。庙宇是人们精神的家园，祠堂是人们血缘的认同，学校是育人之所在，集市中的商品集散又联系着各色人等，而古戏台与这些方面，都有着千丝万缕的联系。把古戏台视为一个社区的仪式中心亦不为过。因而其价值未可小觑。自古至今，它在一个社区里的地位显然无可替代。

在一份专文里，我们把古戏台归结为诸多的中心，它们是艺术中心、建筑中心、景观中心、教育中心、舆论中心、信仰中心、聚会中心。如此众多的中心可以一言蔽之：仪式中心。在一个特定的时间里，人们集中于一个场所，这就是仪式的所在；人群集中于一个场所，从事某一确定程序的事件，就是仪式过程；一个程序控制并贯穿于人们的情绪与行为，就是仪式精神。同样，以上的描述也适宜于戏剧的观演行为。因而，戏剧的过程也是仪式的过程。在这一仪式过程中，人们享受着艺术欣赏、祭祀信仰、信息交流、精神陶冶，这就是古戏台所展示的仪式魅力。

在中国古代的乡镇中，古戏台是一种带有"大众传媒"性质的所在。人们从戏台上获得艺术享受和历史知识，人与人之间又传播、交换着各种消息。观戏归来，总归是有话可说可传的。阿 Q 进城归来，才知道城里人可笑：居然把长凳叫作"条凳"！一个农妇"昨日入城市，归来泪满巾，遍身罗绮者，不是养蚕人"。甚至在古戏台下所发生的传播，能够造就不少情感或风流韵事。古戏台作为一种传媒，有一种强制和不可选择性。不像现在的电视机，有诸多频道可调，报纸有诸多栏目可选。古戏台的"霸气"就表现在：无论受众多寡，它所提供的样品只有一件！正如人们所习知的各类仪式一样，不可能出现第二主题。人群为着一个目的聚合，本身就是仪式精神的体现。

因此，古戏台的演出能够如此这般地撼动人心：明代演员马容在表演《赵氏孤儿》时，台下竟然"千百人哭皆失声"！据笔者所见，在古戏台上演出中曾出现观众情感激动而产生波涛般涌动——这一点，在现代剧场中不可能发生，因为它有座椅固定着人群的每一个个体。"观众"是一个临时的群体，但这个临时群体的感受常常占据人们恒久的情感。

于是，坊间有云"演戏的是疯子，看戏的是呆子"。或许，就像"不疯魔不成戏"一样，观众的理性与感性投入，同样是戏剧达到"忘我"之境的必须。陈独秀化名"三爱"在《论戏曲》一文中写道：

戏曲者，普天下人类所最乐睹、最乐闻者也，易入人之脑蒂，易触人之感情。故不入戏园则已耳，苟其入之，则人之思想权未有不握于演戏曲者之手矣。使人观之，不能自主。忽而乐，忽而哀，忽而喜，忽而悲，忽而手舞足蹈，忽而涕泗滂沱，虽些少之时间，而其思想之千变万化，有不可思议者也。故观《长板坡》《恶虎村》即生英雄之气概；观《烧骨计》《红梅阁》，即动哀怨之心；观《文昭关》《武十回》，即起报仇之观念；观《卖胭脂》《荡湖船》，即长淫欲之邪思；其他神仙鬼怪、富贵荣华之剧，皆足以移人之性情。由是观之，戏园者，实普天下人之大学堂也；优伶者，实普天下人之大教师也。

与三爱先生"大教师"说相通的是《安徽通志》在评论目连戏时的感叹：目连戏"支配三百年来中下社会之人心……其力量之久远而溥极，洵为可惊也"！

非戏剧，何能至此？非仪式，何能至此？自然，古戏台作为实物与文化俱全的场所，其价值当远不止前文所列的三条。但是仅仅有此三条，古戏台就能成为一个不容忽视的文化符号。云南古戏台是一个功能多元的文化存在。一方面，因为云南地处边疆，民族政策特殊，风俗各异，保留下来的古戏台的数量和样式相对丰富。这无疑是一笔丰厚的文化财富，也是中国文化对云南一地的馈赠。另一方面，我们也必须承认，由于历史和社会的原因，现存的古戏台较前已大幅锐减。我们无法改变历史与现实，但可以进行补救性的工作。日前奉献于大家面前的成果，无论是形式上，还是内容上，都是一个粗糙的文本。能力有限，财力有限。事虽已毕，总感到意犹未尽。虽有缺憾，但我们毕竟在努力着，这是我们唯一能够自我安慰的。

（原刊于《云南艺术学院学报》2008 年第 4 期）

作者简介：

王胜华，本姓卞，汉族，生于 1950 年 10 月，山东乐陵人。1957 年上小学，1963 年上中学，1966 年失学；1969 年"上山下乡"，1971 年进工厂当学徒，1977 年任新闻干事。1982 年毕业于云南大学函授部汉语言文学专业；1983—1984

年结业于上海戏剧学院戏曲编剧进修班；1990 年毕业于上海戏剧学院，获硕士学位。1990 年 7 月始任教于云南艺术学院戏剧系。1994 年 10 月至 1998 年 1 月于扬州大学中国文化研究所师从王小盾教授，获文学博士学位，博士论文题目是《中国戏剧的早期形态》。1997—2003 年任《云南艺术学院学报》副主编，2001 年 11 月任云南艺术学院戏剧系主任，2003 年任云南艺术学院民族艺术研究所所长。2008 年 11 月 22 日因病去世，享年 58 岁。

王胜华一生勤勉，1977—1986 年业余从事文学写作，发表中短篇小说、报告文学、戏剧剧本等五十余种；1991 年承担云南省教委科研项目"中国西南地区少数民族原始戏剧研究"，于 1993 年完成。1994 年参与国家教委科研项目"云南少数民族艺术概论"编写工作，承担"少数民族戏剧概论"部分，于 1996 年 8 月完成。1994—2003 年发表学术论文五十余篇。2000 年后，先后编撰《中国古代文学作品精读》《艺术人类学》等教材三部。2001 年出版《戏剧的发生与本质》《戏剧形态研究》《云南民族民间仪式戏剧研究》及《先秦乐舞戏剧大事年表》四部学术专著，计 80 万字。2005 年出版博士学位论文《中国戏剧的早期形态》。

勤于笔耕之外，王胜华注重田野作业和实地考察，足迹遍及云南、湖南、山西、广西等地。如于 1992 年进行了长达 2500 公里的自行车滇南民族文化考察，途经十八个地州市县，历时 47 天；1992 年 8 月，徒步云南省金平、河口两县的部分少数民族地区；其后又考察了大理、楚雄、晋宁等地的"跳猫猫""跳虎节""二月八"等民俗演出艺术形式。

读万卷书，行万里路。王胜华师兄是一位知行合一的优秀学者。

独白：中国诗歌的一种表现形态

戴伟华

诗歌分类，可以根据其主要内容，分为叙事诗、抒情诗、写景诗等；也可以根据诗体，分为古体诗、近体诗，近体诗又分为律诗、绝句等；还可以根据一句所含有的字数，分为三言、四言、五言、七言、杂言等。如果说上述诸种分法的本质是从诗之"体"来给诗分类，我们也可以尝试从诗之"用"来给诗分类。比如以传播为参照，可以根据诗歌创作当下的情形，将诗歌分为"用于传播"和"不用于传播"两类。与此相联系的是表述方法的不同，前者常用于诗人与他人的对话交流，后者则常用于诗人自我的心灵交流，谓之"独白"可矣。

中国诗歌存在独白的表现形态，而且一直延续到今天。"独白"在汉语中是一晚起的词，意为独自抒发个人的情感和表述自己的思想。但与之意思相近的表述早已有之，它是由这样的词来表述的：一为"独言"。《诗经·卫风·考盘》云："独寐寤言，永矢弗谖""独寐寤歌，永矢弗过"。诗中所言即为"寐寤独言""寐寤独歌"之意。阮籍《咏怀》有云："啸歌伤怀，独寐寤言。临觞拊膺，对食忘餐。"发挥了《诗经》的意思。潘岳《寡妇赋》云："廓孤立兮顾影，块独言兮听响。"约为"独言"一词的最早用例。张籍《寄韩愈》云："几朝还复来，叹息时独言。"贾岛《客思》诗云："独言独语月明里。"二为"独语"。张籍《蓟北旅思》云："失意还独语，多愁只自知。"白居易《立秋日登乐游园》云："独行独语曲江头。"韩偓《有忆》云："自笑计狂多独语。"三为"独吟"。陆士衡《拟涉江采芙蓉》云："沉思钟万里，踯躅独吟叹。"刘长卿《酬张夏》

云："玩雪劳相访，看山正独吟。"钱起《苦雨忆皇甫冉》："独吟愁霖雨，更使秋思永。""独吟"与"独言""独语"微有不同之处，一是指诗歌创作，如于鹄《宿太守李公宅》云："郡斋常夜扫，不卧独吟诗。"刘禹锡《昼居池上亭独吟》云："日午树阴正，独吟池上亭。"赵嘏《岁暮江轩寄卢端公》："上客独吟诗。"陆龟蒙《独夜》云："独行独坐亦独酌，独玩独吟还独悲。""独吟"还有一个意思是指禽鸟发出的声响，余延寿《横吹曲辞·折杨柳》云："缘枝栖暝禽，雄去雌独吟。""独言""独语"以及"独吟"其本义构成了后起词"独白"的涵义。

"独白"，就是指那些在创作当下并不用于传播而主要用于自我心灵对话的作品，如题为《咏怀》《古风》《无题》以及乐府诗和拟古诗的很大部分诗歌。创作的独白现象，古今中外都存在。就中国诗歌而言，《诗经》中许多用于仪式的歌，当然是用于传播的，但除此之外，许多诗当用于独白。独白诗和非独白诗之间，有时界限并不分明，但也有很多诗在诗题上就带有明显的独白或非独白的特征。中国诗歌当中，大量的赠人、送别、同赋以及题壁、题画等诗，显然都是用于交流和传播的，这些肯定是非独白的诗；相反如阮籍《咏怀》、郭璞《游仙诗》、张九龄《感遇》、李白《古风》以及李商隐《无题》诗，都是自我情感的独自抒发，至少在创作的当下是处于自言自语的状态，这些诗是典型的独白诗。

一

诗之独白与非独白，一般是依据诗歌创作的当下情形来区分的，辅以传播与非传播来鉴别。这当然很难。由于有关诗本事的历史记载是相当有限的，由于历史记载的残缺不全，由于理解历史文献的差异，我们只能以最为典型的资料说明"独白"的历史存在。

早期的诗歌总集《诗经》已保留了相当多的独白诗。孔子解释"诗"，往往是将诗作为阅读对象，而不是指诗的创作。孔子要求弟子学诗，通过对诗的诵读可以达到某种社会效果："可以兴，可以观，可以群，可以怨。"对诗的阅读效果的要求，也应该理解为对诗的创作的一种要求，孔子并不提倡诗的独白功能，而要求诗面向大众，取消诗的自我抒情的私人化行为。《诗经》经过重新整理和删改是无疑的，被今人认为是集体创作。尽管如此，我们不难发现《诗经》中有

"独白"的印迹，这样的诗还不在少数。如《邶风·北门》："自出北门，忧心殷殷。终窭且贫，莫知我艰。已焉哉！天实为之，谓之何哉！王事适我，政事一埤益我。我入自外，室人交遍谪我。已焉哉！天实为之，谓之何哉！王事敦我，政事一埤遗我。我入自外，室人交遍摧我。已焉哉！天实为之，谓之何哉！"又如《邶风·柏舟》："泛彼柏舟，亦泛其流。耿耿不寐，如有隐忧。微我无酒，以敖以游……日居月诸，胡迭而微？心之忧矣，如匪浣衣。静言思之，不能奋飞。"这样的诗完全是诗人的独白。

　　独白诗不仅能从诗题和内容上找出其属性，而且也可以在文献学上找到依据。独白诗在传播上有一定的时间和空间的制约，屈原的《离骚》是其独白之作，至汉代贾谊《吊屈原文》中才被提及："屈原，楚贤臣也，被谗放逐，作《离骚》赋。"司马迁在《报任安书》及《史记·屈原贾生列传》云："屈原放逐，乃赋《离骚》。""故忧愁幽思而作《离骚》……盖自怨生也。"阮籍的《咏怀》，作为独白性质的诗歌，没有迹象表明在当时曾传播过。《艺文类聚》卷三六卢播《阮籍铭》云："峨峨先生，天挺无欲。玄虚恬淡，混齐荣辱。荡涤秽累，婆娑止足。……颐神太素，简旷世局。澄之不清，混之不浊。翱翔区外，遗物度俗。隐处巨室，反真归朴。汪汪川原，迈迹图篆。"高贵乡公时，阮籍曾荐卢播。卢播铭文只是对阮籍本人作了评价。其他记载也没有涉及《咏怀》，干宝《晋纪总论》："故观阮籍之行，而觉礼教崩弛之所由。"戴逵《竹林七贤论》："阮籍字嗣宗，性乐酒，善啸，声闻百步，箕踞啸歌，酣放自若。"阮籍为文是有记录："魏朝封晋文王，固让，公卿皆当喻旨，司空郑冲等驰使从阮籍求其文，立待之。籍时在袁孝尼家所宿，醉扶而起书，几板为文，无所治定，乃写符信。"① 但以上材料都未提到阮籍写作过《咏怀》。最早提到阮籍《咏怀》的是晋宋间诗人颜延年，其《阮步兵》诗云："沉醉似埋照，寓辞类托讽。"这里"寓辞类托讽"显指阮籍的《咏怀》之作，李善于此注云："臧荣绪《晋书》曰，籍拜东平相，不以政事为务，沉醉日多。善属文论，初不苦思，率尔便成。作五言诗咏怀八十余篇，为世所重。"《文选》阮籍《咏怀》题下注云："颜延年曰，说者阮籍在晋文代，常虑祸患，故发此咏耳。"② 臧荣绪，南朝宋齐间文人。臧著所云不知其依

① 《太平御览》卷七一〇。
② 李善注《文选》卷二三，中华书局，1981年，第322页。

据，但不能说明阮籍《咏怀》在其生前已流行。唐房玄龄等撰《晋书·阮籍传》云："作《咏怀诗》八十篇，为世所重。"此处的"为世所重"者也只宜理解成"为后世所重"。

至于陈子昂的《感遇》诗，乃抒怀抱，并不用于流传。卢藏用《右拾遗陈子昂文集序》云："至于感激顿挫，微显阐幽，庶几见变化之朕，以接乎天人之际者，则《感遇》之篇存焉。"但他又感叹："恨不逢作者，不得列于诗人之什，悲夫！"① 这里就暗示卢给陈子昂集写序时，发现他写有《感遇》诗，大为赞叹，也为其不能传播深为惋惜。《旧唐书·文苑传中》云："子昂独苦节读书，尤善属文。初为《感遇诗》三十首，京兆司功王适见而惊曰：'此子必为天下文宗矣！'由是知名。"这一说法是靠不住的，陈沆《诗比兴笺》卷三"感遇诗三十八首"笺云："皆小说傅会无稽，止知取其生平有名之篇，傅以生平知遇之事，而不顾岁月情事之参差，无足深辨也。"② 另外，唐人选唐诗也可提供对独白诗在当时流传的参考。如李白《古风》，《河岳英灵集》中收有一首《咏怀》③。《河岳英灵集》所选唐诗，迄于天宝十二载，李白这首独白诗有可能因某种特殊机缘得以流传，《河岳英灵集》才有机会收入，待李阳冰编集时，遂据其性质编入《古风》组诗。还有一个迹象表明李白《古风》在当时未能传播，《河岳英灵集》收有贺兰进明的《古意》二章、《行路难》五首，殷璠评曰："员外好古博雅，经籍满腹，其所著述一百余家，颇究天人之际。又有古诗八十首，大体符于阮公，又《行路难》五首，并多新兴。"贺兰进明，开元十六年（728）进士及第，这里提到的两类诗，似为独白，在殷璠编集时，这两类独白诗已在一定范围内流传。而殷璠又认为古诗八十首跟阮籍《咏怀》相似。如果李白《古风》已进入传播，则殷璠也会将之与阮籍相比。至五代《才调集》，选李白诗二十八首，其中有《古风》三首，可见李白《古风》这时已以组诗形式在流传。唐人选唐诗中，赠送之诗越到后来越多，这与诗歌功能进一步扩展有关。于是就以流传之诗为入选之主要对象。

下面两则材料可以帮助我们理解独白诗的写作和流传情况。一则是陶渊明写作《饮酒》的过程，据陶渊明《饮酒诗二十首》序："余闲居寡欢，兼比夜已长，偶有名酒，无夕不饮，顾影独尽，忽焉复醉。既醉之后，辄题数句自娱。纸

① 《全唐文》卷二三八，上海古籍出版社，1990年，第1061页。
② 陈沆《诗比兴笺》，上海古籍出版社，1981年，第98页。
③ 傅璇琮编撰《唐人选唐诗新编》，陕西人民教育出版社，1996年。

墨遂多，辞无诠次，聊命故人书之，以为欢笑尔。"① 这则材料传达出如下信息：其一，《饮酒》诗创作当下是独白，因"闲居寡欢"，故写诗"自娱"；其二，这组诗初无题目，题目是在一类诗完成后加上去的，题目与内容关系不大，不必篇篇有酒，"饮酒"是指写诗时的状态；其三，"辞无诠次"不是指一首诗语无伦次，而是指诗与诗之间没有内在的逻辑关系，歌咏对象不一，内容杂乱，形式也是长短不拘；其四，"聊命故人书之，以为欢笑尔"。至此编集之时，此组独白诗才开始传播，将内心的对话转化为与他人对话，不管"故人"能否领会诗意。第二则材料见于李白《泽畔吟序》，序云："崔公忠愤义烈，形于清辞。恸哭泽畔，哀形翰墨。犹《风》《雅》之什，闻之者无罪，睹之者作镜。书所感遇，总二十章，名之曰《泽畔吟》。惧奸臣之猜，常韬之于竹简；酷吏将至，则藏之于名山。前后数四，蠹伤卷轴。观其逸气顿挫，英风激扬，横波遗流，腾薄万古。至于微而彰，婉而丽，悲不自我，兴成他人，岂不云怨者之流乎？余览之怆然，掩卷挥涕，为之序云。"② 这则材料告诉人们如下事实：其一，崔公《泽畔吟》是独白之作，此前未能传播；其二，独白而未传播原因是畏惧奸臣酷吏，故极力收藏，不让人知道。但又要将冤屈在将来晓之于世，故藏之名山以传后世；其三，这是一组诗，总二十章，可见非一时一地所成；其四，李白偶见《泽畔吟》诗，同病相怜，并为之作序，诗由独白而转为对话。

　　以上两则材料虽为个案，但道出了独白诗性质的某些共性。其间独白诗的传播时间，没有定规，我们今天能见到的独白诗肯定都经历了由独白向非独白转换的过程，但必然中有许多偶然性。从创作的用途看，独白诗因其不用于传播，故大多不影响当时，而在其后发生影响。

二

　　独白诗的产生与诗人的性格和际遇有相当大的联系。独白诗常常产生于诗人情绪震荡、心灵躁动不安之时，他们以诗为手段，抒写内心的痛楚，坚定自我人

---

① 逯钦立校注《陶渊明集》，中华书局，1982 年，第 86—87 页。
② 王琦注《李太白全集》，中华书局，1977 年，第 1288—1289 页。

格的信心，表达对时局的担忧和对政治的评价。但从诗歌发展史来看，独白诗传统的形成，可以在中国文化积淀、文人的思想及其生存状态、价值取向中找到原因。

（一）"诗言志"的诗学传统

早期的诗学理论就存在两种倾向：第一，把写诗当成抒发自我情感的工具，可以不与他人发生关系，这是"诗言志"的传统。《尚书·尧典》云："诗言志。"诗是用来表达人的志意的，《诗序》则云："诗者，志之所之也，在心为志，发言为诗。"孔颖达在《毛诗正义》中作了进一步的阐释："诗者，人志意之所之适也，虽有所适，犹未发口，蕴藏在心，谓之为志，发见于言，乃名为诗。言作诗者，所以舒心志愤懑，而卒成于歌咏。"正因为诗是抒发蕴藏在心的内容，故其作意不必明晓他人。这样，有些诗就不易探明其旨了。孟子时，已有不能确解其诗者，因而《孟子·万章上》在讨论解诗方法时，提出"以意逆志"："故说诗者，不以文害辞，不以辞害意。以意逆志，是为得之。"只能用自己的志意去推测作诗者的志意了。第二，诗的写作在社会关系中发生效用。作诗主要是对社会承担责任，《诗经》中多处表述了作诗的用心，不再是言志，而在于揭露、讽刺、警示。《魏风·葛屦》："维是褊心，是以为刺。"《小雅·节南山》："家父作诵，以究王讻。"《小雅·巷伯》："寺人孟子，作为此诗。凡百君子，敬而听之。"孔子将诗的社会功能归结为四点，《论语·阳货》："诗可以兴，可以观，可以群，可以怨。"在诗学理论阐释中，人们通常比较重视后者，而忽视了前者。

诗言志的传统，使人们淡化了诗的交流要求。作为文学的品种，诗和赋的产生在用途上似乎有了不同的分工，左思《三都赋序》云："发言为诗者，咏其所志也；升高能赋者，颂其所见也。"诗为言志之用，故不必进入流通领域。而赋则不然，赋是写给人看的："美物者贵依其本，赞事者宜本其实；匪本匪实，览者奚信？"赋中所写之物而且要让人相信，所以左思创作《三都赋》，其原则就是"信"，"余既思摹《二京》而赋三都，其山川城邑，则稽之地图；其鸟兽草木，则验之方志；风谣歌舞，各附其俗；魁梧长者，莫非其旧"。

（二）知识层的孤独感受

中国知识分子很重视自我独立的人格，《周易》"大过"《象》曰："君子以独立不惧，遁世无闷。"《老子》云："俗人昭昭，我独昏昏；俗人察察，我独闷闷。"《庄子·在宥第十一》则云："独往独来，是谓独有。独有之人，是谓至贵。"《让王第二十八》："独乐其志，不事于世。"他们以自己的思维习惯来理解这个社会的奇异现象，《史记》卷一二七《日者列传》载，宋忠和贾谊问善卜者司马季主："今何居之卑？何行之污？"季主答曰："而贤者亦不与不肖者同列。故君子处卑隐以辟众，自匿以辟伦。"这里实在是借卜者之口讲出君子的清高拔俗。这样导致了个体与社会对立，也改变着他们的生存方式，或远离尘世，《晋书·张载传》附张协传云："协遂弃绝人事，屏居草泽，守道不竞，以属咏自娱。"或佯狂乖僻，《世说新语》刘孝标注引《魏氏春秋》云："阮籍常率意独驾，不由径路，车迹所穷，辄恸哭而反。"

知识分子的孤独感是他们自身都难以承受的，他们需要别人的理解和支撑，但他们总是担心别人不能理解，感叹生活中缺少知音，《诗经·王风·黍离》云："知我者，谓我心忧；不知我者，谓我何求？"司马迁《报任安书》云："动而见尤，欲益反损，是以抑郁，而无谁语，谚曰：'谁为为之？孰令听之！'盖钟子期死，伯牙终身不复鼓琴。何则？士为知己者用，女为悦己者容。""然此可为智者道，难为俗人言也。"《文心雕龙·知音》阐述了知音的难得，尽管谈的是艺文之事，却道出了知识分子的生存状态："知音其难哉！音实难知，知实难逢，逢其知音，千载其一乎！夫古来知音，多贱同而思古。"他们只能在过去的历史中找到自己的同志，这使中国文化也带有了明显的复古倾向。

既然能为知己者道，难为俗人言；既然生活中难逢知己，那么情感的表述只能付之于独白了。《诗经·考盘》云"独寐寤言""独寐寤歌"。《九章·抽思》："心郁郁之忧思兮，独永叹乎增伤。思蹇产之不释兮，曼遭夜之方长。"曹丕《燕歌行》："谁能怀忧独不叹，展诗清歌聊自宽。"阮籍《咏怀》其一："徘徊将何见，忧思独伤心。"其二十四："殷忧令心结，怵惕常若惊。"交流是人的本能要求，当这种本能受到压制时，会产生很大痛苦。《咏怀》其十四："感物怀殷忧，悄悄令心悲。多言焉所告？繁辞将诉谁？"虽有气味相投者，由于种种莫名其妙的阻隔，亦未必能如愿交流。《咏怀》其十八："悦怿未交接，晤言用感伤。"孤独感触处可知。《咏怀》其三十四："临觞多哀楚，思我故时人。对酒不能言，凄怆怀酸辛。原耕东皋阳，谁与守其真。"其三十七："挥涕怀哀伤，辛酸谁语哉。"甚至表现出对世俗的鄙视和无望，《离骚》说得十分具体："謇吾法夫前修兮，非世俗之所服"，"众如嫉余之蛾眉兮，谣诼谓余以善淫"，"民生各有所乐兮，余独好修以为常!"更多情况下，知识层由无助转向内省，他们重视对自我意识经验和举止行为的体察和反思，体现出明显的私人化倾向和个性特征。

（三）忧时畏谗的自我体验

"忧时"是知识分子忧患意识的具体体现。《离骚》就是一个知识分子"忧时"的内心独白："惟草木之零落兮，恐美人之迟暮。不抚壮而弃秽兮，何不改乎此度？乘骐骥以驰骋兮，来吾道夫先路。"陈子昂《感遇诗》亦云："圣人秘元命，惧世乱其真。"

其实，"忧时"是一个十分敏感的话题，因为不忧时者大有人在，饱食终日无所用心者有之，贪图私利出卖民族利益者有之，他们不忧时，甚至嫉恨忧时者，他们组织力量中伤"君子"，《诗经·邶风·柏舟》："耿耿不寐，如有隐忧"，"忧心悄悄，愠于群小"。隐忧即来自群小的"谗言"。《诗经》中常把这种悲哀放置在特殊的场景之中："寤寐"之时，《陈风·泽陂》："有美一人，伤如之何。寤寐无为，涕泗滂沱"，"寤寐无力，中心悁悁"，"寤寐无为，辗转伏枕"。尽管以爱情为背景，还是表现出某一阶层的忧虑失望的心态。许多独白的诗正产生于"忧谗畏讥"，司马迁《史记·屈贾列传》云："屈平疾王听之不聪也，谗谄之蔽明也，邪曲之害公也，方正之不容也，故忧愁幽思而作《离骚》"，"信而见疑，忠而被谤，能无怨乎？屈平之作《离骚》，盖自怨生也"。《文选》"夜中不能寐"注："嗣宗身仕乱朝，常恐罹谤遇祸，因兹发咏，故每有忧生之嗟。"《咏怀》其三十三："终身履薄冰，谁知我心焦？"联系阮籍的行为，更能理解阮籍在诗中的忧惧，嵇康《与山巨源绝交书》表扬阮籍"口不论人过，吾每师之，而未能及。至性过人，与物无伤"。李康《家诫》云，魏帝称"天下之至慎者，其唯阮嗣宗乎？每与之言，言皆玄远，而未尝评论时事，臧否人物。可谓至慎乎"。阮籍的真面目世人不知，他把"真我"写入他的《咏怀》中，写诗成了其抒写情感、评论时事、臧否人物的排泄孔道。

（四）情绪世界的自我描述

独白诗不需要把信息传递给读者，也不需要读者的介入，是一种自言自语，创作是个性化、私人化的行为。正因为是自我的展示，又是自我的欣赏，故在写作中多心灵对话，当然他会设置不同角色作为潜在对话的对象。《离骚》是非常典型的情感世界自我描述的抒情诗，全诗三大段，第一段总述己志，第二段设置一位爱护并劝慰自己的角色女嬃。实际上"女嬃"及下文的"灵氛""巫咸"都是由"我"分裂出的角色，诗人通过"此我"与"彼我"的对话，写出内心的矛盾。从女嬃的话引入叩天阍、求下女，极写己之不见容于君，不获知于世。第三段中则设置"灵氛""巫咸"与自己对话：灵氛认为楚国党人不辨贤愚，劝其去国远逝；巫咸则举前世之事为例，劝其姑待时贤明主。"我"坚持楚不可留。但当升天远逝时，"仆夫悲余马怀兮，蜷局顾而不行"，欲去而不忍。屈原此时内心很矛盾，会有种种设想，是随波逐流，屈心抑志？还是好修信芳，清白死直？是去？还是留？都是"我"在选择。

正因为是情绪的自我描述，也没有交流的欲望，故写作方法上也是我行我素，并不注意公共模式和贵族文化需求，不追逐主流话语，这反而造成了诗歌风格的独创性。陶渊明的独白诗的背景就是《归去来兮辞》中描述的："引壶觞以自酌，眄庭柯以怡颜。倚南窗以寄傲，审容膝之易安。园日涉以成趣，门虽设而常关。策扶老以流憩，时矫首而遐观。云无心而出岫，鸟倦飞而知还。景翳翳以将入，抚孤松而盘桓。"行为的个性化、私人化，体现在诗歌创作中："自酌""怡颜""寄傲""抚孤松"，俯仰之间，完全是自我情绪的表现。

情绪世界的自我描述表现了自我安慰和心理调节的功能。阮籍《咏怀》其二十六："荆棘被原野，群鸟飞翩翩。鸾鹥特栖宿，性命有自然。"其二十八："日月经天途，明暗不相仵。穷达自有常，得失又何求！""阴阳有变化，谁云沉不浮。"而《咏史》诗也注重作者心灵的描述，左思《咏史》："弱冠弄柔翰，卓荦观群书。著论准过秦，作赋拟子虚。边城苦鸣镝，羽檄飞京都。虽非甲胄士，畴昔览穰苴。长啸激清风，志若无东吴。铅刀贵一割，梦想骋良图。左眄澄江湘，右盼定羌胡。功成不受赏，长揖归田庐。"通篇借古人和史事自叙生平和志向。

三

独白诗和非独白诗在体式结构上区别不是很大。正因为独白是个体情感的自我交流，有很大的自由度，所以在体制上，可以是单篇，更多的是组诗；在写作时间上，组诗可以是写在某一具体时间，更多的是不同时间；在写作地点上，可以是同一地点，更多的是不同的地点；内容上因为是写给自己看的，不必十分明白清楚，可以含蓄隐晦；在空间上不受限制，纵谈古今，神话现实杂糅。这里对独白诗的体式结构作一些具体分析：

第一，常以组诗出现。通常是生前将某类无题的独白诗编定成一组诗，吴汝纶《古诗钞》卷二云："阮公虽云志在刺讥，文多隐避，要其八十一章决非一时之作，吾疑其总集平生所为诗，题为《咏怀》耳。"吴汝纶认为阮籍可能将平生诗歌创作收集整理时，题名为《咏怀》，这种情形有如上面分析过的陶渊明《饮酒》组诗成诗经过；或生后由他人将同类的诗编为一组诗，《瓯北诗话》云："《古风》五十九首非一时之作，年代先后亦无伦次，盖后人取其无题者汇为一卷耳。"也就是说李白《古风》可能为李阳冰将李白一类诗编排在一起而题的名称。这些诗歌没有及时进入流通，而是将一类诗积累到一个阶段，编排在一起，才公示于众。故在创作当下不可能产生多大影响，原因是人们不容易读到。

第二，常用古体写作。独白的体裁主要根据当时流行诗体和个人的诗体偏好，多数情况有复古的倾向，唐人爱用古体，包括使用乐府诗式，陈沆《诗比兴笺》客观上是一本系统研究独白诗的著作，其笺注对象都为古体，故其笺李商隐诗时，特别加了一个说明，"义山五七言律，多以男女遇合，寄托君臣，即《离骚》美人香草之意，此笺不及律诗，然举隅可以三反。"似乎李商隐是个例外。

第三，诗歌规模长短不一，这是由于非一时一地之作的原因。如阮籍《咏怀诗》八十二首，皆为五言诗，其中六句三首，八句七首，十句二十八首，十二句二十五首，十四句十二首，十六句五首，十八句二首。左思《咏史》八首皆为五言，其中十二句四首，十六句三首，二十句一首。陶渊明的组诗大多为独白诗，《归园田居五首》分别为二十句、十二句、八句、十六句、十句。《饮酒二十首》中，八句三首，十句十首，十二句四首，十四句一首，十六句一首，二十句一首。李白《古风》依王琦注《李太白全集》是五十九首，其中八句十三首，十句十八首，十二句十首，十四句十一首，十八句二首，二十二句二首，二十四句二首，三十二句一首。在上述诗式中，以十句诗为最多。作为独白诗，可能十句最适宜表达内心的辗转反侧和错综复杂的情绪，篇幅又比较适中。

独白除了体式上具有自己的特点，在表现手法上也有特色，历来诗评的评论，失之笼统，现作具体分析如下：

（一）随心顺意的跳跃结构

这种完全写心式的抒情方式没有时空的约束，会对我们正确理解诗意造成一定障碍。如阮籍《咏怀》，沈德潜云："阮公《咏怀》，反复零乱，寄兴无端。"《咏怀》其五："平生少年时，轻薄好弦歌。西游咸阳中，赵李轻相过。娱乐未终极，白日忽蹉跎。驱马复来归，反顾望三河。黄金百镒尽，资用常苦多。北临太行道，失路将如何？"李善注云："先言少年之日，志好弦歌，及乎岁晚旋归，路失财尽，同乎太行之子，当如之何乎？"这首诗在结构上具有跳跃性，要理解这首诗，重要的是解释"驱马复来归，反顾望三河"句。《魏晋南北朝文学史参考资料》指出，阮籍故乡为陈留，旧属三川郡，在河南之东，故自咸阳望陈留，概称三河。这样的解释非常正确，但其云："这二句言如今要回故乡了，回头看看故乡所在的三河之地。"① 这样解释与上面参用沈约、刘履说就产生矛盾。因咸阳在西，陈留在东，"驱马复来归"应指策马赴少年西游的咸阳，故"反顾望三河"，回头看看渐渐远去的故乡。"黄金"四句，言又去咸阳，资用殆尽，设想以后如临太行失路了怎么办？关于这首诗的旨意，并非如通行的解释所说是"自悔失身"，而是写内心的矛盾，亦《离骚》"忽临睨夫旧乡，仆夫悲余马怀兮"之意。一不小心，对这类诗的结构的解读就会出错。

组诗之间可能缺少内在的逻辑，甚至互为矛盾，陶渊明《杂诗十首》中，"丈夫志四海"和"忆我少壮时"在编排上是相邻的两首，前一首还表白自己满足于"缓带尽欢娱，起晚眠常早"，同时还嘲弄那些心情不能平和而满腹矛盾的人："孰若当世士，冰炭满怀抱。"后一首则回忆少年壮志："猛志逸四海，骞翮思远翥。"而感叹时不我待："荏苒岁月颓，此心稍已去；值欢无复娱，每每多忧虑。"这也说明组诗并非一时所作。昨日之心境并非今日之心境，人会因具体的情境不同而发生情绪的变化。

（二）隐晦其辞的话语体系

司马迁《太史公自序》云："夫《诗》《书》隐约者，欲遂其志之思也。""《诗》三百篇，大抵贤圣发愤之所为作也。此人皆意有所郁结，不得通其道也，故述往事，思来者。"《离骚》中的"求女"，表述的是诗人一时的自我情

---

① 《魏晋南北朝文学史参考资料》，中华书局，1980年，第178—180页。

绪，是情绪的形象化，"求女"究竟是在求什么？难以判明。阮籍《咏怀》其二："二妃游江滨，逍遥顺风翔。交甫怀环佩。婉娈有芬芳。猗靡情欢爱，千载不相忘。倾城迷下蔡，容好结中肠。感激生忧思，萱草树兰房。膏沐为谁施？其雨怨朝阳，如何金石交，一旦更离伤。"《列仙传》载，郑交甫于江汉之滨，遇江妃二女，见而悦之，不知其为神人。交甫下请其佩，二女遂手解其佩与交甫。交甫怀之，走数十步，视佩，则已不见，回顾二女，亦不见。这首诗所表述的意思不甚明朗，男性、女性角色在诗中转换也不分明。《文选》"夜中不能寐"注："虽志在刺讥，而文多隐避。百代之下，难以情测，故粗明大意，略其幽旨也。"许学夷《诗源辩体》卷四："嗣宗五言《咏怀》八十二首，中多比兴。体虽近古，然多以意见，为诗故不免有迹。其托旨太深，观者不能尽通其意。钟嵘其'言在耳目之内，情寄八荒之表'是也。"《文心雕龙·明诗》云："阮旨遥深。"《诗品》云："晋步兵阮籍：其源出于《小雅》。无雕虫之功。而《咏怀》之作，可以陶性灵，发幽思。言在耳目之内，情寄八荒之表。洋洋乎会于风雅，使人忘其鄙近，自致远大，颇多感慨之词。厥旨渊放，归趣难求。颜延年注解，怯言其志。"都在讲这类诗的话语体系的模糊，致使后人不能探明本旨。

　　作者有时是在故意隐藏其旨，陶渊明的《述酒》诗就是一个例证。据逯钦立的解释，《述酒》是一首哑谜式的刺世诗，是刺刘裕篡晋的。逯钦立并对《述酒》所蕴含的意思逐句作了解释，《述酒》题下原注："仪狄造，杜康润色之。"逯注："述酒，汤注：'晋元熙二年六月，刘裕废恭帝为零陵王。明年，以毒酒一罂授张祎，使鸩王。祎自饮而卒。继又令兵人逾垣进药，王不肯饮，遂掩杀之。此诗所为作，而以述酒名篇。'原注：'仪狄造，杜康润色之。'仪狄、杜康，古代善酿酒者，酒由仪狄造出，再由杜康润色。比喻桓玄篡位于前，刘裕润色于后，晋朝终于灭亡。为了篡位，桓玄曾鸩杀司马道子，刘裕曾鸩杀晋安帝，都是用毒酒完成篡夺。所以陶以述酒为题，以'仪狄造，杜康润色之'为题注。"此诗第一句"重离照南陆"，逯注："寓言东晋孝武帝在位。司马氏称典午，午在南，于八卦为离，东晋于西晋为重。又司马氏出于重黎，重黎，火正。《易经·说卦》：'离为火。'故此重离可以寓言东晋。又孝武帝小字昌明。《易经·说卦》：'离为火，为日。'重离，重日，即昌字，此并托言昌明在位。"这里详引逯注，意在说明要在隐晦其辞的话语体系中解释独白诗的原初意思非常困难，宋汤汉《陶靖节诗集注》是至为重要的发现①。独白诗话语体系的隐晦因时代背景和不同时代人的表述方法不同而有所变化,《李杜诗通》云:"太白《古风》,其篇富于子昂之《感遇》,俭于嗣宗之《咏怀》,其抒发性灵,寄托规讽,实相源流也。但嗣宗诗旨渊放,而文多隐避,归趣未易测求。子昂淘洗过洁,韵不及阮,而浑穆之象,尚多包含。太白六十篇中,非指言时事,即感伤己遭,循径而窥,又觉易尽。此则役于风气之递盛,不得不以才情相胜,宣泄见长。律之德制,未免言表系外,尚有可议;亦时会使然,非后贤果不及前哲也。"②

(三) 或隐或显的潜在对话

独白与对话正好相反,独白取消对话的语境,但独白常有一个或多个潜在对话的对象,只是有时这些对话对象的出现不太明朗。独白诗中潜在的对话对象,归纳起来有如下几种:

第一,"我"。这个"我"常由主体分裂出一个"另我",对话就在"我"与"另我"中展开,通常用来表现自我矛盾的心理状态。有时"我"会缺席,而由"另我"出现。李白《古风》十五:"燕昭延郭隗,遂筑黄金台。剧辛方赵至,邹衍复齐来。奈何青云士,弃我如尘埃。珠玉买歌笑,糟糠养贤才。方知黄鹤举,千里独徘徊。"对这首诗的角色可作如下理解,"另我"在引称历史,讲述道理,贤者皆能被用。"我"则感叹,自己虽怀才,却为人所轻,如之奈何?"另我"则云,古今不同,现在是不贤者得宠,贤者被轻视,你又何必喟叹?"我"此时大悟,方知飞翔千里的黄鹤,只能茕子无友独自徘徊。全诗"我"和"另我"同时出场,在自我的心灵进行对话,描述了作者当时很矛盾的心理状态。通常情况下,"我"和"另我"可能都是一个符号:带有标志性的名物。

第二,虚拟的人、物。心灵独白中出现的人物,有虚拟的一种类型,说得煞有介事,其实生活中并没有这个人或物。《离骚》云:"女嬃之婵媛兮,申申其詈予。""命灵氛为余占之。""女嬃""灵氛"只是用来展示内心矛盾,进行种种选择和结果的预设,在作品中常常被设置为"我"和"非我"两个相互对立的角色,并进行争斗和辩论,女嬃责备"我"不能与世俗沉浮,而"我"则力陈其

---

① 参见逯钦立校注《陶渊明集》,第 102 页。
② 转引自《唐诗汇评》,浙江教育出版社,1995 年,第 567 页。

非，"阽余身而危死兮，览余初其犹未悔。"这无非在展示他"心犹豫而狐疑"的心理状态。虚拟的对象又以神话传说中的人、物为多。阮籍《咏怀》其二："二妃游江滨，逍遥顺风翔。交甫怀环佩，婉娈有芬芳。"其二十二："谁言不可见，青鸟明我心。"《咏怀》其三十六："彷徨思亲友，倏忽复至冥。寄言东飞鸟，可用慰我情。"陶渊明《读山海经十三首》，大致为陶与《山海经》中人、物的对话：写三青鸟，"我欲因此鸟，具向王母言"；写夸父，"余迹寄邓林，功竟在身后"；写精卫，"同物既无虑，化去不复悔"；写槐江岭，"恨不及周穆，托乘一来游"。人在与虚拟人、物对话中，感受到一种自由和默契。

第三，理想的人物。这一类人物正和现实中的人物形成对比，阮籍《咏怀》其三十九歌颂壮士的气节："壮士何慷慨，志欲威八荒。驱车远行役，受命念自忘。良弓挟乌号，明甲有精光。临难不顾生，身死魂飞扬。岂为全躯士，效命争战场。忠为百世荣，义使令名彰。垂声谢后世，气节故有常。"临难赴死，可歌可泣；《咏怀》其十九赞颂佳人的风神："西方有佳人，皎若白日光。被服纤罗衣，左右佩双璜。修容耀姿美，顺风振微芳。登高眺所思，举袂当朝阳。寄颜云霄间，挥袖凌虚翔。飘飘恍惚中，流盼顾我傍。悦怿未交接，晤言用感伤。"出群的装束和迷人的风神，非世俗中人物可比，诗人以独白的方式写出心中的向往和精神的超越。

第四，历史事件和人物。这类人物常在诗人咏史中出场，而对话则有言外之意，阮籍《咏怀》其三十一"驾言发魏都"则"借战国之魏以喻曹氏"。《咏史》"荆轲饮燕市，酒酣气益震"则是"我"与历史人物之间的对话，表述"高眄邈四海，豪右何足陈"的看法。又"主父宦不达"诗历举主父偃、朱买臣、陈平、司马相如，得出"何世无奇才，遗之在草泽"的慨叹。白居易《官舍小亭闲望》："亭上独吟罢，眼前无事时。数峰太白雪，一卷陶潜诗。人心各自是，我是良在兹。""一卷陶潜诗"，就是作者与历史上的人物在诗歌领域的对话，而"数峰太白雪"则是诗人与自然进行的对话。

第五，"物"，多指外在的自然景物。阮籍《咏怀》其十八："瞻仰景山松，可以慰吾情。"松，成了人的精神的象征，故在瞻仰景山松的过程中，自我品质又得到进一步确认。李白《独坐敬亭山》："相看两不厌，惟有敬亭山。"写人和自然的对话并获得交流和满足。白居易《山中独吟》："人各有一癖，我癖在章句。万缘皆已消，此病独未去。每逢美风景，或对好亲故。高声咏一篇，恍若与神遇。自为江上客，半在山中住。有时新诗成，独上东岩路。身倚白石崖，手攀青桂树。狂吟惊林壑，猿鸟皆窥觑。恐为世所嗤，故就无人处。"详细描写了山中独吟，与自然融为一体的过程。这一自然的物象也包含禽鸟，这是诗学传统，在屈原那里禽鸟是和人共存的，人可以指使鸟去行动，《离骚》云："吾令鸩为媒兮，鸩告余以不好，雄鸩之鸣逝兮，余犹恶其佻巧。心犹豫而狐疑兮，欲自适而不可，凤皇既受诒兮，恐高辛之先我。"有寓言的性质，富有象征意味。阮籍《咏怀》其七十九："林中有奇鸟，自言是凤凰。清朝饮醴泉，日夕栖山冈。高鸣九州彻，延颈望八荒。适逢商风起，羽翼自摧藏。一去昆仑西。何时复回翔。但恨处非位，怆恨使心伤。"这里完全写鸟，实质上是人鸟之间对话，只是缺省了"人"，而人正是诗歌的作者。

第六，现实社会，包括潜在的现实人物，假想的敌对之人或物。由于作者的人生哲学和生存方式的支配，他不必面对真实的敌对之人物，而是在独白中完成对对方的批判，阮籍《咏怀》其六十七："洪生资制度，被服正有常。尊卑设次序，事物齐纪纲。容饰整颜色，磬折执圭璋。堂上置玄酒，室中盛稻粱。外厉贞素谈，户内灭芬芳。放口从衷出，复说道义方。委曲周旋仪，姿态愁我肠。"借对儒生的虚伪的刻画，批判名教。左思《咏史》："郁郁涧底松，离离山上苗。以彼径寸茎，荫此百尺条。世胄蹑高位，英俊沉下僚。地势使之然，由来非一朝。金张藉旧业，七叶珥汉貂。冯公岂不伟，白首不见招。"显然是批判不合理的门阀制度。

（四）朦胧暧昧的意象组合

独白诗的写作，多在两种状态中完成：一是对往昔的追忆，故易有因时空间隔而造成的模糊映像。我们注意到阮籍《咏怀》诗中出现的显示时间消逝的记录，这不是作者故作姿态，"平生少年时""昔闻东陵瓜""昔年十四五""昔余游大梁""壮年以时逝""少年学击刺""咄嗟行至老"，无一不是说明作者在作《咏怀》诗时，应在人生的后半期，从而也增加了作者的迁逝感，这在"一日复一夕，一夕复一朝""一日复一朝，一昏复一晨"的咏叹中也得到暗示。李商隐《锦瑟》就是写追忆中的感觉和情绪，"锦瑟无端五十弦，一弦一柱思华年。庄生晓梦迷蝴蝶，望帝春心托杜鹃。沧海月明珠有泪，蓝田日暖玉生烟。此情可待成追忆，只是当时已惘然。"借锦瑟起兴，思念流去的岁月，中间两联都是写追忆中的"惘然"，以四组意象叠合：梦迷蝴蝶、心托杜鹃、沧海珠泪、蓝田玉烟。而这些意象往往是朦胧暖昧的，其义在可解与不可解之间。

二是写内心的感觉，并以形象出之，故多想象和联想。阮籍《咏怀》中"孤鸿号外野，翔鸟鸣北林""绿水扬洪波，旷野莽茫茫。走兽交横驰，飞鸟相随翔"，这样的意象是用来写景，更是用来象征时局。张协《杂诗十首》"朝霞迎白日"，其中"轻风摧劲草，凝霜竦高木。密叶日夜疏，丛林森如束"，写秋冬景象，一般被解释为表示时光流逝，但从结句"岁暮怀百忧，将从季主卜"所表述的意思看，"轻风""劲草""凝霜""高木""密叶""夜疏""丛林"等意象配合"摧""竦""疏""束"等动词，具有了很浓的象征意味。

张九龄《杂诗五首》其一："孤桐亦胡为？百尺傍无枝。疏阴不自覆，修干欲何施？高冈地复迴，弱植风屡吹。凡鸟已相噪，凤皇安得知？"用孤桐和凤凰象征自我，以比兴描述自己的处境。《诗经·大雅·卷阿》："凤凰鸣矣，于彼高冈；梧桐生矣，于彼朝阳。"张九龄独白诗，多承《离骚》以来的比兴传统，其意象多香草美人，如"兰叶""桂华""美人""翠鸟""丹橘""凤凰""游女"，而"美人"的意象，在《感遇》中就出现了三次："草木有本心，何求美人折"，"美人何处所，孤客空悠悠"，"美人适异方，庭树含幽色"。

李商隐诗独白甚多，不独《无题》。李商隐在唐代诗人中是最善独白的，他常处于自言自语状态中，也最擅长把内心的情绪意象化。他常感叹与意中人仅能见面，不能交语，"扇裁月魄羞难掩，车走雷声语未通"（《无题·凤尾香罗薄几重》），"未容言语还分散，少得团圆足怨嗟"（《昨日》）。只能无奈地自慰："身无彩凤双飞翼，心有灵犀一点通。"（《无题·昨夜星辰昨夜风》）李商隐的诗难以准确把握其内容的象征意义，主要原因是他以独白的形式写诗，以朦胧的意象组合写出心灵的感受，他的独白诗不承载大众语境中的对话责任。

以上四点都是讲独白诗的含蓄的一面，但独白诗本质上是写给自己看的，并不受到流行话语的制约。既然是写给自己看的，不需要承担让别人读懂的责任，无论怎么写，只要自己知道是在说什么就行了。当后来的阅读者深感旨意不明，读得云里雾里时，作者创作时却非常清楚。这是问题的一方面。而另一方面，独白是作者的私人行为，带有隐秘性，所以能尽情地抨击时弊和倾吐受压抑的悲愤。无论是哪一种情况，都不能违背诗的规定性，因为所有的情感都是以"诗"为载体的。李白《古风》二十四："大车扬飞尘，亭午暗阡陌。中贵多黄金，连云开甲宅。路逢斗鸡者，冠盖何辉赫。鼻息干虹霓，行人皆怵惕。世无洗耳翁，谁知尧与跖？"二十五："世道日交丧，浇风散淳源。不采芳桂枝，反栖恶木根。"三十六："良宝终见弃，徒劳三献君。直木忌先伐，芳兰哀自焚。"三十八："孤兰生幽园，众草共芜没。"都不只是字面的意思，李白是在用诗的形式批判现实。

四

在中国诗歌发展史和中国诗学史上，独白诗尚未引起当代研究者的充分关注，甚至还是一个空白。偶有文章触及独白，只是举例而已，零乱而无统绪，也会有种种误解。独白是贯穿中国诗歌史和诗学史中的重要概念，以此为视窗，可以完成一部中国独白诗史。这里想对与"独白"诗相关联的几个问题做进一步的阐述。

（一）"独白"与"非独白"的界阈

"独白"与"非独白"之间既有相对的独立性，但在一定的条件下也可以转换。第一，空间转换。当诗人所处的环境中缺少知音，或者不利于其直接发表思想和抒发感情，在苦闷孤独的情况下，只能采用独白的方式。但换一场合，空间发生了改变，他也许就不必采取独白的方式，而去寻求情感的交流和对话。《陈子昂别传》："建安谢绝之，乃署以军曹，子昂知不合，因钳默下列，但兼掌书记而已，因登蓟北楼，感昔乐生燕昭之事，赋诗数首，乃怆然流涕而歌曰：'前不见古人，后不见来者。念天地之悠悠，独怆然而涕下。'时人莫之知也。"① 陈子昂有《蓟丘览古赠卢居士藏用七首》，其诗序云："乃慨然仰叹，忆昔乐生、邹子，群贤之游盛矣。因登蓟丘，作七诗以志之，寄终南卢居士。"陈子昂登蓟丘览古而作诗，这在蓟北无人与之交流对话，是独白诗，但一经寄赠，原本的独白诗就成了非独白诗，事实上已在与他人进行交流和对话。寄赠是实现对话的重要手段，刘禹锡《冬日晨兴寄乐天》云："独吟谁应和，须寄洛阳城。"

第二，时序迁延。诗人创作时，只能以"独白"的形式出现，但随时间的推

---

① 卢藏用《陈子昂别传》，《全唐文》卷二三八，上海古籍出版社，1990 年，第 1065 页。

延，甲时间只能"独白"的，乙时间即可交流对话。这有两种情况：一是诗作的传播性质在作者生前就已改变，比如在一个相对的时间里，由于外部的压力或事态的不明朗，只能"独白"，但过了一段时间，外部的条件变化了，不明朗的事情明朗了，诗作可以交流或有条件地交流，"独白"之诗就变成"非独白"诗了。特别是在偶然情况下，遇到知音，如李白读到崔公《泽畔吟》感慨系之；或在临终之时将诗稿编辑的事情托付给朋友，"独白"诗就变成"非独白"诗了。二是作者去世后，"独白"诗才得到传播，可能大多数"独白"诗就是这样传播下来的。

（二）独白意义的确立及其解读

这也是研究独白诗时常常受到困扰的问题。独白诗有其现实意义，但多数情况下，要结合作者所处的时代、个人遭际来确定，要进行一番探赜索隐的工作，有时难免会出现"作者未必然而读者未必不然"的推测。魏源《诗比兴笺》序云："即其比兴一端，能使汉魏六朝初唐骚人墨客，勃郁幽芬于情文缭绕之间，古今诗境之奥阼，固有深微于可解不可解之际者乎？"独白诗的解读常常需要知人论世、以意逆志，因为其作意不能在诗题中得到揭示或暗示。李商隐的《无题》，或用诗首句的两个字为题，本身就在告诉读者，由于无必要或不方便，作者有意省去了可能起到提醒读者的题目，诗产生于自我情绪的排遣。独白诗缺少写作的具体背景，其作意难明，黄节在《阮步兵咏怀诗注》自叙中云："故余于其事不敢妄附，于其志则务欲求明，不如是，不足以感发人也。往往中夜勤求未得，则若有鬼神来告，豁然而通。余是以穷老益力，虽心藏积疾，不遑告劳者，为古人也，为今人也。夫古人往矣，以余之渺思上接千载，是恶能无失？"① 可谓苦衷之言。

独白诗的研究应特别重视写作当下的状况，重视语境和传播两个环节。独白诗有如闺中少妇的自言自语，不管讲出如何生动感人、情思婉转的话语，与外界并没有关系。只有等到"此刻"以后，时间或长或短，诗公开发表了，有了一定的读者，独白诗才会发挥社会效应。这一意识历来为人们所忽视。有人认为这类诗用了比兴手法，以实现谲谏之义，或作情感交流，这就是误解。因为独白诗不

---

① 黄节注《阮步兵咏怀诗注》，人民文学出版社，1984年，第4页。

用于传播，只是自身行为的内省和自我情感的抒发。因此独白诗最大的贡献在于使诗歌在情感描写上更为细腻、心灵的体验更为深邃。

（三）独白诗的研究

从学术史来看，古人没有提出独白诗的范畴，也没有以独白名篇的学术专著，但清人陈沆《诗比兴笺》客观上是一本系统研究独白诗的著作。书中重点分析的作品可为两类：一类为乐府诗，一类为抒情组诗。卷一中"汉鼓吹词铙歌十八首"至"乐府古辞七篇"，多为集体创作，题名者也有真伪问题，如枚乘、李陵的五言诗。卷一孔融而下至卷四的李商隐都是个人的作品。卷一中孔融《杂诗》一首、曹操《短歌行》一首、曹植诗三首、繁钦《定情诗》一首。卷二中阮籍《咏怀诗》三十八首、傅玄诗七首、潘岳诗二首、刘琨诗二首、郭璞《游仙诗》九首、陶渊明诗三十五首、鲍照《行路难》八首、江淹诗十四首、庾信诗十八首。卷三中陈子昂诗四十三首、张九龄诗二十三首、王维诗三首、储光羲五首、王昌龄一首、高适诗一首、李白诗五十七首、杜甫诗四十三首、韦应物诗十七首。卷四中韩愈诗五十八首、李贺诗二十首、李商隐诗一首。关于李商隐诗，陈沆说："义山五七言律，多以男女遇合，寄托君臣，即《离骚》美人香草之意，此笺不及律诗，然举隅可以三反。"我们再看其所笺之诗类型，绝大多数是独白的组诗，阮籍的《咏怀》、郭璞的《游仙》、陶渊明的《拟古》九首《读山海经》十二首《读史述》十二章、鲍照的《行路难》、江淹《效古》《清诗》、庾信《咏怀》十八首、陈子昂《感遇》三十八首、张九龄《感遇》十二首《杂诗》五首、李白《古风》《拟古》、杜甫《遣兴》、韦应物《拟古》《杂体》、韩愈《琴操》十篇《秋怀诗》十一首《杂诗》四首，以上皆为组诗。

陈沆所笺个别赠诗，似与本文"独白"概念不符，如刘琨《重赠卢谌》、陶渊明《和郭主簿》、李白《梦游天姥吟留别》、杜甫《同诸公登慈恩寺塔》《寄韩谏议注》、韩愈《赠崔立之》《南山有高树行赠李宗闵》《河之水二章寄予侄老成》《陆浑山火和皇甫湜用其韵》等九首，陈沆认为这些诗有比兴寄托，即可以成为"诗比兴笺"的对象；如用本文"独白诗"的概念来衡量，则上述诸诗不在"独白诗"的范围之中，原因于独白并不用于赠人寄人，更不会同赋。

陈沆在笺注中，能结合作者的生平际遇、社会的变化代谢来推求其作诗的用心，如解释阮籍《咏怀》，他认为其诗不能以颜延年"每有忧生之嗟"来概括，指出："阮公凭临广武，啸傲苏门，远迹曹爽，洁身懿师。其诗愤怀禅代，凭吊今古，盖仁人志士之发愤焉，岂直忧生之嗟而已哉！特寄托至深，立言有体，比兴于赋颂，奥诘达其渺思。"将《咏怀》诗分为三类重新排列次序：悼宗国将亡、刺权奸以戒后世、述己志或忧时或自励。同是独白，亦有分别，"诗有必笺而后明者，嗣宗《咏怀》、子昂《感遇》是也。有必选之而始善者，太白《古风》是也"。比如李白之诗，人们总以为其风格飘逸，浅易有余而含蕴不足，但经过笺释才理解其深义所在，"世诵李诗，惟取迈逸，才耀则情竭，气慓则志流，指事浅而易窥，摅臆径以伤尽，致使性情之比兴，掩于游仙之陈词。实末学之少别裁，非独武库之有利钝也"。而"西岳莲花山"和"郑客西入关"二首"皆遁世避乱之词，托之游仙也"。陈笺能从比兴入手，探求寓意，杜甫《佳人》诗，过去解释为有其人其事，非寓言寄托之语，陈沆指出："夫放臣弃妇，自古同情，守志贞居，君子所托，兄弟谓同朝之人，官高谓勋戚之属，如玉喻新进之猖狂，山泉明出处之清浊，摘花不插，膏沐谁容，竹柏天真，衡门招隐，此非寄托，未之前闻。"将杜甫此诗解释为有寄托，至少是一家之言。

　　唐代诗歌中"独白"现象普遍存在。松浦友久在《李白——诗歌及其内在心象》中写有一篇《独吟——心声之歌》[①] 已提到古代诗歌中的"独吟"的方式。但"独吟"这一概念不太准确，唐诗中出现过"独吟"，有时可能不是指写诗，而是吟诗，抑或指鸟的鸣叫，则吟诗既包括写诗，也包括吟诵他人的诗。还是用"独白"更能体现这一创作形态的本质。松浦友久说："赠给对方的诗，描写风景的诗，叙述事件的诗等等，都是分别通过特定的对象来吟咏自己的内心世界的；相反，独吟诗，一般都没有这种直接的对象。"用表现对象也难以区别"独白"与"非独白"，因为独白诗不受表现对象的限制，没有时空的局限。我认为只有从传播的角度结合创作当下情形来界定，"独白"与"非独白"的区别在于诗人当时写作的目的是"给别人看"还是"给自己看"。至于"独白"而不"给别人看"的原因是多方面的，大概最重要的一点是不宜"给别人看"。不过松浦友久以"独吟"来分析李白诗，确实丰富了人们对李白诗歌的认识。

　　系统研究中国诗歌独白现象，还有许多工作要做，比如对"独白"概念自身的探讨，力求对其表述更为精当；对中国诗歌中的独白诗钩稽整理，使之完整地

---

① 　松浦友久《李白——诗歌及其内在心象》，陕西人民出版社，1983 年，第 186 页。

呈现在诗歌史中；对独白诗在艺术上的表现特点进行分析，使人们更准确地去领略独白诗的魅力。这样的研究是有意义的，我们期待独白诗研究的深入开展。

（原刊于《中国社会科学》2003 年第 3 期）

作者简介：

戴伟华，1958 年 7 月出生，江苏泰州人，1982 年 1 月毕业于扬州师范学院（现扬州大学）中文系，获文学学士学位，并留校任教。1988 年在该校获硕士学位；1994—1997 年就读于扬州大学中国文化研究所，完成《唐代使府与文学研究》，获博士学位。2000 年 5 月调入华南师范大学，2017 年 7 月调入广州大学。现为广州大学人文学院教授，广东省社科研究基地"粤港澳大湾区语言服务与文化传承研究中心"学术委员会主任。省政府文史馆馆员，省优秀社会科学家、省"特支计划"宣传思想文化领军人才、省社科联顾问，广东省和广州市非物质文化遗产保护专家委员会委员，享受国务院特殊津贴专家。兼任中国唐代文学学会顾问、中国刘禹锡研究会会长。研究兴趣主要在唐代文史与中国诗学领域，先后主持国家社科基金项目 4 项，连续获得广东省政府哲学社会科学优秀成果一等奖 3 项，中国高校人文社科优秀成果奖 1 项，在《中国社会科学》等学术期刊发表专业论文近百篇，出版学术著作《唐方镇文职僚佐考》等 11 部。

风、风声、风刺以及《风》名的出现

马银琴

在中国文化中,"风"是一个内涵极为丰富的名词。它既可指自然之风,也可指风化之教;既被视为音声曲调,又被称为民歌民谣;既被视为圣王之遗化,又被当成主文而谲谏的讽刺与劝说。"风"字具有如此复杂的含义,可在甲骨文中,所有的"风"却是以"凤"字的面目出现的。而另一方面,《毛诗序》中又出现了内涵不同、所指各异的数量较多的风字。那么,这所指各异的"风"义究竟是如何形成的? 甲骨文中的"凤"究竟是"风"的初形,还是"假凤为之"?"凤"与"风"的分化可能发生在什么时期? 最初的自然之"风"如何成为音声曲调的代名词? 又如何进一步演变为"主文而谲谏"的进谏方式? 在言及《诗》之"六义""四始"时,《毛诗序》为什么会出现"主文而谲谏,言之者无罪,闻之者足以戒,故曰风",与"以一国之事系一人之本谓之风"这样两种貌似不同的解读? 带着这些问题,笔者试图从梳理"风"字字义的演化入手,揭开"风"之所以为"风"的原因。

一、从"凤"到"风"

在甲骨文中,有"凤"字而无"风"字。"凤"字写作" 𣎆𣎆𣎆𣎆𣎆 "等形,《甲骨文字典》解字云:"象头上有丛毛冠之鸟,殷人以为知时之神鸟,或加 𠙻(凡)、𠥓(兄)以表音。卜辞多借为风字。"字典编者认为,甲骨文中"凤"有二义,其一为"神鸟名",举"于帝史凤二犬"条为例;其二"借为风",举

"贞翌丙子其有凤（风）""其菁大凤（风）"以及"癸亥卜 🦌 贞今日亡大凤
（风）"作为例证①。说"凤"借为"风"可以理解，但以"神鸟名"解"于帝
史凤二犬"中的"凤"，却总是不能让人信从的。从《甲骨文合集》所收录的文
字来看，甲骨文中的"凤"，绝大部分都是作为"风"出现的，如：

> 王固曰：瞿（阴），雨。壬寅不雨，风。《合集》00685
> 丙子其中亡风，八月《合集》07369

意义比较不明确，被《甲骨文字典》释为"神鸟名"的"凤"，除了《字
典》所引例证之外，还有《合集》14226 条"燎帝史凤牛"与 20180 条的"帝凤
九豕"等②。出现在这里的"凤"，显然是作为受祭的对象出现的。这个作为祭
祀对象的"凤"，究竟应该是神鸟之"凤"，还是在人类生活中被时时感知的
"风"呢？温少峰、袁庭栋在《殷虚卜辞研究——科学技术篇》，对卜辞中的
"凤"作了细致的分类分析，包括"风向""风力与风况""风与田和乎风""风
与帝""风之预卜"五个方面，其中"风与帝"这个部分，就分析了卜辞中具有
神性的"凤"：

> 殷人对风虽有详细观察与记录的一面，但也有迷信的一面，这与对其他
> 天象变化的认识一样，认为有风无风是由上帝的旨意决定的。卜辞云：
> （290）贞：羽（翌）癸卯，帝其令凤（风）？（《合》一九五）
> （291）羽（翌）癸卯，帝不令凤（风）？夕星（雾）。（《乙》二四五二）
> 此二辞十分明白，殷人认为有风或无风均系上帝所"令"，亦即上帝所
> 赐予。这较之后世"大块噫气，其名为风"（《庄子·齐物论》）的认识，
> 当然是相当原始而迷信的认识。
> （292）于帝史（使）凤（风），二犬？（《遗》九三五）
> 此辞称风为"帝使"，即上帝所遣之风神，也就是《周礼·春官·大宗
> 伯》："以槱燎祀司中司命，飚师雨师"的"飚师"（飚，即古文凤字）。而

---

① 徐中舒主编《甲骨文字典》，四川辞书出版社，1989 年，第 428 页。
② 在《甲骨文合集释文》中，所有的"凤"均被隶写成了"风"。参胡厚宣主编《甲骨文合
　集释文》（全四册），中国社会科学出版社，1999 年。

"以櫎燎"之祀，亦与卜辞以'二犬'为牺牲的祭祀相类。

（293）贞：帝凤（风）？（《铁》二五七·二）

（294）辛未卜：帝凤（风）？不用，雨。（《佚》二二七）

（295）☑寅卜：帝凤（风），九犬？（《人》三〇三二）

以上三辞之"帝"，并非上帝之义，而应读禘祭之"禘"，卜问是否用禘祭祭风也，其牺牲皆用犬，与后世磔犬祭风之记载相同。①

由此可知，即使是在具有神性特征的"帝凤""帝使凤"这样的语义环境中，其中的"凤"仍然无一例外地被解作"风"。因此，罗振玉"考卜辞中诸'凤'字，谊均为'风'"的判断是可信的②。

除此之外，在甲骨学界，罗振玉在上述说法之后提出的甲骨文"假'凤'为'风'矣"的说法也在学界产生了深刻的影响。上文引述温少峰、袁庭栋对"帝与风"的讨论，也是建立在这个认识的基础上的："甲骨文之凤字作𡻐，或加凡作声符为𩿧，借为'风'字。此当与古人关于凤鸟飞翔、鼓翅成风的认识有关。《庄子·逍遥游》中的'鹏'，也即是凤，它能'怒而飞，抟扶摇而上者九万里'，正是凤飞成风的意思。《韩诗外传》载天老对黄帝之言，谓凤'延颈奋翼，五彩备明，举动八风，气应时雨'，都可以与甲文中借凤为风相互证。'"③ 但是，正如过常宝先生所指出的，"风作为一种常见的自然现象，与人们的日常生活有密切的联系，它不可能不立即被人类意识把握"④，因此，人们不去创造一个专门的字来表示"风"，却要"借"指向神鸟的"凤"字来指事的做法，总有一些扞格难通的地方。尤其是作为神鸟的"凤"较自然之风更难为人所把握的前提下，人们为什么还要先造一个指代神鸟的"凤"字，然后再假"凤"为"风"呢？因此，说甲骨文中的"凤"是"假'凤'为'风'"的说法，总有一些让人难以让人信服的问题。

---

① 温少峰、袁庭栋《殷墟卜辞研究——科学技术篇》，四川社会科学院出版社，1983 年，第 158—159 页。

② 罗振玉《增订殷虚书契考释》，宋振豪、段志洪主编《甲骨文献集成》第七册，四川大学出版社，2001 年，第 106 页。

③ 温少峰、袁庭栋《殷墟卜辞研究——科学技术篇》，四川社会科学院出版社，1983 年，第 155 页。

④ 过常宝《"风"义流变考》，《北京师范大学学报》1998 年第 3 期。

　　实际上，在甲骨学界，也并非所有的学者都支持甲骨文"假'凤'为'风'"的说法。徐协贞在《殷契通释》中说："鳳或作鳳片，古风字。鳳后世仍为凤。罗氏云：'风古借凤为之。'语似倒置。"① 从这段话可知，徐协贞已经怀疑"风古借凤为之"的说法很可能是一种颠倒事实的说法。从造字的顺序以及字义演变的规律而言，与人们生活密切关联的事物总是首先为人所把握，因此，与作为神鸟的"凤"相比，自然之风应该也更容易为人类意识所把握，借"凤"以指"风"，从根本上而言，并不符合文字演变的规律。而从甲骨文中"凤"皆宜作"风"的情况来看，"凤"之为"风"，或许并非前人所争论的借音或者借义，而是风字的初形就是"鳳"，只是在后世的文字分化中，随着"后起本字""風"的出现，"鳳"字才成为凤凰之专名。古人造字，以象形指事为主，风作为可感而无形之物，很难用有形之物来表达。而飞鸟振翅而风生，以现实中并不存在而具有鸟形的"凤"字指代和飞鸟一样飘飞于空中的"风"，也正符合古人相似联想的思维特点。

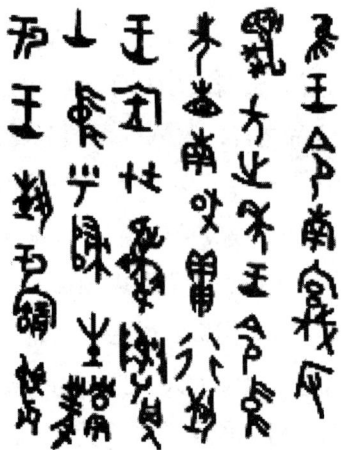

　　那么，"风"与"凤"的分化究竟出现在什么时期呢？根据甲骨文研究者的成果，在第一期卜辞中，"风"多写作"鳳""鳳"等形，自第二期以后，大量出现了加"片"为偏旁的"鳳""鳳"等形②。在目前可考的甲骨文、金文资料中，尚没有发现从"虫"的"風"字。之后，在相传为周昭王时期的《中鼎》铭文中，出现了一个与甲骨文中的"鳳"指向不同的"鳳"字：

　　佳王令南宫伐反虎方之年，王令中先，省南国贯行執王居在夔邝山。中乎归生凤于王，執于宝彝。

---

①　徐协贞《殷契通释》云："鳳或作鳳，古风字。鳳后世仍为凤。罗氏云：'风古借凤为之。'语似倒置。"见宋振豪、段志洪主编《甲骨文献集成》第三十四册，四川大学出版社，2001年，第299页。

②　谢信一《甲骨文中的凤、颮、飀说》，宋振豪、段志洪主编《甲骨文献集成》第十二册，282页。

铭文中的"![凤字]"字，大多数学者都释为"凤"。郭沫若在《两周金文辞大系》中说："此与卜辞風字之作![符号]者同，乃从奇鸟形，凡声，本即凤字，卜辞假为風。本铭言'生凤'，自是活物。"① 则此"生凤"，即活凤凰。马承源主编《商周青铜器铭文选》中，注"生凤"云："当系周人称凤的方言。"② 亦以凤指凤凰。由此可知，虽然在卜辞中出现的"凤"均宜作"風"，但出现在西周早期金文中的"凤"，则已经明确地指向了具有神性的凤鸟。而在《逸周书·王会解》中就有"西申以凤鸟，凤鸟者，戴仁抱义掖信，归有德"的记载。结合历史上流传的"文王之时，凤鸣于岐山"的传说，具有神性的"凤鸟"的出现，至晚在周文王之前。换句话说，在卜辞中指向自然之风的"凤"字，在西周建立之前，就已经具备了指代神性凤鸟的涵义。也就是说，"凤"与"風"的分化，很可能就发生在商代晚期商周文化的冲突与变革时期。《山海经·南山经》载凤凰云："丹穴之山，其上多金玉。丹水出焉，而南流注于渤海。有鸟焉，其状如鸡，五采而文，名曰凤皇，首文曰德，翼文曰义，背文曰礼，膺文曰仁，腹文曰信。是鸟也，饮食自然，自歌自舞，见则天下安宁。"③ 这一段文字，最为显著的特点就是把"凤"与"德""义""礼""仁""信"统为一体，因此表现出了非常鲜明的周礼文化的特点。由此而言，明确的"凤"崇拜，极有可能是古远的鸟崇拜文化在商周之际的文化斗争中才真正形成的。

也许就是在"凤"字越来越明晰地指向"凤鸟"的过程中，作为"后起本字"的"風"字产生出来。《说文解字》收录了"![風字]"字，许慎说："八風也。东方曰明庶風，东南曰清明風，南方曰景風，西南曰凉風，西方曰阊阖風，西北曰不周風，北方曰广莫風，东北曰融風。从虫凡声。風动虫生，故虫八日而化。凡風之属皆从風。![古文風]，古文風。"④ 对于"風"字为何从"虫"，语言文字学家进行了多方面的讨论。但是，正如曾宪通所指出的"'風'字何以从虫？其古文何以从日？这个问题，自许慎以来似乎还没有人说得清楚，尽管有人怀疑《说文》'風动虫生，故虫八日而化'的解释，想从先秦文字中找到反证，可是长沙楚帛

---

① 郭沫若《两周金文辞大系》，《郭沫若全集·考古编》（第八卷），科学出版社，2002年，第53—54页。
② 马承源主编《商周青铜器铭文选》第三卷，文物出版社，1988年，第76页。
③ 袁珂《山海经校注》，上海古籍出版社，1980年，第16页。
④ 许慎撰，徐铉校定《说文解字》，中华书局，2013年，第286页。

书中却偏偏出了个从虫凡声的''字,可见《说文》所收的篆文确有所本。问题在于对风字的结构如何解释。"① 实际上,除了"从虫凡声"的""字之外,新出竹简中的"风"字,也有写作""的,与《说文》近似。而除此之外,《汗简》中还收录有""""诸形,并无"虫"形。因此,在诸家围绕"风字何以从虫"的种种争议之外②,林义光的看法非常值得关注。在《文源》一书中,他就对许慎风字"从虫"的说法提出了质疑:"从虫于风义不切。象形,非虫字。(犹曰象兒头田象木果之列——小字注)象穴。(小篆作,亦穴形——小字注)象风出穴形。(宋玉《风赋》云:"空穴来风。"——小字注)与(云)(雷)同意,凡声。"③ 林义光敏锐地发现了""""诸形与云气之间的关联,除去表声的"凡"形,这两个"风"字的构形,前者象云气之出穴,后者象见日而气升,《说文》收录的这两个"风"字形体,实质上都表达了"风"与"气"的密切关联。而《汗简》中保存的""""诸形,以及作为风字异形的"凨"字,也都传达出了古人对"风"作为流动气体这一特质的认识与把握。由此而言,《庄子·齐物论》中"大块噫气,其名为风"的解释,早就阐明了"风"字的造字之义。

二、风声与音律

　　《庄子·齐物论》不仅借子綦之口给风定名,而且对各种不同形态的"风"作了详细的描述:

　　　　夫大块噫气,其名为风。是唯无作,作则万窍怒呺。而独不闻之翏翏乎?山林之畏佳,大木百围之窍穴,似鼻,似口,似耳,似枅,似圈,似臼,似洼者,似污者;激者,謞者,叱者,吸者,叫者,譹者,宎者,咬者,前者唱于而随者唱喁。泠风则小和,飘风则大和,厉风济则众窍为虚。

---

①　曾宪通《楚文字释丛(五则)》,《中山大学学报》1996 年第 3 期。
②　参见尹荣方《"风"字和它的文化蕴意解析》(《汉字文化》2011 年第 4 期)、陆忠发《"风(風)"从"虫"辨》(《杭州师范大学学报》2015 年第 1 期)。
③　林义光《文源》,中西书局,2012 年,第 109 页。

而独不见之调调、之刁刁乎?①

所谓"大块",即指大地。"大块噫气,其名曰风",意即"大地吐出的气,就是风"。这一段文字中对于"万窍怒吗"的描述,突出地体现了风、土气、孔穴以及音声的密切关联。元人陈师凯在《书蔡氏传旁通》卷四中说:"《庄子》风生于土囊之口,及'大块噫气,其名为风'证之,风为土气,岂不章章明矣乎?"② 陈师凯的论说,揭明了古人以"风"为土气、借土囊之口而吐纳的文化观念。三国时吴人陆绩在《周易注》中说:"风,土气也。巽,坤之所生,故为风。"③ 由此而言,风为土气,因地之孔穴而发为声音。因风之鼓气作声而产生的音与律,恰恰构成了早期"风"文化的重要内涵。

首先,最古老的音乐乃是对以风声为代表的自然之音的模拟。《吕氏春秋·古乐篇》云:"惟天之合,正风乃行,其音若熙熙凄凄锵锵。帝颛顼好其音,乃令飞龙作乐效八风之音,命之曰《承云》,以祭上帝。""帝尧立,乃命质为乐。质乃效山林溪谷之音以作歌。"④ 这里所说的"八风之音""山林溪谷之音",也就是《齐物论》所称"地籁"与"天籁",而"地籁"的"万窍怒吗",则直接启发了吹管乐器的制作:"昔黄帝令伶伦作为律。伶伦自大夏之西,乃之阮隃之阴,取竹于嶰溪之谷,以生空窍厚钧者,断两节间,其长三寸九分而吹之,以为黄钟之宫。"这里所说的"律",即律管。伶伦之为律,可视为吹管乐器制作的开始。正是因为律管的制作源于对风出孔穴而作声的模仿,因此,在早期的文化观念当中,风、气与律便具有了天然而密切的联动关系:"大圣至理之世,天地之气,合而生风,日至则月钟其风,以生十二律。……天地之风气正,则十二律定矣。"也正是因为"风"与"律"、与音乐的密切关联,字义分化后指向神鸟的"凤",也与音乐歌舞结下了不解之缘,《山海经》中多次出现的"自歌自舞"的凤凰的鸣声,也成为后人记述伶伦制律时辨析十二律的标准:"次制十二筒,以

---

① 郭庆藩,王孝鱼点校《庄子集释》,中华书局,1961 年,第 45—46 页。
② 陈师凯《书蔡氏传旁通》,景印文渊阁《四库全书》第 62 册,台湾商务印书馆,1986 年,第 370 页。
③ 李鼎祚撰,王丰先点校《周易集解》,中华书局,2016 年,第 523 页。
④ 许维遹撰,梁运华整理《吕氏春秋集释》,中华书局,2009 年,第 123、125 页。本文所引《吕氏春秋》正文,若无特别注明,均据此书。下文不再出注。

之阮隃之下，听凤皇之鸣，以别十二律。其雄鸣为六，雌鸣亦六，以比黄钟之宫，适合。黄钟之宫，皆可以生之，故曰黄钟之宫，律吕之本。"

　　律管仿风、气吹动孔穴而制成，最初的律管，并非如今人所言首先是定音的工具，律更为重要的用途是与"历"配合以治阴阳。《大戴礼记·曾子天圆》对律的作用有如下论说："圣人慎守日月之数，以察星辰之行，以序四时之顺逆，谓之历；截十二管，以宗八音之上下清浊，谓之律也。律居阴而治阳，历居阳而治阴，律历迭相治也，其间不容发。"卢辩注"律历迭相治也"云："历以治时，律以候气。"① 因此，律，又被称为"候气之管"②。正因为律的首要作用在于"候气"，掌握着音律的音官，便在听风候气的仪式中，发挥着重要的作用：

　　　　古者，太史顺时覛土，阳瘅愤盈，土气震发，农祥晨正，日月底于天庙，土乃脉发。先时九日，太史告稷曰："自今至于初吉，阳气俱蒸，土膏其动。弗震弗渝，脉其满眚，谷乃不殖。"稷以告王曰："史帅阳官以命我司事曰：距今九日，土其俱动，王其祗袚，监农不易。"王乃使司徒咸戒公卿、百吏、庶民，司空除坛于籍，命农大夫咸戒农用。先时五日，瞽告有协风至，王即斋宫，百官御事，各即其斋三日。王乃淳濯飨醴，及期，郁人荐鬯，牺人荐醴，王裸鬯，飨醴乃行，百吏、庶民毕从。及籍，后稷监之，膳夫、农正陈籍礼，太史赞王，王敬从之。王耕一墢，班三之，庶人终于千亩。其后稷省功，大史监之；司徒省民，大师监之；毕，宰夫陈飨，膳宰监之。膳夫赞王，王歆太牢，班尝之，庶人终食。是日也，瞽帅音官以风土……廪于籍东南，钟而藏之，而时布之于农。③

　　出自《国语·周语上》的这段文字，是虢文公向不籍千亩的周宣王陈说籍田礼之于国家统治的重要意义及其举行方式。这场被认为关乎"民之大事"的籍田礼，是周天子在"阳瘅愤盈，土气震发"的立春时节，通过"亲耕"仪式，一方

---

① 黄怀信主撰，孔德立、周海生参撰《大戴礼记汇校集注》，三秦出版社，2005年，第628—631页。

② 《礼记·月令》"律中大蔟"郑玄注云："律，候气之管，以铜为之。"

③ 徐元诰撰，王树民、沈长云点校《国语集解》，中华书局，2002年，第16—20页。本文所引《国语》正文，若无特别注明，均据此书。下文不再出注。

面向上天祈求丰收，另一方面表达劝农之心的盛大仪式。这场拉开春耕生产序幕的仪式活动，以"瞽告有协风至"正式开始，经过繁复的斋戒、飨醴、荐郊等准备活动，于立春日王行籍礼时，"瞽帅音官以风土"。按韦昭注，"以风土"即指"以音律省土风"，土风，实即地气，所谓"以音律省土风"，即古人常说的"律以候气"。《后汉书·律历志》详细记载了古人的"候气之法"："候气之法，为室三重，户闭，涂衅必周，密布缇缦。室中以木为案，每律各一，内庳外高，从其方位，加律其上，以葭莩灰抑其内端，案历而候之。气至者灰动。其为气所动者其灰散，人及风所动者其灰聚。"① 这一段记载，在神秘的气息中透露出了音乐与土气之风之间的密切关联。

风为土气，土气发动，鼓动土物之孔窍而作声；先民仿效八风之音、山林溪谷之声而作乐，从这个意义上说，风声便是音乐。"风"与"音"的密切关联，使"风"自然而然具有了指代音声曲调的含义。《诗经·大雅·崧高》中"其诗孔硕，其风肆好"之"风"，《左传·成公九年》"乐操土风，不忘旧也"之"风"，《左传·襄公九年》"吾骤歌北风，又歌南风"之"风"，均是指音声曲调而言的②。

既然《国语·晋语八》师旷说"乐以开山川之风"，乐是依风而制，那么风土各异，必然导致曲声有别。反过来，曲声之别，也相应地反映着不同的风土人情。因此，广采诗谣以观民风也就有了足够的理由。孔子说："循弦以观于乐，足以辨风矣。"说的也正是从音乐中察知政事得失之理。

三、风言、风议与风听

"风"一方面因为与"音"、与"律"的密切关联而具有了指向歌声、曲调

---

① 范晔撰，李贤等注《后汉书》，中华书局，1965 年，第 3016 页。
② 《汉语大词典》"风"字条下有云："指乡土乐曲；民间歌谣。《左传·成公九年》：'言称先职，不背本也；乐操土风，不忘旧也。'杨伯峻注：'土风，本乡本土乐调。'南朝梁刘勰《文心雕龙·乐府》：'匹夫庶妇，讴吟土风，诗官采言，乐胥被律，志感丝篁，气变金石。'"实际上，与"乡土乐曲，民间歌谣"这一词义对应的是"土风"，而不是"风"，就"风"字而言，仅指乐曲、歌谣而言，并不包含"乡土""民间"的涵义。

的意义；另一方面，由风之飘忽流散，托物而不着于物，"风"字进一步衍生出了放逸、流散之义。如《书·费誓》"马牛其风，臣妾逋逃，勿敢越逐"之"风"，与《左传·僖公四年》"君处北海，寡人处南海，唯是风马牛不相及也"之"风"，均被注家解作"风逸"。因此，当"风"字逐渐与"言""听""议""化""刺"等词相结合，作为这些词语的修饰语出现时，"风"就成为"言""听""议""化""刺"的一种特殊状态，如：

> 《逸周书·宝典》："忠恕是谓四仪，风言大极，意定不移。"朱右曾校释："风言，流言。"①
>
> 《诗经·小雅·北山》："或湛乐饮酒，或惨惨畏咎，或出入风议，或靡事不为。"马瑞辰《毛诗传笺通释》："风议，即放议也；放议，犹放言也。"②
>
> 《国语·晋语六》："于是乎使诵谏于朝，在列者献诗使勿兜，风听胪言于市，辨祆祥于谣，考百事于朝，问谤誉于路，有邪而正之，尽戒之术也。"韦昭注："风，采也，胪，传也。采听商旅所传善恶之言。"

上述三则引文中，"风言"与"风议"之"风"，都具有宽泛、放任、不确定的含义。而"风听"一词，虽然韦昭注"风"为"采也"，但是，就"风"字字义的演化而言，训"风"为"采"，显得突兀而无所依附，这个解释显然是受"采诗以观风"的影响而来，并不符合《国语》文本本身的含义。就"风听胪言于市"这句话而言，"风听"之"风"，与《北山》的"或出入风议"之"风"相类，都指一种宽泛的、没有明确对象或内容的状态。这种状态，就是郑玄在笺注《诗序》"上以风化下，下以风刺上"时所说的"不斥言"，即不明言，没有明确的指斥对象。"风"之"不斥言"，涵盖了没有明确来源、没有具体内容、不针对特定对象等等宽泛而不确定的状态。对于这种状态的性质与特点，何楷在《诗经世本古义》附录的《论十五国风》中有一段精彩的论述："是故风之体，轻扬和婉，托物而不着于物，指事而不滞于事，义虽寓于音律之间，意尝超于言

---

① 黄怀信、张懋镕、田旭东撰《逸周书汇校集注》，上海古籍出版社，2007年，第287页。
② 马瑞辰撰，陈金生点校《毛诗传笺通释》，中华书局，1989年，第692页。

辞之表。《大序》所云'上以风化下，下以风刺上，主文而谲谏，言之者无罪，闻之者足以戒，故曰风'是也。"① 何楷的这段话，是在讨论《诗经·国风》的文体特点。但是，他却由此揭示出了"风"之所以为"风"的根源——"托物而不着于物，指事而不滞于事"，这也就是古人所说的"风之化物，其神不测"。正是基于这样一种"托物而不着于物"的特点，社会中各种具有不明确特征的言语、行为，可感而不可视的社会状态、政教方式，都被冠上了"风"名。这一类名词，除前述"风言""风议""风听"之外，"风俗""风教""风范""风尚"等等，莫不因此而来。当然，这里也包含着首见于《毛诗序》的"风化"与"风刺"。

"风化"与"风刺"作为名词，一般认为首见于《毛诗序》："上以风化下，下以风刺上，主文而谲谏，言之者无罪，闻之者足以戒，故曰风。"实际上，就这段话而言，"风化"与"风刺"都不成词，它们只是连属成句而已，只是郑玄在笺注这段文字时把他们并列，说"风化、风刺，皆谓譬喻不斥言也"，遂演而成词。因此，虽然这两个词语出现的时代相对较晚，但"以风化下"与"以风刺上"的思想与行为，却可以追溯至更早的时代。

《尚书·说命》有"四海之内，咸仰朕德，时及风"的说法，这里的"风"，孔传释为"教也"。另外，《尚书·君陈》中又有"尔惟风，下民惟草"的说法。对于"风"和"草"的关系，孔子有更为明确的阐释，《论语·颜渊》载之云："君子之德风，小人之德草。草上之风，必偃。"之后孟子在又做了重申与强调，《孟子·滕文公上》有云："上有好者，下必有甚焉者矣。君子之德风也，小人之德草也，草上之风，必偃。是在世子。""草上之风，必偃"，说的便是政教德行方面"以风化下"的问题。尽管《说命》与《君陈》两篇均属古文《尚书》，文字不可尽信。但由孔子、孟子的阐述来看，"风化""风教"的思想意识，的确应该在更早的时期就被施行于政治的教化之中了。

---

① 何楷《诗经世本古义》，景印文渊阁《四库全书》第81册，台湾商务印书馆，1986年，第9页。

四、"风刺"与《诗》中之"风"

"风化""风教"的思想起源甚早，而《毛序诗》所言"风刺"，最早则从《国语·周语上》召穆公谏周厉王的一段话中露出端倪：

> 故天子听政，使公卿至于列士献诗，瞽献曲，史献书，师箴，瞍赋，蒙诵，百工谏，庶人传语，近臣尽规，亲戚补察，瞽史教诲，耆艾修之，而后王斟酌焉，是以事行而不悖。

就这段话而言，其中并未出现"风刺"一词，但将这段话与《国语·晋语六》的记载进行比较，便可得出其中的"瞽献曲"与"庶人传语"，和"风刺"有密切的关联。《晋语六》范文子说："故兴王赏谏臣，逸王罚之。吾闻古之王者，政德既成，又听于民。于是乎使诵谏于朝，在列者献诗使勿兜，风听胪言于市，辨祆祥于谣，考百事于朝，问谤誉于路，有邪而正之，尽戒之术也。"两相比较，可知《周语上》召穆公所说"庶人传语"，即《晋语六》范文子所说"风听胪言于市"，从听政者的角度而言为"风听"，从言说者的角度而言，便是"风言""风语"，《国语》称之为"传语"。就史籍的记载来看，"庶人传语"大多都通过歌曲谣谚的方式完成，这就与"瞽献曲"之间具有了某种相通性。从某种意义上说，这两种方式都不是直陈政事，前者通过对世俗民情的诉说委婉曲折地反映君德政情，后者则借助于音声与风土之俗的密切关联反映社情民意。这两种进谏方式的最大特点，就是《毛诗序》所说的"主文而谲谏，言之者无罪，闻之者足以戒"，即"下以风刺上"的"风刺"。由此可知，与"赋"的"直陈其事"相区别①，"风刺"本质上应该是指不着痕迹、委婉曲折的进谏方式。

当音乐形态的"风言""风语"被王朝乐官掌握时，善于审音知政的乐官便可从中解读出君德政情的善恶。当这些音乐形态的"风言""风语"被纳入周王

---

① 笔者认为，"赋"是一种直陈其事的言说方式，相关论述见拙文《从赋税之"赋"到登高能"赋"——追寻赋体发生的制度性本原》，《清华大学学报》2016 年第 2 期。

室的音乐体系中，其歌辞也会被编入相应的乐歌文本当中，这些乐歌，就是最早的"风刺"之诗。既然"风刺"的特点是"不着痕迹、委婉曲折"的"主文而谲谏"，那么"风刺"之诗在内容上必然不会斥言朝政。因此，它们与王朝政治的关联，便只能通过"以一国之事系一人之本"的方式来实现。在《两周诗史》中，笔者曾讨论过"以一国之事系一人之本"的序诗方式，认为它是以献诗、采诗为基础的美刺理论的表现方式，其直接后果就是导致了用诗之义与歌辞本义的疏离；而这种情况，除了《国风》作品，在《小雅》当中也大量存在①。由此而言，作为一种言说方式，或者在《毛诗序》中也可以具体化为序诗方式的"风"，并非为《国风》所专有。《毛诗序》中的"言天下之事，形四方之风"的解释本身，就是对《雅》中有"风"的肯定。也正是这些存在于《雅》中的"风刺"之作，给后代儒者的"风体""雅体"之辩带来了诸多的麻烦。宋人严粲于《诗缉》卷一云：

> 二《雅》之别，先儒亦皆未有至当之说。窃谓《雅》之小大，特以其体之不同耳。盖优柔委曲，意在言外者，风之体也；明白正大，直言其事者，雅之体也。纯乎雅之体者为雅之大，杂乎风之体者为雅之小。今考《小雅》正经，存者十六篇，大抵寂寥短简，其首篇多寄兴之辞，次章以下则申复咏之，以寓不尽之意，盖兼有风之体。《大雅》正经十八篇，皆舂容大篇，其辞旨正大，气象开阔，不唯与《国风》复然不同，而比之《小雅》亦自不侔矣。至于变雅亦然，其变小雅中，固有雅体多而风体少者，然终有风体，不得为《大雅》也。②

在这里，严粲已然明确认识到了"优柔委曲，意在言外"是"风之体"的基本特点。但囿于传承既久的《风》《雅》之别，他只能以"纯乎雅之体者""杂乎风之体者"来解释《大雅》与《小雅》的区别，未能认识到"风"作为王朝政教体系下委婉曲折的言说方式的本质。《国语·周语上》与《晋语六》所记载的古天子听政的方式，以及在春秋时代赋诗言志的风气中被提及的"风"，从来

---

① 相关论述参见拙著《两周诗史》"绪论"，社会科学文献出版社，2006年，第80—81页。
② 严粲《诗缉》，《景印文渊阁四库全书》第75册，台湾商务印书馆，1986年，第16页。

没有作为《诗经》作品的类名出现。而在《左传·襄公二十九年》季札观乐的记载中，诸侯国风也仅被称作《邶》《鄘》《卫》《王》《郑》《齐》等，也没有被冠上"风"名，而见于同段文字的"是其卫风乎""泱泱乎大风""八风平"之"风"，则仍关乎音声曲调、气度风范，与《诗经》类名无关。由此来看，至少在鲁襄公二十九年之前，因作为言说方式的"风"而产生的"风刺"之作，尚未被直视为"风"诗。它们与时政的关联通过"以一国之事系一人之本"的方式来实现。换句话说，"风刺"之作的刺意，是由序诗者依据诗歌创作或采集时代执政者德行之高下，以及当时社会的实际状况做出的，带有浓厚主观色彩的规定与评说。假若一代之主非有德之君，产生于这一时代的作品，无论其本身的内容如何，都会因这"一人"之无德而被纳入"刺"诗的行列。西周末、东周初是"风刺"之诗大量产生的时代，这些因"风刺"之法而来的作品，或归属于《小雅》，或分列于各国，都被统纳于"诗"名之下，作为《诗经》作品类名的"风"还没有出现。

五、《风》名的出现

在春秋时代，"风"尚未具备指代《诗经》作品的类名的义项。但是，春秋之后，作为类名的"风"开始陆续出现于典籍当中。首先值得注意的是《礼记·乐记》，其中"子赣见师乙"中有云：

> 宽而静，柔而正者，宜歌《颂》；广大而静，疏达而信者，宜歌《大雅》；恭俭而好礼者，宜歌《小雅》；正直而静，廉而谦者，宜歌《风》；肆直而慈爱者，宜歌《商》；温良而能断者，宜歌《齐》。夫歌者，直己而陈德也。动己而天地应焉，四时和焉，星辰理焉，万物育焉。①

在这一段文字中，与《颂》《大雅》《小雅》并列的《风》，显然就是作为

---

① 阮元校刻《十三经注疏·礼记正义》（清嘉庆刊本），中华书局，2009年，第3349页。本文所引《礼记》正文，若无特别注明，均据此书。下文不再出注。

《诗经》类名的"风"。我们知道,《乐记》的作者被认为是孔子再传弟子公孙尼子,而出现在文中的"子赣",即孔子的弟子子贡。除了与子贡和公孙尼子相关联的《乐记》文字,在《礼记·表记》中还出现了两例引用《国风》的例子:

> 子言之:"仁有数,义有长短小大。中心憯怛,爱人之仁也;率法而强之,资仁者也。《诗》云:'丰水有芑,武王岂不仕,诒厥孙谋,以燕翼子,武王烝哉。'数世之仁也。《国风》曰:'我今不阅,皇恤我后。'终身之仁也。"
>
> 子曰:"口惠而实不至,怨菑及其身。是故君子与其有诺责也,宁有已怨。《国风》曰:'言笑晏晏,信誓旦旦,不思其反;反是不思,亦已焉哉!'"

在这两条材料中,对《国风》的引用跟在"子曰"之后,从文献本身无法明确判断是否属于"子曰"的内容。但是,从另一方面而言,即使《缁衣》《表记》等文献中的"子曰",并非出自孔子之口,只是子思思想的一种特殊的表达方式①。我们仍然可以据此判断,在《表记》产生的子思时代,《国风》之名也已经出现了。

除了上述三条材之外,《左传》中也有一处"风"与《诗经》类名相关联,这就是《左传·隐公三年》记载周郑交质事件之后,"君子曰"中的一段话:"《风》有《采蘩》《采苹》,《雅》有《行苇》《泂酌》,昭忠信也。"② 这里的《风》与《雅》并列,显然是指作为《诗经》类名的《风》与《雅》。由于《左传》当中的"君子曰",本来就是一个复杂的问题③。就目前学界的观点而言,就有出自时贤与作者代言等不同的说法。但是由前文的讨论可知,至晚在鲁襄公二十九年季札观乐之前,作为《诗经》类名的《风》并未出现,《周南》《召南》与其他十三国风,都是与《小雅》《大雅》《颂》平行并列的。因此出现在隐公三年的"君子曰",不可能出自隐公三年的时贤君子之口,它只能是《左传》作者假托君子之口对交质事件所做的评说。而杨伯峻先生则认为,《左传》成书的年代当在公元前 403—前 389 年之间④。

---

① 参见拙文《子思及其诗学思想寻迹》,《文学遗产》2012 年第 5 期。
② 杨伯峻《春秋左传注》(修订本),中华书局,2009 年,第 28 页。
③ 对于《左传》当中的"君子曰"的时代,学者多有争论,在"后人附益"说横行几百年之后,现当代学人从多方面论证"君子曰"当"为《左传》原书所有"。
④ 杨伯峻《春秋左传注》(修订本)"前言",第 41 页。

综合上述材料出现的时代来看，《风》或者《国风》之名的出现，只能发生在春秋末年到战国初年。而这一时期与诗文本的结集密切关联的重大事件只有一件，就是孔子的删《诗》正乐①。

《仪礼·燕礼》有云："乃间歌《鱼丽》，笙《由庚》；歌《南有嘉鱼》，笙《崇丘》；歌《南山有台》，笙《由仪》。遂歌乡乐：《周南·关雎》《葛覃》《卷耳》，《召南·鹊巢》《采蘩》《采苹》。大师告于乐正，曰：'正歌备。'"② 由此可知，《周南》《召南》虽然被视为周王室的"正歌"得以在正式的仪式上使用，但是，从音乐属性而言，它们和其他十三国风一样同属"乡乐"。因此，按照周代礼乐体制下四分结构的音乐观念③，把同属"乡乐"的十五国风合为一类，称为"国风"，使之与《小雅》《大雅》《颂》并列，不但能使《诗》的结构与周代礼乐体制下音乐的结构更为契合，而且，这个类名还有如下两个意义：一方面，它标示出了这些作品与风土之音的密切关联及其委婉曲折的"风刺"属性，另一方面，它所涵盖的只是来自"乡乐"的"风"诗作品，并不包涵此前已经存在于《小雅》当中的"风刺"之诗。由此而言，"国风"类名的出现，与"三百五篇，孔子皆弦歌之"一样，都体现出了追求和恢复周代礼乐制度的精神倾向。因此，在战国初年作为《诗经》类名开始出现的《国风》，极有可能就是孔子删《诗》正乐的成果和表现④。

---

① 关于《诗经》文本形成史的论述，参见拙著《两周诗史》，社会科学文献出版社，2006年。

② 阮元校刻《十三经注疏·仪礼正义》（清嘉庆刊本），中华书局，2009年，第2208页。

③ 参见拙著《两周诗史·序论》第三节"'四始'、'四诗'与诗文本的结构"，社会科学文献出版社，2006年。

④ 上博简《孔子诗论》中"邦风"一名的出现，曾在诗经学界掀起轩然大波。汉人为避汉高祖刘邦名讳，乃改"邦风"为"国风"的说法因此大为盛行。王刚《"邦风"问题再探：从上博简〈孔子诗论〉看〈风〉诗的早期形态》一文，对于避讳说提出了有力的反驳，文章认为"将'邦风'作为《风》诗初名，认定'国风'乃汉代避讳所致，是一种错误的认知。'邦风'是战国时代与'国风'并存的《风》诗之名，只不过随着时间的推移，'国风'广为接受，'邦风'则被淘汰。"（刊载于谢维扬、赵争主编《出土文献与古书成书问题研究》，中西书局，2015年，第198页。）笔者赞同他对避讳一说做出的判断。但依据"风刺"之作早已存在于《小雅》之中的事实，以及《表记》《荀子》均称《国风》之名的情况来看，"国风"应该是《风》诗的初名，出现于《左传》与《礼记·乐记》当中的"《风》"，或许是对《国风》的省称，而"邦风"则是传播过程中"国风"的讹变而已。

六、《毛诗序》——"风"义之集成与新变

经过漫长的历史积淀，"风"字将诸多义项汇于一身，形成了积累丰厚、意涵深远的"风"文化。而最早对"风"文化的丰富内涵做系统论述的文字，便是引来诸多争议的《毛诗序》，先录其中与"风"相关的文字如下：

> 《关雎》，后妃之德也。《风》之始也，所以风天下而正夫妇也。故用之乡人焉，用之邦国焉。《风》，风也、教也。风以动之，教以化之。……故《诗》有六义焉，一曰风，二曰赋，三曰比，四曰兴，五曰雅，六曰颂。上以风化下，下以风刺上，主文而谲谏，言之者无罪，闻之者足以戒，故曰《风》。至于王道衰，礼义废，政教失，国异政，家殊俗，而"变风""变雅"作矣。国史明乎得失之迹，伤人伦之废，哀刑政之苛，吟咏情性以风其上，达于事变而怀其旧俗者也。……是以一国之事系一人之本，谓之"风"，言天下之事、形四方之风谓之"雅"。雅者，正也，言王政之所由废兴也。政有小大，故有《小雅》焉，有《大雅》焉。《颂》者，美盛德之形容，以其成功告于神明者也。是谓四始，《诗》之至也。然则《关雎》《麟趾》之化，王者之风，故系之周公。南，言化自北而南也。《鹊巢》《驺虞》之德，诸侯之风也，先王之所以教，故系之召公。……①

这段文字中的"风"，有作为《诗经》作品类名的"风"，如"《风》之始也"；有"风教""风化"之"风"，如"所以风天下而正夫妇也"、如"上以风化下"；有"主文而谲谏"的"风刺"之"风"，如"下以风刺上"，以"吟咏性情以风其上"；有作为序诗方式的"风"，如"以一国之事系一人之本，谓之风"；有作为风声、曲调的"风"，如"言天下之事、形四方之风"；有作为风气、风俗之"风"，如"王者之风""诸侯之风"。凡此种种，几乎涵盖了以往所

---

① 阮元校刻《十三经注疏·毛诗正义》（清嘉庆刊本），中华书局，2009 年，第 562—569 页。

产生的，与音乐、诗歌相关联的所有"风"义。值得注意的是，作为"六义"之一的"风"，在这里却是头一次出现。

说到"六义"，必然要联系到"六诗"。《周礼·大师》云大师"教六诗：曰风，曰赋，曰比，曰兴，曰雅，曰颂"。又《瞽蒙》云"掌九德六诗之歌以役大师"。在《周礼》的语境中，"六诗"直接与乐歌的传承方式相关联，大师教"六诗"，"以九德为之本，以六律为之音"。因此，由大师职掌教授的"六诗"之"风"，当指与风土之歌直接关联的音声曲调。但是，在"六义"的序列当中，音乐已完全退场。"六义"之"风"无关音乐。因此，"六义"虽然沿袭了"六诗"的内容，但在剥离了它们和音乐与仪式的关联之后，却未对"六义"的内涵做进一步明确的解释。后人多取郑玄对"六诗"的解释来理解"六义"，但是，与《周礼》语境下的"六诗"并列不同，在《毛诗序》的框架内，风、雅、颂与赋、比、兴显然不是同一个层次的概念，"六义"一名隐含着内在的矛盾。所以，到孔颖达做《毛诗正义》的时候，就对"六义"提出了新的解释：

> 风、雅、颂者，诗篇之异体；赋、比、兴者，诗文之异辞耳。大小不同而得并为六义者，赋、比、兴是诗之所用，风、雅、颂是诗之成形，用彼三事，成此三事，是故同称为义，非别有篇卷也。①

"三体三用"说意图消解"六义"说的内在矛盾，并由此建立了一个崭新的诗学体系，意义深远。但就注解《毛诗序》而言，"三体""三用"的分割，不但没有消解其中的矛盾，反而更加彰显了"六义"之名内涵的模糊。通读《毛诗序》，其主旨在于说《诗》之"义"。而对"义"的重视，自是承春秋"《诗》《书》，义之府也"的认识而来，是崇尚《诗》之德义内涵的集中体现。由此而言，《毛诗序》取《周礼》"六诗"之实而冠之以"六义"之名的做法，便折射出了一种过渡时代的特点：在这个时代，以大师"六诗"之教为主导的礼乐教化已经崩坏，但"六诗"礼乐之教的影响依然留存；"六义"所标举的重视德义之教观念已经建立，但尚未形成完备的诗教理论，只能基于旧有观念提出"新"的主张，在因循沿革中表现出了转向的趋势与努力。这样的特点，无疑和七十子活

---

① 阮元校刻《十三经注疏·毛诗正义》（清嘉庆刊本），第566页。

动频繁的战国初年最为相合①。而在因循革新中出现的"六义"一名，又为"风"字提供了一种新的且更具影响力的义项。

（原刊于《清华大学学报》2017 年第 4 期，
《新华文摘》2017 年第 18 期摘发）

作者简介：

马银琴，女，1972 年 5 月出生，宁夏隆德人。1994 年毕业于宁夏大学中文系汉语言文学专业，获文学学士学位；1997 年毕业于湖北大学中文系，获文学硕士学位，1997—2000 年就读于扬州大学中国文化研究所，完成《西周诗史》，获文学博士学位。2000 年 10 月至 2002 年 10 月在上海师范大学人文学院博士后流动站工作，2002 年 10 月调入中国社会科学院文学研究所古代文学研究室，2015 年 7 月调入清华大学中文系，现为清华大学人文学院中文系长聘教授，兼任中国诗经学会常务理事。主要研究方向为先秦两汉文学与文化。出版《两周诗史》《周秦时代〈诗〉的传播史》《〈诗经〉史话》（合著）等，参编《中国古代文学史》《简明中国文学史读本》等，整理过《搜神记》《韩非子》《孙子兵法》等经典著作，发表专题学术论文五十余篇。

---

① 若如此，可为《毛诗大序》出自子夏之手的传统说法添一旁证。

"诗书礼乐"与"强国之术"

——在早期秦文化进程中透视《秦风·蒹葭》

孙尚勇

　　《蒹葭》在《诗·秦风》十首中最为独特①，历来解释大多难以令人信服。《诗序》以为此诗讽刺襄公"未能用周礼"，《郑笺》继之明确说"所谓伊人"指"知周礼之贤人"②。朱熹《诗序辨说》认为《诗序》之说穿凿，其《诗集传》曰："言秋水方盛之时，所谓彼人者，乃在水之一方，上下求之而皆不可得。然不知其何所指也。"③朱熹阙疑的态度值得肯定，其说摆脱美刺比兴解经的旧传统，启人新思。朱熹之后，学者提出了一些不同的见解，然大体沿袭旧说而有所引申，新意无多。近人高亨《诗经今注》、程俊英《诗经注析》等发挥朱熹之说，皆以《蒹葭》为恋歌，目前诸种《诗经》选本注本大多采信此说。另外一些学者或以《蒹葭》为祭祀河神之诗④，或以诗中所咏为牛郎织女故事⑤。本文拟将

---

①　本文系国家社会科学基金重大项目（项目批准号：17ZDA241）、四川大学中央高校基本业务费研究专项项目（项目批准号：SKQY201763）的阶段性成果。王柏曰："《蒹葭》，不类《秦风》也。"（王柏《诗疑》，朴社1930年，第15页）

②　孔颖达《毛诗正义》卷六，阮元校刻《十三经注疏》，中华书局，1980年，第372页。下引《蒹葭》诗之序传笺疏同此。
③　朱熹《诗集传》卷六，中华书局，1958年，第76页。
④　苏雪林《诗经杂俎》，台湾商务印书馆，1995年，第250—251页。郝建杰《〈诗经·国风〉地域性考论——以〈豳风〉〈秦风〉为中心》，上海大学2011年博士学位论文，第151—156页。
⑤　李山《诗经析读》，南海出版公司，2003年，第167—168页。赵逵夫《〈秦风·蒹葭〉新探》，《文史知识》2010年第8期。赵逵夫注评《诗经》，凤凰出版社，2011年，第144页。

《蒹葭》置于秦建国以后的政治文化发展进程当中进行考察，并认真分析《毛诗》《郑笺》《正义》及诸家注说的可取之处，希望能探明此诗所隐含的历史真相。

一、春秋前期秦人的强国之路

《诗序》："《蒹葭》，刺襄公也。未能用周礼，将无以固其国焉。"《郑笺》："秦处周之旧土，其人被周之德教日久矣，今襄公新为诸侯，未习周之礼法，故国人未服焉。"襄公是秦人建国受封为诸侯的第一任国君，那时秦国有没有可能使用周礼呢？我们稍稍考察秦建国的史实就知道，这种可能性不存在。

《史记·秦本纪》将秦的祖先追溯到五帝时代，但秦建国却要迟至西周末年。周东迁，平王将岐以西的土地封给秦襄公（前777—前766在位），并承诺秦可以拥有岐、丰之间宗周故地。时在前770年（襄公八年）。《史记·秦本纪》曰：

> 周避犬戎难，东徙雒邑，襄公以兵送周平王。平王封襄公为诸侯，赐之岐以西之地。曰："戎无道，侵夺我岐、丰之地，秦能攻逐戎，即有其地。"与誓，封爵之。襄公于是始国，与诸侯通使聘享之礼。①

自此，秦始由周孝王时非子"分土为附庸"正式成为周王室的封建诸侯②。事实上，周平王对秦的分封未能给予口头承诺的大片土地。秦受封为诸侯前后的二三十年间，岐、丰之地"主要有这几个方面的力量。一是幽王和伯服的势力，他们死后由王子余臣——即携王继之。二是天王——即后来的平王的势力。三是戎族的势力。四是秦的势力"，"就地域分布来说，大体上是今关中西部渐为秦控制；中部以岐、丰为中心的地区先为携王、后为戎狄盘踞；其东部为平王管辖。一些异族小国则杂厕其间"③。面对岐、丰之间复杂的政治环境，平王的承诺无异于画饼充饥，但这对数代谋求发展的秦人来说却是一个绝大的契机，秦人从此走上了

---

① 《史记》，中华书局，2013年，第228页。
② 《史记·秦本纪》周孝王曰："昔伯翳为舜主畜，畜多息，故有土，赐姓嬴。今其后世亦为朕息马，朕其分土为附庸。"（第226页）
③ 晁福林《论平王东迁》，《历史研究》1991年第6期。

艰辛的强国之路。

襄公八年受封为诸侯①，"十二年，伐戎至岐，卒"。与戎人作战是宗周赋予秦人自秦仲以来的职责，更是襄公受封至去世四五年间的首要任务。文公三年，"以兵七百人东猎"，四年（前762）"至汧渭之会"，营建城邑。终文公在位的四十余年，秦之都城均在此地。"十三年，初有史以纪事"，这是秦国发展文化的开端。"十六年（前750），文公以兵伐戎，戎败走"，"遂收周余民有之，地至岐，岐以东献之周"②。不过，此时秦人并未打败岐以西的所有戎人，只是打通了西垂至岐的通道而已。在襄公受封诸侯的二十年之后，秦的势力才掌握了平王口头承诺的"岐、丰之地"的岐地，才有了周之"余民"。于此益知以《蒹葭》为刺秦襄公说法的荒谬，因为襄公之时未能拥有周之"余民"，周之"余民"接受秦的统领要晚到文公十六年，故《毛传》和《郑笺》以"伊人"为"知周礼之贤人"近乎无稽。《史记·匈奴列传》曰："秦襄公伐戎至岐，始列为诸侯。"③ 这一记述，正说明了占有靠近周原的岐地对秦国的重要意义。秦武公（前697—前678在位）十一年，"初县杜、郑"④，秦的势力逐渐向东发展，初步控制了关中渭水流域。德公元年（前677），"卜居雍，后子孙饮马于河"⑤。在占据了雍所在的周原高地之后，秦的势力始继续向东。穆公（前659—前621在位）十五年（前645），"秦地东至河"⑥。也就是说，自前770年襄公受封诸侯，至前645年穆公将秦的国土向东拓展至黄河西岸，期间经历了一百二十余年，秦国才真正领有"岐、丰之地"，实现了《郑笺》所说的"处周之旧土"，平王的口头承诺在秦人数代努力之下终于成为现实。穆公三十五年至三十七年，"得由余，西戎八国服于秦"⑦，"益国十二，开地千里，遂霸西戎"⑧。此时，秦始初步肃清了岐以西和

① 宋太宗时得襄公冢鼎，铭曰："天公迁洛，岐丰赐公。秦之幽宫，鼎藏于中。"（孙楷、徐复《秦会要订补》，中华书局，1959年，第150页）
② 《史记·秦本纪》，第228页。
③ 《史记》，第3463页。
④ 《史记·秦本纪》，第231页。
⑤ 《史记·秦本纪》，第232页。
⑥ 《史记·秦本纪》，第239页。
⑦ 《史记·匈奴列传》，第3466页。
⑧ 《史记·秦本纪》，第245页。《秦本纪》以遂霸西戎事在穆公三十七年，《左传》则记于穆公三十六年（鲁文公三年），《春秋左传正义》卷十八，阮元校刻《十三经注疏》，第1840页。

岐、丰之间戎人的势力。孝公令所说"天子致伯",当即《秦本纪》所说"天子使召公过贺穆公以金鼓"一事,时在穆公三十七年①。穆公后期,秦国国力达到受封为诸侯以来最为鼎盛的时期,时去襄公初为诸侯已近一百五十年。

据上所述,平王的口头承诺,秦人经过数代人近百年的努力,到了秦武公初县杜、郑之时,才基本得以实现。这之后,秦的力量逐渐向东发展,直到穆公十五年,秦人始将疆域扩展到"以河为界"②。故《郑笺》"襄公新为诸侯""处周之旧土"的话纯属不顾历史事实的想象之辞,没有任何根据。就外部来说,由于对诸侯的依赖性大大增强,对诸侯的约束力大大削弱,东周王室不可能要求新封的秦国推行周礼的一套制度。就内部来说,由于与西周分封的齐、鲁、燕、晋等国家截然不同的建国方式,秦国一开始也没有条件像东方诸侯国那样实施西周所制定的宗法等级制度。因为,尽管成为受周分封的诸侯,但秦却并没有获得跟齐、鲁、燕、晋一样的既有封地,秦作为诸侯的封建土地,完全要靠秦人自己通过与戎人作战以及与周王室和东方诸侯如晋国的政治军事斗争来获得和巩固。这样的建国方式和建国道路,决定了秦国最初不可能复制周人的宗法礼乐制度,也决定了秦国未来必然将在"诗书礼乐"和"强国之术"两条道路上作出重大而艰辛的探索和抉择。

需要指出的是,上面讨论秦建国大约一百年时间的强国之路,主要以《史记·秦本纪》为资料基础,因此,此处有必要对相关学者于《史记·秦本纪》可信性的质疑作必要的回应。对《史记·秦本纪》的质疑由来已久,但均因没有切实可靠的证据而未能引起学术界的重视,这一质疑在 2013 年达到顶峰。《历史研究》2013 年第 5 期发表程平山《秦襄公、文公年代事迹考》(以下简称"事迹考"),该文以出土清华简《系年》为主要依据,综合《国语》《古本竹书纪年》等文献记载,认为《史记·秦本纪》将秦襄公和秦文公在位时间弄反了,事实应该是襄公在位五十年,文公在位十二年。本文认为,"事迹考"对其所赖以立论的关键材料理解有误,其观点无法成立。

"事迹考"在援引清华简《系年》第三章"周室既卑,坪(平)王东迁,止于成周,秦中(仲)焉东居周地,以守周之坟墓,秦以始大"之后,又引《史

---

① 《史记·秦本纪》,第 253、245 页。
② 《秦本纪》孝公令语,见《史记》,第 253 页。

记·秦本纪》"西戎犬戎与申侯伐周，杀幽王骊山下"至"于是文公遂收周余民而有之，地至岐，岐以东献之周"，接着分析说："第一，《秦记》的纪年始自秦仲（襄公）。"①此处径直将《系年》的"秦中"视为秦襄公，颇令人费解。翻检清华简释文可知，此解因袭自清华简整理者。《系年》第三章是"事迹考"立论最核心的材料，整理者所作第十五条注释如是：

> 秦仲，即秦襄公。《秦本纪》载秦庄公生子三人，长子世父报大父之仇击戎，"让其弟襄公，襄公为太子"。②

然据《史记·秦本纪》，襄公的祖父是秦仲，这不禁令人生出同样的疑问，整理者有什么理由认定《系年》中的"秦中"就是秦襄公？如果按照整理者信从《系年》的思路，这个"秦中"，释为"秦仲"即可，即周宣王时期受封为大夫以御戎的秦仲，而不需要在注释中说"秦仲即秦襄公"。而且，《系年》"秦中（仲）焉东居周地……秦以始大"，与《诗序》"《车邻》，美秦仲也。秦仲始大，有车马礼乐侍御之好焉"的"秦仲始大"相关③。《系年》之"秦以始大"理当指秦仲之时，"秦中"亦当即《史记·秦本纪》所载秦襄公的祖父秦仲，不可能指秦襄公。

"事迹考"说：

> 《国语·郑语》载幽王九年，郑桓公与周太史史伯问对："（郑桓）公曰：姜、嬴其孰兴？（史伯）对曰：夫国大而有德者近兴，秦仲、齐侯，姜、嬴之隽也，且大，其将兴乎？"幽王九年史伯所言"将兴"的秦仲，就是《史记》幽王五年继位的秦襄公。④

案此处据《国语·郑语》立论，似可作为清华简整理者将《系年》"秦中"释为"秦仲"的重要支撑。"事迹考"注意到史伯提及秦仲，这一点值得肯定，

---

① 程平山《秦襄公、文公年代事迹考》，《历史研究》2013年第5期，第166页。
② 《清华大学藏战国竹简》（贰）上册，中西书局，2011年，第143页。
③ 孔颖达《毛诗正义》卷六，第368页。此序见引裴骃《集解》，见《史记》，第227页。
④ 程平山《秦襄公、文公年代事迹考》，《历史研究》2013年第5期，第167页。

但史伯所说之"秦仲"，决不能认为指"襄公"。韦昭注曰："秦仲，嬴姓，附庸秦公伯之子，为宣王大夫。《诗序》云：秦仲始大。"①　韦昭的注虽犹有未尽，但其所说"附庸""大夫"和"秦仲始大"等语颇堪重视。我们知道，秦自非子为周孝王养马而"分土为附庸"，是秦人崛起的重要一步。而"周宣王即位，乃以秦仲为大夫，诛西戎"②，则是之后秦人发展征程中另外一个更具意义的大事件。被周王室任用为大夫，意味着附庸秦初步摆脱了戎狄的身份，秦人的文化身份由戎狄进为"中国"了。《诗序》等文献所见"秦仲始大"，正是在这个意义上说的，自此秦人的力量不断壮大。孔颖达《秦谱正义》在引用《郑语》的材料之后说："计桓公问史伯之时，在幽王九年，所以仍言秦仲者，秦仲之后遂为大国，以秦仲有德，故系而言之。秦仲以字配国者，附庸未得爵命，无谥可称。《春秋》，附庸君例称名，褒之则书字。秦仲又作宣王大夫，史策之文，正当书字。故称字体国，以美之也。"③　又《春秋·隐公元年》杜预注："附庸之君，未王命，例称名，能自通于大国，继好息民，故书字贵之。"④　秦仲于宣王六年（前822）死，去幽王九年（前773）49 年。故知史伯必是以"秦仲"指代秦人，而不可能实指秦仲其人，当然，更不可能如"事迹考"所说的"就是《史记》幽王五年继位的秦襄公"。

《国语·郑语》在载录郑桓公和史伯的对话之后有一段总结：

> 幽王八年而桓公为司徒，九年而王室始骚，十一年而毙。及平王之末，而秦、晋、齐、楚代兴，秦景、襄于是乎取周土。晋文侯于是乎定天子，齐庄、僖于是乎小伯，楚蚡冒于是乎始启濮。

"事迹考"亦引用了此段文字，并且说："襄公即秦仲，其取周土的时代被描

① 徐元诰《国语集解》，中华书局，2002 年，第 476 页。案韦昭注接着说："齐侯，齐庄公，姜姓之有德者也。此二人为姜、嬴之隽，且国大，故近兴。"又将秦仲、齐侯解为秦仲和齐庄公这两位具体的历史人物，亦堕入无识。史伯前面明确提到"姜、嬴、荆芈，实与诸姬代相干也"（《国语集解》，第 468—469 页）。故在史伯的描述中，秦仲和齐侯分别指附庸秦和诸侯齐，二者是嬴姓和姜姓中最具发展潜力的两支。
② 《史记》，第 226、227 页。
③ 孔颖达《毛诗正义》卷六，第 368 页。
④ 孔颖达《春秋左传正义》卷二，第 1714 页。

述为平王之末。"不管《郑语》之"秦景襄"为传统所说"秦庄襄",还是"秦襄"之误,"事迹考""襄公即秦仲"的判断都让人深感匪夷所思。实则"事迹考"所论过分拘泥于文字本身,而疏阔于史识。与史伯以"秦仲"指代秦人道理相同,这段话中"于是乎取周土"的"秦景襄",是以受封为诸侯的襄公来指代秦人,断非实指秦襄公本人。《郑语》说"秦景、襄于是乎取周土",实际上等同于说"秦于是乎取周土"。因为秦襄公始受封为诸侯是秦国发展史上最具转折意义的重大事件,秦襄公理所当然可以用来指代两周之际的秦国。《郑语》的这段话,既是为了总结说明史伯的历史判断力和政治预见力,也是为了概括两周之际政治发展之大趋势,其所要强调的是,自平王开始,周王室号召力迅速下降,继而形成"秦、晋、齐、楚代兴",各国崛起而轮流主导华夏文化的新的政治格局。"平王之末"四字所指显然是两周之际这样一个历史阶段,未必一定指平王在位的末年。而且这段话中提到的秦襄公、晋文侯、齐庄僖、楚蚡冒,并不全是平王在位末年的人物,当然也不能全部坐实为实指其人,他们只是分别代表着秦、晋、齐、楚而已。从相反的角度看,我们当然没有理由据"平王之末"四字来逆定齐庄公、齐僖公等人之年代,同样,我们更不能据"平王之末"四字来逆定秦襄公的年代。

从以上讨论中,我们可以发现一个有意味的现象。《郑语》中史伯以"秦仲"来指代秦人,而《郑语》的编者却以"秦景襄"来指代秦国,为什么呢?显见的理由是:史伯跟桓公对话时,秦的政治身份是附庸;而《郑语》编者的时代,秦早已是诸侯中之大国。秦仲是附庸秦的代表人物,作为始国之君的襄公则理所当然是诸侯秦国的代表。前引杜预和孔颖达所云称名书字之义例,于研治古史意义重大。

二、《秦风》与穆公时期的"诗书礼乐"建设

考察《蒹葭》及《秦风》诸诗(尤其是前五首)的主旨和作年,在秦国发展历史上具有重要意义的非子邑秦为周孝王"主马于汧、渭之间"始作"附庸"、秦仲受封大夫以御戎、襄公受封诸侯、文公四年(前762)营邑"汧渭之会"、德公元年"卜居雍"和穆公十五年(前645)拓地"东至河",是几个较为关键

的时间节点。前三者具有始基意义，后三者则标志着秦人势力向东推进和逐渐强盛。文公至"汧渭之会"，曰"昔周邑我先秦嬴（非子）于此，后卒获为诸侯"，于是"卜居之，占曰吉，即营邑之"①。文公所营城邑没有宗庙设置②，是此时秦人依然"未能用周礼"。德公居雍，此后近三百年，雍一直是秦的都城。大概在穆公十五年秦拓地东至黄河西岸之前，秦与中原旧有封建诸侯之间的交往并不多。《秦本纪》所说襄公"始国，与诸侯通使聘享之礼"，这与平王封秦为诸侯一样，不过是周人的口头承诺而已，并非事实。《史记·齐世家》述齐桓公霸业说："是时周室微，唯齐、楚、秦、晋为强。晋初与会，献公死，国内乱。秦穆公辟远，不与中国会盟。"③ 此处所说应该是穆公前期的状况④。《史记·六国年表》曰："穆公修政，东竟至河，则与齐桓、晋文中国侯伯侔矣。"⑤ 正是自穆公将秦国疆域拓展"东至河"开始，秦人才成了真正意义上的封建诸侯，实现了合法性与事实性的统一。秦人占据西周故地，真正站稳了脚跟，此时才有可能对前代创业功绩进行总结和思考，也才有可能在"诗书礼乐"制度文化上有所建树。所谓"功成作乐，治定制礼"，得到孔子称颂的秦人不会不懂这个道理。

过去的学者常常强调《秦风》的尚武精神，比如班固《汉书·地理志》说："天水、陇西，山多林木，民以板为室屋。及安定、北地、上郡、西河，皆迫近戎狄，修习战备，高上气力，以射猎为先。故《秦诗》曰'在其板屋'；又曰'王于兴师，修我甲兵，与子偕行'。及《车辚》《四载》《小戎》之篇，皆言车马田狩之事。"⑥ 其实这个看法未必正确，《秦风》中真正描写战争、畋猎，反映秦人尚武精神的作品大概只有《驷驖》《小戎》《无衣》，勉强一些还可以算上班固所说的《车邻》，其余六篇均非此类，但大多可得确解，其中以《蒹葭》最为

---

① 《史记·秦本纪》，第 228 页。
② 参见高次若、刘明科《再论汧渭之会及其相关问题》，雷依群、刘卫民主编《秦都咸阳与秦文化研究》，陕西人民教育出版社，2003 年，第 522—523 页。按《左传·庄公二十八年》："凡邑，有宗庙先君之主曰都，无曰邑。"（孔颖达《春秋左传正义》卷十，第 1782 页）又《史记·秦始皇本纪》，二世议尊始皇庙，群臣言："先王庙或在西雍，或在咸阳。"（第 334 页）可知，在雍之宗庙为秦国宗庙之始。
③ 《史记》，第 1796 页。
④ 《史记·秦本纪》："（穆公）九年，齐桓公会诸侯于葵丘。"（第 237 页）
⑤ 《史记》，第 829 页。
⑥ 《汉书》，中华书局，1962 年，第 1644 页。

特殊。

依照《诗序》所说，《秦风》后五篇《黄鸟》《晨风》《无衣》《渭阳》《权舆》创作于穆公二十四年（前 636）至穆公子康公时期，此说大体为学界所信从①，本文亦暂且视之为可信。《诗序》称《车邻》"美秦仲"，《驷驖》《小戎》"美襄公"，《终南》"戒襄公"，亦与事实相去不甚远，但据此认定《车邻》等篇分别作于秦仲、襄公和文公之世②，则并不可信。

后世研究者为《秦风》各篇系年的重要依据除了《诗序》，还有服虔的《春秋左传解谊》，后者似乎也一直未能得到准确的理解。孔颖达《秦谱正义》曰：

> 其诗，则《车邻》美秦仲，为秦仲诗也。《驷驖》《小戎》《蒹葭》《终南》，序皆云襄公，是襄公诗也。《黄鸟》，刺缪公，是缪公诗也。《晨风》《渭阳》《权舆》，序皆云康公，是康公诗也。《无衣》在其中，明亦康公诗矣。故郑于左方中，皆以此而知也。襄二十九年《左传》："季札见歌《秦》，曰：美哉，此之谓夏声。"服虔云："秦仲始有车马礼乐之好，侍御之臣，戎车、四牡、田狩之事。其孙襄公，列为秦伯。故《蒹葭苍苍》之歌、《终南》之诗，追录先人，《车邻》《驷驖》《小戎》之歌，与诸夏同风，故曰夏声。"如服之意，以《驷驖》《小戎》为秦仲之诗，与序正违。其言非也。言夏声者，杜预云："秦本在西戎，汧陇之西。秦仲始有车马礼乐，去戎狄之音，而有诸夏之声，故谓之夏声耳。"不由在诸夏追录，故称夏也。③

在上引《秦谱正义》中，孔颖达说"《车邻》美秦仲，为秦仲诗也"，《驷驖》《小戎》《蒹葭》《终南》"序皆云襄公，是襄公诗也"，《晨风》《渭阳》《权舆》《无衣》，皆"康公诗"，这些说法似乎表明，他认为《车邻》为秦仲时期创

---

① 参见马银琴《两周诗史》，社会科学文献出版社，2006 年，第 403—407 页。赵逵夫主编《先秦文学编年史》，商务印书馆，2010 年，第 589、618、621 页。
② 马银琴《两周诗史》，第 283—284 页。赵逵夫主编《先秦文学编年史》，第 430—432、437—438 页。
③ 孔颖达《毛诗正义》卷六，第 368 页。

作的诗，《驷驖》《小戎》《蒹葭》《终南》为襄公时期创作的诗，《晨风》《渭阳》《权舆》《无衣》为康公时期创作的诗。然而，参照孔颖达在他处的表述可知，这一理解并不符合孔颖达本旨。《诗谱序》："文武之德，光熙前绪，以集大命于厥身，遂为天下父母，使民有政有居。其时诗，风有《周南》《召南》，雅有《鹿鸣》《文王》之属。"《正义》："此总言文武之诗皆述文武之政，未必皆文武时作也。故《文王》《大明》之等，检其文，皆成王时作。"① 综合来看，上引孔颖达的话所欲传达的意思是，《车邻》写秦仲之事，《驷驖》《小戎》等写襄公之事，《晨风》《渭阳》等写康公之事。

依照孔颖达的理解，服虔认为秦风前五首，都是占据关中西周故地之后"在诸夏追录"之作。服虔注"追录先人"之说，对确定《车邻》等诗的创作年代大有裨益。正确理解服注必须结合《左传》原文。《襄公二十九年》："为之歌《秦》，曰：'此之谓夏声。夫能夏则大，大之至也，其周之旧乎？'"杜注："秦本在西戎，汧陇之西。秦仲始有车马礼乐，去戎狄之音而有诸夏之声，故谓之夏声。及襄公佐周，平王东迁，而受其地，故曰周之旧。"② 季札说《秦》为"夏声"，且为"周之旧"，此"夏声"自然应指周王室的雅音，而不可能是杜注所说的"诸夏之声"那么简单；杜预注"周之旧"曰"而受其地"，据前文所述，秦人真正拥有"岐、丰之地"的时间要晚到穆公十五年（前645），这时才是季札所说"大之至也"的时代。更重要的是，文公度过陇山是秦人向东发展最为关键的一步，"及文公逾陇，攘夷狄，尊陈宝，营岐雍之间，而穆公修政，东竟至河，则与齐桓、晋文中国侯伯侔矣"③。而"其未逾陇以前，殆与诸戎无异"④，那时秦人没有进行"诗书礼乐"制度文化建设的条件和可能。故服注所谓"追录先人"云云，指的是穆公十五年以后，秦人追录先人秦仲、襄公等人之功业而创制了《车邻》《驷驖》《小戎》《终南》诸诗。且据《诗序》，《驷驖》《小戎》皆"美襄公也"，若以"追录先人"者为襄公，岂非可笑？以上诗篇目的在于歌颂秦仲和襄公于秦人建国之功业。本文着重讨论的《蒹葭》，年代尚在其后，因为此诗情调底色与《车邻》等诗迥不相类。

---

① 孔颖达《毛诗正义》卷首，第 362 页。
② 孔颖达《春秋左传正义》卷三九，第 2007 页。
③ 《史记·六国年表》，第 829 页。
④ 王国维《秦都邑考》，《观堂集林》，中华书局，1959 年，第 531 页。

《秦本纪》曰:"戎王使由余于秦。由余,其先晋人也,亡入戎,能晋言。闻缪公贤,故使由余观秦。秦缪公示以宫室、积聚。由余曰:'使鬼为之,则劳神矣。使人为之,亦苦民矣。'缪公怪之,问曰:'中国以诗书礼乐法度为政,然尚时乱;今戎夷无此,何以为治,不亦难乎?'由余笑曰:'此乃中国所以乱也。夫自上圣黄帝作为礼乐法度,身以先之,仅以小治。及其后世,日以骄淫。阻法度之威,以责督于下,下罢极则以仁义怨望于上,上下交争怨而相篡弑,至于灭宗,皆以此类也。夫戎夷不然。上含淳德以遇其下,下怀忠信以事其上,一国之政犹一身之治,不知所以治,此真圣人之治也。'"① 由余使秦在穆公三十四年。司马迁所记穆公跟由余的对话,很能说明问题。穆公问由余说:"中国以诗书礼乐法度为政,然尚时乱;今戎夷无此,何以为治,不亦难乎?"这番话表明,穆公后期,秦人已经渡过建国初较长时期的困境,摆脱了"戎夷"的地位,开始以"中国"自居。穆公言谈之中对"中国"礼乐文化有推崇,也有自诩,证明此时秦国在"诗书礼乐"制度文化建设领域已经取得了相当的成就。此时的秦穆公,显然不再是即位前期"辟远,不与中国会盟"的秦穆公了。这次谈话在早期秦国史上意义重大,它证明在建国将近一百五十年之时,秦文化极大拉近了与拥有四五百年传统,"以诗书礼乐法度为政"的华夏文化之间的距离,大体实现了与西周初年分封诸侯之间的平等对待。

穆公向由余展示"宫室积聚"及其谈话中所表现出的文化自信,在考古发现上可以找到佐证。1981—1984 年发掘的凤翔马家庄一号建筑群遗址,是秦国的宗庙,位于秦都雍城中部偏南,有祖庙、昭庙和穆庙。其各区间,分别承担宗庙的祭祀、燕射、接神、藏祧等功能。其中,朝寝建筑(祖庙)被战国早期祭祀坑打破,东厢(昭庙)出土有春秋晚期器物,说明这一建筑群为春秋中期建造,一直使用到春秋晚期②。雍宗庙遗址的建筑年代正在秦穆公时代③,可见秦国在此时

---

① 《史记》,第 243 页。

② 陕西省雍城考古队《凤翔马家庄一号建筑群遗址发掘简报》,韩伟《马家庄秦宗庙建筑制度研究》,《文物》1985 年第 2 期。

③ 王学理、梁云《秦文化》(文物出版社,2001 年,第 137 页)以为马家庄宗庙为德公所建,然德公在位仅两年时间,似以穆公时期所建更合理。

才开始正式全面行用周礼①。

文献资料亦可证明穆公时代是早期秦国礼乐文化建设的鼎盛时期。《左传·僖公九年》：

> 公谓公孙枝曰："夷吾其定乎?"对曰："臣闻之：唯则定国。诗曰：不识不知，顺帝之则。文王之谓也。又曰：不僭不贼，鲜不为则。无好无恶，不忌不克之谓也。今其言多忌克，难哉。"公曰："忌则多怨，又焉能克。是吾利也。"②

事在穆公九年，大夫公孙枝赋《大雅·皇矣》和《抑》以答穆公问。又《左传·僖公二十三年》记载穆公与晋公子重耳赋诗，时重耳赋《河水》（一说逸诗，一说当为《小雅·沔水》），穆公赋《小雅·六月》③；而《国语·晋语四》记穆公会重耳时先赋《小雅·采菽》《小宛》④。又《左传·文公元年》记载穆公三十四年因崤之战败于晋而赋《大雅·桑柔》以自责⑤。《吕氏春秋·音初》曰："秦穆公取风焉，实始作为秦音。"马非百据此指出："秦之音乐，于古无闻。穆公时，取风西音，作为秦音。秦之有音乐，盖始于此。"⑥ 凡此皆可证明穆公时期秦人对礼乐的重视和提倡。有一件事很有意味。《左传·襄公十四年》载，晋欲拘捕与秦人世世为敌的戎子驹支，驹支一番慷慨陈辞之后，"赋《青蝇》而退"⑦。此时的戎人，与七十年前秦穆公和由余谈话时的所描述的戎人大不相同，这可能正是受到穆公时期秦国礼乐文化建设的影响所致。

---

① 穆公之先，襄公作西畤、文公作鄜畤和陈宝祠、德公作伏祠、宣公作密畤，皆属不合周礼的淫祠。见《史记·秦本纪》《十二诸侯年表》《封禅书》等，《六国年表》则有"君子惧焉"之说。
② 孔颖达《春秋左传正义》卷十三，中华书局，1980 年，第 1801 页。
③ 孔颖达《春秋左传正义》卷十五，第 1816 页。
④ 徐元浩《国语集解》，中华书局，2002 年，第 339 页。
⑤ 孔颖达《春秋左传正义》卷十八，第 1837 页。
⑥ 马非百《秦集史·音乐志》，中华书局，1982 年，第 509 页。
⑦ 孔颖达《春秋左传正义》卷三二，第 1956 页。

据《左传·僖公十五年》，秦晋交战，获晋惠公，起初"舍诸灵台"①。照《秦本纪》的说法，穆公欲"以晋君祠上帝"②。灵台又称辟雍，为射御、礼仪等的教学机构和宗庙祭祀等重大礼仪活动的场所，可见穆公时代对周礼文化的全面实践。穆公三十六年（前624），穆公渡河，封崤中尸，乃作《秦誓》③，这同样是穆公时期秦国的一项重要文化成果。

据《左传·僖公二十三年》，在穆公与重耳赋诗之前，秦将子圉之妻怀嬴送给重耳，重耳表现出不满意，怀嬴对重耳发怒说："秦、晋匹也，何以卑我?"④怀嬴以秦、晋为地位对等的诸侯国，这种慷慨铿锵的话语，代表了穆公后期秦人的文化自信，这在之前是不可想象的。"从公元前770年始建国，到公元前659年秦穆公继位，经过襄公、文公、宁公、出公、武公、德公、宣公、成公八个国君共111年。这期间秦国不能自立于大国之列，谈不上有什么政治影响。"⑤ 因此，穆公时期秦国的"诗书礼乐"制度文化建设极大地提升了秦人的文化自信。

上述考古发现和文献资料证明，穆公时期的确是秦国礼乐文化建设较为繁盛的时期。故可进一步推断，服虔所称"追录先人"的《车邻》《驷驖》《小戎》《终南》诸诗的创作年代当在穆公十五年至三十四年（前626年）这二十年前后。唐初在雍城南三畤原发现的秦石鼓所载十首诗是春秋秦国诗歌的另外一项重要成就。这十首诗是对文公四年营建城邑的记载。关于石鼓文的内容和年代，学术界有多种意见。较早清震钧《石鼓文集注》以为石鼓文所记为文公营邑之事⑥，陈直亦云石鼓文所记为"文公东猎汧渭事"⑦，裘锡圭同意徐宝贵石鼓文年代"当在春秋中晚之际"的看法⑧，张天恩提出作品创作与刻石年代有先

---

① 孔颖达《春秋左传正义》卷十四，第1806页。杜预注："在京兆鄠县，周之故台。亦所以抗绝，令不得通外内。"杨伯峻注："灵台乃秦国之灵台，未必是西周之灵台。当时诸侯亦有灵台，哀二十五年《传》'卫侯为灵台于藉圃'可证。此灵台当在秦都郊外。"[《春秋左传注》（修订本），中华书局，1995年，第359页。]

② 《史记》，第239页。

③ 《史记·秦本纪》，第244页。《书序》以为事在穆公三十三年崤之战失败后（孔颖达《尚书正义》卷二十，阮元校刻《十三经注疏》，第256页）。

④ 孔颖达《春秋左传正义》卷十五，第1816页。

⑤ 林剑鸣、刘宝才《论秦穆公》，《人文杂志》1980年第6期。

⑥ 参见屈万里《先秦文史资料考辨》，台北联经出版事业公司，1983年，第274页。

⑦ 《史记新证》，天津人民出版社，1979年，第11页。

⑧ 裘锡圭《石鼓文整理研究序》，徐宝贵《石鼓文整理研究》，中华书局，2008年，第1页。

后之别①。本文认为，石鼓十诗的年代问题，与上述《车邻》等四首诗有相似之处，大致可以分别为三个层面，即作品所写内容的年代、作品创作的年代和刻石的年代。石鼓十诗洋溢着欢快自信、昂扬向上的情绪，亦当属于穆公中后期之创作②，其目的同样是"追录先人"的功业。只是，不知何种原因，这些诗未能纳入《诗·秦风》。

行文至此，有必要带着上面讨论所获得的认识重新审查一下《秦风》各篇。

《车邻》，《序》曰："美秦仲也。秦仲始大，有车马礼乐侍御之好焉。"③然《蒹葭》序曰："刺襄公也。未能用周礼，将无以固其国焉。"若信从后者，则秦仲时不得有礼乐；若信从前者，则襄公不应受到不能行用周礼的讥刺。郑玄《秦谱》："至曾孙秦仲，宣王又命作大夫。始有车马礼乐侍御之好，国人美之。"④然秦仲之时，秦不过西周之附庸，不得称国人，若称国人，必在襄公始国之后。《车邻》第二章："阪有漆，隰有栗。既见君子，并坐鼓瑟。今者不乐，逝者其耋。"《毛传》："又见其礼乐焉。"《郑笺》："既见，既见秦仲也。并坐鼓瑟，君臣以闲暇燕饮相安乐也。""今者不于此君之朝自乐，谓仕焉，而去仕他国，其徒自使老，言将后宠禄也。"⑤诗之"既见君子，并坐鼓瑟"二句，叙写秦仲君臣并排而坐，鼓瑟笙簧，饮酒言欢，友好融洽，传云"见其礼乐"，似属无稽。故笺有意抛开传所云之"礼"，仅云"君臣以闲暇燕饮相安乐"。诗之"今者不乐，逝者其耋"二句，笺以为此二句说如此和谐的君臣关系值得珍惜，不应该生出"去仕他国"之心。参照郑笺和孔疏的理解，这两句直译过来就是，现在在这儿如果感觉不快乐，要是离开了到其他地方，恐怕到老都会一事无成。可以说，《车邻》一诗既传达了对秦仲草创之功的赞美，也传达了渴望更多士人参与秦人文化建设的期待。据《秦本纪》可知，早期秦国礼遇并大胆任用来自传统东方礼乐国家贤士的国君是秦穆公；由《左传》《礼记·大学》和《史记·孔子世家》等文献记载来看，孔子一派对秦穆公极为推崇，其中重要的缘由就是穆公知人善用；后来李斯上书谏逐客，开篇便以"昔缪公求士"为说，"西取由余于戎，东

① 张天恩《读石鼓文札记两则》，《周秦文化研究论集》，科学出版社，2009年，第307—310页。
② 参见赤冢忠《石鼓文》，明德出版社，1986年，第139—146页。家井真《诗经原意研究》，江苏人民出版社，2011年，第32页。
③④⑤ 孔颖达《毛诗正义》卷六，第368页。

得百里奚于宛，迎蹇叔于宋，求丕豹、公孙支于晋"①，强调他们对于穆公和秦国的不可或缺。故《车邻》极有可能为穆公时期的作品，其创作目的是歌颂秦仲。

据《诗序》，《驷驖》《小戎》《终南》皆"美襄公"，参照前文所论，亦当穆公时期创制以歌颂秦始受封为诸侯的襄公。以上四首可为一组，主于赞美，作品蕴含之情调皆乐观进取而热情昂扬。《无衣》，作品情调亦颇昂扬，跟《诗序》所说"刺用兵"，不太符合，可以暂归入上一组。此诗极可能是鼓励作战的。前贤多以"王于兴师"之王字来推断此诗作年，恐有未当。其实春秋霸主齐桓、晋文之兴兵，都是以周王室为号召的。而穆公之后秦"不复东征"②，故《无衣》亦最可能作于穆公时期。《渭阳》一首，《诗序》称"康公念母"，此说不错，但又说是康公"即位思而作是诗"，恐不妥。《渭阳》一诗情调从容，"悠悠我思"一句足见高高在上的亲和姿态，故此诗极可能是穆公时期以太子的口吻而作，其目的是强化秦晋友好。

《黄鸟》《晨风》《权舆》三首可为另一组，《诗序》皆以为"刺"，主于批判，作品蕴含之情调亦显得悲慨激切。这些作品可能是康公身后，秦人的反思之作，作品言辞激烈，情绪却并不低沉，对秦国仍抱着很大的期望。

《蒹葭》与以上两组作品都不相同，诗中读不出昂扬，亦读不出希望，给人感受最为强烈的只有无奈的徘徊和深沉的绝望。故此诗极可能是《秦风》十篇中最为晚出的作品。

三、《蒹葭》：徘徊于"诗书礼乐"
与"强国之术"之间

与《车邻》《驷驖》《小戎》《终南》和石鼓诸诗的热情洋溢不同，与《黄鸟》《晨风》《权舆》诸诗的悲慨激切亦有不同，《蒹葭》弥漫着深刻的感伤。探明《蒹葭》的创作年代和主旨，还需要对诗歌文本本身和历代具有代表力的解说作全面检讨。对前引《诗序》和《郑笺》的解说，《正义》曰："经三章，皆言

① 《史记·李斯列传》，第 3070 页。
② 孔颖达《春秋左传正义》卷十九，第 1844 页。

治国须礼之事。"兹将《毛传》《郑笺》《正义》对《蒹葭》首章的相关解说疏释移录于下：

"蒹葭苍苍，白露为霜"，《毛传》："兴也。蒹，薕。葭，芦也。苍苍，盛也。白露凝戾为霜，然后岁事成，国家待礼，然后兴。"《郑笺》："蒹葭在众草之中，苍苍然强盛，至白露凝戾为霜，则成而黄。兴者，喻众民之不从襄公政令者，得周礼以教之则服。"

"所谓伊人，在水一方"，《毛传》："伊，维也。一方，难至矣。"《郑笺》："伊当作緊。緊，犹是也。所谓是知周礼之贤人，乃在大水之一边，假喻以言远。"

"溯洄从之，道阻且长"，《毛传》："逆礼则莫能以至也。"《郑笺》："此言不以敬顺往求之，则不能得见。"

"溯游从之，宛在水中央"，《毛传》："顺礼求济，道来迎之。"《郑笺》："宛，坐见貌。以敬顺求之，则近耳，易得见也。"

《正义》："毛以为蒹葭之草苍苍然，虽盛，未堪家用，必待白露凝戾为霜，然后坚实中用，岁事得成。以兴秦国之民虽众，而未顺德教，必待周礼以教之，然后服从上命，国乃得兴。今襄公未能用周礼，其国未得兴也，由未能用周礼，故未得人服也。所谓维是得人之道，乃远在大水一边。大水，喻礼乐，言得人之道乃在礼乐之一边。既以水喻礼乐，礼乐之傍有得人之道，因从水内求之。若逆流溯洄而往从之，则道险阻且长远，不可得至。言逆礼以治国，则无得人道，终不可至。若顺流溯游而往从之，则宛然在于水之中央。言顺礼治国，则得人之道自来迎己，正近礼乐之内。然则非礼必不得人，得人必能固国，君何以不求用周礼乎？"

《正义》："郑以为蒹葭在众草之中，苍苍然强盛，虽似不可雕伤，至白露凝戾为霜，则成而为黄矣。以兴众民之强者，不从襄公教令。虽似不可屈服，若得周礼以教，则众民自然服矣。欲求周礼，当得知周礼之人。所谓是知周礼之人，在于何处？在大水之一边。假喻以言远，既言此人在水一边，因以水行为喻。若溯洄逆流而从之，则道险阻且长，终不可见。言不以敬顺往求之，则此人不可得之。若溯游顺流而从之，则此人宛然在水中央，易得见。言以敬顺求之，则此人易得。何则？贤者难进而易退，故不以敬顺求之，则不可得。欲令襄公敬顺求知礼之贤人，以教其国也。"

《正义》引王肃云："维得人之道，乃在水之一方。一方，难至矣。水以喻礼乐，能用礼，则至于道也。"

根据胡承珙《毛诗后笺》和陈奂《诗毛氏传疏》的意见，参照《毛传》对《白驹》《伐木》之"伊人"、《烈文》《雍》之"维人"的解释，知《毛传》自以《蒹葭》之"伊人"为贤人，故上引《正义》依据王肃的理解对《蒹葭》首章《毛传》的申说并不符合《毛传》本旨，《郑笺》与《毛传》的核心观点没有区别①。

上引是目前能见到的对《蒹葭》最早也是很长时间极具权威性的解说，其中有比附成分，亦有不少合理之处。

首先，《诗序》、毛、郑以《蒹葭》为讽刺襄公不能信用周礼之说，可以完全推翻。如前文所分析的那样，在襄公建国以后很长一段时间，秦国的首要任务是以平王的口头承诺为合法性依据，努力与戎人作战以获得封建国家原本应有的宗周故地。而且，直到文公十六年，秦国势力推进至岐地，始"收周余民有之"，之前秦治下乃本部族之民众，故郑"众民之不从襄公政令者"的说法纯属子虚。相应的，毛、郑以"伊人"为"知周礼之贤人"，以"溯洄""溯游"为"逆礼""顺礼"之说，亦难信从。后世以"伊人"为隐士、朋友或情人之类观点，同样难以成立。王质曰："秦兴，其贤有二人焉，百里奚、蹇叔是也。秦穆初闻虞人百里奚之贤，自晋适楚，以五羖羊皮赎之。因百里而知蹇叔，曰蹇叔之贤而世莫知，使人厚币逆之。所谓伊人，岂此流也邪。凡所讲解者皆不见。"②穆公即位初期，大胆任用来自更早封建诸侯国的百里奚和蹇叔等人，有向东方国家学习以加强政治和礼乐文化建设的理性思考。这些贤人为秦国所用，与《蒹葭》对"伊人"的徒然兴叹大不相同。

其次，后来学者每以毛、郑诸家解说的合理成分为基点提出一些颇有启发性的观点。郑释"在水一方"为"乃在大水之一边，假喻以言远"，其中之"大水"和"远"等字就值得深思。宋人刘克曰："是诗三章之后六句，大抵皆同，

---

① 参见黄焯《诗疏平议》，武汉大学出版社，2013年，第175页。
② 王质《诗总闻》卷六，中华书局，1985年，第114页。

所异者，白露之辞尔。以苍苍之茂，而露遽至于为霜，言变故之骤也。霜之后，岂能复为露哉。后二章言露者，露不能肃杀万物也，谓周道陵迟，王政不纲也。秦居天下上流，视平王迁洛，地势为下。洛邑既为王室，秦之视洛，非宛在水中乎。伊人犹《黍离》之断句，谓'此何人哉'之意，实指平王也。襄公救犬戎之难，故其辞云尔。《蒹葭》亦《黍离》之意，丧乱之后，所见皆此物乎。诗以水起义，蒹葭，近水之物也。洄，水之回复者也，常逆水而上。平王已迁洛，若溯水而上，复图丰镐，则难矣。其义皆以雒邑丰镐而发。"① 清人李超孙曰："按《史记》，犬戎与申侯伐周，杀幽王骊山下，而秦襄公将兵救周，战甚力。周避难东迁雒邑，襄公以兵送周平王。《蒹葭》本襄诗，则水一方者，洛也。伊人者，平王也。溯洄溯游，襄公相从而远送也。李天生曰：周之遗民，不忘故主，思平王之在洛。水一方者，盖言洛也。惟诗人系思不置，故追叙送洛之时，葭苍露白，道里阻长，绘途中之景物，纪阅历之多艰，而平王之系人思者深矣。"② 以上两家以"伊人"为平王虽属无稽，但前者以《蒹葭》寓"丧乱"之思，后者以"蒹葭苍苍""溯洄""溯游"为"景物"和"阅历"，均能启迪人思。河滩"蒹葭苍苍"的"大水"应当是秦与东方勋戚贵族诸侯国的天然分界黄河，而不可能是一般的小河，更不可能是环绕辟雍的水流。诗始曰"在水一方"，复曰"宛在水中央"，一"在"，一"宛在"，其中的况味是极深挚的。郑于此有深刻的理解，其释曰"宛，坐见貌"③，意谓眼睁睁地看着、徒然地看着。后世注家绝大多数释"宛"为好像、仿佛，其实是不对的。曰"在"，是明确的表达，"伊人"就在"大水之一边"，虽然距离很远，但很清晰，只是在诗创作者心理上的距离很远。曰"宛在"，是模糊但却坚定的表达，其所要传递的感受不是渴慕，而是极度冷静的审视和思考，"伊人"徒然地站立在水中央，诗创作者分明是更接近了，能更清楚地看到"伊人"，但却只能徒然叹息，因为在诗创作者看来，"伊人"是不可能真正接近的。

其三，毛、郑等早期解经家最有意义的见解却被后来学者忽略。他们皆以为

---

① 刘克《诗说》卷五，《续修四库全书》第 57 册，第 73 页。
② 李超孙《诗氏族考》卷三，中华书局，1985 年，《丛书集成初编》本，第 52 页。
③ 朱熹《诗集传》"宛在水中央"注："宛然，坐见貌。"（朱熹《诗集传》卷六，第 76 页）按《诗·唐风·山有枢》："宛其死矣，他人是愉。"《毛传》："宛，死貌。"（孔颖达《毛诗正义》卷六，第 362 页）朱熹注："宛，坐见貌。"（朱熹《诗集传》卷六，第 69 页）

此诗与礼乐有关，即此诗与秦人的制度文化建设密切相关，后来注家大多不以为意。试想，《秦风》的其他九篇，所写皆为关涉秦人国家发展、政治诉求和礼乐文化等重大事件①，《蒹葭》怎么可能是一首简单的情诗呢？陈子展指出：

> 《蒹葭》一诗，无疑地是诗人想见一个人而竟不得见之之作。这一个人是谁呢？他是知周礼的故都遗老呢，还是思宗周、念故主的西周旧臣呢？是秦国的贤人隐士呢，还是诗人的一个朋友呢？或者诗人自己是贤人隐士一流、作诗明志呢？抑或我们主观地把它简单化、庸俗化，硬指为爱情诗，说成诗人思念自己的爱人呢？解说纷歧，难以判定。……但觉《秦风》善言车马田猎，粗犷直质。忽有此神韵缥缈不可捉摸之作，好像带有象征的神秘的意味，不免使人惊异，耐人退思。②

诚如所说，"神韵缥缈不可捉摸"的《蒹葭》的确"带有象征的神秘的意味"。此种"象征的神秘的意味"，集中体现在"伊人"两个字上。清人方玉润认为《蒹葭》是"惜招隐难致"的作品，此不确，但他又说："曰'伊人'，曰'从之'，曰'宛在'，玩其词，虽若可望不可即，味其意，实求之而不远，思之而即至者。特无心以求之。"③ 这话很有几分道理。只不过《蒹葭》所欲表达的感情不是"无心以求之"，而是一度有心求之，最终却只能徒然兴叹。苏雪林说："溯洄从之不可，溯游从之，见其宛在水中央而亦不得近。笔法恍惚迷离之至，若写真实的人决不能如此。"④ 可以相信，"伊人"非实指，而是一种象征。那么，"伊人"究竟象征什么呢？

　　吕祖谦曰："此诗全篇皆比，犹《鹤鸣》之类。所谓伊人，犹曰所谓此理也，盖指周礼也。襄公所以未能用周礼者，疑其□尔。若孝公所云，安能邑邑待数十百年以成帝王也。故诗人讽之，以礼甚易且近，特人求之非其道尔。"⑤ 此说招致

---

① 魏源《诗古微》中编之四："《秦风》皆国君之事，无闾巷之风。"（《魏源全集》编辑委员会编《魏源全集·诗古微》，岳麓书社，1989 年，第 533 页）

② 陈子展《诗三百解题》，复旦大学出版社，2001 年，第 467—468 页。

③ 方玉润《诗经原始》卷七，中华书局，1986 年，第 273 页。

④ 苏雪林《诗经杂俎》，第 250 页。

⑤ 吕祖谦《吕氏家塾读诗记》卷一二，商务印书馆，1937 年，第 219 页。

古今学者不少嘲议①。本文认为，吕氏的意见与《诗序》、毛、郑等将《蒹葭》与礼乐联系起来的早期解释一样，洞见了此诗与秦国制度文化建设的内在关联，而且突破了将"伊人"视作具体某某人的旧传统，可视作与朱熹"不知其何所指"意义相当的重要见解，对理解这首诗的内涵有重要的启示意义。魏炯若说："诗里的伊人，一会在水一方，一会在水之湄，一会在水之涘，就只能说成被求的人，而不能说成去求的人。这诗全用比兴，因此难得确解。但写作的人决不会毫无目的，我意此诗写了秦人学文化的艰苦。"② 此说极精。于此，我们不妨作一个大胆的推测，《蒹葭》中"在水一方"的"所谓伊人"，象征黄河对岸的礼乐文化；虽距离不远，欲亲近之却已然知晓最终可能无法与之真正亲近，欲放弃却又不能轻易割舍，只得彷徨又徘徊，感伤又惆怅。以下将《蒹葭》置于穆公之后秦国政治和制度文化建设的进程中进一步思考其确切的内涵，看看上述推测是否存在成立之可能。

穆公时期是春秋到战国中期秦国四百余年发展历史当中最为强盛、最令后人追慕的一个阶段。《史记·封禅书》曰："秦缪公立，病卧五日不寤。寤，乃言梦见上帝，上帝命缪公平晋乱。史书而记藏之府。……其后三置晋国之君，平其乱。"③ 类似记载亦见《赵世家》，即所谓"秦谶"。这种后起的政治预言显然是以穆公时期秦国的强大为背景的。如前所述，穆公在礼乐文化建设和政治外交两方面均富有成效。然而，之后很长一段时间，穆公时期的努力几乎付诸东流。

《左传》有两处对穆公浓墨重彩的记述。一处是《文公三年》，记穆公伐晋，"封崤尸而还"，接着评论说："君子是以知秦穆公之为君也，举人之周也，与人之壹也。孟明之臣也，其不解也，能惧思也。子桑之忠也，其知人也，能举善

---

① 胡承珙《毛诗后笺》卷十一："案传言：逆礼则莫能以至。是本以经文道为道路。下文云：顺礼求济，道来迎之。此道指道阻之道，谓顺礼则其道路渐移而近，由一方而至中央。盖此岸对彼岸为远，至中央则较近矣。是虽人往觊道，实不啻道来迎人耳。因其文义古奥，猝难通晓，自王肃误认传中道字为理道，《吕记》因之，以此诗全篇皆比，犹《鹤鸣》之类，所谓伊人犹曰所谓此理。古人文词质实，断无以人为理者。且此诗不过言逆礼则远而难，顺礼则近而易，虽求道求贤，理本一贯，然经云伊人、云道阻，自当为求贤之路，不得泛以理道言也。"（胡承珙《毛诗后笺》，黄山书社，2014 年，第 578 页）
② 魏炯若《读风知新记》，陕西人民出版社，1987 年，第 394 页。
③ 《史记》，第 1629—1630 页。

也。《诗》曰'于以采蘩,于沼于沚。于以用之,公侯之事',秦穆有焉。"① 另一处是《文公六年》,记"秦伯任好卒,以子车氏之三子奄息、仲行、针虎为殉",接着援引"君子曰"作了大段评论,最后说:"君子是以知秦之不复东征也。"② 此处对穆公有所批评,但也可以视作对秦国武力强国与礼乐建设并举达到顶点而必然衰落的一句谶言。杜预注便说:"不能复征讨东方诸侯,为霸主。"当然,由此也可以明确,去穆公不远的"君子"亦以穆公时期为早期秦国国力的顶点。文献所见秦人赋诗集中于穆公之世,这说明穆公时期既是秦国礼乐文化建设的高峰期,同时也是早期秦国外交活动最为频繁的时期。前 506 年,吴国占据郢都,楚昭王逃亡到随国,申包胥到秦国请求派兵援救楚国。哀公起初拒绝,包胥"立,依于庭墙而哭,日夜不绝声,勺饮不入口七日",哀公答应出兵,"为之赋《无衣》"③。这是典籍所见穆公时期之外秦人赋诗唯一的一次,也是《秦风》为秦人引用唯一的一次。哀公之赋《无衣》并不意味着秦国至春秋末期礼乐文化建设依然繁盛,只能说明穆公之后秦国礼乐建设存在一个逐渐衰颓的过程。穆公嗣子康公"忘穆公之业,始弃其贤臣""忘先君之旧臣,与贤者有始而无终"④,此后秦国国内局势不稳定,国力逐渐减弱。《史记·秦本纪》载孝公元年令对穆公之后秦国国力渐趋衰颓有所表达:

> 昔我缪公自岐、雍之间,修德行武,东平晋乱,以河为界,西霸戎翟,广地千里,天子致伯,诸侯毕贺,为后世开业,甚光美。会往者厉、躁、简公、出子之不宁,国家内忧,未遑外事,三晋攻夺我先君河西地,诸侯卑秦,丑莫大焉。献公即位,镇抚边境,徙治栎阳,且欲东伐,复缪公之故地,修缪公之政令。寡人思念先君之意,常痛于心。宾客群臣有能出奇计强秦者,吾且尊官,与之分土。⑤

孝公令所云"厉、躁、简公、出子之不宁",其时已至战国,令中亦不免有"张

---

① 孔颖达《春秋左传正义》卷十八,第 1840 页。
② 孔颖达《春秋左传正义》卷十九,第 1844 页。此亦见引《史记·秦本纪》,第 245 页。
③ 孔颖达《春秋左传正义》卷五四,第 2137 页。
④ 《晨风》《权舆》诗序。孔颖达《毛诗正义》卷六,第 373、374 页。
⑤ 《史记》,第 253—254 页。

大其辞"之处①，但其中"诸侯卑秦，丑莫大焉"的深沉感慨，必然是就康公以降至战国中期秦国在国际关系中的尴尬境地而发，代表了康公以降历代秦人的共同感受。令称献公重振秦国的志向为"复缪公之故地"，达到穆公"以河为界，西霸戎翟，广地千里，天子致伯，诸侯毕贺"的成就。可见穆公"修德行武"，在大力发展礼乐文化的同时，将秦国疆域推进至"以河为界"，与对岸西周分封的东方诸侯隔河相峙，这在作为地域性国家的早期秦国历史上无疑有着划时代的重大意义，也成了穆公后嗣有为之君企图追逐的光荣而辉煌的梦想。以下结合《史记》和《左传》的相关材料，推测一下穆公之后秦国衰落的几个重要时间点。

《史记·孔子世家》曰："鲁昭公之二十年（前522），孔子盖年三十矣。齐景公与晏婴来适鲁，景公问孔子曰：'昔秦穆公国小处僻，其霸何也？'对曰：'秦，国虽小，其志大；处虽僻，行中正。身举五羖，爵之大夫，起累绁之中，与语三日，授之以政。以此取之，虽王可也，其霸小矣。'"② 这段记载中，孔子对穆公的表彰并不重要，齐景公和孔子都认为穆公之世"国小处僻"，这一措词值得高度重视。据上文，穆公之世是秦建国以后国力最为强盛之时。就在穆公去世的同一年（前621），晋襄公去世，晋人商议继嗣人选，赵盾认为应该立公子雍，理由是雍"好善而长，先君爱之，且近于秦"，"秦大而近，足以为援"③。由此可知，穆公之世，晋人亦视秦为与己匹敌的大国。但此后，"诸侯卑秦"愈加严重，秦国的国际地位每况愈下。

晋楚鄢陵之战前，范文子不欲与楚交战，郤至历数晋惠公时秦晋韩之战、晋襄公时狄晋箕之战、晋景公时晋楚邲之战三次失败的耻辱，认为此次应该与楚作战。范文子说，之前作战是因为"秦、狄、齐、楚皆强，不尽力，子孙将弱"，而现在，"三强服矣，敌，楚而已"④。据此又可知，前575年，距穆公去世不到五十年，秦紧追齐国的步伐，迅即衰落不振。《蒹葭》可能创作于前575前后。

---

① 王国维《秦都邑考》，《观堂集林》，第533页。
② 《史记》，第2303页。
③ 《左传·文公六年》，孔颖达《春秋左传正义》十九，第1844页。
④ 《左传·成公十六年》，孔颖达《春秋左传正义》卷二八，第1918页。

秦景公十八年（前559），晋率领诸侯打败秦国，侵入秦国腹地①。这是穆公身后早期秦国遭受的最为沉重的打击，验证了十六年前范文子"三强服矣"的判断。

然而，文献又有与上述相悖的记载。鲁襄公二十七年（秦景公三十一年，前546），宋执政向戌"欲弭诸侯之兵以为名"，先后到晋、楚和齐，只是告知了秦，各国"皆告于小国，为会于宋"。会盟期间，楚国要求晋楚两国的从国互相朝见，晋执政赵武对向戌说："晋楚齐秦，匹也。"② 虽然在《左传》关于此次弭兵大会的记载当中找不到秦人的一丝声音，而且向戌只是"告于秦"，但从赵武的表述来看，那时秦国似乎仍被视作与晋楚齐地位匹敌的大国。那么，为什么在前522年（秦哀公十五年）却被齐景公和孔子认定为"国小处僻"呢？换言之，如何看待前546年赵武"晋楚齐秦，匹也"的话呢？

在晋人以齐秦国力衰落的前575年至齐景公与孔子谈话的前522年之间，尚有三项相关材料可资对比。其一，前552年，晋栾盈逃亡至楚，冬，晋平公与齐庄公、鲁襄公等在商任会盟以"锢栾氏"，令诸侯不得接纳栾氏。次年，栾盈由楚至齐，晏婴对齐庄公说："商任之会，受命于晋。今纳栾氏，将安用之？小所以事大，信也。"③ 其二，前550年，栾盈返晋，至曲沃，发动叛乱。齐庄公欲伐晋，崔杼谏曰："小国间大国之败而毁焉，必受其咎。"④ 其三，前545年，齐景公准备朝见晋国，执政庆封提出异议，陈文子说："小事大，未获事焉，从之如志，礼也。"⑤ 以上三项材料中，晏婴、崔杼和陈文子皆以为与晋相比，齐为小国。由此可知，前六世纪中叶，秦与齐国一样被诸侯视作小国。故前546年弭兵盟会上赵武"晋楚齐秦匹也"的说法，不过是表达晋国政治要求的外交辞令而已⑥，当时晋国和楚国才是主导国际形势的真正强盛的大国。如此来看，齐景公和孔子以穆公"国小处僻"的唯一理解便是，秦景公三十一年之后的二十余年

---

① 《史记·十二诸侯年表》曰："晋诸侯大夫伐我，败棫林。"《秦本纪》曰："悼公强，数会诸侯，率以伐秦，败秦军。秦军走，晋兵追之，遂渡泾，至棫林而还。"（第768、248页）

② 孔颖达《春秋左传正义》卷三八，第1995页。

③ 孔颖达《春秋左传正义》卷三五，第1974页。

④ 孔颖达《春秋左传正义》卷三五，第1977页。

⑤ 孔颖达《春秋左传正义》卷三八，第1999页。

⑥ 此次弭兵盟会，尽管在赵武的反对之下，楚国后来调整了策略，要求除齐秦之外楚晋两国的其他盟国互相朝见，但晋国的政治利益仍受到很大的损害。（参见童书业《春秋史》，上海古籍出版社，2003年，第237页）

间，秦国事实上已被视作"小国"，齐国的国际地位则与秦国近似。也就是说，"秦穆公国小处僻"并非历史评价，而是孔子等人基于所处时代的现实判断①，是那个时代东方诸侯对秦国的共识，恰恰说明了那时秦国在国际关系中的尴尬处境。这一处境，与秦孝公"诸侯卑秦，丑莫大焉"的表达，显然可以互为印证。

据以上分析，推测《蒹葭》当创作于穆公身后秦国国力衰颓的时期，可能在前575年前后，即穆公死后大约五十年间。这首诗象征地表达了国力衰颓和国际影响力减弱之后，秦人对本国"诗书礼乐"制度文化建设的反思，是《秦风》十首中最后写定的篇章。

四、"强国之术"的回归

《史记·秦本纪》描述孝公时国际关系说："周室微，诸侯力政，争相并。秦僻在雍州，不与中国诸侯之会盟，夷翟遇之。"②《史记·六国年表》于前引穆公"东竟至河，则与齐桓、晋文中国侯伯侔矣"一段文字之后，交代了三家分晋、田和灭齐，接着说："秦始小国僻远，诸夏宾之，比于戎翟。"两处所说正是穆公去世之后到孝公即位之时秦国的状况。历史惊人地相似，这种状况恰好是穆公前期以前秦国的政治外交所处困窘局面的重现。秦国衰落自穆公去世始，齐景公和孔子的讨论，离穆公去世正好一百年，属于《史记·天官书》所说的"百年中变"。在这期间，争霸的力量主要是晋国和楚国，其后又有吴国和越国，而秦国国力则走向衰落，穆公时期秦国在国际关系中的地位此时已经不复存在。

秦穆公之成就霸业，既在于学习中原诸侯的礼乐文化，亦在于秦国之武力。在礼乐与武力之间游移，对地理位置僻处雍州，建国主要靠武力的秦人来说，既

---

① 前529年，晋人出兵，于卫地欲会合诸侯，"将寻盟"，齐人以为"诸侯讨贰，则有寻盟，若皆用命，何盟之寻"。晋叔向对齐人说了一番"存亡之道"的利害，齐人害怕了，于是同意重叙盟约，说："小国言之，大国制之，敢不听从。"（《左传·昭公十三年》，孔颖达《春秋左传正义》卷四六，第2071页）据此似可推测，景公说"穆公国小处僻"，亦反映了齐国对自身国际地位境况的复杂感受。在齐景公与孔子对话的两年后，鲁定公七年（前503），景公乃谋求复兴齐国霸业，最终齐、鲁、郑、卫联合以抗晋。（参见童书业《春秋史》，第260页）
② 《史记》，第253页。

困难重重，举步维艰，又十分尴尬。自襄公至穆公一百多年，秦人凭借自身在武力和"诗书礼乐"制度文化方面的努力，终于获得中原诸侯的承认。不可否认，在秦国强大的过程中，穆公作为领袖的德行、才华、胸怀和魅力起到了至关重要的作用。穆公之后的二百多年，接受了周文化礼乐精神的秦人却逐渐丧失了对东方诸侯在武力上的优势，国力的衰弱，让秦人又重新体验了数百年前始为诸侯时被东方各国视为"夷翟"的滋味，所谓"诸侯卑秦，丑莫大焉"。在遭到东方行用礼乐文化诸侯不断欺凌的情形下，孝公对秦建国之后近三百五十年的历史和文化方面的教训作了认真的思考，最终他决定放弃先君穆公发展"诗书礼乐"文化的追求，改而回复传统，以法家制度化的一整套举措追求国家富强，专心发展军事。孝公的政治抉择是之前秦人在礼乐文化建设和武力强国方面痛苦思考的结果。《蒹葭》一诗大约正是秦人这一痛苦的思想经历最早的曲折反映。

如前所述，景公（前576—前537在位）之世，秦国的国际影响力尚可维持，而在哀公（前536—前501在位）以后，秦国即陷入了权臣掌国、三晋及夷族侵扰、女后擅权的混乱当中渐渐削弱①。到献公即位，开始寻求重新振作秦国国力。献公之子孝公（前361—前338）即位后便继承其父遗志，继续谋求强国之路。孝公广施恩德，接济孤儿寡妇，招募士兵，明确立功受赏的法令。于是有了商鞅变法。商鞅变法有两条基本方针，这就是"内务耕稼，外劝战死"，核心是"修刑"②，以制度化的一整套法令来治理国家。也就是，和平时期国内务必耕种庄稼，发展农业，积累财富；战争时期，鼓励士兵战斗至死。为此，商鞅制订了一系列具体的奖励惩罚措施，明确法令。三年之后，老百姓便适应了新法，秦国面貌有了很大的改变。后来李斯《谏逐客书》高度评价了孝公的治国方略："孝公用商鞅之法，移风易俗，民以殷盛，国以富强，百姓乐用，诸侯亲服，获楚魏之师，举地千里，至今治强。"③"移风易俗"之说很值得玩味。贾谊上疏陈政事的说法则大不相同："商君遗礼义，弃仁恩，并心于进取，行之二岁，秦俗日

---

① 参见马元材（非百）《秦史纲要》第五章《内讧外患之频仍与国势之削弱》，台北大道出版社，1945年。林剑鸣《秦史稿》第六章《秦国奴隶制的衰落》，上海人民出版社，1981年。

② 《史记·秦本纪》，第254页。

③ 《史记·李斯列传》，第3070页。

败。"①"礼义"和"仁恩"正是穆公时期"诗书礼乐"制度文化建设的成果，孝公变法，追求的则是"强国之术"②，从而彻底改变了穆公时期同时发展武力和"诗书礼乐"文化的治国方略，一定程度上回归了穆公之前秦建国伊始一百多年间以武力为主的发展道路。从受封为诸侯至战国中期的发展进程来看，秦国的政治和文化经历了先以"暴戾"强国，后兼以"仁义"，复抛弃"仁义"，回归于"暴戾"的过程③。孝公向"强国之术"或"暴戾"的回归，当与秦国不同时期在华夏文化体系中的地位直接相关，更多地则可能决定于秦作为游牧部族的原生文化。蒙文通《法家流变考》说："商鞅治秦，若由文而退之野，是岂知商君之为缘饰秦人戎狄之旧俗，而使之渐进于中夏之文邪？凡商君之法皆袭秦旧，而非商君之自我作古。"法家思想曾在东方的魏国和楚国有过短暂的实验，但未能成功，却在秦国得以发扬光大，证明法家思想与秦人的性格是相适应的。故蒙文通又推论说："法家之士多出于三晋，而其功显于秦，则法家固西北民族之精神，入中夏与三代文物相渐渍，遂独成一家之说。"④"万物并作，吾以观复"，或许，历史的发展也有其循环往复的宿命。

要之，秦国始受封为诸侯在襄公时，此后很长时间秦所面临的是对戎人作战以巩固国家。要求秦在此时采用周礼，显然是不现实的。《诗序》《毛传》等的解释虽然未必正确，但其中的合理成分说明，《蒹葭》一诗与秦人对"诗书礼乐"制度文化建设的深刻反思有密切的内在关联。秦制成为近年学术界讨论的一个热点问题，本文认为，秦制是华夏文化体系中文化较低的地域国家的痛苦选择。秦人于穆公时期一度在礼乐文化方面取得了足以与领先自己三四百年的东方诸侯相媲美的成就，但是在进一步的竞争当中，在东方诸侯的鄙视和冷遇当中，游牧出身的秦人最终在孝公时期不得不彻底放弃"诗书礼乐"制度文化方面的努力，以更激进的姿态回归了秦建国初一百多年奉行的武力强国路线。《蒹葭》对秦国文

---

① 《汉书·贾谊传》，第 2244 页。
② 《史记·商君列传》："卫鞅复见孝公。公与语，不自知膝之前于席也。语数日不厌。景监曰：子何以中吾君？吾君之驩甚也。鞅曰：吾说君以帝王之道比三代，而君曰：久远，吾不能待。且贤君者，各及其身显名天下，安能邑邑待数十百年以成帝王乎？故吾以强国之术说君，君大说之耳。然亦难以比德于殷周矣。"（第 2694—2695 页）
③ 《史记·六国年表》："秦杂戎翟之俗，先暴戾，后仁义。"（第 829 页）
④ 《古史甄微》，巴蜀书社，1987 年，第 301、304—305 页。

化的反思远在孝公任用商鞅变法之前，可视作秦文化乃至中国文化重大转折期精神世界的缩影。

（原刊于《四川大学学报》2020年第5期，有删节，此系原稿）

作者简介：

孙尚勇，1971年9月生，安徽肥东人。1996—1999年于西北师范大学中文系读硕士，专业为中国古代文学。1999—2002年就读于扬州大学中国文化研究所，完成《乐府史研究》，获博士学位。2003—2005年，四川大学中国文化研究所做博士后。2006—2016年，西北大学文学院任教。期间2007年任副教授，2008年任硕士生导师，2009—2010年任韩国庆尚大学外国人教授，2011年任中文系主任、博士生导师、文学院副院长，2012年评为教授。现在四川大学中国俗文化研究所工作，兼任四川历史名人文化研究中心杜甫研究中心学术委员会委员，四川省杜甫学会理事。主要学术领域为先秦汉唐文学、中国古代音乐文学和佛教文学。发表古代文学相关论文五十余篇；出版专著《乐府文学文献研究》《佛教经典诗学研究》《乐府通论》等；现主持国家社科基金重大项目"中国古代音乐文学通史"。

《山海经》无"古图"说

汪 俊

奇书《山海经》留给后人的谜团真是太多了：它的作者不详，成书时代和过程不详，内容汗漫无际，其性质亦是众说纷纭。关于《山海经》的"图"，晋宋以后渐为人们所提及；明清而降，其以精怪异兽形象为特征的"山海图"更是广为流传，以至一些明清学者也认为《山海经》曾是一部有图有文的书，热心于考证起"山海经图"来。《文学遗产》2000 年第 6 期载马昌仪先生《山海经图：寻找〈山海经〉的另一半》一文，就是继续着前人的这种努力。笔者也对此问题关注多年，但是结论与马先生恰恰相反。我认为《山海经》最初全是文字的描述，不存在所谓"古图"。因为这个问题关系到对《山海经》原初文本形式的判断和理解，前人谓：凡事物必尽其真，而道理必求其是。准此原则，略抒管见，尚祈方家是正。

一、从文献学角度看《山海经》无图

现存最早著录《山海经》的目录书是东汉班固《汉书·艺文志》（以下简称《汉志》），但对《山海经》的编纂整理，则是在西汉末刘向、刘歆父子校书时完成的。《汉志·序》云："成帝时，以书颇散亡，使谒者陈农求遗书于天下。诏光禄大夫刘向校经传诸子诗赋，步兵校尉任宏校兵书，太史令尹咸校数术，侍医李柱国校方技。每一书已，向辄条其篇目，撮其指意，录而奏之。会向卒，哀帝复使向子侍中奉车都尉歆卒父业。歆于是总群书而奏其《七略》。"① 因为有朝廷的大力支持，向、歆父子得以广收天下遗书，著录校雠，考镜源流，论其指归。此次校书参与人员甚多，持续时间甚久，是汉人对先秦文化典籍进行的一次全面系统的整理。向卒，其子刘歆据向《别录》而作《七略》，东汉班固著《汉书》，又据《七略》而成《汉书·艺文志》。今《别录》与《七略》已佚，但我们根据刘向《别录》、刘歆《七略》与班固《汉志》这三者的渊源关系，可以认为《汉志》反映了刘向、刘歆校书的实际成果，是先秦以来至西汉末所有图书典籍的综合性记录，其对上古典籍载录的可信度是非常高的。若细考《汉志》，我们只能得出《山海经》不存在"古图"的结论。

《汉志》著录《山海经》为十三篇。但今据刘歆《上〈山海经〉表》云："所校《山海经》凡三十二篇，今定为一十八篇。"② 此《表》原署名为刘秀。刘歆于西汉平帝时改名为"秀"，其时刘向早已去世。故可知《山海经》的校订，成于刘歆之手。且刘歆所校的《山海经》原有三十二篇，但经其手合并为十八篇，以后班固《汉志》又将它合并为十三篇。这几种最早对《山海经》篇数的描述，对于我们认识《山海经》的本来面目，非常重要。自从汉武帝"广开献书之路"以来，到西汉末年，所收古本极多，《山海经》想必也不例外。所以我们看到，在刘歆手中，《山海经》的篇数由多而少，其据众本整理的痕迹非常明显。刘歆《上〈山海经〉表》说《山海经》"出于唐虞之际"，且云"禹别九州，任土作贡，而益等类物善恶，著《山海经》，皆圣贤之遗事，古文之著明者也。其事质明有信。"③其后又举两事，一为武帝时东方朔对问，一为宣帝时其父刘向对问，所据皆《山海经》。可知他很重视此书。值得注意的是，刘歆《上〈山海经〉表》涉及《山海经》的作者、时代、内容、性质等方方面面，唯独未言及《山海经》有图。作为目录学家，向、歆父子整理典籍，态度非常认真，他们不仅校勘定本缮写清本，而且撰写叙录，在叙录中列写定本篇目次序，交代版本和校订情况，并作内容提要和作者介绍等等，开创了目录学的"叙录体"。今刘向《别录》、刘歆《七略》虽已亡佚，但尚存断句残篇，从中可以考见他们对有图之书的著录情况。兹仅举二例：其一，《史记·殷本纪》裴骃《集解》引刘向《别录》云："九主者，有法君、专君、授君、劳君、等君、寄君、破君、国君，三

---

① 班固《汉书》卷三十《艺文志》，中华书局，2012年，第1515页。

②③ 严可均辑《全上古三代秦汉三国六朝文·全汉文》卷四十，河北教育出版社，1997年，第623页。

岁社君，凡九品，图画其形。"① 其二，《史记·信陵君列传》裴骃《集解》云："刘歆《七略》有《魏公子兵法》二十一篇，《图》七卷。"② 从向、歆父子校书惯例及刘歆对待《山海经》的态度，我们可以断定，若《山海经》有图，他不至于删图存文而不作任何交代。我们再进一步考察，《汉志》著录典籍，有图之书也同样是有所记录的，如《汉志·数术略》著录《耿昌月行帛图》二百三十二卷，又如《汉志·诸子略》"刘向所序六十七篇"下有班固注云："《新序》《说苑》《世说》《列女传颂图》也。"③ 所以，如若《山海经》原为有图之书，即便汉时图已佚失，刘歆及班固亦不至于在其《上表》叙录或注释中毫不提及。这是刘歆以前《山海经》无图的最有力最明显的证据。

《山海经》在《汉志·数术略》中入"形法家"小类。清代学者毕沅据此主张《山海经》有古图，他说："据《艺文志》，《山海经》在形法家，本刘向《七略》。以有图，故在形法家。"④ 毕沅认为班固《汉志》将《山海经》入数术略形法家乃本之刘向《七略》，这个判断是正确的。我们今天可以据此了解《山海经》在汉人知识体系中的位置。汉人是将《山海经》看作巫书的。从文化人类学的角度言，这也许最符合《山海经》的原初本质。《汉志·数术略》云："数术者，皆明堂羲和史卜之职也。史官之废久矣，其书既不能具，虽有其书而无其人。"⑤ 这段话可以解释汉人将《山海经》入数术略的原因。顾实指出："此明数术之学，出于史官，则今之江湖医卜星相之流，皆其苗裔也。然其授受，比诸古史世传，则又迥异也。"⑥ 在上古时代，知识是靠师徒授受而传下来的，若人（传授者）亡而书虽存，其在当时人们知识体系中的地位亦要下降。《汉志》将《山海经》入数术略，正说明此门学问长期以来已处于"有其书而无其人"的境地；若当时有人对其进行专门研究和传授，则《山海经》就有可能入阴阳家而跻身"九流十家"了。但毕沅称《山海经》"以有图，故入形法家"，认为《山海经》入形法家是因为有图的原因，这实际上是他的臆测了。《汉志·数术略·形法家》除

---

① 司马迁《史记·殷本纪》，中华书局，2013 年，第 123 页。
② 司马迁《史记》卷七十七，第 2882 页。
③ 班固《汉书》卷三十《艺文志》，第 1534 页。
④ 毕沅《山海经新校证·古今本篇目考》，光绪十六年学库山房本。
⑤ 班固《汉书》卷三十《艺文志》，第 1565 页。
⑥ 顾实《汉书艺文志讲疏》，上海古籍出版社，1987 年，第 236 页。

《山海经》之外，还收入《国朝》七卷、《宫宅地形》二十卷、《相人》二十四卷、《相宝剑刀》二十卷、《相六畜》三十八卷。以上诸书，未必皆有图。例如《国朝》一书，沈钦韩《两汉书疏证》谓："《隋志》，刘向略言地域，丞相张禹使属朱贡，条记风俗，班固因之作《地理志》。《国朝》者，疑此是也。"① 周寿昌《前汉书注校补》也认为这是志地理之书，所以列之于宫宅地形书之前，班固正是在此基础上作了《汉书·地理志》。但我们知道，历朝正史之《地理志》皆是无图的。故可以推定，《国朝》其书无图。又《相六畜》和《相宝剑刀》，据今考古成果，有若干相术文献出土，如：马王堆帛书有《相马经》、银雀山汉简有《相狗方》、新出居延汉简也有大量相宝剑的内容，但以上新材料皆以文字叙述而无图。且班固又解释"形法"云："形法者，大举九州之势以立城郭室形舍，人及六畜骨法之度数，器物之形容，以求其声气贵贱凶吉。犹律有长短，而各征其声，非有鬼神，数自然也。然形与器相首尾，亦有有其形而无其气，有其气而无其形，此精微之独异也。"② 据此可确知"形法"乃是指堪舆术和相术。《山海经》入数术略形法家并不是因其有图，而只是因为汉人视之为堪舆相术之书而已，而这一类书在汉代大多是没有图的。虽然在东汉有迹象显示，当时人们已将《山海经》视作地理类书，但正式在目录书中将《山海经》归为地理类是《隋书·经籍志》以后的事。班固在书籍的实际归类处理上，将"大举九州之势"的书与相地相人相畜之书并列，就是由地理而涉及山川风物，还是体现了较强的地理意识。但不管怎样，《山海经》的入数术略形法家，与图无涉。

我们还可以从书籍载体的角度，看出《山海经》原来是无图的。刘向校书时，《山海经》最初有三十二篇，经刘歆之手并为十八篇，班固又并为十三篇。其书籍数量皆以"篇"称，说明此书一直以简策形式流传。而常识告诉我们，在简策上作图是颇为困难的。

从史学角度看，前人的"鼎图说"影响最大。《左传·宣公三年》载周臣王孙满答楚王曰："昔夏之方有德也，远方图物，贡金九牧，铸鼎象物，百物而为之备，使民知神奸。故民入川泽山林，不逢不若，魑魅魍魉，莫能逢之。用能协于上下，以承天休。"③ 明代杨慎、胡应麟和清代毕沅、阮元等人，皆据此提出铸

① 陈国庆《汉书艺文志注释汇编》，中华书局，1983 年，第 222 页。
② 班固《汉书》卷三十《艺文志》，第 1565 页。
③ 姚培谦《春秋左传杜注》，乾隆十一年陆氏小郁林刻本。

鼎与"山海经图"的渊源关系。杨慎与毕沅更明确提出"铸鼎象物"所铸即"山海图",因为九鼎亡于秦,故经存而图亡。但是因为没有文献的支持,这些观点也只能看作臆测。先民口碑传闻,虽亦信史,不可轻疑,然亦不可夸饰。实际上,王孙满以此言来回答楚王的"问鼎",明显是带有外交辞令的夸张,强调"有德者有天下"这个命题。今人不可以将其看作是在为楚王补历史课。所以,其所言内容的真实性应该打个问号。

图象百物乃夏人敬天的泛神观念之反映,《左传》此条记载与《山海经》其书或许有观念上的相通之处,说明《山海经》渊源甚远,但二者之间没有直接的关系。铸鼎象物,使民知神奸,是将鼎的功能神秘化、神圣化。古代先民掌握了金属冶炼术之后,青铜礼器尤其是鼎成了礼的观念的重要物质标志,后来又成了权力的象征,为国之重器,如立国称为"定鼎"之类。在此观念的基础上才产生了禹铸鼎象物的传说,最终形成中国人对鼎的特殊情结。这种情结一直延续至今。青铜器上大多有图案,而且极度夸张,或有某种寓意,可给人以山精神怪的联想是肯定的。不过,夏人器用简陋,不可能有"山海图"之铸造。商周以后,青铜铸造术越来越精细,从技术上看,在青铜器上铸图绘形是完全可能的。但是作为"山海图"这部"青铜的书",远非几件十几件青铜器所能完成,它必须是一个庞大的系统工程。若历史上真有其事,肯定会有若干蛛丝马迹遗留下来。可惜史籍既无明文记载(哪怕只字片言),而唐宋以来直至今天,出土古器以千万计,也毫无"山海图"之踪迹。所以,"鼎图说"是难以成立的。且考之《汉志》,"图"的著录,其计数单位皆用"卷",如前引《史记·信陵君列传》裴骃《集解》"刘歆《七略》有《魏公子兵法》二十一篇,《图》七卷"。所以,若真的存在所谓"山海图",那最有可能是帛书。丝帛难以长久保存,地下难有实物发现是情理中事。但是,并非所有帛书皆肯定有图,如前所提及的马王堆帛书《相马经》就无图。退一步说,即便倘有帛书"山海图",那也将是大型图册,非数幅缣帛所能绘成,如此大型图书在古代不可能无人知晓。刘向、刘歆校理群书,收罗极广,亦不可能阙而不提。再退一步说,倘若真的存在帛书《山海经》,则亦必以"卷"来计数,而不是"篇",但从刘向、刘歆到班固,所用恰恰皆是简策本的"篇"。也就是说,用"篇"作单位来计数,从侧面证明了《山海经》不可能有图。

晋代郭璞为《山海经》作注,其《注〈山海经〉叙》云:"此书跨世七代,历载三千，虽暂显于汉，而寻亦寝废。其山川名号，所在多有舛谬，与今不同。师训莫传，遂将湮泯，道之所存，俗之所丧。悲夫！余有惧焉，故为之创传……庶几令逸文不坠于世，奇言不绝于今。"① 此《叙》洋洋千百言，皆围绕"奇言"或"逸文"叙事抒慨，未有一句道及《山海经》有"图"或"佚图"。故亦可知郭璞注《山海经》时，他未见、也不认为《山海经》有"古图"。所以归根结底，认为古《山海经》有图，或《山海经》存在"古图"，是没有任何文献依据的。

二、郭璞是为《山海经》配图的始作俑者

在先秦两汉，无论目录书或其他典籍，均无关于《山海经》"图"的记载，说明当时它确实无图，时人也确实不认为它有图。我们从东汉明帝赐王景《山海经》《河渠书》《禹贡图》一事，恰恰可以知道《禹贡》在汉代是有图的，而《山海经》是无图的。所以笔者以为：《山海经》是古地图的看法纯属猜测，无文献依据。而今人所谓"巫图说""壁画说"，只能用来解释对《山海经》观念之影响或成书之契机，而不是文献学意义上的"山海经图"。最早将《山海经》与"图"联系起来的是晋代两个大有影响的人物：郭璞与陶渊明。实际上始作俑者是郭璞，陶渊明则是以其诗人的影响力在无意中为郭璞之"图"作了有效的宣传。

郭璞多才识，好阴阳五行之说，是两晋著名的堪舆家和相术家，他熟悉被汉人视为堪舆相术之书的《山海经》是很自然的事。《晋书·郭璞列传》载其一生著述云："璞撰前后筮验六十余事，名为《洞林》。又抄京（房）、费（直）诸家要最，更撰《新林》十篇、《卜韵》一篇。注释《尔雅》，别为《音义》《图谱》。又注《三仓》《方言》《穆天子传》《山海经》及楚辞《子虚》《上林》赋数十万言，皆传于世。所作诗赋诔颂亦数万言。"② 据此可知，郭璞还是一位博物学家、语言学家、文学家和文学研究家。他的著述情况有两点值得我们关注：其一，他

① 严可均辑《全上古三代两汉六朝文·全晋文》卷一二一，河北教育出版社，1997年，第1234页。

② 《晋书》卷七十二《郭璞传》，乾隆武英殿刻本。

博学好奇，所注之书如《穆天子传》《山海经》《子虚赋》《上林赋》皆恣肆汗漫之作，非有广博的知识和浓烈的好奇心不能为。其二，他曾为《尔雅》作《音义》《图谱》。《尔雅》是我国第一部词典。所谓"音义"，即为《尔雅》所收词条注音释义，而"图谱"则是为《尔雅》的词条制作插图。《尔雅图谱》不见于目录家著录，但《隋书·经籍志》著录有郭璞《尔雅图赞》二卷。此书今有严可均辑本，或即《晋书·郭璞列传》所载之《尔雅图谱》。联系到《山海经》的"图"，我们可以从中得到一些启发。《旧唐书·经籍志》与《新唐书·艺文志》皆著录有郭璞《山海经图赞》二卷，这也是长期以来一直被人们作为古本《山海经》有"图"的证据之一。但是我们一旦了解到郭璞还为《尔雅》作"图谱"，有《尔雅图赞》传世的事实，就会发现《山海经图赞》恰恰不能作为古《山海经》有图的证据。

真实的历史情况是：郭璞是刘歆以来第一个全面研究《山海经》的人。他所注的《山海经》，是最早的《山海经》注本，他也为《山海经》制作了最早的插图。自从郭璞以后，《山海经》才进入了有"图"的时代。郭璞《山海经图赞》和《尔雅图赞》今佚。但严可均辑《全晋文》时，从《艺文类聚》《初学记》《御览》等书中辑出《山海经图赞》遗文二百六十六条、《尔雅图赞》遗文四十八条。严可均于《尔雅图赞》下有案语云："《隋志》注，梁有《尔雅图赞》二卷，郭璞撰，亡。《旧唐志》复有之，宋以后不复著录。近惟余萧客《古经解钩沉》、邵晋涵《尔雅正义》略采数事，漏落者十八九。张溥本则与《山海经图赞》间杂，绝不区分。今从《艺文类聚》《初学记》《御览》写出四十八篇，依《尔雅》经文先后编次之。"[①] 前代学者为我们作了很好的资料准备。现在我们不妨略加观察《山海经图赞》和《尔雅图赞》的文字，以见郭璞笔下"图赞"的风格：

　　《山海经图赞·犀》：犀头似猪，形兼牛质。角则并三，分身互出。鼓鼻生风，壮气隘溢。

　　《尔雅图赞·犀》：犀之为状，形兼牛豕。力无不倾，吻无不靡。以贿婴灾，因乎角犄。

---

① 严可均辑《全上古三代两汉六朝文·全晋文》卷一二一，第 1235 页。

可见都是以四言六句来解释《尔雅》和《山海经》中的名物，符合古代"赞"
的文体。郭璞之所以不径直称为"赞"而称"图赞"，说明郭璞是既作了赞辞，
又配了插图。我们今天不能据"图赞"二字就想当然地认为《尔雅》原来是一部
有图的词典。《尔雅图赞》并非《尔雅图》之"赞"，而是《尔雅》之"图赞"。
同样，《山海经图赞》并非《山海经图》之"赞"，而是《山海经》之"图赞"。
所以《山海经图赞》不能作为古本《山海经》有图之证据，而只能作为郭璞为
《山海经》配上插图的证据。郭璞开启了为《山海经》配图的风气。此后为《山
海经》配插图的人越来越多，先有南朝梁画家张僧繇，再有北宋人舒雅。王应麟
曰："《中兴书目》：《山海经图》十卷，本梁张僧繇画，咸平二年，校理舒雅铨
次馆阁图书，见僧繇旧踪尚有存者，重绘为十卷，……每卷中先类所画名，凡二
百四十七种。"① 这显然只是画家据《山海经》的文字内容所创绘之图，性质与
郭璞"图赞"类似，只是作图不作赞而已。而且张僧繇与舒雅，一概没有提到有
所谓"古图"。所以，如今虽有若干后出之图，却无法作为古《山海经》有图之
证。而明清以来陆续出现的绘图本《山海经》，只是后世书贾猎奇谋利之所为，
更不能作为古《山海经》有图的证据了。

郝懿行《山海经笺疏序》有云："然郭所见图，即已非古，古图当有山川道
里。今考郭所标出，但有畏兽仙人，而于山川脉络，即不能按图会意，是知郭亦
未见古图也。"② 虽然他正确推断出"郭亦未见古图也"，但属于歪打正着，因为
其"古图当有山川道里"的说法是难以站住脚的。袁珂先生针对此语指出："因
为《山海经》所侧重的仍是在于描述幻想中的神怪，并不在于求实地叙写山川脉
络，故古图无山川脉络的摹绘，也在情理之中，并无足异。"其实，《山海经》既
不可能有描绘"山川脉络"的古图，也不可能有描绘"畏兽仙人"的古图。郝懿
行与毕沅及后来若干研究者，皆以郭璞注文有"亦在畏兽画中""图亦作牛形"
这两句话作为《山海经》有图之证据。但马昌仪先生已经指出，"亦在畏兽画中"
应作"亦在畏兽书中"，"画"与"书"因繁体字形相近而误；且此语并非郭璞
之注，而是出自南宋姚宽，所论极是③。至于郭璞注《南山经》有"图亦作牛
形"之语，笔者以为：《山海经》讲述了大量异鸟怪兽，若准此例，以"图亦作

---

① 王应麟《玉海》卷十五，文渊阁《四库全书》本。
② 郝懿行《嗮书堂文集》卷三《山海经笺疏序》，光绪十年刻本。
③ 马昌仪《山海经图：寻找〈山海经〉的另一半》，《文学遗产》2000 年第 6 期注 1。

牛形"为郭注，则郭璞不应该仅注此一图，但今所见又只有此一处，所以此句与全篇体例不合，很可能是后世增饰之衍文。

通过以上分析，我们就可以理解陶渊明诗"流观山海图"是怎么回事了。因为郭璞所著书"皆传于世"，而陶渊明去郭璞未远，他所"流观"的"山海图"当即是郭璞配了插图的《山海经图赞》，而不是所谓古本有图之《山海经》。其实宋代姚宽就已经指出了这一点，其《西溪丛语》卷下云："'流观《山海图》'，乃《山海经》十八卷，郭璞注本是也。"① 指出陶渊明所观之"山海图"出自郭璞而非古本，这是正确的。可惜他将郭璞的《山海经注》与《山海经图赞》弄混淆了。所以，唐代张彦远《历代名画记》中所提到的"山海经图""大荒经图"之类，也当是郭璞所作的图。因为陶渊明是我国文学史上影响极大的诗人，他既说过"奇文共欣赏"，又说"流观山海图"，人们便误以为真的有所谓"古本《山海图》"，而不察早于陶渊明的郭璞有《山海经图赞》以及他的著作"皆传于世"的事实，遂以诗人之诗句掩盖了目录书的记载，千年而下，引人无限遐想，去寻那根本不存在的"山海经图"。

（原刊于《徐州师范大学学报》2002 年 3 期）

作者简介：

汪俊，1957 年 5 月出生，江苏扬州人。1983 年毕业于西南师范学院（现西南大学）中文系，获文学学士学位；1986 年毕业于西南师范大学（现西南大学）中文系，获文学硕士学位，任教于扬州师范学院。1996—1999 年就读于扬州大学中国文化研究所，完成《两宋之交文学发展的地域性研究》，获博士学位。现为扬州大学文学院教授，2019 年退休。主要研究兴趣在中国古典文献学与唐宋文学领域，主持并完成了国务院批准的重大文化出版工程《中华大典·文学典·魏晋南北朝文学分典》，担任副主编，《三国文学部》《两晋文学部》主编。主持并完成全国高校古委会古籍整理项目一项、省级科研项目一项；独立出版专著一部，在省级以上刊物发表论文数十篇。

---

① 姚宽《西溪丛语》卷下，中华书局，1993 年，第 80 页。

从韩非子"说林"看早期文献的编撰

陈绪平

一、源起：宋人之愚钝与《韩非子》

读子书，我们会发现一个有趣的事情：战国时代，几乎所有愚钝的事情都发生在宋人身上，比如寓言故事"揠苗助长"（《孟子·公孙丑》）、"守株待兔"（《韩非子·五蠹》）、"不龟手之药"（《庄子·逍遥游》）、"智子疑邻"（《韩非子·说难》）、"朝三暮四"（《庄子·齐物论》）、"丁氏穿井得一人"（《吕氏春秋》）等无一不是拿宋人作例子，其中宋人扮演着愚钝、固陋而被世人嘲笑的角色。这是个有趣的现象，至于"为何宋人屡遭揶揄"可以从多角度观察，而我感兴趣的是先秦文献开始关注世俗故事这一点，这是大不同于春秋时期的子学，更不同于早期文献的特色，即世俗故事进入了先秦文学与文献。

我们在阅读《韩非子》过程中，发现《韩非子》中存在一批故事集，即《说林上》《说林下》，凡二篇；《内储说》《外储说》，凡六卷。这些故事集不是偶然得来的，从篇名上看，有意识地搜集这些资料是《韩非子》编纂的一种自觉。当然，故事集等资料性的知识，在其他战国子书中也有，保存这么集中，就要算《韩非子》了，这是子学文体发展经历了春秋语录之后的一大进步。学界对子学的研究热情历代不减，大都从思想史、哲学史诸视角切入，取得了较大的成就，下面我们拟从文体角度，观察《韩非子》一书的内容与体例，以揭示其特色。

关于《说林》，《史记·韩非传》索隐："《说林》者，广说诸事，其多若林，故曰《说林》也。"分上下二篇，上篇汇集故事三十四则，下篇三十七则。内容广泛，涉及历史故事和民间传说等资料。我们认为这是韩非为写作和游说所准备的材料。关于《储说》，"储"是"积储"之意，"说"乃韩非搜集的史实，也包括一些寓言、传闻等故事，考其内容则多是君王治理国家之道，比如"七术"。在体例上，由"经"（先扼要说出主张）和"说"（援引历史故事等进行阐释）两部分组成。因为资料繁复，经过分类编纂，今本《储说》分为内、外篇，内、外又各分上、下，《外储说》又分左、右。

《韩非子》尚有《难言》一篇，陈述臣下进言之难，文章先后枚举历史贤臣事迹，如伍子胥、孔子、管夷吾、伊尹、比干、曹刿……范雎等十几人多角度辩说"君子难言"①。这些历史人物的丰富资料，自然需要有这方面的故事集来提供，单凭口头记诵很难实现。所以，以"说林"为内容的"故事集"是辩士说客呼之欲出的知识需求。

《说难》一篇，与《难言》类，也是在说进言之难，"鉴于此，韩非在深入揣摩人主心理和总结历史教训的基础上提出了一系列进说之术，其中揣摩迎合、纵横捭阖、辩才无碍、巧舌如簧、装聋作哑、胁肩谄笑、溜须拍马、顺风推船、与时逶迤，就说之一术而言，无疑集了战国游谈者的大成"②。当然配合论说也列举了郑武公以及弥子瑕等人的历史故事，前面说到的嘲讽宋人的故事"智子疑邻"即出此篇。按：《难言》《说难》，是带有一定理论总结性质的专论文章，是说客辩士实践成果的结晶，由此我们可以见出当时处士横议的史实。

《难》四篇，难是指辩难，即韩非反驳前人说法，开启了"问难体"的先河，文章在体例上，先引一段已有定论的历史故事，然后由"或曰"引出自己的议论，丝丝相扣，步步为营说出自己的认识。《难势》一篇，是对"势治学说"的问难，是一篇"问难体"专论。文章先讲出尚贤的主张对于慎到"势治学说"的问难，接着是韩非对于这一问难的反驳。文章以"应某人曰""复应某人曰"领起诸段，尧、舜、禹也成了反驳的对象。

《说疑》一篇，该篇乃为人君释疑解惑，人君所疑的对象是五种窥窃君权、惑乱民心的奸臣。文章诸段都是由典故、传说故事、史实构成，可以说是个内容

---

① 王先慎《韩非子集解》，中华书局，1998年，第20页。
② 俞志慧《韩非子直解》，浙江文艺出版社，2000年。

极为丰富的故事集。文中本身即有统计，"此六人者""此十二人者""此六人者""此十五人者""此十二人者"等，尚有未统计的例证若干。如此繁复的"掉书袋"式的引用故事，非要有专门的资料集不可。本篇文章的故事应用，更充分地证明了韩非子"说林体"故事集存在的意义和价值。

以上，我们把《韩非子》一书中集中搜集、使用"故事"的篇目进行了逐一讨论，我们发现：故事集是说客辩士必须有的资料集，"说林体"是战国时代造就的文章样式，它以丰富的知识满足说客的政治外交诸活动。学界研究诸子之学，往往有两个角度，一个角度是以研究子学成书为目标的传统学术研究，包括辨伪、考据、文字训诂等；一个角度是思想史、哲学史角度的学派间比较，乃至纳入世界学术视野下的中西比较。今天，拟从知识层面，从文体学角度切入，看到了另外的风景。

将这个视角推远，可以更好地认识子学文体，比如《论语》是语录体，《老子》是"格言体"，它们都有着久远的学术渊源，而"说林体"是战国说客辩士现实需求下产生的新文体。可以这么说，以儒家学派为代表的私塾办学的兴起，产生了教学教材的需求，在教育推动下，子学实践推动了"六艺"向"六经"的转变；以韩非子为代表的说客辩士的现实需要，产生占有知识资料的需求，子学推动了"故事进入文学"，推动了先秦叙事学的进步。

二、《韩非子》与早期文献

子书关注世俗故事，用其寓意作为例证，来说服君王接纳己见，这是"故事"与"说客辩士"结缘的现实推动力，从这里可以看到一个基本事实，即子书内容与说客活动的联系。究其内容，《韩非子》不同于《论语》的语录体，可以说，《论语》是"记言体"语录，以"子曰"为形式特征，以记载"君子嘉言"为内容，它有着古远的来源；也不同于《老子》，散韵结合的"格言体"。从先秦散文发展史的角度看，《韩非子》同其他战国散文一样，已经发展成为每篇围绕一个主题（或一类主题）进行叙述的单论文章，这迥异于春秋语录。这是它体例上的发展，在内容上，它记载着丰富的故事，包括世俗故事、民间传说等，同春秋子学、早期文献相比，它有着自己的特色，即出现了"说林体"。

　　比较，是认识事物性质的有效办法。在别具特色的《韩非子》与早期文献比较中，就多了一个审视早期典籍的角度，以更好地认识早期文献的性质和形成。从内容上与《韩非子》比较，可以说，早期文献是由王家档案（文书）、君子嘉言组成的，即早期文献的档案（文书）特征。《尚书》表现得最为明显，其文体有"典""谟""训""诰""誓""命"等，其篇名有以国家重臣名篇的，如《盘庚》《微子》等等，由此可以说，一部《尚书》是由王家文书和君子嘉言构成的。《诗经》是周代国家礼乐文化的记录。《周易》是关于预知"国之大事"发生和出现重大事件之后的卜问吉凶。《春秋》是国史，是史官记录下来的国家文书。而到了诸子争鸣的时代，由于礼崩乐坏带来的知识下移，子学在现实需求的推动下，开始关注历史与故事，于是迥异于早期文献的子学文献出现了。

　　《汉书·艺文志》指出《尚书》的著述性质为"古之号令"。可以说《汉志》的认识反映了汉代知识分子对"早期职官"与"早期文体"关联的理解，正如《毛诗传》所揭示的事实："建邦能命龟，田能施命，作器能铭，使能造命，升高能赋，师旅能誓，山川能说，丧纪能诔，祭祀能语，君子能此九者，可谓有德音，可以为大夫。"由此可知：早期文体都是反映族群意志的官方文件，是家国政治的组成部分。关于早期文献的这一特征，《诗经》的成书过程也反映了这一点，相关研究可参王小盾师《诗六义原始》所揭示的基本事实。

　　与之相比，《韩非子》是为游说等政治活动服务而为己而作的，资料性、私人性成为它的追求和特征。这就是早期文献的官学性质与子学著述的私学属性的区别所在。所以，经由诸子之学，来研究早期文献的形成是有意义的，拙文《孔子诗学的文化转向》即揭示了《诗》经由孔子时代，在私学教育教材需求、行人外交"赋诗言志"风尚的推动下，孔子开启了"以义论《诗》"的时代。文章结论：子学推动了《诗》到《诗经》的转变，所以可以说诸子的文化活动推动了早期文献的成书。

　　时过境迁，新的时代需要新的知识，知识承担者开始了新的知识选择，于是有新的文体出现，旧有的文献也发生了性质上的新变，通过《韩非子》"说林体"与早期文献的比较，这个变化就变得格外清晰了。

　　《汉志》以"记言""记事"区分了《尚书》与《春秋》两部经典的性质。其实经过诸子争鸣的时代之后，学术史上的最大变化就是"记言"传统的式微和以史学昌盛为代表的"记事"传统的勃兴。关于"记言"传统的式微，有一个例证："某子曰"的式微。观察早期文献可以发现，记录对话是它们的共同特点，也就是说早期文献主要是记录言语的资料，或记王者之言、或记老人之语、或记君子嘉言，这个传统在春秋时期子学著述中也大量存在，比如《论语》即是记录孔子及其弟子的言说论辩而成书的①。可以说这个"记言"传统，在语句形式上形成了"某王曰""王若曰"②"某君子曰""某子曰"的特色，它代表了庙堂文化的传统，形成了以儒家为代表的"君子文化"。当然这种"记言"传统在其他学派中也有保留，比如《墨子》中就有"子墨子曰"等。到了战国后期，"某子曰"渐渐少了起来，即便在儒家学统中也是如此，如"荀子曰"仅见于《荀子》的《儒效》《疆国》二篇。《韩非子》"说林体"就是这个学理背景下的产物，从这个角度看，《韩非子》"说林体"是早期文献传统的新变，意味着学术史上重视"记事"时代的到来。

三、身份、文献知识与子学文体

总结上面的讨论可以得出以下认识：面对战国时期"处士横议"的现实，作为说客辩士的韩非，收集了《说林》《储说》这类的故事集，作为知识资源储备下来，以方便自己从事政治活动时的言说和论辩，于是有了"说林体"；作为可以书写，具有知识修养的子家，他总结了进言之难，以及进言的策略、方式、技巧等，于是有了《难言》《说难》诸篇；作为辩士，在言说论难中，他意识到论证取胜的关键是运用已有的历史、故事及相关定论，提出新说，即"旧题新说"，于是产生了"问难体"，于是有《难》四篇。

以上揭示了子学文体发生的现实推动力，也看到了子家身份，所知识与所用

---

① 《汉志》曰："《论语》者，孔子应答弟子时人及弟子相与言而接闻于夫子之语也。当时弟子各有所记。夫子既卒，门人相与辑而论纂，故谓之《论语》。"

② "王若曰"，乃商周甲骨文、青铜器铭文，以及《尚书》之《商书》《周书》中较为常见的一个词语。它出现在王发布的"命"或"诰"的前面，起着引领全篇的作用。董作宾、陈梦家、于省吾等前贤有相关研究，今人张怀通又有《"王若曰"新解》，载《历史研究》，2008 年第 2 期。

文体的对应，即可以清晰地看出，说客身份对《韩非子》一书文章体例的深刻影响，换句话说，只要抓住了韩非子的说客辩士身份，也就可以更好地理解为何"说林体"会在此时出现。所以，即使在战国子学时代，一个人的身份也决定了他所面对的资料，他所需要了解和掌握的文献知识，在客观需求的推动下，"时势造英雄"，他的写作才会不同于过去的先贤，创制出与自己身份、知识相对应的文体。同时，这样也就可以理解为何丰富的故事开始在战国典籍中出现，也可以说，说客辩士的论辩活动丰富了先秦叙事学的内容，推动叙事学的发展。

"身份、文献知识与子学文体"，之所以要讨论这个话题，在于韩非与《韩非子》的典范意义可以为我们建立三者的关联。这是一个开放的思路，它同样可以适用于春秋时期的文体研究以及早期官学研究，比如《汉志》主张的诸子来源于王官之学，将每一家子学的渊源都追溯到一个早期官守，这个命题也引发了多种讨论，或认同、或反对，我们是认同《汉志》看法的，本文关于《韩非子》"说林体"的研究结论即是例证①。甚至可以说，这个角度是诸子文体学研究的钥匙。比如，以"子曰"为特点的《论语》是"语录体"，以《老子》韵唱为特色的"格言体"，都是对早期"语"传统的承续。这是个复杂的问题，拟以《论语语录与老子韵唱》为题另写文字。

《说林》《储说》这一类知识资料的汇编，也影响了后世文献编纂实践，刘向董理群书，编纂《说苑》《新序》《列女传》可谓这一传统的延续。由此，从知识编纂的角度看文献的成书，可以见出：为了满足说客辩士的需求，产生了"说林体"故事集；为了满足皇帝阅读需要，产生了《皇览》，后代效仿《皇览》，依据皇家藏书编纂成《艺文类聚》《永乐大典》等大型类书；为了满足皇子学诗需要，于是出现了《初学记》等等。这是中国学术的一个特点，即文献成书的出现是现实知识需求的反映。重视资料收集，是这类典籍的共有特征。综上，研究《韩非子》文本不仅仅可以为我们认识法家提供思想资源，同样在比较的视野下，它帮助我们更好地认识"知识需求"策动下的子家活动，并以之为契机带来早期

---

① 还有一个研究例证，在《韩诗外传研究》中，我们揭示了"传"体例与经师口头传授经旨的联系，即"传"是面向人的注疏，不同于郑玄时代的"注"，面向文本的注解。这也是"身份与文体"研究的又一个例证，详参《韩诗外传研究》，四川师范大学，2010 年硕士学位论文。

文章体制的变化和新文献的编撰。

（原刊于《中华文化论坛》2015 年第 2 期）

作者简介：

　　陈绪平，1980 年生，山东莱芜人，2004 年大学毕业后在某国企参加工作。2007 年辞职进入四川成都狮子山攻读硕士学位（中国古典文献学），师从熊良智先生，2011 年跟随王小盾先生攻读中国古代文学博士学位，2014 年 6 月毕业，旋即进入江西工作。2016 年进入武汉大学中国哲学博士后流动站，在丁四新先生指导下从事汉代经学研究。2020 年 1 月离开吉安，进入江西科技师范大学工作。现主要从事诗经文献研究，先秦两汉音乐文学史、早期文艺思想等领域的研究。特别关心早期经典文献的生成等，有一定的学术理想，有传统文献学训练，有思想史视野。现任江西科技师范大学文学院副教授、硕士生导师，专业负责人，江右文献研究中心主任、研究员。承担博士后面上资助项目 1 项、省级科研项目 3 项，发表核心刊物文章十余篇，出版专著 3 部。联系邮箱为：chenxuping1980@126. com

从清谈的政治功用看"玄学"及"二十四友"的产生

任子田

汉晋清谈按论题可分为三种：一种是桓灵之际猛烈抨击朝政和宦官阶层、类似战国"处士横议"的谈论，但其存在时间非常短暂；一种是发轫于桓灵时期，士大夫用以评价、鉴别人物的谈论，以民间人物评价著称的"月旦评"及汉末《汝颖人物论》《陈仲举、李元礼论》是其代表；一种是自西汉便已在儒学士大夫之间流行的学理讨论，也是整个汉末、魏晋最为流行的谈论活动。这三种清谈均具有强烈的政治功效，并在不同历史阶段发挥着不同的作用：汉末，儒学士大夫利用直接抨击朝政的清议与民间人物评价活动，将儒学这一主流文化从皇权手中抢夺过来，站来文化的高度与宦官抗衡，同时，将学理类清谈作为人物评价的主要标准，实际掌控了朝廷选官用人的权力，奠定了后世门阀政治的文化基础；自魏代开始，儒学士大夫又通过建立"九品中正制"，使流行于民间的人物评价活动制度化、官方化，并继续利用学理类清谈作为人物评价的标准，使自身阶层不断壮大，最终导致儒学世族的产生，以及世族、庶族对立的政治局面。

在儒学士大夫的文化攻势下，皇权或执政者皆在"选官用人"这一核心权力面前处于劣势，这是汉魏执政者不断发动文化运动或提倡其他文化种类以遏制儒学的根本原因。汉末鸿都门学提倡文学、书法，曹操、曹丕提倡法家思想和文学创作等举措均是这一斗争的表现。而正始时期曹氏阵营提倡玄学是此类斗争中最成功的一环。后来，司马氏所代表的世族阶层推翻曹魏政权，建立晋朝，世族所依托的文化底蕴也由儒学变为玄学。但这并未改变清谈的政治效力，世族阶层仍通过控制清谈来掌控选官用人的标准和权力，借以打压外戚、庶族、吴蜀降人等阶层。而后者只得团结起来，试图通过提倡文学来抗衡世族。这便是"二十四友"产生的背景和原因。

一、从清谈的政治功用看文化话语权的社会影响

贯穿东汉的主流文化是儒学，自光武确立四科取士法，皇权便通过各种方式主导了评价学识高下和录用士人的权力，即儒学一直由皇权这一最高权力掌控。时至桓灵，宦官当政，士大夫不满政治现状，开始互相联结，他们凭借累世经学的优势将儒学这一主流文化从宦官代言的皇权手中抢夺过来，并将儒学作为道德文化武器与宦官及其代言的皇权相抗衡。

（一）汉末主流文化与最高权力的分离

士大夫赖以掌控儒学的主要方式是清谈，途经有二：

第一，士大夫利用自身文化优势直接抨击时政，与宦官尖锐对峙，《后汉书》云：

> 先是京师游士汝南范滂等非讦朝政，自公卿以下皆折节下之。太学生争慕其风，以为文学将兴，处士复用。①

士大夫的政治攻势使得"自公卿以下，莫不畏其贬议，屣履到门"②，极大地触动了宦官的利益，也引燃了党锢。虽然党锢使士大夫不再直接抨击朝政，但这个激烈对抗的过程实际起到了整合士大夫阶层之政治联系的作用，也是士大夫开始占有主流文化的标志。

第二，在官方选官制度之外，民间出现了一个以儒学和儒家道德为标准的人物评价体系。汉末涌现出一批堪为士人模范的领袖人物："李元礼风格秀整，高自标持，欲以天下名教是非为己任。后进之士，有升其堂者，皆以为登龙门"③；"陈纪……至德绝俗，与实高名并著，而弟谌又配之。每宰府辟召，羔雁成群，

---

① 范晔《后汉书》卷五三《申屠蟠传》，中华书局，1965年，第1752页。
② 《后汉书》卷六七《党锢传》，第2186页。
③ 徐震堮《世说新语校笺》，中华书局，1984年，第4页。

世号三君，百城皆图画"①。这些士人领袖并非官方指定，而是士大夫之间默认推举的。随着士人领袖的出现，士人评价标准的掌控权也从官方下移至民间，一时间各地涌现出一大批以评价人物著称的士人，郭泰（林宗）、许邵（子将）是其典型。

朝廷选官与民间人物评价的区别在于，前者赋予士人官职，后者赋予士人名声。然"东汉尚名节"②，名声才是决定士人命运的关键因素，其意义显然大于具体的官职，《后汉书》就曾记载晋文经、黄子艾伪装高士，一度导致朝野震动，但终被孔融、李膺识破，"惭叹逃去"的故事③。而荀爽凭借名声仅用不到百日，就完成了从庶民至三公的转变④，更说明名声是仕途的捷径。

士人获得名声的最佳途径便是获得领袖的赏誉，许劭品评曹操便是典型：

> （乔）玄谓太祖曰："君未有名，可交许子将。"太祖乃造子将，子将纳焉，由是知名。⑤

汤用彤先生说："朝廷以名为治，士风亦竞以名行相高。声名出于乡里之臧否，故民间清议乃隐操士人进退之权。"⑥ 当清议的流行左右士人的仕途时，选官这一政治核心权力也随之落入士大夫之手。尤其值得注意的是，士大夫是利用"名声"使人物评价广泛流行的，而名声源于士人的学养水平或儒学赋予的种种崇高道德，因此人物评价活动的流行标志着士大夫成功地占有了儒学这一主流文化；人物评价的实质则是士大夫利用占有主流文化的优势与皇权相拮抗的手段。

（二）汉魏士、庶阶层的对立与人物评价的标准

纯粹探讨学理的清谈也具有强烈的政治功效，由于东汉教育不普遍，"能否

---

① 《世说新语·德行第一》"陈太丘诣荀朗陵"条注引《先贤行状》，《世说新语校笺》，第5页。
② 赵翼著，王树民校证《廿二史札记校证》卷五，中华书局，1984年，第102页。
③ 《后汉书》卷六八《苻融传》，第2232—2233页。
④ 赵翼著，王树民校证《廿二史札记校证》卷五，第104—105页。
⑤ 陈寿《三国志》卷一《魏书·武帝纪》注引《世语》，中华书局，1982年，第2—3页。
⑥ 汤用彤《魏晋玄学论稿》，上海古籍出版社，2005年，第10页。与汤先生持相同观点的还有钱穆，他说："士人在政治、社会上势力之表现，最先则为一种'清议'。此种清议之力量，影响及于郡国之察举与中央之征辟，隐隐操握到士人进退之标准。"《国史大纲》，第176页。

进行学理清谈"遂成为划分儒学士大夫与贫寒庶族的文化标签；清谈的水平也成为鉴别人物的重要标准。且经党锢，直接抨击朝政的清谈不复存在；曹操掌权后，亦曾下令禁止民间人物评价活动；因此，学理类清谈作为"九品中正制"察人的重要标准，遂成为儒学士大夫维系自身利益的关键。

第一，士大夫正是通过"游谈"联结为一个阶层的。皮锡瑞说"游谈起太学"①，太学是东汉经学的中心，它最初是今文经各家传授章句的场所。但在顺帝时期，太学中就出现了"博士倚席不讲，儒者竟论浮丽"②的情况，即太学生对学理的讨论取代了传统的章句教授；时至桓灵，"游谈"进一步发展，士人通过游谈相互结交的意义已远大于探讨学理的意义，乃至有了"京师英雄四集，志士交结之秋，虽务经学，守之何固"③的观念。正因清谈是士大夫之间交游、聚会的内容和主题，汉晋士人才开启了以清谈相互联结的交游模式。

但围绕清谈的交往并非人人可以参与，钱穆说："因为学术环境之不普遍，学术授受有限，往往限于少数私家。"④一方面，教育的不普遍使得通经成为士大夫专有的技能，因此汉末清谈往往只能在"通达儒学"的士大夫之间展开；另一方面，从士大夫耻于和马融交往⑤、皇甫规主动参与党锢⑥等事件看来，士大夫在与宦官激烈斗争的过程中激发出强烈的群体意识和排外性，进一步导致了清谈圈的固化，致使其他阶层很难参与其中，如岑晊就曾因"非良家子"的缘故一度被地方清谈领袖宗慈拒之门外⑦，故汉末清谈是一项士大夫专有的文化活动：士大夫利用专擅儒学的文化优势相互吸引、激励名声，形成"清流"，并借"清谈"不断彰显自身的文化优势、强调自身对儒学这一主流文化的占领，同时排斥、压制其他阶层。因此清谈圈的形成标志着汉末阶层分化局面的开始：一为膺服儒术的士大夫阶层，一为与宦官及皇权相依傍的庶族阶层。两个阶层的激烈对峙导致

---

① 皮锡瑞《经学历史》，中华书局，2008 年，第 114 页。
② 《后汉书》卷三二《樊宏传》，第 1126 页。
③ 《后汉书》卷七六《循吏传》，第 2481 页。
④ 《国史大纲》，第 184 页。
⑤ 马融曾诬陷士人领袖李固，由此被士大夫之族不齿，参《全后汉文》卷六二，严可均《全上古三代秦汉三国六朝文》，中华书局，1958 年，第 814 页。
⑥ 参皇甫规《上言宜豫党锢》，《全后汉文》卷六一，《全上古三代秦汉三国六朝文》，第 807 页。
⑦ 《后汉书》卷六七《党锢传》，第 2212 页。

了"鸿都门学"的产生。

鸿都门学的本质是在选官用人标准方面用"书法""文辞"等文化种类取代儒学，造成了"本颇以经学相招，后诸为尺牍及工书鸟篆者，皆加引召"① 的局面，说明鸿都门学是宦官集团发动的一场旨在推翻儒学正统地位的文化运动。这场运动最大的受益者是庶族阶层，王永平说："从文化取向上而言，'鸿都门学'主要是一个文学艺术群体，其中士子多以辞赋书画等才艺作为进阶之资，而与儒学士大夫以经术、德行为入仕之正途不同。……从阶级而言，'鸿都门学'中大多出自寒微，与入儒学世族不同。"② 鸿都门学的发生从侧面反映出宦官及庶族皆处于士大夫的文化压迫之下，而且这种由文化压迫而产生的阶级压迫一直延续到魏晋。

第二，清谈是汉晋选举制度衡量士人的重要标准和具体执行中的重要依据。自汉末开始，清谈就是士人展现自身才华、获得声誉最为主要的途径，《后汉书》云：

> （赵壹）往造河南尹羊陟，不得见。壹以公卿中非陟无足以托名者，乃日往到门，陟自强许通，尚卧未起，壹径入上堂，遂前临之……陟知其非常人，乃起，延与语，大奇之。谓曰："子出矣。"陟明旦大从车骑，奉谒造壹。时诸计吏多盛饬车马帷幕，而壹独柴车草屏，露宿其傍，延陟前坐于车下，左右莫不叹愕。陟遂与言谈，至熏夕，极欢而去……陟乃与袁逢共称荐之。名动京师，士大夫想望其风采。③

又如李膺叹服于符融的清谈，每听其谈论则"捧手叹息"④。至魏代，史评爰俞"清贞贵素，辩于论议，采公孙龙之辞以谈微理"⑤，评袁侃云："（袁）侃字公然，论议清当，柔而不犯"⑥，说明清谈已然成为评价人物的主要标准。清谈

① 《后汉书》卷六〇《蔡邕传下》，第 1991—1992 页。
② 王永平《汉灵帝之置"洪都门"及其原因考论》，《扬州大学学报》社会科学版 1995 年第 5 期。
③ 《后汉书》卷八〇《文苑传下》，第 2632 页。
④ 《后汉书》卷六八《符融传》，第 2232 页。
⑤ 《三国志》卷二八《邓艾传》注引荀绰《冀州记》，第 781 页。
⑥ 《三国志》卷一一《袁涣传》注引《袁氏世纪》，第 335 页。

之所以对士人具有重大意义，与汉、魏选举制度相关：举孝廉归根结底以士人的名声为标准，九品中正制的本质是汉末民间人物品评活动的制度呈现，二者均缺乏客观的标准，其具体操作大多依赖察人者（上层士人）的态度，并需借助各种形式的人物评价活动。而在人物品评过程中，被评者的学识、道德修养皆可以通过一场"谈论"体现出来；评议者则可将士人的清谈水平视为评价、提携该人的依据。因此无论举孝廉还是九品中正制，虽然在名义上具有种种标准、规则，但在具体执行时却主要采用"听其清谈、览其笃论"①的方式，最终导致"所宠进则任美谈，而不考其绩用"②。且汉魏选举制度具有较强的隐性空间，夏侯玄云："所求有路，则修己家门者，已不如自达于乡党矣。自达乡党者，已不如自求之于州邦矣。"③指出社会关系在制度运行过程中起着非常重要的作用。因此儒学渊源深厚、声气相通的士大夫便成为察举制、九品中正制的最大受益群体。

汉晋选举制度实际在制度层面保障了清谈的合法性，也即保障了儒学士大夫的利益：儒学士人通过清谈掌控了主流文化，又借文化和制度优势不断发展自身势力，终使东汉的"累世经学"发展成为世代传系的世族。

还有一点需要注意，清谈水平与士人的社会影响力、号召力有重要关系。魏高贵乡公曹髦登基后曾广引当代名士进行辩论④，曹髦一心振兴魏氏政权，他在"夏少康与汉高祖优劣论"中极力推崇夏少康，便是以少康自喻的体现。可以想象，在权力丧失殆尽的情况下，曹髦之所以会选择主持清谈，便是寄希望于在清谈中展现自身的才华以获得舆论声望和支持。曹髦的这一举动是符合汉魏时代特点的，清谈自汉末流行以来，便是士人最为青睐的文化活动，综观汉晋士人领袖孔融、夏侯玄、何晏、嵇康、王戎、王衍、乐广、王羲之、谢安等均是清谈领袖，而一旦成为领袖，便会获取足以与政治权力相抗衡的社会影响力和号召力。

总之，清谈既是一项士大夫之间的娱乐活动，又因它是汉魏人才选拔的重要标准和依据而具有强烈的政治效力：清谈的娱乐属性使它不断流行，并成为士大

---

① 《三国志》卷二一，第619页。

② 杨明照撰《抱朴子外篇校笺》（上册），中华书局，1991年，第237页。

③ 《三国志》卷九《诸夏侯曹传》，第295—296页。

④ 《三国志》卷四《高贵乡公纪》记载了高贵乡公与司马望、王沈、裴秀、钟会等人的谈论。（《三国志》，第138页）；钟会《太极东堂夏少康、汉高祖论》亦有类似记载。（《全三国文》卷二五，《全上古三代秦汉三国六朝文》，第1189页）

夫赖以联结的纽带；其政治效力则使其成为士大夫占有主流文化、保证自身阶层世代传系的文化基础。

二、玄学的产生

出身宦官世家的曹操掌权之后，士大夫阶层仍有较强的独立性，清谈领袖在民间仍具有广泛的号召力，孔融便"虽居家失势，而宾客日满其门"①。为了遏制士大夫的势力，曹操、曹丕父子采取了多项政治、文化措施。政治方面，曹操首先下令取缔民间人物评议②。其次是启用庶族士人，政权内部不断涌现出贾诩、蒋济、范桓等庶族之士。再次是制定"崇法抑儒"③"取人以才"④ 等政策。

文化方面，魏氏统治者一度延续"鸿都门学"的做法，招延天下文人，大力提倡文学，希冀用其擅长的文学优势与士大夫相抗，曹丕更提出了"文章，经国之大业，不朽之盛事"⑤ 的著名论断。

但无论是重用法治之才，还是提拔文学之才，魏氏执政者的核心目的是在儒学士大夫主导的"德行"标准之外，另立一种新的人才衡量标准，即"才能"。以上政策均产生了一定的政治效果，而《四本论》的出现更意味着围绕"德行"与"才能"这两个标准，儒学士大夫与魏氏执政者之间的较量持续到明帝甚至正始时期。但魏氏的这些努力终究没能取得成功：那些才能出众、身居高位的庶族几乎无法获得与其官职相匹配的社会声誉，曹丕任用贾诩为太尉便遭到孙权耻笑⑥，吴质是曹丕的重要幕僚，但死后却被谥为"丑"⑦；此外，在当权者

---

① 《三国志》卷一二《崔琰传》注引张璠《汉纪》，第 372 页。
② 参曹操《整齐风俗令》，《三国志》卷一《魏书·武帝纪》，第 27 页。
③ 傅玄云"魏武好法术，而天下贵刑名"，说明曹操当政期间曾提倡法家思想。房玄龄等《晋书》卷四七《傅玄传》，中华书局，1974 年，第 1317 页。
④ 曹操曾三度下令"举贤莫拘品行"，陈寅恪先生说："孟德三令，非仅一时求才之旨意，实标明其政策所在，而为一政治社会道德思想上之大变革"。陈寅恪《金明馆丛稿初编》，上海古籍出版社，1980 年，第 45 页。
⑤ 曹丕《典论·论文》，萧统《文选》卷五二，中华书局，1977 年，第 720 页。
⑥ 《三国志》卷一〇《贾诩传》注引《荀勖别传》云："昔魏文帝用贾诩为三公，孙权笑之。"《三国志》，第 332 页。
⑦ 《三国志》卷二一注引《世语》，第 610 页。

的推动下，文学虽曾在建安年间一度繁荣，但至黄初便难以为继，而至明帝时期宫廷文学进一步没落，且综观魏代诗人，大多是七子之后及嵇康、何晏、王弼等曹氏阵营士人，几乎无儒学士大夫人员，说明魏代文学的衰退与士大夫的抵制有关。

　　总之，自汉末开始，儒学士大夫就非常注重对人物评价标准的掌控，他们不容许在"清谈"之外另立其他标准，社会上一旦出现了其他标准，便会对其进行猛烈抨击或沉默抵制。

（一）魏氏统治者融入清谈与文化话语权的争夺

　　魏氏统治者还有一种更为奏效的策略，即利用权力优势打入清谈内部，这一举措虽没有明确的政策、法令，其开展也似乎不着痕迹，但政治效果却异常明显，并直接促生了玄学，其过程大致分为两个阶段：

　　第一，建安及黄初时期是人才准备阶段。此时曹丕、曹植皆曾亲自写作大量论说文，曹丕更将自己所做《典论》赠与孙权，并召士人刊刻学习①，说明魏氏统治者有意通过著论的方式展现自身谈论水平。除了著书立说，曹丕还组织了大量的清谈活动，著名的"南皮之游"就有清谈的成分，曹丕《与朝歌令吴质书》说："每念昔日南皮之游，诚不可忘。既妙思六经，逍遥百氏……高谈娱心，哀筝顺耳。"② 吴质《答魏太子笺》云："伏惟所天，优游典籍之场，休息篇章之囿，发言抗论，穷理尽微"③。此外，曹丕还组织了很多纯粹的清谈聚会，并吸纳了大量曹氏阵营人员参与，为曹氏阵营培养了一大批清谈人才：如夏侯惠"幼以才学见称，善属奏议……与钟毓数有辩驳"④，夏侯和"与文帝为布衣之交，每宴会，气陵一坐，辩士不能屈。世之高名者多从之游。"⑤夏侯和的社会影响力也从侧面反映出，随着当权者组织的清谈聚会不断进行，士大夫迫于皇权的压力逐渐承认了曹氏成员的谈论水平，打破了清谈活动最初仅限儒学士大夫的局限，为

① 《三国志》卷二《文帝纪》注引《吴历》云："帝以素书所著《典论》及诗赋饷孙权，又以纸写一通与张昭。"《三国志》，第89页；又卷二《文帝纪》注引《魏书》云："论撰所著《典论》、诗赋，盖百余篇，集诸儒于肃成门内，讲论大义，侃侃无倦。"《三国志》，第88页。

② 《文选》卷四二，第590—591页。

③ 《文选》卷四〇，第566页。

④⑤ 《三国志》卷九《诸夏侯曹传》注引《世语》，第273页。

后期夏侯玄、何晏等曹氏阵营士人领袖的崛起做好了铺垫。

第二，魏明帝时期是曹氏阵营的文化反攻阶段。这时曹氏阵营夏侯玄、何晏等人已在清谈圈崭露头角，逐渐成为新兴的清谈领袖，而且曹氏阵营还在朝廷内部发起了旨在进行人物评价的"四聪八达"集团，《三国志》云：

> 当世俊士散骑常侍夏侯玄、尚书诸葛诞、邓飏之徒，共相题表，以玄、畴四人为四聪，诞、备八人为八达，中书监刘放子熙、孙资子密、吏部尚书卫臻子烈三人，咸不及比，以父居势位，容之为三豫，凡十五人。①

四聪八达因"浮华"被罢黜，浮华就是"标榜结交之风……专事批评政治，臧否人物"②，这种行为方式与汉末士大夫的人物评价活动相似，其区别仅是一个在朝堂内部，一个在乡野民间。前文已经论及，能够进行人物评价的往往是士人领袖，且看"是时何晏以材辩显于贵戚之间，邓飏好变通，合徒党，鬻声名于闾阎，而夏侯玄以贵臣子少有重名，为之宗主"③；"（诸葛诞）与夏侯玄、邓飏等相善，收名朝廷，京都翕然"④，就连司马师亦需从中"求名"⑤。一方面，说明至魏明帝时期，曹氏阵营已涌现出一批无论在清谈水平还是社会号召力方面都可与士大夫相抗衡的士人群落。另一方面，上文指出汉末相互结交、标榜是士大夫之间相互联结的行为方式，其他阶层士人如曹操只得"欲为一郡守，好作政教，以建立名誉"⑥。至明帝时期，这种情况完全反转了：相互结交、联结的现象皆发生于曹氏阵营周围，传统儒家士大夫则相对沉默，究此现象的根源是曹氏阵营已掌握了文化主动权。

文化对政治格局产生了重大影响。曹氏阵营在文化弱势时，主要采取拉拢士大夫的做法以求平衡，如曹丕临终授命曹真、陈群、曹休、司马懿四人辅政，其

---

① 《三国志》卷二八《诸葛诞传》注引《世语》，第769页。
② 唐长孺《魏晋南北朝史论丛》，商务印书馆，2010年，第87页。
③ 《三国志》卷二一《傅嘏传》注引《傅子》，第623—624页。
④ 《三国志》卷二八，第769页。
⑤ 《三国志》卷九《诸夏侯曹传》注引《魏氏春秋》云："夏侯玄、何晏等名盛于时，司马景王亦预焉……晏尝曰：……唯几也，故能成天下之务，司马子元是也。"《三国志》，第293页。
⑥ 《三国志》卷一《武帝纪》注引曹操《让县自明本志令》，第32页。

中二人为曹氏宗亲，二人为士大夫宗主，可达到平衡。当取得文化主动权之后，曹氏阵营便开始积极争取政治权力，排斥士大夫阶层，魏明帝病危时，"欲以燕王宇为大将军，及领军将军夏侯献、武卫将军曹爽、屯骑校尉曹肇、骁骑将军秦朗共辅政"①，五人皆为曹氏阵营，虽然在刘放、孙资的斡旋下最终定由曹爽、司马懿二人辅政，达到表面平衡，但正始时期的朝政实际掌控在曹爽手中，并有夏侯玄、何晏等文化领袖辅佐，士大夫的代言人司马懿只得装病避祸。即正始时期政治局面的形成固然与魏氏政权的四代传承有关，也与曹氏阵营掌控文化主动权有直接关系：此时曹氏阵营一方面秉承核心权力，一方面引领文化，在政治权力运行与社会引领力两方面均达鼎盛。

（二）提倡玄学的政治性质及其政治影响

玄学盛于正始，但在明帝时期便已产生。对此，魏明安、赵以武根据玄学名士荀粲死于景初二年断定，玄学实际在明帝执政时期便已产生②。说明明帝时期，曹氏阵营能够掌握思想文化话语权主要是利用玄学改变了儒学的正统地位，以此撼动了世族赖以传系的文化基础。

需要注意的是，玄学并不是何晏等人标新立异的创造，而是对清谈论题的一次合理推进③。玄与儒在学理上并非水火不容，"三玄"之一的《周易》便是儒家经典，西汉大儒扬雄曾仿《周易》作《太玄》，汉末仲长统等不得志的儒士也流露出道家思想倾向。另外，在清谈过程中，士人往往追求更为艰深的论题展现自己的才华，客观推动了清谈论题的不断发展，使儒学范围内的学理探讨走向"精微深奥"的领域④，如杜宽便"意欲探赜索隐"⑤，在这种情况下，学者从关注宇宙本源、思想更为精微的道家吸纳养分已是必然：魏明帝时期，出现了专门

---

① 《三国志》卷一四《刘放传》，第 458 页。
② 魏明安、赵以武《傅玄评传》，南京大学出版社，2006 年，第 121 页。
③ 汤用彤举《易》学发展演变之例以表明思想由儒入道的过程，云："《易》学关于天道，辅之以太玄，在汉末最为流行……汉代旧《易》偏于象数，率以阴阳为家。魏晋新《易》渐趋纯理，遂常以《老》《庄》解《易》。"《王弼大衍义略释》，《魏晋玄学论稿》，第 61 页。
④ 任子田《谈论的兴盛与汉晋思想变迁》，《四川师范大学学报》2014 年第 3 期。
⑤ 《三国志》卷一六《杜恕传》注引《杜氏新书》，第 508 页。

讨论道家思想的著作①；许多儒者也已与"玄"有了联系，如一代大儒皇甫谧便自号"玄晏先生"，并著《玄守论》。正因玄学顺应了时代思想的发展规律，所以它在产生之初并未受到儒学士大夫的猛烈批判。但这并不能掩盖曹氏阵营提倡玄学的政治目的和政治性质。

1. 玄学的产生并非单纯的思想演进，它具有强烈的人为因素

在何晏、王弼等人提倡玄学之前，思想界已有了"玄"的萌芽，但此时的"玄"并非一门专学，且对"玄"的认识大多仍在儒学范围之内；《荀粲别传》云："（荀）粲诸兄并以儒术论议，而粲独好言道"②，说明清谈的话题一度主要以儒学为主，或者说清谈仍是围绕儒学展开的，比如何晏借玄学注《论语》等。道家思想广泛进入清谈，或者说以道家学说为内核的玄学之所以能迅速发展是曹氏阵营人为提倡的结果。玄学的提倡者何晏、夏侯玄、王弼、荀粲③、嵇康等皆属曹氏阵营，且夏侯玄、何晏和嵇康几乎是同一时间分别在朝堂之内和乡野之外打出玄学旗号的，这种时间上的巧合性暗示了曹氏阵营提倡玄学的刻意性。而且玄学在发动之初是拒绝对立势力参与的，这一点可参照嵇康拒交钟会一事，《三国志》注引虞预《晋书》云：

（钟会）闻康名而造之……康方箕踞而锻，会至，不为之礼。康问会曰："何所闻而来？何所见而去？"会曰："有所闻而来，有所见而去。"会深衔之。④

《世说新语·文学第四》云：

钟会撰《四本论》始毕，甚欲使嵇公一见。置怀中，既定，畏其难，怀不敢出，于户外遥掷，便回急走⑤。

---

① 《三国志》云："景初中，下邳桓威出自孤微，年十八而著《浑舆经》，依道以见意。"《三国志》卷二十一，第607页。
② 《三国志》卷一〇《荀彧传》注引何劭《荀粲别传》，第319页。
③ 荀粲娶曹洪女为妻，是曹氏姻亲。
④ 《三国志》卷二一，第606页。
⑤ 《世说新语校笺》，第106页。

《世说新语·方正第六》云：

> 夏侯玄既被桎梏，时钟毓为廷尉，钟会先不与玄相知，因便狎之。玄曰："虽复刑余之人，未敢闻命。"①

上文所引文字或有出入，但综合起来看，钟会曾试图结交夏侯玄，并被夏侯玄拒交则是没有疑问的。钟会是魏代颍川的儒学世族，太傅钟繇之子，钟毓之弟。钟毓与何晏素有纷争，还是夏侯玄的主审官，可见钟繇家族是司马氏夺权的核心力量之一。钟会是明帝、正始时期儒学士大夫的领袖，他在文化上最为重要的贡献便是在《四本论》中与傅嘏站在"才性和同"的角度，也即坚持士大夫的立场，认为儒学范畴的"德性"与士人"才能"是一体的②。钟会虽未被曹氏阵营的嵇康接纳，却与另一儒学世族傅嘏深交。"景王疾甚，以朝政授傅嘏"③，傅嘏是司马氏阵营的核心成员，也是士大夫阶层的精神领袖，他始终坚持儒学立场并影响了同宗后辈傅玄、傅咸等人。与钟会不同，傅嘏不愿与夏侯玄等结交④，裴松之注《三国志》说：

> 臣松之案：《傅子》前云嘏了夏侯之必败，不与之交，而此云与钟会善。愚以为夏侯玄以名重致患，衅由外至；钟会以利动取败，祸自己出……《傅子》此论，非所以益嘏也。

裴松之批判傅嘏"识人说"，指出傅嘏一方面抨击夏侯玄，预言其必将身败名裂；一方面大力赞誉钟会，并与其深交，但殊不知钟会最终也走向覆灭。但裴松之认为傅嘏的行为出于"爱憎"则并不准确，傅嘏的态度实际上是由政治立场

---

① 《世说新语校笺》，第 157 页。
② 前贤已充分讨论了《四本论》的政治含义，参陈寅恪《书〈世说新语〉文学类"钟会撰四本论始毕"条后》，载《金明馆丛稿初编》。
③ 《三国志》卷二一《傅嘏传》注引《世语》，第 628 页。
④ 傅嘏评夏侯玄、何晏等人云："泰初志大其量，能合虚声而无实才。何平叔言远而情近，好辩而无诚，所谓利口覆邦国之人也。邓玄茂有为而无终，外要名利，内无关钥，贵同恶异，多言而妒前；多言多衅，妒前无亲。以吾观此三人者，皆败德也。远之犹恐祸及，况昵之乎？"（《三国志》卷二一《傅嘏传》注引《傅子》，第 623—624 页）

决定的：正始时期玄、儒两个阵营的对立表面是学术、喜好的分歧①，实质则是曹氏阵营与士大夫阶层的政治对立。因此，曹氏阵营拒绝钟会意味着排斥对立阶层参与玄谈；士大夫精英傅嘏不愿结交夏侯玄、排斥玄学，则体现出士大夫捍卫儒学文化阵地的政治色彩。以上史实从侧面反映出，提倡玄学并非单纯的学理推进，更是一场关乎阶层命运的文化博弈。

2. 在玄学产生的过程中出现了非毁儒家的行为和言论

夏侯玄、何晏等身居要职，行为不便"逾礼"；处身世外的"竹林士人"则可没有顾虑，现今学者大多认可"竹林七贤"具有造势扬名的功利性质，而扬名的手段则是提倡玄学和蔑视礼法。阮籍最为典型，他是挑战儒家礼法的先行者，坚决践行了"魏文慕通达，而天下贱守节"②，积极挑战士大夫坚守的"儒学道德底线"，使裸袒、放诞成为一时风流。在司马氏掌权之后，阮籍如此作为应出于"避世""避祸"的思想；但这些行为出现在曹氏阵营占政治优势的正始时期，便无法用"避祸"来理解，只能说明是具有政治针对性的刻意为之。阮籍蔑视礼法的行为并非偶然，明帝和正始时期还产生了许多非毁儒学乃至圣人的言论，比如稽康"非汤武而薄周孔"③，荀粲"六籍虽存，固圣人之糠秕"④ 等，而更具代表性的则是刘陶，《三国志》云：

> （刘）陶字季冶，善名称，有大辩。曹爽时为选部郎，邓飏之徒称之以为伊吕。当此之时，其人意陵青云，谓玄曰："仲尼不圣。何以知其然？智者图国；天下群愚，如弄一丸于掌中，而不能得天下。"……爽之败，退居里舍，乃谢其言之过。⑤

刘陶是在曹氏阵营占优势时崭露头角并诽谤儒学乃至孔子的；而在儒学士大

① 《三国志》卷一〇《荀彧传》注引何劭《荀粲别传》云"（傅）嘏善名理而粲尚玄远，宗致虽同，仓卒时或有格而不相得意"（第320页），说明两个阶层在玄学提倡之初是无法顺利沟通的。
② 《晋书》卷四七《傅玄传》，第1317页。
③ 戴明扬《稽康集校注》卷二，人民文学出版社，1962年，第122页。
④ 《三国志》卷一〇《荀彧传》注引何劭《荀粲别传》，第319页。
⑤ 《三国志》卷一四《刘晔传》注引《傅子》，第449页。

夫取得政治胜利之后才为他的言论道歉。可见曹氏阵营实际包庇并利用了刘陶攻击儒学及孔子的言论。从刘陶发论乃至道歉的角度看，其行为更多的是迎合政治需要，而非单纯的学理讨论。曹氏阵营在提倡玄学过程中产生的这些非毁儒学的言行，是提倡玄学具有政治针对性的另一例证。

3. 提倡玄学的政治影响

如果战争、政变属于"明争"的范畴，曹氏阵营提倡玄学这一文化行为则属于"暗斗"的范畴，这项文化攻势没有明确的主张、纲领，也没有被史书直接记载。但提倡玄学的政治性质仍能从其政治影响中考见，即当没有材料可以直接表明事物发生动机时，应对事物发展的结果加以考察：提倡玄学具有广泛而深远的政治影响，一是分化了士大夫阶层，二是为提拔任用庶族创造了文化条件，三是为庶族的世系传承创造了必要的文化基础。这三点都极大地触动了儒学士大夫的利益；反而进一步巩固了曹氏阵营的文化优势，对曹氏阵营掌控选举权乃至掌控朝廷政权都有重要的影响。

第一，从上文钟会试图交往嵇康一事看来，许多士大夫在曹氏阵营文化、政治取得优势时试图借玄学主动向曹氏阵营"示好"，除了钟会，较为著名的有荀粲、王戎、袁宇、阮籍等，他们放弃了儒学立场，进入玄学领域。对于这些涉入玄学的士大夫，虽然没有直接史料表明他们的选择出于政治动机，但显然他们与曹氏阵营的关系更为密切，以荀粲为例：荀粲娶曹洪女为妻，是曹氏阵营的重要成员，史载"夏侯玄以贵臣子少有重名，为之宗主，求交于敔而不纳也。敔友人荀粲，有清识远心，然犹怪之"①。阮籍因与嵇康等曹氏阵营士人关系密切而终身未曾参与司马氏事务。王戎则更像一名投机者，在曹氏阵营政治占优时参与竹林之游获得高名，之后又借家势转而成为司马氏的核心成员。

司马氏夺权导致"同日斩戮，名士减半"②，为什么司马氏在掌控政权的时候要屠戮"名士"呢？显然这里的"名士"是参与到曹氏阵营的"文化"之士，虽然我们无法详考"减半"的士人名单，但根据上文的论证，可以相信"减半"的名士一定由两部分士人组成：一是曹氏阵营士人或者依靠玄学参与曹氏阵营的庶族；一是通过玄学投奔曹氏阵营的士大夫阶层。说明曹氏阵营提倡玄学在思想

---

① 《三国志》卷一〇《荀彧传》注引何劭《荀粲传》，第319页。
② 《三国志》卷二八《王凌传》注引《汉晋春秋》，第759页。

文化领域，乃至政治势力归属层面上分化了士大夫阶层。

第二，提倡玄学改变了儒学在思想文化界的主流地位，导致清谈以及人物评价活动不再以儒学为中心，从而摧垮了儒学士大夫赖以联结、传系的文化基础；同时意味着曹氏阵营在选官用人方面建立起一种新型评价标准：士人开始借助新兴的玄学展示自己的才华，并借此进仕。玄学在初兴之时，并非儒学士大夫的擅场，寒门庶族亦可凭借玄学跻身名士行列；且曹氏阵营素有联合庶族的政策，提倡玄学有助于曹氏阵营"名正言顺"地选用庶族，这必然对儒学士大夫的利益造成极大冲击。

正始时期的史实是：何晏在典选期间大量选用庶族，《三国志》评价何晏选举云"群官要职，皆置所亲""何晏选举不得人"①，与此观点相反，傅咸则在针对晋朝选举不重视寒素的奏疏中云"正始中，任何晏以选举，内外之众职各得其才，粲然之美于斯可观"②，可见陈寿是站在司马氏的立场对何晏提出批评的，这些批评并不一定符合历史，正始时期的史实是：何晏大量任用寒庶并严重影响了世家大族的利益，说明傅咸的评价更为客观。在以谈论为主要人物评价标准的背景下，玄学无疑为曹氏阵营提拔庶族创造了合理的依据。

山涛与乐广便是曹氏阵营借玄学培养的两名庶族。山涛"早孤，居贫，少有器量，介然不群。性好《庄》《老》"③；乐广"父方，参魏征西将军夏侯玄军事。广时年八岁，玄常见广在路，因呼与语，还谓方曰'向见广神姿郎彻，当为名士。卿家虽贫，可令专学，必能兴卿门户也'……王戎为荆州刺史，闻广为夏侯玄所赏，乃举为秀才"④。两人的不同经历代表了曹氏阵营培养庶族士人的两种方式，一种是积极笼络思想向玄学倾斜的庶族士人；一种是大力引导、培养庶族后进参与玄学。经曹氏阵营的提拔，山涛与乐广皆成为晋代著名的士人领袖，此外竹林七贤中的向秀、刘伶亦出身不显，但也都成为士人领袖。这种大量庶族成为文化领袖的现象在注重门第的汉晋时期是绝无仅有的，是曹氏阵营提倡玄学并借玄学培养庶族士人的结果。

第三，提倡玄学为庶族的世系传承创造了必要的文化保障，有助于曹氏政权

---

① 《三国志》卷九《诸夏侯曹传》，第 286 页；又该传注引《魏略》，第 288 页。
② 《晋书》卷四七《傅咸传》，第 1328 页。
③ 《晋书》卷四三《山涛传》，第 1223 页。
④ 《晋书》卷四三《乐广传》，第 1243 页。

长期借助庶族力量遏制儒学士大夫的势力。在正始之前，虽然少数庶族能够凭借治世之才身居宰辅，却很难具备与其官职相匹配的社会声誉；而且庶族（除皇族以外）很难传系，往往第一代成就显著，其后代却罕难踪继，无法形成累世传袭的"世家"。原因便在于庶族处于士大夫的文化压迫之下，无法在文化领域建立社会声誉或凭借某种文化相互联结，缺乏进入仕途、跻身一流士人行列，乃至形成政治联合体的文化条件。但对玄学的提倡改变了这一情况，并在根源上创造出有利于庶族发展和传系的文化种类。随着玄学的产生，汉末以来形成的"大夫宗经义、阉宦尚文辞"①的文化格局发生了重大改变：在玄学产生之前，"经义"属于"性"的范畴，是士大夫的文化标签，代表主流文化，其载体是清谈；"文辞"等其他文化种类属于"才"的范畴，是宦官及庶族的文化标签，其载体是诗文等艺术作品。但自玄学开始流行，"性"的内涵发生了由儒入道的转变，士大夫对"性"的垄断也随之打破，因此上文所举山涛、乐广等许多庶族之士得以凭借"玄学"跻身一流士人行列。而且从西晋世族大多转向玄学并"以玄传家"的情况看来，玄学完全可以成为世系传承的文化根基。历史不存在假设，但如果司马氏没有取得政治胜利，曹氏继续执政并继续执行笼络庶族的政策，那么随着时间的推移，庶族阶层亦可凭借玄学获得维系阶层政治联系以及保证阶层世系传承的文化保障，这必然会对汉以来膺服儒术的世家大族造成严重冲击。可以想见，在政治激烈对抗的正始时期，这样的效果正是何晏、夏侯玄等提倡玄学的政治期待。

　　总之，玄学的兴起并非单纯的思想演进，而是一场在世族与庶族对立的背景下，由代表庶族利益的曹氏阵营发起的文化运动，这场运动有着明确的目标，但在那个时代却无法公开，只能靠后人根据当时的政治局势和政治斗争的特点归纳得出。

三、二十四友

　　正始十年，司马氏发动政变，实际掌控了政权，随后建立晋朝。政局的变革

---

① 《金明馆丛稿初编》，第42页。

并未撼动玄学的主流文化地位。东汉以来的儒学世族也逐渐转变成玄学世族，继续掌控文化话语权和人物评价权力，并借以打压其他阶层。

（一）二十四友的文化、政治背景

刘孝标注《世说新语》"袁伯彦作《名士传》成"条列举了魏晋最为著名的玄学人物：

> （袁）宏以夏侯太初、何平叔、王辅嗣为正始名士，阮嗣宗、嵇叔夜、山巨源、向子期、刘伯伦、阮仲容、王濬冲为竹林名士，裴叔则、乐彦辅、王夷甫、庾子嵩、王安期、阮千里、卫叔宝、谢幼舆为中朝名士。①

《名士传》是袁宏受东晋玄谈与人物品评之风影响而作的，体现了东晋士人对玄学先辈的憧憬。所列"竹林名士"中除了嵇康、阮籍两人，以及所有的"中朝名士"皆为西晋的玄学领袖。西晋玄学名流虽不似二十四友具有明确的组织和成员，但隐然联结成了一个以玄谈为主要活动的士人群落，除了袁宏所举之人，西晋最为著名的玄学名士还有世族出身的和峤、裴𫖮、王济、王澄等；以及庶族出身的乐广②。这些玄学名士大多出身东汉以来的世家大族，如王戎、王衍属琅琊王氏，裴秀、裴楷为河东裴氏，皆是西晋最为著名的世族门第；同时也是西晋引领风流的士人领袖，史载：裴秀"声盖朋僚，称为领袖。（裴）楷则机神幼发，目以清通。俱为晋氏名臣"③；王衍"兼声名藉甚，倾动当世……朝野翕然，谓之'一世龙门'矣。累居显职，后进之士，莫不景慕放效"④；乐广"与王衍俱

---

① 上列中朝名士顺序为：裴楷、乐广、王衍、庾敳、王承、阮瞻、卫玠、谢鲲。徐震堮《世说新语校笺》，中华书局，1984 年，第 146 页。

② 《晋书》云："（乐广）父方，参魏征西将军夏侯玄军事。广时年八岁，（夏侯）玄常见广在路，因呼与语，还谓方曰：'向见广神姿朗彻，当为名士。卿家虽贫，可令专学，必能兴卿门户也'。方早卒。广孤贫，侨居山阳，寒素为业，人无知者……裴楷尝引广共谈，自夕申旦，雅相钦挹，叹曰：'我所不如也。'王戎为荆州刺史，闻广为夏侯玄所赏，乃举为秀才。"房玄龄等《晋书》卷四三《乐广传》，第 4 册，中华书局，1974 年，第 1243 页。

③ 《晋书》卷三五《裴楷传》，第 4 册，第 1053 页。

④ 《晋书》卷四三《王衍传》，第 4 册，第 1236 页。

宅心事外，名重于时。故天下言风流者，谓王、乐为称首焉"①；卫玠"妻父乐广，有海内重名，议者以为'妇公冰清，女婿玉润'"。② 在他们的引领下，"后进之士，莫不景慕放效"，玄谈之风很快蔓延四海，足见他们的社会地位和声誉。

　　除了引领风流，玄学名士还掌控选举，这一点与汉魏的情形也是一致的。第一，玄学名士在朝中大多地位显赫，更有许多人曾直接负责过朝廷的选举工作：山涛多年负责选举，并以其典选期间的《山公启事》著名于世③；王戎、王衍、裴楷、裴頠、乐广、庾敳等人也都先后直接负责过吏部④。第二，除了在朝中主导选举外，玄学名士在民间还具有品鉴人物的权力⑤。如王戎得知乐广曾被夏侯玄赏识便提携他成为玄学领袖，并最终使他身居高位⑥。第三，人物鉴别的主要方式仍为听其清谈，王济品议王湛的例子堪为典范，《晋书》云：

　　　　济尝诣湛，见床头有《周易》，问曰："叔父何用此为？"湛曰："体中不佳时，脱复看耳。"济请言之。湛因剖析玄理，微妙有奇趣，皆济所未闻也。济才气抗迈，于湛略无子侄之敬。既闻其言，不觉栗然，心形俱肃……乃叹曰："家有名士，三十年而不知，济之罪也。"⑦

　　"家有名士，三十年而不知，济之罪也"说明士人领袖以人物鉴别为己任，而评议的标准仍为清谈。此外，与汉魏情形一致，玄学也成为西晋世族压迫其他阶层的工具。

　　史载王戎"自经典选，未尝进寒素，退虚名，但与时浮沉，户调门选而

---

① 《晋书》卷四三《乐广传》，第 4 册，第 1244 页。
② 《晋书》卷三六《卫玠传》，第 4 册，第 1067 页。
③ 《晋书》云："涛所奏甄拔人物，各为题目，时称《山公启事》。"《晋书》卷四三《山涛传》，第 4 册，第 1226 页。
④ 各参《晋书》本传。
⑤ 史称王戎"有人伦鉴识"（《晋书》卷四三《王戎传》，第 4 册，第 1235 页）；王衍"有重名于世，时人许以人伦之鉴"，《晋书》卷四三《王衍传》，第 4 册，第 1239 页；任恺"素有识鉴"，《晋书》卷四五《任恺传》，第 4 册，第 1287 页。此类例子繁多，不胜枚举，大体玄学名士皆具有"鉴别人伦"的能力。
⑥ 《晋书》卷四三《乐广传》，第 4 册，第 1243 页。
⑦ 《晋书》卷七五《王湛传》，第 7 册，第 1959 页。

已"①。晋朝是中国著名的门阀时代，掌管选举的玄学名士往往出身世家大族，代表世族利益，因此他们在负责选举时不可能站在庶族或吴、蜀降人的立场上。西晋一朝对庶族的选录少之又少，即便选录，他们也很难取得显赫的职位，乃至出现"上品无寒门，下品无势族"②的现象。在以"清谈水平"为主要鉴别标准的背景下，代表世家大族利益的玄学名士往往采用两种方法压制其他阶层：一是控制交友范围，二是垄断清谈的话语权。

第一，汉晋之际通过控制交友范围来凸显社会地位是一较为普遍的现象，如袁绍曾"隐居洛阳，不妄通宾客，非海内知名，不得相见"③，刘伶"澹默少言，不妄交游"④。这种不妄交游的行为又称为"简贵"，如荀粲"简贵，不能与常人交接，所交皆一时俊杰"⑤，何劭"骄奢简贵，亦有父风"⑥，刘漠"以简贵称"⑦等。所谓人以类聚，士人可以通过只结交与自己出身、地位相等的人来维护自身的地位和声望。

魏晋时期的士人团体也往往通过控制交游人数来保持甚至增加自身的声望，《晋书》云：

（阮籍）子浑，字长成，有父风。少慕通达，不饰小节。籍谓曰："仲容已豫吾此流，汝不得复尔！"⑧

《世说新语》云：

王丞相过江，自说昔在洛水边，数与裴成公、阮千里诸贤共谈道。羊曼

① 《晋书》卷四三《王戎传》，第4册，第1234页。
② 《晋书》卷四五《刘毅传》，第4册，第1274页。
③ 《三国志》卷六《袁绍传》注引《英雄记》，第1册，第188页。
④ 《晋书》卷四九《刘伶传》，第5册，第1376页。
⑤ 《三国志》卷一〇《荀彧传》注引刘邵《荀粲传》，第2册，第320页。
⑥ 《晋书》卷三三《何劭传》，第4册，第999页。
⑦ 刘孝标注《世说新语·赏誉》"洛中雅雅有三嘏"条引《晋后略》，《世说新语校笺》，第237页。
⑧ 《晋书》卷四九《阮籍传》，第5册，第1362页。

曰："人久以此许卿，何须复尔？"王曰："亦不言我须此，但欲尔时不可得耳！"①

可见"竹林之游"和"洛水之会"均有意控制自身的范围并严选参与者来保持自身的社会地位及影响力，促使名士的交游范围趋于稳定，并由此形成了具有一定排他性、较为稳固的士人群落。该群落的稳定也就成了庶族等其他阶层进取的一道无形屏障。

第二，控制交游人数的方法有时并不能奏效，因为士人聚会往往不能预先设定好参与人员，名流亦无法将登门拜谒者拒之门外，如此"不与结交"就不可能实现了。这时，玄学名士则会通过掌控清谈话语权来掌控人物品鉴活动，并达到排斥其他阶层的目的。二陆入洛后的遭遇具有典型性：出身东吴世族的陆氏兄弟来到中原后，希望通过得到中原上层士人的赏识来获得名誉，但二人的求誉之旅并不顺利，《世说新语》云：

陆机诣王武子，武子前置数斛羊酪，指以示陆曰："卿江东何以敌此？"陆云："有千里莼羹，但未下盐豉耳！"②

又云：

陆士衡初入洛，咨张公所宜诣，刘道真（宝）是其一。陆既往，刘尚在哀制中。性嗜酒，礼毕，初无他言，唯问："东吴有长柄壶卢，卿得种来不？"陆兄弟殊失望，乃悔往。③

又云：

卢志于众坐问陆士衡："陆逊、陆抗是君何物？"答曰："如卿于卢毓、

---

① 《世说新语校笺》，第346页。
② 《世说新语校笺》，第48页。
③ 《世说新语校笺》，第413页。

卢斑。"士龙失色，既出户，谓兄曰："何至如此，彼容不相知也。"士衡正色曰："我父、祖名播海内，宁有不知，鬼子敢尔！"①

以上三例中，"吏部郎"②刘宝和王武子（王济）并未和二陆探讨玄学问题，仅谈了些生活琐事。说明王济和刘宝利用主导清谈话语权的优势剥夺了二陆展示玄谈水平的机会，使二陆"殊失望，乃悔往"；而卢志更是对二陆大加讥讽。陆机非无辩才，他的《五等论》《辨亡论》皆为一代名作；陆云亦非不懂玄理，民间流传着他曾与王弼鬼魂辩论的故事③。但因玄学名士掌握着清谈的话语权，二陆连展现自身的机会也未获得。不惟二陆，同来中原的顾荣、纪瞻等吴人也都在玄学名士的文化压迫下败兴而归④。《世说新语》云："蔡洪赴洛，洛中人问曰：'幕府初开，群公辟命，求英奇于仄陋，采贤俊于岩穴。君吴、楚之士，亡国之余，有何异才，而应斯举？'"⑤可见东吴士人的求誉梦想都因中原人的歧视，尤其是玄学名士的压迫而破灭。

除了东吴降人，中原的庶族或者与玄学名士政治立场相悖的势力团体也很难加入玄谈：史书中几乎没有二十四友成员参与玄谈聚会的记载（详见下文），说明二十四友所代表的以贾谧为首的新兴势力集团、东吴降人、庶族阶层，甚至儒学名士皆被排斥于玄谈文化圈之外，并遭受玄学名士的文化压迫。

综上，玄学名士集团通过控制交友范围、主导清谈话语权等方式使自身结成一个较为稳固的群体，垄断了西晋的主流文化——玄学，并由此掌控了民间人物品鉴活动乃至朝廷选官用人的权力。其他阶层则处在世族的文化压迫之下，他们势必会对世族阶层进行反攻，《晋书》云：

---

① 《世说新语校笺》，第 168 页。
② 《世说新语·任诞》"刘道真少时"条云刘道真"后为吏部郎"。（《世说新语校笺》，第 396 页）
③ 《晋书》云："云尝行，逗宿故人家，夜暗迷路，莫知所从。忽望草中有火光，于是趣之。至一家，便寄宿，见一年少，美风姿，共谈《老子》，辞致深远……却寻昨宿处，乃王弼冢。"（《晋书》卷五四《陆云传》，第 1485—1486 页）
④ 纪瞻、顾荣入洛途中曾讨论玄理，《晋书》云："召拜（纪瞻）尚书郎，与荣同赴洛，在途中共论《易》太极。"纪瞻、顾荣这番讨论说明东吴之人并非没有玄谈的水平，而且讨论玄理的地点是入洛途中，验证了东吴士人想在中原以玄学扬名的心理。（《晋书》卷六八《纪瞻传》，第 6 册，第 1819 页）
⑤ 《世说新语·言语第二》，第 46 页。

时尚书仆射山涛、领吏部王济、裴楷等并为帝所亲遇，（潘）岳内非之，乃题阁道为谣曰："阁道东，有大牛。王济鞅，裴楷鞧，和峤刺促不得休。"①

《世说新语》亦有一条类似的记载，其主人公作"潘尼"②。无论是潘岳还是潘尼，都被玄学名士排斥，他们也因此毫不留情地抨击玄学名士。西晋时期的史实是：以贾谧为首的其他阶层为了打破玄学名士对选举权的垄断，其首要办法就是在文化上推翻玄学这一高地，并建立新型的人物评价标准——二十四友这个以文学创作为主要活动的士人集团便应运而生了。

（二）从二十四友的社会处境看二十四友的性质

与玄学名士的交往方式不同，二十四友成员之间既无深厚的友情，在私下也少有来往，说明二十四友并非自发组织，而是围绕贾谧组织起来的。关于二十四友成员最为完整的记载见于《晋书》，云：

> （贾）谧好学，有才思。既为充嗣，继佐命之后，又贾后专恣，谧权过人主……开阁延宾，海内辐凑，贵游豪戚及浮竞之徒，莫不尽礼事之……渤海石崇、欧阳建、荥阳潘岳、吴国陆机、陆云、兰陵缪徵、京兆杜斌、挚虞、琅邪诸葛诠、弘农王粹、襄城杜育、南阳邹捷、齐国左思、清河崔基、沛国刘环、汝南和郁、周恢、安平牵秀、颍川陈眕、太原郭彰、高阳许猛、彭城刘讷、中山刘舆、刘琨皆傅会于谧，号曰二十四友，其余不得预焉。③

贾谧是二十四友的核心，贾充的继承人。贾充是晋朝禅魏的功臣，与世族矛盾尖锐，史载"充既为帝所遇，欲专名势，而庾纯、张华、温颙、向秀、和峤之徒皆与（任）恺善，杨珧、王恂、华暠等充所亲敬，于是朋党纷然"④。除了直

---

① 《晋书》卷五五《潘岳传》，第 5 册，第 1502 页。
② 《世说新语·政事第三》云："山公以器重朝望，年逾七十，犹知管时任。贵胜年少若和、裴、王之徒，并共宗咏。有署阁柱曰：'阁东有大牛，和峤鞅，裴楷秋，王济剔嬲不得休。'或云潘尼作之。"（《世说新语校笺》，第 92 页）
③ 《晋书》卷四〇《贾谧传》，第 4 册，第 1173 页。
④ 《晋书》卷四五《任恺传》，第 4 册，第 1286 页。

接对抗，贾氏与世族之间还有一层更为微妙的关系：裴頠、王衍皆是贾氏姻亲，但裴頠曾主张废贾南风，在主选期间亦获得"虽后之亲属，然雅望素隆，四海不谓之以亲戚进也"① 的评语，意味着裴頠没有因为与贾谧联姻而在选官用人方面照顾贾谧的利益；王衍虽在政治上明哲保身，但他极其反感其妻郭氏"聚敛无厌，好干预人事"的作风，也说明他不愿通过妻子的关系让贾谧掌控选官用人权力，或者使自己沦为贾谧选官用人的傀儡，因此他有意与贾氏保持距离②。可见虽然贾氏与某些玄学名士结为姻亲，但两者的关系始终是貌合神离的，这种关系对贾谧有两个重要影响：一是他无法通过联姻争取到朝廷（吏部）的人事权力，即虽然贾谧作为当朝的显贵可以避开吏部直接以"公府召辟"的形式招揽"家臣"、建立自身的势力集团，但这种做法显然处于舆论下风，且其效果无法与吏部铨选相提并论；二是在文化上贾谧无法融入玄谈圈，也就无法成为玄学名士。前文已经说明，在西晋时期加入玄谈是获得社会声誉和仕途的最佳选择，但在西晋的任何史料中，均看不到贾谧参与玄谈的记载，他反而以文学著称③，说明贾谧被排斥于玄谈圈之外。且史评贾充、贾谧几无褒美之辞，足见权倾朝野的贾充、贾谧在当时社会上并没有太高的人格号召力，倒是反面典型。因而"贵游豪戚及浮竞之徒，莫不尽礼事之"便成了对二十四友的写照。

按与贾谧的不同关系，二十四友大致可以分为三类人④：一类是贾氏旧臣或攀附贾谧之人，石崇、潘岳、郭彰、缪徵等新兴权势阶层是其典型，欧阳建、刘舆、刘琨因与石崇关系特殊故得参与其中，是其附类；一类是与贾谧具有相同"外戚"身份之人，王粹、周恢、诸葛诠是其典型，左思在外戚中地位不高，而又兼具文采，是此类中特例；一类则是贾谧召延的文士，陆氏兄弟、挚虞、邹捷是其代表。这三类人也都处于世族的文化压迫之下。

1. 攀附贾谧之人

二十四友另一个核心是石崇，石崇是西晋建国元勋石苞之子。从家世看，石

---

① 《晋书》卷三五《裴頠传》，第 4 册，第 1043 页。
② 《晋书》云："衍妻郭氏，贾后之亲，借中宫之势，刚愎贪戾，聚敛无厌，好干预人事，衍患之而不能禁。"（《晋书》卷四三《王衍传》，第 4 册，第 1237 页）
③ 《晋书》云："谧好学，有才思……或著文章称美谧，以方贾谊。"（《晋书》卷四〇《贾谧传》，第 4 册，第 1173 页）
④ 因史料缺失及文章篇幅所限，本文仅就二十四友典型人物加以分析。

苞出身庶族①，不免被世族所轻，史载"（孙）楚后迁佐著作郎，复参石苞骠骑军事。楚既负其材气，颇侮易于苞，初至，长揖曰：'天子命我参卿军事。'因此而嫌隙遂构"②。石苞况因出身受讽，更不必说石崇了，史载石崇"与（裴）楷志趣各异，不与之交"③，而裴楷则是西晋著名的玄学领袖，社会地位显赫。与贾谧相似的出身与处境使得石崇积极投靠贾谧，《晋书》云：

> （石崇）与潘岳谄事贾谧。谧与之亲善，号曰"二十四友"。广城君每出，崇降车路左，望尘而拜，其卑佞如此。④

与石崇一起攀附贾谧的还有潘岳，史称他"性轻躁，趋势力……谧二十四友，岳为其首"⑤。因与贾谧、石崇关系密切而得入列的士人还有：郭彰、欧阳建、刘舆、刘琨。史载郭彰乃"贾后从舅也。与贾充素相亲遇，充妻待彰若同生……及贾后专朝，彰豫参权势，物情归附，宾客盈门。世人称为'贾郭'，谓谧及彰也"⑥；"冀方右族，雅有理思，才藻美赡，擅名北州"⑦ 的欧阳建因是石崇的外甥而参与到二十四友中；刘舆因与石崇交好而得入列⑧，而刘舆又是刘琨之兄，所以刘琨又得参与其中。

但从社会声望上看，郭彰一类权势之人自然无善誉；欧阳建、刘琨、潘岳皆以文学知名，且为人并无大过，但却因攀附贾谧一事，招致了一片"降节事谧"⑨ 的骂声。因此，此类士人的社会声誉和社会地位是无法与玄学名士相提并

---

① 《晋书》云："石苞，字仲容，渤海南皮人也……县召为吏，给农司马。会谒者阳翟、郭玄信奉使，求人为御，司马以苞及邓艾给之。行十余里，玄信谓二人曰：'子后并当至卿相。'苞曰：'御隶也，何卿相乎？'"可见石崇乃庶族出身。（《晋书》卷三三《石苞传》，第4册，第1000页）

② 《晋书》卷五六《孙楚传》，第5册，第1542页。

③ 《晋书》卷三五《裴秀传》，第4册，第1048页。

④ 《晋书》卷三三《石崇传》，第4册，第1006—1007页。

⑤ 《晋书》卷五五《潘岳传》，第5册，第1504页。

⑥ 《晋书》卷四〇《郭彰传》，第4册，第1176页。

⑦ 《晋书》卷三三《欧阳建传》，第4册，第1009页。

⑧ 《晋书》云："（石）崇素与（刘）舆等善。"（《晋书》卷三三《石崇传》，第4册，第1007页）

⑨ 《晋书》卷六二《刘琨传》，第6册，第1679页。

论的。

2. 外戚

二十四友中文名最盛的当属左思，张爱波认为左思是帝王姻亲，是贵戚，地位显赫①，事实真的如此吗？稍有留意不难发现左思在西晋的声望与他后世的文名可谓天差地别，《世说新语·文学》云：

> 左太冲作《三都赋》初成，时人互有讥訾，思意不惬。后示张公（张华），张曰："此《二京》可三。然君文未重于世，宜以经高名之士。"思乃询求于皇甫谧，谧见之嗟叹，遂为作叙。于是先相非贰者，莫不敛衽赞述焉。②

另一则相似记载见于《晋书》，云：

> 及赋成，时人未之重。思自以其作不谢班张，恐以人废言。③

左思之父起于小吏，这种低贱的出身决定了他不可能受到世族名士的重视。他的《三都赋》确实是首屈一指的文学作品，但若非张华、皇甫谧为之延誉，《三都赋》可能在当时就被因人废言了。而即使《三都赋》使得"洛阳纸贵"之后，世人也并未减少对他的讥讽和怀疑，刘孝标注《世说新语》云：

> 皇甫谧西州高士，挚仲洽宿儒知名，非思伦匹。刘渊林（逵）、卫伯舆（权）并早终，皆不为思赋序注也。凡诸注解，皆思自为，欲重其文，故假时人姓名也。④

对左思抨击的根源是左思出身卑微，或有人认为左思身为"外戚"，社会地位不会太低，但实际情况并非如此：左思虽因其妹在宫中的关系来到洛阳，但从

---

① 张爱波《西晋世风与诗歌——以"二十四友"为中心》，第238页。
② 《世说新语校笺》，第135—136页。
③ 《晋书》卷九二《文苑传》，第8册，第2376页。
④ 《世说新语校笺》，第136页。

他清冷的生平看来，他并没有因此得到更多的优待。与左思具有相同"外戚"身份的还有王粹、周恢、诸葛诠三人，这三人中又以北中郎将王粹最为显贵，他既是平吴元勋王濬之孙，又是晋武帝女婿。陆机被成都王颖封为后将军、河北大都督时，就曾被孙惠劝说"让都督于王粹"①，可见王粹地位之一斑。即便王粹身世显贵如此，也不代表他具有崇高的社会声誉，这一点，需从其祖父王濬说起。

王濬虽平吴功业至伟，但他并未被名流接纳，由于他曾与王浑争功，致使王浑之子王济"以其父之故，每排王濬"②，而王济则是西晋当之无愧的玄学领袖、中朝名士。史载王濬"其有辟引，多是蜀人"③，也可看出王濬在西晋中原人中没有很高的号召力。可以说王粹与贾充一样，在继承父辈功勋和权力的同时也继承了与玄学名士的矛盾。史载"弘农王粹以贵公子尚主，馆宇甚盛，图庄周于室，广集朝士，使（嵇）含为之赞。含援笔为吊文，文不加点"④，显示出名士对外戚权势的蔑视。

外戚的社会地位还可用另一观点进行考察。经过东汉末年士人意识的觉醒⑤，士人与外戚已不是窦宪平匈奴时"班固、傅毅之徒，皆置幕府，以典文章"⑥ 的附庸关系。魏明帝时期夏侯玄"尝进见，与皇后弟毛曾并坐，玄耻之，不悦形之于色"⑦，说明至迟在魏明帝时，士人便已经不耻攀附外戚这种行为，甚至开始凭借自己的文化优势鄙视外戚，也就是说，王粹等外戚即便再拥有权势和财富，也不一定会被世族名流接纳。连王粹也遭如此待遇，就更不必说微末的左思了。

3. 召延的文人

陆机、陆云在入洛之初就获得了"二陆入洛，三张减价"的评价，可谓声名卓著；二人出身东吴，入洛前与西晋士人寡有交往，更没有盘根错节的利益关系，从常理上讲，他们不必参与二十四友这个社会声誉低劣的团体。但仔细考察二陆入洛后的遭遇，则可发现二陆一直受到世族名士的排挤，参与二十四友实是

① 《晋书》卷七一《孙惠传》，第 6 册，第 1881 页。
② 《晋书》卷四二《王济传》，第 4 册，第 1205 页。
③ 《晋书》卷四二《王濬传》，第 4 册，第 1216 页。
④ 《晋书》卷八九《忠义传》，第 8 册，第 2301 页。
⑤ 参余英时《士与中国文化》第六章《汉晋之际士之新自觉与新思潮》，上海人民出版社，1987 年。
⑥ 《后汉书》卷二三《窦宪传》，第 3 册，第 819 页。
⑦ 《三国志》卷九《夏侯玄传》，第 1 册，第 295 页。

无奈之举。二陆抱着一展才华的心理入洛，然而除了出身庶族的张华曾为二人大力延誉，其他西晋名士并不愿与其交往，甚至有意嘲笑贬低二人：前文已经指出，二陆曾拜会王济、吏部郎刘宝及卢湛，但都败兴而回。在玄学名士的排挤下，应贾谧之招参与二十四友，实是为了实现政治理想的无奈之举①。

二十四友中身份较为特殊的是挚虞，他出身"魏晋已降关中仕宦家庭"②，但史书中却罕有他参与玄谈的记载，说明家庭出身并不是决定士人文化归属的唯一因素，更不是决定因素。其实，有时文化属性的差别也会反作用于士人的政治归属。玄学与文学是西晋文化最繁荣的两端，不难发现凡参与玄谈者大多站在世族立场，参与文学者大多站在庶族立场。魏代山涛、乐广本是庶族，但二人通过参与玄谈跻身西晋上流士人行列，融入了世族阶层，其政治立场也偏向世族；而世族出身的大儒傅玄、傅咸和挚虞皆因崇尚儒学的原因被排斥在玄学圈之外，转而借文学扬名，并站在了庶族的政治立场上。傅玄是傅嘏的族弟，傅嘏曾参与"才性之辨"并与钟会站在主"合同"的立场上，是魏代世族的领袖人物之一。但是傅玄入晋后没有改变他的儒学立场，曾多次上疏抨击玄谈之风，其子傅咸也因坚持儒学立场而被排斥在玄学圈之外。但二人和挚虞都以文学著称，且这三人的政治立场皆倾向寒素：傅玄曾提拔庶族文士张载③，傅咸曾上书批评西晋选举不能举寒素，挚虞则与左思、二陆等一起参与到二十四友之中。此外，皇甫谧为《三都赋》作序也是儒学之士与文学之士相联合的体现。且儒学在西晋的社会影响远没有玄学广泛深远，号称硕儒的挚虞在当世的地位显然无法与王戎、王衍之徒相拟。因此，可以说玄学与儒学的分野是挚虞等儒士参与"二十四友"的根本原因，即西晋的儒士同样是被排斥在玄谈圈之外的，他们只得与文人一起，通过文学等其他文化种类建立声誉、取得仕途的发展。

学界对二十四友人员构成的分析已多，本文不再一一甄别。但归纳上文，有三点特别值得注意：第一，贾谧死后，阎缵曾云"世俗浅薄，士无廉节，贾谧小儿，恃宠恣睢，而浅中弱植之徒，更相翕习，故世号鲁公二十四友"④，说明二十

---

① 这一点张爱波《西晋世风与诗歌——以二十四友为中心》亦持相同观点，第79页。

② 邓国光《挚虞研究》，学衡出版社，1990年，第4页。

③ 《晋书》云："（张）载又为《蒙汜赋》，司隶校尉傅玄见而嗟叹，以车迎之，言谈尽日，为之延誉，遂知名。"（《晋书》卷五四《张载传》，第5册，第1518页）

④ 《晋书》卷四八《阎缵传》，第5册，第1356页。

四友是以贾谧为中心组织起来的，在当世多有贬义色彩；第二，在西晋这个注重门第的时代，二十四友成员的出身大多不能跻身一流世族行列，不惟二十四友，其他西晋文人也往往出身庶族，冈村繁说"西晋太康时代，当时宫廷文坛的代表诗人们——三张、两陆、一左——皆为出身寒门或战败国者"①，即西晋文人在出身上便已逊玄学名士一等；第三，文学之士一直处在玄学名士的文化压迫之下，他们必须利用自身擅长的"文学"建立声誉，这是首先需要解决的生存问题。因此，可以说二十四友这个以文人为主的士人群落是作为玄学名士集团的对立面而登上历史舞台的。

结合汉晋时期世、庶斗争的历史背景，可发现二十四友并不孤立，它是汉末鸿都门学、三曹大力提倡文学、曹氏集团提倡玄学等事件的延续，且这些事件均具有相同的政治背景：世族掌控主流文化，并由此掌控选官用人这一核心权力；而不甘于选举权旁落的其他势力阶层，则努力提倡其他文化品种，借以抗衡世族。贾谧作为新兴势族的领袖，在与玄学世族的政治对抗中，为了解决选举权外落的问题，也需借助其他文化种类来冲击玄学的主流地位，从而建立新型的人物评价标准，文学正是他的首选。

二十四友的交友形式便已暗示出该集团的政治性质和目的：从名称上看，"二十四友"与汉末以来"八顾""八厨""四聪八达"等名称皆具有联结部分士人树立一个固定的名称来招揽名誉、扩大影响的性质；从交友方式上看，它具有一定的排外性，《晋书》评价为"其余不得预焉"（参前注），这与玄学名士控制交游人数的意义相同，其目的亦是为了扩大声誉及影响。无疑一个"团体"较之个人更易产生社会影响，而团体一旦出名，每一个成员的社会声誉都会得到提升。另一方面，贾谧虽在西晋声誉不好，却权势熏天，想要攀附他的人并不在少数。组织二十四友，贾谧便可名正言顺地将出身较差的士人聚集在一起，并用文学这一文化类别增加成员的政治筹码，最终巩固自身的政治势力。因此二十四友的组成实际标志着一个围绕贾谧、以文学创作为核心的选人标准得以确立。

正确理解二十四友为何会遭到时人的强烈抨击对考察二十四友的性质亦有重要意义。二十四友成员大多并无重大劣迹，但却被阎缵等批为"浅中弱植之徒"；而裴頠、王衍明明是贾氏姻亲，却并没有受到世人的批判，这只能说明二十四友

---

① 冈村繁《汉魏六朝的思想和文学》，第410页。

触及了世族阶层的核心利益①。即世族为了维护对人物评价标准的掌控权，会坚决抵制、抨击其他阶层的文化反攻：与二十四友一样，鸿都门学人也曾遭受士大夫的无情批判，阳球在《奏罢鸿都门学》中说："案松、览等皆出于微蔑，斗筲小人，依凭世戚，附托权豪，俯眉承睫。"② 即自汉末开始，儒学世族就非常注重通过"清谈"来掌控人物评价的标准。至正始时期，世族的文化发生了由儒入玄的转换，但这只改变了清谈的内容，利用"清谈"来控制选人标准的做法则未发生变化。自汉末至晋，社会上一旦出现了清谈之外的其他选人标准，世族便会对其进行猛烈抨击或沉默抵制。

总之，自汉末开始，膺服儒术的世家大族便已互相联结成足以与皇权或皇权代言人相抗衡的政治力量，他们利用文化优势控制了朝廷选官权力。另一方面，受到威胁的皇权或新兴权势则通过笼络寒庶组成政治联盟，其反攻也往往出现在思想文化领域，因为思想文化既是世族赖以联结的精神支柱，也是其掌控选举的关键。围绕这一斗争，儒学、玄学、文学的地位几经转换：汉魏时期，大抵世族崇儒，庶族崇文；正始之后，玄学的突起改变了原有的格局，文学之士与儒学之士开始联合共同对抗玄学世族。而鸿都门学、魏氏政权提倡玄学、二十四友等事件均是这一斗争在不同历史时期的表现，其旨在"另立文化高地，建立新型人物评价标准"的目标则是一脉相承的。即自汉末"大夫宗经义，阉宦尚文辞"开始，不同阶层的文化差异便已形成，自此儒学（西晋以前）以及玄学（西晋以后）便成为世家大族所秉持的"性"和"道"，是为主流文化；而文学等其他文化种类则成为其他阶层士人赖以获得名声和仕途的"才"。魏代"才性离合"（《四本论》）的争论在本质上便是用什么标准选官用人的争论③。表面上魏代"才性合同"的争论随着司马氏夺权、世家大族得势结束了。但西晋建国并没有

---

① 不能简单地将二十四友遭受批评的原因归结为石崇、王粹等贵戚生活作风奢侈，因为生活奢侈是西晋官宦的普遍生活方式：史载王戎"性好兴利，广收八方园田水碓，周遍天下。积实聚钱，不知纪极，每自执牙筹，昼夜算计，恒若不足"（《晋书》卷四三《王戎传》，第 4 册，第 1234 页）；而《世说新语·汰侈篇》也记载了任恺与石崇斗富、王武子（济）生活铺张浪费的诸多逸闻。但世族却没有获得"浅中弱植"的评价，说明世族之人对二十四友的批判另有原因。

② 《后汉书》卷七《酷吏列传》，第 9 册，第 2499 页。

③ 前贤已充分讨论了《四本论》的政治含义，参陈寅恪《书〈世说新语〉文学类"钟会撰四本论始毕"条后》，载《金明馆丛稿初编》。

消除世家大族与新兴势族及庶族之间的阶级矛盾，围绕文化高地乃至选官标准的斗争依旧存在，并仍延续了汉魏时期的传统模式，这是促使贾谧等新兴贵族团结东吴降人及庶族发起文化反抗的原因，而二十四友的结成则是贾谧等进行文化反抗的具体表现。

附论：从文学、玄谈的分野看西晋文学的特点

二十四友是西晋文坛的缩影，二十四友成员的社会遭遇和处境几乎可以代表西晋所有的文人。而主导二十四友社会地位、生存状况的根本因素是西晋时期玄学与文学两种文化的分野。大多数西晋文人都生活在这种分野造成的困扰之下，因而它又是影响西晋一代文学风貌的主要原因。

第一，导致西晋未能产生玄言诗。上文论证，西晋士人大致可根据文化属性的差别分为两类，一类是玄学之士，一类是文学创作之士，两者罕有交集。文士不谈玄，玄学之人也未必能文，《世说新语》有两条关于乐广的记载颇值玩味，一则云：

> 太叔（乐）广甚辩给，而挚仲治（虞）长于翰墨，俱为列卿。每至公坐，广谈，仲治不能对；退，著笔难广，广又不能答。①

另一则云：

> 乐令善于清言，而不长于手笔。将让河南尹，请潘岳为表。潘云："可作耳，要当得君意。"乐为述己所以为让，标位二百许语，潘直取错综，便成名笔。时人咸云："若乐不假潘之文，潘不取乐之旨，则无以成斯矣。"②

刘师培云："迄于西晋，则王衍、乐广之流，文藻鲜传于世，用是言语、文

---

① 《世说新语校笺》，第138页。
② 《世说新语校笺》，第137页。

章，分为二途。"① 冈村繁云："就与清谈相并列的诗歌方面言之，在东晋乃至西晋，它都未必可称是贵族所擅的文化领域。"② 综观西晋玄学名士，除了裴颀著有《崇有》《贵无》二论，王济略有诗才，其他诸如山涛、乐广、王戎、王衍等徒既无文名，又无佳作传世。而王济的诗歌也多关风月和应酬，说明诗歌对王济不过是娱乐应酬之工具。正如刘师培所说，玄学与文章对于世族来说确有不同功用，即：谈玄是用来明性、见道的；而诗歌、文章则是用来娱情或应酬的。不能作文几乎是西晋玄学名士的通病，这也是西晋玄学与魏代玄学的重要差别：魏代玄学名士既善口论，又善说理文创作；西晋玄学名士却只擅口论。西晋时期，玄学名士不作诗，而文学之士不谈玄，是西晋未能产生玄言诗的根本原因。

第二，以二十四友为代表的文人几乎皆处于玄学世族的文化压迫之下，他们无法融入玄谈，只得借助文学作品求誉，这必然影响到西晋一代的文学风貌。概言之，依靠文章求誉的心理促使西晋诗坛产生一股"浮竞"之风，即通过竞争最大限度地彰显自身的才华，并获得更高的社会声誉，其表现有三：一是创作上一味求丽，即靠辞藻的堆积博取士人的眼球，最终导致"靡丽"之风格，并使批评界形成了"先辞后情"的习惯；二是"为文造情"严重，诗歌抒情表意的功能衰弱，反之对形式之美的追求得到加强，创作上惯用"赋"，即铺叙的手法铺陈文辞，导致"繁缛"之风格；三是在文体选择上，大量选取长于铺叙的汉乐府诗体，促进了晋代乐府诗歌的繁荣。而最能体现此种风格的作品莫过于以陆机为代表的"新体诗"，说明由依赖文章求誉，到"浮竞"风尚的形成，再到作品"繁缛"风格的形成，是有深刻的内在联系的：求誉的动机决定了西晋诗歌的创作方式、题材选择，促使文学批评走向"先辞后情"的模式③。

第三，文人依靠诗歌求誉使西晋文学在汉、魏之后开创了一种独特的发展模式，即"晋虽不文，人才实盛"④，语出自《文心雕龙·时序》。在这篇文章中，刘勰在论述汉、魏、晋文学时，皆使用先介绍统治者文化举措和文化态度、再描

---

① 刘师培《中国中古文学史讲义》，上海古籍出版社，2006 年，第 43 页。
② 冈村繁《汉魏六朝的思想与文学》，第 410 页。
③ 参孙明君《咏新曲于故声——改造旧经典，再造新范型的陆机乐府》，《北京大学学报》（哲学社会科学版）2008 年第 3 期；任子田《魏晋浮竞世风与诗歌新变》，《广州大学学报》（社会科学版）2014 年第 6 期。
④ 范文澜《文心雕龙注》，人民文学出版社，第 674 页。

述该时期文学特点的笔法（文繁不录），这种笔法暗示了刘勰对文学发展规律的认识：汉、魏两代文学发展与统治者的文化举措紧密相关，很大程度上文学是在统治者的推动下发展起来的；晋代统治者并没有提出推动文学发展的明确主张，虽曾组织"华林诗会"等活动，但参与者多是世家大族或功臣名宿，正如上文所述，在这类人物眼中，文学仅是娱情的工具，他们真正热衷的活动是用以"体性"的玄谈；而那些以文学见称于世的二陆、三张等人则因出身低微等原因几乎没有机会参与到这类朝廷组织的诗歌唱和中来，因此可以说西晋对文学或文学之士的支持力度远逊汉、魏。但这并未造成西晋文学的衰弱，反而出现了"人才实盛"的局面，说明西晋文学的发展已不依赖统治者或者某权力中心。究其根源，仍与文学与玄学的对立有关，即由西晋文人的生存状态所决定：出身寒庶或东吴降人的文士皆被排斥在玄谈这一主流文化圈之外，只得依赖文学创作获得社会声誉，进而取得仕途，这种创作动机一方面反映了经过魏代执政者的提倡，文学的社会认可程度已有较大提升；一方面标志着文学进一步脱离权贵、走向自主创作的道路。

（原刊于韩国《中国古中世史》第 46 辑，2017 年 11 月；

韩国《中语中文学》第 70 辑，2017 年 12 月）

作者简介：

任子田，1987 年生，山东省博山人，中国古代文学博士，现就职于曲阜师范大学。2008—2014 年，于四川师范大学文学院，跟随王小盾老师攻读硕士、博士，方向分别为魏晋文学、先秦文学。硕士论文题目《魏晋说理散文研究》，博士论文题目《从口传到书写：中国早期史书的史源研究》。2014 年入职新疆师范大学音乐学院，曾跟随崔斌教授团队，沿王老师足迹，多次到新疆各地进行田野调查。目前主要研究方向为清代民国新疆乐舞、民俗文献的整理和研究。

宋本《曹子建文集》考论

刘　明

　　现存曹植集最早的版本，为瞿氏旧藏宋刻十卷本《曹子建文集》（现藏上海图书馆，如图所示，以下简称"今宋本"），是曹植集版本谱系中重要的一环。围绕该帙宋本，存在诸多问题需要探讨，也可借此廓清曹植集的编撰与流传情况。如其反映的曹植集成书的层次、依据的底本来源、与《旧唐志》著录的二十卷本和三十卷本曹植集的关系，以及现存明刻诸本曹植集是否源出此本等。经考察，曹植集乃宋人以唐二十卷本的残本为基础又辑录曹植其他诗文而重编，至迟重编在北宋初，今宋本曹植集即该重编本在南宋时期的传本。今宋本曹植集属唐二十卷本系统的界定，为辨析《旧唐志》著录的三十卷本提供了文本参照，从而摸清了自曹魏以来存在的选本性质的秘阁编本和自编全集本两种系统曹植集的传承脉络。就宋本自身的文本地位而言，包括活字本在内的明代诸本曹植集并非源自此帙宋本，且其校勘价值不及活字本和文渊阁《四库全书》本（抄自翻宋嘉定本），从而为校勘整理曹植集在底本和校本的选择方面提供了依据。

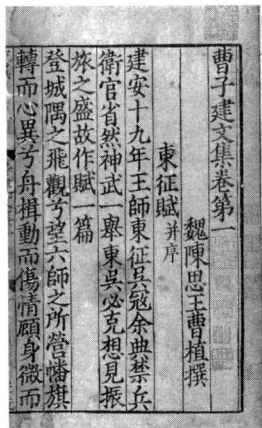

一、宋本曹植集的刊刻及底本

　　宋本《曹子建文集》的行款版式为八行十五字，白口、左右双边，顺黑鱼尾。版心上镌本版字数，中镌"子建文集"和卷次，下镌叶次和刻工。卷端题"曹子建文集卷第一"，次行低七格题"魏陈思王曹植撰"。卷首有《曹子建文集目录》。检书中"玄""殷""恒""祯""贞""遘""慎""廓"（如卷十《髑髅说》"廓然叹曰"）诸字阙笔，避讳至宋宁宗赵扩。刻工有徐仲、叶材、王彦明、刘世宁、刘祖、陈朝俊、李安、于宗、魏之先、陈俊、王明等。《铁琴铜剑楼藏书目录》称此本"板刻精妙，字大悦目"①，所收凡赋四十三篇、诗六十三篇、杂文九十篇，合计一百九十六篇。

《铁琴铜剑楼藏书目录》定此本为"南宋时刊本"，称："书中慎字省笔，而敦、廓字不省，知此刻犹在嘉定以前也。"② 按此说有误，书中避讳实至宁宗。傅增湘审定为"元刊本"（《藏园群书经眼录》），又定为"宋元间刊本"，称："此书前人定为宋本，以雕工、字体审之，与宋元之际闽本《四书集注》颇多似处，经修版后印。第一册修版较多，余多烂版，摹印恐在元末明初矣。"③ 王文进《文禄堂访书记》称此本为"宋江西刻大字本"④。《中国古籍善本书目》著录为"宋刻本"，今人据"廓"字阙笔认为"当刻于南宋宁宗朝"⑤。结合此本的避讳及雕椠字体、版式特征，可定为南宋宁宗间江西刻本。检书中卷八、卷十两卷末均题"新雕曹子建文集"，傅增湘注意到"多'新雕'二字"现象而未加以阐发，或认为属"有所本而难能踪迹"⑥。按目录第二叶 a 面和卷二第六叶 b 面两处"愍志赋"之"愍"字阙笔，与国家图书馆藏五代北宋初刻本《弥勒下生经》"愍"字同（检曹植集中"民""昏""婚"诸字不阙笔，推断"民"阙笔似非出于刻手习惯所致，而是据底本照录），这意味着宋本曹植集保留了唐本（或部分）面貌，同时也引申出下述两个问题。

（一）宋本曹植集所援据的底本

北宋秘阁藏有曹植集，按《太平御览经史图书纲目》有《陈思王集》一目，

① 瞿镛《铁琴铜剑楼藏书目录》，宋元明清书目题跋丛刊本清代卷第 4 册，中华书局，2006 年，第 270 页。
② 瞿镛《铁琴铜剑楼藏书目录》，第 270 页。
③ 傅增湘《藏园订补郘亭知见传本书目》，中华书局，2009 年，第 937 页。
④ 王文进《文禄堂访书记》，台湾广文书局印行书目丛编本，2012 年，第 340 页。
⑤ 上海图书馆编《上海图书馆藏宋本图录》，上海古籍出版社，2010 年，第 172 页。
⑥ 上海图书馆编《上海图书馆藏宋本图录》，第 172 页。

宋李廷允《太平御览跋》称"《御览》一书皆纂辑百氏要言……多人间未见之书"。而此后纂修的《崇文总目》已不见著录，印证作为秘阁藏本的曹植集似散佚于北宋中期。

南宋晁公武《郡斋读书志》著录十卷本曹植集（以下简称"晁本"），云："比隋、唐本有亡逸者，而诗文二百篇，返溢于本传所载（《三国志·魏书·陈思王植传》称"撰录植前后所著赋颂诗铭杂论凡百余篇"，此即曹魏秘阁编本），不晓其故。"① 尤袤《遂初堂书目》亦著录，不题卷数。陈振孙《直斋书录解题》著录二十卷本（以下简称"陈本"），云："卷数与前《志》合（指《两唐志》著录的二十卷本），其间亦有采取《御览》《书钞》《类聚》诸书中所有者，意皆后人附益，然则亦非当时全书矣。其间或引挚虞《流别集》，此书国初已亡，犹是唐人旧传也。"② 按《流别集》唐中期以来便亡佚（《新唐书·艺文志》《通志》著录者乃照抄旧目，非实有其书），推断陈本曹植集诗文凡辑自《流别集》者，皆标以"流别集"字样。检今宋本曹植集中诗文未有题"流别集"者，且卷数与陈本不合，断定其底本并非陈振孙著录本。恰如余嘉锡所称："今各本并不引《流别集》，则振孙所见别是一本。"③

今宋本的卷第与晁公武著录本相合，篇目亦极为接近，仅四篇有出入。按吴棫《韵补》卷四"去声"恰征引宋本未载的四篇《赞》文（皆属曹植《画赞》），即《王陵赞》云："从汉有功，少文任气。高后封吕，直而不屈。"曹植《赞》云："有皇于登，是临天位。黼文字裳，组华于黻。"《王霸赞》云："壮气挺身奋节，所证必拔，谋显垂惠。"《孔甲赞》云："行有顺天，龙出河汉。雌雄各一，是扰是豢。"《韵补》成书于南宋绍兴年间，与晁公武同时，知所据曹植集当即晁本。推断今宋本曹植集的底本乃晁公武著录本，故其所镌"新雕"当即指据晁本重刻。

而晁本曹植集是否即北宋秘阁藏本《陈思王集》，兹以《太平御览》引秘阁本曹植诗文为证④。如卷三百四十六引《表》云："昔欧冶改视，铅刀易价。伯乐所眄，驽马百倍。"卷三百五十九引《陌上桑》云："望云际，有真人，安得轻

① 孙猛《郡斋读书志校证》卷十七，上海古籍出版社，1990年，第811页。
② 徐小蛮、顾美华点校《直斋书录解题》卷十六，上海古籍出版社，1987年，第462页。
③ 余嘉锡《四库提要辨证》，中华书局，1980年，第1241页。
④ 曹植佚文参考赵幼文《曹植集校注》附录一，人民文学出版社，1984年，第537—550页。

举继清尘。执电鞭，骋飞麟。"卷三百八十一引《扇赋》云："情骀荡而外得，心悦豫而内安，增吴氏之姣好，发西子之玉颜"。卷六百五引《乐府诗》云："墨出青松烟，笔出狡兔翰。古人感鸟迹，文字有改刊。"卷八百三十六引《乐府歌》云："巢许蔑四海，商贾争一钱。"卷九百七十一引《乐府歌》云："橙橘枇杷，甘蔗代出。"核之今宋本曹植集，均未载上述诸诗篇，推断秘阁藏本《陈思王集》属不同于晁本（今宋本）的另一版本系统曹植集，也再次佐实了今宋本与晁公武著录本的版本承继关系。

除秘阁本外，北宋还流传有一帙十卷本曹植集。旧题唐柳宗元撰《龙城录》卷上"韩仲卿梦曹子建求序"条云："韩仲卿日梦一乌帻少年，风姿磊落，神仙人也。拜求仲卿，言某有文集在建邺李氏。公当名出一时，肯为我讨是文而序之，俾我亦阴报尔。仲卿诺之，去复回，曰：'我曹植子建也。'仲卿既寤，检邺中书得子建集，分为十卷，异而序之，即仲卿作也。"关于《龙城录》，张邦基《墨庄漫录》认为属宋人王铚伪作，《四库全书总目》亦持伪书说。故所载韩仲卿（韩愈之父）作序曹植集事，有学者称"纯属后人伪托，不足为信"①。陶敏先生考证称："此书的编造大约是在北宋前期，即宋太祖至仁宗前期这大约六七十年中。"② 又薛洪勋称："成书年代的上限当在前蜀灭亡之后，也就是五代后期。至北宋前期也未见流传，因此其成书年代的下限大致可定在北宋中期。"③ 笔者采纳陶先生的意见，即《龙城录》大致成书在北宋初期，所载的"子建集"即北宋十卷本曹植集。陶先生进一步考证称此本为"后出之本"，而《龙城录》作者"盖据后出的曹植集造为此条"④，指此曹植集并非《旧唐志》著录者。这也印证北宋初期曹植诗文颇受欢迎，而流传的集子却无人作序，于其地位不相契合，遂营造梦曹植求序之事。

此帙北宋本推测大致有两个基本特征：其一，考虑到它与唐代接近，疑出自唐本，或保留了唐本的特征或面貌。按照程毅中先生的意见，不宜轻易否定柳宗元的著作权（参见《唐代小说琐记》，载《文史》第 26 辑），若果为柳宗元所

---

① 陈治国《宋以前曹植集编撰状况考略》，《湖北成人教育学院学报》2003 年第 2 期，第 30 页。
② 陶敏《柳宗元〈龙城录〉真伪新考》，《文学遗产》2005 年第 4 期，第 53 页。
③ 薛洪勋《龙城录考辨》，《社会科学战线》2005 年第 5 期，第 127 页。
④ 陶敏《柳宗元〈龙城录〉真伪新考》，第 49 页。

撰，则十卷本直接为唐本。其二，它的卷帙和文本内容，在南宋应有所流承。按晁本卷帙恰与北宋本相合，且据晁本重刻的今宋本曹植集中有两处"慇"字阙笔，印证晁本也保留有唐本特征。这使得晁本与北宋十卷本在卷第和出自唐本两方面存在重合性，推断晁公武著录本即此北宋十卷本。

（二）宋本曹植集与《文选》的关系

赵幼文称《秋思赋》："系节录，而非全文，盖宋人自类书辑录编集者。"① 黄永年亦称："宋本曹集已是根据类书重新辑补的本子，其中有些作品已未必可信。"② 也有学者核以《三国志·魏书》传注、《文选注》及唐宋类书，认为："缺失者尚夥，则其纂辑未能称备，或即当时一选本而已。"③ 诸说均认定今宋本曹植集属宋人辑录曹植诗文的重编本，则重编除参据类书等外，《文选》亦必在参稽之列。兹以《文选》（明州本、陈八郎本、赣州本和尤袤本）所载曹植部分诗文与今宋本曹植集相校，如：

卷三《洛神赋》"对楚王说神女之事"，明州本有"说"字（校语称"善本无说字"），陈八郎本、赣州本同，尤袤本无"说"字。

卷三《洛神赋》"睹一丽人于岩之畔尔"，明州本有"尔"字，陈八郎本、赣州本同，尤袤本无"尔"字。

卷三《洛神赋》"则君王之所见也"，明州本、陈八郎本、赣州本同，尤袤本作"然则君王所见"。

卷三《洛神赋》"秾纤得中"，明州本同宋本作"中"（校语称"善本作衷字"），陈八郎本作"衷"，赣州本作"中"，尤袤本作"衷"。

卷三《洛神赋》"愿诚素之先达"，明州本同宋本"先达"后无"兮"字，陈八郎本、赣州本同，尤袤本有"兮"字。

卷三《洛神赋》"解玉佩而要之"，明州本同宋本作"而"，陈八郎本、赣州本同，尤袤本"而"作"以"。

① 赵幼文《曹植集校注》，第 473 页。
② 黄永年《曹子建集二题》，《陕西师大学报》（哲学社会科学版），1992 年第 1 期，第 117 页。
③ 上海图书馆编《上海图书馆藏宋本图录》，第 172 页。

卷三《洛神赋》"御轻舟而上泝"，明州本同宋本作"泝"（校语称"善本作愬字"），陈八郎本、赣州本（校语同明州本）同，尤袤本作"溯"。

卷五《应诏诗》"载寝载兴"，明州本同宋本作"载""载"，陈八郎本、赣州本同，尤袤本作"再寝再兴"。

卷五《责躬诗》"率由旧章"，明州本"章"作"则"，陈八郎本、赣州本、尤袤本同。

卷五《责躬诗》"伊尔小子"，明州本同宋本作"尔"，陈八郎本同，赣州本作"余"（校语称"五臣本作尔"），尤袤本同。

卷五《责躬诗》"哀予小子"，明州本同宋本作"子"（校语称"善本作臣字"），陈八郎本、赣州本（校语同明州本）同，尤袤本作"臣"。

卷五《责躬诗》"剖符受玉"，明州本同宋本作"玉"（校语称"善本作土"），陈八郎本作"土"，赣州本同宋本（校语同明州本），尤袤本作"土"。

卷五《责躬诗》"启我小子"，明州本同宋本作"启"（小注"善本作咨字"），陈八郎本同，赣州本作"咨"（校语称"五臣本作启"），尤袤本同。

卷五《送应氏诗》"侧足不行迳"，明州本同宋本作"不"（校语称"善本作无"），陈八郎本同，赣州本作"无"（校语称"五臣作不"），尤袤本同。

卷五《送应氏诗》"念我平生居"，明州本同宋本作"生"（校语称"善本作常"），陈八郎本同，赣州本作"常"（校语称"五臣作生"），尤袤本同。

卷五《送应氏诗》"亲暱并集送"，明州本同宋本作"暱"（校语称"善本作昵字"），陈八郎本同，赣州本作"昵"（校语称"五臣作暱"），尤袤本同。

卷八《上责躬诗表》"切感相鼠之篇"，明州本"切"作"窃"，陈八郎本、赣州本、尤袤本同。

卷八《上责躬诗表》"则为古贤夕改之劝"，明州本"为"作"违"，陈八郎本、赣州本、尤袤本同。

卷八《上责躬诗表》"并献诗二首"，明州本同宋本作"首"（校语称

"善本作篇字"），陈八郎本同，赣州本作"篇"（校语称"五臣作首字"），尤袤本同。

通过比对，今宋本曹植集与明州本和陈八郎本总体上比较接近（特别是明州本），而与赣州本有部分的接近，与尤袤本异文较多。断定宋本曹植集的重编，主要依据了六臣本系统的《文选》（考虑到明州本《文选》属五臣注在前而李善注在后，其底本为五臣本，故实际依据的是五臣本系统）。而今宋本曹植集源出北宋十卷本，故其成书至迟重编在北宋初。

二、曹植集二十卷和三十卷本的关系

两《唐志》均著录两种卷第的曹植集，即二十卷本和三十卷本。《新唐志》应抄自《旧唐志》，并非北宋尚有其书，赵幼文即称"宋人实未见隋唐旧本"①。检《隋志》仅著录三十卷本《陈思王曹植集》，推知唐初以来出现了二十卷本曹植集（疑唐开元间秘阁新发掘之，或通过民间献书而复现于世，《文献通考·经籍考·总叙》云："唐分书为四类……藏书之盛，莫盛于开元……贞观中，魏征、虞世南、颜师古继为秘书监，请购天下书……玄宗命左散骑常侍昭文馆学士马怀素为修图书使……以宰相宋璟、苏颋同署，如贞观故事，又借民间异本传录。"）。关于两种卷第的关系，前人存在下述三种意见，兹结合相关材料及宋本曹植集的文本内证略加辨析如下：

（一）三十卷本是旧本，二十卷本是重编本

此说创自四库馆臣，称："盖三十卷者，隋时旧本；二十卷者，为后来合并重编，实无两集。"②馆臣意见稍显含混，其意盖指二十卷是三十卷隋代旧本曹植集的"合并重编"本，实际并不存在两种篇目内容的曹植集。疑馆臣此说抄自明正德五年田澜《曹子建集序》，称："隋三十卷乃晋宋以后博取散见以成之，去魏

---

① 赵幼文《曹植集校注》前言，第 2 页。
② 永瑢等《四库全书总目》卷一百四十八，中华书局，1965 年，第 1273 页。

不远，谅为总括。《唐志》二十卷，盖即隋本而有亡逸者耳，俱不可见。"韩国学者朴现圭则称："大概曹植集三十卷本是隋时传来的旧本，二十卷本是唐人纂辑的新本，已非原貌。"① 也断定二十卷本属重编本，但与三十卷本在内容上属不同的系统。

按《隋志》别集类除著录三十卷本植集外，尚在史部杂传类著录曹植《列女传颂》一卷和集部总集类著录《画赞》五卷。而《旧唐志》均未著录《列女传颂》和《画赞》，赵幼文推测"似已编入二十卷本之中"②。推断唐代所传三十卷本即《隋志》著录本，保留篇目不含《画赞》和《列女传颂》的旧貌。而《旧唐志》著录的二十卷本，或称："当是人们为减少翻检、比较之劳苦，而将五卷《画赞》、一卷《列女传颂》一并归入曹植总集，三十卷本是初步编定的版本，二十卷本则是在三十卷本基础上再经辑撰而成。"③ 此说将三十卷本和二十卷本混淆，三十卷本在隋、唐时期的文本内容是一致的，而二十卷本则包含了《画赞》和《列女传颂》。

而今宋本曹植集，卷七恰存《庖犠赞》《女娲赞》《神农赞》等共二十九种《赞》（所载诸《赞》文即为《画赞》的残篇）和《母仪颂》《明贤颂》两篇《列女传颂》的残文，推断祖本即唐二十卷本，"慇"字阙笔亦即此唐本的遗留。推断十卷本曹植集的重编，以二十卷唐本的残本为基础，存在部分诗文的亡佚。而晁公武明确称十卷木"二百篇"的篇目"返溢于木传所载"，即"百余篇"的曹魏秘阁编本（下文详述唐二十卷本属此曹魏秘阁编本系统），推测十卷本重编时又增益了二十卷本不载的篇目。即便如此，今宋本曹植集仍失载北宋秘阁藏本曹植集的部分诗文，印证二十卷本属选本性质的曹植集。至于同属二十卷本的陈振孙著录本，并非《旧唐志》著录之二十卷本。理由是陈本与今宋本曹植集非同一版本系统，自然也就不属于唐二十卷本系统。陈振孙明确称著录本乃辑录重编本，余嘉锡称："当是中晚唐人所重辑。"④ 且又称属唐人旧传之本，推断即《隋志》和《旧唐志》著录三十卷本的重编本。而《四库全书总目》称陈本系"捃

① 朴现圭《曹植集的编纂与四种宋本之分析》，《文献》1995 年第 2 期，第 38 页。
② 赵幼文《曹植集校注》前言，第 2 页。
③ 陈治国《宋以前曹植集编撰状况考略》，第 30 页。
④ 余嘉锡《四库提要辨证》，第 1241 页。

撮而成，已非唐时二十卷之旧"①，又赵幼文称："这种集本，已不是刘昫所见的二十卷本。"② 均与《旧唐志》著录之二十卷本混为一谈。

综上，《旧唐志》著录二十卷本含《画赞》和《列女传颂》，与三十卷本属不同的版本系统。恰如余嘉锡所称："陈思两集，文字篇目，必有详略多寡之不同，不仅编次小异而已。《提要》以二十卷本为后来合并重编者，非也。"③ 而北宋秘阁藏本《陈思王集》以及南宋陈振孙著录二十卷本，既与今宋本曹植集所属的二十卷本并非同一系统，则应均属《旧唐志》著的三十卷本系统。

（二）三十卷本为《前录》，二十卷本为《后录》

此说创自清人姚振宗，称两《唐志》著录的二十卷和三十卷本，"疑《前录》三十卷、《后录》二十卷。隋时但有《前录》，唐代乃前、后《录》并出。"④ 按《前录》仅见于曹植《文章序》（载《艺文类聚》卷五十五），云："余少而好赋，其所尚也，雅好慷慨，所著繁多。虽触类而作，然芜秽者众，故删定别撰，为《前录》七十八篇。"姚氏据而臆测存在《后录》，称："案此两本疑前、后《录》分编，或犹是景初旧第。"⑤ 赵幼文注"别撰"为"犹另撰"，亦推测称："既说是《前录》，则必有《后录》。"⑥ 朴现圭进而称："此既能称《前录》，则似乎另有《后录》的存在，但以史无明文，左证不存，实则难以详考。"⑦ 限于史料阙佚，《后录》难知其详。《隋志》既称三十卷本为《陈思王曹植集》，不应仅载赋作，视为《前录》恐难合其实。

附带说明的是，《文章序》所述与建安时期曹植委托杨修"刊定"文章事容易混淆。姚振宗即认为两者属同一事，称："此录（即《前录》）尝以属杨修点定者，建安十九年徙封临淄之后事也。"⑧ 按曹植《与杨德祖书》称"仆少小好为文章，迄至于今二十有五年矣……世人之著述不能无病，仆尝好人讥弹其文，

① 永瑢等《四库全书总目》卷一百四十八，第1273页。
② 赵幼文《曹植集校注》前言，第2页。
③ 余嘉锡《四库提要辨证》，第1239页。
④ 姚振宗《三国艺文志》，二十五史补编本，中华书局，1955年，第3276页。
⑤ 姚振宗《隋书经籍志考证》，二十五史补编本，中华书局，1955年，第5709页。
⑥ 赵幼文《曹植集校注》，第435页。
⑦ 朴现圭《曹植集的编纂与四种宋本之分析》，第35页。
⑧ 姚振宗《三国艺文志》，第3275页。

有不善者，应时改定。"按此《书》撰写于建安二十二至二十三年（217—218）间，而"改定"事当即《三国志》曹植本传裴松之注引《典略》载曹植与杨修书所称的"今往仆少小所著词赋一通相与"，修答书云："猥受顾赐，教使刊定。"此与《文章序》均称修定的文章为赋作，但也略有差异：其一，《文章序》似为晚年所作，赵幼文《曹植集校注》将此序系于明帝曹叡太和时期，称："曹植编集的原则，根据文体以类相从，或许又以创作先后为次第，而且手定目录，则写序必在晚年。"①《晋书·曹志传》称曹植有亲撰目录，推测《文章序》或与定稿以编全集相关。其二，《文章序》"删定"事未称与杨修有关，似属自行整理。余嘉锡称"七十八篇者"乃"植之所手定"②，故杨修"刊定"与"植之撰《前录》，未必即是一时之事"③。赵幼文也称："曹植自刊定，和杨修没有必然的联系。"④故不宜将两者等同，姚说不可从。

（三）三十卷本为曹魏秘阁编本，二十卷本为《前录》

此说创自余嘉锡，称："疑《两唐志》著录之二十卷本，即植自定之《前录》；其隋、唐《志》著录之三十卷本，即景初敕编之全集耳。"⑤二十卷本曹植集载有《画赞》和《列女传颂》，故应非全属赋作的《前录》。至于三十卷本是否即曹魏景初秘阁敕编之本，从秘阁本的编撰及其性质和三十卷本的文本面貌两个角度阐述：

1. 秘阁本的编撰

《三国志·魏书·陈思王植传》云曹植卒后"景初中诏曰：'陈思王昔虽有过失，既克己慎行，以补前阙，且自少至终，篇籍不离于手，诚难能也……撰录植前后所著赋颂诗铭杂论凡百余篇，副藏内外。'"⑥景初年间曹叡敕令秘阁结集整理曹植的著述，且"副藏内外（指内外三阁）"。何谓"前、后所著"，姚振宗称："此称前后所著，盖并《前录》自定之七十八篇合为百余篇也。"⑦卢弼《三国志集解》引胡玉缙之说称"前、后犹先后耳，各为一事"。又余嘉锡称：

①④　赵幼文《曹植集校注》，第 435 页。
②　余嘉锡《四库提要辨证》，第 1239 页。
③⑤　余嘉锡《四库提要辨证》，第 1240 页。
⑥　陈寿《三国志》魏书卷十九，中华书局，1982 年，第 576 页。
⑦　姚振宗《隋书经籍志考证》，第 5709 页。

"逮景初撰录,即合前、后《录》所有,会萃成编,都为一集耳。"① 朴现圭称:"其实为先、后之意,即指曹植一生所有的作品而言。"②

认为本传所言之"前"即《前录》,并无切实的依据。再者,曹魏秘阁本曹植集属选本性质,而非曹植作品的汇编。按《晋书·曹志传》云:"帝尝阅《六代论》,问志曰:'是卿先生所作邪?'志对曰:'先王有手所作目录,请归寻按。'还奏曰:'按录无此。'帝曰:'谁作?'志曰:'以臣所闻,是臣族父冏所作,以先王文高名著,欲令书传于后,是以假托。'"③ 假定秘阁藏本为曹植作品的全编,何须再委托曹志查检,印证秘阁本乃选录曹植作品,是删削整理之后的本子。明田澜序即称:"初陈王既没,魏文(笔者注:应为魏明帝)诏令撰录所著赋颂诗铭杂论凡百余篇,不著卷数,盖若是之少者。"赵幼文推测称:"景初所录,或属于选本的范畴。曹植手自编次的,可称之为全集了。"④ 又朴现圭称:"或系以官衙编辑时将曹植作品中抵触曹丕、曹叡所忌的,一律删除所致","景初曹叡所纂曹植集或属选本范畴,实非全本。"⑤ 木斋亦认为:"曹植的作品,除了曹植自己曾经'删定别撰'其赋作之外,在曹植死后的景初中,又被魏国官府重新'撰录'删改一次。"⑥ 从唐代传本曹植集所载的曹植诗文,有相当一部分不见于今宋本曹植集中(参下文所述),推断唐二十卷本为选本(前文已论述今宋本属唐二十卷本系统),即继自曹魏秘阁本系统。

2. 三十卷本的文本面貌

据《文选》李善注,唐代还流传有一种曹植集本,保留了曹植的自注,如:

> 《文选》(据自尤袤本,下同)卷二十《上责躬应诏诗表》"臣植言:臣自抱衅归藩",李善注引植《集》云:"植抱罪,徙居京师,后归本国。"
>
> 《文选》卷二十《责躬诗》"国有典刑,我削我黜",李善注引植《集》云:"博士等议,可削爵士,免为庶人。"

---

① 余嘉锡《四库提要辨证》,第1240页。
② 朴现圭《曹植集的编纂与四种宋本之分析》,第36页。
③ 房玄龄等《晋书》卷五十,中华书局,1974年,第1390页。
④ 赵幼文《曹植集校注》前言,第1—2页。
⑤ 朴现圭《曹植集的编纂与四种宋本之分析》,第37页。
⑥ 木斋《古诗十九首与建安诗歌研究》,人民出版社,2009年,第160页。

《文选》卷二十《责躬诗》"茕茕仆夫，于彼冀方"，李善注引植《集》云："诏云：知到延津，遂复来。"

《文选》卷二十四《赠丁仪》，李善注引植《集》云："与都亭侯丁翼。"

《文选》卷二十四《又赠丁仪王粲》，李善注引植《集》云："答丁敬礼、王仲宣。"

《文选》卷二十四《赠白马王彪》，李善注引植《集》云："于圈城作。"又云："黄初四年五月，白马王、任城王与余俱朝京师，会节气，日不阳，任城王薨，至七月与白马王还国……愤而成篇。"

上述曹植集中的自注，无一例见于今宋本曹植集中，同样它的祖本二十卷本也不存在这些自注，则李善所据《集》本乃另一版本系统。按李善注《文选》引曹植诗文不见于今宋本者（据赵幼文《曹植集校注》），如：

《文选》卷十六江文通《别赋》李善注引《悲命赋》云："哀魂灵之飞扬。"

《文选》卷二十三谢灵运《庐陵王墓下作》李善注引《寡妇赋》云："高坟郁兮巍巍，松柏森兮成行。"

《文选》卷二十六陆士衡《赴洛诗》李善注引《杂诗》云："离思一何深。"

《文选》卷二十六谢灵运《入华子岗》李善注引《述仙诗》云："游将升云烟。"

《文选》卷二十八鲍明远《苦热行》李善注引《感时赋》云："惟淫雨之永降，旷三旬而未晞。"

《文选》卷二十八鲍明远《苦热行》李善注引《苦热行》云："行游到日南，经历交阯乡。苦热但曝霜，越夷水中藏。"

《文选》卷二十八鲍明远《结客少年场行》李善注引《结客篇》云："结客少年场，报怨洛北芒。"

《文选》卷三十谢玄晖《和王主簿怨情》李善注引诗云："一顾千金重，何必珠玉钱。"

《文选》卷三十谢灵运《拟魏太子邺中集诗》李善注引《四言诗》云：

"高谈虚论，问彼道原。"

《文选》卷三十谢玄晖《和王著作八公山》李善注引《巫出行》云："蒙雾犯风尘。"

《文选》卷三十谢灵运《石门新营所住四面高山回溪石濑修竹茂林诗一首》李善注引《乐府诗》云："金樽玉杯，不能使薄酒更厚。"

《文选》卷四十任彦升《到大司马记室笺一首》李善注引《对酒行》云："含生蒙泽，草木茂延。"

《文选》卷五十八颜延年《宋文皇帝元皇后哀策文一首》李善注引《秋胡行》云："歌以永言，大魏承天玑。"

《文选》卷五十九沈休文《齐故安陆昭王碑文一首》李善注引《对酒歌》云："蒲鞭苇杖示有刑。"

推断李善依据的曹植集，应属《隋志》和《旧唐志》著录的三十卷本，该本有一定数量的诗文是二十卷本失收的，再次佐证二十卷本属选本性质。按周必大《奏事录》云："小汪云有书号《类文》，隋时集两汉以来古文，多今时所无，如曹植文尤众，植集中未尝载。"① 《类文》为隋人庾自直撰，南宋时尚存世，《容斋四笔》卷二称"予在三馆，假庾自直《类文》，先以正本点检。"② 《类文》所载曹植诗文乃据自隋代三十卷本曹植集，余嘉锡即称："其所录曹植逸文，盖得之三十卷本。"③ 《奏事录》所称的"植集未尝载"，印证南宋传本曹植集乃承自唐二十卷本者，而非三十卷本系统，疑即今所见十卷本。

综上，据李善注引曹植集有今宋本并不存在的诗文自注，且所引相当一部分诗文不见于今宋本曹植集中，断定该集为三十卷本曹植集，且属曹植自编全集本系统。而二十卷本曹植集则为选本，属曹魏秘阁本系统。

---

① 周必大《庐陵周益国文忠公集》，清道光二十八年（1848）刻本，卷一百七十第十四叶 a 面。
② 孔凡礼点校《容斋随笔》四笔卷二，中华书局，2005 年，第 651 页。
③ 余嘉锡《四库提要辨证》，第 1242 页。

三、现存曹植集的宋本系统

曹植集之宋本著录有四种：晁公武本，即今宋本曹植集据刻的底本；陈振孙本，属唐三十卷本的残本（疑承自北宋秘阁藏本《陈思王集》）。《四库》本《曹子建集》，馆臣称该本的底本"目录后有嘉定六年（1213）癸酉字，犹从宋宁宗时本翻雕，盖即《通考》所载也。凡赋四十四篇，诗七十四篇，杂文九十二篇，合计之得二百十篇。"① 知《四库》本据翻宋嘉定本而抄，应基本保留宋嘉定本的旧貌，自内容而言可视为宋本（以下简称"四库抄宋本"）。其关系可描述为：南宋"嘉定本"→翻宋嘉定本（年代不详）→（馆臣以此为底本，又经参校它本校定）《四库》抄本。由于该底本即翻宋嘉定本现已难觅踪迹，也就不清楚馆臣校定的情况，只好笼统归属宋本面貌。现存宋本曹植集惟存今宋本一部，与宋嘉定本均刻在宁宗时，但两本篇数不合，以两本诗文相比勘存在异文，如：

卷一《东征赋》"故作赋一篇"，四库抄宋本"一"作"二"。

卷一《玄畅赋》"孔老异旨"，四库抄宋本"旨"作"情"。

卷一《节游赋》"感气运之和润"，四库抄宋本"润"作"顺"。

卷三《出妇赋》"以才薄之质陋"，四库抄宋本"质陋"作"陋质"。

卷三《洛神赋》"珥瑶碧之华琚"，四库抄宋本"琚"作"裾"。

卷五《七哀》"君若清露尘"，四库抄宋本"露"作"路"。

卷五《送应氏二首》"侧足不行迳"，四库抄宋本"不"作"无"。

卷五《杂诗》"飘飘长随风"，四库抄宋本"长随"作"随长"。

卷五《应诏》"面邑不游"，四库抄宋本"邑"作"色"。

卷五《赠白马王彪》"郁纡将何念"，四库抄宋本"何念"作"难进"。

卷五《赠白马王彪》"苍蝇白间黑"，四库抄宋本"白间黑"作"间黑白"。

---

① 永瑢等《四库全书总目》卷一四八，第 1273 页。

卷六《白马篇》"扬名沙漠垂"，四库抄宋本"名"作"声"。

卷十《汉二祖优劣论》"遭炎光巨会之运"，四库抄宋本"巨"作"厄"。

卷十《魏德论》"脂我萧斧"，四库抄宋本"脂"作"措"。

推断四库据抄之宋本即嘉定本与今宋本并非同一版本，而且据该本保留的部分校语推断嘉定本在刊刻中参校了今宋本，如卷三《洛神赋》"无奈是乎"，"奈"小注称"一作廼"，今宋本即作"廼"；卷三《洛神赋》"灼若芙蓉出绿波"，"蓉"小注称"一作蕖"，今宋本即作"蕖"；卷三《洛神赋》"秾纤得衷"，"衷"小注称"一作中"，今宋本即作"中"；卷三《洛神赋》"扬轻袿之猗靡兮"，"猗"小注称"一作绮"，今宋本即作"绮"；卷五《杂诗》"朝游北海岸"，"北海"小注称"一作江北"，今宋本即作"江北"；卷五《杂诗》"小人媮自闲"，"媮"小注称"一作偷"，今宋本即作"偷"；卷五《又赠丁仪王粲》"难怨非贞则"，"难"小注称"一作欢"，今宋本即作"欢"；卷六《美女篇》"珊瑚间玉难"，"玉"小注称"一作木"，今宋本即作"木"等，知今宋本之刻稍早于嘉定本。

但校语也有不同于今宋本者，如卷三《洛神赋》"容与乎阳林"，"阳"小注称"一作杨"，今宋本作"阳"；卷五《送应氏二首》"念我平生亲"，"生亲"小注称"一作常居"，今宋本作"生居"；卷五《杂诗》"俯仰岁将暮"，"俯"小注称"一作俛"，今宋本作"俯"；卷五《赠徐干》"慷慨有悲心"，"慷"小注称"一作忼"，今宋本作"慷"；卷五《赠王粲》"遂使怀百忧"，"遂"小注称"一作自"，今宋本作"遂"；卷五《闺情》"欢会难再逢"，"逢"小注称"一作遇"，今宋本作"逢"；卷六《白马篇》"名在壮士籍"，"在"小注称"一作编"，今宋本作"在"等。印证嘉定本除参校今宋本外，尚有其他版本的曹植集。今宋本曹植集也有两条校语，即卷六《妾薄命二首》"日月既逝"，校语称"一作日既逝矣"；同卷《飞龙篇》"西登玉堂"，校语称"堂"字"一作台"。此两处的四库抄宋本正文同今宋本，不出校语，也佐证宋本植集远不止一刻。

两本虽非同一版本，但均含《画赞》和《列女传颂》的残文，故应源出同一系统，恰如余嘉锡称宋嘉定本（即四库所抄之宋本）"盖与晁公武所见者，同出一源"①。推断两本均属唐二十卷本系统，可能是衍自"晁本"即北宋十卷本曹植集的两个不同版本，在诗文篇目和文字上存在差异。

今宋本曹植集存在讹误字颇多，傅增湘称："误字甚夥，转不如明活字本。"② 又称："余曾取校汉魏六朝诸家文集二十二种本，误字颇多。"③ 误字者，如卷一《玄畅赋》"希鹏举以傅天"，"傅"为"搏"之误；同卷《离思赋》"遂作《离思赋》之"，"之"为"云"之误；卷五《杂诗》"时宿薄朱颜"，"宿"为"俗"之误；同卷《赠白马王彪》"三在桑榆间"，"三"为"年"之误；卷八《上责躬诗表》"诚以天纲不可重罹"，"纲"为"网"之误；同篇"无礼遄死之仪"，"仪"为"义"之误。还有脱字，如卷五《应诏诗》"朝□莫从"，据四库抄宋本当补作"觐"字；卷八《谢妻改封表》"诚非翰墨屡辞所能"，据四库抄宋本"所能"后当补"报答"两字；卷十《汉二祖优劣论》脱去"尔乃庙谋而后动众"句等。而学界称："此本毕竟刊刻在先，后之众多传本皆从此出，且后人之辑佚与研究亦以是本为基础，则其版本价值不言自喻。"④ 以今宋本与四库抄宋本、明活字本、明正德五年（1510）舒贞刻本（校勘中称"舒本"）、明嘉靖二十年（1541）胡缵宗刻本（校勘中称"胡本"）、明嘉靖二十一年（1542）郭云鹏刻本（校勘中称"郭本"）和明万历三十一年（1603）郑士豪刻本（校勘中称"郑本"）相比对，如：

卷一《东征赋》"灵佑"，"今宋本""佑"作"祐"，活字本、郭本、胡本、舒本、郑本均同四库抄宋本。

卷一《玄畅赋》"孔老异情"，"今宋本""情"作"旨"，活字本、郭本、胡本、舒本、郑本均同四库抄宋本。

卷一《幽思赋》"寄余思"，"今宋本""余"作"予"，活字本、郭本、胡本、舒本、郑本均同四库抄宋本。

卷一《节游赋》"感气运之和顺"，"今宋本""顺"作"润"，活字本、郭本、胡本、舒本、郑本均同四库抄宋本。

① 余嘉锡《四库提要辨证》，第 1240 页。
② 傅增湘《藏园群书经眼录》，中华书局，2009 年，第 823 页。
③ 傅增湘《藏园订补郘亭知见传本书目》，第 937 页。
④ 上海图书馆编《上海图书馆藏宋本图录》，第 172 页。

卷一《节游赋》"庶翱翔以解忧"，"今宋本""忧"作"写"，活字本、郭本、胡本、舒本、郑本均同四库抄宋本。

卷一《节游赋》"浮沉蚁于金罍"，"今宋本""浮沉"作"沈浮"，活字本、郭本、胡本、舒本、郑本均同四库抄宋本。

卷一《节游赋》"聊永日而忘愁"，"今宋本""忘"作"望"，活字本、郭本、胡本、舒本、郑本均同四库抄宋本。

卷一《又感节赋》"庶朱光之常照"，"今宋本""常"作"长"，活字本、郭本、胡本、舒本、郑本均同四库抄宋本。

卷一《离思赋》"扶衡轸"，"今宋本""轸"作"轹"，活字本、郭本、胡本、舒本、郑本均同四库抄宋本。

推断四库抄宋本即宋嘉定本应属明曹植集诸本的祖本，馆臣即称："唐以前旧本既佚，后来刻植集者率以是编为祖。"[1] 如明活字本当即出自此本，而黄永年先生称"明活字本源自南宋大字本而有所改订"[2]，似还是以源出宋嘉定本为宜。当然活字本也有改易，如卷一《又感节赋》"嗟征夫之长勤"，活字本"勤"改为"叹"；卷五《喜雨》"时雨中夜降"，活字本"中"改为"终"；同卷《责躬》"足以没齿"，活字本"没"改为"殁"；同卷《情诗》"逝子叹黍离"，活字本"子"改为"者"；卷十《汉二祖优劣论》"通黄中之妙理"，活字本"中"改为"钟"等，印证活字本又据它本有所校订。此外，四库抄宋本也存在与上述各本均不同者，如今宋本卷一《玄畅赋》"取全贞而保素"，"取全"各本均作"长前"，四库抄宋本作"长全"。又同卷《临观赋》"叹东山之懃勤"，明活字本"懃"作"朔"，郭本同；胡本、舒本、郑本均同宋本，而四库抄宋本则作"溯"等。故四库抄宋本的校勘价值逾于今宋本曹植集，不宜以其晚近且出于四库馆臣之手而轻忽。

结　论

通过本文的初步梳理，主要得出下述六条结论：（一）今存宋刊十卷本曹植

---

① 永瑢等《四库全书总目》卷一四八，第1273页。
② 黄永年《曹子建集二题》，第118页。

集，乃以晁公武著录本为底本而刻，而晁本实即《龙城录》记载之北宋十卷本。（二）今宋本中"愍"字阙笔表明与唐本存在承继关系，佐证作为今宋本祖本的北宋十卷本即出自唐二十卷本系统。故曹植集属以唐二十卷本的残本为基础的重编本，至迟重编在北宋初。（三）自诗文内容而言，今宋本包含《画赞》和《列女传颂》的残文，且未载《文选》李善注等引及的部分曹植诗文及曹植自注，再次佐证属唐二十卷本系统，与北宋秘阁所藏《陈思王集》以及陈振孙著录本并非同一版本系统。（四）今宋本曹植集所载诗文未备的属性，印证唐二十卷本属选本，而李善注所据的曹植集则属诗文相对齐备且保留有曹植的自注，推断即三十卷本。（五）曹魏秘阁本曹植集属经删节后的集子，而《前录》表明曹植应自编有全集，从而形成曹植集的两种文本系统。推断作为选本性质的二十卷本承自曹魏秘阁本系统，而三十卷本则为曹植自编全集本系统，与其诗文含有自注亦相契合。（六）今宋本讹误较多，版本价值逊于四库所抄之宋本。四库抄宋本属明代曹植集诸本的祖本，如明活字本即出自此本，故今人校勘整理曹植集宜选择该本作为底本使用。

（匿名审稿专家提出了宝贵的修改意见，谨致谢忱）

（原刊《中国典籍与文化》2018 年第 2 期）

作者简介：

刘明，1981 年 3 月出生，山东章丘人，2004 年 7 月毕业于洛阳师范学院中文系，获得文学学士学位。2004—2007 年在清华大学中文系攻读硕士学位，2007 年毕业后进入国家图书馆善本特藏部工作，主要从事善本古籍的采访、编目和整理工作，利用业余时间坚持从事学术研究。2014—2018 年在清华大学中文系攻读博士学位，博士论文《汉魏六朝别集研究》。2019 年 4 月调入中国社会科学院文学研究所工作，在所里的图书馆从事古籍管理和整理工作。现为副研究馆员，主要从事汉魏六朝集部文献和古籍版本目录校勘学研究。

完成图书馆古籍工作之外，利用业余时间坚持从事学术研究，主要集中在两方面：第一，汉魏六朝集部文献研究，目前主要致力于六朝作家的文学别集研究，有博士论文《汉魏六朝别集研究》（即将出版）。参与国家社科基金重大项目

"汉魏六朝集部文献集成"，撰有课题成果《汉魏六朝集部珍本提要》（即将出版），并公开发表相关的系列论文。第二，以古籍文献为对象的整理研究，侧重在版本学、目录学和校勘学为基础的研究，发表有相关论文，并将历年撰写的珍本古籍鉴赏考订类文章结集为《中国古书版本笔记》（北京联合出版有限公司，2020 年）。同时注重古籍整理实践，正在从事中华书局交付的《抱经楼藏书志》和《骈体文钞》的点校整理工作。

明代公案小说的文本抽毁与版本流播

——以余象斗《皇明诸司廉明奇判公案》为例

潘建国

一、《廉明公案》存世版本新调查

《皇明诸司廉明奇判公案》（以下简称《廉明公案》），乃明代万历时期福建书商文人余象斗编撰的小说作品，它的问世，改变了之前所谓"一书一个判官"（如《百家公案》之包公）的"单传体"模式，开创"一书多个判官"的"诸司体"① 公案小说，并引发一个连锁反应，陆续产生了《诸司公案》《详刑公案》《律条公案》《明镜公案》《神明公案》《详情公案》等系列作品。

较早关注《廉明公案》版本的是孙楷第，其《日本东京所见小说书目》（1932）及《中国通俗小说书目》（1933），均著录了日本内阁文库所藏明建阳书林萃英堂刊二卷本（以下简称"萃英堂本"）。此后，中日学界续有访查著录：1933 年 5 月 23 至 25 日，小说戏曲收藏家周越然在上海《晶报》分上中下三次连载《廉明公案》一文②，介绍家藏明万历二十六年（1598）建邑书林余氏建泉堂

① 参阅鲁德才《明代各诸司公案短篇小说集的性格形态》，《'93 中国古代小说国际研讨会论文集》，开明出版社，1996 年，第 464—480 页；石昌渝《明代公案小说：类型与源流》，《文学遗产》2006 年第 3 期。

② 周越然著，周炳辉辑《言言斋古籍丛谈》，辽宁教育出版社，2001 年，第 16—18 页。周越然利用此家藏本，另撰写发表过两篇短文，一为《古之判语》，《大众》（上海）1943 年第 4 期；一为《关于"皇明诸司廉明奇判公案"》，《文帖》1945 年第 1 卷第 4 期。

刊四卷本，此本今藏中国国家图书馆（以下简称"建泉堂本"，图1）；1934 年 9月，长泽规矩也发表《现存明代小说书刊行者表初稿（上）》①，著录日本画家富冈铁斋（1836—1924）所藏明万历三十三年（1605）余氏双峰堂刊本《新刊皇明诸司廉明奇判公案》四卷（以下简称"富冈本"），1936 年 6 月，日本大阪府立图书馆举办"富冈文库善本展览会"，展品中即有此书，并被收入《富冈文库善本书影》②，富冈本遂颇为人所知③；1957年，李田意发表《日本所见中国短篇小说略记》④，著录日本蓬左文库所藏余氏双峰堂刊二卷本（以下简称"蓬左本"）⑤；1962 年，路工《古本小说新见》之《新

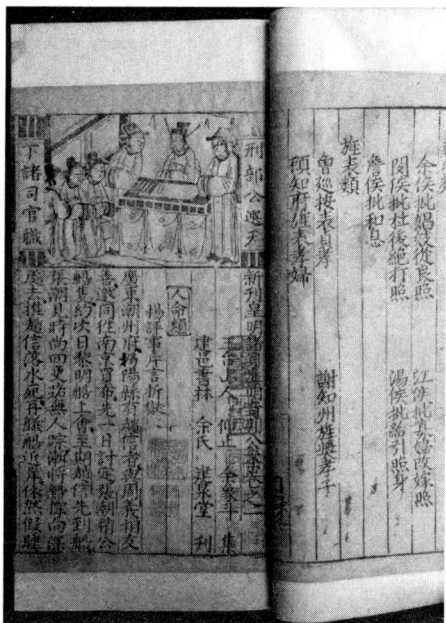

图1　建泉堂本首卷首页

刊皇明诸司廉明奇判公案》，介绍了一部明版"建邑书林余氏建泉堂刊"四卷本，"全书共收一百三十一篇公案小说"⑥，较周越然藏本的一百零五篇，多出二十六篇，可惜路工未交代藏处，无从追踪查验；1975 年，马幼垣发表《明代公案小说传统：龙图公案考》⑦，文中综合诸家著录，列出《廉明公案》版本 5 种，即蓬

---

① 《书志学》1934 年第 3 卷第 3 期，后收入《长泽规矩也著作集》第 5 卷，汲古书院，1985年，第 227 页。

② 大阪府立图书馆编《富冈文库善本书目》，小林写真制版社出版部，1936 年，第 40 号。

③ 日本书志学会主办的《书志学》第 6 卷第 6 号（1936 年 6 月 5 日出版），及时报道了富冈文库善本展览会的消息，并列举了少量善本，其中就有这部明版《廉明公案》。

④ 《清华学报》（台湾）1957 年新 1 卷第 2 期。

⑤ 蓬左本，笔者至今未得目验原书。所幸 2019 年岁末，日本京都大学博士生中原理惠君来访北京，一起交流《廉明公案》的研究，蒙她帮助，我阅览了她申请复制的蓬左本全书电子版，本文论及蓬左本文字，均据此。在此，谨向中原理惠小姐致以谢忱！

⑥ 收入路工《访书见闻录》，上海古籍出版社，1985 年，第 156 页。

⑦ 原为英文，题作"The Tradition of Ming Kung-an Ficition：A Study of the Lung-tu kung-an"，《哈佛亚洲研究》（Harvard Journal of Asiatic Studies）1975 年总第 35 号；后由宏建燊译为中文，改题《明代公案小说的版本传统——龙图公案考》，《中国古典小说研究专集》第 2辑，台湾联经出版事业公司，1980 年，第 245—279 页。

左本、萃英堂本、江户抄本、建泉堂本、长泽规矩也著录本（即富冈本），此文因重在梳理明代公案小说传统，于《廉明公案》版本细况实未作展开。1982 年，日本学者大塚秀高发表《从公案话本到公案小说集——在"丙部小说之末流"的话本小说研究中所占的位置》①，文中列出《廉明公案》版本也是 5 种，与马幼垣文相同，但除富冈本、建泉堂本之外，其余版本作者皆曾目验，所论甚详，且对诸版本性质和彼此关系作出了初步探考，然其中亦有误判之处，参见下文；1987 年，大塚秀高出版《增补中国通俗小说书目》②，《廉明奇判公案》条目著录 5 种版本，依次为富冈本、建泉堂本、林罗山手校江户抄本、蓬左本、萃英堂本。2004 年，石昌渝主编《中国古代小说总目》"白话卷"之《皇明诸司廉明奇判公案传》条③，著录版本 4 种，与大塚秀高目录相同，无林罗山手校江户抄本，盖已附入建泉堂刊本。

　　关于《廉明公案》版本的调查著录小史，大致如上。近年来，笔者对此书版本亦颇为关注，陆续有所知见，列示如下：

　　1. 日本京都大学法学研究科藏明刊《新刊皇明诸司廉明奇判公案》，京都大学图书馆已公布电子版④。四卷，首卷首页题"建邑书林余氏双峰堂刊"，书末有莲牌"万历乙巳年孟冬／月余氏双峰堂梓"。经笔者比勘（图 2），实即传说已久、大塚秀高亦未曾寓目的富冈本。此本除卷一残缺第 4 叶以及第 58 叶 B 面之外，余皆完好。

　　2. 明末金陵大业堂刊本（以下简称"大业堂本"），残存 2 册，包括卷三凡 26 则（"争占类" 16 则、"骗害类" 10 则），卷四凡 42 则（"威逼类" 4 则、"拐带类" 3 则、"坟山类" 2 则、"婚姻类" 5 则、"债负类" 5 则、"户役类" 5 则、"斗殴类" 3 则、"继立类" 4 则、"脱罪类" 3 则、"执照类" 5 则、"旌表类" 3 则，止于第三则《顾之知府旌表孝妇》之"亲送代巡孝孚神明之匾于范"，尾略

---

① 原载《东洋学》1982 年总第 47 号，中文版载《辽宁广播电视大学学报》1988 年第 2 期。

② 汲古书院（东京），1987 年，第 54 页。

③ 山西教育出版社，2004 年，第 147—148 页。需要指出的是，此条目书名题作"皇明诸司廉明奇判公案传四卷"，实际并不准确。此书凡卷首书名题为"公案传"者，均为二卷本，四卷本则均题"公案"，无"传"字，详见下文。

④ 2019 年 10 月 19—20 日，笔者在北京大学中文系与中国社科院《文学遗产》联合举办"中国古代国际学术研讨会上报告本文，承东京大学上原究一博士告知：京都大学博士生中原理惠首先发现法学研究科的藏本，并建议京都大学拍摄公开，惠及学界。

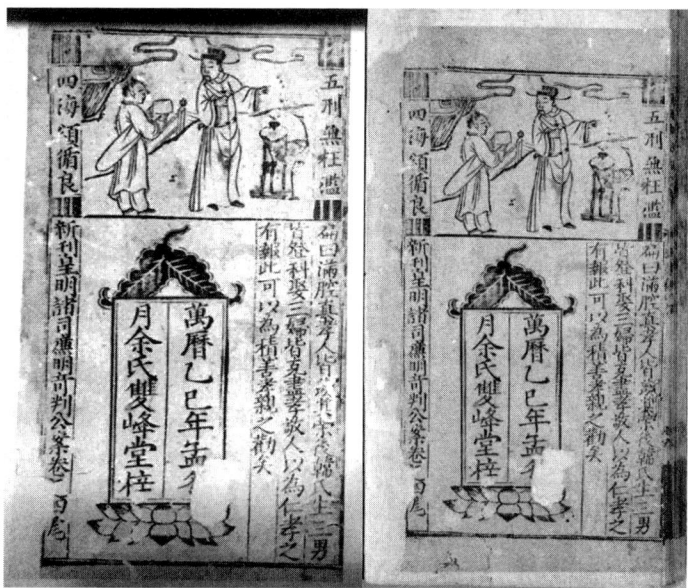

图2　富冈本（左）、京都大学藏本（右）卷末牌记

残53字）。卷首书名题"新刻全像皇明诸司廉明奇判公案"，另行题"三台山人仰止余象斗集""金陵书坊周氏大业堂梓"，此"金陵周氏大业堂"乃明代万历至明末清初较为活跃的书坊，刊刻了不少小说戏曲书籍①。其题曰"全像"，改变了福建刻本上图下文的样式，采用江南地区流行的整页插图，存有10幅（卷三4幅，卷四6幅），白口无鱼尾，半叶12行，行28字。此本系从韩国回流，原为朝鲜文人柳绽（1684—1752）旧藏，今藏笔者两靖室。大业堂本虽属残帙，但具有特殊的学术文献价值，详见下文。

　　3. 清初映旭斋重印本（以下简称"映旭斋本"），今藏中国国家图书馆②。残存1册（30叶），包括余象斗《廉明公案序》（序末无"万历戊戌"时间题署）、目录及卷一正文。目录页卷一"人命类"有17则，第18则《邓代巡批人

---

① 　参阅［日］上原究一《论金陵书坊周曰校万卷楼仁寿堂与周氏大业堂之关系》，《斯道文库论集》2014年总第48辑；许振东《大业堂的白话小说刊刻及其刻书活动》，《廊坊师范学院学报》2015年第5期。

② 　上原究一《明末の商业出版における异姓书坊间の広域的连携の存在について》曾有简单提及此本，未予展开考订，《东方学》2016年总第131辑。

命翻招》空缺①；正文"人命类"第 13 则《范侯判逼死节妇》有目无文，止于第 14 则《夏侯判打死弟命》之"乞思详情超豁上诉"，以下残缺。另有整页插图5 幅。卷一首页题署（"金陵书坊周氏大业堂梓"）及行款字体，皆与大业堂本完全一致，但无柳绖藏印，两者或非同套书。书首有内封页，题"新刻全像名家廉明公案""映旭斋梓"，据此内封页墨色清晰、字口锐利等特征推测，大概映旭斋曾得到金陵大业堂旧板，予以重印并新刻了内封页。映旭斋本虽残存不足一卷，却保留了卷首目录，对于考察大业堂本的版本面貌，颇为重要。

4. 中国书店 2006 年 6 月拍卖过一部明刊二卷本，仅存上卷，首页题"皇明诸司廉明奇判公案传""三台山人仰止余象斗集""建邑书林余氏双峰堂刊"（上图下文，正文白口无鱼尾，半叶 12 行 22 字），通篇有佚名朱笔点读，具有日本点读特征，或自日本回流。此本今归中国私人"独翠堂"收藏，曾在 2015 年 7月国家图书馆举办"册府千华——民间珍贵典籍收藏展"展出，笔者得以目验原书。从分卷、版式、行款、题署来看，似与蓬左本同版。

5. 孔夫子旧书网 2019 年 1 月 9 日拍卖过一部明刊残本，据拍主提供的 28 叶书影，上图下文，半叶 12 行 22 字，版心题"全像公案传"，惜未见存卷首题署的书叶。经比勘，笔者推断其与萃英堂本同版。残存诸叶均集中于上卷，涉及 15则，文字完整者 6 则，残缺者 9 则，包括"人命类"之《刘县尹判误妻强奸》（残）、《洪大巡究淹死侍婢》（残）、《吴推官判误杀伛命》（残）、《孙侯判代妹伸冤》（残）、《黄县主义鸦诉冤》（全）、《苏院词判奸僧》（全）、《丁府主判累死人命》（全）；"奸情类"之《汪县令烧毁淫寺》（残）、《陈院卖布赚脏》（全）、《海给事辨诈称奸》（全）、《吴县令辨因奸窃银》（残）、《严县令诛污翁奸女》（残）、《魏侯审强奸堕胎》（残）、《孔推府判匿服嫁娶》（全）；"盗贼类"之《董巡城捉盗御宝》（残）。此本今未知藏者。

综上，目前所知存世《廉明公案》版本共有 9 部，包括：余氏建泉堂本（周越然旧藏，藏国家图书馆）、余氏双峰堂刊四卷本（即富冈本，藏京都大学法学研究科）、余氏双峰堂刊二卷本（凡 2 部，1 部全本即蓬左本，1 部残本藏独翠

---

① 建泉堂本、富冈本"人命类"均有 18 则，最后一则为《邓代巡批人命翻招》，映旭斋本目录页"人命类"末尾第 18 则位置空白，则原书残缺此则，并非国图藏本有缺叶，推测金陵大业堂所得初版初印本《廉明公案》，其卷一末尾（即第一册末尾）当已残缺 1 则。

堂）、萃英堂本（凡2部，1部全本藏日本国立公文书馆，1部残本未知藏者）、金陵大业堂本（残存卷三卷四，藏两靖室）、映旭斋重印大业堂本（残存卷一，藏国家图书馆）、林罗山手校江户抄本（藏日本国立公文书馆）。

二、书林秘闻：《王巡道察出匿名》的抽毁及其原因

大塚秀高《增补中国通俗小说书目》（1987）曾独具慧眼地指出了建泉堂刊本中的两处特殊细节，即卷三第41至46叶缺失，目录页卷三"骗害类"第2则位置空白，有明显的剜削痕迹，但他未能对此作出解释。事实上，笔者一开始也感到困惑，虽然根据建泉堂本"开天窗"的反常情况，可以推测卷三大概缺失了第2则，但因为存世其他版本均无此篇，究竟如何？自亦无从说起。

直到2019年6月，笔者偶然得到大业堂本，惊喜地发现卷三第2则《王巡道察出匿名》竟然完好无损（图3）。对照大业堂本，回看建泉堂本的种种删削痕迹，乃觉豁然开朗：

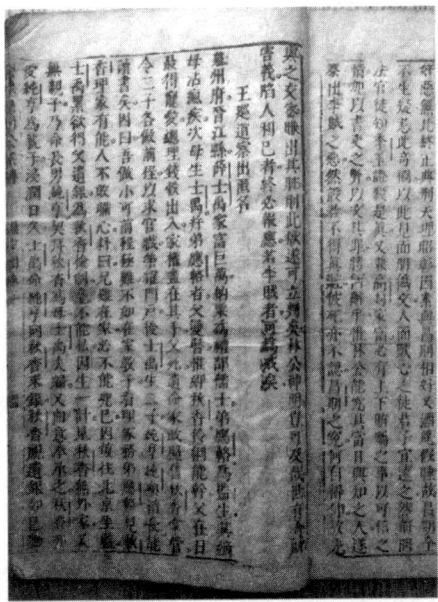

图3　金陵大业堂本独存之《王巡道察出匿名》

卷三第40叶为"骗害类"第1则《韩按院赚脏获贼》末尾文字，B面止于"徒知季玉证杀是真，又兼高"，以下尚有118字，原应刊印在第41叶A面前7行（建泉堂本每行17字），今已缺失；

第41叶A面第8行开始，至第47叶A面第1、2行，均为《王巡道察出匿名》文字，今已删削不存。有意思的是，建泉堂本第47叶A第3行至B面第5行，仍残留着已被删去的《王巡道察出匿名》篇尾文字（共213字），从第47叶B面第6行开始，才是"骗害类"第3则《朱代巡判告酷吏》。

第47叶A面第1、2行文字已被删削，但第2行尚有残存笔画，对照大业堂本《王巡道察出匿名》，可知这是判语的最后一句"乱法之奸民宜入绞刑之宪网"，依稀可辨（图4）；与此类似，建泉堂本目录卷三第2则《王巡道察出匿名》已被剜削，但"名"字剜挖未尽，尚遗下左下角的笔画。

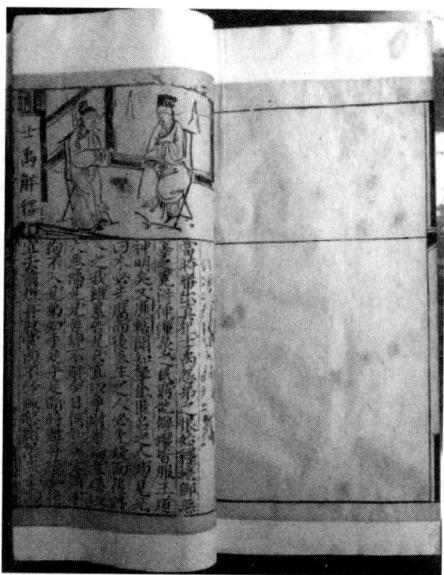

图4　建泉堂本第47叶A面第2行剜削板木痕迹

凡此，均可证建泉堂本《廉明公案》曾通过板木撤削，来完成对《王巡道察出匿名》文本的抽毁，即撤去第41至46叶凡6块板木，又剜去第47叶板木A面前两行，以及目录叶卷三"骗害类"第2则"王巡道察出匿名"七字。这种撤削板木以抽毁文本的现象，在明代通俗小说史，乃至整个中国古代通俗小说史上都是极其罕见的。那么，《王巡道察出匿名》究竟是一篇什么样的公案小说，它因何而遭受抽毁的命运呢？

《王巡道察出匿名》叙述了一个王巡道明判两宗匿名诬告案的故事。主要情节如下：福建泉州府晋江县薛士禹、薛应辂为同父异母兄弟，父亡后因家财产生纠纷，诉讼数年，后有匿名状投至泉州府推官丁此吕处，告薛士禹"十恶"罪，士禹怀疑是弟应辂所告，遂贿赂丁推官座主侍郎黄凤翔，求通关节，黄侍郎"误信一偏巧言，授书与之解办"，丁推官"见座主书来，有意偏护"，结果坐薛应辂绞罪。至万历十三年（1585），浙江衢州府王豫升任分巡兴泉道，应辂令其子上诉，王巡道见状批云："既非顿时捉获，又无的确证佐，安得以猜疑之故，而坐应辂投匿耶？"将应辂开罪释放。后年余，当地又有人假冒施卿之名投告张裕贿奸，王巡道批转晋江王知县审理，王知县断施卿"投匿绞罪"，施卿求礼房吏吴正代拟诉状，向王巡道申冤，王巡道因见诉状中有自己昔日为薛应辂所批"开罪之语"，怀疑吴正乃是两宗匿名诬告案的幕后主谋，遂亲自细加审察，并用计赚出真相，最终将吴正问拟绞罪，施卿之冤得雪，薛氏兄弟也尽释前嫌，"漳泉之民"，"皆服王巡道神明矣"。

很显然，这篇小说的抽毁，与古代典籍禁毁的通常原因（如政治违碍、淫秽暴力、邪教迷信等）皆无关涉。笔者查阅了故事叙及的人物，结果发现第一宗匿名案中的两位官员，即泉州府推官"丁此吕"、侍郎"黄凤翔"，均为真实历史人物，而且非同一般。

先来看"丁此吕"，江西新建人，字右武，万历五年（1577）进士，授福建彰州府推官①，清康熙魏荔彤重修本《漳州府志》卷九"秩官·推官"列有"丁此吕"，小字注："新建，进士，五年任。"卷三十三"灾祥·寇乱附"载，万历十一年（1583）四月，奸民吴双引等谋袭漳城，署府推官丁此吕会同地方官员缉捕乱首②，则丁氏担任漳州府推官至少达7年之久。福建泉州文人何乔远（1558—1631）《闽书》卷六十四"文莅志·漳州府·推官"载有丁此吕小传，以颇具文学性的文字，描写了丁推官的断案风采："至任之初，文牒丛委，此吕日坐高堂决判，居数日一空，吏隶旁立若木偶。"又称赞他"明敏精严"，"为人

---

① 《王巡道察出匿名》小说写丁此吕为"泉州府"推官，与此略有差异。不过，漳州府、泉州府实为近邻，往往并称，小说末尾也有"漳泉之民，穷地僻壤"的说法。

② 清魏荔彤重修本《漳州府志》卷九、卷十三，康熙五十四年（1715）序刻本。

磊落意气，尽友天下士"①。丁此吕与汤显祖、屠隆、黄汝亨等文人交游甚密，万历三十七年（1609）三月，丁氏谢世，黄汝亨作《祭丁右武文》②云："维公禀宇宙间出之才，负天地不平之气，其慷慨历落之概，可以移山岳贯金石，而不可以入世途；其高亮坦直之节，可以动四海信千古，而不可以入时贵。乃至老死于睚眦，而终其身于谗言之可畏。呜呼，痛哉！古今贤豪进退非毁之故，大略如此，宁独于公为复不尔耶！"对丁此吕"慷慨历落""高亮坦直"的品格赞誉有加，祭文还特别提及他担任漳州府推官时的政绩，"为理漳浦，蜚声卓异"，可以说，从地方舆论到友人风评，丁此吕都获得了相当不错的口碑。

值得注意的是，在余象斗的公案小说《王巡道察出匿名》中，丁此吕尽管不是作为清官形象而存在，但小说作者似乎对他的官品仍相当肯定，"推官丁此吕，风烈有声"，"丁公为官有名色"，而他之所以误判薛应辂匿告绞罪，乃因受到"座主"黄凤翔侍郎的影响："丁公虽然清止，见座主书来，有意偏护，况与弟讦讼事有迹，又状内多告家中阴事，遂疑弟应辂的是。"换言之，产生冤案的主因是黄凤翔的受贿徇私，干预司法。实际上，这位黄凤翔大有来头。据研考③，黄凤翔（1540—1614），福建泉州府晋江县人，隆庆二年（1568）一甲第二名进士及第，万历五年（1577）任丁丑会试"同考"官，丁此吕正是此科进士及第，按古代科场惯例，黄凤翔确为丁氏"座主"，《王巡道察出匿名》小说所述细节"丁公座主侍郎黄凤翔"云云，符合史实；万历十二年（1584）黄凤翔任南国子监祭酒，十六年（1588）任北国子监祭酒，十七年（1589）升吏部右侍郎兼翰林院侍读，二十年（1592），起为吏部左侍郎，二十一年（1593）授南京礼部尚书，黄氏以奉养老母为由作《癸巳起用辞疏》，二十二（1594）、二十三年（1595）又连续两年上疏辞归，终获恩准以新衔在籍候用。自此，黄凤翔安居泉州老家，直至万历四十二年（1614）去世。

也就是说，余象斗《廉明公案》小说于万历二十六年（1598）刊出之时，黄凤翔正居住家乡泉州，小说白纸黑字，写他收受"薛士禹"贿赂，听信"一偏巧

---

① 何乔远《闽书》卷六四，福建人民出版社，1994 年，第 2 册，第 1859 页。
② 黄汝亨《寓林集》卷十九，《续修四库全书》影印明天启四年（1624）刻本，集部第 1369 册，第 315—316 页。
③ 参阅陈妙妙《黄凤翔研究》第二章"黄凤翔的生平考略"，闽南师范大学 2016 年硕士论文，第 21—32 页。

言",致函门生丁此吕推官,徇私说情,酿成冤案。可以想见这篇小说的刊行,必定在闽地轰动一时,尤其引发彰州府、泉州府地区的民间舆情,严重损及黄侍郎的社会形象,故黄凤翔及其家族门生,必定运用其在官场和家乡的人脉资源,竭力阻止小说的扩散流播,最后,作者兼出版商的余象斗迫于压力,只得撤削书板,抽毁《王巡道察出匿名》一篇,重新刷印了存在书叶缺失和文字剜削的新版本(即存世之建泉堂本)。然而,含有完整《王巡道察出匿名》的原刻初印本《廉明公案》,大概已经发售了一部分,自然无法逐一追回销毁;若干年后,远在江南的金陵书坊大业堂,可能得到了一部初印本《廉明公案》,并据以翻刻(即存世之大业堂本),这篇本已抽毁的小说《王巡道察出匿名》,遂得以重现于世,又幸运地流传至今,为我们揭开了一段隐藏在纸叶背后的明代小说出版史秘闻。至于余象斗为何编撰刊出《王巡道察出匿名》这篇小说,囿于史料,目前尚无法给出明确的解释。假如这个案件纯属虚构,那么余象斗将黄凤翔、丁此吕写入小说,就不免有诽谤的嫌疑,如此自找麻烦,似乎有违常理。因此,不妨推测小说叙述的薛氏兄弟争产案,可能是当时真实发生的案件,黄凤翔、丁此吕的徇私误断,也是甚嚣尘上的民间传闻,余象斗正是基于追逐社会热点的商业化出版的考量,将其采编为《王巡道察出匿名》小说,只是他有些低估了地方权贵的能量,最终招致书版被抽毁的严重后果。

三、版本标记物与《廉明公案》版本关系梳理

梳理存世版本之间的学术关系,乃古代小说版本研究的重要内容之一,但如何进行梳理,殊非易事。根据笔者的粗浅经验,确立并运用"版本标记物",不失为一种行之有效的方法。所谓"版本标记物",即指某一版本所特有的、能够成为其身份识别之关键的版本特征,其中包括特定文字的增补、删削、剜改、串行、挤行、空白、墨钉、异常文图错讹等等,首先通过广泛细致的版本调查和比勘,发现并确立上述各类"版本标记物",然后,追踪考察它们在现存版本中的有无及其变化痕迹,最后,据此辨析诸版本间的传承关系,有时颇有"四两拨千斤"的特殊效果。譬如《水浒传》的简本系统,存世版本甚多且关系复杂,马幼垣曾注意到余象斗万历二十二年(1594)刊本《全像水浒志传评林》,也许是出

于偏护同宗的游戏心理，竟然对王庆故事中一个原本极为次要的人物"余呈"，大加扩写，增入他临阵勇猛、被俘不屈、慷慨就义、宋江哭祭等细节文字①，这位特殊的英雄人物"余呈"，便可视为《全像水浒志传评林》的"版本标记物"，检阅存世简本关于"余呈"的描述文字情形，可为梳理《水浒传》简本系统内部的版本传承关系，提供一个简便有效的"帮手"。

关于《廉明公案》存世版本之间的学术关系，此前大塚秀高《从公案话本到公案小说集——论"丙部小说之末流"在话本研究中所占之地位》一文有所探讨，他认为《廉明公案》原刊本为四卷本、林罗山手校江户抄本是根据建泉堂本抄录的、萃英堂本是蓬左本的"副本"（即翻刻本），这些推测都是正确的；但他认为富冈本是"现存最古老的刊本"、建泉堂本显然不是原刊本，以及存世版本的刊行顺序为富冈本→建泉堂本→蓬左本→萃英堂，却又是可商榷的。笔者在重新梳理《廉明公案》存世版本关系时，运用了核查"版本标记物"的方法，即把这篇曾被抽毁的《王巡道察出匿名》小说，视作《廉明公案》原刻初印本的"版本标记物"，并据此推衍《廉明公案》诸版本关系如下：

1. 原刻初印本

四卷，目录页及正文均有《王巡道察出匿名》篇。今未见存世。

2. 原刻初印本的翻刻本

存世有金陵大业堂本（存卷三、卷四）、映旭斋重印大业堂本（存卷一），翻刻时间大约在明末。据此本推知，原刻初印本当为四卷106则，目录页及正文之《王巡道察出匿名》均完好无缺。

3. 原刻重印本

存世有建泉堂本。四卷105则，《王巡道察出匿名》一篇的大部分文字已被撤削，目录页卷三"骗害类"第2则空白，正文卷三第41至46叶缺失，留有空白叶面，第47叶A面第1第2行空白，第47叶A面第3行至B面第5行残存《王巡道察出匿名》篇尾213字。

建泉堂本首有"万历戊戌年仲夏月"余象斗序文，尾有"万历戊戌岁仲夏月"莲牌，又保留着板木撤削的明显痕迹，无疑就是《廉明公案》小说"现存最

---

① 参阅马幼垣《牛津大学所藏明代简本〈水浒〉残叶书后》，《水浒论衡》，生活·读书·新知三联书店，2007年，第9—12页。

古老的刊本"，精确言之，为原刊重印本①，其重印时间，宜在万历戊戌二十六年（1598）之后的一两年内。此本的刊刻者，卷一卷二卷四题"余氏建泉堂"，卷三题"余氏双峰堂"，书尾莲牌题"余氏文台堂"，虽不统一，但仔细查勘，似均无剜改痕迹，当是原刊如此，三个书坊均属余氏家族所有，变换题署，在福建刻本中时或有之，亦不足为怪。

此外，林罗山手校江户抄本，乃据建泉堂本传抄，其书叶缺失与文字空白情况与建泉堂本全同。事实上，这两部藏本还有更密切的人事关系，详见下文。

4. 原刻重印本的翻刻本

存世有富冈本。据书尾莲牌"万历乙巳年孟冬/月余氏双峰堂梓"，翻刻时间在万历三十三年（1605），距离初刻仅有 7 年，想来此书当时颇受欢迎。此本四卷 105 则，上图下文，半叶 10 行 17 字，其分卷、篇则、插图、行款，均与建泉堂本一致，而且《王巡道察出匿名》一篇也已被删去，综合上述因素推断：富冈本的翻刻底本，应即为建泉堂本（或某一同属于原刻重印本系统的版本）。

值得注意的是，此本翻刻之时，将底本中原来删而未尽的《王巡道察出匿名》末尾文字（213 字），悉数删去，正文卷三"骗害类"第 1 则《韩按院赚赃获贼》紧接第 3 则《朱代巡判酷吏》，页码相连，中间无空白叶，已完全看不出第 2 则被删去的痕迹。鉴于富冈本于万历三十三年（1605）翻刻问世时，黄凤翔仍居住在泉州老家，抽毁《王巡道察出匿名》的现实压力依然存在，余氏双峰堂自然也不会再去招惹无谓的麻烦，但此本目录页卷三"骗害类"第 2 则位置，却仍有意无意地留出了空白（图 5），保存着删削迹象，似乎也透露出余氏隐匿在屈服之下的些许不甘的内心情绪。

富冈本的刊刻和保存情况都相当良好，各卷卷首以及书尾牌记，均题"余氏双峰堂"，故大塚秀高推断其为《廉明公案》存世最古之本，不过，根据"版本标记物"《王巡道察出匿名》判断，它只能是一个晚出的翻刻本。

5. 重编新刻二卷本

存世有蓬左本。此本内封页下部左右双行大书"全像正廉明公案传"，中间题"三台馆梓行"，既云为"正"，必先有"续"，余象斗编撰的另一部公案小说

---

① 石昌渝《皇明诸司廉明奇判公案传》条目，推断建泉堂本为"原刊后印本"，可谓精审，《中国古代小说总目》"白话卷"，第 147 页。

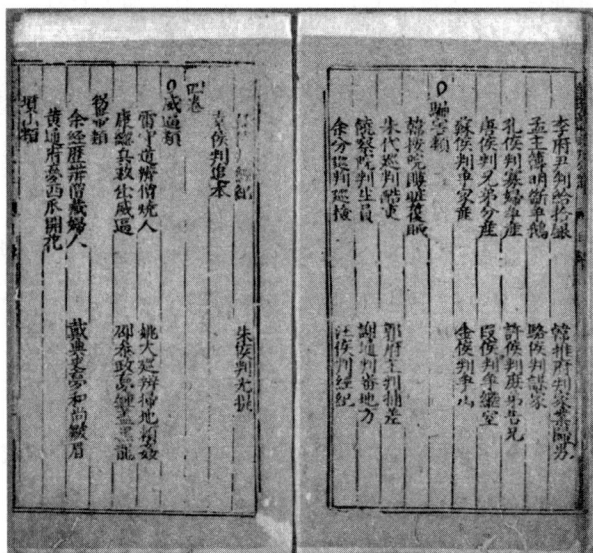

图5　富冈本（即京大本）目录页三"骗害类"第二则空

集《皇明诸司公案》，内封页恰题为"全像续廉明公案传"，据此，蓬左本的刊刻时间，当在《皇明诸司公案》一书刊行流播之后。此本将原来的四卷合并为两卷，即卷一卷二合为上卷（凡37则），卷三卷四合为下卷（凡68则），合计105则；但卷上"人命类"之《范侯判逼死节妇》（第13则）、《邓代巡批人命翻招》（第18则），有目无文，故全书实存103则。此本虽然仍采用四卷本的上图下文，但文字从半叶10行17字，扩增为12行22字，图像所占空间有所压缩，与建泉堂本、富冈本相比较，构图也有简化倾向，再加上书首余象斗序文也被删去了，因此，大塚秀高认为此二卷本的刊行，大概"是在距万历二十六年很久以后的事情"①，此说不无道理。不过，日本尾张藩德川家购入蓬左本的时间为宽永十年（参见下文），故蓬左本出版时间的下限为1633年（明崇祯六年）。

　　查蓬左本的目录页以及正文，"骗害类"第1则《韩按院赚赃获贼》之后，皆紧接第3则《朱代巡判告酷吏》（目录页作《朱代巡判酷吏》），其间空白删去，页码相连。至此，《王巡道察出匿名》小说已从《廉明公案》中被彻底删削，不留一丝痕迹。

---

① 大塚秀高《从公案话本到公案小说集——论"丙部小说之末流"在话本研究中所占之地位》，《辽宁广播电视大学学报》1988年第2期。

6. 二卷本翻刻本

存世有萃英堂本。其分卷、篇则、插图、行款均与蓬左本一致，应为蓬左本翻刻本，大塚秀高定为蓬左本的"副本"，甚是。观察"版本标记物"《王巡道察出匿名》的情况，目录页及正文中均未留空白，与蓬左本相同。

四、书籍史与小说史：《廉明公案》的东亚流播及其意义

在明代公案小说之中，《廉明公案》是目前所知存世版本最多的一部，它不仅在中国境内多次刊行，横跨福建建阳与江南金陵两大明代书籍刻印中心；还曾远传日本和朝鲜半岛，又在近现代回流中土，完成了其在东亚地区的流播回环，具有特殊的书籍史及小说史意义。

《廉明公案》由余氏建泉堂初次刊印于万历二十六年（1598），因其中《王巡道察出匿名》一篇，涉嫌损害地方显贵黄凤翔形象，被迫撤版删削，重新刷印行世（即建泉堂本）。不过，抽毁事件，实际上可能大大刺激了《廉明公案》的销售，扩大了公案小说的影响力，好奇的民众，固然千方百计地寻觅收录有这篇禁毁小说的初版本，一探究竟，但同时也会自然而然地关注购阅《廉明公案》，精明的书商文人余象斗，当然不会错失良机，赶印急售，赚取一笔可观的利润。而《廉明公案》第一版的成功，又激起后续涟漪：其一是《廉明公案》书板大概没过几年就因刷印太多而漫漶断裂，余氏双峰堂不得不于万历三十三年（1605）投资刊刻了第二套书板（即富冈本）；其二是余象斗再贾其勇，编撰了六卷本的《皇明诸司公案》，此书推出时冠名"全像续廉明公案传"，显然还在消费着《廉明公案》的热销红利。若干时间之后，第二套《廉明公案》书板大概又被刷爆了，余氏三台堂再次投资刊刻了第三套书板（即蓬左本），简单改换一下文本面貌（合四卷为上下两卷），以"全像正廉明公案传"为名，与业已刊行的《皇明诸司公案》形成"正""续"配套，继续销行牟利。在并不长的时间（十余年）内，余氏家族书坊竟然为一部公案小说，连续投资刊刻了三套书板，这也称得上是一个小说出版奇观。

　　事不止此,《廉明公案》的畅销效应还从余氏家族溢出,萃英堂本下卷题"建邑书林郑氏宗文堂梓"、上卷题"建邑书林囗(后人墨笔添书"郑"字)氏萃英堂梓",表明这套建阳郑氏翻刻的书板(乃《廉明公案》的第四套书板),曾在家族内部流转,刷印次数想来也不会少。而远在江南的金陵周氏大业堂书坊,也似乎嗅到了《廉明公案》的商业气息。周氏家族是金陵著名的刻书世家,晚明时期刊刻了数量可观的小说戏曲类书籍,对公案小说情有独钟,早在万历二十五年(1597),金陵周氏万卷楼刊刻了《新锲全像包孝肃公百家公案演义》六卷一百回;万历三十四年(1606),金陵万卷楼刊刻了《新刻全像海刚峰先生居官公案》四卷七十一回;这部金陵周氏大业堂刊《新刻全像皇明诸司廉明奇判公案》四卷(乃《廉明公案》的第五套书板),也很有可能刊印在万历三四十年间。大业堂精准捕捉到了《廉明公案》的"卖点",推出了根据余氏原刻初印本翻刻的带有禁毁小说《王巡道察出匿名》的新版,新版在书籍形式上也有亮点,即以江南流行的豪华版整页插图,替换了狭小简单的闽版插图,目前残存插图15幅(包括卷一5幅、卷三4幅、卷四6幅),皆绘刻精美,而其书叶边框颇有断版处,表明该套书板也曾多次刷印。金陵大业堂的书板,后又转入映旭斋,映旭斋是一家活跃于清初的江南书坊,且与大业堂关系密切,曾印行过《三宝太监西洋记》《新平妖传》《东西汉演义》等小说①,它为《廉明公案》重印特意新镌了标有"映旭斋"大字名号的内封页,书名改题"新刻全像名家廉明公案",展露出对于这部公案小说能够继续热销的信心。需要指出的是,福建建阳和江南金陵乃晚明两大书籍刻印中心,就小说戏曲类而言,通常是建阳书坊重版江南书坊的书籍,反之则相对较少,因此,大业堂、映旭斋持续翻印余氏本《廉明公案》,恰可彰显这部公案小说当时所产生的跨地域影响力。

　　《廉明公案》小说还曾越出国门,远传日本和朝鲜半岛。目前所知传入时间相对较早且记载明确的,为日本宽永十年(1633,崇祯六年)尾张藩德川家买入本,即本文所称"蓬左本"。据《尾张德川家藏书目录》第一卷《御书籍目录》之《宽永御书物帐》载②,宽永十年尾张藩买入唐本31部,其中白话小说4部,即《廉明公案》2册、《百家公案》3册、《陈眉公案》(《新镌国朝名公神断陈眉

---

① 参见韩锡铎等人编纂《小说书坊录》,北京图书馆出版社,2002年,第213页。

② 名古屋市蓬左文库监修《尾张德川家藏书目录》第一卷,1999年,第217页。

公详情公案》）2 册、《警世通言》12 册，今皆藏名古屋蓬左文库。

稍晚传入的，为江户前期著名儒学者林罗山（1583—1657）第四子林读耕斋（1624—1661）旧藏本，即本文所称"建泉堂本"，序文及卷三首页钤有林氏"读耕斋之家藏"（朱文）印。后从林家散出，先后为天保十三年（1842，道光二十二年）"钟山竹内忠告"①、明治四十二年（1909，宣统元年）"无为翁"所藏②。二十世纪三十年代回流上海，小说戏曲收藏家周越然"以重价得之沪市"③，钤有"言言斋善本图书"（朱文）、"曾留吴兴周氏言言斋"（白文）、"越然"（朱文）、"周越然"（朱文）等藏印多枚。后周氏藏书散出，此书入藏中国国家图书馆。有意思的是，这部林读耕斋旧藏本曾抄录有副本一部，为林罗山朱笔点校一过，钤有"江云渭树"（白朱相间）、"林氏藏书"（朱文）印，书末有林氏朱笔题记"林罗山涂朱"七字，遗憾的是，作为日本最早的《廉明公案》读者，林罗山并未在抄本上或者诗文集中留下关于这部小说的片言只语。此抄本后归入昌平坂学问所、浅草文库、内阁文库，今藏日本国立公文书馆，即本文所称"林罗山手校江户抄本"。父亲传抄儿子的藏本，如今两本并传于世，亦堪为书林佳话。又《罗山先生诗集》卷三二《丙申春点检藏书作一绝示向阳》诗序云："我家藏书一万卷，或誊写，或中华朝鲜本，或日本开板本，或抄纂，或墨点朱句，共是六十余年间所畜收也。尝分授向阳、函三者一千五六百部许，在我手者居多。"④那么，林读耕斋藏本《廉明公案》会否本来是父亲林罗山的赠书呢？该本卷一首页右下角钤有"就贤堂图书记"（朱文），按照古籍钤印惯例，此位置藏印当属早期收藏者，但笔者迄未查得印主身份，不知是否即为林罗山？此外，竹内忠告题

① 此本全书末页有墨笔题跋曰："自万历戊戌至今天保壬寅二百四十五年，又云万历二十六年戊戌，当我后阳成天皇庆长三年戊戌，大阁秀吉薨之年也。此书曲亭马琴之藏，有缘故传之。合四册。钟山竹内忠告所藏。"审其语气，此跋为"竹内忠告"题于天保壬寅十三年（1842），然遍查各类工具书及数据库，均未发现与之相符者。日本《甲斐伟人传》著录一位教育家"竹内忠告"，但他生于弘化四年（1847），活跃于明治时代，当非此题跋者。

② 此本第一册扉页有墨笔题跋："万历戊戌至明治己酉近三百十二年。罗山先生遗书，读耕斋有印。舞隐无为翁志。"钤"娱古"闲章。明治己酉为 1909 年（清宣统元年），"无为翁"身份待考。

③ 前揭周越然《廉明公案》，第 18 页。

④ 日本京都史迹会编纂《罗山先生诗集》上卷，京都平安考古学会，1920 年，第 361 页。"向阳"为林罗山第三子林鹅峰，"函三"即第四子林读耕斋。

跋称"此书曲亭马琴之藏",曲亭马琴（1767—1848）为日本江户时代著名小说家,对中国小说兴趣浓厚,曾藏有著名的明刊二十回本《三遂平妖传》,但建泉堂本中似未见他存藏的痕迹,不知竹内忠告所据为何。林罗山、林读耕斋、曲亭马琴（?）、竹内忠告、周越然,这一连串名字勾勒出数百年间"建泉堂本"的流播轨迹,也展现了包括小说在内的汉籍如何流转于东亚汉字文化圈的生动景象。

至晚在江户天明年间,又有一部明版《廉明公案》传入日本,原为丰后佐伯第八代藩主毛利高标旧藏,后奉献给江户幕府,见录于《佐伯献书目》,今藏日本国立公文书馆①,此即本文所称"萃英堂本"。目录首页钤有"佐伯侯毛利高标字培松藏书画之印"（朱文）,全书末页有墨笔题记"天明四年甲辰之岁孟秋朔得之乎□□□□""□□□□藏书",空格处原有文字已为墨笔涂去,不能辨识②。天明四年,即清乾隆四十九年（1784）,为该本传入日本的时间下限。

目前所知最晚传入日本的明版《廉明公案》,为富冈铁斋旧藏本,即本文所称"富冈本"。据说富冈铁斋与京都竹苞楼、东京文求堂等古书店关系密切③,这部《廉明公案》或购自古书店亦未可知。富冈去世后,其魁星阁部分善本曾在大阪府立图书馆展出,《廉明公案》亦在展出之列④,书影收入《富冈文库善本书影》（1936）第40号。昭和十三年（1938）六月四、五日,十四年（1939）三月十七、十八日,富冈藏书分两次在东京图书俱乐部拍卖,《廉明公案》为京都人学法学研究科购藏,书首护叶盖有木戳,显示正式入藏京都人学的时间为"昭和十七年八月二十六日",即1942年8月26日。

与日本相比,《廉明公案》传入朝鲜半岛的版本较为罕见,目前所知仅有寒斋所藏残本（存卷三、卷四）,即本文所称"大业堂本",卷首页右下角钤有"柳绽之印"（白文）藏书章（参图6）,柳绽（1684—1752）为朝鲜中后期文人,肃宗三十五年（1709）中进士试,次年"增广文科"及第,历任司谏（1727）、

---

① 参见梅木幸吉编《佐伯文库的藏书目》,佐伯印刷株式会社,1984年,第175页。
② 撰写本文时,承蒙日本早稻田大学柴崎公美子博士代为拍摄萃英堂本书影,并来信告知,被墨涂去的藏者信息,经观察有可能是"□林阁（圈）"。谨致感谢。
③ 参阅正宗得三郎《富冈铁斋》之《富冈文库》,日本锦城出版社,1942年,第142—144页。
④ 参见大阪府立图书馆编《富冈文库善本展览会目录》,1936年6月发行,第40号展品为明版《新刊皇明诸司廉明奇判公案》四卷四册。

承旨（1738）、汉城府右尹（1739）等职。1724
年10月，柳綖担任"进贺谢恩兼三节年贡使"
使团的书状官，出使中国①，不知此部《廉明
公案》是否为柳氏居留北京时购藏。2019年6
月，此本从韩国回流中国。柳綖藏本虽为晚出
之残本，但因系《廉明公案》原刻初印本的翻
刻本，独家保留着曾被抽毁的小说《王巡道察
出匿名》，具有重要的学术文献价值。

　　上述《廉明公案》的东亚流播史，可以带
给我们若干有意义的思考：

　　其一，从书籍史的角度。《廉明公案》在晚
明至清初流行于中国南北，已知至少镌刻过五
套书板，销行总数应相当可观，而传入日本和
朝鲜半岛的版本，绝对数量非常有限；但时至
今日，《廉明公案》的存藏情况恰好相反，存世
9部版本之中，中国公私合计仅有3部残本，日

图6　金陵大业堂本卷四首页
"柳綖"藏印

本和朝鲜半岛旧藏则占6种（日本5种，朝鲜半岛1种），且多属重要版本。换
言之，如果没有日本及朝鲜半岛藏本，今天甚至无法读到完整的《廉明公案》小
说文本，更遑论展开版本研考了。与《廉明公案》类似的情况，也颇多见于其他
明代及清初白话小说研究之中。近二十年来，关于海外汉籍的搜访与研究，是中
国学术界的热点之一。而在我看来，海外存藏汉籍的学术意义，在经史子集不同
的部类中亦不尽相同，总体上乃与相应部类文献在中国本土的递藏情况成反比，
诸如经部、史部、集部的典籍文献，中国本土存藏情况良好，故海外汉籍的学术
意义大多是局部性、补充性的；但对于古代小说戏曲，尤其是明版小说而言，由
于稗官野史历来不登大雅之堂，中国公私藏书严重不足，故海外（主体是日本）
存藏汉籍的学术意义则可能是整体性、决定性的。因此，继续广泛深入调查海外
所藏中国小说版本资料，充分挖掘其蕴藏的学术文献价值，或许仍将是未来古代

---

① 　参见韩荣奎、韩梅《18—19世纪朝鲜使臣与清朝文人的交流》附录一"18—19世纪燕行
　　使团名单"，中国海洋大学出版社，2014年，第99页。

小说研究的重要内容之一。

其二，从明代公案小说史的角度。朝鲜燕行使柳綖旧藏本独存的《王巡道察出匿名》，不仅揭开了一段湮没已久的书林抽毁秘闻，也让我们对于明代"诸司体"（或称"书判体"）公案小说的文体特质产生了新的认识，它们并非只是根据《萧曹遗笔》之类的"珥笔书"，拼凑一些空洞的诉讼案例，也有叙写真人实事，揭示社会现实，甚至针砭时弊的时新小说。事实上，《廉明公案》中除了《王巡道察出匿名》一篇曾写及推官丁此吕、侍郎黄凤翔，还有"奸情类"中的《海给事辨诈称奸》，也涉及当时一位真实人物。建泉堂本、富冈本、蓬左本此篇目录及正文篇名，均写作"海给事"，但文本内部则明确说是"给事邹元标"，通篇称以"邹公"，那么，究竟是"海公"还是"邹公"？据映旭斋重印大业堂本目录卷二"奸情类"第3则题为"邹给事辨诈称奸"，可知《廉明公案》原刻初印本的目录和正文，当作"邹给事"①。据《明史》卷二四三《邹元标传》：邹元标，江西吉水人，万历五年（1577）进士，与丁此吕同科，座主同为黄凤翔；及第后观政刑部，因上书反对首辅张居正"夺情"（即父丧不停职丁忧），被流放贵州六年；万历十一年（1583），张居正去世，邹元标被征召回京，授吏科给事中，故有"邹给事"之称；万历十八年（1590）授左都御史，因直谏再次遭贬，后丁母忧，居家讲学三十年，声名益盛，至泰昌元年（1620）始重获启用。万历二十六年（1598）《廉明公案》小说编刊之际，邹元标正去职居家，余象斗将其作为"良吏"写入小说，对他赞誉有加，小说末尾按语云："邹公立朝谏诤，抗节致忠，人但知其刚直不屈，而一经过河源，即雪理冤狱，奸刁情状，一讯立辨，又良吏也。盖由立心之正如持衡，明如止水，故物莫逃其鉴。在朝为直臣，在外为良吏，真张、韩以上之人物哉。"其艺术形象相当正面。从邹元标履历来看，他虽曾短暂观政刑部，但并未担任过实职，没有审理案件的经历，也许是他的敢言直谏、刚正不阿，符合余象斗心目中的"判官"标准，所以才会被引入《廉明公案》小说。至于建泉堂本何以要将篇名中的"邹公"改为"海公"，是否与黄凤翔及抽毁《王巡道察出匿名》有关？这位"海公"是否就是《新刻全像海刚峰

---

① 湖海散人清虚子编《法林灼见》卷一"奸情类"，袭用《廉明公案》此篇，篇名作《邹公判棍除奸》，虽有改题，"邹公"一语犹存原刻本痕迹。此书为明天启闽建书林高阳生刊本，两靖室藏。

先生居官公案》所写"海刚峰先生"海瑞①？目前尚难给出明确的答案。不过，可以肯定的是，《廉明公案》对于"当代"社会生活和政治人物的辑采书写，无疑为程式化的公案小说增添了一抹时事亮色，也启发研究者需要进一步关注和探讨明代公案小说的现实品格。

其三，从小说知识学的角度。包括《廉明公案》在内的明代公案小说，因其"似法家书非法家书，似小说亦非小说"的文本面貌，被指斥为"丙部小说之末流"②，站在纯文学的立场，这样的批评似乎也不无道理。但是，研判和阐释一部中国古代小说，除了艺术的维度（"涉及审美、语言、叙事、结构等层面"）、思想的维度（"涉及主题、道德、情感及历史等层面"），还可以有一个"知识的维度"③。乐于在文本中植入若干（其容量有多有寡）与所叙故事有关（其关联性有密有疏）的知识，乃中国古代小说一个历史悠久的编撰传统和文体特点。不仅如此，古代小说作者并非只是简单植入各类或显或隐的知识，还独具匠心地运用知识来构建小说的艺术世界，也就是说，知识不仅是小说文本的叙述对象，也在一定程度上参与了小说的编创过程。据此"知识的维度"，重新审视以《廉明公案》为代表的明代公案小说，或许别有一番风貌。

正如论者已经指出的那样，明代公案小说携带有丰富的法律知识，早在编撰之际，它们就曾参考引录《萧曹遗笔》《折狱明珠》之类的司法案例文书集，譬如《廉明公案》全书106则，其中有64则几乎全文袭自《萧曹遗笔》④，占比超过60%；公案小说集的分类也大多模仿珥笔书，即以各种罪名为类目编缀故事，譬如《廉明公案》分为"人命""奸情""盗贼""争占""骗害""威逼""拐带"等十六类，类目之下分系若干则故事；而在具体展开断案故事时，公案小说

---

① 大塚秀高认为这位"海公"就是海瑞，而将正文中的邹元标改题"海给事"，这是万历三十四年由万卷楼刊行《海公案》以后的现象。见其《从公案话本到公案小说集——论"丙部小说之末流"在话本研究中所占之地位》，《辽宁广播电视大学学报》1988年第2期。

② 孙楷第《日本东京所见小说书目》卷六"子部小说"之四《详情公案》条解题，人民文学出版社，1958年，第141—142页。

③ 参阅刘勇强《小说知识学：古代小说研究的一个维度》，《文艺研究》2018年第6期。

④ 参阅［日］阿部泰记《明代公案小说的编纂》，《日本中国学会报》1987年总第39期，中文版连载《绥化师专学报》1989年第4期、1991年第1期；前揭鲁德才《明代各诸司公案短篇小说集的性格形态》（1993）。

对于诉讼程序、搜证方法、文书拟写、适用法律以及断狱量刑等专业知识，描述颇为细致，特别是对诉讼常用文书"三词"（即"状词""诉词""判词"），更青睐有加，反复书写，甚至据以构成部分篇目的文本主体。此外，论者也曾指出明代公案小说之间存在因袭转录的现象①，多所诟病，不过，倘若仔细查阅，可以发现因袭的主体，就是那些以"三词"为主的知识性最强的篇目，因此，它们的因袭互见，实际上不妨视作不同作者对于特定知识的共同传播与普及。更令人注目的是，《廉明公案》也展现了运用诉讼专业知识来结构小说的艺术尝试。譬如抽毁的《王巡道察出匿名》，通篇叙述两个匿名投告故事，人物情节各不相同，在前一个案件中，王巡道于薛应辂诉状上批曰："既非登时捉获，又无的确证佐，安得以猜疑之故，而坐应辂投匿耶？"为薛氏开脱死罪；至后一个案件，王巡道看到被告施卿的诉状中竟然也有"既非登时捉获，又无的确证佐"一语，怀疑该诉状可能出自"内鬼"之手，遂循此展开追查，拘捕了礼房吏吴正，王巡道审案时质问："你代施卿作诉状，缘何用我去年开薛应辂之批语？必你投匿告薛士禹，陷及应辂。故后来开罪之语，汝独记之不忘，非汝匿名而谁？"吴正抵赖不认，但被王巡道设计赚出真相，最终问拟绞罪。此处，王巡道在诉状上的司法"批语"，不仅是匿告案侦破的线索，也是联结前后两宗案件的文本纽带，它超越了一般的知识功能，为此篇公案小说提供了一个贴切有效的结构方式。

总之，明代公案小说既是文学作品，也是承担着法律诉讼知识普及功能的实用读本，它们与同时期编纂出版的珥笔书（如《萧曹遗笔》《折狱明珠》《仁狱类编》《大明律临民宝镜》《折狱要编》等），以及日用通俗类书（如《五车拔锦》《三台万用正宗》《文林聚宝万卷星罗》等）设立"律例"栏目收录案例文书，可谓殊途同归，都是明代社会普法文化的产物②。《廉明公案》明末清初在中国南北的流行，表明公案小说这种兼具文学性和知识性的文体特色，其受当时读者欢迎；而《廉明公案》的远传东瀛，并被京都大学法学研究科当作东亚法制史资料购藏，又似乎意味着即便是在文学性不足的情况下，明代公案小说仍可凭

① 参阅前揭马幼垣《明代公案小说的版本传统——龙图公案考》（中文版，1980）；〔日〕庄司格一《中国之公案小说》附录"类似说话一览"，研文出版1988年版，第431—439页；苗怀明《中国公案小说史论》第二章"明代公案小说的繁盛及其特质"，南京大学出版社2005年，第59—75页。

② 参阅戴健《论明代公案小说与律治之关系》，《江海学刊》2007年第6期。

借其知识价值获得现代人的肯定。

（原刊于《文学遗产》2020 年第 4 期）

作者简介：

　　潘建国，别署酉堂，1969 年 9 月 2 日出生，江苏常熟人，1991—1994 年，随王小盾老师在上海师范大学文学研究所攻读硕士学位，专业方向为"中国古代文学与文化"，毕业论文为《敦煌论议研究》，毕业后留校任教。1999 年在该校获文学博士学位；2000—2002 年、2004—2006 年分别在复旦大学古籍所、北京大学中文系从事博士后研究；2006 年始调入北京大学中文系工作。现为北大中文系古代文学研究室教授，兼任中国俗文学学会会长。主要学术专攻方向为中国古代小说、古典文献、东亚汉籍、近代出版印刷文化等。已刊学术著述有《中国古代小说书目研究》（2005）、《古代小说文献丛考》（2006）、《物质技术视域中的文学景观——近代出版与小说研究》（2016）、《古代小说十大问题》（合著，2017）、《古代小说版本探考》（2020）、《纸上春台》（2021）等；主编有《朝鲜所刊珍本中国小说丛刊》《海外所藏〈西游记〉珍稀版本丛刊》等；另发表学术论文百余篇。曾入选教育部"新世纪优秀人才支持计划"（2005）、人事部等六部委"新世纪百千万人才工程国家级人选"（2009）等。

赵烈文《落花春雨巢日记》的文史价值

樊　昕

　　赵烈文（1832—1894）字惠甫，亦字能静，江苏阳湖人（今常州），少时声誉籍甚，不事举业，三应省试不中。时太平天国乱起，与族兄赵振祚（伯厚）、姊丈周腾虎（弢甫）等"讲求经世学，思以靖祸变而保乡里"。曾国藩督师江右，以币聘之，因其对战事的敏锐判断，后遂成为曾氏最为倚重的机要幕僚之一。传见闵尔昌《碑集传补》卷二十六《清故奉政大夫易州直隶州知州赵府君能静先生墓志铭》。其《能静居日记》五十四卷（咸丰八年至光绪十五年）荦荦大观，举凡平定太平天国始末、庚申之乱、时政军事、机要人物之臧否、清廷夷务操办、北方官场实态及江南地方士绅的政治文化活动与日常生活，均有详细、生动的记载，具有十分重要的史料价值，向为治晚清史事者所重视。

　　然相较于《能静居日记》，赵烈文另有《落花春雨巢日记》六册，迄今尚未整体公开①。此部日记与《能静居日记》相隔两年，为咸丰二年（1852）至咸丰六年（1856）间，记录了二十一岁至二十五岁的赵烈文的乡居生活，如最后一次赴江宁应试、太平天国兴起及与湘军在长沙、武昌、南昌等地的攻战，以及受曾

---

① 较早提到这部日记，或者说知道这部日记名称的是马叙伦，其在《石屋续沈》中记云："阳湖赵惠甫先生烈文……其《春雨巢日记》，蔚为大观，惜不得尽读。"（马叙伦《石屋余沈石屋续沈》，浙江古籍出版社，2018年，第338页）然其所录曾国藩评论郭嵩焘奏折及在粤声名的言论，实际上是《能静居日记》中所记，可见马氏并未读过《落花春雨巢日记》。又，罗尔纲先生编《太平天国史料汇编》，曾抄录其中仅涉及太平天国战事的部分，亦未窥全豹。

国藩聘，第一次赴南康大营的始末与细节等等，内容与《能静居日记》适相衔接①，甚有裨于了解赵烈文早期的生活与思想。本文拟从日记的版本情况、史料与文学价值等方面作一初步的揭示。

一、《落花春雨巢日记》的版本情况

《落花春雨巢日记》六卷，今藏南京图书馆，有三个版本：一为赵氏手稿本，五册，开本为 24.9 厘米×13.0 厘米，半页版框 17.7 厘米×9.4 厘米，绿框，每页10 行，每行约 23 字。卷首钤有"南京图书馆善本图书""南京图书馆珍藏善本""毗陵文献徵存社"等朱文印，"惠父""延陵赵季""赵氏惠父"等白文印。起咸丰二年（1852）初七日戊午，迄咸丰六年（1856）六月二十五日庚戌，并有"七月初一日，逢方淑人讳，绝笔。至戊午五日重记，凡断二十二月"之语（此句为另两本所无）。此本系赵烈文手稿，然字迹潦草，涂抹甚多，识读不易；一为赵氏能静居钞本，一册，开本为 28.4 厘米×19.2 厘米，半页版框 18.8 厘米×13.0 厘米，黑框，每页 10 行，每行约 24 字。版心有"能静居钞"四字，无钤印。起咸丰二年正月初一日壬子，迄咸丰六年六月二十五日庚戌，字体工整，当为付抄胥所抄，且间有校改。按此本每月末有"光绪丙申五月校过""丙申六月初十日校"等字迹，再比对同藏于南图的《能静居日记》钞本，在第一册咸丰八年八月建辛酉十四日丙辰所记末有"甲辰十月依原本校勘竟，宽谨识"一条，笔迹系同一人所书，可知最开始的"光绪丙申"为 1896 年，此时赵烈文已谢世两年，"宽"即为赵氏次子赵宽（1863—1939）。此钞本为三个版本中唯一从咸丰二年正月初一日起始，且经过书手的誊录与赵宽的校改，最称完善；再一钞本，五册，开本为开本 22.9 厘米×15.5 厘米，无版框，每页 10 行，每行约 20 字，起同赵氏稿本，卷首钤"南京图书馆藏""南京图书馆珍藏善本"朱文印。迄日记册三咸丰四年十二月三十日，亦非完帙。此钞本封底有一粘条，云"贺昌群先生交

---

① 两部日记间断了两年，因系赵氏为母方荫华去世丁忧所致。《能静居日记》卷首（咸丰八年）云："余旧有日记，琐屑必登，不辍笔者五载。丙辰秋，奉先淑人讳，哀瘝之中，遂废楮墨，今二十二阅月矣。"

来落花春雨巢日记壹册"①，可知为当时中央图书馆系统所钞，抄写时间南京图书馆著录为 1952 年。

二、《落花春雨巢日记》中的太平军史料

日记是一个人的微观心灵史，也是包罗作者所处时代的政治、社会经济、文化等内容的直接史料。赵烈文这部跨度四年的日记，首要的价值便在于记录了太平天国从起义、与湘军攻战到定都天京的重要过程。众所周知，洪秀全于道光三十年（1850）在广西金田乡立拜上帝教起义，随后的三年间，太平军的锋镝席卷广西、湖南、湖北、安徽等半壁江山，最后击破清军江南大营，定都金陵，改名天京，与清廷呈分庭抗礼之势。位于江南富庶之地的常州，也在第一时间感受到了战火的硝烟。咸丰二年六月二十六日（1852 年 8 月 11 日），赵烈文阅读邸报，"知粤西贼由全州犯湖南，道州失守。邑人陈甲自广西逃归，言先时桂林被围甚急，贼于四月初五趋众北去，至初七日，城尚闭不开，伊悬绹而出。壕堑内外，白骨如山，臭不可闻。去境既远，辄觉土石皆香。又言督师奏称所获贼谍，从者皆状貌异常。又或见神灯，书'广福王字请旨加给关帝及蜀汉裨将武当即广富王。封号'"。这是赵氏在日记中第一次有关战事的记录。咸丰三年正月二十九日（1853 年 3 月 8 日），长兄赵熙文持南京来信，"云贼至铜陵，为周军门天爵所破，刻下向提督扼其上游，周帅阻其下扰云云，则昨日安庆并未被兵之说不确，可知此虽非凶耗，然闻之不能无忧。闻各乡俱有阴兵之助，初至声如疾风暴雨，磷火杂沓，中复见有戈甲旗帜之象，其来自溧阳、宜兴，由西而东，每夜皆然，咏如、才叔皆目击之"，可见江南地区已感受到战争的紧张氛围。二月十一日（3 月 20 日），见抄录，始知"贼渠名太平王洪秀泉，广东花县人。东平王杨秀清，西平王萧朝贵，南平王冯云山，北平王韦正，翼王石达开"，并记正月廿九日南京战事云："贼纷纷薄城下，炮日夜不绝，挑土筑围，为久守计。四出虏掠，驱

---

① 按：贺昌群（1903—1973），四川乐山人，著名历史学家，在中西交通史、敦煌学等方面均有建树。历任中央大学教授、南京图书馆馆长、中国科学院历史研究所第二所研究院研究员、中国科学院图书馆馆长等职。

年壮力强者为之作工，羸弱者令炊汲。贴伪示甚多，首称开国平满大元帅杨秀清，示语多指斥本朝。"二月二十八日（4月6日），姊丈周腾虎自富安来谈战事甚详，录二则于下：

正月初旬，有差官至陆帅军营，口称向提军前锋和春来请陆帅至老鼠湾会剿。来文鄙俚，不类官牍，印篆亦模糊难辨。其人头戴白石顶，足穿多耳麻鞋，从兵六百，俱内裹女衣，踪迹诡异。或疑之，以告陆帅，乞察之，不听。越二日而告者益众，始下令付广济县狱。收者未至，彼兵已拔刃相向，贼援亦到，我师败绩，镇将恩长死之。陆帅与左翼领兵官王彦和遁至东流，始觅衣冠入县署，上章自劾，而贼遂破安庆，系十七日。破池州，破太平，水陆并进，舟师蔽江。二十七日至东西梁山，水军参将周鳌将艇船七只环击，歼贼甚众，贼遂挥兵登岸，守兵先溃，艇船无援，亦遂败。二十八日抵下关，廿九日扎营城下，顿兵不攻。二月初九日，有伪檄至城中，言定于明日破城，尔等须各预备，城中大乱。初十日梯冲，并至百道进攻。十一日寅刻城破，陆帅为贼兵所杀，漕帅杨殿邦、都转刘良驹先俱奉旨协守扬州，贼将至，俱以办理粮台为辞，避至邵伯。合城负弁有力者率随往各官眷属皆居舟中，停泊僻处，廛宇为之一空。粤匪红巾战衻，往来城外，无敢致诘。良驹知事急，谋脱身计。一日与漕帅对语，忽仆地，遂以疯疾卸事，即欲至家眷舟中。漕帅心知其伪，佯令避风勿出，良驹知计不行，复起视事。二十二日贼破金山防兵，焚毁寺宇，遂破京口。良驹托言巡视江口，下舟欲行。二十四日扬州陷，乃率眷遁去。

附录：湖南李君在围城中致靖江县令书

粤寇初至时，即于孝陵卫茶烟口一带扎营，每营六十人，在粤中来者为内营，各处裹胁者为外营。外营兵十名，一内营兵监之。伪军师住船上，每出巡营，坐皮包大轿，外人不得见面。有长枪、藤牌、铜炮拥护，马兵二三十人随之。孝陵卫营中二渠帅，一帅深处民房，未有人见。一帅头披金边红风帽，身穿大红袍，脚穿薄底靴，手执长刀三十余斤。内营兵皆凶猛，脸上均带杀气，无一善相。头扎红布，身穿短衣，腰带双刀，手执长枪。外营兵亦扎红布，腰悬一牌，手持短刀，兵船多湖广划子及大小剥船，自下关至上河接次排泊。军师之船有女兵卫护，大约船上四万余人，攻城兵三万余人。

所招土匪流民数亦相等，总计不下十余万人。军中有术士号三先生，善作法，能起雾及飞沙走石。又四处出示，教人送礼物。有一小旗插孝陵卫街，上书"奉令收贡"四字。凡各村庄送猪羊米面者，给与执照，上书"某村送物若干，吾等兄弟不得上门滋扰"，末书"太平天国三年日给"，送礼之后有人来抢夺者，可去彼处告状。号角一吹，各营毕至，即将抢夺之人锁住，少顷，有两人披红风帽坐公案审讯，罪轻论杖，重即杀之。一切庙宇俱毁，惟教人敬天，给人通书有闰日无闰月，按西洋各国皆如此。以三百六十六日为一年，每日下止有干支及二十八宿值日名。看此光景，的是楚粤天地会附和天主教者。前各省奏折止言长毛贼数千，岂知长毛皆其渠魁，未蓄发之羽党何止数十万。金陵围已十天，外无援兵，初八日一日夜炮声不绝，闻之寒心，用将眼见耳闻、实情实境缕陈左右，伏乞言之上宪，速请调兵救护，金陵为目前第一要著。……

前条披露了太平军先后攻破池州、太平，抵达南京的战事细节，后条则详细记载驻扎于孝陵卫的营制、行伍与装备等等；四月二十日（5月27日）"闻贼分军为四，原起事之人曰右一军，裹胁精壮民人曰右二军，降贼兵勇曰左一军，所收盗贼、乞丐、狱囚曰左二军，每至一城，即令四君轮往搜掠，先右后左，四军毕而地无寸草矣"；五月初一日（6月7日）"见贼中通书，前列伪衔。首为禾乃师、赎病主①、正辅左军师东王杨，右弼又正军师西王萧，前导副军师南王冯，后护副军师北王韦，右丞相翼王石，共五人，皆不名。单月三十一日，双月三十日。又改地干丑为好，卯为荣，亥为开，本年即称癸好，三年不知何义"；九月二十五日（10月27日），游于广西按察使姚莹幕中的伍锡生来谈咸丰二年永安围攻太平军之役甚详：

广西向多盗，四处剽掠，官司莫敢捕。巡抚郑祖琛但事粉饰，亦不欲捕，以是盗益炽，羽党遍地，渐合为一，始有不轨心。元年于浔州府贵县之金匐乡起事，建城堡，拜官爵，设立伪号。有司督兵往捕，大败，遂出兵纵掠郡邑，我兵莫能撄之。嗣后赛尚阿以辅臣视师，麾下将帅勇名称著者，推

---

① "禾乃师""赎病主"均为杨秀清的封号。

乌兰泰、向荣二人，其余将佐不下千人，兵勇二十余万，粮饷充足，士气未扰。贼攻据永安州，我兵围之数重。永安险阻之地，城延广六里，南界浔梧，北连省会，城东有山曰仙回岭，岭凡三重，跌而复起，磴道曲折。西曰花城岭，猺獞所居，古无人迹。向荣率十总兵营城北，赛尚阿中军复在其后，乌兰泰率四总兵营城南。一总兵以兵数千守花城岭之内口，一总兵以兵数千守仙回岭之外隘，率去城数里，远者或数十里。坐困月余，赛惟日登将台，南望慼额。而乌、向二帅以论功绩不相能，向故为赛所委信，晨朝帐中辄云乌畏葸赛，因以令箭命乌克期攻复，兼致诘责。乌不能平，屡移书诟，向猜嫌益甚，会叠逢严旨，促攻甚急，赛转促二帅，二帅约期进攻，以怨故期会多不信。贼守城固严，攻亦不能克。既复令诸将迭攻以疲之，贼坚定如故，往辄舆尸返而二帅不之悟，日必攻，攻必败，如是五十余日，死者数万人，兵气大沮。赛知事益绌，忧甚，或为赛言，贼之不破，皆兵少不能合围故耳。盍尽调诸军同日进击。赛然之，并撤诸隘口兵诣城下。识者忧其弃险，谏不停。时天大雨，贼果倾城突出，我军披靡，贼奔据仙回岭之第一重，整兵而退，以次立营于第二、第三重。越二日，乌、向二人始率余兵至岭下，雨益甚，士卒饥疲，向欲且止，乌不可，兵皆痛哭，不肯从。强率镇将以下偏裨百二十八员、兵三千人往，甫入而贼伏扼其归路，二帅仅以身免，将士咸死之，精锐遂尽。

按当时清军兵马尚足，士气方振，已成永安合围之势，然因赛尚阿的好急偏私以及乌兰泰、向荣的争功推诿，久攻不下，导致战术失当，兵气锐减。加之战术失当，撤去守卫隘口险要之地的官兵，太平军遂得以弃城冲破防线，并于官军路途设下埋伏，大败清军，转而北上围攻桂林，随即又南下湖南，攻长沙、郴州等地。可以说，永安第一道防线的失守，是导致随后太平军一路突进，最后定都天京的重要因素，日记中所记录的前方督帅与大将的表现与细节，是关于永安之围失败的重要史料。

此外，日记还记录了太平军制的诸多名目，如火药称"红粉"，火药局门前大书"红粉重地，闲人禁入"字样（咸丰四年正月十三日）；记招贤榜（伪示）云"江南人才最多，英雄不少，或木匠，或瓦匠，或竹匠，或铜铁匠，或吹鼓手。你有那长，我便用你那长；你若无长，只可出力的了"（三月初五日）；又记

"贼凡一物一事皆立一馆，而以'典'字冠之，如掌金银器皿则曰典金馆之类。馆有一总制，僚属咸备，所辖繁剧，则置丞相捡点一人。伊在贼中所隶曰典天袍，掌画天王袍。……别有典东、典北袍馆，分掌东、北二王袍。舆则有典天舆馆，亦有丞相。……官制，王以下有侯，次六官，正丞相，次丞相，次捡点，次指挥，次将军，次总制，次监军，次军帅，次师帅，次旅帅，次百长，次两司马，次五长女。馆中设官亦同，皆以湖广人妇女领之。各王府俱有典丞，宣衙亦置丞相，计所属丞相无虑数百人。捡点位亚于丞相而尊崇过之，每出皆以鼓吹导引，丞相惟刀、矛各二为卫而已。军法分前、后、左、右、中，凡四十八军，水军皆以沿途裹胁水手为之，故帆桨便利"云云（八月初十日），莫不是研究太平天国最为鲜活的细节材料。

三、《落花春雨巢日记》中的曾国藩幕府史料

作为曾国藩一生事业高峰的主要幕宾，赵烈文终身对曾执弟子礼。在《落花春雨巢日记》中，赵烈文就记载了他受曾的礼聘，初次拜见曾国藩的情形。根据日记可知，赵烈文得以入幕是因其姊丈周腾虎的推荐。日记咸丰五年九月十六日（1855 年 10 月 26 日）记："弢甫有函见寄，专人同江西钦差曾帅国藩，字涤生。戈什哈徐某来，特聘金延余赴营，并择属里中同人，要共往。"随后即与龚橙（孝拱）于十月十一日（11 月 20 日）动身赴江西①，途径苏州、嘉兴、杭州、富阳、桐庐、兰溪、衢州、常山、玉山、铅山、弋阳等地，于十二月十六日（1 月 23日）抵达南昌府；并于十二日瑞洪舟中先会晤郭嵩焘（筠仙），得知九江、樟树战事与南康水师的大致情况："曾帅陆军约万六千人，岁八月，罗罗山方伯以八千人出境收鄂省，石达开率骁贼万余乘虚寇临、瑞，连陷之，省城大震，遂撤九江攻围之师四千人至省南。十一月克复樟树，遂驻军防守湖东湖口，防兵二千余人。湖西青山防兵一千余人，水师约四千人，分八营：南康亲兵一营，樟树二

① 此处赵氏日记题"江右往返日记五"，并云"乙卯孟冬，受督师侍郎曾公之聘，偕龚孝拱至豫章。丙辰仲春，辞帅返里，中途遭乱，遗弃衣物，日记一帙亦失。归后追忆得之，辄存景响，惟晴雨多不记，始乙卯十月十一日，迄丙辰四月十三日，总十八旬"，可知赴南昌曾营所记日记系回常州后所追忆。

营，防守湖面、青山等处四营，余一营在吴城镇。"十二月二十六日（2 月 2 日），赵烈文在南昌城外的南康大营初次谒见了曾国藩："偕孝拱通谒大帅，少坐而退。营在府城东北三里许。……大帅，湖南长沙府湘乡县人，戊戌翰林，兵部右侍郎钦差总理军务赏穿黄马褂。"随后数日，曾国藩命初到的赵烈文参观驻扎在青山、樟树等地的湘军水陆各营。咸丰六年正月初七日（1856 年 2 月 12 日），赵烈文先至青山观前、后、左三营，备录彭玉麟、李元度等营制甚详；初九日，与曾国藩、罗泽南参观湘军陆营建制："陆营之制：营各五哨，哨各十队，队各十人，每名食口粮一钱四分。兵十人，长夫三人，营官亲兵二十四人，长夫四十人，其数与各哨正勇皆有出入。主文书、军火、器械、口粮各一人。水营战船，大者为快蟹，次长龙，三板、四板皆篷盖，左右设桨，多至二十余，桅或一或二。炮或三或五，无杂械。每舟自为一哨，三板为副哨，哨或二十人至四十人，副哨十人，每名食口粮一钱二分，营舟多寡无定数。左营最大，凡四十余艘，亲兵营新立，最少，止十余艘。营中论任不论官，有千总为营官，参游为哨官。有犯法，当跪受棍。战以包抄绕袭为成法。得地利者胜，其术得之贼。中下之伍率人人能言之，俗尚往来，一营官度岁贺正，用名刺八百余缄，缘皆同省人，亲戚故旧多之，故法不甚严峻。统领之于营官，或如友朋，哨官有受挞者，决首贯耳，盖无闻焉。"

咸丰元年正月二十八日（3 月 4 日），赵烈文至文案所借观历届奏稿，记咸丰四年岳州、武昌战事云：

> 咸丰四年，官军集长沙，贼退保岳州，筑垒为固守计。六月十三日，水师统领褚汝航率夏銮、彭玉麟自省河北上，陆师统领塔齐布帅罗泽南、周凤山等进扎新墙口。岳州南河名。二十九日，水师设伏，败贼于君山。七月初一日，岳州贼宵遁。是日大军入岳州城。初三，贼从下游来犯，败之，追至临湘，陆师亦获胜。初六日，水师复败贼。十四日，又败之。十六日，我师败绩，褚汝航、夏銮死之。十八日，陆路获胜。闰七月初二日，陆路冒雨攻贼营，贼炮不得燃，连破营十三坐，水陆贼皆遁。初三、四，水师追贼至六溪口，湖口崇阳、蒲圻水口入江处。进扎罗山。监利县地。廿七日，至金口。去武昌六十里。八月初二日，陆师破崇阳。十五日，进扎纸坊。去武昌六十里。廿一日，水师进攻武汉，陆师夹江翼之，大破之。廿二日，焚贼于塘角，尽毁沿

岸贼垒。廿三日，贼遁，克复二城。陆师复败逃贼于洪山。九月初七日，水师头帮起椗。十三日，塔齐布率罗泽南等由南岸进发。十七日，副都统魁玉率杨昌泗等由北岸进发。廿一日，南路复兴国、大冶，水师进泊道士洑。十月初一日，南路攻据半壁山。初四日破其营。十三日，水师攻破田家镇。与半壁山夹峰。断江中铁锁，火烧木牌船。是夜北岸贼遁。十四日，蕲州贼亦遁。十九日，水师退贼至九江府南路，陆兵渡江。廿八日，复广济。十一月初四日，复黄梅。十四日，水师破贼木牌于浔江。十五日，陆师进逼小池口。九江对岸。二十日，复渡至南岸，攻围九江，贼复据小池口。十二月十二日，水师精锐追贼入鄱湖，为贼卡隔断，不得出。廿五日夜，九江、小池两处陆贼招小舟入江劫水营，我师败衄。廿九日，陆师渡江，击小池口，又败贼，复上攻武汉，北岸兵遁。五年正月初二日，外江水师西上追剿，奏请内湖水师修整战船，驻孤塘等处。二月十七日，贼复陷武昌。

于此可见，咸丰四年下半年间，曾国藩所率领的湘军在岳州各条战线上与太平军展开拉锯战，双方各有败绩，但湘军已取得了初步的优势。

咸丰五年二月初九日（3月15日），赵烈文舟至樟树镇，与驻扎于此的水师统领彭玉麟晤谈良久；十五日回南康大营，指出周凤山所统领的"陆军营制甚懈，军气已老，恐不足恃"，这番言论引起了曾国藩的不悦，适逢赵母生病，赵烈文便向曾氏乞归，曾也就没有挽留，批准了赵烈文的回乡。就在将去之时，传来樟树湘军大败的消息，曾国藩始对这位年轻的书生刮目相待。二十三日（3月29日）至曾帅处辞行时，赵烈文特呈守南昌城之计：

> 余以省垣三面滨河，贼上游无水师，而我军战船二百余艘守之有余，贼不能合围，且城内兵勇万众，登埤足用。贼黠甚，必舍省而东袭抚、建，绝我饷援，此可虑耳。时各军纷纷调遣周军溃散者，复不及半，谓当置之左右，别发他军守抚、建，帅以为然。先是，余从樟树归，为帅言周军不可恃，帅不然之，未数日，果以败闻。帅坚问何见之决，余但以不幸而中为逊词谢之。帅时欲留守省垣，余请与登埤之役，帅曰："君以太夫人疾乞归在前，非避危殆，但请速行，家中无事望早来耳。"

在上陈了上述计策后，赵烈文便于下午启程回乡，至此，赵烈文也结束了在曾国藩幕中的第一次的经历，计180余天。

赵烈文在晚清近代史上留名的原因之一，大概源于他多被认为是"预言大清结局"的人。同治六年（1867），太平天国平定之后，曾国藩与其幕僚评古论今，臧否人物，判断时局颇为频繁，其中尤以六月二十日（7月21日）两人谈论清廷气数为最①。《落花春雨巢日记》的发现，更让我们得知，赵氏在二十出头的年龄就有洞察时势的能力，无怪曾国藩后来对他的倚重。

四、《落花春雨巢日记》中的社会生活史料

在《落花春雨巢日记》中，赵烈文还记录了其在家乡常州的日常生活与个人经历。除去每天与友朋会晤、谈论时局之外，赴江宁乡试、游览苏杭各地名胜、购买书籍碑帖、研记经方等成了青年赵烈文二十一岁至二十五岁人生的重要内容。咸丰二年七月二十四日（1852年9月7日），赵烈文放舟毗陵，在途经镇江，游览金、焦二山后，入龙潭、栖霞，于二十八日（9月11日）抵达金陵，期间拜会了妻子邓嘉祥（南阳君）的父亲邓尔颐（子期）族弟邓尔晋（子楚）、邓尔巽（子鱼）等人。初八日丑刻入考场，得西龙腮万字号。初九日子刻得题。对本次江宁乡试的试题作了记录：

> 首题：道之以政，齐之以刑，民免而无耻；道之以德，齐之以礼，有耻且格
> 次题：布在东方
> 三题：其实皆什一也。彻者彻也，助者藉也

---

① 同治六年六月二十日（1867年7月21日）：初鼓后，涤师来谭。言得京中来人所说，云都门气象甚恶，明火执仗之案时出，而市肆乞丐成群，甚至妇女亦裸身无裤，民穷财尽，恐有异变，奈何？余云："天下治安，一统久矣。势必驯至分剖，然主威素重，风采未开，若非抽心一烂，则土崩瓦解之局不成。以烈度之，异日之祸，必先根本颠仆，而后方州无主，人自为政，殆不出五十年矣。"师蹙额良久，曰："然则当南迁乎？"余云："恐遂陆沉，未必能效晋、宋也。"（《能静居日记》，南京图书馆藏能静居钞本）

　　诗题：半潭秋水一房山得居字

　　又：

　　康候用锡马蕃庶，昼日三接

　　锡土姓

　　制彼裳衣，勿士行枚

　　遂城虎牢襄公二年

　　孔子佩象环五寸

八月十五日申刻终卷，随后的几天，赵烈文与亲友方骏谧（幼静）、邓家绥（伯紫）、刘曾撰（咏如）等畅游秦淮、孝陵、鸡笼山、冶山、朝天宫等金陵诸胜，归途又再游金山，二十四日抵家。

　　同治十一年（1872）赵烈文辞去易州知州一职，此前数年，便买地常熟虞山，筑"静圃"以安家室，并构天放楼，存藏历年宦游所得的各类珍本书籍、碑帖拓片与金石彝器，他曾自编《天放楼藏书目录》，惜不存，而《落花春雨巢日记》中则记录了赵烈文早期的购书情况与名目，如咸丰二年九月十一日（1852年10月23日），托同乡友人刘怿（申孙）代买怀素《千字文》一帙，"此为予购石墨之始"；十八日，买得《道因碑》《争座位》《多宝塔》《中兴颂》诸帖，并以《思古斋石刻》易申孙颜平原《东方画赞》；二十九日，得《庙堂碑》及《十三行》二种，又东阳《兰亭》一种，并云"此种极良"；十月初十、十一日得《玄秘塔》《九成宫》等；咸丰四年九月十一日（1854年11月1日），冯承熙（耕亭）来常，以宋拓《圣教序》相示，售价三十元，赵烈文"阅之爱不忍释，脱细君头上珠易钱得之，灯下复展阅数过，喜不能寐"；十二月初一日（1855年1月18日），于书肆见水拓《瘗鹤铭》，于耕亭处见《岳麓寺碑》，复售南阳君珠饰，得钱买之。可见当时赵烈文购书的重点集中在精拓碑帖。

　　另外，在究心传统经史学问以外，对于西洋学说，赵烈文也十分关注，并有自己的判断。早在咸丰二年正月十八日（1852年3月8日），于四姊处"见《天帝宗旨论》一本，即耶稣教，其书系外洋刊印……书中大要教人敬事上帝，间能说理，率多浅近，又依傍释氏而变易之。究其意旨，复微类黄老，然于三教无不排屏者。卷首所载年月，称耶稣降世一千八百四十九年，不系国号。按天主教古称大秦教，或称晒教，唐讳丙为景，故又称景教。唐有《景教流行中国碑》，即其祖也。书言耶稣降世系中国汉哀帝二年，不知何时始入中国。彼处先止奉天主教，后更有耶稣教，西海各国因此树党攻战者几百年。至是耶稣盛行，天主不敌之矣。外国争教，每至兵连祸结，杀人盈野；吾儒汉宋、朱陆之争真雅道矣"。咸丰四年六月初三日（1854 年 6 月 27 日），观西洋人医书《全体新论》："其言人身血脉脏腑，与《同人图》大异。言男子精中有动物，形类蝌蚪，游行经宿，犹活血之色，本与水同，其中有赤轮至多，细不可辨。赤血管分新血，灌溉一身，回血管接受死血，达于肺，以接生气，无三焦、命门。另有腑名甜肉经，其语异如此。"咸丰五年正月二十一日（1855 年 8 月 3 日）访龚橙，"假英吉利书十余种"。如上种种新见异说的遄览，正可视为日后曾国藩命其办理夷务的知识基础。

此外，赵烈文自学岐黄，在后来的《能静居日记》中，多有其为亲友诊脉开方、探讨病理的记载。《落花春雨巢日记》中，则有此滥觞，咸丰五年其母病笃，赵氏便处处措意于经方药理，并记下名医毛省庵、曹青岩为其母诊疾的前后各经方多种。

五、《落花春雨巢日记》中的文学资料

作为浸淫诗书的传统文人，《落花春雨巢日记》中记载了不少的诗词，这些诗作都是在游览或宦游之中创作的。如咸丰四年十二月游绍兴大禹陵，作《登会稽山谒禹陵》五律；九月至苏州，有《寄内》七律、《舟中口占》五律；十月自富阳陆行杭州，有途中纪游四首。咸丰五年二月太平军攻镇江，"当局无人，相与愤臆"，作《感事杂诗八首》。咸丰六年入南康大营，二月有庐山之游，作《匡庐五首》等等。

其中尤以八期"绿梅庵词会"的唱酬为盛事。词会自咸丰五年五月二十八日（1855 年 7 月 11 日）始，迄于八月初九（9 月 19 日），从时间上来看，显然为消夏之举。二十八日记云："同人纠词会，才叔、稚威、听胪、咏如、吴晋英、盛隽生、徐孟祺、汤伯温及余为会友①。"八期词会采用每期分题赋咏的形式，赵烈

---

① 按：词会成员，才叔即管乐，稚威即周瑄，听胪即杨传第，咏如即刘曾撰，吴晋英即吴唐林，盛隽生即盛久曜，徐孟祺即徐启荣。

文的词作如下：

绿梅庵词会第一期（五月三十日，7 月 11 日）

贺新凉 咏蝉

春色归何处，记来时、夕阳村里，绿阴无数。病翼高枝飞难到，一抹凄凉谁诉。闲睡醒、满庭芳楸。水阁凉亭谁伴我，听声声依约章台路。又忽被，风吹去。　　绿杨芳草西陵渡。过征帆，向人喁唽，几多情绪。唱彻秋凉知音少，只数丝丝金缕。凭谁问、夜深零露。齐女生前休更化，恐重来风景都非故。频断续，向何许。

绿梅庵词会第二期（六月初五日，7 月 18 日）

咏竹夫人 调寄绮罗香

睡醒匡床，清凉无汗，却忆者番相识。玉骨冰肌，似有泪痕点滴。谁怜取、瘦损亭亭，镇相伴，粉消香熄。纵幽怀、千种玲珑，相逢无语向君说。　　晓来慵对宝镜，只是伴他罗幦，梦魂沉寂。便唤青奴，能否一生怜惜。听夜雨，旧梦惊回，又秋风，新愁堆积。愿他生、只作孤筇，更无时抛掷。

绿梅庵词会第三期（六月初九日，7 月 22 日）

咏闽兰 调倚多丽

太匆忙，落花送尽韶阳。剩幽兰、烟凝雨洗，丰姿不是寻常。画帘遮、重风犹暖，纱笼护、晓露微凉。空谷当年，晚风凄急，未妨众草共低昂。纵春色、相逢无日，应不怯秋霜。却何日、倩他纤手，裁向回廊。　　试晓来、闲坐花侧，知他何处疏香。但盈眸、偮条冶叶，都疑是、浪蕊孤芳。号亦馨侯，名曾香祖，任同心未解行藏。却怜春花烂漫，更雨横风狂。相看久、花如解语，合共评量。

绿梅庵词会第五期①（七月十二日，8 月 24 日）

六州歌头 咏七夕

晚凉天气，闲卧看双星。微波近，纤云薄，到三更，转凄清。欲息欢游地，金篦撤，朱丝尽，针楼畔，秋风吟，梦魂惊。天半茫茫，银汉问何处，

---

① 按：第四期词会在六月二十三日，系无题《菩萨蛮》五首，赵烈文请周瑄代作，未录。

乌鹊桥成。但相将钿合，私语记分明，西园三屏，隔蓬瀛。　　算欢无几，愁重积，一相见，已飘零。凭谁乞，人间巧，付今生。忆边城，笳鼓从征客，曾此日，遇云輧。千载下，空含睇，望冥冥。纵使相逢天上，都惆怅、斗落参横，更秋意空庭，白露泠泠。

绿梅庵词会第六期（七月二十四日，9月5日）

长亭怨慢 赠徐氏倡，社首意也

正宝镜、收敛妆歇。隐约晶帘，暗中偷瞥。薄鬓裁云，浅窝融晕，度双颊。消魂到此，难遣暗愁堆积，算一寸相思，但付与、春前啼缺。　　此日，叹相逢草草，犹有琦情千叠。幽轩细语，只难把、断肠向说。闲过尽、愁里缠绵，浑忘却、看灯时节。几盼到翠尊，双饮凭肩对月。

绿梅庵词会第七期（八月初二日，9月12日）

摸鱼儿 赋得秋雨

听声声、玉阶点滴，闲愁几许堆积。画楼灯火人初静，酿就乍凉天色。情脉脉，但陌上、疏杨又褪丝丝碧。小园径寂。更砌畔秋棠，铅华洗尽，付与谁怜惜。　　垂帘箔，怅念江南塞北，知他多少羁客。惊残好梦沉沉狂，争共乱蛩鸣咽。声未彻，算只虑、晚潮还逐征帆急。冥迷望极。却不道伤春，者般偻傝，凄楚更难说。

绿梅庵词会第八期（八月初九日，9月19日）

六丑 紫薇花谢后拟周美成蔷薇谢后作

又匆匆秋色，早过了、几家池馆。惜花护花，垂垂千万卷，偏自飘零。看地衣铺径，谁裁紫锦，向砌苔低糁。比风飔水纹犹软，芳沼荷残，小山柱满。飘零更无人管。念春归时节，应自肠断。　　画楼梦短，到朝来晴暖。望碧阴如故，都凄婉。凤皇池上相伴，算而今一样，绿愁红惨。颓墙外、依然丛干。怕转眼、一树萧萧落叶，无端飘转。料西风、正是悲凉处，吹来如剪。

关于这个词会的情况，组织者吴唐林在《留云借月盦词叙》中有更进一步的披露："不佞少伏里闾，壮识俊流。尝于咸丰乙卯夏日，与杨汀鹭、管才叔、赵惠甫、唐伯温辈共集八人，合成一社。粘题斗韵，刻烛倚声，即所谓云溪词社是也。……"① 日记中的绿梅庵词会，大概就是云溪词社的别名或初名。这七首词作以及词会的组织情况，对于了解咸丰时期常州地方词派的运作与创作活动，提供了一批重要的文学史料。

余 论

以上，从版本、史学与文学价值等方面介绍了这部尚未公布的《落花春雨巢日记》的大体情况，借此可了解赵烈文青年时期的生活与经历，特别是关于太平天国运动的认识，日记从个人微观的角度予以关照，提供了更加丰富的细节史料。笔者已将此日记，连同藏于南京图书馆的能静居钞本五十四册《能静居日记》，参以赵氏手稿本，重新标点整理，并编制人名字号索引，期为赵烈文日记提供一个全新可靠，并便于检索的文本②。

（原刊于《文献》2019 年第 3 期）

作者简介：

樊昕，1980 年 1 月生于江苏南京，文学博士，现为江苏凤凰出版社（原江苏古籍出版社）编审。2004—2007 年就读于南京师范大学文学院中国古代文学专业，获硕士学位；2009—2014 年师从王小盾教授，于扬州大学文学院在职攻读博士学位，博士毕业论文为《唐人文集宋代生存状况研究》。研究方向为古典文献的整理与研究。

本职工作是古籍、学术图书的策划与出版，主要有《中国近现代稀见史料丛刊》《任中敏文集》《嘉定钱大昕全集》（增订本）等。

业余时间从事古典文献的整理与研究，出版有《唐艺研究》（任中敏著，凤凰出版社，2010 年）、《赵烈文日记》（中华书局，2020 年）、《谭正璧友朋书札》

---

① 刘炳照《留云借月盦词》，光绪十九年刻本。冯乾编校《清词序跋汇编》第四册，凤凰出版社，2013 年，第 1736 页。
② 《赵烈文日记》（六册），中华书局"中国近代人物日记丛书"，2020 年出版。

（浙江古籍出版社，2021 年）等书；翻译有《乐府的历史性研究》）。在《文献》《词学》《古典文献研究》《长江学术》《国际汉学研究通讯》《中华读书报》等刊物上发表论文、翻译二十余篇。

诗词曲辨体的文艺融通与史论重构

李飞跃

诗词曲作为中国古典诗歌艺术成就的最高体现，分别在唐宋元盛极一时，被誉为"一代之文学"。诗词曲辨体一直是文学史研究的一个核心问题，它不仅关系到诗词本质特征的确定，也关系到词曲的起源与生成，以及与乐府、变文、戏曲、小说等文体之间的关系。1998 年，胡明在《一百年来的词学研究：诠释与思考》一文中曾提出："词，上与诗与文，下与曲与剧文体发展纵向上的绵延贯串，承续沿革，或者换个思考平面，词论与横向上的诗论、曲论、剧论诸学科又是如何互相出入、衔接、渗融的？他们间的比较研究、合并研究也正是一份宏观的本体流变史和融合史的极大课题。"① 20 年来，这一问题的研究虽然较少正面推进，但围绕相关问题的周边研究（如大曲、声诗、联章、转踏、赚词、诸官调、诗话、词话等）却为我们疏凿了打通诗词曲研究的渠道，逐渐认识到它们之间既有"同源通体"的一面，也有"道迥不侔"的一面，还有相互转变、相反相成的关系。以往辨体主要是在"诗—词—曲"的单向演变与"诗—词""词—曲""乐府—声诗""文学—音乐"等两相比较的平面范畴内进行②，许多具体问题的探讨变成了概念和标准的争议，往往囿于预设立场而陷入一种阐释循环。一旦置于

---

① 他还认为："这些微观的体制内研究往往透出宏观的体制外演变的真正信息与关节，而这些，这些中的大部分工作，我们的前辈都没有认真做出漂亮的成绩。"（胡明《一百年来的词学研究：诠释与思考》，《文学遗产》1998 年第 2 期）

② 近代以来，诗词、词曲辨体主要是围绕曲调、格律、风格等要素考察其文本特征与音乐背景等，前者如刘永济《宋词声律探源大纲》、夏承焘《唐宋词字声之演变》、王兆鹏《从诗词的离合看唐宋词的演进》等；后者如王国维《宋元戏曲考》、王易《词曲史》、任中敏《词曲通义》、龙榆生《词曲概论》、卢前《词曲研究》以及李昌集、赵义山、（转下页）

"诗—词—曲"三维立体视域中，它们便呈现出新的样态与性能，不仅已有概念标准及相互关系随之变化，甚至带动了相关史论命题的重释和文体谱系的重构。

一、诗词曲的界定标准及其问题

有关诗词曲的概念术语，主要是描述性、指代性与排他性界定。这些定义一般有广义和狭义之分，本质特征的认定也因时代观念而异。"诗"从歌诗指称发展到近体律诗的特指①，"词"也从歌辞的总称发展到律词的特指②。同样，"散曲"③ 和 "杂剧"④ 也是一个不断被界定的指称性概念。除通用的"唐诗""宋

（接上页）胡元翎等学者的研究。诗词曲综合辨体主要着眼于文本特征与诗乐关系，如王光祈《中国诗词曲之轻重律》、郑骞《从诗到曲》、叶德均《宋元明讲唱文学》、洛地《词乐曲唱》与《词体结构》、解玉峰《诗词曲与音乐十讲》等论著。从音乐文学或戏曲文学角度考辨的有朱谦之《中国音乐文学史》、刘尧民《词与音乐》、杨荫浏《语言与音乐》、任中敏《唐声诗》与《唐戏弄》、王小盾《隋唐五代燕乐杂言歌辞研究》、刘崇德《燕乐新说》等。其他以"诗词曲"冠名的论著，多是三体分论或"诗词—曲""诗—词曲"平行比较，较少整体性或系统性地审视。

① "唐人之诗，或唐、宋人所编选之唐诗，每仍以'歌诗'或'诗歌'为名，其事不胜举。"（任中敏《唐声诗》上编，凤凰出版社，2013 年，第 14 页）

② 如任中敏《敦煌歌辞总编》"采宋郭茂倩《乐府诗集》途径，沿六朝乐府向下看，不循赵宋词业系统向上套；力破'唐词'意识，稳立隋唐五代'曲子'联章及'大曲'之规制。编内凡称'歌辞''曲辞'，皆用'辞'字，不用其简体字'词'"；（任中敏《敦煌歌辞总编》上，凤凰出版社，2014 年，第 21 页）而洛地认为"以'律'为其质，而形成'律词'"，"'律'是决定性的"。（洛地《"词"之为"词"在其律——关于律词起源的讨论》，《文学评论》1994 年第 2 期）

③ "散曲"始见于明初朱有燉散曲集《诚斋乐府》的类目，意为零散不成套的只曲，特指小令，与套数相对。王骥德《曲律》以"散曲"指散曲小令和散曲套数，与剧曲相对。直到 1926 年，任中敏《散曲研究》始将散曲从戏曲中独立出来，作了明确的界定："凡不须有科白之曲，谓之散曲"，"套数小令，总名曰'散曲'。"（任中敏《散曲研究》，第 2 页）杨栋认为散曲"特指金元以降配合时调新声用于清唱的通俗歌辞，基本有小令和套数两种样式。这里所谓的时调新声，首先指金元时期流行于北方黄河流域，然后蔓延到全国的北曲。以后随着历史的发展，概念范围扩大，把元明逐渐流行的南曲也包容进来"。（杨栋《中国散曲学史研究》，高等教育出版社，1998 年，第 1 页）

④ 《俄藏黑水城文献》中《蒙学字书》有"杂剧"，《李文饶文集》有"杂剧丈夫二人"，"唐代的杂剧包括博戏、歌舞戏、杂伎、谐戏等形态"。（刘晓明《杂剧形成史》，中华书局，2007 年，第 44—57 页）

词""元曲"，还有文学史上常见的"唐词""唐曲""唐戏""宋声诗""宋金杂剧""金元院本""宋元诗话""元明词话"等文艺类别，以及"乐府""乐章""歌曲""歌辞""曲辞"等共有称谓，极大增加了诗词曲辨体的复杂性和难度。此外，这些概念的具体内涵又具有随机性与互文性，往往需要回到具体文本和历史语境中才能确认。

诗词曲作为不同的歌诗类型，其辨体一般有三种标准，即文本格律层面，如韵脚、句式、平仄、四声、清浊等；歌唱层面，如选诗配乐、倚声填词、泛声和声、衬字衬腔等；乐曲层面，如乐题、词调、曲牌及转调、犯调、集曲等。同时，诗词曲又作为唐宋元时期的代表性文体，为一代之文学而具有时代性标准。这四种界定标准，都存在不同的问题。

其一，格律标准的问题。格律是在文本特征的归纳比较中逐渐形成的，且随汉语（声韵、词汇、语法）和音乐（清乐、燕乐、俗曲）变迁而不断嬗变。如声韵在唐宋元时期都发生了重大变革：平仄从四声二分到一平三仄再到二平二仄，四声也不断出现上去作平、阳上作去、三声通叶、入派三声现象；押韵从《切韵》《唐韵》到《广韵》《平水韵》，再到《中原音韵》《洪武正韵》，韵部划分与通转都发生了较大变化。诗词曲的创作实是基于不同的声韵体系，各种格律谱按照声字比对归纳建构起来的格律规范，其实忽略了语言和音乐基础已然发生改变的事实。从历史活动和事物整体来看，诗词曲之本质区别不仅在于文本格律，还在于不同的歌唱方式与乐曲形态。格律标准难以将齐言体的乐府、声诗、令词和元曲小令分开，诗词曲总集普遍会出现重收现象。如《全唐诗》和《全唐五代词》对部分曲子词和声诗的重复收录，这种情况在曲体独立后更为常见。《全元散曲》中白朴的散曲［小桃红］被后人误作词而收入《天籁集》和《全金元词》，张可久［人月圆］十五首同时被收入《全元散曲》和《全金元词》。金元人词集往往孱入曲调，如王恽《秋涧乐府》中竟有三十九首曲调。朱彝尊《词综》主张严词曲之辨①，但却选录了曲家冯子振、白无咎、乔吉、张可久、孟昉等人的北曲 12 首。作为填词规范的《钦定词谱》不仅收录一些唐代声诗和元曲小令，还收录了成套的唐宋大曲，而《九宫大成》《碎金词谱》更是兼备众体。

其二，歌唱标准的问题。任半塘《唐声诗》"始据唐诗及唐代民间齐言中确

---

① 　朱彝尊《词综·发凡》，中华书局，1973 年，第 10 页。

曾歌唱，或有歌唱之可能者约二千首，提出其中所用之曲调百余名"①，其声辞包括"和声""叠唱""送声"等。词体兴起后，有"虚声""泛声""摊破"之说；曲体兴起后，又有"衬字""衬腔""嘌唱"之说。沈括《梦溪笔谈》云："诗之外又有和声，则所谓曲也。古乐府皆有声有词，连书属之。"② 而唐诗之所以呈现出一种规整的文本形式，亦因人们都熟悉流行题目之声辞，可按曲拍为句，因而传抄过程中将文学价值不高的声辞部分黜落。诗词曲演变的关键是诗乐关系尤其声辞的变化，如果将词曲的衬腔衬字去除，一般会呈现出较为规整的文本形态。衬字、和声、字数不定、平仄不拘、叶韵不定、咏调名等早期词体的特征③，也是早期诗体与曲体的入乐特征。孔尚任说："唐以后无诗，宋以后无词，非无诗与词也，无歌诗与词者也。……乐之传，传其音节也；音节之传，传以口耳也。口耳一绝，则音节一变，后人虽极力摹拟，不过得其文辞体裁，而其音节不可知也。"④ "声辞艳相杂"⑤ 的乐府或声诗在汉魏隋唐亦非尽是齐言或入律，从口头到案头，加以文集的编辑规范以及文本格律的归纳建构，声辞脱落或消失后，越来越呈现出一种文本上的规整性。

其三，乐曲标准的问题。近体诗是在齐梁体基础上演变而来的，其音乐基础是清商曲；词是隋唐燕乐基础上生成的，曲是在北方胡乐基础上生成的⑥。相当一部分词调或曲牌来自这些音乐，但将近体诗的起源归为清商乐、词的起源归为燕乐、曲的起源归为辽金蕃曲的设定都面临一个共同的问题，即诗词曲的音乐来源是否具有单一性，尤其大量乐题、词调、曲牌来自民间歌曲或前代诗乐。之所以将词的起源归结为某一种音乐类型，是因为我们预设了词调与曲牌的范畴。诚如阴法鲁所说："凡是配过或填过歌词的乐曲，都应当称为'词调'；但一般所说的词调或'词牌'，却是指唐、宋时代经常用以填词的大致固定的一部分乐曲，约计八百七十多个（包括少数金、元词调）。有些词调往往不止一个名词、一种

① 任半塘《唐声诗·总说》，第 1 页。
② 沈括著，胡道静校证《梦溪笔谈校证》卷五，上海古籍出版社，1987 年，第 232 页。
③ 唐圭璋《敦煌唐词校释》，《中国文学》1944 年第 1 卷第 1 期。
④ 孔尚任《孔尚任诗文集》，中华书局，1962 年，第 463 页。
⑤ 沈约《宋书·乐志》，中华书局，1974 年，第 667 页。
⑥ 西域少数民族的"胡乐"尤其龟兹乐大量传入中原，与汉族原有以清商乐为主的各种音乐相融合，产生了一种新的音乐"燕乐"。词起源于隋唐"燕乐"、曲起源于辽金"番曲""胡乐"，是当代最具共识度的观点。

格律，所以在调名上还存在一些纠葛。"①"依字行腔"与"以乐传辞"亦非截然不同，同一曲调的节奏和旋律可以千变万化，人们在长期实践中的变奏手法，"可以根据同一曲调的大体轮廓，进行各色各样变奏处理，使之符合于不同内容的要求"②。即使依字声行腔也不可能让旋律完全服从于字调语调，"在有些情况下，字调语调不得不对旋律做出必要的'让步'，此种情形又可视为'以乐传辞'了。然而，在重要的、关键性的字上，又得尽可能使旋律服从于声调，此种情形又属'依字声行腔'"③。现代歌曲创作中，为了旋律、节奏或调式的需要，字词要服从音律，完全按照音程填词，但古代歌诗极少因歌唱而去改变歌词或诗文，大量诗词异文的出现往往是因为文义而非音乐。乐工或歌者会根据诗人作品改变乐曲或唱法，但极少因乐曲或歌唱去改动诗歌文本④。因此，中国古典诗歌文本通常呈现出较强的稳定性与一致性。

其四，文体代胜的问题。按照时代对诗词曲进行划分，就产生了唐诗、宋词、元曲的三段论。唐代词体观念尚未确立，"初唐到中唐的词作体制，与诗基本是处于混合状态。而在观念上，诗客们也没有把这些后来认定为词的作品独立出来而视作词。刘（禹锡）、白（居易）二氏自编文集时，都是把这些作品与其他诗作编在一起，而没有别为一体独立出来另编成一卷"⑤。随着宋代歌词与元代散曲的兴起，它们各自作为一种文类而独立，逐渐成为一代文学的代表。与此同时，用于歌唱的乐府、声诗或歌舞词在宋代被纳入词的范畴，入乐歌唱的乐府、声诗、曲子、歌词、赚词等在元代又被纳入了曲的范畴。但是曲并非迟至元代才产生，现存最早的北曲《刘知远诸宫调》残本就出土于西夏的黑水城，西夏汉文本《杂字》"音乐部"已载有"影戏""杂剧""傀儡"等词条⑥。唐诗宋词元曲的论述，将唐宋元三个时代的诗歌成就作了集中概括，是对诗歌发展演变的代表性揭示。同时，这种论述也造成了一种混淆和遮蔽，即将诗歌的代际性与文体性

---

① 阴法鲁《关于词的起源问题》，《北京大学学报》1964 年第 5 期。

② 杨荫浏《中国古代音乐史稿》，人民音乐出版社，1981 年，第 197 页。

③ 秦德祥《"词唱"的逆时追探》，《交响——西安音乐学院学报》2007 年第 3 期。

④ 张炎《词源》载有张枢倚声改字，声字一一对应，如果都按照这样的创作方式，诗词曲就很难成为流行歌曲。参见李飞跃《倚声改字与律词的生成》，《文艺研究》2017 年第 2 期。

⑤ 王兆鹏《从诗词的离合看唐宋词的演进》，《中国社会科学》2005 年第 1 期。

⑥ 参见史金波《西夏汉文本〈杂字〉初探》，《中国民族史研究（二）》，中央民族学院出版社，1989 年，第 167—184 页。

混同。有鉴于"词学研究中的正变尊卑观念和因之固定下来的'诗变而为词'的成见"，任中敏才有针对性地提出了"'唐代无词'的主张和'曲—词—曲'的文体演进线索"①。

文体上相互渗透，除了"以诗为词""以词为曲"的自上而下的演变，也普遍存在"以曲为词"（唐宋大曲的摘遍、明清传奇的案头化与文人化）、"以词为诗"（乐府歌词变为近体诗、明清词曲的格律化）现象。王易认为明词中衰的原因之一是"作者以传奇手为词"②，刘毓盘也认为是南北曲兴起的结果。明人"引近慢词，率意而作，绘图制谱，自误误人。自度各腔，去古愈远"③，以曲为词、词体曲化导致不守词律、词曲不分。词"上不似诗，下不类曲"，不类诗不宜书面传播，不类曲则不宜口头传播，后人创作只能走"长短句之诗"或者"衬字衬腔之曲"的路。无论强调诗词曲的时代标准还是文体标准，都容易在彰显诗词曲某一方面特征的同时，忽略或遮蔽其他形态特征。

从文学标准出发，以文本为基础，易将格律作为三者区分的标志；从音乐标准出发，以歌曲为基础，易将乐曲、声辞等因素作为区分的标志。在一个艺术系统之中，事物之间的关系与其本体同样重要。问题一般无法在问题发生的层面获得解决，而需要超越已有的研究范式。随着视界的拓展，诗词曲的定义及其性能也在不断发生变化，原来确定的标准在新的视域中显得模糊甚至不确定，而相互之间及与其他事物的关联性、作为事物整体的一部分特性则逐渐增强。

二、诗词曲辨体的观念与方法反思

以往诗词曲辨体的争议焦点是不同的判定标准，而这些标准背后的观念和思维方式更值得我们反思。

一是本质主义的决定论。受近代源自西方科学主义的单一起源说、线性逻辑观以及本质主义观念的影响，人们愈加深信文体的产生有个单一确定的源头或本

① 王小盾《任中敏先生文集序》，《任中敏文集·词学研究》，凤凰出版社，2013年，第4页。
② 王易《词曲史》，东方出版社，1996年，第346页。
③ 刘毓盘《词史》，上海古籍出版社，2011年，第151页。

质特征，因而出现了大量有关文体起源的争论性文章①。认为诗词曲都是具有本质差异的独特文体，而这种体征是与生俱来、互不苟同的，由此产生了一些规定性或排他性的概念界定。如将燕乐、词律或倚声作为词的本质特征，认为是词之为词的根本原因；夸大个别人物或单篇文献的决定作用，忽略这些观点的针对性与适用性，形成一套看似逻辑严密、体系完整的史论说辞；面对有争议的史料，习惯于从中选取一种认为"正确"的解读而摒弃其余，基于可能性影响、相似性推论而寻求所谓最终的"正确"结论。但文艺课题毕竟不是科学公式，不会仅由某种因素导致特定文体的产生，这种文体也不会沿着既定路径持续不变。文体的生成不是一源一体，而是充满多样性与多变性，从起源（燕乐、乐府、声诗、民歌等）到辨体（诗词之辨、词曲之辨）再到格律化（借鉴诗律、曲韵及平仄的归纳建构等），是多种因素共同参与和作用的结果。仅从文体本身寻求原因或者将文体演变归结为一条独立自足的路线，甚至确立一成不变的观念或标准，都会产生诸多看似确定而实际上缺乏普适性和一致性的结论。本质主义的观念逻辑，忽略了中国古典诗歌发展演变的相对性与多样性，夸大了诗词曲体式的确定性与独特性，导致了文体演变的进化论和目的论。

二是线性因果的进化论。唐诗宋词元曲体现了诗歌不断由简单到复杂的演进关系，其背后是文体代胜的进化论思维。文体起源的研究，一般是根据某些显著特征上溯。简单的线性因果逻辑认为，一个事物的本质特征是确定且独立兴起、发展和演变的。将事物的多种来源和生成因素简化成一种路径，看似清晰简明，事实上却造成每个人对事物本质或主要特征有不同认定而追溯到不同历史时期的不同作品。如将词乐和按乐填词作为词体生成的主要因素，会将词的起源推定为隋唐燕乐的形成。至于这种音乐类型是否只产生了词或词是否还有其他来源，就不遑多顾了。事实上，燕乐的主要功能是用于宴会歌舞和大曲表演，而词乐的来源从唐五代词调的构成就可以看出迥非一端。近体诗的起源、戏曲的起源也是如此。若不顾及诗词曲特征的多样性、多变性及相对性，就会夸大某一特征而忽略它们作为歌辞艺术的整体性。诗词曲的起源是诗、乐、歌、舞相互作用和不断辨

---

① 近代以来，"词的起源""赋的起源""小说起源""戏曲起源"等一直是学界聚讼的热门话题，出现了大量歧见纷出的研究成果，因视野、立场、角度和方法不同，鲜能达成共识。

体的结果，体式确立后，仍会随着语言、音乐和审美而不断变化。一种文体在不同的历史阶段会呈现出不同的艺术形态甚至文本特征，我们应该留意文体的生长与重塑。

目前关于诗词曲起源问题的探讨，不少是基于一种预设立场，即文体是独立孕育、发展的，且从一开始就具有一个确定不移的本质性特征，具有唯一性与排他性。事实上，无论诗词曲还是其他文体，从来都没有这样一个确定不变的本质特征，只有相对的时代标准或文类划分。早期词是音乐主导的歌曲本体，词调或燕乐可以设定为词之本质特征，至宋则让位于不同的歌词，明清词的标志性特征继为格律，前后是断裂的、突变的，而不是因果关系或连续生成的。同样，诗曲所谓的本质特征如诗律与曲牌，也是随着语言、音乐及辨体理论的发展而不断变化。一个事物的性质不仅由其本体或某一阶段形态所决定，还受所处关系与历史实践影响。中国文论的传统思维方式是整体的系统的，任何切分出来一部分的分析研究或定性都会面临整体的反噬。将诗词曲从文艺的整体中、从历史的长河中抽取出来，看似清晰而明确，殊不知反而忽略或遮蔽了它们最具活力的相互链接与转化功能。

三是自下而上、以今例古的目的论。诗词曲各有不同定义，相互间也有不同区分标准。这种区分都有一个共同出发点，即它们属于不同的文类，是自下而上、自今而古的逆向视角。如果我们换一种视角，从古视今、自上而下来看诗词曲，许多辨体的前提就值得重新探讨。在"诗变而为词，词变而为曲"的同时，更有"曲变而为词，词变而为诗"的现象。诗经、乐府、声诗都是诗乐舞一体的大曲或歌曲变为单个歌曲或歌词，最后演变成为纯粹的诗体。整体而言，这不是诗词曲的先后本末问题，而是同一事物的不同形态问题。任中敏曾批评王国维《宋元戏曲考》"以元剧情形否定唐剧"云："王考一念在推崇元曲，当然兼尚元剧，于其前代之艺事，乃不惜砍凿阶层，分别高下，欲人在意识上，先俯视汉，如平地；继步登唐，如丘陵；再攀赴宋，如岩壑；而终乃仰望于金元之超峰极顶，无形中构成'断代限体'之意识，遗误后来诸史及其读者于无穷。"① 在唐曲变为诗词的同时，仍有大量歌曲以俗词俚曲形式流行民间，只是没有进入主流文学的视野而已。

---

① 任半塘《唐戏弄》上，凤凰出版社，2013 年，第 48 页。

　　今人面对的歌辞形态主要是体式规整、意义丰富的诗词曲文本，因此诗体研究的主要问题变成了求证诗词曲何以走上了律的道路①，它们如何变成了现在的样式。这种观念和思维方式造成研究中强烈的以论带史甚至历史目的论色彩，不从事实整体出发，而是从概念和规则出发，推求何以如此；忽略了事物的共生性与系统性，割裂了诗词曲之间的联系与转变。以已然为必然来构建知识谱系，对此钱锺书曾有妙譬讽喻云："这种事后追认先驱的事例，仿佛野孩子认父亲，暴发户造家谱，或封建皇朝的大官僚诰赠三代祖宗，在文学史上数见不鲜。"② 从乐府、声诗到曲子词，再经由联章、缠令、缠达、赚词、诸宫调、院本词、杂剧词，最后到南戏和传奇，看似一条完整的进化链条。但这种文学史的叙述模式却忽略了一个重要问题，就是史上是否出现过组织化或结构化的曲体？乐府诗中已有歌舞、声辞、科白甚至角色扮演，唐大曲不仅结构复杂且有歌舞故事和角色类型。唐宋元时期，诗词曲都有与大曲的关联，许多声诗、词调、曲牌正是从大曲中摘遍，或者被选入大曲而表演的。在诗词曲充实和丰富唐宋大曲的同时，唐宋大曲、歌舞词和民间歌曲也在孕育不同的诗词曲形态。从大曲到曲子、从文艺活动到文学文本，乐曲、声辞及歌唱要素逐渐失坠或脱落，形成了不同的文类文体。

　　诗词曲的歌唱不仅有"依字行腔"，也有"以词从乐"，甚至伴有"致语""和声""叠唱""衬腔"和"以歌舞演故事"的表演性特征。不同诗体可以连缀入词曲，如《水调歌》"唐曲凡十一叠，前五叠为歌，后六叠为入破。其歌，第五叠五言调，声最为怨切"③。所配歌词，前五叠为七绝四首、五绝一首，后六叠为七绝五首、五绝一首。唐诗宋词的歌唱不仅乐舞并作，且不同诗词常连缀成为大遍或大曲。如"采莲舞"演奏或演唱的曲调则有《双头莲令》《采莲令》《采莲曲破》《渔家傲》《画堂春》《河传》等，分别由"花心"独唱或众人合唱④。作为歌舞之辞，它们可以相互转变，也可以纳入同一大曲、赚词或套曲中表演。

---

① 　如朱光潜《中国诗何以走上"律"的道路》、夏承焘《唐宋词字声之演变》、洛地《"词"之为"词"在其律》，以及俞为民对曲体格律的研究，都在探求诗词曲格律化的自然过程。这些研究一方面呈现了诗词曲文本定向演变的一致性与必然性，另一方面也弱化了复杂演进中的多样性与不确定性。

② 　钱锺书《中国诗与中国画》，《七缀集》，上海古籍出版社，1995 年，第 3 页。

③ 　郭茂倩《乐府诗集》卷七九，上海古籍出版社，1998 年，第 838 页。

④ 　诸葛忆兵《"采莲"杂考》，《文学遗产》2003 年第 5 期。

　　二十世纪伊始，王国维、胡适等基于进化论文学史观的"文学代胜"说几为定论，影响深远。我们习惯于按朝代叙事，将诗词曲的代际性、文类性等同于文体性，将文艺简化为文学、文学简化为文本，简单地从概念、原则而非历史事实出发，去寻求所谓的概念或文本格律层面的"词的起源"或"戏曲起源"，从而忽略了它们之间的联系与转化。将一种固化的文体文类与一个时代的诗歌特征等同起来，遮蔽了文艺创作和表演活动的丰富性、多样性及灵活性。随着音乐文学、戏曲文学尤其民间文艺研究的进展，大曲、法曲、戏弄、联章、缠令、转踏、赚词、诸宫调、院本词、杂剧词等文艺类型被纳入文学史的叙述，逐渐将诗词曲的历时演变的链条补齐。与此同时，白话文学、市民文学、音乐文学等文学史观又强化了诗词曲的"一代之文学"地位，文体生成的"曲—词—诗"精英文学模式被翻转为"诗—词—曲"的大众文艺模式，成为文学史书写的主流。

　　新兴文体一般会经历由下到上、由民间到文人、由口头到案头、由俗到雅、由自由到规整的演变，由此带来文体谱系的重构。文体秩序的重建，也是逐渐推尊和规范化的过程。表现在文体推尊方面，常见有三种方式。一是以古为尊，如诗骚和上古民歌都曾被诗词曲追溯为源头或不祧之祖。二是以雅为尊，向官方或文人认可的审美标准看齐，如拟乐府、近体诗、雅词、传奇等，一般文辞规整训雅，刊落声辞；意义幽微，有身世之慨或讽喻之旨。三是以律为尊，篇章字数、句式句法、平仄四声等文本规范越来越细密。诗词曲借此先后走上了文人化、案头化、雅化与格律化之路。

　　现有文体史、文论史或文学史，"在论及文体互动时，人们习惯立足于一个文体，关注其他文体对该文体的影响注入，比如词曲间，常注意词是如何受曲的影响，或者曲是如何受词的影响。然而这是一种单向维度的思考。'互动'也包括'共时共生'的层面，需要发掘文体与文体间在相同的文学生态环境中共同汇成一个文体大系统而形成动态的消长互融。这需要打开各文体的疆界，多维度地动态地进行统一观照"①。作为艺术的诗词曲是一回事，作为文类或文体的诗词曲是另一回事，而作为代际性的乐府或诗词曲又兼有艺术特征与文体特征。不是诗变为词、词变为曲，而是诗词曲都有共同的歌曲源流，是基于不同文本形态的命名。将文体与朝代捆绑，造成人们关注三种文体的差异性却忽略了一致性，关注

---

① 　胡元翎《高濂词、曲、剧之融通及其研究意义》，《文学遗产》2017 年第 1 期。

了递生而忽略了同源，关注了相对而忽略了相成。诗词曲辨体是不断归纳和概括出来的，我们应树立动态的艺术的综合文体观，从事物的整体与本体出发，关注它们之间的联系和转变，而非困守在唐诗宋词元曲的楚河汉界。

三、诗词曲的同源异体与相互转变

唐代的歌诗、宋代的歌词、元代的歌曲，都是配合音乐演唱的歌辞。虽然它们的文本呈现不同，但都有共同的来源与发生机制，有相近的形态特征与文体功能，以及相似的演变路径与历史定位。

一方面，诗词曲是歌诗的不同艺术形态。唐宋元时期皆有诗词曲，而唐诗、宋词、元曲只是不同时代歌诗的命名。同一首诗歌，既有"诗"的形态，也有"歌"的形态。唐代歌诗有声诗与乐府、古体与近体、齐言与杂言、大曲与曲子之分，但它们同称"歌辞"或"曲辞"，"诗与词、曲，在形式与作用上分判而对立，乃宋以后之事，在唐并不然。此一概念必须确立"①。诗词曲在文本层面区别明显，但在歌唱尤其配合同一曲调演唱时并无本质不同。歌诗通常有一诗多曲或一曲多诗现象，如《凉州词》可以唱入《出塞》，《长相思》《玉树后庭花》等兼有乐府与声诗体，《杨柳枝》《竹枝》《玉楼春》等兼有诗词体式，《江南弄》《采莲歌》兼有乐府与词体特征，而《踏谣娘》《兰陵王》《霓裳曲》《麦秀两岐》等兼有词曲歌舞形式。令词之于声诗、乐府、小令，赚词之于大曲、转踏、套曲，都有更多近似性。诗词曲的分别，主要体现在雅俗、文野层面。南宋时，"付之歌喉者"都是些鄙俗之词，而那些文雅之词则"绝无歌者"②。"其曲，则宋人词而益以里巷歌谣，不叶宫调，故士大夫罕有留意者"③，"歌词日趋典雅，乃渐与民间流行之乐曲背道而驰"④。

王灼《碧鸡漫志》云："凡大曲就本宫调制引、序、慢、近、令，盖度曲者

① 任中敏《唐代"音乐文艺"研究发凡》，崔令钦撰，任中敏笺订《教坊记笺订》，凤凰出版社，2013年，第1—2页。
② 张炎著，蔡桢疏证《词源疏证》卷下，中国书店，1985年，第41—42页。
③ 徐渭《南词叙录》，《中国古典戏曲论著集成》，中国戏剧出版社，1959年，第239页。
④ 龙榆生《近三百年名家词选·后记》，上海古籍出版社，1979年，第225页。

常态。"① 唐宋诗词可以连缀成曲或选入大曲以配乐舞，也可由大曲摘遍而生成单个声诗或曲子。今之典籍中能反映唐宋歌词形态者如《云谣集》《花间集》《乐章集》及《梦溪笔谈》《碧鸡漫志》《武林旧事》《宋史·乐志》《高丽史·乐志》《事林广记》等所载歌舞词，都具有较强的代言体和组曲特征。《云谣集》全称《云谣集杂曲子》，顾名思义，"杂曲子"是相对于"大曲"或组曲而言的零散篇章。在诗词曲皆已成型的明代，从歌辞或乐府角度，它们仍被看作一类，如瞿佑《乐府遗音》把乐府诗、词、曲编为一集，显示了"一种泯没诸体界限，或强调合乐之共性意识"，"从别集体例上也开了明代词曲不分的先河"②。清人宋翔凤说："宋元之间，词与曲一也，以文写之则为词，以声度之则为曲。"③ 刘熙载也指出："词曲本不相离，惟词以文言，曲以声言耳"，"其实辞即曲之辞，曲即辞之曲也"④。从狭义上来说，唐诗与汉魏乐府、宋词、元曲是明显不同的文体；广义上，唐诗又是唐代诗歌的总称，包括唐代的乐府、声诗、曲子词、谣歌、著辞、大曲等。

另一方面，诗词曲是歌诗的不同历史形态。通常认为，诗词曲具有一脉相承的递生性，前一种文体蘖生了后一种文体，认为"词，诗之余，曲，词之余"⑤。其实，唐代的歌诗、宋代的歌词、元代的歌曲都有共通的源流和义涵。臧懋循说："诗变而词，词变而曲，其源本出于一。"⑥ 千余年词曲演进的历史，可以描述为自由体的"曲"不断自民间生成，又不断为文人规范化、标准化，不断雅化为"词"、推尊为"诗"的过程。从歌曲到歌词再到歌诗，呈现了不同历史形态，刘熙载提出："未有曲时，词即是曲；既有曲时，曲可悟词。"⑦ 卢前对此甚为赞同，并阐发说："词曲本系一体，自其文字而言之，谓之为词；取其声音而言之，谓之为曲。曲不可无词，词亦未能离曲。今之所谓词，皆无曲之词；有曲之词，其惟今之曲乎？是今之曲方是词！"⑧ 基于诗词曲三位一体的观念，清人杨恩寿就

---

① 王灼著，岳珍校正《碧鸡漫志》卷三，人民文学出版社，2015 年，第 69 页。

② 张仲谋《明词史》，人民文学出版社，2002 年，第 64 页。

③ 宋翔凤《乐府余论》，《词话丛编》，中华书局，1986 年，第 2498 页。

④ 刘熙载撰，袁津琥注《艺概注稿》，中华书局，2009 年，第 612 页。

⑤ 李调元《雨村曲话·自序》，《中国古典戏曲论著集成》，第 5 页。

⑥ 吴毓华《中国古典戏曲序跋集》，中国戏剧出版社，1990 年，第 149 页。

⑦ 刘熙载著，袁津琥注《艺概注稿》，第 578 页。

⑧ 卢前著《饮虹曲话》，《卢前曲学论著》，上海书店出版社，2013 年，第 447 页。

曾反驳"诗变为词,词变为曲,体愈变则愈卑"之说,批评"后人不溯源流,强分支派……诗、词、曲界限愈严,本真愈失"①。卢前认为,"诗余""词余"之说亦是强分支派的结果:"有不能入于诗出于诗者,于诗之外别成一体,故云诗余;有不能入于词出于词者,于词之外别成一体,故云词余。"② 同一时代有诗词曲,是艺术形态的不同;不同时代有诗词曲,是历史形态的不同。如果任由诗词曲沿着律谱化方向演化,文本格律层面的一致性将超越艺术形态的不同,而成为同一文类。

　　以往我们较多关注了"以诗为词""以词为曲"等文体以上行下的演变,却忽略了由诗到曲、由曲到词、由曲到诗、由词到诗的另一种转变。选诗入乐如为大曲选配诗篇,寄调唱诗如王维《送元二使安西》唱入《渭城》、王之涣《凉州词》又唱入《出塞》等,在此过程中诗不断歌舞化甚至带有角色扮演、程式科范,由诗篇而敷演成变文、戏弄、大曲等,可称为"由诗到曲"。早期曲子词多源自大曲的摘遍,如《破阵子》《甘州子》《水调歌头》等都是相应大曲的摘遍,可称之"由曲到词"。故沈谦《填词杂说》云:"承诗启曲者,词也,上不可似诗,下不可似曲,然诗曲又俱可入词,贵人自运。"③ "由曲到诗"包括由大曲、组曲的歌辞随着乐曲失传而蜕变为诗歌,也包含入乐的齐言歌辞,它们最后失却了声辞、曲调。"由词到诗"也有两种方式,一是变调为题,包括咏调名和诗题化的别调名,一是和声、泛声、叠唱等声辞失坠,呈现出较为规整的近体诗形式。此外,部分令词往往在诗词曲之间变动,自度曲也曾出现于诗词曲等不同文艺类型之中。词韵借助于诗韵和曲韵而形成,词律和曲律的形成也受到诗律的影响。

　　在诗词曲递变及"诗词—曲"或"诗—词曲"等比较研究中,诗词曲之间的关系彰明较著。但在"诗—词—曲"三位一体的整体视域中,原有确定性结论便显得不够确定,相互关系开始变得错综复杂。横向上,诗词曲是诗歌的不同艺术形态,同一时代都存在这三种不同的文本与歌辞形态,相互间可以转变。纵向上,诗词曲是诗歌的不同历史形态,"诗—词—曲"是由文到艺、由案头到活态、由简单到复杂的演变关系,而"曲—词—诗"代表了从俗到雅、从歌妓到文人、

① 杨恩寿《词余丛话》,《中国古典戏曲论著集成》,第 236 页。
② 卢前《饮虹曲话》,《卢前曲学论著》,第 447 页。
③ 沈谦《填词杂说》,《词话丛编》,第 629 页。

从入乐到合律的变化。唐宋元时期，诗词曲不仅分别实现了从音乐、歌唱文艺到文类文体的独立，也影响和塑造了彼此。可以说，此后诗歌史论体系中，不了解三者中的任何"他者"，都无法准确界定其本体特征及相关范畴。相对诗词而言，曲包含了更为丰富的乐舞因素和艺术信息①。诗词曲有共同孕育它们的大曲，摘遍或选诗入乐是诗词曲相互转变的重要方式。随着大曲的解体，声诗、曲子词、歌舞词等逐渐发展成为独立的文艺形式。乐题（乐府或歌诗题）、词调、曲牌原是歌曲的标志，最初是调题同一、以题为调，后来才变调为题、变调为律。先是"《出门行》不言离别，《将进酒》特书列女"②，后如《卜算子》《破阵乐》《鹊桥仙》《临江仙》《倾杯乐》等大量词调在晚唐五代时期亦渐失本义。唐人所谓的"诗"包括后世所谓的"词""曲"，在歌辞则本为一体。姚华指出："今所称词曲，皆曲之总括，缘文野之殊途，虽词曲之分界……则词生于曲耶？曲生于词耶？抑词与曲并起而互生耶？是皆未可遽定。"③ 任中敏更是主张"唐时无词曲之分，敦煌曲可以为证"④，诗词曲的起源只能从诗乐关系、诗词曲辨体的角度揭示，而无法就各自文本特征来说明。

诗与乐主要有以下三种关系："由声定辞""由辞定声""选辞配乐"⑤。这里的"辞"是后来诗词曲形成的基础。没有诗曲作参照，词之本质特征就无从界定。同样，没有词之"别是一家"，诗曲本身的特征也是模糊的。诗词曲在口头传播时代，皆以声辞合一的歌为本体，而乐谱或文本传抄只是少数，故叶恭绰云："余往者恒倡别立歌之一体，继诗词曲之后，以应时需，而开新径。人民建

---

① 诗词曲都是歌曲的一种历史形态或艺术形态，为避免将文体文类的"曲"与音乐文艺的"曲"相混淆，本文采用"歌辞"概念指称后者。历史上"乐府歌辞""敦煌歌辞""燕乐歌辞"和"楚辞""辞赋""曲辞"等习用称谓，不仅包括长短句歌词与齐言声诗，也兼指其文本形式与艺术功能。这也是任中敏《敦煌歌辞总编》主张"采宋郭茂倩《乐府诗集》途径，沿六朝乐府向下看，不循赵宋词业系统向上套"，"用'辞'字，不用其简体字'词'"的原因。

② 郭茂倩《乐府诗集》卷九〇，第 955 页。

③ 姚华《曲海一勺》，《新曲苑》，中华书局，1940 年，第 15 页。

④ 车锡伦《任中敏对〈词曲通义〉的批注、校订》，《中国社会科学报》2017 年 6 月 26 日第8 版。

⑤ 王小盾、李昌集《任中敏先生和他所建立的散曲学、唐代文艺学》，《文学遗产》1996 年第 6 期。

国以来，歌已大行其道，蔚为大宗，词曲殆几成祧庙矣。"① "上不似诗，下不似曲"的词分雅俗而向诗或曲演化，出现了诸如明词曲化与清词（如常州、浙西词派）诗化现象。俞平伯说："明人的作品，往往'词曲不分'，或说他们'以曲为词'，因为'流于俗艳'。我却要说，明代去古未远，犹存古意。词人还懂得词是乐府而不是诗，所以宁可使它像曲。"② 强调入乐传唱，则易致滑向曲体一方；强调文学审美与文本格律，又会滑向诗体一方。尤侗曾论及诗曲以词为关节的转变云："词之近调，即为曲之引子，慢词即为过曲。间有名同而调异者，后人增损使合拍耳。偷声减字，摊破哨遍，不隐然为犯曲之祖乎？太白之'箫声咽'，乐天之'汴水流'，此以诗填词者也；柳七之'晓风残月'，坡公之'大江东去'，此以词度曲者也。"③ 词体是诗曲过渡和转变的中间形态，也是研究诗曲关系的基石。

　　诗词曲的格律特征是逐渐形成和自觉的。"诗客曲子词"是欧阳炯对《花间集》五百首词的统称，一方面为了区别教坊与民间词作，另一方面也因其长短句多用唐代近体诗句法，不但常见的五、七言都是律句，而且三言、四言、六言等句式，也多符合诗律。诗词曲的格律化是建立在官音、韵书、科举以及文人唱和等规范基础之上的。在编撰结集过程中，律诗去除了乐府的声辞、律词去除或实化了声诗的和声泛声、律曲放弃了衬腔科白等要素，不约而同走上了实词化、文雅化与格律化之路。唐代的《诗髓脑》《诗式》《唐朝新定诗格》，宋代的《词论》《乐府指迷》《圈法周美成词》，元明的《唱论》《中原音韵》《曲律》等，事实上都起着规范创作和辨体作用，引导了诗词曲朝着文本化、格律化方向演进。与此同时，明清词谱曲谱的大量涌现又强化了这一趋势。文集或词集的编撰，尤其以文本特征为基础的分类，自然让作品体式趋向一致。如古诗、乐府、律诗、格诗；令、引、近、慢；小令、散曲、套曲等划分，促进了文本层面的辨体与正体。唐诗曾有效乐府、诗骚（如陈子昂所倡"汉魏风骨"、杜甫"别裁伪体亲风雅"）的向上一路，宋词亦有"以诗为词""别是一家"的尊体取向，元明戏曲也走向了"不妨拗折天下人嗓子"的案头曲、文人戏道路。如果没有文人

---

① 叶恭绰《遐翁词赘稿跋》，冯乾编校《清词序跋汇编》，凤凰出版社，2013 年，第2158 页。

② 俞平伯《读词偶得》，《论诗词曲杂著》，上海古籍出版社，1983 年，第 499 页。

③ 尤侗《名词选胜序》，《西堂杂俎》三集卷三，清康熙十一年雅琴堂刻本。

的参与，没有案头化与经典化，文体形式无以确立，也就没有一代之文学。

瓦尔特·里德曾指出，"小说不是一种具有连续历史的独立类型，而是具有'类似的家族特征'的作品的'前后相续'……不同小说共同分享的不是某些特点，而是某些关系"①，这也启示我们，诗词曲的辨体与其为文本形式找出一以贯之的独特性，不如"致力于在这些形式之间寻找一种相似性以及相互的关系"②。诗词曲从歌辞到格律的形态演变，是艺术要素不断简化或者文本特征突显的结果。当然，我们也应该关注不同时期歌诗的概念变化，即"一种占居主导性定义的概念是如何形成，概念又是在什么样的社会条件下被再定义和再概念化的。同时，又在什么情况下会发生概念的转换，甚至消失，最终被新的概念所取代"③。诗词曲之间的联系与转化，提醒我们留意诗的歌曲特征、曲的文本规范、词的文乐关系，以及它们在不同历史时期的艺术形态与活动功能。

四、文体打通与命题重释、史论重构

走出"一代有一代之文学"的唐诗宋词元曲的文史架构，打通诗词曲或者借助诗词曲的歌辞、艺术研究视角，将为相关韵文的研究提供全新视界，甚至让一些凝固命题被激活，引发史论谱系的重构。

（一）诗词曲的中间态与综艺性

以往我们基于文本特征来看诗词曲，它们是畛域分明、相互独立的。随着近年有关声诗、联章、缠令、缠达、唱赚、诸宫调以及变曲、大曲、戏弄等诗词曲的中间与过渡形态研究的进展，人们越来越多地发现它们之间不仅可相互凿通，甚至本就是一体多面、异态共生的关系。以诗文为词的檃栝、一诗一词交替使用的缠达、诗词文并用的套曲、诗词文并用的诗话或词话，以及技法上的转调、犯调、集曲、合套等，都是诗词曲的过渡或综艺形态。从汉魏乐府到宋词、元曲，

---

① 华莱士·马丁著，伍晓明译《当代叙事学》，北京大学出版社，2005 年，第 34 页。

② Cherles K. May. Introduction to The New Short Story Theories, in The New Short Story Theories, Athens：Ohio University Press，1994：xvii.

③ 李宏图《概念史与历史的选择》，《史学理论研究》2012 年第 1 期。

诗歌配乐即是曲调，同一曲调可将不同诗篇连缀起来。乐府诗和词曲本以曲调名题，从乐府诗到拟乐府、新乐府和近体诗，最后又回归即事名篇、调题合一的模式。词之别调名、词题、词序、题记的出现，使内容与题目重新对应，实现了调题转变。人们不断改变调名（同调异名），如《将进酒》有了《惜空酒樽》，《念奴娇》有了《赤壁词》《湘月》《酹月》等诗题化调名；《小圣乐》《入双调》有了《骤雨打新荷》，《山坡羊》有了《苏武持节》等文学性题目。这也与传统乐曲的弹性和变体有关。古代同一乐题、词调或曲牌，其变化幅度非常广阔，从调性、调式到节奏、旋律，会呈现出多个变体。这些变体可让同一首诗、词或曲具有多种歌唱乃至文本形态，有时它们内部的差异甚至要大于诗词曲之间的差异。从调题合一、以调为题，到调题分离、以题代调，是诗词曲标题演变的相同趋势。别调名或文学性题目的运用，改变了诗词曲赖以分别的主要标识。

以往我们用"摘遍"来指称从大曲中摘取的单个曲子，但"遍"或"遍数"作为音乐上的片段，更多时候是指数个或一组曲子。《秦王破阵乐》多至五十二遍，《霓裳羽衣曲》宋代尚存三十六遍，其他《大定乐》《龙飞乐》《庆云乐》《水调》等也是多遍大曲。如白居易《新乐府》所咏《七德舞》就是《秦王破阵乐》中的两遍，《婆罗门》《望月婆罗门》《献仙音》《紫云回》《月殿》《看月宫》《玩中秋》以及后世姜夔所制《霓裳中序第一》疑皆出自《霓裳》大曲。据任中敏《敦煌曲初探》统计，敦煌曲子词中属于联章体的作品共 27 组、83 首，如《捣练子》四首、《长相思》三首、《南歌子》《定风波》及《凤归云》二首，《悉昙颂》《好住娘》《散花乐》《归去来》亦皆多首联章且具特殊和声[1]。联章与组词让词体超越了自身篇幅的局限，构成了不次于套曲的复杂表演体系。诗词联章或组曲因文集编纂需要，会被拆解成多个只曲。如洪迈《万首唐人绝句》将唐玄宗时盖嘉运所进之大曲歌辞多套拆分以补充五七绝之数，《全唐诗》《全宋词》《全金元词》《全元散曲》也存在诗歌文献的析出现象。

《苏幕遮》《菩萨蛮》《竹枝》等与《踏谣娘》《兰陵王》一样，都是有诗、乐、歌、舞甚至有科范动作和角色扮演。虽然同一首乐曲所配歌词的字数、句式、平仄可能完全不同，但最后之所以体格一致，不是音乐或歌唱的规范，而是先通过组曲或套曲实现了歌辞形式的统一。在组曲或歌舞大曲中，为实现同一曲

---

① 任中敏《敦煌曲初探》，《敦煌曲研究》，凤凰出版社，2013 年，第 192 页。

调歌词的最快适配，就产生了同调之辞的规范化、格律化机制。从一首诗、一片词、一支曲到套曲甚或歌舞剧，可以快速实现选词配乐或按乐填词。随着音乐、舞蹈、科白等要素失坠，声诗、曲子词或散曲的文体独立性日渐凸显。在创作方式上，也由原来的按乐填词变为按样词或格律填词。

我们一般倾向于从单片曲子、双片词、同调同题的联章词、同题不同调的缠令、诗词"循环间用"的缠达、诗词文赋并用的赚词与套曲、异调异宫的诸宫调及院本词、一本四折的杂剧、突破一人主唱的南戏等角度来考察戏曲的生成与演变。按照事物发展从简单到复杂的逻辑，这是一条清晰、自洽的演变路径。但如果回到文艺活动的实际，不难发现唐宋大曲及歌舞词中早已存在结构复杂的大遍。唐代戏弄、传奇、变文以及歌舞大曲的存在与繁荣，使词曲不可能在一个真空区间独立演进。唐五代词已经用联章体与问答体演述故事，尤其敦煌词不仅用于歌舞，还用于讲唱和扮演。把其他文艺同时纳入考察，诸如变文、谣辞、联章、缠令、踏歌、自度曲等以往文学史观所不见的"暗物质"呈现出来之后，就会发现诗词曲之间诸多联系或衍生关系，它们通过这些"次文体"实现了相互转变。这些文学史上的"非主流"大众文艺浮出水面后，不仅使整个文艺系统得以改观，且有助于我们重新认识诗词曲的文体特征及相互关系。

（二）诗词曲相关概念与命题的重释

"选诗配乐"和"按乐填词"一般作为诗词分别的重要标志，但在歌唱实践中，既有由乐以定词、以诗从乐，也有依字行腔、诗主乐从。创作上既可以倚声填词、按曲拍为句，也可以为诗谱曲或寄入词调。"以乐传辞"与"依字行腔"往往兼而有之"中国传统歌唱中的口头音乐之所以离不开'依字声行腔'，是因为汉语是有声调的语言，而又不可不'以乐传辞'，是因为其'乐'很难脱离所熟悉或接触到的音调凭空产生"①。乐府及诗词曲在创作与表演中不存在单一的规定性，而是经由乐文协调展现了相当大的弹性与多样性。如果将诗词曲的创作与表演限定为一种路径，不仅不符合诗题、词调、曲牌多方生成的历史事实，也不利于传播和流行。

诗词曲都经历了由口头到文本、由歌妓到文人、由雅到俗的转变，打破了文

---

① 　秦德祥《"词唱"的逆时追探》，《交响——西安音乐学院学报》2007 年第 3 期。

体代胜的演进模式，呈现为一种螺旋上升的轨迹。南宋初王灼就提出："诗与乐府（词）同出，岂当分异？"① 诗词本是同源同出，不应分异同和高下。林景熙《胡汲古乐府序》也说："乐府，诗之变也。诗发乎情，止乎礼义，美化厚俗，胥此焉寄？岂一变为乐府，乃遽与诗异哉？"② "乐府"即指词，胡汲也是将词与诗、古乐府同等对待的。回到历史活动的歌辞本体和艺术本位，我们就不能仅从概念本身寻求词的起源或戏曲起源，而应从诗词曲乃至诗乐舞的互动关系和文艺总体中来探求。王国维《戏曲考原》云："戏曲者，谓以歌舞演故事也。"③ 其《宋元戏曲史》更将戏曲的成熟时间断为元代。其实唐代符合这一定义的文艺类型早已出现，如崔令钦《教坊记》所载《踏谣娘》的故事、角色及演出情形："时人弄之：丈夫着妇人衣，徐步入场行歌。每一叠，旁人齐声和之，云：'踏谣，和来！踏谣娘苦，和来！'以其且步且歌，故谓之'踏谣'；以其'称冤'，故言'苦'。及其夫至，则作殴斗之状，以为笑乐。"④ 歌舞合于一人，歌辞为代言体，角色扮演故事，已然与后世戏剧形式十分接近。又如《苏幕遮》《舍利弗》《濮阳女》在唐代皆有戏剧形态，《苏幕遮》歌辞不仅有五、七言四句，还每首带和声，甚至标明剧中人物⑤。它们虽然篇幅短小，但戏剧要素与本质已具，且早期文本也不能完全代表当时演艺活动的体制与规模。

　　唐人所谓的"曲"包括后世所谓之"词"，元人所谓的"词"又是后世所谓之"曲"，而它们又都曾隶属于乐府或歌诗。元稹《乐府古题序》名分正变，实倡"寓意古题，刺美见事"⑥，为新题正名，这种做法在后来文学史中一再上演。李清照《词论》强调词"别是一家"，一方面要与"句读不葺之诗"区分，另一方面也要与日渐兴起的俗词、俚曲乃至破碎体切割⑦。这与王灼《碧鸡漫志》、沈义父《乐府指迷》、张炎《词源》等用意是相通的，都指向词体独特性和现实价值的揭示与彰显。"唐歌曲比前世益多，声行于今、辞见于今者，皆十之三四，世代差近尔。大抵先世乐府有其名者尚多，其义存者十之三，其始辞存者十不得

① 王灼著，岳珍校正《碧鸡漫志校正》卷二，第 26 页。
② 林景熙《霁山集》卷四《胡汲古乐府序》，文渊阁《四库全书》本。
③ 王国维《戏曲考原》，《王国维戏曲论文集》，中国戏剧出版社，1984 年，第 163 页。
④ 任中敏《教坊记笺订》，凤凰出版社，2013 年，第 170—171 页。
⑤ 任中敏《唐声诗》下，第 8 页。
⑥ 元稹撰，冀勤点校《元稹集》，中华书局，1982 年，第 255 页。
⑦ 李清照著，王仲闻校注《李清照集校注》，人民文学出版社，1979 年，第 194—195 页。

一，若其音则无传。"① 乐府、声诗、词曲在从歌曲转换成文本时，普遍存在刊落和声、叠唱、衬腔、科白等现象，因而显得更为规整。周德清《中原音韵》的编写是为规范北曲用韵而作，书后所列小令"定格"四十首更欲为北曲写作订立程式，主张"乐府"须是"格调高，音律好，衬字无，平仄稳"②。此后更有朱权《太和正音谱》等北曲谱相继问世，加快了北曲格律化进程。魏良辅《南词引正》、王骥德《曲律》及沈璟等人的论述，以及《九宫大成》《碎金词谱》的出现，亦是辨体同时强调曲与诗词一样具有独特的文体特征与诗学价值。

可以说，乐府诗、教坊曲、大晟乐、院本词、书会才人之话本与戏文等都是不同时代的综合文艺形态。"杂诗""曲子""小词""小令""散曲"等都是相对作为演出整体的大曲、歌舞词或套曲而言的。清乐、燕乐、胡乐和俗乐等大曲为诗词曲的创作提供了取用不竭的音乐源泉，而诗词曲又丰富和发展了大曲，它们通过曲牌（乐题、词调）这一纽带而构成一个互动共生的文艺系统。从"乐府诗"到"近体诗""伶工词"到"士大夫词""花部"到"雅部"，又普遍出现了民间化、自由体到文人化、格律化的路径转变。结构和系统中的稳定才是真正的稳定，将诗词曲相关概念与命题置于综合的文艺系统中进行观照，不仅相互关系和义涵得以呈现，各自边界和功能也将更加明确。

（三）词曲起源及其演变史的重构

以往将诗词曲作为相互独立的文体，认为它们分别有一个确定的起源。但从诗词曲的文艺整体来看，我们不仅应关注它们之间的不同特征，还应关注其相同要素，甚至共生形态。以唐代而言，诗词之共生形态，如敦煌燕乐中的《南歌子》《浣溪沙》《凤归云》等常用词调"均原属声诗"③。朱熹词起源于泛声填实说④及王骥德词曲之别在有无衬字说⑤等理论，在文学史上影响深远。但在早期

① 王灼著，岳珍校正《碧鸡漫志校正》卷一，第 9 页。
② 周德清《中原音韵·作词十法》，《中国古典戏曲论著集成》，第 232 页。
③ 任中敏《唐声诗》下，第 3 页。
④ "古乐府只是诗，中间却添许多泛声。后来人怕失了那泛声，逐一声添个实字，遂成长短句，今曲子便是。"（黎靖德《朱子语类》卷一四〇，中华书局，1986 年，第 3333 页）
⑤ 王骥德《曲律·论衬字》："古诗余无衬字，衬字自南、北二曲始。北曲配弦索，虽繁声稍多，不妨引带。南曲取按拍板，板眼紧慢有数；衬字太多，抢带不及，则调中正字反不分明。"（《中国古典戏曲论著集成》，第 129 页）

词体中常见同一调名所配之始辞为五七言律绝或齐言、长短句并行现象，甚至从长短句复归齐言或双调减为单片的情形。齐言和杂言（长短句）亦非截然不同的两套系统，《教坊记》词调系统中有齐言体65曲，齐言和杂言（长短句）并用者16曲。唐代声诗演唱中广泛使用泛声、和声、衬腔、叠唱等，说明衬字、衬句、衬腔等并非曲体专有。那种认为词的起源是从声诗到曲子词、从齐言到长短句演变的观点并不准确。在隋唐燕乐歌辞中，"齐言、杂言同时并行，初无轩轾。终唐之世，此种情形亦一贯未改。在一般之认识，以为中唐以前歌诗，中唐以后始有长短句词，乃普遍唱词，而诗便让位矣，殊非史实"①。

词体格律的形成，并非用韵、平仄、四声逐渐严格的演进过程。创作于中唐五代时期的敦煌曲子词如《凤归云》《天仙子》《内家娇》《浣溪沙》《柳青娘》《拜新月》《洞仙歌》《破阵子》《抛球乐》《渔歌子》《喜秋天》等，均为相当成熟的律词②。那种认为词体是从单调小令到双调慢词演变的看法，亦与大量词调的演变情况不符。《南歌子》《天仙子》在敦煌词中是双调，在五代词中是单调，至宋又是双调。《何满子》在敦煌词中是单调，在唐宋传世词中单双调并用。《渔歌子》在敦煌词和五代词中都是双调，至宋张炎又有多首单调词。

唐崔令钦《教坊记》所载343个曲名，同名者在唐五代曲中有142曲（其中54曲齐言或声诗体）、宋词词调135曲、《宋史·乐志》所载词调77曲、金元诸宫调31曲、元北曲44曲、宋元明南曲73曲、宋杂剧21曲、金元院本16曲、蒙古筚吹8曲、日本唐乐46曲、高丽宋乐31曲③。这充分说明，诗词曲在音乐层面，原本具有密切联系，是一个传承有序的整体系统。不同类型的曲调并非就是前后衍生关系，更多是同调异体。这些曲调，有南宋戏曲用调越宋祧唐的，也有像《柳青娘》那样在"唐曲、宋词、金元诸宫调、金院本、元北曲、清俗曲、鼓子曲、京剧胡琴曲、南方锣鼓曲内，一线相承，均有《柳青娘》名目，沿用不辍"④。北曲曲牌有400多个，约170个有源可考。据李昌集统计，有5个曲牌只

---

① 任中敏《唐声诗》下，第16页。
② 夏承焘《唐宋词字声之演变》认为唐宋格律发展呈现逐渐严格、完善的趋势，根据这些词作来看，并非有此精细有序之演进规律。（《唐宋词论丛》，中华书局，1962年，第53—89页）
③ 任中敏《教坊记笺订》，第192—222页。
④ 任中敏《唐声诗》下，第19页。

与唐曲相关，而与唐宋词、诸宫调无关；与唐宋词相同或相关者 32 曲，仅与宋词相同者 25 曲；与唐曲、宋词、诸宫调兼同者 25 曲。这种名同实异现象说明宋词、诸宫调、北曲均由唐曲衍变而成，又汇聚于北曲，"宋词中的文人词系统与北曲在总体上是一种并行的关系，只有少数的宋词直接为北曲所用。如果要说曲乃'词之变'，只有明确'曲'是民间曲子词的形式之'变'，它才成为一个正确的命题"①。

词源于诗、曲源于词，或者词在齐言诗的基础上发展起来的论述，忽略了它们之间的同源与转化关系。文本层面的差异，不代表它们在音乐层面就一定不同。在传统乐曲中，同一曲调随其表达内容的不同而产生各种变体，包括调性、调式、节奏甚至旋律都可自由变化。在现代或西方音乐观念中，它们或许已不能再看作同一乐曲。"现在我们对同曲稍加改变，有时也另题曲名，不一定再视为同曲；前代艺人却把有更大改变的曲调形式，仍视为同曲。"② 同一曲调见于乐府、声诗、词、曲等，不一定就是前后相继的衍生，而极可能是同源异流关系。唐曲至元曲的流衍，主要是在民间，没有多少文字记载，处于暗线状态，故易被人们所忽略。词为诗余、曲为词余，在诗词曲共生的总体视域中，它们可能是同一音乐系统的不同文本形态。

诺夫乔伊曾指出，"大多数哲学体系是按照它们的模式而不是按照它们的组成成分来创立或区分的"③。文体的划分也是如此，首先是文类的相似性产生了文体的一致性。严格意义上来说，文体是一种模式而非实体或本体区分。破除以往诗词曲的演变从简单到复杂、从齐言到长短句、从单篇到双调、从令词到慢词、从无衬字到有衬字、从不合格律到格律日益严格的演变史观，诗词曲的打通不仅可以认识相互间的同源共生关系，也可打通诸多相关文体，获得系统之理解。诚如任中敏所云："自可仰穿齐、梁乐府，俯穴宋词、元曲，旁浚隋唐大曲、法曲及杂言歌辞，纵横上下，雍蔽顿消。求我国中古以降燕乐文艺之体、用者，于此将面对两大史流：一在乐府、诗、词、曲之间，一在歌、辞、乐、舞、戏之间，各自贯穿，亦相互交错。此中关键，端在诗乐。若塞此窍，则文、艺兼隔，两流

---

① 李昌集《中国古代散曲史》，华东师范大学出版社，1991 年，第 28 页。
② 杨荫浏《中国古代音乐史稿》，人民音乐出版社，1981 年，第 626 页。
③ 诺夫乔伊著，张传有、高秉江译《存在巨链：对一个观念的历史的研究》，江西教育出版社，2002 年，第 2 页。

俱滞；若透得此关，则条贯申舒，源委敷畅。"①

余　论

在戏曲、小说独立起源和发展的史观中，一般将其中的诗词曲作为小说或戏剧的点缀或寄生文体。但如果我们采取自上而下的艺术史视角，诗词曲反而是理解戏剧与小说生成的关键环节。诗词曲的表演一般是具有诗乐舞一体性，表演角色化或套曲化之后就是戏曲的生成。唐代《秦王破阵乐》《霓裳羽衣曲》有歌唱、乐舞甚至角色扮演、故事情节，已是以歌舞演故事。北宋曾布《水调大曲》咏《冯燕传》、赵令畤《商调蝶恋花》咏《会真记》、曾慥《乐府雅词》所载之转踏词、史浩《鄮峰真隐大曲》、金元诸宫调等，皆词之戏曲形态。石延年将般涉调《拂霓裳曲》"取作传踏，述开元、天宝旧事"，曾慥为之"增损"歌词，加上了"勾队""遣队"和"口号"②，已具足曲式。郑骞认为《董西厢》"是一部从词到曲蜕变时期的作品，也是南北曲将分未分时的作品"③，这就为戏曲起源寻求了最近的链接。唐宋戏曲文献及其研究为我们提供了一条认识中国戏剧历史的新思路，同时也"否定了一种狭窄的理解——中国戏剧须在文学、音乐、舞蹈等等发展到一定程度时才综合而成"④。

唐传奇"文备众体，可以见史才、诗笔、议论"⑤，《游仙窟》《柳氏传》就采用了《双燕子》《问蜂子》《章台柳》《杨柳枝》等曲子⑥。宋代的"小说"技艺"曰得词，念得诗，说得话，使得彻"⑦，如《刎颈鸳鸯会》正话大量运用小令［商调·醋葫芦］以"少述斯女始末之情"，说一段唱一段，唱前每有"奉劳

---

① 任中敏《唐声诗》下，第6页。
② 王灼撰，岳珍校正《碧鸡漫志校正》卷三，第49页。
③ 郑骞《董西厢与词及南北曲的关系》，《景午丛编》，台北中华书局，1970年，第381页。
④ 王小盾、李昌集《任中敏先生和他所建立的散曲学、唐代文艺学》，《文学遗产》1996年第6期。
⑤ 赵彦卫《云麓漫钞》，中华书局，1996年，第135页。
⑥ 汪辟疆校录《唐人小说》，上海古籍出版社，1978年，第28—29、52页。
⑦ 罗烨《醉翁谈录》，古典文学出版社，1957年，第5页。

歌伴，先听格调，后听芜词"①　之类提示，实为鼓子词唱说故事。如果从说话到话本尤其从诗词到诗话、词话的角度自上而下来看，在小说讲唱中诗词曲等韵文反而较叙事性散文更为重要。早期小说的文本形态主要记录的是唱词，而人物形象和故事情节则是通过图像或说唱来呈现，如敦煌《降魔变相》的文本构成就包括两部分——正面的图像与背面的韵文。罗振玉曾指出敦煌古卷"残书小说凡十余种，中有七言通俗韵语类后世唱本，或有白有唱，又有俚语、俚曲，皆小说之最古者"②。

早期话本主要是诗话、词话、词文、变文、赚词等唱本形态，鲁迅评《大唐三藏法师取经记》及《大宋宣和遗事》云："皆首尾与诗相始终，中间以诗词为点缀，辞句多俚，顾与话本又不同，近讲史而非口谈，似小说而无捏合。钱曾于《宣和遗事》，则并《灯花婆婆》等十五种并谓之'词话'（《也是园书目》十），以其有词有话也。……《大唐三藏法师取经记》三卷，……每章必有诗，故曰'诗话'。"③　这种文艺形式至明代犹在流行，如《蒋兴哥重会珍珠衫》云"看官，则今日听我说《珍珠衫》这套词话"，"其体实兼乐曲与诗赞二者"④。《金瓶梅词话》中描写唱曲儿的场合多达 112 处，所唱内容涵盖了戏文、佛曲、道情、百戏、笑乐院本与傀儡戏等⑤，体现了小说的原初形态。"许多小说是讲唱的，讲完一段就由歌伴唱一段，形容一种东西或人物的时候，也唱一段，所以中国小说的特点就有了'有诗为证'或'有词为证'的形式。"⑥　从早期小说的文本形态与文体功能来看，诗词曲等韵文的讲唱相对更为重要、根本，人物故事的叙说反是在韵文基础上敷衍而成。

诗词曲的辨体兼具历史性与理论性，一方面它们是通过对文学事实的观察而得来，另一方面又通过理论的演绎而得出。我们要"在文类的形成过程中来理解

①　洪楩《清平山堂话本》，江苏古籍出版社，1990 年，第 190 页。
②　罗振玉《敦煌零拾序》，《松翁近稿·外十种》，上海古籍出版社，2013 年，第 25 页。
③　鲁迅《中国小说史略》，上海古籍出版社，2006 年，第 73—74 页。
④　胡士莹《宛春杂著·词话考释》，浙江文艺出版社，1984 年，第 221 页。
⑤　万伟成、赵义山《寄生词曲与明代拟话本小说的体制嬗变》，《明清小说研究》2010 年第 1 期。
⑥　郑振铎《中国古典文学中的小说传统》，《郑振铎古典文学论文集》，上海古籍出版社，1982 年，第 289 页。

它，而不是以规范的或者描述性的方式来定义"①。诗词曲不是一个逻辑自洽的分类，而是一个"群体"（groups）或者"历史系谱"（historical families），无法仅就其本身来定义，还需在一种历史情境和知识谱系中来界说。随着近年有关声诗、联章、戏弄、转变、赚词、傀儡戏、词话、词文等以往不甚关注的次要文体研究的进展，人们越来越多地发现在诗词曲之间存在诸多中间态文艺形式，甚至在诗词曲与戏剧、小说之间也存在大曲、诸宫调、杂剧词和变文、诗话、词话等过渡性文艺类型。在"诗—词—曲"三位一体的架构中，在"说话（说唱）—戏剧—小说"的整体视域中，不仅诗词曲的起源、生成与演变，本质、形态与功能需有新的认知，甚至相关文学史论模式也将随之改写。古典诗歌研究应该有属于中国文学本体和本位的一套概念、术语和命题，而不仅是套用现代文体模式或西方文论范畴。表现在文类划分与概念界定上，就是中国传统思维方式更多是系统的、相对的与动态的。古代文论中，诗词曲的概念或范畴，无论还原阐释还是临文定义，都是受整体和系统制约。现代学科的概念体系有概括性、确定性与一致性等优点，但在适用具体史料和问题时又往往会显得削足适履。诗词曲的有关概念、术语与命题，是后人基于所处时代文体特征和问题需要而作出的归纳、建构与阐释。诗词、词曲之辨不仅词体得以界定，也使诗、曲形成了相对稳定的边界与规范。可以说，词体特征是在与诗、曲比较中逐渐确认的，它们在不断辨体和重构中建立了相反相成、同构共生的关系②。

我们在观察和分析历史上既对立又统一的现象时，往往会基于既有经验而将其指定为某种简单概念并使之绝对化。这时尤其需要具有"总体史"和"长时段"的理论自觉，从整体和系统中考察文体的起源与生成，注意到不同文体界定的相对性、关联性与流变性。福斯坎普曾指出："文类不过是一种区分方式。将庞大而复杂的本身模糊的文学生活，用一些特定的交流模式加以界定，使之能被科学研究所理解，这些模式就是文类。"③ 这一定义与传统中国的"文体"概念可谓不谋而合，都指出了文体生成的能动性。因此，我们应该把诗词

---

① John Frow. Genre. Oxford：Routledge press, 2005：70.

② 参见李飞跃《诗曲交侵下的词体重构》，《北京大学学报》2017 年第 5 期。

③ Wilhelm Vosskamp, "Gattungen als literarisch-soziale Institutionen," in Textsortenlehre Gattungs geschicht, mit Beitr. Von Alexander von Bormann, Hrsg. von Walter Hinck Heidelberg：Queue and Meyer, 1977, S. 29.

曲的互动研究置于历史情境中加以考察，"阐释其与社会历史文化演变二者之间的互动关系以及各个文体变迁自身所蕴含的文化意义与文化功能"，"其意义不仅体现于对这一时期重要文学现象做更切实更深刻更具历史原生态的阐释，更体现于能够激活这一时段的文学研究，是一种学术视域的开拓，学术思维的更新"①。

在文学艺术中，"文"的对立面是"乐"，而"艺"包括"文""乐"等，是较"文"更为综合、高级的事物形态。"文""艺"的对立，一方面是现代学科划分的结果，尤其语言文学的学科性质关注的是文本形式和语言特征；另一方面是古典文学重文轻艺的传统，文学创作者普遍是社会地位较高的文人士大夫，而音乐或艺术从业者主要是地位不高的伶工歌妓。诗词曲赋和戏曲、小说的文体推尊往往是从艺术中独立出来，走上案头化或雅化的纯文学之路。基于经典文学或者语言文学的立场，易于产生"主文"与"主艺"的对立。但从历史长河来看，文学文本只是艺术整体的一种碎片化遗存。正如考古对零落陶片的缀合与复原，不仅要依靠碎片本身的形状、纹理，更要参考地层、时代及相关器物信息，才能更好地还原其历史面貌。诗词曲辨体的反思，也是视野拓展、角度转换、方法更新的结果，不可避免地会减损文学的主体性与自足性，但同时也增加了其丰富性与能动性。文学研究应该有基本的学科界限，但这种界限应有助于发明而非局限我们对于前学科时代的文艺的理解与认识。

诗词曲曾是与音乐结合的歌辞艺术，它们的文体演变反映了一种趋同性的进化或曰蜕变，在不同历史时期有不同的形态特征。不同时代的诗歌都会呈现出诗、词、曲的艺术形态与历史形态，而诗词曲的分别又是其代际性与文体性交互生成的结果。诗词曲的演进不是独立生长，也没有事先设定方向和目标，而是在已有历史条件下综合各种复杂因素不断互动、重构和界定的结果。断代文学史为文体独立提供了历史合法性，而文体独立又强化了断代叙事的合理性。当然，文体打通不是要取消文体之间的区别，而是认识到不同文体之间的联系与转变，避免让个别标准或特殊性能成为问题研究的前提和出发点。借助诗词曲的歌辞与艺术研究视角，留意概念的历史性、文体的系统性和理论的批判性，才能更好地探

---

① 胡元翎《对"曲化"与"明词衰弊"因果链的重新思考》，《中国韵文学刊》2007年第1期。

讨诗词曲在不同时代的本质特征及形态功能。

（原刊于《中国社会科学》2019 年第 1 期）

作者简介：

李飞跃，男，河南通许人，清华大学中文系长聘副教授。2004 年毕业于郑州大学中文系，获学士学位；2008 年毕业于清华大学中文系，获硕士学位；2012 年毕业于北京大学中文系，获博士学位。曾任中国艺术研究院研究生院艺术学系、中国文化研究所副研究员。主要从事唐宋文学、音乐文学研究及数字人文编辑。在《中国社会科学》《文艺研究》《文学遗产》等刊物发表学术论文 40 多篇。学术著作有《唐宋词体名词考诠》《唐五代乐人的流散与曲子词的兴起》《词式》校补等。主持项目"基于文本深度挖掘的文体与文论研究"等，曾获教育部高校科研优秀成果奖青年奖、中国艺术研究院优秀科研成果奖等。

"乐""音"二分观念与周代"雅郑"问题

李方元

绪　论

本文聚焦周代雅乐、郑声（即"雅郑"）问题。雅乐、郑声是中国古代音乐历史上一对关键概念，不仅涉及对周代礼乐自身的理解，而且延及对整个中国音乐的历史性质的判断。"雅郑"一语，初出春秋末孔子之口①，"雅郑"对立之学术范畴亦由此而生。"雅郑"对立之历史背景是"礼崩乐坏"，由此引来诸多相关的问题："雅郑"何以对立？什么原因导致对立？"雅乐""郑声"原本两类音乐事项，缘何于春秋末冲突骤起？"雅郑"对立之根源究竟何在？这些问题不仅涉及"雅郑"的内涵，更是关乎对古代音乐文化性质的理解。时至今日，诸多学者皆致力于此②，且重要成果不断。然而，一些关键问题仍需继续深入。笔者以为，研究周代"雅郑"问题，可对两大思路再作省视：一是囿于周王朝视角，而忽略

---

① 阮元《十三经注疏·论语注疏》卷一七《阳货》："恶郑声之乱雅乐也。"（中华书局，1980年影印本，第2525页下）

② 有关"雅乐"与"郑声"问题，学者关注度高，不乏分别有从史学、文学、音乐、美学、文化、民俗、文献等角度的专文讨论，如朱东润、孙作云、黄翔鹏、冯洁轩、蔡仲德、冯文慈、李石根、王小盾、杨华、修海林、陈致、陈维昭、朱孟庭、王秀臣、韩高年、李宏峰、杨赛等。

了广延空间中多族群（或民系）及其多种文化并存的背景；二是纠缠于礼乐内涵，却忽视了潜在于音乐史脉络背后的多样的文化存在。以往的思路易受制于周代礼乐资料及周人主流思想，难以突破固有的理论视域，故其疏证、解说等大受限制。本文探索一种批判性的史料分析视点，尝试突破周代一统之时空观念，将"雅郑"问题置于族群、政治与地缘等复杂而深广的历史脉络之中，关注礼乐体制的文化根源与其地域空间之关系，尤其注重潜藏于宗周礼乐观念下的"非主流"音乐传统，探寻非主流"音乐"的其他分类模式及其文化涵义，以此来对"雅郑"问题的产生、形成及其相关方面做一次综合性的考察。

　　毋庸讳言，史乘不足困扰周乐研究，不过批判性地审阅典籍，仍可发见其新的线索和切入点。笔者从《礼记·乐记》《吕览·古乐/音初》对照入手，注意到相关史料在（1）礼乐文字采录之多寡上和在（2）音乐时空记述之范围上，二书存有两点重大差异：《乐记》重礼乐意涵之阐释但弱于对音乐历史流脉的梳理，而《吕览·古乐/音初》则相反，重音乐历史之追溯而疏于礼乐意义的记述。或许，上述二书之知识系统与其来源上的差异汉人早有觉察，故《汉书·艺文志》视《乐记》为儒家之一脉，且又分录于两种知识类别之中：《记》百三十一篇，录在"礼"十三家中①；而《乐记》二十三篇②，再录于"乐"六家之中，并云："武帝时，河间献王好儒，与毛生等共采《周官》及诸子言乐事者，以作《乐记》。"③《乐记》为儒家典籍，知识体系源出先秦，或汉儒加有发挥。《汉志》又云："儒家者流，盖出于司徒之官，助人君顺阴阳明教化者也。游文于六经之中，留意于仁义之际，祖述尧舜，宪章文武，宗师仲尼，以重其言，于道最为高。"④ 同样在《汉书·艺文志》中，《吕览》列于"杂家"一脉，言其流脉时说："杂家者流，盖出于议官。兼儒、墨，合名、法，知国体之有此，见王治之

---

① 《记》，即《礼记》，当包含《乐记》。清钱大昕《汉书考异》以为此即今本《礼记》："按：郑康成《六艺论》云：'戴德传《记》八十五篇，戴圣传《记》四十九篇。'此云'百三十一篇'者，合大小戴所传而言。《小戴记》四十九篇……，合《大戴》之八十五篇，正协百卅一篇之数。"（钱大昕《二十二史考异（上）》，《嘉定钱大昕全集》第2册，江苏古籍出版社，1997年，第175页）

② 阮元《十三经注疏·礼记正义》卷三七《乐记》陆德明释文："郑云：'名《乐记》者，以其记乐之义。'"（第1527页上）

③ 班固《汉书》卷三〇《艺文志》，中华书局，1962年，第1712页。

④ 班固《汉书》卷三〇《艺文志》，第1728页。

无不贯，此其所长也。及荡者为之，则漫羡而无所归心。"① 可见，二书学统及其流脉各异。《乐记》中，"礼乐"主旨通贯全篇，而在《吕览》言乐诸篇中"礼"字则仅五见②，《大乐》《古乐》两篇更是不著一字，《音初》篇也仅于篇末一见。另，《乐记》之文字，历史意识淡薄，重周时"乐"义解说而疏于周前乐史之记述；而《吕览》重"先周"③ 之历史，长于周代以前"乐"与"音"之历史叙事，尤《古乐》一篇，破天荒对整个先周时"古乐"历史作了贯通性梳理。二书相较，差异显著：在文化流脉、知识系统、社会价值、历史取向和空间意识上皆有不同，特别是言"乐"文字，二书更是雷同少而差异大；尤当值得关注。《礼记·乐记》同《吕览·古乐/音初》间的差异表明，二书之不同并非仅在于文字之表层，而更是在音乐意识和文化渊源、音乐时空与音乐分类等方面皆有重大的差别；尤其《吕览》中文字，还透露出周代所存之别种音乐分类。当我们在已认可"礼乐"文化主导周代之社会意识这一历史事实的情形下④，《吕览》的记载异乎寻常地迈过当时主流的周代礼乐文化而以另类方式记录音乐（"先周"）的情况，这的确是有些不寻常了。或许正是这些所谓非"常态"的记述，保留住了历史关节点上某些重要的文化信息。而这些信息，对于今天的研究来说，当弥足珍贵。

　　本文之所论，一分为三：先讨论"乐""音"的不同分类及其历史渊源，后辨析周代礼乐的"先周"根源，尔后再从"时空"角度切入，重新考量周代"雅郑"之深层意涵及其社会因由，试图揭示周代"礼乐"文化本相中一个重要面相。

一、周代礼乐背景下"音乐"之区分及其意涵

　　回看古史，知古今事大多有别。今人称"音乐"者，古人或有另说。在周

---

① 班固《汉书》卷三〇《艺文志》，第 1742 页。
② 《吕览》专以言乐者，凡八篇：《大乐》《侈乐》《适音》（又曰《和乐》）《古乐》《音律》《音初》《制乐》《理明》。其中"礼"字，《适音》篇二见，《音初》篇一见，《制乐》篇二见。
③ 本文研究周代音乐，故此"先周"是从周人角度而言，即周朝之前。亦许倬云《西周史》中所言，周人历史分四段，此段即为：周人集体记忆中的远源到文武建国之前。（生活·读书·新知三联书店，2012 年，第 53 页）
④ 尽管春秋已降"礼崩乐坏"，但社会文化主流"话语"仍未越出"礼乐"的范畴。

代，"乐"有三重意思最被看重，其经典阐述录在《乐记》①：其一为"礼乐"之"乐"；其二为"雅乐"之"乐"；其三为"乐、音、声"之"乐"。礼乐之"乐"，是与礼互为表里而言的②；雅乐之"乐"，是与郑声一类相对而言的③；"乐、音、声"之"乐"，则是就声音之分辨及其与社会属性的关联而言的④。此三者所指，各各不同，其义亦有区别。

"礼乐"之"乐"。这个意思被《乐记》反复强调。如：乐由中出，礼自外作。大乐与天地同和，大礼与天地同节。乐者，天地之和也；礼者，天地之序也。乐由天作，礼以地制。乐也者，施也；礼也者，报也。乐也者，情之不可变者也；礼也者，礼之不可易者也。此类记述《乐记》中不胜枚举。这是从礼乐互补角度来阐释"乐"义的，突出的是"乐""礼"的对立统一关系⑤。

"雅乐"之"乐"。初见《论语·阳货》："恶紫之夺朱也，恶郑声之乱雅乐也，恶利口之覆邦家者。"⑥ 孔子是从社会制度层面提出来的。这个意思后来又被荀子所强调和推衍："修宪命，审诗商，禁淫声，以时顺修，使夷俗邪音不敢乱雅。"⑦《乐记》亦云："魏文侯问于子夏曰：'吾端冕而听古乐，则唯恐卧；听郑卫之音，则不知倦。'"⑧ 这里雅乐、古乐之"乐"，当与民间夷俗之"音"或"新声"对立而来，并构成社会史上一对范畴⑨。此义根本，在"乐""音"内涵

---

① 阮元《十三经注疏·礼记正义》卷三七《乐记》依次提出声、音、乐三概念，牵涉我国古代音乐在文化上的三种面相。（第1527页上）这方面研究可参看王小盾《中国音乐学史上的"乐""音""声"三分》，《中国学术》2001年第3期。

② 阮元《十三经注疏·礼记正义》卷三七《乐记》："乐者为同，礼者为异。同则相亲，异则相敬。乐胜则流，礼胜则离。合情饰貌者，礼乐之事也。礼义立，则贵贱等矣；乐文同，则上下和矣。"（第1529页中）

③ 王先谦《荀子集解》卷一四《乐论》："姚冶之容，郑卫之音，使人之心淫；绅端章甫，舞《韶》歌《武》，使人之心庄。"（中华书局，1988年，第381页）

④ 此处之"乐"，当与"音"指乐音形态之义时相对（或指"乐音"或"音律之音"）；当与"声"指"声音"或"声响"时相对（或指言语之声）。

⑤ 须补充的是，这是先将"音"排除在外之后的一种"乐"的意识，即"乐""音"相互区分的意识。

⑥ 阮元《十三经注疏·论语注疏》卷一七《阳货》，第2525页下。

⑦ 王先谦《荀子集解》卷四《王制》，第167—168页。

⑧ 阮元《十三经注疏·礼记正义》卷三七《乐记》，第1538页上。

⑨ 周代从雅乐与郑声对立，到雅乐与俗乐对立，有一个过程。见拙文《周代宫廷雅乐与郑声》，《音乐研究》1991年第1期，第15—21页。

的对立。

"乐""音""声"之"乐"。《乐记》云："凡音之起，由人心生也。人心之动，物使之然也。感于物而动，故形于声，声相应，故生变。变成方，谓之音。比音而乐之，及干戚羽旄，谓之乐。"此处所讲，是何谓声、何谓音和何谓乐。其总体旨义，一在解释"乐""音""声"三者形态之区分及关系，二在指出"乐"之由来的两个维度：（1）"乐"来源之社会依据：物—心—音；（2）"乐"之声音形态层级的相因关系：声—音—乐。总起来看，"乐""音""声"三分，意在强调音乐中之层级差别及与社会伦理的对应关系："知声而不知音者，禽兽是也；知音而不知乐者，众庶是也；唯君子为能知乐。""不知声者，不可与言音，不知音者，不可与言乐，知乐则几于礼矣。"① 这是礼乐关系下的音乐观念，强调其心理与社会理据而非历史文化依据，其中形态的区分，确有从形式层面考察"音乐"的视点，形态成为区别和理解"乐""音""声"之关系的一个着眼点。

《乐记》中这三种音乐观念在时间上有先后关系。相对而言，"礼乐"之"乐"出现相对最早，其时间可以说当与周初周公"制礼作乐"相关联。这种区分是将"乐"视为与"礼"相对的作为国家治理之物而做出的一种区分。《逸周书·明堂解》云："周公摄政君天下……制礼作乐，颁度量，而天下大服，万国各致其方贿。"② 可见，是政治与国家的需要，"乐"整个地同"礼"捆绑在了一块儿，并充实以礼之名义。作为国家制度与社会行为的规范，"乐"与"礼"分享了国家权力，但作为文化事项，这里的"乐"原本却是属于周王朝之主体族群，即姬姓周族的。也就是说，礼乐制度之"乐"是在承续"周乐"之文化性质的基础上而被赋予其特殊的政治含义的。就观念层面而言，"乐"涉及的是自身之整体与其外物"礼"之关系。因此，从礼乐制度建立时间着眼，"礼""乐"二分的音乐观念不可能早于周初。

其次是"雅乐"之"乐"。这是在周朝礼乐制度背景下，朝廷正"乐"在与侯国方音如"郑声""卫音"的对立过程中形成的概念，出现时间当在不会早于春秋初。也就是说，只有在周王室与诸侯国间矛盾加剧后才可能出现的

---

① 均见阮元《十三经注疏·礼记正义》卷三七《乐记》，第 1528 页中、下。

② 黄怀信等《逸周书汇校集注》（修订本）卷六《明堂解》，上海古籍出版社，2007 年，第 710、716 页。

情况。

再次是"乐""音""声"之"乐"。此"乐"之观念是人们在对礼乐制度内部的"音乐"形式与其社会表征有更深入认识后方能做出的区分，故产生时间更晚，当是在音乐制度化及其专业分工的成熟与定型之后，而礼乐制度的成型和崩坏从两个方面提供了这个背景。据《周礼》，周王室乐官各有职掌，各有专攻，如鼓人、舞师、保氏（地官）、大司乐、乐师、大胥、小胥、大师、小师、瞽蒙、视瞭、典同、磬师、钟师、笙师、镈师、韎师、旄人、龠师、龠章、鞮鞻氏、典庸器、司干（春官），大司马（夏官），凫氏、韗人、磬氏（冬官）等，表明其分工过程最晚当在西周末已逐步形成。分工，利于"音乐"形式化观念的深化，换句话说，"乐""音""声"三分观念要等到对音乐形式如音律、乐器、乐舞、体裁等的充分认识后方有可能。春秋后的文献对音乐形式的关注渐多。如"音律"，虽传说中追溯至黄帝，但"三分损益"音律完整的表述要等到《管子·地员》篇的出现才被见到①。又如"八音"分类。《周礼·大司乐》云："大师掌六律、六同，以合阴阳之声。……皆文之以五声：宫、商、角、徵、羽，皆播之以八音：金、石、土、革、丝、木、匏、竹。"对乐器属性的认识与分类至此才有可能。再如"大小舞"的分类。《周礼·大司乐》："乃分乐而序之，以祭，以享，以祀。……舞《云门》《咸池》《大韶》《大夏》《大濩》《大武》。"②《乐师》："掌国学之政，以教国子小舞。凡舞，有帗舞，有羽舞，有皇舞，有旄舞，有干舞，有人舞。"③ 前者是从时间与历史角度的分类，而后者则是关注乐舞舞具形式差异的分类。另在"歌诗"方面。《诗经》之结集，已作有风、雅、颂三分之分类，这同样是与音乐的表演与形式方面的分

---

① 黎翔凤《管子校注》卷一九《地员》："凡将起五音，凡首，先主一而三之，四开以合九九，以是生黄钟小素之首以成宫。三分而益之以一，为百有八，为徵。不无有三分而去其乘，适足以是生商。有三分而复于其所，以是成羽。有三分去其乘，适足以是成角。"（中华书局，2004 年，第 1080 页）

② 阮元《十三经注疏·周礼注疏》卷二二《大司乐》（文字有删节），第 788 页下—789 页上、中。

③ 阮元《十三经注疏·周礼注疏》卷二三《乐师》："郑司农云：'帗舞者，全羽。羽舞者，析羽。皇舞者，以羽冒覆头上，衣师翡翠之羽。旄舞者，牦牛之尾。干舞者，兵舞。人舞者，手舞。'"（第 793 页中）

类相关①。后世《乐记》言其形式因素的记述亦更多且更为细致，如"钟鼓管磬，羽籥干戚，乐之器也；屈伸俯仰，缀兆舒疾，乐之文也"。又"志微、噍杀之音"，"啴谐、慢易、繁文、简节之音"，"粗厉、猛起、奋末、广贲之音"，"廉直、劲正、庄诚之音"，"宽裕、肉好、顺成、和动之音"，"流辟、邪散、狄成、涤滥之音"等等②。这里的一切表明，自周代开始，尤其春秋已降，人们逐渐对音乐自身的关注也持续地加深。也只有在此音乐文化生态中，"乐""音""声"三分观念才可能出现。

最可注意"雅郑"对立的分类观念。此观念则有更为深远的历史根源，背后实则牵涉"乐""音"二分的另类分类观念。"乐""音"二分音乐观念的出现当更早，或与"先周"的音乐实践有关。《吕览》留下了这一历史的记忆。《吕览》一书，"乐""音"分立，予以分述，反映的就是"乐""音"二分的观念。《古乐》一篇，专论"乐"的历史，重点在上古时段。"乐"源自黄帝前之古朱襄氏，一路下来至周代成王，共载十三帝之"乐"。《音初》一篇，专论"音"一脉的来由，重点在来自不同方域的"四方之音"。其中有两点颇可留意：一是"乐""音"不类。"音"，最早出现在夏初，起点远晚于"乐"，这意味着"音"作为一种独特类别，夏代之前不曾有"音"；二是《音初》篇"四方之音"的发见。"音"之发见是出自对不同方域及族群差异的观察。"东音""南音"，出夏人、"南土"之人③及其活动方域，而"北音"与"西音"则与商人及其活动方域有关。另两个细节需加留意：一是"四音"叙述者（周人）之方位；二是世居西土之周人与南音、西音之关系。关于前者：依《音初》视角，"东音"，夏人于东方始作，"南音"，"南土"之人于南方始作，而"北音"则商人于北方始作。

---

① 《周礼·大师》将诗分为六类"教六诗，曰风、曰赋。曰比，曰兴，曰雅，曰颂"，风、雅、颂就在其中。王小盾认为这种分类皆与操演方式有关："'风'与'赋'是用言语传述诗的两种方式，分别指户音诵和雅言诵；'比'与'兴'是用歌唱传述诗的两种方式，分别指赓歌与和歌；'雅'和'颂'则是加入器乐因素来传述诗的方式，分别指乐歌和舞歌。"（王小盾《诗六义原始》，载《中国早期艺术与宗教》，东方出版中心，1998 年，第213 页）

② 阮元《十三经注疏·礼记正义》卷三七、三八《乐记》，第 1530、1535 页。

③ 陈奇猷《吕氏春秋校释》卷六《音初》云："禹行功，见涂山氏之女，禹未之遇而巡省南土。"（学林出版社，1984 年，第 334 页）杨伯峻撰《列子集释》卷五《汤问》云："南国之人，祝发而裸。"（中华书局，1979 年，第 165 页）阮元校刻《十三经注疏·毛诗正义》卷一三之一《小雅·四月》云："滔滔江汉，南国之纪。"（第 462 页下）

从周人"宗周"方位着眼，东、南、北之三"音"方位均无疑义，然惟"西音"之方位难解。《音初》篇说"西音"，牵涉到"商""周"和"秦"三个族群及其居地。"西音"始作于商代殷整甲迁"相"，郝懿行《竹书纪年校正》云："相，即西河，整甲，即河亶甲矣。"① 到周昭王时，周人辛余靡因振王有功而封于西翟，"继是音以处西山"，后秦缪公再"取风焉，实始作为秦音"。此话之关键点有二：一是说"西音"始作于商王河亶甲，尔后为周人辛余靡所继，再后秦人取其"风"而作为"秦音"，即辛氏与秦人之音与"西音"有联系；二是说其中相联系的共同因素是"地域"。然而，殷整甲所迁之"相"，历史资料很难说明此地望在周土（丰、镐）之西②。如果商之"相"地、辛余靡之封地和秦地之方域在"成周"之西，《音初》篇的记述则容易理解，然如从"宗周"方位着眼，则难解。故《吕览·音初》所载之"四方之音"，显然是周人以"成周"居地为中心记述的。周代之"天下"之中，当然就是成周了。关于后者："四音"始作，本皆与周人无关。"东音"始出夏初夏人，"北音"始出商初商人，与周人皆毫无干系。而"南音"与"西音"，本亦无关于周人，然《吕览》叙述中却闪出周人身影。从其记述可知，"南音"，本出夏禹时涂山氏女之妾，却在《周南》《召南》中联系上周人，不过时间已晚到商末周初了，而地域则在王畿南面周公、召公之采地③。"西音"原出殷人，本亦与周人无关，但叙述中又扯上了封侯于西翟的周侯辛余靡。尽管"南音""西音"与周人扯上点关系，但终究是出自方域之"音"，而非姬周人自己源自传统的音乐。最值得注意的倒是《音初》篇的历史意识："音"在"源"和"流"上与周"乐"流脉毫无关系。换句话说，"音"这一系统不在"周乐"的主流系统之中，周乐则另有渊源与系统。这表明周人对

① 郝懿行《竹书纪年校正》卷六《商纪二》，载《郝氏遗书》光绪五年（1879）东路厅署刊本。又，司马迁《史记》卷三《殷本纪》："河亶甲居相。""相"，裴骃集解："孔安国曰'地名，在河北'；张守节正义《括地志》云：'故殷城在相州内黄县东南十三里，即河亶甲所筑都之，故名殷城也。'"（中华书局，1982年，第100—101页）陈奇猷《吕氏春秋校释》卷六《音初》："殷整甲徙宅西河，犹思故处，实始作为西音。"（学林出版社，1984年，第335页）

② 参见王震中《商代都邑》，中国社会科学出版社，2010年，第206—208页。

③ 阮元《十三经注疏·毛诗正义·周南召南序》云："至纣，又命文王典治南国江、汉、汝旁之诸侯。……文王受命，作邑于丰，乃分岐邦。周、召之地，为周公旦、召公奭之采地，施先公之教于已所职之国。"（第264页）

"音"保持有相当的距离，并明显有排斥的倾向。

周人对"四方之音"的观察，或有历史依据。早在夏代，周人与夏人即有接触，后世周人对此多有追述。《国语·周语上》云："昔我先王世后稷，以服事虞、夏，及夏之衰也，弃稷弗务，我先王不窋用失其官，而自窜于戎狄之间。"①《左传·昭公九年》詹桓伯亦云："我自夏以后稷，魏、骀、芮、岐、毕，吾西土也。"② 周人对商人的了解，后世载籍也有明文。据《古本竹书纪年》载："武乙三年，命周公亶父，赐以岐邑。"③ 又"三十四年，周公季历来朝，王赐地三十里，玉十瑴，马八匹。"④ 后其子姬昌（后为周文王）为西伯时，周仍是商之属国，郑玄《周南召南谱》云："商王帝乙之初，命其子王季为西伯。至纣，又命文王典治南国江、汉、汝旁之诸侯，于时三分天下有其二，以服事殷。"⑤ 据此可说，周人在对他者（夏人与商人）的音乐观察中，作了"乐""音"之区分，也可以说，"乐""音"二分观念是在先周的条件下于周人中产生出来的。

细究起来，上述三种音乐观念其实内含一种历史顺序，同时亦隐含三种旨趣：一是文化旨趣；一是政治旨趣；一是形式旨趣。春秋已降，后两种旨趣经儒家经典阐发而渐成主流，并逐渐主导了人们对"乐"的认知与分类，后继者的理论取向多半沿袭这两种旨趣而加发挥：或从礼乐关系上认识"乐"之内涵，包括聚焦于"雅俗"的政治属性来对"乐"加以讨论；或从形态方面来考察"乐"之内涵。有必要指出，对"乐"的后两种理解，其实都与西周以来的礼乐范畴相联系，即囿于周代礼乐的主流思想和社会实践。从时间上讲，这也当是礼乐制度建立后渐渐明晰起来的"乐"的观念。毫无疑问，《乐记》中"乐""音""声"三分，是最为后人熟知的音乐分类观念，也是周代礼乐观念的典型代表。但从分类角度观察，"雅郑"问题却是在礼乐框架下的"乐""音"二分而非"乐"

① 徐元诰《国语集解》（修订本），中华书局，2002 年，第 3—4 页。另，司马迁撰《史记》卷九九《刘敬传》亦云："周之先自后稷，尧封之邰，积德累善十有余世，公刘避桀居豳。太王以狄伐故，去豳，杖马箠居岐，国人争随之。"（中华书局，1982 年，第 2715 页）
② 阮元《十三经注疏·春秋左传正义》卷四五《昭公九年》，第 2056 页中。
③ 王国维《今本竹书纪年疏证》卷上，载方诗铭、王修龄撰《古本竹书纪年辑证》（修订本），上海古籍出版社，2005 年，第 234 页。
④ 王国维《今本竹书纪年疏证》卷上，载方诗铭、王修龄撰《古本竹书纪年辑证》（修订本），第 235 页。
⑤ 阮元《十三经注疏·毛诗正义·周南召南谱》，第 264 页。

"音""声"三分观念之产物。然"乐""音"二分的源头却当是在"先周"。也就是说，影响周代"雅郑"问题的"乐""音""二分"观念源头并非在礼乐经典文献《乐记》之中。由是，一个潜在的问题浮上台面：既然"雅""郑"二分之渊源与"乐""音"二分观念有关，那么"乐""音"二分观念的历史根源和实践基础是什么？"乐""音"二分观念又有怎样的文化意涵？"乐""音"分类观念对周代的"周乐"又有何影响？周代"雅郑"观念与此又有何联系？等等。幸运的是，《吕览》有关记载为今天的考察提供了有价值的线索。

二、"乐""音"二分：另类"音乐"体系

《吕览》虽书于战国末，但言"乐"文字却不见"礼乐"对举，更无"雅郑"并立之论，其音乐观念很难归在礼乐体制名下。该书以"乐""音"标目：目"乐"者四篇——《大乐》《侈乐》《古乐》《制乐》；目"音"者三篇——《适音》《音律》《音初》，其二分体制大别于《乐记》之三分。如果说《乐记》三分体制体现了周代中后期以来的礼乐观念，那么，《吕览》二分体制则反映出与"先周"音乐之源和西周礼乐实践的联系。因为《吕览》中"乐""音"二分之对象主要在周代之前，而该书编撰者原本就是在面对上古音乐时形成的这种理解与分类。这种"乐""音"二分观念之独到处，该书《古乐》《音初》二篇透露有更多的细节，尤其在"乐""音"的差异方面。现撮其要点分述如下。

（一）"乐"与时间

《吕览·古乐》篇讲古"乐"，以世系为经，以乐事为纬，于历史之中寻觅。其时段从"上古"一直到"周初"，最主要的部分集中在周代之前。难得的是，这一历史区间已经越出周家王朝之时代而一直往前伸延，"乐"被镶嵌在一个持续时间更长的历史框架之中，而其中"乐""音"之分途更值得留意。"乐"被单独离析出来而形成了一部"乐史"。笔者以为，"乐"的这个历史架构及独特景观，颇值得玩味与珍视，其中有五点尤可一述：

1. "乐"之独特视角。《吕览》"乐"为专论，暗含三个重要的前提：一、视"乐""音"为社会之一独立事项，单独设目叙述，以别于社会之他物；二、

又视"乐"与"音"为音乐中之不同物，以凸显"乐""音"各自之独特品质①；三、将"乐""音"二分，分别纳入"时"与"空"不同的框架中予以考察，以展示"乐""音"生成之不同背景与进路。

2. "古乐"之历史系谱。《吕览·古乐》篇中一大创举，是率先勾勒出一个由远古至周初"乐"之系谱。于篇末点出主旨："乐之所由来者尚矣，非独为一世之所造也。"这种通过时间线索串联起散布于不同时间中的乐事而形塑出一个传统，来凸现"乐"在时间脉络中的历史关系。所塑成的"乐"之系谱是：朱襄氏、葛天氏、阴康氏、黄帝、颛顼、帝喾、帝尧、帝舜、夏禹、商汤、周文王、周武王和周成王之乐。这是传世先秦文献中最早一个连续而系统的"乐"之历史系谱。

3. "乐"之形貌。《吕览·古乐》篇中，"乐"之形貌内容丰富，同样于历史中渐积而成，包含乐舞、声歌、音律、乐器、乐仪等样式。关于乐舞与声歌。早见于先民音乐生活的是乐舞："昔阴康氏②之始，阴多滞伏而湛积，水道壅塞，不行其原，民气郁阏而滞著，筋骨瑟缩不达，故作为舞以倡导之。"后又现"声歌"："帝喾命咸黑作为'声歌'——《九招》《六列》《六英》。"关于"音律"。"音律"是"乐"之制度化表征③，亦是"乐"之社会与文化依据，创制时间上溯至黄帝："昔黄帝令伶伦作为律，伶伦……以为黄钟之宫，吹曰'舍少'。次制十二筒，以之阮隃之下，听凤皇之鸣，以别十二律。……黄帝又命伶伦与荣将铸十二钟，以和五音。"这表明，有古人相信以"十二律""五音"为基底的古音律体制，早在黄帝时期便已出现。关于"乐器"。乐器专门化及制度化，意味着

---

① 此处表达这样一种理解，即古人首先将"乐""音"同社会中其他"事物"相区别；同时再将"乐""音"别裁，以示"乐"与"音"又有所不同。这反映出古人眼中的"乐""音"，不与今日归属在"艺术"名义下的"音乐"同义。从古人对"乐""音"的分类及对其涵义的分述看，古今"音乐"的性质显然是有区别的。

② 原作"陶唐氏"，今改"阴康氏"。陈奇猷《吕氏春秋校释》云："高注：'陶唐氏，尧之号。'毕沅曰：'孙云："陶唐"乃"阴康"之误。'"（学林出版社，1984 年，第 290 页）班固《汉书》卷五七上《司马相如传》颜师古注"奏陶唐氏之舞"云："《古今人表》有葛天氏，阴康氏……（高）诱不视《古今人表》，妄改易《吕氏》本文。"（中华书局，1962 年，第 2570 页）笔者按：班固《汉书》卷二〇《古今人表》，第一栏为"上上圣人"凡十四位，"阴康氏"位于第二栏"上中仁人"中第十六位，前第十四、十五位即是"朱襄氏"与"葛天氏"。

③ 司马迁《史记》卷二五《律书》："王者制事立法，物度轨则，壹禀于六律，六律为万事根本焉。"（第 1239 页）班固《汉书》卷二一上《律历志》："《虞书》曰'乃同律度量衡'，所以齐远近立民信也。自伏戏画八卦，由数起，至黄帝、尧、舜而大备。"（第 955 页）

"乐"社会化内涵的提升；与"舞蹈"合流则意味着严整意义之古乐体制——"乐舞"的诞生。"歌舞乐"一体的时间点被定在帝喾时期："帝喾命咸黑作为'声歌'……有倕作为鼙鼓钟磬吹苓管埙篪鼗椎钟。帝喾乃令人抃或鼓鼙，击钟磬，吹苓展管篪。因令凤鸟、天翟舞之。"关于"乐仪"。创建乐仪，是乐制建设的一部分，它意味着"古乐"已超越单一的声音形态而明确了社会象征，从而再度扩展了"乐"的社会功能。仪式性提升始于帝舜时代，由是"乐"之价值全面提升，或连接上"天人"（神鬼）交通的精神层面，"颛顼好其音，乃令飞龙作效八风之音，命之曰《承云》，以祭上帝。……帝舜乃令质修《九招》《六列》《六英》，以明帝德"，初现的时间节点在颛顼时期；后又联系于国家层面上的仪式象征：禹之《夏籥》，"以昭其功"；汤之《大濩》，"以见其善"；周公之《三象》，"以嘉其德"，其时间点出现在禹、汤等君王继统之后。

4. "乐"与社会。《吕览·古乐》之"乐"，与社会关联紧密。首先，与族群生存相关联，如"昔古朱襄氏之治天下也，多风而阳气畜积，万物散解，果实不成，故士达作为五弦瑟，以来阴气，以定群生"。其次，与生产活动相关联，如"昔葛天氏之乐，三人操牛尾，投足以歌八阕：一曰《载民》；二曰《玄鸟》；三曰《遂草木》；四曰《奋五谷》；五曰《敬天常》；六曰《达帝功》；七曰《依地德》；八曰《总万物之极》"。复次，与精神生活相关联，如"帝舜乃令质修《九招》《六列》《六英》，以明帝德"。再次，与政治统治与秩序（"功成作乐"）相关联，如"汤于是率六州以讨桀罪，功名大成，黔首安宁。汤乃命伊尹作为《大濩》"。

5. "乐"之始创。《吕览》中古"乐"始创，有特定渊源，其共同特点是：帝王发号施令①而臣僚承命创制，"乐"之创制涉及多方因素，如社会上层精英，

---

① 命、令，古义通；君告臣之话多称命或令。如：阮元《十三经注疏·春秋左传正义》卷一三《僖公九年》"令不及鲁"陆德明释文："令，本又作命。"（第 1801 页上）孙诒让撰《周礼正义》卷六四《职方氏》"帅其属而巡戒令"正义曰："《周书》'令'作'命'，义同。"（中华书局，1987 年，第 2692 页）阮元《十三经注疏·礼记正义》卷五五"《甫刑》曰：'苗民匪用命，制以刑'"郑玄注："命谓政令也。"（1647 页下）陈奇猷《吕氏春秋》卷五《古乐》，自黄帝以下制乐，皆依帝王命、令："黄帝令伶伦作为律"；"帝颛顼乃令飞龙作效八风之音，命之曰《承云》"；"帝喾命咸黑为声歌"；"帝尧立，乃命质为乐"；"帝舜乃令质修《九招》《六列》《六英》"；禹"于是命皋陶作为《夏籥》九成"；"汤乃命伊尹作为《大濩》"；"武王乃命周公为作《大武》"；"成王立，殷民反，王命周公践伐之……，乃为《三象》"。（第 284—286 页）

社会或国家重大事件，或"乐"本身即文化制度重大事项，但与社会一般成员无涉，亦与个人情感无关。从朱襄氏至周成王十三帝王之十五部"乐舞""乐歌"，创作情形无一例外，皆如是。

据此可见，《吕览·古乐》篇"乐"之形成最基本的维度是：时间/历史。"乐"这种独特之物，就生发于时间进程之中，通过累积而逐渐显露自身，并于渐进中塑成系谱。也就是说，"乐"，在时间中产生，依"历史"而彰显。

（二）"音"与空间

《吕览·音初》一篇，探讨"音"之由来。值得注意的是，它放弃了《古乐》篇从时间中搜寻的进路，而转向空间方位中的考察。《音初》篇告诉我们，"音"在空间方位中凸现，历史源头浅近，与"乐"两歧。除开简要的历史信息，"音"的两个重要面相是：空间方域和情感价值。由是，《音初》篇不顾及"音"产生之时序，锁定东、南、西、北方位以搜寻"四音"由来。这种放弃历时考察而转向从空间搜寻的做法，自然忽略"音"源起的时间逻辑，故文本之时序惟其错乱不堪，如"东音"与"南音"。"东音""南音"尽管同出夏代，然第十四代帝王孔甲所作"东音"[1] 却讲述在先；而夏初禹时始作之"南音"[2] 则讲述在后，朝代倒错十三代。"西音"与"北音"同样如此。"四音"中产生最晚的"西音"，出商王殷整甲自嚣迁相后，却讲述在先；而早自商祖有娀氏之"北音"[3] 则讲述在后。《史记·殷本纪》云有娀氏为商人母系先祖[4]，"北音"当远早于"西音"。历史记述，最忌讳年代错乱[5]，此错乱自然难逃后世史家法眼，后世史

---

[1]　陈奇猷《吕氏春秋校释》卷六："夏后氏孔甲田于东阳萯山，……乃作为《破斧》之歌，实始为东音。"（第334页）

[2]　陈奇猷《吕氏春秋校释》卷六："禹行功，见涂山之女，……女乃作歌，歌曰'候人兮猗'，实始作为南音。"（第334—335页）

[3]　陈奇猷《吕氏春秋校释》卷六："有娀氏有二佚女，……二女作歌一终，曰'燕燕往飞'，实始作为北音。"（第335页）

[4]　司马迁《史记》卷三《殷本纪》，第91页。

[5]　陈奇猷《吕氏春秋校释序》高诱："不韦乃集儒书，……名为《吕氏春秋》，暴之咸阳市门，悬千金其上，有能增损一字者与千金。"（第2页）尽管"无人能增损"是畏其权势，但亦可见用心之精细。另按：同书《古乐》篇中历史时序谨严，说明此处失误不大可能。此叙述时间错乱当是转向空间视角所致。

家转述时则有某种"究正"①。对照《古乐》《音初》二篇，虽皆言历史渊源，却持衡不一，"乐""音"殊相，各为一脉："乐"严格依其时序，而"音"却弃置时间，而以方位为轴心。"乐""音"源出不一，映衬出"音"的特殊性。现简略归纳如次：

1. "音"之统系。"音"是与"乐"相区别的另一音乐系统，不依历史时间流脉而由空间推展而来，区别或关联于东西南北之方域。由此，对于"音"来说，时间既然无关紧要，那么帝王间的历史关系也就无关紧要了。"音"之重要性在于其地域意义，并内化为"音"的最根本特性。可见，"音"之逻辑与路数同"乐"全然不同，它挑战了历史时间在音乐生成中的意义，也挑战了帝王世系在音乐中的绝对价值，终而于方域中形塑出一种有别于"乐"的新类型——"音"。

2. "音"之形貌。与"乐"相较，"音"的形貌简明单一：仅主以人声。如东音："孔甲曰：'呜呼！有疾，命矣夫！'乃作《破斧》之歌。"又南音："涂山氏之女乃令其妾。候禹于涂山之阳，女乃作歌，歌曰'候人兮猗'。"北音亦如此："有娀氏有二佚女，……二女作歌一终，曰'燕燕往飞'。"可见，"音"皆为"徒歌"②，尚未容纳乐舞、音律、乐器、乐仪等多样化形貌；甚至与"声歌"亦不相类③。"音"的初现，亦不见音律上特别的规范与要求，更与仪式无涉。

3. "音"与社会。"音"之社会面相相对狭窄，主以生活琐事与个人情感。如"东音"，聚焦于养子足疾事及感触。又"北音"，为有娀氏二女之游玩事及感念。最可注意的是"南音"与"西音"。"南音"本关涉大禹治水，触及族群、

---

① 如沈约《宋书》卷一九《乐志一》则从整体上重作了编排，改依时序而以"北南东西音"顺序重述。（中华书局，1974年，第548页）《太平御览》卷五七一（阙"南音"）、《说略》卷一一中的转述，叙述顺序同《宋书》。当然，后世史家并未理解《吕览》的用意，也未意识到先周之"音"有别于周代礼乐之"乐"的另一种本质。

② 阮元《十三经注疏·尔雅注疏》卷五《释乐》："徒吹谓之和，徒歌谓之谣。"（第2602页上）

③ 《吕览》中，"声歌"仅见于《古乐》篇，创始于帝喾时代，包括《九招》《六列》《六英》一类；而"东南西北音"创始于夏商时代（晚于帝喾），歌如《破斧之歌》《候人兮猗》《燕燕往飞》等，二者并不相类。同时，《音初》篇明言"东南西北音"各有所"始"，也就是说"音"与"声歌"没有联系。

天下与生存等大事件，然却择以禹妾思恋与焦虑之情作为表达内容。"西音"亦然，尽管牵扯上周昭王征荆事，然却还是臣僚以表达个人对故居之念想与追思为其旨趣。

4. "音"之创始。比之"古乐"，"音"之始创者与内容等亦不相同。"音"起始时间远晚于"乐"，上限只能溯至夏初，与"乐"不同时不同源。"东西南北"四音始出时间之先后并不重要，重要的是其方域文化特质，它表明"音"，方域上各有所本，文化上各有源流。"音"创作分散，无"乐"那样单一的王室创作主体；创作者社会身份亦多样，或为帝王，或为社会庶人，甚或另有女性的创作参与。"音"之内容，亦属个人情意，各事例皆然：孔甲因其养子宿命作《破斧》之歌而始为东音；涂山氏女妾思恋禹归作《候人歌》而南音以兴；殷整甲思于西河故事而西音始发；有娀氏二女爱恋飞燕作歌"燕燕往飞"而肇有北音。

从这里可知，《音初》篇所谓"音"，其建构别有一维度：空间/地域，是别出于"乐"的另一个统系。"音"尽管有时间源头，但空间与方域才是其建构之基，而以空间文化和个人情性为其内核。"音"与"乐"相较，历史属性不是其本质，且与历史之"乐"毫无交集。"音"在周人眼中，独立来源，自成一体，与周族、周乐无关，是历史上"音乐"统系之另一流脉。可见，《吕览》中"乐""音"二分体制与《乐记》"乐""音""声"三分体制"异趣"，其根源当不在周代，亦不源出"礼""乐"体系，而是分别源出于时间或空间的不同系统，以及分别对应于与"时空"意识中的"历史旨趣"或"空间旨趣"。

四、"乐""音"二分之意涵

《吕览》以"古乐""音初"名义分述周朝之前之音乐，笔者以为，实已暗示上古"音乐"史"乐""音"分途发展的大体脉络，同时也表明周朝之前的"乐""音"二分系统的存在。在此系统中，"乐""音"的差异与分立，既构成了这一分类的具体特征，同时亦反映了周以前音乐的独有内涵，于此处再作简要的归纳：

"乐"之意涵，牵涉两个来源：其一，"乐"是时间现象，也从时间中产生；其二，"乐"亦是社会族群现象，依氏族首领或帝王指令而由其臣僚完成制作。其实，"古乐"本身并无纪年或具体的时间标识，时间涵义之衍生源自对"帝王世系"的依附。换句话说，"帝王世系"使各分立之"乐"进入历史编纂的脉络，从而构成"乐"之历史。"帝王世系"，本质是血脉的延续，然却揭示了"乐"的深层依据——族群之意涵，从而也使文化得以在血脉意义上汇聚。它的重要含义是："乐"的历史形成于帝王血脉。由此，产生了"乐"的第二层含义，"乐"通过族群会聚，由族群顶层所设计并最终完成。"乐"，由此也就成为了整个族群的象征。氏族社会中，帝王即族长。族长指令，亦可视之为代表了整个族群的祈愿、意志与行为，由此"乐"也成为族群的标识与符号。《古乐》篇中，"乐"有丰富的社会面相：无论是施用于族群的生存与生活（朱襄氏、葛天氏之乐等），还是施用于制度建设（黄帝创制音律，仲春之月、乙卯之日举行《咸池》表演等）；无论是施用于祭祀上帝之活动（颛顼"以祭上帝"、帝喾"以康帝德"、舜"以明帝德"等），还是施用于治理环境、疏通大川（夏禹治水）之劳作，或为改朝换代而"歌功颂德"（"以昭其功""以见其善""以嘉其德"）等，无不是整个族群的意愿和社会理性行为的体现，而与个体行为和个人情感无涉。由此，古"乐"之意涵，可归为三点：一、世系脉络；二、族群行为；三、社会理性。

而"音"之意涵，与"乐"有两点区别：其一，于空间中构成多样性的文化单元；其二，作为个人情感的社会现象。也就是说，"音"并不以时间绵延与历史阶段构成意义单元，由此也就不与血缘及先祖之意义相联系，而是通过广延的空间来形成单元、分类与特质。空间单元中的地域性是其文化意义的核心，构成"音"划分单元的依据与标准。由于"音"源自不同方域和产生于不同的时间节点，因而自身并非出自某种统一性的社会行为或观念，而是出自多样性的方域单元的聚合。同时，"音"也不像"乐"那样，是整个族群的诉求与行为表现，而是单个人的内心情感的外露：无论是帝王孔甲内心深切的怜悯（"呜呼！有疾，命矣夫！"），还是涂山氏女妾对大禹的依依情爱（"候人兮猗"）；无论是殷整甲的故土思念（"犹思故处"），还是有娀氏二女之欢悦念想"飞燕"（"燕燕往飞"）等皆为事例。这里"音"之划分，根本上说是因空间方域而来，与帝王世系并无干系，与历史脉络亦无实质性联系，人与事的

"此地、此时、此情"成为首要价值。与此同时,"音"之创生,亦不在帝王与臣僚为其族群整体的努力之中,而出自社会中各成员个人情感的抒发①。因方域、情感等多样联系,而导致创作者和创作的多样。创作者中,除帝王、臣僚外,女性亦忝列其中(北音)。此外,东音《破斧之歌》亦须特别提到。它并非由帝令臣制之模式而来,而已改由帝王亲作,亦并非为传递族群意愿,而是出于帝王私情。此作一来突破了帝王"令而不作"的陈规;二来也有了帝王个人情感表达的先例;其三还与"乐"作为群体象征而非个人情意的传统相左,同时亦模糊了"音""乐"截然二分和壁垒森严的这条底线。据此,此时"音"之意涵,亦可归纳出三点:一、地域文化;二、个人行为;三、世俗情感。

由此可见,音乐的历史发展中,有一个从表达群体意愿和表达个人情意的分立与发展的过程,"乐"是在群体时空中的创作、表达与分享,而"音"则是在个人情致空间中的创作、表达与欣赏。《吕览》"乐""音"二分的记述正好反映了我国音乐历史演进中这样一个过程的存在,它为我们保留了这一古老的历史记忆。"乐""音"二分的这个过程,也是理解音乐历史发展和音乐历史内涵的重要基础。

五、周代"礼乐"与"乐""音"二分

周公制礼作乐,制度上说是创始,但文化上说实则为流脉。作为制度创造,是对新国体的适应;作为文化流脉,则包含对周人族性之根的延续。也就是说,宗周"礼乐"之"乐",其根基当会坚守周族传统一脉,包括"乐""音"二分的旧有观念。《左传》《国语》中"乐"与国名、地名并举的情况十分常见,如"周乐""周诗""卫风""南音"等,这里强烈的地域观念表明直到春秋时期,人们以方域区分音乐依然普遍。

---

① 周代《风》诗即继此传统。《诗序》说"风"是"以一国之事系一人之本",孔疏云:"'一人'者,作诗之人。其作诗者,道己一人之心耳。"可见,《风》诗亦强调"一己之心",所感范围限于一国之方域。(阮元《十三经注疏·毛诗正义》卷一之一《序》,第 272 页中)

那么，"周乐"该如何理解呢？简单说，在文化层面上"周乐"当属周人之乐。周初，周公制礼作乐，其"礼乐"之"乐"实则是"周乐"基础上的创制。至春秋时，"周乐"的周族性质在"雅"的意义上再次得到申明。西周早期文献，多周人以夏自居的记载①。对此朱东润的理解是，"周"本地名，因古公亶父迁地"周原"，而以为部族之名②；孙作云则说，周人因与夏人（有邰氏）婚姻关系而自称夏人③。朱赵二人尽管具体解说不一，但"周""雅"二义则是内在相关和一致的："周乐"是地域角度的称呼，"雅乐"是族性角度的称呼。"周乐"即"雅乐"道出了"周乐"的族性实质。朱东润坚持认为《诗经》中大小"雅"的周族性质④是有道理的。春秋"季札观乐"言及"大小雅"时，亦只在强调与周人的关系："为之歌《小雅》，曰：'美哉！思而不贰，怨而不言，其周德之衰乎？犹有先王之遗民焉。'为之歌《大雅》，曰：'广哉，熙熙乎！曲而有直体，其文王之德乎！'"⑤而季札在评价其他诸乐时，凡言及周人的，都会明确表达与周人的居地和文化相关，如：为之歌《王》，"其周之东乎"；为之歌《豳》，"其周公之东乎"；为之歌《秦》，"其周之旧乎"；见舞《大武》者，"周之盛也"。由此可见，大小"雅"与"周"的关系；也由此可见，以"雅"称"乐"当为周乐无疑。从来源上讲，在周初，宗周"周乐"实为两个系统，一个源于周族系统，另一个则源于历史系统。"周乐"的这两个系统在"三礼"等文献中清晰可见。今借王国维《释乐次》一文中《天子诸侯大夫士用乐表》⑥展示如后：

---

① 《尚书》中《康诰》《君奭》《立政》诸篇多有所载。如《康诰》周公云："惟乃丕显考文王，克明德慎罚，不敢侮鳏寡，庸庸，祗祗，威威，显民。用肇造我区夏。"（阮元《十三经注疏·尚书正义》卷一四《康诰》，第203页中）

② 朱东润著："周者地名也，而夏则为部族之名。周人之称周，盖起于古公亶父……初至周原。"（《诗大小雅臆说》，朱东润《诗三百篇探故》，上海古籍出版社，1965年，第65页）

③ 孙作云著："相传周的始祖后稷（弃）与'有邰氏'之女结婚，《大雅·生民》所谓'即有邰家室'。"（《说雅》，见《诗经与周代社会研究》，中华书局，1966年，第337页）

④ 朱东润《诗大小雅臆说》："周人自称为夏……聚族岐周，则为大夏，东迁丰镐，乃号小夏。……此则《大》《小雅》。"（朱东润《诗三百探故》，第67页）

⑤ 阮元《十三经注疏·春秋左传正义》卷三九《襄公二十九年》，第2007页中、下。

⑥ 王国维《观堂集林》（附别集），中华书局，1959年，第102—104页。本表稍作调整。

| | 金奏 | 升歌 | 管 | 笙 | 间歌 | | 合乐 | 舞 | 金奏 |
					歌	笙			
天子 大祭祀	王夏 肆夏 昭夏	清庙	象					大武 大夏	肆夏 王夏
天子视 学养老	王夏 （肆夏）	清庙	象					大武	（肆夏） 王夏
天子 大飨	王夏 （肆夏）	（清庙）	（象）						肆夏 王夏
天子 大射	王夏 （肆夏）	（清庙）	（象）					弓矢舞	（肆夏） 王夏
鲁禘		清庙	象					大武 大夏	
两君 相见		文王 之三					鹿鸣 之三		
		清庙	象					武 夏籥	
诸侯 大射仪	肆夏 肆夏	鹿鸣 三终	新宫 三终						陔夏 骜夏
诸侯燕 礼之甲 【据燕 礼经】	无	鹿鸣 四牡 皇皇 者华	无	南陔 白华 华黍	鱼丽 南有嘉鱼 南山有台	由庚 崇丘 由仪	周南：关雎、 葛覃、卷耳 召南：鹊巢、 采繁、采蘋	无	陔夏
诸侯燕 礼之乙 【据燕 礼记】	肆夏 肆夏	鹿鸣	［新宫］	［笙入 三成］			乡乐	勺	陔夏
大夫士 乡射礼	无	无	无	无	无	无	周南：关雎、 葛覃、卷耳、 召南：鹊巢、 采繁、采蘋	无	陔夏
大夫士 乡饮酒礼	无	鹿鸣 四牡 皇皇 者华	无	南陔 白华 华黍	鱼丽 南有嘉鱼 南山有台	由庚 崇丘 由仪	周南：关雎、 葛覃、卷耳、 召南：鹊巢、 采繁、采蘋	无	陔夏
表内加［　］者不必备有，加（　）者经传无明文，以意推之。									

据上表可知，历史系统之乐有《大武》《大夏》等及《肆夏》《王夏》等"九夏"之乐，而周族系统之乐均见于《诗经》中"周颂"和二"雅"，如《周颂·清庙》《大雅·文王》《小雅·鹿鸣》等六首及《南陔》等六首笙乐，此清一色皆周人之乐。另有二"南"《周南·关雎》三首和《召南·鹊巢》三首亦属周人的创作①。除此外别无他乐。值得注意的是，在天子的用乐系统中，只有纯粹的"周乐"而无二"南"。而非天子系统之乐，才包含了二"南"诗乐。应该说，最为纯正的是"雅乐"（包括《颂》和《大武》《大夏》一类），其次才是与周人有关的"二"南（然而并不见"诗乐"中其他的风诗）。这两个系统构成了宗周礼乐的基础。细究这个基础，即可觉察"周乐"背后的周族意涵，先周"乐""音"二分的影子，以及"乐""音"二分与"雅郑"观念间的关系。

"周乐"在周代的衍变，实为一个逐渐容纳"音"体系之过程。这一过程最终导致"周乐"的族性根基发生动摇和瓦解。这一过程中既有主动改造，亦有被动改变，其大致可划出三段。周初制礼作乐，是对先周之"乐"的最初改造，从而形成宗周礼乐。《吕览·古乐》所载，先周古"乐"一系始自朱襄氏之乐，一脉延续至周成王，共"十三帝王"之乐，但宗周礼乐将其改造为"六乐"。此变化为《周礼》所记录。为强化国族意识而强化"黄帝"②一脉，周人不惜改组古帝王"乐"系而成就"六乐"，以重构周朝的历史观念与"天人"意识。于是先周古"乐"传统被缩减，起点由原朱襄氏降至黄帝，"乐"的历史从原"十三帝王"压缩至"六代帝王"，其乐舞亦由原初的"十五部"压缩至后来的具有代表性的"六部"③，最后定格为《云门》《咸池》《大韶》《大夏》《大濩》和《大武》。宗周"礼乐"最重要也最成功的是，使周"乐"

---

① "二南"因关涉周公、召公采风创作，虽与周故土无关但与周人相关，故比较特殊。宋王质《诗总闻》卷八《豳风·鸱鸮》注云："周公生于豳、岐之间，陶染西俗，习贯西音。"（景印文渊阁《四库全书》本，第72册，台北商务印书馆，1986年）

② 涉及"三皇五帝"的历史记忆，古人有多种说法。据童书业整理，三皇共"七说"，五帝有"五说"，参见童书业《春秋史》第一章注释2。（上海古籍出版社，2010年，第12—13页）历史记载的多样性，也从一个侧面反映了我国古代族群系谱多样性的存在。这种情形也反映了我国古族群互融过程中对其血脉正统及其主导权的争夺，周人对此亦必然做出选择与回答。"六代乐舞"可以说也是一种回答。

③ 阮元《十三经注疏·周礼注疏》卷二二《大司乐》，第788页下—789页上、中。

挤进并融入黄帝一系之脉络当中。这一变更的要害在于：为建构"宗周礼乐"体系，周人通过改造"先周"传统而再造一个新传统。新传统的表达意味着：周"乐"传统久远延续，是正统之脉，同时也期望成为这个新起国家的意识形态与文化传统。

第二段在西周后期。随着周室中衰，王权式微，宗周礼乐渐生变化，最显著的标志是开始容纳周族外的其他音乐。杨荫浏据《周礼》记载，将"周乐"之框架别为"六代乐舞""小舞""散乐""四夷之乐""宗教性乐舞"五种类别①。这种类分意味着"音"之禁忌在周乐中已经开始松动。"六代乐舞"，即"大舞"，包括《云门》《咸池》《大韶》《大夏》《大濩》《大武》六种②，"小舞"为六种持舞具之舞，即帗舞、羽舞、皇舞、旄舞、干舞、人舞③。"散乐"，即乡野之乐④。"四夷之乐"，为周边族群音乐⑤。"宗教性乐舞"，包括社会生活中的祈雨之"雩"和驱疫之"傩"等⑥。

最值得重视的是其中第四、五这两类音乐。"散乐"即王畿外之乐。《诗经·鲁颂·駉》"駉駉牡马，在坰之野"毛《传》云："坰，远野也。邑外曰郊，郊外曰野，野外曰林，林外曰坰。"⑦ 又《尔雅·释地》："邑外谓之郊，郊外谓之牧，牧外谓之野，野外谓之林，林外谓之坰。"郭璞注："邑，国都也。"⑧《周礼·秋官》"县士掌野"郑玄注："地据王城二百里以外至三百里曰野。"⑨ 也就是说，乡野是与王城相对的一个区域。乡野之"散乐"，即是地处周王城外"郊"与"林"间这一区域的音乐，属周王朝管辖非侯国范围内之

---

① 杨荫浏《中国古代音乐史稿》（上），人民音乐出版社，1981年，第35—36页。
② 阮元校《十三经注疏·周礼注疏》卷二二《大司乐》，第788页下—789页上、中。
③ 阮元《十三经注疏·周礼注疏》卷二三《乐师》，第793页上。
④ 阮元《十三经注疏·周礼注疏》卷二四《旄人》："掌教舞散乐、舞夷乐。"郑玄注："散乐，野人为乐之善者。"卷六《委人》："掌敛野之赋。"郑玄注："野，谓远郊以外也。"卷一二《舞师》："凡野舞，则皆教之。凡小祭祀，则不兴舞。"可见，散乐当郊野之外的人的音乐。（第801页中，745页下，721页中、下）
⑤ 阮元《十三经注疏·尚书正义》卷一九《毕命》："四夷左衽，罔不咸赖"孔传："言东夷、西戎、南蛮、北狄，被发左衽之人。"（第245页下）
⑥ 阮元《十三经注疏·周礼注疏》卷二五《占梦》："遂令始难（傩）驱疫。"卷二六《司巫》："若国大旱，则帅巫而舞雩。"（第808页上，第816页上）
⑦ 阮元《十三经注疏·毛诗正义》卷二〇之一《鲁颂·駉》，第609页上。
⑧ 阮元《十三经注疏·尔雅注疏》卷七《释地》，第2616页上。
⑨ 阮元《十三经注疏·周礼注疏》卷三五《县士》，第876页下。

乐，大概即今天说的城外郊之乐①。而"四夷之乐"则是周朝对有别于周人外各族群之乐的称呼。郑玄注云："四夷之乐，东方曰《韎》，南方曰《任》，西方曰《侏离》，北方曰《禁》。《诗》云'以《雅》以《南》'是也。王者必作四夷之乐，一天下也。"②《白虎通义》亦云："王者制夷狄乐，不制夷狄礼。……乐者，圣人作为以乐之耳，故有夷狄乐也。"③ 周人强调圣王创制"夷乐"，传递出的强烈信息仍是消解原夷乐之族性内涵，以彰显周人的文化身份。就《周礼》礼官所载看，除所载"乐"外，还有散乐、四夷之乐，但不载"四方之音"④。尤可注意的是，尽管此时"周乐"仍将"四方之音"排斥在外，却接纳了"四方"观念。

第三段始自春秋。随着诸侯国崛起，宗周"周乐"也受其影响，但曲折迂回。"周乐"最显著的变化在于对"国风"全面的接纳。据马银琴《两周诗史》研究，《诗经》中除"二"《南》外的十三"风诗"最早进入周王室而成为'周乐'之一部的时间，要到西周晚期了⑤。周乐纳入"音"系统后，内涵即发生重大改变。春秋鲁国"周乐"即是这种状况。《左传》襄公二十九年载："吴公子札来聘，……请观于周乐。"⑥ 鲁国乐工除奏"六乐"，还几乎遍奏十五"国风"，包括《周南》《召南》《邶》《鄘》《卫》《王》《郑》《齐》《豳》《秦》《魏》《唐》《陈》《桧》等乐歌⑦。由是观之，至晚在春秋鲁襄公二十九年（前544）前，"周乐"中已"乐""音"杂奏，而与夏、商时"音"产生

① "野"这一区域的居住者，因其处在周朝领地扩张和灭商的过程中，故必然十分复杂，因而乡野之"散乐"亦有复杂的族性成分。
② 阮元《十三经注疏·周礼注疏》卷二四《鞮鞻氏》，第 802 页上。
③ 陈立《白虎通疏证》卷三，中华书局，1994 年，第 111 页。
④ 《龠章》职中《豳》诗除外。
⑤ 马银琴从诗文本结集角度认为，除"二南"外，十三国风最早当是在宣王时期成为周乐组成部分的。见马银琴《两周诗史》，社会科学文献出版社，2006 年，第 273—295 页。
⑥ 鲁国虽侯国，但一直享有天子之乐。《春秋左传正义》卷三九《襄公二十九年》："请观于周乐。"晋杜预注："鲁以周公故，有天子礼乐。"孔颖达正义曰："《明堂位》云：'成王以周公为有勋劳于天下，是以封周公于曲阜，命鲁公世世祀周公以天子之礼乐。'"（中华书局，1980 年影印本，第 2006 页上）
⑦ 阮元《十三经注疏·春秋左传正义》卷三九《襄公二十九年》，第 2006 页上—2007 页中。需提及的是，此处言及郑国、卫国之音的评价，仅为季札的观感，其立场和观点与后来的孔子不同。

后"乐""音"分立的情形稍有不同的是：二者非"分立"，而属"并立"。"周乐"以十五"国风"重造"四方之音"，除周初的《周南》《召南》外，真正全面接纳则是从东周开始的。此前，周公、召公首开摄取"方音"之先河①，其中"风"之传统的"女性"创制及其情意的表达由此得到延续，这是其后周人用作"房中乐"的原因之一。《礼仪·燕礼》"遂歌乡乐"郑玄注："《周南》《召南》，《国风》篇也，王后、国君夫人房中之乐歌也。《关雎》言后妃之德，《葛覃》言后妃之职，《卷耳》言后妃之志，《鹊巢》言国君夫人之德，《采蘩》言国君夫人之不失职也，《采蘋》言卿大夫之妻能修其法度也。"② 其后十三"国风"则全面展现了诸方国的社会风尚和人们的个人情感。地域意义上，尽管《诗经》十五"国风"大抵不出先周"东南西北"音之辖域，但十五"国风"的区位意义已完全不同，并非单纯的方位之分，而因其侯国背景及与其住民（或民系）的联系而成为"音"的新类型。十五"国风"在保留先周"音"之空间本质的同时，放弃原粗放传统，代之以反映周代一统王朝中在侯国名义下的各同姓、异姓国之社会文化类属。在宗周礼乐传统中，"音"（十三"国风"）因与周人无关，不承载周族历史与传统，故无"音"一类。然春秋已降，"周乐"的这种性质发生根本改变：不是"乐"之历史性和族性根基决定"周乐"的内涵，恰恰相反，是"音"的方域空间性和地缘政治性内涵开始逐渐左右周乐，或成为其中的决定因素。

综上，"周乐"与先周"乐""音"二分的历史关系已经明了，"周乐"的族性本质与其嬗变也清晰可见："周乐"最初是在先周"乐""音"区隔上进行的再造，随之诞生了宗周礼乐新传统。这个传统后因接纳"音"而渐生改变，与宗周礼乐对其族性传统的文化承载渐行渐远。由此，即可对"周乐"在不同历史时段中形成的双重本质作如是观：周初之"周乐"，与先周古"乐"一样，是一种以时间为主轴的纵向传统，它强调统一和连续，其本质是历史的及其血缘的；而春秋已降之"周乐"，其传统后来因"音"的介入而逐渐被消解，历史承继和族性维护不是目标，而其方域空间性和地缘政治性以及个人感受与其性情价值渐次上升并逐渐成为了主导的因素。

---

① 陈奇猷《吕氏春秋校释》卷六《音初》："涂山氏之女……乃作歌，歌曰：'候人兮猗'，实始作为南音。周公及召公取风焉，以为《周南》《召南》。"（第334—335页）
② 阮元《十三经注疏·仪礼注疏》卷一五《燕礼》，第1021页中。

六、周代"雅郑"问题与其文化因由

周代礼乐虽然对先周"音乐"有所改造，但"乐""音"分剖的历史观念仍在坚守。这一前提在理解春秋已降"雅郑"对立问题之产生上至为关键。"雅郑"问题，起点在孔子的三句话："恶紫之夺朱也，恶郑声之乱雅乐也，恶利口之覆邦家者。"① 孔子列此六事象，笔者以为，当有政治与文化两个面相："治国为邦"与"礼乐文化"。考察当以此为出发点。

1. "治国为邦"之面相：恢复西周正统。周代治国理念一直以周初为正统。孔子一贯追求的政治理想亦在此，如其所言："周监于二代，郁郁乎文哉，吾从周。"② 此处孔子提"紫朱、雅郑、利口邦家"，即是这类政治诉求。朱，正色，紫，间色③；雅乐，正乐，郑声，淫声④；邦家，国君，利口，巧言善辩者⑤。朱、雅乐、邦家象征治国之正统，而紫、郑声、利口之人则泛指以邪乱正之方域侯国势力；孔子以此郑重申言："为邦"正道不容淆乱⑥。这里的问题是，孔子以雅乐、郑声之异质隐喻当时之政治乱象，却未能就雅乐、郑声何以能成为政治乱象的隐喻加以说明。《论语》之言，言简意赅，微言大义，给后人理解留下不少谜团。进一步的解答，还得回到文化解读上来。

2. "礼乐文化"之面相：维护西周国体。理解礼乐文化，重在其"雅郑"之文化意涵。孔子言"雅郑"，将其对举并置，至少传递了两点意思：二者相

---

① 阮元《十三经注疏·论语注疏》卷一七《阳货》，第 2525 页下。

② 阮元《十三经注疏·论语注疏》卷三《八佾》，第 2467 页中。

③ 阮元《十三经注疏·论语注疏》卷一七《阳货》何晏注云："孔曰：'朱，正色；紫，间色之好者。恶其邪好而夺正色。'"（第 2525 页下）王应麟撰、翁元圻等注，栾宝群等校点《困学纪闻》卷五《礼记》："周衰，诸侯服紫。"（上海古籍出版社，2008 年，第 632 页）可见，诸侯服色本为紫，服弃紫而朱色，僭越也。

④ 阮元《十三经注疏·论语注疏》卷一七《阳货》何晏注云："包曰：'郑声，淫声之哀者。恶其淫声乱正乐。'"（第 2525 页下）

⑤ 阮元《十三经注疏·论语注疏》卷一七《阳货》何晏注云："孔曰：'利口之人，多言少实，苟能悦媚时君，倾覆国家。'"（第 2525 页下）

⑥ 孔子论乐，其基本取向是乐的社会功能，尤重"为邦"的政治诉求。见拙文《周代宫廷雅乐与郑声》，《音乐研究》1991 年 1 期，第 15—21 页。

互对立，含义相反相成。这就与"乐""音"异质的先周观念联系了起来。如前所述，周初礼乐之乐，周乐主导，尚无异质之"音"介入，"周乐"一统而和谐，不见嫌隙，只是春秋已降，随着"音"系统介入周乐之中，"乐""音"才冲突骤起。这里的关键是："乐""音"本为文化事象，何以冲突剧烈，不容彼此？本为文化事象，何以又成为一种政治表达？换句话说，"雅郑"对立，到底是文化冲突还是政治冲突？已有的资料表明：政治是外象，根子在文化；冲突在音乐，实质在文化。突显于政治情势，恐怕更深处还要联系到文化依据方面。据前文，古"乐"皆各代帝王所造，共同点在体现其"历史连续性"与"氏族共有性"。"乐"之"历史连续性"和"氏族共有性"，目的在政治，即为周人之政权建构一种历史的合法性和社会的一统性。周初"制礼作乐"，即提出此类愿景，试图在周族文化基础上建立一种新型的文化与制度规范，达到建构周朝新国体和建构全体社会成员共同心性的这一目标。周初，国族是周人，国之文化，亦周文化莫属。"周乐"，因源出周文化，当是国之所本和周人文化身份之所在。此即宗周"礼乐"之文化性质。回头看"音"，就其渊源讲，与周人无甚干系，"东音""南音"出夏人、"南土"之人，"北音""西音"出商人，后来周代各封国"方音"，均非源出周人"生我养我"之故地，亦非原属"育我树我"之文化。对周族人来说，"方音"之空间属性与方域性质，非但与本族无关，其特质充满异质性，这样的"音"自然无文化正当性可言了，其表象背后之品性正可谓："非我族类，其心必异。"① 由此，所谓的"音"，自然在"为政为邦"上即在维护周王室之正统上，会受到排斥与否定。

商周争战，说到底，是族群利益和族群生存之争。周人胜出而制礼作乐，其终极目标，自然不出维护和巩固周族核心利益之右。依此而论，宗周礼乐自然成为国家秩序和周族威权的一种展现，而周族文化则当成为国家意志之根柢。为巩固周政权之合法性，周人强化"君权神授""天初降命于周"② 等意识，扩张周族文化，为周天子执政铺平道路。然周人新王朝毕竟疆域广大，其间族群众多，民系纵横，文化不类，周天子真想要成为"天下共主"，除开武力征服，还须证明其统治的合法性和历史方面的根据，故当务之急则是确立周

① 阮元《十三经注疏·春秋左传正义》卷二六《成公四年》，第1901页中。
② 黄怀信等《逸周书汇校集注》（修订本）卷五《五权解》，上海古籍出版社，2007年，第489页。

族文化为国家之文化基座。准此，"礼乐征伐自天子出"①	才顺理成章，成为国家制度之准绳。"周乐"，即是这一历史要求的产物。依先周"乐"系统，周人成功将"周乐"纳入先圣帝王之乐一脉②，姬周"三王之乐"已获得其合法地位。表面上周初"三王之乐"攀上了帝王乐系，然其实质则是地地道道的周族之乐。"宗周礼乐"的文化内核即在此。以此讲，"周乐"的关键在周之"族性"内涵，此也是周代整个社会与文化建构的焦点与基点。由此反观"音"之系统，便知其性质截然相反。首先，"音"与周人渊源无关，与周乐亦无历史同根性；其次，"音"源于"四方"，其存在基于方域与异族（或民系）；其三，"音"传达的是非血缘的空间性事物，并对连续性时间事物形成压制；其四，"音"表现的是人的个体感性而非社会的群体理性。"音"的种种品性，只是适应了自春秋始诸侯方国的发展，与各方诸侯的政治割据和文化崛起相得益彰，共存共荣。如此之"音"，绝难同宗周王朝的礼乐制度相符，如不加防范，任其泛滥或将威胁到作为国家意识核心的"周乐"及周族文化的地位。孔子直接表达了这种担忧，"礼乐征伐自诸侯出"，则不出十世国必亡③。孔子尖锐地点出：周"乐"就在其中！孔子此语，其实也从另一侧面回答了他何以"恶郑声"以及"郑声"何以能够隐喻政治的原因，那就是：方域不可凌驾王畿之上，诸侯不可凌驾天子之上，一切方域性"音乐"，因无历史合法性和周人族性的文化依据，皆无政治与文化的正当性，应予坚决否定。这也从"地域"和"文化身份"角度道出了"郑声"的本质。

"乐""音"冲突不见于周初，还有两个原因值得一说：一是与当时坚守"乐""音"二分原则有关，二是与当时的政治情势有关。周初，周天子强大的政治威权如日中天，"溥天之下，莫非王土；率土之滨，莫非王臣"④；礼乐制

---

① 阮元《十三经注疏·论语注疏》卷一六《季氏》，中华书局，1980 年，第 2521 页中。
② 有意思的是，《吕览·古乐》中姬周"三帝之乐"（文王之《大雅·文王》、武王《大武》和成王《三象》）是作为"古乐"记载的，同时亦意味着"古乐"就此终结，其后再无"古乐"。此处传达出这样的信息：周乐与先帝之乐一脉，故周人亦具有血脉与历史的合法性。
③ 阮元《十三经注疏·论语注疏》卷一六《季氏》："天下有道，则礼乐征伐自天子出；天下无道，则礼乐征伐自诸侯出。自诸侯出，盖十世希不失矣；自大夫出，五世希不失矣；陪臣执国命，三世希不失矣。"（第 2521 页中）
④ 阮元《十三经注疏·毛诗正义》卷一三《小雅·北山》，第 463 页中。

度作为国家主流意识亦正喷涌出巨大能量。而此时各封国地域之"方音"，尚未真正纳入周王室，亦未真正发育成熟成为能反映方域政治文化并能与周王朝文化相对抗的异质力量。一句话，此时侯国孱弱，方"音"未能彰显其势能，故尚未对王国政治与文化的基础构成致命威胁。然至春秋已降，情势突变，诸侯蜂起。他们希望通过方域空间来消解历史时间，通过突显其区域文化及释放地方情感来凸显自身的存在，并由此证明地方权力与其治理的合法性。可见，无论是"先周"之"东南西北音"，还是春秋中晚期各侯国之"方音"，不仅无助于周王朝政治上归于一统，相反可能助涨僭越离叛之风，分裂西周以来王朝的统一政体。由此可知，无论是当时的"郑声"，还是其后的"郑卫之音"，以及一切"夷俗俚音"，都成为在当时情势下不同政治诉求的表达，成为众声喧哗的"政治"话语。

　　由此可知，西周后期随着社会与政治的变故，侯国方音的新起及逐渐影响和入主周王室，"周乐"中"乐""音"矛盾的文化品质被"政治化"，其文化意涵上的差异逐渐转变而成为后来公开的政治冲突的焦点与工具。尤其是"音"，春秋末竟被认为发展到压抑"乐"的功能、僭越礼的规范，终而形成大有消解周朝礼乐之态势，而不能被容忍。面对如此情形，孔子再也按捺不住，率先发难要求礼乐内部"乐"与"音"的决裂①，以宣示其"吾从周"②的政治意愿和决心。为此，他更是新造"雅乐"一语。他之所以挑出"雅乐"一语，而不用人们熟知的"礼乐""周乐"，实在是想申言"周乐"之族性本质。周时之"雅"，向有"夏"③"正"

---

① 从文化讲，"雅郑"之乱，问题出在礼乐内部，有诸多深层和复杂原因，并非仅仅由单一的某种因素所致。为调解"郑声""郑风"相抵牾的历史现象，一些研究或只从音乐上强调"郑声"非"郑风"；或单独强调"郑风"中男女之情的民俗因素，等等。这些解释虽有一定道理，但还不能道出根本，也无法解释孔子删《诗》后，"郑风"仍赫然在列的历史事实。

② 阮元《十三经注疏·论语注疏》卷三《八佾》："子曰，周监于二代，郁郁乎文哉，吾从周。"（第2467页中）

③ "雅"通"夏"，指中国。王先谦《荀子集解》卷二《荣辱》："譬之越人安越，楚人安楚，君子安雅。"王先谦引王引之曰："雅读为'夏'，夏谓中国也。"（第62页）另参看孙作云《说雅》，孙作云《诗经与周代社会研究》，中华书局，1966年，第332—342页。"雅乐"即周王畿之乐，即表明雅乐的族属和地域性意涵。

二义①。而此二义，意在彰明其"族性"。以"雅"饰"乐"，更是强调了"周乐"最深层的内在品质。孔子心中之"周乐"，其"族性"纯正无瑕，一统而一贯。他有过如此之表达："乐，其可知也。始作，翕如也！从之，纯如也！皦如也！绎如也！以成。"②此处最被强调的便是"清澈""明净"，"相续不绝"之意。所以，当"雅郑"裂隙，"郑声"变乱"雅乐"之时，孔子旗帜鲜明，予以辨正："乐""音"必须做出区分，必须维护"乐"族性本质的纯正性，必须明确"周乐"内部存在的文化对立。"方音"郑声出郑国③，郑之地望原为殷商故地，"郑声"杂糅商音无疑④。商人异族，商音异质，"亡国之音"尤当特别警惕。东周始，郑武公助平王东迁而得王室信任，后国力日盛，"郑声"亦逢乱世而风靡，对王室产生影响。春秋末"郑声乱雅"这一事实，即表明"郑声"进入周王室，在与雅乐交集中占得上风，并给宫廷礼乐带来颠覆性影响。"方音"入主宫廷，方域文化再现于周王室，意味着周族王室文化的衰微而渐近羸殆。这是一个危险信号。面对"郑声"与异质文化，孔子站在"吾从周"的文化立场，视之为异己，划归非"正"统一类。孔子答弟子颜渊问政时云："行夏之时，乘殷之辂，服周之冕，乐则《韶》舞（《武》）。放郑声，远佞人。郑声淫，佞人殆。"⑤排斥"郑声"，自是为恢复"乐"之"雅正"，以坚守其中之"历史连续性"与"氏族共有性"。公元前484年，孔子说："吾自卫反鲁，然后乐正，

---

① 阮元《十三经注疏·毛诗正义》卷一三《小雅·鼓钟》"以雅以南"郑玄笺："雅，正也。"（第467页上）阮元《十三经注疏·论语注疏》卷八《泰伯》："子所雅言，诗书执礼皆雅言也。"孔安国曰："雅，正也。"（第2482页下）朱熹撰《四书章句集注》卷九《论语集注》"恶郑声之乱雅乐也"注："雅，正也。"（中华书局，1983年，第180页）阮元《十三经注疏·孝经注疏》卷一《开宗明义章》"大雅云"疏引郑注云："雅者，正也。"（第2545页下）陈立《白虎通疏证》卷三《礼乐》："雅者，古正也。"（第96页）

② 阮元《十三经注疏·论语注疏》卷三《八佾》，第2468页下。"皦"，扬雄《方言》卷一二、《后汉书》卷四三《乐恢传》"恢独皦然"李贤注等释"明"或"净"义；"绎"，《论语·八佾》皇侃疏、朱熹集注等释"寻续"和"相续不绝"义。亦与孔子义合。

③ 郑国是周朝分封的诸侯国之一，周宣王时受封，在王畿内（今陕西华县东），公元前711年，周幽王被杀，郑武公护送平王东迁洛阳，次年郑国也东迁，并都新郑（今河南新郑北），崛起于春秋之初。

④ 郑国，商代为南郑，又名郑父之丘。郑之地望，居今河南中部，北靠黄河，西连周王室，南与陈、蔡毗邻，东与宋接壤。

⑤ 阮元《十三经注疏·论语注疏》卷一五《卫灵公》，第2517页中。

《雅》《颂》各得其所。"① 这里只为"雅""颂"留有位置，而绝无"音"的任何地位！另据《史记·孔子世家》，亦知这项工作孔子一以贯之："古者《诗》三千余篇，及至孔子，去其重，取可施于礼义。上采契、后稷，中述殷、周之盛，至幽、厉之缺，始于衽席，故曰'《关雎》之乱以为《风》始，《鹿鸣》为小雅始，《文王》为《大雅》始，《清庙》为《颂》始。'三百五篇孔子皆弦歌之，以求合《韶》《武》《雅》《颂》之音。礼乐自此可得而述，以备王道，成六艺。"② 这段文字道出了孔子"正乐"的意见，十三"国风"必须加以反省与再造。这其中有三点主张值得留意：一是清理的范围，囊括了整个周乐——《风》《雅》《颂》；二是清理的要求，"取可施于礼义"者；最值得重视的是其三，"礼乐至此可得而述"，此亦即"正乐"目标：正本清源；以《韶》《武》《雅》《颂》传统来统领"周乐"与其"方音"间的各种关系，最终也就是打压"方音"、清理"方音"，以"备王道，成六艺"。

可见，孔子"雅""郑"对举，有意切割，是看到春秋已降"乐""音"在文化品性和政治诉求上已加剧的内在紧张与分裂。宗周礼乐，作为一种制度，肩负"周虽旧邦，其命维新"③ 的历史使命，但由于周王朝疆域中不同的文化存在，"乐""音"二分的历史观念，以及周乐中"乐""音"二分的文化对立，还是为其春秋中晚期的"雅郑"冲突埋下了伏笔。正是宗周礼乐发展中内部"乐""音"的文化异质，终使"乐""音"后来的分裂成为必然。这说明，正是与"音"相对应的那些深藏于地缘（文化）因素中的那些血缘（政治）与权力（国家）的因素的交集与互动，才是春秋时期"雅郑"对立和冲突最深层的文化原因。

结　语

本文依据"乐""音"生发之时空基点，从族群、国家与地缘多重视角来重

---

① 阮元《十三经注疏·论语注疏》卷九《子罕》"雅颂各得其所"郑玄注："鲁哀公十一年冬。是时道衰乐废，孔子来还，乃正之，故《雅》《颂》各得其所。"（第2491页上）
② 司马迁《史记》卷四七《孔子世家》，第1936—1937页。
③ 阮元《十三经注疏·毛诗正义》卷一六《大雅·文王》，第503页下。

新理解《吕览·古乐/音初》篇中的音乐历史叙事，并搭建起一个讨论的基点，然后将"雅郑"问题置入先周"乐""音"二分体制和宗周礼乐制度这一文化与政治双重背景中加以考察。周人崛起，代商立国而革故鼎新，文化重建是基本任务。政治变革与文化重建导致周代社会一系列变革，并深刻影响到社会发展的历史进程。春秋已降的政治走向，明显超出了周初政治家制度设计的框架，新的不确定性催生着社会形态的新变化。这些变化反映到礼乐文化中，便促成了"乐""音"内在矛盾的加剧，终而引爆春秋已降的"雅郑"冲突，音乐文化因此也成为文化变迁的导火索和晴雨表。在"周乐"体制内部，则由此引发"雅郑"问题。本文于此处就"雅郑"文化冲突的要点再作三点申论与补充：

1. **"乐"与"音"的时空性质。** "乐""音"二分观念的历史实践渊源于"先周"传统。"乐"的产生，因其浓重的时间性背景，故成为一种"传记性"存在，"血缘"与"帝王"被打在标签上；时间的纵向汇聚，使"帝王世系"为代表的血缘、族群等意识深渗其中。血缘的取向，使单一的个体与其性情在时间的话语中不复存在，由此积淀形成的文化（乐）只能是处于时间中的和作为传达帝王及族群意志的象征物。"乐"作为时间中的建构，本质上是时间性的。"乐"的时间性隐喻，体现的是族群历史与其渊源的一统性，表达的是历史时空中人群的共有性和社会理性，以实现其现实空间中社会群体文化基质的同质化和一致性的历史与政治想象。"音"，由空间产生并弱化了时间的涵义，而形成一种非时间现象。无论是先周"东西南北"四音还是后来诸侯封国之"国风"，"音"之文化内核都是"方域"和"个人"的，而非"历史"和"族群"的。"音"与"个人"的联属使其成为"情感"的表达，而非"血缘"和"世系"的表达。"情感"缘发于每个人个体的感性需要，而"血缘"与"世系"则以排斥个人情感并转以群体"利益"为其旨归。"音"，作为其空间性存在，一方面因空间的散离性、多元性及非统一性的文化品质排斥了"血缘"与"世系"所依存的"连续性"的时间温床，另一方面因其空间的"同存性"而又发掘出个体现世的不同存在，同时还使个人情感的直接表达获得了一种有效媒介，并有理由和机会忝列于文化行列之中。而此时，时间秩序已无关紧要，亦不影响"音"的情感性质与合法存在。空间意义之"音"，其地域性和情感性已内化为自身基本的文化属性和社会价值，成为音乐在历史发展中的另外一个面相。由此可见，"音"的空间性隐喻，根本在于族群文化的多样性与分散性，在于历史上不同地域空间中人的个体性质与其不同情感的需求，并借此表达和肯定现实社会中丰富多样的文化事实和多样性的政治关系与诉求。

2. 周代"雅郑"冲突与音乐意涵的历史转变。"雅郑"冲突还牵涉宗周礼乐从"乐"之族属品质向"音"的个人情感性质的转变与承认。周初，周公制礼作乐，"乐"在祭祀活动或国家与族群公共空间中出现，表明"乐"鲜明的理性品质。与天地人鬼相交通，解决的是政权合法性与新兴社会的生活秩序问题，这牵涉诸如"天意"与"天命"，国家与社稷，族人与国人、国君与臣僚、等级与地位等各种社会秩序建构和个人身份认同问题。身份认同，又涉及周人与其先祖和与其他历史圣贤的历史关系问题，涉及国家归属的"族性"问题，也涉及该政权的文化与政治的合法性问题，一句话牵涉新生政权的"血脉"表达与文化象征问题。由此看，"乐"的社会性存在，不仅仅要求能够处理社会内部成员间的上下"等级"秩序，同时还要求"乐"本身在与历史与文化关系方面体现出其某种自明性。为此目的，宗周礼乐的历史建构必然要求自身具有彰显其文化根基的可能，因而也必然要求围绕体现和维护"周族"文化这一核心来完成这一历史诉求。然而"音"，也即"郑声""郑卫之音"等其意涵完全不同。它既无法对周代历史有所承诺，亦无法对周人文化有所承诺，根本不可能有对周"族群"的文化担当。恰恰相反，"音"亦即"郑声"，要摆脱的正是其周朝历史的纵向定位，跳出单一时间限定，以使音乐脱离其既定的历史连续统，以求拆解周朝一统的政治格局。"音"也即"郑声""郑卫之音"等，要求音乐所反映的现实存在得到肯定，要求地缘空间中已存在的文化诉求和音乐事实得到承认，要求生活空间中个人多样化的情感诉求得到承认。它首先要突破的，就是体现在"乐"中的"历史时间"和"帝王血脉"这一音乐意识。我国历史上"乐""音"内涵的社会转变，是以"礼崩乐坏"为其标识、以春秋中晚期为其时间拐点的，它预示着周代音乐文化的历史转型的显现，也预示着我国古代以"乐""音"为代表的两种音乐文化在周代长期较量中力量的倒置，"乐"的群体理性内涵正一点点地被"音"之个人情感性内涵慢慢消解掉，新的音乐观念和历史观念逐渐崭露头角，并占据了上风，最终完成了重要的历史转变。

3. "雅郑"冲突与时空交集。除开政治方面的因素，时空从两个方面促成了周代"雅郑"的冲突。"雅乐""郑声"一方面因来源与时空的不同关联而形成不同的文化品质，另一方面又因其时空上的交集与错位而形成冲突。前者情况前文已述。后者中提到的"交集",是指历史时间中空间的变换和位移后的际遇。"雅乐"本质在"乐","郑声"本质在"音"。"乐",包含两种内涵:一是产生于过去,"非独为一世之所造"的"世系之乐"通过时间的贯通而形成,如"六乐";二是产生于周人居地并世代伴随周人的周族之"乐",如宗周之"雅乐"。"音",其内涵亦在时空的两方面,时间上与周族历史无涉,空间上另有不同于周地的根源。对于"音",突出之处在其空间意义。如果没有空间参照,"四方之音"的意义便无从体现,如果没有空间和位移,各"方音"锁闭于各封国而与他国无关,尤其与"周乐"无关,"郑声"也就无所谓"郑声","卫音"亦无所谓"卫音",各地方音亦难有"方音"之名义了;如此,也就不会产生孔子等人言下的礼乐意义上的"郑卫之音"。"雅郑"对立,实质是国家空间意义上周王朝与侯国的对立。恰恰是空间上的移位:"郑声"移出郑国之境,"卫音"移出卫国之境,与宫廷"雅乐"的交集才可能发生。交集形成的空间错位,使"郑声"或"郑卫之音"不在本国的文化环境中而置身于周王室或王朝文化的空间之中,从而受到国家主流的礼乐价值系统的评判①。"郑声"正是因其空间位移而遭遇周王室"雅乐",于是而有孔子所谓的"郑声乱雅"之实与之名。也就是说,所谓"郑声乱雅",一个重要前提是"郑声"移出郑国的文化空间,这种空间位移可能致使事物"异质化"。"郑声"入主成周之地而奏响于王室,却因其原方域之意涵与价值而转为异质,在政治与文化层面与"雅乐"形成对立与冲突。此即空间意义使然。由此可以说,因其空间意义,形成"郑声"的三重内涵:一重是地域空间,郑声指产生于郑国这一地域的音乐;二重是文化空间,郑国原殷商故地,商后裔寄居之地,郑声即为郑地商人音乐文化的符码;三重是政治空间,郑声是春秋时郑国的政治诉求与政治扩张之表征②。郑声此三重空间意义,导致了最终的"雅郑"对立。当郑声溢出郑侯国地域而进入周王室,此时的郑声,它既是郑地

---

① 这样才会出现季札和孔子对"郑声"相互矛盾的评价。季札为吴国公子,"观乐"更多是从其音乐形态出发谈其社会意涵,而孔子论郑声,则是从治国为邦出发思考其国家问题。这里并非仅指涉"郑声"的音乐实态,而同时还牵涉政治观照下"郑声"的社会文化性质。

② 阮元《十三经注疏·春秋左传正义》卷三《隐公三年》云:"郑武公、庄公为平王卿士。王贰于虢,郑伯怨王,王曰'无之'。故周、郑交质王子狐为质于郑,郑公子忽为质于周。王崩,周人将畀虢公政。四月,郑祭足帅师取温之麦。秋,又取成周之禾。周郑交恶。"(第1723页上)此即郑武公公然挑衅周平王和王室之典型事例。

音乐的空间位移，也是商人及其文化意义的"入侵"，同时更是侯国政治诉求的一种表达①。如不辨其空间因素的介入，即很难觉察"雅郑"问题背后因空间意义引发的多重文化意涵：表面上出于事实（雅郑）的文化冲突，实非实体性音乐本身使然，而亦是其文化意涵与政治象征使然②。由此可以看出，时空因素使中国古代音乐始终处在分合与交织的状态之中。时间是事物的一个维度，展现事物及其性质的一个面相，空间是事物的另一个维度，展现事物及其性质的另一个面相，它们在汇聚与交集中衍生出诸多文化事态和故事。这些事态和故事，因被置于社会、政治与文化的不同的参照系统之中而使其属性发生着不同的变异，在此中事物的性质也就不仅仅是事实性的和物质性的，同时也是精神性的和象征性的。也正于此，历史之面目则更显现得复杂多样和气象万千。

2012—08—30 初稿

2013—11—28 终稿

2017—11—15 改定

（原刊于《音乐研究》2018 年第 1 期）

作者简介：

李方元，男，回族，1955 年生于重庆，先后毕业于西南师大（学士，1982 年）、中国音乐学院（硕士，1990 年）、扬州大学（博士，2001 年），西南大学音乐学院教授，博士生导师，西南大学第二届、第三届学术委员会委员，曾任西南

---

① 春秋乱象之一大表征即"礼乐征伐自诸侯出"。尽管不能说春秋初"周郑繻葛"之战即彻底使周天子失去"王命"，威信一落千丈而不再为天下之共主，并已形成"礼乐征伐之诸侯出"之格局，然孔子时所言之"郑声乱雅"则已真正起到了文化意义上的"颠覆"和"变乱"作用。

② 在象征意义上关注和使用音乐，在周代十分常见，即使雅乐内部亦然。如《论语·八佾》云："孔子谓季氏，'八佾舞于庭；是可忍也，孰不可忍也。'"又如："三家者，以《雍》彻。子曰：'相维辟公，天子穆穆。'奚取于三家之堂？"（阮元《十三经注疏·论语注疏》卷三《八佾》，第 2465 页下）这里，孔子不能容忍的并非只有具体乐舞及其表演本身，而更多的是这些乐舞因其空间错位及在不恰当场合中表演所体现出来的那些政治意涵和象征意义。

大学音乐学院首届学术委员会主任，中国音协中国音乐史学会副会长。西南师范大学和华中师范大学两所音乐学院院长。主要研究领域：中国音乐史、音乐文献学、音乐教育理论。出版专著《先秦至隋唐音乐史》《魏晋南北朝音乐史》《宋史乐志研究》，编纂《抗日战争时期音乐资料汇集》（合编）、《中国历代乐论·宋辽金卷》（合编）等，发表论文50余篇，主持国家社科基金艺术类一般项目"族群、国家、地域：周代礼乐之兴衰新论"。

论目录学体系中的器乐立目

——兼论南宋莆田二郑的音乐分类观及其影响

孙晓辉

在审定《隋唐五代乐论》① 书稿导言时，王昆吾师在笔者文稿上批写了这样的问题："唐代薛易简、赵耶利、董庭兰、陈康士、陈拙等琴家的出现，唐代古琴艺术的流派化，意味着什么？是代表华夏正声的复兴呢，还是代表古琴的俗化？唐以前，古琴是被看作雅乐器的（入经部），但到唐以后便被看成俗乐器了（入子部）。这是为什么呢？"

这一发问正好牵动了笔者对于中国古代乐谱文献的归属问题的思考，故撰写本文以作回答：古琴作为器乐谱是什么时候从经部雅乐编入子部艺术类的？这一转折点基于哪部目录书？这种音乐分类又是基于如何的逻辑体系、知识立场和音乐观点？唐宋时期，记谱法的发展又怎样促使了表演者手持的音乐表演技艺文本进入文献著录？

首先看看《隋书·经籍志》。其中音乐著录至少有三个特点：其一是继承《汉书·艺文志》的音乐图书二分法。《汉志》按"六略"分类，"六艺略"著录"乐"类典籍 6 家 65 篇，"诗赋略"著录歌诗类典籍 28 家 316 篇。《隋志》亦按四部分类，即乐书入经部乐类，凡 47 部 175 卷；歌辞入集部总集类乐府歌辞集，凡 38 部 195 余卷。其二是在经部乐类中，著录综合性"琴书" 8 部 14 卷，包括

---

① 孙晓辉、王皓《隋唐五代乐论》，收入王小盾审订、洛秦主编《中国历代乐论》第四卷，漓江出版社、上海音乐学院出版社，2020 年。

《琴操》《琴经》等"琴论"、《新杂漆调弦谱》等"琴谱",以及《管弦记》《钟磬志》等器乐专著。其三是著录了大量的乐谱,包括"曲谱""曲簿"和"琴谱",尽管无法统计乐谱的具体卷数,但已知乐谱文献达到了相当数量。

其次看看五代和北宋的书目:《旧唐书·经籍志》《崇文总目》和《新唐书·艺文志》。此数种目录书皆承《隋志》传统,音乐书目多入经、集二部,即把乐书、琴谱多归入经部乐类,把歌辞书多归入集部总集类。由此看来,直到北宋时期,目录学家的音乐观念或曰音乐典籍分类意识,尚没有太大差别。

但另一些史料记载却告诉我们:从北朝胡乐入华以来,有一种音乐史的潜流涌动起来,打破了上述局面。其表现就是大量乐谱的产生,是唐宋记谱法的精进发展。比如现存最早的唐人手抄文字谱《碣石调·幽兰》、减字谱体系的古琴记谱法和以敦煌谱为代表的琵琶谱,以及以"操弄"为名的大批古琴、琵琶、阮咸等乐器的指位谱。乐谱的发展为器乐之书的独立立目创造了条件。本文认为,将琴谱等乐谱视为独立存在的器乐谱类,这种音乐意识的歧出裂变,乃发生在南宋的私家目录书及其所反映的分类理念当中。兹试作论证。

一、郑樵《通志·艺文略》的音乐分类观

郑樵(1104—1162),字渔仲,号夹漈,后又自号"溪西遗民",人称"夹漈先生",又自称"莆阳田家子"。兴化县广业里下溪(今涵江区新县镇霞溪村)人。郑庄后裔,祖父郑宰,父郑国器。南宋杰出史学家、目录学家。

郑樵撰《通志·艺文略》,成书于绍兴三十一年(1161),是在其已撰《群书会记》的基础上增删合并而成的。《通志·艺文略》的分类独辟蹊径,先分十二大类,大类下再分小类,小类中再分种,其递次类目数为:12大类、65小类、431种。郑樵创立的"经、礼、乐、小学、史、诸子、天文、五行、艺术、医方、类书、文"十二大类分法,在"记百代之有无"和"广古今而无遗"的同时,也体现了他"类例分则百家九流各有条理"的目录学思想。

《通志·艺文略》文献十二分法直接将"乐"独立,与其他经、礼、小学、史、诸子、星数、五行、艺术、医方、类书、文并行;"乐"类下又细分为:乐书、歌辞、题解、曲簿、声调、钟磬、管弦、舞、鼓吹、琴、谶纬,"凡乐十一

种，一百八十一部，一千零四卷"。

表1　《通志·艺文略》中音乐书籍的分属

类别	音乐书谱典籍及卷数	数量统计及比例
乐书	《乐元起》二卷，汉桓谭。《乐社大义》十卷，梁武帝。《乐论》三卷，梁武帝。《乐论》一卷，萧吉。《删注乐书》九卷，后魏信都芳。《古今乐录》十二卷，陈沙门智匠。《乐推书》三卷。《乐元》二卷，魏僧撰。《乐要》一卷，何妥。《乐部》一卷。《乐略》四卷，元愨。《钟律义》四卷，沈重。《钟律》五卷，沈重。《钟律义》一卷。《乐论事》二卷。《乐府志》十卷，苏夔。《乐经》三十卷，李玄楚。《古今乐记》八卷，李守真。《乐府要录》十卷，唐武后。《新乐书》十二卷，张文收。《太乐令壁记》三卷，刘贶。《历代乐仪》三十卷，徐景安。《教坊记》一卷，崔令钦撰。《声律要诀》十卷，唐田琦。《乐府杂记》一卷。《大周正乐》一百二十卷。《乐苑》五卷，陈游。《补亡乐书》三卷，房庶。《乐仪》十卷，李上交。《乐说》五卷，和岘。《新撰乐书》三十卷，聂冠卿。《景祐大乐图》三十卷，聂冠卿。《大乐图仪》二卷，宋祁。《景祐广乐记》八十一卷。《皇祐乐图记》三卷，阮逸、胡瑗。《乐论》十卷，沈括。《乐府记》一卷，李上交。《太常乐纂》一卷。《乐本书》二十卷，王篯。《元祐新定乐法》一卷，范镇。《律管说》一卷，阮逸。《显德正乐目》一卷。《乐书》二十卷，刘炳。《隆韶导和集》一卷，姚公立。《诗乐说》三卷，吴良辅。《乐记》三十六卷。《大晟乐书》十三卷。《乐书》五卷，吴良辅。《乐演卦》一卷，《乐传》二卷。《景祐大乐制度》一卷。《乐髓新经》一卷。《审乐要记》一卷。《乐府杂录》一卷，段安节。	54 部 575 卷。占总部数的 29.8%
歌辞	《大乐杂歌辞》三卷，晋荀勖。《大乐歌辞》二卷，荀勖。《乐府歌诗》十卷。《新录乐府集》十一卷，谢灵运。《乐府歌辞》八卷，隋郑译。《翟子乐府歌诗》十卷。《翟子三调相和歌诗》五卷。《周优人曲辞》二卷。《历代歌》六卷。《和乐府古辞》一卷，裴煜。《齐三调雅辞》五卷。《三调相和歌辞》五卷。《奏鼙鼓舞曲》二卷。《陈郊庙歌辞》三卷，徐陵。《乐府新歌》十卷，崔子发撰。《乐府新歌》二卷，殷首僧。《乐府三校歌诗》十卷。《魏燕乐歌辞》七卷。《晋燕乐歌辞》十卷，荀勖。《宋太始祭高禖歌辞》十一卷。	20 部 123 卷。占总部数的 11%。
题解	《乐府古题要解》一卷，吴兢。《乐府古题解》一卷，刘悚。《乐府诗目录》一卷，沈建。《乐府古今题解》三卷，郗昂。《乐府解题》一卷。《乐府题解》十卷，刘次庄。	6 部 17 卷。占总部数的 3.3%。
曲簿	《乐簿》十卷。《齐朝乐簿》一卷。《隋总乐簿》一卷。《正声伎杂等乐簿》一卷。《太常寺曲名》一卷。《太常寺曲簿》十一卷。《歌曲名》五卷。《历代乐名》一卷。《唐郊祀乐章谱》二卷，张说、王泾。《历代曲名》一卷。《外国伎曲》三卷，又一卷。《乐府广题》一卷。《太常大乐曲部并谱》一卷。《乐章记》五卷。	15 部 45 卷。占总部数的 8.2%。

（续表）

类别	音乐书谱典籍及卷数	数量统计及比例
声调	《乐府声调》六卷，郑译。《乐府广题》三卷，郑译。《推七音》二卷并尺法。《声律指南》一卷，元愻。《律吕五法图》一卷，萧吉。《黄钟律》一卷。《明堂教习音律》一卷。	7 部 15 卷。占总部数的 3.8%。
钟磬	《钟磬志》二卷，公孙崇。《钟书》六卷。《宝钟释文》一卷，任之奇。《乐悬》一卷。又《乐悬图》一卷。	5 部 11 卷。占总部数的 2.7%。
管弦	《管弦记》十卷，凌秀。《管弦记》十二卷，留进。《琵琶谱》一卷，贺怀智。《琵琶录》一卷，段安节。《当管七声》二卷，魏僧撰。《觱篥格》三卷。《胡笳录》一卷，蔡文姬。《集胡笳辞》一卷，刘商。《胡笳调》一卷，蔡文姬。《胡笳十八拍》一卷。《小胡笳十九拍》一卷，蔡翼。	11 部 34 卷。占总部数的 6%。
舞	《歌舞式》一卷。《柘枝谱》一卷。《舞鉴图》三卷。《采莲舞谱》一卷。	4 部 6 卷。占总部数的 2.2%。
鼓吹	《汉魏吴晋鼓吹曲》四卷。《鼓吹乐章》一卷。《羯鼓录》一卷，南卓。《衙鼓吹格》一卷。	4 部 7 卷。占总部数的 2.2%。
琴	《琴操》三卷，晋孔衍。《琴操抄》二卷。《琴操抄》一卷。《琴谱》四卷，戴氏。《琴经》一卷。《琴说》一卷。《琴历头簿》一卷。《琴谱》二十一卷，陈怀。《琴叙谱》九卷，赵耶利。《金风乐》一卷，唐明皇。《无射商九调谱》一卷，萧祐。《琴书》三卷，赵惟暕。《大唐正声新徵琴谱》十卷，陈拙。《广陵止息谱》一卷，吕渭。《广陵止息谱》一卷，李良辅。《东杓引谱》一卷，李约。《琴雅略》一卷，齐嵩。《琴调》四卷，陈康士。《琴谱》十三卷，陈康士。《离骚谱》一卷。《琴手势谱》一卷，赵耶利。《琴说》一卷，李勉。《琴说》一卷，郑文祐。《三乐图》，世言荣启期撰。《雅乐均声格》一卷。《正声五弄谱》一卷。《琴笺》一卷，崔遵度。《琴经》一卷，崔亮。《琴诀》一卷，薛易简。《琴骚引》三卷。《琴心》三卷。《琴义》一卷，刘籍。《阮谱》一卷。《琴指图》一卷。《进琴式》一卷。《擘阮指法》一卷。《琴传》七卷。《隐韶集》一卷。《琴阮二弄谱》一卷。《阮咸谱》一卷，蔡翼。《琴调》十七卷。《琴声韵图》一卷。《琴德谱》一卷。《沈氏琴书》一卷。《张淡正琴谱》一卷。《琴式图》一卷。《三乐谱》一卷。《琴书正声》九卷。《阮咸调弄》二卷。《阮咸金羽调》一卷。《降圣引谱》一卷。《阮咸谱》二十卷。《雅琴名录》一卷，谢希逸。《碧落子斫琴法》一卷，石汝砺。	54 部 168 卷。占总部数的 29.8%。含琴论、琴谱、琴式、琴调及阮咸。
谶纬	《乐纬》三卷，宋均注。	1 部 3 卷。占总部数的 3%。
总计	凡乐十一种，一百八十一部，一千零四卷	181 部 1004 卷

综上，笔者将《通志·艺文略》音乐书籍十一类大致做如下的整合，归总为乐论、乐府、器乐和舞四类：

1. "乐论"包括第一类"乐书"54 部和最后"谶纬"一种 1 部，共二类入"乐论"类，共 55 部，占总数 181 部的 30.4%。

2. "歌辞""题解""曲簿"和"声调"四种合为一类"乐府类"，四者共48 部，占总数 181 部的 26.5%。

3. "钟磬""管弦""鼓吹"和"琴"四种合为"器乐"一类，四者合计 74部，占总数 181 部的 40.9%。

4. 另有"舞"类单列 4 部，占总数 2.2%。

该音乐书目十一类，其实呈现的是以乐论、器乐、乐府歌辞三足鼎立的音乐文献结构。其中以"钟磬""管弦""鼓吹"和"琴"四种乐器的曲目本事和乐谱记载比例最重。器乐文献的异军突起和乐谱文献的独领风骚，成为唐宋最为显著的音乐现象。

《通志·艺文略》将属于器乐的"钟磬""管弦""鼓吹""琴"再作为"乐"类下独立的小类，说明其从雅俗和体裁角度综合观察器乐的意向。它重新定位了音乐观察的实践维度，以促进更深入地把握古代目录中的音乐类别。郑樵的深意在于：

1. 音乐是专门之学，唐宋胡俗乐的蓬勃发展态势已经冲破了经部雅乐和儒家正统思想的藩篱，必须将音乐独立立部分类。郑樵曰：

> 学之部专者，为书之不明者。书之不明者，为体例之不分也。有专门之书，则有专门之学，则有世守之能。人守其学，学守其书，书守其类。人有存没而学不息，世有变故而书不亡。①

虽然《隋书·经籍志》及唐五代、北宋的公私目录中均在"经部"下设立与易、书、诗、礼、春秋等并行的"乐"，但是郑樵认为除"五声、八音、十二律者，乐之制也"，论述音乐本体理论的这类乐书应该属于"经部"之外，其他歌辞、管弦、琴等已经不属于"经部"的范畴。所以郑樵独开风气，将"音乐"独

---

① 郑樵《通志·校雠略》，王树民点校《通志·二十略》，中华书局，1995 年，第 1804 页。

立部，成为十二大类之一。其部下又细分为：乐书、歌辞、题解、曲簿、声调、钟磬、管弦、舞、鼓吹、琴、谶纬，"凡乐十一种，一百八十一部，一千零四卷"。

2. 音乐贵在"载声"，"乐为声也，不为义"。音乐只有"载声"才能"载义"，郑樵认为乐府辞章文字虽然载义理，但不能载声，是"无用之学"。故只有传承"铿锵鼓舞"之声，"贵声"才可以变音乐义理之"无用之学"为"有用之学"。郑樵《通志·乐略》之"乐府总序"曰：

> 自后夔以来，乐以诗为本，诗以声为用，八音六律为之羽翼耳。仲尼编《诗》，为燕享祀之时用以歌，而非用以说义也。古之诗，今之辞曲也。若不能歌之，但能诵其文而说其义，可乎？……奈义理之说既胜，则声歌之学日微……应知古诗之声为可贵也……今乐府之行于世者，章句虽存，声乐无用。①

又《通志·乐略》之"祀飨正声序论"曰：

> 仲尼所以为乐者，在诗而已。汉儒不知声歌之所在，而以义理求诗，别撰乐诗以合乐，殊不知乐以诗为本，诗以雅颂为正。仲尼识雅颂之旨，然后取三百篇以正乐，乐为声也，不为义也。汉儒谓雅乐之声世在太乐，乐工能纪其铿锵鼓舞，而不能言其义。以臣所见，正不然。有声斯有义，与其达义不达声，无宁达声不达义。若为乐工者，不识铿锵鼓舞，但能言其义，可乎？……旧乐章莫不先郊祀而后燕飨，今采乐府，反以郊祀为后，何也？曰积风而雅，积雅而颂，犹积小而大，积卑而高也。②

3. 郑樵推崇器乐，主张器乐与声乐并行并重。他说器乐与声乐为相对独立的二物："乐虽主于音声，而歌曲与管弦异事。"③ 郑樵《通志二十略·乐略》之"正声序论"辨析了文学的"诗"与声乐的"歌""行"和器乐"引""操"

---

① 郑樵《通志·乐略》，王树民点校《通志·二十略》，第 883—884 页。
② 郑樵《通志·乐略》，王树民点校《通志·二十略》，第 924—925 页。
③ 郑樵《通志·校雠略》，王树民点校《通志·二十略》，第 1805 页。

"弄"的各自特性和相互关系：

> 古之诗曰歌、行，后之诗曰古、近二体。歌、行主声，二体主文……凡律其辞则谓之诗，声其诗则谓之歌，作诗未有不歌者也。诗者，乐章也，或形之歌咏，或散之律吕，各随所主而命。主于人之声者，则有行，有曲。散歌谓之行，入乐谓之曲。主于丝竹之音者，则有引，有操，有吟，有弄。各有调以主之，摄其音谓之调，总其调亦谓之曲。凡歌、行虽主人声，其中调者皆可以被之丝竹。凡引、操、吟、弄虽主丝竹，其有辞者皆可以形之歌咏。盖主于人者，有声必有辞；主于丝竹者，取音而已，不必有辞，其有辞者，通可歌也。①

他论述"引""操""吟""弄"等"主丝竹"的音乐体裁皆为器乐曲。若赋予演唱，也可以转化为声乐。其"琴操五十七曲"可视为郑樵犀利之言，或曰为器乐"取其声"进而"取其义"的独立宣言：

> 琴之始也，有声无辞。但善音之人，欲写其幽怀隐思而无所凭依，故取古之人悲忧不遇之事，而以命操。……君子之所取者，但取其声而已，取其声之义而非取其事之义。君子之于世多不遇，小人之于世多得志，故君子之于琴瑟，取其声而写所寓焉，岂尚于事辞哉！若以事辞为尚，则自有六经圣人所说之言，而何取于工伎所志之事哉！琴工之为是说者，亦不敢凿空以厚诬于人，但借古人姓名而引其所寓耳，何独琴哉！百家九流，皆有如此，惟儒家开大道，纪实事，为天下后世所取正也。②

二、郑寅《郑氏书目》的音乐分类

宋代福建私家藏书以莆田为盛，有"文献之邦"的美称。见载的宋代莆田目

---

① 郑樵《通志·乐略》，王树民点校《通志·二十略》，第 887 页。
② 郑樵《通志·乐略》，王树民点校《通志·二十略》，第 910 页。

录书就有莆田李氏《藏书六堂书目》一卷、吴秘《家藏书目》二卷、吴与《漳浦吴氏藏书目》四卷、郑樵《群书会记》二十六卷、郑樵《夹漈书目》一卷、郑寅《郑氏书目》七卷，共六种。

宋代莆田私家藏书源起于聚族家学。宋人周密《齐东野语》卷十二《书籍之厄》载："近年惟直斋陈氏书最多，盖尝仕于莆，传录夹漈郑氏、方氏、林氏、吴氏旧书至五万一千一百八十余卷。"夹漈郑氏指的就是莆田郑氏家族三世藏书家——郑樵、郑侨和郑寅。

郑樵《夹漈书目》、郑寅《郑氏书目》皆出莆田郑氏家族三世藏书。郑樵有夹漈草堂，其藏书编为《夹漈书目》。其从子郑侨工书法，尤其擅长行书，家聚藏书丰厚，与陈振孙友善。陈氏仕于莆田，与之交往，曾借阅抄录其藏书。至郑侨子寅名子敬，一作承敬（肯亭），有"衍极堂"①，藏书数万卷，据之编《郑氏书目》七卷。

郑寅《郑氏书目》七卷，已佚。陈振孙《直斋书录解题》卷八"目录类"著录："《郑氏书目》七卷。莆田郑寅子敬以所藏书为七录：曰经，曰史，曰子，曰艺，曰方技，曰文，曰类。寅，知枢密院侨之子，博闻强记，多识典故。端平初召为都司，执法守正，出为漳州以没。"陈振孙记载他在莆田传录的书、目时，称他直接受到郑子敬氏《书目》的影响，据《解题》卷十四音乐类小序云："晚得郑子敬氏《书目》。"序中称道的郑子敬即郑寅。

南宋藏书家郑寅，以父侨任补官，官宝章阁学士，知吉州事。端平初（1234）为左司郎中，以执法秉正出任漳州知府，至尚书左司，除宝章阁致仕卒。一生所积图书甚富，目录学家陈振孙（？—约1261），曾传录过他的藏书。据《澹生堂藏书训》："邯郸李献臣所藏图籍五十六类，一千八百三十六部，一万三千三百八十六卷。而艺术、道书及书画之目不与焉。莆田郑子敬所藏，卷帙不减于李。"邯郸李淑所藏图书56类1836部，13300余卷，莆田郑子敬所藏，卷帙不减于李淑。《郑氏书录》7类分目据《直斋书录题解》记载，所藏之书分类为七录：经、史、子、艺、方技、文、类。自唐代以后，书目不以四部分，而仍以七部分类，唯郑氏一家。郑寅还著有《包蒙》7卷、《中兴纶言集》28卷②。

① 方建新《南宋藏书楼》之"莆田郑氏三世藏书"，人民出版社，2013年，第222页。
② 叶昌炽《藏书纪事诗》卷一"郑寅子敬"，《藏书纪事诗》（附补正），王欣夫补正，徐鹏辑，上海古籍出版社，1989年，第63—64页。

南宋诗人刘克庄（1187—1269）有《挽郑子敬都承二首》，悲慨沉痛，道尽南宋末年的凄凉：

> 重入修门两鬓丝，延和累疏竭忠规。立朝颇慕汲生戆，谋国不知晁氏危。老去故人能有几，古来君子例无时。传闻近事堪悲慨，说向重泉亦皱眉。

清末叶昌炽《藏书纪事诗》卷一"郑寅子敬"对其考证引《直斋书录解题》："《郑氏书目》七卷，莆田郑寅子敬以所藏书为七录：曰经，曰史，曰子，曰艺，曰方技，曰文，曰类。寅，知枢密院侨之子，博闻强记，多识典故。端平初召为都司，执法守正，出为漳州以没。"昌炽案：《书史会要》"郑寅，官至尚书左司，除宝章阁致仕。作《包蒙》七卷"。所叙历官与《直斋》略异。又云："前志取乐府、教坊、琵琶、羯鼓之类以充乐类，与圣经并列，不亦悖乎？晚得郑子敬氏《书目》独不然，其为说曰：仪注、编年不附《礼》《春秋》，则后之乐书，固不得列于六艺。"又："《中兴纪言集》二十八卷，左司郎中莆田郑寅编。寅藏书数万卷，于本朝典故尤熟。"

鉴于原书佚，仅能够从《直斋书录解题》窥见该书轮廓。陈振孙于宝庆三年（1227），为宋代刻书、藏书兴盛之地——兴化军（今福建莆田）通判。他在此抄录收集了大量典籍。其后任职浙江、江西，端平三年（1236）他以朝散大夫知台州兼浙东提举。次年改嘉兴府知府。嘉熙三年（1239）调任浙西提举。淳祐四年（1244）入京为国子监司业。淳祐九年（1249）前后，以侍郎、宝章阁待制致仕，卒赠光禄大夫。所到之处皆向当地学者、藏书家求教，购买和传录典籍，撰成《直斋书录题解》，稿本为五十六卷。此本明初散佚，现行的是《永乐大典》本，二十二卷，按经、史、子、集直接分为五十三类。《直斋书录题解》共录书三千零九十六种，五万一千一百八十卷。

在唐宋长期以"经、史、子、集"四部分类法为主流之时，郑寅的音乐分类观独树一帜。《直斋书录解题》卷十四"音乐类"序明确指出乐府、教坊、琵琶、羯鼓之类，以充乐类与儒家经典并列，与儒家正统美学相悖，他推崇郑寅《郑氏书目》的音乐态度才真正校正了目录编著对俗乐的定位。陈振孙强调唐宋俗乐的猛势发展已经与"经部之乐"南辕北辙，早已悖离了"礼乐相须为用"的雅乐，所以"乐府、教坊、琵琶、羯鼓之类"不能再充入经部乐类：

> 刘歆、班固虽以《礼》《乐》著之六艺略，要皆非孔氏之旧也，然《三礼》至今行于世，犹是先秦旧传。而所谓《乐》六家者，影响不复存矣。窦公之《大司乐章》既已见于《周礼》，河间献王之《乐记》亦已录于《小戴》，则古乐已不复有书。而前志相承，乃取乐府、教坊、琵琶、羯鼓之类，以充乐类，与圣经并列，不亦悖乎！晚得郑子敬氏《书目》独不然，其为说曰：仪注、编年，各自为类，不得附于《礼》《春秋》，则后之乐书，固不得列于六艺。今从之，而著于子录杂艺之前。①

郑寅的重新审视俗乐，特别是器乐的音乐分类观正合叶昌炽《藏书纪事诗》题诗的"羯鼓琵琶"不与"《咸》《韶》齿"，器乐作为音乐的重要组成部分，应该独立被看待：

> 羯鼓琵琶隶教坊，但堪鲍老一登场。
> 毅然不与《咸》《韶》齿，三馆史才无此良。

可以管窥，郑寅继承和发展了郑樵视"音乐"为"专门之学"的音乐观，除了"音乐"作为专门之学独立分类外，他强调了"羯鼓、琵琶"器乐（还包括琴、阮等）是音乐"贵声"的重要载体，所以器乐不能隶属于经部，需要成为独立的音乐部类与乐府歌辞的声乐部类相抗衡。《直斋书录解题》继承《郑氏书目》在子部"艺术类"收录了大量的以琴和阮为代表的器乐乐谱，标志所录音乐书谱至南宋发生了重大演变——器乐乐谱的独立，使之与经部乐类乐书、集部歌词类三足鼎立的态势。鉴于郑寅《郑氏书目》子部"艺术类"收录了大量的以琴和阮为代表的器乐乐谱，该书是我国目录学史上对音乐目录分类的一次重大改革。

《直斋书录题解》卷十四子部"音乐类"继承《郑氏书目》收录大量的以

---

① 陈振孙《直斋书录解题》卷十四，徐小蛮、顾美华点校，上海古籍出版社，2015 年，第399 页。

琴、瑟和琵琶为代表的器乐专著和乐谱：

《琴说》一卷，唐工部尚书李勉撰。

《琴书》三卷，唐待诏赵惟暕撰。称前进士滁州全椒尉。

《琴经》一卷，托名诸葛亮。浅俚之甚。

《琴说》一卷，唐待诏薛易简撰。衡州耒阳尉。

《琴义》一卷，称野人刘籍撰。

《琴三诀》一卷，称天台白云先生。

《指诀》一卷，唐道士赵邪利撰。一名《弹琴古手法》。

《琴操》一卷，不著名氏。《中兴书目》云：晋广陵守孔衍以琴调《周诗》五篇、古操、引共五十篇，述所以命题之意。今《周诗》篇同而操、引才二十一篇，似非全书也。

《琴曲词》一卷，不知作者。凡十一曲。辞皆鄙俚。

《琴史》六卷，吴郡朱长文伯原撰。唐、虞以来迄于本朝，琴之人与事备矣。《制瑟法》一卷，不知何人撰。

《大胡笳十九拍》一卷，题陇西董庭兰撰，连刘商辞。又云祝家声、沈家谱，不可晓也。

《琴谱》八卷，鄞学魏邸旧书有之，已卯分教传录，亦益以他所得谱。

《琴操谱》十五卷、调谱四卷，参政历阳张严肖翁以善鼓琴闻一时，余从其子佖得此谱。

《琴谱》十六卷，新昌石孝隆君大所录。

《羯鼓录》一卷，唐婺州刺史南卓撰。

《琵琶故事》一卷，段安节撰。

笔者认为：《直斋书录解题》取消了经部乐类，在"子部""杂艺类"之前设立"音乐类"，收入《乐府杂录》等唐宋以来的音乐著述计二十七家三百七十五卷。《直斋书录解题》的音乐著录意识主要来源于郑樵的音乐"贵声"为专门之学、独立为类的思想；二是郑寅认为"羯鼓、琵琶"之属"悖于圣经"，遂不能再隶属于经部乐类，而主张器乐独立立目之说。也就是说，《直斋书录解题》折中了二郑的音乐观点，使器乐在子部独立立目。

三、《郑氏书目》的音乐分类对后世的影响

元马端临《文献通考·经籍考》对陈振孙器乐入子部的做法进行了评述，称道陈振孙从郑寅《郑氏书目》将音乐类著于"子部·杂艺"之前的做法：

> 陈氏（今按：指陈振孙）曰：刘歆、班固虽以《礼》《乐》著之《六艺略》，要皆非孔氏之旧也。……而前志相承，乃取乐府、教坊、琵琶、羯鼓之类，以充《乐》类，与圣经并列，不亦悖乎?! 晚得郑子敬氏《书目》，独不然，其为说曰：'《仪注》《编年》，各自为类，不得附于《礼》《春秋》，则后之乐书，固不得列于《六艺》。'今从之。而著于子录杂艺之前。
>
> 按古者《诗》《书》《礼》《乐》，皆所以垂世立教，故《班史》著之《六艺》，以为经籍之首。流传至于后世，虽有是四者，而俱不可言经矣。故自唐有四库之目，而后世之所谓《书》者入史门，所谓《诗》者入集门，独《礼》《乐》则俱以为经，于是以历代典章、仪注等书侧之《六典》《仪礼》之后，历代乐府、教坊诸书侧之《乐记》《司乐》之后，猥杂殊甚。陈氏之言善矣!

然而马端临笔锋一转，并不赞成陈振孙的"音乐"独立分类法的做法，他认为音乐置于子部不能显示雅乐的国家仪式功能，混淆了雅乐仪式与俗乐技艺的界限，所以马端临又将音乐的天平偏向了"经部·乐类"：

> 然乐者，国家之大典，古人以与礼并称，而陈氏《书录》则置之诸子之后，而侪之于技艺之间，又太不伦矣。虽后世之乐不可以拟古，然既以乐名书，则非止于技艺之末而已。况先儒释经之书，其反理诡道，为前贤所摈斥者，亦沿经之名，得以入于经类，岂后世之乐书，尽不足与言《乐》乎! 故今所叙录，虽不敢如前志相承，以之拟经，而以与仪注、谶纬并列于经解之后，史、子之前云。①

————————————

① 马端临《文献通考·经籍考》，《文献通考》卷一八八，中华书局，1986年，据《万有文库》十通本影印，第1589页。

故马端临《文献通考·经籍考》回归《隋志》，将乐书和琴谱以时间为序归入经部乐类，分先唐和唐代为前，五代宋朝为后；另将歌辞一类多归入集部总集类，所录音乐文献则以兼入经、集二部者为主。

在历经元代马端临《文献通考·经籍考》的经部乐类对《直斋书录题解》的子部音乐类的重新修正后，将琴瑟、阮咸和琵琶为代表的器乐乐谱入子部的真正后继者是清代张廷玉的《明史·艺文志》和纪昀主编的《四库全书总目》的音乐分类。

清初张廷玉的《明史·艺文志》录自黄虞稷《千顷堂书目》。虽然《千顷堂书目》仍沿经、集二部者为主著录音乐文献，但到《明史·艺文志》"子部·艺术类"著录有"宁献王权《琴阮启蒙》一卷、《神奇秘谱》三卷，袁均哲《太古遗音》二卷，严澂《琴谱》十卷，杨表正《琴谱》六卷"共5部22卷[1]。

《四库全书总目》艺术类设有"琴谱之属"，按语云遵从《直斋书录题解》的做法，批评历朝将器乐谱附属于经部的做法，称：

> 以上所录皆山人墨客之技，识曲赏音之事也。若熊朋来《瑟谱后录》、汪浩然《琴瑟谱》之类，则全为雅奏，仍隶经部乐类中，不与此为伍矣。

这一申明明确地指正了唐代薛易简、赵耶利、董庭兰、陈康士、陈拙等琴家的出现，代表了唐代古琴艺术的流派化，其本质已经区别于先秦和汉代的"雅琴"之乐的范畴了，但是熊朋来《瑟谱后录》、汪浩然《琴瑟谱》、王坦《琴旨》之类仍然沿袭了"雅琴"的传统。

《四库全书总目》中"存目""艺术类"杂技之属"四部、四卷"，也有案语强化其器乐思想独立的思想，与前"山人墨客之技"相呼应："《羯鼓录》《乐府杂录》，《新唐书志》皆入'经部·乐类'，雅郑不分，殊无条理。今以类入之于艺术，庶各得其伦。"

最终至《四库全书总目》，完善并阐释了音乐分类体系。《四库全书总目》卷三十八"经部乐类"（著录22部483卷）的这段案语道出了清代学人的音乐分类观。他们认为"经部·乐类"的主要内容是阐明"乐本"和"乐理"的音乐学

---

① 张廷玉《明史》卷九八《艺文志》，中华书局，1974年，第2445—2446页。

术及其"声音器数"的雅乐律吕：

> 天文、乐律，皆积数之学也。天文渐推渐密，前不及后。乐律则愈久愈失，后终不得及前。盖天文有象可测，乐律无器可凭也。宋儒不得其器，因遁辞于言乐理，又遁辞于言乐本。夫乐生于人心之和，而根于君德之盛，此乐理、乐本也。备是二者，莫过尧舜，而后夔所典，尚规规于声音、器数何哉？无声音、器数则乐本、乐理无所附。……今所采录，多以发明律吕者为主，盖制作之精，以征诸实用为贵焉耳。①

王小盾师发表的《中国音乐史上的"乐""音""声"三分》②，指出古代音乐典籍在在目录书"经部·乐类""子部·艺术类"和"集部·词曲类"中的流动，其实质反映的是作为传统音乐观核心命题的"乐""音""声"三分。《四库全书总目》的分类正是古代"乐""音""声"三分理论的体现："经部·乐类"小序强调"辨律吕、明雅乐者，仍列于经；其讴歌末技、弦管繁声，均退列杂艺词曲两类中，用以见大乐元音、道天地，非郑声所得而奸也"③，这说明"经部·乐类"是"乐"的类属，记载所谓"大乐"；"集部·词曲类"是"音"的类属，记载"乐府之余音"；而"子部·艺术类"则是"声"的类属，记载所谓"讴歌末技，弦管繁声"的"杂艺"。

《中国音乐史上的"乐""音""声"三分》一文为观察古代音乐文献的文化结构构建了观察维度和类目层级。另一篇文章是同门崔炼农《官私目录中的歌辞著录——古代歌辞文献研究之一》④，该文重点对宋代以前官私目录中所著录的乐书进行了考证，发现歌辞类文献在其中有着极为重要的地位，占音乐典籍总数的三分之一，是其他任何一类乐书所不可比拟的；歌辞的归属或入"经部·乐类"，或入"集部·总集"类。

---

① 永瑢《四库全书总目》卷三十八，中华书局，1965 年，第 330 页。
② 王小盾《中国音乐史上的"乐""音""声"三分》，原载《中国学术》2001 年第 3 期，又载于王昆吾《从敦煌学到域外汉文学》，商务印书馆，2003 年。
③ 永瑢《四库全书总目》卷三十八，第 320 页。
④ 崔炼农《官私目录中的歌辞著录——古代歌辞文献研究之一》，载《中国韵文学刊》2004 年第 2 期。

相对于前两篇文章，本文主要关注的是历代公私目录所著录的音乐典籍演进与分合的大势中，器乐部分逐渐浮出水面并独立立类的过程。下表概略地展示了中国古代音乐"流别"观来构建音乐学知识结构系统分类，以观察南宋莆田郑樵和郑寅对后世音乐书谱编纂目录的直接影响。

表2　器乐类子部独立及其莆田郑氏（郑樵、郑寅）音乐分类观的影响

目录书及著者	经部乐类 （雅乐：乐本、乐理）	子部艺术类 （器乐：弦管繁声）	集部词曲类 （声乐：乐府余音）
郑樵（1104—1162） 《通志·艺文略》	乐书、歌辞、题解、曲簿、声调、钟磬、管弦、舞、鼓吹、琴、谶纬，凡11种181部1004卷		
尤袤（1127—1202） 《遂初堂书目》	经部乐类27部	子部杂艺类著录琴书2部	集部总集有《乐府诗集》2部，乐曲类有词集14部
郑寅（1234年任左司郎中）《郑氏书目》七卷（已佚）		子部音乐类	
陈振孙（生不详—1162）《直斋书录解题》		子部音乐类 著录《乐府杂录》及琴书27部371卷	集部总集有《乐府诗集》100卷，歌词类又词集121部306卷
马端临（1254—1323）《文献通考·经籍考》	经部乐类82部，含琴书、阮咸、琵琶、羯鼓		集部总别集著录词集
张廷玉（1672—1755）《明史·艺文志》	经部乐类54部487卷（乐书、乐律专著）	著录《琴阮启蒙》《神奇秘谱》《太古遗音》等5部22卷	集部总别集著录乐府诗集及词集8种134卷
纪昀（1724—1805）《四库全书总目》	经部乐类著录22部483卷，存目42部291卷，雅乐及律吕	子部艺术类琴谱之属16部78卷，杂技之属有《羯鼓录》《乐府杂录》2部2卷	集部词曲类著录词集、词选、词话、词谱词韵、南北曲共138种702卷

结　论

综上所述，本文提出以下四条结论：

（一）南宋私藏书目对四部框架下音乐分类的大胆尝试，启发了后世目录学的音乐格局。宋代私家目录（可考宋代藏书家311人，私家目录书39种）发达，以郑樵（1104—1162）《通志·艺文略》、尤袤《遂初堂书目》、郑寅《郑氏书目》、陈振孙《直斋书录解题》为代表的私家目录，尝试突破《隋志》《旧唐志》《崇文总目》《新唐志》相袭的四部分类的官方立场，独立对待音乐门类，在"辨章学术，考镜源流"的原则下厘清和校正了汉唐和北宋以来音乐目录分类的流弊，创造性地发表独特的音乐分类见解。如尤袤《遂初堂书目》在"乐类"著录《古今乐录》《大乐令壁记》《历代乐议》《乐髓新经》《景佑广乐图记》《琴经》《止息谱》等唐宋重要乐书外，也在"艺类法"列《琴录》和《琴谱》二部，与《书要录法》《投壶经》《棋诀》《棋谱》《贞观公私画录》《续画录》等书法、棋类并列"艺类法"。但由于该书录涉及规模较小、内容简单，且经部乐类也有《琴经》与琴谱《止息谱》，与子部"艺类法"列《琴录》和《琴谱》并置，所以其分类思想并不明晰。郑氏郑樵《通志·艺文略》与郑寅《郑氏书目》音乐分类对后世产生了重要影响。

（二）郑氏郑樵与郑寅和陈振孙的音乐分类观一脉相承，且后者不断有创新突破。鉴于唐宋音乐的繁荣，特别是古琴音乐的文人化、地域化，记谱法的发展等诸多元素的影响，宋代的文献学家对音乐实践认识的深化，针对音乐书目的"流别"著录分类也在不断被调整。其分野的转折点是南宋莆田郑氏家族中郑寅子敬的《郑氏书目》将琴瑟、阮咸、琵琶等器乐独立隶属于"子部·杂艺类"。先是，为区分和著录唐以来俗乐和琴乐的发展态势，南宋郑樵《通志·艺文略》文献十二分法直接将"乐"独立，与其他经、礼、小学、史、诸子、星数、五行、艺术、医方、类书、文并行；其次，南宋郑寅《郑氏书目》七部分类另立门户，将不得附于《礼》《春秋》之后的乐书，著于子录"杂艺"之列；其后，《直斋书录解题》取消了经部的乐类，在子部"杂艺类"之前独立设立"音乐类"，收入《乐府杂录》等唐宋以来的音乐文献计27家375卷，又设集部"歌词"类。《直斋书录解题》的音乐目录意识主要来源于"二郑"：一是郑樵的"贵声"——视音乐为专门之学而独立为类的思想；二是郑寅的"羯鼓、琵琶"（还包括琴、阮等）不属于经部的器乐独立立目之说。

（三）子部"艺术类"对琴棋书画的综合著录，是宋代目录学发生新变的重要表现。"艺术"一词本指书法、数学、射箭、御马、医药、方术、卜筮等各种技能，唐代以来琴也被纳入"艺术"技艺和修为的范畴。琴、棋、书、画同时出现是在唐末孙光宪的《北梦琐言》里："唐高测，彭州人，聪明博识，文翰纵横，天文历数，琴棋书画，长笛胡琴，率皆精巧，乃梁朝朱异之流"①，这是首次将琴棋书画并置，说明唐代以来知识分子已经不满足于魏晋"左琴右书"的生活状态，增添了琴棋书画的艺术综合修为。这应该也是唐宋琴书和琴谱入"子部·艺术类"的社会背景。

（四）历来目录学家都重视音乐书谱的雅、俗同构关系。《隋书·经籍志》以后，两《唐志》、郑樵《通志·艺文略》、郑寅《郑氏书目》、《直斋书录解题》、《文献通考·经籍考》、《宋史·艺文志》、《明史·艺文志》、《四库全书总目》等书目皆旨在全面而有序地反映典籍的发展状况，且不断地调整和开拓新音乐流别和类目，然这一切演变皆来自雅俗观念的差异。

《直斋书录解题》继承《郑氏书目》在子部"艺术类"收录了大量的以琴和阮为代表的器乐乐谱，所录性质构成至南宋发生了重大演变——器乐乐谱的独立，使之与经部乐类乐书、集部歌词类三足鼎立的态势。

至清代《四库全书总目》，音乐类目各得其所：一是"经部·乐类"；二是"子部·艺术类"则是"声"的类属；三是"集部·词曲类"是"音"的类属。正式标志雅、俗两界，俗乐中又有器乐与声乐文献的分野。关于乐谱的雅俗同构关系，笔者将另外撰文阐述。

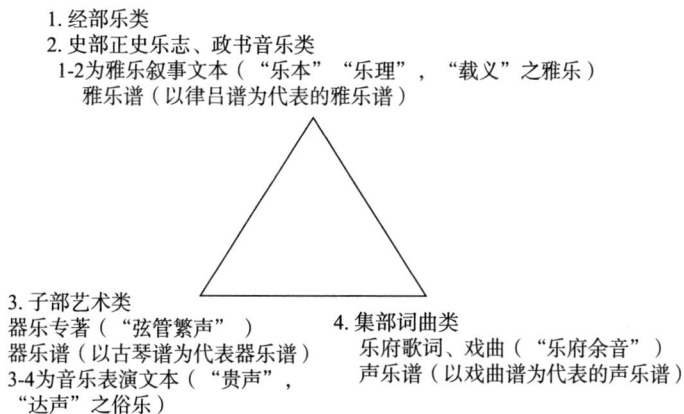

1. 经部乐类
2. 史部正史乐志、政书音乐类
1-2为雅乐叙事文本（"乐本""乐理"，"载义"之雅乐）
雅乐谱（以律吕谱为代表的雅乐谱）

3. 子部艺术类
器乐专著（"弦管繁声"）
器乐谱（以古琴谱为代表器乐谱）
3-4为音乐表演文本（"贵声"，"达声"之俗乐）

4. 集部词曲类
乐府歌词、戏曲（"乐府余音"）
声乐谱（以戏曲谱为代表的声乐谱）

图 1　音乐书、谱三分的雅、俗同构关系图

（原刊于《黄钟》2017 年第 2 期）

① 《北梦琐言》卷五"高测启事"，《唐五代笔记小说大观》，上海古籍出版社，2000 年，第 1847 页。"琴棋书画"四艺并置受启发于丁承运师在国家图书馆的古琴讲座。

作者简介：

孙晓辉，女，1968 年出生，湖北兴山人。1984 年考入华中师范大学历史系（今历史文化学院），1988 年分配至武汉音乐学院附中工作。1994—1997 年在武汉音乐学院音乐学系攻读中国音乐史专业硕士研究生，师从童忠良教授；1998—2001 年在扬州大学中国文化研究所攻读博士研究生，师从王小盾教授。2003—2006 年，在武汉大学文学院博士后流动站担任兼职研究人员，合作导师为王兆鹏教授。2001 年底返回武汉音乐学院音乐学系任教至今，历任音乐学系副主任、图书馆馆长和湖北音乐博物馆馆长。现为武汉音乐学院音乐学系教授，学报《黄钟》副主编。长期致力于中国音乐史学和中国音乐文献学的研究。出版著作《两唐书乐志研究》《中国历代乐论·隋唐五代卷》（合编）等。博士后出站报告《唐宋词调研究》获 2008 年度教育部哲学社会科学研究后期资助项目。2013 年获第九届中国音乐金钟奖理论评论奖优秀奖。2014 年 4—9 月，前往美国密歇根大学（University of Michigan）访学。主持 2019 年度国家社科基金艺术学项目"中国古代音乐书写的谱系"。

清华简《周公之琴舞》新解

王福利

清华简《周公之琴舞》，经李学勤、李守奎先生整理介绍后，已引起学界较大关注，不少学者发表有重要论述文字，对文献释读、阐发具开拓之功和启发意义。但面对这样一篇战国竹简，一些最基本的问题如《周公之琴舞》究为何种性质之乐舞？作者是谁？又是为谁为何而作？表演者是谁？表演内容和方式如何？此等问题或未见关注，或释读有误。今结合简文所涉仪式功能、文本含义、结构形式、辞乐关系及礼乐典制等，再作讨论解析，祈望对诸多问题的解决有所补益。不当之处，亦望得到高明指点。

一、《周公之琴舞》的舞颂对象及作者问题

大家认识到，简文的涂改迹象表明"周公之琴舞"又称"周公之颂志（诗）"的可能性很大①。两者或即同一概念，它们的同时出现与互用，揭示了先秦时期诗乐舞三位一体的颂诗原貌。题名不同正反映了诗篇的部分特征：称其为"琴舞"，着重表明其伴奏乐器为"琴"；称其为"颂诗"，重在言其舞容②。我们认为，两种称谓皆含一中心意涵——"舞"（颂）。舞颂对象自然是"周

---

① 李学勤主编《清华大学藏战国竹简（叁）》，中西书局，2012年，第132—135页。类似表述亦见李守奎《清华简〈周公之琴舞〉与周颂》，《文物》2012年第8期。
② 江林昌《清华简与先秦诗乐舞传统》，《文艺研究》2013年第8期；姚小鸥、孟祥笑《试论清华简〈周公之琴舞〉的文本性质》，《文艺研究》2014年第6期。

公"。与《鲁颂》四篇皆为歌颂活着之僖公不同，周、商二《颂》不是告成功于神明就是祭祀祖先的在天之灵①。《鲁颂》皆文公时史官"克"作②。而"《周颂》乐章大多用于宗庙祭祀，多数是贵族创作，有的可能出于宫廷史官、乐官之手"③。《周公之琴舞》也应是为祭祀周公而作，歌诗作者当为成王朝贵族、史官，甚或代周公治理封地的鲁公等人共同完成，乐舞编制及实施则由乐官、乐师所为。当然，成王或亦有参与之可能。这和《商颂》"渐出于商族统治者巫祝集团"相似，且《商颂》后"由殷太师少师传入周室"④。

作为祭祀礼仪"歌舞剧"的《周公之琴舞》，其中"周公""成王"均应由扮演者所为，而非周公、成王本人。简文实乃乐舞活动的总体记录，《周公之颂志》中的"志"，整理者标注为"诗"之异体，恐未为安。此"志"当通"識"，即今"记"的意思。《周公之颂志》应是巫史、乐师等对歌诗乐舞所作的志记，亦绝非周公本人所为。否则，题目上就不会出现"周公"称谓了。"成王"之称与此类同。可见，将原文标点为"周公作多士儆毖"或"周公作多士儆毖琴舞九絉""成王作儆毖"或"成王作儆毖琴舞九絉"，或主张"琴舞"乃周公与成王合作，甚或认为似可称之为"《成王之琴舞》"⑤，抑或认为简文"应该包括两组诗，第一组为'周公之诗'，只残存半首，缺失八首半（因为比照'成王之诗'，周公的这首诗中还缺少'乱'的部分）。第二组应为'成王之诗'，保存完整"云云⑥。皆是不够恰切的，有些观点显然是不能成立的。

---

① 程俊英、蒋见元《诗经注析》下册，中华书局，1991 年，第 998 页。

② 毛亨传，郑玄笺，孔颖达等正义《毛诗正义》卷二〇《毛诗鲁颂》，《十三经注疏》本，上册，浙江古籍出版社，1998 年，第 608 页中栏。

③ 程俊英、蒋见元《诗经注析》下册，第 933 页。

④ 江林昌《清华简与先秦诗乐舞传统》，《文艺研究》2013 年第 8 期。

⑤ 李学勤《论清华简〈周公之琴舞〉的结构》，《深圳大学学报》2013 年第 1 期；又收入《初识清华简》，中西书局，2013 年。方建军《论清华简"琴舞九絉"及"启、乱"》，《音乐研究》2014 年第 4 期。

⑥ 整理者等，赵敏俐《〈周公之琴舞〉的组成、命名及表演方式蠡测》，《文艺研究》2013 年第 8 期。

二、《周公之琴舞》之性质、举行时地、
命名缘由及其产生背景

从性质上看，《周公之琴舞》属于雅舞。所谓雅舞，乃是指郊、庙、朝、飨所奏之文武二舞①。其中郊、庙为祭祀乐舞，朝会、宴飨为典礼宴会乐舞。前两种敬礼天地、人鬼，后两者礼乐现实之人。《周公之琴舞》显为庙祭乐舞，而非"专供嗣王即位一类典礼时演奏的乐章"②。乐舞实乃周公卒后，上天降下灾祸，成王感悟，授命其封地鲁可用"天子礼乐""以褒周公之德"时完成③。史载：

> 周公卒后，秋未获，暴风雷，禾尽偃，大木尽拔。周国大恐。成王与大夫朝服以开金滕书，王乃得周公所自以为功代武王之说……成王执书以泣，曰："……昔周公勤劳王家，惟予幼人弗及知。今天动威以彰周公之德，惟朕小子其迎，我国家礼亦宜之。"……岁则大孰。于是成王乃命鲁得郊，祭文王。鲁有天子礼乐者，以褒周公之德也。④

《礼记·明堂位》亦载："武王崩，成王幼弱，周公践天子之位，以治天下。六年，朝诸侯于明堂，制礼作乐……七年，致政于成王。成王以周公为有勋劳于天下，是以封周公于曲阜……命鲁公世世祀周公以天子之礼乐。"就其祭祀时令及乐舞，则曰："季夏六月，以禘礼祀周公于大庙……升歌《清庙》，下管《象》，朱干玉戚，冕而舞《大武》；皮弁素积，裼而舞《大夏》。"且兼东夷、南蛮之乐，意在"广鲁于天下"⑤。关于鲁用天子礼乐之意涵，《礼记·祭统》说：

---

① 郭茂倩《乐府诗集》卷五二《舞曲歌辞》序，第3册，中华书局，1979年，第753页。
② 李学勤《新整理清华简六种概述》，《文物》2012年第8期。
③ 孙希旦认为"鲁用天子礼乐，盖东迁以后之僭礼，惠公始请之，而僖公以后始行之者也。孔子曰：'鲁之郊、禘，非礼也。周公其衰矣！'"未必为确解。见《礼记集解》中册卷三一《明堂位》，中华书局，1989年，第839页。
④ 《史记》卷三三《鲁周公世家》，中华书局，1959年，第1522—1523页。
⑤ 孙希旦《礼记集解》中册，第842—845页。

"昔者周公旦有勋劳于天下，周公既没，成王、康王追念周公之所以勋劳者，而欲尊鲁，故赐之以重祭。外祭则郊、社是也，内祭则大尝、禘是也。夫大尝、禘，升歌《清庙》，下而管《象》，朱干玉戚以舞《大武》，八佾以舞《大夏》，此天子之乐也，康周公，故以赐鲁也。子孙纂之，至于今不废，所以明周公之德，而又以重其国也。"① 皆说明了禘祭周公乐舞产生于周公没后，以及赐鲁以天子礼乐之缘故。事实上，此类礼乐早在武王时即已定型，延至周公、成王世方奏之于庙而已。《毛诗正义》云："《维清》诗者，奏《象舞》之歌乐也。谓文王时有击刺之法，武王作乐，象而为舞，号其乐曰《象舞》。至周公、成王之时，用而奏之于庙……春秋之世，季札观乐，见舞《象》，是后于成王之世犹尚奏之。"② 季札观乐在襄公二十九年（前544），其时已是《诗》三百成型的阶段③。以此亦可见，诗家传本之"诗"与乐家传本之"诗"或系两种范式。

　　史载周公薨，"成王葬于毕"④。《孟子》赵岐注："毕，文王墓，近于丰、镐之地。"禘祭周公在每年季夏、鲁之大庙举行。礼乐八音与四季时令相对应，乃"琴舞"得名之主因。《礼记·明堂位》明云成王命鲁世世于"季夏六月""以天子之礼"祭周公。八音中，琴所对应者即为夏至。《左传·隐公五年》"夫舞所以节八音而行八风"。八音中"丝"为"琴、瑟"。而八方之风者，服虔以为八卦之风：离音丝，其风景。《易纬·通卦验》云：夏至，景风至。沈氏引《乐纬》云：离主夏至，乐用弦⑤。"离"者何？其"音丝""主夏至，乐用弦"，与"琴舞"何干？《尔雅注疏·释乐》："大琴谓之离。"释曰："琴之大者别名离也。孙叔然云：'音多变，声流离也。'"⑥ 要之，主夏至之乐者为"大琴"。古帝王祭祀大乐，升歌《清庙》即用大琴、大瑟，而配之以鼓。《尚书大传》："古者帝王

---

① 孙希旦《礼记集解》下册卷四七《祭统》，第1253页。
② 毛亨传，郑玄笺，孔颖达等正义《毛诗正义》卷一九《维清》，《十三经注疏》本，上册，第584页中栏及587页上栏《校勘记》。
③ 葛晓音《试论春秋后期"〈诗〉亡"说》，《中华文史论丛》总第78辑。
④ 孔安国传，孔颖达等正义《尚书正义》卷一八《周官》，《十三经注疏》本，上册，第236页中栏、下栏；亦见《史记》卷三三《鲁周公世家》，第1522页。
⑤ 杜预注，孔颖达等正义《春秋左传正义》卷三《隐公五年》，《十三经注疏》本，下册，第1728页上栏。
⑥ 郭璞注，邢昺疏《尔雅注疏》卷五《释乐》，《十三经注疏》本，下册，第2601页中、下栏。

升歌《清庙》之乐，大琴练弦达越，大瑟朱弦达越，以韦为鼓……《清庙》升歌者，歌先人之功烈德泽也。"① 可见，季夏六月祭周公以琴舞，是天经地义的，"琴舞"之得名顺理成章。

因早期文献不见"琴舞"之名，故有学者引《周礼·春官宗伯》"乐师掌国学之政，以教国子小舞。凡舞，有帗舞，有羽舞，有皇舞，有旄舞，有干舞，有人舞"说："在如此众多舞名中，唯独不见'琴舞'。《周颂·有瞽》和《商颂·那》描述当时歌舞音乐盛况，也没有提到'琴'。"认为"商周时代的乐舞表演不必一定用琴"。复又引其中"凡乐……云和之琴瑟，《云门》之舞"；"空桑之琴瑟，《咸池》之舞"；"龙门之琴瑟，九德之歌，《九韶》之舞"云云，认为"这说明，在某些重大歌舞仪式表演之中，琴又是其中主要的乐器……这说明，'琴舞'的命名在这里是有特殊意义的"②。此等迷惑是因对相关事项类例不清所致。可见，对古书细读辨析、恰切判断确非易事。总体上说，郊、庙、朝、飨皆强调堂上、堂下乐舞"八音克谐，无相夺伦"③。琴瑟乃堂上必备之器，不可或缺。《礼记·礼运》："故玄酒在室……列其琴、瑟、管、磬、钟、鼓，修其祝、嘏，以降上神与其先祖。"《正义》："'列其琴瑟'者，琴瑟在堂而登歌。故《书》云'搏拊琴瑟以咏'是也。"④《晋书·乐志》曾引太常贺循的话说："宫悬在庭，琴瑟在堂，八音迭奏，雅乐并作，登歌下管，各有常咏，周人之旧也。"⑤ 季夏禘祭周公，琴更是"贯众乐之长，统大雅之尊"的主导性乐器。《礼记·乐记》载子夏语曰："天下大定，然后正六律，和五声，弦歌《诗·颂》，此之谓德音，德音之谓乐。"《正义》：弦歌《诗·颂》者，谓以琴瑟之弦，歌此《诗·颂》也⑥。说的也是这个意思。那么，为何《周礼·春官宗伯》中那么多舞名，却无"琴舞"呢？因为那段文字前提说得很清楚，所谓"帗舞、羽舞、皇舞、旄舞、干舞、人舞"，乃"乐师掌国学之政"者用以教导国子的六"小舞"，

---

① 伏胜《尚书大传》卷一，清光绪三年湖北崇文书局本。
② 赵敏俐《〈周公之琴舞〉的组成、命名及表演方式蠡测》，《文艺研究》2013 年第 8 期。
③ 孙星衍《尚书今古文注疏》，中华书局，2004 年，第 70 页。
④ 郑玄注，孔颖达等正义《礼记正义》卷二一《礼运》，《十三经注疏》本，下册，第 1416 页中栏。
⑤ 《晋书》卷二三《乐志下》，中华书局，1974 年，第 3 册，第 697 页。
⑥ 郑玄注，孔颖达等正义《礼记正义》卷三九《乐记》，《十三经注疏》本，下册，第 1540 页中栏、下栏。

所以，它们基本上皆是以道具命名的。不见"琴舞"之称，亦属自然！与之相对的是"大舞"，乃由"大司乐"执教。《周礼·春官·大司乐》："以乐舞教国子舞《云门》《大卷》《大咸》《大韶》《大夏》《大濩》《大武》。"疏曰："此大司乐所教是大舞，乐师所教者是小舞。"① 明朱载堉《乐律全书》："小舞有别于大舞，不须按舞佾规定，一人也可舞……故名小舞。"《大司乐》中所说"乐舞"，统指周存六代之乐，于周仅及《大武》，乃周公在世时所创。不见"琴舞"之名，亦不足怪。

"八音克谐，无相夺伦"乃古乐之理想境界，郊庙、朝飨其文、武二舞是有先后区分的。《新唐书·礼乐志》："揖让得天下，则先奏文舞；征伐得天下，则先奏武舞。""各尚其德也。"上古遗留下来的文舞有黄帝之《云门》，尧之《大咸》，舜之《大韶》，禹之《大夏》；武舞有殷商之《大濩》，周之《大武》。"至秦唯余《韶》《武》。汉魏已后，咸有改革。然其所用，文武二舞而已，名虽不同，不变其舞。故《古今乐录》曰：'自周以来，唯改其辞，示不相袭，未有变其舞者也。'"② 这表明，周及以后各朝，虽歌诗辞章有变，而二舞曲节不异。郑樵说："古乐甚希而文武二舞犹传于后世，良由有节而无辞，不为义说家所惑，故得全。"③ 周禘周公于大庙，"朱干玉戚，冕而舞《大武》。皮弁素积，裼而舞《大夏》"，先武后文。孙诒让释曰："所以舞《大武》《大夏》者，止欲备其文武二舞耳……夏以文受，周以武功，所以兼之。"又辨析说："据襄二十九年《左传》，则鲁有《韶》《夏》《濩》《武》四大舞，而禘用盛乐，止舞《武》《夏》，是知天子三禘亦止用文武二舞，不容更有增益。"④

从不同类别诗乐产生时间看，周风、雅之诗于文王、武王之世所有，而颂之乐舞则自周公制礼作乐始兴。《毛诗·诗谱序》："文、武之德，光熙前绪……其时《诗》，风有《周南》《召南》，雅有《鹿鸣》《文王》之属。及成王，周公致大平，制礼作乐，而有颂声兴焉，盛之至也。"⑤《史记》太史公曰："成王作颂，

---

① 郑玄注，贾公彦疏《周礼注疏》卷二二，《十三经注疏》本，上册，第787页下栏。孙诒让《周礼正义》卷四二，中华书局，1987年，第7册，第1723—1725页。

② 郭茂倩《乐府诗集》卷五二《舞曲歌辞》序，第3册，第753—754页。

③ 郑樵《通志·总序》，志3上栏。

④ 孙诒让《周礼正义》卷三，第7册，第1737—1738页。

⑤ 毛亨传，郑玄笺，孔颖达等正义《毛诗正义·诗谱序》，《十三经注疏》本，上册，第262页。

推己惩艾，悲彼家难……传曰：'治定功成，礼乐乃兴。'"① 《毛诗·周颂谱》《正义》："所以周公之时还得自颂者，以周公摄政，归功成王，歌其先人之功，事由不涉于己，故得自为。"② 如前《尚书大传》所言，颂亦有"颂歌"之意③。周公时所作诸颂，皆颂歌先人之功，并不及周公本人。这至少可说明两个问题：一可再次说明《周公之琴舞》绝非周公所作；二可间接说明周公去世后，成王朝为何会以《周公之琴舞》（《周公之颂》）来祭祀周公。

三、从古武舞组织特点、声辞关系看 《周公之琴舞》之礼仪规制

比较可知，"《周公之琴舞》保留的是乐舞之诗的原貌"。颂，即舞容，"所谓'舞容'，即在集体祭祀活动时，巫祝卜史等主祭者都扮演成所祭神灵的形象容貌，类似于后世的图腾化妆舞，其目的在于取悦神灵，更好地与神灵沟通"④。这和我们所说乐舞中周公、成王均是扮演者所为的观点相吻合。与《礼记·礼运》"故玄酒在室……修其祝、嘏，以降上神与其先祖"，及《正义》"'修其祝、嘏'者，祝，谓以主人之辞飨神。嘏，谓祝以尸之辞致福而嘏主人也"等记载⑤也相一致。陈戍国说：

> 周人祭先祖而设尸，此制承夏殷而袭之。《诗·大雅》的《凫鹥》《既醉》有"公尸"。……这"公尸"是祭祖时设置的。祭礼设祝，实亦始于夏商而周人承用之。……《逸周书·克殷》有宗祝。《周官》有大祝、小

---

① 《史记》卷二四《乐书》，第 1175 页。
② 毛亨传，郑玄笺，孔颖达等正义《毛诗正义·周颂谱》，《十三经注疏》本，上册，第 582 页上栏。
③ 李守奎先生认为此"只是一端之词"而未予采纳，恐未为允当。《清华简〈周公之琴舞〉与周颂》，《文物》2012 年第 8 期。
④ 江林昌《清华简与先秦诗乐舞传统》，《文艺研究》2013 年第 8 期。
⑤ 郑玄注，孔颖达等正义《礼记正义》卷二一《礼运》，《十三经注疏》本，下册，第 1416 页中栏。

祝、丧祝、甸祝等职；大祝"相尸礼"，小祝"送逆尸，沃尸盥"，应该可信。《礼记·郊特牲》："诏祝于室，坐史于堂。""尸，神像也。祝，诏命也。"

并认为唐兰先生对相关鼎、簋等器物的认定，也可证明西周时确有作祝的官员①。

之外，我们还需关注者，在祭祀乐舞中，扮演者要充分表现出被祭者生前倍感荣耀之丰功伟绩，才可取悦神灵。周之《大武》及后代帝王登极后所制乐舞莫不如此。《毛诗·武》孔颖达疏曰："《武》诗者，奏《大武》之乐歌也。谓周公摄政六年之时，象武王伐纣之事，作《大武》之乐既成，而于庙奏之……经之所陈，皆武王生时之功也。"②《乐府诗集·舞曲歌辞》"雅舞"序引《乐记》曰："乐者，象成者也。总干而山立，武王之事也。发扬蹈厉，太公之志也。武乱皆坐，周召之治也。《武》始而北出，再成而灭商，三成而南，四成而南国是（强）〔疆〕，五成而分，周公左，召公右，六成复缀，以崇天子，夹振之而（四）〔驷〕伐，盛威于中国也。分夹而进，事早济也，久立于缀，以待诸侯之至也。"③较为全面形象地阐释了《大武》舞的结构形态，唐《七德舞》与之颇为相似④。此类乐舞大都先有乐曲流传，后有舞图、舞谱及歌辞产生。这关涉到礼乐声辞关系问题。王小盾先生认为，古人制作歌曲无外乎两条路线："其一是因辞造声的路线，或者说'以文化乐'的路线"；"其二是因声造辞的路线，或者说是'以乐化文'的路线"。以上属第二种情况。《诗大序疏》曰："乐曲既定，规矩先成，后人作诗，谟摩旧法。"《宋书·乐志》表述为"因弦管金石，造哥以被之"；《乐府古题序》则曰"因声以度词，审调以节唱"，"由乐以定词，非选调

---

① 陈成国《中国礼制史》（先秦卷），湖南教育出版社，2002 年，第 221 页。
② 毛亨传，郑玄笺，孔颖达等正义《毛诗正义》卷一九《武》，《十三经注疏》本，上册，第 597 页下栏。
③ 郭茂倩《乐府诗集》卷五二《舞曲歌辞》序，第 3 册，第 754 页。参见朱彬《礼记训纂》，中华书局，1996 年，下册，第 595—596 页。
④ 请参阅《新唐书》卷二一《礼乐志》，中华书局，1975 年，第 2 册，第 467—468 页；刘悚《隋唐嘉话》卷中，《唐五代笔记小说大观》本，上海古籍出版社，2000 年，上册，第 100 页。

以配乐"也①。

古祭祀大乐悉由"降神"和"正乐"两部分组成，之于简文，"周公作多士儆毖琴舞九絉"云云，当为"降神"部分，"成王作儆毖"云云当为"正乐"部分。"降神"对应于《尚书》夔曰"戛击鸣球、搏拊、琴瑟以咏，祖考来格"的描述，"正乐"则对应于之后"虞宾在位，群后德让，下管鼗鼓，合止柷敔，笙镛以间，鸟兽跄跄，《箫韶》九成，凤凰来仪"的表述。这也与郑玄释三褅相合："先奏是乐以致其神……乃后合乐而祭之。"所谓"合乐"，即堂上、堂下歌乐合奏。孙诒让认为"亦谓讲肄其器调，谐协其音节"，与"《大胥》合舞合声，注释为'等其进退曲折，使应节奏'"同②。《仪礼·乡饮酒礼》郑玄注："谓歌乐与众声俱作。"贾公彦疏："谓堂上有歌、瑟，堂下有笙、磬，合奏此诗。"即如前引贺循之意。郑樵认为仲尼编《诗》正乐，即在于要完善礼乐之总体规制③。宋代详定所议改朝会仪时，便有批评"合乐在前、登哥在后，有违古义"之说。其朝会用乐之议改，可资参照④。

由上可知，简文前一小部分是周公作"降神"出场，与之相应的是迎神乐舞和升歌。故其断句应为"周公作，多士儆毖，琴舞九絉。元纳启曰：'无悔享君，罔坠其孝。享惟慆币，孝惟型币。'"李守奎先生亦曾作此种推测⑤。

"周公作"，是说降神伊始，"周公"（扮者或神主牌）入场。与"尸入"同义。尸，即代指受祭之人。《诗·小雅·楚茨》"工祝致告：'神具醉止'，皇尸载起。鼓钟送尸，神保聿归"。《仪礼·士虞礼》"祝迎尸"。郑玄注："尸，主也。孝子之祭，不见亲之形象，心无所系，立尸而主意焉。"⑥ 汉何休《公羊传·宣八年》注："祭必有尸者，节神也。礼，天子以卿为尸，诸侯以大夫为尸，

---

① 王小盾、伍三土《中国音乐文学史上的三大问题——同洛地先生商榷》，《文艺研究》2013 年第 7 期。

② 孙诒让《周礼正义》卷四二引，第 7 册，第 1732 页。

③ 郑樵《通志·总序》，志 2 下栏、志 3 上栏。

④ 《宋史》卷一二七《乐志二》，中华书局，1977 年，第 9 册，第 2974 页。亦请参见卷一三〇《乐志五》，第 10 册，第 3033 页。

⑤ 李守奎《清华简〈周公之琴舞〉与周颂》，《文物》2012 年第 8 期。

⑥ 郑玄注，贾公彦疏《仪礼注疏》卷四二《士虞礼》，《十三经注疏》本，上册，第 1168 页中栏。

卿大夫以下以孙为尸。"① 《礼记·礼运》《正义》："尸入室，乃作乐降神，故《大司乐》云'凡乐，圜钟为宫，九变而降人鬼'是也。"② 或问，简文何不书"尸作"而言"周公作"？这或与战国时祭仪取消用尸之法有关。唐李华《卜论》："夫祭有尸，自虞夏商周不变。战国荡古法，祭无尸。"③

"多士敬怭"之"多士"，是指众多助祭者。《诗·大雅·文王》："济济多士，文王以宁。"《周颂·清庙》："济济多士，秉文之德。"朱熹《诗集传》："济济，众也。多士，与祭执事之人也。"④

"敬怭"，整理者视同"儆毖"，或未为最佳选项。该词在降神、正乐皆有出现，应是意在着力渲染"周公""成王"出场时，既肃穆庄严又典雅隆重之气氛的。《诗·小雅·宾之初筵》："曰既醉止，威仪怭怭。"毛传："怭怭，媟嫚也。"怭，三家诗作"佖"，"无威仪"之意。儆、怭合为一词，有严肃庄重，力戒轻佻之意，正与《周颂·清庙》前四句"于穆清庙，肃雍显相。济济多士，秉文之德"相似。毛传："肃，敬；雍，和。"形容助祭者态度严肃而雍容，"显，明。指有明德。相，助。指助祭者"⑤。《礼记·乐记》："《诗》云：'肃雍和鸣，先祖是听。'夫肃肃，敬也。夫敬以和，何事不行？"⑥ 故将"敬怭"理解同"肃雍"，应更为恰切。《尚书大传》："歌之呼也曰'于穆清庙'。於者，叹之也；穆者，敬之也；清者，欲其在位者遍闻之也。故周公升歌文王之功烈德泽，苟在庙中，尝见文王者愀然如复见文王。故《书》曰'搏拊琴瑟以咏，祖考来假'，此之谓也。"⑦《唐禅社首乐章》"上帝临我，云胡肃邕"。《唐享惠昭太子庙乐章》"宫臣展事，肃雍在列"。宋司马光《瞻彼南山诗》"自堂徂庭，上下肃雍，靡有不恭"⑧。敬怭，亦同"敬慎"。《大雅·民劳》"敬慎威仪，以近有德"。《大雅·

---

① 何休注，徐彦疏《春秋公羊传注疏》卷一五《宣公八年》，《十三经注疏》本，下册，第2280页下栏。
② 郑玄注，孔颖达等正义《礼记正义》卷二一《礼运》，《十三经注疏》本，下册，第1416页下栏。
③ 董诰等编《全唐文》卷三一七，中华书局，1983年，第3217页上栏。
④ 朱熹集注《诗集传》，台湾中华书局，1970年，第223页。
⑤ 程俊英、蒋见元《诗经注析》下册，第934页。
⑥ 朱彬《礼记训纂》卷一九《乐记》下册，第591页。
⑦ 伏胜《尚书大传》卷一，清光绪三年湖北崇文书局本。
⑧ 请参见王福利《汉章帝所创"竭肃雍"曲目名称考辨》，《文献》2009年第1期。

抑》《鲁颂·駉》"敬慎威仪，维民之则"。《墨子》："诸侯传而语之曰：'诸不敬慎祭祀者，鬼神之诛至若此其憯速也！'"①《毛诗·楚茨》："济济跄跄，洁尔牛羊，以往烝尝。"注："济济跄跄，言有容也。"笺："有容，言威仪敬慎也。"疏："毛以为，古之明王，其助祭之臣、大夫、士，其仪济济然、跄跄然，甚皆敬慎。"② 不仅祭祀，昏礼亦须如此③。在儒者看来，温良、敬慎、礼节、歌乐，皆"仁"也④。

从乐舞击节内容看，《周公之琴舞》"降神"也正印证了《礼记》"君子动其本，乐其象，然后治其饰。是故先鼓以警戒，三步以见方，再始以著往，复乱以饬归，奋疾而不拔，极幽而不隐"的记载。就此，孔颖达疏云：

> "是故先鼓以警戒"者，谓作武王伐纣《大武》之乐，欲奏之时，先击打其鼓声，以警戒于众也。"三步以见方"者，谓欲舞之时，必先行三步以见方，谓方将欲舞，积渐之意也。"再始以著往"者，谓作《大武》之乐，每曲一终，而更发始为之，凡再更发始，以著明往伐纣之时。初发始，为曲象十一年往观兵于盟津也；再度发始，为曲象十三年往伐纣也。"复乱以饬归"者，乱，治也。复谓舞曲终，舞者复其行位而整治，象武王伐纣既毕，整饬师旅而还归也。"奋疾而不拔"者，拔，疾也，谓舞者奋迅疾速，而不至大疾也。……"极幽而不隐"者，谓歌者坐歌不动，是极幽静而声发起，是"不隐"也。⑤

清朱彬引王念孙注曰："舞《武》乐，三步为一节者，以见伐道也。"引《广雅》曰："乱，理也。"复引王念孙曰："乐之终、诗之终有乱，皆理之义也。"⑥

---

① 孙诒让《墨子间诂》卷八《明鬼下第三十一》，中华书局，2009 年，第 232 页。
② 毛亨传，郑玄笺，孔颖达等正义《毛诗正义》卷一三《楚茨》，《十三经注疏》本，上册，第 468 页上栏、中栏。
③ 朱彬《礼记训纂》卷四四《昏义》，下册，第 877—878 页。
④ 朱彬《礼记训纂》卷四一《儒行》，下册，第 864 页。
⑤ 郑玄注，孔颖达等正义《礼记正义》卷三八《乐记》，《十三经注疏》本，下册，第 1536 页下栏—1537 页上栏。
⑥ 朱彬《礼记训纂》卷一九《乐记》，下册，第 583 页。

《礼记》子夏还曾说："今夫古乐，进旅退旅，和正以广。弦、匏、笙、簧，会守拊、鼓，始奏以文，复乱以武，治乱以相，讯疾以雅。"郑氏曰：

> 旅犹俱也。俱进俱退，言其齐一也。……言众皆待击鼓乃作。《周礼·大师职》曰："大祭祀，帅瞽登歌，令奏击拊；下管播乐器，令奏鼓𫎪。"文，谓鼓也。武，谓金也。相，即拊也，亦以节乐。拊者，以韦为表，装之以穅，穅一名相，因以名焉。今齐人或谓穅为相。①

清人孙希旦认为：

> 谓旅进旅退者，舞也。和正以广者，声也。弦，谓琴瑟，堂上之乐也。笙，堂下之乐也。……守犹待也。《大师》登歌，先击拊以令之，是堂上之乐必待拊而后作也。……堂下之乐必待鼓而后作也。始奏以文，谓乐始作之时，升歌《清庙》，以明文德也。乱，乐之终也。复乱以武，谓乐终合舞，舞《大武》以象武功也。《论语》曰："《关雎》之乱。"彼谓合乐为乱，此谓合舞为乱，盖合乐合舞皆在乐之终也。治乱以相，谓正治合舞之时，击拊以令之也。登歌击拊，则凡令歌，皆先击拊；合舞之时，堂上亦歌诗以合之，故击拊以令之也。讯犹听也。讯疾以雅，谓舞者迅疾之时，舂雅以节之，所谓"奋疾而不拔"也。②

郑玄和孙希旦的解释虽有不同，但他们都注意到了整个乐舞应由登歌、乐舞两大部分组成，所言降神时的肃穆敬慎，礼仪时乐器的使用、人员配合，堂上堂下之分判、合乐，及歌舞表演程式等，对全面研讨简文有很大启发意义。亦因而可知，整理者将"多士敬佖"读为"多士儆毖"虽勉强可通，但将其视为周公所创作品，释作"对众士的告诫之诗"③，则就有南辕北辙之嫌了。

"琴舞九絉，元纳启曰：无悔享君，罔坠其孝。享惟悁币，孝惟型币"。此所谓"琴舞九絉"，乃是总说主祭及众助祭者"九献"活动中的"九变"乐舞。

---

① 孙希旦《礼记集解》下册，第 1013 页。
② 孙希旦《礼记集解》下册，第 1013—1014 页。
③ 李学勤主编《清华大学藏战国竹简（叁）》，第 134 页。

《周礼·秋官·大行人》："上公之礼……飨礼九献，食礼九举。"贾公彦疏："九献者，王酌献宾，宾酢主人，主人酬宾，酬后更八献，是为九献。"①《仪礼·特牲馈食礼》贾疏曰："四时与禘唯有九献，上公亦九献。"②《春秋左传·僖公二十二年》《正义》曰："案《仪礼》：主人酌以献宾，宾酢主人，主人又酌以醻宾，乃成一献之礼。九献者，九为献酬而礼始毕也。"③ 宗庙祭祀与之类似，只是宴飨之礼为主宾间酌、酬、复酌，宗庙祭祀"皆灌地降神，或有作乐以迎神"而已④。裸地亦奏登歌⑤。唐陈叔达《太庙裸地歌辞》："清庙既裸，郁鬯推礼。大哉孝思，严恭祖祢。龙衮以祭，鸾刀思启。发德朱弦，升歌丹陛。"⑥ 褚亮《宗庙九德之歌辞》亦有"礼终九献，乐展四悬"句⑦。九献，汉后改作"三献"，皇后不再入庙行礼。《宋史·礼志》："古者宗庙九献，皇及后各四，诸臣一。自汉以来为三献，后无入庙之事，沿袭至今。"⑧

禘祭九献，有堂上登歌、堂下乐舞相伴。堂上登歌乃"坐歌不动"之"极幽而不隐"者，乐章当即"元纳启"四句。堂下所奏乃《大武》曲，以宫、角、徵、羽四声调奏唱九次、乐舞九变，以成"九献"之礼、"九成"之乐，即所谓"琴舞九絑"。

据隋《志》，后周大体仍据《周礼》而"以四声降神"。宗庙祭乐，则如《大司乐》所云："凡乐……黄钟为宫，大吕为角，太簇为徵，圜钟为羽，舞《韶》以祀宗庙。"⑨ 孙诒让："此奏黄钟者，为迎尸之乐，所谓先乐金奏也。歌大吕者，为降神之乐。"虽统称"降神"，实涵迎神、降神两方面，故亦有"迎神

① 孙诒让《周礼正义》卷七一《秋官·大行人》，第12册，第2952、2955页。
② 郑玄注，贾公彦疏《仪礼注疏》卷四五《特牲馈食礼》，《十三经注疏》本，上册，第1187页上栏。
③ 杜预注，孔颖达等正义《春秋左传正义》卷一五，《十三经注疏》本，下册，第1814页中栏。
④ 《魏书》卷一〇八《礼志四》，中华书局，1974年，第8册，第2810页。
⑤ 《宋书》卷一六《礼志三》，卷二〇《乐志二》，中华书局，1974年，第2册，第427、575—576页。
⑥ 彭定求等编《全唐诗》卷八八二，中华书局，1960年，第25册，第9965页。
⑦ 彭定求等编《全唐诗》卷八八二，第25册，第9965页。
⑧ 《宋史》卷一〇八《礼志》，第2597页。校勘记曰："'皇'，《宋会要·礼》一七之三四、《通考·宗庙考》卷九八都作'王'，当以作'王'为是。"第2610页。
⑨ 《隋书》卷一五《音乐志下》，中华书局，1973年，第2册，第352页。

之乐"和"降神乐歌"。总体构成为：黄钟宫三成、大吕角二成、太簇徵二成，应钟羽二成，计"九成"，歌辞全同。唐贞观中"享太庙乐章十三首"① 及元"至元四年至十七年，八室乐章""武宗至大以后，亲祀摄乐章""迎神"② 之规制皆是很好的例证，曲名或曾有改，但其"词"及"词律"不变③。

　　古降神无舞，而配有礼乐歌辞④。《汉书·礼乐志》："高祖时，叔孙通因秦乐人制宗庙乐。大祝迎神于庙门，奏《嘉至》，犹古降神之乐也。"汉班固《白虎通·礼乐》："《书》下管鼗鼓笙镛，以间降神之乐。"⑤ 降神、迎神在表述上有分而为二的迹象，盖始于北魏孝文帝朝及南朝宋、齐、梁时。北魏孝文帝说"古者皆灌地降神，或有作乐以迎神"⑥。隋《志》云："初宋、齐代，祀天地，祭宗庙，准汉祠太一后土，尽用宫悬……北郊明堂、太庙并同用。降神及迎送，宋元徽三年《仪注》奏《昭夏》，齐及梁初亦同。"⑦ 此后，情况不一。唐开元十一年，玄宗祀昊天圆丘"降神用《豫和》""迎神用《歆和》"，且乐调不同⑧。宋元降神、迎神复又合而为一。元迎神更有乐舞之综合表演，"九成"主祭与各室分祭亦不相同。故虽说元郊庙等源自金宋，但实是胡汉兼而有之⑨。《元史·礼乐志》"宗庙乐舞"有载⑩。

　　以上所说汉、晋、唐、元庙祭迎神环节之用乐，尤其是"九成"乐声调系统的分配、歌诗辞章皆同之说明，对正确解读《周公之琴舞》"降神"部分有着非常重要的参照意义。

---

① 《旧唐书》卷三一《音乐志四》，中华书局，1975 年，第 4 册，第 1129 页。

② 《元史》卷六九《礼乐志三》，中华书局，1976 年，第 1719—1720 页。"至元四年至十七年，八室乐章"下原小字注曰："《太常集礼》云，周驭所藏《仪注》所录舞节同。"

③ 《元史》卷六九《礼乐志三》，第 4 册，第 1727 页；同书卷七〇《礼乐志四》，第 1751、1757 页。

④ 请参见王福利《郊庙燕射歌辞研究》第三章《〈乐府诗集〉与两汉郊祀乐歌》第四节《"邹子乐"乃所奏"乐"名考辨》。(北京大学出版社，2009 年，第 70—88 页)

⑤ 郊庙降神有乐及歌辞亦请参见《宋书》卷一九《乐志一》，第 541—542 页。

⑥ 《魏书》卷一〇八《礼志四》，第 8 册，第 2810 页。

⑦ 《隋书》卷一三《音乐志上》，第 2 册，第 290—292 页。

⑧ 《旧唐书》卷三〇《音乐志三》，第 4 册，第 1095 页。

⑨ 《元史》卷六七《礼乐志一》，第 4 册，第 1664 页。

⑩ 《元史》卷七〇《礼乐志四》，第 4 册，第 1751—1763 页。

四、关于《周公之琴舞》降神、
正乐舞曲歌辞之诠释

之前，人们将"元纳启"释作首献之曲，是有道理的。尚需关注的是降神"元纳启"与正乐"元纳启"及其后之"再启"以至"九启"是不同的。降神"元纳启"，执行者为祝、鲁公及众助祭者，乃此等人向周公表达禘祭恭迎之言辞，有禀启、启请之义。"愿启之以效""堂上启阿母"皆其例也①。正乐"元纳启"及之后诸"启"，则为"周公"启发、开导成王等之语，有启迪、启悟之义。《书·太甲上》"旁求俊彦，启迪后人"。孔传："开道后人，言训诫。"《后汉书·宦者传·曹节》"近者神祇启悟陛下"。亦其例也。

庙祭降神无舞，但有舞乐演奏，即所谓"奏舞"。《周书·本典篇》："故奏鼓以章乐，奏舞以观礼，奏歌以观和。"②《汉书·礼乐志》："高庙奏《武德》《文始》《五行》之舞；孝文庙奏《昭德》《文始》《四时》《五行》之舞；孝武庙奏《盛德》《文始》《四时》《五行》之舞。"③就此，王小盾先生指出，颂，原即为配舞容之歌。他据《周礼》吹豳诗、吹豳雅、吹豳颂的记载认为，在乐教时代，风、雅、颂的分类曾经表述为诗、雅、颂的分类，分别指人声、弦乐、舞乐④。《墨子·公孟篇》曾云："诵诗三百，弦诗三百，歌诗三百，舞诗三百。"《郑风·子衿》毛传："古者教以诗乐，诵之，弦之，歌之，舞之。"可知诗三百篇都曾奏入"工歌"或"弦歌"⑤。降神关节并无"合乐"，所歌内容仅一二节而已。孙诒让《周礼正义》曰："祭飨盛乐，其合乐皆止一次，降神与迎宾之乐，皆不过金奏升歌一二节。""金奏在正乐之先"⑥。这表明，琴舞降神"元纳启"

① 分见《商君书·开塞》《古诗为焦仲卿妻作》。
② 孙诒让《周礼正义》卷四三引，第 7 册，第 1760 页。
③ 《汉书》卷二二《礼乐志》，中华书局，1962 年，第 4 册，第 1044 页。
④ 王小盾、伍三土《中国音乐文学史上的三大问题——同洛地先生商榷》，《文艺研究》 2013 年第 7 期。
⑤ 王昆吾《诗六义原始》，《中国早期艺术与宗教》，东方出版中心，1998 年，第 242 页。
⑥ 孙诒让《周礼正义》卷四二，第 7 册，第 1732、1737 页。

"无悔享君，罔坠其孝。享惟慆币，孝惟型币"四句歌词乃是其完整的存在。这与简文本身亦相吻合，该内容全在第一枚简上，而除第十五枚简残缺上半段外，其余都是完好无损的。将《周公之琴舞》正乐第一成与《周颂·敬之》比照，可知《敬之》原也是由启、乱两部分构成的，后人整理未予细加标明而已。

"降神"升歌由何人演唱呢？当然不会是被祭者周公本人，而是由大师率瞽者为之。《周礼·春官宗伯·大师》："大祭祀，帅瞽登歌。"郑玄引郑司农云："登歌，歌者在堂也……登歌下管，贵人声也。"贾公彦疏："言'帅瞽登歌'者，谓下神、合乐，皆升歌《清庙》。故将作乐时，大师帅取瞽人登歌……而歌者与瑟以歌诗也。"① 此所谓"升歌《清庙》"，乃大祭共同遵循之规程。《清庙》乃周公摄政时所创用以祭祀文王之乐章。《尚书大传》说："周公升歌文王之功烈德泽。""《清庙》升歌者，歌先人之功烈德泽也，故欲其清也"②。《周公之琴舞》降神升歌，应是大师帅瞽者以《清庙》之曲、以"无悔享君，罔坠其孝。享惟慆币，孝惟型币"之辞进行的歌唱。古有"雅琴"之说。《汉书·艺文志·六艺略》"乐"类所著六家便有《雅歌诗》《雅琴赵氏》《雅琴师氏》和《雅琴龙氏》。"雅琴"一名，说明古代人原有以七弦琴艺术为"雅"的习惯；而在《诗赋略》中，另有《杂歌诗》等音乐文学作品，恰与《雅歌诗》形成鲜明对比，说明"雅歌诗"指的是弦歌或配合雅琴而歌。这类习惯，无疑有其古老的来源③。借此较之史书记载，便很清楚了。如《史记》："《清庙》之歌一倡而三叹，县一钟尚拊膈，朱弦而通越。"郑玄曰："《清庙》谓作乐歌《清庙》。"④ 即此乃升歌曲目，至于其辞，则各不相同。如《南齐书》云："太庙乐歌辞，《周颂·清庙》一篇，汉《汉世歌》十七章是也。永平三年，东平王苍造光武庙登歌一章二十六句，其辞称述功德。"⑤ 古乐章和诗章是完全不同的两个概念⑥，甚而还会出现只奏其曲而无歌词的现象。如南朝齐"永明二年，尚书殿中曹奏：'太祖高皇

---

① 郑玄注，贾公彦疏《周礼注疏》卷二三《春官宗伯·大师》，《十三经注疏》本，上册，第 769 页中栏。
② 伏胜《尚书大传》卷一，清光绪三年湖北崇文书局本。
③ 王昆吾《诗六义原始》，《中国早期艺术与宗教》，第 243 页。
④ 《史记》卷二三《礼书》，第 1169、1170 页。
⑤ 《南齐书》卷一一《乐志》，中华书局，1972，第 178 页。
⑥ 请参见王福利《行体乐府四题》中的相关论述，文载《江海学刊》2014 年第 4 期（人大复印资料《中国古代、近代文学研究》2014 年第 10 期全文复印）。

帝庙神室奏《高德宣烈之舞》，未有歌诗，郊应须歌辞。穆皇后庙神室，亦未有歌辞。'"①

综上看，如仅拘泥歌辞本身，认为"周公所作对多士的儆毖九首，只演奏了一个开头"，"周公的诗是否演奏，如果演奏了，为什么不记录"；"周公所作的乐舞文献并未抄写完整，仅有一首诗而不是九首，并且有'启'无'乱'，而成王所作乐舞的结构则完整无缺"；"这批竹简在抄录的当时就已经缺失""现存的《周公之琴舞》""缺失了'周公之诗'八首半"云云，就作者及曲辞结构的理解应是与事实不符的。至于"成王之诗"中是否会有周公之作的讨论②，则更是有跑偏之嫌。

《周礼·春官·大司乐》："乃奏无射，歌夹钟，舞《大武》，以享先祖。"可视为降神用乐之概述。孙诒让引《通典·吉礼》："王三献，后荐朝事之豆笾，堂上以夹钟之调歌，堂下以无射之调作《大武》之乐。以后王及后每献，皆作乐如初。九献之后，王降，冕而揔干，舞《大武》之乐以乐尸。"清楚地说明了歌者、舞乐所主之调及堂上、堂下之连贯互动，歌辞乐章则另当别论。孙诒让云：《明堂位》记鲁禘用《大夏》《大武》二舞，《祭统》说鲁大尝禘乐同。盖以《大武》为主，而以《大夏》配之。《左》襄十年传谓"鲁有禘乐，宾祭用之"，鲁乐即周乐③。

降神之"元纳启"为首献升歌，"启"即"发始"之意，正乐之每"启"，便是每次升歌。降神升歌乃九献时所为，歌辞即"无悔享君，罔坠其孝。享惟慆币，孝惟型币"一节。文中之"享"即以供品奉祭先公、先王之意，与"孝"对应。《尚书·盘庚上》："兹予大享于先王。"孔颖达疏："《周礼·大宗伯》祭祀之名：天神曰祀，地祇曰祭，人鬼曰享。此大享于先王，谓天子祭宗庙也。"④

①　《南齐书》卷一一《乐志》，第 179 页。
②　李守奎《清华简〈周公之琴舞〉与周颂》，《文物》2012 年第 8 期。方建军《论清华简"琴舞九絉"及"启、乱"》，《音乐研究》2014 年第 4 期；李学勤《新整理清华简六种概述》，《文物》2012 年第 8 期；赵敏俐《〈周公之琴舞〉的组成、命名及表演方式蠡测》，《文艺研究》2013 年第 8 期。
③　孙诒让《周礼正义》卷四二引，第 7 册，第 1751—1752 页。
④　孔安国传，孔颖达等正义《尚书正义》卷九《盘庚上》，《十三经注疏》本，上册，第 169 页下栏—170 页上栏。

五、《周公之琴舞》中"九启""九乱"
及"琴舞九紕"之含义

据《周礼·春官·大司乐》，周三大禘祭乐分别对应天神、地祇和人鬼。《周公之琴舞》显系第三种。就禘祭庙乐，《大司乐》云："凡乐，黄钟为宫，大吕为角，大蔟为徵，应钟为羽，路鼓路鼗，阴竹之管，龙门之琴瑟，《九德》之歌，《九韶》之舞，于宗庙之中奏之，若乐九变，则人鬼可得而礼矣。"[1] 可见，祭人鬼乃用"龙门之琴瑟"。宗庙禘祭有《九德之歌》，而圜丘、方丘，歌诗未闻。《三礼义宗》："宗庙之中别有《九德之歌》者，显宗庙之祭所歌之词，皆是扬宗庙之德，故加以九德，彰明先祖之德，章成九功之义。"贾疏："以人神象神生以九德为政之具，故特异天地之神也。"[2] 此与《周公之琴舞》正乐恰相吻合。故其断句应为："成王作，儆毖。琴舞九紕。元纳启曰：敬之敬之，天惟显币，文非易币。毋曰高高在上，陟降其事，卑监在兹。乱曰：遹我凤夜不逸，儆之，日就月将，教其光明。弼持其有肩，示告余显德之行。……"[3] "成王作"，和诸多史志中"王入""皇帝出"之类相似。

此处之"琴舞九紕"便是九献后之正乐了，九启、九乱即歌、舞、乐相合而成"正乐"之呈现。正如《周礼》所云，降神无舞，合乐方兴舞，亦与前引《周礼正义》"祭飨盛乐，其合乐皆止一次，降神与迎宾之乐，皆不过金奏升歌一二节"[4] 相符。孙诒让于"乃奏黄钟，歌大吕，舞《云门》，以祀天神"句疏曰："此奏黄钟者，为迎尸之乐，所谓先乐金奏也。歌大吕者，为降神之乐。舞《云门》者，为荐献后之合乐，合乐则兴舞也。降神之乐不得有舞。合乐时，堂上虽亦有歌，而与先之升歌复不同，并非一祭之乐前后重举也。"文中所谓奏黄钟、歌大吕者，皆谓奏乐所用之调也。舞《云门》者，亦是以之代指文、武二舞也。

---

[1]　孙诒让《周礼正义》卷四三，第7册，第1757页。
[2]　孙诒让《周礼正义》卷四三《正义》"《唐郊祀录》引《三礼义宗》"及贾公彦疏，第7册，第1762页。
[3]　李学勤主编《清华大学藏战国竹简（叁）》，第133页。
[4]　孙诒让《周礼正义》卷四二，第7册，第1732页。

《三礼义宗》："《周官》奏黄钟者，用黄钟为调；歌大吕者，用大吕为调。奏者谓堂下四县，歌者谓堂上所歌。"与"享先祖"之乐舞对照看，前引《周礼·春官·大司乐》"凡乐，黄钟为宫，大吕为角，大蔟为徵，应钟为羽，路鼓路鼗，阴竹之管，龙门之琴瑟，《九德》之歌，《九韶》之舞，于宗庙之中奏之，若乐九变，则人鬼可得而礼矣"也便很清楚了，即宗庙祭祀"黄钟为宫，大吕为角，大蔟为徵，应钟为羽"，亦皆其所用之调。"路鼓路鼗，阴竹之管，龙门之琴瑟"指堂下、堂上所用之器。《九德之歌》乃"显宗庙之祭所歌之词，皆是扬宗庙之德……章成九功之义"者。之于《周公之琴舞》，即为正乐之"九紾"或曰"九变""九终"，歌辞为"九启""九乱"之九次组合（紾，《玉篇》释作绳）。所谓"九德之歌"，郑玄注："六府、三事谓之九功，九功之德皆可歌也。"六府、三事所指者何？《左传·文公七年》："六府、三事谓之九功。水、火、金、木、土、谷，谓之六府。正德、利用、厚生，谓之三事。"实则早在夏禹时期，九功之叙、九叙之歌即已成形。《尚书·大禹谟》："禹曰：'於！帝念哉！德惟善政，政在养民。水、火、金、木、土、谷惟修，正德、利用、厚生惟和，九功惟叙，九叙惟歌。戒之用休，董之用威，劝之以九歌，俾勿坏！'"[1] 其德政为核心之内容，可视为周王朝德政思想之导源[2]。即如贾公彦云"以人神象神生以九德为政之具"，所以"特异天地之神也"。这亦间接说明了三大禘祭中唯庙祭才具《九德之歌》的原因。之于《周公之琴舞》，其《九德之歌》即为正乐之九启、九乱之组合。"九启"乃"周公"（扮者或神主）对成王之九次劝导、启悟。而"九乱"则是"成王"对周公的一一回应。李学勤先生曾专门就该部分"启""乱"词意的对应情况分析列表，总体上认为或是周公劝诫成王，或是成王自我儆戒[3]。与我们所说的"启"为周公之启悟，"乱"为成王之应对亦相吻合。

九启、九乱之回环往复，其乐自然要随之九奏、其舞自然也要九变。孙诒让说：经云乐六变、八变、九变者，皆谓金奏、升歌、下管、间歌、合乐、兴舞诸节，各如数而小成，如《九德之歌》即升歌之九终，《九韶》即舞之九变也。并

---

① 江灏、钱宗武译注，周秉钧审校《今古文尚书全译》，贵州人民出版社，1992 年，第 37 页。

② 就周代德治思想，请参见方铭《清华简〈保训〉与周代德治文化的渊源》，《文艺研究》2013 年第 8 期。

③ 李学勤《论清华简〈周公之琴舞〉的结构》，《深圳大学学报》2013 年第 1 期。

据《唐郊祀录》引《三礼义宗》云："凡乐之变数，皆取所用宫之本数为终……黄钟在子，子数九，故九变为终也。所以用其数为终者，凡乐以律均取其中声之调，各得其辰中和，故及其辰终数也。"引江永云："扬雄《太玄》之数，子午为九……亦即声律之数也。是以黄钟为宫者，其数九，《大韶》之乐亦九变而终。"孙诒让不仅认为江永和《三礼义宗》说足可互相发明，而且还指出，江永之说本自刘敞①。庙祭用《九韶》之舞，即要达到"《箫韶》九成，凤凰来仪"之效果。《九韶》乃舜乐，是为文舞。这和周先武后文之用乐规制相统一，其降神所用舞乐为武舞《大武》。

上引《周礼·春官·大司乐》"凡乐，……于宗庙之中奏之，若乐九变，则人鬼可得而礼矣"中的"奏之"，乃是对文中所及宫调、乐器、乐歌、乐舞"合乐"的概括性表述。孙诒让即说："此'奏之'总冢上鼓管琴瑟舞为文。《周书·本典篇》云：'故奏鼓以章乐，奏舞以观礼，奏歌以观和。'明凡兴乐，通得称奏。"②此亦不得不明辨者，即六诗中的"雅""颂"与《诗经》中的《雅》《颂》，是不可等同之两物，其主要分别大致是：《雅》是仪式乐歌，而"雅"却是弦歌；《颂》是祭祀乐歌，而"颂"却是舞歌。这一分别是通过乐歌用于礼仪、舞歌用于祭祀的长期实践活动而形成的③。

《周公之琴舞》正乐"九启"，从歌辞内容看，是歌颂周公九功之德，从演唱方式上讲，为九次升歌。"九乱"，从乐歌内容看，皆为以成王口吻对"周公""九启"所作的回应，从演唱方式上讲，则是配合《大夏》（《九韶》）曲调并对应"九启"的九段演奏歌唱。因是季夏六月之禘祭，又是正乐之文舞，故以堂上大琴为主，"琴舞九杺"因而得名。

关于"乱"，清朱彬引《广雅》曰："乱，理也。"引王念孙曰："乐之终、诗之终有乱，皆理之义也。"那么，此"理"之义又如何呢？姚小鸥总结说"乱曰"有三层含义：其一，标志乐舞的转换，如《武》乱皆坐。其二，乐奏之义，如"始乱以相"。其三，收束全篇，即韦昭所言"撮其大要以为乱辞"。认为

---

① ② 　孙诒让《周礼正义》卷四三，第 7 册，第 1760 页。
③ 　王昆吾《诗六义原始》，《中国早期艺术与宗教》，第 243 页。

《周公之琴舞》中"乱曰"的用法为最后一种①。我们同意其总结，但以为《周公之琴舞》中与"九启"对应的九次"乱曰"，应为每次升歌后开始"乐奏"的标志，而非"收束全篇"。"理"亦有"奏起"之义。《史记·乐书》："《雅》《颂》之音理而民正。"② 三国魏嵇康《琴赋》："理正声，奏妙曲；扬《白雪》，发《清角》。"正乐"九启"即为九变或九次发始，"九乱"即为"九奏"。统称九终或九成。《礼记·乐记》注："成，犹奏也，每奏武曲一终为一成。"《正义》曰："成，谓曲之终成。每一曲终成而更奏，故云'成，犹奏也'。"③ 所以，《周公之琴舞》中的"琴舞九絉"亦可对应为"琴舞九奏"，类同于《逸周书·世俘》中的"籥人九终"④。

总体而言，古代礼仪乐舞表演主要由乐师、乐工、舞者集体完成，帝王将相、文武百官甚或群后家眷，只在整个过程中完成一些合乎程式化的举动和仪规。

余　论

郑樵云"乐以诗为本，诗以声为用。风土之音曰风，朝廷之音曰雅，宗庙之音曰颂"⑤。晋曹毗所作《四时祠祀》辞，对我们理解和诠释《周公之琴舞》亦有一定的类比价值，兹转录于下：

> 肃肃清庙，巍巍圣功。万国来宾，礼仪有容。钟鼓振，金石熙。宣兆祚，武开基。神斯乐兮！理管弦，有来斯和。说功德，吐清歌。神斯乐兮！洋洋玄化，润被九壤。民无不悦，道无不德。礼有仪，乐有式。咏九功，永

---

① 姚小鸥等《试论清华简〈周公之琴舞〉的文本性质》，《文艺研究》2014 年第 6 期。并参见何涛《"乱"为乐奏考》，《乐府学会成立大会暨第四届乐府歌诗国际学术研讨会论文集》，北京，2013 年 8 月。
② 《史记》卷二四《乐书》，第 1176 页。
③ 郑玄注，孔颖达等正义《礼记正义》卷三九《乐记》，《十三经注疏》本，下册，第 1542 页中栏。
④ 请参陈戍国《中国礼制史》（先秦卷），第 224—225 页。
⑤ 郑樵《通志·总序》，志 2 下栏。

无极。神斯乐兮！①

春秋、战国礼崩乐坏，鲁具天子礼乐又被孔子为代表的儒家视为"非礼"，且此等礼乐实乃音乐、文学、舞蹈等艺术之综合体，其呈现和传播必然受到诸多主、客观条件的限制。所有这些，无不促使它早早地淡出了历史舞台。好在与之相关的古代典籍较为丰富，历代王朝，尤其是民族大融合背景下的各大一统王朝，传统礼乐文化得到异乎寻常的关注和利用。各朝建立之初无不议礼作乐，郊天祭祖，诸多传统礼乐得以绵延流布，不曾断绝。虽不能说与邈乎深远之周初十分吻合，但我们还是相信音乐史学家黄翔鹏先生"传统是一条河"的著名论断。不但经部类著作中保留有很多可贵记载和学者诠释，正史志书中也大都涉及各朝制礼作乐之建树，从中可寻觅"宗庙乐舞"延续、衍变之轨迹。将相关内容联系起来研读，对深刻认识和客观阐释《周公之琴舞》是非常重要且必要的。

（原刊于《中州学刊》2019 年第 5 期）

作者简介：

王福利，1965 年 4 月生，江苏沛县人。1988 年 7 月毕业于徐州师范学院（现江苏师范大学）中文系，获文学学士学位。1998—2001 年就读于扬州大学中国文化研究所，师从王小盾教授攻读博士研究生，完成《辽金元三史乐志研究》，获文学博士学位。2004—2006 年在首都师范大学文学院博士后流动站作专题研究工作，合作导师为吴相洲教授。1988—2011 年先后在徐州师范大学中文系、科研处、文学院等部门工作。2011 年调入苏州大学文学院。现为苏州大学文学院教授、博士生导师。主要从事中国古代礼乐文化与文学、古典文献学研究。在《历史研究》《文学遗产》《音乐研究》《中国音乐学》、香港中文大学《中国文化研究所学报》等刊物发表论文 70 余篇，出版有《辽金元三史乐志研究》《郊庙燕射歌辞研究》《六朝礼乐文化与礼乐歌辞研究》等专著。成果先后荣获江苏省哲学

---

① 《晋书》卷二三《乐志下》，第 3 册，第 700 页。

社会科学优秀成果二等奖（2次）、三等奖（2次），江苏省高校哲学社会科学优秀研究成果二等奖（1次）和江苏省社科联优秀论文一等奖（2次）。入选江苏省"青蓝工程"中青年学术带头人（2007年）、江苏省"333高层次人才培养工程"中青年科学技术带头人（2007年）、中青年科技领军人才（2008年）培养人选。

马王堆三号汉墓"遣册"中的几支乐事简及其他

许继起

关于马王堆三号墓墓主的身份以及政宦经历，至今学界存在很多争议①。随葬"遣册"简文记录了较丰富的乐器、乐人、表演等乐事情况，尤其"遣册"所记"大鼓""建鼓"之器，详细辨析二"鼓"之间的名义关系，确定所建之鼓的性质，对研究墓主的军事身份具有重要意义。另外，"遣册"简文的排序，对认识器物的组合，辨析其中蕴含的制度礼仪颇为重要。正确的乐事简排序，有助于认识乐器的组合关系、演奏方式、人员配置以及随葬礼仪，本文也尝试对几支乐事简文的排序以及释读提出新的看法。

一、关于几支乐事简的排序

在马王堆三号汉墓出土的"遣册"中，部分简文记载了随葬的乐器和乐人，

---

① 关于三号墓墓主，迄今仍存诸多争议，主要有两种说法：一、墓主是利豨的兄弟。参何介均主编，湖南省博物馆、湖南省文物考古研究所编著《长沙马王堆二、三号汉墓：（第一卷）田野考古发掘报告》，文物出版社，2004 年；高至喜《马王堆三号墓的墓主到底是谁》，《中华文化论坛》2000 年第 3 期；黎石生《长沙马王堆墓主再议》，《故宫博物院馆刊》，2005 年第 3 期，等等。二、墓主是利豨。参孙慰祖《马王堆三号墓墓主之争与利豨封泥的复原》，《上海文博论丛》第 2 辑，上海辞书出版社，2002 年；《马王堆汉墓出土印章与封泥之再研究》，《湖南省博物馆馆刊》第 1 辑，船山学刊杂志社，2004 年；陈松长《马王堆三号墓主的再认识》，《文物》2003 年第 8 期；傅举有《马王堆墓主之争三十年》，《中国文物报》2004 年 7 月 28 日第 005 版；《马王汉墓三位墓主的身份》，《中国文物报》2017 年 10 月 17 日第 007 版，等等。关于墓主的政宦经历，学界基本认同其军事将领的身份。

这在该墓东西壁帛画、在出土实物乐器和乐俑中也有体现。乐事简文正确的排序与释读，有助于认识乐器组合配置、表演方式、编悬制度以及随葬礼仪，不然会引起对音乐史的错位理解，应该引起重视。本文先就三号墓"遣册"简文的几处排序和释读谈几点意见，现依《长沙马王堆二、三号汉墓：（第一卷）田野考古发掘报告》（以下称"《报告》"）所录"遣册"，将相关乐事简文列之如下①：

简九　建鼓一，羽旌餙（餙—饰），卑（罄）二，鼓者二人，操抱（枹）。/9

简一〇　鼓者二人。/23

简一一　铙、铎各一，击者二人。/11

简一二　击屯（錞）于、铙、铎各一人。/25

简一三　钟、鑮（镈）各一楮（堵）。/242

简一四　大鼓一，卑（罄）二。/22

简一五　屯（錞）于、铙、铎各一。/24

简四二　右方男子明（明）童，凡六百卡（七十六）人，其十五人吏，九人宦者，二人偶人，四人击鼓、铙、铎，百九十六人从，三百人卒，百羊（五十）人奴。/21

《报告》《集成》在简文的排序上，主要依据是五支"木牍"简文、东西壁帛画、出土器物的位置等因素。如两者均将简九/9、简一一/11 置于木牍简四二/21 "右方男子明（明）童"前，主要是由于这两支简文的内容，最能明确地在西壁帛画中找到相应的图像，同时符合简四二/21（木牍）简文总结性文字。有些简文所记名物，既没有图像说明，也没有实物出土，简文则相对较难归类。在上述简文中，《集成》将其中四支乐事简重新编号后，置于简四二/21 "右方男子明

---

① 本文有关简文编号主要依《报告》，第48—50页；简文释读文字主要依裘锡圭《长沙马王堆汉墓简帛集成》（简称《集成》），中华书局，2014年，第6册，第228—231页。另外，《集成》对三号墓"遣册"简文作了重新编号，其编号附于本文所引简文之末。关于《集成》对简文以及释读文字调整的理由，参《集成·一号墓竹简遣册》"说明"，第6册，第173—174页。以上两部著作，对"遣册"乐事简的整理功莫大焉。

（明）童"小结木牍简文之后，如下①：

> 简一四　大鼓一，卑（鼙）二。/22
> 简一〇　鼓者二人。/23
> 简一五　屯（錞）于、铙、铎各一。/24
> 简一二　击屯（錞）于、铙、铎各一人。/25

这四支简文内容主要跟军乐器有关，下面来分析一下其排序的问题。"木牍"简文主要对前面所记人物、车马、器物、服饰等物品予以小结，显然是排序简文最直接的参考。上述四支简文与另外一支简十六"遛狗二。/26"，并置于"右方男子明（明）童"木牍小结简文之后、简四七"美人四人……/43"之前。这五支简均非木牍简，是上附"右方男子明（明）童"类简，还下从"右方女子明（明）童"类简呢，此位置让五支简文的归属，似乎有些暧昧不明。

先谈一下四支乐事简，从内容上看，前两支简：简一四/22 和简一〇/23，应该是对简九"建鼓一，羽旌饰（飾—饰），卑（鼙）二，鼓者二人，操抱（枹）。/9"的补充说明。后二支简简一五/24 和简一二/25，在内容表述上有一致性。考虑到这四支乐事简所记乐器，均为军用乐器，不能归于"右方女子明（明）童"类简。如果置于"右方男子明（明）童"类简文前，与相关记录军用乐器的简文相从，似乎没有不妥，反而归属会更为明确。

关于简十六"遛狗二。/26"，此简文内容与前四支乐事简毫无联系。《集成》注释说："二、三号墓报告：或可释为作为宠物的爱犬。伊强（2005）：从文字书写风格上看，此简与男子明童类（附简除外），女子明童类的简非常一致。但此简所记内容不见于小结简 42（木牍）和小结简 59（木牍）。对照江陵凤凰山八号墓遣策'马一匹，犬二'，'遛犬'大概是一种犬的名称。"②据《周礼·秋官·司寇》"犬人"职："犬人，掌犬牲。凡祭祀供犬牲，用牷物，伏、瘞亦如之。"《礼记·曲礼》："效犬者，右牵之。"孔颖达疏云："然通而言之，则犬、狗通名；若分而言之，则大者为犬，小者为狗。"三号墓"遣册"记有"狗巾羹（一）鼎""狗苦羹一鼎"，或为祭品，或为食羹，均以"狗"为祭、食之材，而

---

①② 参《集成》，第 6 册，第 231 页。

不用"犬"。依此，"遛犬"应该是随车马从行，非祭牲或食牲。《报告》题名东壁帛画的局部为"行乐图"，图中有车、马、随从，正飞奔驰骋，"遛犬"或与此图有关。因此，将简十六"遛狗二。/26"明确归于"右方男子明（明）童"木牍小结简文前似较为合适。

《集成》将简一三"钟、鑁（钹）各一楮（堵）。/242"，置于简五三/243、简五五/244、简五六/245 等三支简文前面，此三简记录的相应乐器是：北椁箱出土的琴（北 173）①、西椁箱出土的瑟（西 32）和竽（西 15）。编悬乐器与琴、瑟、竽等乐器合奏，本来是顺理成章（编悬铃存疑），但是将记录北椁箱出土琴的简五三/243 编于此，似缺乏足够的理由。很显然，简五三/243 应与北椁箱出土的同类乐器并置，归于"右方女子明（明）童"类简文比较合适。将记录编悬金石乐器的简文，与记录琴、瑟、竽等乐事简并置，看似合理，仔细思虑，似有拼凑。

简五一"钟、鏧（磬）各一，有柜（虡），击者二人。/35"，可与北椁箱出土的实物木编钟 10 件、木编磬 10 件、木架（虡、簨）、覆盆底座以及两幅木槌相印证，此箱同时还出土了琴、小竽、小瑟、女乐俑等，这说明此钟、磬之器，象征墓主生前宴飨时所用之物，非用于军乐。因此，《报告》《集成》均此简置于"右方女子明（明）童"小结木牍简文前，这种排序非常合理。与此相关的是简一三"钟、鑁（钹）各一楮（堵）。/242"，此为金石重器，对此简解释涉及汉初列侯使用的乐器编悬、乐悬编制等问题，值得引起重视。《报告》将该简文第二字定为"鑁"，认为通"钹"，并引《集韵》解释为"铃也"②。这种释读存在很多疑问，因为这意味着如何看待"鑁（钹）"，即铃乐器在汉文之时能否成编，进而编悬为"堵""肆"的历史问题。

由"各一楮（堵）"可以确定，这是一组编悬的乐器。《周礼·春官·大司乐》"小胥"职："凡县钟磬，半为堵，全为肆。"郑玄注"钟磬者，编县之二八十六枚而在一虡，谓之堵。钟一堵，磬一堵，谓之肆。半之者，谓诸侯之卿大夫士也。"③"楮（堵）""肆"，是仅就钟、磬类的编悬乐器而言，尤其在秦汉之际的历史背景下，铃类乐器能否成编，能否与钟并列成"堵""肆"，则需慎重

---

① 北 173，《报告》对出土器物的编号，下同。
② 《报告》，第 48 页；《集成》从之，第 250 页。
③ 李学勤主编《周礼注疏》（十三经注疏点校本），北京大学出版社，2000 年，第 713 页。

考察。

李纯一先生曾对周汉时期的编铃问题做过研究，列举了七例有舌装置的铃，对其能否成编，提出了质疑。对五例自铭“铃钟”以及“永命（咏铃）”，即楚王镈钟（1件）、陈大丧史钟（9件）、敬侍天王钟（9件）、郘君钟（1件）、鄦子钟（2件），进行了分析，认为“这五例都是小型的钮钟和镈，因知铃钟的本义当是铃样的钟（镈）即钮钟（镈）。敬事天命钟自名咏铃，其义与歌钟相当”[①]。这五例“铃钟”的断代，均在春秋中期到春秋晚期。限于各种条件，李先生并没有对此类“铃钟”的音乐性能、音列结构等问题，作进一步的论证。

除了上述的情况，另外还有以下可以成编的情况：更早的是山东青州苏埠屯商代晚期8号墓出土的8件编铃[②]，该墓同出鼎、簋、编铙、石磬等礼乐之器，说明此编铃可能已经是具备了钟的某些礼仪功能。西周早期平顶山应公墓（M232），存铃舌1件，圆槌状，高4.5厘米；西周中期聴墓（M210），存铃舌1件，两墓均有被盗，其实际编铃配置不明。西周中期应侯墓（M86），出土素面纹铃4件，通高11.8—8.3厘米，兽面纹铃1件，高6.2厘米，三件铃舌[③]；西周晚期应伯墓（M95）出土编铃9件，最大的高12.1厘米（M95：109），最小的高4.8厘米（M95：24），铃内系椭圆形、半椭圆形槌舌，最长的有10厘米[④]。陕西韩城梁带村春秋早期芮公墓（南区，M27）出土10件，标本M27：484，通高16.0厘米，有铃舌，正背面兽面纹[⑤]；芮君墓（北区，M502）出土12件，其中素面铃9件，大小小别，有鱼形舌，通高7.8—4.5厘米；春秋早期偏晚芮公墓

---

① 李纯一《中国上古出土乐器综论》，文物出版社，1996年，第101页。

② 山东省文物考古研究所、青州市博物馆《青州市苏埠屯商代墓发掘报告》，《海岱考古》第1辑，山东大学出版社，1989年。另外，山东博物馆藏加拿大传教士明义士收集品，有同器型，西周10件，共两型（6.996、6.970），每型各5件，后者大小相次，因为是收集品，出土状况不明。参王子初《中国音乐文物大系·山东卷》，大象出版社，2001年，第120、122页。按：为了叙述方面，仅从其大小有序的排列形式上称其“编铃”，下“南干渠”类编铃、“睡虎地”类编铃同。

③ 河南省文物考古研究所、平顶山市文物管理局《平顶山应国墓地》，大象出版社，2012年，第47、418、451页。

④ 河南省文物研究所、平顶山市文物管理委员会《平顶山应国墓地九十五号墓的发掘》，《华夏考古》1992年第3期，第97页；黄翔鹏《中国音乐文物大系》“河南卷”，大象出版社，1996年，第49页。

⑤ 陕西省考古研究所、渭南市文物保护考古研究所、韩城市文物旅游局《陕西韩城梁带村遗址M27发掘简报》，《考古与文物》2007年第6期，第12页。

（南区，M28）43 件，其中大铜铃三件，形制相同，通高 13.8—13.5 厘米，余为棺铃；M17（南区）出土 9 件，通高 6.6—3.9 厘米，形制略小，大小有别，与铜鱼散布棺的周围①。西周晚期枣阳郭家庙曾国墓（GM21，）出土 7 件编铃（参图1），通高 19.8（GM21：44）—11.2 厘米（GM21：39）②，多数体腔内有槌状铃舌；郭家庙 M30 出土 3 件"铃形钟"③。西周晚期到战国初（宣、幽时期）三门峡虢国墓（M2001）出土 6 件"兽面纹铃"，通高 16.4—11.1 厘米，铃舌 13.5—7.51 厘米④，等等。这种成编"铃钟"频繁地出现在西周中晚期到战国初期诸国君侯的墓葬中，有的伴有编钟、编磬等礼乐器出土，不过，此类铃钟成编数量无规律可循，其音乐性能、等级差别、能否编悬以及相关礼仪功能，始终无法确定，还有待于进一步展开研究。

图 1   郭家庙 21 号墓西周晚期铃钟

战国时期出现了合瓦侈铣的小型编铃，如河北蔚县南干渠战国墓葬出土 10 件（总 602 - 610，图 1），铃体和瓦，平舞，半环纽，侈铣，编次有序，通高 5.3—

---

① 陕西省考古研究所、渭南市文物保护考古研究所、韩城市景区管理委员会《梁带村芮国墓地——2007 年度发掘报告》，文物出版社，2010 年，第 29、30、146、165 页。

② 报告定名为"铃钟"。参襄樊市考古队、湖北省文物考古研究所、湖北孝襄高速公路考古队《枣阳郭家庙曾国墓地》，科学出版社，2005 年，第 242 页。

③ 郭家庙曾国墓出土此类铃器，又被称为"铃形钟""钟形铃"，且推测其功能应该为棺饰，可能与荒帷有关。参张翔《郭家庙 M30 出土的编钮钟》，《音乐研究》2016 年第 5 期，第 14 页。

④ 河南省文物考古研究所、三门峡市文物工作队《三门峡虢国墓》第一卷（上、下），文物出版社，1999 年，第 73 页。

2.7 厘米，多有网纹、乳钉纹等，明器，同出的有 10 件玛瑙环①。江西乐平市鸬鹚乡韩家村附近出土战国铃 6 件，与四件青铜铎共装在一个陶罐内，分二式，宽扁、直铣，一种铣角长，一种略短，方格纹内乳钉纹，通高 4.2—3.5 厘米，形似小型钮钟②。山西昔阳县赵壁村农民整修农田时发现战国铜铃 32 件，通高 6.5—2.5 厘米，平剖扁圆形，半纽，平舞，有舌，铣角偏长，排序不明③。这类铃相比西周春秋时期的"铃钟"，普遍偏小，铃体呈扁圆状，侈铣，多有刻纹，又与普通马铃、车铃有别④。四川青川郝家坪战国 2 号墓还出土一种镂空铃 6 件（M2：5），大小有序⑤。此类"南干渠"类编铃，在形制上似乎接近早期的棺铃，或为棺铃的衍生之器。

图 2　蔚县南干渠战国铃

　　早期棺铃（其中有镂空铃），如虢国应公墓出土 19 件，分三型，通高 6.56—5.7 厘米；虢国太子墓出土 22 件，分为二型，通高 6.1—4.2 厘米⑥，可以看出棺铃在使用制度上有所区别（比如大小），但是同类型的较多，基本不能成编。棺

---

① 王子初《中国音乐文物大系·河北卷》，大象出版社，2008 年，第 57 页。

② 王子初《中国音乐文物大系·江西续河南卷》，大象出版社，2009 年，第 71 页；乐平县文物陈列室《乐平出土战国铜编钟》，《江西历史文物》1979 年第 1 期。

③ 王子初《中国音乐文物大系·山西卷》，大象出版社，2000 年，第 105 页。

④ 如河北邯郸百家村 10 座战国墓出土 53 件铃，通高 5.0—2.8 厘米，腔体基本呈圆筒形。墓葬有众多车马器出土，此类铃应该是车铃、马铃类。《中国音乐文物大系·河北卷》，第 55 页。

⑤ 黄翔鹏《中国音乐文物大系·四川卷》，大象出版社，1996 年版，第 21 页。

⑥ 河南省文物考古研究所、三门峡市文物工作队《三门峡虢国墓》第一卷（上、下），文物出版社，1999 年，第 73 页。

铃一方面是为了装饰棺椁，另一方面或具有某种神秘的礼仪功能，这可能对棺铃的声音就提出了更高的要求。单从形式上看，"南干渠"类铃成编的排列，似是对铃的声音序列建立了更高的标准，这也是其所以可能成编的一个前提。上村岭虢国墓出土了 57 件棺铃，其中也有镂空铃（1052：68），报告统归"杂器类"，并没进一步分类①。

　　上述西周中晚期至战国初期"钟""镈"型的成编铃钟，到秦及汉初时期基本绝迹，镂空铃在汉代墓葬中偶有出现；而战国"南干渠"类编铃，似乎被一种"睡虎地"类编铃所取代。如云梦睡虎地秦墓 9 号墓出土 4 件（M9：65），合模铸成，方纽，有舌，两侧菱纹地饰乳钉纹，通高 5.2、5、4.4、2.8 厘米②。山西闻喜县岭西东七里店汉初墓葬出土 9 件（541—549，残两件，参图 3），两铣间径达 6.6—2.6 厘米，同出有鼎、铜编磬明器一件③。江西乐平市涌山镇车溪村庙背山西汉中晚期墓葬出土 32 件，同出青铜铎 14 件，二式，一式铣角长，一式略短④。广东封开南丰镇、开明村、思寮村，出土 36 件铃，合瓦，直铣，铣角外奢，多数方格凸纹纹或素面⑤。山东博物馆藏加拿大传教士明义士征集件 5 件

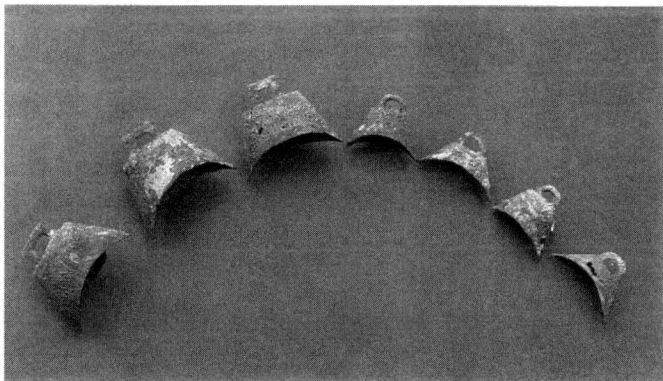

图3　闻喜村七里店汉代铃

---

①　中国科学院考古研究所《上村岭虢国墓地》（《考古学专刊》，丁种第 10 号），科学出版社，1959 年版，第 25 页。

②　《云梦睡虎地秦墓》编写组《云梦睡虎地秦墓》，文物出版社，1986 年，第 45 页。

③　王子初《中国音乐文物大系·山西卷》，大象出版社，2000 年，第 105 页。

④　王子初《中国音乐文物大系·江西续河南卷》，大象出版社，2009 年，第 72 页。

⑤　王子初《中国音乐文物大系·广东卷》，大象出版社，2010 年，第 73—74 页。

（6.977），均大小相递，编列有序①。秦汉"睡虎地"类编铃，器型均偏小，多出于级别较低的墓葬，已经无法与上述春秋时期的"铃钟"相比，有的保留了铃与铎合装一器的现象，应是早期历史葬俗的延续。"睡虎地"类编铃的音列结构、排序特点、礼仪性能以及是否可以成编等问题，也还有待学界研究。

铃有悠久的发展历史，但是其成编也许要经历很长时间，很难定论②。从成编到上升为"堵""肆"的行列，意味着其礼仪功能也随之增强，这不仅需要提高制作工艺，更需要合理的历史契机。就像周代的甬钟、钮钟之所以产生并盛行、之所以不备"商"声③，不仅仅是为了变化器物的音乐性能，更重要的是为了改革殷商旧制。

由此来看，简一三"钟、镈（钹）各一楮（堵）。/242"中的"镈（钹）"，是否可以解释为"铃"，而编铃乐器在汉文之时是否可以编悬成"楮（堵）"，就存在很大的疑问。

观察原简文图片，简一三/242、简五一/35 两支简文参图版一，简 242；图版二，简 35 中前两个字"钟镈""钟镈"的"金"字旁，书写方式有明显的区别；"楮""柜"二字左边"木"字偏旁，前者短而紧凑，后者笔画偏长；在"一"（横）的写法上，前者往右下斜伸，后者平直④。从简文整体书写风格上，简五一/35 也显得更为规整。依此，简一三/242、简五一/35 或是出于两人之手，但似乎记录的是同一套编钟、编磬。

观察"遣册"乐器简文的内容，大致有这样一个书写顺序：乐器组合、乐器数量、乐器装饰、演奏者等。如把简一五/24、简一二/25 合读："屯（錞）于、铙、铎各一。击屯（錞）于、铙、铎各一人"，其内容相继，文意可通。根据这个逻辑，我们把简一三/242、简五一/35 合读："钟、镈（钹）各一楮（堵）。钟、镈（磬）各一，有柜（虡），击者二人"，可以看出，这两支简文，似是在

---

① 王子初《中国音乐文物大系·山东卷》，第 125 页。
② 李纯一先生认为，编铃的出现不会早于西周中期。参《中国上古出土乐器综论》，第 100 页；郭宝钧先生则认为，铃钟是铃到钮钟的过渡形式。参郭宝钧《商周青铜器群综合研究》，文物出版社，1989 年，第 10 页。
③ 郭家庙 M30 出土了 10 件编钮钟，出现了"商"声，被认为是"目前所知音乐性能较为成熟的早期编钮钟"。参注释 15。由于该墓葬年代较早（西周晚期），这一现象值得重视，但与周代编钟多不备"商"声的认识并不矛盾。
④ 参《集成》"遣册"的"图版"的原简图片。第 2 册，第 261、279 页。

记录、说明一套相同的编钟、编磬。出土实物木编钟 10 件，木编磬 10 件（均明器），各为一堵，合一肆，应该是对这两支简文内容较合理的解释。若上述成立，简一三/242 的排序则需要重新考虑。

金石之器，乃国之重器。三号墓出土的编钟、编磬虽为木质，却具有代表墓主政治等级身份的实质意义，是否还随葬另外一套可以成"楮（堵）"的钟、铃编悬乐器存在很大疑问。战国到秦汉（西汉）随葬类有编列的铃器，多出于等级较低的墓葬，且器形偏小，要成为与钟并列的编悬乐器，几乎没有可能，因此简一三/242 的排序和释读存疑。

二、"遣册"中的大鼓、建鼓释名

在上述简文中，值得关注的是，"大鼓""建鼓"名义问题①。学界基本默认简一四"大鼓一，卑（鼙）二"、简一〇"鼓者二人"，是对简九所云"建鼓一"内容的另一种描述，对此并没有做更多解释，即"遣册"中"建鼓"即为"大鼓"。不过，准确地说大鼓、建鼓二者有联系又有分别。以下就二者名义及其性质谈几点看法。

首先，大鼓指鼖（贲）鼓。文献屡屡提到"诸侯执贲"，如《周礼·夏官·大司马》："中春教振旅，司马以旗致民，平列阵，如战之阵，辨鼓铎镯铙之用。王执路鼓，诸侯执贲鼓，军将执晋鼓，师帅执提旅，旅帅执鼙，卒长执铙，两司马执铎，公司马执镯。"郑玄注："《鼓人》职曰：'以路鼓鼓鬼享，以贲鼓鼓军事，以晋鼓鼓金奏，以金铙止鼓，以金铎通鼓，以金镯节鼓。'郑司农云'辨鼓、铎、镯（钲）、铙之用'，谓钲、铎之属。"贾公彦疏引《司马法》云："十人之长执钲，百人之帅执铎，千人之帅执鼙，万人之主执大鼓。"②贲，又作"鼖"，意为大鼓。《周礼·地官·司徒》"鼓人"职云："以鼖鼓鼓军事。"郑玄注："大鼓谓之鼖，鼖鼓长八尺。"贾公彦疏："云'大鼓谓之鼖'，是训鼖为大。此唯两面而已，而称大者，此不对路鼓已上，以其长八尺，直对晋鼓六尺六寸者为

---

① 学界对建鼓的研究较多关注，本文只梳理"建鼓"与"大鼓"的关联关系。

② 李学勤主编《周礼注疏》（十三经注疏点校本），北京大学出版社，2000 年，第 900—902 页。

大耳。"① 又云"以鼖鼓鼓役事"郑注:"鼖鼓,长丈二尺。"贾公彦疏:"此既丈二尺,大于鼛鼓,不得大名,但鼖鼓长八尺,尚对晋鼓为鼖,明鼛鼓亦大可知。不可同名为鼖,故别以鼛鼓为号也。"②《尔雅·释诂》:"大鼓谓之鼖。"郭璞注:"鼖长八尺,小者谓之应。"③《说文·鼓部》:"大鼓谓之鼖。鼖,八尺而两面,以鼓军事。"④ 孙诒让《周礼正义》:"此经王侯及军将所执路、贲、晋三鼓,郑谓皆建于所乘之车,此皆大鼓,必当车中建之,则执之者亦必居中可知。其师帅以下,皆小鼓,不必建于车中,则执之者自可居车左。"⑤

又有以人事为大、鼓声为大的理解。如宋王昭禹《周礼详解》卷十二云:"路者,道之大。而人由之以致其通,惟能通,然后置于大矣,莫大于帝王,故以路鼓鼓鬼享。三鼓之制,无所经见。先儒以为雷鼓八面,灵鼓六面,路鼓四面,理或然也。以鼖鼓鼓军事者,路,大也;鼖,亦大也。道之大谓之路,物之大谓之鼖。鼓军事以鼖鼓,以人之事,于是为大也。"⑥ 宋王与之《周礼订议》引郑锷说:"国之大事,莫大于戎。鼖鼓长八尺,鼓四尺,中围加三之一,其声尤大。鼖,大也,字或为'贲',贲亦大也,故宜用以鼓军。"⑦

依上述经注,可以从鼓的形制(大小)、声制、用制等维度理解"大鼓"的含义:一、从形制上来说,是指鼓的尺寸大小,路鼓、鼖鼓、晋鼓、鼛鼓等鼓制尺寸,虽然各有分别,但是相比应鼓、鼙鼓等其他鼓制的尺寸都大,因此均可称为"大鼓"。二、从礼制的角度上理解,路鼓、鼖鼓、晋鼓、鼛鼓等,主要是通过"别其名号"的方式,区分各鼓使用者等级分别及使用功能,如国君建路鼓、诸侯建鼖鼓、军将建晋鼓,而鼛鼓则是主要用来鼓"役事"。这意味着各种大鼓在具体使用上,更重视其制度意义和礼仪功能,强调使用者的等级区分,在此前提下,大鼓的功能各自区别。

二十世纪七十年代在内蒙古发掘了和林格尔县新店子一号汉墓,该墓葬断代

---

① 李学勤主编《周礼注疏》(十三经注疏点校本),北京大学出版社,2000 年版,第 372—373 页。

② 李学勤主编《周礼注疏》(十三经注疏点校本),第 373—374 页。

③ 李学勤主编《尔雅注疏》,北京大学出版社,1999 年,第 155 页。

④ 许慎《说文解字》,中华书局,1963 年,第 102 页。

⑤ 李学勤主编《周礼注疏》(十三经注疏点校本),第 2301 页。

⑥ 王昭禹《周礼详解》卷一二,文渊阁《四库全书》本,第 91 册,第 331 页。

⑦ 王与之《周礼订议》卷二〇,文渊阁《四库全书》本,第 93 册,第 329 页。

为东汉晚期，墓主为东汉乌桓持节校尉，是东汉派遣驻外夷的最高使节。此墓葬出土了丰富的壁画，壁画主要内容是展示墓主生前的升迁经历、任职出行以及各种生活场景等。在壁画的榜题中有"行上郡属国都尉时""繁阳令""使节护乌桓校尉"，标示了墓主的政宦经历。在中室至后室甬道南壁榜题"大鼓"（参图4）"宫中口（鼓）吏"[1]，从壁画实物和摹本来看，此建鼓上有流苏伞盖，下有对虎型底座，击者一个人，旁从鼓吏数人。徐州青山泉水泥二厂 M2 东汉墓，墓室甬道北壁也有建鼓壁画，但是无榜题[2]。可见，延至东汉时期，"大鼓"与建鼓仍然有密切的关联。

图 4　和林格尔县一号汉墓"大鼓"图（局部）

题画建鼓于甬道墙壁的做法，是"建路鼓于寝"制度的一种遗留。关于路鼓的用法，除了文献所说用于国君征战外，其他还可用于祭祀、朝报、传警、申冤等。《周礼·夏官·大司马》"太仆"职云："建路鼓于大寝之门外，而掌其政，以待达穷者与遽令，闻鼓声，则速逆御仆与御庶子。"郑玄注："大寝，路寝也。其门外，则内朝之中，如今宫殿端门下矣。政，鼓节与早晏。"又引郑司农云："穷谓穷冤失职，则来击此鼓，以达于王，若今时上变事击鼓矣。遽，传也。若今时驿马军书当急闻者，亦击此鼓，令闻此鼓声，则速逆御仆与御庶子也。大仆

---

① 参内蒙古文物工作队、内蒙古博物馆《和林格尔发现一座重要的东汉壁画墓》，《文物》第 1 期；内蒙古自治区考古研究所《和林格尔汉墓壁画》，文物出版社，2007 年，第 99 页。按：左上有"大鼓"榜题，因而名之。此图用笔疏朗夸张，注重写意性表达，不具备测量的实际意义。

② 邱永生《徐州青山泉水泥二厂一、二号汉墓发掘简报》，《中原文物》1992 年第 1 期，第 94 页。

主令此二官，使速逆穷遽者，玄谓达穷者，谓司寇之属朝士，掌以肺石达穷民，听其辞以告于王。遽令，邮驿上下程品，御仆、御庶子、直事鼓所者。大仆闻鼓声，则速逆此二官，当受其事以闻音。"① 这里讲了路鼓另外的用途，就是有冤屈的官吏，可以敲击路鼓以求申诉；有邮驿急报，也可以击路鼓传警报信。依类推之，可知诸侯、军将等可以在不同的场合建贲鼓、建晋鼓，所建之鼓相应的功能也随之变化。

　　关于建鼓，就其形制而言，主要特征是"柱贯中上出""（木）贯而载之"。如《礼记·明堂位》："夏后氏之鼓足，殷楹鼓，周县鼓。"郑玄注："足，谓四足也。楹，谓之柱，贯中上出也，县，县之簨虡也。"②《仪礼·大射》："建鼓在阼阶西，南鼓。应鼙在其东，南鼓。"郑玄注："建，犹树也。以木贯而载之，树之跗也。"③ 建鼓为殷商"楹鼓"遗制，溯其源，则与更古老的"建木""谤木"的谏政制度有关。之后，建鼓逐渐用于祭祀、战争、宴飨、大射、春秋振旅等各种礼仪。

　　从鼓制上讲，"柱贯中上出""（木）贯而载之"的特征，决定了建鼓主要是建路鼓、建贲鼓、建晋鼓等各种大鼓。从使用者角度来说，如君王建路鼓、诸侯建贲鼓、军将建晋鼓，是随使用者的不同等级以及使用的场合，植建不同的鼓型。如战争建鼓，孙诒让综合前代诸家的说法，并结合文献所记战车的尺寸大小，认为在实战中，路鼓、贲鼓、晋鼓等大型建鼓，用于陆战载之于车，用于水战载之楼船；在祭祀、大射、春秋振旅等礼仪中，则需要放置于合理的方位④。

　　从词性上，建鼓为动宾词组，即建，有立、树之意。如《左传·哀公十三年》："日旰矣，大事未成，贰臣之罪也。建鼓整列，贰臣死之，长幼必可知也。"孔颖达疏："建，立也。立鼓击之与战也。"⑤《国语·吴语》："十旌一将军，载常建鼓，挟经秉枹。"韦昭注："鼓，晋鼓也。《周礼》：'将军执晋鼓。'建，谓为楹而树之。"⑥ 此时，"建"是动词，有植、树之意。

① 李学勤主编《周礼注疏》（十三经注疏点校本），第 973—974 页。
② 李学勤主编《礼记正义》（十三经注疏点校本），第 948 页。
③ 李学勤主编《仪礼注疏》（十三经注疏点校本），第 301 页。
④ 李学勤主编《周礼注疏》（十三经注疏点校本），第 2304—2305 页。
⑤ 李学勤主编《春秋左传正义》（十三经注疏点校本），第 1923—1924 页。
⑥ 徐元诰撰，王树民、沈长云点校《国语集解》，中华书局，2002 年，第 549 页。

可以看出，大鼓、建鼓本来是两种词性，即并非同一层面的称呼。"大鼓"着眼于形制，"建鼓"则强调其用时的方式。不过，在后来的使用中，尤其在具体的使用语义环境下，两者渐而合义，大鼓即指建鼓，如马王堆三号墓"遣册"中的"大鼓一"，即指"建鼓一"；东汉壁画榜题"大鼓"下，则图画建鼓。辨析建鼓与大鼓在历史发展中的名义关系，更有助于我们理解"建鼓"所代表的实质含义。

从出土实物资料看，在西周晚期、春秋战国以及汉代早期墓葬中，出土了一定数量的建鼓类鼓跗（底座），多青铜制，也有木制和陶制①，有的伴有建鼓残件出土。研究者也纷纷提出了自己的看法②，有的也进行了文物修复和复原工作。依鼓座外形以及出土形式，大致可以归为三类：

A 型，蟠龙镂空青铜底座，出土墓葬有许灵公墓、舒城九里墩墓、曾侯乙墓，另有上博馆藏品③。

B 型，蟠螭纹半球形青铜底座，太原金胜村 88 号墓、太原金胜村 674 号墓、随州擂鼓墩二号墓、无锡鸿山丘承墩墓（青釉陶制明器），另有保利艺术博物馆、上博馆藏品④。

---

① 枣阳郭家庙曾国墓（M1），发现了最早的建鼓实物，贯柱（鼓杆）高 3.31 米，其他详细数据未公布。参方勤、胡刚《枣阳郭家庙曾国墓地曹门湾墓区考古主要收获》，《江汉考古》2015 年第 3 期，第 3—4 页。

② 参孙机《记保利艺术博物馆所藏青铜鼓座》，《文物》1999 年第 9 期；侯毅《鼓座、建鼓、战鼓》，《中原文物》2006 年第 4 期；周亚《鼓座、建鼓及其他》，《上海文博论丛》2008 年第 3 期；王厚宇、赵海涛《淮安运河村战国墓出土鼓车复原研究》，《中国典籍与文化》2007 年第 1 期，等等。

③ 参马新民、郭移洪、李元芝《叶县旧县四号墓春秋铜蟠龙建鼓鼓座的修复与保护》，《华夏考古》2012 年第 3 期；安徽省文物工作队《安徽舒城九里墩春秋墓》，《考古学报》1982 年第 2 期；中国社会科学院考古研究所、湖北省博物馆编《曾侯乙墓》（《考古学专刊》，丁种第 37 号），文物出版社，1989 年；南京博物院考古研究所、无锡市锡山区文物管理委员会《无锡鸿山越国贵族墓发掘简报》，《文物》2006 年第 1 期；国家文物局官网，曾报道山西警方追回一件"蟠螭纹青铜鼓足"，该鼓座直径 77 厘米，高 47 厘米，重 80 千克。据描述，该鼓座上部三条蟠蛇相互纠结盘绕，似与上博馆藏品相仿。网址来源：http://www.sach.gov.cn/art/2019/3/12/art_ 722_ 154156.html

④ 参《中国音乐文物大系·山西卷》"太原金胜村 88 号墓鼓座"条；侯毅《鼓座、建鼓、战鼓》；湖北省博物馆、随州市博物馆《湖北随州擂鼓墩二号墓发掘简报》，《文物》1985 年第 1 期；南京博物院考古研究所、无锡市锡山区文物管理委员会《无锡鸿山越国贵族墓发掘简报》，《文物》2006 年第 1 期；周亚《鼓座、建鼓及其他》。

C 型，车载建鼓底座，有淮安运河村墓、淮阴高庄墓、洛庄汉墓、危山汉墓①。

除了博物馆藏品外，出土建鼓鼓座的墓葬，多数随葬钟、磬、鼎等礼乐重器，可见建鼓拥有者基本是社会等级较高的统治阶层②。上述墓葬从春秋晚期，迄至汉初，跨度时间很长，尤其周代诸国墓葬的文化属性与周代建立的等级制度、礼乐制度关系极其紧密，这种影响甚至延及汉初。建鼓制度虽然不是区分社会阶层的绝对标准，但是依然可以清晰地窥见其中的社会等级。

值得注意的是，在 C 型中，洛庄汉墓、危山汉墓出土的车载建鼓形制形似，前者单出，并无车驾，后者整个建鼓及其鼓座装载在车舆内。淮安运河村墓、淮阴高庄墓的国别和文化属性比较复杂，如均有东夷文化的特点（人殉）③，则未必与中原诸国基本奉行周制的做法一致，而其建鼓鼓座都是安装在车舆上，基本可以看作是车舆的组件。淮安运河村墓出土鼓残件，身（框）长 56 厘米，口（面）径 29 厘米，腹径 46 厘米，其鼓型略小。该鼓鼓身与鼓座，均有整块木头剜挖而成，尤其是鼓身部分与《考工记》以拼版制作工艺有别；建鼓鼓座更像是车子的组成部分，如果离开车子，就无法起到架鼓的作用。淮阴高庄战国墓，出土了两件兽形铜饰和类似“较”的青铜组件，复原者认为是“兽形鼓座饰”和“鼓柱插座”，也承认这些组件“广义上讲也是车舆饰件”④。即使如此，从墓主随葬器以及车子的豪华程度看，两墓墓主在其属国中也是拥有较高的社会身份。

汉代早期建鼓的使用者依然拥有特殊的权利和等级身份。如汉昭帝时，韩延寿曾为东郡太守，后取代萧望之为左冯翊，望之迁御史大夫，二人矛盾由此而起。萧望之按查东郡，奏韩延寿为东郡太守时，治兵有逾制的行为，其中就说：

---

① 淮安市博物馆《江苏淮安市运河村一号战国墓》，《考古》2009 年第 10 期；淮阴市博物馆《淮阴高庄战国墓》，文物出版社，2009 年；济南市考古研究所、山东省大学考古系、山东省文物考古研究所、章丘市博物馆等编《山东章丘市洛庄汉墓陪葬坑的清理》，《考古》2004 年第 8 期；王守功、崔大庸《山东发现大型兵马俑坑》，《走向世界》2003 年第 1 期。王守功《危山汉墓》，《文物天地》2004 年第 2 期。按：危山汉墓年代争议未定，王守功先生认为定于东汉比较合适，附列于上，仅作参照。关于“车载建鼓底座”的分类，未必确切。考虑到建鼓的实际应用，多可车载，姑且按出土方式别之。

② 侯毅梳理了其中六件青铜鼓座，认为“只有极少数地位尊贵或者实力雄厚的高级贵族，才可能使用具有青铜鼓座的硕大建鼓”。参《鼓座、建鼓、战鼓》，第 71 页。

③ 《江苏淮安市运河村一号战国墓》，第 19 页。

④ 《淮阴高庄战国墓》，第 53 页。

"延寿在东郡时，试骑士，治饰兵车，画龙虎朱爵。延寿衣黄纨方领，驾四马，傅总，建幢棨，植羽葆，鼓车歌车。"① 汉武帝死后，昭帝即位，燕王刘旦曾策划谋反。《汉书·武五子传·燕刺王刘旦》："旦遂招来郡国奸人，赋敛铜铁作甲兵，数阅其车骑材官卒，建旍旗鼓车，旄头先驱，郎中侍从者著貂羽，黄金附蝉，皆号侍中。"颜师古注："凡此旄头先驱，皆天子之制。而貂羽附蝉，又天子侍中之饰，王僭为之。"② 显然，这种鼓车在武、昭时期有严格的等级限制。这类鼓车具体形制以及器服配置，文献所载不明。不过，在海昏侯墓中出土了一副乐车的实物，配有建鼓、鼓槌、4件铙（其中两件疑似镯）和1件錞于③，应该是韩延寿、燕王刘旦所建鼓车的体现。更准确地说，这种鼓车是建鼓鼓车。韩延寿为东郡太守、左冯翊，燕王蓄谋反政，海昏侯为逊位之帝，其所用建鼓应该是更接近西汉宫廷所用建鼓之制。从乐器配置来看，洛庄汉墓建鼓（配四面小鼓），有别于海昏侯墓鼓车的建鼓配置。吕台爵吕王，在诸侯之上，且统帅长安南北军，握拥重权。其建鼓尺寸硕大，显然非一般品第之官所能有。不过该墓葬器物来源似乎颇为复杂，那些为汉宫廷一系，那些为地方所献，或征战所获，还有待进一步考察。

武帝时期进行了一系列制度改革，汉代包括建鼓在内的鼓吹制度发生了较大的变化。如据《汉官仪》，设黄门鼓吹员20人，不常置；据《续汉书·礼仪志》，帝王法驾有"黄门鼓车"，等等。张骞通西域后带来了新的鼓吹形式，后融合汉家礼制加以改制，使之大行于汉廷。随着鼓吹假赐制度的开始，鼓吹卤簿渐行于诸王、列侯、将尉以及显贵之家，建鼓也随着两汉礼仪制度的更替悄然变化。尤其东汉以后，从帝王殿廷、诸王侯将，到官宦富豪以及小富之家，均可使用建鼓。建鼓的繁简变化，随使用者的身份、地位、财力以及使用场合，在制度允许的范围内各自建置。在东汉时期的汉画像中频繁地出现各种形制的建鼓图像，便是这种制度下行的反映。

马王堆三号墓西壁帛画中"建鼓图"（参图5），出现在汉初器服未定时期，

---

① 《汉书·韩延寿传》，中华书局，1962年，第3214页。
② 《汉书·燕刺王刘旦传》，第2753—2754页。
③ 《江西南昌西汉海昏侯墓考古取得重要发现》，《中国文物报》2015年11月6日版，第001版。王清雷、徐长青《海昏侯墓音乐文物首次考察述要》，《中国音乐》2017年第8期，第68—69页。

图5 马王堆三号墓西壁帛画"建鼓图"

豪华的建鼓以及编悬的铙、铎等军用乐器组合，置于整个礼仪队伍中，有其特殊的制度意义。此帛画中敲击建鼓的两位人物，身材格外修长，着青色长服，内衬赤衣，有冠，足蹬青履，双手挥舞鼓槌作敲击状，动作十分生动。铙、铎分系青、红组带，系于悬架。旁边两位身着白色、青色服饰的演奏者，右边白衣击者，内衬赤衣明显。这两人下蹲执器，也似乎在随着建鼓的节奏专注演奏。悬架旁边各有一位朱、青衣侍者，分立左右两侧，凝神伫立。尤其建鼓的设置，极其夸张，鼓形硕长，鼓腹髹漆黑地，画白色云纹，鼓两面。鼓身两侧，各有一根稍细的植木支架。中心植木贯穿鼓腹，上部青色圆幢，每段饰彩色组代，幢上部有朱色伞盖，四周朱缨，下垂至鼓身，迎风飘拂；植木下端置地，饰旐状白色流苏，尽显其奢华尊贵。毫无疑问，建鼓是图中的核心主体，那么其中的鼓是鼖鼓、晋鼓还是其他大鼓呢，以下尝试对此进行分析。

关于鼖鼓、晋鼓的尺寸，最主要的依据是《周礼·冬官·考工记》的相关记录，"韗人"职云："韗人为皋陶，长六尺有六寸，左右端广六寸，中尺，厚三寸，穿者三之一，上三正。鼓长八尺，鼓四尺，中围加三之一，谓之鼖鼓。"贾公彦疏："此鼓两面，以六鼓差奏，贾侍中（逵）云：'晋鼓大而短，近晋鼓也。'以晋鼓鼓金奏。"[1] 孙诒让也同意此鼓为晋鼓的说法："诒让案：言此鼓两面，明其此鼓非雷、灵、路三鼓，亦以此定晋鼓也。"历代注家对晋鼓的制作方式、尺寸大小及其原因，争执不下。孙诒让基本认为由于各国制度变化，在晋鼓的具体制作上，存在差异是正常的[2]。

曾侯乙墓出土的建鼓，有豪华的青铜建鼓底座、残损的大鼓、植木等建鼓的配件，基本可以复原相对完整的建鼓。其建鼓（C.67）的鼓形：（框高）鼓长106厘米，鼓两面，面径74厘米，腹径90厘米[3]。鼓杆通高3.65米，贯鼓腔而出，上端1.5米，下端1.25米，柱径6.5厘米。鼓槌一对，通长64厘米，直径

<hr>

[1] 李学勤主编《周礼注疏》（十三经注疏点校本），第1302—1303页。

[2] 李学勤主编《周礼注疏》（十三经注疏点校本），第2301页。

[3] 《曾侯乙墓》（《考古学专刊》，丁种第37号），第152页。

1.8—2.4 厘米①。李纯一先生以 22.5 厘米尺，定《考工记》"鼛人"所记晋鼓为"面径 90 厘米，框长 148.5 厘米，腹径 150 厘米"，认为曾侯乙墓建鼓的实际比值，大致符合《考工记》所记晋鼓尺寸，虽然有些偏差，不过在可以接受的范围，但是"应该说不算太大"②。春秋战国时期各国的尺子，不同时期也会有不同的变化③，鼓制大小不尽如文献记载，考虑到各国制度有所不同以及历史变化，应是正常现象。从三礼等先秦文献所记名物来看，一方面是体现器物的实用功能，更重要的则是强调名物的礼制意义。

受此启发，我们尝试从另外的角度对三号墓"建鼓图"中鼓者、大鼓、鼓杆等进行数据测量，以此推断建鼓各组件的实际比例和尺寸。据《续汉书·百官志二》"太常条"下："大予乐令一人，六百石。本注曰：掌伎乐。凡国祭祀，掌请奏乐，及大飨用乐，掌其陈序。"刘劭注引《汉官》曰："员吏二十五人，其二人百石，二人斗食，七人佐，十人学事，四人守学事。乐人八佾舞三百八十人。"又引用卢植《礼注》曰："大予令如古大胥。汉大乐律，卑者之子不得舞宗庙之酎。除吏二千石到六百石，及关内侯到五大夫子，取适子高五尺已上，年十二到三十，颜色和，身体修治者，以为舞人。"④ 联系实际情况，三号墓建鼓鼓者在军中演奏的特殊身份，年纪在 20 岁左右（汉景帝时期的征兵年龄），其身高应该比普通舞者要高。依汉初尺 23.1 厘米，折中鼓者身高为 175 厘米，即合汉尺 7.6 尺左右。如果从绘画构图的角度看，左右两个鼓者、植木，三者基本处于同一水平位置；鼓人侧立、鼓、植木，处于同一平面内构图，这为我们以下测量提供了依据。借助毫米（mm）为单位的测量工具，依次对鼓者、中心鼓杆、两侧鼓杆高度，对鼓框（身）、鼓腹、鼓面、伞盖下径的径长进行测量。

首先对测量数据作几点说明：一、首先以战国汉初尺子 23.1 厘米，还原《考工记》所记录建鼓尺寸。二、古人制作器物时候，比较注重整数和余数的关

① 谭维四《曾侯乙墓》，文物出版社，2003 年，第 96—97 页。
② 李纯一先生参考曾武秀所定周尺为 22.5 厘米。参李《中国上古出土乐器综论》，第 7 页。
③ 如战国楚地安徽寿县楚铜尺 22.5 厘米，长沙楚铜尺 22.7 厘米、22 厘米。综合出土实物刻尺，现在普遍接受战国汉初尺为 23.1 厘米的认识，参丘光明《中国历代度量衡考》，科学出版社，1992 年，第 10—11 页。有研究者认为，秦代有大小尺之分，小尺 23.1 厘米、大尺 27.65 厘米（秦统一后）。参吴慧《春秋战国时期的度量衡》，《中国经济史研究》1991 年第 4 期，第 129 页。
④ 司马彪《续汉书·礼仪志》，中华书局，1973 年，第 3573 页。

系，如文献会讲到晋鼓"面四尺，鼓长六尺六寸"甚至"六尺六寸三分"等。这一方面，可能和鼓腔发音体物理性的声音属性有关，即框高、腹径、面径需要合理的比例关系，发出的声音才能更有特色；另一方面，更多还是符合礼制的要求。鉴于此，我们的测量数据尽量保留余数。三、汉代绘画中，重视突出画中主题事物。如在西壁帛画中，身材高大男子被认为是墓主，其他随从人物身高偏小；汉墓其他壁画中，也会突出墓主、墓主夫人的身材高大等。因此，关于鼓者测量，由于其身体倾斜造成其实际身高偏矮，我们测量至冠饰的位置。鉴于鼓者、建鼓的关系，我们认为图中更强调建鼓，所以适当增加鼓者的身高比例。鼓者实际测量值为 4550 毫米，我们按比例取其数值 5 厘米，然后将测量值换算为实际数值，如图表 1 所示（参图 6）①。

表 1　　　　　　　　　（单位：厘米/战国尺）

	鼓者	框高	腹径	面径	鼓杆	上鼓杆	下鼓杆	侧鼓杆	伞盖
马王堆三号墓	175	159	145	91	516	254	117	130	140
战国汉初尺	7.6	6.9	6.3	3.9	22.3	11	5.3	5.6	6
周礼·考工记		152.5	154	92.4					
战国汉初尺		6.6	6.7	4					

依上述数据，可以看出，三号墓"建鼓"的测量结果与《考工记》所记晋鼓尺寸比较接近。较之出土的两幅鼓杆郭家庙鼓杆 3.31 米、曾侯乙墓鼓杆 3.65 米，而三号墓鼓杆偏长达 5.16 米，其原因或是汉初之际，对鼓的上部结构多有修饰，如加伞盖、羽幢、垂旒等，或者是绘画者为了更加彰显建鼓核心的意义，或者两者兼有。其鼓框偏高，这样使鼓的腔体整体增长，这样可以增强鼓声宏阔的穿透力。另外，从其击鼓者的位置看，鼓槌距离鼓的中心点较远，不符合实际的击鼓方式。这可能与绘画者意图有关系，即强调图画的主题事物建鼓；也有可能是此画出土破损严重，后来修复所致②。

通过上述比较，可以说，三号墓西壁帛画中是名副其实的"建鼓图"。整个

---

① 《周礼·考工记》记晋鼓尺寸，依李纯一先生所订。参《中国上古出土乐器综论》，第 6—7 页。本文图表以战国汉初尺 23.1 厘米进行比值换算。

② 按：我们借用制图软件取值时，会发现上、下鼓杆不完全处于一条水平线上，这可能后来修复有关。

演奏场景，居于帛画左边中间的核心位置，场面格外开阔，这显然是为了更加彰显建鼓的意义。演奏者神态举止，显得庄严肃穆，结合豪华的建鼓修制，编悬的铙、铎以及乐人冠服衣履，可以看出，这种演奏场景以及整体氛围应该与帛画表达的核心礼仪紧密关联。此"建鼓图"，基本完整地图画出了汉初之际列侯军中建鼓仪仗，对研究汉初军中乐仪仗具有突出的意义。

综合来说，春秋战国时期，无论是使用者的身份，还是所建之鼓的实际功能，均有较明确的等级标识。汉武时期随着新鼓吹制度的制定，在一定程度上弱化了早期建鼓制度的某些功能，而东汉时期建鼓制度下移，建鼓的使用渐近广泛。相较而言，西壁帛画的"建鼓图"与前代建鼓制度，具有更强的可比性。结合早期出土建鼓鼓座的用例，如安徽舒城墓、曾侯乙墓等出土的建鼓底座以及建鼓残件，联系"遣册"中"大鼓""建鼓"的题名，二者并出"遣册"的关联关系，以及建鼓构图比例的实际数据还原，基本可以认为三号墓西壁帛画中建鼓或是汉初列侯建晋鼓之首例图物。大鼓无非路鼓、贲鼓、晋鼓之类，列侯名义上虽位通天子，毕竟在等级上还有隔着诸侯国的国君，建晋鼓于军，基本符合二代轪侯列侯的政治身份，而这对我们进一步界定三号墓墓主二代轪侯的军事身份具有标志性的意义。

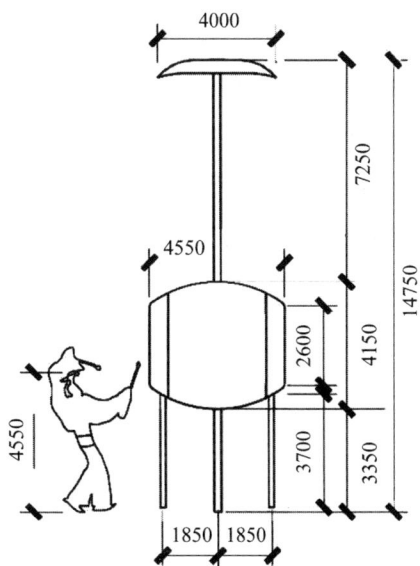

图6　建鼓数据测量图

（原刊于《音乐研究》2020 年第 2 期）

作者简介：

许继起，1970 年 4 月出生，山东章丘人。1991 年毕业于济南大学中文系，1996—1999 年就读于湖北大学古籍所，并获得硕士学位；1999—2002 年就读于扬州大学中国文化研究所，完成博士学位论文《秦汉乐府制度研究》，获得博士学位。2003—2005 年在首都师范大学博士后流动站工作，2005 年出站后，调动至中国社会科学院文学研究所，现为中国社会科学院文学研究所副研究员。主要研究兴趣是中国古代音乐文学和音乐文献学，发表过《郑玄〈周易注〉流变考》《两汉掖庭女乐考论》《乐府总章考论》《周代助祭制度与诗经中的助祭乐歌》《马王堆三号汉墓"遣册"中的几支乐事简及其他》等。

汉京房六十律以来一脉相承的变律体系

——要论三百六十律生律顺序的还原与多重错位逾越现象

伍三土

十二律相生终于中吕，以中吕复生黄钟，所得之律与黄钟有微差而略高于黄钟。中吕不能复生黄钟而实现生律循环，是三分损益法先天数理缺憾使然。历代乐律学家孜孜不倦地推演，意图缩小律差，实现黄钟的归复，由此产生了各种变律理论。先后有京房六十律，钱乐之、沈重三百六十律，万宝常一百四十四律，蔡元定十八律，这些变律理论实属同一数理体系。

一、京房六十律的生律顺序与错位逾越现象

京房六十律是目前记载最早的变律体系，见《后汉书·律历志》："而元帝时郎中京房（房字君明），知五声之音、六律之数。上使太子太傅韦玄成、谏议大夫章，杂试问房于乐府。房对：'受学故小黄令焦延寿。六十律相生之法：以上生下，皆三生二；以下生上，皆三生四。阳下生阴，阴上生阳，终于中吕，而十二律毕矣。中吕上生执始，执始下生去灭，上下相生，终于南事，六十律毕矣。夫十二律之变至于六十，犹八卦之变至于六十四也……'"①《后汉书·律历志》后文对六十律的具体记载，以律高顺序为纲，又具体说明了各律的相生顺序、计

---

① 司马彪《后汉书·律历志》，中华书局，1965 年，第 3000—3001 页。

算数据，以及连续相生之三律宫、商、徵的相对音阶关系。

按律高顺序，京房六十律如下（六十律表1）：

	1	8	3	10	5	12	7	2	9	4	11	6
	子	丑	寅	卯	辰	巳	午	未	申	酉	戌	亥
A	黄钟	大吕	太簇	夹钟	姑洗	中吕	蕤宾	林钟	夷则	南吕	无射	应钟
B	**色育**		**未知**		**南授**		**南事**	**谦待**		**白吕**		**分乌**
C	执始	分否	时息	开时	变虞	南中	盛变	去灭	解形	结躬	闭掩	迟内
D	丙盛	凌阴	屈齐	族嘉	路时	内负	离宫	安度	去南	归期	邻齐	未育
E	分动	少出	随期	争南	形始	物应	制时	归嘉	分积	未卯	期保	迟时
F	质末		形晋		依行			否与		夷汗		

若按生律顺序重排，则如下表（六十律表2）：

	1	8	3	10	5	12	7	2	9	4	11	6
	子	丑	寅	卯	辰	巳	午	未	申	酉	戌	亥
A	黄钟	大吕	太簇	夹钟	姑洗	中吕	蕤宾	林钟	夷则	南吕	无射	应钟
B	执始	分否	时息	开时	变虞	南中	盛变	去灭	解形	结躬	闭掩	迟内
C	丙盛	凌阴	屈齐	族嘉	路时	内负	离宫	安度	去南	归期	邻齐	未育
D	分动	少出	随期	争南	形始	物应	制时	归嘉	分积	未卯	期保	迟时
E	质末	**未知**	形晋	**南授**	依行	**南事**	**谦待**	否与	**白吕**	夷汗	**分乌**	**色育**

关于京房六十律，谷杰《京房六十律的蕤宾之"重上"、色育之"违例"——〈五经算术〉中的京房六十律》《京房易学的纳甲、纳支法及其阴阳五行与"六十律"的生律法》，陈应时《"京房六十律"中的三种音差》等文已经作了研究。综合上述研究成果，京房六十律生律体系的数理逻辑要点如下：（1）六十律为五轮生律所得，可以视为平行的五组，相邻两轮同组对应之律的音差为23.46音分，粗略计算时可视为24音分。（2）为了满足"上生不得过黄钟之浊，下生不得及黄钟之清"，且使同一轮之十二律处于一个八度范围内，生律时对越出4.5与9律寸范围的律作了倍半处理，相当于在对应位置进行

"重上生"。（3）生律到第四轮半之第 54 律色育时，与第一轮之十二律比较，逐轮累积的 23.46 音差超越了一律的范围，故"色育"以后诸律皆有"越位"现象①。

　　表中加黑体的即是发生错位逾越现象的律，"色律"因倍浊而越亥居子，在生律时本属应钟组，按律高顺序排列时却归为黄钟组；"未知"越丑居寅，生律时本属大吕组，按律高顺序排列时却归为太簇组；类似地，"南授"越卯居辰，"南事"越巳居午，"谦待"越午居巳，"白吕"越辛居酉，"分乌"越戌居亥。我们知道，十二律的间距不同于平均律，有长短两种。若按音分折算，以十二平均律为 1200 音分，相邻律间音分差为 100；相应的，三分损益所得十二律，相邻律间音分差为 114 或 90 不等，而其长律与短律的音分差值为 24 音分（更精确的数值为 23.46 音分）。京房六十律每一轮生律所得之律，都比上一轮对应律高 23.46 音分。当生律到第四轮半的"色育"及其后诸律时，这个累加的音差达到了 94，超过了一短律的范围。这就是"越位"现象产生的原因，这使得将六十律按律高排序时，十二组各组所含之音数变得不平均。理解了京房六十律的生律逻辑，及其最后七律的错位"逾越"现象，方能理解钱乐之三百六十律体系中更加复杂的多重错位"逾越"现象。

二、钱乐之、沈重三百六十律生律顺序的
还原与多重错位逾越现象

　　钱乐之、沈重三百六十律，见《隋书·律历志》："宋钱乐之因京房南事之余，更生三百律。至梁博士沈重钟《律议》曰：'《易》以三百六十策当期之日，此律历之数也。《淮南子》云："一律而生五音，十二律而为六十音，因而六之，故三百六十音，以当一岁之日。律历之数，天地之道也。"此则自古而然矣。'重乃依《淮南》本数，用京房之术求之，得三百六十律。各因月之本律，以为一

---

① 谷杰《京房六十律的蕤宾之"重上"、色育之"违例"——〈五经算术〉中的京房六十律》，《天籁》，《天津音乐学院学报》2009 年第 4 期，第 45—50 页。陈应时《"京房六十律"中的三种音差》，《中国音乐》2007 年第 1 期，第 35—37 页。

部。以一部律数为母，以一中气所有日为子，以母命子，随所多少，各一律所建日辰分数也。以之分配七音，则建日冬至之声，黄钟为宫，太簇为商，林钟为徵，南吕为羽，姑洗为角，应钟为变宫，蕤宾为变徵。五音七声，于斯和备。其次日建律，皆依次类运行。当日者各自为宫，而商徵亦以次从。以考声徵气，辨识时序，万类所宜，各顺其节。自黄钟终于壮进，一百五十律，皆三分损一以下生。自依行终于亿兆，二百九律，皆三分益一以上生。唯安运一律为终，不生。其数皆取黄钟之实十七万七千一百四十七为本，以九三为法，各除其实，得寸分及小分，余皆委之。即各其律之长也。修其律部，则上生下生宫徵之次也。"[1] 与京房六十律的记载不同的是，文献中关于三百六十律的记载，是按律高顺序排列的，而未对其相生顺序作说明。不过我们可以通过计算与表格推演，还原其生律顺序。

今粗略计算钱乐之、沈重三百六十律管长如下，得三百六十律表 1.1（表略）。将前表加黑体的部分翻倍处理，相当于降低八度。与京房六十律的情形类似，这是古人为了避免所生之律不超越黄钟（律寸数 9）和黄钟清声（律寸数 4.5）的范围，违背"黄钟为君"的观念而作的处理。得三百六十律表 1.2（表略）。再按律高顺序重新排列上表横坐标，得三百六十律表 1.3：

| | 一 | 八 | 三 | 十 | 五 | 十二 | 七 | 二 | 九 | 四 | 十一 | 六 |
	子	丑	寅	卯	辰	巳	午	未	申	酉	戌	亥
1	9	8.43-	8	7.49+	7.11+	6.66-	6.32+	6	5.62-	5.33+	4.99+	4.74+
2	8.87+	8.31+	7.89+	7.39+	7.01+	6.57-	6.23+	5.92-	5.54+	5.26+	4.93+	4.68-
3	8.76-	8.21+	7.78+	7.29+	6.92+	6.48+	6.15+	5.84+	5.46+	5.19+	4.86+	4.61+
4	8.64+	8.09+	7.68+	7.19+	6.83+	6.39+	6.07-	5.76+	5.39+	5.12+	4.79+	4.55+
5	8.52+	7.98+	7.58-	7.09+	6.73+	6.31-	5.99+	5.68+	5.32+	5.05+	4.73+	**8.98-**
6	8.41+	7.88-	7.48-	7.00+	6.65-	6.22+	5.91-	5.61+	5.25+	4.99-	4.67-	**8.87-**
7	8.30+	7.77+	7.38-	6.91+	6.56-	6.14+	5.83-	5.53+	5.18+	4.92+	4.61-	**8.75-**
8	8.19-	7.67-	7.28-	6.82+	6.47-	6.06-	5.75+	5.46-	5.11+	4.85+	4.54+	**8.62+**

[1] 魏征等《隋书·律历志》，中华书局，1973 年，第 397—401 页。

（续表）

	一	八	三	十	五	十二	七	二	九	四	十一	六
	子	丑	寅	卯	辰	巳	午	未	申	酉	戌	亥
9	8.08-	7.57-	7.18+	6.73-	6.38+	5.98-	5.67+	5.39-	5.04+	4.79-	**8.96+**	**8.52-**
10	7.97+	7.46+	7.09-	6.64-	6.30+	5.90-	5.60-	5.31+	4.98-	4.72+	**8.85+**	**8.39+**
11	7.86+	7.36+	7.00-	6.55-	6.21+	5.82+	5.52+	5.24+	4.91+	4.66-	**8.73-**	**8.28+**
12	7.76-	7.26+	6.90-	6.46-	6.13-	5.74+	5.45-	5.17+	4.84+	4.60-	**8.60+**	**8.18-**
13	7.65+	7.17-	6.80+	6.37+	6.05-	5.66+	5.38-	5.10+	4.78-	4.54-	**8.50+**	**8.07+**
14	7.55+	7.07+	6.71+	6.28+	5.97-	5.59-	5.30+	5.03+	4.71+	**8.94+**	**8.37+**	7.95-
15	7.45-	6.98+	6.63-	6.20+	5.89+	5.51+	5.23+	4.97-	4.65+	**8.84-**	**8.27-**	7.86-
16	7.35+	6.89-	6.54-	6.12+	5.81+	5.44+	5.16+	4.90+	4.59+	**8.71+**	**8.16+**	7.74+
17	7.25+	6.79+	6.45-	6.04-	5.73+	5.37-	5.09+	4.84-	4.53-	**8.60+**	**8.05+**	7.64+
18	7.15-	6.70+	6.36+	5.96-	5.65+	5.29+	5.03-	4.77+	**8.94+**	**8.48+**	7.95-	7.54-
19	7.06-	6.61+	6.28-	5.88-	5.58-	5.22+	4.96-	4.71-	**8.82-**	**8.37+**	7.84-	7.44+
20	6.96+	6.52+	6.19+	5.80-	5.50-	5.15+	4.89+	4.64-	**8.69+**	**8.25-**	7.72+	7.33+
21	6.87+	6.43+	6.11-	5.72-	5.43-	5.08+	4.83-	4.58-	**8.59+**	**8.14+**	7.64-	7.24-
22	6.78-	6.34+	6.02+	5.64-	5.35+	5.01+	4.76-	4.52-	**8.46+**	**8.04-**	7.52+	7.13+
23	6.68+	6.26-	5.94-	5.56+	5.28-	4.94+	4.69+	**8.91-**	**8.34-**	7.92-	7.41+	7.04-
24	6.59+	6.17+	5.86-	5.49-	5.21+	4.88-	4.63+	**8.79-**	**8.23+**	7.81-	7.32-	6.94+
25	6.50+	6.09+	5.78+	5.41+	5.14-	4.81-	4.57-	**8.68+**	**8.12+**	7.72-	7.22-	6.86+
26	6.42-	6.01+	5.70+	5.34+	5.07-	4.75-	**4.50+**	**8.56+**	**8.01-**	7.61-	7.12-	6.76+
27	6.33-	5.93-	5.63-	5.27-	5.00+	4.68+	**8.89-**	**8.44+**	7.90+	7.50+	7.02+	6.67-
28	6.24+	5.85-	5.55+	5.20-	4.93+	4.62+	**8.76+**	**8.32+**	7.79-	7.40-	6.92+	6.58-
29	6.16+	5.77-	5.48-	5.13-	4.87-	4.56-	**8.66-**	**8.21+**	7.70-	7.29-	6.84+	6.48-
30	6.08-	5.69+	5.40+	5.06-	4.80+	4.50-	**8.53+**	**8.11-**	7.58+	7.21-	6.74-	6.41-

其"逾越"错位规律如下（三百六十律表 2.1）：

	一 子	八 丑	三 寅	十 卯	五 辰	十二 巳	七 午	二 未	九 申	四 酉	十一 戌	六 亥
1–5	组别不变	组别不变	组别不变	组别不变	组别不变	组别不变	组别不变	组别不变	组别不变	组别不变	组别不变	组别不变
6–9	后移一位至丑	后移一位至寅	后移一位至卯	后移一位至辰	后移一位至巳	后移一位至午	后移一位至未	后移一位至申	后移一位至酉	后移一位至戌	后移一位至亥	后移一位至子
10–14	后移二位至寅	后移二位至卯	后移二位至辰	后移二位至巳	后移二位至午	后移二位至未	后移二位至申	后移二位至酉	后移二位至戌	后移二位至亥	后移二位至子	后移二位至丑
15–18	后移三位至卯	后移三位至辰	后移三位至巳	后移三位至午	后移三位至未	后移三位至申	后移三位至酉	后移三位至戌	后移三位至亥	后移三位至子	后移三位至丑	后移三位至寅
19–23	后移四位至辰	后移四位至巳	后移四位至午	后移四位至未	后移四位至申	后移四位至酉	后移四位至戌	后移四位至亥	后移四位至子	后移四位至丑	后移四位至寅	后移四位至卯
24–27	后移五位至巳	后移五位至午	后移五位至未	后移五位至申	后移五位至酉	后移五位至戌	后移五位至亥	后移五位至子	后移五位至丑	后移五位至寅	后移五位至卯	后移五位至辰
28–30	后移六位至午	后移六位至未	后移六位至申	后移六位至酉	后移六位至戌	后移六位至亥 不变	后移六位至子	后移六位至丑	后移六位至寅	后移六位至卯	后移六位至辰	后移六位至巳

再按五度链排列横坐标，得三百六十律表 2.2，可以发现"逾越"现象以 53 律为一个周期（最后一组不足 53 律）：

	一	二	三	四	五	六	七	八	九	十	十一	十二
	子	未	寅	酉	辰	亥	午	丑	申	卯	戌	巳
1												
2												
3					组别不变							
4												
5												
6												
7												
8					后移一位							
9												
10												
11												
12					后移两位							
13												
14												
15												
16												
17					后移三位							
18												
19												
20												
21					后移四位							
22												
23												
24												
25												
26					后移五位							
27												
28												
29					后移六位							
30												不变

按《隋书·律历志》文献表述的原始顺序，作三百六十律表 3.1。此表按律高排序，十二辰各为一组，每组三十四律或二十七律不等，而应钟组为二十八律。表中加底色者为京房六十律，加粗体者表示在生律过程中有"逾越"现象。三百六十律前六十律中，部分律名较京房六十律之名字面有变化，表中加框标示。

| | 一 | 八 | 三 | 十 | 五 | 十二 | 七 | 二 | 九 | 四 | 十一 | 六 |
	子	丑	寅	卯	辰	巳	午	未	申	酉	戌	亥
1	黄钟	大吕	太簇	夹钟	姑洗	中吕	蕤宾	林钟	夷则	南吕	无射	应钟
2	包育	荄动	未知	明庶	南授	硃明	南事	谦待	升商	白吕	思冲	分焉
3	含微	始赞	其己	协侣	怀来	启运	谧静	崇德	清爽	捐秀	怀谦	祖微
4	帝德	大有	义建	阴赞	考神	景风	则选	循道	气精	敦实	恭俭	据始
5	广运	坤元	亭毒	风从	方显	初缓	布翚	方壮	阴德	素风	休老	功成
6	下济	辅时	条风	布政	携角	羽物	满赢	阴升	白藏	劲物	恤农	义定
7	克终	匡弼	凑始	万化	洗陈	斯奋	潜动	靡應	御叙	酋秭	销祥	静谧
8	执始	分否	时息	开时	变虞	南中	盛变	去灭	鲜刑	结躬	闭奄	迟内
9	握鉴	又繁	达生	震德	擢颖	离春	宾安	华销	贞克	肥遁	降娄	无为
10	持枢	唯微	饱奏	乘条	嘉气	率农	怀远	朋庆	金天	赢中	藏邃	而义
11	黄中	弃望	初角	芬芳	始升	有程	声暨	云布	刘狄	晟阴	日在	姑射
12	通圣	庶几	少阳	散朗	卿云	南讹	轨同	均任	会道	抗节	旋春	凝晦
13	潜升	执义	柔桡	淑气	媚岭	敬致	海水	仰成	归仁	威远	阊藏	动寂
14	殷普	秉强	商音	风驰	疏道	相趣	息沴	宽中	阴侣	有截	明奎	应微
15	景盛	凌阴	屈齐	佚喜	路时	内贞	离躬	安度	去南	归期	邻齐	未育
16	滋萌	侣阳	扶弱	幹党	日旅	硃草	安壮	德均	阳消	中德	轨众	万机
17	光被	识沈	承齐	四隙	实沈	含辉	崇明	无蹇	柔辛	王猷	大蓄	万寿
18	咸亨	缉熙	动植	种生	炎风	屈轶	远眺	礼溢	延乙	允塞	啬敛	无疆
19	乃文	知道	咸擢	恣性	首节	曜畴	升中	智深	和庚	蒁收	下济	地久
20	乃圣	适时	兼山	逍遥	柔条	巳气	凤翥	任肃	靡卉	搏鹫	息肩	天长
21	微阳	权变	止速	仁威	方结	清和	朝阳	纯恪	黄晋	摇落	无边	修复
22	分动	少出	随期	争南	形始	物应	制时	归嘉	分积	未印	期保	迟时
23	生气	阿衡	龙跃	旭旦	方齐	戒虂	瑞通	美音	孔修	质随	延年	方制

（续表）

	一	八	三	十	五	十二	七	二	九	四	十一	六
	子	丑	寅	卯	辰	巳	午	未	申	酉	戌	亥
24	云繁	同云	勾芒	晨朝	物华	荒落	鹑火	温风	九德	分满	秋深	无休
25	郁湮	承明	调序	生遂	革黄	贞轸	义次	候节	咸荄	道心	野色	九野
26	升引	善述	青要	群分	茂实	天庭	高焰	蕤华	金惟	贞坚	玄月	八荒
27	屯结	休光	结荨	洁新	登明	祚周	其煌	绣岭	俾义	蓄止	澄天	亿兆
28	开元		延敷		壮进			物无		归藏		安运
29	质末		刑晋		依行			否与		夷汗		
30	傻昧		辨秩		少选			景口		均义		
31	遄建		东作		道从			曜井		悦使		
32	玄中		赞扬		硃黻			日焕		亡劳		
33	玉烛		显滞		扬庭			重轮		九有		
34	调风		傚落		含贞			财华		光贲		

按照三百六十律表2.1和表2.2分析所得的错位规律，得三百六十律表3.2（表略）。本表中的坐标为后文三百六十律表3.3的坐标。对照两表，逆推而得三百六十律表3.3，可还原出不见于文献记载的12律为一组之生律顺序，共三十组。表中加底色者为京房六十律，加粗体者表示在生律过程中有错位"逾越"现象：

	一	二	三	四	五	六	七	八	九	十	十一	十二
	子	未	寅	酉	辰	亥	午	丑	申	卯	戌	巳
1	黄钟	林钟	太簇	南吕	姑洗	应钟	蕤宾	大吕	夷则	夹钟	无射	中吕
2	执始	去灭	时息	结躬	变虞	迟内	盛变	分否	鲜刑	开时	闭奄	南中
3	景盛	安度	屈齐	归期	路时	未育	离躬	凌阴	去南	佚喜	邻齐	内贞
4	分动	归嘉	随期	未印	形始	迟时	制时	少出	分积	争南	期保	物应
5	质末	否与	刑晋	夷汗	依行	包育	谦待	未知	白吕	南授	分焉	南事
6	荄动	升商	明庶	思冲	硃明	握鉴	华销	达生	肥遁	擢颖	无为	宾安
7	又繁	贞克	震德	降娄	离春	滋萌	德均	扶弱	中德	日旅	万机	安壮
8	侣阳	阳消	幹党	轨众	硃草	生气	美音	龙跃	质随	方齐	方制	瑞通

（续表）

	一	二	三	四	五	六	七	八	九	十	十一	十二
	子	未	寅	酉	辰	亥	午	丑	申	卯	戌	巳
9	阿衡	孔修	旭旦	延年	戒斄	儌昧	景口	辨秩	均义	少选	含微	崇德
10	其己	捐秀	怀来	祖微	谧静	始赞	清爽	协侣	怀谦	启运	持枢	朋庆
11	匏奏	赢中	嘉气	而义	怀远	唯微	金天	乘条	藏邃	率农	光被	无塞
12	承齐	王猷	实沈	万寿	崇明	识沈	柔辛	四隙	大蓄	含辉	云繁	温风
13	勾芒	分满	物华	无休	鹑火	同云	九德	晨朝	秋深	荒落	通建	曜井
14	东作	悦使	道从	帝德	循道	义建	敦实	考神	据始	则选	大有	气精
15	阴赞	恭俭	景风	黄中	云布	初角	晟阴	始升	姑射	声暨	弃望	刘狄
16	芬芳	日在	有程	咸亨	礼溢	动植	允塞	炎风	无疆	远眺	缉熙	延乙
17	种生	啬敛	屈轶	郁湮	候节	调序	道心	革黄	九野	义次	承明	咸苌
18	生遂	野色	贞轮	玄中	日焕	赞扬	亡劳	硃黻	广运	方壮	亭毒	素风
19	方显	功成	布萼	坤元	阴德	风从	休老	初缓	通圣	均任	少阳	抗节
20	卿云	凝晦	轨同	庶几	会道	散朗	旋春	南讹	乃文	智深	咸擢	蓐收
21	首节	地久	升中	知道	和庚	恣性	下济	曜畴	升引	蕤华	青要	贞坚
22	茂实	八荒	高焰	善述	金惟	群分	玄月	天庭	玉烛	重轮	显滞	九有
23	扬庭	下济	阴升	条风	劲物	携角	义定	满赢	辅时	白藏	布政	恤农
24	羽物	潜升	仰成	柔梂	威远	媚岭	动寂	海水	执义	归仁	淑气	阖藏
25	敬致	乃圣	任肃	兼山	搏螫	柔条	天长	凤羁	适时	麾卉	逍遥	息肩
26	巳气	屯结	绣岭	结萼	蓄止	登明	亿兆	其煌	休光	俾乂	洁新	澄天
27	祚周	调风	财华	傲落	光贲	含贞	克终	麾慝	凑始	酋稔	洗陈	静谧
28	潜动	匡弼	御叙	万化	销祥	斯奋	殷普	宽中	商音	有截	疏道	应微
29	息泠	秉强	阴侣	风驰	明奎	相趣	微阳	纯恪	止速	摇落	方结	修复
30	朝阳	权变	黄晋	仁威	无边	清和	开元	物无	延敷	归藏	壮进	安运

　　陈应时《"钱乐之三百六十"律中的三种音差》与李宏峰《"钱氏音差"解析》二文，对三百六十律体系作了计算与研究。其中陈文亦通过单纯的计算，用序号给出了三百六十律的生律顺序，虽然分析过程和图表设计不同，其顺序和上"三百六十律表1.3"本质上是相同的。陈文指出，钱乐之三百六十律的最小音差是1.8音分左右，这较京房六十律的最小音差3.6音分又缩小了一半，从归复黄

钟的角度看是一个进步。李文则指出，与黄钟的最小音差并非出现于"安运"，而是第 26 轮的"亿兆"处，但古人没有意识到这一点而仍重"安运"。而王光祈发现，若按《隋书·律历志》的表述顺序，最后一律"安运"的数值越出了半黄钟 4.5 寸之数，本当作倍浊处理而归于黄钟组的"黄钟"与"包育"间，但《隋书·律历志》仍将"安运"归于应钟组，这实际上违背了京房提出的"下生不得及黄钟之清"原则①。

上表三百六十律，相邻两行对应之律的音差，折合为音分数是 23.46 音分，可见钱乐之、沈重三百六十律生律的内在数理逻辑和京房六十律是相同的。如果以十二律为一个生律周期，那么京房六十律含五个生律周期，钱乐之、沈重三百六十律则含三十个生律周期。每生律四轮半（53 律），与第一轮之十二律比较，逐轮累积的 23.5 音差超越了一律（90 或 114 音分）的范围，发生一重错位。多次叠加，三十轮生律，诸律发生一重至六重错位不等。"包育"到"少选"之 53 律发生一重错位，"含微"到"道从"之 53 律发生二重错位，"帝德"到"硃蔽"之 53 律发生三重错位，"广运"到"扬庭"之 53 律发生四重错位，"下济"到"含贞"之 53 律发生五重错位，"克终"到"壮进"之 41 律发生六重错位。这使得当把三百六十律按律高分十二组排列时，不是每组三十律，而是各组三十四律或二十七律不等。

三、万宝常一百四十四律拟解

《隋书·万宝常传》云："万宝常……并撰乐谱六十四卷，具论八音旋相为宫之法，改弦移柱之制，为八十四调，一百四十四律，变化终于一千八百声。"② 虽然《隋书》并没有详细记载一百四十四律的推演方法和律名，不过参照六十律与三百六十律的数理逻辑，借用三百六十律前一百四十四律的律名，我们完全可以推演出文献没有记载的一百四十四律体系。

---

① 陈应时《"钱乐之三百六十"律中的三种音差》，《南京艺术学院学报》2009 年第 2 期，第 2、3、5 页。李宏峰《"钱氏音差"解析》，《南京艺术学院学报》2008 年第 1 期，第 7、8 页。
② 魏征等《隋书》卷七八，第 1784 页。

　　若按生律顺序，万宝常一百四十四律如下（一百四十四律表3.2），其中"包育"到"少选"之53律发生一重错位，"含微"到"温风"之38律发生二重错位：

	一	二	三	四	五	六	七	八	九	十	十一	十二
	子	未	寅	酉	辰	亥	午	丑	申	卯	戌	巳
1	黄钟	林钟	太簇	南吕	姑洗	应钟	蕤宾	大吕	夷则	夹钟	无射	中吕
2	执始	去灭	时息	结躬	变虞	迟内	盛变	分否	鲜刑	开时	闭奄	南中
3	景盛	安度	屈齐	归期	路时	未育	离躬	凌阴	去南	佚喜	邻齐	内贞
4	分动	归嘉	随期	未印	形始	迟时	制时	少出	分积	争南	期保	物应
5	质末	否与	刑晋	夷汗	依行	包育	谦待	未知	白吕	南授	分焉	南事
6	菱动	升商	明庶	思冲	硃明	握鉴	华销	达生	肥遁	擢颖	无为	宾安
7	又繁	贞克	震德	降娄	离春	滋萌	德均	扶弱	中德	日旅	万机	安壮
8	侣阳	阳消	幹党	轨众	硃草	生气	美音	龙跃	质随	方齐	方制	瑞通
9	阿衡	孔修	旭旦	延年	戒敤	儌昧	景口	辨秩	均义	少选	含微	崇德
10	其己	捐秀	怀来	祖微	谧静	始赞	清爽	协侣	怀谦	启运	持枢	朋庆
11	匏奏	赢中	嘉气	而乂	怀远	唯微	金天	乘条	藏邃	率农	光被	无蹇
12	承齐	王猷	实沈	万寿	崇明	识沈	柔辛	四隙	大蓄	含辉	云繁	温风

　　若按律高顺序重排，则如下表（一百四十四律表3.1）：

	一	八	三	十	五	十二	七	二	九	四	十一	六
	子	丑	寅	卯	辰	巳	午	未	申	酉	戌	亥
1	黄钟	大吕	太簇	夹钟	姑洗	中吕	蕤宾	林钟	夷则	南吕	无射	应钟
2	包育	菱动	未知	明庶	南授	硃明	南事	谦待	升商	白吕	思冲	分焉
3	含微	始赞	其己	协侣	怀来	启运	谧静	崇德	清爽	捐秀	怀谦	祖微
4	执始	分否	时息	开时	变虞	南中	盛变	去灭	鲜刑	结躬	闭奄	迟内
5	握鉴	又繁	达生	震德	擢颖	离春	宾安	华销	贞克	肥遁	降娄	无为
6	持枢	唯微	匏奏	乘条	嘉气	率农	怀远	朋庆	金天	赢中	藏邃	而乂
7	景盛	凌阴	屈齐	佚喜	路时	内贞	离躬	安度	去南	归期	邻齐	未育
8	滋萌	侣阳	扶弱	幹党	日旅	硃草	安壮	德均	阳消	中德	轨众	万机
9	光被	识沈	承齐	四隙	实沈	含辉	崇明	无蹇	柔辛	王猷	大蓄	万寿

（续表）

	一	八	三	十	五	十二	七	二	九	四	十一	六
	子	丑	寅	卯	辰	巳	午	未	申	酉	戌	亥
10	分动	少出	随期	争南	形始	物应	制时	归嘉	分积	未印	期保	迟时
11	生气	阿衡	龙跃	旭旦	方齐	戒粲	瑞通	美音	孔修	质随	延年	方制
12	云繁							温风				
13	质末		刑晋		依行			否与		夷汗		
14	偾昧		辨秩		少选			景口		均义		

小 结

京房六十律、钱乐之三百六十律、万宝常一百四十四律、蔡元定十八律，虽然律数多寡不同，其生律内在逻辑却相同，可视为同一乐律体系的嬗变，不妨统称为"变律体系"。由汉至隋唐而宋，相关理论当有暗中传承。《隋书·律历志》所载钱乐之三百六十律，是按律高顺序记录的，按十二律分为十二组，每组之下律数不等。通过计算与一系列表格逆推，可推演还原其不见于文献记载的相生顺序。以生律顺序观之，视十二律为一个生律循环，则京房六十律生律五轮；钱乐之三百六十律生律三十轮；蔡元定十八律生律一轮半。任意相邻两轮，对应之律的音差均为 23.46 音分。按此逻辑，亦可对文献语焉不详的万宝常一百四十四律作出拟解，当为十二轮生律。之所以将变律体系按律高排列后，十二组每组律数不等，是因为经过多轮生律后，累加的 23.46 音分差值超过了一律，部分音律发生了错位"逾越"现象。六十律体系的错位比较单纯，而三百六十律体系的错位"逾越"则由一重到六重不等，一百四十四律的错位"逾越"则为一重至二重，每重错位"逾越"皆以 53 律为一周期。

值得注意的是，蔡元定十八律体系的主要目的发生了变化，由归复黄钟变而为弥补"逸调"。"逸调"是沈括在《补笔谈·乐律》中提出的概念，指不能应和标准音的非标准之调外音。如古琴并非纯粹的三分损益律制乐器，其各徽位按得之各种非标准音即属"逸调声"。而最基本的一种"逸调声"，是由三分损益法的先天数理缺憾产生的。三分损益产生的十二律，音差间距或 114 音分或 90 音分不等，而由此产生的全音有 204 音分与 180 音分两种音程，半音有 114 音分与 90 音分两种音程。基于三分损益法之十二律旋宫而建立的十二均，十二组七声音阶之音程各不一致。由于基于同样的数理推演模式，十二律间的音分差值以及基于此的七音音程差值，正与变律体系每轮生律的基本音分差同。而这个 24 音分（更精确的数值为 23.46）的基本音差，只需第二轮生律即可得到，蔡元定仅取十八律而止，原因在此。限于篇幅，本文不再展开讨论，可参考沈冬《蔡元定十八律理论新探》一文①。

（原刊于《中国音乐学》2016 年第 4 期）

作者简介：

　　伍三土，1982 年生，男，四川泸州人。扬州大学中国古代文学音乐文学方向博士，师从王小盾教授，现为温州大学人文学院讲师。主要研究方向为唐宋乐律学、古乐谱学、词学、音乐文献学、上古彩陶图像分析。浙江省之江青年社科学者。主持有国家社科基金青年项目"宋词音乐结构及声辞关系研究"。在中国大学 MOOC 平台开设网络在线课程《宋词古乐谱赏析》。博士学位论文《宋词音乐专题研究》获选江苏省 2014 年优秀博士论文。在《中国音乐学》《中国音乐》《文艺研究》《中国韵文学刊》《古典文学知识》等期刊发表多篇论文。

---

① 　沈冬《蔡元定十八律理论新探》（下），《音乐艺术》2003 年第 3 期，第 34—37 页。

《巴渝舞》宫廷流变考述

李晓龙

　　《巴渝舞》本是古代巴地一种少数民族歌舞，因受刘邦喜爱而进入宫廷。《华阳国志·巴志》云："阆中有渝水。賨民多居水左右，天性劲勇；初为汉前锋，陷阵，锐气喜舞。帝善之，曰：'此武王伐纣之歌也。'乃令乐人习学之。今所谓《巴渝舞》也。"① 《巴渝舞》进入宫中后，经历了一系列演变。因《巴渝舞》是现存稀有的关于早期巴人歌舞的资料以及它在宫廷宗庙祭祀仪式中所发挥的作用，所以颇受关注巴文化和宫廷仪式乐舞的学人重视，大家纷纷据《乐府诗集》和《晋书》《宋书》等正史乐志勾勒其演变过程。较具代表性者有何光涛《"巴渝舞"名号及曲辞嬗变探研》论述了《巴渝舞》的名号及舞辞的演变情况；刘怀荣《〈俳歌辞〉的发展源流及表演方式》分析了《巴渝舞》的发展源流以及《巴渝舞》的舞蹈特点和娱乐化；梁海燕《舞曲歌辞研究》首先依据《乐府诗集·舞曲歌辞》分乐舞为雅舞和杂舞的标准考察了不同朝代的《巴渝舞》的来源，然后分析了《巴渝舞》的曲调渊源、意义功能、舞容体制和舞辞文本等②。然笔者在梳理《巴渝舞》资料过程中，发现关于《巴渝舞》的研究仍有未尽之处，比如对《巴渝舞》在宫廷的流变考述并不完整、采信错误史料及未能精确分析史料等。故笔者不避谫陋，于此重新考论，求教于方家。

---

① 常璩撰，任乃强校注《华阳国志校补图注》，上海古籍出版社，1987年，第14页。
② 见何光涛《"巴渝舞"名号及曲辞嬗变探研》，《四川师范大学学报（社会科学版）》2010年第3期，第58—61页；刘怀荣《〈俳歌辞〉的发展源流及表演方式》，《文学遗产》2016年第1期，第13—24页；梁海燕《舞曲歌辞研究》，北京大学出版社，2009年，第130—146页。

一、《巴渝舞》在汉魏宫廷的流变

　　汉《巴渝舞》用于宫廷宴会，共有四篇舞辞。这四篇舞辞的名称分别为《矛渝本歌曲》《安弩渝本歌曲》《安台本歌曲》《行辞本歌曲》，但舞辞的具体内容已不能知晓。汉末，曹操命王粲改制《巴渝舞》。王粲询问巴渝帅李管、种玉关于《巴渝舞》的大意，并令二人试歌之，以此制作了四篇新舞辞，其名分别为《矛渝新福歌曲》《弩渝新福歌曲》《安台新福歌曲》《行辞新福歌曲》，总名为《魏俞儿舞歌》。《晋书·乐志上》云："魏初，乃使军谋祭酒王粲改创其词。粲问巴渝帅李管、种玉歌曲意，试使歌，听之，以考校歌曲，而为之改为《矛渝新福歌曲》《弩渝新福歌曲》《安台新福歌曲》《行辞新福歌曲》，《行辞》以述魏德。"①曹丕建国称帝后，改《巴渝舞》名为《昭武》舞②，后成为祭祀曹操的庙乐。《宋书·乐志二》云："《魏俞儿舞歌》四篇，魏国初建所用，后于太祖庙并作之。"③

　　我们可从《巴渝舞》在汉、魏宫廷的流变中获知以下三点信息：第一，汉《巴渝舞》四篇舞辞题目中的"渝"和"矛""弩"表明了《巴渝舞》的来源地域及巴人锐气勇武的战斗精神。同后世宫廷《巴渝舞》相比，此时的《巴渝舞》最接近刘邦于巴地所见《巴渝舞》的风貌。第二，王粲改编汉《巴渝舞》，既有继承，也有创新。"继承"性表现在舞辞题名方面，王粲保留了"矛渝""弩渝"等表示地域与战斗武器之词。"创新"性体现在舞辞题目和舞辞内容两个方面。王粲将汉《巴渝舞》舞辞名称中的"本"改为"新福"，总名称前冠以"魏"字，以示和汉有所区别。王粲所作舞辞内容既回顾了汉朝建立过程、歌颂了汉朝圣明，也颂赞了魏之功德，即肯定曹操的功绩。王粲辞的这种内容变化和当时政治局势紧密相关。王粲原依附于刘表，在建安十三年曹操南征荆州时归附于曹

① 房玄龄等《晋书》，中华书局，1974年，第694页。

② 《晋书·乐志上》记魏改《巴渝舞》为《昭武》舞的时间为黄初三年。见房玄龄等《晋书》，第694页。《宋书·乐志一》记魏改《巴渝舞》为《昭武》舞的时间为黄初二年。见沈约《宋书》，中华书局，1974年，第534页。

③ 沈约《宋书》，第571页。

操。王粲卒于建安二十三年。建安十八年，曹操被封魏公，魏国建立，王粲任侍中。《晋书·乐志上》所云"魏初"当是指曹操被封魏公不久，所以王粲改作《巴渝舞》也当是此时左右。这个时期，曹操通过南征北战，已掌控汉政治实权，但曹操并未废汉献帝而自立。王粲辞述汉历史，是因此时仍是汉代，宫廷乐舞具有反映、歌颂本朝统治者文治武功的属性；赞魏功德，是因此时实际掌权者已非汉献帝，而是曹操。王粲改制《巴渝舞》，充分考虑了乐舞功效与政治时局的关系，深刻地反映了当时错综复杂的政治形势。第三，曹丕时期，改《魏俞儿舞歌》名为《昭武》舞，并用于曹操的庙乐，这一事件具有重大意义：其一，它表明《巴渝舞》的乐舞性质和功能发生重大变化，即从最初的地方俗舞转为宫廷宗庙祭祀仪式乐舞，由娱人转为祭祀。可以说，这是《巴渝舞》最大的变化；其二，为后世政权使用《巴渝舞》树立了典范和模式，后世政权保留并沿用了《巴渝舞》的仪式乐舞性质；其三，《巴渝舞》由地方俗舞变为宫廷仪式乐舞，说明民间乐舞是宫廷仪式乐舞的来源之一，宫廷仪式乐舞与民间乐舞有着紧密关系。

二、《巴渝舞》在晋、南朝宫廷的流变

(一)《巴渝舞》在晋朝宫廷的流变

有晋一朝，《巴渝舞》的舞曲、舞辞变动很大。晋初，改《昭武》舞曰《宣武》舞，改《羽籥》舞曰《宣文》舞，延续魏之雅舞身份用于庙乐。《宣武》舞辞由傅玄制作，共四篇。晋武帝咸宁元年，庙乐停用《宣武》《宣文》二舞，而改用郭琼、宋识等所造的《正德》《大豫》二舞。《正德》《大豫》二舞实来自《宣武》《宣文》和魏《大武》舞。《通典》云："《正德》《大豫》二舞，即出《宣武》《宣文》、魏《大武》三舞也。何以知之？《宣武》，魏《昭武》舞也。《宣文》，魏《文始》舞也。魏改《巴渝》为《昭武》，《五行》曰《大武》……琼、识所造，正是杂用二舞，以为《大豫》耳。"①《正德》《大豫》舞辞由荀勖、傅玄和张华三人分别创作②。荀勖辞和张华辞皆为四言，每首二十四句；傅玄辞

① 杜佑《通典》，中华书局，1988 年，第 3761 页。
② 《宋书·乐志一》云："九年，荀勖遂典知乐事，使郭琼、宋识等造《正德》《大豫》之舞，而勖及傅玄、张华又各造此舞哥诗。"并载有三人所作舞辞。见沈约《宋书》，第 539 页。

亦为四言，每首十句。

晋《宣武》舞辞和《魏俞儿舞歌》及《正德》《大豫》舞辞相比，最大的不同是在篇末加入了一段"乱"辞。从王粲辞尚是三言、四言、五言和七言杂陈，至《宣武》舞"乱"辞的加入，再至《正德》《大豫》舞辞变为齐言，以及"杂用二舞，以为《大豫》"① 说明《巴渝舞》在经历了汉末魏初的重大改变之后，于晋再次经历了舞辞内容与舞曲结构的重大改变。这种改变进一步减少了汉《巴渝舞》的原生态成分。

（二）《巴渝舞》在南朝宫廷的流变

南朝宋武帝永初元年改晋《正德》和《大豫》二舞分别为《前舞》和《后舞》②。宋孝武帝孝建二年九月，众臣讨论郊祀礼乐，尚书左仆射建平王宏提议改《前舞》为《凯容》之舞，改《后舞》为《宣烈》之舞。众人同意建平王宏的提议，并确定将《凯容》和《宣烈》二舞用于祠南郊迎神仪式。《宋书·乐志一》云："众议并同宏：'祠南郊迎神，奏《肆夏》。皇帝初登坛，奏登哥。初献，奏《凯容》《宣烈》之舞。送神，奏《肆夏》。祠庙迎神，奏《肆夏》。皇帝入庙门，奏《永至》。皇帝诣东壁，奏登哥。初献，奏《凯容》《宣烈》之舞。终献，奏《永安》。送神奏《肆夏》。'诏可。"③

南朝齐沿用宋《前舞》《后舞》名称，并创作新辞，用于正旦大会。《南齐书·乐志》云："齐微改革，多仍旧辞。其《前后舞》二章新改。"④

南朝梁武帝萧衍时制定郊禋、宗庙及三朝之乐，改《宣烈》为《大壮》舞，改《凯容》为《大观》舞。《隋书·音乐志上》云："乃定郊禋宗庙及三朝之乐，以武舞为《大壮》舞，取《易》云'大者壮也'，正大而天地之情可见也。以文

① 杜佑《通典》，第 3761 页。
② 《宋书·乐志一》云："宋武帝永初元年七月，……又改《正德》舞曰《前舞》，《大豫》舞曰《后舞》。"《宋书·乐志二》载有王韶之所作《前舞》《后舞》两篇舞辞，皆为四言，二十四句，并云："右《前舞歌》一章。（晋《正德》之舞，爰宾箱作。）""右《后舞歌》一章。（晋《大豫》之舞，爰宾箱作。）"见沈约《宋书》，第 541、597 页。《南齐书·乐志》记南朝宋改《正德》为《前舞》、改《大豫》为《后舞》的时间是元嘉中。见萧子显《南齐书》，中华书局，1972 年，第 190 页。
③ 沈约《宋书》，第 545 页。
④ 萧子显《南齐书》，第 185 页。

舞为《大观》舞，取《易》云'大观在上'，观天之神道而四时不忒也。"①《乐府诗集》引《古今乐录》曰："梁改《宣烈》为《大壮》，即周《武舞》也。改《凯容》为《大观》，即舜《韶舞》也。"②《大壮》和《大观》舞辞皆为四言二十四句③。另据《隋书·音乐志下》所记牛弘奏语，梁初曾使用过《凯容》《宣烈》二舞④。

南朝陈沿用宋之《凯容》和梁之《大壮》《大观》舞，但运用场合不同。《凯容》舞用于郊庙，《大壮》《大观》用于宴飨，所谓"祠用宋曲，宴准梁乐，盖取人神不杂也"⑤。

晋初之前，可清晰判知《巴渝舞》先后流变为《魏俞儿舞歌》《昭武》舞和《宣武》舞。自晋之《正德》《大豫》二舞杂糅《宣武》《宣文》和魏《大武》舞开始，《巴渝舞》于晋及南朝宫廷的流变情况似乎变得模糊不清，但仍可通过文献资料判定《巴渝舞》的血脉延续情况。《乐府诗集》云："今《凯容》舞执籥秉翟，则魏《武始》舞也。《宣烈》舞有矛弩、有干戚。矛弩，汉《巴渝舞》也。干戚，周武舞也。"⑥ 即《宣烈》舞具有汉《巴渝舞》的特点。由此推论汉《巴渝舞》的流变情况如下（见表1⑦）：

表1　《巴渝舞》在汉、魏、晋、南朝宫廷的流变情况简表

汉	魏		晋		宋		齐	梁	陈
巴渝舞	魏俞儿舞歌	昭武	宣武	大豫	后舞	宣烈	后舞	宣烈 大壮	大壮

关于《巴渝舞》在南朝宫廷的流变，还有两个问题值得注意：第一，部分研究论文认为《前舞》先后被改为《凯容》之舞和《宣化》之舞，《后舞》先后被

① 魏征等《隋书》，中华书局，1973年，第292页。
② 郭茂倩《乐府诗集》，中华书局，1979年，第761页。
③ 郭茂倩《乐府诗集》，第761—762页。《隋书·音乐志上》云："《大壮》舞奏夷则，《大观》舞奏姑洗，取其月王也。二郊、明堂、太庙，三朝并同用。今亦列其歌诗二曲云。""《大壮》舞歌，一曲，四言""《大观》舞歌，一曲，四言"并录有舞辞。见魏征等《隋书》，第301页。
④ 《隋书·音乐志下》云："至于梁初，犹用《凯容》《宣业》之舞，后改为《大壮》《大观》焉。"见魏征等《隋书》，第351页。《宣业》当为《宣烈》之误。
⑤ 郭茂倩《乐府诗集》，第760页。
⑥ 郭茂倩《乐府诗集》，第760页。
⑦ 表1是笔者依据本文所述《巴渝舞》在汉至南朝宫廷的流变情况所绘制。

改为《宣烈》之舞和《兴和》之舞①。这种观点依据于元马端临所著《文献通考》。《文献通考》云："于是《前舞》为《凯容》之舞，《后舞》为《宣烈》之舞。既而建平王宏又议以《凯容》为《韶舞》，《宣烈》为《武舞》。故以《正德》为《宣化》之舞，《大豫》为《兴和》之舞。郊庙初献，奏《凯容》《宣烈》之舞；终献，奏《永安之乐》。"② 但此段材料应是据《宋书·乐志》而成。《宋书·乐志》记录宋孝武帝孝建二年九月众臣讨论郊祀礼乐这一事件时，曾提到散骑常侍、丹阳尹建城县开国侯颜竣建议改《正德》为《宣化》之舞，改《大豫》为《兴和》之舞，但大家并未采纳颜竣的建议，而是采纳了建平王宏的提议。《宋书·乐志一》云："散骑常侍、丹阳尹建城县开国侯颜竣议以为：'……今乐曲沦灭，知音世希，改作之事，臣闻其语。《正德》《大豫》，礼容具存，宜殊其徽号，饰而用之。以《正德》为《宣化》之舞，《大豫》为《兴和》之舞，庶足以光表世烈，悦被后昆。……'""众议并同宏。"③ 建平王宏的提议并未言及《宣化》和《兴和》二舞。故《前舞》先后被改为《凯容》之舞和《宣化》之舞，《后舞》先后被改为《宣烈》之舞和《兴和》之舞的说法不能成立。第二，据《旧唐书·音乐志二》记载，《巴渝舞》在南朝梁被复号。这个问题关系到我们怎样理解隋唐《巴渝舞》，我们将在下文论述。

三、《巴渝舞》在隋唐宫廷的流变

《隋书·音乐志》《旧唐书·音乐志》和《新唐书·礼乐志》有多条和《巴渝舞》相关的材料，这些材料是学人考述《巴渝舞》在隋唐宫廷流变的重要依据。经笔者梳理，现罗列如下：

《隋书·音乐志下》：

---

① 比如彭贵川、何光涛《"巴渝舞"名称考略》认为在南朝宋，《正德》先后变为《前舞》《凯容》之舞和《宣化》之舞，《大豫》先后变为《后舞》《宣烈》之舞和《兴和》之舞。见彭贵川、何光涛《"巴渝舞"名称考略》，《四川戏剧》2008 年第 6 期，第 124 页。
② 马端临《文献通考》，中华书局，1986 年，第 1273 页。
③ 沈约《宋书》，第 543—545 页。

其后牛弘请存《鞞》《铎》《巾》《拂》等四舞，与新伎并陈。因称："四舞，按汉、魏以来，并施于宴飨。《鞞舞》，汉《巴渝舞》也。……检四舞由来，其实已久。请并在宴会，与杂伎同设，于《西凉》前奏之。"①

北周杨坚扫平南北，建隋称帝，命人制礼作乐，郑译、何妥、牛弘等人纷纷总集前代音乐，制作新乐。牛弘认为《鞞舞》即《巴渝舞》，建议将《鞞》《铎》《巾》《拂》四舞和疏勒、扶南等国杂乐一起于宴会之时，在《西凉》乐前演奏。

《隋书·音乐志下》：

> 又魏、晋故事，有《矛俞》《弩俞》及朱儒导引。今据《尚书》直云干羽，《礼》文称羽籥干戚。今文舞执羽籥，武舞执干戚，其《矛俞》《弩俞》等，盖汉高祖自汉中归，巴、俞之兵，执仗而舞也。既非正典，悉罢不用。②

开皇九年至开皇十四年之间，牛弘等人在隋文帝授命之下制礼作乐。《隋书·音乐志下》详细记录了这段漫长的制乐过程。

《旧唐书·音乐志二》：

> 《清乐》者，南朝旧乐也。……隋室已来，日益沦缺。武太后之时，犹有六十三曲，今其辞存者，惟有《白雪》《公莫舞》《巴渝》《明君》《凤将雏》……
>
> ……《巴渝》，汉高帝所作也。帝自蜀汉伐楚，以版盾蛮为前锋，其人勇而善斗，好为歌舞，高帝观之曰："武王伐纣歌也。"使工习之，号曰《巴渝》。渝，美也。亦云巴有渝水，故名之。魏、晋改其名，梁复号《巴渝》，隋文废之。……隋牛弘请以《鞞》《铎》《巾》《拂》等舞陈之殿庭。帝从之，而去其所持巾拂等。
>
> 当江南之时，《巾舞》《白纻》《巴渝》等衣服各异。梁以前舞人并二八，梁舞省之，咸用八人而已。令工人平巾帻，绯袴褶。舞四人，碧轻纱

---

① 魏征等《隋书》，第 377 页。
② 魏征等《隋书》，第 358—359 页。

衣，裙襦大袖，画云凤之状。漆鬟髻，饰以金铜杂花，状如雀钗；锦履。舞容闲婉，曲有姿态。……乐用钟一架，磬一架，琴一，三弦琴一，击琴一，瑟一，秦琵琶一，卧箜篌一，筑一，筝一，节鼓一，笙二，笛二，箫二，篪二，叶二，歌二。①

此材料第一段讲述《清乐》在唐的留存数量和乐名。至唐朝武则天时，《清乐》尚存六十三曲，武则天朝之后，《清乐》进一步消亡。其中，三十二曲有声有辞，另有七曲有声无辞，其余《清乐》的曲辞未能流传下来。《巴渝舞》属于有声有辞类。第二段介绍有声有辞的三十二曲和有声无辞的七曲中大多数乐曲的本事，其中包括《巴渝舞》。第三段介绍《巴渝舞》和《巾舞》《白纻》舞的舞者人数、舞服、舞态及乐器等。

《新唐书·礼乐志十一》：

> 高祖即位，仍隋制设九部乐：……《清商伎》者，隋《清乐》也。有编钟，编磬、独弦琴，击琴、瑟、秦琵琶、卧箜篌、筑、筝、节鼓，皆一；笙、笛、箫、篪、方响、跋膝，皆二。歌二人，吹叶一人，舞者四人，并习《巴渝舞》。②

唐朝建立初期，按照隋九部乐之制，仍设九部乐，其中《清商伎》即隋《清乐》。《清商伎》舞者有四人，演习内容之一是《巴渝舞》。

《新唐书·礼乐志十二》：

> 隋亡，《清乐》散缺，存者才六十三曲。其后传者：……《巴渝》，汉高帝命工人作也；……③

隋文帝总集南北音乐，分为雅俗两类，《清乐》属于俗类。隋亡之后，《清乐》散阙，仅存六十三曲，后来逐渐减少。《巴渝舞》在六十三曲之列。

---

① 刘昫等《旧唐书》，中华书局，1975 年，第 1062—1067 页。
② 欧阳修、宋祁《新唐书》，中华书局，1975 年，第 469—470 页。
③ 欧阳修、宋祁《新唐书》，第 474 页。

由上述材料可归纳出以下几点信息：第一，牛弘将《鞞舞》当作《巴渝舞》；第二，南朝梁曾将《巴渝舞》复名；第三，《巴渝舞》在隋唐被归入《清乐》；第四，隋文帝废除《巴渝舞》。

牛弘将《鞞舞》当作《巴渝舞》是一个非常明显的错误认知。《宋书·乐志》云："《鞞舞》，未详所起，然汉代已施于燕享矣。傅毅、张衡所赋，皆其事也。"① 曹植《鞞舞歌序》云："汉灵帝西园鼓吹有李坚者，能《鞞舞》。"② 《晋书·乐志》记载《鞞舞》旧曲有五篇，即《关东有贤女》《章和二年中》《乐久长》《四方皇》和《殿前生桂树》。因此，《鞞舞》和《巴渝舞》是两种不同的舞蹈。

《旧唐书·音乐志二》明确记载南朝梁曾复号《巴渝舞》，这则材料成为很多讨论《巴渝舞》流变的论文认为汉《巴渝舞》在南朝梁曾被复号的重要依据。据上文论述，汉《巴渝舞》流传至梁、陈时，已更名为《宣烈》和《大壮》舞。那么，梁之复号的《巴渝舞》和《宣烈》《大壮》舞是何关系，该如何理解？认识梁之复号的《巴渝舞》和《宣烈》《大壮》舞的关系，需借助一则材料，即《乐府诗集》引《古今乐录》曰："《鞞舞》，梁谓之《鞞扇舞》，即《巴渝》是也。鞞扇，器名也。鞞扇上舞作《巴渝弄》，至《鞞舞》竟，岂非《巴渝》一舞二名，何异《公莫》亦名《巾舞》也。"③ 《古今乐录》为南朝陈释智匠撰。《古今乐录》认为《鞞舞》在梁代又称为《鞞扇舞》，《鞞舞》亦即《巴渝舞》。他将《鞞舞》认作《巴渝舞》的理由是"鞞扇上舞作《巴渝弄》，至《鞞舞》竟"④，就像《公莫舞》亦名《巾舞》一样，《巴渝舞》亦是一舞二名。牛弘的错误认知很可能就源于《古今乐录》。《旧唐书·音乐志》所云"梁复号《巴渝》"⑤ 亦有可能是受《古今乐录》影响。郭茂倩不同意释智匠和牛弘的观点，郭论道："按《乐录》《隋志》并以《鞞舞》为《巴渝》，今考汉、魏二篇，歌辞各异，本不相乱。盖因梁、陈之世，于《鞞舞》前作《巴渝弄》，遂云一舞二名，殊不知二舞亦容合作，犹《巾舞》以《白纻》送，岂得便谓《白纻》为《巾舞》邪？

① 沈约《宋书》，第551页。
② 赵幼文《曹植集校注》，人民文学出版社，1998年，第323页。
③④　郭茂倩《乐府诗集》，第772页。
⑤ 刘昫等《旧唐书》，第1063页。

失之远矣。"① 郭茂倩认为梁、陈《巴渝舞》和《鞞舞》在同一场合表演，二者是合作关系，表演程序是以《鞞舞》送《巴渝舞》，犹如以《白纻》舞送《巾舞》。既然《鞞舞》不是《巴渝舞》，那么，《古今乐录》中所云"《巴渝》"又是何物？对此，有两种情况：其一，南朝梁曾将《宣烈》或者《大壮》舞短暂称过《巴渝舞》，并在《鞞舞》之前表演，但这和隋唐将《巴渝舞》归入《清乐》的情况并不相符。因为《宣烈》《大壮》均属雅舞，而非《清乐》类音乐。所以这种情况可以排除；其二，南朝梁新制一种舞蹈称为《巴渝舞》，这种舞蹈和《鞞舞》的性质和表演特点相近或相似，此舞的舞蹈特点和乐器等均可据《旧唐书·音乐志二》和《新唐书·礼乐志十一》考知。这也应是智匠产生《鞞舞》即《巴渝舞》的困惑之一。梁所复号的《巴渝舞》即是指此新制舞蹈。而也只有如此理解，方能解释《巴渝舞》为何在隋唐能被归入《清乐》以及《旧唐书·音乐志》和《新唐书·礼乐志》对《巴渝舞》表演形态等方面的描述。

梁所复号的《巴渝舞》既然是梁新制舞蹈，但为何在《隋书·音乐志》《旧唐书·音乐志》和《新唐书·礼乐志》谈及《巴渝舞》时会出现汉高祖刘邦命乐人作《巴渝舞》之事？即隋唐《清乐》中的《巴渝舞》和汉《巴渝舞》是何关系？其实，《隋书·音乐志下》"又魏、晋故事，……盖汉高祖自汉中归，巴、俞之兵，执仗而舞也"②，《旧唐书·音乐志二》"汉高帝所作也。……亦云巴有渝水，故名之"③，以及《新唐书·礼乐志十二》"《巴渝》，汉高帝命工人作也"④ 有一个共同点，即皆是在言《巴渝舞》的本事。记录舞曲本事是中国古代音乐类典籍一项非常重要的内容和传统。在古代，一曲多辞，多首不同内容的乐辞共用一首相同名称的曲子，是常有之事。不管乐辞内容和乐曲结构如何变化，只要曲名未变，那么，这首乐曲的本事仍是其曲名产生之初时的记录。所以，《隋书·音乐志》和《旧唐书·音乐志》《新唐书·礼乐志》在记录梁朝新制《巴渝舞》时涉及汉高祖刘邦，便不必奇怪了。而"既非正典，悉罢不用"⑤ "隋

① 郭茂倩《乐府诗集》，第 772 页。
② 魏征等《隋书》，第 358—359 页。
③ 刘昫等《旧唐书》，第 1063 页。
④ 欧阳修、宋祁《新唐书》，第 474 页。
⑤ 魏征等《隋书》，第 359 页。

文废之"① 应是废除梁新制《巴渝舞》，而非汉《巴渝舞》。《旧唐书·音乐志》"隋文废之" 当是据《隋书·音乐志》"既非正典，悉罢不用" 而来。

结　语

《巴渝舞》自巴地进入汉宫，其乐舞性质和功能、舞名、舞辞及舞曲等经历了一系列演变。南朝梁不仅存有汉《巴渝舞》所演变的《宣烈》《大壮》舞，并且另新制《巴渝舞》。梁新制《巴渝舞》在隋唐被归入《清乐》，隋文帝废除此舞，唐高祖李渊时曾命乐人学习《巴渝舞》，至武则天朝时，此舞仍存。《巴渝舞》在宫廷的流变情况也说明了以下三点信息：第一，宫廷仪式乐舞与民间乐舞有着紧密的关系。《巴渝舞》本是民间乐舞，产于古代巴地，因受刘邦喜爱而进入汉宫。《巴渝舞》自魏初被用于曹操庙乐，其性质和功能发生更改，这说明民间乐舞是宫廷仪式乐舞的来源之一，它丰富了宫廷仪式乐舞的构成成分。第二，古代乐舞具有动态属性，这种动态属性不仅表现为乐舞自身的艺术发展与成熟，也表现为它的形态和功能会随着政权更迭和政治需要而作出相应改变。《巴渝舞》的性质和功能以及其名称和舞辞在汉魏六朝的一系列演变便说明了这一点。第三，乐舞史料在文献典籍记录中有一定的复杂性和矛盾性，这就要求我们综合多种研究方法，认真审视材料，才有可能还原某个乐舞品种的源流。造成这种复杂性和矛盾性的原因是多方面的。就《巴渝舞》来说，它在南朝梁及隋唐所呈现出的复杂性表明，具有动态属性的乐舞有可能会因其自身多次演变而令人难以清晰识别它的面貌，表现在乐舞的载体——文本记录上，就出现了复杂性和矛盾性。此外，文献撰录者的认知水平等主观学养也有可能导致这种复杂性和矛盾性。

（原刊于《北京舞蹈学院学报》2019 年第 5 期）

---

① 刘昫等《旧唐书》，第 1063 页。

作者简介：

　　李晓龙，1985 年 2 月出生，河北邯郸人。2009 年 6 月毕业于四川师范大学文理学院（现成都文理学院）中文系，获文学学士学位。2009 年 9 月至 2015 年 6 月就读于四川师范大学文学院中国古代文学专业，并于 2012 年获硕士学位，硕士学位论文是《五代十国时期音乐及其文学研究》；于 2015 年获博士学位，博士学位论文是《魏晋南北朝音乐文学专题研究：以仪式音乐与文学的关系为中心》。2015 年 7 月进入四川文理学院巴文化研究院工作，现为副研究员，主要从事魏晋南北朝音乐文学和巴文化研究。

唐代九、十部乐施用情况新考

——兼与《唐五代多部伎演出情况考》一文商榷

余作胜

唐代九部乐、十部乐（以下简称"九、十部乐"），又名九部伎、十部伎，是用于宴飨百僚宾客、朝会大典、迎佛像入寺等场合的仪式乐舞，在唐代政治及文化生活中具有重要的地位和意义。正因此，唐代九、十部之乐向来都是学术界关注的重点之一，岸边成雄《唐代音乐史的研究》、沈冬《唐代乐舞新论》以及王小盾师、孙晓辉《唐代乐部研究》等论著对其进行了综合性研究①。关于唐代九、十部乐施用情况的专门研究成果②，目前所见有两项：一项是岸边成雄《唐代音乐史的研究》下册第五章所附《九部伎及十部伎演出年表》（以下简称《年表》）。该《年表》以时间先后为序，共列演出33次，大致勾勒出了唐代九、十部乐施用情况的轮廓，提供了进一步考察的线索，筚路蓝缕，具有开创之功。当

---

① ［日］岸边成雄撰，梁在平译《唐代音乐史的研究》，台湾中华书局，1973年。沈冬《唐代乐舞新论》，台北里仁书局，2000年；北京大学出版社，2004年。王小盾师、孙晓辉《唐代乐部研究》，原载《国学研究》第14卷，北京大学出版社，2004年；又见王小盾师《隋唐音乐及其周边》，上海音乐学院出版社，2012年。

② 所谓"施用情况"，即是实施和使用的情况。在以往的研究中，人们多用"演出"或"上演"等指称九、十部乐的使用。但在文献记载中，九、十部乐有"奏""陈""设"等多种不同的使用方式。有学者认为，"奏"当然是演出，这没有问题；"陈""列"则主要是作为仪仗陈列，不一定表演；"设"则兼有"奏"和"陈"两种可能。也就是说，九、十部乐的主要使用方式是演出，但不限于演出。这种看法颇有道理。所以，本文采取"施用"二字代替"演出"的说法，希望其概括更准确更全面。

然,《年表》刊发于二十世纪六十年代初,因年代较早,资料范围不宽,故比较简单,同时也存在少许错误。另一项是左汉林《唐代乐府制度与歌诗研究》附录三《唐五代多部伎演出情况考》(以下简称《情况考》)。《情况考》全面吸收了《年表》的成果,又有新的拓展:一是载录的唐代九、十部乐演出 47 次,在《年表》的基础上增加 14 次;二是使用的材料较《年表》更为丰富,部分条目兼有考证。正因如此,《情况考》是目前有关唐代九、十部乐施用情况最重要的研究成果,引起了学术界的颇多关注,比如《唐代乐部研究》《中华艺术通史·隋唐卷上编》① 等就引用了它的结论;笔者在做《唐代音乐编年史》时也参考了其中不少有益成果。然而,在肯定《情况考》学术贡献的同时,我们也不得不指出,该文存在很多问题,尤其是史料运用问题比较突出,因此文中部分结论并不可靠。如该文所载 47 次演出,经笔者考证,其中有 10 次应是误设,故其所载可信的演出实际只有 37 次。此外,现存文献中尚有不少关于唐代九、十部乐施用的记录,《情况考》未曾涉及。有鉴于此,很有必要对唐代九、十部乐的施用情况重新进行考证,以期进一步廓清其历史面貌,为学界提供一份更丰富更可靠的参考资料。文中不当之处,敬请方家指正。

一、《情况考》误考条目辨析

《情况考》误考情况较为严重。所设唐代九、十部乐演出的 47 个条目中,有 12 条存在问题,占总数的四分之一强。其误考最主要的表现,就是将唐代九、十部乐原本一次施用,误为两次乃至三次,从而导致条目重复设置。以下分组予以讨论。

(一) 第 16、第 17 条当合并为一条。

16. 武德七年 (624) 六月,猃丘和,奏九部乐②。

---

① 秦序主编《中华艺术通史·隋唐卷上编》,北京师范大学出版社,2006 年。

② 左汉林《唐代乐府制度与歌诗研究》,商务印书馆,2010 年,第 339 页。按:各条目之下文字均为《情况考》所引文献,是其设立条目的依据,故一并录入。原文已详明其出处,本文不再赘注。为省篇幅,引文内容无关宏旨或重复者,本文从略,以省略号标示,仅保留其书名和卷名。

《旧唐书》卷五十九《丘和传》："和遣司马高士廉奉表请入朝，诏许之。高祖遣其子师利迎之。及谒见，高祖为之兴，引入卧内，语及平生，甚欢，奏《九部乐》以飨之，拜左武侯大将军。"《新唐书》卷九十《丘和传》："……"又《玉海》卷一百五《音乐》："（武德七年）六月戊戌，丘和谒见高祖，奏九部乐飨之。"则事在武德七年。

17. 武德七年（624）七月，交州首领来朝，奏九部乐①。

《册府元龟》卷九百七十四《外臣部》："（武德七年）七月戊戌，交州首领来朝，奏九部乐以宴之，赍物各有差。"

按：以上两条，第17条正确，第16条为误设。

与《玉海》卷一〇五《音乐》所载大致相同的文字，又见于《册府元龟》卷一〇九《帝王部》："（武德七年）六月戊戌，右武侯大将军丘和以交州首领来朝，奏九部乐以宴之，赍物各有差。"② 我们可以看到，以上史料所述事件为武德七年交州首领丘和来朝，奏九部乐。关于奏乐的具体时间，史料所载分为三种情况：两《唐书·丘和传》未交代时间，《册府元龟》卷九七四作武德七年"七月戊戌"，《册府元龟》卷一〇九、《玉海》作武德七年"六月戊戌"。唐代交州管辖今越南北部一带，丘和作为边藩首领，无特别情况，不会在两个月之内两次来朝。况且《册府元龟》一书的两处记载行文基本相同，但一处作六月，一处作七月，二者必有一误。据陈垣的《二十史朔闰表》③，武德七年七月己巳朔，戊戌为三十日；六月己亥朔，月内无戊戌日。因此《册府元龟》卷一〇九及《玉海》所载"六月戊戌"当为"七月戊戌"之误。也即是说，丘和武德七年来朝在七月，文献关于六月来朝的记载有误。《情况考》未明乎此，故据之设立第16条。因此，当删除第16条，将该条之下的史料合并到第17条，并说明史料所载"六月戊戌"之错误所在。

（二）第18、第19、第20条当合并为一条。

18. 武德八年（625）四月宴西蕃突厥林邑使者，奏九部乐④。

---

① 左汉林《唐代乐府制度与歌诗研究》，第339页。
② 王若钦等编纂，周勋初等校订《册府元龟》，凤凰出版社，2006年，第1190页。
③ 陈垣《二十史朔闰表》，古籍出版社，1956年。
④ 左汉林《唐代乐府制度与歌诗研究》，商务印书馆，2010年，第340页。

《册府元龟》卷九百七十四《外臣部》："（武德）八年四月己丑，宴西蕃突厥林邑使者，奏九部乐于庭。"又《玉海》卷一百五《音乐》："（武德）八年四月己丑，林邑献方物，设九部乐飨之。"

19. 武德八年（625），范梵志遣使献方物，设九部乐飨之[①]。

《旧唐书》卷一百九十七《南蛮传》："武德六年，（林邑国）其王范梵志遣使来朝。（武德）八年，又遣使献方物。高祖为设《九部乐》以宴之，及赐其王锦彩。"又《新唐书》卷二百二十二下《南蛮列传》："……"

20. 武德八年（625），宴占城使，设九部乐[②]。

《明集礼》卷三一《宾礼》二："乐舞：唐武德八年，占城遣使献方物，高祖为设九部乐以宴乐之。"

按：《情况考》所立第18—20条分别叙述武德八年三次设宴款待蕃邦使者，并奏九部乐。事实是否如此呢？仔细剖析这三个条目所涵盖的史料，其指向是同一次宴飨设乐，而非三次不同的宴飨设乐。《册府元龟》记载的信息最为详备，时间具体到日期，宴飨对象是西蕃、突厥、林邑三国使者。《玉海》稍略，在时间记载上完全相同，但宴飨对象只记载了林邑，略去了西蕃、突厥。《旧唐书·南蛮传》所载武德八年范梵志遣使献方物，与《玉海》所载当是同一件事，所不同一是以范梵志名义出现，一是以林邑国名义出现，而范梵志即林邑国王，两者没有本质区别。至于《明集礼》所载武德八年占城使献方物，也与《玉海》同属一事，因为占城国即林邑国，唐代及以前称林邑，五代宋元明清则称占城。《新唐书·南蛮传》云："环王，本林邑也……。王所居曰占城。"[③] 大概占城是由王城之名演变为国名，明彭大翼《山堂肆考》卷二二九"占城国"条亦云："占城国，古越裳氏界，秦为象郡林邑县。"[④] 仔细辨读，可知《明集礼》所载与两《唐书·南蛮传》文字内容相同，叙述方式一致，只不过按照明人当时的习惯将林邑改成了占城罢了。《情况考》第18—20条分开来似乎并无错误，但合起来看，所记实为同一历史事件，因此应该合并为一条。之所以出现三条分立的状况，其原因在于只看到了史料文字表面的差异，而没有注意到史料之间的共同点

①② 左汉林《唐代乐府制度与歌诗研究》，第340页。

③ 欧阳修《新唐书》，中华书局，1975年，第6298页。

④ 彭大翼《山堂肆考》，影印文渊阁《四库全书》本，上海古籍出版社，1987年，第978册，第541页上。

和内在联系。此外，不明林邑国名的历史沿革，则是导致第 20 条误设的直接原因。

（三）第 24、第 26、第 27 条当合并为一条。

24. 贞观十六年（642），新兴公主下嫁，群臣侍，奏十部伎①。

《新唐书》卷二百一十七下《回鹘列传》："明年（贞观十六年），以使来益献马、牛、羊、橐它，固求昏。帝与大臣计曰……房玄龄曰……帝曰：'善。'许以新兴公主下嫁，召突利失大享，群臣侍，陈宝器，奏《庆善》《破阵》盛乐及十部伎，突利失顿首上千万岁寿。"

26. 贞观十七年（643），突利设来纳币、献马，设十部乐②。

《资治通鉴》卷一百九十七唐太宗贞观十七年六月："薛延陀真珠可汗使其侄突利设来纳币，献马五万匹，牛、橐驼万头，羊十万口。庚申，突利设献馔，上御相思殿，大飨群臣，设十部乐，突利设再拜上寿，赐赉甚厚。"

27. 贞观十七年（643）闰六月，大飨百僚，奏十部乐③。

《玉海》卷一百五《音乐》："贞观十七年闰六月庚申，于相思殿大飨百僚，盛陈宝器，奏庆善破阵乐，并十部之乐。薛延陀突利设再拜上寿。"

按：以上三条之中，只有第 27 条正确，第 24、第 26 条均为误设。

第 26 条的致误原因很简单，在于《情况考》作者抄录《资治通鉴》出现错误。经查《资治通鉴》各种版本，所记此事均在闰六月，而不在六月。《册府元龟》卷八〇《帝王部·庆赐第二》、卷一〇九《帝王部·宴享第一》及《玉海》卷一〇五《音乐·乐三》记载此事都在"闰六月庚申"，与《资治通鉴》完全一致，可见《资治通鉴》不误。

第 24 条的情况稍显复杂。本条依据《新唐书·回鹘传》立目，该传将唐太宗宴飨突利失、奏《庆善》《破阵乐》及十部乐的时间记载为薛延陀遣使求婚的同年，即贞观十六年。这是有问题的。《玉海》卷一〇五《音乐·乐三》"唐破阵乐"条对这两件事的时间关系交待得很清楚："薛延陀贞观十六年来求昏。十七年闰六月庚申，召突利失大享，奏《庆善》《破阵》盛乐及十部伎。"④ 它表明

---

①②③ 左汉林《唐代乐府制度与歌诗研究》，第 341 页。
④ 王应麟《玉海》，广陵书社，2007 年，第 1917 页上。

薛延陀求婚在贞观十六年，但飨突利失、奏乐在贞观十七年，二者并不同时。对照《玉海》的记载，可知《新唐书·回鹘传》有误，在"召突利失大享"前漏掉了贞观十七年的时间信息，从而将这次宴飨奏乐事件提前到贞观十六年。再从文字上看，《新唐书·回鹘传》"奏《庆善》《破阵》盛乐及十部伎"一句，其奏乐内容、排列次序及所用文辞与《玉海》完全相同，而"陈宝器""上千万岁寿"等字眼与《册府元龟》《资治通鉴》对贞观十七年闰六月庚申奏乐事件记载的文字相同，说明《新唐书》与其他史料记载的一样，都是贞观十七年的同一次奏乐，只是因为行文漏略而误在贞观十六年。对第24条的错误的识别，《玉海》卷一〇五《音乐·乐三》"唐破阵乐"条的记载甚为关键。遗憾的是，《情况考》作者只看到了《玉海》同卷"唐九部乐十部乐"条的记载，对"唐破阵乐"条的记载却失之眉睫，因而未能发现《新唐书》的错误。

（四）第22、第29、第46条当合并为一条。

22. 贞观四年（630），宴回纥，陈十部乐①。

《新唐书》卷二百一十七上《回鹘列传》："回纥……贞观三年，始来朝……明年复入朝……帝坐秘殿，陈十部乐。"

29. 贞观二十一年（647）正月，回纥等部朝见，设十部乐②。

《资治通鉴》卷一百九十八唐太宗贞观二十一年春正月丙申："丙申，诏以回纥部为瀚海府……敕勒大喜，捧戴欢呼拜舞，宛转尘中。及还，上御天成殿宴，设十部乐而遣之。"《唐会要》卷九十六"铁勒"条："……"《玉海》卷一百五《音乐》："（贞观）二十一年正月己未，铁勒回纥俟利发等诸姓朝见，御天成殿，陈十部乐而遣之。"

46. 贞元中，帝坐秘殿，陈十部乐③。

《玉海》卷一百五《音乐》："旧纪贞元传云：帝坐秘殿，陈十部乐。"

按：以上三条中，只有第29条正确，第22、第46条均为误设。

先看第22条。关于唐代十部乐正式确立的时间，唐代音乐史研究者有一个共识，即在贞观十四年侯君集平定高昌以后，贞观十六年《高昌乐》初次上演之

---

① 左汉林《唐代乐府制度与歌诗研究》，第340页。

② 左汉林《唐代乐府制度与歌诗研究》，第342页。

③ 左汉林《唐代乐府制度与歌诗研究》，第347页。

前。既然十部乐在贞观四年尚未出现，又如何在宴飨时陈设呢？这个错误非常显然。此条之所以错误，其根源在于今本《新唐书·回鹘传》所记有误。今本《新唐书·回鹘传》所记陈十部乐送回纥等部首领回蕃的时间在贞观四年，与《唐会要》《册府元龟》《资治通鉴》《玉海》等所记贞观二十一年相差甚远。关于今本《新唐书·回鹘传》的错误，《玉海》卷一五四《朝贡·赐予外夷》引《新唐书·回纥传》的一段史料很能说明问题：

> 贞观三年，始来朝，献方物。突厥已亡，惟回纥与薛延陀最雄。……二十年，太宗为幸灵州，次泾阳，受其功。……明年复入朝。二十一年正月丙申，乃以回纥部为瀚海，多滥葛部为燕然，……天子方招宠远夷，作绛黄瑞锦文袍、宝刀、珍器赐之。帝坐秘殿，陈十部乐。①

这段史料又见于《册府元龟》卷一七〇《帝王部·来远》，文字稍略。对照《玉海》卷一五四所引《新唐书·回纥传》的同类史料，可知今本《新唐书·回鹘传》在"太宗为幸灵州"一句上脱漏了"二十年"三字，在"明年复入朝"一句下脱漏了"二十一年正月丙申"数字，从而使"明年"所指的具体年份由贞观二十一年错成贞观四年。《情况考》因为只使用了《新唐书·回鹘传》一条材料，没有与其他材料作对照考察，所以没有发现其中的错误。这与此前分析的第24条情况相同。以此可见，《新唐书》史料的错误确实比较严重，尤其在历史事件的时间记录上，常常因省略而导致出错。《新唐书》的这种错误十分常见，已是学界共识，这也告诫我们：使用《新唐书》的史料须十分谨慎，尽量找到其他相关文献作对比辨析，以免被其误导。

再来看第46条。此条出示的文献依据是："《玉海》卷一百五《音乐》：'旧纪贞元传云：帝坐秘殿，陈十部乐。'"为核对这条材料，笔者曾反复查找《玉海》第一〇五卷，均未找到与《情况考》完全一致的文字。经多番查勘，发现其中"帝坐秘殿，陈十部乐"两句是《玉海》"御天成殿，陈十部乐而遣之"两句的注文，《玉海》标注的出处是"《传》云"，此《传》即是《新唐书·回鹘传》，因为"帝坐秘殿，陈十部乐"两句已见今本《新唐书·回鹘传》及《玉海》卷

---

① 王应麟《玉海》，第2840页下—2841页上。

一五四所引《新唐书·回纥传》。《玉海》在"传云"二字前并无"旧纪贞元"四字，为何《情况考》却写作"旧纪贞元传云"？"旧纪贞元传"又是一部什么样的典籍呢？笔者通过电子搜索手段遍检古籍数据库，始终找不到该书。查找无果后，思路再次回到《玉海》。仔细查看《玉海》注文"传云御天成殿，陈十部乐而遣之"上下文，最终发现：在注文左边相隔三行的位置，有"旧纪贞元四年三月甲寅"① 等一段文字。这段文字见于今本《旧唐书·德宗纪》②，故此处"旧纪"为《旧唐书·德宗纪》之简称，"贞元"是唐德宗的年号。《情况考》作者或因错觉和眼误，不小心将"旧纪贞元"四字与"传云"嫁接到一起，遂形成"旧纪贞元传"这样一个并不存在的书名。此条因文献抄录而致误，与第26条的错误如出一辙。

此外，第29条虽然总体没有错误，但它对史料所载的日期差异没有辨析和说明，也是不完善的。我们可以看到，《资治通鉴》记载的日期为正月丙申日，《玉海》所记日期为己未日，二者并不相同。据《二十史朔闰表》，本月戊子朔，月内无己未日，《玉海》此处所记当误，《资治通鉴》记载正确。

（五）第28、第31条当合并为一条。

28. 贞观十九年（645），迎经像入寺，设九部乐③。

《酉阳杂俎》续集卷六《寺塔记下》："初，三藏自西域回，诏太常卿江夏王道宗设九部乐，迎经像入寺，彩车凡千余辆，上御安福门观之。"三藏自西域回在贞观十九年。元陶宗仪撰《说郛》卷六十七上引《豫章古今记》："……"

31. 贞观二十二年（648），送玄奘及所翻经像、诸高僧等入住慈恩寺，奏九

---

① 王应麟《玉海》，第1916页上。
② 刘昫《旧唐书》，中华书局，1975年，第364页。
③ 左汉林《唐代乐府制度与歌诗研究》，第342页。

部乐①。

《旧唐书》卷一百九十一《方伎列传》："高宗在东宫，为文德太后追福，造慈恩寺及翻经院，内出大幡，敕九部乐及京城诸寺幡盖众伎，送玄奘及所翻经像、诸高僧等入住慈恩寺。"刘轲《大唐三藏大遍觉法师塔铭（并序）》："（贞观）廿二年夏六月……戊申，皇太子宣令，请法师为慈恩上座，仍造翻经院，备仪礼白宏福迎法师。太宗与皇太子后宫等，于安福门执香炉，目而送之。至寺门，敕赵公英、中书令褚引入，于殿内奏九部乐破阵舞，及百戏于庭而还。"则事在贞观二十二年。《全唐文》卷九百六有玄奘《谢敕送大慈恩寺碑文表》。

按：此两条之中，第31条正确，第28条为误设。第28条立目的依据是《酉阳杂俎》，其所述事件是江夏王李道宗设九部乐送经像及三藏法师等高僧入大慈恩寺，与第31条内容相同，但《酉阳杂俎》所记时间有误。关于三藏法师入慈恩寺一事，慧立、彦悰的《大慈恩寺三藏法师传》有时代最早、内容最全面的记录。该书卷七云：

> （贞观二十二年）十二月戊辰，又敕太常卿江夏王道宗将九部乐，万年令宋行质、长安令裴方彦各率县内音声，及诸寺幢帐，并使豫极庄严。已巳旦，集安福门街，迎像送僧入大慈恩寺。至是陈列于通衢，其锦彩轩槛，鱼龙幢戏，凡一千五百余乘，帐盖三百余事。……帝将皇太子、后宫等于安福门楼手执香炉目而送之，甚悦。衢路观者数亿万人。经像至寺门，敕赵公、英公、中书褚令执香炉引入，安置殿内，奏九部乐、《破阵舞》及诸戏于庭，讫而还。②

经对比，可知《酉阳杂俎》续集卷六《寺塔记下》文字，当是源于《大慈恩寺三藏法师传》卷七，但将"诏太常卿江夏王道宗设九部乐，迎经像入寺"的时间贞观二十二年十二月戊辰，概略记载为"初，三藏自西域回"，遂致千古之后人们产生误解，《情况考》即据此将李道宗设九部乐迎三藏法师及经像入慈恩寺定

① 左汉林《唐代乐府制度与歌诗研究》，第343页。
② 慧立、彦悰著，孙毓棠、谢方点校《大慈恩寺三藏法师传》，中华书局，1983年，第156页。

为贞观十九年之事。稍加分析，便不难发现此系年错误，原因有三：

其一，与《大慈恩寺三藏法师传》《旧唐书》《大唐三藏大遍觉法师塔铭（并序）》等记载的时间明显抵牾。这些典籍均明确记载此事在贞观二十二年，不在贞观十九年。

其二，与大慈恩寺的落成时间不符。《情况考》所拟条目只笼统说"迎经像入寺"，未明示三藏法师此次所入为何处寺庙。其实，《酉阳杂俎》原文在"初，三藏自西域回"之前，还有"慈恩寺。寺本净觉故伽蓝，因而营建焉，凡十余院，总一千八百九十七间，敕度三百僧"等几句话①，说明三藏法师此次所入即是慈恩寺。据《大慈恩寺三藏法师传》卷七记载，慈恩寺落成在贞观二十二年十月，则十二月三藏法师入住恰在其时。而贞观十九年慈恩寺尚未落成，三藏法师自然无法入住。据《大慈恩寺三藏法师传》卷六载，贞观十九年三藏法师自西域回被迎入的是弘福寺②，《旧唐书·方伎列传》"备仪礼自宏福迎法师"也与此相印证。

其三，与江夏王李道宗其时的职务不符。《旧唐书》卷六〇《李道宗传》云："（贞观）十二年，（李道宗）迁礼部尚书，改封江夏王。……十四年，复拜礼部尚书。……二十一年，以疾请居闲职，转太常卿。"③ 据此可知，江夏王李道宗始任太常卿在贞观二十一年，此前的贞观十九年其职务当为礼部尚书而非太常卿，二十二年则正在太常卿任上。根据史料记载，贞观十九年主持迎接三藏法师及经像入寺的根本不是李道宗，而是另有其人。《大慈恩寺三藏法师传》卷六云：

> 贞观十九年春正月景子，京城留守左仆射梁国公房玄龄等承法师赍经、像至，乃遣右武侯大将军侯莫陈实、雍州司马李叔眘、长安县令李乾祐等奉迎，自漕而入，舍于都亭驿，其从若云。是日有司颁诸寺，具帐舆、华幡等，拟送经、像于弘福寺，人皆欣踊，各竞庄严。翌日大会于朱雀街之南，凡数百件，部伍陈列。④

① 段成式撰，曹中孚校点《酉阳杂俎》，上海古籍出版社，2012 年，第 160 页。
② 详见下文。按："弘福寺"又作"宏福寺"。
③ 刘昫《旧唐书》，第 2355—2356 页。
④ 慧立、彦悰著，孙毓棠、谢方点校《大慈恩寺三藏法师传》，第 126 页。

可见，贞观十九年迎接三藏法师的仪式由房玄龄主持，由侯莫陈实、李叔眘、李乾祐等人迎送入寺，与李道宗了无关涉，而且仪仗之中也未设九部乐。

（六）第33、第34条当合并为一条。

33. 乾封元年（666），改元，宴群臣，陈九部乐①。

《旧唐书》卷五《高宗本纪》："改麟德三年为乾封元年，……乾封元年正月五日已前，大赦天下，赐酺七日。癸酉，宴群臣，陈《九部乐》，赐物有差，日昳而罢。"

34. 乾封元年（666），封泰山毕，宴群臣，陈九部乐②。

《玉海》卷一百五《音乐》："乾封元年，封泰山毕，宴群臣，陈九部乐。"

按：以上两条所述其实为同一事件，即乾封元年壬申（五日）封泰山毕，改元，癸酉（六日）宴群臣，陈九部乐。《旧唐书》卷五《高宗纪》对此事有完整记载：在"改麟德三年为乾封元年"之前，尚有"麟德三年春正月戊辰朔，车驾至泰山顿。是日亲祀昊天上帝于封祀坛，以高祖、太宗配飨。己巳，帝升山行封禅之礼。……壬申，御朝觐坛受朝贺"③ 一段文字，连同《情况考》所摘引的文字，对此事的前后脉络记载得很清楚。《册府元龟》卷一一〇《帝王部·宴享第二》对此也有明确的记载：

> 乾封元年正月戊辰朔，有事于泰山。壬申，礼毕，御朝觐坛，受朝贺。癸酉，帝谓群臣曰：……乃敕所司撤幄帐施御床，三品以上升坛，四品以下列坐坛下，纵酒设乐。群臣及诸岳牧竞来上寿起舞，日晏方止。④

当然，这里只是笼统讲"设乐"，未明确所设为何乐，但对照《旧唐书》文字，可知当指九部乐。从《旧唐书》《册府元龟》对此事的完整记载，可以看到《玉海》的文字非常简略，既缺少具体的月份和日期，也省略了封泰山之后的改元环节。《情况考》不知何故，在摘引《旧唐书》时偏偏漏略了封泰山那段很关键的

① 左汉林《唐代乐府制度与歌诗研究》，第343页。
② 左汉林《唐代乐府制度与歌诗研究》，第344页。
③ 刘昫《旧唐书》，第89页。
④ 王若钦等编纂，周勋初等校订《册府元龟》，第1195页。

文字，从而使《玉海》与《旧唐书》所载文字似乎在叙述两件不同的事件，因而分设两个条目。如果《情况考》注意到《玉海》此段文字与《旧唐书》的联系，或者没有漏抄《旧唐书》那段关键文字，或者对《玉海》文字漏载事件的具详细时间稍作追究，这个错误庶几可以避免。

（七）第43、44条当合并为一条。

43. 贞元四年（788）春正月，宴群臣，设九部乐①。

《旧唐书》卷十三《德宗本纪》贞元四年春正月："宴群臣于麟德殿，设《九部乐》，内出舞马，上赋诗一章，群臣属和。"

44. 贞元四年（788）春三月，宴群臣，设九部乐②。

《玉海》卷一百五《音乐》："（贞元）四年三月甲寅，宴群臣于麟德殿，设九部乐，内出舞马，上赋诗一章，群臣属和。"又《玉海》卷一百六十《宫室》："旧纪：……贞元四年三月甲寅，宴群臣于麟德殿，设九部乐，内出舞马，上赋诗一章，群臣属和。"

按：以上两个条目所据之材料，又见于《玉海》卷二九《圣文·御制诗歌》、卷七三《礼仪·燕飨》及《册府元龟》卷四〇《帝王部·文学》，行文基本相同，故所述应为同一历史事件。这两个条目的唯一差异在于事件发生的月份：第43条作"正月"，第44条作"三月"。现有材料中，《册府元龟》及《玉海》所引四处均作"三月"，惟《旧唐书·德宗本纪》作"正月"，作"正月"当误。尤其值得注意的是，《玉海》卷一六〇《宫室》明确标注所引文字出自《旧纪》，也即《旧唐书·德宗本纪》，这说明《玉海》所引的《旧唐书》即作"三月"，惟今本《旧唐书》误作"正月"。为析误因，且看今本《旧唐书·德宗本纪》关于贞元四年正月之事的记载：

> 贞元四年春正月庚戌朔，上御丹凤楼……京师地震，辛亥又震，壬子又震。壬戌，以左龙武大将军王栖曜为麟州刺史、鄜州刺史、鄜坊丹延节度使。丁卯，京师地震，戊辰又震，庚午又震。……癸酉，京师地震。甲戌，以华州潼关节度使李元谅兼陇右节度使、临洮军使。乙亥，地震……【二

①②　左汉林《唐代乐府制度与歌诗研究》，第346页。

月】辛巳，李泌以京官俸薄……壬午，地震，甲申又震，乙酉又震，丙申又震。甲辰，太仆郊牛生犊六足……戊辰，鹿入京师市门。【三月】甲寅，地震。宴群臣于麟德殿，设《九部乐》，内出舞马，上赋诗一章，群臣属和。己未，地震。丁卯，有司条奏省官，其左右常侍、太子宾客请依前置四员，从之。庚午，地震。……辛未，地震。中书省梧树有鹊以泥为巢。【夏四月】癸巳，以太子左庶子畅悦为桂管观察使。……丁未，陇右李元谅筑良原城。【五月】丁巳，右龙武统军张伯仪卒。辛酉，以吉州刺史张庭为安南都护、本管经略使。……壬戌，加置谏议大夫八员……丙寅，地震，丁卯，又震。月犯岁星。辛未，太子宾客吴凑为福建观察使。乙亥，荧惑、岁、镇三星聚营室，凡二十日。是月，吐蕃寇泾、邠、宁、庆、鄜等州，焚彭原县，边将闭城自固。贼驱人畜三万计，凡二旬而退。吐蕃入寇以秋冬，今盛暑而来，华人陷蕃者道之也。①

初览此段文字，印象最深的是其干支纪日特别多。经统计，共有31次，且非逐日连记，显非一个月之内的日期。进一步考察，发现有些干支出现不止一次，其中"丁卯"3次，"壬戌"2次，"戊辰"2次，"庚午"2次，"乙亥"2次，"辛未"2次。按照一个干支在一个甲子中只出现一次的原理，本段文字的时间跨度至少在两个半甲子以上。《旧纪》在以上所记一月之事后，紧接六月纪事，缺二至五月之事，此处应是将一至五月之事混记为一月，武秀成《〈旧唐书〉辨证》② 一文对此有详细考证，可参。因此，今本《旧唐书·德宗本纪》"甲寅……宴群臣于麟德殿，设《九部乐》"并非贞元四年正月之事，应是三月之事，如此则其年、月、日与《册府元龟》《玉海》所载完全一致。《情况考》未识《旧纪》之讹，故误设第43条。

除以上七组可合并的条目之外，《情况考》还有两个单独条目存在系时错误，即第13条和第37条：

13. 武德六年（623），宴东征官僚，奏九部乐③。

---

① 刘昫《旧唐书》，第364页。按：方括号及其中的"二月""三月""夏四月""五月"非原书所有，乃笔者据武秀成《〈旧唐书〉辨证》一文考辨结论而加。
② 武秀成《〈旧唐书〉辨证》，《东南文化》1996年第6期。
③ 左汉林《唐代乐府制度与歌诗研究》，第339页。

《渊鉴类函》卷一百五十六《礼仪部》三："唐高祖武德……六年丁酉，宴东征官僚，奏九部乐，帝亲举酒属百官。"《玉海》卷七十三《礼仪》："（武德）六年丁酉，宴东征官寮，奏九部乐，帝亲举酒属百官。"

按：《玉海》《渊鉴类函》"六年丁酉"四字，与此二书"数字纪年+数字纪月+干支纪日"的纪时格式不符，当有误。事实上，对《玉海》上下文稍作考察，便不难辨识其问题所在：

> 高祖武德三年四月壬戌……五月辛卯……六年丁酉，宴东征官僚，奏九部乐，帝亲举酒属百官。己酉，大会东征将士，奏九部乐。①

从这段文字可以看出，在"六年丁酉"之前，所记都是武德三年之事，"三年四月壬戌""（三年）五月辛卯"都是"数字年+数字月+干支日"的纪时格式，"六年"系承上文武德三年"四月""五月"而来，显为"六月"之讹。《册府元龟》卷一〇九《帝王部·宴享第一》记载此事正作"六月丁酉"（详见下文），是其证。《渊鉴类函》系清代类书，亦作"六年丁酉"，当是承袭《玉海》之误。《情况考》据《玉海》《渊鉴类函》将此事系为武德六年，误，当改作武德三年。此外，《情况考》在史料的取舍上也非常粗略，以致与"（六月）己酉，大会东征将士，奏九部乐"这条九部乐施用记录失之交臂，漏而未考，至为可惜。

37. 永隆元年（680），李显立为太子，设九部伎②。

《新唐书》卷二百一《袁利贞传》："朗从祖弟利贞，陈中书令敬孙，高宗时为太常博士、周王侍读。及王立为太子，百官上礼，帝欲大会群臣、命妇合宴宣政殿，设九部伎、散乐。利贞上疏谏，以为……帝纳之。既会……乃赐物百段。"显庆二年（657）春二月，高宗封皇第七子李显为周王。永隆元年（680），章怀太子废，其年李显被立为皇太子。《大唐新语》卷二《极谏》……《唐语林》卷五《补遗》一所记略同。全唐文卷一百六十四有袁利贞《谏于宣政殿会百官命妇疏》。

按：此条所据《新唐书》《大唐新语》《唐语林》等史料均未明确记载此次

---

① 　王应麟《玉海》，第1363页上。
② 　左汉林《唐代乐府制度与歌诗研究》，第344页。

施用九部乐的具体时间，《情况考》以李显永隆元年被立为太子，遂将之定为永隆元年之事。然而《唐会要》卷三〇《大明宫》云："永隆二年正月十日，王公已下，以太子初立，献食，敕于宣政殿会百官及命妇。太常博士袁利贞上疏曰……上从之，改向麟德殿。"① 这里明确记载为永隆二年正月十日，《资治通鉴》卷二〇二《唐纪十八》同，《旧唐书》卷一九〇《袁利贞传》亦作"永隆二年"，但未书月日。根据《唐会要》《旧唐书》《资治通鉴》所载，此次设九部乐在永隆二年而非永隆元年。其实这与李显永隆元年立为太子并不矛盾，因为其文云"以太子初立"，也即此事在李显被立为太子之后，而非一定在立太子当年。《新唐书》模糊了此事的时间关系，不足为据。

经对以上共 19 个条目的重新考证，可知《情况考》应当合并减去的条目多达 10 个，也就是说，这 10 次所谓唐代九、十部乐的演出并不真实存在，乃是《情况考》因考证不周而误设。《情况考》所考得的唐代九、十部乐 47 次演出，实际有效的只有 37 次，仅比《年表》多出 4 次，增幅甚小。误考现象的严重存在，导致《情况考》的学术贡献和学术价值大打折扣，其中部分结论亦不足为信。

二、《情况考》失考的唐代九、十部乐施用记录

《情况考》除存在以上严重的误考外，还有明显的失考情况。笔者搜检《册府元龟》《玉海》《大慈恩寺三藏法师传》等文献，又考得 12 条，今补录如下：

1. 武德二年（619）四月甲辰（六日），宴送山东、淮左安抚使，奏九部乐。

《册府元龟》卷一〇九《帝王部·宴享第一》："（武德二年）四月甲辰，遣大理卿郎楚之安抚山东，夏侯端安抚淮左，奏九部乐，设宴遣之。"② 又见同书卷一六一《帝王部·命使第一》。

2. 武德三年（620）六月己酉（十八日），大会东征将士，奏九部乐。

《册府元龟》卷一〇九《帝王部·宴享第一》："（武德三年）六月丁酉……

---

① 王溥撰，牛继清校证《唐会要校证》，三秦出版社，2012 年，第 477 页。
② 王若钦等编纂，周勋初等校订《册府元龟》，第 1189 页。

己酉，大会东征将士，奏九部乐于庭。"① 又见《玉海》卷七三《礼仪·燕享》《渊鉴类函》卷一五六《礼仪部三》。按："六月丁酉"《玉海》《渊鉴类函》作"六年丁酉"，前文已辨其误。

3. 武德九年（626）三月丙申（八日），宴朝集使，奏九部乐。

《册府元龟》卷一〇九《帝王部·宴享第一》："（武德）九年三月丙申，宴朝集使于百福殿，奏九部乐于庭。"② 又见《玉海》卷一五九《宫室·殿上》引《实录》。

4. 太宗贞观二年（628）五月丙辰（十一日），以麦稔宴群臣，奏九部乐。

《册府元龟》卷一〇九《帝王部·宴享第一》："（贞观）二年五月丙辰，以夏麦大稔宴群臣，奏九部乐于庭，赐物各有差。"③又见同书卷八〇《帝王部·庆赐第二》《玉海》卷一〇五《音乐·乐三》引《实录》。

5. 贞观三年（629）正月甲子（二十二日），宴群臣，奏九部乐，歌《太平》，舞《师子》。

《册府元龟》卷一〇九《帝王部·宴享第一》："（贞观）三年正月甲子，宴群臣，奏九部乐，歌《太平》，舞《师子》于庭，赐帛有差。"④

6. 贞观四年（630）七月壬辰（二十九日），宴群臣，奏九部乐。

《册府元龟》卷一〇九《帝王部·宴享第一》："（贞观四年）七月壬辰，宴群臣于芳华殿，奏九部乐于庭。帝大悦，亲举酒以属群臣，群臣奉觞称庆，极欢而罢，赐帛各有差。"⑤

7. 贞观五年（631）正月甲戌（十四日），宴群臣，奏九部乐，歌《太平》，舞《师子》。

《册府元龟》卷一〇九《帝王部·宴享第一》："（贞观）五年正月癸酉，大搜于昆明池。甲戌，宴群臣，奏九部乐，歌《太平》，舞《师子》，赐从官帛各有差。"⑥

8. 贞观十一年（637）十一月庚戌（三十日），宴五品以上官员及蕃夷，奏九部乐。

《册府元龟》卷一〇九《帝王部·宴享第一》："（贞观十一年）十一月庚戌，

---

① 王若钦等编纂，周勋初等校订《册府元龟》，第1189页。
②③④⑤⑥ 王若钦等编纂，周勋初等校订《册府元龟》，第1190页。

宴五品以上及蕃夷于贞观殿，奏九部乐，赐帛各有差。"①

9. 贞观十四（640）年九月乙巳（十一日），宴五品以上京官，奏九部乐。

《册府元龟》卷一〇九《帝王部·宴享第一》："（贞观十四年）九月乙巳，宴京官五品以上于两仪殿，奏九部之乐。"②

10. 高宗显庆元年（656）四月壬寅（八日），高宗亲撰并书写大慈恩寺碑成，敕九部乐及长安、万年二县音声共送入寺。后因雨暂停，戊申（十四日）仪仗始成行。己酉（十五日），陈九部乐于佛殿。

唐慧立、彦悰《大慈恩寺三藏法师传》卷九："显庆元年春三月癸亥，御制大慈恩寺碑文讫。……夏四月八日，帝书碑并匠镌讫，……敕又遣大常九部乐，长安、万年二县音声共送。幢最卑者上出云霄，幡极短者犹摩霄汉，凡三百余事，音声车千余乘。至七日冥集城西安福门街，其夜雨。八日路不堪行，敕遣且停……十四日旦，方乃引发。……至十五日，度僧七人，设二千僧斋，陈九部乐等于佛殿前，日晚方散。至十六日，法师又与徒众诣朝堂，陈谢碑至寺。表曰：'沙门玄奘等言。今月十四日，伏奉敕旨，送御书大慈恩寺碑，并设九部乐供养。'"③《全唐文》卷九〇六载有玄奘《谢敕送大慈恩寺碑文表》，可参。

11. 显庆五年（660）二月丙戌（十五日），高宗幸并州，宴从官及诸亲、并州官属父老等，奏九部乐。

《册府元龟》卷一一〇《帝王部·宴享第二》："（显庆）五年二月，幸并州。丙戌，宴从官及诸亲、并州官属父老等，奏九部乐，极欢而罢，赐帛有差。"④ 又见同书卷八〇《帝王部·庆赐第二》《旧唐书》卷四《高宗纪上》。

12. 开元八年（720）十一月己巳（二十一日），玄宗宴九姓、蕃安等，设九部乐。

《册府元龟》卷一一〇《帝王部·宴享第二》："（开元八年）十一月己巳，御丹凤楼，宴九姓、蕃安等，设九部乐。"⑤ 又见《玉海》卷一六四《宫室·楼》。

按：以上 12 条九部乐施用记录，1 条出自《大慈恩寺三藏法师传》，其余 11 条均出自《册府元龟》。这说明北宋王钦若等人编纂的《册府元龟》一书，对唐

---

① ② 　王若钦等编纂，周勋初等校订《册府元龟》，第 1191 页。
③ 　慧立、彦悰著，孙毓棠、谢方点校《大慈恩寺三藏法师传》，第 189 页。
④ 　王若钦等编纂，周勋初等校订《册府元龟》，第 1195 页。
⑤ 　王若钦等编纂，周勋初等校订《册府元龟》，第 1197 页。

代音乐史的研究非常重要，但其价值还未引起足够的重视。《情况考》虽然也用到了该书，但对其中的唐代九、十部乐史料挖掘不全面不深入，以致产生大面积的失考，甚为可惜。

结　论

本文在《情况考》基础上，对唐代九、十部乐施用情况重加考证，合并删除其中 10 条，增补 12 条，共得 49 条。今以简表示之如下：

序号	皇帝	施用时间	公元	事　由	施用方式
1		武德元年十月七日	618	宴突厥使者	奏九部乐
2		武德元年十一月八日	618	降薛仁杲，置酒高会	奏九部乐
3		武德二年二月二十三日	619	宴群臣	奏九部乐
4		武德二年闰二月四日	619	考核群臣，置酒高会	奏九部乐
5		武德二年四月六日	619	宴送山东、淮左安抚使	奏九部乐
6		武德二年五月	619	宴凉州使者	奏九部乐
7		武德三年正月三十日	620	宴突厥使者	奏九部乐
8		武德三年五月八日	620	宴突厥使者	奏九部乐
9	高	武德三年六月六日	620	宴东征官僚	奏九部乐
10		武德三年六月十八日	620	大会东征将士	奏九部乐
11	祖	武德三年八月二十日	620	宴群臣	奏九部乐
12		武德四年三月	621	宴西突厥使者	奏九部乐
13		武德四年五月六日	621	宴五品以上官员	奏九部乐
14		武德四年七月十三日	621	宴群臣	奏九部乐
15		武德四年十一月二日	621	秦王李世民平王世充、窦建德	赐九部乐
16		武德七年二月	624	宴突厥使者	奏九部乐
17		武德七年四月四日	624	宴群臣	奏九部乐
18		武德七年七月三十日	624	宴交州首领丘和	奏九部乐
19		武德八年四月二十六日	625	宴西蕃、突厥、林邑使者	奏九部乐
20		武德九年三月八日	626	宴朝集使	奏九部乐

（续表）

序号	皇帝	施用时间	公元	事　由	施用方式
21	太 宗	贞观二年五月十一日	628	以夏麦大稔，宴群臣	奏九部乐
22		贞观二年九月九日	628	庆有年，宴群臣	奏九部乐
23		贞观三年正月二十二日	629	宴群臣	奏九部乐
24		贞观四年七月二十九日	630	宴群臣	奏九部乐
25		贞观五年正月十四日	631	宴群臣	奏九部乐
26		贞观十一年十一月三十日	637	宴五品以上及蕃夷	奏九部乐
27		贞观十四年九月十一日	640	宴五品以上京官	奏九部乐
28		贞观十五年二月二十二日	641	宴从官及山东宗姓、洛阳高年	奏九部乐
29		贞观十六年十一月二十三日	642	宴百僚	奏十部乐
30		贞观十七年闰六月十三日	643	大飨百僚	奏十部乐
31		贞观二十一年正月九日	647	宴回纥等部	陈十部乐
32		贞观二十二年正月十四日	648	会四夷君长	奏十部乐
33		贞观二十二年十二月	648	送玄奘及经像入大慈恩寺	奏九部乐
34	高 宗	显庆元年四月八日	656	送大慈恩寺碑入寺	陈九部乐
35		显庆五年二月十五日	660	宴从官及诸亲、并州官属父老	奏九部乐
36		龙朔元年九月二十日	661	因封李贤为沛王宴诸官	奏九部乐
37		乾封元年正月六日	666	封泰山毕，宴群臣	陈九部乐
38		乾封元年四月八日	666	宴群臣	设九部乐
39		总章元年十月二日	668	贺破高丽，宴百官	设九部乐
40		永隆二年正月十日	681	因立太子宴百官及命妇	设九部乐
41	武后	长安二年	702	赐招福寺金铜像、门额	赐九部乐
42	睿宗	延和元年七月十二日	712	宴群公卿士	设九部乐
43	玄宗	开元八年十一月二十一日	720	宴九姓、蕃安等	设九部乐
44		开元二十四年八月五日	736	玄宗生日宴群臣	奏九部乐
45		开元二十九年正月七日	741	庆贺得祥瑞	列十部乐
46		天宝十四载三月七日	755	宴群臣	奏九部乐
47	德宗	贞元四年三月六日	788	宴群臣	设九部乐
48		贞元十四年二月七日	798	宴文武百僚	奏九部乐
49	宣宗	大中十二年	858	封敖任太常卿视事	设九部乐

以上所考唐代九、十部乐的 49 次施用，只是笔者所见现有文献的记载情况。随着新文献的发现与旧文献的挖掘，这个次数应该还会增加和改写。当然，文献所记只能断续的反映局部史实，唐代九、十部乐的实际施用当远远不止这个数目。《新唐书》卷一九《礼乐志九》云："皇帝元正、冬至受群臣朝贺而会。……太乐令帅九部伎立于左、右延明门外，群官初唱万岁，太乐令即引九部伎声作而入，各就座，以次作。"① 这则材料说明唐代的元正、冬至朝会都要施用九、十部乐，但见诸记载的却极少。《唐六典》卷四《尚书礼部》亦云："凡千秋节，皇帝御楼，设九部之乐，百官袴褶陪位，上公称觞献寿。"② 可见玄宗生日千秋节都要施用九部乐，但见诸文献记载的却只有两次。对此，《中华艺术通史·隋唐卷上编》总结道："多部乐的上演其实早成定制和惯例，对此'司空见惯'的常例，史传也未必一一详载。……规模不小的多部乐，一旦设立并长期保持，朝廷就须不断支付巨额开销，既设之，则必用之，不可能让多部乐作为摆设长期虚置，一年中偶或用之，更不可能隔数年、十几年才演一回。不仅造成财力物力的极大浪费，也将使艺人无所事事才艺废退。因此，可以认为唐至五代前后约三百年间，九、十部乐及其余乐部的依例上演，绝不限以上区区几十次。"③ 这个分析是很有道理的。

（原刊于《中央音乐学院学报》2019 年第 4 期）

作者简介：

余作胜，1972 年 9 月出生，江西瑞昌人。1996 年毕业于南昌大学中文系汉语言文学专业，获文学学士学位。毕业后就职于江西省九江公路分局，从事文秘工作。2005 年毕业于四川师范大学文学院，获文学硕士学位，其后任教于西华师范大学文学院。2008—2012 年在四川师范大学文学院师从王小盾教授攻读古代文学博士学位，毕业论文为《两汉乐书的文献学研究》。2013—2016 年在上海音乐学院从事中国古代音乐史博士后研究。2018 年调入四川师范大学工作。现为四川师

---

① 欧阳修《新唐书》，第 429 页。
② 李林甫等撰，陈仲夫点校《唐六典》，中华书局，2014 年，第 114 页。
③ 秦序主编《中华艺术通史·隋唐卷上编》，第 97 页。

范大学音乐学院教授，博士生导师，四川师范大学中国音乐文献研究中心主任，第十二批四川省学术和技术带头人后备人选，主要学术方向为中国古代音乐文献、音乐文学及音乐史研究。共主持国家社科基金一般项目"宋代散佚乐书辑考"、国家社科基金重大招标项目子课题"唐代音乐文学史"、教育部人文社科青年项目"唐前乐书研究"、四川省哲社项目"《礼纬》《乐纬》辑本文献辨正"等课题7项；在《音乐研究》《中国音乐学》《中央音乐学院学报》《古典文献研究》等期刊发表学术论文20余篇，出版专著《两汉乐书的文献学研究》1部。

从赵均刻本编目体例探窥《玉台新咏》古本之遗

崔炼农

综合历代版本学家的经验，版本研究可分三个层次：一为物质形式层面，包括纸张墨色、装帧形制、字体刀法、版式行款及各类标记（书名页、牌记、藏书印、刻工姓名）等，据以辨明制作设计的实际情形；二为文本结构层面，包括卷数、卷端、卷末、序跋、编例、正文与校改记录等，据以把握编撰校改的整体面貌；三为正文内容层面，包括避讳、称衔庙谥、名物制度、时尚用语、时地人事等，据以考察全书内在的逻辑一贯性及其与所属时代的一致性。三者结合方可辨明版刻时代，弄清所属系统、识别真伪、判定优劣。就《玉台新咏》而言，刘跃进、傅刚等先生已从版本学的各方面作了全面而深入的探究，《玉台新咏》各个版本系统及其衍化的过程基本廓清，为进一步的讨论奠定了坚实的基础①。根据《玉台新咏》版本研究现状和赵均刻本的实际情形，本文主要涉及文本结构层面，并以编撰体例为中心探求赵均刻本中可能存在的古本之遗。

一、赵均刻本的编目实况

据初步统计，赵均刻本②全书各卷卷首目录所见总计 657 首，因卷七《武陵王纪诗三首》正文多录《闺妾寄征人》一首，小字末注云："目作三首，此首疑衍。"卷十"何逊诗三首"正文作"五首"，实五首，故全书实际收入 660 首。将

---

① 刘跃进《〈玉台新咏〉研究》，中华书局，2000 年。傅刚《〈玉台新咏〉编纂时间再讨论》，载《北京大学学报（哲社版）》第 39 卷第 3 期。

② 本文采用较常见的文学古籍刊行社影明寒山赵氏刊本。

卷首目录与正文题目和相应文辞——比较，三者相当一致。又据目验过宋刻的二冯、纪容舒等跋文所述，赵刻之改动一在讹字，一在行款，另缪荃孙曾比勘过李维桢和冯二痴校宋本异同记录，跋文仅云"行款校刻"改订一事，不及其余。可推知赵均刻本编辑体例等文本形式不曾有重大改窜。因此，该刻本的编目实况可信度高，可以作为编目体例研究的文本基础。

全书编目可分卷首目录和正文编目两个部分。

（一）卷首目录的编辑体例

各卷卷首目录多以作者名缀诗题（或诗类名）及总篇数为一总题的方式加以编排，如卷一"枚乘杂诗九首"、卷六"吴均二十首"等将同一作者本卷全部作品收入一总题之下。此类有总题的目录，其标记格式可分两种类型：卷一至卷四、卷八至卷十标记格式为［作者名+诗题或诗类名+总篇数］，如"傅玄乐府诗七首"；卷五和卷六、卷七大部为［作者名+总篇数］，如"江淹四首"，中间不出现诗题或诗类名。

其余为无总题的目录，均以同一作者作品分类连续排列，作者名只出现一次，后列诸目承前省作者名，如卷一不标"曹植诗九首"这一总题而分列"曹植杂诗五首""曹植乐府三首""曹植弃妇诗一首"三目，这类编目共 22 题 51 首，不到全书的十分之一。至于题首不标作者姓名者共 27 题，计 66 首，占全书十分之一，其中又可分为两种情况：（一）本无作者名，有卷一《古诗八首》《古乐府诗六首》《汉时童谣歌一首》《古诗无人名为焦仲妻作》、卷九《歌辞二首》《越人歌一首》《汉成帝时童谣歌二首》《汉桓高时童谣歌二首》《晋惠帝时童谣歌一首》、卷十《古绝四首》《近代杂歌五首》《吴歌九首》《杂歌三首》《杂诗一首》等，共 14 题 46 首。一首者不计，余皆近似于有总题的目录。（二）承前省作者名，共 12 题 19 首，皆属无总题一类。具体目录抄录于下：

卷二

魏文帝于清河见挽船士新婚与妻别一首

魏文帝又于清河作一首

魏文帝又甄皇后乐府塘上行一首

曹植杂诗五首

曹植乐府三首（正文不出总数，各首均自标题）

曹植弃妇诗一首

傅玄乐府诗七首（正文不出总数，各首均自标题）

傅玄和班氏诗一首

张华情诗五首

张华杂诗二首

潘岳内顾诗二首

潘岳悼亡诗二首

卷三

陆机拟古七首（正文出总数，各首题附辞后）

陆机为顾彦先赠妇二首

陆机周夫人赠车骑一首

陆机乐府三首（正文出总数，各首题附辞后）

卷四

颜延之为织女赠牵牛七夕一首

颜延之秋胡诗一首

卷十

刘孝威古体杂意一首

刘孝威咏佳丽一首（正文作"刘孝威二首"，各首题附辞后）

奇怪的是，无总题之目只出现于前四卷和卷十，以卷二为最多。中间五卷无此现象。

（二）正文编目体例

作品止一首者，卷首目录与正文标题基本一致。

两首以上者情况较复杂。概括言之，无论有无总题，一目数首者卷首目录中只出总篇数，不标明各首细目，故与正文标目不完全一致，可见是经过整理的编目。正文中相应便有两种编目格式：

1. 正文不出总篇数，各首均自标本题，第一首题作者名，其后皆承前省，如卷二目录总题"傅玄乐府诗七首"所对应的正文各首编目实况：

傅玄青青河边草篇

……（辞）……

………………

傅玄西长安行

……（辞）……

2. 正文出总篇数，各首本题均附注于辞后空二字处，如卷四目录总题"谢朓杂诗十二首"所对应的正文中有《杂咏五首》一目，其编目实况如下：

谢朓赠王主簿

…………

谢朓杂咏五首

……（辞）…… 镫

……（辞）…… 烛

……（辞）…… 席

……（辞）…… 镜台

……（辞）…… 落梅

全书编目体例中仅有两个特殊的案例。其一，卷一目录"徐干诗二首室思一首徐干情诗一首"，既有总题"徐干诗二首"，又与"室思一首"连写，且"情诗一首"承前省作者名；而正文总篇数"诗二首"三字阙如，各首辞前均自标目，第一首为"徐干室思一首"，第二首承前省作者名为"情诗一首"。其二，卷十目录"刘孝威古体杂意一首""咏佳丽一首"，正文作"刘孝威二首"，各首题附辞后为："古体杂意""咏佳丽"；卷首目录和正文编目恰与一般体例颠倒。特殊案例的存在可能与刻印前的文本窜乱有关，可以不论。

二、赵均刻本独有的编目体例

（一）与五云溪馆本共有的特点证明二本同出一源按同样的方式考察五云溪

馆本目录标记格式。

有总题的目录。分两种情况：

1. 卷一至卷四，上为诗题（或诗类名）及总篇数，下为作者名，如卷二赵本目录作"傅玄乐府诗七首"，此作

乐府诗七首□□□□□□□傅玄

2. 卷五、卷六、卷八、卷九，上为作者名，下为总篇数，无诗题，一首者亦不抄出，如卷五赵本目录作"江淹四首"，此作

江淹□□□□□□□四首

无总题的目录。卷七、卷十（此卷讹误最多），上为诗题，各首细目多标出，一题数首者无总篇数，下为作者名，抄于第一首之下，余承前省——与正文辞前标题完全一致，盖原本目录已阙，后据正文直接移录，未经归类合并，当为临时之举①。

正文编目体例。五云溪馆本没有赵均刻本的第二种体例，即总题置前、各首本题附于辞后的编目体例。全书统一为一种体例，即卷首目录有总题，正文不再出现总题，同一作者作品分类或按首连续排列，均自标题，作者名出现一次，其后均承前省作者名。这一点是二本之间最大的区别，留待下面讨论。

现在需要注意的是，在有总题的卷首目录中，五云溪馆本第一种格式题目构成与赵均本第一种同，为作者名、诗题或诗类名、总篇数三部分（如：傅玄、乐府诗、七首），不同的是作者名置于下方；第二种格式将作者名和总篇数分开上下书写。题目构成不变，改动的只是题目构成因素的位置和排列方式。可见这种

---

① 按古书编目实况，正文编目多已归类合并，而卷首目录一般由正文编目提炼而成。故依编目程序，最简单的做法是将正文编目原封不动抄录一处置于卷首，但因烦琐、纲目不清一般很少采用。其次在正文编目基础上进一步归类合成，形成全书相对统一的格式体例，其情形又有粗细之分：粗者以作者或文体类名统摄作品，出总篇数；次之将作者和文体类名分层相套，或于作者名下按文体类名，或于文体类名下按作者名统摄作品，出总篇数；细者再于主目（总题）之下用小字注出细目。五云溪馆本此处编目盖为"俗子"所补。

改动与两种格式并存的现象无关，亦即两种格式并存的情况在改动之前就已存在：这种同一书中前后不一致的双重格式的编目体例是五云溪馆本和赵均刻本所共有的特点。严格说来，此种双重格式的编目体例应是不合常规的现象，是书籍编撰中的一种阙点或失误（也可能是一种不成熟的表现），同一失误出现在不同的刻本中很难说是一种巧合。合理的解释只有一个，即两种刻本中的同一种失误，当有一个共同的版本来源，结合二者编排体例在卷一至卷四和卷十这五卷中存在相当一致的对应性，可以判定：两种刻本属于同一个版本系统。

（二）与五云溪馆本迥异之处正是赵均刻本的优势

1. 卷首目录编辑体例

赵均刻本与五云溪馆本最大的不同在于：目录编辑格式中作者名所署的位置，前者署上而后者署下。这两种格式在历代官私目录中一直并用且相当普遍，如《汉书·艺文志》《新唐书·艺文志》《四库阙书目》《秘书省续编到四库阙书目》《中兴馆阁书目》等作者名多署上，而《隋书·经籍志》《旧唐书·经籍志》《崇文总目》《郡斋读书志》《通志·艺文略》《直斋书录解题》等则作者名多署下。可见作者名的位置在非单篇文章著录的书籍总目中看不出有任何时代性。但是，如果对单篇文章著录的情况进行考察，则《汉书·艺文志》"诗赋略"的著录便值得特别注意，因其编目格式为［作者名+诗题或诗类名+总篇数］，与赵均刻本卷首目录的体例完全一致；另外，与《玉台新咏》同时代的《文选》今存各种版本，其目录的编辑格式也与赵刻完全相同。但随着时代往下推移，［作者名+诗题或诗类名+总篇数］这种编目格式至唐以后便很少出现，可见在具体的书卷中这类编目体例显示出了相当明显的时代性。这是否暗示：赵均刻本不仅是宋刻之遗，其中还隐藏着中古钞本的蛛丝马迹①？

2. 正文编目体例

五云溪馆本总题和各首本题均置辞前，一种编目格式贯穿了全书，仅卷八刘缓《杂咏和湘东王三首》例外，故显得非常整饬。而赵均刻本不同，除五云溪馆

① 比较敦煌残卷唐写本正文中主目（总题）之下以小字注出细目的编目体例："潘岳诗四首内顾二首悼亡二首"，赵均刻本与唐写本大异之中竟有小同，即赵均刻本卷一至卷四、卷八至卷十的卷首目录标记格式与唐写本残卷正文编目格式均为［作者名+诗题或诗类名+总篇数］，良可注意。

本所用"题置辞前"的格式以外，还有另一种特殊的格式——"题附辞后"的编目格式。据统计，正文有总题、各首本题均附辞后的作品分布于各卷之中，卷一6首、卷三17首、卷四9首、卷五12首、卷六8首、卷七16首、卷八11首、卷九11首、卷十117首，共207首，几占全书总数（660首）三分之一。可见"题附辞后"的编目格式与"题置辞前"的体例并存于一书之中，全书遵守着特殊的双重格式的编目体例。这个总集编撰史上极不寻常的现象，有力地证明了赵均刻本十卷本正文编目体例前后一致，同时也就证明了赵均刻本并非刘跃进先生所称为多种残本拼凑而成的配补本。

（三）五云溪馆本对宋刻的改窜

上述赵均刻本与五云溪馆本的共同特点，可证二本同属南宋陈玉父刻本系统。至于相异之处，特别是赵均刻本继承而五云溪馆本没有的"题附辞后"的编目体例，显示五云溪馆本对陈刻宋本曾有许多改易。另一有力证据是：五云溪馆本卷一《古乐府诗六首》卷首目录署名"枚乘"而正文不署，且《相逢狭路间行》一首正文题目下空三字处刻有"与乐府极异为"六字，此处"乐府"二字当为《乐府》一书之名，则六字应是付梓前即已存在的校文，又这类校文在整个刻本之中不见有第二处，可推知为刻印底本删削未尽所致。这就意味着五云溪馆本的底本曾用《乐府》一书勘校①，有所改动乃为必然之事。邵章《〈增订四库简明目录标注〉续录》记明代以前《玉台新咏》曾有四种刊本：南唐刊本、北宋明州本绍兴修补本、南宋陈玉父刻本和元刊本。据刘跃进先生考证五云溪馆本为现存诸明版中问世最早②，知其与陈玉父刻本之间尚有元刊本为中介，则改易窜乱当是完全可能发生的事情。

所以，五云溪馆本对原本的改动较多，赵均刻本则基本保存了陈刻宋本原貌而"典型"尚在。

---

① 《乐府》书名在南宋常为郭茂倩《乐府诗集》和刘次庄《乐府集》共有的简称，如《文苑英华》卷一九二至卷二二一"乐府"注中所引极多，混用不明的现象不少。
② 《玉台新咏研究》第7页，中华书局，2000年。

三、宋本之遗和徐陵旧本原貌

赵均刻本［作者名+诗题或诗类名+总篇数］的编目格式属于中古时期习用的体例，具有相当明显的时代性，前文已有论述。至于"题附辞后"的正文编目体例是否同样为某一时代特征的具体表现则尚需继续加以考证。

首先，从统计数字观察：

赵均刻本全书所收作品：660 首（100%）

正文有总篇数而各首题附辞后者：207 首（31%）

乐府及其拟作 236 首（35%），其中题附辞后者：98 首（占该类全部42%）

非乐府类作品 424 首（65%），其中题附辞后者：109 首（占该类全部26%）

可见该版本所收乐府歌辞甚少①，采用"题附辞后"方式记录的却近半数，在编目体例上有明显的倾向性，这种情况当不属偶然。考先唐正史乐志对乐府歌辞的记录实况，确与这种编目体例有相似之处：

1.《汉书·礼乐志》所录作品有《安世房中歌》《郊祀歌》二种，先叙总题，用"其诗曰"引起，下录歌辞，其中《郊祀歌十九章》各首本题连序号并所作时间、缘由等，均以附注的形式置于辞后，一题多首者亦然，如

……（辞）……元狩三年马生渥洼水中作。

……（辞）……太初四年诛宛王获宛马作。

天马十

2.《宋书·乐志》乐章歌辞的编目体例比较复杂，共有五种形式，亦可归并

---

① 朱谦之《中国音乐文学史》以为《玉台新咏》编撰本意在度曲，刘跃进《〈玉台新咏〉原貌考索》一文也主张"《玉台新咏》是一部歌辞总集"。笔者反对此说。综观《玉台新咏》各种传世刻本，结合唐写本中有张华《情诗》《杂诗》和石崇《王明君辞》等作品，可知写本与刻本所录作品性质构成完全一致，均包含"诗"与"乐府"两种成分以及名为"杂诗"的类别，可证"本意在度曲"的"歌辞总集"说不确。详论可参拙文《〈玉台新咏〉不是歌辞总集》，载《云南艺术学院学报》2003 年第 1 期。

为"题置辞前"和"题附辞后"两类，前者多见于郊庙、燕射、鼓吹、舞曲、相和歌、清商三调、大曲等部类中，一般总题置于各首之前，由朝代名或作者名、乐类名、总篇数构成；各首本题（篇题、曲调名、序号等）均标辞前，如

　　　晋宣武舞歌四篇　傅玄造
　　　惟圣皇篇　矛俞第一
　　　……（辞）……
　　　短兵篇　剑俞第二
　　　……（辞）……
　　　………………

　　后者见于郊庙、燕射歌辞，一般总题置于各首之前，由朝代名、乐类名、总篇数构成，下标作者名，二者不连写；各首本题及用途、章句等均附辞后（有时更附小字注），以"右"领起；末后更有一句总括各首，亦以"右"领起，如

　　　宋明堂歌　谢庄造
　　　……（辞）……
　　　　　右迎神歌诗。依汉郊祀迎神，三言，四句一
　　　转韵。
　　　……（辞）……
　　　　　右登歌词。　旧四言。
　　　………………
　　　……（辞）……
　　　　　右送神歌辞。汉郊祀送神，亦三言。
　　　　　右天郊飨神歌。

　　另有歌辞前后均有题目标注的情况，见于舞曲歌辞中，总题居各首之前，由朝代名、乐类名、总篇数构成，命之为"歌"或"歌诗"；各首本题（篇名、舞名、用途）均置辞前；末附一注总括各首（总篇数、乐类名），命之为"歌行"，

以"右"字领起,如

> 晋鞞舞歌(诗)五篇
> 洪业篇　鞞舞歌,当魏曲明明魏皇帝,古曲关东有贤女。
> ……(辞)……
> ………………
> 明君篇　鞞舞歌,当魏曲为君既不易,古曲殿前生桂树。
> ……(辞)……
> 　　　　　右五篇鞞舞歌行。

又有总题、各首本题及解题等均置辞前而辞后另行注明章句的情况,仅见于鼓吹曲中,如

> 吴鼓吹曲十二篇　韦昭造
> 炎精缺者,言汉室衰,武烈皇帝奋迅猛志,念在匡救,然而王迹始乎此也。
> 汉曲有朱鹭,此篇当之。第一。
> ……(辞)……
> 　　　　　右炎精缺曲凡三十句,句三字。

3.《南齐书·乐志》以乐章歌辞记录为主体叙述乐史,"题附辞后"的编目体例使用较多,只是辞后所附往往衍为包含题目的长注,不脱"叙"的色彩,与《宋志》的"录"稍有不同。

值得注意的是,唐人所撰《晋书·乐志》,在转录《宋书·乐志》的晋代乐歌时已经采用统一的编目体例,所有题目均置辞前,《隋书·音乐志》《旧唐书·音乐志》等书的歌辞记录中也不再见有"题附辞后"的编目体例①。可见"题附辞后"的编目体例以及多种编目体例同用于一书的做法至迟在唐以后的乐志编撰

---

① 唐以后正史乐志或其他歌辞记录文献中也偶有"题附辞后"编目格式的运用,不过全为刻意仿古之作,如《四部丛刊》初编影无锡孙氏小绿天藏明刊本《皇明文衡》卷四录王绅《拟大明铙歌鼓吹曲十二首》、杨士奇《平胡铙歌鼓吹辞》等。

中不再流行。

由此推知,《玉台新咏》赵均刻本乐府歌辞"题附辞后""题置辞前"双重编目格式的出现当不会晚于初唐。

其次,从历代诗文总集编录情况考察,"题附辞后"这种编目体例与［作者名+诗题或诗类名+总篇数］的编目格式一样,也只存在于特定的历史时段。今考现存诗文总集的编目实况,以《四部丛刊》初编所影宋刻和明刊本为例:

1. 收录唐以前作品的集子都有"题附辞后"的编目格式或其残余痕迹:

《毛诗》:宋刻巾箱本,正文各首诗题及章句均附辞后,格式如下所示:

毛诗卷第一

周南关雎诂训传第一

毛诗国风

·········（辞）·········

关雎五章章四句故言三章一章四句二章章八句

·········（辞）·········

葛覃三章章六句

················

《楚辞》:明覆宋刻本,《九歌·东皇太一》题下注:"五臣云:每篇之目皆楚之神名所以列于篇后者亦犹毛诗题章之趣。"《九章》《七谏》《九怀》《九叹》《九思》各篇篇题均附辞后。

《六臣注文选》:宋刻本,卷首目录格式为:［作者名+诗题（或诗类名）+总篇数］;正文诗题和作者名分书二行,有少量"题附辞后"的残余——即辞后标注序数"其一""其二"等字样,如卷二十四曹子建《赠白马王彪》共七首各首辞后标"其一""其二"……"其七"、陆士衡《赠冯文罴迁斥丘令》辞后标注"其一""其二"……"其八"。

《古文苑》:宋刻本,全书总目和卷首目录格式:［作者+诗题］,两篇以上者小字注出首数,杂有"王粲杂诗四首"之类［作者+诗类名+总篇数］格式;正文诗题与作者名不联写,前上后下。卷九王融《奉和南海王殿下咏秋胡妻》共七首,辞后标注"其一""其二"……"其七",属"题附辞后"

的残余①。

2. 收录唐代及以后作品的集子不再见有"题附辞后"的编目格式出现，如：

《中兴间气集》《河岳英灵集》：明覆宋刻本，全书总目格式：［作者＋总篇数］；卷首目录格式：作者名下列出各首本题；正文编目与卷首目录格式同。

《才调集》：明述古堂覆宋钞本，全书总目格式：［作者＋总篇数］；正文题目同，各首辞前标题。《皇朝文鉴》：宋刻本，全书总目格式：上为诗题，下为作者名；同一作者所有作品下均各自署名。正文题目同。

《唐宋诸贤绝妙词选》《中兴以来绝妙词选》：明覆宋刻本，全书总目格式：［作者＋总篇数］；正文同一作者名下各首辞前标题。

由此推知，《玉台新咏》赵均刻本乐府歌辞之外其他作品中的"题附辞后"编目格式也包含了唐代以前的信息。

如果将自古以来的书内编目情况清理一下，可以发现古人编书最初的体例，是小篇之题及章的目录多置一篇或一章之末。在传世文献中，《荀子·赋篇》所载六首前五首均为隐语及解答辞，其正文之末空格所书分别为："礼""知""云""蚕""箴"，即前五首题目，乃题附文后之例；又《礼记·乐记》据孔颖达疏引郑玄《三礼目录》称为十一篇合成，各篇原本有题，而今本有《子贡问乐》作为篇名附于段末，盖为后人删改所遗。再证之于考古文献，马王堆汉墓帛书《老子》乙本卷前四种佚书《经法》九篇、《十大经》十篇各篇篇题均书于正文之后，总题与字数亦标全文最末；《称》《道原》各一篇篇题与字数亦各标正文之后。

事实上，除了"题附辞后"这种编目格式以外，秦汉以前亦同时孕育了多种编目体例，银雀山汉墓竹简《孙子兵法》"作战""刑""埶""实虚""火攻"与佚文残简"吴问""黄帝伐赤帝""刑二"诸篇篇题均写于首句所书竹简的背面，但从阅读顺序看则已有"题置辞前"的意味。"军□"、佚文残简"吴问"等篇篇末正文之下标有数字"四百六十五""二百八十四"，则为末注章句都数的"尾题"编辑体例。另有一木牍记录各篇篇题，相当于后世总目或卷目。可见多

---

① 诗文总集之外的其他各类书籍情况同样如此，如宋刻本《管子》各卷大篇之下各小篇均题附文后，如卷一《牧民·经言》之下各小篇记为："右国颂""右四维""右四顺""右士经""右六亲五法"；明覆宋刻本《陆士龙文集》卷二卷三卷四"诗"有大量的辞后标序"其一""其二"的格式，卷七"骚"《九愍》各首均为"题附辞后"的格式。

种编目体例共存于一书之中本有极古的渊源①。

刘知幾《史通·因习篇》云："范晔既移题目于卷首，列姓名于卷中，而犹于列传之下，注为《列女》《高隐》等目。"当是将《后汉书》与《史记》《汉书》进行比较所得出的结论。《后汉书·胡广传》载胡广续补扬雄《十二州二十五官箴》"乃悉撰次首目为之解释，名曰《百官箴》"，即已将目录置于书首。可见东汉时期编目体例在上古的基础上已开始演化。至魏晋南北朝，文献中著录的书目大量出现。据曹之《中国古籍编撰史》统计，《隋书·经籍志》共著录带有目录的图书395种，集部占351种。前代书籍目录当在此时陆续补出。《宋书·乐志》多种编目体例共存一书的情形正是这一时代特征的集中反映。及至唐代，情况发生了明显的变化，"题附辞后"的编目体例以及多种编目体例同用于一书的做法已不再流行，现存宋刻书籍凡录唐及以后作品的本子均统一为"题置辞前"一种类型。几千年来，书籍的编目体例经历了一个由繁至简的发展过程。

如果这种认识符合历史事实，那么，"题附辞后""题置辞前"双重编目体例并存的现象就意味着《玉台新咏》赵均刻本在相当程度上保留了徐陵旧本的原貌，而不仅仅是宋本之遗。

四、冯班抄本及冯氏校定本

据赵均刻本冯舒跋和崇祯二年冯班抄本跋，冯班抄本系同出于赵均所藏宋刻②，故自来备受学者关注，常以之与赵均刻本较比优劣。此书后辗转回至其后辈冯鳌之手，以汲古阁藏本及赵氏、杨氏本重加校核，于康熙五十三年刊刻行

---

① 曹之《中国古籍版本学》第二编第一章"简策的外形"一段可参："篇名、篇次多写在简背，武威汉简甲乙二本都写在简背第二道编绳之下，篇名在每篇第二简背，篇次在第一简背，这与我国古代自右向左读书的习惯是一致的。简数相当于后来纸书的页数，一般写在一简正面（或背面）的下端。……尾题一般在每篇末简的正面下端。尾题内容多记本篇字数。全书尾题还有题写篇名目录之例。如河北定县汉墓出土的《论语》尾题残简十枚，上面写了各篇的章数和字数，银雀山汉墓出土的《孙子兵法》也有篇题目录数简。"武汉大学出版社，1992年，第92页。

② 冯氏校定本亦然。《玉台新咏考异序》："赵灵均之所刻，冯默庵之所校，悉以嘉定宋刻为鼻祖。"

世。《四库全书》纪昀家藏本《冯氏校定玉台新咏十卷》提要云：

> 　　国朝冯舒所校，其犹子虎武所刊也……舒此本即据嘉定本为主，而以诸本参核之，较诸本为善……然如苏武诗一首宋刻本无标题与文选同，舒乃据俗本改为《留别妻》；《徐干室思诗六章》有宋孝武帝拟作及《艺文类聚》所引可证，乃据俗本改为《杂诗五首室思一首》；《塘上行》据李善《文选注》本有四说，宋刻所题盖据《歌录》第二说，乃据《宋书》不确之说，改为魏武，移于文帝之前；石崇《王明君词》序"其造新曲"句有李善《文选注》刘履《文选补遗》可证，乃据俗本改为"新造"；杨方《合欢诗五首》有《艺文类聚》及《乐府诗集》可证，乃据《诗纪》改为《合欢诗二首杂诗三首》；梁简文帝《率尔为咏》"为"字本读去声，乃误读平声，遂据俗本改为"成咏"；王筠《和吴主簿诗》"青骹逐黄口"句有《西京赋》可证，乃臆改为"鹊"，皆未免失考……今赵氏翻雕宋本流传广，此刻虽胜俗刻终不能及原本，故仅附存其目焉。

《玉台新咏考异》提要云：

> 　　然舒所校有宋本所误而坚执以为不误者……有宋刻本不误而反以为误者……又有宋刻已误因所改而益误者……皆不可以为定。

可见冯舒所校亦有可讥之处，与冯班跋称"赵氏所改，得失相半"不相上下。加之抄本因多经人手，"遂为俗子涂改，中间差误已失抄时本来面目"①，仅凭篇目、字句差异校比赵均刻本优劣，自有歧路亡羊之叹。

今以北京图书馆藏原抄本与赵均刻本重加勘校，发现其编目体例已大为改动，示例如下：

　　卷一：卷首：同声歌一首□□□□□□张衡
　　正文：张衡同声歌一首

---

① 崇祯二年冯班抄本钱孙艾跋。

卷二：卷首：于清河见挽船士新婚与妻别一首□□□□□□魏文帝

正文：于清河见挽船士新婚与妻别（按：不标作者名及总篇数）

卷三：卷首：拟古七首□□□□□□陆机

正文：拟西北有高楼□□□□□□陆机七首（按：［作者名＋总篇数］置第一首下）

卷四：卷首：杂诗六首□□□□□□鲍令晖

正文：（按：［作者名＋总篇数］置第一首下）

卷五：卷首：江淹四首

正文：（按：［作者名＋总篇数］置第一首下）

卷六：卷首：吴均二十二首／张率拟乐府三首

正文：（按：作者名或［作者名＋总篇数］置第一首下）

卷七：卷首：皇太子圣制四十三首

正文：（按：同卷首）

卷八：卷首：杂诗二首□□□□□□萧子显

正文：（按：作者名或［作者名＋总篇数］置第一首下）

卷九：卷首：乐府燕歌行二首

正文：湘东王春别应令四首行路难二首□□□□□□费昶（按：两种混杂）

卷十：卷首：谢灵运溪中赠答二首

正文：（按：两种混杂）

　　其中卷首目录多改中古编目格式［作者名＋诗题或诗类名＋总篇数］为［诗题或诗类名＋总篇数□□□□□□作者名］；除卷八中有一二例外，正文标目格式全统一为"题置辞前"一种，"题附辞后"的编目格式已然阙如①。清嘉庆十六年翁心存影抄冯知十影宋抄本编目体例与此大同。可见冯班抄本的编目实况与中古时期的编目体例截然不同，虽同出于嘉定宋刻却与赵均刻本相左，显然为冯氏不自觉依明代编目习惯所改窜乱所致。至于冯鳌刻本编目体例整齐划一，卷首目录作者名与题目分列二栏，如卷一：

———————————

① 与五云溪馆铜活字本极相类，冯氏是否用活字本校改过不得而知。

枚乘

　　杂诗九首

…………

徐干

　　杂诗五首

　　室思一首

　　情诗一首

正文中标目从头至尾采用"题置辞前"的单一格式，则更失宋本原貌。

五、赵均刻本乃目前唯一可靠的覆宋本

《玉台新咏》自徐陵编成流布以来，目前可知最早的本子是敦煌唐写本残卷。据赵均刻本陈玉父后序中提供的信息，在宋代流传有三种本子，除石氏所藏录本为抄本以外，通行的旧京本和豫章本为两个刊本。邵章《〈增订四库简明目录标注〉续录》记南唐刊本，但不知所据为何。据《四库全书》纪昀家藏本《玉台新咏十卷》提要考证：

> 此本为赵光家所传宋刻……观刘克庄后村诗话所引《玉台新咏》——与此本吻合，而严羽《沧浪诗话》谓古诗《行行重行行篇》《玉台新咏》以"越鸟巢南枝"以下另为一首，此本仍联为一首。又谓"《盘中诗》为苏伯玉妻作，见《玉台集》"，此本乃溷列傅元诗中。邢凯《坦斋通编》引《玉台新咏》以《谁言去妇薄》一首为曹植作，此本乃题为王宋自作。盖克庄所见即此本，羽等所见者又一别本。是宋刻已有异同，非陵之旧矣。特不如明人变乱之甚，为尚有典型耳。

宋代的确有多种本子行世，但要肯定均为刊本则难以定论。比较而言，敦煌唐写本残卷既是抄本，又为残卷，属于孤证；依前所述唐前作品之宋本一般均有多种编目体例共存一书之中，其编目体例是否与赵均刻本互有同异？不得而知。

由冯班抄本只重篇目字句同异之校订而妄改编目体例，知前人多不重视在编目体例上保存旧本原貌。因此张世美刻本、冯鳌刻本跋文中声称所刊皆本之于宋刻，孤言寡证亦难以据信。所幸赵均刻本在刊刻之际"合同志中详加对证"并未完全听从冯氏兄弟意见，为我们今天得以一窥嘉定宋刻之徐陵旧本原貌留下了宝贵的线索。

　　所以，就目前已知情况而言，赵均刻本当为最可靠的《玉台新咏》覆宋本。

（原刊于《北京大学学报》2007 年第 1 期）

作者简介：

　　崔炼农，1962 年生，湖南南县人。1981 年中师毕业后在山区从事中学教育工作五年。1990 年从湘潭大学中文系毕业，1999 年入上海师范大学人文学院，师从王小盾教授攻读中国古代文学专业博士研究生，完成博士学位论文《汉魏六朝乐府辞乐关系研究》，2003 年获得博士学位，2004 年入四川大学中国俗文化研究所博士后流动站工作，现为湖南大学新闻与传播学院新闻学系教授。主要研究方向为中国新闻传播史、中国古代政治传播与宗教传播、中国古代音乐文献学与音乐文学。已在《中国音乐学》《文学遗产》《文史》《北京大学学报》等刊物上发表论文 30 余篇，出版专著《孔子思想的传播学诠释》《乐府歌辞述论》。

从宋本《乐府诗集》小注看《乐府诗集》的编纂

喻意志

　　《乐府诗集》是收录宋前乐府诗的集大成之作。全书一百卷。如此皇皇巨著何以编成？其编者郭茂倩曾以哪些文献为据？这些都是我们关注的问题。笔者在研究的过程中发现：《乐府诗集》宋刊本①（尤其是歌辞部分）中有许多小注，这些小注是郭茂倩编纂该书时所为吗？带着诸多疑问，笔者对此进行了更为深入的探究，认为这些小注产生于《乐府诗集》的成书过程中，而我们从中亦可窥见郭茂倩编纂《乐府诗集》时利用文献的一些情况。特撰成此文，以求正于方家。

一、关于宋本《乐府诗集》小注的概况

　　关于《乐府诗集》的编纂，我们应了解如下事实：郭茂倩编纂《乐府诗集》某类或某首歌辞时，往往有多种文献可参。如晋郊庙歌辞部分就有《宋书·乐志》《晋书·乐志》可供参考，又如舞曲歌辞《拂舞歌》部分则可同时参考《宋书·乐志》《晋书·乐志》和《南齐书·乐志》。至于每一部类所录作家诗作则可参文献更多，如作家之别集、总集及其不同版本。郭茂倩编纂之时，往往在众多参考用书中确定一种或多种作为底本，并随手抄录其他文献的异文。这一现象在《乐府诗集》题解中即可见到。如卷三九《艳歌何尝行》题解云：

────────────

① 　此用文学古籍刊行社 1955 年影北京图书馆藏傅增湘本。

　　《乐府解题》曰："古辞云'飞来双白鹄，乃从西北来'。言雌病，雄不能负之而去，'五里一反顾，六里一徘徊'。虽遇新相知，终伤生别离也。又有古辞云'何尝快，独无忧'，不复为后人所拟。"鹄，一作鹤。

按："鹄，一作鹤"乃郭氏编纂时所录异文。据校勘，今存吴兢《乐府古题要解》"鹄"即作"鹤"。又《艺文类聚》卷九十引《古诗》《太平御览》卷九一六引《古歌辞》亦作"鹤"。另外，琴曲歌辞卷五八韩愈《别鹤操》又作"《别鹄操》"。

　　卷八三宁戚《商歌二首》题解：

　　《淮南子》曰："宁越欲干齐桓公，困穷无以自达，于是为商旅，将任车以商于齐，暮宿于郭门外。桓公郊迎客，夜开门，碎任车，爝火甚盛，从者甚众。越饭牛车下，望见桓公而悲，击牛角而疾商歌。桓公闻之曰：'异哉，非常人也！'命后车载之。"越，一作戚。

按："越，一作戚"亦是郭氏所录异文。据校勘：从刊本《淮南子》卷十二与《乐府诗集》同，作"宁越"。然其他如《吕氏春秋》卷一九、《史记》卷八三、《后汉书》卷六十上、《艺文类聚》卷九四等皆作"宁戚"。又如卷五四《独漉篇》题解云："'独漉'，一作'独禄'。"按《宋书·乐志》《南齐书·乐志》《晋书·乐志》皆作"独禄"。

　　上情况表明：郭茂倩编纂《乐府诗集》时并非简单抄录所据底本，他同时还参考了其他多种文献，并将异文加以标注。这一现象在作品部分很普遍。据笔者统计，《乐府诗集》作品部分约450首乐府诗作中有小注，共计760余处[①]。其中无名氏之作和标为"古辞"的作品26首，小注45处，姓名可明确之作家共124人，作品423首，小注710余处。日本学者增田清秀在《乐府の历史的研究》中统计《乐府诗集》共收5290首作品。其中姓名可明确之作者576人，作品3793

---

①　说明：1. 此"450首"系以同一曲调下的作品为单元来计算的。若某一曲调或该曲调的某一作家下有多首作品有小注，则仍算作一首。如卷四四"秋歌十八首"中虽有三首有小注，但仍只算作一首，余同；2. 明显不是异文的小注并不纳入；3. 卷二七至卷三四系据影宋写本配补，其部分小注乃抄者参校元刊本之校语，非宋本所有，亦不纳入。

首，占全部作品总数的 72%，无主名作品 1497 首。其中以"古辞"为名的作品共 56 首。两相比较可见，作家作品中有小注的比例比无主名作品中有小注的比例要高得多（前者约占全部有主名作品的 11%，后者则约占全部无主名作品的 2%）。这一统计说明：因作家作品不仅收录于总集中，且有别集传世，可用于参校的版本多，故异文也多，相反，无主名作品绝大部分仅收录于如《古乐府》《古今乐录》等总集或乐书中，可用于参校的文献相对较少，故异文也少。这为我们前面的判断亦提供了一个旁证。

《乐府诗集》小注绝大部分以"一作"的形式出现。但这些小注是否皆为郭茂倩编纂时参考其他文献所标异文呢？笔者将一部分有小注的相关作品与其他文献进行了详细比勘①，大致看来，这些小注有如下几种情况：

（一）小注肯定源自编纂时所用底本。如卷十六《朱鹭》及《思悲翁》古辞小注②，即本自《宋书·乐志》。卷六武后《唐大享拜洛乐章》之《咸和》中小注"下一句逸"，卷十《唐享太庙乐章》之《崇德舞》小注"后为图开"，皆本自《旧唐书·音乐志》③。

（二）《乐府诗集》中的小注与相对应的别集或总集的正文相同。这一情况较多。如《乐府诗集》所录白居易、温庭筠、元稹等人诗作中的小注大多与今存别集的正文一致，或者亦与《文苑英华》的正文或其小注一致。

（三）相对应的别集或总集的正文与《乐府诗集》中小注所属正文相同，但其后未有小注。这一情况也较多。如李贺、鲍照等人的诗作。

---

① 笔者首选诗作中小注较多的作家作品，版本则首选今存宋刊本者：正史皆用百衲本；《李太白文集》，宋蜀本（因条件限制，代以詹锳主编之《李白全集校注汇释集评》）；《元氏长庆集》，文学古籍刊行社影钞宋本，《白氏长庆集》，文学古籍刊行社影宋绍兴本，又四部丛刊影日本那波道圆覆宋大字本；《李贺歌诗编》，四部丛刊影宋理宗宝祐四年刊本；《温庭筠诗集》，四部丛刊影钱遵王精抄宋本；《分门集注杜工部诗》，四部丛刊影宋本；《刘梦得文集》，四部丛刊影覆宋蜀刻本；《王建诗集》，中华书局排印本（以南宋书棚本为底本）；《鲍氏集》，四部丛刊影毛扆校宋本；《谢宣城诗集》，四部丛刊影明钞本（源出宋本），《孟东野诗集》，四部丛刊影明刊本；《六臣注文选》，四部丛刊影宋本；《李善注文选》，中华书局影尤刻本；《玉台新咏》，文学古籍刊行社影明赵均小宛堂覆宋陈玉父本；《文苑英华》，中华书局影百衲本。
② 若非特意注明小注内容，则此"小注"皆指以"一作某"形式出现者，下同。
③ 目前，能断定作品部分数据来源的只有郊庙、燕射二类歌辞，除少数可能本自别集以外，其余绝大部分源于正史乐志。而正史乐志所录郊庙、燕射歌辞部分版本单一，郭氏基本未参其他文献。

（四）《乐府诗集》中的正文和小注与相对应别集的正文和小注相同，这一情况多见于李白诗作中。另外如卷七七孟郊《乐府》的小注即是孟集中原有，而卷一百温庭筠《湘东宴曲》小注亦本集原有。

（五）《乐府诗集》中的正文和小注与相对应别集的正文和小注正好相反，这一情况较少见。就目前来看，李白诗作中有小部分。如卷五一《凤台曲》、卷五九《秋思》、卷六三《白马篇》等①。

除上述五种情况外，尚有部分有小注的作品因系"晋宋梁辞"或为无主名的近代曲辞，今未有相关参校文献，如卷四四《子夜歌》《春歌》《秋歌》《冬歌》，卷四五《上声歌》《前溪歌》《长史变歌》，卷七九《水调》《大和》《陆州歌》等。它们或为底本中即有，或为与其他总集及其不同版本（如《古乐府》《历代歌辞》等）相校之异文。此外，亦有相当一部分有主名之作因无宋刊本传世或无别集流传（汉魏六朝作家多如是），故并未校勘而无从得知详情。

二、关于宋本《乐集诗集》小注的性质

从前文分析可见，《乐府诗集》小注除小部分源自所据底本外，大部分则是《乐府诗集》在成书过程中，参考其他文献时所标之异文。作此判断尚有如下证据：

其一，《乐府诗集》卷二五《木兰诗》古辞中小注乃参考其他文献所标之异文。

《木兰诗》古辞"愿驰干里足"句下小注："段成式《酉阳杂俎》云'愿借明驼千里足'。"按段成式卒于唐咸通四年（863），主要生活于中、晚唐时期。郭茂倩若以《古今乐录》为底本，则此小注定非智匠所为，若以《古乐府》为底本，则吴兢亦不可能见到段氏《酉阳杂俎》。而成书于绍兴六年（1136）的曾慥

---

① 因现存宋刊别集不多，而《文苑英华》编成于宋代，多以当时存见之总集、别集为底本或参校文献，故本文亦将之纳入。就比勘结果来看，《乐府诗集》中小注与《文苑英华》中正文或小注相同者很多。这其实表明《乐府诗集》中小注与宋刊本的一致性。另外，汉魏六朝时的作家诗作，因今存宋刊本极少，故除鲍照、江淹、谢朓等人外，大部分并未以其别集校勘，而是采用《文选》《玉台新咏》《文苑英华》等文献。

《类说》收录《古乐府》之《木兰诗》即无小注。《苕溪渔隐丛话》前集卷二三"杜牧之"条引及《古乐府·木兰篇》此一诗句，云：

> 洪驹父《诗话》云："《古乐府·木兰篇》'愿驰千里明驼足，千里送儿还故乡'。"苕溪渔隐曰：余读《古乐府·木兰篇》云："愿驰千里足，送儿还故乡。"止此而已，驹父乃云如此，疑其误也。

胡仔所云及该书所引洪驹父《诗话》（又见《能改斋漫录》卷七"明驼"条引）皆未见有关"段成式《酉阳杂俎》"的小注。另外，《宾退录》卷一云：

> 古乐府《木兰词》，文字奇古，然其间有云："归来见天子，天子坐明堂。策勋十二转，赐物百千强。可汗问所欲，木兰不愿尚书郎。愿驰明驼千里足，送儿还故乡。"

亦未有《酉阳杂俎》之语。可见，这一小注乃《乐府诗集》成书过程中郭茂倩或他人所为，亦即此小注产生于《乐府诗集》成书过程中，而非录自所据底本。与之相同，前述第二种小注情况——《乐府诗集》"一作某"注与诗人别集或总集中的正文相同——也是《乐府诗集》在成书过程中曾参以大量文献之力证。

其二，以《乐府诗集》所收李白诗作为例，其中小注多为以其他文献参校时所标之异文。

《乐府诗集》收录作家作品最多的是李白的诗作，共 159 首①。其中有小注的作品 56 首（依曲调为单元），小注达 118 处，约占全部作品小注的七分之一强，也是《乐府》所收作品中小注最多的作家诗作。另外，李白别集版本很多且很复杂，今又有两种宋刊本存世。故以之为特例加以考察。

据研究②，现存宋刊李白集有两种：一种是宋蜀本《李太白文集》，刻于南宋高宗（1127—1162）时，是今传最早的李白诗文集。有日本静嘉堂文库藏《李太白文集》三十卷本、北京图书馆藏本（原缺十卷，以清缪曰芑影宋本配

---

① 据增田清秀的统计，见《乐府の历史的研究》。
② 参詹锳《〈李白集〉版本源流考》，《李白全集校注汇释集评》，百花文艺出版社，1996 年。

补）、清缪曰芑影宋《李翰林集》三十卷本。这三本源自同一刻版。另一种是宋咸淳本，但咸淳年间（1265—1274）之原刻本今已不存，存者为明鲍松编正德八年（1513）所刻《李杜全集》中的《李翰林集》三十卷本，是影宋咸淳本。

　　宋蜀本据元丰年间晏知止（字处善）刻本翻刻而成。晏刻本则是宋敏求在乐史所编二十卷本《李翰林集》的基础上增订的，后曾巩又在其分类的基础上依诗歌创作之先后顺序加以排列。之后，这个经宋敏求增广曾巩考次的本子于元丰三年（1080）由苏州太守晏知止付诸刊刻，即所谓苏本，或晏处善本。该本"一作"注很多，即是宋敏求在收集各种传抄本编辑时，所保存的自李阳冰以来各家传本之异文，反映了李白诗文从唐朝到北宋前期流传的面目。今存咸淳本并非本自晏处善本，而是从周必大所见"当涂本"翻刻的。该本所收作品较宋蜀本所收有所减少，且分类不一致。因未经曾巩考次，每类中诗题之排列顺序除古风、乐府大体一致外，其余各类与宋蜀本出入很大。此本列入"一作"的异文，亦比宋蜀本少了许多。但可肯定该本参考过宋蜀本。

　　介绍此二种宋刊李白文集，其目的就是想通过具体比勘，以考察《乐府诗集》收录李白诗作时所用底本及其参考文献的情况。笔者以郭氏所收有小注的56首作品为对象，将之与宋蜀本、咸淳本进行比勘①，发现郭氏收录李白乐府诗作时曾参考多种文献。今以卷四十李白《蜀道难》为例加以说明。此诗有9处小注，其与宋蜀本、咸淳本相应文字校勘之结果为：（一）6处《乐府》正文、小注全同宋蜀本。其中有4处咸淳本下无小注，1处咸淳本无小注，然其正文同《乐府》小注；1处咸淳本小注同《乐府》正文，然正文却不同于《乐府》小注。（二）2处《乐府》小注同宋蜀本正文，然宋蜀本无小注。而此二处咸淳本之正文、小注与《乐府》相反。（三）1处《乐府》正文、小注与宋蜀本相反。而咸淳本正文同《乐府》小注，然其小注却不同于《乐府》之正文。除此9处外，三者之异文尚有10处之多。其中有二宋本有小注，而《乐府》无者；有二宋本正文异，而《乐府》并未标注者，等等。其实，上述情况不仅仅反映在《蜀道难》中。其他诗作中亦如此。如《乐府》卷一《天马歌》仅1处小注，而宋蜀本有4

———————————

①　因条件限制，此二宋本笔者皆未经眼。而代之以《李白全集校注汇释集评》，此本以日本静嘉堂藏宋蜀本为底本，校以咸淳本等他本。

处，咸淳本2处。《乐府》中小注，宋蜀本无，然其正文同《乐府》注文，咸淳本则正文、小注与《乐府》相反，又有一处小注为其所独有。又如卷二八《日出行》中1处小注，其正文、注文全同宋蜀本，然咸淳本则无小注，却别有2处小注为《乐府》及宋蜀本所无。其中1处正文同《乐府》，然小注则同宋蜀本。卷四八《大堤曲》1处小注，其正文、注文全同宋蜀本，然咸淳本则无小注，而别有1处小注之正文同宋蜀本，小注则同《乐府》。至于此三首诗作之全文，则其三者之间皆有异文。

综合看来，《乐府诗集》所录有小注的李白诗作有如下特点：（一）就正文而言，《乐府》所录与二宋本皆有较大差异。（二）就有小注的部分而言，《乐府》大部分正文及其"一作"注与宋蜀本同，而咸淳本则多无"一作"注；但其中，二宋本亦多有"一作"注《乐府》未录，而《乐府》亦有不少"一作"注，二宋本未有。

由上可见，郭茂倩据以编录李白乐府诗作之底本是不同于宋蜀本和咸淳本的其他版本。但其肯定参考了宋蜀本之祖本——晏处善元丰年间刻本。这不仅因为从时间上来说郭氏可以见到该本，同时因为从校勘中亦可见此二者之渊源关系。大致说来，郭茂倩编录李白乐府诗作时，至少参考了两种以上李白诗文集或录其作品之总集。以晏刻本而言，郭氏以之为参考时，系有选择地抄录其"一作某"异文。有时以之为参校，有时亦可能以之为底本。与此同时，郭氏还参考了其他文献，如咸淳本系统的李白文集等。

其三，《乐府诗集》小注的分布与其可参文献之数量基本成正比。

（一）小注在《乐府诗集》各部类中的分布，间接表明了该类作品在编纂过程中参考文献之概况。

大体说来，拟作多的部类小注亦多，即所参文献多，反之亦然。如相和歌辞、杂曲歌辞大部分为后人拟作，二者皆十八卷，前者小注194处，后者达206处。相同的情况亦见于同一部类的作品之中。如舞曲歌辞五卷，卷五二的雅舞歌辞部分无小注，其以正史乐志为主要依据，参考文献单一，又无拟作。而杂舞歌辞部分则随着同一曲调后所录拟作的增多，小注亦相应增多。自卷五三至卷五五，各卷小注的数量分别为2、3、16、15处，且多出现于李白、李贺、鲍照、王融等人的作品中。另外，清商曲辞八卷中唯卷四九无小注。据分析可见：此卷所录大多为无名氏之作，其曲调之题解几乎全本《古今乐录》（歌辞盖亦源于此，当无他本可参），加上拟作仅四首，故无小注。

（二）正史版本单一，而《乐府诗集》据正史收录的歌辞基本无小注。

《乐府诗集》十二部类中，以正史为主要资料来源的有郊庙歌辞、燕射歌辞、舞曲歌辞之雅舞部分和杂歌谣辞。前三类主要源于正史乐志部分①，后一类则主要源于正史五行志及列传部分。

此四类歌辞之共同特点是：本自正史的歌辞除杂歌谣辞卷八五之《陇上歌》一首以外，余皆无小注②。如郊庙、燕射二类歌辞共十五卷，有小注者仅 4 处③，其中两处乃郭氏所据《旧唐志》中原有（已见前文）。另两处一见郊庙歌辞卷一李白《天马歌》，一见燕射歌辞卷十五庾信《宫调曲五首》。二者皆非本自正史乐志④。舞曲歌辞雅舞部分无小注。杂歌谣辞七卷，有小注者仅 11 处，其中 10 处皆见后人拟作之中。这一情况表明，因正史多系官府所刊，版本较单一，可参之本少。另外，就郊庙、燕射和雅舞歌辞而言，其一部分歌辞虽可参多种正史乐志（如《宋志》《晋志》《南齐志》等）或诗人别集，但盖因三者属宫廷礼乐范畴，

---

① 据统计，郊庙歌辞除卷一汉郊祀歌之拟作《灵芝歌》古辞及李白《天马歌》、张仲素《天马辞》；卷六《唐祀九宫贵神乐章》，包佶《唐祀风师乐章》及《唐祀雨师乐章》；卷七于邵《唐释奠武成王乐章》《梁郊祀乐章》《周郊祀乐章》外，余皆录自正史乐志。燕射歌辞除卷十四萧子云《介雅》三首、《需雅》八首、《雍雅》三首，卷十五庾信《宫调曲》五首以及《晋朝飨乐章》（五代后晋）外，余皆录自正史乐志。卷五二雅舞歌辞除《晋昭德成功舞歌》外，余亦皆录自正史乐志。其中有四曲属五代时郊庙歌辞，然《旧五代史·乐志》未载。按《旧五代史》一书原佚，今本系四库馆臣自《永乐大典》等书中辑出。实非郭氏所据本之原貌，故难断定此四曲非本自正史乐志。

② 按《陇上歌》引《晋书·刘曜载记》为题解，其歌辞全同之，且与《太平御览》卷二八〇引《晋书载记》同。正文"陇上壮士有陈安""壮士"下注"一作陇上健儿"。按注文与《艺文类聚》卷一九、《御览》卷三五三、四六五所引《赵书》同。又同《乐府诗集·陇上歌》之后李白拟作《司马将军歌》题解"《司马将军歌》，李白所作，以代陇上健儿陈安"（郭氏题解本自李白此作之题注）。

③ 实有五处。郊庙歌辞卷二谢超宗《齐明堂乐歌》之《赤帝歌》末有"下逸"二字小注。今检《南齐志》《宋志》皆无。从校勘中可见，郭氏所录歌辞顺序虽与《南齐志》异，然实本之。理由如下：1. 二者异文较少。2. 其前谢超宗《齐南郊乐歌》（中有一首王俭辞）及《齐北郊乐歌》所录歌辞之序皆全同之《南齐志》。3. 郭氏所录齐南郊、北郊、明堂三组乐歌之序亦全同之。4. 郭氏所录《齐明堂乐歌》的歌辞顺序同其题解所叙仪式顺序，这是郭氏编纂时所作的改造。因此，此小注系郭氏之误，或其所据《南齐志》确有小注，抑或其他原因。因无其他材料参考，只能存疑。

④ 据校勘，李白《天马歌》中小注与宋蜀本本集正文同。而庾信《宫调曲五首》中小注亦与丛刊本本集正文同。二者后皆无"一作"注。

郭氏为存其原貌，故只取最合理的一种为底本（如晋郊庙歌辞即本《晋志》所录），并不参校其他史志，至于亦有别集可参者，则皆以正史乐志为据，并不以别集参校。但若此歌辞非本正史乐志，而是录自别集或其他文献，则以他种文献参考，并有异文标注。理由如下：

《乐府诗集》郊庙、燕射歌辞收庾信诗作较多：郊庙歌辞卷四收其《周祀五帝歌十二首》《周祀方泽歌四首》《周祀圆丘歌十二首》，卷九收其《周大祫歌二首》《周宗庙歌十二首》，燕射歌辞卷十五收其《周五声调曲二十四首》。其中，郊庙歌辞所收诗作皆见《隋书·音乐志》，其本集卷七亦收之。今以庾信本集（丛刊影《庾子山集》）与郭氏所录校勘，二者多有异文，但郭氏并未出注，又以《隋志》所录与《乐府诗集》校勘，则几全同之。由此可见，郭氏编纂此二类歌辞确以正史乐志为本，即使所录诗作亦见于别集，但并不以之参校①。与之相反，燕歌辞中庾信《周五声调曲二十四首》正史乐志不载，郭氏乃据本集收入，其"一作"注1处，即同今本庾集之正文。而卷一所收李白《天马歌》亦如此（其注文同宋蜀本正文，且宋蜀本无小注）。

总而言之，从以上分析可作如下判断：一、《乐府诗集》中的小注除一小部分本自其所据底本外，其余皆产生于其成书过程之中。今存宋本《乐府诗集》刊刻于北宋末而最终印成于南宋初②，亦从另一侧面证明了这一点。二、郭茂倩在编纂《乐府诗集》时，广校文集歌辞，将所参文献之异文以小注加以标注。其题解中"一作某"注亦是明证③。

（原刊于《乐府学》第六辑，2011 年）

---

① 这一判断尚有谢朓诗作为证。《乐府诗集》卷三录谢朓《齐雩祭歌八首》，此同见于《南齐志》及其本集。但比勘三者所录，则可见郭氏所录与本集异文多，却几全同于《南齐志》。而更重要的证据则是本集《齐雩祭歌》每一首歌辞后皆有"右某某歌□章，章□句，句□言"（按：□代表数字），但郭氏收录时却未以"章"为歌辞单位，而是从《南齐志》作"解"，且歌辞标题亦从《南齐志》作"歌某某"而非如本集之"某某歌"。

② 傅增湘《藏园群书题记》卷十八"宋本乐府诗集跋"。

③ 据笔者研究，郭茂倩《乐府诗集》编纂于北宋后期，此书编成后不久当付刊刻，而刊刻时不可能有人再校以如此繁多的版本另行出注。

作者简介：

喻意志，1975 年 8 月生，湖南平江人。1992 年毕业于湖南省岳阳师范学校，考入湖南师范大学中文系。1996—1999 年为湖南师范大学音乐学院硕士研究生，师从刘镇钰教授。1999—2002 年为上海师范大学人文学院博士研究生，师从王小盾教授，完成博士学位论文《〈乐府诗集〉成书研究》，获文学博士学位。博士毕业后先后担任湖南师范大学讲师、副教授、教授，硕士生导师。2006 年 12 月于浙江大学中国艺术研究所博士后流动站出站。2012 年 11 月 27 日因病去世，享年37 岁。

喻意志热爱学术事业，生前致力于中国音乐史、音乐文献学、音乐文学等领域的研究工作，出版有《中国音乐史》《中国音乐史与名作欣赏普修教程》（合著），编著《中国历代乐论·魏晋南北朝卷》（合编），校理《教坊记笺订》，发表《〈通志·乐略〉的史源学考察》《郭茂倩与〈乐府诗集〉的编纂》《〈文选〉与〈乐府诗集〉的编纂》《〈乐府诗集〉在南宋的流传》《从宋本〈乐府诗集〉小注看〈乐府诗集〉的编纂》等论文二十篇。主持国家社科基金项目"汉唐音乐典籍编撰史"，博士后科研课题"汉唐音乐典籍研究"获第 35 届中国博士后科学基金二等资助；2005 年被遴选为湖南省青年骨干教师培养对象。2006 年，承担湖南省"湖湘文库"出版项目子项目"湖南音乐史"的研究工作，所参加的"高校音乐史论课程教材与多媒体教学改革模式及其应用"获湖南省优秀教学成果奖二等奖。

关于李清照"乐府声诗并著"说的再理解

杨晓霭

宋胡仔《苕溪渔隐丛话》后集卷三三《晁无咎》：

李易安云："乐府声诗并著，最盛于唐开元天宝间，有李八郎者，能歌擅天下。时新及第进士开宴曲江，榜中一名士先召李，使易服隐名姓，衣冠故敝，精神惨沮，与同之宴所，曰表弟愿与坐末。众皆不顾。既酒行乐作，歌者进，时曹元谦、念奴为冠，歌罢，众皆咨嗟称赏。名士忽指李曰：'请表弟歌。'众皆哂，或有怒者。及转喉发声，歌一曲，众皆泣下，罗拜曰：'此李八郎也。'自后郑、卫之声日炽，流靡之变日烦，已有《菩萨蛮》《春光好》《莎鸡子》《更漏子》《浣溪沙》《梦江南》《渔父》等词，不可遍举。五代干戈，四海瓜分豆剖，斯文道熄；独江南李氏君臣尚文雅，故有'小楼吹彻玉笙寒''吹皱一池春水'之词，语虽奇甚，所谓'亡国之音哀以思'者也。逮至本朝，礼乐文武大备，又涵养百余年，始有柳屯田永者，变旧声，作新声，出《乐章集》，大得声称于世；虽协音律而词语尘下。又有张子野、宋子京兄弟、沈唐、元绛、晁次膺辈继出，虽时时有妙语，而破碎何足名家。至晏元献、欧阳永叔、苏子瞻，学际天人，作为小歌词，直如酌蠡水于大海，然皆句读不葺之诗尔，又往往不协音律者，何邪？盖诗文分平侧，而歌词分五音，又分五声，又分六律，又分清浊轻重。且如近世所谓《声声慢》《雨中花》《喜迁莺》，既押平声韵，又押入声韵；《玉楼春》本押平声韵，又押上去声，又押入声。本押仄声韵，如押上声则协，如押入声则不可歌矣。王介甫、曾子固文章似西汉，若作一小歌词，则人必绝倒，不可读也。乃知别是一家，知之者少。后晏叔原、贺方回、秦少游、黄鲁直出，始能知之。又晏苦无铺叙，贺苦少典重，秦即专主情致，而少故实，譬如贫家美女，虽极妍丽丰逸，而终乏富贵态，黄即尚故实，而多疵病；譬如良玉有瑕，价自减半矣。"①

这段"李易安云"被公认为李清照"别是一家"的"词论"，在中国文艺史、中国古代文学史、中国音乐文学史、中国古代文体学以及诗学、词学诸领域发生了深远影响，近年又引起不少学者的重视，如何释解，的确是关涉诸多学科研究的重要问题。

一、所谓"乐府声、诗并著""正解"质疑

《文学遗产》2011 年第 1 期载李定广《"声诗"概念与李清照词论"乐府声诗并著"之解读》一文（下文简称李文），重提黄墨谷"词源流于乐府，词的性质是声、诗并著"之说，将"乐府声诗并著"断为"乐府声、诗并著"，以为"乐府泛指配乐歌词"，"声"为曲调，"诗"为"歌词"，并以"乐府声、诗并著"为"正解"，结论："李清照此文是讨论'乐府'的，所以开头一句'乐府声、诗并著，最盛于唐'即为全文纲领，用来统摄全文，强调'乐府'的性质是曲调与歌词紧密结合，同等重要，不可轩轾。'乐府'发展史上的最盛期在唐朝。后面用实例即开元天宝间李八郎之动人之歌声，进一步说明'乐府'中'声'这部分的重要性。因为北宋自苏轼以来，'乐府'过分偏重'诗'（歌词）的部分，所以，李清照此文虽说'乐府声、诗并著'，实际上是有意识地更强调'声'，明显是有针对性的。后文一直以'声'（'协音律''可歌'）为主要标准来批评北宋诸名家。"这段话以"乐府"泛指"配乐歌词"，以"声"为"曲调"，"诗"为"歌词"。读过之后，不免生出许多疑惑，甚至感到不可思议：

（一）李清照既然以"乐府""泛指配乐歌词"，强调其"曲调"与"歌词"

---

① 胡仔撰，廖德明点校，周本淳重订《苕溪渔隐丛话》后集卷三三《晁无咎》，人民文学出版社，1993 年，第 254 页。文中标点，均依本书，未作改动。

"同等重要，不可轩轾"，那所举实例中"李八郎"之歌"声""诗""并著"，与他同时歌唱的曹元谦、念奴之歌"为冠""众皆咨嗟称赏"，当然也是"声""诗""并著"，何以仅"李八郎之动人之歌声"才能"进一步说明'乐府'中'声'这部分的重要性"呢？在汉语中，"著""盛"似乎还没有人用作贬义词。

（二）李清照既然以"乐府""泛指配乐歌词"，强调其"曲调"与"歌词""同等重要，不可轩轾"，而且"用实例即开元天宝间李八郎之动人之歌声，进一步说明'乐府'中'声'这部分的重要性""有意识地强调'声'"，那她为什么把李八郎歌唱之后"日炽""日烦"的"词"之歌唱斥作"郑卫之声""流靡之变"？崇尚"斯文""文雅""礼乐"的李清照，谙熟"郑卫之音，乱世之音也"，她怎么可能用"郑卫之声"来肯定"配乐歌词""曲调"与"歌词"的"并著"，而"流靡"显然不是褒扬的词语。

（三）李清照既然以"乐府""泛指配乐歌词"，强调其"曲调"与"歌词""同等重要，不可轩轾"，而且"用实例即开元天宝间李八郎之动人之歌声，进一步说明'乐府'中'声'这部分的重要性""有意识地强调'声'"，那她为什么还要把南唐君臣"语虽奇甚"的"词"，看成是"所谓'亡国之音哀以思'者"呢？"亡国之音哀以思，其民困。"无论从哪一家的音乐观念出发来评论，都不能算作是"曲调"与"歌词""并著"的。

（四）李清照既然以"乐府""泛指配乐歌词"，强调其"曲调"与"歌词""同等重要，不可轩轾""有意识地强调'声'"，那么能"变旧声作新声"的柳永是最值得称赞的，她为什么又要批评《乐章集》"词语尘下"呢？一支歌曲不外乎"曲调""歌词"，"词语尘下"的歌唱，恐怕也不能算作是"曲调"与"歌词"的"并著"吧？

（五）李清照既然以"乐府""泛指配乐歌词"，强调其"曲调"与"歌词""同等重要，不可轩轾"，并且用"'乐府声、诗并著，最盛于唐'"作"为全文纲领，用来统摄全文"，而晏元献、欧阳永叔、苏子瞻"小歌词""皆句读不葺之诗""又往往不协音律者"，根本就谈不上"曲调"与"歌词"的配合，当然更没有"并著"可言，为什么还要把他们作为"并著"的实例呢？

（六）李清照既然以"乐府""泛指配乐歌词"，强调其"曲调"与"歌词""同等重要，不可轩轾""有意识地强调'声'"，那她为什么又要批评"始能知"词"别是一家"的晏叔原、贺方回、秦少游、黄鲁直"苦无铺叙""少典重""少故事""多疵病"?

（七）既然"李易安云""乐府""泛指配乐歌词"，那根据什么说"'乐府'发展史上的最盛期在唐朝"呢？李清照自叙"乐府声诗并著"的发展历史，"历评诸公歌词"，尽管"皆摘其短，无一免者"，但是，从她的评论分明可见，有如此之多"诸公""乐府"可供评价的显然是"本朝"而非"唐朝"。与她同时的王灼探讨"歌词之变"，即云："盖隋以来今之所谓曲子者渐兴，至唐稍盛，今则繁声淫奏，殆不可数。"①

（八）李清照生活的时代，"诗"与"词"分"两科"的观念深入人心，"以诗度曲""以诗为词"等创作现象引人注目，李清照"历评诸公歌词"，为什么还要写乐府声"诗"并著呢？《苕溪渔隐丛话》的版本流传清晰可考，历代校注者均未指"诗"有版刻之误。那么，在"诗"中歌唱"生当为人杰，死亦为鬼雄"的李清照，"作长短句""闾巷荒淫之语，肆意落笔"的李清照，岂能无"诗""词"之辨，而要将"声""辞"作"声诗"呢？

面对诸多问题，重读"李易安云"，再行索解，显得十分必要。

二、"李易安云"索解

释读文本，疏通字句，在中国具有悠久的传统，形成了中国式的解释学。这一实践表明，文本和经典具有"原意"，是作为一个"自明性"的前提而存在的。理解和解释，就是通过合理的过程和方法，把握住这个"原意"。重读胡仔《苕溪渔隐丛话》所引"李易安云"，可以看出：用语生动，逻辑清晰，中心明确。

（一）要语择释

［李八郎］：唐李肇《国史补》卷下："李衮善歌，初于江外，而名动京师。崔昭入朝，密载而至。乃邀宾客，请第一部乐，及京邑之名倡，以为盛会。绐言表弟，请登末坐。令衮敝衣以出，合坐嗤笑。顷命酒，昭曰：'欲请表弟歌。'坐

---

① 岳珍《碧鸡漫志校正》，巴蜀书社，2007年，第3页。

中又笑。又啭喉一发，乐人皆大惊曰：'此必李八郎也。'遂罗拜阶下。"① 将此段记载与"李易安云"比勘，李肇所记李八郎，"初于江外""敝衣以出"，"合坐嗤笑"，与他同台演出的是"第一部乐，及京邑之名倡"。"李易安云"对李八郎的出场描写得更为生动形象，设置了一个进士曲江宴，引李八郎出席宴会的是"榜中一名士"，李八郎出场时"衣冠故敝，精神惨沮"。进士们对李八郎的反应："众皆不顾"，"众皆哂，或有怒者"。演唱开始时，"歌者进，时曹元谦、念奴为冠，歌罢，众皆咨嗟称赏。"李八郎歌，"众皆泣下，罗拜"。

[念奴]：元稹《连昌宫词》诗句后自注："念奴，天宝中名倡，善歌。"② 郑处诲《开元天宝遗事》卷上："念奴者，有姿色，善歌唱，未尝一日离帝左右。……宫妓中，帝之钟爱者。"③

[啭喉]：发声的一种技巧。用喉音，善于转折，美妙动听。《文选》卷四〇录繁钦（？—218）《与魏文帝笺》："正月八日壬寅，领主簿繁钦，死罪死罪。近屡奉笺，不足自宣。顷诸鼓吹，广求异妓，时都尉薛访车子，年始十四，能喉啭引声，与箫同音。白上呈见，果如其言。即日故共观试，乃知天壤之所生，诚有自然之妙物也。潜气内转，哀音外激，大不抗越，细不幽散，声悲旧箛，曲美常均。及与黄门鼓吹温胡，迭唱迭和，喉所发音，无不响应，曲折沉浮，寻变入节。自初呈试，中间二旬，胡欲傲其所不知，尚之以一曲，巧竭意匮，既已不能。而此孺子遗声抑扬，不可胜穷，优游转化，余弄未尽；暨其清激悲吟，杂以怨慕，咏《北狄》之遐征，奏《胡马》之长思，凄入肝脾，哀感顽艳。是时日在西隅，凉风拂衽，背山临溪，流泉东逝。同坐仰叹，观者俯听，莫不泫泣殒涕，悲怀慷慨。自左史妠、謇姐名倡，能识以来，耳目所见，佥曰诡异，未之闻也。窃惟圣体，兼爱好奇；是以因笺，先白委曲。伏想御闻，必含余欢。冀事速讫，旋侍光尘，寓目阶庭，与听斯调，宴喜之乐，盖亦无量。钦死罪死罪。"④

[郑卫之声]：即郑卫之音。《吕氏春秋·季夏纪》："郑卫之声、桑间之音，此乱国之所好，衰德之所说。"⑤《礼乐·乐记》："郑卫之音，乱世之音也，比于

① 《唐国史补》，上海古籍出版社，1979 年，第 59 页。
② 杨军《元稹集编年笺注》，三秦出版社，2002 年，第 786 页。
③ 曾贻芬点校《开元天宝遗事》，中华书局，2005 年，第 12 页。
④ 萧统编，李善注《文选》，中华书局，1977 年，第 564 页。
⑤ 张双棣、张万彬、殷国光、陈涛《吕氏春秋译注》，北京大学出版社，2000 年，第 158 页。

慢矣。"①

[亡国之音哀以思]：《礼记·乐记》："凡音者，生于人心者也。情动于中，故形于声，声成文谓之音。是故治世之音安以乐，其政和；乱世之音怨以怒，其政乖；亡国之音哀以思，其民困。声音之道，与政通矣。"②

[变旧声作新声]：这里的"旧声"当指前文所提到的"《菩萨蛮》《春光好》《莎鸡子》《更漏子》《浣溪沙》《梦江南》《渔父》等词"，以及李氏君臣"所谓'亡国之音哀以思'者"。

[协音律]：沈括《梦溪笔谈·乐律一》："古诗皆咏之，然后以声依咏以成曲，谓之协律。……"③ 词乐成熟，宋人谓"协音律"或"协声律"，指入词乐歌唱，如苏轼《水调歌头·昵昵儿女语》序："建安章质夫家善琵琶者乞为歌词，余久不作，特取退之词，稍加檃括，使就声律，以遗之云。"④ 王灼《碧鸡漫志》卷一《唐绝句定为歌曲》："近世有取陶渊明《归去来》、李太白《把酒问月》、李长吉《将进酒》、大苏公《赤壁前后赋》协入声律，此暗合其美矣。"⑤

[平侧]：即平、仄。

[歌词]："李易安云"中有"词""小歌词""歌词"之称，从具体用例看，"词"用于《菩萨蛮》等词调后，指因这些曲调所填之词。"小歌词"是相对于晏、欧、苏、王、曾等大家"学际天人"而言。"李易安云""乐府声诗并著"，而不云"歌词声诗并著"，正可见出"歌词"以"词"言，而"乐府"则"声""词"兼具。

[分五音，又分五声，又分六律，又分清浊轻重]：沈括《梦溪笔谈·乐律一》："古之善歌者有语，谓'当使声中无字，字中有声'。凡曲止是一声清浊高下如萦缕耳，字则有喉、唇、齿、舌等音不同。当使字字举本皆轻圆，悉融入声中，令转换处无磊块，此谓'声中无字'。古人谓之'如贯珠'，今谓之'善过度'是也。如宫声字，而曲合用商声，则能转宫为商歌之，此'字中有声'也。

① 《礼记正义》，十三经注疏本，中华书局，1980 年，第 1528 页。
② 《礼记正义》，十三经注疏本，第 1527 页。
③ 胡道静《梦溪笔谈校证》，上海古典文学出版社，1957 年，第 232 页。
④ 陈允吉点校《东坡乐府》卷上，上海古籍出版社，1979 年，第 6 页。
⑤ 岳珍《碧鸡漫志校正》卷一，第 20 页。

善歌者谓之'内里声',不善歌者声无抑扬,谓之'念曲';声无含韫谓之'叫曲'。"[1] 李清照正是从歌唱的角度,强调填词必须"倚声",做到字声与乐声的协和。

[且如近世所谓《声声慢》……如押入声则不可歌矣]:这里举具体词调加以分析,说明歌词填制时,只有依乐声而用字声,方可"协音律""可歌"。

(二)结构分析

全文分四段。第一段:"乐府声诗并著最盛于唐"——总述两个事物同时发展,指出这种现象在唐代最为突出。第二段:"开元天宝间"至"不可遍举"。讲述进士曲江宴歌唱故事。以李八郎之歌与曹元谦、念奴之歌对举。第三段:"五代干戈"至"所谓'亡国之音哀以思'者也"。略述五代之"词",总括为"斯文道熄"。第四段:"逮至本朝"至"价自减半矣"。详述"本朝"之"词"。历评"本朝"词人词作,指出"词""别是一家"。

纵贯各段的关键词是"歌"。与"歌"联系在一起的是"歌者""曲""词""小歌词""歌词""可歌""不可歌"。这里非常值得注意的是,李清照写李八郎歌唱"啭喉发声歌一曲",与这一歌唱相联系的"曲"是《菩萨蛮》《春光好》《莎鸡子》《更漏子》《浣溪沙》《梦江南》《渔父》等。李八郎之歌,"啭喉发声",有明确的曲调名。由曲调规定了的"词",一路发展,"别是一家",与诗、文形成不同特色。最大的不同是,诗文写作,字声只分平、侧,并不考虑"协音律"。如此看来,"乐府声诗并著"之"乐府"怎能"泛指配乐歌词"呢?

(三)逻辑联想

总论与故事之联系:"李易安云"开篇即谓"乐府声诗并著最盛于唐",然后举开元、天宝年间的歌唱故事,揭示"并著"局面。故事中的歌者有两类:即李八郎与曹元谦、念奴。李八郎"初于江外,而名动京师""能歌擅天下",与他对决的是"第一部乐及京邑之名倡""时曹元谦、念奴为冠"。这两类歌唱,一"为冠",一"擅天下",堪称"并著"。

故事与"乐府"之联系:两类歌唱中,李八郎之歌使"众皆泣下""罗拜",

李八郎之歌是什么，为什么有如此动人之魅力？李清照列举"《菩萨蛮》《春光好》《莎鸡子》《更漏子》《浣溪沙》《梦江南》《渔父》等词"，说明李八郎所歌"词"之特点，他的动人魅力在于"啭喉发声"。"自后"而下至"本朝"，清晰地划出了一条"词"之发展轨迹。此"词"是否与总论之"乐府声诗并著"之"乐府"异名同实呢？回答是肯定的。李清照时代，以"乐府"名"词"，已成惯例，实例极多，王灼总结说："士大夫又分诗与乐府作两科。古诗或名曰乐府，谓诗可歌也。故乐府中有歌有谣，有吟有引，有行有曲。今人于古乐府，特指为诗之流，而以词就音，始名乐府，非古也。"①

　　故事与"声诗"之联系：故事中与李八郎对阵的曹元谦、念奴，他们所歌是什么？由注释所引材料看，曲江宴歌唱，"请第一部乐及京邑之名倡"，曹元谦，今无考。念奴善歌什么？元稹《连昌宫词》曰："飞上九天唱一声，二十五郎吹管逐。逡巡大遍凉州彻，色色龟兹轰录续。"《凉州》：郭茂倩《乐府诗集》卷七十九《近代曲辞一》录《凉州》歌第一、第二、第三，排遍第一、第二，无"彻"。同卷录《水调》，入破有第六彻。同卷录《大和》歌辞有第五彻。其中，《凉州》歌第一、第二歌辞为七绝，歌第三为五言诗，采高适五古《哭单父梁九少府》四句。排遍第一、第二歌为七绝。《水调》入破歌辞第六彻是五绝，《大和》第五彻歌辞为七绝。"凉州彻"歌辞亦当为五、七言诗。与李清照同时的蔡居厚有《诗话》曰："大抵唐人歌曲，本不随声为长短句，多是五言或七言诗，歌者取其辞与和声相叠成音耳。予家有《古凉州》《伊州》辞，与今遍数悉同，而皆绝句诗也，岂非当时人之辞为一时所称者，皆为歌人窃取而播之曲调乎？"②王灼《碧鸡漫志》历举唐人歌唱事例，认定"唐绝句定为歌曲""以此知李唐伶伎取当时名士诗句入歌曲，盖常俗也"③。郭茂倩《乐府诗集》专录"出于隋唐之世"的"杂曲"为"近代曲辞"，并上溯至两汉声诗。郭茂倩选录"乐府诗"，以"声"为主，却不录当时盛行的"词"，正表明"诗"与"词"之别。可见，宋人普遍认为"歌者取其辞"入乐的歌唱，与"随声为长短句"的歌唱不同，

---

① 岳珍《碧鸡漫志校正》卷一《歌曲所起》，第 1 页。
② 胡仔撰，廖德明点校，周本淳重订《苕溪渔隐丛话》前集卷二一《香山居士》引《蔡宽夫诗话》，第 142 页。蔡宽夫，名居厚。哲宗绍圣元年（1094）进士。《宋史》卷三五六有传。
③ 岳珍《碧鸡漫志校正》卷一《唐绝句定为歌曲》，第 20 页。

"取其辞"歌唱的是"诗"。同为歌辞,"取其辞"的歌唱与"随声为长短句"不同,这样的认识,在中唐时元稹已作了论述①。他的论述,不仅王灼作过评论,而且成了当时"士大夫"的共识。"士大夫"们将"诗"与"乐府"分作两科,"以词就音,始名乐府",那么将"诗之可歌者"仍然名之曰"诗",显然欠妥。"诗之可歌者"如何命名?李清照回顾"歌"之发展历史,发现"取其辞"的歌唱与"以词就音"的歌唱自古"并著",至唐最盛。而"取其辞"的"歌"犹如"声其诗"所歌,《礼记·乐记》即有"声诗"之称。于是她顺应当代"士大夫"将"以词就音"之歌唱称"乐府",将"诗之可歌"者称"声诗",如此命名,既反映了歌诗的雅正意义,也与来自"郑卫之音"的"乐府"作了区别。

论述背景与"声诗"之联系: 南北宋之交,论"乐",论"声",论"音律",论诗乐,论词乐,尤其是论"乐府",蔚然成风。在"乐府声诗并著最盛于唐"之后,李清照历叙唐、五代、本朝"词"之发展,一直以"斯文""文雅"为评价标准,以"礼乐文武大备"为背景,以"诗""诗文"为参照,以"郑卫之音""流靡之变""亡国之音""词语尘下"为否定对象,明确表达了音与政通的雅正思想,从而将"词"之歌唱与诗乐传统联系起来。李清照"郑卫之声""亡国之音哀以思""礼""乐"之用援据引证古代音乐典籍,《乐记》是为典范。她采《乐记》"声诗"之名,概括"取其辞"歌唱之"诗",亦当不足为怪。

"文本"的确是一个复杂的"意义体",包括许多不同层面,诸如始源意义、引申意义、整体意义、部分意义、实际意义、言外意义等等,但无论怎样复杂,作者说话总会在一个具体的"语境"下表达一个明确的意义,尤其是像李清照这

---

① 元稹《乐府古题序》云:"《诗》讫于周,《离骚》讫于楚。是后,诗之流为二十四名:赋、颂、铭、赞、文、诔、箴、诗、行、咏、吟、题、怨、叹、章、篇、操、引、谣、讴、歌、曲、词、调,皆诗人六义之余,而作者之旨。由操而下八名,皆起于郊、祭、军、宾、吉、凶——苦乐之际。在音声者,因声以度词,审调以节уп。句度短长之数,声韵平上之差,莫不由之准度。而又别其在琴、瑟者为操、引;采民甿者为讴、谣。备曲度者,总得谓之歌、曲、词、调。斯皆由乐以定词,非选词以配乐也。由诗而下九名,皆属事而作,虽题号不同,而悉谓之为诗可也。后之审乐者,往往采取其词,度为歌曲。盖选词以配乐,非由乐以定词也。……后之文人,达乐者少,不复如是配别,但遇兴纪题,往往兼以句读短长为歌、诗之异。……况自《风》《雅》,至于乐流,莫非讽兴当时之事,以贻后代之人。沿袭古题,唱和重复,于文或有短长,于义咸为赘剩。尚不如寓意古题,刺美见事,犹有诗人引古以讽之义焉。"(冀勤点校《元稹集》,中华书局,1982年,第254页。文中标点,笔者有改动。)

样的大家，不至于就一个常识性的问题，去作脱离实际的莫名其妙的议论。大约在李清照逝世四百年后，明代杰出的剧作家汤显祖，以"当行""本色"的身份，对"乐府声诗并著最盛于唐"作了准确的诠释："当开元盛日，王之涣、高适、王昌龄词句流播旗亭，而李白《菩萨蛮》等词，亦被之歌曲。逮及《花间》《兰畹》《香奁》《金荃》，作者日盛，古诗之于乐府，律诗之于词，分镳并辔，非有后先。有谓诗降而词，以词为诗之余者，殆非通论。"①

三、"乐府声诗并著"之时论

"乐府"一名的运用，正如任先生《唐声诗》弁言所说："我国古诗歌凡联系声乐者，除《诗经》《楚辞》（九歌）外，因文人好古博雅，遂借用'乐府'一名，为其通称。"② 时至宋代，其内涵、外延，随时代变迁、制度改革、文体日繁而不断扩展，宋代人对它的认识与应用，随长短句"词"的盛行而更见复杂，但"李易安云""乐府"是否"泛指入乐歌词"呢？翻检诗话、笔记、总集、选集、史论，宋人关于"乐府"之名的运用，大致有这样几类：（1）乐府机关；（2）唐前的旧题乐府诗；（3）唐代"新乐府"；（4）唐代曲子词；（5）拟唐前乐府旧题之作；（6）拟唐人新乐府之作；（7）宋人所作"歌诗"，主要是七言歌行体；（8）宋人拟"古乐府"作七绝；（9）宋人拟民歌所作；（10）宋人所作词（今曲子、长短句、词曲、歌词）。"词"被称作"乐府"，在南北宋之交，已成共识。仅就与李清照同时代的主要诗话、选本看，宣和五年（1123），阮阅《诗话总龟》③ 前集编成。专立《乐府门》，将关于"词曲""歌词""词""长短句"的议论，一律包括在"乐府门类"。绍兴十六年（1146），曾慥《乐府雅词》④ 编成，所录均为绍兴前宋人词作。绍兴二十四年至二十七（1154—1157）年之间，

---

① 《玉茗堂选花间集序》，转引自冯金伯辑《词苑萃编》卷一《体制》，唐圭璋编《词话丛编》第二册，中华书局，1986 年，第 1764 页。
② 《唐声诗》，上海古籍出版社，1982 年，第 1 页。
③ 参阮阅撰，周本淳点校《诗话总龟》前集前言，人民文学出版社，1987 年。
④ 曾慥《乐府雅词》序，影印文渊阁《四库全书》本。

吴曾《能改斋漫录》编成①。书中专录《乐府》二卷，记述"词""歌词"本事，总名曰"乐府"。

人们也较为广泛地使用了"声诗"名称，仅李清照所评"诸公"，如宋祁、欧阳修、黄庭坚、陈师道等，用"声诗"或称入乐之诗，或称颂赞乐歌，或称入乐歌唱之五七言律绝诗，苏轼、黄庭坚等更有"声诗"之作，如"《吁嗟》之诗，以遗东武之民，使歌以祀神而勉吏"②"王才元舍人送红黄多叶梅数种，为作三诗，付王家素素歌之"③"其居与予相望，暇则步草径相寻，故作小诗，遣家僮歌之，以侑酒茗"④。而像王灼等关注"歌曲"之作家，则明确地使用了"声诗"概念，他的《监乐堂》诗序云："郡人则相牵连，求声诗于王某，故作四章，章八句。"⑤ 可见，在宋人的认识里，"乐府""声诗"之名，在"配乐歌词的意义上"不是"同义互换的概念"。"诗""可歌"与"不可歌"，引人注目；"词"是否承继了"乐府"传统，备受关注。在李清照考察"乐府、声诗"发展历史的同时，绍兴十一年为中书舍人的朱翌即在感叹声诗歌唱的衰歇："古无长短句，但歌诗耳，今《毛诗》是也。唐此风犹在。明皇时李太白进《木芍药》《清平调》，亦是七言四句诗。临幸蜀，登楼听歌李峤词'山川满目泪沾衣'，亦止是一绝句诗。今不复有歌诗者，淫声日盛，闾巷猥亵之谈，肆言于内集公宴之上，士大夫不以为非，可怪也。"⑥ 正因"歌词流行既广，骎欲夺五七言诗体之席而代之，于是'以诗为词'之作家，乘时而起"⑦。维护"诗乐"的声浪此起彼伏，欧阳修"诗为乐之苗裔"⑧、王安石"古之歌者皆先有

① 吴曾《能改斋漫录》前言，上海古籍出版，1979 年。
② 苏轼《雩泉记》，孔凡礼点校《苏轼文集》卷十一，中华书局，1986 年。
③ 黄庭坚《出礼部试院王才元惠梅花三种皆妙绝戏答三首》，武英殿聚珍版《山谷内集诗注》卷九。
④ 黄庭坚《四休居士诗三首》武英殿聚珍版《山谷内集诗注》卷九。声诗之例，详见杨晓霭《宋代声诗研究》，中华书局，2008 年。
⑤ 《颐堂先生文集》四部丛刊三编影宋乾道本卷三。
⑥ 朱翌《猗觉寮杂记》，丛书集成初编本。朱翌生于哲宗绍圣四年（1097）卒于孝宗乾道三年（1167）。
⑦ 《龙榆生词学论文集·两宋词风转变论·曲子律之解放与词体之日尊》，上海古籍出版社，1997 年，第 240 页。
⑧ 欧阳修《书梅圣俞稿后》，李逸安点校《欧阳修全集》卷七二，中华书局，2001 年，第 3 册，第 1048—1049 页。

词后有声"①，沈括"古诗皆咏之，然后以声依永以成曲，谓之协律"②，杨杰论大乐七失"一曰歌不永言，声不依永，律不和声"③。苏轼"颁示新词，此古人长短句诗也"④、黄庭坚"乐为诗之美"⑤、张耒"诗曲类也"⑥、王普"盖古者既作诗，从而歌之，然后以声律协和而成曲"⑦。为词争尊体的文人，将"歌词"之源追寻至《韶》《夏》《濩》《武》，绍兴十二年（1142），鲷阳居士《复雅歌词》刊行，序云：

> 唐张文收、祖孝孙讨论郊庙之歌，其数于是乎大备。迄于开元、天宝间，君臣相与为淫乐，而明宗尤溺于夷音，天下熏然成俗。于是才士始依乐工拍但之声，被之以辞，句之长短，各随曲度，而愈失古之"声依永"之理也。⑧

鲷阳居士明确将"张文收、祖孝孙讨论郊庙之歌"与"被之以辞，句之长短，各随曲度"的"才士依乐工拍但之声"作了区别，认为后者"愈失古之'声依永'之理也。"绍兴十九年（1149），王灼《碧鸡漫志》编成。王灼虽然对元稹将"诗"与"乐府"分为两科的标准有所质疑："元以八名者近乐府，故谓由乐以定词；九名者本诸诗，故谓选词以配乐。今乐府古题具在，当时或由乐以定词，或选词以配乐，初无常法。习俗之变，安得齐一。"⑨ 但他论歌曲所起，仍然坚持"声依永"之理，认为：

> 天地始分，而人生焉，人莫不有心，此歌曲所以起也。《舜典》曰："诗

---

① 赵令畤撰，孔凡礼点校《侯鲭录》卷七，中华书局，2002 年，第 184 页。
② 胡道静《梦溪笔谈校证》卷五《乐律一》，第 232 页。
③ 《宋史·乐志三》，中华书局，1977 年，第 9 册，第 2981—2982 页。
④ 《与蔡景繁十四首》其四，孔凡礼点校《苏轼文集》第四册，第 1662 页。
⑤ 黄庭坚《书王知载朐山杂咏后》，《豫章黄先生文集》卷二十六，四部丛刊初编本。
⑥ 《倚声制曲三首》序，李逸安等点校《张耒集》卷三，中华书局，1990 年，第 34 页。"夫诗，曲类也。"笔者改为："夫诗、曲，类也。"
⑦ 《宋史·乐志五》，中华书局，1977 年，第 10 册，第 3030 页。
⑧ 谢维新《古今合璧事类备要》外集卷一一《音乐门》，影印文渊阁《四库全书》本。
⑨ 岳珍《碧鸡漫志校正》卷一《元微之分诗与乐府作两科》，第 25—26 页。

言志，歌永言，声依永，律和声。"《诗》序曰："在心为志，发言为诗，情动于中而形于言。言之不足，故嗟叹之，嗟叹之不足，故永歌之，永歌之不足，不知手之舞之，足之蹈之。"《乐记》曰："诗言其志，歌咏其声，舞动其容，三者本于心，然后乐器从之。"故有心则有诗，有诗则有歌，有歌则有声律，有声律则有乐歌，永言即诗也，非于诗外求歌也。今先定音节，乃制词从之，倒置甚矣。①

诚然，"诗、乐本有相互关系；诗歌体制，往往与音乐之变革，互为推移。在古乐府中，亦有先有词而后配乐，或先有曲而后为之制词者。"② 但是，论诗议乐、谈歌议"乐府"的文人士大夫，竟然把这一音乐技巧，看成是符合不符合"古制"的原则问题，从而作为区别歌词雅、俗的标准，于是"声依永"还是"永依声"，便被当成区分"声诗"与"乐府"的艺术标准和文化标准。李清照置身于时代大潮，立足于"可歌"与"不可歌"，上溯《乐记》，下承"本朝"，采用"乐府"与"声诗"概念，区别了当时人们议论纷纷的"今曲子"与"诗之可歌者"，从音乐本原上将"诗"与"词"相提并论，以"乐府"名"词"，达到了"尊体"目的；以"声诗"通称入乐歌唱之诗，维护了"声其诗则谓之歌"③ 的雅正传统。在她看来，无论李八郎代表的来自"江外"的民间"曲子"之"歌"，还是念奴等"歌者"代表的文士诗之"歌"，两者歌唱"并著"的局面，最盛在唐。开元天宝年间曲江宴上的歌唱就是显例。但自《菩萨蛮》等"词"，"日炽""日烦"之后，"声诗"歌唱日渐衰退。这一衰势，在五代是因为"斯文道熄"，在"本朝"是因为如晏、欧、苏、王、曾等"学际天人""文章似西汉"的大家，"以诗为词"，却不能"协音律"，而能"变旧声作新声""协音律"的柳永，虽以"乐章"名集，将"歌词"提高到了"声诗"的"文雅"地位，但"词语尘下"，无法实现"声诗"应有的雅正意义。

---

① 岳珍《碧鸡漫志校正》卷一《歌曲所起》，第 1 页。标点笔者有改动。
② 《龙榆生词学论文集》，上海古籍出版社，1997 年，第 2 页。
③ 郑樵撰，王树民点校《通志·乐略》，中华书局，1995 年，第 887 页。

四、《唐声诗》"声诗"正解

近年来对"李易安云"的再阐释，可以说是以批评任半塘先生《唐声诗》而发端的。《唐声诗》第一章论声诗"范围与定义"，在辨析"声诗与歌诗、乐诗、诵诗、吟诗"名称时，引述"声诗"文献，有云："李清照谓'乐府、声诗并著，最盛于唐开元、天宝间'。张炎谓'粤自隋、唐以来，声诗间为长短句'——凡此，亦皆指唐代合乐之诗。李曰'乐府'，即张曰'长短句，盖在齐言范围之外者'。"① 在"李清照谓'乐府、声诗并著，最盛于唐开元、天宝间'"之后，任先生夹注："揣原意：'乐府'指长短句词，'声诗'指唐代歌诗，二者同时并行。近人黄墨谷对此别有解释，谓'词源流于乐府，词的性质是声、诗并著'（《文学遗产增刊》一二），如此，将声与诗分作两事，恐非李氏原意。至于此处'乐府'指词，抑指古乐府，抑指唐大曲，非主要问题。"② 针对任先生"揣原意"之说，李文梳理"乐府声诗并著"解读之争议，以为："笔者研究发现，以上诸说中惟第二种说即黄墨谷先生的理解接近事实真相，然当代词学家们大都与之擦肩而过，余恕诚先生甚至强为其牵解。"为证明"以上诸说中惟第二种说即黄墨谷先生的理解接近事实真相"，而"乐府声、诗并著"为"正解"，文中又引任先生对《礼记·乐记》中"声诗"的解说："'乐师辨乎声、诗，故北面而弦。'谓乐师仅执技艺之末，非施乐教之本，故所能辨者仅声与辞，所操者弦，而所处者，用封建时代臣工北面之地而已。其曰'声、诗'，用指两事——乐歌与辞也。"此前李文说："声诗"二字连用最早出自《礼记·乐记》："乐师辨乎声诗，故北面而弦。"唐孔颖达《礼记正义》有疏。此段亦载于《史记·乐书》，唐张守节《史记正义》有解，曰："此更引事证乐师晓乐者辨别声、诗。声，谓歌也。言乐师虽能别歌、诗，并是末事，故北面，言坐处卑也。""可见，此声诗指'声'（乐曲）与'诗'（歌词）两个词语。"如此推论，是否可以

---

① 任半塘《唐声诗》，上海古籍出版社，1982年，第8页。

② 任半塘《唐声诗》，第8页。对任先生本文与夹注的混读及曲解，孙尚勇博士《李清照'词论'乐府诠疑》一文已予指正，见《文学遗产》2008年第6期。《唐声诗》中夹注内容，均用小字标出。

断定"声诗"一定是"声"（乐曲）与"诗"（歌词）两个词语呢？先看张守节正义，张守节将"声"解作"歌"，谓声诗为歌诗。此处"歌"当作"歌唱"解，而不应作"乐曲"解。考《史记·乐书》，音乐术语有乐、音、声、曲、歌。"歌"约出现二十九处，仅"弦歌"之歌与"声歌"之歌，当谓歌曲，其他均用作歌唱。张守节通解《史记》，了然《史记·乐书》所云"歌"之含义。再看任先生所论，任先生关于"声"与"诗"为二事的论述与"声诗"为一事的认识紧密相连，《唐声诗》第一章"范围与定义"的开首，任先生写道："'声诗'之名，或'声'与'诗'相关之说，自古有之，其含义大概有二：始也，二字分指声与诗，为两事；既也，合指有声之诗，为一事。"① 任先生针对"始"之"声、诗"，作了如下阐述："《乐记》又曰：'诗，言其志也；歌，咏其声也；舞，动其容也。——三者本于心，然后乐器从之。'盖乐从于心而发于器，乃用以兼统诗、歌、舞三事。所谓声者，以歌声为主，以乐声为准；而其所歌之诗，必有内容，曰志。以上《乐记》中所见之'声''诗'二文，及声与诗为二事之说，义实相贯，且于心志、声乐、诗言、歌咏、舞容之间，已明定其本末源流之系统。"② 因此，他将"乐师辨乎声诗，故北面而弦"之"声诗"用顿号断开，以标明"声诗"之"始"。置身于《乐记》的语境，就概念而言，"声"与"诗"为二事，此是必然。检《乐记》，"声"约出现 51 处，约 48 处为独立概念，但"乐师辨乎声诗，北面而弦"却恰恰是"既也，合指有声之诗"。因为"声诗"出现在"礼"之展演中，其形态即为"升歌""登歌"。《礼记·郊特牲》："奠酬而工升歌，发德也。歌者在上，匏竹在下，贵人声也。"③《礼记·祭统》："夫祭有三重焉：献之属，莫重于裸，声莫重于升歌。"④《周礼·春官·小师》："小师掌教鼓鼗、柷、敔、埙、箫、管、弦、歌。"郑玄注："弦，谓琴瑟也。歌，依咏诗也。"⑤ 正因如此，《乐记》以"辨乎"陈述，若已为二事，何需再辨？用于"礼"的"乐"，诗、歌、舞三位一体，任先生将其理解为"本末源流之系统"，任先生非常赞同清冯定远"古诗皆乐也"、吴乔"《三百篇》莫不入于歌喉"、谢

---

① 任半塘《唐声诗》，第 8 页。
② 任半塘《唐声诗》，第 1 页。
③ 《礼记正义》卷二十五，十三经注疏本，中华书局，1980 年，第 1446 页。
④ 《礼记正义》卷四十九，十三经注疏本，第 1604 页。
⑤ 《周礼注疏》卷二十三，十三经注疏本，第 797 页。

章铤"上古诗与乐合"以及范文澜"诗与歌本不可分"的认识,以为"诸说虽晚,意均甚切"①。

任先生论"李易安云",明确认定"乐府"是指"长短句词","声诗""指唐代歌诗",但在小注中又有这样的话语:"至于此处'乐府'指词,抑指古乐府,抑指唐大曲,非主要问题。"这个夹注是针对黄墨谷谓"词源流于乐府,词的性质是声、诗并著"而发的,任先生认为李易安云"乐府",无论理解成词(长短句)、古乐府、唐大曲,它们都是入乐歌唱之辞,"性质都是声诗并著",没有人认为它们与"声"没有关系,故在讨论"声诗"时,并非主要问题,而主要问题是"声诗"概念的如何理解,并非如李文所说是在"乐府""'指词,抑指古乐府,抑指唐大曲'之间游移不定"。

任先生何以将"李易安云"之"声诗"解作"唐代歌诗"?对歌诗的概念,任先生是这样界定的:"歌诗仅用肉声,不包含乐器之声,其义较狭。"为什么这样界定呢?这基于传统认识与唐代"歌诗"之实际。《礼记·乐记》言"歌"凡16处,均谓人声歌唱。《史记·乐书》言"歌"凡29处,亦均谓人声歌唱。《汉书·艺文志》所录歌诗类二十八家三百一十四篇,宗庙、诸神、送迎灵颂、汉高祖之作、各地民歌,均以"歌诗"称,亦以人声歌唱为分类的原则,其中"声曲折"之谓,任先生解释得清楚:"乃指歌声而著之于谱者。"② 唐代人论"歌",也是以人声歌唱为基本标准的,翻开《晋书·乐志》《隋书·音乐志》,其中"歌""诗""曲""词""歌诗""歌词"等概念泾渭分明,题名御撰、李林甫等注《唐六典》记鼓吹署教乐:"歌、箫、笳一曲,各三日。"③ 杜佑《通典·乐典》专立"歌"一类:"《释名》曰:'人声曰歌。'……《说文》:'咏,歌也,从言,永声也。'《尔雅》曰:'徒歌谓谣。'齐歌也。"④ 他把"被之弦管"者专门分为一类,名曰"杂歌曲"。唐人吟"歌"之诗,亦多用弦歌、笙歌、"管妙弦清歌入云"等描写,将乐器之声与歌声分别。"李易安云""歌"为歌者"啭喉发声"之歌,在任先生"声诗必须为直接协乐合舞之歌辞"的定义下,"啭喉发声"之歌是歌诗。"李易安云""乐府声诗并著最盛于唐",显然,她是将"乐

---

① 详见《唐声诗》,第2—3页,限于篇幅,不再胪列。
② 任半塘《唐声诗》,第10页。
③ 陈仲夫点校《唐六典》,中华书局,1992年,第399页。
④ 杜佑撰,王文锦点校《通典》,中华书局,1988年,第3697页。

府"与"声诗"放入历史发展的背景中考察的，这两个名称均为历史的概念。历史概念有其历时性和共时性。"定格"于"最盛于唐开元天宝"的时间点上，即可将"李易安云""声诗"解作唐代歌诗。同样，也可以立足于李清照生活的时代，将"乐府"解作"长短句词"。

李文在罗列了关于"乐府声诗并著"的诸种解读后说："究其原因，一方面是因为任半塘先生对黄说的否定，另一方面，也是最主要的，是误解了任半塘'唐声诗'概念。要真正打通《词论》全文，乃至真正理解唐宋词史与唐代乐府歌诗之间的关系，就必须首先清理任半塘'声诗'概念与唐宋人同名概念在内涵上的巨大差异，从而纠正今人因为误解而对唐宋词与乐府歌诗关系认识上的错觉。"当代研究者是否因受任先生《唐声诗》影响而误解了李清照"乐府声诗并著"之论，并且造成了"对唐宋词与乐府歌诗关系认识上的错觉"，我想每一位研究者都不会没有自己的独立思考，至于"清理"任半塘"声诗"概念，李文则有诸多误解：

（一）关于任先生"声诗断在唐代也"。这是任先生就自己研究对象所作的界定，并非如李文理解，任先生把声诗只断在唐代，是认为唐后没有声诗。任先生反对词乐兴而诗乐亡、宋诗不入弦歌之说，力主诗、词同时入乐，相长相成。《宋代声诗研究》表明，宋人的声诗观念、声诗实践与唐代已有很大差异，任先生研究"唐声诗"，"断在唐代"，无疑是明智之举。

（二）任先生将声诗断在雅乐、雅舞歌辞之外，《唐声诗》第一章"范围定义"申之甚详。他说不把雅乐、雅舞声诗包括在研究范围之内的主要原因在于他所论"唐声诗"是"唐代所创之新辞体——近体诗，结合所订之新音乐——燕乐"。李文说："事实上，唐宋人认为凡乐章皆可称'声诗'，无所谓雅俗。"并举中唐徐景安的"乐章者，声诗也"，与明人胡翰《古乐府类编序》"若声诗者，古之乐章也"来证明①。又说"检唐宋'声诗'的所有用例中，有过半用例所指恰恰为郊庙歌辞"。并举唐敬宗、权德舆、杨亿、宋祁、沈括、陈师道、许瀚、

---

① 一个徐景安不能代表"唐宋人"，而明人的说法更无法用来说明唐宋人的观点了。

尤袤、郭茂倩①所用"声诗"名称来论证。这里要注意的是：自春秋战国始，中国古代的音乐便有了雅、俗之分。徐景安之说出自其《历代乐仪》三十卷，第十卷题《乐章文谱》："乐章者，声诗也。章明其情而诗言其志。"②"诗言其志"的解说即带有雅正的评判。并且，据笔者考察，中唐以来，文人们发扬《礼记·乐记》经义，把"声诗"与"乐章""雅乐"等同看待，将它与"礼乐""郊天""祝寿"等礼仪活动联系在一起，尤其到了北宋，"声诗"即为雅乐乐章的认同，进一步表明，在宋人的观念里，采声诗、播声诗定要发挥歌功颂德、享神明、广教化的功能，显然具有雅俗区分的鲜明用意。

（三）"声诗之辞断以近体诗为主也。"任先生关于唐声诗的研究，统一于他唐代音乐文艺研究的全面考虑之下③，他在《唐代音乐文艺研究发凡》④ 一文中申述了唐艺研究的全面规划，关于唐代燕乐歌辞的研究，主要包括《唐声诗》《唐杂言》《唐大曲》《唐著词》。在"歌辞"的大概念下，他将五、六、七齐言诗，划在"声诗"研究范围之内，这一划分，并不是说"声诗"不包括杂言，而是说他研究的范围不把杂言部分包括进去。王小盾老师关于"声诗和曲子辞是按音乐创作方法建立起来的概念"云云，应该说正是基于任先生的这一认识。至于

---

① 李文："郭茂倩在《乐府诗集·近代曲词》题解中云：'两汉声诗著于史者，唯《郊祀》《安世》之歌而已。班固以巡狩、福应之事，不序郊庙，故余皆弗论。'《郊祀》《安世》之歌，正是汉代郊庙歌辞，郭茂倩称之为'声诗'，而且用了一个'惟'字，说明《乐府诗集》所收的汉鼓吹曲辞、汉横吹曲辞，汉相和歌辞，都不算'声诗'，况且全书提到声诗仅此一例，似乎在郭茂倩的观念中，'声诗'就是特指'郊庙歌辞'。"郭茂倩的叙述很清晰："《荀子》曰：'久则论略，近则论详。'言世近而易知也。两汉声诗著于史者，唯《郊祀》《安世》之歌而已。班固以巡狩、福应之事，不序郊庙，故余皆弗论。由是汉之杂曲，所见者少，而相和、铙歌或至不可晓解；非无传也，久故也。魏晋以后，讫于梁、陈，虽略可考，犹不若隋唐之为详；非独传者加多也，近故也。近代曲者，亦杂曲也，以其出于隋唐之世，故曰近代曲也。"郭茂倩认为"著于史"的"两汉声诗，唯《郊祀》《安世》之歌而已"，原因在于"班固以巡狩、福应之事，不序郊庙，余皆弗论"，"由是汉之杂曲，所见者少"，"相和、铙歌或至不可晓解，非无传也，久故也"。"杂曲"与"声诗"是两个平行的概念。

② 王应麟《玉海》卷一百五《音乐》，江苏古籍出版社、上海书店 1987 年影印清光绪九年浙江书局刊本，第 3 册，第 1922 页。

③ 关于任先生唐代音乐文艺研究的系统理论与研究，请参王小盾、李昌集《任中敏先生和他所建立的散曲学、唐代文艺学》、李昌集《从成都到扬州：任中敏的后半生》，陈文和、邓杰编《从二北到半塘——文史学家任中敏》，南京大学出版社，2003 年。

④ 载于《教坊记笺订》，上海古籍出版社，1962 年。

长短句词与杂言的分别，这是任先生最为旗帜鲜明的观点，他坚决反对用"唐词"名称，将文体意义上的"词"与唐代"曲子"断然分别，他组织词曲研究的第一项工作就是"辨明词的文体从北宋起。唐五代歌辞名曲子，没有唐词的史实与名目"①。任先生所论"长短句词"与"长短句辞"（杂言）不是一个概念，《唐声诗》第七章《与长短句辞关系》述之甚详。

（四）"将声诗断在大曲之外。"正如李文及其他研究者所说，唐代大曲确有采取声诗者，任先生在《唐声诗》第六章《与大曲之关系》中就举出了不少例证。不但如此，任先生还举了不少例证来证明"声诗摘取大曲之调者"，那为什么将声诗断在大曲之外呢？《唐声诗》专立《与大曲之关系》一章，就是为了说明这一点。大曲之辞可以是声诗，声诗之曲也可以采大曲，但二者是不同的音乐艺术种类，正如两个人，关系可以十分密切，但不能把二人干脆混同成一个人。

李文的结论是"任先生的'唐声诗'概念与唐人的声诗观念基本不符，实际上是他为学术研究方便而自设的概念"。这里我们要问：唐人的声诗观念是什么？论唐人的声诗观念只是追求名称使用的多少，还是应考察其依托的历史基础与实际表现？能成为"观念"的应该是与一定历史条件相适应的、对于特定实践具有指导意义的理论思想。这里我们还要问：什么是学术研究？学术研究是否应明确研究对象，建立必要的概念体系？任先生收集整理唐代确实存在或可能存在的曲调名，从唐代文人诗集及民间歌辞中收集整理了大量确曾歌唱或有歌唱之可能的齐言歌辞1603首，在"实际表现"和"历史基础"上确立研究对象，建立概念体系，这难道是"为学术研究方便而自设"？唐代人会用乐府、歌诗概括入乐之诗，宋人会用乐府、长短句命名入乐的歌词，"均非古意"。当代研究者难道只能采用古人术语进行研究？概念是对事物"类"的说明，目的在于揭示事物的本质。当一个概念的界定，难以统合一个"类"，并且不能完全揭示这一事物本质的时候，是否应该采用对这一类事物能加以概括，而且可以揭示其本质的概念呢？

"设身处地"解读文本"原意"，是中外阐释大师们的共识。陈寅恪先生说："所谓真了解者，必神游冥想，与立说之古人，处于同一境界，而对于其持论所

---

① 季国平《任师忆零》，陈文和、邓杰编《从二北到半塘——文史学家任中敏》，第118页。

以不得不如是之苦心孤诣，表一种之同情，始能批评其学说之是非得失，而无隔阂肤廓之论。"① 西方"解释学"理论更加强调把握和重视文本原意的方法，是把自己"直接"置身于文本当时的环境之中，重新体验和感受文本的意境、情境和作者的意图，以求最终领悟、重现和复制文本的意义。当我们设身处地地置身于李清照生活的时代，可以更加清楚地看到，李清照"乐府声诗并著"之论，并非无根之木，亦非独出心裁，它有着深厚的历史渊源，也具有十分鲜明的现实意义。同样，阅读理解任半塘先生的著作，亦需"设身处地"。任先生治学，惯于"大禹治水"，追溯源流，疏导开通，"全稿每遇难解未解之处，随在揭出"②，随文夹注，颇显纷绪。若不全书联系，纵横贯通，难免生出误解。一九五九年七月，任先生撰成《唐声诗总说》，笃诚坦言："二编之作，出于个人尝试，志在披荆斩棘，垦拓荒宇，以利来者。"③ 又于上海古籍出版社一九八二年十月第一版《唐声诗上下编简介》殷切寄语："希望今后读者继起补充、纠正，并盼国内专家从速努力通解唐代之乐谱与舞谱、考据家继续综合国内外尚存在之其他有关资料，更多通晓唐代诗乐及唐人歌诗之历史现实，一并贡献文学史家及音乐史家，俾便写入史册，用以弥补祖国文艺研究中已滞留千年之一宗缺门。"此述心得，仅供参考，并祈正于大方之家。

（原刊于《中国音乐学》2013 年第 1 期，有改动）

作者简介：

杨晓霭，1962 年 7 月出生，甘肃秦安人。1984 年 7 月毕业于西北师范大学中文系，获文学学士学位，并留校任教；1985—1988 年在西北师范大学文学院攻读硕士研究生，获硕士学位；2000—2003 年于扬州大学中国文化研究所攻读博士研究生，完成博士学位论文《宋代声诗研究》，获博士学位；2005—2009 年在上海师范大学人文学院做博士后研究工作。1984 年 7 月至 2014 年 2 月，在西北师范

---

① 冯友兰《中国哲学史》上册审查报告，《陈寅恪集》之《金明馆丛稿二编》，生活·读书·新知三联书店，2001 年，第 285 页。
② "唐声诗上下编简介"，任半塘《唐声诗》，第 1 页。
③ 任半塘《唐声诗》，第 14 页。

大学工作，历任助教、讲师、副教授、教授，为硕、博士生导师；2014 年 2 月调入兰州理工大学工作，任文学院（国际教育学院）院长。曾为土耳其法蒂赫大学汉语文化系特聘教授、台湾逢甲大学人文社科学院客座教授。主要从事唐宋文学的教学与研究，在省级以上核心刊物发表论文 80 多篇，独著参编著作 15 部，主编教材 3 部，获甘肃省哲学社会科学研究优秀成果 2 项、甘肃省高校社会科学研究成果 4 项，主持完成国家社科项目 2 项、教育部人文社科项目 2 项，《宋代声诗研究》获中国夏承焘词学奖二等奖。担任中国唐代文学学会理事、中国宋代文学学会理事、中国词学研究会常务理事、中国乐府学学会常务理事、中国唐代文学学会唐诗之路研究会常务理事、甘肃省唐代文学学会副会长、甘肃国际文化交流协会理事、甘肃传统文化研究会常务理事、兰州理工大学学术委员会委员。荣获学生最喜爱的老师、教学质量优秀老师、国家社科基金项目优秀负责人、从事来华留学教育 20 年荣誉工作者等荣誉称号。

清代乐论史料述论

温显贵

一般说来，"乐论"就是通过长期对音乐的解读、体会、感悟而得出的一系列有关音乐思想的理论，诸如强调音乐的功能，涉及乐理、乐章（词）等方面的内容。应该说，自从音乐产生后，人们就会有这些认识，只不过最初还处于朦胧、浅层次的阶段。就现在所知，最早把对音乐的认识提高到思想理论高度并形成文字保留下来的应该是儒家的思想家们，如孔子、孟子、荀子等等。儒家早期的六经中就有《乐经》，其他经典中也都有阐述音乐思想的内容。值得一提的是，《礼记》中的《乐记》《荀子》中的《乐论》更是用专门篇幅讨论音乐，对后世的乐论思想产生过重要的指导意义。它们也是我国古代"乐论"思想的主题所在，不容忽视。

另一方面，在我国的正史中，自《史记》开始还专门用"书志体"的形式清理出前代的音乐史料，逐一给出评价，分别出现了《乐书》《乐志》《礼乐志》之类的音乐史料库，它们对待音乐的态度虽然简洁明晰却又难免夸饰不实，但最终又回归于客观理性。其实，这也是我国古代历史上"乐论"思想的基本态势。

一、清代乐论史料的基本情况及整理现状

（一）史料的载体

清代乐论内涵丰富，而这些丰富的乐论内容又依存于庞大的文献载体。综合看来，这些载体主要有以下几种形式：御制及敕撰文献，个人文集，研究专著，

学术笔记。

1. 御制及敕撰文献

有清一代共有十位帝王，他们大多都具备一定的学养，能够吟诗属文。由他们亲自撰写成的诗文，大多被编成集子，流传于世。其中既有传达心声、宣泄情感者，也有驰骋才华、标榜风雅者，内涵丰富多样。另外，帝王们出于统治秩序的需要，往往还会以帝王的名义，敕令臣工集体编撰一些图书，以传达皇言，引领政声。无论是御制文献，还是敕撰文献，都是有清一代思想文化的史料宝库，价值极高。其中涉及乐论的文献尽管数量有限，却十分重要。值得一提的有：康熙撰《清圣祖御制文集》，康熙、乾隆先后敕撰《律吕正义》（正、续、后三编），雍正撰《圣祖仁皇帝庭训格言》，乾隆撰《清高宗御制文集》，乾隆敕纂《钦定礼记义疏·乐记》《清朝文献通考·乐考》《清朝通典·乐典》《清朝通志·乐略》。这些书都有专门论及礼乐关系、乐律、乐器、乐制的篇章，它们构成了清代乐论史料中不可或缺的重要部分。

2. 诗文集

清人文集之多，难以确知实数。柯愈春《清人诗文集总目提要》（北京古籍出版社，2002 年版）所收存世的清人诗文别集约两万家。其中既有规模大小不一的个人别集，亦有卷帙浩繁的各类总集，汗牛充栋，不一而足。就乐论而言，无论是别集还是总集，往往都会有一些文章涉及，不可小视。有几部带有总集性质的文献，如陈廷敬撰《清文颖》、贺长龄辑《清经世文编》、阮元编《清经解》、王先谦编《续清经解》等，都收有高水平的乐论文章。

3. 研究专著

清代被称作是学术史的总结期，学术舞台百花齐放，学术成果形式多样，因而从学术著述的角度来看，清代堪称是我国历史上又一个"百家争鸣"的时代。学者们从各自不同的角度，纷纷著书立说，发表自己的学术见解，不仅使学术史的发展呈现出又一个高峰，更为重要的是，一些悬而未决的学术问题，至此得以论证和厘清。

乐论方面，清人的研究专著也数量众多，层出不穷，且从不同的角度解决了音乐史上的若干问题。如李光地《古乐经传》、沈邦奇《易律通解》、童能灵《乐律古义》、胡彦升《乐律表微》、江永《律吕新论》、凌廷堪《燕乐考原》、徐养原《律吕臆说》、江藩《乐县考》、金鹗《求古录礼说》、戴长庚《律话》等。

它们或论乐教，或论诗乐，或论礼乐，或论乐律，或论乐器，或论琴乐，或考乐制，是乐论史料较为集中的专门著作。

另外，《礼记·乐记》是中国古代音乐理论史料的重要宝库，历代言乐者都极为重视。清人研究《礼记》者也纷纷对其中的《乐记》篇给予了很大的关注，他们或注重文字疏解，或重视内容阐发，从而出现一个以《乐记》为研究主体的系列文献，值得我们重视。比较重要的有：王夫之《礼记章句·乐记》，方苞《礼记析疑·乐记》，鄂尔泰等《日讲礼记解义·乐记》，任启运《礼记章句·乐记》，潘相《礼记厘编·乐记》，纳兰性德《陈氏礼记集说补正·乐记》，李光坡《礼记述注·乐记》，乾隆敕撰《钦定礼记义疏·乐记》，孙希旦《礼记集解·乐记》，郝懿行《礼记笺·乐记》，赵良霈《读礼记·乐记》，刘沅《礼记恒解·乐记》。

4. 学术笔记

学术笔记对清人的学术成果作了直接反映。尽管它们多为短篇，却从不同方面共同构筑了繁荣丰富的清代学术景象。就乐论而言，冯班《钝吟杂录》、姜绍书《韵石斋笔谈》、黄宗羲《日知录》、黄生《义府》、姜宸英《湛园札记》、王士祯《居易录》、阎若璩《潜邱札记》、李光地《榕村语录》、徐文靖《管城硕记》、何琇《樵香小记》、胡鸣玉《订讹杂录》等，虽然其中乐论史料多少不一，但都是考察清代乐论不可或缺的参考资料。

由上述内容可知，清代乐论的载体丰富多样，它们共同承载着有清一代乐论的具体内涵。

（二）整理现状

对过往音乐史料的汇聚辑录，早见于中国古代的类书、政书，特别见于历代类书、政书中的"乐"类。如类书中的《艺文类聚》《古今图书集成》，政书中的《通典》《通志》《文献通考》系列等。其中大都会按历史线索清理、呈现相关史料。进入二十世纪以来，中国艺术研究院音乐研究所的学者们也做出了不少努力。他们于六十年代编辑出版了《中国古代音乐史料辑要》（第一辑，中华书局1962年版），这是现代学术界有关音乐史料辑录方面最早的成果，但可惜工作未能继续做完。不过，到了八十年代，该研究所的吉联抗先生又先后辑译了《春秋战国音乐史料》《吕氏春秋中的音乐史料》《秦汉音乐史料》《魏晋南北朝音乐史料》《隋唐五代音乐史料》《辽金元音乐史料》《宋明音乐史料》等书，由上海文艺出版社陆续出版发行，在很大程度上解决了音乐史料过于分散的问题。这些成果的问世，大大便利了学者们开展古代音乐史研究的资料工作，因而备受好评。不过，整个二十世纪，清代音乐史料的辑录工作或未预涉及，或只纳入整体历史时段中稍加摘录，针对某类给予专门关注的相对较少。值得一提的是《琴曲集成》这部大型资料汇编。它始于1956年4—7月文化部、中国音乐家协会等部门组织专家的全国普查活动，中国艺术研究院音乐研究所在此调查基础上先后编辑出版了《琴曲集成》《存见古琴谱辑览》《中国古琴珍萃》等大型古琴谱集，梳理历代琴谱150余种，共16册，1981年由中华书局出版。这应该是二十世纪音乐文献的专类整理最集中的一次。

令人欣喜的是，进入新世纪后，这种状况又有改观。首先，2000年9月，世界图书出版公司出版了由中央音乐学院修海林先生编著的《中国古代音乐史料集》。它辑录上至先秦、下至明清音乐文献中的重要音乐史料，共计58万字，曾被认为是"目前最为完备的一本中国古代音乐史料集"①。其次，《琴曲集成》一书又由中国艺术研究院和北京古琴研究会联合，当代著名古琴大师查阜西、吴钊先生负责主持修订增补，收集从唐代到民国1300余年的琴谱达142种，共30册，2010年由中华书局出版，琴谱资料之全为历代之最。再次，2012年10月到2016年10月，国家图书馆出版社陆续出版了由福建师范大学海峡两岸文化发展协同创新中心王耀华、方宝川两位先生为主编编辑整理的《中国古代音乐文献集成》（1—4辑）。它收录"二十六史"乐志律志、"十通"、"会要"、"会典"、类书中的音乐文献以及其他著作中的音乐篇章、专门的音乐著作等等，给人们提供了一部较为完整可靠的音乐文献汇编。更值得一提的是，第4辑中收录清代音乐专书达105种，对有清一代音乐文献集中搜罗的程度前所未有。其中，"多种音乐专书系首次被影印，且版本价值很高"②。这对于整个学术界来讲，该出版物价值之高也毋庸赘言。第四，横跨新旧世纪的《续修四库全书》等大型丛书的编辑出版也在很大程度上给学术界提供了不少有价值的音乐文献，如"四库"系列中的经

---

① 赵沨《修海林〈中国古代音乐史料集〉出版推荐信》，修海林《中国古代音乐史料集》，世界图书出版公司，2000年，第1页。

② 国家图书馆出版社官网，链接地址：http：//www.nlcpress.com/ProductView.aspx？Id = 9941

部乐类、子部艺术类和集部词曲类等等，就包含不少平时难以寻觅的音乐文献。

在乐论方面，学者们一般都用论文的形式关注和解决某一问题，大多把关注点放在明清以前的历史时段，而对清代乐论的关注极少。目前可见涉及清代乐论的文章值得注意的是韩伟的《明清乐论的客观化趋向探析》[1] 一文，观点明细，结论准确；孙晓辉《乾嘉音乐学术论略》[2] 一文则对清代乾嘉时期音乐著述的主要内涵进行勾勒，认为它们主要涉及礼乐制度和乐律学两大领域，涵盖关于礼乐的制度名物的义理训诂，以及乐学律数的考证推算，皆探赜索隐、阐明理数。文章结合乾嘉时期的学术流派及其学术特点，条分缕析，理据结合，也是一篇有关乐论研究的厚重之文。

2011 年 9 月，人民音乐出版社出版了《中国古代乐论选辑》一书，该书由中国艺术研究院音乐研究所吴钊、伊鸿书、赵宽仁、古宗智、吉联抗诸位先生编定，从先秦至清末 2000 多年间 130 多种文献中，辑录了有关音乐起源、音乐功能、音乐表演、音乐欣赏、雅乐、俗乐以及乐学、律学、音乐美学等方面的论述，较为全面地反映了中国古代思想家对音乐艺术的认识和理解，是研究中国古代音乐史不可或缺的珍贵资料，全书计约 35 万字，是目前公开出版的搜集乐论史料跨越时代最长、内容最多的一部著作。综上可知，清代音乐文献的辑录有了起色，但针对"清代乐论史料"尤其是"乐论"的专项辑录工作尚未全面开展起来，这也为此项工作的开展留下了足够的余地。

二、清代乐论史料的主要内涵

有清一代，鉴于历史上盛衰成败的经验和教训，统治者充分认识到礼乐制度在思想统治方面的重要性，因而在入关建立王朝之后便逐步采取措施，振兴礼乐。尽管其间的过程充满曲折，十分复杂，但经过努力，至乾隆中后期，最终出现了"礼乐百年而后兴"的局面。主要表现在：第一，礼乐专书纂辑问世，使人们在了解和接受礼乐制度时有了文本上的依据。这种礼乐专书有《大清会典》

---

[1]　韩伟《明清乐论的客观化趋向探析》，《文艺评论》2014 年第 2 期，第 91—94 页。

[2]　孙晓辉《乾嘉音乐学术论略》，《中国音乐学》2016 年第 3 期，第 42—55 页。

《律吕正义》《大清通礼》《皇朝礼器图式》《满洲祭神祭天典礼》等等。第二，礼乐机构得到创设和调整，礼乐的管理达到规范化。比如续设和调整礼部，强化太常寺的礼乐职能，设立乐部、续设教坊司、设置专门负责宫廷戏曲演出与管理的机构（南府、升平署）等等。第三，吸收四裔音乐，充实和完善了自身的音乐结构。前后被吸收的四裔音乐有瓦尔喀乐、朝鲜国俳、蒙古乐、番子乐、回部乐、廓尔喀乐、缅甸国乐、安南国乐等等。有了以上诸多措施，到了清代全盛时期，礼乐文化已经达到了四夷来宾的繁盛局面。

在学术层面上，学者们则结合自己的研究，钩稽疏解礼乐史料，抒发各自见解，出现了大批学术专著。其中的乐论文献类型多样，涵盖面广泛且全面。总括言之，其内涵主要有以下五大方面，即：音乐教化，乐制乐章，乐器乐律，诗乐礼乐，琴乐戏乐。

（一）关于音乐教化

清代学者俞正燮认为：上古以乐为教育的中心，“通检三代以上书，乐之外，无所谓学”①。晚清著名学者刘师培也指出：“古代教民，口耳相传，故重声教。”而以声感人，乐最为善。“六艺之中，乐为最崇，固以乐教为教民之本哉！”② 两位学者的观点都意在强调乐教在中国古代，尤其是古代教育中的重要作用。

所谓乐教，原指以音乐为教学内容的教育活动，后指通过音乐本身的积极内涵而感召受教育者，使其产生积极变化的教育理念。清代思想家王夫之在《礼记章句》中说：“乐之为教，先王以为教国子之本业，学者自十三以上莫不习焉。”③ 这是就早期乐教的内容而言。其实，儒家就是希望通过这样的音乐活动来达到“立人树德”的目的。因而，长期以来，乐教和礼教相辅相成，成为支撑起中国古代教育思想大厦的重要基石。孔子所提出的“立礼成乐”的教育思想，因而被后世奉为圭臬。清代前期学者阎若璩（1638—1704）曾在其著作《尚书古文疏证》中记云：

---

① 俞正燮《癸巳存稿·卷二·君子小人学道》，《丛书集成初编》本，中华书局，1985年，第360册，第61页。
② 刘师培《清儒得失论——刘师培论学杂稿》，中国人民大学出版社，2006年，第189页。
③ 王夫之《礼记章句·乐记》，《续修四库全书》据同治刊本影印，上海古籍出版社，2002年，第98册，第338页。

　　吾友王弘撰无异，述其乡先生韩恭简之言告予："天下不治由圣人不生，圣人不生由元气不复，元气不复由大乐不作。大乐作则元气复，元气复则圣人生，圣人生则天下治。"予服为一代伟论，因谓：功成作乐。大乐不作，亦由天下不治，天下治则大乐作。四者如环无端。此上古之世长治而不卒衰也盛哉。①

同时期的学者张英（1637—1708）指出：

　　古之教人强其志气，束其筋骨，莫大于礼。涵养其德器，充悦其性情，莫大于乐。礼乐并重，而乐之入人更微，故虞廷教胄子，专掌之典乐之官。《周礼》教人之官亦曰大司成、大乐正。学校曰瞽宗，成童之事亦曰舞《象》、舞《勺》。盖以此为教人之大务。自朝廷以至里社，自少以至老，无日不沐浴沦洽于其中。后世以礼教者鲜矣，况以乐教者乎？所由雅乐亡而教化熄，两弊之道也。②

与张英同时的学者李光地（1642—1718）也指出：

　　兴道讽诵言语，于是乎有诗歌，然后以声依之，以律和之，播之以音，动之以舞，而乐之用广矣。所谓神人以和者也。然则乐者，盖先王之所以教，而因推之于宗庙朝廷邦国，以和神人，《书》《礼》所称，其致一也。后世不知乐为教之具，故其职领于有司而已。学士先生鲜有知者，其精微之旨不传，而徒索之铿锵节奏，以庶几和神人之治，亦不可得已。③

学者们不约而同地说到了一个重要问题，那就是：在礼乐并重的时代，礼乐教化的理念能否正常地贯彻于实际生活进而被人们接受，与时代的兴衰关系极为密切；由于认识不到乐教的作用，后世人往往只注重其形式，而领会不了其中的精

---

① 阎若璩《尚书古文疏证》卷五下，文渊阁《四库全书》本，上海古籍出版社，1987 年，第 66 册，第 289 页。
② 张英《书经衷论》卷一《虞书·舜典》，文渊阁《四库全书》本，第 68 册，第 151 页。
③ 李光地《古乐经传》卷一《乐经》，文渊阁《四库全书》本，第 220 册，第 3 页。

微之旨。正因为这样，从早期的儒家学者到后来的清代学者，才自始至终强调乐教的基本功用。对此，雍正时期的学者汪绂（1692—1795）在《乐经或问·叙》中又指出：

> 思深哉乐之为教也！因人之欲言而宣之，因人所欲动而节之，因人之欲视而饰之，因人所欲听而和之。其所以养人之视听貌言而为肃乂哲谋之本也。①

这是说人的视听言动出于本真，又要有所节制，但人往往不会主动愿意去节制，因而就要有一些外在的东西来制衡。"礼乐"就是能够产生制衡作用的东西。然而，汪氏不无感慨地接着指出：

> 自《乐经》无传，学校无以养人，而后世之人才遂不古若此，好古之儒所不禁抚今而三叹也。乐教可考者杂见六经，然散而无统，略而不备，先儒亦有论说，乃择而未精，语而未详，言理而遗器，理既无凭，执粗以遗精，器于何当？绂甚慨焉。且乐理自在人心，伶伦岂异人事，安见古乐不可复兴，乐教不可必复？因略搜辑以成此书，用补《乐经》之阙，以俟后世之采择。②

汪绂希望通过自己对相关史料的收集，既弥补《乐经》缺失之遗憾，又使人们借助此书的内容感受到乐教的实际价值。

尽管乐教思想（即乐之功用）早在孔子那里就一再被强调，但不同时代、不同历史时期的人们对其认识还会有巨大差异。清代前期，历史还处于改朝换代后的关键时段，国家的制度建设也没有完全走上正轨，有识之士重视礼乐教化的重要性，极力强调乐教的意义，这一方面对清代礼乐制度的建设极具参考价值，另一方面也体现了乐教本身的价值所在。清代的礼乐制度正是在这种逐步被重视的情况下走上正常轨道的，此正所谓"乐教得其时而善，则民行象君德而不至于伤

---

①② 汪绂《乐经或问·叙》，《续修四库全书》据清光绪二十二年刻本影印，第114册，第675页。

世也"①。当时人因此也发出这样的感慨:"盖乐德则以理义养其心,乐语则以声音养其耳,乐舞则以舞蹈养其血脉。古人所谓以乐教者如此,所以声音之道与政通也。后世不知乐为教之事,故其职领于有司而已,学士大夫鲜有知者,其精微之旨不传,而徒索之铿锵节奏,已不足以和神人。况太常工人记其仿佛,用之郊庙者,存什一于千百耳。其施之民间日用,莫非子夏所谓及优侏儒猱杂子女,则其所化之民,所成之俗,当何如耶? 此固有教养亿兆之责者所为,蒿目乎斯世也。"②

综上可知,在清代礼乐建设过程中,乐教的重要性一直都是被人看重的,因而音乐(或礼乐)的功用也就被凸显出来。"教化莫重于乐。……宋时用女戏,门人问:'有事当用否?'朱子曰:'时尚安得不用?'圣贤亦不能违时,只是女更不如今之男矣。唐、宋仕官皆有官妓,名不雅驯。明尚演其余习,高丽人进贡,论官之品级,以妓陪之。直至今日始革去。甚是。男女无别,则廉耻道丧矣,教化将从何处说起?"③

(二) 关于乐制乐章

每个朝代走向衰亡之际,往往就是礼崩乐坏之时。鼎革而起的新时代,起初又恰恰是礼乐建设的关键时期。清代之前的明朝就是如此:

> 明太祖初定天下,他务未遑,首开礼、乐二局,广征耆儒,分曹究讨……(洪武)二年,诏诸儒臣修礼书。明年告成,赐名《大明集礼》。其书准五礼而益以冠服、车辂、仪仗、卤簿、字学、音乐,凡升降仪节,制度名数,纤悉毕具。又屡敕议礼臣……编辑成集。且诏郡县举高洁博雅之士……至京,同修礼书。④

---

① 郝懿行《礼记笺·卷一九·乐记》,《续修四库全书》据《郝氏遗书》本影印,第104册,第9页。
② 张照《回奏乐律札子》,《皇清文颖》卷二八,文渊阁《四库全书》本,第1449册,第847—848页。
③ 李光地著,陈祖武点校《榕村语录》卷二八《治道二》,中华书局,1995年,第492—493页。
④ 《明史·礼志一》,中华书局,1974年,第1223—1224页。

正是在这样的背景下，明朝的礼乐制度得以逐步完善。清代建立后，"一代有一代之制度"的思想一度占据着意识形态的主流地位。在音乐制度建设方面，遂很早着手。顺治元年（1644）九月，大学士冯铨等奏言："郊庙及社稷乐章，前代各取嘉名，以昭一代之制。本朝削寇乱以有天下，拟用平字。"朝廷听从了这个建议，在同年就议准圜丘大祀乐九奏：迎神奏《始平之章》，奠玉帛奏《景平之章》，进俎奏《咸平之章》，初献奏《寿平之章》，亚献奏《嘉平之章》，终献奏《雍平之章》，彻馔奏《熙平之章》，送神奏《太平之章》，望燎奏《安平之章》①。另一方面，清代礼乐制度建设的过程是和清代政治的儒学化进程基本一致的。入关后君主专制政体的建立、经筵日讲制度的逐步形成都使得礼乐制度在政治生活中的地位和作用愈来愈大。因为专制政体需要有礼乐制度来维护其森严的等级制度，而经筵日讲则使满族出身的帝王们对传统的儒家文化产生浓厚兴趣，进而认识到礼乐在维护封建统治方面所具有的重要作用。于是，礼乐建设也成为清代初期和中期各帝王施政核心之一。各重臣纷纷献计，康熙二十年（1681）副都御史疏请议定乐章，播扬功德，敕定嘉名，以光大典，奉旨着翰林院礼部会同详议具奏。毛奇龄奏上《增定乐章议》，针对"大功既定，乐律未备"的客观状况，结合清初以来乐制建设的历史，提出新的建设礼乐的思路，亦即由儒臣来安排乐次、厘定乐词、宣布钟律。其具体步骤是：（一）在沿袭明代乐制的基础上整饬乐章，"先饬礼臣开列乐次，如燕飨九奏有九乐曲五舞曲类"；（二）"继饬词臣谱造乐词，如九乐曲有《炎精曲》《皇风曲》，是诗词；五舞曲有《四边静》《殿前欢》，是曲子类"；（三）"终饬太常准被乐律，如乐曲是何宫何调？用几麾几箫？几笙几瑟？舞曲是文舞武舞？用舞士几人？歌者几人？类且应会推一监定官总领其事，以便稽核"。除此之外，"至若祖功宗德，武烈文谟，宜谱乐章者限有四处：一郊祀配位，一庙祀列室，一文武二舞，一卤簿鼓吹。配位列室，但颂列祖功德。惟二舞鼓吹则兼谱当今功德在内。此则酌古准今，不泥不随，庶几如台臣所言者。若夫立乐定名，则诸曲诸舞，自有杂名，但恐无特立一名如《大濩》《大武》者，或概名之曰'大清乐'而已。"② 毛奇龄的奏议可谓是建设性的，尽管并没有完全被采纳，但他设想要把清代的雅乐总名曰"大清乐"，以比

---

① 《清朝通典》卷六三《乐一》，清乾隆官修，浙江古籍出版社据商务印书馆"十通"《万有文库》本影印，2000 年，典 2486。

② 毛奇龄《西河集》卷七，文渊阁《四库全书》本，第 1320 册，第 46—47 页。

肩于周代的《大濩》《大武》，既表明了他的艺术底蕴，也尽显了他作为臣僚的政治自信。

乾隆时期的重臣张照在给乾隆的奏文中也明确指出：

> 然则三代以下，非古乐之不可复，特无复之之人耳。得其臣如万宝常、如蔡季通者，又不用于彼时。若我朝列圣相承，功成治定，恭遇圣祖仁皇帝心契天地之秘，手握声气之元，考定黄钟，正历古之讹谬，则又有君而无臣。迄于今普天之下，雅颂之声未作，而淫乐郑声亦未放，此我皇上所为抚世而兴叹也。①

也明确表达了清代音乐建设应从复兴古乐做起的意见。所以，在乾隆时期，礼乐制度建设得到了空前的重视，效果也极为明显。

（三）关于乐器乐律

乐器是音乐活动的主要工具，对于雅乐来说，有着不可或缺的重要地位。"声音之道，由器数以宣。器数不准于律，而欲收依永和声之雅难矣。"② 清代音乐理论家多从考据的角度对乐器进行了大量论证，厘清了学术史上的一些模糊认识。例如清初的黄生，对甬、栾、敔、围、雅等乐器作出考订③。又如康熙、乾隆两朝宫廷敕撰、以乐律学为主要内容的音乐百科专著《律吕正义》，也在下编《和声定乐》章中详细说明排箫、箫、笛、笙、头管、篪、埙、琴、瑟、钟、磬、鼓、柷、敔 14 种乐器的形制构造和发音特点。其后编的《乐器考》，又采用图文并重的形式对各种乐器的形制、沿革作出了说明。

在乐器考论方面，值得一提的有江永《乐器不必泥古》一文。江永认为：

> 声寓于器，器不古雅则声亦随之。然天下事今不如古者固多，古不如今

---

① 张照《回奏乐律札子》，《皇清文颖》卷二八，文渊阁《四库全书》本，第 1449 册，第 848 页。
② 张廷玉等《清朝文献通考》卷一六一《乐考七》，清乾隆官修，浙江古籍出版社据商务印书馆"十通"《万有文库》本影印，考 6261，2000 年。
③ 黄生《字诂义府合按》，中华书局，1984 年。

者亦不少。古之笙用匏，今之笙用木。匏音劣于木，则亦何必拘于用匏，而谓八音不可缺一乎？古之木声用柷敔，后世节乐用拍板，而雅乐犹用柷敔。柷敔之音粗厉，拍板之音清越，则亦何必不用拍板乎？后世诸部乐器中，择其善者用之可也。①

他用变化的眼光告诉人们：时代发展有古今之别，音乐同样有古今之殊。今音不古有可能是乐器不雅所致，但今世音乐的建制又不必拘泥于古。

而有关乐律的考论则是清代音乐史上的杰出贡献。李渔的《闲情偶寄》、顾炎武的《日知录》、毛奇龄的《圣谕乐本解说》《皇言定声录》、康熙乾隆两朝合撰的《律吕正义》（正、续、后编）、陈廷敬奉敕而撰的《皇清文颖》、童能灵的《乐律古义》、胡彦升的《乐律表微》、江永的《律吕新论》《律吕阐微》、凌廷堪的《燕乐考原》、徐养原的《律吕臆说》、戴长庚的《律话》，以及《清经世文编》《清经解》中的乐律论断，都具有极高的音乐史料价值。

（四）关于诗乐礼乐

所谓"诗乐"，广义指合乐的诗歌，狭义指《诗经》音乐。这个在音乐史上讨论恒久的话题，也频频被清代学者所关注。清初学者顾炎武在《日知录》中就多次论及诗乐。他指出了"《诗》有入乐不入乐之分"，认为"夫二《南》也，《豳》之《七月》也；《小雅》正十六篇，《大雅》正十八篇。《颂》也，《诗》之入乐者也。《邶》以下十二国之附于二《南》之后而谓之《风》；《鸱鸮》以下六篇之附于《豳》而亦谓之《豳》；《六月》以下五十八篇之附于《小雅》，《民劳》以下十三篇之附于《大雅》，而谓之变《雅》，《诗》之不入乐者也。"② 明确指出了《诗经》中的篇目有的可以入乐，有的则不能。而在下文中，他又指出："《诗》三百篇，皆可以被之音而为乐。自汉以下，乃以其所赋五言之属为徒诗，而其协于音者则谓之乐府。宋以下，则其所谓乐府者亦但拟其辞，而与徒诗无别。于是乎诗之与乐判然为二，不特乐亡，而诗亦亡。""古人以乐从诗，今人

---

① 江永《律吕新论》卷下《律吕余论·声音自有流变》，上海古籍出版社，文渊阁《四库全书》本，第 220 册，第 545 页。
② 黄汝成集释，秦克诚点校顾炎武《日知录》卷三《〈诗〉有入乐不入乐之分》，岳麓书社，1994 年，第 78 页。

以诗从乐。古人必先有诗，而后以乐和之。舜命夔教胄子：'诗言志，歌永言，声依永，律和声。'是以登歌在上，而堂上堂下之器应之，是之谓'以乐从诗'。古之诗，大抵出于中原诸国。其人有先王之风，讽诵之教，其心和，其辞不侈，而音节之间，往往合于自然之律。《楚辞》以下，即已不必尽谐。降及魏、晋，羌戎杂扰，方音递变，南北各殊。故文人之作多不可以协之音，而名为'乐府'，无以异于徒诗者矣。人有不纯，而五音十二律之传于古者至今不变，于是不得不以五音正人声，而谓之'以诗从乐'。'以诗从乐'，非古也。后世之失，不得已而为之也。"① 这又清晰地指明了随着诗歌形式的变迁，诗乐关系也渐渐分离。

而稍后的张英又针对诗乐关系给出了肯定的论断，他指出：

> 古人之诗无不可被之金石，《诗经》三百篇皆古乐章也。故命夔言乐始于《诗》。又曰"搏拊琴瑟，以咏所咏"者，即《诗》也。"工以纳言，时而飏之"，所纳所飏者，即《诗》也。"劝之以九歌，俾勿坏""在治忽以出纳五言"者，皆《诗》也。惟其言志，故可以考人心之邪正，察风俗之贞淫，观国家之治乱，《传》所谓"命师陈《诗》以观国风者"，此也。既有《诗》矣，又别其音调之长短高下则为歌，然后和之以五声，吹之以十二管，播之以八音，此非因乐而有《诗》，实因《诗》而有乐，则《诗》乃乐之源也。后世雅乐失传，一代制作，但求于管律之长短，钟磬之厚薄轻重，是古人作乐以人声为主，而后世以器为主，宜乎其纷纭聚讼，古乐之不复也欤！②

张英的论断表明，古代因《诗》而有乐，《诗》乃乐之源；古人作乐以人声为主，而后世以器为主，这是导致古乐难以复兴的原因所在。

有关"礼乐"的基本认识，在有清一代其实多承袭旧说，无非是强调其在社会治理方面的固有功用，但也有些不同的声音值得注意。李光地认为：

> 古者君臣如朋友，情意相浃，进言亦易，畏惮亦轻。朱子云：金人初起，君臣席地而坐，饮食必共，上下一心，死生同之，故强盛无比。及入

---

① 黄汝成集释，秦克诚点校顾炎武《日知录》卷五《乐章》，岳麓书社，1994 年，第174 页。

② 张英《书经衷论》卷一《虞书·舜典》，文渊阁《四库全书》本，第 68 册，第 150 页。

汴，得一南人教他分辨贵贱，体势日益尊崇，而势随衰。汉高祖初得天下，群臣故无礼，叔孙通不过记得许多秦家制度耳。杜工部云"叔孙礼乐萧何律"，其实坏事，就是此二件。①

李光地结合历史实际，提出了"礼乐"坏事的观点。这种说法代表着一部分思想家对传统礼乐制度作用的深层思考。

（五）关于琴乐戏乐

琴乐历史漫长，是中国古代文人文化生活中的一部分。通过这种消遣自娱的音乐，文人们的精神境界和人生追求往往得以体现，琴乐因而历来备受喜爱。由于它又被视为政教礼乐和雅颂之乐，其审美功能故而得到了极高的认定。诸如"中""和""古""淡""轻""逸""静"等语，便是人们对它的基本品格的概括。

到了清代，由于康熙、雍正、乾隆等帝王参与弹琴活动，古琴艺术在朝野上下蔚然成风。康熙曾亲撰《琴说》一文，指出："间尝考其义，上圆下方，法乎天地。前广后狭，别乎尊卑。大弦为君，宽和而温；小弦为臣，清廉不乱，盖有明良交济之道焉。……夫琴不过乐中之一器耳，乃精求其理，遂至和天人，通神明，纯君道，表臣职，正心修身，阜财解愠，无善不具，何其广大而渊微欤！然则朕之崇德淑性，以諴和万邦也，殆于琴乎遇之。"② 重新撝拾古说，把琴的形制比况于天地尊卑、琴弦的大小比况于君臣明良，将琴的功能推崇到"和天人通神明，纯君道表臣职，正心修身，阜财解愠，无善不具"的地步。年希尧也有"凡乐有音而琴为圣，凡音有淫而琴为雅"③ 的论断。在类似的琴谱序跋文中，这方面的论述较为普遍，随处彰显出人们对古琴的关注和偏爱。

戏曲音乐是戏曲的重要组成部分，是不同剧种得以区分开来的主要标志。自宋元以来，产生了一系列关于戏曲音乐的论述，例如元燕南芝庵的《唱论》、明王骥德的《曲律》、明末清初李渔的《闲情偶寄》，等等。这些著作或论述声乐演唱，或论述舞台搬演，对我国古典戏曲音乐理论的发展做出了杰出贡献。其中最

---

① 李光地著，陈祖武点校《榕村语录》卷二七《治道一》，第485页。
② 《清圣祖御制文集》卷二一，文渊阁《四库全书》本，第1298册，第199页。
③ 年羹尧《澄鉴堂琴谱》序，《琴曲集成》本。

值得推介的是李渔的《闲情偶寄》。它是中国古代第一部系统、全面的戏曲理论著作，所包含的《词曲部》《演习部》《声容部》等关于戏曲音乐的专篇，从中国戏曲来自说唱与歌舞的角度对戏曲歌唱进行分析，更加突出和强调了歌唱在中国戏曲中的地位。它认为"声音之道，幽渺难知"，"粗者自然拂耳，精者自能娱神"；他借用"耕当问奴，织当访婢"的俗语，说明如果要论说声音之道，就必须结合优人的歌唱实践。认为"填过数十种新词，悉付优人，听其歌演"，"近朱者赤，近墨者黑，况为朱墨所从出者乎？"这说明李渔不仅熟悉优人，而且了解他们的实际需要，因而可以有针对性地为他们进行创作。在谈到唱曲时，他认为"解明曲意"是歌唱开宗明义的要求；认为"调平仄，别阴阳"是"学歌之首务"；认为演唱咬字"忌模糊"；在论述关于歌唱的器乐伴奏时，他提出"从来名优教曲，总使声与乐齐"①。这种结合亲身实践来谈戏曲声乐演唱的做法，对戏曲创作产生了积极影响。

另一位对戏曲从理论高度进行关注的则是康熙时的李光地。这位"潜心六艺，凡河洛象数之学，下逮濂洛关闽之书，旁及历数、音声之理，靡不殚求研索"的学者，首先注重的是戏曲内容的实在性，认为"戏最可厌，是中间夹杂许多不相干事，而收场草草"，明确反对空虚、拼凑的东西。其次他认为戏曲的教化作用并不亚于古代的雅乐，指出"若将《廿一史》中，忠孝节义之实事，如戏编出，但词不要艳，声不要淫，使听者心气和平，可以语，可以道。古何代事，即用何代衣冠、官号、器具、礼节。自士大夫以及编氓，无不欢欣鼓舞，而臣思忠，子思孝，夫思义，妇思节，则太和之风，洋溢于宇宙。此岂徒讲黄钟之所能致耶？"其次是他对戏曲的娱乐功能给予了充分肯定，认为"各省大吏，多以优伶为性命，无怪其然，即吾辈之几本书也。不尔，政事之暇，如何度日？"② 这些言论出自一位康熙时期累官直隶巡抚、文渊阁大学士的人来说，难能可贵。

康熙时期的另一位官吏邱嘉穗，则提出了"订音律"的理政主张，指出"今之剧场词曲，皆流于淫僻而不可训。盖不独中声之亡以至于此，抑亦剧场词曲中所谱之事，悉属增悲长欲之具，而人无所视以为法戒"，所以需要"仿古乐诗遗

① 李渔《闲情偶寄》卷二《演习部·授曲第三》，浙江古籍出版社，1985年，第83—90页。
② 李光地著，陈祖武点校《榕村语录》卷之二十八《治道二》，第500—501页。

意，召集名儒，取今之所谓剧场词曲者，一一较而订之。其淫艳而伤风教，与其善之不足以为法，恶之不足以为戒者，概从禁绝。而其所编撰成曲，颁行天下者，必皆古今忠孝节义、可歌可泣、可法可传之事。至其器与声，亦不妨从今之优伶，稍取其明白正大，抑扬有节者可也。安在今之乐不犹古之乐也？如曰演剧不足以当古乐，词曲不足以当古诗，而欲离而二之，以听其自止自行于天下，则古之诗乐既不可以卒复，而剧场词曲之流行于今者，将日入于郑卫之淫靡，而未知其所止，雅与俗两失之矣。草莽私忧，愿与司风教者商之"。这是站在传统卫道者的立场看待戏曲的内容，要订正那些淫艳靡俗、有伤风化的词曲，取其"明白正大，抑扬有节"① 者以助教化，这在当时颇具有一定的代表性，是清代戏曲发展状况的真实反映。

（六）关于礼乐关系

礼乐关系这个具有久远历史的话题，到了清代，仍然没有被弃置不问。清初的王夫之提出"先王之教，以正天下之志者，礼也。礼之既设，其小人恒佚于礼之外，则辅礼以刑；其君子或困于礼之中，则达礼以乐。礼建天下之未有，因心取则而不远，故志为尚。刑画天下以不易，缘理为准而不滥，故法为刑。乐因天下之本有，情合其节而后安，故律为和"②，重申了礼、乐、刑各自的重要功能及其相互关系。

而站在帝王的角度来看，当他们通过武功征服得来天下后，无不渴望天下能够尽快走向安定，于是当务之急仍旧是制礼作乐。所以，礼乐制度的建设也为清代帝王所重视。他们往往会有一些相关的举措和言论，促进礼乐制度得以顺畅的建设和推广。在礼乐关系上，康熙曾专门撰写了《礼乐论》一文加以明确。他指出：

> 礼乐何始乎？始于天地而通于阴阳。何者？天位乎上，地位乎下，万物中处，尊卑灿列而礼以行，二气絪缊，合同而化而乐以兴。礼者主于一定，其道属阴。乐者主于流通，其道属阳。故汉儒谓阳倡始，是以乐言作阴，制

---

① 余治辑《得一录》卷十一之二《儒先论今乐》，同治八年苏州得见斋刊本。
② 王夫之《尚书引义》卷一《舜典三》，《续修四库全书》本，第43册，第391页。

度于阳，是以礼言制。此礼与乐之所由分也。然二者不可偏胜，礼胜则过峻而违人情，乐胜则和而无节，日流荡而忘返，犹之阳胜则亢，阴胜则溢也。朕尝读《周礼》，有曰："以天产作阴德，以中礼防之；以地产作阳德，以和乐防之。"又似乎礼原于阳，而乐原于阴者，何哉？盖天之所产阳也，而其冲然无象者则为阴之静。地之所产阴也，而其磅礴外见者则为阳之动。故大宗伯之掌礼，大司乐之掌乐，其防民之道二而一也。朱熹曰："严而泰，和而节。"夫严者礼，和者乐，而所谓泰与节者，非礼之中有乐，乐之中有礼钦。然此特言其礼乐之理尔。若夫治定功成，制礼作乐以渐摩天下，则必上之人履中蹈和，秉至德以为之基，而后可协天地之极。此朕之所以欿然而不敢足也。①

康熙在文章中旁征博引，首先把礼乐的来源抬高到与天地相关的程度，接着又从哲学的高度将它们与"阴阳"二气联系在一起，认为"礼原于阳，而乐原于阴"，是对礼乐关系相互协调的重新阐发，虽无新义，但出自帝王笔下，仍具有一定的导向性。

　　李光地则从伶人的演出服制上提出了"乐最要紧，礼即存于其中"的重要命题。认为演员在扮演角色时，服装不可率性而为，他借友人之口指出"做那一朝戏，即用那一朝衣冠，方是名优"②，精确地表明了礼乐关系在戏曲表演过程中的巧妙体现。

　　十分向往康熙"治定功成"壮举的乾隆就强调指出：

　　　　至论乐而征之乡饮礼者，所谓礼乐同归，不能乐，于礼素，尤可见乐之为用，日用不可离，斯须不可去。③

这段专门探讨《荀子·乐论》写作动机的文字，又恰到好处地强调了"乐"的功

①　康熙《礼乐论》，载《清圣祖御制文集》卷一八，文渊阁《四库全书》本，第1298册，第177页。
②　李光地著，陈祖武点校《榕村语录》卷二八《治道》，第501页。
③　《御制律吕正义后编》卷七九《乐制考·东周》，文渊阁《四库全书》本，第217册，第287页。

用和地位，也具有一定的代表性。

在清代乐论的话语体系中，"礼乐关系"被反复提及和强调，但大都难脱窠臼，新意不足。不过，作为其中的论题之一，还是有其值得重视之处。

三、清代乐论的主要特点

通过上文的梳理可以发现，清代乐论具有以下明显特点：

（一）能够客观真实地看待音乐的性质

音乐原本是用来娱人或娱神的，故而一直被人们所重视。从现有的材料可知，在孔子之前就有关于音乐的专门书籍《乐经》，孔子研究音乐并修订了《乐经》，它的地位变得更高了。秦火之后，《乐经》消亡，但人们对它的辑补、利用、研究却没有停止。不过，在很长时间里，人们将音乐——尤其是中和平正的雅乐和传统的礼制绑定在一起，对它在治国理政方面的功用看得过于强大。所以，所谓的乐论也多以大而化之的理论说辞居多。

进入清代以后，由于社会、思想和学术等多方面原因，人们一方面看重它的社会功能，但同时对音乐本体在长期发展过程中所遗留的问题加以梳理、订正，能够更为客观地看待音乐的性质，乐论也呈现出丰富而又广泛的特点。但凡与音乐相关者，无论是乐律、乐辞（章）等本体事物，还是本体之外的乐源、乐教等等，都得到了理论家的关注。明末清初姜绍书曾将明代灭亡前的客观状况和当时音乐声腔的实际结合起来，说道："崇祯末年，不惟文气苶弱，即新声词曲亦皆靡靡亡国之音。阮圆海之所度《燕子笺》《春灯谜》《双金榜》《牟尼合》诸乐府，音调旖旎，情文宛转，而凭虚凿空，半是无根之谎，殊鲜博大雄豪之致。杨仲修见周藩乐器，因创为提琴，哀弦促柱，佐以箫管，僮子以曼声和歌，缠绵凄楚，如泣如诉，听之使人神情一往萧索。声音之道，关于气运，岂曰偶然？"① 阮圆海是明末戏曲家阮大铖，杨仲修即明清之际太仓乐师杨六。他们在当时的创作

---

① 姜绍书《韵石斋笔谈》卷下《晚季音乐》，文渊阁《四库全书》本，第872册，第115页。

或"音调旖旎，情文宛转"，或"缠绵凄楚，如泣如诉"，恰如走向式微的整个明王朝一样已经"殊鲜博大雄豪之致"，因而认为"声音之道，关于气运"。毛奇龄也指出："声音之道与政相通，故王者功成乐作，则必辨析宫商，考定律吕，以求声音之所在。凡以为中和之气所以格天人而和上下，非偶然也。"① 这些尽管看上去玄虚不实，其实极为中肯地指明了音乐的客观效用，它和人的心境、情感真实相连，自然流露。乾隆敕撰的《授时通考》在论及音乐的功能时认为："音乐主和，寓之于物，以假声韵，所以感阳舒而荡阴郁，道天时而达人事，则人与时通，物随气化，非直为戏乐也。"② 这都是看中音乐畅和情感的特殊作用，绝不仅仅是形式上的热闹而已，同时也都没有过分强化其社会功能。

即使要发挥音乐的教化功能，也要从实际出发。戏曲家李渔（1611—1680）则从传奇声乐要"戒荒唐"的角度，强调传奇创作要注重情感，不可务虚。认为"王道本乎人情，凡作传奇，只当求于耳目之前，不当索诸闻见之外。无论词曲，古今文字皆然"，"世间奇事无多，常事为多，物理易尽，人情难尽"③。只要抓住了"情"字，"乐"的社会功能才会有着落。这也正是客观看待音乐的具体表现。王夫之（1619—1692）也强调"音繇人心之喜怒哀乐而生，则即情以体之而贞淫见矣"④。这些重"情"的论调代表着清代乐论的主体观点，具有引领先声的作用，使清代乐论的客观性特点十分明显。

（二）更加重视俗乐的地位

音乐的雅俗之间并非历来就判然分明、各有界域。"自周陈以前，雅郑淆杂。隋文帝平陈，尽得清商乐，以其源自汉也，谓为九代遗声，立清商署以隶之，乃分雅、俗二部。""大抵俗乐诸曲悉源于雅乐，后失其传而更为妖声艳词耳。"⑤但就中国古代音乐的发展的实际来看，雅乐一直都占据着统治地位，乐论的主调也基本以雅乐为正声，俗乐为末流。至宋代以后，随着音乐世俗化和市民阶层的

---

① 毛奇龄《圣谕乐本解说》卷一，文渊阁《四库全书》本，第 220 册，第 198 页。
② 乾隆敕纂《授时通考》卷三三《梧桐角图说》，文渊阁《四库全书》本，第 732 册，第 442 页。
③ 李渔《闲情偶寄》卷一《词曲部上·结构第一》，第 1—14 页。
④ 王夫之《礼记章句》卷一九《乐记》，《续修四库全书》本，第 98 册，第 340 页。
⑤ 张廷玉等奉敕撰《钦定续文献通考》卷一一八《乐考·俗部乐》，文渊阁《四库全书》本，第 629 册，第 390 页。

形成，通俗文化的消费呈繁荣之势，与此相关联的乐论亦不再板着面孔鼓吹雅乐，而是能够辩证地看待俗乐的功用。在明末清初学者王夫之看来，"俗乐之淫，以类相感，犹足以生人靡荡之心；其近雅者，亦足动志士幽人之歌泣"①。学者江永还提出了"俗乐可求雅乐"的主张，认为：

> 俗乐以合、四、一、上、勾、尺、工、凡、六、五十字为谱，十二律与四清声皆在其中，随其调之高下而进退焉，所谓雅乐亦当不出乎此。为雅乐者，必深明乎俗乐之理而后可求雅乐，即不能肄习于此者，亦必于俗乐工之稍知义理者参合而图之，未有徒考器数，虚谈声律而能成乐者也。宋世制乐诸贤，唯刘几知俗乐，常与伶人善笛者游，其余诸君子既未尝肄其事，又鄙伶工为贱伎，不足与谋，则亦安能深知乐中之曲折哉？判雅俗为二途，学士大夫不与伶工相习，此亦从来作乐者之通患也。②

他在此强调了"为雅乐者，必深明乎俗乐之理而后可求雅乐"的观点，并批评了"学士大夫不与伶工相习"的通病，实际上是取消了音乐的雅俗之分。在《声音自有流变》一文中，他又指出："凡声，气也。人，亦气也。同在一气之中，其势自有流变，非人之所能御。古乐之变为新声，亦犹古礼之易为俗习，其势不得不然。今人行古礼有不安于心者，则听古乐亦岂能谐于耳乎？耳不谐则神不洽，神不洽则气不和。不洽不和，亦何贵于乐？若曰乐者所以事神，非徒以悦人，则亦不然。凡神依人而行，人之所不欣畅者，神听亦未必其和平也。故古乐难复，亦无庸强复。但当于今乐中去其粗厉高急，繁促淫荡诸声，节奏纡徐，曲调和雅，稍近乎周子之所谓淡者焉，则所以欢畅神人，移易风俗者在此矣。若不察乎流变之理，而欲高言复古，是犹以人心不安之礼，强人以必行也。岂所谓知时识势者哉！"③ 这是针对人们不喜古乐（乃至古礼）的普遍状况，建议"当于今乐

---

① 王夫之《尚书引义》卷一《舜典三》，《续修四库全书》据道光二十二年王氏《守遗经书屋》刻本影印，第43册，第392页。
② 江永《律吕新论》卷下《律吕余论·俗乐可求雅乐》，文渊阁《四库全书》本，第220册，第545页。
③ 江永《律吕新论》卷下《律吕余论·声音自有流变》，文渊阁《四库全书》本，第220册，第545页。

中去其粗厉高急，繁促淫荡诸声，节奏纡徐，曲调和雅，稍近乎周子之所谓淡者"，则音乐"欢畅神人，移易风俗"的目的可期。他所指"今乐"其实就是俗乐。

李光地也一改自古形成的只有雅乐才能移风易俗的正统观念，专门强调了老百姓所喜闻乐见、通俗易懂的"戏"就是"乐"。通过看戏了解忠孝苦难，懂得做人立世的道理。他说：

> 某看礼乐亦不是难事……乐便把如今的戏整顿起来，就是乐。……安上治民，莫善于礼；移风易俗，莫善于乐。若只郊庙中作乐，就是《云门》《咸池》《韶濩》《大武》，亦只天地鬼神闻之，如何天下风俗就会移易？自然是人人见闻，才能移风易俗。如今人看戏，到那忠孝苦难时，便涕泗交流。移易风俗，可见不难。①

在李氏看来，俗乐的社会教化功能一点也不逊色于雅乐。当然，由于俗乐的内容庞杂，良莠不齐，因而要真正发挥俗乐的社会教化功能，必须加以"整顿"，去粗取精，才是正确的做法。

官方敕撰的图书中也给予俗乐应有的关注。由张廷玉、嵇璜、刘墉等奉敕编撰、纪昀等校订、成书于乾隆五十二年（1787）的《清朝文献通考》用清晰的文字对俗乐在清代前期的实际状况作了梳理：

> 国初亦设立教坊司，而朝会宴享所奏，有用时俗曲调者，盖沿明代之旧也。迨雍正七年改教坊之名，除乐户之籍，尽革前明陋制。我皇上钦定乐章，中和雅奏，尽美尽善。善夫！房庶之言曰："使知乐者由今之乐寄古之声，而一出于雅正，非治世之音乎！"盖政和而民乐，则今乐犹古乐矣。至于传奇杂剧，倡自元人，相沿不废，然其定音取调，古法犹存，且艳曲淫词，久经禁止。是虽游戏俗乐，亦足以感人心而导和气焉。若夫闾阎习俗，随地不同，如弹词秧歌之类，亦古衢歌巷舞之遗意也。②

① 李光地著，陈祖武点校《榕村语录》卷之二七《治道一》，第 484 页。
② 《清朝文献通考》卷一七四《俗部乐》，清乾隆官修，浙江古籍出版社据商务印书馆"十通"《万有文库》本影印，考 6375，2000 年。

但它又客观地承认了"是虽游戏俗乐，亦足以感人心而导和气焉。若夫间阎习俗，随地不同，如弹词秧歌之类，亦古衢歌巷舞之遗意也"。这都说明俗乐在清代已经不再被忽视，而是整个音乐构架中不可分割的一部分。

（三）考证、梳理了音乐史上的一些关键问题

中国古代音乐史历经波澜，发展到清代，有不少问题已经焕然理顺，被广为认可，但也有不少问题亟待厘清。令人欣慰的是，清代音乐史的发展并非独自行进的单车，而是伴随着清代学术的步伐并驾齐驱。因此，我们如今所见的清代音乐史成就大多是和清代学术的主流——考据学密切相关且斐然可观，基本涵盖了音乐的方方面面，不仅考证名物制度、音乐思想方面的历史遗留问题，还凝练提出了音乐史上的诸如"燕乐"研究、管律琴律的律学研究、乐谱研究等重要课题。此略举一二说明之。

> 凡乐县皆在堂下，惟琴瑟随工而升。《记》云："歌者在上，匏竹在下，贵人声也。"不但匏竹在下，钟鼓磬之类皆在下，观《大射仪》可见。惟在庭，故可为宫县四面、轩县三面之制，若分堂上则杂矣，且堂上设樽俎、行礼之地，惟有工人鼓琴瑟者坐于堂帘，及太师击拊以引之，更无县钟磬之地也。《书》云："戛击鸣球、搏拊琴瑟以咏。"此谓堂上搏拊琴瑟以咏，而堂下击鸣球以节之，非谓鸣球陈之堂上也。先儒不详考乐制，又不详文意，遂以鸣球琴瑟皆为堂上之乐，而后世之乐县遂由此误，并钟鼓磬亦设堂上，非也。大射之乐县甚详明，而陈旸《乐书》乃以为堂上之阼阶西阶，遂分钟磬在堂上，鼓鼗柷在堂下。夫阶所由升堂也，堂上安得有阼阶西阶？鼗既堂下，与堂上之磬离矣，何云鼗倚于颂磬西纮乎？①

这是江永关于堂上堂下乐悬位置的考订，厘清了先儒在有些场合误混乱用的问题。

> 柷敔之用，所以节歌也。合止柷敔，合者，协也，谓与歌相协而击柷以

---

① 江永《群经补义》卷一《尚书补义》，文渊阁《四库全书》本，第194册，第12—13页。

节之。止者，歌句之中有当暂一止，则㪬敔以止之，此柷敔之用也。后世则易之以拍板。柷敔之音粗厉，拍板之音清亮，大乐陈柷敔者，存古焉耳，后人不识柷敔之用，谓始作击柷，将终㪬敔，惟首尾各一用，误矣。①

这又是江永对后世由于对柷敔两种乐器不了解而误用的订正。

毛奇龄在康熙时荐举博学鸿词科，授检讨，充明史馆纂修官，他精通音律，其《历代乐章配音乐议》一文，是他于"康熙二十年十一月十三日，翰林院掌院问查历代乐章之配音乐者，胪列成议"而成。如今看来，这是一篇对清代以前音乐历史进行简要梳理的学术成果。全文涉及乐章分部、乐歌繁简、乐调清浊缓急、乐律雅俗、乐器多寡、乐舞定数等多方面，在一定程度上代表着清代学术界对音乐历史的基本判断，颇具分量。

而成书于乾隆十一年（1746）的《律吕正义后编》，凡一百二十卷，则主要记载清代初年宫廷典礼音乐，分祭祀乐、朝会乐、宴飨乐、导迎乐、行幸乐、乐器考、乐制考、乐章考、度量权衡考、乐问等十类。前五类详载用乐节次，备及曲词、调谱、佾数、舞势、鼓拍和疾徐之节。其《乐器考》有图有说，并载御制诸铭。其《乐制考》，自上古《云门大卷》以降，迄于前明，博采经义，遍征史志，具录制作命名之由、因革损益之故。其《乐章考》，亦自上古迄明，依类胪举。其《度量权衡考》，记制器定律之本。其《乐问》则设为问答，以穷未竟之义，间录前人旧说可采者。总之，是书本《律吕正义》正律审音、和声定乐之法，而审订源流，验诸器数，是清代宫廷音乐集大成之书。"于乐制则通考源流，于乐律则密稽声分，于乐器则铸钟特磬，首备宫恋，举凡中和乐、丹陛乐、导迎乐、铙歌宴飨诸乐器，无不准诸律吕，以审其度，辨其音。于乐章则定其章名，正其句调，注以宫商工尺。于乐舞则绘图缉谱，备着规模，而又以《乐问》四卷，申明理数，理数所必不可信，如候气飞灰之说，则详辩而力辟之。盖惟以理驭数，以数显理，大圣人与天地合德为能通其义而尽其神也。"②

有关古代音乐的考订、梳理的成果，在清代乐论史料中占有较大的比重，限于篇幅，兹不赘述。

---

① 江永《群经补义》卷一《尚书补义》，文渊阁《四库全书》本，第194册，第18页。
② 《清国史·乐志》卷一，中华书局，1993年影印嘉业堂抄本，第196页。

结　语

　　综上可知，清代乐论内涵丰富，其所依存的文献载体也庞大多样，这成为清代乐论史料最为明显的总体特点。但到目前为止，学术界对于清代乐论史料的关注、整理和研究尚处于刚刚起步阶段，成果远逊于此前其他各历史时期，这无疑应当引起学界的高度重视。通过对清代乐论史料基本状况的梳理，可以明确得知清代乐论的主要特点，而开展清代乐论史料的整理及研究工作，不仅可以使该领域不再荒芜，同时可以知晓家底，相关的整理成果也能够给学术界提供便利的工具参考，因而具有学术必要性和迫切性。

（原刊于《中国音乐学》2018 年第 1 期）

作者简介：

　　温显贵，1964 年 2 月生，河南固始人。1986—1990 年就读于河南大学中文系，毕业获文学学士学位，1990—1993 年就读于湖北大学古籍所，毕业获文学硕士学位，并留校任教。2001—2004 年考入上海师范大学文学院（三年一直在扬州大学中国文化研究所学习），完成《〈清史稿·乐志〉研究》，毕业获文学博士学位。2004 年毕业至今，在湖北大学文学院古籍所工作。现为湖北大学文学院教授。主要从事中国古典文献学的教学和研究工作，并对中国古代音乐史（清代）、清代音乐文献的相关问题有持续的关注和研究。先后参与国家古籍整理规划项目"尔雅诂林"、国家"十一五"重点社科规划项目"中华大典·语言文字典·文字分典"、高校古委会重点项目"尔雅汇校集释"（在编）等大型项目的编撰工作。目前正主持国家社科基金后期资助项目（2017 年度）"清代乐论史料类要"的编撰工作。另编著有《历代乐论·清代卷》《语鳞典爪——长江流域的成语与典故》《经学五书校注》等，其他参编著作有《汉语成语辞海》（副主编）、《康熙字典通解》、《〈乾隆〉〈襄阳府志〉校注》等。在《中国音乐学》《光明日报》《中国典籍与文化》《音乐艺术》《湖北大学学报》《文史知识》《出版科学》《书目季刊》《中国文化月刊》等报刊发表论文 50 余篇。

感红观堂联珠日　应是剧史合璧时

——从任中敏和王国维看戏剧史研究的可能出路

张长彬

一、问题的提出

1913 年，王国维《宋元戏曲史》完稿并刊发于《东方杂志》，古典戏剧研究自此登上科学殿堂，中国学术也因之进入新时代。该书问世以后，影响了一代又一代的学者，郭沫若将其与鲁迅的《中国小说史略》一并誉为"中国文艺史研究上的双璧"①。

四十余年后，一部与《宋元戏曲史》品质相近而个性迥异的戏剧史大作出版，这就是任中敏先生的《唐戏弄》②。

以上两部剧史著作可谓中国百年戏剧研究舞台上一对当仁不让的主角：《宋元戏曲史》的性格偏于静守，示范效应却极强，桃李不言，但开风气，百年来的中国戏剧史多是按照这部书的风格写成的；《唐戏弄》的性格勇猛强健、极富激情，甚至还带着几分鲁莽，古典戏剧研究这场好戏因它的登场而局面大开。

纵观百年中国戏剧研究史，在《唐戏弄》出场之前，《宋元戏曲史》几乎没

---

① 郭沫若《鲁迅与王国维》，原载《文艺复兴》第二卷第三期，1946 年。兹引自陈平原、王风编《追忆王国维》，生活·读书·新知三联书店，2009 年，第 139 页。

② 《唐戏弄》，任中敏著，该书在中国大陆初版（作家出版社，1958 年）、再版（上海古籍出版社，1984 年）、三版（上海古籍出版社，2006 年）时皆署任半塘著，2013 年收入《任中敏文集》（凤凰出版社）。

有遭到过任何有力的质疑，其间虽有董每戡、欧阳予倩等人从王国维的戏剧研究重曲文而轻演剧等方面提出过批评①，但这种批评之声基本上可视作学者的研究偏好不同，却不存在本质认识上的分歧。而当以《唐戏弄》为代表作的任氏戏剧研究携风雷而降诞，立刻与《宋元戏曲史》碰撞出了耀眼的火花，旋即形成燎原之势，引得整个戏剧研究界此起彼伏地加入了一场旷日持久的大讨论②。

这场讨论涉及的具体问题很多，其核心议题大体有两个：一曰何谓真戏剧，一曰戏剧源流问题。

早在《唐戏弄》一书出版前的几年之内，任中敏先生就先后发表了《唐戏述要》《唐代能有杂剧吗?》《戏曲、戏弄与戏象》③ 等论文，为《唐戏弄》的出版造势。这些文章都出现了对王国维戏剧研究的批评话语，综合观之，其讨王之举应有为唐戏研究鸣锣开道之意：《唐戏述要》开篇即宣称其《唐戏弄》之稿正在酝酿修订之中并据之撮成此文，紧接着便对王国维及其后学的戏剧研究忽略唐五代的行为进行发难，指责其"惟所详皆赵宋以后事，次之反为周秦前后远古之伎，而独略于唐五代之三百余年"④。《唐戏弄·弁言》作为全书的纲领性文字，对王国维的批评也几乎仅限于此。

然而，标举唐戏，必然绕不过何谓"真戏剧"以及"戏剧源流"的问题。所以，在《唐代能有杂剧吗?》《戏曲、戏弄与戏象》两文中，任中敏就这两个问题对王国维等发起责难。关于"真戏剧"，任先生直接表明了他与王国维的不同立场："本文所谓'古剧'，范围较广，起西汉，迄清初，所有的戏剧都在内；与王国维《宋元戏曲史》所谓'古剧'不同，他是将'古剧'与'元剧'二辞互相对待的，凡他所指为'古剧'的，都意识为不是真戏剧，或不是纯正的戏剧，本

① 参刘于锋《王国维戏曲史观的百年学术递嬗》，《学术论坛》2012 年第 8 期。
② 关于这场讨论的情况可参见解玉峰《论两种戏剧观念——再读〈宋元戏曲史〉和〈唐戏弄〉》（《文艺理论研究》1999 年第 1 期）、康保成《五十年的追问：什么是戏剧? 什么是中国戏剧史?》（《文艺研究》2009 年第 5 期）、丁明拥与周靖波合作《一段公案，两种史观——任半塘、周贻白戏曲史学思想之争》（《云南艺术学院学报》2010 年第 4 期）、刘于锋《王国维戏曲史观的百年学术递嬗》等文章。
③ 《唐戏述要》原载《文学遗产》1955 年增刊第 1 辑，《唐代能有杂剧吗?》原载《四川大学学报》1956 年第 2 期，《戏曲、戏弄与戏象》原载《戏剧论丛》第 1 辑（中国戏剧出版社，1957 年），这些论文后皆收入《任中敏文集·唐艺研究》（樊昕、王立增辑校，凤凰出版社，2013 年），本文对上述论文的征引皆出自后一版本。
④ 任中敏著，樊昕、王立增辑校《唐艺研究》，第 1 页。

文不然。"① 关于戏剧的源流，任先生很少就其伎艺方面发表己见，而总是强调宋元戏剧不可能脱离唐五代戏剧突然出现。在这方面，任先生的行文往往是发问式的，比如他说："在文学艺术的发展中，历史继承的关系无丛割断。宋文继承唐文，宋诗继承唐诗，宋词继承唐词，宋书、宋画、宋乐、宋舞、宋讲唱、宋雕塑、宋建筑……无一不然，全无例外。倘说惟一的例外，却落在宋戏头上，《大典》本南戏《张协状元》的成就是独独割断历史关系，乃由南宋人民从量的积累突变出来，而唐代与北宋人民却无这种逐步创造的能力云云，岂不可异！"② 在二十世纪五十年代至八十年代的论著中，任先生从各方面多次提及了这两个问题，学界早为之瞩目，这里不再一一列举。仅就《唐戏弄》一书而言，书后索引关于"王考"（王国维《宋元戏曲考（史）》之简称）一条在全书中总共出现了近 130 次（宗），其中绝大多数提及"王考"都是与其讨论何谓"真戏剧"问题，另外一些则讨论了戏剧源流问题。

任先生提出的这两个问题引起了广泛而持久的讨论，对于中国古代戏剧研究的推动作用巨大。"真戏剧"之辨，大大拓展了戏剧研究的范围，二十世纪五十年代以后出现的大量新型研究课题，如古剧研究、戏剧形态研究、傩戏、目连戏、傀儡戏、皮影戏研究等等都与这一辨论所引起的戏剧观解放不无关系。至于"戏剧源流"这个重大命题，虽不能说是任先生所启动（王国维于《戏曲考原》中即发起了这一问题），但先生的拷问无疑为其打上了一束强光，使得戏剧学人不得不直面这一戏剧史上的根本命题。

如果说任先生开启"真戏剧"之辨的学术结果是建设性的，那么他对"戏剧源流"拷问的价值则体现在其勇于破坏的品格上：任先生关于中国宋元戏剧不源于傀儡戏、不源于影戏、不源于讲唱艺术的驳论③严正激烈，它的意义不仅仅在于澄清这一具体命题的事实真相，还在于提示后来的研究者须更加审慎地对待这一命题。因此，我们便看到了戏剧学界后来发生的一些事情：虽然有关"戏剧源流"这一命题的论著层出不穷，虽然以此为专题的会议也曾组织召开（如 1988 年在乌鲁木齐召开的中国戏剧起源研讨会），乃至还出版过与此命题密切相关的

---

① 任中敏《戏曲、戏弄与戏象》，《唐艺研究》，第 52 页。

② 任中敏《唐代能有杂剧吗?》，《唐艺研究》，第 46 页。

③ 此方面的内容集见于《唐戏弄·辨体》"傀儡戏"一节及其论文《驳我国戏剧出于傀儡戏影戏说》（原载《戏剧论丛》1958 年第 1 辑，《任中敏文集·唐艺研究》收录）。

专门刊物（如《戏史辨》），围绕此命题的某些具体观点还发生过激烈争论（如针对田仲一成"戏剧源于农村祭祀"的争论），但对这一问题的回答却没有急于定论。这是令人庆幸也令人遗憾的，令人庆幸的是，戏剧研究界的学风因之变得愈加活泼而健康，令人遗憾的是"戏剧源流"这项研究任务本身没有获得质的进展——具体来说，中国的戏剧史研究仍然没能回答任中敏先生之问，戏剧的发展脉络在五代与宋之间或者说在北宋与南宋之间始终显现出一个巨大的断层，这一断层并不是戏剧发展本身的断层，而是研究者认知的断层。也就是说，学人们研究了上百年、写了六十余遍①的中国戏剧史始终都并非完璧一块。

二、可能的出路

那么，解决这一难题的出路何在？

我们认为，学界有必要重新思索任中敏先生提出的那些重大问题，重新审视《唐戏弄》，重新理解任先生的学理法则、研究方法及其学术期待。

学界对于任中敏戏剧研究影响力的看法历来存在两种相反的表述：一种声音说任先生的研究影响巨大，开启了戏剧研究的新局面；另一种声音认为任先生的唐戏研究受到的关注不多。除去一些主观性的评价不论，这两种看似矛盾的评价其实各有道理：说任先生的研究影响巨大者往往就其戏剧观而言，讨论戏剧史的人动辄必提任中敏多是基于这一点。说任先生的研究影响不大者又分两种情况：第一种情况大略来自任中敏某些论敌的评价②，参考意义不大。另一种情况则站在纯粹学术评价的客观立场上指出任中敏戏剧研究的学术价值和方法没有得到应

① 此项数字仅就中国戏剧通史而言，参孙书磊《中国戏剧通史建构的百年转型与重构可能》，《文学遗产》2016 年第 6 期。

② 这种声音由来已久，近期此类评价依然未绝，如丁明拥、周靖波在其论文《一段公案，两种史观——任半塘、周贻白戏曲史学思想之争》中说："《唐戏弄》发表以后，以其用功之深和考证资料之丰富，得到了专业界人士的高度赞誉，这一成果甚至在日本汉学界也得到了岸边成雄等人的充分肯定上，被认为是现代对'中国文化人类学'做出的最大贡献。但是，自王国维以降史料派占统治地位的戏曲史学界的专家们，对于其史观学派的治史方法和结论先行的论证手段，以及想象多于事实的演绎结论则大多不以为然，所以该著出版后并没有像作者期待的那样引起戏曲史学界颠覆性地反响。"

有的重视，如陈浩波在《〈唐戏弄〉研究》中说："无论是对《唐戏弄》还是对唐戏问题，学界似乎不够重视。……对《唐戏弄》一书蕴含的价值发掘不足。一般都从宏观上肯定《唐戏弄》的理论贡献，但是对于任半塘具体研究方法的高明之处仍缺少充分的认识。"① 诚如陈浩波所言，《唐戏弄》一书的名声主要来自其理论贡献。除此之外，学界也一贯钦佩任先生"竭泽而渔"的治学精神。但是，对于《唐戏弄》一书的具体学术成果，人们的批评总是多于赞同，在很多学者那里，《唐戏弄》的参考作用往往仅限于书中搜集的宏富材料而已。

毋庸讳言，《唐戏弄》是一部十分难读的书，不仅是《唐戏弄》，任先生"唐艺研究"的其他两部重要著作《唐声诗》《敦煌歌辞总编》也同样不易读懂。任氏著作的深奥特征也许是其价值难以被发掘的原因之一，但我们认为这并非主要原因。任先生的书之所以难读，表层原因可能在于写作时征引材料丰富繁杂，并且在行文时有破有立，文章功能较为多元，以致读者眼花缭乱。而更深层的原因，我们认为是先生的学术理路和思维方式与一般学者存在显著差异。很多人都喜欢拿任中敏与王国维作对比。对比的结果，认为二人史观不同的有之②，认为二人戏剧理论不同的有之③，认为任中敏的戏剧研究与王国维存在继承关系的亦有之④。而康保成先生则认为二人的戏剧观其实并无本质不同，他们的不同之处在于王国维成功地对中国戏剧进行了历时性考述，却对戏剧存在的共时性缺乏认识；而任中敏恰恰相反，他由于过于看重戏剧的共时性特征而忽略了不同发展阶段戏剧形式之间的差异性⑤。康先生的评述触及了王、任学理上的根本差异，但并未就此深入论述，而且对于任先生学术思维的特异性及其正面价值未作申说。

---

① 陈浩波《〈唐戏弄〉研究》，上海戏剧学院硕士学位论文，2011年。
② 丁明拥、周靖波《一段公案，两种史观——任半塘、周贻白戏曲史学思想之争》持此种观点。
③ 解玉峰《论两种戏剧观念——再读〈宋元戏曲史〉和〈唐戏弄〉》指出王国维与任中敏对于戏剧认识的标准不同，《宋元戏曲史》和《唐戏弄》代表了戏剧研究史的两种不同倾向。
④ 苗怀明《案上新书近百卷，观堂惭愧感红多——任半塘和他的曲学研究》（《扬州大学学报》2012年第2期）云："尽管任半塘提出的结论颇具颠覆性，对王国维指摘较多，但在本质上还是一种继承，是在修正前人观点基础上的继承。"
⑤ 参康保成《五十年的追问：什么是戏剧？什么是中国戏剧史？》。

　　任中敏与王国维之间学术理路的差异便是其学术特点之所在，因此，我们有必要顺着康保成的思路对王、任二位先生的学术特点展开进一步分析。关于戏剧的历史性和共时性，康先生有这样一段表述："从历时性的角度看，中国戏剧史可以分为汉代以前的萌芽期，由汉至宋的形成期和宋代以后的成熟期；从共时的层面看，'类人猿'（汉代以前萌芽期的前戏剧形态）、'婴孩'（汉代以后扮演故事的小戏）、'成人'（宋元南戏、宋金杂剧等）等不同形态，还广泛存在于当下不同区域与族群当中，可以'观今而知古'。"① 历时性和共时性思维是从事任何历史课题研究时常会用到的思维方式，戏剧史的研究也不会例外，只是不同的学者偏重不同。一如康保成所言，王国维偏重历时性思维，因此他能够以一本薄薄的小书破天荒地把中国的戏剧脉络描写得如此清晰准确，以至于后人很难对其产生质的逾越。而任中敏则是偏重共时性思维的特例，能在一段史料相对贫瘠的时代挖掘如此丰富的文献并对其历史面貌做出如此宏大全面描述之功者，中国学术史上唯其一人而已。如果把王国维和任中敏视作两个向度，那么中国戏剧史领域中的学者绝大多数都处于王国维一端，处于任中敏一端的着实不多，而能走到任中敏那么远的几乎没有。也许我们可以用这一样一句话来描述中国戏剧史学的思维阵营——千百国维一中敏。

　　当然，近年来，中国学者的思维和工作习惯悄悄出现了一些向任中敏一端转向的苗头：一方面，这与任中敏弟子后学的身体力行和默默弘扬有关；另一方面，也是现代科研人才的培养机制将很多人逼上了这条道路，培养机制导制学者数量激增，但总不能人人都去写一部长史吧。不管怎样，共时性思维及其工作方式已渐渐显示出了它的有效性和吸引力。

　　但是，当下学者对于共时性思维的科研方法及学术目的认识并不清晰，大部分人都是在不自觉、不适应、不喜欢的状态下去完成那一套并不规范的共时性思维学术动作的。因此，有必要去深入认识这位具有超强共时性思维天赋的独特学者——任中敏，从他的身上总结经验，继续前行。

　　区分共时性思维与历时性思维的差异，需要从人类认识事物、描述事物的三个基本视角谈起。通俗来说，这三个基本视角就是"是什么""为什么"和"什么样"。"是什么"要回答的是事物的本质问题，"为什么"用来探讨事物的因果

---

① 参康保成《五十年的追问：什么是戏剧？什么是中国戏剧史?》。

关系，"什么样"则是对事物的具体描述。若论及这三者之关系，则"什么样"是本体，"是什么"是枢纽，"为什么"是终极目的。

任中敏先生发动的何谓"真戏剧"的讨论即属于"是什么"的范畴，而"戏剧源流"的讨论属于"为什么"的范畴。这两个问题并非任先生凭空设想，而是在对唐代戏剧是"什么样"做了大量描述的基础上提出的。从《唐戏弄》等成果不难看出，任先生把绝大部分的精力都用在了"什么样"这项任务之上。他善于对相对静止的事物悉心摸索、反复透视、多维描述而不分神、不厌倦的品质是他共性思维强健的底层原因，而这种共性思维的成果体现便是他对事物是"什么样"的饱满描述。学界的主流——"千百国维"们的思维中并非不具备"什么样"的视角："什么样"，是认识和描述事物的本体，离开它便无从思考、无可言说。王国维等大部分学者思维的历时性特征是在与任中敏的对比中显示出来的：当大家面对任中敏的戏剧研究时，人们对他提出的属于"是什么"（何谓"真戏剧"）、"为什么"（"戏剧源流"问题）范畴问题的极大热情和对他所做的"什么样"（对唐戏的描述）方面工作的深深冷漠的两相对比很能说明问题。

在这里，我们强调共时性思维、强调从"什么样"的角度去思考事物，并非要否定历时性思维的重要作用。任先生本人也深知这两种思维结合的意义：他虽然没有从思维学的视角来审视自己及当时的学术界，但他对自己的学术兴趣、学术特长及戏剧学界的任务都有十分清醒的认识。在《唐戏弄·弁言》中，任先生说：

　　王考专举宋元，青木史标明"近世"，李文阐扬说书，孙文刻意傀儡，其略于唐代戏剧之存在，犹有可说。至凡为我国戏剧作通史者，性质有别，责任不同，当不可亦如此。顾一论及唐代戏剧，近人不曰材料难得，即曰轮廓不明，俱有无从着手之感。其实何尝如此，试而后可，当不必太计成败耳。本书乃不计成败，首先于此尝试之结果，专述唐五代戏剧，清理其条贯，而著明其精神，期对已往戏剧史、文学史内，在此部分过分简略与武断处，作初步之补正。于旧说曾经过目，认为未安者，在此部分详为辨析，坦率陈词。目的并非考原，特向有志考原、从事考原者，介绍比两宋更提前三百四十年之种种实际资料，及王考以来四十余年中，学者于此已存在之种种分歧意见，而促其于此一事，重新体认，重作结论耳。①

写这段话时，一向言辞慷慨的任先生收起了烈火，变得语重心长，他很清楚自己与其他学者的分工，愿意不计成败地对唐五代戏剧做一番扎实的基础描述，为有志考原者介绍种种实际资料。在《唐戏弄·凡例》中，他严正地为自己的工作设定了边界："上而汉晋，下而元明，时代距离较远，只于考索源流之必要时，有所引论而已。海内如有阐述汉晋两宋各代戏剧之专著，愿以此书，相与衔接"，"唐戏部分，致力较勤，敢自承专业。其他溯源、考异，学无根底，皆为拟作，一切有俟上述专家之专著为准"②。在这里，先生对自己于唐五代以外的论说诚惶诚恐，体现了他对历时性研究工作的敬畏，因为这种敬畏，他更乐意坦然专注于对唐五代戏剧"什么样"的描述。在王悠然为《唐戏弄》所做的序中，我们可以通过另一种视角看到任先生对于自己不得已越出唐五代范围进行写作的耿耿于怀：

> 如果有人要对他这部《唐戏弄》，指出那里是最不妥之处，他说：在比较上，应还轮不着后面的各章各节，而是那首章《溯源》的一节。
>
> 我说：我看了那《溯源》一节以后，毫无此感，却认为钻研任何时代的伎艺，向前一阶段探探源，是需要的，何必认为没有的好呢？他说：这是专指那做不好的而言。如做不好，便不会切合需要，一般读者也不能察觉，结果终于误人，不如不做。他写此书时，仍是摆不开传统习惯，才装上一节《溯源》，其实此节所论未必确当，反而近于搭架子。我说：既然如此，乃此书本身的得失问题而已，在一般读者是不会去计较的。他说：这一点与其书的助人与误人，简直分不开，不仅作者自身的问题，企图书中寡过而已。……我们对于研究或考据，还是看哪一点曾经下过全力的，便向哪一点说话，说错了尚少愧于心。③

---

① 任中敏著，杨晓霭、肖玉霞校理《唐戏弄·弁言》，《任中敏文集》本，凤凰出版社，2013年，第2—3页。

② 任中敏著，杨晓霭、肖玉霞校理《唐戏弄·凡例》，第1页。

③ 任中敏著，杨晓霭、肖玉霞校理《唐戏弄·序》，第6页。

　　一向果断磊落的任先生此时何以变得如此踌躇？恐怕不仅仅是因为对严谨的追求吧（人所共知他对唐代的事物是颇敢推演的），而更有可能关乎其行事操守。如果把任老的这桩心事还原到思维活动的本象，则可以清晰地看到：他宁肯牺牲对事物"为什么"的追索，也不愿在对事物"什么样"的描述品质上作丝毫退让。否则，他就无法达到"少愧于心"。

　　为了进一步认清《唐戏弄》的特别之处，可将之与其他戏剧史类著作进行对比。出版于二十世纪末的《中国戏曲研究书目提要》① 所收著作中有一大类叫作"中国戏曲史"，其下又分五个类别——史书、戏曲史研究、戏曲文物、戏曲史料、史料汇编，其中前两类共收录著作一百余种。这五个类别之中的后三种都可视为戏曲资料的相关成果，而非戏曲史本身，真正具有史学意义的著作乃是前两种。该书编者将戏曲史学著作分为这两类别有深意，其意味大概在于"史书"类的著作都属历时性考述，而"戏曲史研究"类的著作历时性特征不强。若只根据书名分类的话，《唐戏弄》因其冠有一个"唐"字，讲的是唐五代的事物，大可归入"史书"类下的"断代史"小类；不然，据其"戏弄"二字，归入"史书"类下的"专门史"亦可。然而此书都没有这么做，而是将其归入了"戏曲史研究"中的"戏曲起源、形成"小类。将其归入"戏曲史研究"类的做法非常英明，这样做尊重了《唐戏弄》的非"历时性"特征；但把它归入"戏曲起源、形成"小类却是出于无奈，因为任先生在书中讨论的并非戏曲的起源或形成问题。从这一点上，可以看出编者在处理这部书时的无所适从。不能不说，这种无所适从，乃是《唐戏弄》一书的特殊风貌引起的。另外，在"戏曲史研究"这类历性时色彩不强的著作中，除去某些杂论、杂谈、杂辑以外，大部分是从"为什么"的视角入手进行的考证，如孙楷第的《傀儡戏考源》、青木正儿的《南北戏曲源流考》等。《唐戏弄》与这些著作比起来，则因为更注重于"什么样"方面的描述而别具一格。如果非要在"戏曲史研究"一类中找出与《唐戏弄》相似的著作，那就当属胡忌的《宋金杂剧考》和钱南扬的《戏文概论》了。这两部书对于杂剧与戏文的描述手法近似于任中敏的风格，但它们又都显示出了较强的历时性思维与问题性思维，而对所研究事物本身风貌的体悟方面不如任中敏。这些比

① 中国艺术研究院戏研所资料室编著《中国戏曲研究书目提要》，中国戏剧出版社，1992 年。

较都可见出任先生戏剧研究思维与研究方法的特殊性。

需要说明的是，任先生固然擅长且有志于事物的描述性工作，但他并不是对"为什么"没有兴趣，只不过，他认为对"为什么"的考索须在"什么样"的工作做扎实了以后方可进行。《唐戏弄·序》中的这样一段话可表明任先生的立场：

> 任先生曾在这书里建议：最好有人再去专治汉戏，专治宋戏，与他这书，前后衔接起来。不管内容接不接，只管在时代的据点上，一个一个接起来，而不要马上去写戏剧通史。我曾问他这是何意。他说：古剧的剧本未见，剧目存留的有限，剧说又太零落，而且矛盾得厉害！马上写通史，马上受前后的牵制，对于很多地方，只好扭捏成说，难求与事实相符。不如初步各段自由发挥，依据材料，实事求是，对其前后阶段的关系，各不负责，彼此不受影响。待各段的求是都成熟了，然后再由一个人或一个集体，来做联系工作。既然点点滴滴，都是比较坚实的，联起来成一条线，自然也比较坚实可靠。倘有实在联接不起处，就当存疑，慢慢再研究。①

如今，距离任先生发出此番愿望已过去了六十年。六十年间，中国的戏剧研究有了很大发展，任先生所期望的不同时代乃至不同形态戏剧的独立研究几乎都已出现，其中有些课题还是他的弟子门生所完成或指导完成的②。那么，现在是不是到了那个可以写作戏剧通史的时机了呢？当下学术史的回答是：戏剧通史早就写出了许多部，而戏剧史在唐宋之间的那道裂隙至今仍在。

虽然各朝断代戏剧史和专门戏剧史早就纷纷涌现，其中一些水平也非常高，但像《唐戏弄》这般强悍地去描述某一时代戏剧是"什么样"的作品似乎仍然欠缺，当代学者要么觉得王国维的厉害，要么觉得任中敏的不够，若要弥合唐宋之间的那道裂隙，我们暂且还只能站在《唐戏弄》这块磐石上去遥望彼岸。

---

① 任中敏著，杨晓霭、肖玉霞校理《唐戏弄·序》，第 5—6 页。
② 如王胜华《中国戏剧的早期形态》，云南大学出版社，2005 年。此书是在其博士学位论文的基础之上完成的，该论文的指导老师王小盾是任先生的博士弟子。又如李吕婷《魏晋南北朝百戏研究》（武汉音乐学院 2007 年硕士学位论文），其指导老师孙晓辉是任先生的再传弟子。除此之外，王小盾先生也有一些关于戏剧研究的重要成果，如《谈中国戏剧和史前文化的关系》（《戏剧艺术》1990 年第 2 期）、《〈中国戏剧的早期形态〉序》等。

三、《唐戏弄》启示一例

客观地说，《唐戏弄》留下的成果，学界远未很好地去消化利用。时至今日，对于《唐戏弄》的具体研究成果，人们提及的很多，接受的却不够。本节，我们试举一例，想借此说明：理解《唐戏弄》并非易事，但通过《唐戏弄》获得启示却大有可能。

《唐戏弄》正文后附载的《唐戏百问》中有这样一个问题十分引人深思："有许多伎艺，唐戏中已开展、已发达者，至宋，何以反而觉得萎缩，或寂然无闻？"① 这一问题在《唐戏弄》的正文中也有所申说：

> 尤其宋戏，因与唐同，不见剧本，故虽有充分之剧说与剧目流传，而目与说间、说与说间，所存在之矛盾俱甚严重！过去已有之研究，仍滞在摸索阶段而已。凡与此事略经深入者，类能道之。首先如唐戏已经开展之地步，在剧说中，宋代似反有萎缩之象，并未继承前代之业，其故何在？应有正确之解释。故专门治唐戏者，正有待其他专门于汉戏、南北朝戏及宋戏者之分工合作。若面对过去戏剧通史或戏剧概论内所已见之种种成说，咸宜保留超脱，不必受其拘囿耳。②

这个问题的提出与回答两个方面，任先生表现得都非常坦率。他因为"觉得"这里有问题，就直接提了出来；他认为自己无力回答，就不去强解，而提醒后来者合作解答。对于这个问题的提出，任先生自己也不是很有把握，王悠然的序中就谈及此事：

> 这书后面《唐戏百问》的第九十一条③，问我国有许多戏剧表现，在唐代已经开展，到宋代传说中，反而觉得萎缩，是何道理？看到此条，我很怀

---

① 任中敏著，杨晓霭、肖玉霞校理《唐戏弄》，第 852 页。
② 任中敏著，杨晓霭、肖玉霞校理《唐戏弄》，第 67—68 页。
③ 按，1984 年以后版本皆为第九十二条。

疑：王先生的书中，显示汉唐的戏不过胚胎而已，前后受了许多外国影响，到了元代，戏剧才勃兴起来。由古到今，步步前进，这是合乎发展的常轨的。哪有唐戏先已进步，到了宋代，反而后退的道理！所以任先生这书，把唐代的戏剧精神与伎艺，说得如火如荼，却不顾与宋代剧目或剧说中许多具体表现，首先大大地脱了节，联贯不来。连他自己也想不通，还要设问问人，旁人并未主张唐戏如此，何从代答呢？我指出这一点问他。①

读到这里，不由得让人暗暗叫好，任先生居然把不利于自己立论的问题，而且只是"觉得"可能存在的问题列于书中，完全不惧授人以柄。这么做需要有多么纯粹的学术真诚呢？哪怕他的两种学术认识是矛盾的，他仍要公然说出，毫不遮掩。今天的我们，要特别感谢他的这份真诚，没有他的真诚，便没有我们今天所能得到的启发。下面接着看任先生会如何回答王悠然的质疑：

他说：正是因为争取研究唐戏的充分自由，只知依据可信的材料，实事求是去说唐戏，该怎么说，就怎么说，不受任何牵制。如果换个方向，时时顾虑到与宋戏情形衔接，接得上就说，接不上就不说，那就陷于一般戏剧通史内常有的一种扭捏或疏略的情形，于宋于唐，都解决不了问题。目前宁可暴露出在唐宋之间的似乎脱节，却不必去损伤那分别理解唐戏与宋戏的自由与生气。须知宋戏的真象，并不全在现有的宋戏传说之中。作者并非真信宋戏较唐戏在各方面都会萎缩，而是不信任近人对于现存宋说的看法。想由此逼出一条道路：我们对于宋戏的传目与传说种种，究竟应作如何处置，方为确当？从王先生书里看来，宋戏的境界，仅好比是半村半郭，一路荒村野店，茅舍疏篱而已。却不料《永乐大典》的《张协状元》，在南宋的尽头，竟设下一座大城池，里面街道整齐，房屋稠叠，人物熙攘，车马喧阗，已颇有规模，为王先生所未想到。这其中的原因，如不是《梦华录》《梦粱录》《都城纪胜》《武林旧事》等书所述，不足以代表当时事实的全面，就是近人对于这些书所有的了解不够正确。但是若从本书所说的唐戏水准出发，向前推去，推到南宋末年所有《张协状元》水准，只有容易联接，觉得合拍，反

① 任中敏著，杨晓霭、肖玉霞校理《唐戏弄·序》，第6—7页。

无脱节之患。《张协状元》的事实表现，已回答了那第九十一条所问了……以上是本书作者的话。照这样说来，他在本书里所以阐明唐戏之处，看似过火，实际并不尽然，对我国全部戏剧史说，这是对头的，是合拍的。

可是《永乐大典》的南戏，对于认识唐戏，直接帮不了忙，不过是远远的一个据点，可以遥相呼应罢了。要去认识唐戏，自有接近而可靠的材料在。且这些材料，并不是隐秘的，可遇而不可求，要突然出现，有如《永乐大典》三戏似的。它们的来源都极平常，随手拈来即是。但只有在断代的专业内，集中了注意力的人，才会去拈出它们。①

从上面的文字，可以得出以下几点认识：

第一，从开头的一段话可以理解任先生为何愿意谨守唐五代戏剧研究之领域，不到迫不得已绝不愿多迈出半步（如上节中提到的他对《溯源》一节的踌躇）。其中的原因就在于他要"争取研究唐戏的充分自由"，"实事求是去说唐戏，该怎么说，就怎么说，不受任何牵制"。为了这份自由，他愿意只说唐戏是"什么样"，舍弃说源流中的"为什么"。

第二，任先生的学术思索是活泼的，但学术表达却是严谨的。在上面的引文中，先生关于唐戏与宋戏并不脱节的那段话是口述给王悠然听的，代表了他的思索状态，这种思索固然意气风发，固然有一定的道理，但论证并不严密。对于这样的思索成果，任先生最终没有写进他的书中，这种严谨的作风值得敬畏、值得学习。

第三，从王悠然的表述中可以看到，任先生对于他提出的这个疑问，是期许着通过新材料来解答的，在他的期许中，那些材料将会支持他关于唐戏与宋戏合理承接的假设。然而，事实的真相并非如先生所愿（正因为真相并非任先生所愿，他当初保留这一疑问的价值才更为重要）。

那么，事实的真相到底如何？为什么说事实的真相并非先生所愿呢？

首先，需要分析一下任先生所指出的现象是否属实。

任先生这一问题的大意可以理解为唐五代戏剧的形式已较为发达、丰富，而进入宋代以后却有所回落。由于现已确知南宋有成熟的戏文及许多官本杂剧存

---

① 任中敏著，杨晓霭、肖玉霞校理《唐戏弄·序》，第7页。

在，因此这里所指的戏剧回落的时代当指北宋时期。唐五代的戏剧形式，若果如《唐戏弄》所言，则有全能类、歌舞类、歌演类、科白类种种①；即便在王国维的眼中，唐代亦有歌舞戏、滑稽戏两种②。王国维关于唐宋戏剧发展形势的总体表述为："至唐而分为歌舞戏及滑稽戏二种；宋时滑稽戏尤盛，又渐藉歌舞以缘饰故事，于是向之歌舞戏，不以歌舞为主，而以故事为主。"③ 这段话关于宋代歌舞戏的发展是指南宋而言，其"藉歌舞以缘饰故事"的说法是从南宋的官本杂剧段数这宗材料中得出的。而其后学者的研究，都支持北宋只有滑稽戏的结论：刘晓明《杂剧形成史》第三章第一节，在梳理近百来所发现的北宋杂剧史料以后，对宋代杂剧的研究现状得出了如下认识：

> 首先，学者们对于王国维提出的北宋杂剧的主体是滑稽剧的看法比较一致，没有异议，但对北宋杂剧是否具有故事情节则看法不一，徐嘉瑞、景李虎持肯定的态度，但证据稍嫌不足，未获普遍的认同。
> 其次，学者们对宋代主要指南宋杂剧是否具有歌舞的形式看法不一。④

由于北宋并未发现其他的重要戏剧形式，北宋的杂剧发展状况基本上等同于其戏剧状况，因此，上述结论可以看作是学界对北宋戏剧情形的总体认识。简要来说，学界认为北宋戏剧的主体形式是滑稽剧，这种滑稽剧是否演故事存疑，且未见其具备歌舞形式，即便在南宋，杂剧一脉是否用歌舞亦存疑。

因此，近一个世纪的研究表明，北宋戏剧相较于唐戏，真实存在回落之势，任中敏的疑问所言不虚：唐戏不仅形式比北宋戏剧丰富，且已演故事、用歌舞，而这些戏剧的重要特征在北宋时期都变得幽昧不明乃至完全失落。

同时，这一时期的学术史还表明：任先生所期待的那种由唐戏自然地过渡为宋金戏剧的那种发展路线并未呈现出来，《唐戏弄》以后发现的新材料都不支持他原有的猜想。

---

① 参任中敏《唐戏弄》第二章《辨体》，第 146—344 页。
② 参王国维《宋元戏曲史》第一章《上古至五代之戏剧》，上海古籍出版社，1998 年，第 8—13 页。
③ 王国维《宋元戏曲史》，第 127 页。
④ 刘晓明《杂剧形成史》，中华书局，2007 年，第 179 页。

事情到这里变得令人异常困惑，到底是《唐戏弄》对唐代的描述错了呢？还是有关北宋戏剧的史料仍有待发掘？《唐戏弄》关于唐代戏剧的描述，虽然在微观上有值得商榷之处，但它对唐代戏剧总体风貌的描述令人信服，学界对此已大体认同。北宋的戏剧史料一定有待发现者，但目前所呈现出的面貌必然有其深义。任何现象背后都有它的合理原因，也许，我们不能固守着事物发展的通常规律去思考问题。毕竟，任何一种事物都是在具体的环境中发生发展的，过程中出现一些迂回曲折并不是难以理解的现象。

不知为何，任先生所提出的这个重要疑问一直没有引起学界的关注。唯有刘晓明略做过一些思考。刘先生在分析了当时的杂剧研究现状之后提出了一些新问题，其中一题曰：

除了中国戏曲自身的演进理路外，在其深化的过程中有无受到其他外在因素的影响？如果有，这种影响是如何作用于杂剧形态的？①

事实上，把任先生的那个疑问再推进一步便会形成这个问题。

刘先生对这个问题的回答令人信服。他是通过另外一个更为具体的问题引出答案的，这个问题是：谐剧和大曲的结合是必然的吗？通过对相关史料的分析，他认为：北宋的教坊完全有能力将杂剧与民间曲子结合，直接走向后世南北杂剧的形态，但是由于统治者的阻挠，杂剧走向了与大曲结合的道路。在这里，他点出了统治者意识对杂剧发展的影响，并且认识到：“事物在其发展的过程中，并不能完全按照自身的逻辑行进，也即不能走纯技术路向，而必须将其置于整个文化生态环境中进行考察。”②

我们非常赞成刘先生的意见，同意考察戏剧史不能走纯技术路线，而必须将其置于文化环境中做全面关照。然而刘先生的研究实践似乎未能很好地贯彻其的理论认识，他还是没能逃脱技术路线思维的束缚：就上面那个具体设问来说，他的研究是从谐剧为什么不与民间曲子结合这一技术问题入手的；就《杂剧形成史》整部书来说，更是以技艺考察见长。

---

① 刘晓明《杂剧形成史》，中华书局，2007 年，第 179 页。
② 刘晓明《杂剧形成史》，第 197 页。

事实上，早在刘先生提出从文化生态路线考察杂剧以前，已有学者提出过这一意见。1990 年，王小盾师就发表了题为《谈中国戏剧和史前文化的关系》的论文，强调了戏剧和文化的关系，王先生说：

> 我们应当建立这样的认识：应当从文化发展的角度（而不是艺术手段进化的角度）来认识戏剧起源的问题。戏剧并不是属于一切人类社会的东西，它只属于那些建立了集体意识，并由于某种需要而不断叙述这种意识的社会。①

那么，应该如何从文化的角度去考查唐宋之间戏剧发展的脱节现象呢？解铃还需系铃人，答案还应当从《唐戏弄》中去找。

《唐戏弄》为我们揭示了一个特别不容易被发现的历史事实，那就是唐人的"戏剧精神"。这桩事实虽经揭出，研究界还是长久地忽视了它。任先生对于唐人戏剧精神的标举用心良苦，请看他的陈述：

> 横面发展之极，人人能作戏，随时随地能作戏，事事可以戏剧化，在实施上，于势必然脱略于戏剧之形式，而专重发挥其戏剧性。唐代社会中，此类之表现，形形色色，不可究诘。兹大别之为三种：一曰正式戏剧，一曰戏剧行动，一曰戏剧风。三种总汇于唐戏之所谓"弄"，因而为唐戏之价值立一总说曰："无限真实！"上述完务之义与最高之义，则交错于戏剧与戏剧行动中；若恣意玩耍之一特性，则弥沦贯串于此三者，无往不届。②

《唐戏弄》序文作者王悠然十分了解任先生的研究工作，自然十分理解任先生的这一追求，其序文说：

> 此书的阐明唐戏，有两方面：一面在追求一般形式的趋向完备，一面在显示戏剧精神的特别活跃。例如查出《踏谣娘》与《西凉伎》有说白与表情

---

① 王小盾《谈中国戏剧和史前文化的关系》，《章贡随笔》，南京大学出版社，2014 年，第268—269 页。
② 任中敏著，杨晓霭、肖玉霞校理《唐戏弄》，第10 页。

等，构成全能剧。如查出唐戏也有脚本，也有戏台，也有布景等，都是依照近代戏剧形式，在唐戏里一一找出来。我觉得这些还是次要之事。最重要的是替唐戏指出一种独特的精神，到处弥漫，虽表现的方式不同，而归结到戏剧性的盛旺则一。①

本书于唐戏，着重阐明它具体的戏剧精神，每每表示：既不可放弃唐戏的全貌，尤不可失却唐戏的全神。假使唐戏于其全貌之外，果然尚有甚么全神在，联合此种全貌与全神，当然才是所谓"真"。这种"真"，又如何能不去求呢！②

遗憾的是，这种任先生特别看重的戏剧精神、王悠然特别强调的唐戏之"真"，却被后来的研究者所忽略了。《唐戏弄》出版后，学界对于唐人的戏剧精神这一话题应者寥寥，只有胡忌等少数人看到了这一点的重要性③。

《唐戏弄》用大量的笔墨向人们描述了这样一个事实：唐人的戏剧精神异常旺盛。任先生将这种戏剧精神的内核称之为"弄"。唐人的这种热爱表演与戏谑的精神与自周代以来就强调秩序、强调敬让的中原农耕文明的礼乐精神截然不同。这表明，中国人的戏剧意识曾在唐代有过一次重大突围。

这次突围是如何发生的呢？从《唐戏弄》"溯源"一节可以看出，唐人的戏剧形式和戏剧习惯主要承自北朝。由之，可以想到，中国人戏剧精神的勃兴与北方草原民族入主中原不无关系。隋唐尽管都是大一统的时代，朝廷表面奉行礼乐制度，但此时的大一统社会绝非中原文明的一统天下，说起与戏剧关系极为密切的乐舞，唐太宗那段反传统的音乐评论让人觉得特别刺耳："悲悦在于人心，非由乐也。"④ 唐朝皇帝这种认识的文化渊源出自何处？应是出于胡人的文化习惯，众所周知，唐太宗本人就具有胡人血统。

研究中国古代伎艺的论者常常强调胡人乐舞乃至演剧伎艺对中原文化的影响，事实上，我们更应该注意的是历史上的少数民族在戏剧意识上对中国表演艺

---

① 任中敏著，杨晓霭、肖玉霞校理《唐戏弄·序》，第 9 页。
② 任中敏著，杨晓霭、肖玉霞校理《唐戏弄·序》，第 11 页。
③ 参见胡忌《别出机杼，自成一家——评介新版〈唐戏弄〉》，《文学遗产》1985 年第 3 期。
④ 吴兢《贞观政要》，上海古籍出版社，1978 年，第 233 页。

术发展的影响。中国历史上的胡夷文化地区，或许由于物质不够完备，或许由于集体意识对叙事的要求不够强烈，造成其在戏剧伎艺方面不够完善不够发达，但胡人在戏剧意识方面却未曾受到过钳制打压，仍然保持着人类热爱戏剧的天然本性。这种本性，即便在当下的少数民族地区仍然有良好的体现。而当这种本性与中原文化的丰富资源相遇时，戏剧便有了快速成熟的可能。《唐戏弄》展示出来的，正是两种文化相遇后在戏剧方面呈现的结果。

找到了这个视角，也就明白了为什么北宋时期戏剧的表现有所回落的真正原因。其原因就是：北宋是中原文化占统治地位的时代，中原文化的礼乐观念再度压抑了戏剧的自然发展。其具体表现，刘晓明在研究杂剧为什么要和大曲相结合的现象时已经指出了一些[1]。另外还有一些有关唐宋文艺研究的论述也证明了同样的结论，其中最重要的一篇文章是王小盾师的《论汉文化的"诗言志，歌永言"传统》[2]。这篇视野宏阔的论文指出：宋代出现了一股强大的反对"歌不永言"的思潮，这种思潮导致了"诗言志，歌永言"的古老传统在宋代的复兴，它"在本质上是排斥新俗乐的理论，是依据某种典雅文化观而建立的理论"。北宋时期，朝廷曾花了极大的力气进行礼乐建设，朝野上下，蔚然成风[3]。其热烈程度胜似此前唐人在戏剧上的所做所为，只不过这两种风尚在文化本质上恰好相反。试想，在这种风潮之下，由唐人所发起的那股戏剧风还能够继续吗？当整个社会的艺术风潮完全调转了方向时，戏剧发展的步伐还能够一往无前吗？

至此，本节粗略地回答了任中敏先生提出的那个疑问：戏剧的发展何以在北宋有所回落。这个问题极为重要，它能够从文化方面、从外在条件上合理地说清戏剧发展的脉络。事实上，社会的艺术风气和艺术习惯、统治阶层的文化政策对戏剧发展的决定性极强。相对而言，伎艺手段的发展问题反而较为次要。

另外还必须说，当人们忽视了事物发展的外在条件时，当人们单线地从事物本身去看其发展时，往往就会颠倒很多因果关系。比如戏剧的发展问题，很多人认为是音乐的发展或"曲子"的出现导致了戏剧的成熟，导致大量戏剧行为的出现，导致了人们热爱戏剧。而我们观察到的结论却正好相反，我们认为：是人们对戏剧的热爱、人们用日复一日的戏剧行为推动了表演艺术的发展，导致了杂言

---

[1] 参刘晓明《杂剧形成史》，第 196—197 页。

[2] 王小盾《论汉文化的"诗言志，歌永言"传统》，《文学评论》2009 年第 2 期。

[3] 参杨晓霭《试论宋代礼乐文化建设的启示意义》，《贵州社会科学》2010 年第 7 期。

歌曲的兴盛，导致了歌唱技法的改变，继而导致了"曲子"的出现，导致了歌必咏调名习惯的改变，导致了曲子各种组合形式的出现，导致了表演形态的丰富与融合，最终导致了戏曲的成熟。因此，只有先认清了戏剧发展的外在文化条件，才有可能正确说明戏剧发展的技术问题，并最终将中国的戏剧史书写完善。

结　论

关于什么是真戏剧，关于中国戏剧史究竟该从哪个时代写起，学界至今仍有不同的意见。但不管如何，唐宋之间的这段戏剧史，始终存在一个我们看不清的幽暗地带。这段历史是戏剧史研究不能不关心的问题：如果认为唐代之前的那些演剧行为都是真戏剧，那么唐宋之际就会是中国戏剧史上中断的裂谷；如果认为宋元以后的戏曲才是真戏剧，那么唐宋之际便会成为戏曲不明的源头。

为了探明这一地带中的历史细节，学者们做了前仆后继的努力。在这场攻坚战中，人们所用的方法主要是历史分析，所用的思维主要是历时性思维，所关注的焦点主要在"为什么"的问题之上。诚然，这个问题本质上是个历史问题，解决这个问题的最后一击必然是对"为什么"的追问，必然要用历时性思维去处理，本文上节的研究方式也是如此。但是，我们想说，在完成最后这个攻克动作之前，还是先要对唐宋两个时代的戏剧存在状况做好描述工作，这种描述绝非流于表面的轻描淡写，而是对事物风神的感知与传达，这种描述能够帮助我们理解事物背后的文化本质，从而引领我们找到解决相关问题的根源。我们相信，描述工作做得越细致越用心，这两个时代之间的裂缝就会越小，最终会小到可以让我们的历时性思维一跃而过，完成中国戏剧史的弥合。

王国维以后，戏剧研究界大都习惯于他所示范的历时性研究，无怪乎郭沫若会说《宋元戏曲史》是"权威的成就，一直领导着百万的后学"[1]。时代总是不拘一格，又降生了任中敏，人们从大惊失色，到半信半疑，到五体投地，慢慢接受了他的存在、他的意见、他的影响。王小盾、王福利两位师长曾共同撰文《从

---

[1]　陈平原、王风编《追忆王国维》，第139页。

任半塘先生看中国戏剧研究的意义和趋向》①，从三个方面彰明了任先生戏剧研究的影响，其中第三个影响是"让学术界重新反省了戏剧研究资料"。论起任先生的学术研究方式，人们最熟知也最佩服的就是他搜集资料、整理资料、使用资料的工夫，尽管能乐意学习他并做得同样好的人并不多。本文认为，从研究方式来讲，任先生还有一个被人们忽视了的重要特点，就是乐于从"什么样"方面做描述工作。这种工作貌似简单平凡，却非常不容易做好，有时即便做了，也常由于缺乏热烈与创造力而无法给人以启发。

如果把历史看成一个生命，那么历时性的分析工作搭建起来的往往是其骨骼，而共时性的描述工作能使其血肉丰满、生动传神。《唐戏弄》一书，用王悠然的话来说，描述了唐戏的"全貌"与"全神"，因而才见出"真"来。如果把历史看作一个迷局，询问"为什么"虽能驱使人再接再厉、勇往直前，但只有先看清"什么样"才有希望柳暗花明、绝处逢生。《唐戏弄》所展示的唐代戏剧之风神，让我们领悟了"戏剧意识"的迸发才是中国戏剧的最高形态——戏曲得以成熟的最大动力。理解了这一点，也就理解了唐宋之间戏剧发展的必然趋势。在理解这一点的基础上，才可能正确思考戏剧发展的内在机理。

《唐戏弄》的这一启示告诉我们，任先生的工作方式以及《唐戏弄》的具体成果都还蕴含着许多我们未曾领略到的智慧。除了对《唐戏弄》再多加研读之外，我们还需学习任先生的工作方式，这不仅对中国戏剧研究史，对整个文史研究都会有启发意义。

为表彰任中敏先生的曲学研究，卢前先生曾作一论曲绝句曰："词山仰止彊村在，曲海初扬万里波。案上新书近百卷，观堂惭愧感红多。""感红"乃任中敏书斋之名，卢先生在这里将任先生与王国维并提且有标举任先生之意。当时，任中敏还未写出他的《唐戏弄》一书，不知道卢先生天上若读得此书又会怎么想。无论任中敏，还是王国维，都给中国戏剧史的书写做出了巨大贡献，他们分别代表了中国戏剧史研究的两种方式。我们想，假若可以将这两种方式紧密结合，任中敏所期待的戏剧史各个阶段的"联系工作"是不是就能做实了呢？唐宋之间的戏剧史是不是就可以不再有留下裂痕了呢？为此我们期许——感红观堂联珠日，

---

① 王小盾、王福利《从任半塘先生看中国戏剧研究的意义和趋向》，《扬州大学学报》2001年第 4 期。

应是剧史合璧时。

（原刊于《曲学》第六卷，上海古籍出版社，2019年）

作者简介：

张长彬，男，1975年4月出生，安徽宿州人。1998年7月毕业于安徽大学中文系，获文学学士学位。毕业后做了9年报纸编辑工作。2007—2010年就读于徐州师范大学（现江苏师范大学）文学院，获文学硕士学位。2011—2014年就读于扬州大学文学院，完成博士学位论文《敦煌曲子辞写本整理与研究》，获文学博士学位。2014—2017年在上海戏剧学院戏剧与影视学博士后流动站从事全职博士后研究工作，完成工作报告《隋唐五代曲史料整理与研究》。2017年6月至今，在商丘师范学院人文学院工作，讲师职称。当前主要从事敦煌歌辞写本研究及古代曲学研究。在《敦煌研究》《敦煌学》《曲学》等刊物上发表论文十余篇，主持国家社科一般项目、高校古委会项目、河南省社科一般项目、博士后面上基金项目各一项。

关于乐府史料学的构建

王立增

近些年，乐府诗的研究如火如荼。经过一些学者的倡议与推动，逐步建构起"乐府学"，还成立了专门的乐府学会，从而吸引了更多的研究者投身其中。从目前所取得的研究成果来看，主要侧重于乐府制度的考察、乐府诗史的描述、乐府诗艺术的分析及乐府文献的校释。笔者以为，乐府学的研究若要进一步深入，就应该重视乐府史料的研究，而与乐府相关的史料纷繁多样，体量庞大，又涉及文学、音乐、历史、政治等多个学科，枝蔓复杂，正误交错，故有必要建立专门的"乐府史料学"。基于此，本文提出构建乐府史料学的设想，不周之处，祈请指正。

一、史料学的发展及构建乐府史料学的意义

所谓史料，是指历史留给后世的各种信息、资料及遗迹。我们研究古代的历史与文化，离不开对各类史料的利用。如何搜集、考辨和整理史料的学问便是史料学。它由历史学科孕育而生，故历史学界对史料学的研究较为充分。唐代刘知幾就曾在《史通》中对如何处理史料的问题进行过讨论，清代的乾嘉学派在史料整理方面取得了非凡成就。十九世纪后期、二十世纪初，德国的历史学家利奥波德·冯·兰克（Leopold Von Ranke）、朋汉姆（E. Bernheim），法国历史学家朗格诺瓦（CH. V. Langlois）、瑟诺博斯（CH. Seignobos）以及我国历史学家章学诚、梁启超、傅斯年等都将史料作为研究对象，专门探讨如何看待、搜集和鉴别

史料的问题，标志着史料学成为一门独立的学科。二十世纪三四十年代，以傅斯年为代表的史料学派提出"历史便是史料学"的主张，致力于各类史料的整理与研究，成果颇丰①，可以说开创了现代意义上的中国古代史史料学。二十世纪后半叶，出现了一系列专门介绍和研究史料学的著作，如陈高华、陈智超的《中国古代史史料学》，翦伯赞的《史料与史学》，谢国桢的《史料学概论》，荣孟源的《史料和历史科学》，安作璋的《中国古代史史料学》，黄永年的《唐史史料学》、冯尔康的《清代史料学初稿》、张宪文的《中国现代史史料学》等，使史料学的研究大体上形成了较为明确的目标和框架，也为其他学科的专门史料学的开展提供了参考依据和丰富经验。

对专门史料关注较早并已取得丰硕成果的是中国古代哲学研究，曾先后出现过朱谦之的《中国哲学史史料学》、冯友兰的《中国哲学史史料学》、张岱年的《中国哲学史史料学》、刘建国的《中国哲学史史料学概要》、萧萐父的《中国哲学史史料源流举要》等。古典文学史料学的研究起步较晚。二十世纪九十年代出现了潘树广的《中国文学史料学》、徐有富的《中国古典文学史料学》、张可礼的《中国古代文学史料学》等著作。后来，中华书局古典文学编辑室傅璇琮主编《中国古典文学史料研究丛书》，逐步出版了曹道衡、刘跃进的《先秦两汉文学史料学》，穆克宏的《魏晋南北朝文学史料述略》，马积高的《历代辞赋研究史料概述》，陶敏、李一飞的《隋唐五代文学史料学》，王兆鹏的《词学史料学》、刘达科的《辽金元诗文史料述要》等著作。此外，刘毓庆的《历代诗经著述考》、刘跃进的《中古文学文献学》，查洪德、李军的《元代文学文献学》、程毅中的《古代小说史料简论》等亦以介绍文学史料为主。遗憾的是，至今还没有出现关于乐府史料学研究的专著。

对乐府史料的研究，目前能看到的仅是一些零散的书目或论文。王运熙《乐府诗述论》一书中列有《汉魏六朝乐府诗研究书目提要》，主要介绍乐府相关的书籍，将其分为"正史及政书乐志类"，"歌辞之编集、选录、注释"，"乐府研究专著"，"一部分论述乐府之著作"四类，较为简略②。孙尚勇《乐府文学文献研究》一书中对一些乐府相关的具体史料如沈约《宋书·乐志》、吴兢《乐府古

---

①　荣颂安《史料学派对中国历史学成长的贡献》，《史林》2002年第2期，第84—89页。
②　王运熙《乐府诗述论》，上海古籍出版社，1996年，第292—328页。

题要解》、郭茂倩《乐府诗集》进行辨释或整理①，但没有从史料学的角度予以
观照。吴相洲近年来积极倡导乐府学的构建，提出乐府学研究包括"三个层面
（文献、音乐、文学）""五个元素（题名、本事、曲调、体式、风格）"②，其
中对乐府文献的研究已关涉乐府史料学，但其侧重点在《乐府诗集》以及乐府诗
本身，况且史料学与文献学的研究有所不同（具体详后文）。另外，音乐学界的
一些成果也涉及乐府史料，主要有四类：第一类是古代音乐书目的编集，如王世
襄《中国古代音乐书目》，中国艺术研究院音乐研究所编《中国音乐书谱志》；第
二类是古代音乐史料的汇编，如中央音乐学院中国音乐研究所编《中国古代音乐
史料辑要》、杨家骆《中国音乐史料》、修海林《中国古代音乐史料集》；第三类
是古代音乐著作的考释与整理，如丘琼荪《历代乐志律志校释》、萧炼子《宋书
乐志校注》；第四类是音乐文献学的研究，如方宝璋、郑俊晖《中国音乐文献
学》。这些成果大体上也是以列举书目或史料汇编为主，而且乐府并非为其专门
的研究对象。

　　有鉴于此，学界应该专门开展乐府史料学的研究，探讨如何更加有效地搜
集、整理和利用乐府史料的问题。安作璋《中国古代史史料学》一书中指出，史
料学是"通过对史料的考察、分析、评介和归纳，揭示史料本身的特质及其保存
发展的过程和规律，说明各类史料的不同价值和利用方法，以便为史学工作者提
供掌握和处理史料的参考门径和手段，从而力求使史学工作建立在更为充实可靠
的资料基础之上"③。开展乐府史料学，其学术目标与学术意义主要体现在五个
方面：

　　其一，认识乐府史料本身的价值。"乐府"在中国古代历史上经历了"机构
名称——歌辞——文人拟辞"这一复杂的变迁过程，牵涉"礼乐文化"与"娱乐
文化"两个不同的文化系统，故留存的史料零散杂乱，真伪难辨，需要专门研究
方可甄别和判断其价值。

　　其二，考察乐府史料的记录与传承机制。乐府史料的记录与流传情况比一般
文学史料要复杂一些，乐人、文人均参与其中（详见后文），因而也出现了许多

---

①　孙尚勇《乐府文学文献研究》，人民文学出版社，2007 年。

②　吴相洲《关于建构乐府学的思考》，《北京大学学报》2006 年第 3 期，第 65—71 页。

③　安作璋《中国古代史史料学》，福建人民出版社，1994 年，第 29 页。

问题，比如：古代的乐府诗是如何被记录的？《汉书·艺文志》为何不录"二十八家歌诗"的具体歌辞？《羯鼓录》《教坊记》等众多音乐著作为何只记曲名，而不记曲腔？……解答这些问题，对于我们推进乐府研究有很大帮助。

其三，为检索乐府史料提供方便。因乐府涉及的学科、领域众多，所以相关的史料头绪繁多，浩如烟海。史料学的开展，有助于理清乐府史料的"家底"，还可以分门别类，为研究者提供检索之便。依据历史学界对史料学的认识，"史料学是历史科学的辅助课目"，"史料学的任务是搜集史料、研究史料和编辑史料，为历史科学服务"①，这是因为史料学为研究者（尤其初涉此领域的研究者）提供了寻找史料的门径。当前，有些研究乐府的文章掌握史料不够，空泛而论，关键原因就在于乐府史料较一般文学史料难找难懂。乐府史料学在一定程度上可以避免和减少这种情况的发生。

其四，为乐府研究提供可靠的依据。史料是开展研究的基础，是研究的原材料，其准确与否直接影响着结论的可靠性。而对史料的鉴别，正是史料学的主要目标。潘树广《中国文学史料学》中说："中国文学史料学的主要任务，是为文学史研究提供客观依据。"②乐府史料学应通过对各类史料的考辨，分析其源流承传，甄别其真伪，为乐府研究提供准确可靠的文本文献与信息资料。

其五，拓宽乐府学的研究领域。乐府学的研究目前仍关注的是乐府诗文本。开展乐府史料学，会放宽视野，将乐府史料的记录、流传、辨别、整理等一应纳入研究范围之内，甚至还会发现一些新的材料，与旧材料之间建立某种关联，从而产生新的学术增长点，推进乐府学的深入研究。

其六，发展了专门史料学。目前，赋、词学、小说等文类都出现了专门的史料学著作，它们细化和丰富了文学史料学的研究，乐府史料学理应成为这个大家庭中的一员。而乐府史料学的研究，也是对史料学的进一步发展。

总之，在乐府学成为一种专门学问、广受关注之时，史料学的研究应该及时跟进，它将对乐府学以及中国古代文学的研究大有裨益。

---

① 荣孟源《史料和历史科学》，人民出版社，1987年，第9页。
② 潘树广《中国文学史料学》，黄山书社，1992年，第2页。

二、乐府史料的记录及其特点

在分析乐府史料的记录情况与传承特点之前，有必要先厘清"乐府"的所指范围。"乐府"在不同的历史阶段具有不同的含义，古代朝廷之音乐机构、汉唐之歌辞、魏晋以下文人之拟乐府诗、宋元之词曲、明清之传奇都曾被称为"乐府"。倘若乐府史料学全部涵盖这些内容，显然过于庞杂，难以驾驭和操作。事实上，作为历史概念的"乐府"，原本是礼乐文化的产物，而后来的词、曲均属俗乐，何况词学、曲学现均已另立门户，因此，从当前学术发展的实际情况出发，我们建构的乐府史料学所研究的范围排除词、曲部分，仅是指传统意义上的齐言乐府诗（包括宋、元、明、清时期朝廷中采用的仪式歌辞与文人的拟乐府），以及与之相关的生存机构、文化环境、音乐发展、传承主体（即乐人）等。

乐府史料是如何被记录的？细致说来，颇费笔墨，这里只能粗陈梗概。古代关于乐府的史料存活于乐人与文人两个文化系统中，二者有着各自的记录方式。乐人由于文化水平较低，加之其记录的目的主要是为了便于实际表演，因而所录多以歌录、歌本为主，且相当简略，仅供自己使用，别人难以识别。比如，沈约《宋书·乐志》中卷三、卷四所录歌辞，多抄录自乐人的歌录或歌本，故歌辞中分解，重复字词用"＝"替代，《公莫巾舞歌行》《汉铙歌·石留》《今鼓吹铙歌词》三曲声辞杂写，难以释读，其中《今鼓吹铙歌词》下注云："乐人以音声相传，训诂不可复解。"① 在《隋书·音乐志》中，录有"《歌词钞》""《歌录》"等，可能均为当时乐人使用的演唱底本。乐人编录的这些歌录或歌本，大多在乐人的文化系统中传承，较少被官方或正式的文献采录，因而存留后世者较少。《旧唐书·音乐志》中有一段关于朝廷编录歌辞的记载：

> 二十五年，太常卿韦绦令博士韦迪、直太乐尚冲、乐正沈元福、郊社令陈虔、申怀操等，铨叙前后所行用乐章为五卷，以付太乐、鼓吹两署，令工人习之。时太常旧相传有宫、商、角、徵、羽《燕乐》五调歌词各一卷，或

---

① 沈约《宋书》，中华书局，1974 年，第 660 页。

云贞观中侍中杨恭仁妻赵方等所铨集，词多郑、卫，皆近代词人杂诗，至缘
又令太乐令孙玄成更加整比为七卷。又自开元已来，歌者杂用胡夷里巷之
曲，其孙玄成所集者，工人多不能通，相传谓为法曲。今依前史旧例，录雅
乐歌词前后常行用者，附于此志。其五调法曲，词多不经，不复载之。①

从这段文字可以看出：为了乐工教习的需要，朝廷经常对所用乐章进行编集，有
时是由音乐机构的官员负责，有时是由乐人完成，但由于记录形式未形成普遍共
识，所以出现了"工人多不能通"的现象，而被官方《音乐志》《礼乐志》采录
的只有雅乐歌辞，那些用于娱乐的歌辞因"词多不经"而"不复载之"，早已消
失在历史的长河中。《汉书·艺文志》中仅录"二十八家歌诗"的名称，不录具
体歌辞，原因想必也是如此吧！倘若幸运，这些乐人编录的歌录或歌本会世代流
传，比如近年来在陕西西安发现的"长安古乐"乐谱，依据一些研究者的判断，
可能是从唐代流传而来②。

　留存于后世的大量乐府史料主要是由文人记录的，毕竟文人才掌握着文化上
的主动权。问题在于，音乐表演具有很强的实践性，而文人又鄙视这项"贱艺"，
轻视俗乐，因而发表一些空洞高深的"乐论"，而对音乐表演之事的记录却较少
或是错讹百出。谢章铤在《赌棋山庄词话》中说："音乐一道，儒者解其义，而
不习其器，乐工习其器，而不解其义。故乐工鲜能著书，而儒者之张皇楮墨者，
如话钧天、如望神山，持论愈高，实用愈少耳。"③ 《四库全书提要·羯鼓录》
云："盖乐工专门授受，犹得其传，文士不谙歌法，循文生解，转至于穿凿而不
可通也。"④ 这就导致了主要记载乐府史料的历代《乐志》《会要》和《通志》
《通典》《通考》等书中"有关音乐的部分以及《乐书》等等，都偏重封建统治
者制定的典礼音乐和音律问题的研讨，而音乐的实际情况往往片言只字，语焉不
详"⑤。或者出于正统偏见，文人对那些鲜活的俗乐歌唱不予采录，比如沈约在
《宋书·乐志》中就因当时颇为流行的吴声"歌词多淫哇不典正"而未录。无疑，

① 刘煦《旧唐书》，中华书局，1975 年，第 660 页。
② 李健正《长安古乐研究》，河北大学出版社，2010 年。
③ 谢章铤《赌棋山庄词话》，见唐圭璋编《词话丛编》，中华书局，1986 年，第 3440 页。
④ 永瑢等《四库全书总目》，中华书局，1965 年，第 971 页。
⑤ 沈知白《中国音乐史纲要》，上海文艺出版社，1982 年，第 2—3 页。

这对于我们今天乐府史料学的研究增加了难度。

在文人记录的乐府史料中，各个时段体现出不同的特点。两汉曹魏时期，乐府活动频繁，一些正史、文集、笔记杂著等所记史料主要涉及乐府的建置、乐府人物的轶事、乐曲的来源、乐府诗的创制等，尤其是班固《汉书》与三曹文集最具参考价值。两晋至南北朝，出现了专述乐府本事的著作（如崔豹《古今注》）和记录乐府曲调实际表演与流传的音乐类著作（如王僧虔《大明三年宴乐伎录》、张永《元嘉正声伎录》、智匠《古今乐录》），同时还将部分乐府歌辞文本化（如《宋书·乐志》《文选·乐府》）。唐人对前代乐府史料进行过整理（如《晋书·乐志》《隋书·礼乐志》《通典·乐典》《乐书要录》及各类类书），编著了许多解题类乐府著作（如《乐府古题要解》《乐府解题》），创作了大量的文人拟乐府诗。至宋代，"歌辞"在目录学著作中单独成类，乐府由以前的经类转入集部，标志着乐府诗被视作为文学文本，因而出现了刘次庄的《乐府集》、郭茂倩的《乐府诗集》、郑樵的《乐府声》等一系列乐府诗文集，从而构建了人们对乐府的基本认识。元明清时期，主要是对乐府诗文本进行补辑、阐释，分析其文学性，因而笺注类史料、评论类史料成为主流。

总体而言，乐府史料由于记录情况较复杂，故史料虽多，但零散杂乱，专门性研究著作并不多，需要从正史、政书、乐书、类书、文集、歌谱、野史笔记等著述中辑录。这些乐府史料多为宫廷礼乐材料，真正用于实际演唱的史料及民间歌唱的史料较少，而且有一部分史料采自于传闻，其可靠性有待甄别。另外，还有一个显著的特点，就是乐府史料在流传过程中的散佚情况相当严重，比如郭茂倩《乐府诗集》中引录的许多文献已不存，至于载于各种目录书中的乐府史料更是难知其详，这一现象很值得深思。

三、具体的乐府史料

乐府史料的重点是乐府诗，但乐府诗不是乐府史料的全部，与乐府相关的制度、文化、音乐方面的资料等都是乐府史料。现存的乐府史料根据分类角度不同，具有多种分类方法：可以从史源角度，分为正史中的史料、政书中的史料、野史笔记中的史料、类书中的史料、目录学著作中的史料、文集中的史料、诗话中的史料、方志中的史料等；也可以从内容角度，分为音乐类史料、笺注类史料、评论类史料等；或从形式角度，分为文字类史料、实物类史料、口传类史料；还可以从所属区域的角度，分为域内史料和域外史料。限于篇幅，这里只能将其中部分类别的史料予以简要介绍。

1. **正史中的乐府史料。**我国古代的二十四史中，大部分都有《乐志》《音乐志》《礼乐志》或《律历志》，主要叙述本朝雅乐及律制的创制与演变过程，并详细载录当时使用的雅乐歌辞。这些史料集中展现了官方乐府创作、音乐变迁的具体情况，提供了文人创作乐府的文化背景与意旨取向。在正史的纪传部分，有时会言及某个文人或乐人创作乐府的轶事，此种史料不易查找，但极有价值。

2. **政书中的乐府史料。**古代政书如"十通"、历代实录、会要及会典中一般都会叙及音乐方面的典章制度，大多与乐府有关，且较为可靠。另外，一些记述礼仪、官制、政令的典籍中，也常常会涉及乐府的史料，比如《汉官纪》《大唐开元礼》《唐六典》《大唐郊祀录》《唐大诏令集》等也值得重视。

3. **野史笔记中的乐府史料。**野史笔记多采自乡野民间，搜拾旧闻，广录异事，能提供正史、政书以外关于歌妓乐人、文人轶事、乐曲制作、音乐流行风尚等方面的史料，尤其是记录了一些谣谚、乐人之作等，价值尤高。但此类史料需要甄别考辨，去伪存真，盲目信从可能会引导出错误的结论。

4. **类书中的乐府史料。**古代类书如《北堂书钞》《初学记》《艺文类聚》《白孔六帖》《太平御览》《册府元龟》《事类赋》《海录碎事》《事林广记》《永乐大典》《山堂考索》等都设立"礼""乐""音乐""乐府""歌""歌唱"等之类的条目，其中录有大量的乐府史料。其中部分史料已无完本流传，故可作辑佚之用。

5. **目录学著作中的乐府史料。**目录著作在史料学中具有极为重要的地位，它是搜集史料、掌握家底的"指南针"，可以"辨章学术，考镜源流"。开展乐府史料学的研究，应重视《汉书·艺文志》《旧唐书·经籍志》《新唐书·艺文志》《直斋书录解题》《郡斋读书志》《宋史·艺文志》《四库全书总目》等目录，一方面可以查找到大量的乐府著作，另一方面能够梳理乐府著作的传承情况，还可以搞清楚某一时期人们关注乐府的焦点。现在又有《中国丛书综录》《中国善本书目》等书籍，可以配合使用，查找起来更加方便。

6. **文集中的乐府史料。**古代有些文学总集会专设"乐府"一类，如《文选》

《全唐诗》《文苑英华》《唐文粹》等，有的文学别集也会将"乐府"单独成卷，如《李太白全集》《刘禹锡集》《韦应物集》《白居易集》等。这才是乐府诗的第一手史料，是编选和辑录乐府诗的元文本。另外，在文集中，还经常会有一些乐府诗编选的序跋或关于乐府观念、乐府轶事的史料，如李白授韦渠牟"古乐府之学"的材料见于《权德舆文集》，这条材料反映出李白对古乐府有过专门研究，故其乐府诗创作取得了很高成就。

7. **方志中的乐府史料**。方志记载广博，常常会收录一些当地的歌谣，也会记录乐府诗作者、乐府诗选集的编者、乐工歌妓等的生平事迹，其中关于地理变迁、风俗人情的记载可能对阐释乐府诗文本提供一些帮助。

8. **音乐类史料**。乐府原本为音乐机构，乐府诗为演唱的歌辞，故有许多乐府史料与音乐有关。正史的"乐志""律志"和政书、类书中"乐"类文献自不必说，还有许多专门的音乐著作，如智匠《古今乐录》、崔令钦《教坊记》、段安节《乐府杂录》、陈旸《乐书》、凌廷堪《燕乐考原》等。在传世的古乐谱、琴谱中，如《碣石调幽兰》《魏氏乐谱》《九宫大成》《神奇秘谱》《太古遗音》《琴书大全》《琴曲集成》等录有一些乐府诗的声谱，对这些声谱的研究与破译会使乐府诗重新演唱。

9. **解题类史料**。乐府诗往往"缘事而发"，大都有本事，有稳定的题旨，后人拟写时不应背离，正如刘熙载《诗概》中所说："乐府是代字诀，故须先得古人本意。"[1]晋代崔豹的《古今注》和唐代吴兢的《乐府古题要解》、刘悚的《乐府古题解》、郗昂的《乐府古今题解》等都属解题类乐府史料，目的是为后人拟写乐府诗提供参照。这些史料值得深入研究，因为它们对后来文人的拟乐府诗创作有很大影响。

10. **乐府总集与选集**。乐府总集的编集从南北朝开始，《隋书·经籍志》中列有《历代歌词》等，虽然这些书籍已佚，从题名可以看出应是当时对乐府歌辞的编选。宋代是乐府歌辞编集的重要时期，出现了一系列乐府诗总集和选本，其中尤以郭茂倩《乐府诗集》成就最高，四库馆臣评价其"征引浩博，援据精审，宋以来考乐府者无能出其范围"[2]。元明清时期出现了许多乐府诗的选本，如左克

---

① 刘熙载《诗概》，见郭绍虞编选，富寿荪校点《清诗话续编》，上海古籍出版社，1983 年，第 2439 页。

② 永瑢等《四库全书总目》，中华书局，1965 年，第 1969 页。

明《古乐府》、梅鼎祚《古乐苑》、徐献忠《乐府原》、吴勉学《唐乐府》、顾有孝《乐府英华》等。此外，有些诗人的乐府诗也曾以单行本流传，如白居易的《白氏讽谏》等。目前，这些史料中除郭氏《乐府诗集》外，大部分还没有得到整理和研究。

11. **专门的乐府诗笺注与古诗选本中的乐府笺注。**乐府诗的笺注在人们注解《汉书·郊祀歌》时已开始，六臣注《文选·乐府》部分亦有独到的见解。到了明清及近代以来，出现了许多专门笺注乐府诗的著作，如清代朱乾的《乐府正义》、朱嘉徵的《乐府广序》、陈本礼《汉乐府三歌笺注》、黄节《汉魏乐府风笺》、闻一多《乐府诗笺》、陆侃如的《乐府古辞考》等。在一些关于古诗的注本中，也会选录部分汉唐乐府诗，如王夫之《古诗评选》、张玉谷《古诗赏析》、陈沆《诗比兴笺》等，亦多有独到之处。

12. **评论类史料。**汉魏以后，有许多人对乐府的性质以及它在文学、音乐方面的特色进行探究，尤其是到了宋代，"诗话"这一诗歌评论形式成熟以后，几乎谈论古诗的诗话中几乎都要言及乐府，明清时期的一些诗话如胡应麟《诗薮》、许学夷《诗源辩体》、杨慎《升庵诗话》、冯班《钝吟杂录》等都有对乐府诗的精彩评论。

13. **实物类史料。**除文本文献外，乐府史料中还应包括历史遗留下来的一些实物，如古乐谱、汉画像砖、古代乐器、墓志、碑帖等。这些实物史料证明了乐府曾有过的辉煌，对文本文献起到了很好的补充。比如，据《汉书》中记载乐府设于汉武帝时期，但秦始皇陵发掘出铸有"乐府"二字的钟，以后又陆续出土了一些秦代前后刻有"乐府"的封泥，充分说明秦代已有"乐府"的名称。

14. **口传类史料。**音乐史家黄翔鹏先生曾指出，"传统是一条河流"[1]，意谓在音乐的发展始终是在继承中革新，因而今天留传各地的民歌中一定会有前代音乐的遗存。音乐学界有所谓的"音乐考古学"，即是对古代音乐的考辨与清理。这对于我们研究音乐的音乐型态具有一定的参考作用。当然，此类史料是使用时应该谨慎，因为流传上千年的古乐，到底其中有多少是汉唐音乐的因素，需要有科学合理的证明。

15. **域外史料。**在全球化视野的背景下，我们应该放宽视野，搜集和整理域

---

[1] 黄翔鹏《传统是一条河流》，人民音乐出版社，1990年。

外的乐府史料，尤其是在汉文化圈中，日本、韩国、朝鲜、越南等地都有一些乐府史料。比如，《高丽史》中录有许多唐宋音乐的史料，《日本见在书目》中录有数部在本土失传的乐府著作。日本传有《杂钞》一书，据王勇考释，它是一部唐人乐府诗残集，其中有数十首乐府诗不见于《乐府诗集》和《全唐诗》①。像这样的书籍应该还有，需要我们进一步查找和考释。

四、亟需开展的工作

乐府史料学与乐府学的研究不同，乐府史料学重在于史料的搜集、整理、鉴别及其解读，正如马端临所言："考其流传之真伪，订其文理之纯驳。"② 而乐府学则是对乐府的全面综合研究。目前，乐府学虽然取得了很多研究成果，但是对乐府史料的研究和关注远远不够。笔者以为，当下亟需开展的工作主要有以下几项：

（一）乐府史料的汇编

史料学首要的任务是整理遗存史料，以此便知该研究领域史料之多寡、家底之厚薄。倘若再能将这些整理的史料按照某种体系汇编成册，必定能为研究者提供很大的便利。现在首先应该完成的是：（1）《乐府诗全编》。郭茂倩《乐府诗集》所收乐府诗不全，且仅止于唐代，宋元明清的乐府诗未收。彭黎明、彭勃所编《全乐府》虽收录宋元明清时期的乐府诗，对郭氏《乐府诗集》有所增补，但仍有遗漏。至于乐府诗的收录标准，需要学术界进行讨论，统一认识。（2）《乐府诗汇注集评》。（3）《乐府诗集校笺》。（4）《乐府诗序跋汇编》。古代有许多关于乐府诗的序跋，如元稹《乐府古题序》、吴莱的《古乐府序》等，以及刊刻乐府诗或《乐府诗集》时所作序跋，这些史料的价值很高，应该将其汇编成册。（5）《乐府诗评论资料汇编》。关于乐府诗评论的史料。包括出现在正史、野史笔记、文集、诗话中的史料。在以上汇编的基础上，最终形成《中国古代乐府史料

① 王勇《佚存日本的唐人诗集〈杂抄〉考释》，《文学遗产》2003 年第 1 期，第 22—31 页。
② 马端临《文献通考》，中华书局，2011 年，第 16 页。

集成》。在宋词研究中，由于出现了《全宋词》《词话丛编》《宋词序跋汇编》《宋代词学资料汇编》等一大批汇编性史料，极大地推进了宋词研究。乐府史料学的研究也应如此。

（二）乐府史料的辑佚

乐府史料在流传过程中散佚较多。比如，郭茂倩在《乐府诗集》中引用的许多书，后来散佚；在《玉海》《永乐大典》等类书以及武则天《乐书要录》、陈旸《乐书》中，抄录的许多书亦在后世散佚。开展乐府史料学，应该以目录学为线索，按图索骥，竭泽而渔，尽可能把散佚的乐府著作辑佚出来。这方面已出现一些研究成果，如陈释智匠的《古今乐录》全书已佚，清人王谟《汉魏遗书钞》、马国翰《玉函山房辑佚书》、黄奭《汉学堂丛书》均有辑录，今人刘跃进《玉台新咏研究》一书附录中亦有辑本；《歌录》已佚，清人王谟《汉魏遗书钞》、今人喻意志、李鹜均有辑考①；《荀氏录》已佚，郑祖襄有辑考②；刘次庄《乐府集》已佚，杨晓霭、喻意志均进行过考辨与辑录③。王师小盾曾带领学生一起辑有《古乐书钩沉》，但至今尚未面世。此方面还有大量的工作，需要研究者进行发掘。

（三）乐府史料的考辨

孟子曾说过："尽信书，则不如无书。"④ 洪迈《容斋随笔》卷四有"野史不可信"条，其云："野史杂说，多有得之传闻及好事者缘饰，故类多失实。"⑤ 因而，史料学研究的目的在于去伪存真，即如梁启超《中国历史研究法》中所言："史料以求真为尚。"⑥ 对于伪文献、伪信息，若不加辨析，必然会影响研究结论

---

① 喻意志《〈歌录〉考》，《天籁》（《天津音乐学院学报》）2004年第2期，第52—56页；李鹜《〈歌录〉佚文的辑校及有关问题》，《乐府学》第九辑，学苑出版社，2014年，第39—49页。

② 郑祖襄《〈荀氏录〉考》，《乐府学》第一辑，学苑出版社，2006年，第13—23页。

③ 杨晓霭《刘次庄〈乐府集〉考辨》，《文献》2003年第1期，第74—86页；喻意志《刘次庄〈乐府集〉、〈乐府集序解〉探原》，《文献》2004年第3期，第138—150页。

④ 孟子撰，杨伯峻译注《孟子译注》，中华书局，1960年，第325页。

⑤ 洪迈《容斋随笔》，中华书局，2005年，第53页。

⑥ 梁启超《中国历史研究法》，上海古籍出版社，1998年，第77页。

的准确性。

在乐府史料的研究中，甄别与考辨史料应该是重头戏。如前所述，乐府史料多为文人所录或所传，尤其是涉及音乐的部分往往似是而非，有时甚至是望文生义，需要我们今天做大量的考辨工作。比如汉唐乐府诗题中多以"行"字缀尾。这个"行"字到底是何意？汉唐人没有明确的说法。南宋姜夔《白石道人诗说》中说："体如行书曰'行'。"① 这一解释抛弃了"行"诗产生的音乐背景，完全是从文学、文化的角度阐释，故遭到了清代冯班的《钝吟杂录》的讥笑："'行'，本不知何解。宋人云：'体如行书。'真可掩口也。"②

再如，明代杨慎《词品》中有"鼓吹、骑吹、云吹"条云："乐府有'鼓吹曲'，其昉于黄帝记里鼓之制乎？后世有'鼓吹''骑吹''云吹'之名。《建初录》云：'列于殿廷者名鼓吹，列于行驾者名骑吹。'又曰：'鼓吹，陆则楼车，水则楼船。'其在廷，则以簨虡为楼也。水行则谓之'云吹'。《朱鹭》《临高台》诸篇，则'鼓吹曲'也，《务成》《黄雀》则'骑吹曲'也，《水调》《河传》则'云吹曲'也。宋之问诗：'稍看朱鹭转，尚识紫骝骄。'此言'鼓吹'也。谢朓诗：'鸣笳翼高盖，叠鼓送华辀。'此言'骑吹'也。梁简文诗：'广水浮云吹，江风引夜衣。'此言'云吹'也。"③ 汉鼓吹有"鼓吹""骑吹"之别，其他史料多有记载，但未见有"云吹"之称，杨慎此说是否可靠？此段文字后来被方以智《通雅》卷二十九、沈雄《古今词话》卷一所引，看来他们是信从杨说的。王运熙在《汉代鼓吹曲考》一文中辨析说："按云吹一名，不见古籍记载，况且《水调》《河传》是隋唐以后的新乐曲，与汉魏鼓吹曲无关。杨慎喜欢自我作古，这里'云吹'一名，大约也是附会简文诗句而杜撰的。"④ 王说有道理，纠正了杨氏之误。

（四）编制索引、辞典与史料的电子化

史料学的一项主要任务便是使史料可检并且易于检索。面对繁复杂乱的乐府

① 姜夔《白石道人诗说》，何文焕辑《历代诗话》，中华书局，1981年，第681页。
② 冯班《钝吟杂录》，王夫之等撰《清诗话》，上海古籍出版社，1963年，第42页。
③ 杨慎著，杨文生校笺《杨慎诗话校笺》，四川人民出版社，1990年，第400页。
④ 王运熙《汉代鼓吹曲考》，见王运熙《乐府诗述论》，上海古籍出版社，1996年，第224页。

史料，应该编制出一系列"索引"或"辞典"之类的工具书。前者如"乐府诗篇目索引""曲牌索引""乐府诗作者索引""乐府诗名物索引""乐人索引"等；后者如"乐府诗常用词语辞典""乐府诗本事辞典""乐府诗音乐辞典"等。此外，还应该为乐府著作编制提要，撰写叙录。

现在随着科技的进步，许多文献资料都电子化，甚至是在电子化的基础上，再制成检索系统，像南京师范大学编制的宋词资料检索系统，就为宋词研究提供了方便，广受学界好评。乐府史料也应该电子化，建立电子史料库，并制成检索系统。我们知道，语料库的建设极大地促进了语言学的研究，乐府史料电子库的建设，亦会推动乐府学的研究。

五、应该注意的问题

当前，乐府学的研究还处于初步阶段，学科自身的研究目标、研究体系和研究方法尚未完全建立。在这样的背景下，开展乐府史料学，必然能够推进乐府学，但同时也可能会遇到一些问题。依笔者愚见，以下问题值得重视。

首先，乐府史料学的研究与乐府文献学、音乐文献学有所不同。由于文献学研究的对象与史料学有所交叉，因而有人会将乐府史料学等同于乐府文献学或音乐文献学。事实上，在学科分工日益精细化的今天，史料学与文献学是不同的，安作璋在比较历史文献学与史料学时说："虽然研究内容可以部分地互相包涵、互相吸收，却无须互相代替。尤其因研究主体的学术立场不同，二者探讨问题的立场也就不同。……史料学家重视的是构筑历史的材料，历史文献学家则注重由这些材料构筑起来的史学成果，他们研究探讨的对象、任务、范围和方法都不完全一致。"① 乐府文献学、音乐文献学与乐府史料学之间的不同亦是如此，乐府文献学的研究要"弄清乐府活动情况""考证乐府诗作""清理乐府学典籍"②，重在研究遗存的文字性乐府文献，而乐府史料学的研究范围更大，还包括口头史料、实物史料等，且重在于研究史料本身及其史料的记录机制与利用方法。而音

---

① 安作璋《中国古代史史料学》，福建人民出版社，1994年，第63页。
② 吴相洲《乐府学概论》，人民文学出版社，2015年，第26—27页。

乐文献学研究的是古代音乐的整体文献，重视的是音乐，诸如文人的拟乐府诗、乐府诗选本等都不包括在内，因而与乐府史料学有较大差异。

其次，既要遵循史料学的一般理论，又要重视乐府史料的独特性。如前所云，历史学科对史料学的研究较为充分，基本上形成了史料学自身的学科体系，因而乐府史料学的研究应该遵循既有的学术范式。但是，由于乐府本身的复杂性，故应该力求突显出乐府史料的独特之处。乐府史料涵盖多个学科，具有多种形式，零散杂乱；又因音乐表演是时间性艺术、实践性艺术，史料却多自文人之手，故真伪莫辨。在研究过程中，我们应该避免两种倾向：一是完全站在音乐的立场，忽视乐府诗的文学性及其在文学史上的影响；二是完全站在文学的立场，依然沿用作家作品的研究方法，重视作者的传记史料、创作背景、思想内容与艺术特征，忽视隐含在乐府诗文本背后的制度、音乐、表演等史料。二十世纪后半叶，在很长一段时期内由于研究者的取向偏颇以及学科壁垒，致使乐府研究裹足不前。现在应该打破这种壁垒，融合多元视角，使乐府史料的研究具有自身独特的特色。

复次，要树立"竭泽而渔"的史料收集意识与"多闻阙疑"的研究态度。在史料学的研究中，极为强调"竭泽而渔"。胡适《中国书的收集法》中谈到史料收集时说："无论是破铜烂铁，竹头木屑，好的坏的，一起都收，要知道历史是整个的，无论哪一方面缺了，便不成整个"，"材料不在于好坏，只要肯收集，总是有用处的"①。何忠礼《中国古代史史料学》亦指出："对于史料，不可因偏见而为用废。"② 由于有些乐府史料空泛虚浮、真伪难辨，有些研究者可能会放弃。事实上，这样的史料也许今天不重要，明天就会发现它的价值；也许有的研究者不在乎，但对于另外的研究者却有重要意义；即使那些作伪的史料，也必有其作伪的背景与原因，值得进一步深究。另外，目前在乐府学的研究中，有些研究者处处以郭茂倩《乐府诗集》为衡量标准，唯郭氏之马首是瞻，显然这是不对的，乐府史料的研究绝不能局限于郭茂倩《乐府诗集》的窠臼。我们应该全面收集史料，重视其客观价值，尽量做到"竭泽而渔"。在对乐府史料辨伪、证伪的过程中，一定要有确实的证据，多闻阙疑，切不可牵强附会或轻易否定，凡是存疑之

---

① 胡适《中国书的收集法》，欧阳哲生主编《胡适文集》第十二卷，北京大学出版社，1998年，第466页。
② 何忠礼《中国古代史史料学》，上海古籍出版社，2012年，第315页。

处应予以明确指出，因为历史并不是全部都可以解释的，史料只为研究者做出解释提供了一种可能。

最后，充分利用古代文学、古代历史、古代音乐史的史料研究成果。当前，古代文学、古代历史和古代音乐史等学科在史料研究方面都有大量成果，开展乐府史料学的研究，要以开放的姿态，打破思维定势和学科壁垒，尽可能吸收和利用其他学科的成果，一方面避免了重复劳动，另一方面也有利于学科融合。只有这样，才不至于使乐府史料学走上封闭的道路而自说自话或盲目自大。

（本文部分文字刊于《河北学刊》2016 年第 6 期）

作者简介：

王立增，男，1975 年生，甘肃甘谷人。2001 年毕业于西北师范大学，获文学硕士学位；2004 年毕业于扬州大学，获文学博士学位；2007—2010 年，在首都师范大学博士后流动站从事研究工作。现为江苏师范大学文学院教授、研究生导师。目前，已完成国家社科基金项目 2 项，在《文学遗产》《学术界》《首都师范大学学报》《河北学刊》等期刊发表学术论文 30 余篇。主要从事乐府诗、诗词传播及音乐文献等方面的研究，成果有：（1）对唐代乐府诗予以专门研究，提出"乐府诗体"的概念，探究唐代乐府诗演进的各种细节，深化对文人乐府诗的认知；（2）对汉唐乐府诗及古代歌辞的生存环境、传唱机制、社会功能予以细致考察，强调乐人、文人在其中的意义和贡献，主张在礼乐文化背景下研究古代歌辞及"乐府学"；（3）关注元明清时期的乐府诗及乐府诗学史，倡导建立"乐府史料学""乐府选本学"等新的研究领域；（4）重视音乐文献的整理与校订，对部分出土音乐文献、隋唐音乐史料等进行过梳理。

当真言遭遇王权

周广荣

从古至今，世界上恐怕没有哪个国家或民族像古代印度那样对"语言"问题作持续不断的探求与思索，其热情之高涨浓烈，其思虑之精审奇邃，其学说之纷繁无尽，其流派之旁逸斜出，往往令身处异域的领略者惊叹！除了从通常的传统语文学角度分析语言外，掌握话语权的婆罗门祭司，以及后来的各派宗教神职人员，更从神话学、文学、哲学（包括美学与逻辑学）、神学等不同角度，探求并拓展语言所具有的多重属性与功能，以及其存在方式。梵语作为印度古代高度规范化的通行语言，也在这种探求与阐释过程中被置于神圣而崇高的地位。自吠陀时代起，作为梵语早期形态的吠陀语，即被神格化为一位女神——伐柯（Vāk），居于宇宙之巅，与诸神同游，长养诸神。在《奥义书》中，语言与大梵等同①，使梵语具有常住不变、真实不虚的属性，吠陀经典因此被称为"天启"（Śruti）之语。大约于此时出现的六种与吠陀相关的分支学科，即所谓"六吠陀支"（saḍvedāṅga）中，就有四种与语言的分析与研究相关。此后，对梵语的多维探求即全面展开，使之不仅兼具本体论、认识论、解脱论等形上学意义，更在具体的宗教实践、艺文创作，乃至日常的社会生活中，显示出丰富的形态与多重功用。

印度古代有这样一句谚语："智者要么去做转轮圣王，要么去研究语言。"在这里，转轮圣王与研究语言相提并论，形成一种耐人寻味的对应关系。除了借王

---

① 语言即梵（Vāk vai brahmeti），文见《大林奥义书》4. 1. 2.

权凸显语言的意味外，我们还可以体会到它们之间形成的一种张力。那么，当语言遭遇王权会出现一种什么样的情形呢？本文即以最能体现梵语神圣属性的真言与王权之关系为论题，探求其中蕴含的政教关系。

一、真言何为？

真言是梵语"漫怛攞"（mantra）一词的汉译，唐代僧人一行在《大毗卢遮那成佛经疏》卷一"入真言门住心品"，把真言解释为"真语、如语、不妄不异之音"①。稍后，不空在《总释陀罗尼义赞》中把真言与陀罗尼（dhāraõā）、密言（vāgguhya）、明（vādya）并举，认为它们都是依"真言道"（mantranaya）修行成佛的法门②。不过，如果把这几个概念放在印度传统文化背景中来考察，它们之间的涵义还是有显著的区别的。相较之下，真言应该是一个出现最早，应用最广泛，含义最丰富，最能诠表梵语之神圣性的概念。为了对"真言"所诠表的内涵有一个较为全面的显示，不妨借用梵语声明学中的"八啭声"，即真言作为名词的八种变化形式，同时结合印度早期经典对言语问题的记述，显示其诠表的丰富内涵：

八啭声	mantra	例 示
体	mantraḥ	《大林奥义书》：真言即大梵（4.1.2），是谓声梵（Śabdabrahman）；《摩奴法论》：语言决定一切事物，语言是它们的基础。
业	mantram	非人造作，仙人所传，常住不变，是谓天启
具	mantrena	《摩奴法论》：语言是婆罗门的武器（11.33）；婆罗门靠念诵真言和事火使自己脱险。（11.34）。《成唯识论》卷一：明论声常，能为定量，表诠诸法。
为	mantrāya	《摩奴法典》：为了保护世界，……他（生主或造物主）把教授吠陀、学习吠陀、祭祀……派给婆罗门。（1.87、88）

---

① T39/579b（《大正藏》第39册，579页，b栏。下同）
② T18/898a，不空《总释陀罗尼义赞》：于大乘修菩萨道二种修行，证无上菩提道。所谓依诸波罗蜜修行成佛，依真言陀罗尼三密门修行成佛。

八啭声	mantra	例　示
从	mantrāt	《梨俱吠陀》：语言有四分，唯智慧婆罗门知之。前三分隐匿，世人但知其一。（1.164.45）无所从来，无所从去。
属	mantrasya	初为婆罗门祭司专有，后为印度其他宗教修行者运用。
依	mantre	《梨俱吠陀》：言语之所在，即是此大梵；居宇宙之巅，苍穹之极。（1.164.10）
呼	mantra	赞颂，歌咏，诵读、观想等

从上表对真言八啭声的义旨例示，可以看出，自吠陀时代起，印度古人即赋予真言以至高无上的地位，认为它与梵天等同，常住不变，是世间万物的起源，是婆罗门仙人与神灵交流的工具，是人们认识世界的标准（pramāṇa），具有超世间的威力（sakti）。如同两个各具吸引力的天体，当真言与管理、维护世俗社会秩序的王权相遇，必然会出现一种力量的交锋，出现神圣性与世俗化的博弈状态，其间的往复回环，颇值得探究。

二、婆罗门至上——婆罗门教中的真言与王权

作为探究印度古代社会和文化，尤其是律法制度的重要文献，《摩奴法典》为人们了解婆罗门教占统治地位的早期印度社会生活状况，提供了最为翔实可靠的资料依据。该书虽成形于公元前二世纪至公元二世纪间，但它所反映的情形恐怕要早得多，其核心内容乃在于论列婆罗门与刹帝利、吠舍、首陀罗，以及其他杂种姓的地位、权利和义务，宣扬种姓制度的神圣性与合法性。从该书对婆罗门种姓权利和义务的规定，即可以看出，凭借真言的力量，婆罗门所具有的无上权威，以及它与王权相辅相成、相互为用的关系。

按本书第一章对世界生成及社会成因的记述，从梵天口中出生的婆罗门的职责是：教授吠陀、学习吠陀、主持祭祀、替他人主持祭祀，布施和接受布施。（1.88）其中，教授吠陀、主持祭祀、接受布施是婆罗门的专利，刹帝利、吠舍虽然可以学习吠陀、参与祭祀，但不能传授吠陀、主持祭祀。因为掌握吠陀，婆罗门成为整个世界的法主，（1.93）一方面他们是正法的化身，为法而生，与梵

合一。另一方面他们护持正法，为天下之尊，万物之主（1.98/99）。因为主持祭祀，他们通过献祭活动，直接与诸神对话。通过婆罗门的这两项职责，其神圣性即昭然可示。

与此同时，这两项活动又直接关系到婆罗门对真言及其威力的掌控。从其原初意义上来讲，真言最早指的是三部吠陀的本集，而真言之所以具有无上威力，除了吠陀是正法与智慧的源泉，还在于它能通过祭祀活动，呼召号令诸神，是勾通人神的媒介。当真言成为婆罗门的专利，为婆罗门掌控，自然对维护其神圣地位具有关键性的作用。这一点从《摩奴法论》第十一章的条文也可以见出，即当面对危险时，婆罗门通常会运用咒语，或通过祭祀，使自己摆脱危险的境地（11.34）；当面对各种敌对势力时，婆罗门应该用语言（即真言）来消灭压迫自己的人，因为语言是他们的武器。

如果说婆罗门是正法的代表，借真言维护其神圣性，自双臂出生的刹帝利王种，则是力量的化身，是世间秩序的保护者，靠其神勇行使职责。《摩奴法典》卷七把国王的出生归因于世间因恐惧而带来的混乱，他们汲取了雷神、风神、死神、日神、火神、火神、月神和财神的不朽因子，孔武有力，可以保护整个世界（7.3—14），《摩奴法典》把"保护众生、布施、祭祀、学习吠陀，屏绝欲乐"作为其职责和义务。（1.89）学习吠陀、赞助祭祀、向婆罗门布施，是刹帝利王种的职责，也是他们协助婆罗门维护正法的神圣使命。缘是之故，这两个种姓也就形成一种相辅相成，相互为用的关系："刹帝利无婆罗门不能繁荣，婆罗门无刹帝利不能昌盛；婆罗门和刹帝利结合在一起，而在今生和来世得以繁盛。"（9.322）

不过，当二者发生冲突或产生矛盾时，其势力或力量的对比，也就转化为神圣真言与世俗王权的较量。其间的势力悬殊，《摩奴法论》亦有着明确的界定："火出于水，刹帝利出于婆罗门；铁出于石，它们无所不穿透的威力在其所从出者面前柔弱无力。"（9.321）缘于此，当刹帝利对婆罗门极度傲慢时，婆罗门可通过真言来惩罚他。（9.320/321）换句话说，真言是婆罗门维护其神圣性或自身利益，应对来自刹帝利王族挑战与威胁的利器。这类事例在印度古代神话传说中颇为繁夥，在解释《吠陀》神话的《众神记》（Bṛhaddevatā）中即有两则非常生动的事例。

《众神记》第五章 50—81 记载了年轻的婆罗门夏婆斯瓦（Śyāvāśva，褐马）

凭借真言之力，娶得王族之女为妻的故事。其情节大致是，青年婆罗门夏婆斯瓦协助其父举行一次吠陀祭祀。在祭祀时，他爱上了资助这次祭祀的王族之女。但作为协助其父亲行使神圣职责的学徒，夏婆斯瓦还不是一位真正的婆罗门仙人，还没有迎娶公主的威望与资格。很快，夏婆斯瓦时来运转，他获得另外两位国王的丰厚布施，有足够的财力迎娶他心仪的王家女子。但是，他知道，财富并不是博取公主爱意的正确途径，再多的财富也比不上婆罗门仙人所掌控的真言的力量。他必须首先成为一位真正的仙人，让天神帮他实现愿望。天遂人愿，此时风神马鲁特（Maruta）忽然显灵。当其父惊慌失色时，夏婆斯瓦忽然记起，这时要念诵真言，于是他依法而行。他念诵的真言取悦了风神，获得风神赠送的胸甲。后来，夏婆斯瓦又用真言遣送死亡女神，完成了作为仙人的使命，赢得他作为仙人的地位。最后，他终于让王族心生敬畏，迎娶自己心仪的女子，且获得王族的诸多馈赠。在这个故事中，是真言使夏婆斯瓦获得仙人的地位，赢娶新娘，获得馈赠。这三项利养都出自让马鲁他神显灵的真言。

除了婆罗门借真言迎娶王家女子的事例外，《众神记》第五章13—23节还有一则婆罗门以真言对抗世俗律法的事例。其情节如下，甘蔗族的特拉耶鲁那王（Trayaruna）乘着由他的婆罗门祭司跋舍（Vṛsa）驾驭的战车前行时，将一个青年婆罗门的头碰掉了。国王叱责跋舍："你要对这事负责！""不，你应对此事负责"，跋舍回应国王。二人相讼未决，将此事告至甘蔗族长老会那儿，以求评判。长老会判定，执缰御辔者是凶手，于是跋舍即被问罪。跋舍不服，念诵一段真言，让那个被撞的年轻婆罗门起死回生，以申其冤情。回家后，跋舍把自己的怨愤向其父申诉。他父亲是位颇有威望的婆罗门仙人，听了儿子的倾诉后，非常愤怒，向国王发难。于是国王家祭之火的热度消失了，祭火上的所有祭品都不能烹煮。无可奈何之下，国王只好对跋舍好言抚慰，将他召回，重新封他为祭官。故事到这里并没有结束。跋舍的冤情雪洗后，到王宫寻找祭火的热能，他发现王后是一个盗尸者，用她的垫子把祭火盖上了。于是，跋舍与王后坐在铺着那块垫子的椅子上，念诵一段吠陀诗文，也就是真言，才使王宫的祭火重新燃起。在这个故事中，跋舍因为对他的枉判而恼怒，其中既缘于特罗耶鲁那国王本人，还缘于甘蔗族议事会，跋舍与他们的矛盾，其实是婆罗仙与刹帝利王族的势力之争，是宗教神权与世俗王权的力量对比。最后，起决定作用的依然是真言，它可以使人起死回生，可以控制王室的祭火。

真言之威力不仅可以压倒世俗王权，当其面对天界众神的神威时，也足以令天神戒惧。《摩奴法论》就声称，婆罗门"在愤怒时，可以创造出其他世界及世界的其他支配者，并使神变成凡人"。（9.315）这里，我们不妨通过另一则传说以申明其法。传说因陀罗失掉天朝后，国王那瞵阇因举行过百次马祭，代因陀罗为天王。那瞵阇贪恋美色，爱上前任天王因陀罗之妻。因陀罗之妻提出，除非那瞵阇车马随从的豪华程度超过前任天王，她才可以接受他。那瞵阇苦思冥想，终于设计出最豪华的场面，以博取心上人的欢欣。他让婆罗门用肩膀牵负其车辇，这种事恐怕从未发生过，因为即便是天神也要对婆罗门有所忌惮。也许是诸婆罗门对此举心生不满，他们肩负车辇，走得非常缓慢。天王那瞵阇享受如此殊荣，有点忘乎所以，嫌婆罗门走得太慢，竟然击打一位婆罗门仙人的头说"娑尔钵，娑尔钵"（sarpa，sarpa），意思是快点走，快点走。那瞵阇的此番举动一下子把这位婆罗门仙人惹火了，也重复了同样的话："娑尔钵，娑尔钵。"不过，同样的话在这位婆罗门仙人口中就成了具有无上威力的真言，意思成了"滚吧，毒蛇！"（sarpa，sarpa）于是，那瞵阇变成了一条毒蛇。从这则神话传说中，我们可以进一步体会到婆罗门的至上权威，他们不仅可以与世俗王权抗衡，且可以对不遵守正法的天王予以惩戒。

三、人主不化则道不行——
印度佛教中的真言与王权

佛陀在世时，对在婆罗门教中居于关键地位的真言，并没有给予特别的关注，有时甚至对婆罗门教徒借真言咒术谋食的做法，持批判态度。不过，佛陀对为降伏外道或祛除疾病而持诵咒语，则是认可的。部派佛教时期，法藏部与大众部都有自己的咒藏，说明当时佛教对咒语的修习与应用已渐成规模。大乘佛教时期，许多有成就的佛教僧徒，多出身于婆罗门种姓，深明吠陀，善持咒术，皈依佛教后，常凭借咒语之力摧伏外道，教化国王，弘扬佛法。不过，大乘佛教修行惯用的是六波罗蜜法门，咒术只是作为一种临时的或辅助性的方便之道，尚不成体系。在大乘佛教史上，比较能够反映咒语与王权之关系的事例，应该是龙树、提婆师徒教化南天竺王一事。此事在鸠摩罗什翻译的《龙树菩萨传》与《提婆菩萨传》中皆有记载，其情形几乎相同。此事究竟是发生龙树身上，还是提婆身上，并不重要，重要的他们运用婆罗门教传统中的真言法门，示现神通，役使天神，以教化国王。此将《龙树菩萨传》中的相关记述，详引于下：

> 又南天竺王总御诸国，信用邪道，沙门释子，一不得见，国人远近，皆化其道。龙树念曰：树不伐本则条不倾，人主不化则道不行。其国政法，王家出钱，雇人宿卫。龙树乃应募为其将，荷载前驱，整行伍，勒部曲，威不严而令行，法不彰而物随。王甚嘉之，问是何人，侍者答言：此人应募，既不食廪，又不取钱，而在事恭谨，闲习如此，不知其意何求何欲。王召问之：汝是何人？答言：我是一切智人。王大惊愕，而问言：一切智人，旷代一有，汝自言是，何以验之？答言：欲知智在说，王当见问。王即自念：我为智主，大论议师，问之能屈，犹不是名，一旦不如，此非小事，若其不问，便是一屈。迟疑良久，不得已而问之：天今何为耶？龙树言：天今与阿修罗战。王闻此言，譬如人噎，既不得吐，又不得咽。欲非其言，复无以证之，欲是其事，无事可明。未言之间，龙树复言：此非虚论求胜之谈，王小待之，须臾有验。言讫，空中便有干戈兵器相系而落。王言：干戈矛戟，虽是战器，汝何必知是天与阿修罗战？龙树言：构之虚言，不如校以实事。言已，阿修罗手足指，及其耳鼻从空而下。又令王及臣民婆罗门众，见空中清除两阵相对。王乃稽首，伏其法化，殿上有万婆罗门，皆弃束发，受成就戒。①

龙树也好，提婆也好，他们都是出身于婆罗门种姓，于吠陀典籍及诸道术，颇为通达，故能借咒语之力，呼召天神及阿修罗，示现于国王及婆罗门众面前，使之得以教化，皈信佛法。

需要指出的是，佛教僧徒为彰显佛法的殊胜，在借鉴婆罗门教的真言传统时，并非直接原封不动地照搬，而是以"陀罗尼"之名统摄先前真言即"漫怛攞"的功能。在汉译阿含类经典中，陀罗尼通常译作总持，指忆念不忘的能力，

---

① T50/185a，鸠摩罗什译《龙树菩萨传》。

它常与多闻连在一起，多闻总持即是指博闻强志的能力。在大乘佛教经典中，陀罗尼得到广泛应用，并逐渐发展出与婆罗教门教中的真言传统相类似的性质与功能，即持诵陀罗尼可以获得诸种功德与法力。比如在《般若》类经典中，就有持诵文字陀罗尼可以获得二十种功德的说法，后来出现的相应经典更有持诵陀罗尼，可以获得诸种神通法力的记载，这种倾向在后来的密教经典中尤为突出①。

七世纪前后，随着秘密佛教的骤然兴起，真言成为密教行者觉悟成佛的根本法门，被称为真言道（mantranaya），与此前大乘佛教通用的波罗蜜道（pāramitānaya）形成明显的对比。当真言广泛应用于佛教修习仪轨时，与此前诸多陀罗尼法门合流，成为高度体系化了的宗教实践法门，真言与陀罗尼混而不分，由是出现了不空所谓的真言，亦名陀罗尼，亦名密言，亦名明的说法。在密教中经典中，最能够体现陀罗尼与王权之关系的，应当是唐朝时期来自罽宾的沙门般若共牟尼室利翻译的《守护国界主陀罗尼经》，此经卷九"陀罗尼功德轨仪品"把 𑖌（oṃ）唵字作为"一切陀罗尼母"，称之为"守护国界主"，若有国主能依法修习，即可使国家安宁，天下太平。此陀罗尼母何以会有如此大的法力？经文是这样解释的：

> 善男子，陀罗尼母所谓 𑖌（oṃ）唵字，所以者何？三字和合，为唵字故，谓 𑖀（a）、婀、𑖂（u）乌、𑖦（ma）莽。婀字者，是菩提心义，是诸法门义，亦无二义，亦诸法果义，亦是性义，是自在义，犹如国王，黑白善恶，随心自在，又法身义。二乌字者，即报身义。三莽字者，是化身义。以合三字，共为唵字，摄义无边，故为一切陀罗尼首，与诸字义而作先导，即一切法所生之处。三世诸佛，皆观此字而得菩提，故为一切陀罗尼母，一切菩萨从此而生，一切诸佛从此出现。②

众所周知，在婆罗门教中，唵字被当作宇宙之中最神圣的声音，与大梵等同，是一切真言之始。在《守护国界主陀罗尼经》中，唵由真言变成了陀罗尼，它诠表

---

① 周广荣《声字与般若——试论梵语声字在般若经典中的形态与功能》，《世界宗教研究》2019 年第 6 期。

② T19/565c，《守护国界主陀罗尼经》卷九。

的婆罗门教义理变成了佛教正法，集佛之法身、报身、化身于一体，具有殊异的护国功能。

四、皇基永固，庶类同占——
汉传佛教中的真言与王权

在来华弘法的佛教徒中，以陀罗尼或真言之道著称者不在少数，东晋时期的帛尸梨密应该是较早的一位。据《高僧传》所载，帛尸梨密善持咒术，且多有应验，译出《孔雀王经》，把咒法传至江南诸地。翻译《大般涅槃经》的昙无谶也善解明咒，在西域诸国有"大咒师"之称，尝咒石出水，使国王信服。他在北凉沮渠蒙逊处弘化时，曾以咒术役使鬼神示现、石像流泪，使蒙逊敬信佛法。不过，值得注意的是，当昙无谶预知蒙逊要加害自己时，并没有借咒术脱难，而是看作自己的业对，诸神不能救治。这其中或许也隐含着在汉地佛教中，当咒术与王权遭遇时，咒术只能起到教化的作用，而不可能与王权抗衡，更不可能像婆罗门教中的真言那样，以显著的优势压倒王权。

沮渠蒙逊只是割据一方的政治势力，其情形颇类似于古代印度的城邦小国，当陀罗尼与具有"转轮圣王"资格的汉地皇权相遇时，其情形又有所改变。唐代永徽年间，阿地瞿多等人译出《佛说陀罗尼集经》，时人把陀罗尼印坛法门誉为众经心髓，万行导首，此经的译出能起到"皇基永固，常临万国，庶类同沾，皆成大益"之功能①。换言之，陀罗尼具有永固皇权、泽被万民的法力。

天宝年间，于"总持门最彰殊胜"的不空，大弘此道，把陀罗尼作为辅佐翼护皇权的不二法门，或祈雨，或禳灾，或降伏外道，或护持国家：

> 天宝五载，终夏愆阳，诏令祈雨。制曰：时不得赊，雨不得暴。空奏立孔雀王坛，未尽三日，雨已浃洽。……后因一日大风卒起，诏空禳止，请银瓶一枚作法加持，须臾戢静。
>
> 天宝中，西蕃、大石、康三国帅兵围西凉府，诏空入，帝御于道场。空

---

① T18/785a，《佛说陀罗尼集经翻译序》。

秉香炉，诵《仁王》密语二七遍，帝见神兵，可五百员，在于殿庭。……
（西凉府）城东北三十许里，云雾间见神兵长伟，鼓角喧鸣，山地崩震，蕃
部惊溃。彼营垒中，有鼠金色，咋弓弩，弦皆绝。城北门楼有光明天王怒
视，蕃帅大奔。

上元末，帝不豫，空以大随求真言被除，至七过，翼日乃瘳。

大历五年夏，有诏，请空往五台山修功德，于时彗星出焉，法事告终，
星亦随没。

大历六年，京师春夏不雨，诏空祈请。如三日内雨，是和尚法力。三日
已往而需然者，非法力也。空受敕立坛，至第二日大雨云足。①

除上述诸事外，不空对《仁王护国般若波罗蜜多经》的翻译，尤能说明陀罗
尼对皇权的护持之功。

《仁王护国般若波罗蜜多经》是对托名为鸠摩罗什所译的《仁王般若波罗蜜
经》的重译。南北朝时期梁代僧祐撰《出三藏记集》时，即把《仁王般若波罗蜜
经》置于"失译杂经录内"，尚没有归于罗什名下。隋代《法经录》将它列入疑
惑录内，题《仁王经》二卷，并注云："《别录》称此经是竺法护译，经首又题
云是罗什撰集佛语，今按此经始末义理文词，似非二贤所译，故入疑录。"② 也就
是说，此经很可能是一部疑伪经。虽则如此，因为它具有强烈的护国色彩，仍然
非常流行，多有僧徒依本经"护国品"仪轨，建立仁王法会，以镇护国家，祈福
除灾。在不空之前，窥基撰《瑜伽师地论略纂》时，曾引玄奘之说，称西方未闻
有此经本，对本经梵本之有无表示怀疑③。不过，这并没有影响到永泰元年
（765）不空奉诏再次翻译此经。将前后两种译本对较，很容易让人怀疑不空译本
是据旧译删改而成，如"序品"内改大比丘众"八百万亿"为"千八百人"，改
《光赞般若》为《大品般若》等无量无数般若；"受持品"内改不经见的僧伽陀
等十三法师位为习种性乃至法云等地，改二十八宿为星辰，并增重颂偈十二行，
陀罗尼一则，其中五大力菩萨已成为密教的五方金刚菩萨。也就说，不空所译

① 以上引文俱见 T50/712c-714a，赞宁《宋高僧传》"不空传"。
② T55/126b。
③ T43/129b，窥基《瑜伽师地论略纂》卷十："先师所立义增上缘生，既古所传故。……如
《仁王经》说有差别，……西方寻访彼经，未闻有本。"

《仁王护国般若波罗蜜多经》极有可能是对一部疑伪经的改造，而非据梵本翻译，从某种程度上讲，是"伪上作伪"。

据唐大兴善寺翻经沙门慧灵《仁王护国经道场念诵仪规序》所载，不空重译经文后，又译出《仁王念诵仪规》《念诵法》《陀罗尼释》，授其弟子良贲，详说五方金刚菩萨的身相威德，建立护国法会的择地、设坛、入场、观想、结印等行法，以及在整个过程中念诵真言的方法，还有依声明论分句解释之法，逐字解释仁王陀罗尼的字义。

经过不空的"重译"或改造，《仁王般若经》中的"受持品"在整部经中的地位显著增加。按经文所说，本经所宣扬的般若法门可以"出生一切诸佛法、一切菩萨解脱法、一切国王无上法、一切有情出离法"，能够殄除七种天灾人祸，使土安乐。因此，世间国王应当恭敬供养此经。其方法是：

> 应作宝幢，及以幡盖，烧香散花，广大供养。宝函盛经，置于宝案。若欲行时，常导其前。所在住处，作七宝帐，众宝为座，置经于上。种种供养，如事父母，亦如诸天，奉事帝释。①

如果国王能够如法供养，五方金刚菩萨与其眷属，就会承佛之命，令其国无诸灾难，免除一切刀兵疾疫。经文到这里还没有结束，而是由五方金刚菩萨异口同音，宣说了一段被称为"修行速疾之门"的陀罗尼，凡能诵持此陀罗尼者，就能借佛法威力，令国界永无众难。

这样看来，原属于般若类经典的《仁王般若经》，经不空改造后，它所宣说的佛法、功德及其威力，转移、凝结到一段陀罗尼中。陀罗尼在这里成了佛法的代称，拥有了佛法的威力，可以护国安邦，利乐有情。

当然，《仁王般若经》并非单向地护持皇权，而是在"嘱累品"对世俗王权自恃高贵、限制佛弟子出家行道、设立大小僧统、严酷统摄僧尼的做法，提出严正地抗诉，认为此举会使正法毁灭，外道横行，从而使百姓荼毒，国土破灭。值得注意的是，在"嘱累品"的经文中，并没有再出现陀罗尼，没有借陀罗尼的威力惩诫皇权的文字，也就是说，在汉传佛教中，陀罗尼真言对皇权而言，只具有

---

① T8/843b，不空译《仁王护国般若波罗蜜多经》卷下。

护持之功，而无惩诫之能。

结 语

以真言与王权的关系为话头，作了一番简短的检讨之后，我们也许会对古代印度婆罗门教的核心义旨，即"吠陀天启，祭祀万能，婆罗门至上"，有了更为真切地领会，可以说，其中的每一项都与真言密切关联：吠陀天启，也就是真言天启，因为真言最初指的即是吠陀本集；祭祀万能，但没有真言的参与，祭祀就万万不能，真言是婆罗门祭司阶层与众神进行互惠活动的交流工具；婆罗门之所以至上，就是因为婆罗门把持了真言，对上可以呼召、号令众神，对下可以教化、诱导世俗王族及工商百姓。约与大乘佛教的兴起同时，婆罗门教的真言传统改头换面，以陀罗尼的面目出现于佛教经典中，成为印度佛教僧徒宣扬正法、教化王权的方便法门。当陀罗尼或真言法门随佛教传入中土后，其情形又发生了根本性的转变①。"溥天之下，莫非王土，率土之滨，莫非王臣"②，佛教的陀罗尼真言与汉地的皇权相遇后，经过数百年的交锋，其神圣性与法力也大打折扣，变成了佛教僧徒供奉皇权的"祭品"，同时也丧失了它对王权的反制力。行文至此，笔者不由想起，明清时期，不少佛教典籍与重要的法器上面，都镌有"皇图巩固，帝道遐昌，佛日增辉，法轮常转"的字样。从某种意义讲，这十六个字未尝不可以看作宋元以来，汉传佛教僧徒心目中持诵的"陀罗尼真言"，它比较如实地揭示了汉传佛教中，真言与王权之间不言自明的微妙关系。

主要参考文献：

《摩奴法论》（Manu-smṛti），蒋忠新译，中国社会科学出版社，1986 年；马

---

① 真言陀罗尼在中印两国的这种差异性，或在于虽然两国都有精神或文化上的统一性，但在政治上则存在最显著的区别，即印度古代王国多是地方政权，即便偶或出现相对一统的政权，其统辖力也非常有限。相比之下，中土的政权更多的时期内是中央集权制，中央对地方具有绝对的统辖与约束。简言之，中印两国都是有着深厚文化或精神的一统传统，但在政治上，印度则不具备统一性，中国则属中央集权制的大国。

② 语出《诗经·小雅·北山》。

香雪据法文转译本，商务印书馆，1982 年。

《奥义书》，黄宝生译，商务印书馆，2010 年。

《大正藏》电子本，CBETA 电子佛典 2008 版。

Speech Acts and Kings' Edicts: *Vedic Words and Rulership in Taxonomical Perspective*, Laurie L. Patton Source, History of Religions, Vol. 34, No. 4, Representations of Rulers (May, 1995), pp. 329 – 350.

THE PHILOSOPHY OF THE GRAMMARIANS, Encyclopedia of Indian Philosophy, Vol. 5, EdT. Harold G. Coward & K. Kunjunni Raja, Motilal Banarsidass Publishers, Delhi, 1990.

Vàc, *The Concept of the Word in Selected Hindu Tantras*, Andre Padoux, Translated by Jacques Gontier, Sri Satguru Publications, Delhi, 1992.

（原刊于《宗风》庚寅春之卷，宗教文化出版社，2012 年）

作者简介：

周广荣，男，1971 年 11 月生，山东平阴人。自 1989 年起，先后就读于济南大学、曲阜师范大学、湖北大学，历获文学学士、硕士学位。1996—1999 年在扬州大学中国文化研究所师从王小盾教授攻读中国古代文学专业魏晋南北朝文学研究方向的博士研究生，完成博士论文《梵语悉昙章在中国的传播与影响》。2000 年 1 月入北京大学外语学院博士后流动站，从事佛教语文学与中印文化交流史研究。2002 年 4 月起，就职于中国社会科学院世界宗教研究所，历任助理研究员、副研究员、研究员，主要研究方向为佛教语文学与后期印度佛教史，现为《世界宗教文化》编辑部主任、副主编、中国社会科学院佛教研究中心副主任。先后至印度尼赫鲁大学梵文研究中心、日本名古屋色目寺、尼泊尔梵文佛经写本研究中心、美国华盛顿大学亚洲语文系犍陀罗语写本研究中心等科研机构访学。承担完成国家社科基金，院、所研究课题多项，出版学术专著、古籍整理、译著各两种，发表学术论文 30 余篇。

佛教论义的记录本及其东传

——以敦煌遗书及日本的维摩会为中心

何剑平

一、缘起：《庐山远公话》中的论义场景

论义又作"论议"，它由两人或多人参预，通过论辩双方的往返问难以显扬正理。佛教论义，在印度原为一种判决经典真伪、以种种异文句义解释佛说的学术辩论活动①，传入中土后成为讲经过程中重要的义项之一②。道宣在《续高僧传》卷十五《义解篇论》谈到施设论义的四种功用：一是"击扬以明其道，幽旨由斯得开"；二是"影响以扇其风，慧业由斯弘树"；三是"抱疑以咨明决"；四是"安词以拔愚箭"③。其在《大唐内典录》卷十"历代道俗述作注解录"则对论义之渊源及其名义有所解说："《大智度论》明十二部经中，乃至后代凡圣解释佛语，斯即是第十二部优波提舍经。据唐言译云论议也。深有所以名之为议。义取慧解，通敏能之，非彼庸疏而得陈迹。故佛经东渐，自汉至唐，年过六百代经

---

① 《阿毗达磨顺正理论》卷四四《辩业品》，《大正藏》第 29 册，第 594 页下。
② 关于敦煌遗书中的佛教论义，侯冲《汉地佛教的论义——以敦煌遗书为中心》一文曾进行过研究，认为敦煌遗书中有论义文（《世界宗教研究》2012 年第 1 期，第 42—50 页）。本文讨论的问题及立义与之不同。
③ 《大正藏》第 50 册，第 549 页下。

偏正，道俗归信，森若繁云。毗赞正理，弘扬大化。"① 法藏 P. 2807v 也认为论义是一种由宾主双方破除邪执、显示正理的学术问答②。在唐代的敦煌，讲经中的论义活动极为兴盛。赞誉讲经法师论义才能的描写大量见于敦煌文献，如 P. 2174 号（《释门文范（拟）》）说："法师威振八方，化隅四海，三端列口，若江海之倾流；七辩奔胸，似烟霞而落彩。圣教千旨，真宗万席，抠机美调，□□九天；利槌清词，流名万代。……论难兴，枢机落，一俯一仰，来往于宾主之端；一屈一申，问难于示迎之口。法师竖义之次，理合击扬。幸愿提携，乞垂将养。"S. 3702 号："仰唯法师有净名之词弁，蹈龙树之神踪，谈论不下于天亲，激扬岂殊于玄奘。"S. 1170 号（《书仪新镜（拟）》）："法师道光千古，学惣五乘；谈胜义若山泉泻，言河如大海，加以清词一发，谈论则云电争飞，再宣激扬则烟霞变色。"当时的文化环境虽已不可复睹，但仍能让我们想见当年在讲经之次、宾主双方进行论义之盛况。敦煌俗文学作品 S. 2073 号《庐山远公话》对论义过程作了较详细描写，该写卷记载了一段善庆与道安的完整论义活动，不易为研究者关注，为讨论方便，今节引如下：

　　须臾之间已至，相公先遣钱二百贯文，然后将善庆来入寺内。其时听众如云，施利若雨。钟声既动，即上讲：都讲举［题］，维那作梵，四众瞻仰，如登灵鹫山中。道安欲拟忻心，若座（坐）奄（庵）罗会上。于是道安手把如意，身座（坐）宝台，广焚无价宝香，即宣妙义，发声乃唱，便举经题云：《大涅槃经如来寿量品》第一。开经已了，叹佛威仪，先表圣贤，后谈帝德："伏愿今皇帝道应龙骍（图），德光金园，握金镜如（而）曜九天，从神光而临八表。愿诸王太子，金支（枝）永固，玉叶恒春；公主贵妃，贞华永曜；朝庭卿相，尽孝尽忠；郡县官寮，唯清唯直；座下善男善女，千灾雾卷，瘴逐云霄（消）。灾害不侵，功德圆满。三途地狱，悉（息）苦停酸；法界众生，同沾此福。"叹之已了，拟入经题。其时善庆亦其堂内起来，高声便唤，指住经题。四众见之，无不惊愕。善庆渐近前来，指云："道安上

---

① 《大正藏》册 55，第 326 页中。
② P. 2807v："夫论义者，宾主陈列，立破甄明。然后可以激清辩，明其邪正。使见闻者，长无疆之福，发希有心。今即列两座，分二宗。实宜立义端，互相问答，理合如是。"

人，大能说法。阇梨开经讲赞，渲（宣）佛真宗；广度愚迷，宣扬圣教。文词灿烂，域内无双。利益众生，莫知其数。长于苦海，如（而）作法船；结大果因，渡人生死。未审所讲是何经文？为诸众生宣扬何法？谁家章疏，演唱真宗？欲委根元，乞垂讲说。法师讲赞，海内知名，人主称传，国中第一。相公在此，聊述声扬，暖道场将为法乐；上人若垂大造，立仪将来，不弃荔尧，即当恩幸。"……（道安）乃唤："善庆近前！……吾今知女实是能人，若问经题，吾能奉答。"善庆曰："阇梨自称，却道'莫生颇我之心'，如来留教随经，皆因阿阇世尊谈宣，是人总会。今言许问，不敢有违。但知且问经名，后乃必当有问。"道安曰："适来问贫道所讲经文，当是《大涅槃经》。善庆闻之，分明记取。"善庆问曰："［何者为大？］何者名为涅？何者名为槃？"道安答曰："大者是广也，要广利一切众生，出于苦海。涅者是不生之义，不生不灭，即契真如；无去无来，便为佛性。槃之一字，般运众生，出于三界，令达彼岸。"善庆曰："上来三字义七般。""善庆闻之，切须记当。一者，喻若春杨（阳）既动，万草皆生，不论浅谷深溪，处处尽皆花发。妙法经名记（既）立，如来宣说流行，众生不拣高低，闻经例皆发善。二者，喻如绳木之义，便即去邪归正。三者，喻涌泉之义，湛湛不灭不流。经文长在世间，流转无休无歇。四者，喻如江海，能通万斛之船。众生欲过江湖，第一须冯高掉（篙棹）。经文流转于世间，能超出离之人，欲拟进道修行，第一须凭经力。五者，喻于天地覆载众生，若也天地全无，万像凭何如（而）立！《涅槃》经文既有，众生于此修行，若也经法全无，凭何如（而）出世？六者，喻如经纬，能成锦彩罗纨，直绕（饶）大绢与绫，皆总因他经纬。妙法经名既立，修道因此如（而）成。直至无上菩提，尽总凭他经力。七者，喻如路径，解通往来之人。欲行千里之人，起发因他道路。众生发心修道，先须读诵经文。所已（以）后圣道从资（兹）取。上来七义，各各不同，共识（释）经之［一］字。善庆闻之，还须记取。"善庆曰："经之一字，还有多般，更有经名已否？"道安答曰："涅槃之义，无量无边。卒说经名，如何得尽！譬如世间百姓，万户千门，凭何而处理？遂乃立期（其）州县，各自烈（裂）土分疆。经之一字，分宣万法，因此各异。州县要藉官长，妙法须立经名。州县若无官人，百姓凭何而理？经文制其疏抄者，梳也。譬如乱发获其梳理，万法既立经名，众圣因兹成道。上来所答，并总依经，更若有疑，任君再问。"善庆曰："经之七义，且放阇梨，更问少多，许之已否？"道安答曰："贫道天以人为师，义若涌泉，法如流水，汝若要问，但请问之，今对与前疑速说。"善庆曰："若夫佛法，尽总归依，轻尘[足]岳，坠露添流，依（挹）[之]莫恻（测）其源，遵之罕穷其济（际）。但贱奴今问法师，似荧光竞日，螳螂巨（拒）辙；自知鸿鸟，敢登于凤台？雷音之下，有鼓难鸣；碧玉之前，那逞寸铁！只如佛性，遍满有情，再问我佛如来以何为体？"道安答曰："善庆近前，莫致谦词，我佛以慈悲为体。"善庆又问曰："既言我佛慈悲为体，如何不度阐提众生？"道安答曰："汝缘不会，听我说着。阐提众生，缘自造恶业。譬如人家养一男，长大成人，窃盗于乡党之内。事既彰露，便被州县捉来，遂即送人形（刑）狱，受他考（拷）楚，文案既成。招伏愆罪，领上法场。看看是死，父母虽有恩慈，王法如何救得！我佛虽有慈悲，争那佛力不以（似）他业力，如此之[流]，难为救度。"善庆问曰："阐提众生，虽造恶业，我佛慈悲，亦合救之。上来所说，总属外缘。我佛如来，以何为性？"道安答曰："以平等为性。"善庆问曰："既称平等为性，缘何众生沈轮（沦）生死，佛即证无余涅槃？"道安答曰："众生沈轮（沦）恶道，从无明妄想而生，佛证无余涅槃，从一切皆尽。"善庆又问曰："众生无明有烦恼，与佛性如何？"道安答曰："无明烦恼是众生，一切断处为佛性。所以众生不离于佛，色（佛也）不离众生。上来所说言词，谨答例皆如是。"善庆曰："阇梨适来所说言词，大违讲赞。经文大错，总是信口落荒。只要悦喻门徒，顺耳且听。如江潮大海，其中有多少众生，或即是鼋鼍，或若是鰕蟹龙鱼，如是多般，尽属于水。虽然鱼水相同，于其中间有异，鱼不得水，如（鱼）便死，水不得鱼湛然。众生离佛即有沈轮（沦），佛离众生，[即]有寂灭。盖闻佛者出世独尊，一相之中迥超三界，为慈悲之故，救度众生。若佛与凡同，所说例皆不是。涅槃之经，甚处譬喻幽玄，今对众前，略请上人一说。"道安答曰："《涅槃经》譬喻，其数最多。大喻三千，少（小）喻八百，于其中间。"善庆问曰："黑风义者何？"道安答曰："黑风义者，是众生无明之风。众生从无量劫来，彼（被）此风摇动不定。将此风分为八般，引义台支，卒说不尽。"于是善庆知道安不解，解说不能。善庆问曰："阇梨既称国之大德，即合问一答十。虽有髑髅，还无两眼。凡人渡水，第一须解怕（拍）浮；不解，徒劳入水。黑风之义，谁人所讲，经文阿谁章疏？"于是道安心疑（拟）答，口不能答；口拟答，心不能答。手脚专颛，唯称大罪："愿汝慈悲，与我解说。"①

此段材料记载了善庆随从相公入东都福光寺中与道安法师论义的整个过程。其讲经程序：击钟→维那作梵→法师升座→焚香→都讲举唱经题→祈愿→入释经题→论义→入文。善庆连续问七个问题：①问经题名（道安答以三字义七般）；②我佛如来以何为体？③既言我佛慈悲为体，如何不度羼提众生？④我佛如来，以何为性？⑤既称平等为性，缘何众生沈轮（沦）生死，佛即证无余涅槃？⑥众生无明有烦恼，与佛性如何？⑦黑风义者何？对于以上七问，道安逐一作答。值得注意者，有三：

（一）在唱举经题后、入释经题前有一段祈愿（此 P. 3808 号《长兴四年中兴殿应圣节讲经文》亦可参证），文云：

> 便举经题云：《大涅槃经如来寿量品》第一。开经已了，叹佛威仪，先表圣贤，后谈帝德。伏愿：今皇帝道应龙骖（图），德光金园，握金镜如（而）曜九天，从神光而临八表。愿诸王太子，金支（枝）永固，玉叶恒春；公主贵妃，贞华永曜；朝庭卿相，尽孝尽忠；郡县官寮，唯清唯直；座下善男善女，千灾雾卷，瘴逐云霄（消）。灾害不侵，功德圆满。三涂地狱，悉（息）苦停酸；法界众生，同沾此福。叹之已了，拟入经题。

而这一义项在《入唐求法巡礼行记》卷二所记唐文宗开成四年十一月日本释圆仁往青州文登县（今属山东）赤山院听讲佛经仪式上则表现为施主誓愿②，云：

---

① 潘重规编著《敦煌变文集新书》，台北文津出版社，1994 年，第 1063—1068 页；项楚著《敦煌变文选注（增订本）》，中华书局，2006 年，第 1899—1938 页；黄征、张涌泉校注《敦煌变文校注》，中华书局，1997 年，第 264—267 页。

② 《入唐求法巡礼行记》卷二记唐文宗开成四年十一月日本释圆仁往青州文登县（今属山东）赤山院听讲佛经，目睹其讲经仪式："辰时，打讲经钟，打惊众钟讫。良久之会，大众上堂，方定众钟。讲师上堂，登高座间，大众同音称叹佛名——音曲一依新罗，不似唐音——讲师登座讫，称佛名便停。时有下座一僧作梵，一据唐风，即'云何于此经'一行偈矣。至'愿佛开微密'句，大众同音唱云——'戒香、定香、解脱香'等颂。梵呗讫，讲师唱经题目，便开题，分别三门，释题目讫。维那师出来于高座前，讲申会兴（转下页）

"维那师出来于高座前，讲申会兴之由，及施主别名、所施物色申讫，便以其状转与讲师。讲师把麈尾，一一申举施主名，独自誓愿。誓愿讫，论义者论端举问。"

（二）论义活动发生在入释经题之后。如梁武之世，都讲枳园寺法彪唱《摩诃般若波罗蜜经》题，其发题次序盖先叙《大品》之宗教功用，中详叙大、小品之别及五时判教说，然后释经题，此后云"傥有疑难，冀能酬答"① 云云，则表示论义活动将开始。但在《庐山远公话》中善庆的搅局使论义活动提前到释经题之前（"拟入经题。其时善庆亦其堂内起来，高声便唤，指住经题"云云）。

（三）宾主双方往返问答已形成一些客套语。例如，论义之前问难者于法师有致语：

1. 赞美法师才辩，如云：

> 善庆渐近前来，指云："道安上人，大能说法。阇梨开经讲赞，渲（宣）佛真宗；广度愚迷，宣扬圣教。文词灿烂，域内无双。利益众生，莫知其数。长于苦海，如（而）作法船；结大果因，渡人生死。未审所讲是何经文？为诸众生宣扬何法？谁家章疏，演唱真宗？欲委根元，乞垂讲说。法师讲赞，海内知名，人主称传，国中第一。相公在此，聊述声扬，暖道场将为法乐；上人若垂大造，立仪将来，不弃刍尧，即当恩幸。"

（接上页）之由，及施主别名、所施物色申讫，便以其状转与讲师。讲师把麈尾，一一申举施主名，独自誓愿。誓愿讫，论义者论端举问。举问之间，讲师举麈尾，闻问者语。举问了，便倾麈尾，即还举之，谢问便答。帖问帖答。与本国同。但难仪式稍别。侧手三下后，申解白前。卒尔指申难，声如大嗔人，尽音呼净。讲师蒙难，但答，不返难。论义了，入文读经。讲讫，大众同音长音赞叹。赞叹语中有'回向'词。讲师下座。一僧唱'处世界如虚空'偈——音声颇似本国。讲师升礼盘，一僧唱三礼了。讲师大众同音。出堂归房。更有覆讲师一人，在高座南下座，便读讲师昨所讲文。至'如含义'句，讲师牒文释义了。覆讲亦读，读尽昨所讲文了。讲师即读次文。每日如斯。"可见其讲经仪式之大致顺序是：打讲经钟→大众上堂→讲师登高座→作梵→大众同音唱颂→讲师唱经题目→释经题目→为施主誓愿→论义→入文读经→讲师下座。《入唐求法巡礼行记校注》［日］释圆仁撰，日本小野胜年校注，白化文、李鼎霞、许德楠修订校注，花山文艺出版社，1992年，第192—193页。

① 《广弘明集》卷一九，《大正藏》第52册，第238页上。

2. 问难者的致谦之词，如云：

> "但贱奴今问法师，似荧光竞日，螳螂巨（拒）辙；自知鸿鸟，敢登于
> 凤台？雷音之下，有鼓难鸣；碧玉之前，那逞寸铁！只如佛性遍满有情，再
> 问我佛如来以何为体？"道安答曰："善庆近前，莫致谦词，我佛以慈悲
> 为体。"

而法师答难语也形成一定格式，如云："上来所答，并总依经，更若有疑，任君
再问。"又云："上来所说言词，谨答例皆如是。"

《庐山远公话》此段善庆与道安就经题所展开的长篇论义，实在可以视为对
当时中土寺院论义活动的真实描写。那么，除了《庐山远公话》这样的俗文学作
品，当时论义双方有无对论义活动进行记录整理的文本呢？

二、论义的文本记录

据研究，自南北朝至唐代的唱导及讲经场所，在下听讲者都有执纸抄录主讲
者内容的习惯。在唱导师说法及法师讲经过程中都存在着一种听讲的记录本，它
是对唱导活动内容的真实记录①。敦煌文献中也留传下来一些写本，它们与佛教
论义密切相关。这些有关论义的文本有以下特征：（一）形成一定的书写格式或
套路；（二）有竖义、问答等的义项的承担者；（三）论义双方设有规则。以下
分述。

（一）论义文本的格式，如 P. 3549 号：

> 某乙闻：夫像教西传，盛扬雄迹。慈风东扇，元启宏宗。群生悟迎净眼
> 开，邪魔闻之心旷（胆）裂。是以广崇政教、匡护于兹者，则我司空之谓与

---

① 《续高僧传》卷三十《杂科声德篇·隋西京日严道场释善权传》《续高僧传》卷九《义解
篇五·隋益州龙渊寺释智方传》。见拙作《论南北朝唱导文学的底本及其资料来源》，提
交日本广岛大学于 2012 年 3 月 16 日至 3 月 22 日举办的第 2 届以"唱导、讲经与文学"为
议题的东亚宗教文献国际学术讨论会，后载《西南民族大学学报》2013 年第 9 期。

（欤）？伏惟我司空祚承大叶（业），圣福无疆，克修永图，诞应天命，威加四海，恩洽八难，流演一乘，以安邦国，则我司空之德矣。伏惟我都僧统和尚，德包三藏，道管（贯）幽明，敷惠日以流晖，动香风以写月，鸣（明）珠久着，七辩纵横，慈运四生，叹之难尽，则我和尚之德矣。伏惟我当席法将和尚，威振八方，化临四海，三端列口，若江海之倾流，七辩奔胸，似烟霞而落采，则我法将和尚之德矣。但某乙虚沾缁服，觉路由（犹）迷。叨尊胜席，战汗交驰。愿舍慈悲，小人始能开战，恩甚恩甚。

某乙闻：滔滔大海，归之者百川；岌岌孤峰，登之者万刃。法师以山为德，以海为深。度天地知成败之原，侧（测）阴阳知生灭之际。洞闲般若，妙悟无生。挺特难伦，英髦汗（罕）疋（匹）。但某乙近预缁流，滥处僧位。方隅未晓，法况岂知？嘱以高命，普沾感祚。若有昆季之情，乞赐矜容，恩甚恩甚。

某乙闻：台镜不明，无以滥（鉴）其像；洪钟不击，无以弁其声。真法不宣，何以之其后？今且日光西谢，司空坐疲。亦须尽命而作，欲得两山相向，欲得两海相扒，事须于理断决。若也蒙（朦）胧，便以一杓。谨依所集《维摩经》中立三身义，《百法论》中立四智义。一经一论，立义两端。幸请法师，略垂呵责。而上之语，并是释教玄宗，法门幽趣。至于浅识，难可侧量。幸愿高才，敢决疑情，恩甚恩甚。

再如，P.3547v号，首尾残。兹据内容拟题《承命论义者草稿》，并依原卷行款移录：

（首残）

1 道广。闻夫像教西传，盛扬雄迹；慈云东扇，元启宏
2 宗。群生悟净眼而开，邪魔闻之胆裂。是以广崇
3 正教、匡护法门者，则我河西节度张公之威▨
4 也。伏惟我尚书云 都僧统和尚云云
5 是时也，三春中律，四序秘辰，絮折南技，花
6 开北岸。今者大会缁素，法将云臻，共怀剑
7 战之词，欲列邯郸之陈。惶道庶忝预法筵，深

8 渐驱策。岂闻荧光斤照，添日月之大明；泉水

9 小波，益江河之大泽者，未之有也。道庶闻夫云云。

10 今者，群贤雅集，法将云臻，其佼弁（辩）者，若▨

11 有英才者妒两，但道庶且欲潜形于席侧

12 起（岂）敢慕（暴）虎凭河，志欲并（屏）迹座隅；何能冲风▨

13 刃。至于谈论，未敢留心。蒙命敫（激）扬，深怀战悚

14 仰惟法师怀洪海、纳道▨，八方举卧钦能，高

15 崇佼〔弁〕。但道庶情昏日久，难以惜诘。诘之论

16 端，伫闻清向。道庶闻云：台镜不明，无以鉴其

17 像等云。向者法师于所集《维摩经》中立四谛义、五逆义，《涅槃

18 经》中立真如仏性义者，岂不如是？

19 夫言四谛名目者：一苦谛，二集谛，三灭谛，四道谛。

20 言五逆者：一者煞父，二者煞母，三者破僧，四者煞

21 阿罗汉，五者出仏身血。言真如仏性者，名目极

22 多，要略而言，不过二众：一者自性清净真如；二

23 者随染真如。上来所说四谛、五逆、真如仏性等

24 名目奉答如是，有难疑任征。

25 仰惟法师学通今故（古），辩捷以机，通论道经，知今▨

26 故法师向者所责四谛之义者，一者小乘四谛，二

27 者大乘四谛。小乘四谛者，生死果为苦谛，恼烦业

28 集谛，寂灭▨为灭谛，戒、定、惠为道谛。大乘四谛者，

29 知苦无生是苦谛，知集和合是▨集谛，知灭来灭是灭

30 谛以元（无）二仏是道。

31 上来所说，计含断疑。苦要说扬，法席任申，所问若是。

32 聪明利智，道明即合知尾。若也更再三，同学何别

（下残）

比较可知，P. 3549 号之书写格式与 P. 3547v 号大同小异。不同者是前者详而后者略，其次是 P. 3549 号中之立义不同（"依所集《维摩经》中立三身义，《百法论》中立四智义。一经一论，立义两端"）。两者格式有如下步骤：一、叹佛教

威仪（佛教之功能）；二、褒扬参会圣贤（"河西节度张公、尚书云云、都僧统和尚"）之德；三、介绍讲经时节及场面；四、问难者致自谦之词；五、问难者赞法师辩才；六、立义诘难（共立三义：于所集《维摩经》中立四谛、五逆二义；于《涅槃经》中立真如仏性义）。七、回答。值得注意的是，P. 3547v 在表扬参会施者之德时采取了省略写法，如"我河西节度张公之威▨""尚书云云""都僧统和尚云云"，复次，由"蒙命敫（激）扬""嘱以高命"可知，此乃受命问难者论义前的草稿，或者说，参预论义者在论前准备的底稿。从 P. 3547v 号第 19 至 23 句，乃法师对"四谛"等名目的回答，而自 23 至 24 句所云"上来所说四谛、五逆、真如仏性等名目奉答如是，有难疑任征"属格式套语。通过这些分析，可以看出，前文所论善庆与道安的论义属文学书写，而此类写本中的论义内容则是对当时论义活动的文本记录。书者或为受命问难者，或为座下记录者。

（二）竖义的承担者。这些论义文本至少有两类：一为以都讲或座下质疑者立义以启论端；一为讲经法师竖义以启论端。此二类可以法藏 P. 2807、P. 2770v 为典范。郑阿财曾据 P. 2807 撰文稽考，认为此件写卷系吐蕃统治敦煌时期的佛教文书①，正面（案，此卷多处与 P. 2770v 相同）及背面均有都讲或座下质疑者立义之内容：

（首略）

某乙闻：智人者智，自知者明。法师德宇宏深，词峰（锋）电击。向承微词，难以惜情。不次当仁，敢申窥见，请垂听觉，然于所习维摩经中，立八难义。又，于本文立四无畏义。又，于入道次第中，立三性三无性义。谨依所见，立义三端。幸请法师，愿垂呵责，幸甚幸甚。

法师觉业钩深，词锋映俗。裹粮坐钾（甲），唯敌是求。某乙滥居此座，深愧褒扬。向者所问八难、四无畏、三性三无性名目如何者：言八难者：一、地狱难。二、饿鬼难。三、畜生难。四、北洲难。五、无想天难。六、世智辩聪难。七、佛前佛后难。八、生盲生聋难。所言难者，障不出世，名之为难。言四无畏名目如何者：一、一切智无畏，谓佛自言我具一切智故。

---

① 郑阿财《敦煌讲经活动都讲职司与文献遗存考论》，郑阿财等著《佛教文献与文学》，高雄佛光文化事业有限公司，2011 年，第 660 页。

二、漏尽无畏，谓［佛］自言我诸烦恼尽故。三、障道无畏，谓佛自言我知贪欲能障圣道故。四、出苦道无畏，谓佛自言我识无漏道出生死苦［故］。说此四法于大众中，心无怖惧，故名无畏。言三性者：一、遍计所执性。二、依他性。三、圆成实性。言三无性者：一、相无自性性。二、生无自性性。三、胜义无自性性。略答如是，有疑任征。

惟法师向者所征八难，四无畏行相依何得名者，可不如是？三途，约苦以立名。北洲，约虚以立名。无相（想）天，约界以立名。世智辩聪，约见以立名。佛前佛后，约时以立名。生盲生聋，约报以立名。言四无畏行相如何者，如经中说：一、［一切智无畏］，外道难云：瞿昙若具一切智者，何故问诸比丘乞食易得不，住处安乐不等？佛为答言：但为顺世师弟法故。应问，非谓不知。二、漏尽无畏，外道难云：瞿昙若言漏尽者，何故爱语罗睺，比呵调达？既有爱憎，云何漏尽？佛答：非不尽漏，但为顺根可折（摧）伏耳，非憎爱故。三、障道无畏者，为有难云：若言贪欲能障道者，何故须斯二果不断正妻？又于五欲，佛答：贪欲虽不障前二，定障第三及四等故。四、出苦道无畏者，外道难言：瞿昙说八圣道能出苦者，既言出苦，何故罗汉犹有寒热饥渴等苦？佛答：圣道实能尽苦，但为罗汉残报迷（未）亡，非有苦也。四种行相，具答如是。

向者法师所难依何如（而）得除遣者：然此八难，过累虽深，圣制四轮，而能摧伏。一、愿生善处轮，除初五难。二、发正愿轮，除世智辩聪难。［三］、愿值善人轮，除佛前佛后难。［四］、种深善根轮，除生盲生聋难。总斯而判，疑［网］合除。若也再发问端，放孔铁锤无别。

此为都讲或质疑者立义之例，序次有三：一、都讲或问难者立义三端："于所习维摩经中，立八难义。又，于本文立四无畏义。又，于入道次第中，立三性三无性义。"二、法师就"八难""四无畏""三性三无性"名目依次答难。以套语"略答如是，有疑任征"作结。三、问难者又就"八难、四无畏行相依何得名"咨问法师，法师引经文依次作答，后以"四种行相，具答如是"作结。此为往返问难例。

至于讲经法师竖义之例见，亦见法藏 P. 2807 写卷正面：

某乙闻：鹏鸦争飞，高低自别。金鍮相滥，见火应分。今此论筵，义亦然矣。仰惟法师有净名之广博，身子之玄谈。总三藏于舌端，持五业于口海。但某乙龙堆末品，梵宇轻尘。然则久积滞疑，未曾疏疑。幸逢法将，喜慰难胜。请立义此，将申难作。向者法师于维摩经中，立八难义。又，于本文中立四无畏义。又，于入道次第中，立三性三无性义。可不如是？云云。惟法师智量高深，非浅识所知。只如法义，何事不可？向者所立义门，并是法城幽键，经义要宗，至意虽则（测）难明，精略不无疑问。言八难者，未审八难何义，名字可如？言四无畏者，未番四种名目如［何］？言四无畏者，复是何义？言三性三无性者，何者三性，何者无性？仰请法师一一分析，幸甚幸甚。……

八难、四无畏中，敢有咨问。既言障（难）者，障不出世，未审此八种于何称之曰难？言无畏者，四种名目可知，未审四种行相如何？悬鼓待搥，分明解释。

惟法师辩海宏深，洪波勇而无尽，辞峰（锋）迅远，磊落义难当。向者所答言八种难依何得名者，三途，约苦以立名。北洲，约处以立名。无想［天］，约界以立名。世智辩聪，约见以立名。佛前佛后，约时以立名。生盲生聋，约报以立名。言四无畏所行相可知者，趣（于）八难之义，由（犹）未晓情。幸请法师，重为开决。若其切当，可敬念生。所有蒙眬，即见瓦解。

此问难者就讲经法师先前所立义门（"于维摩经中，立八难义。又，于本文中立四无畏义。又，于入道次第中，立三性三无性义"）请法师析解。法师作答后，问难者覆述法师前所竖义后[1]，又就八难之中八种难依何得名以及四无畏中之四种行相如何之问题继续咨问。法师依次答后，问难者又以"趣（于）八难之义，由（犹）未晓情"为由，"请法师重为开决"。可见，前文所论善庆与道安法师问难场面之描写正是敦煌论义文本记录之余绪。除了上述论义记录文本，相类者还见以下数种：

---

[1] 《续高僧传》卷十二《唐京师净影寺释善胄传》："隋初度北，依远法师，止于京邑，住净影寺。听徒千数，并锋锐一期。而胄覆述竖义，神采秀发。"

1. P. 3577 号①："则小人敢申矩见，今于《维摩经》中立五逆义，于《涅槃经》□□□，幸请法师希垂科判。"

2. P. 2770v《释门文范》："谨于所业《维摩经》中，立佛国因果义、不思议解脱，于《唯识论》中立八识义。又六无为。一经一论，立义四端。幸愿慈悲，略垂诃诘。"

3. P. 3097 号，《释门文范（拟）》，中云："谨依所习《成唯识论》中立唯识义，又于《法华经》中立火宅义。依经及论立义两端，幸请法师分明解释。"

4. P. 2930 号，原题《释门文范（拟）》，中云："谨依本业《维摩经》中立六神通义，依《百法论》中立四谛义，一经一论立义两端，向者六神通、四谛，未［（知）］名目如何？幸请法师希垂诃责。……谨于《涅槃经》中立真如仏性［（义）］，于《维摩经》中立五逆义，谨于所习立义两端，征义理处。"

5. S. 3702 号："仰惟法师教穷大小，声映古今，气逸烟霞，心融日月。向来所立经论之中六通、四缘、六波罗蜜、八识之义，可不如是？答：如是。既言如是，有疑任征。"

6. S. 191 号："奉答如是，有疑任征。"S. 191v："某乙……自小蹭蹬，而闲行仏法，舍毫而无识，锥然如此，粗寄空门，今既得睹论场。"

7. P. 2807 号写卷正面："谨于所业《维摩经》中，立佛国因果为崇义。又，不思议解脱义。《唯识论》中，立八识义。又，六无为义。一经一论，四义四科。幸众慈悲，略垂诃诘。如上诸义，并是释教大纲，法门机要。"

8. P. 2174 号："某以庸下草□□□忝沾，叟子宿缘幸会，得面明君，令竖论端，不胜驱策，略欲开发，希愿垂恩。"

以上八条与论义相关的文本记录大致形成了格式化的书写：佛教之功用、致自谦之词、赞法师才辩、立义、请尊宿先辈科简、往反问答等。《维摩诘经》在敦煌论义场所是常习用的经典。

（三）论义双方设定的规则。讲经法师与都讲之间或者问难者之间盖已形成论义的轨则，只是材料阙略，今已难见全貌。但是在一些写本中仍有论义方法的

---

① 共 33 行，句多残阙，拟题《主客答难蕲法师开示文》，然"蕲法师"者，文中未见，不知题名所据。该卷第 7 行至第 8 行云"责□□□客，某乙闻，台□□□，无以弁其声"可据 P. 3549 号补"某乙闻：台镜不明，无以滥（鉴）其像；洪钟不击，无以弁其声"，可见其中有些套语。

蛛丝马迹可寻。如 P. 2770v（《释门文范（拟）》）中的论述：

领问不明。向来所宣多义，非不一□。然谁为领问不明，更索再提□目□□果知□□□□□□□□，必须天假聪明，神与才辩，方可堪升法座，启发义端。未达老聃之宗，岂识如来奥旨？不晓以杖叩胫，为作琢磨苦。若愚朦难教，良功凿窍①。

问答错谬。且如一问一答，须引经论为宗。听彼来词，出何章疏，穷诘理猗，纰谬对废。颠之倒之，未是铁内铮铮，妄作佣中佼佼。不揣子微之口，来敌丘也之门。即欲子（仔）细根寻，实恐未知死所。

答义违宗。凡立义宗旨，无不博考金言。起答问端，理藉达于圣教。开一面之纲，容遣偷生。放令掉尾振鳞，还望衔珠相报。若也不知恩贷，处陆非遥。纵使相吁，何年见理？

引文避难。才欲切磋妙理，巧拙先章。不作图南，便为奔北。苟且引文脱难，终期大败，诚将难逃。未展七擒之谋，岂劳百胜之术？速须衔壁负俵（荆）请诣辕门，若也进退迟疑，俄见头飞白刃。

多语乱人。某乙闻：言语者，君子之枢要也。向听申述，无一要词。妄事多言，徒乱人耳。若效钝刀一割，由拟哀矜。更骋石□五能成，堪以为口实。井鱼奚知沧海，蟪蛄莫识春秋。可惜造化之功，虚生天地之一物。□□□□，难与其言。樗散之林，安施斤斧？

问不当宗。夫问语兴词，须当宗旨。未寻秘藏，妄起异端。有若登太华而访明珠，涉沧波而求杷梓。纵尝五味，莫辩酸辛；纵听八音，匪谐律吕。自可居阴止影，座下伏应。不息良工，为雕朽木。

答不依问。所答深义，将为洞达幽微，详槛（鉴）蒭词，真似梦中更梦。彰（章）疏并无此义，经论不载斯文。应缘狂间多时，今日擅生穿凿，未睹公输之巧，先陈嫫母之形。以方投圆，终为龃龉。不料井班（?）之智，

---

① 案，S. 1170 号（原题《书仪新镜》）中之第 30 至 35 句与 P. 2770v《释门文范》所载论义之过失义相类："某乙小子，不敢祇人，苦咨往来，谈杨难尽。领问不明。向来所宣多义，非不一一昭然，谁为领问，不明更索，再提纲目，力微呆（果）知绝腺（滨）水难胜大舟，必须天假聪明，神与才辩，方可堪升法座，启发义端，未达老聃之宗，岂识如来奥旨，不晓以□叩胫，为作琢磨，苦若愚朦难教，良功凿□□□令须引经论＿＿＿。"

来此对谈；更独龙象之威，致使自夷（贻）伊戚。

　　答语朦胧。凡是问答义理，皆须剖析分明。听彼答词，深为朦昧可叹；齐芉（竽）滥吹，然知怪石乱珍。自责失言，何堪征诘？

　　言词蹇涩。未发清词，为有赐也之辩；及闻宣吐，翻成李广之谈。祇如目槛（鉴）五行，口扬三教。大击大响，小叩小鸣者，敢以当人焉。观彼讷言，实非君子；登其论座，可惜光阴。急须六鹢退飞，用避后贤之路。

　　重言报语。若欲激扬圣教，先须讨本穷源。未得升堂，无由入室。论难深乖理性，征诘多败真宗。先言不易管窥，后语复依前范，足为矜愍，何可笑焉？宁进伽膝之荣，不忍坠泉之辱。若难而退，幸且偷生。祇应浑沌顽嚣，无事来游武口。

　　为说不领。适开秘典，言为甘露沃心，不期未悟真如，法义凭何入耳？虞公清唱，感动梁尘；伯牙鼓琴，驷马仰秣。尘马上（尚）明音律，法师深昧玄言，回遑无处容头，进退复羸其角，急须蹇旗卧鼓，弃甲遁逃。忽然万弩齐施，不得妄称尸骸。明镜含晖，不照暗中之象；华钟蓄响，岂应风击之鸣？

　　责重言。一言有失，驷马何追？土覆白纨，终难磨点。若有别理，可答前征。既无异闻，徒宣旧义。重言而藏己过，此未必为能；报语而惑时人，此未必为是。更有见解，即任申明。知无智能，早须避席。重言报语，何所益乎？

　　某乙闻，兵不如者，勿与调战；栗不如者勿得持久。然某乙不度微浅，叨触盛多。蒙众聆饶，免斯大败。属以日光西转，尊宿座疲，且聊繁词，略谈至理，诸余问难，请在别时，愿众慈悲，布施欢喜①。

P. 2770v 实乃极重要之论义写本。案，此段主要总结论辩术中双方可能犯的诸种言语过失，如一、堪升法座者须具才辩及知他宗；二、论义之设，其目的本在于通过论辩以显正理（"击扬以明其道，幽旨由斯得开"）；三、重言报语之过；四、法师因深昧玄言，故所说不为众人所领会。而"引文避难"条也真实反映了当时敦煌的佛教论义存在宾主为逃避交锋而放任"答义违宗"的不良情况。

---

① 《法藏敦煌西域文献》第 18 册，第 142—145 页。

而 S. 1170 号（《书仪新镜（拟）》）中第 14 至 16 句则对论义双方提出以下言论轨则："夫立论端，语须当理，发言申吐，未要繁词，若口用竞纷纭，则上下疏失，言不关典，君子所惭。"此即，语须当理、语须简洁而勿多语、避免诤论以及立论须有经典依据等。

以上这些有关论法的言论总结或者说论义的规则是中土的特色还是另有源头？

三、敦煌论义的记录本与佛教
论法（因明）之关联

前文所论敦煌论义方法中所涉及的"多语乱人""重言"，以及避免诤论三处，尤引人注意，它们的来源与印度佛教论义的既成论法有密切关联。因为我们在印度佛教论义相关的论法（因明）著作中同样可以看到上述相同的表述。

第一种论法的代表，是龙树所造《方便心论》，它是大乘佛教时代佛教论藏在辩论方法和原理渐次发达的标志。据《出三藏记集》卷二、《历代三宝纪》卷九、《开元释教录》卷六①，《方便心论》首译于东晋安帝之世，译主为佛驮跋陀罗禅师，次译于刘宋明帝时，西域三藏吉迦夜，以北魏孝文帝延兴二年（472），共僧正释昙曜译出，刘孝标笔受②。此论以论法为宗旨，被称为"诸论之本"，修习此论，能"广生问答，增长智慧"。谈到造作此论之缘由是"显示善恶诸相"

---

① 有关《方便心论》一书的著录，《出三藏记集》卷二著录吉迦夜《方便心论》二卷（阙），云："右三部，凡二十一卷。宋明帝时，西域三藏吉迦夜于北国，以伪延兴二年，共僧正释昙曜译出，刘孝标笔受。此三经并未至京都。"《历代三宝纪》卷九著录《方便心论》二卷（或一卷，凡四品），云："右五部合二十五卷，宋明帝世，西域沙门吉迦夜，魏言何事，延兴二年，为沙门统释昙曜于北台重译，刘孝标笔受。见道慧《宋齐录》。"《开元释教录》卷六著录沙门吉迦夜《方便心论》一卷，注云："或二卷，凡四品，第二出。与东晋觉贤出者同本，见道慧《宋齐录》及僧祐《录》。"按《历代三宝纪》卷七（译经东晋）著录禅师佛驮跋陀罗《方便心论》一卷（共法业出，见《高僧传》）云："安帝世，北天竺国三藏禅师佛驮跋陀罗，晋言觉贤，于杨都及庐山二处译，沙门法业、慧义、慧严等详共笔受。"

② 《出三藏记集》，梁僧祐撰，苏晋仁、萧炼子点校，中华书局，1995 年，第 62—63 页。《大正藏》第 50 册，第 71 页中。

"为欲利益众生""为护法故"①。此论谈到八种深妙论法：一曰譬喻，二随所执，三曰语善，四曰言失，五曰知因，六应时语，七似因非因，八随语难。令人注意的是，此论法中的第三、四、六都涉及论辩的语言问题。如以下三段论述：

（一）语善者，谓语顺于义。言失者，谓言乖于理。……语应时者，若先说"界入"，后说"五阴"，名不应时。若善通达言语次第，是则名曰应时语也。……云何名为语善相耶？答曰：不违于理，不增不减，善解章句，应相说法。所演譬喻而无违背，无能轻诃，以是因缘，名为语善。②

（二）问曰：何语能令世人信受？答曰：若为愚者分别深义，所谓诸法皆悉空寂，无我无人如幻如化，无有真实，如斯深义，智者乃解。凡夫若闻，迷没堕落，是则不名应时语也。若言诸法有业有报，及缚解等作者、受者，浅智若闻，即便信受。如钻燧和合，则火得生。若所演说应前众生，则皆信乐，如是名为随时而语。③

（三）问曰：何名言失？答曰：与上相违，名为言失。又二种语，亦名为失。何等为二？一义无异而重分别，二辞无异而重分别。云何一义而重分别，如言憍尸迦，亦言天帝释，亦言富兰陀那，是名义一名异而重分别。名义同者，如言因陀罗，又言因陀罗，是名义无异而重分别。复次，凡所言说，但饰文辞，无有义趣，皆名为失。又虽有义理而无次第，亦名言失。④

第二、三段引文极重要，前者关涉说法者如何面对不同众生选择合适语言传法。后者则关涉论辩者如何避免论辩语言的四种过失：一、义无异而重分别；二、辞无异而重分别；三、凡所言说，但饰文辞；四、言无次第。其中前两种过失均与前文所论 P. 2770v 中的"重言报语""责重言"相关。

《方便心论》在《明负品第二》谈到"众多负法"，也即导致论义堕于负处的诸种过患情况：

---

① 《大正藏》第32册，第23页中。
② 《大正藏》第32册，第23页下。
③④　《大正藏》第32册，第25页上。

（一）答曰：欲令人知立无执义，必堕负处，故说。复次，应问不问，应答不答，三说法要，不令他解。自三说法，而不别知，皆名负处。又共他论，彼义短阙而不觉知，余人语曰：此义错谬，汝不知乎？即堕负处。又他正义而为生过，亦堕负处。又有说者，众人悉解而独不悟，亦堕负处。问亦如是。如此负处，是议论之大棘刺，为深过患，应当觉知，速宜远离。①

（二）若言轻疾，听者不悟，亦堕负处。问曰：唯有此等，更有余耶？答曰：有。所谓语少、语多，无义语、非时语，义重、舍本宗等，悉名负处。若以此等为前人说，亦堕负处。②

可见，《方便心论明负处品》所述众多负法中有"语多"和"义重"两项，"所谓语少、语多，无义语、非时语，义重舍本宗等，悉名负处。若以此等为前人说，亦堕负处"云云，对于"义重"，本论于《明负品第二》后又申说："若有重过，即堕负处。"虽然对"语多""义重"未作详细解释，但其意义却是显而易见的。由此可知：应变力的匮乏、知己知彼的阙失、尽属废辞、使用语言的不当都是导致堕负的原因。

第二种论法的代表是瑜伽师著、玄奘译《瑜伽师地论》。在无著、世亲以前有一批瑜伽师弘扬大乘瑜伽学说，结成《瑜伽师地论》一书，此亦构成以后无著、世亲学说之所自③。值得注意的是，《瑜伽师地论》在方法论上运用了"因明"，对古印度的辩论规程进行了系统的整理。此论卷十五《本地分中闻所成地第十之三》说，因明的结构是用七类与论义有关的事来辩明问题，因明的运用，重点是同别人辨别是非，所以要用论义的形式。所谓因明有七大部分，一般称作七因明：一论体性，二论处所（论义场地的规定），三论所依，四论庄严，五论堕负，六论出离，七论多所作法。按七因明者，乃后世称法，盖在因明一词未流行前泛称进行论义应遵循之轨道，称为论轨、论证或论法④。七因明中第四种的"论庄严"，谈到立论者须具备五项标准：一善自他宗，二言具圆满，三无畏，四敦肃，五应供⑤。具体而言，以上言论关涉这样五个要点：一、对立者、破者学

---

① ② 　《大正藏》第 32 册，第 26 页下。

③ 　吕澂《印度佛学源流略讲》，上海人民出版社，2002 年，第 220 页。

④ 　《大正藏》第 30 册，第 356 页下。

⑤ 　《瑜伽师地论》卷十五《本地分中闻所成地第十之三》，《大正藏》第 30 册，第 359 页中。

识修养加以规定和要求。所谓"善自他宗者",表明论义双方不仅要娴习自宗的经典,对于他宗的经典虽不修行爱乐,但也要"读诵受持,闻思纯熟"。二、对论义者声音及语言的要求,强调声具五德。三、论者之胆量及勇气。四、宾主双方辩难应具备规则与礼貌。五、对论义演说者心态的要求,所谓"言词柔软""随顺他心而起言说",有谦让之美。此外,复有二十七种称赞功德与此论庄严者的五项标准互为补充,其中"四、于他宗旨,深知过隙。五、于自宗旨,知殊胜德",是对论义者知识面的要求;"八、于他所说,速能了悟。九、于他所说,速能领受。十、于他所说,速能酬对",是对论义者应变能力的要求;"十六、言不謇涩","二十二、凡所宣吐,分明易了",则是对论义者口头语言表述能力的要求;"二十三、善护自心,令无忿怒。二十四、善顺他心,令无愤恚",又是对论义质量的要求,而推重善论,不以诤论义,不追求竞胜的论义①,又恰与前揭S. 1170 号(《书仪新镜(拟)》)中所云"夫立论端,……若口用竞纷纭,则上下疏失"一致。

七因明中第五种的"论堕负",是说立论者因论义过失而失败,堕在负处,称为论负。论负分成舍言、言屈、言过三种。如《瑜伽师地论》卷十五《本地分中闻所成地第十之三》对堕负的言屈、言过两种条件依次所作说明:

　　言屈者,如立论者,为对论者之所屈伏:或托余事方便而退,或引外言,或现愤发,或现瞋恚,或现憍慢,或现所覆,或现恼害,或现不忍,或现不信,或复默然,或复忧戚,或竦肩伏面,或沈思词穷。……

　　言过者,谓立论者,为九种过,污染其言,故名言过。何等为九? 一杂乱,二粗犷,三不辩了,四无限量,五非义相应,六不以时,七不决定,八不显了,九不相续。……凡所言论,犯此九失,是名言过,堕在负处。②

"言屈"于立论者为对论者之所屈伏的十三种表现作了列举及逐条解说。言过者,则谓立论应避免的九种过失。其中"言屈"中之"或托余事方便而退,或引外言"云云,乃前文 P. 2770v 所论"引文避难"者。于立论者九种"言过"

---

① 《大正藏》第30册,第359页中。
② 《大正藏》第30册,第359页下—360页上。

中之第四"无限量"解释说："谓所说义，言词复重，或复减少。"此盖谓前论所谓"义重"之说。于第九"不相续"者释曰："不相续者，谓于中间，言词断绝。"此盖前论 P. 2770v 所谓立论者"言词謇涩"，无有辩才。

第三种论法的代表，是师承《瑜伽论》、世亲所造《如实论》。《如实论》注重对辩论术的谬误分析，这是超越龙树《方便心论》的①。"这是一部残缺不全的作品，书中讨论'曲解'（chala）、'倒难'（jāti）和'堕负'（负处 nigrahasthāna）三个范畴。……这部《如实论》显然是用来掌握辩论技巧的，因为辩论技巧对当时那些不仅发生在佛教徒与非佛教徒之间，而且在佛教本身派别之内的讨论，是十分需要。"② 据《历代三宝纪》卷十一，《众经目录》卷五，本论由西天竺优禅尼国三藏法师波罗末陀（梁言真谛）所译，该论尝在西域一带流传。《续高僧传》卷二《隋东都雒滨上林园翻经馆南贤豆沙门达摩笈多传》记达摩笈多"至沙勒国，同伴一人复还本邑。余有三人，停在王寺，谓沙勒王之所造也。经住两载，仍为彼僧讲说破论，有二千偈。旨明二部，多破外道。又为讲《如实论》，亦二千偈。约其文理，乃是世间论义之法。又至龟兹国，亦停王寺，又住二年，仍为彼僧讲释前论，其王笃好大乘，多所开悟"云云。现存《如实论》的前半部失传，论中三品皆标明"反质难品"，此三品为《反质难品中无道理难品第一》《反质难品中道理难品第二》《反质难品中堕负处品第三》。本论独有处是分难的过失为三种，如《反质难品中道理难品第二》说：

> 论曰：难有三种过失：一、颠倒难，二、不实义难，三、相违难。若难有此三种过失，则堕负处。③

将诸难分为三种，显示了分类的新见解。《反质难品中堕负处品第三》举出二十二种负处，强调在辩论中，若对方堕入其中一处，"则不须复与论义"。其名称如下：

---

① 参郑伟宏《汉传佛教因明研究》之《第一编古因明的传入》，中华书局，2007 年，第 83 页。
② 《论初期佛教逻辑及其有关文献》，巫白慧《印度哲学——吠陀经探义和奥义书解析》，东方出版社，2000 年，第 441 页。
③ 《大正藏》第 32 册，第 30 页中。

　　论曰：堕负处有二十二种：一坏自立义，二取异义，三因与立义相违，四舍自立义，五立异因义，六异义，七无义，八有义不可解，九无道理义，十不至时，十一不具足分，十二长分，十三重说，十四不能诵，十五不解义，十六不能难，十七立方便避难，十八信许他难，十九于堕负处，不显堕负，二十非处说堕负，二十一为悉檀多所违，二十二似因，是名二十二种堕负处。若人堕一一负处，则不须复与论义。①

世亲对二十二种堕负都有定义并有详细例解，如与我们讨论相关的第十三"重说"与第十七"立方便避难"：

　　十三、重说者，有三种重说：一重声，二重义，三重义至。重声者，如说帝释帝释。重义者，如说眼目。重义至者，如说生死实苦，涅槃实乐。初语应说，第二语不须说。何以故？前语已显义故。若前语已显义，后语何所显。若无所显，后语则无用，是名重说。

　　十七、立方便避难者，知自立义有过失，方便隐避，说余事相：或言我自有疾，或言欲看他疾，此时不去，事则不办，遮他立难。何以故？畏失亲善爱念故，是名立方便避难堕负处。②

显然，"立方便避难者"亦即 P. 2770v "引文避难"者。

　　至此，我们或许可以下这样的结论：敦煌文献中有关佛教论义的记录文本的形成，应该受到印度佛教论义理论的深刻影响，或者可以说，是在印度佛教论法理论的指导下发展的。我们这样说，是因为还有以下三条材料可资佐证：

　　（一）敦煌遗书 P. 3165 号所载保宣撰《讲经通难致语》（拟名）七首。保宣，为五代后期敦煌灵图寺俗讲僧。李正宇认为这七首是事后经人记录整理而成③。虽然原卷前后多所残缺，但仍能从中看出其写作套语格式，如其一、其二褒扬参会圣贤（"尚书""都僧统和尚""法将和尚"等）之德；其三保宣自我介

① 《大正藏》第 32 册，第 34 页中。
② 《大正藏》第 32 册，第 35 页下。
③ 李正宇《敦煌俗讲僧保宣及其〈通难致语〉》，载《程千帆先生八十寿辰纪念文集》，江苏古籍出版社，1992 年，第 210—219 页。

绍；其四述佛教之功能、介绍讲经时节及场面、保宣致自谦之词以及赞法师辩才以发启论端。显而易见，这七首与敦煌讲经中的论义大有关系。如其四有这样一段话颇引人注意：

> 保宣志浅，不敢当人，虽所卑微，也须择亲，近止攀□，□□不逾，接下寻游，恐乖失事。众中有同师、同学、同见、同闻者净土寺吴法律阇黎，天生英俊，禀性聪灵，一类之中，标为第一。如来留教，深（？）知喻而知因，调御贵宗，探见根底。意欲襄衣渡海，遇海浪而值深波；折草量天，望天门而转运。然乃是事，此佛法内，亦有浅深。人类众多，利钝者，乃有高下；三千律宝，并无抵（低）昂。大教之中，不生人我，事愿依请，接引少才，共立论端，则是恩甚。

文中所云"如来留教，深（？）知喻而知因，调御贵宗"者，即因明中常提及的"宗、因、喻"三支。"宗"是所立之义，即主张命题。"因"兼括原因与理由二种意义①；"喻"，窥基《因明入正理论疏》卷中解释说："喻者，譬也，况也，晓也。由此譬况，晓明所宗，故名为喻。"②

（二）P. 2931 号《佛说阿弥陀经讲经文》记南天竺国论师忧波提舍欲与王舍城内大论师摩陁罗论义，定其优劣：

> 各自尽到论场，国王亲排御驾。看他宾主往来，问答不曾放舍。陁罗国内尽知名，论鼓谭，最有声。提舍忽然从外入，击阳（扬）法鼓更聪时。穷究三枝源本末，更兼喻，甚能骛。问难往来如劈竹，放关辞辩似流星。陁罗论义不如他，词辩纵横不那何。嘲诮分明如马胜，机关深遂（邃）若玄何。词峰峻辩人难并，提舍其如雷震响。恰到浮图卓势力，论情聪利更无过。

这里"穷究三枝源本末"以下四句都是称扬提舍辩才的。其中"三枝"即三支，亦当指因明之法中宗、因、喻三者。如《宋高僧传》卷四《唐京兆大慈恩寺窥基传》《唐京师西明寺圆测传》均记玄奘为慈恩寺窥基讲新翻《唯识论》，圆测赂

---

① 陈大齐、吕澂《因明入正理论悟他门浅释 因明入正理论讲解》，中华书局，2007 年，第 208 页。
② 《大正藏》第 44 册，第 109 页上。

守门者，于《唯识论》讲场盗听，归则缉缀义章、疏通论旨，抢先讲于西明寺。基闻之，惭居其后，不胜怅怏。玄奘勉之曰："测公虽造《疏》，未达因明。"遂为窥基讲陈那之论，基"大善三支，纵横立破，述义命章，前无与比"①。据此，讲经文的作者无疑是熟悉论法的。

（三）P. 2770 正面抄《金七十论》卷上，共 10 页。然则《金七十论》为何种书？据《婆薮盘豆法师传》（陈天竺三藏法师真谛译），《七十真实论》乃公元五世纪人婆薮盘豆（天亲）法师所造，破外道所造《僧佉论》（亦名《金七十论》）。关于此故事，窥基《成唯识论述记》、湛然《止观辅行传弘决》卷十之一均载之。如窥基《成唯识论述记》卷四（本）载述世亲菩萨为救东天竺僧义，共数论师学徒论义，造第一义谛论破外道所造《金七十论》：

世亲菩萨为往昔时，东天竺有僧，共数论师学徒论义。彼立二十五谛，说大地等常，今无念念生灭，广叙彼宗。此僧难言："今必有灭，以后劫坏等有灭故，准前有灭。"外道难言："后必不灭，今无灭故，如今时山等。"彼僧于时竟不能答。王见信受僧佉外道，遂辱此僧，令乘驴等。然彼外道为王重已，造七十行颂论，王赐千金以显扬之，故今《金七十论》即其由致也。世亲乃造第一义谛论，亦名《胜义七十论》，以对彼论而破彼外道言："彼非能破宗、因、喻过，我僧并无故。又汝所立因有随一过，谁言今无灭故后亦无灭。我僧但言大地等法前必有转变灭，后有灭故，如灯焰等，汝不解量乃非我僧。"其时国王，遂将世亲此论，遍诸方域，宣令流布，无人当者。遂起昔时王，及僧佉外道证义者等骸骨，或缚草为人，拟彼时众而加挞之。②

① 赞宁撰，范祥雍点校《宋高僧传》，中华书局，1987 年，第 64、69 页。
② 《大正藏》第 43 册，第 379 页中。并见湛然《止观辅行传弘决》卷十之一："二者优楼僧佉，计云遍造。但眼根火多，乃至身根风多，具如金七十论说。此外道中有一众首，至金地国，头戴火盆，铁叶其腹。声王论鼓，命僧论议。有东天竺僧，与彼论议。彼立世界是常。僧难云：今必有灭，以世界坏时世界必灭，故证知今灭。彼云：必不灭如金山等，彼王彼时朋彼外道，遂令此僧乘驴受辱。王重外道，以七十斤金遗之，因此造论名《金七十》。后世亲造《七十论》，广破其宗，救前僧义。王重前僧，复令国人广行世亲所造之论，发外道尸及证义者，以鞭其骨。"宋杭州慧日永明寺智觉禅师延寿《注心赋》卷三："鞭尸者，佛灭后八百年，有如意论师出世，善能谈论，王礼为师。遂召外道，令如意论师立。论师立先因后果，集苦道灭。集是有漏因，苦是有漏果，道是无漏因，（转下页）

由上我们不难看出，P. 2770 正面抄写与论义有关的《金七十论》，背面抄写论义的规范，正是表明，在书写者心目中，这两类材料都与佛教论法（因明）有关。

下面我们将可看到，在日本中世的维摩会中，也存在一批具备敦煌佛教论义记录本体裁特征的作品。

四、敦煌佛教论义体式在日本维摩会中的延续

维摩会，乃日本佛教界的大型法会之一。自从藤原不比等先后于文武天皇庆云三年（706）十月及元明皇帝和铜二年（是岁当中宗景龙三年，709 年）冬十月修维摩会①，使濒于中微的维摩诘讲经重新兴盛②，古代日本佛教界逐渐形成

（接上页）灭是无漏果。外道遂来出过。外道云：汝师出世，说苦集灭道四谛，何以弟子说集苦道灭？有违师教说。如意救云：我不违师教。佛在世日，说先果后因者，为对不信因果有情，先说苦果，后说集因。我今顺因果说，亦不相违。此时外道朋党炽盛，众中无证义人。王赐外道金七十两，封外道论为《金七十论》，如意此时堕负，嚼舌而终。至佛灭后九百年，世亲出世，披寻外道邪论，果见如意屈负，遂造论轨论式等上王，救如意论师，王加敬仰，赐世亲金七十两，封为《胜金七十论》。王令缚草鞭尸，表外道邪宗，鞭草尸血出，所以云世亲有鞭尸之德，故知说须逗机，无证便堕。古人嚼舌，可谓为法忘躯矣。鞭草出血者，是知理为神御，邪法难扶，无情出血，表心境一如矣。"

① 《扶桑略记》第六"元明天皇"条载元明天皇和铜二年（709）"十月，右大臣［不比等］就植槻之净刹，延净达法师，修维摩会，惣历五个年矣"。《扶桑略记·帝王编年记》，黑板胜美编，《新订增补国史大系第十二卷》，吉川弘文馆，昭和七年（1932）五月，第 78 页。《元亨释书》卷二十一《资治表二》载，文武皇帝九年冬十月，是岁当唐中宗神龙二年（706），右仆射藤公屈沙门智凤为维摩讲师。（庆云三年十月，仆射不比等修维摩会一七日，始初十至十六，盖十六者大织冠讳，故充散日。）又元明皇帝和铜二年（是岁当中宗景龙三年，709 年）冬十月，右仆射藤公修维摩会。（十月，藤公不比等屈净达法师，于植槻净场修维摩会，礼也。此会中微，藤公更修，贵之而书。）《大日本佛教全书》第 101 册，高楠顺次郎、望月信亨编纂，昭和七年（1932），第 262—263 页。

② 《扶桑略记》第六"元明天皇"条载元明天皇和铜七年（714）"十月，维摩会始移修于兴福寺，凡移修此会于九处矣。然间中绝卌二年云々"（第 80 页）。《扶桑略记抄二》"桓武天皇"条载桓武天皇廿一年"十月，敕：维摩会如本于兴福寺行，永不移转。先是，或于长冈神足家修之，或就南都法华寺开讲，仍有此宣旨也"（第 115 页）。《元亨释书》卷二十三《资治表四》载，桓武皇帝延历二十年冬十月复维摩会于兴福寺。（十月维摩会复兴福寺。先或修长岗神足家，或平城法华寺，故有此敕。）《大日本佛教全书》第 101 册，第 283 页。

在固定地点定期或间断举行各种法会的文化传统。如承和元年仁明天皇时（唐文宗大和八年）在其南部（南京）奈良地区所举行的三大法会即有：兴福寺之维摩会，药师寺之最胜会，大（太）极殿之御斋会①。另在其北京即京都地区也有三大法会，即圆宗寺之法华会与最胜会，法胜寺之大乘会。北京之三会均由天台宗系统御管，又称为天台三会。诸会中，维摩会立会开会最早，据《扶桑略记》，维摩会始于齐明女皇三年（657）于山阶陶原（在山城国宇治郡）之上建立的山阶寺，后于元明女皇和铜七年（714）十月，"始移修于兴福寺"。由于藤原氏家族的倡导和推崇，兴福寺的维摩会在承和元年（834）以后，与宫中御斋会、药师寺的最胜会合称为"南都的三大会"②。

维摩会的举办，促进了佛教义学的兴盛。当时对维摩诘义学极重视，认为兴福寺维摩、药师寺最胜二会是"佛教之肝心，法藏之脂粉"，致使"天下名德为之披帙，海内学徒为其挑灯"，如《日本高僧传要文抄》第三《护命僧正传》载护命"大同三年（808）于山阶寺讲《维摩》，僧中以预此推为登龙门"云，又如《扶桑略记》第廿一"小松天皇"条载元庆九年九月"五日丙戌，敕：加兴福寺维摩会，药师寺最胜会，立义僧各一人"。维摩会成为学侣集会、论义之场所。

维摩会中讲经名僧辈出，他们于论辩场，咨询胜义，以论说义理为要务。例如：圣宝僧正于贞观十一年（869）被推为兴福寺维摩讲师，"请立贤圣义及二空比量义，三论之家贤圣之义从此始"③。观贤权僧正在般若寺举办法席，宣讲显密二教，曾任维摩会竖义，盛誉传遍南北各大寺。《扶桑略记》第廿五"朱雀天皇"条载承平五年（935）十月，被誉为"台山之龙凤"良源大法师，赴维摩会，与被称为"南都之鹜子"的义昭进行第一番互决雌雄的论辩，良源"言泉浪涌，流悬河弁。南北英才，共归其德。其后嘉声播扬，鼓动天下"④。《日本高僧传指示

① 据《元亨释书》卷二十三《资治表四》载，承和元年仁明天皇诏曰："自今经三会讲师始任僧官。三会何？正月宫中御斋会、三月药师寺最胜会、十月兴福寺维摩会也。当文宗大和八年也。"《大日本佛教全书》第 101 册，第 288 页。
② ［日］村上专精《日本佛教史纲》第二期《天台宗和真言宗时代》之《第十二章密教的兴盛和修法法会》，第 79 页。白化文、李霞校注《行历抄校注》，花山文艺出版社，2004年，第 180 页。
③ 《元亨释书》卷四《醍醐寺圣宝传》，《大日本佛教全书》第 101 册，第 50 页上。
④ 并见《元亨释书》卷四《延历寺良源传》。《大日本佛教全书》第 101 册，第 53 页下。

抄》"慈惠大僧正传"条载"对义昭法师勤维摩会敕使房番论义事"。同书"音石山大僧都传"条载"和上嘉祥二年（849）勤（请）维摩会讲师事"①。又同书"增利僧都传"条载"僧都维摩会竖义讲师年代事②""维摩会大安寺观算竖三论大义僧都精问事"以及"僧都蒙维摩会探题宣旨事"。能承维摩讲师之诏，素为义学僧所宝重，如兴福寺僧壹和，与祥延齐名，村上天皇天历三年（949）敕祥延为维摩讲师，壹和"抱愤废所业，隐尾州热田神祠"③。可见，许多僧人以膺选为维摩会讲师为荣，维摩会讲师是维摩诘义学兴盛的一个重要标志。由现存《维摩会方考例》《维摩会竖义日记》（天正十七年）、《维摩会々始之记》（正德四年)④，以及法隆寺出平安时代前期写本（表纸）《小乘律论疏记目录》所收录（331）《维摩会记》一卷，卅一；（332）《维摩会问答》一卷等，即可想见当时维摩讲师研学竖义之盛况。言讲师者，据凝然的说法，即"读经论文，初开义途，立理顾旨，穷尽纲目"之人⑤。值得注意的是，这批与维摩会相关的论义史料与敦煌的论义文本记录多有相似之处。如现藏于日本上野学园日本音乐资料室、撰成于宝治元年（1247）的《维摩会表白》⑥说：

　　小僧尊信，问道法海，先溺定水之疾浪，企足学山，早迷理窟奥区，况乎不梦吾师，久倦研精，忝赝讲匠，辞而不得，粗伝师说，以答高问。伏愿：宝祚无穷，与仏石而伝长；鸿基常固，与芥（化力）城而争久。护持三宝，修行十善，天下和平，非（兆）庶宁谧，仰望庵园教主牟尼尊、十方三世诸善逝、净名妙德诸菩萨、龙神八部非人等，还念本愿，故影向令円满大

---

① 《日本高僧传要文抄》第三《音石山大僧都传》记"嘉祥二年请之（音石山大僧都明诠）维摩会讲"事。《大日本佛教全书》第101册，第63页。

② 《日本高僧传要文抄》第三《增利僧都传》云，仁和二年维摩会竖义事。《大日本佛教全书》第101册，第65页。

③ 《元亨释书》卷四《兴福寺壹和传》，《大日本佛教全书》第101册，第52页。

④ 皆载于《大日本佛教全书》第一百二十四册《兴福寺丛书第二》，昭和六年（1931）四月。

⑤ 见凝然《三国佛法传通缘起》卷中，《大日本佛教全书》第101册，第116页下。

⑥ 《大宋僧史略》卷中"行香唱导"条云："舍利弗多辩才，曾作上座，赞导颇佳，白衣大欢喜，此为表白之椎轮也。"《大正藏》第54册，页242上。《释氏要览》卷上"表白"条云："表白：《僧史略》云，亦曰唱导也。"《大正藏》第54册，第276页中。

施主御愿。①

此乃维摩讲师在讲玄奘所译《说无垢称经》前的谦逊之词，"以答高问"关涉论义，其表白写法与敦煌佛教论义记录本当无二致。再如维摩会讲师的自嫌句——

> 缪以少量之材，忝备大会讲匠，心月未莹，因明内明之义尚暗，性渊无深，唯识唯心之教相已浅，升师子之座而耻羊质之多踬，对龙象之众而恐驽怯之难励者也。②

按：S. 1170 号（《书仪新镜（拟）》）中有某僧欲启论端先称扬法师以示自谦句，可引为连类，发明印证。文曰：

> 某乙小子，不敢当人，苦谈往来，谈阳（扬）难尽。法师学穷大小，声暎古今，气逸烟云，心融日月，但厶乙触途未晓，庶事肤流，仰法鼓以魂惊，瞻义山而悚栗。但以法门幽邃，不恻（测）其原（源），命启咨陈，未知评否？

讲师之外，作为问难者表白之例，如《维摩会表白抄》所记寿永二年（1183），问难者弁晓的表白：

> 寿永二年维摩会初座讲问讲师范雅
>
> 毗耶城之月及光耀于飞鸟朝，庵罗园之花留芬芳于耶马台，以降，玄谈探显，不二门之枢挞高开；白法煽世，净名室之道仪云移。龙才之期鳞飞，以之拟河津之浪；烛名之待凤举，由之凌蓼廊之灵。诚是弘道之滥觞，伝灯之轨辙欤。讲匠早遁㮸叶荣□之后，颇久嗜八识五重之学窗，智力拔山，虽为骆前之才，妙弁悬阿（河），量耶人中之宝哉！弁晓芸□三余，学业犹拙，

---

① 《第四部维摩会关系史料·史料编》，［日］高山有纪《中世兴福寺维摩会の研究》，勉诚社，平成九年（1997）刊，第 257 页。

② "大会以下表白，自嫌番句"，东大寺图书馆所藏史料二九函一四二号。

花严一宗敕暧犹及，惭当初问之仁，愍揭二明之题。①

据此则知，"讲匠早遁"以下至"人中之宝哉"是问难者赞扬讲师的内容，而"弁晓芸□三余"以下则是问者弁晓发问前的自谦之词。

兴福寺藏大永三年（1523）《维摩会讲师坊引付》则向我们说明了讲师与问者的论义序次：

> 次问者表白，论义有之。次讲师自嫌句，取牒答之。闻钟退出。（坛上西胁待，道具可令出之）鼻高用之，共奉人等左右调，静舆左（西）绕，北向后乘舆，是敬堂之仪也。②

在讲问往返论义中，问难者出题中的二问，由讲师回答③。

成簣堂藏《类聚世要抄》第十七则向我们展现了日本平安朝末期法相宗论义的情况：

> （丙甲）伝灯住位僧文源法相宗专寺
> 所立唯识义一章·四种相违义并十帖，得八 略二、
> （丙甲）伝灯住位僧范庆法相宗专寺
> 所立唯识义一章·四种相违义并十帖、得九 略一、
> （丙甲）伝灯住位僧隆源法相宗专寺
> 所立唯识义一章·四种相违义并十帖、得八 略二、④

相同的情况还见于《维摩会表白抄》："竖者五重唯识之奥藏随难悉开，四种相违

---

① 《维摩会表白抄》，东大寺图书馆所藏史料一〇三函四二号。
② 《维摩会讲师坊引付》，兴福寺藏史料一六函八四号；［日］高山有纪著《中世兴福寺维摩会の研究》，勉诚社，平成九年（1997）刊，第 290 页。
③ 《类聚世要抄》还记载了讲师欲答问时使用五狮子如意之事，云："论义之间题条了，欲答之时，取如意也。一乘院僧正玄觉伝，彼僧正讲师时如此，或说一帖答了，欲答今一帖之时取如意也。证愿僧都先师说，（觉晴）近来不知其旨欤？"
④ 《类聚世要抄》第十七，转引自［日］高山有纪《中世兴福寺维摩会の研究》，勉诚社，平成九年（1997）刊，第 157 页。

之难义运重弥明，诚是禅林之翘楚也，词花旁增奄园之匀，学海之丹（舟）檝也，智水频沂龙门之浪，无由加难，只判为得题、口得。"① 由"四种相违义"可知日本法相宗的论义有着明显的因明学色彩。而这与玄奘所传法相宗在兴福寺的弘传密切相关。维摩大会的举办地兴福寺是当时法相宗的谈义林。凝然《三国佛法传通缘起》卷中说："兴福寺者，自昔已来乃至后代，专学法相。学侣繁昌，论难弥昌。学侣不知数，钻仰不限年。智海浚浚，义峰峙峙。欲陈述其相承次第、横竖支流，难率举尽。"② 可见，日本法相宗促进了佛教论义的兴盛。日本自孝德天皇白雉四年（653）始，大量日本求学僧入唐学法相宗，如道昭、智通、智达、智凤、智鸾、智雄等，其中的道昭和尚，于孝德天皇白雉四年（653，是岁即当唐高宗永徽四年）入唐求法，从玄奘三藏学法相宗，与慈恩同学，归国后即弘所传，成为"三藏（玄奘）新翻经论诸典创传日域"的重要功臣，盖在唐高宗显庆三年（658）前后，玄奘所翻《瑜伽师地论》等有关因明论著相继输入日本。智通、智达二法师回国后，也大弘法相宗旨③。法相宗在日本的兴盛，推动了佛教经典的讲说与论义，原本以兴福寺为中心的法相唯识之学，扇及日本诸寺，诸如元兴寺、药师寺、东大寺、西大寺、法隆寺等皆习学法相，造成"学侣继踵，论难弥昌"的义学盛况，亦使专在兴福寺举行的维摩会扩大到他宗他寺④。从这一背景看，日本现存维摩会史料中的论义受到了因明的影响即可得到合理的解释。

结　语

综上所述，自魏晋南北朝沿袭下来的佛教论义传统在唐代有着持续的发展。在敦煌遗书中保存了一批数量可观、有即时性和当下性的论义文献，对于我们重

① 《维摩会表白抄》，东大寺图书馆所藏史料一〇三函四二号；［日］高山有纪《中世兴福寺维摩会の研究》，勉诚社，平成九年（1997）刊，第176页。
② 东大寺沙门凝然《二国佛法传通缘起》卷中"法相宗"条，第18页。
③ 东大寺沙门凝然《三国佛法传通缘起》卷中"法相宗"条，第17页。
④ 东大寺沙门凝然《三国佛法传通缘起》卷中"法相宗"条："维摩大会行在兴福，遂业遂讲，非唯专寺，他寺他宗亦遂洪业。"

构唐代佛教论义的历史原貌提供了珍贵的资料。它们的书写者至少有两类：一是都讲或受命问难者为讲经竖义而准备的草（宿）稿；一是座下听讲者对讲经中论义程序的记录本。这两类的文本详略不同，但都是对佛教讲经仪式中从"释经题目"之后到"入文读经"之前这一区段论义程规的完整呈现和记录，它们在内容上形成了格式化的书写：赞释教化导之功、都讲或问难者向法师致自谦之词、赞法师才辩、立义、请尊宿先辈科简、往返问答等。从这些内容中可看到当时讲经法筵上的都讲或承命发问者在致自谦之词以及褒扬法师辩才方面都借鉴了辞赋文学的表现手法。可以想见敦煌地区佛教论义崇尚智慧、张扬才辩的文化风尚。同时，这批论义文献也反映出敦煌佛教论义活动已形成宾主双方在辩论过程中应守的行为准则，此即立论对论双方应如何避免论法中的诸种言语之失如重言、多语以及反对竞胜的论义等，这些辩论守则的确立应该说是受到玄奘新译《瑜伽师地论》及南北朝时期流行于北方的一些论法（因明）著作的启示和影响。如 P. 2770 正面、背面均抄写与佛教论法相关的内容，又于立义方面申言"于《唯识论》中立八识义"，都说明玄奘法相宗及其所倡导的印度因明论著在敦煌佛教论义方面的影响力。

值得指出的是，在唐高宗显庆三年（658）前后，玄奘所翻《瑜伽师地论》等有关因明学论著相继东传日本国，到北宋时，中土论义之风日趋衰微，都讲不再对讲经法师进行击问质难①，而以兴福寺为中心的日本法相唯识之学，却以维摩会为论义主旨呈现出前所未有的昌盛。

（原刊于《敦煌吐鲁番研究》第十六卷，2016 年）

作者简介：

何剑平，1964 年出生，甘肃敦煌人。1992 年毕业于西北师范大学，获文学硕士学位。1997 年考入扬州大学中国文化研究所，师从王小盾教授攻读古代文学专业博士学位。2001 年进入四川大学中文系博士后流动站，师从项楚教授。2006 年

---

① 《释氏要览》卷下"都讲"条："今之都讲，但举唱经文，而亡击问也。"《大正藏》第 54 册，第 295 页中。

8月—2007年8月在韩国东国大学中文系讲学。现为四川大学文学与新闻学院中文系教授，四川大学中国俗文化研究所兼职研究人员，中国敦煌吐鲁番学会理事。主要从事佛教文献、佛教与文学艺术的比较研究。著有《汉文佛经中的音乐史料》（合著）、《唐代白话诗派研究》（合著）、《中国中古维摩诘信仰研究》等著作。在《文学遗产》《中华文史论丛》《敦煌学辑刊》《敦煌研究》《宗教学研究》《敦煌吐鲁番研究》《唐研究》等刊物发表论文50余篇。主持教育部人文社科重点研究基地重大项目两项，国家社科基金项目一项。参与撰写的《唐代白话诗派研究》，2007年4月获四川省第十二次哲学社会科学优秀成果一等奖，2009年又获全国高校人文社科优秀成果一等奖；独著《中国中古维摩诘信仰研究》（巴蜀书社，2009年），2010年获四川省第十四次哲学社会科学优秀成果一等奖。

刘萨诃与番禾瑞像

——中古丝路上的"两种佛教"

尚丽新

从二十世纪七十年代起，得敦煌学之因缘，有关刘萨诃和番禾瑞像（学界又称"凉州瑞像"）的研究，迅速成为学术界的热点问题，国内外诸多优秀的学者如陈祚龙、孙修身、史苇湘、饶宗颐、霍熙亮、肥田路美、巫鸿等人都从不同的角度对与刘萨诃相关的问题作了十分深入的探索；近年来，随着新的文物和文献资料的不断出现，随着佛教史、考古学新视野的不断拓展，更为新颖、更为深刻的研究成果仍在滋生，刘萨诃和番禾瑞像成为学术界持久不衰的热点。

刘萨诃是一位活动在四世纪下半叶到五世纪初的游方僧人。出家前是个目不识丁的稽胡族下级军吏，因为三十岁时巡游地狱的偶发事件出家为僧①。随后去江东寻觅礼拜阿育王塔、阿育王像。此后，主要在稽胡人聚居地（今天晋陕交界的黄河两岸）和河西走廊传教，受到稽胡和西北民众的崇拜。四世纪起不断产生的高僧刘萨诃的传说是反映佛教信仰在民众间传播的一个非常具有典型性的个案。

据文献记载，520年，在河西走廊的番禾（今甘肃永昌）出现了著名的能预测兴衰治乱的番禾瑞像。番禾瑞像的神异在于它将国运与法运结合在一起，如果相好完备则太平斯在，如果像首落去则法难与国亡同时降临。番禾瑞像出现的深

---

① 现存最早、最详细记录刘萨诃地狱巡游事件的是南齐王琰的《冥祥记》。唐道世《法苑珠林》卷八六引，载《大正藏》，日本大藏出版株式会社，1932年，第53册，第919—920页。

层原因是北朝佛教在向权力阶层争取正统地位，它巧妙地将法运与国运合一，由此不难理解那些关于瑞像灵异的记载都是以权力阶层与瑞像的关系为中心的，瑞像受到权力阶层的追捧亦在情理之中。

刘萨诃传说反映的是中古民间佛教信仰的状况，番禾瑞像表达的则是倚靠权力阶层获得正统地位的上层佛教的发展。二者一民间、一官方，代表了佛教入华以来的两个发展方向。意味深长的是，这两个方向在刘萨诃传说中产生了一个交集——刘萨诃预言了番禾瑞像的诞生，他是番禾瑞像的代言人。刘萨诃与番禾瑞像的组合让中古佛教的发展传播问题变得复杂起来。本文试图通过对刘萨诃与番禾瑞像的解读对中古佛教在上、下层社会的传播与发展变迁做一点探讨。

一、番禾瑞像的诞生与演变

刘萨诃于元魏太武太延元年（435）在番禾望御山授记、番禾瑞像于正光元年（520）从望御山中挺立而出之事，见载于道宣的《广弘明集》卷十五、《续高僧传》卷二五、《集神州三宝感通录》卷中（《法苑珠林》卷十三同）、《集神州三宝感通录》卷下（《法苑珠林》卷三一同）、《释迦方志》卷二。《续高僧传》卷二五云此事"见姚道安制像碑"，《集神州三宝感通录》卷中云"备于周释道安碑"。可见道宣关于番禾授记的材料来源是姚道安的制像碑。敦煌石窟遗书 P. 2680、3570 等卷中《刘萨诃因缘记》关于番禾授记的记载亦源出道安碑："又道安法师碑记云：'魏时刘萨诃，仗锡西游，至番禾望御容谷山遥礼。弟子怪而问，曰'和尚受记'。后乃瑞像现，果如其言。'"而这位道安，据陈祚龙考证就是《二教论》的作者、北周京师大中兴寺、籍隶冯翊胡城、俗姓姚氏之道安[1]。这就和周武灭佛有密切联系了，道安对番禾瑞像热切关注的背景正是周武灭佛。北周建德三年（574）五月，北周武帝下令"初断佛、道二教，经像悉毁，罢沙门、道士，并令还民"[2]。当然，北方佛教的法难早在周武灭佛之前就开始了。

---

① 陈祚龙《刘萨诃研究》，《华冈佛学学报》第三卷，1973 年，第 35 页。
② 令狐德棻《周书》卷五《武帝上》，中华书局，1974 年，第 85 页。

（一）法难与番禾瑞像

沿着法难这条线索，张善庆、沙武田把番禾瑞像的产生与末法时代联系起来。"凉州瑞像就成为佛法式微时期的护法，是应末法时代降临而出现的，在一定程度上凉州瑞像就是末法时代的一个符号"①。法华宗三祖慧思的《南岳慧思大禅师立誓愿文》指出延和三年（434）正是末法时代的开端，而 434 年正是刘萨诃授记番禾瑞像的前一年。"这样凉州瑞像就具备了应末法时代降临而示现的特征。"② 张善庆在其《凉州瑞像示现"正光说"献疑》一文中进一步剖析番禾瑞像是在末法思想指导下在正光元年（520）之前就出世了的。正光元年北魏明帝举行了三教论衡，成为灭佛的前奏；随着寺院经济的膨胀、僧团的堕落，世俗政权和寺院僧伽之间形成了尖锐的矛盾，政府最终采取了灭佛的极端行为。"'正光'在北朝史学家和隋唐高僧眼中是中国佛教僧团发展的一个重要转折点"③，北周的道安和唐初的道宣都是亲历了三教论衡的高级僧侣，他们对于佛教与政权的关系怀抱强烈的忧患意识。残损的佛像在末法时代屡见不鲜，番禾瑞像在 520 年之前应已在凉州出世，但被道宣刻意地系于正光初。"《集神州三宝感通录》凉州瑞像因缘故事属于后代对凉州地区造像活动的比附。无首佛像的出现之所以被系在'正光'元年，与凉州瑞像的特质以及'正光'在中国佛教发展史上的特殊意义有关，更与凉州瑞像因缘故事的撰写者密不可分。因此'正光说'大概也是《集神州三宝感通录》的权宜方便。"④

综上所述，张善庆、沙武田的观点可概括为：番禾瑞像 435 年被授记、520 年诞生这种记载是道安、道宣这类知识僧侣在末法时代为应对法难所作的权宜之计，这种末法、法难主要来自世俗政权对佛教的规约和打压。这一观点应该是北周以来北方政治中心的高级知识僧侣对瑞像的解读。世俗政权的打压、佛教僧团内部的堕落、与儒道二教争夺帝王的信仰与势力而冲突不断，其中最重要的是佛教需要重新设置其与世俗政权的关系。番禾瑞像的最重要的功能是对治乱兴衰的

---

① 张善庆、沙田武《刘萨诃与凉州瑞像信仰的末法观》，《敦煌研究》2008 年第 5 期，第 10 页。
② 张善庆、沙田武《刘萨诃与凉州瑞像信仰的末法观》，第 11 页。
③ 张善庆《凉州瑞像示现"正光说"献疑》，《敦煌学辑刊》2017 年第 3 期，第 150 页。
④ 张善庆《凉州瑞像示现"正光说"献疑》，第 153 页。

预测，"灵相具者，则世乐时平；如其有缺，则世乱人苦"①，将法运与国运相结合无疑是聪明之举。但是，这样的番禾瑞像似乎放之于北周至唐代整个北方皆可，这就无法解释这尊瑞像为何在 520 年之前产生于番禾。

（二）北凉佛教与番禾瑞像

番禾瑞像诞生于 520 年之前，这在考古学界亦有支持者。二十世纪八十年代在永昌金川西村农舍发现的石雕番禾瑞像以及永昌圣容寺东临河处的小型石窟中石雕瑞像，丁得天均判定其造像时代为北魏②。番禾瑞像产生于番禾，自然应从北凉时的番禾说起。番禾即今甘肃永昌县，"番禾县扼守凉州西部，是丝绸之路和佛教东传的必经要道，有佛教传入的外部条件。'五凉'时期各路王侯争夺的目标都是'畜牧甲天下'的凉州，番禾县正是拿下凉州的桥头堡，实乃兵家必争之地，长年争战使得各个阶层都希望能安定下来，宗教就变成了人们的'精神鸦片'，佛教正好顺应了这个愿望。"③ 说到番禾的佛教，自然会想到北凉的沮渠蒙逊。永安十二年（412），沮渠蒙逊（412—433）迁都姑臧（凉州），改元玄始，正式建立北凉。玄始十年（421），沮渠蒙逊攻克敦煌、高昌等地，在敦煌得到昙无谶（384—433），大力发展佛教。《魏书·释老志》云："沮渠蒙逊在凉州，亦好佛法。有罽宾沙门昙摩谶，习诸经论，于姑臧，与沙门智嵩等，译《涅盘》诸经十余部。又晓术数、禁咒，历言他国安危，多所中验。蒙逊每以国事咨之。"④

古正美认为北凉的佛教模式是中国系统性引用后贵霜（the Latter Kushan，187—244）在犍陀罗（Gaandhaara）所发展的佛教转轮王模式⑤。"北凉所发展的佛教，即是后贵霜王在犍陀罗及罽宾地区发展佛教意识形态时所使用的佛教信仰及造像模式。这种模式的运用，因为包括翻译经典、剃度僧人、提倡弥勒信仰、建造塔寺及开窟造像这些技术性的活动……只有像昙无谶这种曾游学罽宾，对后

---

① 道宣《集神州三宝感通录》卷中，《大正藏》第 52 册，第 417 页。
② 张小刚《关于凉州瑞像的一些新资料——兼谈黑水城出土凉州瑞像》，《西夏研究》2012 年第 4 期，第 30 页。
③ 丁得天、高倩《刘萨诃及番禾瑞像的几个问题》，《吕梁学院学报》2011 年第 6 期，第 54 页。
④ 魏收《魏书》卷一一四《释老志》，中华书局，1974 年，第 8 册，第 3032 页。
⑤ 古正美《北凉佛教与北魏太武帝发展佛教意识形态的历程》，《中华佛学学报》第 13 期，2000 年，第 233 页。

贵霜文化有深刻了解的专家，才能为北凉主持这种佛教意识形态的发展事业。"①

　　造像是信仰的一个重要内容，古正美认为"所谓'凉州瑞像'，应与阿育王提倡的佛教转轮王建国信仰的活动，或法国学者戈岱司所言的，东南亚国家的帝王用佛教信仰建国的活动有密切的关联"②。需要注意的是，转轮王信仰是与弥勒信仰密切结合的，北凉造像的两种模式是"一佛（弥勒佛）、一转轮王"模式和弥勒坐支提（形似塔，弥勒下生时的坐具）下生模式，支提中的弥勒下生在世间即为转轮王，转轮王和弥勒佛是合一的③。北凉造像的主角是弥勒佛，据此古正美作了一个非常大胆的推测，她认为番禾瑞像实则是一尊弥勒立像："'御容山石佛瑞像'，身穿通肩长佛衣，右手在胸前作'大拇指押食指（火轮甲），余指散舒微屈风幢'的弥勒菩萨'瑜伽—曼陀罗'手印。左手则在胸前下方握住佛衣角。此'御容山石佛瑞像'很明显的是一尊弥勒菩萨或弥勒佛王立佛。"④

　　我们不能说古正美的推测没有道理。在末法时代，弥勒下生为转轮王建立起政教合一的佛国，游学罽宾的昙无谶带来的这套理论对沮渠蒙逊是相当有吸引力的，于是沮渠蒙逊也将自己视为弥勒的化身，受了菩萨戒，造起了白衣弥勒像⑤。作为北凉佛教的重镇番禾也造出了弥勒像（即番禾瑞像的前身），当然，这个时期它宣扬的是转轮王和弥勒相结合的政教合一。

　　义和三年（433），昙无谶被暗杀，随后沮渠蒙逊死，其子沮渠牧犍立，自称河西王。缘禾七年（439），北魏灭了北凉。部分北凉僧侣随着战俘进入平城，太子晃奉北凉僧人玄高为师，平城的佛教发展起来了。太平真君七年（446），北魏太武帝采纳崔浩的建议打击佛教，下诏令全国灭佛，"有司宣告征镇诸军、刺史，诸有佛图形像及胡经，尽皆击破焚烧，沙门无少长悉坑之"⑥。太平真君八年（447），沮渠牧犍即因谋反而被北魏太武帝诛杀。北凉佛教遭到沉重打击。直至北魏文成帝（452—466在位）复佛之后，北凉佛教又得以复兴，"这就是为何北

---

① 古正美《北凉佛教与北魏太武帝发展佛教意识形态的历程》，第234页。
② 古正美《凉州瑞像与敦煌的白衣佛像》，杜斗城、丁得天主编《丝绸之路与永昌圣容寺国际学术研讨会论文集》，兰州大学出版社，2019年，第27页。
③ 古正美《凉州瑞像与敦煌的白衣佛像》，第31—34页。
④ 古正美《凉州瑞像与敦煌的白衣佛像》，第66、68页。
⑤ 古正美《凉州瑞像与敦煌的白衣佛像》，第64页。
⑥ 魏收《魏书》卷一一四《释老志》，第8册，第3035页。

魏在复佛（452）之后，在云冈及龙门石窟所用的造像理论及方法，都见有承传北凉的造像理论及造像方法的原因"①。北凉佛教与北魏统治者的离合恰恰也是北凉佛教从河西走廊东传的过程，也是北方正统佛教建立进程中非常关键的一步，政教关系和三教关系成为重中之重；权力阶层也在不断寻找符合自己统治的政教结合模式，不一定要照搬印度的转轮王治世传统。北魏太武帝和北周武帝的灭佛事件其实也是佛教中国化进程中政教关系的调整。进入帝都的北凉佛教也会发生因时、因地的改变，弥勒下生为转轮王的信仰变得不合时宜，知识僧侣对弥勒造像重新解读，就番禾瑞像而言，弥勒佛渐渐被置换成了释迦佛。

不过，在北凉统治过的河西走廊，北凉佛教的传统得到了更多、更深刻的保留。这可能也是河西走廊（尤其是敦煌）遗留的番禾瑞像的造像特别多的原因。正是由于北凉佛教曾经的辉煌，使得这尊能预测兴衰治乱的瑞像没有出现在平城，也没有出现在长安，而是意味深长地扎根在番禾。

番禾瑞像本是凉州佛教为传达转轮王信仰而制的弥勒造像，后来随着北方政教关系的变化被知识僧侣解读为能化解法难、预测政教兴衰的释迦佛造像，更因北周、隋、唐的权力阶层的弘扬而在全国范围产生影响。

二、刘萨诃与民间的佛教信仰

以上我们围绕着番禾瑞像的诞生问题勾勒出番禾瑞像的蕴意从北凉到唐代的变迁，但是，确实有一个重要的问题还没有答案，那就是——为什么要选择刘萨诃作为番禾瑞像的代言人呢？要想回答这个问题，首先得弄清楚刘萨诃信仰的实质。

（一）刘萨诃被民间社会视为佛、菩萨

在史实与传说交织的各种史料构建的迷宫中，首先需要引起重视的就是刘萨诃的身份，可以说这是解读刘萨诃的民间佛教信仰本质的一把钥匙。从各种史料中我们可以归纳出刘萨诃的两种身份：一是"名僧""高僧""和尚""圣者"

---

① 　古正美《北凉佛教与北魏太武帝发展佛教意识形态的历程》，第264页。

"上人"等。二是"胡师佛""刘师佛""观音菩萨""苏合圣"。显而易见，前一种身份是经过权力阶层和知识僧侣认可的，而后一种身份则是刘萨诃的民间身份。刘萨诃的民间身份，是我们判定刘萨诃信仰的本质——民间佛教信仰最重要的依据之一。

道宣在刘萨诃辞世大约 200 年后，经过实地调查，以客观严谨的态度记录了今山陕交界黄河两岸稽胡居地刘萨诃信仰的状况。据道宣的记载，刘萨诃在稽胡人中有三种身份——佛、观音菩萨和苏合圣。将刘萨诃称为"苏合圣"，是稽胡人的特权。在关于刘萨诃所有神异传说中，最有趣的莫过于"苏合圣"了。道宣《集神州三宝感通录》卷下载："昼在高塔，为众说法；夜入茧中，以自沉隐；旦从茧出，初不宁舍。故俗名为苏何圣。'苏何'者，稽胡名茧也。以从茧宿，故以名焉。""然今诸原皆立土塔，上施柏刹，系以蚕茧，拟达之栖止也。"[1] 道宣的这番记载显然表明刘萨诃在稽胡八州之地是备受供奉的蚕神。为什么能在稽胡居地较早地产生出"苏合圣"这么一个独特的佛教化的蚕神？五胡十六国时期，活动在中原历史舞台上的是北方少数民族，他们一般都是不谙耕织的游牧民族，元魏入主中原之后，为解决衣食问题、将农桑政策放在极为重要的地位。也许就是在那一时期，稽胡充分认识到耕织的重要性，其农业和纺织业有了一定的发展。大约在五世纪末的时候，稽胡这个以山居射猎为主的民族掌握了养蚕缫丝技术之后，就产生了他们自己的蚕神——苏合圣。也许只是历史的一个偶然——"萨诃"恰恰是"蚕茧"的意思。稽胡居地的自然环境根本不适合种桑养蚕，除了在纬度较低的高原地区可以养蚕之外，大面积的山区是根本不可能养蚕的。那么，苏合圣为什么会得到八州稽胡的共同供奉呢？我猜想苏合圣不仅是蚕神，恐怕也是农神。稽胡可能还没有来得及创造出他们复杂的神佛谱系，就以蚕神来代替农神，苏合圣在实际上扮演着耕织之神的角色，护佑着稽胡人的农业经济。对于居于深山、劫掠为生的稽胡来说，"苏合圣"之创造，传达出一种民族发展民族经济文化以求生存发展的深层的愿望。

从稽胡居地至河西走廊，刘萨诃同样具有佛和观音菩萨两种身份。道宣亲眼看到刘萨诃被稽胡人当作"佛"来供奉。《集神州三宝感通录》卷下载："何遂出家，法名慧达。百姓仰之，敬如日月。然表异迹，生信愈隆。……故今彼俗，

---

[1] 道宣《集神州三宝感通录》卷下，《大正藏》第 52 册，第 434—435 页。

村村佛堂无不立像，名'胡师佛'也。今安仁寺庙立像极严，土俗乞愿，萃者不一。"① 道宣在《续高僧传》和《释迦方志》中又提到了一种名叫"刘师佛"的造像。我认为"刘师佛"就是"胡师佛"②。胡（刘）师佛最主要的功能是预测吉凶，《集神州三宝感通录》卷下载："每年正月，與巡村落。去住自在，不惟人功。欲往彼村两人可举，額文则开，颜色和悦，其村一岁死衰则少；不欲去者十人不移，額文则合，色貌忧惨，其村一岁必有灾障。故俗至今常以为候。"③ 刘萨诃被作为佛来供奉，不限于稽胡居地，也不是随着稽胡族的汉化而消失的。直至明代，在河西的酒泉，刘萨诃的仙逝之地，他仍被当地人作为"佛"来供奉。万历四十四年（1616）修成的《肃镇华夷志》卷二《古迹》载："手迹崖：城西二里周家寺后沙崖上有手印，人以为古迹奇异。俗妄言乃佛见讨来河水盛，恐没其城，以手推崖，脚登河崖，故水不能淹城。"④ 这位"佛"是谁呢？正是刘萨诃。据《肃镇华夷志》卷二《祠祀》目载："西峰宝寺：城西三里。据《神僧传》云：昔蒙逊时，有僧人名慧远，游居武威，一旦云，肃州人有水难，吾当速救。于是，寅时起身，巳时至肃，正见讨来河水势侵城，用手一指，水即回波，后圆寂于此，遂建浮屠，以藏其骨，人遂以手助崖为右迹，后人因此遂充拓为寺。而西峰今将平矣。有重修碑记云。"⑤ 此碑立于明弘治十五年（1502），现藏酒泉市肃州区博物馆。碑文记载："肃城之西，旧有浮屠刹宇，古传慧达神僧飞锡至此，知其地可作宝林。"⑥ 可见"慧远"为"慧达"之误。而"俗妄言"三字恰恰透露出这条传说源出民间，民间是一直将刘萨诃称为"佛"的。

---

① 道宣《集神州三宝感通录》卷下，《大正藏》第 52 册，第 434 页。
② 关于道宣所记载的"胡师佛"形象是刘萨诃的造像还是番禾瑞像的造像，学术界一般认为是刘萨诃的造像，但也有争议。史苇湘认为"胡师佛"和"刘师佛"是两个形象，前者是刘萨诃的像，后者是番禾瑞像的像。（史苇湘《刘萨诃与敦煌莫高窟》，《文物》1983 年第 6 期，第 8—9 页）而巫鸿却将二者均视为番禾瑞像的像。（巫鸿《再论刘萨诃——圣僧的创造与瑞像的发生》，巫鸿《礼仪中的美术——巫鸿中国古代美术史文编》，生活·读书·新知三联书店，2005 年，第 435 页）其实，通过细读道宣的相关记述，可以肯定"胡师佛"是刘萨诃的造像。
③ 道宣《集神州三宝感通录》卷下，《大正藏》第 52 册，第 434 页。
④ 李应魁撰，高启安、邰惠莉校注《肃镇华夷志校注》，甘肃人民出版社，2006 年，第 160—161 页。
⑤ 李应魁撰，高启安、邰惠莉校注《肃镇华夷志校注》，第 151 页。
⑥ 吴浩军《酒泉刘萨诃资料辑释》，《敦煌学辑刊》2008 年第 2 期，第 102 页。

　　刘萨诃除了"佛"的身份之外，还有一个观音菩萨的身份。在稽胡居地，刘萨诃被认为是观音菩萨"假形化俗"。《集神州三宝感通录》载："俗亦以为观世音者，假形化俗。故名惠达。"① 同样，在河西走廊，他亦被视为观音。据《太平寰宇记》记载，酒泉有刘萨诃的门人为他所立的祠②。值得注意的是刘萨诃的灵骨正放在祠中观音像的手上。《续高僧传》卷二五："达行至肃州酒泉县城西七里石涧中死。其骨并碎，如葵子大，可穿之。今在城西古寺中塑像手上。"③《集神州三宝感通录》卷下载："行出肃州酒泉郭西沙碛而卒。形骨小细，状如葵子，中皆有孔，可以绳连。故今彼俗有灾障者，就碛觅之，得之凶亡，不得吉丧。有人觅既不得，就左侧观音像上取之，至夜便失，明旦寻之，还在像手。"④ 无疑暗示了刘萨诃与观音之间的对应关系。在敦煌，刘萨诃亦被视为观音化身，作于曹氏政权时期的 S.3929V《董保德佛事功德颂》中有云："疑是观音菩萨，易体经行；萨诃圣人，改行化现。"早在魏晋南北朝时，就出现了观音被俗化为普通人这一现象，诸如杯度为闻声而至的观音示现，天台宗第二代祖师慧思（515—577）被礼敬为观音化身，梁代异僧宝志被认为是十一面菩萨之化身，梁高祖亦被称为观音等等。这是外来佛教本土化、民俗化的一个典型表现。刘萨诃从冥游故事中那个被观音训导的罪人摇身变为观音的化身，由一个消极的接受神谕者变为一个能够发出命令的积极的神，他承担着为所有信众祈福禳灾的神圣而功利的使命。

　　刘萨诃怎样变成了神？从道宣对刘萨诃的记载中可以抽离出这样一个法则：人——感通——法术——神。胡师佛塑像能轻能重、去住自由且又能预测吉凶，苏合圣晚间安歇于蚕茧中；刘萨诃具有神奇的法术，不仅在道宣的记载中，敦煌遗书《刘萨诃因缘记》所载的为驴耳王治病、使其驴耳变为人耳的故事也可以作为佐证。这些神异故事，大约在五世纪末、六世纪初时都已经流传开来，也就是说，至晚在那个时候，他已经上升成神，亦可见他在生前就有相当的影响。当

---

① 道宣《集神州三宝感通录》卷下，《大正藏》第 52 册，第 434 页。
② 《太平寰宇记》卷一百五十二《陇右道·肃州·酒泉县》载："刘师祠，在县南。师姓刘，字萨诃。沮渠时西求仙，回至此死，骨化为珠，血为丹。门人因立庙于此，今人诚心者谒之，往往获珠丹焉。"宋乐史撰，王文楚等点校《太平寰宇记》，中华书局，2007 年，第 2946—2947 页。
③ 道宣《续高僧传》，《大正藏》第 50 册，第 645 页。
④ 道宣《集神州三宝感通录》卷下，《大正藏》第 52 册，第 435 页。

然，刘萨诃由凡入神的过程是在稽胡族和河西各民族发展过程中特定历史文化背景下完成的，他是北方民众造神运动的产物。

（二）刘萨诃在河西走廊

从上文中可以看得出刘萨诃在河西走廊的早期记载也特别少。就连对刘萨诃用力最勤的道宣，也没有深入河西走廊去做调查，关于刘萨诃在河西的活动他只在《续高僧传》和《集神州三宝感通录》里记载了刘萨诃酒泉迁化之后舍利的灵异。上文中我们推测刘萨诃在河西走廊被奉为佛、观音的材料是道宣之后的记载，主要是晚唐五代的敦煌文献和明代的《肃镇华夷志》。知识僧侣和权力阶层对刘萨诃的记载是零星而片面的，上层社会是不会对民间信仰倾注太多的关注的，他们之所以会对刘萨诃记上一笔恰恰是因为他们热切关注的番禾瑞像。

由此也许可以理解为何在正统的北凉佛教史上没有给刘萨诃留下任何记载了。刘萨诃在河西走廊活动的时候，正逢沮渠蒙逊大力发展佛教的时期，二者不太可能没有交集。可惜，实际上，关于刘萨诃与北凉佛教的关系是没有留下文献记载的。不过，没有记载不代表没有影响，我们还是可以做一些合理的推论的。宋乐史《太平寰宇记》卷一五二"酒泉县"条载："刘师祠，在县南。师姓刘，字萨诃。沮渠时西求仙，回至此死。骨化为珠、血为丹。"① 明代《肃镇华夷志》卷二载："昔蒙逊时，有僧人名慧远，游居武威……"在这两种方志中，都把刘萨诃在河西的时间定位到了沮渠蒙逊统治时期，方志专记天下四方之事，受意识形态的影响最小，反而倒是客观的。那么，可以设想一下，一个行遍南北中国、以神异著称、在稽胡居地已被奉为神明的民间高僧，到了佛法大盛的北凉，怎么可能没有收获呢？

当然，刘萨诃与上层社会的交集极少，只有敦煌本《刘萨诃因缘记》中记载了一个驴耳王的传说："于是驴耳王焚香敬礼千拜，和尚以水洒之，遂复人耳。王乃报恩，造和尚形像送定阳。擎举之人，若有信心之士，一二人可胜；若无信心，虽百数，终不能举。"这个驴耳王无法落实成具体的某位帝王，这个传说是刘萨诃法力高强的一个证明。所以，不太好假设刘萨诃与沮渠蒙逊、昙无谶的交

---

① 宋乐史撰，王文楚等点校《太平寰宇记》，第 2945 页。

往。《名僧传》和《高僧传》中所记载的神异僧无一不是与权力阶层有近距离的接触、得到社会上层的重视的。刘萨诃的种种神异没有早期记载，也从一个侧面说明刘萨诃没有进入北凉的上层社会。

不管刘萨诃走没走上层路线，他在河西民间是极有影响力的。在酒泉刘萨诃为民众退去了洪水，留下了预测吉凶的灵骨，在敦煌他开窟造像、并用锡杖划出宕泉，充分满足了河西民众祈福禳灾的心理。可以肯定，凭借神异的法术，北凉时刘萨诃在河西走廊的传教是成功的，大约在他生前河西民间已将之神化，他迁化之后各种传说更加滋生蔓延，说明他的地位和影响在不断上升。刘萨诃在河西走廊，如同在稽胡的八州之地一般，是被民众敬奉的神佛。

而且，刘萨诃西行北凉时昙无谶正在翻译诸如《大般涅盘经》《胜鬘经》《楞伽经》之类提倡大乘佛性论的经典。"一方面要提倡人人皆能成佛的信仰，一方面也要提倡弥勒信仰，使人人都相信自己能在世值遇弥勒，修行成佛。为了使北凉的人民都能修行成佛，昙无谶在北凉也译有《优婆塞戒经》《菩萨戒经》及《菩萨戒坛文》这些说明将如何修行成佛的经典，作为北凉人民修行佛教的手册。"① 大乘佛教的这种人人皆能成佛的信仰不仅坚定了刘萨诃这个目不识丁的稽胡僧人成佛的信念，也为民众将刘萨诃视为神佛提供了理论基础。

不过，刘萨诃的神佛身份是民间认可的，没有得到官方和正统佛教的承认。这种状况随着刘萨诃被选为番禾瑞像的预言者而发生改变。

三、"两种佛教"的交集和相互影响

佛教入华以来，在全社会范围内传播和发展，一边是精英僧侣走上层路线倚靠国主立教传道，在教义和宗派上不断发展；另一边则是民众的信仰实践活动。可以说，番禾瑞像代表的是依附权力阶层争取正统地位的佛教，而刘萨诃代表的则是侧重信仰实践的民间化的佛教。可惜的是，佛教史主要是由权力阶层和知识阶层记载的，对于民间化的佛教却缺乏真心的关注。非常幸运的是，由于历史的偶然，刘萨诃得到了正统佛教和权力阶层的关注，成为"两种佛教"的交集，把

① 古正美《北凉佛教与北魏太武帝发展佛教意识形态的历程》，第239页。

中古佛教史上这"两种佛教"的相互影响演绎了出来。

（一）刘萨诃与番禾瑞像的交集

番禾瑞像本是北凉的弥勒造像，后来随着世俗政权与佛教矛盾的加深而被赋予预测国运和法运的新含义。试想，在当年法难重重的背景之下，如果没有刘萨诃的加入，番禾瑞像是否还会发生巨大的社会影响、能否得到上层统治阶级的青睐？

经历了北魏太武帝、北周武帝的灭佛之后，被损毁的佛像非常多，跌落像首的番禾瑞像仅为其一，仅凭一个"灵相具者，则世乐时平；如其有缺，则世乱人苦"的神话不可能引起权力阶层的持久关注。能体现出治乱兴衰的瑞像不止是番禾瑞像，在慧皎、道宣的记载中这样的瑞像有很多，南朝陈时长干寺阿育王像①、南朝宋时荆州北的一尊瑞像②、襄州岘山华严寺卢舍那瑞像③等等。例如《法苑珠林》卷十三所载的荆州瑞像："宋孝武时，像大放光，江东佛法一期甚盛。宋明帝太始末，像辄垂泪，明帝寻崩，嗣主狂勃，便有宋齐革运。荆州刺史沈悠之，初不信法，沙汰僧尼。长沙一寺千有余僧，应还俗者将数百人，举众惶骇，长幼悲泣，像为汗流五日不止。"④这类与番禾瑞像寓意相同的瑞像仅限于一时一地，很快淹没在历史的洪流之中。

番禾瑞像比这些瑞像更有背景，这个背景就是刘萨诃。北凉时期、刘萨诃生前已经在河西走廊有了强有力的影响，他迁化之后，从他的灵骨传说可以看出他在河西民间的影响力更加强大；刘萨诃这个番禾瑞像的预言者和代言人是极有分量的，通过刘萨诃，可以将民间佛教信仰的力量聚集起来。高级僧侣惯用的"不依国主则法事难立"的上层路线在权力阶层发动的法难面前已经行不通了，迫不得已只能转而走民间路线，这也是不得已而为之。可以设想，灭佛运动中，正规的僧尼、庙宇都在打击范围之内，越是高级的僧侣可能遭受的打击越大，北方佛教史上诸如昙无谶之流都成为罪人，不适合担任番禾瑞像的代言人。不管是历史的偶然，还是高级僧侣的精心策划，以刘萨诃为号召、通过自下而上的力量来复兴佛教是当时最聪明的一个选择。

① 道宣《集神州三宝感通录》，《大正藏》第 52 册，第 414 页。

②④ 道世《法苑珠林》，《大正藏》第 53 册，第 385 页。

③ 道宣《广弘明集》，《大正藏》，第 52 册，第 203 页。

（二）番禾瑞像地位的上升

周初、隋初、初盛唐以及敦煌归义军时期的统治者，无不以手中的行政权力加大番禾瑞像信仰的传布。今存最早的关于番禾瑞像的记载是北周的道安的《制像碑》，《制像碑》出现表明在道安时代，番禾瑞像已经成功地引起统治阶层的重视。《制像碑》原文今已不存，从道宣的转述中可以肯定碑中有这些内容：无首瑞像的出现与"魏道陵迟"，北周的"相好还备，太平斯在"，像首又落与"周灭佛法""邻国殄丧"。1979 年在甘肃武威出土的天宝年间的征士天柱山逸人杨播、赤水军使京兆王公俭所制石碑《凉州御山石佛瑞像因缘记》记载了北周保定元年（561）周武帝敕令凉、甘、肃三州力役三千人在番禾为瑞像造寺，"周保定元年（561）敕使宇文俭检覆，灵验不虚，便敕凉、甘、肃三州力役三千人造寺，至三年功毕"①。这样一种官方行为，势必使得瑞像传说流布三州。

从道宣时代起，统治阶级对番禾瑞像的礼敬被作为记述的中心内容。道宣《续高僧传》颇费笔墨记载了隋代经像大弘"炀帝躬往礼敬厚施"。道宣还在《律相感通》中指出被刘萨诃的前身利宾菩萨藏于山中的番禾瑞像是大梵天王所造的，这尊佛像可能是迦叶佛或释迦佛的像。大约在武周时代，番禾瑞像为释迦佛之像就十分明确了，大英博物馆藏敦煌 17 窟石室出土的武周时代的番禾瑞像刺绣幡画中，主像的两旁绣有阿难、迦叶二弟子和文殊、普贤二菩萨。北凉时期的弥勒佛成功地被置换成释迦佛，彻底抛弃弥勒下生为转轮王的寓意，番禾瑞像的寓意明确地定位在预测国运和法运上。

天宝年间武威石碑《凉州御山石佛瑞像因缘记》记录了隋至唐天宝年间感通寺番禾瑞像的各种灵异事件：开皇九年（589）凉州总管燕国公宇文庆诣寺礼拜"见青衣童子八九人，堂内洒扫，就视不见"，唐兵部尚书郭元振因诣寺画像得以与西突厥平安和好，唐中宗令御史霍嗣光持幡花袈裟诣寺敬礼时"光现大云寺"，开元年间鄯州都督郭知运、陇右诸军节度使河西节度使副将杜宾客诣寺礼拜时遇到一个婆罗门法师预言其不久有大厄，宜修福德以免祸②。敦煌 P.3619 卷有一首

---

① 孙修身、党寿山《〈凉州御山石佛瑞像因缘记〉考释》，《敦煌研究》1983 创刊号，第102—103 页。

② 孙修身、党寿山《〈凉州御山石佛瑞像因缘记〉考释》，第102—107 页。

陇右河西节度使哥舒翰部将浑维明的《谒圣容》①："法雨震天雷，祁山一半颓。鳞鳞碧玉色，寂寂现如来。缧（螺）髻随烟合，圆光满月开。从兹一顶谒，永劫去尘埃。"② 这些以权力阶层为中心人物的灵异事件和上层人士对番禾瑞像的赞美标示着上层统治阶级对番禾瑞像的信奉。

陷蕃时期和归义军时期，尤其是归义军时期敦煌又掀起了一个番禾瑞像崇拜的高潮。绘有猎师李师仁逐鹿，见化寺、佛、僧及山裂像出的故事画的莫高窟第98窟即是归义军节度使曹议金开凿的功德窟，绘有相同壁画的第61窟是曹议金第三子曹元忠及其妻浔阳翟氏开凿的功德窟。莫高窟72窟南壁的壁画《刘萨诃与凉州圣容佛瑞像史迹变》是以番禾瑞像为主角的，共有十四尊番禾瑞像出现在画面的中部和上部（一般来说，壁画上部的位置多属神灵，中部多属帝王贵族和僧侣，下部属普通人），其中最大的两尊占据了画面的中心位置。番禾瑞像在榜题中被称为"圣容像"，"圣容像乘五色云赴会时""天使……礼拜圣容佛时""请丹青巧匠邈圣容真身时""请工人巧匠量真身造容像时"这样的榜题记载着番禾瑞被权力阶层的崇奉和传布。

权力阶层对番禾瑞像的信仰，更表现在践履之上。据肥田路美统计，能够确认的从唐至宋、西夏时期的表现番禾瑞像的图例有50例左右③，这些图像大多出现在敦煌莫高窟、敦煌西千佛洞、酒泉文殊山石窟、安西榆林窟。可以肯定，这些洞窟是河西贵族为了宗教信仰开凿的。番禾瑞像如此频繁地出现在这些洞窟

---

① 番禾瑞像又被称为圣容像。可能与感通寺被改名为圣容寺有关。关于改名为圣容寺的时间学界有争议，可参孙修身《古凉州番禾县调查记》（《西北民族文丛》第3辑，西北民族学院历史系民族所编印，1983年，第147—154页），祝巍山《永昌圣容寺圣容瑞像和刘萨诃佛迹与敦煌莫高窟》（中共永昌县委宣传部编《永昌县圣容瑞像寺》，金昌市印刷厂，2002年），刘克文《半截残碑话瑞像：永昌圣容寺历史考析》（中共永昌县委宣传部编《永昌县圣容瑞像寺》），丁得天《甘肃金昌佛教文物遗迹的调查与研究》（兰州大学2012年硕士学位论文，第26页），党寿山《永昌圣容寺的历史变迁探赜》（《敦煌研究》2014年第4期，第104页），王志鹏《敦煌P.3619卷一首有关凉州瑞像诗歌的考释》（《石河子大学学报》2015年第3期，第28页），公维章《英藏敦煌文献〈凉州御山感通寺圣容天上来（首题）残文〉考释》（杜斗城、丁得天主编《丝绸之路与永昌圣容寺国际学术研讨会论文集》，第122—123页。）
② 王志鹏《敦煌P.3619卷一首有关凉州瑞像诗歌的考释》，《石河子大学学报》2015年第3期，第26页。
③ ［日］肥田路美撰，牛源译《凉州番禾县瑞像故事及造型》，《敦煌学辑刊》2006年第2期，第165—180页。

中，这表明它是河西上层社会普遍信奉的神灵。

番禾瑞像一直得到北周、隋、唐统治者垂青的原因非常明显。在国运与法运相结合的这条主线上贯穿着有关番禾瑞像的各种跌宕起伏的故事，它以像首的"安"或"落"昭示政治的"治"或"乱"，番禾瑞像不仅是政治的晴雨表，也是佛教兴衰的晴雨表，它能将国运与法运结合在一起，相好还备则太平斯在，像首落去则法难与国亡同时降临。当然，统治阶级更愿意把它作为政治清明、世乐时平的见证，点缀升平的祥瑞，如天宝石碑所载"大唐贞观十年有凤□五色双鹤导前百鸟蔽日栖于像山"。

（三）刘萨诃的正统地位的确立

刘萨诃成为番禾瑞像的预言者，这是刘萨诃得到上层社会重视的标志性事件。在六世纪之前，上层社会并未注意到刘萨诃在民间强大的影响力。虽然萧梁时刘萨诃就已经名列宝唱的《名僧传》和慧皎的《高僧传》。不可否认的是，这两篇传记的真正主人是那些来历非凡的阿育王塔、阿育王像，而不是刘萨诃。南朝的知识僧侣之所以会将刘萨诃载入史册，有两个原因。第一个原因是为了彰显梁武帝的转轮王佛教政治。刘萨诃所礼拜圣迹不限于江东的几个阿育王塔像，慧皎别有用心的记录再明显不过了。第二个原因是为了用这些南方的圣物来确立南方佛教的正统地位，诚如巫鸿所言："大约形成于东晋时期的这种南方观点符合了慧皎的需要。当时南北之间的争斗仍在继续，慧皎在杭州嘉祥寺所写的刘萨诃传记表达了他对确立南方佛教正统地位的努力。"[①] 南北佛教界完全忽视了刘萨诃的预言和法术，刘萨诃在北方民间广为流传的一系列的神异事件并没有引起上层社会的重视，而奇异的预言和法术是北方民众信仰刘萨诃的最重要的原因。

北周道安的《制像碑》最早记录了刘萨诃预言番禾瑞像，从道宣和敦煌本《刘萨诃因缘记》的引述来看，《制像碑》讲述的是番禾瑞像诞生这一中心事件。唐初道宣的《续高僧传》也是以番禾瑞像为中心的，诚如巫鸿所言："道宣将刘萨诃对番禾瑞像的预言作为他所写传记中的刘萨诃唯一一个生活事件加以记录，而把其余的笔墨尽量用在渲染刘萨诃死后番禾瑞像的种种灵异。换言之，这篇传

---

① 巫鸿《再论刘萨诃——圣僧的创造与瑞像的发生》，《礼仪中的美术——巫鸿中国古代美术史文编》，第 435 页。

记的本身主角已经不再是刘萨诃，而是这身神奇的佛像。"① 也就是说，他们是先注意到瑞像，然后才注意到瑞像的预言者刘萨诃。而且，那些关于瑞像灵异的记载都是以权力阶层与瑞像的关系为中心的。正是因为对番禾瑞像的重视，上层社会才会注意到瑞像背后的刘萨诃，圣像的出现是刘萨诃由民间社会进入上层社会的契机。不过，进入上层社会的刘萨诃的地位下降了。在番禾瑞像的地位不断上升的同时，刘萨诃却由民间的"胡师佛""观音菩萨""苏合圣"而下降为佛教史上的"名僧""高僧""和尚""圣者""上人"。

从番禾瑞像产生之后直到归义军时期，一直在努力确定圣像与圣僧的身份地位。对此，道宣可谓功不可没。在确定圣僧和圣像的身份和地位上，道宣尽了最大的努力。道宣真正感兴趣的是番禾瑞像而不是刘萨诃。这可能就是他亲历稽胡聚居的八州之地后不再深入河西去作调查，而是以天人感应的感通方式召唤出利宾菩萨的原因。在《道宣律师感通录》和《律相感通》中，他为刘萨诃找到了前身——利宾菩萨。在迦叶佛时，番禾民众不信佛法，以杀害为事，大梵天王造了一尊佛像，利宾菩萨以神力使这尊佛像如真佛一样巡化四方、教导人民。三百年之后，番禾被邪恶控制，利宾菩萨在世界毁灭之前将佛像藏到山神寺中，直至他转世为刘萨诃，才将佛像感应出来②。这个利宾菩萨的故事不是道宣记录的民间传说，而是道宣思考的结果（道宣声称《道宣律师感通录》和《律相感通》记录的是他与"天人"的对话）。"利宾菩萨"的故事，其实是道宣潜意识中对法难的恐惧和对抗，和道安记录的番禾瑞像故事同出一辙。这个故事有效地将刘萨诃与番禾瑞像区分开来，刘萨诃的身份不再是"佛"，而是番禾本土的一位菩萨（印度的佛教神灵谱系中没有这么一位"利宾菩萨"）。而且，道宣暗示了大梵天王所造的这尊佛像可能是迦叶佛或释迦佛的像。道宣的这种解释为后来标准的圣像为主圣僧为辅的模式打下了基础。

关于刘萨诃与番禾瑞像的关系，图像比文字更容易说明问题。在莫高窟72窟南壁的壁画上看得最为清楚。在这幅壁画上，刘萨诃在整幅壁画中出现了五次，分别出现在壁画的上、中、下三个部分。刘萨诃的高度不足画面中部圣容像高度

---

① 巫鸿《再论刘萨诃——圣僧的创造与瑞像的发生》，第437页。
② 道宣《律相感通传》卷一，《大正藏》第45册，第876页；道宣《道宣律师感通录》卷一，《大正藏》第52册，第437页；道世《法苑珠林》卷十四，《大正藏》第53册，第395页。

的四分之一，榜题称之为"刘萨诃和尚"或"圣者刘萨诃"。出现在画面中心位置两尊圣容像旁边的刘萨诃最能说明问题，其一榜题为"刘萨诃和尚赴会思发修僧时"，其二榜题为"刘萨诃和尚焚香启愿时"，表明刘萨诃是参加释迦说法大会的众神之一，他要对他授记的圣容像顶礼膜拜。除了南壁的壁画，72 窟西壁龛外帐门上的画像也很能说明问题，帐门南侧上段画泗州和尚，榜题为"圣者泗州和尚"，帐门北侧上段画刘萨诃，榜题"圣者刘萨诃和尚"。从二者对等的位置可以看出刘萨诃的地位与另一位神异僧泗州和尚相当。此外，刘萨诃的图像还出现在第 98 窟、第 61 窟中心佛坛背屏后，这些画面仍以高大的番禾瑞像为主，在瑞像脚下、很小的空间里画着刘萨诃劝诫猎师李师仁的场面。总之，各种相关图像表明，番禾瑞像是释迦牟尼佛的瑞像，而刘萨诃是辅助瑞像的圣僧。在权力阶层的眼中，圣像远比圣僧重要得多——圣像有权对时政作出或积极或消极的评价，而圣僧刘萨诃只是辅助政教而已。这是石窟中大量复制瑞像的原因，瑞像是佛教谱系中的正神，它与其他瑞像共同组合成"瑞像图"，以各种不同的形式出现在标示着不同的仪式功能的位置上。圣僧的作用很大程度上被限定在一个"戒杀"的榜样上：刘萨诃劝诫猎师李师仁情节也经常出现在中心佛坛的背屏后，且敦煌本《刘萨诃因缘记》的重心放在地狱巡游上、相关篇幅占了全文的一半多。敦煌遗书中的相关文献还表明，刘萨诃以其奉行戒约、福佑一邦成为僧人的典范。P. 2971 卷内记壁画佛师的次序："东壁第一须菩提……第十一师毗丘，第十二达摩师，第十九世亲，第二十罗什法师，第二十一佛图澄，第二十二刘萨河，第二十二惠远和尚。"① 这说明刘萨诃成为与鸠摩罗什、佛图澄一类的"高僧"。归义军时期的名僧道真曾造刘萨诃像施入三界寺②，道真晚年在莫高窟中修行时被时人比作刘萨诃③。归义军时期的另一位名僧法宗作《萨诃上人寄锡雁阁留题并序》（S. 4654A）呈献给敦煌王曹元忠，在盛赞刘萨诃的同时又旌美曹元忠的奉佛

---

① P. 3570 反面与 P. 3727 的反面都有"隋净影寺沙门惠远和尚因缘记"，故此处的惠远亦应是净影寺惠远，敦煌郡人，后迁居上党高都，俗姓李。年十三出家。北周武帝废除齐地佛教时，大统法上等五百余人无人敢出面抗谏，独慧远辩难数次。隋统一天下，师遂至洛邑大弘法门，闻风而来者，络绎不绝，名驰帝阙。开皇十二年春，下敕令掌翻译。同年圆寂于净影寺，年七十。参道宣《续高僧传》卷八，载《大正藏》50 册，第 489c—492b 页。

② 约作于 935 年 S. 5663A《中论》卷第二道真题记云："道真造刘萨诃和尚（像）……已上施入经藏供养。"

③ S. 3929V《董保德佛事功德颂》："疑是观音菩萨，易体经行；萨诃圣人，改行化现。"

之举，非常自然将传法与辅政结合起来。由此可见上层僧侣对权力的敬畏尊崇，他们的理想多了几分"王者师"的色彩。

刘萨诃得到统治阶层的认可还有一个"惩革胡性"以安定统治的原因。刘萨诃的稽胡人身份以及早年从杀生害命到皈依佛门的经历使他成为一个"革惩胡性""奉行戒约"的榜样。道宣在《续高僧传》中就已经总结胡师佛的功能在于"因之惩革胡性、奉行戒约者殷矣"，天宝年间的《凉州御山石佛瑞像因缘记》则更为直接地点明"□□凉都会万里□通征税之□往来□时之所填委戎夷杂处害为常不有神变之奇宁革顽嚣之……"。对于率直、强悍、充满叛逆精神的稽胡族和西北地区的其他民族，这样一位具有神奇之变的偶像对移风易俗起了至关重要的作用。

经过正统佛教和权力阶层的规约，刘萨诃进入到正统的佛教神灵谱系之中，被权力阶层和知识僧侣定位为佛教史上的"高僧"。

（四）"两种佛教"的交互影响

刘萨诃被选作番禾瑞像的预言人是上层僧侣利用民间信仰对抗法难、复兴佛教的结果，而刘萨诃与番禾瑞像的像主僧辅的组合模式是知识阶层和权力阶层规约民间信仰的结果。不过，对于普通民众而言，并不会对番禾瑞像和刘萨诃做严格的界分，只要是灵异的、具有祈福禳灾功能的，民众是一并供奉的。

番禾瑞像固然打着上层社会的烙印，但它在民间也有强大的生命力，其原因并不是很难探究。从信仰心理上来说，归根到底是祈福心理和对巫术、预言的崇拜心理。番禾瑞像最重要的功能是对治乱兴衰的预测，"灵相具者，则世乐时平；如其有缺，则世乱人苦"恰好迎合了人们对太平盛世的渴盼心理。而崇拜具有神奇的预测吉凶功能的某种灵物或预言，从原始社会时就一直存在，佛教传入之后，尤其是在民间，是与巫术、方术相结合的，始终不乏这些具有巫术功能的崇拜物的。就刘萨诃传说而言，定阳的胡师佛像、酒泉的刘萨诃灵骨，与番禾瑞像同样具有预测吉凶的功能。因此，从根源上来看人们对番禾瑞像的信仰实则是对巫术、预言的崇拜心理。从社会根源上来看，番禾瑞像信仰的盛行与王朝末期各种社会矛盾的尖锐化和统治阶级的大力推行密不可分。番禾瑞像信仰的隆盛期一般都出现在政局动荡的"末世"以及"末世"过后政治比较清明、生活比较安定的一段时间里。北魏末年、北周末年、敦煌陷蕃时期，都是政治黑暗、战乱频仍、生灵涂炭的乱世，在这种乱世之中，对现实倍感绝望和无奈地处于社会底层的民众最容易滋生对救世主的幻想，能够体现和执行业报的各路神明，都是安抚苦难灵魂的一剂良药。

虽然经过权力阶层和知识阶层一番功利的和理性的净化之后，刘萨诃的民间性被遮蔽起来，在历史记载中看到的只是权力阶层与上层僧团结合在一起的圣像为主、圣僧为辅的信仰现象；但不要忘记，刘萨诃之所以被选中作为番禾瑞像的受记者，是因为他在河西民间强大的影响力。既然稽胡人称他为"佛"，明代酒泉民间仍称之为"佛"，那么，我们完全有理由推测在北朝至唐宋的河西民众也称之为"佛"。传说中公元 520 年诞生于河西番禾山崖中的瑞像只是一尊佛像，民众不会关心它具体是哪位佛。鉴于刘萨诃在河西巨大的影响力，民众会很自然地把他与瑞像的主人等同起来，番禾瑞像即是刘师佛或胡师佛的像是顺理成章的。民间信仰不会像正统宗教那样秩序井然，他们的神灵谱系是变化无常的，能取得民众信仰的最充足的理由就是灵应，所谓灵则信。刘萨诃仙逝之后，他的灵骨在 200 年之后仍然具有预测吉凶的功能，番禾瑞像发生影响距离刘萨诃去世不足百年，河西民众不会舍弃他们非常熟悉的、法术无边、灵应无限的本地神而另择他神。番禾瑞像出现其实是民众刘萨诃信仰的延续。在唐五代时的河西走廊，番禾瑞像和刘萨诃的神职功能是一样的——天宝年间在武威出土的石碑记载了番禾瑞像不仅能够阻止各种破坏性的灾难，而且将远近民众的各种乞愿一一应验："至今无恙，事俱验口。若乃乡曲贱微之人，远方羁旅之士，或飘口独往叩地申冤，或子尔孤游瞻颜乞愿……"[1] 产生于归义军时期的敦煌遗书里又有刘萨诃成功地预言了莫高窟，以锡杖划出宕泉、为敦煌带来涓涓流水的传说[2]。可见，这位"高僧"又是地方神，保佑着敦煌的佛法兴隆、生活安定。总之，在民间，刘萨诃可能等同于番禾瑞像，民众将之笼统地称为"佛"。在民间的意识里，圣僧与圣像很可能是同一的，至少在信仰功能上。

---

[1]　孙修身、党寿山《〈凉州御山石佛瑞像因缘记〉考释》（《敦煌研究》1983 年创刊号，第103 页）一文对武威石碑有整理，但有讹误之处。笔者目睹碑文拓片之后，又重做辨识。

[2]　P. 3570、P. 2680、P. 3727 敦煌本《刘萨诃因缘记》："莫高窟亦和尚受记，因成千龛者也。"S. 3929V《乾宁三年（896）沙州龙兴寺上座沙门俗姓马氏香号德胜宕泉创修功德记》："奇哉宕谷，石化红莲。萨诃受记，引锡成泉。千佛净土，瑞气盘旋。后尔镌窟，数满百年。"

结　语

中国佛教史上并不缺乏具有各种神异功能的高僧（最典型的莫过于与刘萨诃具有相同时代背景的佛图澄），能预示治乱兴衰的瑞像也不止番禾瑞像，但像刘萨诃和番禾瑞像那样长久地在西北中国发生影响的圣僧和圣像却是绝无仅有的。这恰恰说明对待刘萨诃的问题无法像处理其他的神异僧和瑞像那样简单。那些神异僧和瑞像只属于一个时代，依托于一个政权而盛极一时，随着政权的消亡这些圣僧和圣像也就成为历史。只有刘萨诃和番禾瑞像能发生那样复杂、强烈而又久远的影响，因为它一直有一个强大的民间信仰的基础，既可以得益于某种机缘与上层社会的国运佛法紧密相关，又能在权力阶层的规约改造消弥之后，继续在民间发生影响。恰恰是因为他不仅仅属于一个时代、一个政权，而是属于大西北的广土众民。

综上所述，刘萨诃和番禾瑞像在宗教史上的意义至少有两个：第一，刘萨诃信仰是民间形态的佛教信仰。刘萨诃信仰不是知识阶层的哲学形态的佛教信仰，它典型地展现了佛教入华后在民间传播的一个侧面，折射出民间佛教信仰的原始状况和传播方式。第二，刘萨诃和番禾瑞像信仰表现出民间佛教信仰与哲学形态的正统佛教和上层权力社会的互动。它详细地展现了下层的粗俗的、践履型民间佛教信仰进入上层社会，被上层社会利用、改造和崇奉的全过程，典型地体现了佛教在上、下层社会的传播和发展变迁。

（原刊于赖永海主编《丝路文化研究》第三辑，

商务印书馆，2018 年）

作者简介：

尚丽新，女，1974 年生。山西大同人，现为山西大学文学院教授，博士生导师。1999—2003 年于上海师范大学人文学院师从王小盾教授攻读中国古代文学博士学位；2003—2005 年师从孙昌武教授在南开大学文学院博士后流动站工作。主要从事中国古代文学、俗文学、文献学方面的教学和研究。已出版学术专著 3 部，发表学术论文 50 篇，主持国家社科基金一般项目"北方民间宝卷研究"等省级以上项目 7 项。尚丽新、车锡伦《北方民间宝卷研究》（商务印书馆，2015 年）获 2018 年山西省第十次社会科学研究优秀成果二等奖。

北魏石窟寺伎乐形象的出现、演变及其原因

金　溪

　　平城、洛阳等北魏统治核心及其周边地区的大型石窟中，均有数量颇多的伎乐造像。一直以来，这些伎乐形象在石窟寺考古界和音乐史学界都是颇为重要的研究课题。早在三十余年前，云冈研究院赵昆雨、中国艺术研究院肖兴华等学者就撰有专题论文，而总论石窟寺造像的论著中，亦会涉及相关问题。近些年来，音乐考古学、音乐图像学等学科日益成熟，石窟寺伎乐图像越发成为引人注意的研究课题。不过，目前看来，对北魏石窟寺伎乐图像的研究，主要集中于具体形象，尤其是其中雕刻的乐器种类，及其与北魏世俗社会所使用的胡汉音乐的关系。而不同类型的伎乐形象的出现、演变乃至消失的原因，似乎较少有人涉及。

　　造成石窟寺造像中某种图像类型出现或消失的原因，一般来说，可以分为新的佛教信仰的兴起、新的佛教经籍的译出、新的美术技法的使用，以及政治方针与社会风气的变化等几个方面。针对前三者均有颇多研究，但是对于社会与政治方面的影响，学者似乎较少注意。实际上，在以"象教"作为重要治国意识形态的北魏，重要的政策或社会事件，往往可以直接反映在佛教图像的演变当中。本文选择云冈石窟、龙门石窟与巩县石窟这三座北魏最重要的石窟寺，以其中的伎乐形象为研究对象，首先略述其类型与分期，再列举与各种类型的伎乐图像同期出现的其他标志性图像类型，最后分析二者的内在联系以及同期出现的原因，并进一步分析这些图像类型的出现与演变所体现出的国家政策、官方行为与社会风气的变迁。

一、北魏石窟寺伎乐形象的类型与分期

北魏石窟寺的伎乐形象可以分为伎乐天、伎乐人，以及佛传图等叙事性浮雕中的伎乐形象等三种类型，其中又可分为若干小类。这些类型并非同时出现的。在北魏石窟寺的三个历史分期中各具代表性的几种伎乐图像类型，彼此之间有明确的区别。

（一）北魏石窟寺伎乐形象的类型

1. 伎乐天

伎乐天是北魏石窟伎乐形象最为主要的类型，可以进一步分为天宫乐伎、供养伎乐，以及伎乐飞天三类。不同类型的伎乐天，在造型、服装、姿态及于窟龛中所处的位置等方面均存在差异。

（1）天宫乐伎

天宫乐伎指的是佛经中所描述的，执乐器作歌舞的天女。从现存佛教文献来看，最早提及天宫乐伎的，是北凉沮渠京声所译《佛说观弥勒菩萨上生兜率天经》："此摩尼光回旋空中，化为四十九重微妙宝宫，一一栏楯，万亿梵摩尼宝所共合成。诸栏楯间，自然化生九亿天子五百亿天女。一一天子手中化生无量亿万七宝莲华，一一莲华上有无量亿光，其光明中具诸乐器如是天乐，不鼓自鸣。此声出时，诸女自然执众乐器，竞起歌舞。所咏歌音，演说十善、四弘誓愿。诸天闻者，皆发无上道心。"① 学界一般认为，沮渠京声入刘宋后所译诸经，对北魏佛教有明显的影响，这种影响很可能也体现在云冈石窟造像中：云冈石窟现存的天宫乐伎形象，往往被雕刻在洞窟壁面最上层——如龛楣——所雕出的栏台上，其表现形式通常为每个乐伎各占一个尖拱龛，这些尖拱龛排列紧密整齐，而以立柱彼此隔开，在云冈第九窟、第十窟等窟龛中，还以镂空勾栏作为装饰。这种造型一致的天宫乐伎造像，应该就是根据"诸栏楯间……诸女自然执众乐器，竞起歌

① ［日］高楠顺次郎等编《大正新修大藏经》，（东京）大正一切经刊行会，昭和三年（1928），第 14 册，第 419a 页。

舞"的经文雕刻的。天宫乐伎造像通常着长袍，配飘带，以头光表明其天人身份，姿态基本为站姿与胡跪，其中站立者身姿较为婀娜，常见摆胯姿态，可以看出表演歌舞的意图。

图1　云冈第11窟南壁第二层西侧佛龛龛楣天宫乐伎

（2）供养伎乐天

供养伎乐指的是石窟造像中围绕主尊的供养天人中手持乐器，以音声供养佛的天人形象。鸠摩罗什译《妙法莲华经》卷四《法师品第十》载"于此经卷敬视如佛，种种供养——华、香、璎珞、末香、涂香、烧香，缯盖、幢幡、衣服、伎乐，乃至合掌恭敬"①，是所谓十种供养，其中伎乐供养虽列于末位，但仍是供养佛的重要方式，故同经卷一《方便品第二》载偈云："若使人作乐，击鼓吹角贝，箫笛琴箜篌，琵琶铙铜钹，如是众妙音，尽持以供养。或以欢喜心，歌呗颂佛德，乃至一小音，皆已成佛道。"②供养伎乐天的装束与天宫乐伎基本一致，同为着长袍，佩飘带，有头光，只是其发型种类较多，除最为常见的束发于顶以外，亦有戴冠及绾双髻者。这一类型的伎乐形象，与天宫乐伎的主要差异有二：其一，供养伎乐天往往与其他供养天人同列，并无尖拱龛将其一一分开。其二，虽然衣着相同，亦多以站姿或跪姿出现，但供养伎乐天的仪态较为肃穆，直立时

①　［日］高楠顺次郎等编《大正新修大藏经》，第9册，第30c页。
②　［日］高楠顺次郎等编《大正新修大藏经》，第9册，第8b页。

无婀娜摆胯，也未见对身体线条的刻画，大抵是由此将天宫中的表演者与虔信者加以区分。

图 2 云冈第 16 窟南壁西侧佛龛龛楣一侧供养伎乐天

（3）伎乐飞天

伎乐飞天是最为人知的石窟伎乐形象，虽然其数量实际上少于天宫乐伎，但在各个石窟中都是重要的造像类型。伎乐飞天主要出现在龛楣、窟顶等位置，其图像与另外两种伎乐天有明显的区别，而自身又分为两类形象：一类飞天躯体多裸露，衣衫、裙裾、飘带皆较短，赤足，较为粗壮，另一类则脸型清秀，梳高

图 3 云冈第 12 窟前室窟顶吹觱篥飞天乐伎

髻，着长裙，不露足。从形态上来看，前一种较为朴拙，后一种较为精致飘逸。学界一般认为，这两种样式的区别是由于时间先后和汉化程度的差异造成的①。还有一些学者认为，现存的飞天中，应分为乾闼婆、紧那罗与夜叉三种类型，其中紧那罗是"飞天舞伎"，手持乐器的伎乐飞天则是乾闼婆与夜叉乐伎两类，形象差异是由于身份差异造成的②。

图4　云冈第15窟西壁第二层中部佛龛上部伎乐飞天

---

① 持这一观点的有赵昆雨、蔡仪等。赵昆雨直接按照时间归纳了两种飞天的形态特点，称"云冈早期，飞天雕刻多表现为袒上身，斜披络腋，大裙贴腿、赤足。中期，承前期朴拙飞舞余绪，又兼杂汉化新意，样式颇丰，反映了处于变革时期的云冈，造像样式复杂多变的艺术特点。云冈中期又以太和十三年为界分为前后期，前期飞天有的露足，有的不露足，有的袒上身，有的穿短衫，后期则基本上不再袒露上身和赤足。云冈晚期，飞天一般梳高发髻，脸型清秀，上身着短衫，大裙曳地，裙尾卷起如翼，完全不露足，腰部折成'V'形"（见赵昆雨《云冈第5—4窟的时代属性》，载于中国古迹遗址保护协会石窟专业委员会、龙门石窟研究院编《石窟寺研究》第二辑，文物出版社，2011年，第154页），蔡仪亦归纳了这两种特点，但对造成其差异的原因则较为谨慎，称"至于作风不同是否与时期的不同有关系，是一个颇为烦难的问题。……第二种作风接近于龙门作风，这种作风的石窟都是比较小的，铭文纪年也是比较晚的，由这几点可以断定第二种作风是迟于第一种作风。只是介乎两者之间的石窟，却不能断定也是比较晚的。因为昙曜五窟比较早是不容怀疑的"。（见蔡仪《云冈石窟的雕刻》，载于云冈石窟文物研究所编《云冈百年论文选集（一）》，文物出版社，2005年，第277页）

② 持这一观点的有阎文儒、王恒等。阎文儒先生《天夜叉、虚空夜叉与乾闼婆、紧那罗——兼释飞天名词之误》一文认为："根据佛理的记载，这样飞舞状的'飞天'造像，有三种题材：其一夜叉，其二乾闼婆，其三紧那罗。"（见阎文儒《云冈石窟研究》，广西师范大学出版社，2003年，第271页）王恒亦将云冈飞天分为以上三种类型，称第七窟后室南壁窟门上沿所雕，以及第十二窟东西南三壁与窟顶相接处执箜篌、筚篥、排箫、埙、横笛、曲颈琵琶等乐器者为夜叉乐伎（见王恒《云冈石窟佛教造像》，书海出版社，2004年，第172页），又称"云冈石窟雕刻了大量乾闼婆与紧那罗的形象，是为'飞天乐伎'和'飞天舞伎'，主要安排于窟顶、明窗、门拱、龛楣等部位"。（同上书，第176页）

2. 伎乐人

肖兴华《云冈石窟——南北朝民族大融合带来了音乐繁荣的历史见证》称："在云冈石窟的设计中，人们根据自己的想象和愿望在人间的石窟中雕出了佛国的图像，为佛服务的伎乐人却是现实生活中乐伎的写照，他们的地位低下，在每个佛洞中不是在遥远的天边，就是在雕满层层佛像或供养人的壁脚之下，实际上是供统治者享乐的音乐奴隶。"① 但是实际上，处于"遥远的天边"和"壁脚之下"的伎乐形象，并非同一种类型，他们的存在也并非均为"为佛服务"。与处在"天边"，"为佛服务"的伎乐天相比，处在壁脚，相对来说更倾向于"为人服务"的伎乐形象，则应被称为伎乐人。

伎乐人在北魏石窟中出现较晚，而且因为其在石窟中所处的固定位置，现存的伎乐人雕刻大多风化颇为严重。但作为一个独特的图像类型，它与伎乐天的形象在服饰、姿态、所处位置等各方面都有根本性的差别。

首先，与往往处于壁面最高层、第二层以及窟顶的伎乐天相比，伎乐人的形象始终出现于洞窟的壁脚或佛龛下方的佛坛上。这种位置的差异中蕴含了"天宫"与"人世"，"天人"与"凡人"的本质区别。其次，伎乐人形象的服饰很少有伎乐天所着的修身长袍，大多为世俗服装，虽间有披帛飘带，但基本没有刻画出头光。发型虽大多为顶上束发，但与伎乐天相比，并无对发髻上的波纹的刻画，亦无发饰，甚至还有额前梳发这种带有胡人特征的发式出现。第三，虽然伎乐人所持乐器的种类与伎乐天没有显著差别，但是伎乐人并不是以站姿或胡跪姿态进行演奏，而是一律使用踞坐或胡坐的姿态，并不具有环绕于世尊周围的伎乐天所表达出的肃穆感。此外，三种类型的伎乐天往往都带有女性特征，相比之下，伎乐人形象从脸型、五官、发型和身材来看，都带有明显的男性特征。

综上种种，可知伎乐人是与伎乐天泾渭分明的图像类型。学界普遍认为，这一类雕刻所描画的是世俗乐人的形象。然而，伎乐人与伎乐天不但代表着两种截然不同的身份，而且也代表着两种截然不同的形象来源以及两个目的不同的石窟寺建设阶段。下文将对相关问题展开论述，在此暂不详论。

---

① 云冈石窟研究院编《2005 年云冈国际学术研讨会论文集·研究卷》，文物出版社，2006 年，第 643 页。

图5　巩县石窟第三窟东壁壁脚伎乐人

3. 叙事性雕刻中的伎乐形象

除了在窟顶、主尊周围、壁脚等处雕刻的伎乐形象以外，还有一类伎乐形象，是在佛传图、因缘图等叙事性浮雕中，或作为佛或菩萨的仪仗，或作为某一场景的参与者，或作为装饰元素出现的乐伎，其中比较典型的是涅槃图中的伎乐形象。例如云冈石窟第38窟北侧佛龛下方刻佛涅槃图，其下层有六个伎乐人组成的乐队。白法祖译《佛般泥洹经》卷下曰："世尊灭度，……理家及民，举佛金

图6　云冈石窟第六窟中心柱西面下层《乘象归城》中的伎乐天

床，还入王城。诸天以名宝盖覆佛床上，幢幡导从。华香杂宝，其下如雪。十二种乐，皆从后作。天人龙鬼，莫不举哀。"①则这组乐人与其他雕刻在佛龛下方的伎乐人不同，并非表现世俗乐工形象，而是根据经文的描绘，构成佛涅槃时的场景。

在云冈石窟的佛传图中，常常有伎乐形象作为仪仗或装饰元素出现，例如第六窟中心柱西面下层的佛传画《乘象归城》与同窟中心柱北面下层的《太子回宫》中，均有一乐伎吹横笛，一乐伎弹琵琶，在太子所乘象前导引。同样的伎乐形象也出现在一些菩萨造像中，例如第5—1窟南壁门东上层有骑象菩萨像，其前有击细腰鼓、吹排箫、吹笛与击腰鼓的四身伎乐；

① ［日］高楠顺次郎等编《大正新修大藏经》，第1册，第172c页。

第九窟后室明窗西壁的普贤菩萨像，其前有弹琵琶、吹横笛的伎乐天各一身为导引。这种伎乐形象大多以一弹琵琶一吹横笛的两身伎乐天为组合形式，有可能反映了其粉本来源地的宫廷仪仗音乐的某些形态。

以上是北魏石窟寺中最为常见的三种伎乐形象类型。值得注意的是，这三大类型，乃至其中各个小类的图像，并不是从北魏开凿石窟寺之始即已出现的，也不是同时出现在石窟造像中的。从时间上来看，伎乐形象出现在北魏石窟寺中，可以分为三个阶段。

（二）北魏石窟寺伎乐形象的分期

关于北魏石窟寺开凿分期，因为龙门石窟的北魏诸窟与巩县石窟的开凿时段基本一致，一直以来，学界的争论主要集中于云冈石窟的分期。本文依从宿白先生的分期方式，将云冈石窟分为三期：第一期为昙曜五窟，即孝文帝登基前已然开凿的五座石窟；第二期为自孝文帝登基直至迁都洛阳这一阶段开凿的石窟[1]；第三阶段为迁洛之后直至北魏灭亡这段时间内开凿的石窟。从时间上来看，云冈石窟的第三期与龙门、巩县石窟基本一致，因此本文将后二者与云冈第三期归为同一时期。分析伎乐形象的变化过程可以发现，在这三个历史阶段中，石窟寺中的伎乐形象都恰好呈现出与前一期不同，且带有代表性的新面貌。换言之，北魏石窟寺中伎乐形象的变迁，与石窟寺开凿的这三个历史阶段是相吻合的。因此，在此借用这一分期方法，将石窟寺伎乐形象的变迁过程及阶段特征概述一二。

1. 第一期

北魏石窟寺中的伎乐形象并非从开窟早期即已出现，而是随时间推移而逐渐增多的。在以昙曜五窟为代表的云冈石窟早期造像中，对伎乐的描绘甚为罕见且

---

[1] 宿白《平城实力的集聚和云冈模式的形成与发展》称："云冈第二期的年代，我们曾根据《金碑》记载推测：第7、8双窟为孝文帝初期开凿；第9、10双窟是文明太后宠阉钳耳庆时于'太和八年（484）建，十三年（489）毕'工的；第5、6双窟的第6窟完工于太和十八年（494）迁洛之前，第5窟和云冈最大的第3窟都因迁洛而中辍。……可以估计云冈第二期窟室开凿时间，应在公元471年至公元494年之间或稍后。"见云冈石窟文物保管所编《中国石窟·云冈石窟（一）》，文物出版社，1991年，第187页。对于云冈第二期诸窟的性质与开凿时间，学界至今仍争论不休。本文基本不涉及这方面的争论，暂统一依宿白先生的结论。

未成系统。赵昆雨称，早期洞窟中今仅存四例伎乐雕刻，而其中有二例系后期补刻，位置多于南壁或拱楣外，居从属地位①。这一时期之所以几乎没有伎乐形象在石窟中出现，一方面固然因为当时的造像技法尚未发展到可以精致地雕刻主尊周围装饰性元素的程度，另一方面也与当时开窟造像的目的及其背后的政治原因有直接关系。这一问题，留待本文第三部分进行讨论。

2. 第二期

宿白先生《平城实力的集聚和云冈模式的形成与发展》文中称："云冈第二期窟室主要开凿在云冈石窟群中部东侧，有第7、8窟，第9、10窟，第5、6窟和第11、12、13窟；还有开凿在东部的第1、2窟和第3窟等。它们的共同特点是汉化趋势发展迅速，雕刻造型追求工丽。而融进的西方因素，虽仍有些新的内容，但似已侧重于护法形象和各种装饰。"② 第二期是伎乐形象集中涌现且迅速形成体系的阶段，几乎所有窟室中均雕有大量伎乐形象。伎乐形象的激增，可以算作宿白先生所谓"侧重于护法形象和各种装饰"的一个表现。而这一时期伎乐形象的阶段性特点是，伎乐天的三种子类型——天宫乐伎、供养伎乐与伎乐飞天——均已出现，以天宫乐伎的数量最多。然而，至少在现存的第二期图像中，未见伎乐人类型出现。

三种伎乐天形象最常出现的位置均为龛楣。其中天宫乐伎基本仅在龛楣一处出现；供养伎乐除了出现在龛楣外，也有处于供养天人行列中，位于主尊两侧的情况，例如云冈第六窟西壁上层中部佛龛左侧供养天人群像中演奏乐器者；而伎乐飞天已经出现了从龛楣向窟顶转移的趋势，因此可以见到位于四壁与窟顶交接处的形象，如云冈第12窟前室窟顶的四身伎乐飞天。

从现存情况来看，第二期窟龛的龛楣场景常常由飞天（包括伎乐飞天）、供养天人（包括供养伎乐）和天宫乐伎组合构成，其中不乏两种乃至三种伎乐天类型组合搭配的情况。这种组合搭配，使得窟龛的最上方呈现出诸乐并做，欢愉祥和而又虔诚礼赞的天宫场景。

除了三种类型的伎乐天外，作为情景参与者与装饰因素的伎乐形象也已经出现在第二期的窟室中，例如上文提及的第六窟佛传图中的仪仗伎乐，以及第九窟

① 见赵昆雨《云冈北魏伎乐雕刻探微》，载于云冈石窟文物研究所编《云冈百年论文选集（二）》，文物出版社，2005年，第141页。
② 云冈石窟文物保管所编《中国石窟·云冈石窟（一）》，第183页。

图 7　云冈第 12 窟前室北壁上层天宫乐伎与伎乐飞天

后室明窗西壁的普贤菩萨像身前的伎乐等。另外，赵昆雨认为第 5－4 窟明窗上的伎乐形象也是这一阶段的作品①。赵昆雨虽然指出明窗上的伎乐形象比较少见，但仍将其称为"伎乐天"，而李治国、刘建军的《云冈石窟雕刻艺术》在论及第九窟普贤像身侧伎乐时，也使用了这个称呼。诚然，从身份上说，这些演奏伎乐的天人确实可以被称为伎乐天，但是从性质上来说，这类形象却与上文的三种伎乐天存在差异。天宫乐伎等伎乐天，是作为第二期窟室经过整体规划而表现出的天宫场景的一部分存在的，与主尊存在着内在联系，因此作为侍奉者和供养者环绕在主尊周围。而明窗上的伎乐天图像并不具有这样的功能，只是起到装饰的效果。之所以在明窗上出现的情况较少，正是因为这种装饰性的伎乐形象并非第二期石窟有意表达的内容。

3. 第三期

上文已经提到，本文所说的"第三期"，指的是魏孝文帝迁洛之后，直至北

---

① 赵昆雨《云冈第 5—4 窟的时代属性》称："一般认为，第 5—4 窟属云冈晚期。……本文通过对第 5—4 窟内仅存造像的考察，试说明该窟是一个独立的窟室，约完工于太和十三年（488）之前，属云冈中期前期窟。"又称："明窗西壁雕刻伎乐天，上方一乐伎，仅存一小半部分，呈细长条形。由残迹可知，其为剃发型，圆形头光，手持短颈曲项琵琶。下方也应有一人物，但其形态不确定，考虑到上边是为琵琶乐伎雕刻，推测此处同样还是乐伎表现，由上角残留的弓形痕迹来看，可能是竖箜篌伎者。在明窗上表现伎乐的雕刻形式，云冈较少见。"见中国古迹遗址保护协会石窟专业委员会、龙门石窟研究院编《石窟寺研究》第二辑，第 153 页。

图 8　云冈第 11 窟西壁第一层南侧佛龛龛楣供养伎乐与飞天

魏末年的石窟造像。然而，在河阴之变之后，由皇家或者贵族和高级官僚主持的，成体系、成规模的开窟造像活动基本停滞，因此，所谓"第三期"，主要指的是孝文帝迁洛之后至宣武帝、孝明帝时期，在云冈、龙门与巩县三座石窟寺开凿的石窟。与前两期相比，云冈第三期的窟室较小，分布亦较为散乱。宿白《平城实力的集聚和云冈模式的形成与发展》称："云冈第三期多中小型窟室，主要集中在第 20 窟以西的云冈石窟西部地区。位于中部的第 14、15 窟和位于东部的第 4 窟也属于这一期。此外，第 11 至 13：4（13A）窟窟外崖面及其迤西一带第5、6 窟上方与迤东一带和第 1 至 4 窟附近，也都分布有第三期开凿的中小窟室。"① 学界对云冈第三期窟室有几种不同的编号体系，例如这一时期最具代表性的吴忠伟为亡子吴天恩所造窟，即有第 38 窟、第 50 窟、第 43 窟三种编号方式。本文仍依宿白先生的编号方式。

　　之所以将云冈第三期与龙门、巩县这两座地域上有所差别的石窟归为同一类，有以下几个原因。

　　首先，云冈第三期、龙门与巩县石窟中重要窟室的开凿时间基本相同。云冈三期洞窟中，颇多带有纪年的造像记。其中最早的为第 11 窟明窗东侧壁于第三期补雕小龛的孝文帝太和十九年（495）铭，其后按时间顺序，有宣武帝景明四年

① 　云冈石窟文物保管所编《中国石窟·云冈石窟（一）》，第 192 页。

（503）比丘尼昙媚造像碑、宣武帝延昌四年（515）铭，以及时代最晚的孝明帝正光（520—525）□年□月廿三日《为亡夫侍中平原太守造像记》。此外，赵邦彦于1929年对云冈进行考察后所撰《调查云冈造像小记》将第38窟的《吴氏忠伟为亡息冠军将军华□侯吴天恩造像并窟记》称为"太和十九年碑"①，然未知何据。而龙门石窟的重要北魏洞窟中，宾阳中洞大约完工于宣武帝延昌末年至孝明帝熙平初年（515—517），宾阳南洞和宾阳北洞辍工于孝明帝正光四年（523）六月②，为胡太后母舅皇甫度所造的皇甫公洞则可根据造像记得知完工于孝明帝孝昌三年（527）。与二者相比，巩县石窟寺缺乏明确纪年，仅唐高宗龙朔年间（661—663）《后魏孝文帝故希玄寺之碑》称"昔魏文帝发迹金山，途遥玉塞，……电转伊瀍，云飞巩洛。爰止斯地，创立伽蓝"③，明弘治七年（1494）《重修大力山石窟十方净土禅寺记》则称"自后魏宣帝景明年间，凿石为窟，刻佛千万像，世无能烛其数者焉"④。可见，其开窟年代在孝文、宣武之间，应无疑义，然而具体年代则难以确考。陈明达先生根据雕刻风格、主题内容、窟形及北魏的历史环境等，将其中北魏诸窟的开凿时代归于孝明帝至孝庄帝时代⑤，并且指出，北魏一代，自云冈、龙门至巩县石窟寺，年代蝉联，脉络分明，是研究北魏雕刻艺术发展最可靠的标准⑥。

其次，云冈第三期造像与洛阳周边的北魏中后期石窟造像，在题材和形态上有着鲜明的一致性。孝文帝迁洛后，平城作为重镇，在城市与佛教信仰方面，均未见衰落。直到隋唐时期的《历代三宝记》《法苑珠林》《续高僧传》等佛教著作，论及北魏的云冈石窟时，仍不乏将其称为"北台石窟寺"的情况，似是在迁洛之后，存在平城的北台石窟寺与洛阳的南石窟寺并称的情况。而龙门石窟开窟之初，就确立了借鉴云冈模式的方针，故《魏书》卷一一四《释老志》载曰：

---

① 见云冈石窟文物研究所编《云冈百年论文选集（一）》，第63页。
② 参见温玉成《龙门北朝小龛的类型、分期与洞窟排年》，载于云冈石窟文物保管所编《中国石窟·云冈石窟（一）》，第216页。
③ 录文见河南省文物研究所编《中国石窟·巩县石窟寺》，第273页。
④ 录文见河南省文物研究所编《中国石窟·巩县石窟寺》，第289页。
⑤⑥ 陈明达《巩县石窟寺的雕刻年代及其特点》认为，"第1窟、第2窟是为宣武帝及灵太后胡氏所造的双窟，约开始于熙平二年。……第3、4窟是为孝明帝后所造的双窟，开始于熙平二年或稍后，完成于孝昌末年（528）。至于第5窟很可能原是为孝庄帝所造"。见河南省文物研究所编《中国石窟·巩县石窟寺》，第189页。

"景明初，世宗诏大长秋卿白整准代京灵岩寺石窟，于洛南伊阙山，为高祖、文昭皇太后营石窟二所。"① 宿白先生指出："从窟室形制到细部装饰，凡云冈、洛阳所共同具有的，主要应源于云冈。当然也不排除在云冈第二期窟室进一步汉化时，吸取了某些中原因素，但从窟室整体观察，洛阳地区北魏窟室式样，无论孝明以前，抑孝明以后，其主要来源应是云冈。"② 虽然这段论述主要针对的是龙门对云冈第二期的借鉴，但云冈第三期与龙门石窟伎乐形象中均出现了一系列新模式，且彼此基本相同，却与云冈第二期存在显著区别。由此可以看出，云冈三期与龙门石窟并不是在云冈第二期的基础上分别独立发展的，而是具有高度一致性与同步性。

对云冈模式的学习与继承也体现在巩县石窟寺中，从窟形来说，巩县石窟继承了云冈的双窟、中心柱窟与三壁三龛式形制，在其基础上有所变化③；从窟内各部分的样式来说，巩县石窟窟顶的平棋格和平顶这两种类型，虽然具体内容与技法有所不同，但可以看出云冈三期的影响；从造像题材来说，巩县石窟延续了云冈石窟的千佛、三世佛与释迦多宝二佛并坐等题材；而从伎乐雕刻方面来说，一些具有典型性的乐器图像，如义觜笛等，是从云冈到巩县石窟一脉相承的④。

由此看来，云冈、龙门、巩县这三座石窟寺一脉相承的关系，不仅仅体现在时间先后上，也体现在雕刻模式与图像类型的延续性上。张华《云冈石窟窟顶雕饰图案》称："云冈石窟平顶窟顶图案……只表现出从云冈、龙门到巩县这一时期的特征。可以说龙门莲花洞、魏字洞是云冈的继续发展，巩县第五窟是云冈的传承结果。"⑤ 这种继承与传承的关系，实际上是体现在包括伎乐形象在内的多方面的。

第三期内，伎乐形象仍颇为多见，但是出现了迥异于第二期的特征。具体表现为：

---

① 魏收撰《魏书》，中华书局，1997 年，第 3043 页。
② 见宿白《平城实力的集聚和云冈模式的形成与发展》，云冈石窟文物保管所编《中国石窟·云冈石窟（一）》，第 197 页。
③ 参见马世长、丁明夷《中国佛教石窟考古概要》，文物出版社，2009 年，第 242—244 页。
④ 参见肖兴华《云冈石窟中的乐器雕刻》，载于云冈石窟文物研究所编《云冈百年论文选集（一）》，文物出版社，2005 年，第 192 页。
⑤ 云冈石窟文物研究所编《云冈百年论文选集（二）》，第 222 页。

图9　龙门交脚弥勒龛龛顶吹笛、吹笙伎乐飞天

第一，在伎乐天类型内，在第二期数量甚多的天宫伎乐、供养伎乐两种子类型基本消失。伎乐天中的伎乐飞天类型仍然存在，但是很少再如第二期的飞天一样出现于龛楣。从现存的伎乐图像来看，第三期仅有的三处出现于龛楣（或门楣）位置的伎乐飞天，分别位于龙门石窟皇甫公窟窟门楣、龙门石窟交脚弥勒龛龛顶和巩县石窟第一窟中心柱西面主龛龛楣。其中皇甫公窟窟门与巩县第一窟中心柱西面主龛的伎乐飞天均为在龛楣（或门楣）两侧对称的两身，一弹琵琶，一吹横笛，与第二期时所常见的手持多种乐器的多身伎乐飞天占满一排空间的情况不同。而交脚弥勒龛的伎乐飞天虽然并非对称的两尊，而是在背光上方排列，分别为吹排箫、吹笙等，不过其形态为剃发，赤裸上身，赤足，在本期飞天中颇为罕见。宿白先生将此窟定为孝文帝迁洛不久后所开①，这排伎乐飞天确实表现出了第二期形态的特征，有可能说明它是龙门石窟中较早开凿的一龛。

天宫乐伎、供养伎乐形象的消失，以及伎乐飞天数量减少且不再雕刻于龛楣，在云冈三期、龙门与巩县石窟是一致的。究其原因，大概有新信仰的出现与开窟者的社会阶层原因两方面。

（1）新信仰的出现。首先，自北魏中期开始，《维摩诘经》在北方日益受到推崇，龙门石窟各窟龛的龛楣图像基本固定为文殊师利与维摩诘对坐说法图，取

① 见宿白《洛阳地区北朝石窟的初步考察》，载于龙门文物保管所、北京大学考古系编《中国石窟·龙门石窟（一）》，文物出版社，1991年，第227页。

代了伎乐天的位置，直接造成伎乐形象的减少。其次，弥勒信仰的盛行，大概也改变了伎乐形象的布局。赵昆雨指出："晚期伎乐雕刻形式的另一个显著特征是，由前期惯于壁面上雕作的时好，普遍地转向窟龛顶部。其嬗变之主要缘由，概为弥勒经典的盛行；匠人依经据典地将伎乐天刻划于石窟之顶，形象地展示弥勒净土中兜率天宫的欢悦场景，为信徒产生意中之象提供依据。"①

（2）开窟者身份原因：平棋藻井式内顶是带有等级色彩的殿堂建筑，往往是皇家或显贵所主持开凿的窟室才能够使用，正因如此，在第二期中由皇家开凿的双窟中出现较多。而另一方面，往往是经过整体规划开凿的洞窟，才有余力着意雕刻壁面与窟顶的装饰因素。云冈第三期窟室与龙门的古阳洞等重要洞窟多为多人分别开凿的小龛，因此客观上造成了伎乐天形象的大幅度减少。

第二，在第三期中，伎乐飞天主要出现的位置由龛楣上移至窟顶，并出现了平棋格窟顶与莲花窟顶的两种不同类型。

（1）平棋格窟顶

平棋格窟顶从云冈第二期即已出现，是将殿堂建筑平棋藻井式内顶借用到石窟中的产物。云冈第二期的平棋格窟顶中已经出现了飞天，但是并无伎乐飞天。第三期的平棋格规整且有逐渐变小的趋势，其中以云冈石窟第38窟窟顶最为典

图10　云冈石窟第38窟平棋格窟顶伎乐飞天

---

① 见赵昆雨《云冈北魏伎乐雕刻探微》，云冈石窟文物研究所编《云冈百年论文选集（二）》，第142页。

型：平棋藻井四周方格内，雕有奏乐和舞蹈的飞天共计二十身，所持乐器有曲颈琵琶、排箫、笙、箜篌、筚篥、横笛、瑟、管、琴、鼓等①。然而在龙门石窟中，未见雕刻有伎乐飞天的平棋格窟顶。

（2）莲花窟顶

在窟顶雕刻一朵大莲花，四周围绕飞天，也是从第二期开始出现的窟顶形式。在第三期，这种形式的伎乐飞天在云冈三期与龙门石窟均有出现，但是有所区别：云冈三期的莲花窟顶以平顶中央雕刻莲花为主，如第30窟，窟顶近方形，环绕莲花雕刻出伎乐飞天，所持乐器有横笛、排箫等②。而龙门则以穹隆顶中心高浮雕出莲花为主，宾阳中洞、宾阳北洞及皇甫公洞等几座龙门石窟最为重要的北魏窟室窟顶均为这种形式：宾阳中洞窟顶共计十身飞天，其中八身手持乐器，皆面向正壁主像。在主佛背光南侧的四身所持乐器依次为笙、笛、阮与细腰鼓，北侧四身所持则为磬、排箫、筝与铜钹；宾阳北洞窟顶与宾阳中洞类似，亦为伎乐飞天围绕莲花飞舞③；皇甫公洞窟顶莲花周围计有伎乐飞天六身，所持乐器有琵琶、横笛、笙、排箫等。

第三，世俗乐舞形象这一新图像类型在第三期出现并定型。

世俗乐舞形象均位于壁脚和佛龛基部，可以进一步分为伎乐形象与百戏形象，而百戏形象也往往与伎乐形象搭配出现。

（1）伎乐人形象。伎乐人形象见于巩县石窟第1、3、4窟壁脚，云冈第38窟西壁、东壁壁脚等处。其服饰、仪态、姿势的特征已见于上文论述。巩县石窟的1、3、4窟中，除了第一窟北壁与第三窟北壁所刻为异兽像，第四窟东壁所刻为神王像外，其余各个壁面的壁脚所刻均为伎乐人群像，由于数量众多且风格统一，因此极具典型意义，陈明达《巩县石窟寺的雕凿年代及特点》称："云冈伎乐天的位置都是在窟壁上端与窟顶相近之处，而在这里则排列在壁脚或中心柱座上，而成为一种新的布局形式。"④ 这种形式虽然出现较晚，且处于不甚引人注意

---

① 参见李治国、丁明夷《第38窟的形制与雕刻艺术》，云冈石窟文物保管所编《中国石窟·云冈石窟（二）》，文物出版社，1994年，第210页。

② 参见张华《云冈石窟窟顶雕饰图案》，云冈石窟文物研究所编《云冈百年论文选集（二）》，第221、233页。

③ 参见温玉成《龙门北朝小龛的类型、分期与洞窟排年》，龙门文物保管所、北京大学考古系编《中国石窟·龙门石窟（一）》，第214—215页。

④ 见河南省文物研究所编《中国石窟·巩县石窟寺》，第186页。

的位置，但是却成为影响深远的固定模式。在北朝后期的皇家石窟、江南的皇家石窟，乃至隋唐时期的龙门石窟造像中，都可以见到雕刻于壁脚的伎乐人形象①。

在云冈第38窟，有一类甚为特殊的"音乐树"形象。雕刻于云冈38窟东壁、西壁基部。中间是长方形的铭记位置，两侧为两棵音乐树。东壁音乐树北侧现存十个乐伎人物，分别演奏阮咸、箜篌、筝、筚篥、排箫、横笛、胡笳、笙等乐器，南侧现存乐伎人物八身，分别持横笛、海螺、排箫、细腰鼓、羯鼓等乐器。由于"音乐树"图像仅见于此窟，而且细节十分丰富，因此原本具有相当重要的价值，然而，这两处音乐树图像都尺寸较小，又处于靠近地面的位置，因此风化磨损明显，尤其是西壁的音乐树损毁严重，图案几乎不易分辨。关于音乐树图像的寓意，学者并无定论，但一般认为与佛经中的"七宝诸树"有关。康僧铠译《佛说无量寿经》卷上载无量寿佛之国"七宝诸树，周满世界……荣色光曜，不可胜视。清风时发，出五音声。微妙宫商，自然相和"②，又云"第六天上万

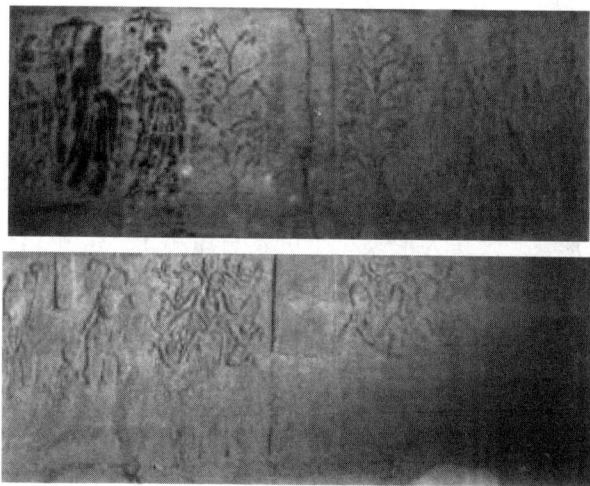

图11　云冈石窟第38窟东壁、西壁基部音乐树

---

① 如北齐北响堂石窟第三窟的正壁基坛、主室左右二壁基坛上所雕为伎乐人群像（参见陈传席主编《中国佛教美术全集·雕塑卷响堂山石窟》，天津人民美术出版社，2014年），梁普通四年（523）成都万寿寺康胜造像的基座前下方有舞伎群像（参见张雯《成都地区南朝石造像与南京栖霞山南朝窟龛的分期与比较》，《石窟寺研究》第二辑，第207页），龙门石窟唐代古上洞正壁壁脚、万佛洞南壁壁脚刻有伎乐人群像。（参见龙门文物保管所、北京大学考古系编《中国石窟·龙门石窟（二）》）
② ［日］高楠顺次郎等编《大正新修大藏经》，第12册，第270b—271a页。

种乐音，不如无量寿国诸七宝树一种音声千亿倍也"①。然而，若是描绘西方净土的景象，于理不应置于壁脚，因此，学者们往往认为这是北魏工匠根据当世的伎乐人形象刻画出的西方净土中诸天伎乐在七宝树上奏乐供养的情景②。

（2）百戏形象。百戏形象，指的是云冈第38窟北壁壁脚的两组"幢倒伎"。这两组图像，被描绘为两人进行百戏表演，六身伎乐人为其伴奏的形象，伎乐人使用乐器有筚篥、横笛、细腰鼓、排箫、琵琶等。关于幢倒伎形象的来源，学者常引《妙法莲华经文句》卷二之下解释四乾闼婆王之语"此是天帝俗乐之神也。乐者幢倒伎也，乐音者鼓节弦管也，美者幢倒中胜品者，美音者弦管中胜者也"③来论述在佛经中，乾闼婆即为幢倒乐神。然而《妙法莲华经文句》以及同样较早提及幢倒乐神的《维摩经文疏》均为隋代智者大师所撰，现存隋前佛教文献中似未见有此说。相反，后秦佛陀耶舍与竺佛念共译《长阿含经》中曰："及作众声、贝声、磬声、歌声、舞声、缘幢倒绝、种种伎戏：入我法者，无如此事。"④ 可见当时已经传译的佛经中，是将幢倒作为俗乐加以禁绝的。当然，佛经中的禁止，并不妨碍缘幢在很多佛教国家成为佛教仪式中的重要内容，因此，窃以为此处的幢倒伎，所表现的是世俗中的缘幢表演场景。

以上是北魏石窟寺伎乐形象的几种主要类型，及其在不同分期中出现和消失的过程。经过梳理，我们可以清晰地看出，不同类型的伎乐形象的更迭，与不同的石窟寺建造阶段有着高度一致的同步性。在上文中，针对一些图像类型出现和消失的原因，笔者进行了简单的分析，但是远远不能触及本质。某种特定类型的伎乐形象为何会在某个阶段出现？其来源和目的是什么？想要对伎乐形象的更替有更深的认识，并解决这些疑问，就要首先厘清另一组相关的问题：在北魏石窟寺的每一个阶段中，除了伎乐形象，都出现了哪些新的图像类型？这些图像类型，与同期出现的伎乐形象是否存在内在联系？下文将对此略作阐述。

① ［日］高楠顺次郎等编《大正新修大藏经》，第12册，第270b—271a页。

② 参见李治国、丁明夷《第38窟的形制与雕刻艺术》，云冈石窟文物保管所编《中国石窟·云冈石窟（二）》，第209页；通一、董玉祥《云冈第五〇窟的造像艺术》，云冈石窟文物研究所编《云冈百年论文选集（一）》，第129页。按，第38窟与第50窟是不同的编号体系对吴忠伟为吴天恩所造窟的称呼，在本文中统一称为第38窟。

③ ［日］高楠顺次郎等编《大正新修大藏经》，第34册，第25a页。

④ ［日］高楠顺次郎等编《大正新修大藏经》，第1册，第84b页。

二、与北魏石窟寺第二、三期伎乐
形象同期出现的新图像类型

在第二期、第三期出现的新图像类型中，不乏主尊造像的新样式，不过更多是作为壁面装饰。本节中仅对其中几类与伎乐形象有关的类型进行分析。

（一）第二期

1. 二佛并坐像

二佛并坐，指的是释迦如来、多宝如来二佛并坐说法，其典故出于《妙法莲华经》卷四《见宝塔品第十一》：

> 尔时，多宝佛于宝塔中，分半座与释迦牟尼佛，而作是言：“释迦牟尼佛，可就此座。”实时释迦牟尼佛入其塔中，坐其半座，结加趺坐。尔时，大众见二如来在七宝塔中，师子座上，结加趺坐，各作是念：“佛座高远，唯愿如来以神通力，令我等辈俱处虚空。”即时释迦牟尼佛以神通力，接诸大众，皆在虚空，以大音声普告四众：“谁能于此娑婆国土广说《妙法华经》，今正是时。如来不久当入涅槃，佛欲以此《妙法华经》付嘱有在。”①

二佛并坐造像至今在印度等国的佛教遗迹中未有发现，有学者认为它可能是中国特有的造像题材②。一般认为，最早的二佛并坐像出现于炳灵寺石窟第169窟北壁上绘有西秦建弘年间（420—428）的壁画。在云冈石窟的早期洞窟中，也偶尔可以见到二佛并坐像，然而真正成为一种典型的造像类型大量出现，是在第二期。自第7、8窟开始，几乎每个窟室都有二佛并坐造像出现，而且不乏以其作为主像的情况。

云冈第二期开凿于孝文帝即位后至迁洛之前这段时间。而二佛并坐像在这一

---

① ［日］高楠顺次郎等编《大正新修大藏经》，第9册，第33页。
② 见石松日奈子著，筱原典生译《北魏佛教造像研究》，文物出版社，2012年，第91页。

时间段中突然大量出现，并非仅仅是石窟造像的情况。根据潘亮文《法华经相关之美术作品研究——以敦煌地区初期至盛唐的发展为中心》一文，收藏于日本、美国的二佛并坐像，有旧金山亚洲艺术博物馆藏北魏延兴二年（472）铭二佛并坐像，日本根津美术馆藏太和十三年（488）铭像，以及日本私人藏延兴五年（475）铭像与太和十三年铭像等①。延兴二年为孝文帝即位次年，可以看出，在此之后，二佛并坐像的数量明显增多，这与石窟造像的情况是一致的。

二佛并坐像之所以在孝文帝登基后，尤其是太和中大量出现，亦是信仰与社会两方面原因共同造成的。在信仰原因上，除了古正美认为二佛并坐像有指转轮王的成佛像，也有指转轮王的法身像，是弥勒佛王信仰的体现②以外，学界一般认为出自《法华经·见宝塔品》的二佛并坐像与当时《法华经》乃至“法华三昧观”的流行有关。

在社会原因上，二佛并坐像的出现与孝文帝统治前期孝文帝与冯太后共同执政的政治局面有关。在这一时期，北魏上层存在一种将孝文帝与文明太后并称“二圣”的风气，这在《魏书》中颇为常见，如高闾上表曰“二圣钦明文思，道冠百代，动遵礼式，稽考旧章”③，李彪表曰“二圣清简风俗，孝慈是先”④ 等等。这种风气在当时的佛教建筑当中亦有鲜明的体现，即双寺、双塔、双窟形式的伽蓝大量修建，如太和十三年《大代宕昌公晖福寺碑》云：“于本乡南北旧宅，上为二圣造三级佛图各一区。”⑤ 云冈第二期基本均为双窟，正是这个原因造成的。与之相比，并无文献可以直接证明二佛并坐像带有“二圣”并肩的隐喻。然而，在北魏中前期“拜天子即是礼佛”、造像“令如帝身”风气的影响下，不但以皇帝比附佛，而且将某一皇帝与某一佛对应起来，是比较常见的情况，例如昙

---

① 敦煌研究院编《2004 年石窟研究国际学术会议论文集》，上海古籍出版社，2006 年，第180 页。

② 参见古正美《从〈大慈如来告疏〉说起——北魏孝文帝的云冈弥勒佛王造像》，云冈石窟研究院编《2005 年云冈国际学术研讨会论文集·研究卷》，第 20—35 页。但是此文中并未详论二佛并坐像是转轮王像的原因。姑备此一说。

③ 魏收撰《魏书》卷五四《高闾传》，第 1199 页。

④ 魏收撰《魏书》卷六二《李彪传》，第 1388 页。

⑤ 武树善编著《陕西金石志》，三秦出版社，2016 年，第 7 页。

曜五窟第十七窟的交脚弥勒菩萨像，一般被认为是象征着未及即位即早逝的景穆帝①。从这个角度看，以二佛象征二圣是极有可能的。殷宪、李书吉、李正晓等学者都持此观点②。然而，殷宪、李书吉都由此进一步得出结论，认为二佛并坐像只出现于孝文帝亲政之前，殷宪先生甚至认为"这便给了我们一把研究云冈石窟开凿分期的钥匙：凡有释迦、多宝对坐龛的洞窟都应该是太和十四年（489）前所凿"③，这就与云冈石窟造像的实际情况不符了。北魏中前期佛教造像虽然与统治者形象存在联系，但从根本上说，仍是基于佛教信仰与佛教经典的，不可能因为统治者的更替而就此消失。事实上，释迦多宝对坐像不仅是云冈石窟最为多见的主尊组合形式，在云冈第三期的数量多过第二期，而且直至东魏北齐河北、青州等地的造像中，都是极为常见的题材，并未随着孝文帝的亲政而消失。

2. 佛传、因缘、本生等连环画式的故事性浮雕组图

佛本行像是北魏佛教造像的重要内容，在云冈石窟中非常多见。这一类雕像以释迦牟尼佛为中心，在周围刻出佛某一阶段的故事形象。阎文儒指出，在云冈早期石窟中所见的佛本行像，有"释迦苦行像、二商奉食像、四天王捧钵像、降魔像、降服火龙像以及转法轮像等"④。虽然题材多样，但大抵是以其成佛后的故事为内容。而到了云冈石窟的第二期，出现了新的佛本行像内容，即释迦牟尼诞生前后、少年时代、成年时代及入山学道等时期的佛传浮雕，其中有乘象入胎和逾城出家的单幅作品，也有连环画式的组图。同时，佛本生图及因缘图也大量出现，其中以《睒子本生》与《定光佛本生》较为常见：睒子本生见于第九窟前室西壁和第一窟东壁，定光佛本生则见于第十窟前室中段、同窟前室东壁第二层北侧及第十二窟前室东壁上部。在第二期的第5、6、7、8、9、10、12等窟中，都

① 如王恒认为"一般说，位于中间位置的形象应是现在佛，所以，将未来佛置于中间位置的形式较为特殊。之所以出现这样的特殊形式，是由于不仅要体现'三世诸佛说法之仪式'，还须体现北魏政治之现实，因为第17窟主像象征了没有即位就死去了的景穆帝"，见王恒《云冈石窟佛教造像》，第65页。

② 参见殷宪《云冈石窟所反映的一些北魏政治社会情状》，载于殷宪《平城史稿》，科学出版社，2012年，第75—77页；李书吉《北朝象教及其佛教造像意识》，载于云冈石窟研究院编《2005年云冈国际学术研讨会论文集·研究卷》，第620—621页；李正晓《太和年间造像的变化与演进——以太和十三年铭造像为中心》，载于云冈石窟研究院编《2005年云冈国际学术研讨会论文集·研究卷》，第128页。

③ 殷宪《云冈石窟所反映的一些北魏政治社会情状》，载于殷宪《平城史稿》，第77页。

④ 阎文儒《中国石窟艺术总论》，广西师范大学出版社，2003年，第112页。

有大量故事性浮雕图，可以说，这一图像类型的出现，是造成第二期石窟造像与第一期相比骤然丰富复杂起来的重要原因。在这一类型的作品中，最值得注意的是云冈石窟第六窟的佛本行故事浮雕，一共三十三幅，雕于中心塔柱四面左右上角和东壁、南壁第二层。其题材分别为"树下诞生""太子生后指天地""九龙浴太子""骑象入城""太子入天祠""太子较艺""宫中嬉戏""辞父出游""出游四门""太子思惟""逾城出家""苦行林论道""阿罗逻论道"等，完整地表现了悉达多太子从降生到入道的过程。

学者论及这种叙事性连续图像的来源时，通常会提及以下几个方面：

（1）佛教经典来源。有学者认为，佛经故事图像的一部分题材来源于犍陀罗片岩雕刻①，而更为常见的观点是，这一图像类型的重要来源是主持凿造云冈石窟的僧侣在此译出的佛典。这是由于睒子本生与定光佛本生的故事均出自《杂宝藏经》，而这部佛经，及同样包含大量因缘故事的《付法藏因缘传》，正是主持开凿云冈的沙门统释昙曜与西域僧吉迦夜在云冈共同译出的。然而值得注意的是，昙曜所译的佛经并没有完全涵盖云冈佛经故事图案的题材来源。常盘大定已经指出，第十二窟的佛传图所据为《瑞应本起经》②。而第六窟的三十三幅佛传图，以及日后的"四相""八相"，实际上也出自《瑞应本起经》。作为较早传入中国的本缘类佛传的《太子瑞应本起经》，是在三国吴时由支谦在江南译出的。为何在此时被大量雕刻在平城、洛阳等地的石窟寺中，是个值得思考的问题。

（2）雕刻技法来源。学界通常认为，北魏石窟故事图像带有一定的印度犍陀罗风格，而又与中原地区的汉代画像石表现故事的艺术手法相结合。例如杨泓《云冈第六窟的佛本行故事雕刻》文中提出："在印度犍陀罗的佛教美术作品里，也有不少关于佛本行题材的浮雕和造像，但是却找不到第六窟第二种形式，即以连环画式的浅浮雕来连续表现佛本行体裁的例子。这种做法，正是佛教传入我国以后，在我国传统艺术的基础上，主要是继承了汉代画像石艺术而发展形成的。"③ 不过，虽然对画像石技法的吸收是可以确定的，但是杨泓先生此段论述仍

---

① 见胡文和《云冈石窟某些题材内容和造像风格的源流探索》，云冈石窟研究院编《2005 年云冈国际学术研讨会论文集·研究卷》，第 210 页。

② 参见戴蕃豫《云冈石窟与域外艺术——佛教美术史中国篇之一节》，云冈石窟文物研究所编《云冈百年论文选集（一）》，第 54 页。

③ 云冈石窟文物研究所编《云冈百年论文选集（一）》，第 122 页。

有可商榷之处。印度及西域国家的佛教遗迹中，也许确实没有浅浮雕的连环画式故事图，但这并不代表没有以其他方式表现的同一类型图像。比如克孜尔石窟的摩耶第二洞等洞窟中，就有连环画形式的壁画。此外，连环画式的故事图，本就是印度等地佛教表演艺术的主要道具。这一点在佛经中即有所体现。东晋法显译《佛说大般泥洹经》卷一《序品》云：

> 于晨朝时，为供养如来故，人人各作五千栴檀床帐、沉水床帐、众宝床帐、天香床帐、郁金香华床帐等。……一一床帐，各载以宝车。其车严好，七宝庄严。前后皆有宝幢幡盖，一一幡盖皆以七宝罗网，青黄赤白七宝庄严，及四种华优钵罗钵昙摩拘牟头分陀利，亦以七宝校饰如前，结众杂宝，以为华鬘。鲜好白氎图画如来本生之像，表现菩萨从初发意至于成佛，中间受身种种苦行，无不记列。侠道两边，作众伎乐。其诸乐器皆用七宝，其音和雅，皆出无常苦空之音。①

其中所谓"白氎图画如来本生之像，表现菩萨从初发意至于成佛，中间受身种种苦行，无不记列"，无论是从题材内容上，还是从连环画式的表现形式上，都与北魏石窟中的连环画式佛传图相吻合。进一步来说，只有中国的石窟中存在连环画式浅浮雕，说不定是由石窟寺的寺内图像无法移动的特征造成的，是模仿佛经中，乃至印度等国佛教活动中的连环画式图像，将其雕刻在石壁上的改造。虽然图像本身无法移动，但是值得注意的是，此类图像往往被雕刻于中心柱四面到周围壁面，是与右绕礼拜的路线恰好吻合的，因此可以随着信众绕塔而行的动作，而相对地具备动态的效果，从而获得与绘于可移动介质的连环画式图像类似的效果。而这些保存下来的故事图像也从一个侧面暗示着，在同时期的中国，有可能也存在与其他国家一致的画在可移动介质上的此类图像。

在这一时期出现这一类型的图像，而且即使是在不可移动的介质上出现，也能表达出动态的效果，是有其必然原因与明确目的的。关于这一问题，我们将在下文进行论述。

---

① ［日］高楠顺次郎等编《大正新修大藏经》，第 12 册，第 853c—854a 页。

（二）第三期

1. 神王、异兽图像

北魏石窟寺的第三期中，在壁脚和佛龛基部等位置，除了伎乐人及下文将提及的供养人形象，还有一些固定的图像，即神王与异兽。所谓异兽，大多为狮子，也有一些并非真实存在的动物。而神王这一类型较为独特。神王形象最早出现于宾阳中洞南北两侧壁面底层，这一类型之所以得以命名为神王，是由现藏于美国加德纳艺术博物馆的东魏武定元年（543）骆子宽等七十人造石佛立像基座两侧及背面所雕十身皆有榜题，称其分别为：狮子神王、鸟神王、象神王、珠神王、风神王、龙神王、河神王、山神王、树神王、火神王。

翻检佛经可以得知，这一类型图像可以找到一些佛经中的依据，但并非完全与佛经对应。金申先生认为它是中国人依据佛经创造出来的神，是遍布于自然界，守土镇方的神祇①。也就是说，神王是属于大地的神灵，而非属于天宫的天神。这正是神王被固定雕于壁脚与基座，而且常常以托起柱子或佛龛基座的姿态出现的原因。

从龙门石窟开始，壁脚与佛龛基部的元素基本定型。一般来说，壁脚基本为神王、异兽与伎乐人的搭配，而佛龛基部正中一般是博山炉图案或者造像铭记，两侧则会出现神王、异兽、乐舞形象和世俗供养人等几种元素。这些元素均特指存在于地面上或者世俗社会的神、人和动物。由此看来，在这一位置出现的供养人和伎乐人，被视为当时世俗社会的写照，应是没有问题的。

2. 世俗社会上层供养人礼佛图形象

世俗社会上层供养人礼佛图，可以说是北魏石窟寺第三期中最为重要，最具有代表性的新出图像类型。它脱胎于世俗供养人形象这一较早的图像类型，保留了世俗供养人类型的一系列特征，但是在雕刻目的和表现内容方面都有了明显区别，带有明显的第三期特征。

世俗供养人图像出现于云冈第二期，基本位于洞窟四壁下层、洞窟后壁的诵经道内以及一些佛塔或佛龛下部等靠近地面的位置，所着服装分为胡服与汉式服装两种，但均为世俗服装，通常采取站姿或跪姿。由于雕刻位置和服饰上显而易见的差异，世俗供养人与供养天人分属于两个图像类型。而且与伎乐天和伎乐人的位置差

① 见金申《关于神王的探讨》，载于《敦煌学辑刊》1995年第一期，第56—57页。

异同样都体现出北魏石窟造像中天人在窟龛上层、世俗人士在最底层的明确意识。

世俗供养人形象的另一特征是排列整齐但是均为单独一身，每个供养人身侧往往刻有姓名，彼此之间相隔一段距离，因此即使有多身供养人，也只是单个供养人的并列，并不构成多人画面。

与之相比，上层供养人礼佛图从一出现就表现出明显的不同。首先，这类图像均以具有层次感的多人队列形式出现，基本为男女分列，两图对称。而同一队列中，存在不同身份的人员：既有僧俗之分，又有主仆之别。一般说来，队首由僧人引领，其后为身份最高的主要人物，比其身份略低的官员或命妇按照级别排列于后，表现为行进中的队列形象，而持伞盖、羽扇、香盘等的僮仆侍女处于更为次要的位置，往往只能露出头颅和身体的一部分，画面通常呈梯形，突出身份至高者的形象，其他人的服装、神态亦各有区别，整体性很强。其次，这类图像不再是静态的人物，而是用人体倾斜的角度和衣袂、衣带、衣袖的飘动感营造一种正处于行进中的动态效果。因此，这种类型被认为是表现了皇帝皇后、王公贵族等上层人士在礼佛过程中的形象，被统称为"礼佛图"。

现存最早的礼佛图，应是位于云冈三期的第38窟北壁佛龛基部两侧、彼此对称的男女供养人礼佛图各一幅。男性供养人礼佛图雕为一僧人持长柄香炉作引导，后有二男供养人持花礼佛，众僮仆持伞盖、圆扇随侍；女性供养人礼佛图则为一僧人托钵引导，后有二女供养人，随侍持伞盖。此外，王恒称第11窟至16窟中也有礼佛图形象①。云冈的礼佛图图像尺寸甚小且磨损严重，颇易被忽略，如石松日奈子即认为主从形式的汉服贵族供养人像的出现是在北海王元详母子在古阳洞内开凿交脚菩萨龛的498年左右②，而实际上，云冈三期中的礼佛图产生时间更早。

不过，第38窟的礼佛图，未必就是太和年间在云冈最早出现的一幅。元朝熊梦祥《析津志·寺观》"石窟寺"条载金皇统七年夷门曹衍记《大金西京武周山重修大石窟寺碑》云："僧法轸为寺记云：'十寺，魏孝文帝之所建也。护国东壁

---

① 王恒《云冈石窟佛教造像》，第141页。

② 见［日］石松日奈子著，筱原典生译《龙门石窟和巩县石窟的汉服贵族供养人像——"主从形式供养人图像"的成立》，中国古迹遗址保护协会石窟专业委员会、龙门石窟研究院编《石窟寺研究》第一辑，文物出版社，2010年，第91页。

有拓国王骑从.'《广弘明集》云：即孝文皇帝建寺之主也。"① 宿白先生认为此处所谓护国寺指的是云冈第七、八窟②。碑文中所说的"东壁"浮雕现已无存，但所谓"拓国王骑从"是云冈前期造像中不曾出现过的世俗形象，而且带有时代性和仪仗性，很可能和第三期的礼佛图具有同样性质。也就是说，"世俗礼佛仪仗"这种题材的浅浮雕图像，很可能在云冈二期即已出现，这与连环画式佛经故事图和伎乐形象的兴盛在时间上是一致的。当然，由于护国寺浮雕不存，因此只能作此推测，不能妄下定论。故仍根据现存图像，将礼佛图当作第三期的新出类型。

迁洛之后，石窟中的礼佛图大量涌现。仅仅在龙门石窟古阳洞中，即有北海王元详造像龛、比丘法生为孝文帝并北海王母子造像龛和安定王元燮为亡祖妣造像龛三个佛龛中出现了礼佛图。此时的礼佛图仍保持着云冈三期的特征，被雕在佛龛下方的两侧，男女对应。其中安定王元燮为亡祖妣造像龛的礼佛图画面最为丰富，左侧供养行列十三人，右侧十人，僮仆侍从所持仪仗有伞盖、羽葆等，供养主褒衣博带、着履，作为引导的不仅有比丘，也有比丘尼③。

同一题材中最著名的宾阳中洞《帝后礼佛图》改变了礼佛图乃至供养人图像处于壁面最底层或佛龛基部的惯例，用这两幅大型浮雕占据了东壁窟门南北两侧壁面的大部分。其中北侧《孝文帝礼佛图》（现藏于美国大都会博物馆）浮雕以孝文帝为中心，前面仪仗导引，旁有侍者扶持，后有人擎华盖羽葆，簇拥面南行进。南侧《文昭皇后礼佛图》（现藏于美国堪萨斯市纳尔逊阿特金斯博物馆）画面结构略同，而细节各异，例如孝文帝左手一人手捧一钵献给孝文帝，孝文帝将手覆于其上，作拈起某物状，而文昭高皇后则作捻细柱香之状。另外，皇甫公洞壁面下层也保留有颇为精美的礼佛图。

受到宾阳中洞等窟室中比较大型的礼佛图形象的影响，在巩县石窟寺，礼佛图成为固定的图像类型，且依照宾阳中洞之例，将礼佛图固定于窟内窟门两侧。巩县第1、3两窟原各有礼佛图六幅，第4窟原有八幅，均排列于窟内南壁窟门两

① 熊梦祥著，北京图书馆善本组辑《析津志辑佚》，北京古籍出版社，1983 年，第81 页。
② 宿白《中国佛教石窟寺遗迹——3 至8 世纪中国佛教考古学》，文物出版社，2010 年，第30 页。
③ 参见温玉成《龙门北朝小龛的类型、分期与洞窟排年》，龙门文物保管所、北京大学考古系编《中国石窟·龙门石窟（一）》，第191—193 页。

侧，彼此对应。现在一窟六幅均存，仅略有残损。三窟存两幅半，四窟存五幅半。其中以第一窟各幅及第四窟西侧两幅雕刻最精湛①。在宾阳中洞《帝后礼佛图》被盗卖至美国，且损毁严重，相当程度上失去了原貌的情况下，巩县石窟寺的礼佛图已成为目前研究北魏中后期礼佛场合中的人员构成等具体细节的最为直观和典型的样本。

　　单就礼佛图这一图像类型来看，它的画面与《洛神赋图》等人物画作品，以及北魏石棺上颇为常见的孝子图颇有相似之处，因此很多学者认为，这一类型的出现原因是借鉴了中国传统卷轴人物画的一些因素，而其之所以成为本时段的固定图像，也是出于审美上的原因。例如石松日奈子认为："在龙门石窟和巩县石窟出现的贵族供养人像的主从形式，是与画卷或棺画等绘画作品有一定联系的新的表现方式。给予画面的动感和深度的这个构图，可能是洛阳的贵族阶级所收藏的画卷和屏风画等所使用。北海王室的成员在古阳洞开凿佛龛时，为了显示王家的开凿，采用在绘画中所使用的这种表现方式。"② 而张乃翥《中外文化源流递变的一个美学例证——龙门石窟宾阳中洞帝后礼佛图雕刻的美术史考察》则称："正是由于宾阳中洞这一装饰雕刻在题材蓝本及其空间设计的艺术效果上给人们留下了极具视觉冲击力的审美感受，在北魏定都洛阳期间的石窟崇拜中发挥出了突出的文化效应，所以导致在此之后洛阳地区的石窟工程——尤其是北魏上层社会的石窟工程——尤其是北魏上层社会的石窟工程——遂有模仿这一美术创作的后续实践。"③

　　然而，礼佛图模式的定型，实际上具有更为重要的意义。从本质上说，它意味着北魏以佛教作为统治思想的意识形态虽然没有改变，但其具体内容和施行方式有了变化。宾阳中洞为宣武帝为父母所开，因此将礼佛图由壁面底部提高至主体位置，是可以理解的。然而，宾阳中洞《帝后礼佛图》也是北魏帝后第一次以供养主的身份，而非化身为主尊佛像，在北魏石窟中出现。这一方面代表着北魏

---

① 　参见莫宗江、陈明达《巩县石窟寺雕刻的风格技巧》，河南省文物研究所编《中国石窟·巩县石窟寺》，第 194 页。

② 　［日］石松日奈子著，筱原典生译《龙门石窟和巩县石窟的汉服贵族供养人像——"主从形式供养人图像"的成立》，《石窟寺研究》第一辑，第 97 页。

③ 　中国古迹遗址保护协会石窟专业委员会、龙门石窟研究院编《石窟寺研究》第二辑，第 164 页。

石窟的题材内容发生了变化，一方面也说明，在建立了完整的僧官系统，使僧侣可以有系统地为政府所用之后，用来震慑和约束僧侣的"拜天子即是礼佛"观念完成了其历史使命，不再是石窟寺建造中最为重要的指导思想。而从对社会现实反映来说，礼佛图所表现和记录的侧重点不在于单纯的供养人身份姓名，而在于供养人所参与的礼佛活动。礼佛图在数量上的激增和在画面上的定型，说明这种群体性的礼佛活动，亦即大型的佛教仪式，在迁都洛阳后已经成为常见的定势。

此外，每一幅礼佛图都无一例外地以比丘或比丘尼为引导者，这些僧侣所起到的作用，与北朝造像记中主持造像的"邑师"是一致的。这也能进一步说明，"拜天子即是礼佛"的观念，让位于"沙门敷导民俗"，而这一新指导思想的具体实施方式，一是主持造像，一是引导信众参与大型的、群体性的佛教仪式。实际上，上文所列第二期、第三期石窟寺中出现的伎乐形象与其他新图像类型，基本上都是围绕这个意图而有意设计的。

三、北魏"象教"与国家性佛教节庆仪式的确立在石窟寺图像中的体现

通过上文的分析，我们可以较为清晰地看出，在北魏石窟寺发展的第二期与第三期，分别出现了包括伎乐天与伎乐人在内的多种新图像类型。这些图像并非彼此孤立地出现的，而是经常被综合使用。比较明显的例子是第三期石窟中，出现了一系列将第二、三期的图像类型结合使用的窟室：云冈第38窟佛龛基部出现了佛本行图、供养人礼佛图、伎乐人像与百戏幢倒伎的结合①；龙门石窟宾阳中洞东壁南北两侧壁面均分为四层：北侧第一层为文殊师利，南侧为维摩诘像，二者构成文殊师利问疾的故事；第二层为本生故事图，北侧是萨埵那太子舍身饲虎，南侧是须大拏太子施舍；第三层为帝后礼佛图，北侧为孝文帝礼佛图，南侧

① 云冈第38窟北壁佛龛下部正中原刻铭记，两侧对称刻出幢倒伎及伎乐人、乘象投胎与逾城出家两幅佛传图，以及男女供养人像等。佛龛下部两端，分别雕刻有男女供养人礼佛行列；东壁佛龛下部正中原刻铭记，两侧刻音乐树及男女供养人礼佛图；佛龛下部刻音乐树及供养人礼佛图。参见李治国、丁明夷《第38窟的形制与雕刻艺术》，云冈石窟文物保管所编《中国石窟·云冈石窟（二）》，第209页。

是文昭高皇后礼佛图；第四层左右各刻五神王，共十身；巩县石窟则确定了窟门两侧壁面的数层礼佛图与最下层伎乐人图相搭配的模式。而云冈第二期的三种伎乐天与佛经故事图像，看起来题材并不相关，实际上也有其内在联系及采取这种布局的深层原因。归根结底，北魏大规模开窟造像，是基于其寓政治于佛教信仰之内的"象教"意识形态，而图像类型的新出、更替与搭配，则是带有明确目的性的具体措施。

（一）北魏佛教的"象教"意识形态及具体的政治思想与推行措施

北魏建立之初，上层鲜卑贵族对佛教缺乏了解。《魏书》卷一一四《释老志》载："魏先建国于玄朔，风俗淳一，无为以自守，与西域殊绝，莫能往来。故浮图之教，未之得闻，或闻而未信也。及神元与魏、晋通聘，文帝久在洛阳，昭成又至襄国，乃备究南夏佛法之事。"[①] 而对帝王与佛教关系的明确记载则始于太祖道武皇帝。虽然起步较晚，但从一开始起，北魏佛教就表现出鲜明的与国家政治结合的特点。

自十六国时期起，北方佛教就往往依附于政权，这是由特定时代背景决定的。其时高僧如佛图澄、昙无谶、鸠摩罗什等，都要依靠统治者进行弘法活动。释道安率众入南之前，曾说"今遭凶年，不依国主，则法事难立"[②]，也体现出北方佛教的这一特点。而北魏时，这种情况有了进一步发展。孙昌武《"十六国"时期河北地区的民族迁徙与宗教》一文中称："'十六国'时期的北方民族建立政权，接受佛教，这是充分的制度化、教团化的宗教，是在中华民族卓越文化传统基础上发展的宗教。它比起北方民族原来信仰的萨满教来，具有系统的信仰和理论体系，具有更丰富的文化内涵，无论是从高层次辅助政治还是低层次满足民众信仰的需要，都积极地被文化后进的北方民族接受。"[③] 然而，在与十六国至北魏相对应的时代，真正发展得较为成体系的佛教，实际上并未向制度化和政治化发展，而是更着意于佛经翻译和义理阐发，长安佛教和建康佛教都带有这一特点，与北魏佛教存在显著差别。

① 魏收撰《魏书》，第3030页。
② 释慧皎撰，汤用彤校注《高僧传》，中华书局，1997年，第178页。
③ 黄夏年主编《北朝佛教研究：第三届河北禅宗文化论坛论文集》，大象出版社，2015年，第353页。

《魏书·释老志》载:"法果每言,太祖明叡好道,即是当今如来,沙门宜应尽礼,遂常致拜。谓人曰:'能鸿道者人主也,我非拜天子,乃是礼佛耳。'"①作为北魏的第一位道人统,法果称道武帝为"当今如来"并主动致拜,即使仅就北方僧来说,也远甚于佛图澄、释道安等人的态度。此事应发生于道武帝皇始年间(396—398)至道武帝去世(409)的这一段时间内,与东晋安帝元兴年间(402—404)桓玄与慧远关于沙门不敬王者的争论恰好同时。二者相比,足见当时南北佛教的天壤之别。

相对于孙昌武的观点,塚本善隆的观点似乎更为符合北魏佛教的实际情况。塚本氏认为,道武帝在建立北魏帝国的同时就接受了从中原地区流传至此的佛教信仰,新都平城的建设规划中也包括了对宏伟佛寺的建造。因为庄严的佛寺建筑、精美的佛教艺术品、身怀异能的僧人及佛教仪式等,都可以吸引自塞外内迁的游牧民族的关注,使之更容易被感化。其次,太武帝时从河北、山东等地迁徙至平城的大量移民不但在文化上占据优势,而且很多都信仰佛教。在平城修建佛寺、发展佛教,可以安抚这些被迫徙至北方的人。第三,北魏所征服的地区往往会发生叛乱,而僧人在当地往往不乏追随者。如果绥抚政策不能令佛教教团满意,则很可能会激起叛乱。所以新统治者需要认真考虑对待佛教僧侣的态度。太武帝优遇佛教,对佛教徒怀柔,并利用佛教尤其是赵郡法果的影响力来安抚河北等新附地区的政策,是颇为有效的②。可见,北魏从接受佛教之初起,就出于有利于统治的实际目的,重视建寺、造像、异能、仪式和佛教艺术等可以给人直观感受,便于"悟俗"的技术性活动。

基于以上几点原因,北魏政权从多方面对佛教进行了引导与控制。在儒释融合和"拜天子即是礼佛"的思想基础上,北魏制定了一系列具体政策来控制和利用佛教,例如国家控制出家资格的批准、僧尼的沙汰,以及制定"僧禁""僧制"等本土化的僧律等,其中最重要的措施是设置专门负责佛教事务的机关。《魏书·释老志》载"先是,立监福曹,又改为昭玄,备有官属,以断僧务"③,并设置从道人统(沙门统)到维那、上座乃至邑师等各级僧官。这种自上而下,完

---

① 魏收撰《魏书》,第3031页。
② 见〔日〕塚本善隆《支那佛教史研究(北魏篇)》,(东京)弘文堂书房,1942年,第72—75页。
③ 魏收撰《魏书》,第3040页。

整严密的体系便于管理全国僧侣，体现出北魏统治者"魏氏之王天下也，每疑沙门为贼"① 的心态，并且让僧人完全将皇帝作为"当世如来"来服从。

与"拜天子即是礼佛"同样重要的是，北魏政权推行了"沙门敷导民俗"政策，利用僧侣来"悟俗"与"巡民教化"。据《魏书·释老志》，"沙门敷导民俗"是明元帝时推行的，但从其中"太宗践位，遵太祖之业，亦好黄老，又崇佛法，京邑四方，建立图像，仍令沙门敷导民俗"② 的记载来看，明元帝应是遵循了道武帝时即已出现的政策。这说明，至迟自明元帝时起，北魏佛教已形成了由道人统等僧官监督管理全国僧人，并由邑师僧侣引导民众、促进民俗教化的制度。这一制度是为了建立同为佛教信徒的民众组成的集团，打破不同部族或宗族之间对立孤立的情况，以达到北魏皇帝统治下的国家安定。

前文已经提及，北魏前期佛教的弘法、传教并不依靠译经和探讨义理来进行。太延五年（439）北魏灭凉之后，非但没有将译经的中心转移到北魏中心地区，反而使整个北方的译业陷入低谷。虽然北魏的译经活动并未完全中断，但在北魏前期，为了使更多的人信仰佛教，北魏政权采取的是以沙门为渠道，直接由国家力量参与，由上至下地推行"象教"的方式。

所谓"象教"，指的是造形象以教化信众。阎文儒在《中国石窟艺术总论》中提到："佛教教导人们：敬信佛、纪念佛、造佛像，可以消除一切罪恶。于是释迦牟尼本行像的创制，就成为石窟艺术的主要题材了。"③ 这是单纯从佛教信仰角度来讲的"象教"。而在北魏时期，佛教造像从本质上具有了新的特点。李书吉《北朝象教及其佛教造像意识》指出，北魏同前代造像的不同之处在于：（1）此前造像多出自民间，由国家组织造像者还没有；（2）此前造像仅止于礼拜，主要在于礼佛，礼佛出自敬拜者对佛之偶像的崇拜和敬仰。而北魏之象教则出自国家力量建寺、造像，从而向民间施教④。另外，北魏造像虽数量庞大，但并非随意而为。《洛阳伽蓝记》卷三"景明寺"条载"四月七日，京师诸像，皆

① 《续高僧传》卷二五《感通上·释超达传附释僧明传》，见〔日〕高楠顺次郎等编《大正新修大藏经》，第50册，第644c页。
② 魏收撰《魏书》，第3030页。
③ 阎文儒《中国石窟艺术总论》，广西师范大学出版社，2003年，第113页。
④ 云冈石窟研究院编《2005年云冈国际学术研讨会论文集·研究卷》，第616—617页。

来此寺。尚书祠部曹录像凡有一千余躯"①，可见北魏政府对当时的造像有着严格的登记和管理。

总而言之，由上而下地推行"象教"，由国家主导和组织大规模的造像活动，大大增加了佛教信众的数量，并且对维护国家稳定起到了相当重要的作用。云冈、龙门、巩县石窟的开凿，就是在这一背景下进行的。虽然这三个石窟中，都不乏由身份不高的官员乃至邑民组织开凿的小龛，但从主体上说，能够显示不同时期造像题材及形式特征的，绝大部分是由皇家或勋贵主持开凿的大型石窟。石窟中造像类型的变化，不但表现出时人在信仰和审美上的变化，更表现出国家意识形态层面上对佛教的定位。

（二）伎乐形象等图像类型的更替与国家性佛教节庆仪式确立的关系

北魏石窟寺修造过程的三个阶段中，伎乐形象与其他图像类型的同步变迁，从深层来讲，体现出的是北魏政府的佛教政治思想从一开始的"拜天子即是礼佛"转变为侧重"沙门敷导民俗"，并逐渐加以完善的过程；而每个阶段内，新的图像类型的出现，其实都与北魏政权设立且推行国家性佛教节庆仪式，以便达到"敷导民俗"效果的意图密切相关，并且推进了大型佛教仪式，尤其是佛诞日的庆祝仪式逐渐成熟，并最终成为国家节日的进程。分而论之，每一期造像类型与国家佛教政策的关系如下。

1. 第一期：佛陀崇拜与皇帝崇拜的结合。

北魏石窟寺第一期是"拜天子即是礼佛"思想体现最为明确的阶段。它实际上属于北魏前期由"道人统"（后更名为"沙门统"）直接主持的一系列皇家造像工程的一部分。北魏前期的皇家造像，不论是石像还是金铜造像，都致力于将佛像塑成帝王的容貌，如沙门师贤为道人统时，文成帝"诏有司为石像，令如帝身。既成，颜上足下，各有黑石，冥同帝体上下黑子。论者以为纯诚所感"②。当时又有为历代帝王各铸佛像的习惯，如"兴光元年（454）秋，敕有司于五级大寺内，为太祖已下五帝，铸释迦立像五，各长一丈六尺，都用赤金二万五千斤"②。昙曜继师贤为沙门统后，在云冈开凿的昙曜五窟，其中的五尊主佛像也

---

① 杨衒之撰，杨勇校笺《洛阳伽蓝记校笺》，中华书局，2006年，第125页。
②② 魏收《魏书》卷一一四《释老志》，第3036页。

是为道武、明元、太武、景穆、文成五位皇帝所造。这两处造像群在雕刻时大抵都模仿了五位皇帝的形象。如昙曜五窟之一，现编号为云冈第十六窟的主像在面部和脚部各有一黑石，与师贤所造石像相同，可能是依照文成帝的形象所雕。这是将皇帝视为"当今如来"的北魏佛教观的具体体现。

从另一个角度说，虽然在第一期里开凿了昙曜五窟这种在佛教艺术史上具有很高地位的石窟，但是与其说是树立佛陀的权威，不如说是通过佛陀树立皇帝的权威。石松日奈子认为鲜卑拓跋部存在尊敬并祭祀英雄式的大人（部族王）的风俗，带有大人崇拜特性①，甚至认为鲜卑风俗中的"铸卜"是铸造皇帝"形象"的行为，与日后北魏时期制造皇帝形象的造像有一定关系②，而昙曜五窟的大佛是"象征皇帝和国家权威的纪念碑性雕像"，是颇有道理的。正因如此，昙曜五窟注重的是主尊本身的威严性，而非营造一种使人心向往之的天宫乐土氛围，所以在窟内外的装饰元素方面并不甚措意。这是造成第一期石窟中伎乐形象和其他装饰性图像类型均颇为少见的重要原因。

2. 第二期：由皇帝崇拜向佛陀崇拜的转化，石窟寺"教化""悟俗"作用的提升。

云冈第二期的造像中，将统治者比附为佛的"当今如来"思想仍然存在，这表现为，为了与当时的文明太后、孝文帝并称"二圣"的情况相匹配，出自《法华经·见宝塔品》的释迦多宝二佛并坐说法像数量激增，成为最主要的主尊组合形式。然而，这一阶段的另一个重要特征，即石窟图像类型的骤然变化与增加，从根本上讲，是北魏政权希望运用佛教意识形态所达到的政治目的有变，以至于石窟寺的功能发生了根本性的变化。这意味着，"拜天子即是礼佛"已经开始让位于新的佛教治国意识形态。关于这段问题，石松日奈子有一段精彩的论述：

　　　　中期诸窟的空间和初期大佛窟的空间有较大的差异，中期石窟的结构特征是信徒可以进入窟内进行各种修行或礼拜活动。昙曜五窟是为了雕凿大佛而开凿的石窟，石窟的意义在于大佛的存在，然而中期诸窟却重视佛教寺院的功能，因此必定增加各种佛教内容，开始制作佛教修行和传教不可缺少的

① 见［日］石松日奈子著，筱原典生译《北魏佛教造像史研究》，文物出版社，2012年，第43页。

② 见［日］石松日奈子著，筱原典生译《北魏佛教造像史研究》，第21页。

尊像和故事图。①

　　上文在分析伎乐天与佛传图类型时曾经提到，很多第二期图像都可以直接从佛经中找到直接来源，其准确程度甚至细化到，天宫乐伎与供养伎乐所持的乐器，基本都是佛经中曾提及的。这正是第二期石窟装饰性图像的一个重要特征——根据佛经中的描述，在佛像周围雕刻各种礼赞、供养佛的场景，构建出弥漫着欢愉虔诚氛围的天宫景象，以及展示佛陀生平及思想的图像，以便在佛教庆典和寺院活动中进行宣讲，逐步完善佛教的教化作用。

　　由于云冈石窟是有着明确的目的性，而又在较为集中的时间内经过整体规划而开凿的皇家石窟，因此其第二期石窟的题材、内容与艺术风格等方面具备相当程度的一致性，形成了一个与第一期迥异的体系。八木春生《关于云冈石窟第5、6窟的人工系统》一文梳理了第二期石窟的内容，指出"通过比较第六窟壁面雕出的一些图像、佛传图以及天井形式，可以得知，第六窟基本上是受到了第7、8窟，第9、10窟，第12窟的影响，其中与第9、10窟，第12窟之间有更密切的关系"，而"第5、6窟作为先行开凿的石窟对于第1、2窟有强烈影响"②。这一时期的石窟布局明显经过了规划和构思，虽然各种元素和图像呈现出爆发式的增长，但是却并不杂乱，而且有明确的原则贯穿其中：由主尊佛像、天宫乐伎、供养天、飞天等元素构成的天宫场景基本位于洞窟的顶层，一方面符合佛经的描述和世人对"天宫"的想象，另一方面，斑斓的色彩、各种天人无一例外面带虔诚微笑的表情，以及仰视的视角，容易给人造成望之若云霞的感觉，从而激发人的惊叹、敬畏与向往感。而与之相对的是，佛教故事图不但被雕刻于绕塔、诵经、礼拜的路线上，而且往往置于与人身高相当的中层或偏上的位置，使人可以近距离地观看，由此了解佛陀的生平事迹。出于"敷导民俗"的目的，包括石窟寺在内的佛寺，在用宝相庄严的佛像及诸天侍从使民众的虔敬赞叹的同时，也用通俗易懂的方式向民众普及佛教知识。而连环画式的佛经故事画，可以满足这个需求。总之，第二期石窟寺对这两种图像类型的不同处理，足以表现出整体设计的合理性。

---

① 　[日]石松日奈子著，筱原典生译《北魏佛教造像史研究》，第88页。
② 　云冈石窟研究院编《2005年云冈国际学术研讨会论文集·研究卷》，第268—269，272页。

然而，第二期石窟重视教化、宣讲的目的性，从客观上决定了在孝文帝即位后的十余年中规划、推行大型佛教仪式的必要性。佛寺诚然是"悟俗"与传教的不二场所，但是想要达到效果，不仅需要场所，而且需要将大量信众乃至尚未皈依佛教的民众聚集到佛寺的契机。而在这一阶段，最为有效地吸引信众聚集于佛寺的方式，就是在特定的日子举行大型佛教仪式，以宏大华丽的场面以及其中的伎乐、百戏等表演吸引民众参与。实际上，无论是被诸天侍从环绕，华丽炫目的佛像，还是佛传图等连环画式图像，这些第二期石窟中的重要图像类型，同时也都是佛教节庆仪式中所不可或缺的重要元素。

前文已经说到，法显译《佛说大般泥洹经》卷一《序品》中记载的"鲜好白氎图画如来本生之像，表现菩萨从初发意至于成佛，中间受身种种苦行，无不记列"，叙述了"如来本生之像"在佛教仪式中的使用方式。而《根本说一切有部毗奈耶杂事》卷三八《第八门第十子摄颂说涅盘之余》则更加明确地记载了佛传画的内容和使用场合：

> 时具寿大迦摄波……即命城中行雨大臣："仁今知不，佛已涅槃。未生怨王信根初发，彼若闻佛入涅槃者，必呕热血而死。我今宜可预设方便，即依次第，而为陈说。仁今疾可诣一园中，于妙堂殿，如法图画佛本因缘：菩萨昔在睹史天宫，将欲下生，观其五事；欲界天子；三净母身；作象子形，托生母腹；既诞之后，逾城出家；苦行六年，坐金刚座；菩提树下，成等正觉；次至婆罗疤斯国，为五苾刍三转十二行四谛法轮；次于室罗伐城，为人天众现大神通；次往三十三天，为母摩耶广宣法要；宝阶三道下赡部洲；于僧羯奢城人天渴仰；于诸方国在处化生；利益既周，将趣圆寂，遂至拘尸那城娑罗双树，北首而卧入大涅槃。如来一代所有化迹既图画已，次作八函，与人量等，置于堂侧。前七函内满置生酥，第八函中安牛头栴檀香水。若因驾出，可白王言：暂迁神驾躬，诣芳园所，观其图画。时王见已，问行雨言：'此述何事？'彼即次第为王陈说，一如图画。始从睹史降身母胎，终至双林北首而卧。王闻是语，即便闷绝宛转于地，可速移入第一函中，如是一二三四乃至第七，后置香水，王便苏息。"①

---

① ［日］高楠顺次郎等编《大正新修大藏经》，第24册，第399页。

　　梅维恒指出，这段佛经文献以及其内容在克孜尔"摩耶第二洞"壁画等西域佛教遗迹中的再现，对于研究变文的形式是非常重要的，因为它们为印度的看图讲故事和中国的变文演唱提供了坚实的联系①。当然，《根本一切有部毗奈耶杂事》在唐代方由义净译出，但作为佛经被翻译引进，和作为在佛经引导下产生的佛教习俗传入中国，并不一定是同步的。将云冈石窟第六窟的佛本行故事浮雕与《根本说一切有部毗奈耶杂事》中的图画相对比，可以看出它们的内容基本一致。这说明，虽然北朝时人尚未见到这部经典，但以佛传画用于仪式纪念佛的风气最晚在北朝中期就已由印度和西域传入。

　　霍旭初《〈杂宝藏经〉与龟兹石窟本缘壁画——兼论昙曜的译经》指出："流行于印度和西域的'无遮大会'是讲述譬喻类故事的主要场所。'无遮大会'，梵语'般遮于瑟大会'，即五年大会。在此类大聚会上，不分圣贤道俗、贵贱上下、贤愚善恶一律平等。会中有高僧讲经弘道，解法辩论，最后为法财布施供养。"② 由此看来，则昙曜译出《杂宝藏经》《付法藏因缘传》等经典，很可能一方面是用于石窟雕刻，一方面为了用于佛教仪式的，甚至这二者很可能本为一体两面。虽然无遮大会于北魏时似乎尚未出现，但孝文帝登基至迁洛之前，无疑是一个佛教仪式飞速发展，乃至形成国家性佛教节日的阶段，《洛阳伽蓝记》中所记载的大量全民性佛教节庆活动即是其所造成的结果。从《洛阳伽蓝记》《魏书·释老志》等现存文献来看，此时最为典型和重要的佛教节庆仪式，是佛诞日的庆祝活动。

　　庆祝佛诞日的习惯在佛教传入中国后不久就已形成，在魏晋南北朝时期，以四月初八作为佛诞日的情况较多，但也有以二月初八作为佛诞日的情况。从现有记载来看，在十六国时期的北方，与佛诞日相关的活动，有如下几种：

　　（1）浴佛。

　　　　《高僧传》卷第九《神异上·晋邺中竺佛图澄》：由是（石）勒诸稚子，
　　　　多在佛寺中养之。每至四月八日，勒躬自诣寺灌佛，为儿发愿。③

----

① 见梅维恒（Victor H. Mair）著，王邦维、荣新江、钱文忠译，季羡林审定《绘画与表演——中国的看图讲故事和它的印度起源》，北京燕山出版社，2000 年，第 66—67 页。
② 云冈石窟研究院编《2005 年云冈国际学术研讨会论文集·研究卷》，第 352 页。
③ 释慧皎撰，汤用彤校注《高僧传》，第 348 页。

（2）译经。

《高僧传》卷第三《译经下·宋河西浮陀跋摩》：先有沙门道泰，志用强果，少游葱右，遍历诸国。得《毗婆沙》梵本十有万偈，还至姑臧，侧席虚衿，企待明匠，闻跋摩游心此论，请为翻译。时蒙逊已死，子茂虔袭位，以虔承和五年岁次丁丑四月八日，即宋元嘉十四年于凉州城内闲豫宫中，请跋摩译焉。①

（3）传戒。

《比丘尼传校注》卷一《晋竹林寺净捡尼传一》：升平元年二月初八日，洛阳请外国沙门昙摩羯多，为立戒坛。②

（4）设斋。

《高僧传》卷第五《义解二·晋长安五级寺释道安》：（秦建元二十一年）至其年二月八日，忽告众曰："吾当去矣。"是日斋毕，无疾而卒，葬城内五级寺中。③

可以看出，在十六国时期，北方的佛诞日庆祝活动主要是由僧侣参与的，虽然亦有俗家信众所进行浴佛等活动，但即使是由帝王举行的，其参与者也仍指限于家庭成员。因此，当时的佛诞日并不能被称为国家性节庆，其庆祝活动也远远不能算作大型的佛教仪式。

---

① 释慧皎撰，汤用彤校注《高僧传》，第97页。又，《出三藏记集》卷一〇载《毗婆沙经序》作"乙丑之岁，四月中旬"，见释僧祐撰，苏晋仁、萧炼子点校《出三藏记集》，中华书局，2003年，第383页。
② 释宝唱著，王孺童校注《比丘尼传校注》，中华书局，2006年，第2页。
③ 释慧皎撰，汤用彤校注《高僧传》，第183页。通过这几条记载可以看出，在齐梁佛教著作中，已经出现了二月八日和四月八日作为佛诞日并立的情况，这在下文关于南朝佛诞日活动的记载中表现得更为明显。鉴于这一问题与本文关系不大，因此在此仅将其作为客观现象加以引用，而不进一步地分析、考证造成这一现象的原因。

时至北魏，佛诞日庆典的内容有了新的变化。一种新的仪式，即"行像"仪式成为佛诞日庆祝的中心，而其规模、内容以及参与人数等都远远胜于前代。

所谓"行像"，亦称为"行城"或"巡城"，是指在一些佛教节日中，用经过装饰的车舆载着佛像巡行街衢的仪式。宋代赞宁《大宋僧史略》卷上"创造伽蓝"条云："行像者，自佛泥洹，王臣多恨不亲睹佛。由是立佛降生相，或作太子巡城像。"① 然而，除了"恨不亲睹佛"以外，行像仪式的出现还有更深层的佛经依据。东晋佛陀跋陀罗译《佛说观佛三昧海经》卷六《观四威仪品第六之一》云：

> 尔时世尊于大众中，即便起行，足步虚空。父王观见，心甚欢喜，亦随佛行。佛举足时，足下千辐相轮，一一轮相，皆雨八万四千众宝莲华。……时会大众皆睹此事，白佛："世尊十方世界，无数化佛。何者真佛，谁是化佛？"佛告大众："……若有众生，佛在世时见佛行者，步步之中，见千辐轮相，除却千劫极重恶罪。佛去世后，三昧正受想佛行者，亦除千劫极重恶业。虽不想行，见佛迹者，见像行者，步步亦除千劫极重恶业。"②

可见行像的来源与佛三十二相中的"千辐轮相"有直接联系，带有强烈的"除千劫恶业"的目的性。

行像在中国北方应最早出现于十六国时期，晋陆翙《邺中记》载："石虎性好佞佛，众巧奢靡，不可纪也。尝作檀车，广丈余，长二丈，四轮。作金佛像生于车上，九龙吐水灌之。又作木道人，恒以手摩佛心腹之间。又十余木道人，长二尺余，皆披袈裟，绕佛行，当佛前，辄辄礼佛；又以手撮香投炉中，与人无异。车行则木人行，龙吐水，车止则止。"③ 这应该是行像在中国的早期形态。可见，至迟在石虎时，行像的雏形已经出现。但在当时，这一活动实际上是从浴佛仪式中衍生出的。换言之，不论行像活动在天竺、西域等地的源头为何，在中国，它出现于浴佛仪式成熟之后，并且与浴佛的发展有着密切的关系。

北魏孝文帝登基后，在平城大力发展佛教节庆活动，是符合当时的佛教发展

① 见［日］高楠顺次郎等编《大正新修大藏经》，第 54 册，第 237a 页。
② ［日］高楠顺次郎等编《大正新修大藏经》，第 15 册，第 675b—c 页。
③ 陆翙《邺中记》，清武英殿聚珍版丛书本。

情况的，并且时机已经颇为成熟。这主要表现在以下几个方面：

（1）在孝文帝之前，"行城"等佛诞日大型仪式已经出现。虽然北魏开始推行行像仪式的时间在现存史籍中并没有明确记载。因此我们难以确定"行像"活动是由民间兴起，其后被官方化，还是从一开始就作为官方倡导的活动而出现。然《魏书·释老志》载："世祖初即位，亦遵太祖、太宗之业，每引高德沙门，与其谈论。于四月八日，舆诸佛像，行于广衢，帝亲御门楼，临观散花，以致礼敬。"① 可见最晚在太武帝在位前期，"行像"已经不是民间活动，而是成了由政府举办，皇帝亲自参加的大型庆典。当然，这是太武帝灭佛之前的情况。太武灭佛对北魏佛教造成了颇为严重的打击，这一活动应该也就此终止。然而，经过文成帝、献文帝等几代的重建，到孝文帝时，佛诞日仪式有可能已经恢复，或则至少已具备了着意恢复的人力、物力等条件。

（2）佛诞日仪式的规划具备充分的文献依据。上文已经说道，佛经里不乏对天宫乐伎、伎乐供养以及用连环画式图像讲述佛陀生平的描写，且均在石窟开凿时被忠实地复制到石窟图像中。不过，与佛经相比，还有时间距离更近，更为直观的文献依据，即释法显《佛国记》等记载西域诸国佛教风俗的著作。晋末宋初的汉人僧侣出现了前往西域乃至天竺求法的潮流。这批西行的汉人僧侣首次了解到佛诞日行城等佛教仪式的具体流程、"伎乐供养"等佛教仪式音乐在西域的兴盛，以及仪式音乐的各种形态和使用情况，并将其记录下来。其中最具代表性的就是释法显在《佛国记》中事无巨细地记载了数次不同国家的佛诞日行城庆典等佛教仪式。如"于阗国"条载曰：

> 慧景、道整、慧达先发，向竭叉国，法显等欲观行像，停三月日。其国中十四大僧伽蓝，不数小者，从四月一日，城里便扫洒道路，庄严巷陌，其城门上张大帷幕，事事严饰。王及夫人采女皆住其中，瞿摩帝僧是大乘学，王所敬重，最先行像。离城三四里，作四轮像车，高三丈余，状如行殿，七宝妆校，悬缯幡盖。像立车中，二菩萨侍，作诸天侍从，皆金银雕莹，悬于虚空。像去门百步，王脱天冠，易着新衣，徒跣持华香，翼从出城迎像。头面礼足，散华烧香。像入城时，门楼上夫人、采女遥散众华，纷纷而下。如

---

① 魏收《魏书》卷一一四《释老志》，第3032页。

是庄严供具，车车各异。一僧伽蓝则一日行像。白月一日为始，至十四日行像乃讫。行像讫，王及夫人乃回宫耳。①

又如摩竭提国巴连弗邑：

凡诸中国，唯此国城邑为大，民人富盛，竞行仁义。年年常以建卯月八日行像，作四轮车，缚竹作五层，有承栌、揠戟，高二匹余许，其状如塔。又白氍缠上，然后彩画，作诸天形像，以金、银、琉璃庄校其上，悬缯幡盖，四边作龛，皆有坐佛，菩萨立侍。可有二十车，车车庄严各异。当此日，境内道俗皆集，作倡伎乐，华香供养。婆罗门子来请佛，佛次第入城，入城内再宿，通夜然灯，伎乐供养，国国皆尔。②

这些记载，使南北朝时期的僧侣得以了解西域诸国的佛教仪式情况及重要性，为佛教仪式的发展提供了契机。

（3）具备有助于佛教仪式发展的多重社会环境条件。从社会环境角度来讲，北魏较易出现大型佛教仪式，与其地理位置及统一北方的进程有着密切关系。北魏的版图包括了中国北方的大部分地区，这使其与西域诸国的交往远较南朝为易。在北魏在逐步统一北方的过程中，也有选择地吸收了不同地区的文化因素。其中对佛教仪式有所影响的主要有三个方面，即僧人的迁入、音乐的传入和移民的迁入。

第一，北魏时期僧人的迁入促进北魏佛教的发展。僧人迁入有两个途径，其一是统一北方的过程中，将新附地区的僧人统一迁往核心地区。如《魏书·释老志》载曰："凉州自张轨后，世信佛教。敦煌地接西域，道俗交得其旧式，村坞相属，多有塔寺。太延中，凉州平，徙其国人于京邑，沙门佛事俱东，象教弥增矣。"③ 从这条记载中可以看出，平凉州对北魏佛教发展有着重要的作用。北魏向凉州佛教学习的，除其佛教意识形态外，主要是造像技术。而吸收凉州造像技术以及僧侣和工匠，直接造成造像活动的兴盛，有利于北魏佛教政策的推行，并导

---

① 沙门释法显撰，章巽校注《法显传校注》，中华书局，2008年，第12页。
② 沙门释法显撰，章巽校注《法显传校注》，第87页。
③ 魏收《魏书》，第3032页。

致"象教弥增"情况的出现。太武帝时行像活动的官方化，很可能就是平凉州后，在象教兴盛的社会环境下出现的。

其二则是北魏与西域的频繁交流。《洛阳伽蓝记》卷四载："永明寺，宣武皇帝所立也，在大觉寺东。时佛法经像，盛于洛阳，异国沙门，咸来辐辏，负锡持经，适兹乐土，世宗故立此寺以憩之。房庑连亘，一千余间。……百国沙门，三千余人。"① 此处记载的是宣武帝时的情况。当时正处于北魏与西域交通的鼎盛期，西域僧人的迁入数量自然也要多于前代。但这种情况并非宣武帝时的一日之功，而是由于数代的积累造成的。行像等佛诞日活动本是天竺、西域的礼佛仪式，西域僧人的大量迁入，对于普及这一活动和其中具体的步骤、仪轨与音乐等内容，也有积极的推动作用。

第二，西域音乐的传入对佛教仪式的完善也有重要影响。在各种类型的佛教仪式中，音乐都是不可缺少的一部分。但需要注意的是，用于仪式的音乐分为不同的类别。有一类佛教仪式音乐是由僧人表演的，如梵呗、转读等，而另一类佛教仪式乐曲则由乐工或女乐演奏，与僧人无涉。这一类音乐称为佛曲或法乐，文献中所谓的"伎乐"，也是指这一类而言。王小盾《汉唐佛教音乐述略》提出："'佛曲'是佛教名义下的民间歌舞曲，是乐工之曲，佛曲的特点是同乐工结合，而不是同僧侣结合，故西域佛曲并没有随着早期佛教的传入而传入。但到北朝，中西交通便利使乐工伎人大量迁徙入华的时候，佛曲随之而传入了。它首先依靠寺会文娱活动繁殖开来，继而成为中原民间风俗和散乐活动的一部分。"② 也就是说，北朝是西域佛曲传入的一个重要时期。在《隋书》卷十五《音乐志下》所载的音乐类型中，我们可以更为直观地看到北魏对西域音乐的接纳：

> 《西凉》者，起苻氏之末，吕光、沮渠蒙逊等，据有凉州，变龟兹声为之，号为秦汉伎。魏太武既平河西得之，谓之《西凉乐》。至魏、周之际，遂谓之《国伎》。今曲颈琵琶、竖头箜篌之徒，并出自西域，非华夏旧器。……胡戎歌非汉魏遗曲，故其乐器声调，悉与书史不同。其歌曲有《永世乐》，解曲有《万世丰》，舞曲有《于阗佛曲》。③

---

① 杨衒之著，杨勇校笺《洛阳伽蓝记校笺》，第 200 页。
② 王昆吾著《中国早期艺术与宗教》，东方出版中心，1998 年，第 363 页。
③ 魏征等《隋书》，第 379 页。

《龟兹》者，起自吕光灭龟兹，因得其声。吕氏亡，其乐分散。后魏平中原，复获之，其声后多变易。①

《天竺》者，起自张重华据有凉州，重四译来贡男伎，《天竺》即其乐焉。②

《疏勒》《安国》《高丽》，并起自后魏平冯氏及通西域，因得其伎。③

从《隋书》的记载中可以看出，含有大量龟兹、于阗音乐因素的西凉乐以及龟兹乐、天竺乐、疏勒乐、安国乐等西域音乐之所以传入中原地区并得以保存，与北魏的统一北方和交通西域有紧密的关系。而这些西域音乐中，有相当一部分是用于佛教仪式的，如西凉乐中的《于阗佛曲》。这就为北朝佛教仪式的建立和完善提供了便利。

在北魏时，无论是佛诞日仪式，还是斋会等其他佛教仪式，音乐都是重要的组成部分。由于缺乏文献记载，我们现在难以确知，北魏前期在佛诞日等佛教节日中的佛教仪式中，都使用了的哪些具体曲目。然而，从史籍之中仍然能发现一些蛛丝马迹。《乐府诗集》卷二五《横吹曲辞五》论《梁鼓角横吹曲》时引陈释智匠《古今乐录》云："是时乐府胡吹旧曲有《大白净皇太子》《小白净皇太子》《雍台》……十四曲。三曲有歌，十一曲亡。"④《旧唐书》卷二九《音乐志》则载曰："后魏乐府始有北歌，即《魏史》所谓《真人代歌》是也。代都时，命掖庭宫女晨夕歌之。……今存者五十三章，其名目可解者六章：《慕容可汗》《吐谷浑》《部落稽》《巨鹿公主》《白净王太子》《企喻》也。"⑤可见《白净王太子》作为《真人代歌》的一章，在北魏代都时期即已出现。虽然后传入南朝，被收入梁鼓角横吹曲中，很可能经过了梁人的改造，但是北地乐曲中本有此曲，应是毫无疑问的。

所谓《白净王太子》，从题目上看应该是礼佛歌辞。"白净王"即净饭王，"白净王太子"则指其子悉达多太子。在佛经中，不乏以"白净王太子"称悉达

---

① 魏征等《隋书》，第 379 页。
② ［日］高楠顺次郎等编《大正新修大藏经》，第 9 册，第 30c 页。
③ ［日］高楠顺次郎等编《大正新修大藏经》，第 9 册，第 380 页。
④ 郭茂倩编《乐府诗集》，人民文学出版社，2010 年影傅增湘藏宋本，第 557 页。
⑤ 刘昫等《旧唐书》，中华书局，1975 年，第 1071 页。

多太子之处。如东汉竺大力、康孟祥同译《修行本起经》卷二《出家品第五》载："天帝复下，化作梵志，为女解梦言：'汝见天下水中生一花者，是白净王太子初生时；今在树下六年，身羸形瘦，是花萎时；见一人水洒更生者，是能献食者；小花萌芽欲出者，是五道生死人也。'"① 而用于赞太子的偈颂，则有刘宋释宝云译《佛本行经》卷三《降魔品第十六》"白净王太子，净土修善行。今当成大道，空天王欲界"等②。此外，佛诞日庆典，正是以悉达多太子自出生至出家的经历为重。综上种种，虽然不能确定《白净王太子》是从西域传入的乐曲还是在北魏佛教仪式音乐创制过程中所作之曲，但应该可以确定，它是在迁洛之前，就已经用于佛诞日仪式的佛曲。

总之，在北魏统一北方和交通西域的过程中，大量西域乐工、乐曲和乐器传入北魏，大大充实了佛诞日仪式的内容。正因如此，北魏的佛诞日仪式迅速地完善起来。

第三，各地移民迁入北魏都城，对佛教仪式的规模扩大亦有很大帮助。移民的内迁也分为两种情况。第一种是随着北魏与西域交往的日益密切，西域人士的主动来华定居。《洛阳伽蓝记》卷三载曰："伊洛之间，夹御道：东有四夷馆，一曰金陵，二曰燕然，三曰扶桑，四曰崦嵫。……西夷来附者，处崦嵫馆，赐宅慕义里。自葱岭以西，至于大秦，百国千城，莫不欢附。商胡贩客，日奔塞下，所谓尽天地之区已，乐中国土风，因而宅者，不可胜数。是以附化之民，万有余家。"③ 可见当时来华的西域人士，不论道俗，都数量颇多。西域诸国大多奉佛，而且在很多国家，佛诞日仪式早已被确定为铺张奢华的国家性庆典。因此，了解佛诞日行像习俗的西域人士的迁入，对北魏的佛诞日仪式也会有一定的推动作用。

移民内迁的第二种情况是新附地区居民由北魏政府强行迁往都城附近。如凉州、山东六州、青齐地区等地的居民，都被迁往都城。这些新附民中，河西人士中有一定数量的胡人，他们比较熟悉西域文化，对于佛诞日行像等仪式应已有了解。而其他地区的汉人移民，则在迁入都城之前，不一定熟悉这些风俗。然而，这些人中有很多信仰佛教，热闹而又不乏庄严的行像仪式对他们也有很大的吸引

---

① ［日］高楠顺次郎等编《大正新修大藏经》，第 3 册，第 469c 页。
② ［日］高楠顺次郎等编《大正新修大藏经》，第 4 册，第 76a 页。
③ 杨衒之著，杨勇校笺《洛阳伽蓝记校笺》，第 145 页。

力。因此，一方面来说，由于新附民的内迁，都城人口增加，客观上扩大了行像仪式的规模；另一方面，行像等佛诞日庆典也存在一种吸引、安抚新附民的作用。

综上所述，由于北魏的地理位置和社会环境，以及僧人、音乐和移民的迁入，至迟在孝文帝时期，以佛诞日庆典为代表的国家性佛教节庆仪式应该已经基本成熟。虽然石窟寺的造像和浮雕由于不可移动的属性，无法参加行城等佛诞日仪式的重要环节，但是作为当时最为重要的皇家寺院之一，云冈石窟应该在佛诞日等佛教节庆中承担着一些接待僧俗信众、举行仪式的功能。事实上，第六窟、第十二窟中出自《太子瑞应本起经》的佛传画浮雕，似乎已经体现出这些第二期石窟在设计建造之时，即已存在为佛诞日节庆服务的意图。

3. 第三期："拜天子即是礼佛"基本让位于"沙门敷导民俗"，世俗社会的佛教庆典仪式场面体现在石窟寺图像中。

在北魏石窟建造的第三期，"拜天子即是礼佛"的观念并未完全消失。据称，河北行唐封崇寺始建于北魏太和十五年，当时名为七帝寺，这可能意味着，它是为诸帝各造佛像，乃至将七帝比附七佛的余绪。不过，前文已经提到，在北魏石窟第三期，皇家石窟中的皇帝形象由化身为佛变为礼佛图中的供养主。石松日奈子也注意到了这个转变，认为这是皇帝形象由武变文的结果。但窃以为，这意味着"拜天子即是礼佛"已经不是北魏皇家所倡导的主流。同时，也相应地意味着，"沙门敷导民俗"的模式已经基本形成。

虽然自文成帝恢复佛教至孝文帝迁都洛阳这段时间内，大型佛教仪式的举行情况难以确知。但是在《洛阳伽蓝记》中，却对洛阳的佛诞日活动有大量的记载。例如：

> 景乐寺，太傅清河文献王怿所立也。……有佛殿一所，像辇在焉。至于六斋，常设女乐。歌声绕梁，舞袖徐转；丝管寥亮，谐妙入神。以是尼寺，丈夫不得入。……后汝南王悦复修之。召诸音乐，逞伎寺内。（卷一）①
>
> 昭仪尼寺，阉官等立也。……寺有一佛二菩萨，塑工精绝，京师所无也。四月七日常出诣景明。景明三像，恒出迎之。伎乐之盛，与刘腾相比。

---

① 杨衒之著，杨勇校笺《洛阳伽蓝记校笺》，第50页。

（卷一）①

宗圣寺，有像一躯，举高三丈八尺；端严殊特，相好毕备，士庶瞻仰，目不暂瞬。此像一出，市井皆空，炎光辉赫，独绝世表。妙伎杂乐，亚于刘腾。城东士女，多来此寺观看也。（卷二）②

石桥南道□有景兴尼寺，……有金像辇，去地三丈，施宝盖，四面垂金铃七宝珠，飞天伎乐，望之云表。作工甚精，难可扬榷。像出之日，常诏羽林一百人举此像。丝竹杂伎，皆由旨给。（卷二）③

景明寺，宣武皇帝所立也。……伽蓝之妙，最得称首。时世好崇福，四月七日，京师诸像，皆来此寺。尚书祠部曹录像凡有一千余躯。至八日，以次入宣阳门，向阊阖宫前受皇帝散花。于时金花映日，宝盖浮云，幡幢若林，香烟似雾。梵乐法音，聒动天地。百戏腾骧，所在骈此。名僧德众，负锡为众。（卷三）④

四月初八日，京师士女，多至河间寺。观其廊庑绮丽，无不叹息，以为蓬莱仙室，亦不是过。（卷四）⑤

《洛阳伽蓝记》中所记载的大型佛教仪式，基本均为佛诞日活动，这一方面说明，此时的国家性佛教节庆大概仍以佛诞日为主，另一方面也说明，迁都洛阳之后，至迟自宣武帝时期，北魏洛阳城中的佛诞日庆典仪式已经得到完善，成为一项在政府管理下，有着一系列严格程序的，全民参与的节日盛典，并且日渐奢华与全民化，在上文曾经提及的，利用佛教节日吸引民众前往佛寺的意图，在此期已成为固定的民俗习惯。此外，在仪式中使用的伎乐亦已可称完备。这种迅速且突飞猛进的转变，是由北魏的政策、佛教信仰特点和社会环境等众多因素所造成的现象。小杉一雄将行像等佛诞日庆典称为"六朝时代一年

---

① 杨衒之著，杨勇校笺《洛阳伽蓝记校笺》，第53页。
② 杨衒之著，杨勇校笺《洛阳伽蓝记校笺》，第82页。
③ 杨衒之著，杨勇校笺《洛阳伽蓝记校笺》，第125页。
④ 杨衒之著、杨勇校笺《洛阳伽蓝记校笺》，第124页。
⑤ 杨衒之著、杨勇校笺《洛阳伽蓝记校笺》，第180页。

中最为盛大，也最为大众化的佛教仪式"①。这种情况不是在短时期内能够形成的，它说明，在文成帝至孝文帝的统治时期内，佛诞日庆祝仪式确实没有受到政府的压制，而是有条不紊地逐步发展，并最终在北魏中后期成为最重要的佛教节庆仪式。

《洛阳伽蓝记》中对于佛诞日庆典的记载，每一条中都提及伴随着佛像行城，或是在佛寺中演奏的伎乐，这说明，在此时，佛诞日等大型佛教仪式中所使用的供养音乐已蔚为大观。然则有一条记载值得分外注意，即"景明寺"条所载："尚书祠部曹录像凡有一千余躯。至八日，以次入宣阳门，向阊阖宫前受皇帝散花。于时金花映日，宝盖浮云，幡幢若林，香烟似雾。梵乐法音，聒动天地。百戏腾骧，所在骈此。"之所以值得注意，是因为其中涉及的宝盖、幡幢、金花、香烟、梵乐、百戏等构成阊阖宫前堪称佛诞日高潮的一幕的元素，与第三期石窟中的供养人礼佛行列、壁脚伎乐人群像、幢倒伎等新出现的图像类型基本重合。由此可以得知，第三期石窟中世俗形象的大量增加并被搭配使用，是因为北魏社会上的某些大型佛教仪式已经定型，在这些仪式中的信众、伎乐人、百戏杂伎等不同身份的人物所充当的角色，都被堪称实录地记载在壁面浮雕上。根据这个结论，我们甚至可以比较大胆地提出三个推论：

（1）表现佛陀生平或本生因缘的故事画与记录世俗佛教仪式的供养人、伎乐人等图像类型，看起来并不相干，但它们的综合运用，是为了立体地呈现出佛诞日庆祝仪式的场面。例如云冈石窟第 38 窟佛龛基部的佛传图，与龙门石窟宾阳中洞东壁南北两侧第二层的本生图，所代表的大抵都是在佛教仪式场面中所使用的可移动的经变画，而非第二期石窟中那种单纯的用于信众行进中观看的叙事性图像。

（2）宾阳中洞《帝后礼佛图》中，文昭高皇后所持为细柱状香，而孝文帝的动作是正从身边人所捧的钵中拈起某物。这个场面所表现的是否就是在佛诞日亲御门楼、行香散华的场面？而在窟门两侧雕出这种场面，是否有以窟门象征着内城门、宫门以及御道的原因？小杉一雄认为，这种礼佛图所描绘的正是每年四月

① "六朝時代にあっては一年中で最も盛大な、そして最も大衆的な行事であったらした"，见［日］小杉一雄《中国仏教美術史の研究》，东京新树社，昭和五十五年（1980），第 356 页。

八日行像仪式的情景①，虽然并未详细论证，但在对第三期图像的内涵有所了解后，窃以为其观点是颇有可能成立的。

（3）云冈石窟第 38 窟东壁佛龛基部的两幅音乐树图像，其含义一直令人费解。虽然不少学者认为它是将有"微妙音声"的七宝诸树拟人化，然而根据上文分析，第二、三期图像中对"天"与"人"有着泾渭分明的区分。如果是属于西方净土的七宝诸树，则绝无可能被刻于佛龛基部。从另一角度考虑，第 38 窟东壁和北壁基部有两幅结构类似的组合元素图案，东壁为音乐树与供养人礼佛行列搭配，北壁在于音乐树相对应的位置上，则为两组幢倒伎。将两者相对应，是否有可能两幅画面所表现的都是佛诞日仪式中，上层士女行列观看百戏夹道表演的场面呢？所谓的"音乐树"，是否有可能与幢倒伎一样，是一种结合百戏与伎乐的杂伎形式，将幢倒伎中的长竿换为树状道具，令伎乐人在其上演奏？由于目前没有相关的图像资料，无法确定，在此仅贸然揣测，留待日后进一步考察。

第三期石窟中之所以频繁在壁脚、龛基或洞窟窟门内侧两边雕刻贵族夫妻在佛教仪式中散华礼敬，香花供养的活动，是因为本阶段的造像往往有皇帝、宗室或显贵替父母发愿之意。与其相匹配，构成复合图案的伎乐、百戏乃至佛传画等形象，则相当程度上体现了当时佛教仪式中的表演内容，可以直观地了解宣武、孝明时佛诞日等佛教节庆仪式的面貌，并与文献相互印证。

结　语

北魏一朝的佛教信仰，始终与国家政治密切相关。其"象教"佛教意识形态的两大核心内容是"拜天子即是礼佛"与"沙门敷导民俗"。北魏前期至中期，造像往往"令如帝身"，即是贯彻"拜天子即是礼佛"的产物。而以盛大的国家性佛教仪式来吸引信众并"悟俗"宣教，则是"沙门敷导民俗"的重要内容。

---

① 见［日］小杉一雄《行像——ベゼクリクの行像壁画》，《仏教芸術》19 号，昭和二十八年（1953）。

北魏石窟的伎乐形象的变化，是与以佛诞日庆祝仪式为代表的国家性佛教庆典活动的成形相同步的。北魏石窟寺第二期，即云冈第二期的诸窟，表现出依照佛经构建和完善佛教美术形象，以使世俗民众向往天宫净土，崇敬佛陀，加强教化作用的特点，而为了更好地达到这一"悟俗"目的，在这一阶段里，佛诞日庆典等国家性佛教仪式迅速地发展起来。而第三期石窟中的融合伎乐、百戏、礼佛图、佛传图等多种元素的图像，则比较忠实地记录了大型佛教仪式中，帝后、贵族、百官、士女等社会阶层较高的人士散华行香等行为的面貌、仪仗队列的人员与排列，及这一场合下的仪式乐队构成和所使用的乐器、百戏杂伎乐的种类等等。可与文献相互印证，具有重要的音乐史和佛教史意义。

在中古文化史中，音乐始终是文化乃至政治的一个非常重要且最为直观的组成部分，不可割裂开来，单独分析。被以造像形式固化在北魏石窟寺中伎乐形象，固然记录了当时的音乐表演场面以及造像技艺，在音乐史和美术史研究中具有很重要的价值，但是其中所蕴含的历史因素，实际上远远不限于此。北魏统治者自前期起，即明确地吸纳佛教信仰，以便为其统治所用。因此，石窟寺造像、佛教仪式及其所用音乐等看似可归于佛教艺术范畴的问题，都不能单纯地从佛教信仰的变化、新经典的流行，以及创作技法的更替等方面去考虑，必须从其"象教"意识形态入手，结合深层的统治思想变化，与表面上的社会风俗更替，才能更为深入地了解隐藏在艺术形式背后的文化与政治意图。这也是本文以石窟寺伎乐形象入手，然而却并未进行音乐史的分析，而是转而探讨北魏宗教与政治传统的意图所在。

（原刊于《国学研究》第 40 卷，2018 年。

删减版《北魏石窟寺伎乐形象的分期与类型》

由《云冈研究院院刊》第六期转载，2020 年）

作者简介：

金溪，1982 年 7 月出生，北京人。2004 年毕业于北京大学中文系，获文学学士学位；2007 年毕业于清华大学人文学院，获文学硕士学位；2012 年毕业于北京大学中文系，获博士学位。2013—2016 年于中国音乐学院音乐研究所从事博士后研究，与王小盾教授合作，完成《汉唐散佚乐书的整理与研究》。2016 年 4 月出站留校。现为中国音乐学院音乐学系副教授、硕士生导师。研究兴趣主要为中国音乐文献学、中国音乐史与魏晋南北朝文学。曾主持中国博士后科学基金会特别资助项目"汉唐古乐书的整理与研究"、北京市社会科学基金研究基地项目"唐代散佚琴书的整理与研究"、国家社科基金后期资助项目"北朝文学的本土性及其对南朝文学的接纳"、北京市社会科学基金青年学术带头人项目"汉唐散佚乐书解题笺证"等，在《文史》《国学研究》《音乐研究》《中国音乐学》《音乐艺术》等刊物发表论文二十余篇。

中国典籍流播越南的方式及对阮朝文化的影响

何仟年

东亚汉文化圈之所以能形成，汉文典籍从中国向周边的流播无疑是最重要的条件之一。通过比较中越与中日、中朝之间的书籍流播方式，可看到同在汉文化圈内，越南获得中国书籍的方式与朝鲜相近，与日本有较大不同，这种不同可能是造成两国文化发展有所差异的原因之一。

关于中国书籍传播日本的方式，大庭修在《江户时代中国典籍流播日本之研究》一书中作了深入探讨[①]，引用的资料大多与中日之间的商贸有关，认为汉籍传入日本主要是往日本的中国商人完成的，有时日本一方开出书目求购，商人仅充当执行者，更多时候，由商人主动在中国采购书籍，将之贩运至日本获利。但朝鲜情况不同。关于汉籍在朝鲜的流播，张伯伟的著作《清代诗话东传略论稿》虽然重点研究诗话，但对此论题也作了深刻的揭示。该书在谈到书籍往朝鲜和日本流播方式的不同时说："采购是东人来中国购买书籍，输入则是中国人将书籍带进。如果说，上一种方式体现在向朝鲜的传播，那么，这种方式则以向日本传播为主。"[②] 来中国购书的主要是使节，"中国书籍之稍稀贵者，除非文士入燕亲

---

① ［日］大庭修《江户时代中国典籍流播日本之研究》，戚印平译，杭州大学出版社，1998年，第99—201页。

② 张伯伟《清代诗话东传略论稿》，中华书局，2007年，第97页。

购，则元无可得之理"①，所以有关中日书籍交流的文献多与商贸相关，而中朝书籍交流的史料则多见于使节文献。

这提示中国书籍向外流播的方式大致有二种，一种与贸易有关，一种与朝贡制度相联系。在汉文化圈内，中越书籍交流的情况与中朝极为相近，可以互相印证。

一、中国典籍输入越南的法律和政策

越南初立国时，中国常以赐书的方式赠送越南佛教典籍，书籍的买卖一开始受到限制。《宋史·交趾传》说：

> 大观初，贡使至京乞市书籍，有司言法不许，诏嘉其慕义，除禁书、卜筮、阴阳、历算、术数、兵书、敕令、时务、边机、地理外，余书许买。②

由此可断定，约1107年前，法令规定中越间书籍是不许买卖的，因此才由贡使提出买书的要求。此次诏谕形成了惯例，其中禁止流向越南的书籍品种为后来所继承。《元史·安南传》记：

> 大德五年二月，太傅完泽等奏安南来使邓汝霖窃画官苑图本，私买舆地图及禁书等物，又抄写陈言征收交趾文书，及私记北边军情及山陵等事宜，遣使持诏责以大义。③

这说明，宋元时与国家安全有关的图书是限制传入越南的，但除此以外的儒家著作及诗文集之类则不被禁止。明代沿袭这一政策，《明史·宋濂传》中说："士大夫造门乞文者，后先相踵。外国贡使亦知其名，数问宋先生起居无恙否。高丽、

① ［朝］李德懋《青庄馆全书》卷一九，《韩国文集丛刊》第257册，第225页，转引自《清代诗话东传略论稿》，第87页。

② 脱脱《宋史》卷四八八，中华书局，1977年，第14070页。

③ 宋濂《元史》卷二〇九，中华书局，1976年，第4650页。

安南、日本至出兼金购其集。"可见一般性的文学作品的买卖比较自由。

有时中国对于出口的书籍品种也有法律上的特别限制。如《大清律例》卷二十兵部律中有"私出外境及违禁下海"罪名，其中有条例规定"凡外国差使臣人等朝贡到京与军民人等交易，止许光素纻丝绢布衣服等件，不许买黄紫黑皂大花西番莲缎匹，并不得收买史书及一应违禁军器硝黄牛角铜铁等物"①。法律既规定使节不能购买史书，则商人携史书至越南贸易也断然不会被允许。

从法律角度说，中国自古就有禁书的规定，即使对于国内人民，仍然有一些书是禁止传播的，如有关谶纬一类的书籍，或国家临时规定某些特定名目的禁书。清代对于通俗小说或戏曲一类作品就曾禁止出口。如清署名清凉道人《听雨轩笔记》卷四《赘纪》描述清乾隆时越南使节经广西省城桂林出关时的仪节，其中说：

> 唯过广西省城桥船时，首府先遣经历查其所带书籍，录取书目呈览，每部价值若干，均注于下，首府核其不应带出者，禀知上宪截留之，仍遣经历赍原价往取其书回，如小说传奇之类皆在所禁者也。②

对小说戏曲的出口限制其实就是明清国内禁止"淫词小说"的延伸③。黎贵惇《北使通录》有一些记录显示出以上规定的具体实施状况，说明查扣小说传奇并由政府补偿书价是得到实行的。该书中有篇呈文为乾隆二十六年（1761）十一月十二日要求广西地方发还被没收的《渊鉴类函》一部。观其呈文可知，黎贵惇一行在中国购买相当数量的书籍，但在桂林省城查验时被没收若干，包括《渊鉴类函》一部。据黎贵惇文后记载，此书后来被发还，并由中国官府取回因收缴该书而退还给黎氏的银两计四两二钱六分。黎贵惇等人被中国关口没收的书籍中主要有两类，一类是《封神演义》《贪欢报》等小说戏剧书；一类为有卜筮功用的易

---

① 徐本《大清律例》卷二〇，影印《四库全书》第 672 册，上海古籍出版社，1987 年，第 679 页。

② 清凉道人《听雨轩笔记》卷四，《笔记小说大观》第 12 册，广陵书社，2007 年，第 9824 页。

③ 徐本《大清律例》卷二三《刑律》"造妖书妖言"条，影印《四库全书》第 672 册，第 711 页。

数之书，如《神相金书》《渊海子平》等，但《大清律》也被没收，应该是因为涉及政治太深的缘故①。

整体而言，中国法律不禁止书籍出口，对某些品种如史部书、易数书、小说戏曲类书则有所限制。但实际上，这些禁令有时执行并不严格，越南仍有机会可以获得以上种类的书籍，这一点在越南阮朝的书目中可以见出。如《古学院守册》（编于启定九年至十年，1924—1925）小说类有《隋唐演义》《说唐薛府传》《西洋记》，戏曲类则有《审音鉴古录》《纳书楹曲谱》《花月痕传奇》《芝龛记》《旗亭记》《三星图传奇》《新曲六种》《重订缀白裘新集》等。阴阳地理类书籍也在《古学院守册》上有所记录，如《河洛理数》《易林补遗》《五种秘窍》《三台通书正宗》等，但其数量的确较其他书籍少。可疑的是清律中虽规定史书不能出口至国外，但越南书目中史书数量仍较多，而且黎贵惇的被没书籍名单里也没有史部书。据此可推断，清代法律上史书不能出口的规定实际并没有执行，而小说戏剧类及易数类书则受到严格的禁止。

因此，越南士人如要学习诗文，要获得所需的中国书籍没有法律上的障碍。但就书籍流播的实际情形来说，影响越南文化状况并进而影响汉文诗创作水平的似乎是书籍流入的方式。

二、中国书籍流播越南的方式

汉籍流往朝鲜、越南和流往日本的方式有所不同，这在明代文献中即可见出端倪。邱浚《大学衍义补》中说：

> 臣按，今四夷之好书籍者，惟安南与朝鲜。朝鲜恭顺朝廷，岁时觐聘，礼节无失，所经过郡县无多而货买止于京师。安南入贡虽疏，然经行道路几至万里，沿途随处得以市买。且宋朝书籍版本俱在国子监，今书籍处处有之。请自外夷有来朝贡者，非有旨不得与交易，而于书籍一事，尤宜严禁，

---

① [越] 黎贵惇《北使通录》，《越南汉文燕行文献集成》第 4 册，复旦大学出版社，2010 年，第 285 页。

彼欲得之，许具数以闻，下翰林院看详可否，然后与之。①

邱浚明确地认为安南朝鲜在四夷中是最好书籍的，在他笔下，二国获得书籍的方式之一是使者于贡途进行交易。他没有提到日本，原因即是日本的购书是通过民间商业，不易为政府发觉。朝鲜安南二国使节入华时，必须有伴送官沿途伴随，其行为极易被朝廷掌握。现存的汉籍流播越南的史料几乎都与入华贡使或官派人员有关，关于商人将书籍贩卖至越南的材料极少，《大南实录》阮文诚《上大学衍义表》中说：

> 第其为书，卷帙繁多，清商带来者少，从来学者罕得而见。②

此文中用"带来"二字，暗示即使是清商贩运至越南的书籍，也只是顺便带来，不具备商业价值，故不用贩卖之类字眼。

但如认为商业性的书籍流播方式不存在，却并不确切。阮绵审《仓山诗集》有《购书》诗云：

> 世俗学干禄，坊书乏佳者。粤东估船至，杂物积巨舸。《节要》与《时文》，（原注，《节要》《时文》皆书名。何案，"时"因避讳原作"辰"。）束之高阁可。列单寄某某，错买谁能那。四载一使燕，待此计良左。矧乃不肯受，相向愁尾琐。担夫有常定，伊谁克负荷。佣雇费敢惜，雨潦测诚叵。所以购之难，十愿九不果。安得比陈农，亲求偏天下。③

绵审首先提到的是坊书即本土刻印的中国书，认为其中缺少好书。在越南，重印汉籍的情况并不通行，《古学院守册》是法殖民政府在原有新书院藏书的基础上（新书院藏书的基础就是内阁书）汇集社会文籍的产物，是越南古代书籍集大成

---

① 邱浚《大学衍义》卷一四五，影印《四库全书》第 713 册，上海古籍出版社，1987 年，第 682 页。
② ［越］张登桂《大南实录正编第一纪》卷三八，日本庆应义塾大学言语文化研究所，1961 年。
③ ［越］阮绵审《仓山诗集》卷二六，河内汉喃研究院索书号 VHb. 183。

的一部目录①。其中所收中国书共 1953 种，标明越地重刻的书只有 5 种。现存
《北书南印版书目》收越南重刻书 680 种②，但绝大部分是佛书或俗信、劝善、启
蒙之类的底层书，文学类书极少。诗类唯有《诗林正宗》《咏物诗选笺注》《诗
学圆机活法大成》《应制诗》《试律青云集》《明诗别裁》《唐诗鼓吹》《唐诗合
选》《李青莲集》《邵子诗抄》《战古堂诗》等十一种，且此十一种或为通俗读
物，或与科举相关。因此，绵审说"坊书乏佳者"是越南的实际情况。诗中还提
到了三种从中国买书的方式，第一种即纯粹商业性的购买，卖方是广东来的商
人。但商人所卖的多是普及性读物如《节要》《时文》，价值不大。晚清时期严
璩、恩庆受官派往越南调查法殖民政府治下的华侨商业和权益状况，写成了《越
南游历记》一书③，书后记录当时越南海关从中国进口的税则，其中有纸、笔、
中国墨等项，甚至有戏衣用小镜子，可说很细致，但没有提及书籍，这是晚清的
情况。明清时国内书籍虽然免税，但中越双方商贸史料中极少见到有关书籍的信
息，这说明当时纯粹商业性质的书籍贸易不发达。

　　第二种方式是寄买，即托相识的中国人代买寄回，即诗中所说的"列单寄某
某"，具体例子如阮朝范富庶（1821—1882）在《寄香港王弢园》中写道：

> 所寄总局书目，见猎心喜，经抄出十一目，附邮，祈为缄送。每目各二
> 帙，得以广诸同好，资益见闻，胜于百朋之锡矣。…范富顿首复。注，附银
> 十两。④

王弢园即王韬。据此信，十一种书籍从香港寄到越南的价格在十两白银左右。这
种购书方式显然受限较多，首先要结交到中国朋友不易，其次如绵审诗中所指，
如所托非人，容易买错。

　　第三种情况是前往中国的人购买书籍带回，主要是越南使节因公务之便，为
自己或友人购买书籍。对于使者本人来说，即入华购买，对于委托者来说，此种
方式也可认为是寄买的一种，但与来回完全靠中间人的第二种方式稍有不同。绵

---

① ［越］阮伯卓《古学院守册》，汉喃研究院索书号 A. 2601。
② ［越］陈文玾《北书南印版书目》，汉喃研究院索书号 VHv. 2691。
③ 严璩《越南游历记》，清光绪三十一年（1905）铅印本。
④ ［越］范富庶《蔗园全集》，汉喃研究院藏索书号 A. 2692。

审诗里说的最后一种情况即此。作者认为其缺点是因为使者要雇人担荷，所以往往并不情愿，长途跋涉中，书籍还常常遇雨受损，但如果使者愿意，当事人对费用则不敢吝惜。可见如果出使的人能为委托人购书，也是很难得的情况。绵审的诗说明除了越南本土的刻书即"坊书"以外，中国书进入越南还有三种途径：北商贸易、寄买、使节购买，但都有缺点。

还有一种情况在阮绵审诗中没有说到，即越南朝廷派人专门采购书籍。现存的相关文献较多，如清梁章钜《巧对续录》卷上所载"咸丰丁巳（按，当作巳），越南国陪臣邓廷诚，奉其国王命来粤东采买书籍，余遇之友人座上"①；又如越书所载，嘉庆二十三年越南国王"遣内院朱文燕等如清采买书籍货项"②；又如汝伯仕《粤行杂草》中《联课》一文曾提及作者的任务，曰"余在公馆，主办购买官书"，并在书中著录了在广州筠清行得到的营业书单③。这种方式当然由朝廷或王室操作。

所以除在本土的重刻或抄写外，越南得到汉籍的方式概括起来有以下几种，一是从中国商人处购买，此为正常贸易；二是朝廷直接派员采购汉籍，或贡使利用朝贡为自己或友人购书，特殊情况下中国朝廷赐书给越南，或接待人员的馈赠，可合称为使者购书，此种方式依附于两国外交；三是列出书单由中国友人购买再寄往越南，这是依托于私人关系的活动。

以上三种方式中，第二种由来已久，使节买书于中越书籍交流的记载中最常见。清人马先登《护送越南贡使日记》自序曰："及其陪臣（按指黎峻、阮思僴）等亦复文雅好学，赍京师书籍满二十篓以归。"④ 又如越南阮述《往津日记》记其嗣德三十五年（1882）至三十六年（1883）出使经历，有"廿九日，至文裕堂买书"，"初九日，至扫叶书房买书"等记载⑤。

实际上，使节购书是越南士人获得汉籍的主要来源。许多史料可以证明，越南士人对于所缺的书籍，首先想到的是委托他人前往中国购买。阮绵审《仓山奏

① 梁章钜《巧对续录》，《楹联丛话全编》，北京出版社，1996 年，第 441 页。

② ［越］张登桂《大南实录正编第一纪》卷八。

③ ［越］汝伯仕《粤行杂草》，汉喃研究院索书号 VHv. 1797。陈益源将此书单整理发表，见《越南汉籍文献述论》，中华书局，2011 年。

④ 马先登《护送越南贡使日记》序，敦伦堂同治己巳年（1869）刻本。

⑤ ［越］阮述《往津日记》，香港中文大学出版社，1980 年，第 23、60 页。参见刘玉珺《越南汉喃古籍的文献学研究》第一章，中华书局，2007 年，第 26—32 页。

版》是一篇诗史论文，叙述中国历代作家的简况，被评论的作家都是历史上的重要人物，共七十一位。如清代只论及吴伟业、施闰章、宋琬、朱彝尊、王士禛等五人，文末写道：

> 再，向上云"集存"者，皆据《四库全书简明目录》及《静志居诗话》录出。间有在阁所无，或者后次寄买，以备乙览，非臣一一皆有也。①

文中所谓"在阁所无"的"阁"，是指内阁，可见即使内阁藏书也不太多，连中国诗史上最重要的诗歌文献尚不能具备，而获得这些书籍的方法是寄买，寄买显然不是一般的市场购买，而是通过前往中国的使节或其他人顺便购进。正因如此，道光十年（越南明命十一年），越南遣使如清，国王谕之曰：

> 朕最好古诗古画，及古人奇书，而未能多得。尔等宜加心购买以进。朕闻燕京仕宦之家，多撰私书实录，但以事涉清朝故，犹私藏未敢付梓，尔等如见有此等书籍，虽草本亦不吝厚价购之。②

明命二十一年（1840），武范启上书，以为"向来如清使部，尝因奉使而兑易，恐不知者视此为轻重，未足以示雅观。请嗣凡如清使部，有应买者，以银两兑换，其附带之物并止"。而明命未肯采纳此建议，他说：

> 所奏殊不近理。其物各出于其所产，以有易无，古今通义。即如肉桂、豆蔻、燕窝等项，均是本国所有，每遇如清之期会，有附带多少换易人参、药材、书籍清贵之品，以充国用而已，非如市肆之贩卖杂货图利者。③

明命所举人参、药材等例子，均是北方特产，是清越之间互通有无的重要商品，

---

① ［越］阮绵审《诗奏合编》，柳文堂成泰十六年（1904）年刻本，河内汉喃研究院索书号A.2983。
② ［越］潘清简《大南实录正编第二纪》卷六九，日本庆应义塾大学言语文化研究所，1974—1975 年。
③ ［越］潘清简《大南实录正编第二纪》卷二一八。

在明命眼中，书籍也是如此，必须通过使节购买不可，所以使臣利用出使买入书籍是通行的做法。绵审虽然在诗中表达各种购书方式的缺点，但那是嗜书者的牢骚话。诗中大部分内容都是讲使者买书的状况，显示对作者而言这种方式最为重要。《仓山诗集》卷二十三有诗题《王济斋使燕之役，为买书甚多，聊作长句奉谢》，有句曰："玄晏半生惟就借，普通七录未全窥。人生快意那有此，一朝眼底罗全史。"显示他通过使者买书收获颇丰。

中国书籍流播越南主要依靠使节，也可从现存越南书目中得到证明。根据《古学院守册》对书籍刊刻年代的著录，其中刻本年限下至光绪，无宣统以后书，而多者为道光之前。如以《守册》经部书为例，标明雍正刻本的有 12 部，康熙刻本 47 部，乾隆刻本 76 部，嘉庆刻本 45 部，道光刻本 40 部，咸丰刻本 1 部，同治刻本 9 部，光绪刻本 5 部。集部书中雍正刻本有 17 部，康熙刻本 58 部，乾隆刻本 112 部，嘉庆刻本 79 部，道光刻本 81 部，咸丰刻本 6 部，同治刻本 13 部，光绪刻本 9 部。据此，书籍交流最盛的时期为康熙、乾隆、嘉庆、道光四朝，以后突然减少，而此四朝正是中越两国朝贡外交没有间断的时期。从中国出版史来看，咸丰以后，中国所刊刻的书籍数量并未减少，近代两国之间的经贸往来也更方便，越南最后一次科举在启定四年（1919），期间士人仍在读中国书。所以同治光绪以后中国书籍流播越南的数量急剧减少，既非中国出版业方面的原因，也非越南方面突然中断了对中国书的需求，总之不是商业因素，而是随着越南政治形势的突变，朝贡次数减少，至光绪时则完全断绝，双方的书籍交流也逐渐走向衰落。

三、书籍流播越南主要依靠使节购买的原因

为什么越南不能像日本那样通过正常商业获得中国书籍，而更多依靠使节或官派人员采购？相对于中国，越南市场太小，销量有限，工人难觅，因而本地刻书的成本很高。黎贵惇《北使通录》记乾隆二十六年（1761）北使时所见："（黄州）书坊人载书到此，卖之颇贱。"[1] 说的是越南使者到黄州时，黄州书商

---

[1] 复旦大学文史研究院编《越南汉文燕行文献集成》第 4 册，第 217 页。

主动载书求售的经历，此语除了说明中国书籍价格较低外，也透露出越南使者买书在书商中已形成口碑。阮述《每怀吟草》中说光绪六年（1880）作者在广西时，"独喜街头书价贱，再来应购满船归"①。越南国内书籍昂贵，故不得不依赖进口，但为何不能依靠正常国际书籍贸易渠道而多由使团购书，则当另有原因。

越南作为藩属国有定期朝贡的制度，利用朝贡进行贸易无疑可避免商人盘剥，以节约成本，《听雨轩笔记》卷四《赘纪》载清乾隆时：

> 又贡使归时，中国物件除军器外皆许其买带，经过关津，例不查阅。

朝贡通常二年或三年一次，或两贡并进。除了正常贡品外，因有此方便，使团常携带大量私货，雇佣众多民夫，进行贸易活动。清汪森编《粤西文载》卷五《土官阻留贡物疏》记明成化间使团规模：

> 今照安南国递年进贡方物来，先有国王牒文到县，合用扛抬红绛行李等项人夫六百名，以为定例。奈何近来差来陪臣夹带私货，动用人夫少则二千，多则三千。②

假设以疏中所言的600人为运送贡品所必须，另2400人即为运送私货所用。如依上限，每人可担120斤（疏中要求最多只准许每人担90斤），则一次贡使运往中国的私货至多可有28万斤。此是明代状况。而依清时的规定，越南朝贡时，携带货物并无上限，《听雨轩笔记》卷四说：

> 道镇验表文，阅贡物，查其随从人数，量留百余人跟随赴京，余悉犒赏酒宴银帛，遣其回国。凡有货物不计多寡，许其携带，唯军器则禁之。

据此，越使初入关时，人数远不止百人，只是入境后，只许百余人进入内地，但

---

① 复旦大学文史研究院编《越南汉文燕行文献集成》第23册，第33页。
② 《土官阻留贡物疏》，汪森编《粤西文载》卷五，影印《四库全书》第1465册，第506页。此疏据明《礼部志稿》卷九二《贡使挟私货条》作于明成化十四年（1478），见影印《四库全书》第598册，第680页。

货物仍准其携带，而改由中国民夫运送，这与明代并无不同。《钦定大清会典则
例》卷九十三："（康熙）七年，覆准安南贡船不得过三，每船不得过百人。"①
此规定是针对来华贡使携带人员过多所设。明代定例为六百人，然动用人夫多至
三千，清代附于使团的贸易规模也应相去不远。如此多人员携带如此多货物来
华，如果不顺便购买相当的中国货物返回是不可想象的。大量的朝贡贸易反过来
一定会大大抑制商人的积极性。

商人较少贩书至越南也同中越贸易路线有关。今据《江户时代中国典籍流播
日本之研究》中所列《同一船的船头、船员人数、出港地变化表》统计②，康熙
二十七年（日本贞享五年，1688）中国往长崎的 193 艘商船中南京籍船 47 艘，
其次宁波 24 艘，福建其次，而广东及广南 6 艘，加上潮州 5 艘共 11 艘。可见由
于地理位置的原因，往日本的商船以江苏浙江籍居多，而两地是当时文化最为发
达的地区。大庭修在书中讨论了输日书籍的出版地问题，结论是在输日的书籍中
南京船带来的最多，而福州船却从未有过，作者认为这是因为江浙地区出版业发
达的缘故③，可见中国输出书籍受出口地影响很大。当时朝鲜人亦有见于此，柳
得恭云："倭子慧窍日开，非复旧时之倭，盖缘长崎海舶委输江南书籍故也。"④
也强调了输入日本的书籍来源地在江南。与上述情况不同，中国出口越南的贸易
以两广地区为中心，越南欲采购商品多往广东，如明命三年，"给义安号船六艘，
命该队胡文奎、典簿黎元亶、副飞骑尉黄亚黑等乘大中宝船如广东采买货项"⑤。
中国前往越南的船只以广东船为主，据《大南实录》，明命三年（1822）为各国
商船制定的税则里，广东船居首。明命十一年（1830），越南国王曾说："清船来
商，多自广州出口，所载皆广东货物，而诈称琼州，希图减税。"⑥ 既然往日本的
商船携带书籍的多少因为船籍不同而差异很大，广东往越南的中国商人不易或不
愿采购书籍贩卖至越南自在情理之中。所以即使清代广州的书铺数量和书籍品种
并不少（《筠清行书目》即有 1672 种），但由于离出版地较远，成本相对高于苏

---

① 《钦定大清会典则例》卷九三，影印《四库全书》第 622 册，第 912 页。
② ［日］大庭修《江户时代中国典籍流播日本之研究》，第 500—511 页。
③ ［日］大庭修《江户时代中国典籍流播日本之研究》，第 43—45 页。
④ ［朝］柳得恭《古芸堂笔记》卷五，转引自张伯伟《清代诗话东传略论稿》，第 275 页。
⑤ ［越］潘清简《大南实录正编第二纪》卷一六。
⑥ ［越］潘清简《大南实录正编第二纪》卷七三。

浙一带，当然也可能存在越南市场太小的原因，商人对于书籍贸易也就不太热情，这使得中国典籍流布越南不得不更倚重使节。

四、书籍流播方式对越南汉籍分布及文化的影响

书籍的流通方式对越南汉籍数量和分布造成了巨大影响，最终波及越南的文化状况。从数量上看，日本由于依靠与江南的贸易往来，获得了大量书籍，这从近现代日本所编的各种书目中可见。早在道光六年（1826），清人朱柳桥与日本野田笛浦笔谈，就有如下看法："我邦典籍虽富，迩年以来装至长崎已十之七八。"① 朝鲜申维翰谈到日本汉籍时说："自南京海贾而来者以千数，古今异书、百家文集刊行于阛阓者，视我国不啻十倍。"② 即使与朝鲜相比，越南汉籍数量也远逊彼。据现存越南官书书目，越南朝廷藏书数量品种不是太多，上文所举内阁书中不具备历代最重要作家诗集就是一例。内阁是阮朝早期官方藏书处，但藏书总量至明命时也只数千卷。

> （明命十一年）置书楼于内阁，上好观北书，收拾数千卷，使内阁臣撰次书目，置之书楼，日进数卷。每出幸城外，令十八衙皂以从，得备顾问。③

朝鲜私人藏书能达到三四万卷④，而越南私人藏书未见有过万卷的记载。《邓黄中诗抄》卷一《读书》诗序曰：

> 天下间益人神智者，曰书，邺架曹仓、刘庄杜库，多聚书者尔。家素诗礼，卷帙阙如也。长伯公国朝第一比儒科（原注：嘉隆癸酉乡试之始），迁北坼大吏，（原注：历莅南定河内二大省总督）捐资购书得千余卷，由严父收藏为子孙学殖具，虽无邺曹刘杜之盛，艺窗诵习，终有赖焉。余自成童，

---

①　［日］野田笛浦《得泰船笔语》，转引自《清代诗话东传略论稿》，第99页。
②　［朝］申维翰《青泉先生续集》卷七，转引自《清代诗话东传略论稿》，第274页。
③　［越］潘叔直《国史遗编》，香港中文大学新亚研究所，1965年，第196页。
④　张伯伟《清代诗话东传略论稿》，第12页。

耽玩典籍，手不停披，记诵每有新得，实赖长伯公购访之勤，严父收藏之
谨也。①

邓黄中伯父邓文添曾做过南定、河内总督，属于地位较高的官员，由于只在国内
通过书商购买，一生勤勉购访得到的汉籍亦只千余卷，而马先登记载的黎峻等人
一次访京即购书二十余箧，可见在越南本地得书非常不易。

　　正因如此，凡来华使者无不利用良机，尽可能多购书籍。《随园诗话》批语
中说：

　　　　高丽书贾来京，凡遇厂肆新出诗文小说，无不购归，不论美恶，本无名
　　　动外国之足言。即琉球、安南国人来购书者无不如是。②

不过对使臣来说，来中国的机会也不会太多。所以在汉籍的分布上，朝廷因具有
最多的财力，更可以直接派人来华专门采购，其拥有的中国典籍数量最多，远远
超过其他人群；而使节可以利用一至数次机会前往中国购书并获得中国官员的馈
赠，可拥有相对较多书籍；如果没有出使机会，只能在越南本土购书藏书者，其
欲拥有大量汉籍便相当困难。三者之间差别巨大，固然与经济能力有关，但更多
受书籍流播方式的制约。

　　这一情形从现存的越南书目中也可以得知：越南书目基本上是官书书目，没
有私人藏书书目。文献中也未见私人书目的记载，这说明越南私人藏书数量很
少，没有编制书目的必要。

　　有限的汉籍几乎被朝廷及使臣垄断，造成的后果有二。首先是普通士人更多
地依赖写本。蔡廷兰《海南杂著》记其在越南所见：

　　　　二十日，有塾师陈兴道以诗招饮。阅儿童所诵四子书、经史、古文、诗
　　　赋，与中国同，皆写本。③

①　[越] 邓黄中《邓黄中诗抄》卷一，汉喃研究院索书号 VHv. 833。
②　袁枚《随园诗话》，人民文学出版社，1982 年，第 861 页。
③　蔡廷兰《海南杂著》，道光十七年（1837）刻本，卷上。

有时连地位较高的读书人也不得不抄书，绵审的《书斋十四咏》就有《抄书》一诗，叙述抄书的艰难。其《仓山诗抄》卷二十七另有诗题如下：

> 奉敕批选沈归愚诗集。二月十二日起，六月九日始完。去日呈览，又私抄得数卷。今夜重阅，复加圈点涂，而以鄙意为题辞四章，以谂诸审音者，幸垂和而赐教焉。

绵审是明命之子，为当时嗣德的叔父。他利用嗣德让他批选沈德潜诗集的机会，私自抄写了若干卷。可见原书为国王所拥有，他本人能阅读的机会不多。阮绵审对于沈德潜的诗集尚需要抄写，其他士人拥有汉籍的状况可想而知。

其次，汉籍的稀缺和被垄断已影响到越南士人的汉文化水平。明命三年（1822），越南国王尝谓礼部曰："书籍所以广见闻，今士学浅陋，书少故也。可令祭酒司业按在监书籍未备者，奏请颁给，以资训习。"① 这表明他认定当时越南士人学问浅陋与书籍缺少有关。又如明命十六年：

> 帝御阅是堂，谓礼部潘辉湜曰："殿试第一甲最为难得，如其不取，则是乏材，若泛取之，恐无以惬士夫之望。"问："旧黎殿试，题目最多，行文至有不足者，则浸湿其卷，何也？"湜对曰："旧黎试法，取其多记，若不足者，留之，恐为进士玷，故浸之。"帝曰："出题易，行文难。盖场官出题，有书可考，而士子行文，只是记忆而已。昨有'付泥长丽何物'之问，而对者不知为何物。"（原注：先是核举人高伯适，题目有云："付泥长丽何物？"适不能对。付泥长丽是星名，出《事物异名书》。）②

高伯适（1808—1854）是阮代著名文人，他不能回答"付泥长丽何物"，恐怕不是遗忘，而是对生僻一些的掌故无从知晓，而场官出题，则可以有官书作为支持。有证据表明，有时候，越南文人甚至对较普通的知识也有所欠缺。如：

① ［越］潘清简《大南实录正编第二纪》，卷 13。
② ［越］潘清简《大南实录正编第二纪》，卷 154。《事物异名书》见于今越南所存《内阁书目》（A. 113）和《古学院守册》中。

上尝观北书，问权"广川"字，权以"广州"字对。既而，自知舛谬，以笔墨增点，画成"州"字。①

何宗权（1798—1839）也是阮朝少数出色的文人，"广川"二字并不是特难的词语，何宗权居然不知道，而将它硬解为广州，可见他很可能并未读过"脉脉广川流，驱马历长洲"这样的唐诗名句。进士尚且如此，普通士人更难符合阮朝统治者的期待，明命在十五年（1834）曾对何宗权、黄炯说：

朕阅今科乡试中卷，辞文鄙俚，最后一联，多用颂语，沿袭旧套而已。（略）我国士子见闻颇狭，致词艺只得如此。然不徒士子然也，其预在学官及充试场官者，亦鲜得渊博之人。②

以上显示明命在十五年十六年间通过科举考试发现越南士子的素养堪忧，于是要求往清的使节多买书，并将官书颁赐国子监和直省学堂。

颁书籍于中外。帝谕内阁曰：朕欲作兴文教，嘉惠士林。经敕收买书籍备赏，就中《五经》《四书》《文学体注》，均是儒学入门，可颁给国子监各五十部，由监臣酌给在监宗（按，原作尊）生、荫生，并初学士人。其试策、制艺、律赋、试帖各二百部，乃举业程序，其令礼部量发国子监，并在诸直省学堂，俾广传习。③

帝御阅是堂，谓礼部潘辉湜曰：……缘我国书籍鲜少，虽有宏博之才，无从观览。嗣有派往清国，须多买书籍，颁布士林，俾学者得广见闻可也。④

《国史遗编》记明命十八年又有赐书的举措：

颁官书于学臣，《五经》《四子备考》《通鉴》，并《新策法程》，凡四十部。交在国子监，及各督总教授训导，隶习士人。⑤

---

① ［越］潘叔直《国史遗编》，第206页。
②③④ ［越］潘清简《大南实录正编第二纪》卷一三六、卷一四三、卷一五四。
⑤ ［越］潘叔直《国史遗编》，第271页。

为了摆脱《四书》《五经》都要依赖北书的状况，解决士子的课本问题，大约在明命晚期，越南开始大规模刻印四书五经等基本儒学著作。《大南实录正编第三纪》卷五十八，记绍治六年（1846）江文显、邓明珍上封事，要求各都会如平定、乂安、嘉定、河内、南定等雕刻五经四书大全印板，国王的批复是：

> 原给经籍可资讲肄，如有何辖尚未颁给者，准礼部会同国子监臣，将在监现藏《五经四书大全》印板详加检正，续印增给，士人有愿印刷者，听就国子监印刷，至如所请在外诸省开局镌刻，多有行不着处，著不准行。

这说明在绍治六年之前，越南国子监有一套四书五经的印板。士子开始有本国儒学刻本可读。《孙衣言与裴文禩笔谈录》记录清光绪三年（1877），孙依言与裴文禩有如下对话：

> （孙问）各种书籍有刻本否？抑或购自中华？
> （裴答）《五经》《四书》《通鉴》《渊鉴》皆有刻本。余诸书皆购自中国读之。①

由此可知，至嗣德（1848—1882）时，虽然士子得书较难的问题有一定改善，获得儒学基本教材比以前更为容易，但其他书籍仍靠中国输入。

关于汉籍对越南文化的影响，明命在十七年曾说："清国书籍备具，学者易于修进，我国士子所学虽未甚博，然文辞佳丽，亦有足观。今而后，世道日昌，人文日盛，清人未必能胜我矣。"② 这是在他多次颁书之后说的话，表达出他对中越文化水平差异的思考，以及通过购买、颁布官书来提高越南汉文化水平的期望。前代学者也曾注意到这点，陈修和有言："然越南各朝，虽有发展文化教育之意志，终以人力物力之艰难，效果甚微，中国书籍，间可罗致，实难普及。以越南之文化程度，比之中国各边省，或且过之。"③ 将越南文化的发展与汉籍相联

① 孙衣言《孙衣言与裴文禩笔谈录》，《人文月刊》1937 年第 1 期。
② ［越］潘清简《大南实录正编第二纪》，卷一七四。
③ 陈修和《越南古史及其民族文化之研究》，国立云南大学西南文化研究室，1944 年，第201 页。

系，是很有见地的看法，但也可说，正因条件的困难，越南所取得的汉文文学成就才更显珍贵。

（原刊于《清史研究》2014 年第 2 期）

作者简介：

何仟年，男，1972 年生，安徽安庆人。1994 年毕业于安庆师范学院汉语言文学教育专业。2000 年毕业于西南师范大学中文系，获文学硕士学位。2000 年进入扬州大学中国文化研究所，师从王小盾教授攻读博士学位。2003 年毕业，获博士学位。博士学位论文为《越南古典诗歌传统的形成——莫前诗歌研究》。现为扬州大学文学院古代文学教研室副教授，硕士生导师。一直从事越南汉文文献和文学研究。在《文学评论》《清史研究》《文献》《域外汉籍研究集刊》《中国典籍与文化》《中国诗学》等刊物发表论文二十余篇。主持国家社科基金项目"中国古代诗歌在越南的移植研究""中越古代赠和诗的整理与研究"等。

越南古史叙事中婚姻的表达功能

——以"赘婿夺宝"情节类型为中心的考述

朱旭强

越南位于汉字文化圈的最南端,是汉文化通过陆路传播的终点。历史上,从汉至唐,今越南北部地区曾直接隶属中央政府统治;而即使到宋初之后越南自立,历代政府在大部分时间里依然以汉文为其官方文字。因此,自古以来,越南曾经产生过大量汉文知识分子和用汉字书写的书籍。直到二十世纪,越南放弃了以汉文书写的传统文化形态,转而采用直接以拉丁字母记录越南语语音的现代越南文(或称国语文),汉文文献方停止生长。经今人检点,在越南河内汉喃研究院等地,共遗存有总量万余种的古代汉文书籍。这是一大批在汉语学术界罕为人知的古代材料,足以为研究汉文化的各个方面,尤其是勘测汉字文化圈的南方边界,提供深刻而新颖的认识。其中,大量文献是以叙事为主的文本。就其性质差异来区分文体,越南的古代叙事文本大体上有以下五类构成:

(1)向中国史传传统致敬的史传;(2)模仿中国志怪、传奇及近古话本、章回诸体,而今被学术界定义为小说者;(3)与以上两类密切互动,有复杂承继关联的民间信仰文献,依其原名,我们称之为"神迹"或者"玉谱";(4)其情节符合各种民间故事类型的,流传在口耳之间,一部分昔日曾记存于笔记中,一部分则依据某些经典文本来演说,其余则一直到近世方被民间文艺方面专家搜集记录,以及本着各种目的,以"民间故事"或"神话传说"名义辑选出版者;(5)以诗传方式,往往呈现为剧本形态,搬演来自上述各类以及中国戏剧、小说的叙事作品。

以上五类中,前三类绝大部分用汉文书写,第四类多以拉丁字母系的现代越南文记录,第五类常以喃文书写。喃文是古代越南参照中国六书造字原则,尤其是其中的形声和假借二法，来记录越南语的方块文字。不过，第四、第五类中亦有以汉文表述者。如前文已经提到，这五类文献在题材和内容上，再加上若干中国的典籍，彼此间存在着相袭和引用的关系，可以互为参照，弥补越南由于技术、环境及战乱等原因所造成文献的不足与缺失。

在翻检这些越南古代叙事文本时，笔者历来注意将其中各种文化事象在字句、义理、修辞方面相互校勘。今就以一种特殊的婚配现象以及与之相关的婚俗，乃至婚姻制度作为个案，试使用多种不同叙事性质的文本材料进行探究。

一

婚制婚俗，越南各种古代叙事文本亦多有反映。以《大越史记全书》为例，这部越南最重要的官修史书，其早期历史包括外纪和本纪的开头部分，纂成于十五世纪后期后黎圣宗洪德年间，由史家吴士连据一些有关史事与神话传说的文献诸如《越甸幽灵》《岭南摭怪》等以及黎朝《大越史记》整理编修而成，是其古代史家所认同的民族起源阶段的叙事。与世界上各民族的起源神话一样，其中溯及民族来源，即包含了有关婚姻制度的描述：

鸿厖纪·泾阳王

初，炎帝神农氏三世孙帝明，生帝宜，既而南巡至五岭，接得婆仙女，生王。王圣智聪明，帝明奇之，欲使嗣位。王固让其兄，不敢奉命。帝明于是立帝宜为嗣，治北方，封王为泾阳王，治南方，号赤鬼国。王娶洞庭君女，曰神龙，生貉龙君。注：按唐纪，泾阳时有牧羊妇，自谓洞庭君少女，嫁泾川次子，被黜。寄书于柳毅，奏洞庭君，则泾川、洞庭世为婚姻，有自来矣。

鸿厖纪·貉龙君

君娶帝来女，曰妪姬，生百男。注：俗传生百卵。是为百粤之祖。一日谓姬曰："我是龙种，你是仙种。水火相克，合并实难。"乃与之相别。分五十子从母归山，五十子从父归南海。封其长为雄王，嗣君位。①

---

① 《大越史记全书》外纪·卷之一，陈荆和校合本，东京大学东洋文化研究所，1984年，第97页。

以上材料可从多个角度进行分析，就史源上来说，它因袭了越南十四世纪起成书的最重要神话传说集《岭南摭怪》中的《鸿庞氏传》一章，而更原始的形态乃是应和中国上古炎黄世系，仿照殷商末世泰伯奔吴的情节①，并牵合了唐传奇《柳

① 禄续让兄的由来，饶宗颐《安南古史上的安阳王与雄王问题》一文早已涉及。参见《饶宗颐二十世纪学术文集》卷七《中外关系史》，中国人民大学出版社，2009 年，第 148—149 页。他并提及："帝明南巡狩而接仙女，似帝舜与湘夫人。"但他采信《岭南摭怪·鸿庞传》"盖百男乃百越之始祖也"，认为"百男即附百越"，与我持论不同。据越南汉喃研究院陈义教授的研究，十五世纪武琼编订了《岭南摭怪列传》二卷本，其中有《夜叉王传》一篇。其论见《〈岭南摭怪〉四种总提要》，《越南汉文小说集成》第 1 册，上海古籍出版社，2010 年，序言第 5 页。《夜叉王传》中以占城附会胡孙精之国又称猴猴国，称其国十车王的太子妃为妙严国夜叉王抢走，太子"怒，遂领猴猴之众，移山塞海，尽为平路，攻破妙严国，杀夜叉王，复取"王子妃而回云云，即印度史诗《罗摩衍那》中的情节搬述。东南亚与印度素有交往，而今越南北部，古交趾地，迟至三国士燮称王时，史书即载多有胡僧，可知其颇多交流。据张玉安、裴晓睿所著《印度的罗摩故事与东南亚文学》（昆仑出版社，2005 年），缅甸、柬埔寨到公元五至六世纪时，即已传入罗摩故事（见第 62 页）。公元七世纪，今越南中南部，当时的占城立有蚁垤庙，庙中并有占婆王一世明法王（653—678）的碑文，文中引有蚁垤的诗句，论者以为当时《罗摩衍那》以及与之齐名的另一大史诗《摩诃婆罗多》已经传至越南中部。而想必也很快就抵达了越南北部（即交趾或安南），因为前引《夜叉王传》的故事中所谓猴猴国，在《岭南摭怪》开篇的《鸿庞氏传》中亦有所继承：称文郎国疆域时称"东来南海，西抵巴蜀，北至洞庭湖，南至狐精国"其下并自有注"今占城是也"，称占城为狐精国（他本也作狐孙精国），一方面是当时两国关系紧张所致；再则，也许是反映了《罗摩衍那》的传播方向：越南北方的故事正是从中南部传来的。而另一部《摩诃婆罗多》中著名的情节"持国百子"所反映的百子传说，继而当然也可能会成为塑造越南民族神话的重要材料；同时也可能成为越南自立之后，从国族角度整合与百越的认同关系之旁证。只不过，《印度的罗摩故事与东南亚文学》第 62 页上，接着缅甸和柬埔寨的例证，引述 1970 年 Journal of Asian Studies 上的一篇文章 Ibid. Santosh N. Desai：*Ramayana-An Instrument of Historical Contact and Curtural Transmission Between India and Asia* 称，"7 世纪越南北方安南故地也有罗摩故事文本。安南人按照当地的风俗改编了罗摩故事。传说当时安南不时与占婆交战，占婆王将安南漂亮的王妃劫走，安南王又将王妃救回。于是故事中的安南就成了十车王国，而占婆则成了十首王罗刹国。"但这是令人怀疑的：就算是七世纪，不时与占婆交战的安南刚刚有了安南的名字，其名来自唐于 679 年所设安南都护府，其后直至十世纪，哪来的安南王以及被抢走的王妃呢？再者，可以断定是七世纪安南的文本，这文本得是汉字书写的，而且是中国典籍吧。况且在有唐一代，尤其是中晚唐，对安南都护府带来更大威胁的是南诏国。因此，或许 Ibid. Santosh N. Desai 所见材料乃声称十七世纪的，有失察考，漏引了一个"1"，其实这个故事可判定是《夜叉王传》的异本无疑。但奇怪的是，该书 166 页上重复了七世纪的说法；而在第 164 页却刚刚引述过《岭南摭怪》，认为它是十五世纪左右据占城故事写定的。

毅传》，以及印度东传的"百子"传说等多文明的叙述母题，而又有山与海的分判，显示出北部湾西岸本地部族自身的特点。

其中涉及婚姻，颇可与十九世纪后期人类学路易斯·亨利·摩尔根（Lewis Henry Morgan）在其名著《古代社会》中所持论的早期婚制理论诸如母权制、对偶婚、族外婚以及半族等相参照。貉龙君的子裔传承为历代雄王，其雄字，中国学者普遍认为，是从《日南传》《交州外域记》等古籍所载"雒王""雒将""雒田"的雒字抄讹，并赋予了新义①。越人衍生的传说，今本《岭南摭怪·鸿厖氏传》的表述可谓嚆矢，已经增益了更多细节，包括官郎、媚娘、蒲正、稍称、魂、辅导②：

> 妪姬与五十男居峰州，自相推服，尊其雄长者为主，号曰雄王，国号曰文郎国……置其次为将相，相曰貉侯，将曰貉将，王子曰官郎，女曰媚娘，百司曰蒲正，臣仆女隶曰稍称，臣曰魂，世世以父传子曰辅导。世世相传，号为雄王而不易。③

越南后世所形成的雄王传说，罗列其谱系相袭有十八世④，后为从西北方蜀地来的安阳王蜀泮所取代，蜀泮时代不长，后又易位于秦赵佗所建南越国。文郎、安阳、南越，在史家的表述中，隐隐构成了越南上古史的"三代"。但与夏商末年桀纣无道并女色惑国所导致的鼎革不同，越南的易代传说中，婚姻起到的作用更为微妙：

---

① 参见饶宗颐《安南古史上的安阳王与雄王问题》，载《饶宗颐二十世纪学术文集》卷七《中外关系史》，第143—149页。

② 以上概念大多无考。但"辅导"，据下文所引《大越史记全书》吴士连的史论可知，它也可以称作"辅道"。而王子称"官郎"，在《越甸幽灵》关于布盖大王冯兴的记载中，引述佚籍《交州记》的记载，称他"世袭唐林州边库夷酋长，号'官郎'"，参见《越南汉文小说集成》第2册，第148页。这位布盖大王是唐代宗时安南起义首领，曾占据都护府；在其死后，朝廷派赵昌任都护，采用怀柔政策，使其余党平息。冯兴的尊号是其子冯安所订，布为越语父的意思，盖为母。但《大越史记全书》记冯兴号"都君"，不称官郎，见外纪·卷之五，第161页。

③ 《岭南摭怪列传》，刊《越南汉文小说集成》第1册，第19页。

④ 据《岭南摭怪列传》汉喃研究院藏A.33本前附《大越帝王世次》（见《越南汉文小说集成》第1册，第6页）："凡十八世，皆号雄王。"

时属季世，王有女，曰媚娘，美而艳。蜀王闻之，诣王求为婚。王欲从之，雄侯止之曰：彼欲图我，以婚姻为由耳。蜀以是衔怨。王欲求可配者，谓群臣曰："此女是仙种，才德兼备者，方可为姻。"

时见二人自外来拜见庭下，求为婚姻。王异而问之。对曰："一为山精，一为水精。皆在境内。闻明王有圣女，敢来请命。"王曰："我有一女，岂得两贤乎？"乃约来日能具聘礼先来即与。两贤应诺，拜谢而归。明日山精将珍宝、金银、山禽、野兽等物来献。王如约嫁之。山精迎回伞圆高峰居之。水精将聘财后至，恨悔不及。激遂兴云作雨，水涨溢、率水族追之。王与山精、张铁网横截慈廉上流以扞。水精从别江，自莅仁人广威山脚，缘岸上喝江口，出大江，入陀江，击伞圆。处处凿为渊为潭，积水图袭之。山精神化，呼得蛮人，编竹为篱御水，以弩射之，鳞介诸种，中箭避走，终莫能犯也。注：俗传山精水精是后世仇，每年大水，常相攻云。

伞圆乃我越巅山，其灵应最为显验。媚娘既嫁山精，蜀王愤怒，嘱其子孙，必灭文郎而并其国。至孙蜀泮，有勇略，乃攻取之。

史臣吴士连曰：雄王之世，建侯立屏，分国为十五部。十五部之外，各有长佐，而庶子以其次分治焉。其五十子从母归山，安知不如是耶？盖母为君长，诸子各主一方也。以今蛮酋有男父道、女父道之称观之，今朝改为辅道是也，理或然也。[①]

按：末段所附吴士连的史论，似可印证前段所及母权制向父权制转变的说法。而引文提及蜀王衔恨灭其国，与水精含愤攻打山精的情节结构也相一致，虽结局成败不同，但都可以视为从女性君长传统转向男性君长制度的变化，乃是这一因素的复沓表述或映现，反映出神话叙事者对于隐藏在故事情节背后的婚制变革的强调与重视。

二

山精水精的故事同样被视为很基本的越南神话，文献可以溯及十四世纪成书

①《大越史记全书》外纪·卷之一，第99页。

的《越甸幽灵集》①，后来乃至现代的多种越南神话传说集往往载录其篇②。《越甸幽灵》与《岭南摭怪》是同领域两种最基本的文献，版本众多，后世传本内容多有交叉③，也常为包括《大越史记全书》等史籍所采信征引。据称，此则引自晚唐时期安南都护曾衮所撰的佚籍《交趾记》④。但到了陈世法编定的《岭南摭怪》中，山精除了与安南四不朽之一"伞圆山神"相联系，还被说成是随貉龙君归海的五十男之一，之后又独返陆地；在《大越史记全书》中，这个故事又被定位为雄王朝的末世史事。这则故事有女色诱发战争的思想，但并不表达为道德上的亏缺，却展示为"冲天一怒为红颜"的情节，有若希腊史诗中的特洛伊及海伦。类似情节虽不彰显于北方中原的史事与传说，但也有遗存。譬如在《楚辞·天问》中"帝降夷羿，革孽夏民，胡射夫河伯，而妻彼雒嫔"一段所及，后羿与河伯之间那场因雒嫔即洛神而起的神战，即与之颇为相似：黄河流域的战争和红河流域的战争最后都以水神败北告终；更有趣的是，其中提及的洛水女神"雒嫔"，正可与"雒王""雒将"等相牵合，但在《大越史记全书》以降的越南史籍上却不见有糅合于此的，可知"雒"以及"雒越"自中古以来，并未曾在越南自立之后构成过国族认同。

　　而蜀代为赵代所灭，其枢纽也被认为与婚姻相关。《大越史记全书》的叙述略谓，安阳王因金龟之助，筑成螺城，金龟并脱爪留王，以造神弩御敌。金龟筑城的情节，与《华阳国志》《搜神记》等所记张仪依龟行筑成都城有关，论者多以为正是蜀文明的风气传承。接着：

---

① 据汉喃研究院所藏 A. 751 本整理的《越甸幽灵集全编》在《灏气英灵·伞圆佑圣匡国显应王》一篇下，有今考是阮朝初年高辉耀的"《粤甸幽灵》僭评"，称："此记《摭怪》较详，而田池陵庙诸约文字最古。"可知在《越甸幽灵》之前，已有地方文献和信仰典籍有所记载。见《越南汉文小说集成》第 2 册，第 105 页。

② 如《越南神话民间故事选》，中文本，河内世界出版社，1997 年，第 17—18 页《山精和水精》。又：过伟主编《越南传说故事与民俗风情》，广西人民出版社，1998 年，第 6—12 页，有越南来华留学生陈文南、邓氏平安、阮氏金蓉、阮黎英、段明贤、胡文勇所述的六个异本。

③ 山精、水精的文献，见诸《越甸幽灵》诸本，除前注外，另参《越南汉文小说集成》第 2 册，第 31、189 页。见《岭南摭怪》诸本，参《越南汉文小说集成》第 1 册，第 51—52、84、182 页。

④ 参见拙作《传晚唐安南都护曾衮所撰〈交趾记〉辑考》，待刊稿。

　　（赵）佗驻军北江仙游山与王战，王以灵弩射之，佗败走。……佗知王
有神弩不可敌，退守武宁山，通使讲和。王喜，乃分平江，以南王治之。佗
遗子仲始入侍宿卫，求婚王女媚珠，许之。仲始诱媚珠，窃观灵弩，潜毁其
机，易之。托以北归省亲，谓媚珠曰："夫妇恩情不可相忘，如两国失和，
南北隔别，我来到此，如何得相见？"媚珠曰："妾有鹅毛锦褥常附于身，到
处拔毛置歧路，以示之。"仲始归以告佗。

　　……佗发兵攻王，王不知弩机已失，围棋笑曰："佗不畏吾神弩耶？"佗
军逼近，王举弩已折矣。寻走败，坐媚珠于马上，与王南奔。仲始认鹅毛追
之。王至海滨，途穷无舟楫，连呼："金龟速来救我！"金龟涌出水上叱曰：
"乘马后者是贼也，盖杀之。"王拔剑欲斩媚珠。媚珠祝曰："忠信一节为人
所诈，愿化为珠玉，雪此仇耻。"王竟斩之。血流水上，蛤蚌含入心，化成
明珠。王持七寸文犀入海去。仲始追及之，见媚珠已死，恸哭抱其尸，归葬
螺城，化为玉石。仲始怀惜媚珠，还于妆浴处，悲想不自胜，竟投身井底
死。后人得东海明珠，以井水洗之，色愈光莹。①

　　这一段内容丰赡，在越南文献中，更早见于《岭南摭怪》中《金龟传》一篇，其
情节、人物俱袭用了三国两晋时期《日南传》《交州外域记》、刘欣期《交州
记》、刘宋时沈怀远《南越志》等文献的记录②。以《日南传》为例：

　　《日南传》曰：南越王尉佗攻安阳。安阳王有神人皋_{音高}通，为安阳王治
神弩一张，一发万人死，三发杀三万人。佗退遣太子始降安阳。安阳不知通
神人，遇无道理，通去。始有姿容端美，安阳王女眉珠悦其貌而通之。始与

---

① 《大越史记全书》外纪·卷之一，第 102—103 页。
② 在这些文献中，饶宗颐断《日南传》为最早，以为其载安阳王事，是吴时传入中土的；
　《交州外域记》与刘欣期《交州记》乃晋时作品，见《日南传：安南古史上安阳王资料》，
　载《饶宗颐东方学论集》，汕头大学出版社，1999 年，第 386—390 页；以及《安南古史
　上安阳王与雄王问题》，载《饶宗颐二十世纪学术文集》卷七《中外关系史》，第 137—
　164 页。而徐中舒则主张《交州外域记》是孙皓时吴人之手，见其《〈交州外域记〉蜀王
　子安阳王史迹笺证》，刊《四川大学学报丛刊》第五辑，《四川地方史研究专集》，1980 年
　5 月。《岭南摭怪》对古书的承袭，参见［越］陈义所撰《岭南摭怪列传出版说明》，《越
　南汉文小说丛列》第二辑第一册，台湾学生书局，1992 年，第 3 页。

珠入库，盗锯截神弩，亡归报佗。佗出其非意，安阳王弩折兵挫，浮海奔窜。①

《日南传》的表述颇有鲁迅论魏晋志怪时所谓"粗陈梗概"，却可能更加接近口头传说的本相；媚珠乃作眉珠，不过到《交州外域记》《交州记》和《南越记》中，已悉作"媚"字。南越之代安阳，"太子始"即仲始借由婚姻而破解蜀人的战备优势，是关键问题。事实上，这场政治婚姻致使安阳王和南越的取代过程差一点成为翁婿间的继承关系，有如中原尧与舜的禅让，按照《竹书纪年》的记载，禅让也有异说"尧德衰，为舜所囚"云云，颇有不和谐处。但南越方直接受益者是赵佗，"太子始"在中国上古的文献中也没有记载②，更没有继承赵佗"武帝"之位。而《大越史记全书》记谓"仲始怀惜媚珠，还于妆浴处，悲想不自胜，竟投身井底死"之说，并附会为洗珠的起源传说，将之演绎成爱情传奇了。在之前的情节中，我们则可以看到媚珠对仲始的情深意笃，以及仲始对灵弩的处心积虑，两者之间矛盾而统一，完成了改朝易代的历史进程。比起隋唐之前的四种佚籍来，《岭南摭怪》和《大越史记全书》的重述已经很接近于一个完整的传奇小说作品了。

三

如果我们把蜀末安阳王女为中心的这一段故事与前一引文中"蜀王求婚"一节相对照来看，在仲始与蜀泮这里所发生的纠葛，似乎正是先前雄王季世，雒侯（或雄侯）所担心并告诫的"彼欲图我，以婚姻为由耳"。如果我们以历史循环论来解释这一种因婚姻而起的时局变迁，至少还能在此后的历史记载中，找到一个证据：

① 《太平御览》卷三四八《兵部·弩》引，中华书局影宋本，1960年，第1603页。
② 饶宗颐由此认为，《史记·南越传》但记赵佗之孙名"胡"，《日南传》以降所记太子名"始"，尤可珍异，见《安南古史上安阳王与雄王问题》，载《饶宗颐二十世纪学术文集》卷七《中外关系史》，第142页。

赵越王纪

王居泽中，以梁兵不退之故，焚香祈祷，恳告于天地神祇。于是得龙爪兜鍪之瑞，用以击贼。自此军声大振，所向无敌。注：俗传泽中神人褚童子，时乘黄龙自天而下，脱龙爪付王，俾戴兜鍪上，以击贼。

李佛子率众东下，与王战于太平县，凡五接神，未决胜负。而佛子兵少却，意王有异术，乃讲和请盟。王以佛子前南帝族，不忍绝，遂割界于君臣洲。居国之西，迁乌鸢城。

后佛子有子雅郎，求婚王女杲娘。许之，遂成姻好。王钟爱杲娘，居雅郎为赘婿焉。雅郎谓其妻曰："昔吾两父王为仇，今为婚姻，不亦善乎？然此父何卫，能却彼父兵？"杲娘不觉其意，密取龙爪兜鍪示之。雅郎潜谋易其爪，私谓杲娘曰："吾闻父母深恩重如天地，吾夫妇雅相爱重，不忍契阔，吾且割爱归家。"雅郎归与其父谋，袭王取其国。

后李纪

帝渝盟举兵，攻赵越王。越王初不觉其意，仓卒督兵，披兜鍪，立以待。帝兵益进，赵越王自然势屈不能御，乃携其女子南奔，欲择险地匿迹，所至帝兵皆踵后，越王引马奔至大鸦海口，阻水叹曰"吾穷矣。"遂投于海。帝蹑至，渺然不知所之，乃还。赵氏亡。后人以其灵异，立祠于大鸦海口奉事之。①

仲始—媚珠故事的相对年代约在秦、汉之间，雅郎—杲娘故事的年代相对中原，在南朝梁、陈之间。这位赵越王的统治亦及身而止，甫取得统治即被人推翻，投海而死；有关他军事上的凭仗和失败，均系于"龙爪"，龙爪得自神灵，后被其赘婿雅郎骗得其女杲娘的信任，女心外向，龙爪秘密泄露并遭破坏，而父亲与女儿皆不知晓——以上这些，就情节类型而言，与先前安阳王时代的龟爪、仲始和媚珠是一致的。并且，"媚珠"与"杲娘"或许是先前雄王女儿谓之"媚娘"者的异体②；而"雅郎"也可能与王子曰官郎有关。更可以确证的是"龙"与

---

① 《大越史记全书》外纪·卷之四，第150—152页。
② 《马麟逸史录·伞山灵神传》（《越南汉文小说集成》第1册，第243—247页）谓，雄睿王有二女："第一媚珠，名仙容公主，已下嫁褚家童子。第二媚珠，名玉花公主……"则是媚娘与媚珠相混（甚或相通）的实例。

"龟"的关联：在越南，一方面，龙具有原始信仰阶段"图腾"（totem）的意味：长期以来，他们认同于中国古籍所谓"断发文身，以象龙子"的越人身份；而《岭南摭怪》中写定的神话则直接把龙王视为族群的祖先。另一方面，龙还是包括鱼、龟、马、獭在内各种（水中）灵物的共名①。民间叙事中也有龙女幻化为龟，与凡间男子实施"白水素女"即田螺姑娘故事的情节②。而先前龟筑螺城的传说以及从中透射出的龟崇拜，学者以为是巴蜀之人即安阳王举族南下带来的，赵越王的越族环境则将这个传说中的"龟"置换成了共名"龙"。此外，金龟帮筑的"螺城"，后谓"思龙城"，亦是一个证据③。

以上可知，这两个故事，皆由入侵者依赖有欺诈行为的政治婚姻——入赘手段击败了原有统治者；原先很可能是同一个，或者说同一种叙事模式，而并非历史的一再重演。赵越王之所以与这个故事有关，也许其间的纽带正是赠予他龙爪的神仙褚童子。褚童子是越南历史上最有盛名的神灵之一，与柳杏公主、扶董天王、伞圆山圣并列，有"四不朽"之誉。他的事迹可以见诸《岭南摭怪》等书所录的《一夜泽传》，略谓：一个无父无裤的男子褚童子为回避出来游赏的雄王公主仙容媚娘④，在江边选择一个芦苇丛，"爬沙成穴而藏身"，孰料，仙容却恰恰选其所匿之处，"命以幔帼围芦丛泊沐浴"，"沙散而童子见"，裸裎相对，以为姻

① 参见拙作《安南汉化研究：以公元十世纪的史实与传说为中心》，上海师范大学博士论文，2005 年，第 54 页。

② 见《大南显应传·状元阮甲海传》，《越南汉文小说丛刊》第一辑第七册，第 299 页。并见《越南汉文小说集成》第 11 册第 259 页《本国异闻录·状元甲海记》、第 12 册第 213 页《听闻异录·状元甲海记》、同册第 316 页《喝东书异·龟女》、第 1 册第 316 页《马麟逸史录·甲状元》、第 14 册第 379 页《野史补遗·龟女传》等。

③ 徐中舒先生《〈交州外域记〉蜀王子安阳王史迹笺证》一文有不同意见："所谓螺城乃'雒城'之讹，雒乃瓯雒之雒，音与螺同，越人谓城似田螺形乃附会之说，不足置信"，刊《四川大学学报丛刊》第五辑，《四川地方史研究专集》，1980 年 5 月。可备一说。

④ 《岭南摭怪列传》诸本（《越南汉文小说集成》第 1 册，第 23、80、161 页）以及《马麟逸史录》所录《一夜泽》（《越南汉文小说集成》第 1 册，第 250 页）、《天南云篆》（《越南汉文小说集成》第 3 册，第 16 页）等皆谓是雄王三世时，据《马麟逸史录·一夜泽》的注，仙容的父亲是雄曦王；但《雄朝褚童子及仙容、西宫二位仙女玉谱》（《越南汉文小说集成》第 3 册，第 165 页）以及《马麟逸史录·伞山灵神传》（《越南汉文小说集成》第 1 册，第 243 页）却谓是十八世雄睿王时的事。雄睿王，饶宗颐《安南古史上安阳王与雄王问题》（载《饶宗颐二十世纪学术文集》卷七《中外关系史》，第 147—148 页）引《岭南摭怪列传》法国戴密微教授藏本有十八雄王名目，"睿"作"璿"，并有"至璿王为蜀所灭"语。

缘天定，遂结成夫妇。此后，二人习道法、行商贾，其所居处遂成大邑，别成一
国；引得雄王误解并震怒，引兵来攻，褚童子遂与仙容二人一夜之间拔城飞升，
陷地成泽。飞升可以视作是死亡的隐喻。与先前几个故事相类的是，褚童子——
仙容作为公主与驸马，也成了跟君主相对立的政治实体并军事力量。与仲始——媚
珠——安阳王——皋通——龟爪故事相类的还有，褚童子故事中亦隐含了筑城的情
节——这成为雅郎——呆娘——赵越王——褚童——龙爪故事的前情，只有结局有所
不同。

　　将前文所及这几个故事的情节列表显示，则其中相通相同的结构模式更加显
而易见：

故事 年代	男方 及婚姻方式	女方 及结局类型	战争与婚姻的先后 及其二阶段特征	攻防所用 战略武器
雄王季世即蜀 泮祖父时。	山精即龙种五十 子献宝得娶。可 视为入赘。	雄王之女媚娘 （仙种）。二人结 局不详，水精年 年来攻。	（1）水精欲夺媚娘， 后遂与山精及雄王开 战，不能胜。 （2）蜀王未得媚娘， 后遗命其孙蜀泮相攻 雄王，遂取其国。	A．编竹为篱。 B．以弩射水族。
雄王末世，安 阳王之先。	褚童子。无入赘 情节，但男女双 方地位悬殊。	仙容媚娘。 偕夫飞升。	（1）后来，雄璿王来 攻，一夜拔城飞升。 （2）后来，蜀泮来攻 雄王，取其国。	A1．江边爬沙 围幔。 A2．习道法、行 商贾，所居之 地成为大邑。
安阳王末年， 南越国之先。	南越太子仲始。 入赘。后返父族。	安阳王女媚珠。 女被杀，男自刎。	（1）南越王赵佗先与 安阳王战，不胜。 （2）后赖仲始之力， 败弩，破城而定其国。	A．筑螺城。 B．金龟爪造神 弩射万人。
赵越王末年， 后李帝之先。	后李帝李佛子之 子雅郎。入赘。 后返父族。	赵越王女呆娘。 或同父投海，其 夫不详。	（1）李佛子先不能胜。 （2）后赖雅郎偷换兜 鍪龙爪，破城胜之。	A．迁乌鸢城。 B．龙爪兜鍪 之瑞。

　　因此，这些故事可总结为"赘婿夺宝"。"宝"当然首先指安阳王的龟爪和赵
越王的龙爪。同时，神授的还有坚固的城池，这在媚珠——仲始的故事中表现得更
为典型，一攻一防，一体两面，俱荣俱损。这样的宝物在军事上超凡的实际功
用，全系于其出处乃是神人所授，那其实就是说，此乃政权天授合法性的隐
喻——而赘婿真正破坏或窃取的，乃是此宝。

再进一步说，山精与水精（以及蜀泮之祖）竞争那一位媚娘，最终胜出的原因除了在时间上先至外，还有重宝聘献的缘故。其重宝，《岭南摭怪》诸本称"珍玉金银、山禽野兽"，而神迹文本有谓"白象九牙，珍奇异宝，从天而下"①。按照婚制中通常隐藏的平等交换原则，因此，君王的女儿还是隐喻意义上的另一种国之重宝。而褚童子的那个故事也可以为证：首先，仙容媚娘原本是一个古代的独身主义者。

> 年十八，容貌秀丽，不愿嫁夫，好游行天下，王擘而许之。②

甚而在神迹玉谱中提及，仙容是雄王仅存的一个子嗣：

> 胡而天也命耶？二十男皇子，四女公主，皆是漂身脱脚，一旦为千古之人。……一日，登三岛山，皇后命备礼香花，祈祷于国母祠。是夕，梦见有一老妪，抱一仙孩以许。及返回，感而有孕。居期，生下一女，面妆桃脸，色映冰壶，颜色芳菲，容姿窈窕，王行庆贺，命名曰仙容，封号公主。③

也就是说，她本是末代雄王唯一的合法继承人。而安阳王以及赵越王那里的情况也是相似的，史籍和传说等各种文献多不记他们尚有别的子嗣④；别无其他子嗣的状况，其实是别无选择的隐喻式表达。按照神话思维的叙事模式，故事的真相可能是：媚娘与媚珠、呆娘等乃是最后一个女主或者王位的当然继承人；而先前或者当时的王者，即她们的前任，虽曰是父亲，实乃是被后世观念篡改了

---

① 《马麟逸史录·伞山灵神传》，《越南汉文小说集成》第 1 册，第 244 页。《伞员圣事迹》（《越南汉文小说集成》第 3 册，第 158 页）略同。
② 《岭南摭怪列传·一夜泽传》，见《越南汉文小说集成》第 1 册，第 161 页。
③ 《雄朝褚童子及仙容、西宫二位仙女玉谱》，《越南汉文小说集成》第 3 册，第 165 页。
④ 《马麟逸史录·伞山灵神传》（《越南汉文小说集成》第 1 册，第 243—247 页）有异文谓，雄睿王有二女，"第一媚珠，名仙容公主，已下嫁褚家童子。第二媚珠，名玉花公主"，但该篇叙述内容在玉花公主与伞圆山圣（又写作伞员山圣，即山精）处，并说仙容与褚童子已经升仙；也就是说，睿王那时候依然只有一个女儿在世。又，该篇并牵合安阳王事，称山精后继承岳父之位又辞却，并以天命之辞，说服睿王禅位于来攻的蜀王泮，"许以和亲"，赐蜀王神弩，而翁婿二人服神仙之药飞升云云。

的母亲——"母为君长"的投射。而按照文化研究中以史证俗的研究范式，则或可简单读解为源自母系氏族社会阶段的"从妻居"遗风；或与先前妪姬五十子衍成文郎国一样，系母权制向父权制转变过程中冲突的反映。所谓冲突，更具体地说，乃是：外族的男子借由婚姻得到女主（公主）的权力及其他镇国之宝，继而借由战争篡位换代，最终得到的是"大宝"也就是帝位，并就此父子相承。

四

汉学家艾兰（Sarah Allan）在考述了尧舜至三代的史事传说后认为："历史的演进有可能与结构相一致，也可能由人们按照其意图来阐释。"[①] 在中原，从尧至舜、从舜至禹之禅让名义，以及桀纣间亡国故事的相似，更有可能是重述过程中的趋同。在越南（交趾），最早在公元三世纪左右被人用汉字记录下来的细节相类的赘婿夺宝传说，也未必曾在雄王末代、蜀泮末期，以及赵越王时代一再重演，即，很可能不是每一次都曾经真实发生过。《大越史记全书》的编撰者吴士连其实就提出过疑问，并试图作出解释：

> 金龟之说信乎？……至于媚珠鹅毛表道之事，未必有也。如或有之，仅一见焉可也，后赵越王女再模仿言之，何耶？盖编史者以蜀、赵亡国之由，皆出于女婿，故因一事而两言之欤？……至于史记安阳王败亡因神弩易机，赵越王败亡因兜鍪失爪，乃假辞以神其物尔。若夫固国御戎，自有其道，得道者多助而兴，失道者寡助而亡，非为此也？[②]

以今之见，传说本身的高度类型化和叙事模式的同构，向我们揭示这是同一个情节类型被不断重述的结果。那么，何以会一再用这个母题来解释历史的变迁呢？我们初步认为，这也许与其历史上一次真实的女婿篡权换代的事件有关，乃公元

---

① ［美］艾兰著，孙心菲译《世袭与禅让：古代中国的王朝更替传说》，北京大学出版社，2002年，第7页。

② 《大越史记全书》本纪·卷四—五，第314—317、321、328、340、350—351诸页。

十三世纪越南李朝（1009—1225）和陈朝（1225—1400）间的鼎革进程。算起来，这可谓是第四或第五次赘婿夺宝事件：

> 外戚陈守度专权，废李惠宗，立其年仅七岁的女儿李佛金（1218—1277）为帝，称昭皇，乃越南史上唯一的女皇帝。之后，守度又表示昭皇对他的侄子，时方八岁的陈煚有意，决定让两个孩子成婚，旋又矫诏逊位给陈煚，为陈朝太宗。李朝遂亡。1226 年，"册昭皇为皇后，改昭圣"。1237 年，"纳兄怀王柳妻顺天公主李氏为顺天皇后，降昭圣为公主。时昭圣无子，而顺天怀娠国康"。顺天公主是李昭皇的姊姊，李朝皇室除此二女，几无幸免。1258 年，陈太宗"授黎辅陈御史大夫，仍以昭圣公主归之"，则又将其改嫁给臣子黎辅陈。1277 年，"昭圣下嫁辅陈二十余年，生男上位侯琛、女应瑞公主珪，至是年六十一薨"。而此前一年，陈太宗作为上皇，已崩。①

李陈之间这一段历史，有更多的信史材料可以证明它确实发生过。李昭皇被古怪地推上权位的象征与指代物的符号位置上，继而又被以不同寻常的方式褫夺了其个人及家族的权力。在陈朝之后的胡、后黎及阮朝，叙述者对此多有诟病，唯批判的对象有所不同，有站在儒家文明立场上反对女帝者，也有批评陈氏篡位的。成书于十八世纪的笔记《公余捷记》中有以风水传说解释的一篇《陈朝祖墓记》，谓是陈朝皇室的祖先钻了空子，与风水师订守同盟，获得了风水宝穴"帝王大地"而得以称帝，那风水局中隐藏着粉黛烟花，故谓"陈家以颜色得天下"。称帝后又爽约，不善待风水师的子嗣，遂遭其报复而掘断龙脉，帝业遂寝②。其间虽然转移了情节重心，但隐约可见对陈氏获得政权的方式进行道德批判的立场。而这样的批判在另一部文献中要强烈得多，并且直指陈守度：

> 夫当李陈禅代之际，守度以阴谋取国，断德江之脉，绝古法之宗，妻天

---

① 《大越史记全书》外纪·卷一，第103—104 页。
② ［后黎］武芳提编纂《公余捷记》，《越南汉文小说集成》第9 册，第105 页。并见据《公余捷记》重编的《越隽佳谈前编》（《越南汉文小说集成》第11 册第121 页《东阿发福》）、《神怪显灵录》（第10 册第28 页《陈朝祖墓记》）和《南天珍异集》（第10 册第328 页《太堂发迹》），以及《南史私记》（第5 册第262 页）等。

极、嫁昭皇，所谓不忍人之心。其存者无几，十八子之遗臣，束手腼颜为其臣妾。①

同样的事件，《大越史记全书》由于因袭了传自陈朝的文献②，立场颇不同，而谓是昭皇的谑戏顽笑与守度的迫不得已：

> 诏选内外官员子弟充内色役，六火待官外，祗候、内人侍内，日夜番上侍从。……陈煚为正首，时方八岁，侍候于外。一日当司盥洗，因入侍内，昭皇见而悦之，每夜游，召与同游，见煚在暗处，即亲临挑谑之，或曳其发，或立其影。他日煚捧水匜侍立，昭皇盥颊，以手掬水，溅煚面而谑笑，及煚捧槟榔巾，则以巾抛与之。煚不敢言，除以告守度。守度曰："诚有如是，皇族乎，赤族乎？"又一日，昭皇又以槟榔巾抛与煚，煚拜曰："陛下赦臣罪否？臣愿奉命。"昭皇笑曰："赦汝，今汝已智辨。"煚又以告守度，守度恐事泄并诛，于是自率家属亲戚入禁中，守度闭城门及诸宫门，令人守之，百官进朝，不得入。守度遍告曰："陛下已有尚矣。"群臣皆曰诺，请择日朝见。本月二十一日，群臣进朝拜贺，下（逊位）诏曰……③

后出的《南史私记》一书为坐实李昭皇的罪失，则谓是"昭皇年十四，以陈煚入御。煚时年八岁，昭皇沐浴，以水放煚面……"④ 七岁变成了十四岁，洗脸变成了沐浴，将她与陈煚之间原本各自七八岁的小儿情事，竟演变成了处在青春期的少女对小己六岁的男孩的性挑逗，以女王的私德问题来化解换代中的不合法因素。《大越史记全书》及《南史私记》否定女子成为权位承当者，背后不合礼制的思想与中原汉文化对女主当政的批判传统趋同，反倒与越南固有的民族文化有所疏离；并可谓是入陈守度之彀中：作为该事件的设计者，陈守度当年废惠宗立

---

① ［阮］范廷琥撰《雨中随笔》，《越南汉文小说集成》第 16 册，第 209 页。
② 《大越史记全书》自赵武帝至李昭皇部分，多采自陈朝黎文休的《大越史记》。见吴士连《大越史记外纪全书序》（《大越史记全书》，第 55 页）："至陈太宗，始命学士黎文休重修，自赵武帝以下，至李昭皇初年。"
③ 《大越史记全书》本纪·卷之四，第 315—316 页。
④ 《南史私记·李纪》，《越南汉文小说集成》第 5 册，第 260 页。

昭皇，正是要为后文从联姻到禅位的一系列行动埋下伏笔；还要以女性皇帝的特殊状况，来谋求陈氏即位的合法性。但这样，却将陈太宗坐实成了赘婿夺宝的主角身份，不可逃缩。这也许是陈守度及陈太宗始料不及的，却也可能正是当时及后来的叙事者们机心所在，借古讽今①，将历史折叠出重复的印记，将事实与传说（历史）相互参照，相互发明。

需要指出的是，李朝太祖李公蕴于公元 1010 年迁都位于红河三角洲的大罗城，易名为升龙，进行了大规模的改造重修，其地原为唐代安南都护府所在，即上古安阳王古螺城附近，也就是现在的河内。这是越南自立后，政治中心第一次回到螺城；而此后一千年的历史中，除末代阮朝定都顺化，大部分时间里，这里一直是国都所在。李朝不同于之前的丁和前黎，享国二百十余年，也是越南历史上第一个长治的王朝，颇与此有关。李公蕴的迁都和重建因此在越南历史上也具有奠基的意义，并与安阳王筑城事迹遥相呼应。李公蕴的迁都诏在历史上因此也是一个最重要的政治文件，其全文录在《大越史记全书》②，共 214字，后人发现，其与李朝迁都之后到昭皇之前的惠帝为止享年 214 载（1011—1224）恰是一致的。除了能让人有宿命论观念的反响之外，这还使得李朝的兴亡变得可以轻易地相提并论，恍若一篇短文的首尾，像安阳王那时一样短暂。由此，安阳王故事也可以成为陈述李朝兴废（当在偏义的语法功能上使用这个词）时的隐喻。

而今所见知越南的古代叙事文本，尤其是民族神话的体系化、文献化和正史化，分别可以用从中国佚籍所记雒王讹为雄王并建构起龙子仙孙以及文郎国十八

---

① 中国借古讽今、进行历史建构的一个典型事例发生在汉末三国时代。《后汉书·孔融传》记载："初，曹操攻屠邺城，袁氏妇子多见侵略，而操子丕私纳袁熙妻甄氏。融乃与操书，称：'武王伐纣，以妲己赐周公。'操不悟，后问出何经典。对曰：'以今度之，想当然耳。'"（中华书局，1965 年，第 2271 页）《三国志·魏书》卷十二裴松之注引《魏氏春秋》相似，仅有字句出入，中作"太祖以融学博，谓书传所纪。后见，问之"。按，攻屠邺城乃官渡之战的一役，曹操胜袁绍败，北中国局势由此底定；甄氏与曹丕生长子曹睿，后继父位为魏明帝。

② 《大越史记全书》本纪·卷之二，第 207—208 页。

代的传说为标志①，用《越甸幽灵》和《岭南摭怪》在李陈之际成书为标志，用《大越史记全书》自陈代黎文休至黎朝吴士连的递修重编为标志——这大略都是十四世纪及其之后的事，也就是在陈朝后期及陈灭亡之后的一段时间。

李陈间这一次赘婿夺（大）宝的事件，对之后越南叙事者所造成的心理波动，除前文所述之外，恐怕很难找到更加确切的直接证据。事实上，从实证主义的角度来解决为何有类似叙事模式一再出现也许是徒劳的，而唯有借由以上对叙事形式、结构的类型分析和文史旁证来建构假说。那么，一系列文本在表述早期史事时反复出现"赘婿夺宝"情节，我们可以视为一种对陈朝政权建立过程的委婉批评，及其合法性的质疑。

（原刊于《国学新声》第五辑，三晋出版社，2014 年）

作者简介：

朱旭强，1977 年 7 月出生，上海金山人，1999 年毕业于上海师范大学中文系，获文学学士学位。直升进入王门：2002 年完成《〈乐纬〉所见颛顼乐帝喾乐乐名考辨》，获文学硕士学位；2005 年完成《安南汉化研究：以公元十世纪的史实与传说为中心》，获博士学位。其中，1999—2002 年在扬州大学中国文化研究所学习。2005 年 7 月留校，在上海师范大学古籍研究所执教至今。研究兴趣主要在域外汉籍与汉文化领域，并涉及俗文学和神话研究等方面。曾任《越南汉文小说集成》（上海古籍出版社，2010 年）副主编。

---

① 雄王信仰的建立，可参见徐方宇《雄王公祭与越南民族—国家认同的建构》一文（《东南亚南亚研究》2012 年 03 期），该文利用现存汉喃研究院的碑铭材料，提到："雄王信仰发端于 15 世纪的越南地方村落社会———富寿省越池市羲岗乡古迹村，它的产生与越南后黎朝统治阶级对民族起源的探寻以及雄王在越南大历史叙事中地位的确立有直接的关系，在其后的发展过程中一直受到国家力量的推动。"

"南国有人"：越南使臣冯克宽的诗赋外交及其文学形象

刘玉珺

　　明代是中越外交往来逐渐走向规范化、制度化的重要发展时期。从洪武年间，明朝就与越南①陈朝开始了使节往来。越南所派使臣多为朝贡、请封、告哀、谢恩、庆贺，而中国所派使臣多为行册封、赏赐、吊祭、议事、宣谕之职。明太祖曾因陈朝"朝贡无节，实劳远人"，限制过越南进贡的次数，不过从洪武十年（1377）至崇祯十年（1637），越南仅仅是遣使入贡就高达79次②。另据不完全统计，整个明代，明朝派使赴越有30多次，而越南派使如明则达一百余次③。可见，有明一代，两国有着非常频繁的外交往来。外交互往也成了中越，乃至整个东亚汉文化圈文学交流的重要途径。较为遗憾的是，关于明代中越诗赋外交往来留下的史料并不多见，以赴明越南使臣来看，唯冯克宽一人流传有燕行录，他也是现存燕行录最早详细记载了与朝鲜使臣有过深入交往的越南使臣。冯克宽因为万历二十五年（1597）出使中国的经历，被越南官修史书和古代文学作品塑造成了诗赋外交的典范，与他相关的叙事文学作品展现了越南古代文人长久以来的所渴望实现的文化理想，以及越南古代汉文学热门题材的形成过程。有鉴于此，本文拟从诗赋外交作为切入口，对越南使臣冯克宽及其文学形象的历史意蕴作一番较为细致的考察。

---

① 元明时期，越南被称为"安南"，本文除了因所引原文用到"安南"，叙述时为了不产生误会，或为了强调其时的越南，仍用"安南"外，其余的行文均统一用"越南"一名。
② 陈玉龙等《中国和越南、柬埔寨、老挝的文化交流》，载《中外文化交流史》，河南人民出版社，1987年，第682—683页。
③ 《古代中越关系史资料选编》，中国社会科学出版社，1982年，第288页。

一、冯克宽其人及其出使的历史事实

在越南文学史和外交史上，后黎朝冯克宽（1528—1613）因其出使中国而声名赫赫。冯克宽字弘夫，号毅斋，越南山西石室县冯舍村人。关于他的生平，越南典籍多有记载，其中不乏小说家言，但部分重要史实，各书记载一致，以《人物志·太宰梅郡公录》记载最详细。冯克宽"生于戊子年正月日"，"癸丑年，公八十六岁，卒，赠太傅。丙辰年又加赠太宰。庚申年加赠封上等福神。今有传神像在祠堂，冯舍社二村同奉事"①，其生前身后都享有颇高的地位和声誉。

关于冯克宽的科举和仕宦，《太宰梅郡公录》记录曰：

> 壬子年，黎皇帝开乡试科，公年二十五，试中三场。丁巳年，公三十岁，秋试中四场，再从征讨。庚辰光兴三年，公五十三岁，会试中第二甲进士出身，参军国事，谋除逆莫。……至壬辰年，收复京城，公时已六十五岁。天下初平，奉给冯舍社为寓禄，封竭节宣力功臣，特进金紫荣禄大夫，清化义安等处赞治承政使。乙未年，升工部左侍郎。丁酉年四月日，奉命北使，时公年七十。②

依上引文，冯克宽曾在1552年、1557年两次参加乡试中格，却经过二十多年，直到1580年会试才登第中进士。这与冯克宽身处黎、莫两个政权纷争的乱世是有密切关系的。冯克宽于1597年，即万历二十五年出使明朝一事，《大越史记全书》则记载云：

> 命工部左侍郎冯克宽为正使，太常寺卿阮仁瞻为副使，如明岁贡，并求封。克宽至燕京，适遇明帝万寿圣节，克宽上拜贺诗三十首。明武英殿大学士少保兼太子太保吏部尚书张位以万寿诗集上进，明帝御笔批曰："贤才何

---

① ［越］佚名撰，康世昌、朱旭强校点《人物志》，孙逊、郑克孟、陈益源主编《越南汉文小说集成》第18册，第224页。

② ［越］佚名撰，康世昌、朱旭强校点《人物志》，第224—225页。

地无之，朕览诗集，具见冯克宽忠悃，殊可深嘉笃美。"即命下刊板，颁行天下。于是朝鲜国使刑曹参判李晬光为之作序。[1]

《大越史记全书》成于众手，就正和本内阁官板《大越史记全书》而言，外纪五卷和本纪十卷黎朝史官吴士连之手，完成于洪德十年（1479）。黎玄宗景治三年（1665）范公著续写黎朝国史，将自己编撰的"本纪实录"五卷、"本纪续编"三卷，与吴士连所作十五卷合编为一书，记载了冯克宽事迹的这一部分则出自范公著之手。万历皇帝嘉奖冯克宽一事，不见著于中朝史籍，却被越南汉籍不断追述、演绎。《太宰梅郡公录》还详细地记载了当时的冯克宽才华出众，"诸国使臣各献诗一，公独献诗三十一首"[2]，明确地将其置于整个汉文化圈之中，以数量的优胜凸显他的诗赋之才，以此表明冯克宽不仅在本国出类拔萃，而且在明廷朝堂上也远超诸国使节。

《人物志·太宰梅郡公录》与冯克宽的别集《梅岭使华手泽诗集》皆收录了冯克宽的贺寿诗三十一首，比《大越史记全书》所云多了一首。这些诗歌均为七言律诗，试举第二十五首，以一斑而窥全豹：

> 冀江水碧冀山青，拱抱尧畿地气灵。长日昭回皇极殿，众星环绕紫微庭。南方茅贡供常职，西母桃盘献寿龄。惟圣即天天即圣，愿天永卑圣康宁。[3]

诗歌首联套用白居易《长恨歌》中的"蜀江水碧蜀山青"，从大处落笔描绘天子所居之地的环境，意在将之比作尧帝，颔联将视角缩至帝王的具体住所，颈联以蟠桃献寿表达贺寿之意，尾联是对天子的祝颂。全诗采用了典型的祝颂诗写作模式，强烈的谀美色彩体现了作者欲以诗取悦于人的功利性目的。

若从整体综合来看，这组诗歌具有如下形式上的特点：一是整组诗歌依次采用平水韵的上平声十五韵和下平声十五韵。从第二首诗歌起，别具用心地将平水

---

① [越] 吴士连等撰，陈荆和编校《大越史记全书》（下）本纪卷十七，东京大学东洋文化研究所，1986 年，第 909—910 页。
② [越] 佚名撰，康世昌、朱旭强校点《人物志》，第 225 页。
③ [越] 佚名撰，康世昌、朱旭强校点《人物志》，第 230 页。

韵平声三十个韵部的首字作为诗歌起句的韵脚,即各诗起句的末字分别为东、冬、江、支、微、鱼、虞、齐、佳、灰、真、文、元、寒、删、先、萧、肴、豪、歌、麻、阳、庚、青、蒸、尤、侵、覃、盐、咸。这不仅体现出了冯氏心思细腻、用力颇深,而且押阳平五微、十二文、十五删,阴平九青、十蒸、十三覃、十四盐等窄韵、险韵,显露才学的意图鲜明。二是大量地使用复辞的修辞手法。复辞在《诗经》中即有广泛运用,到了唐代近体格律诗走向成熟之后,复辞式对偶也随之发展,类似的句式均可见于冯诗。有一句诗歌中一字重复三次的类型,如"九春九夏九秋冬"(其三)、"重辉重润又重光"(其二十三),与李白《宣城见杜鹃花》"一叫一回肠一断,三春三日忆三巴"相类;又有更为复杂的复辞式对偶,如"以雅以南沾盛宴,若民若物围春台"(其十一)、"如今如玉昭王度,于鼎于瓯奠国盘"(其十五)等。还有在一句诗中形成回环式复辞,如前文列举的"惟圣即天天即圣"即是一例;在一联诗中形成顶真式复辞,如"仰惟帝量同天地,天地长存帝福存"(其十四)。可见,这组诗歌是冯克宽精心结撰的心血之作,体现了他较为娴熟的汉诗技艺。

不过,这组贺寿诗是否如《太宰梅郡公录》所述一般,在明朝为冯克宽赢得了显赫声誉呢?阮公宝编纂的《苏江志始》对此颇为肯定:"仍差冯克宽为陪臣,奉往岁贡,以专对之责。克宽善于辞章,声价甚高,而天朝起敬。"① 文中以不容置疑的口吻认定冯克宽因善于作诗而赢得了明廷的尊重。其实从诗歌本身的创作水平来看,这有可能只是越南古代文人的美好期许。

应该说冯克宽的贺寿诗并未达到令"天朝起敬"的水准。首先,这组诗歌乃预先拟构,而非外交场合的即兴创作。据《大越史记全书》的记载,"初克宽以万历二十五年四月过关,至十月到燕京,拜谒明帝"②,错过了万历皇帝阴历八月十七日的生日,是诗乃事后补献。尽管诗歌在用韵和辞藻方面所花心思较多,但投赠对象和主题都很明确,写作有规范和套路可循,很难反映出优秀使臣所应具备的专对之才。其次,这组诗歌在艺术上并不出彩。修辞手法运用得当,可以提升诗歌的表现力,过度使用则落入了前人窠臼,成为了诗法技艺的卖弄。据笔者统计,这三十一首诗有二十多处采用了复辞句式。尤其是第二十四首,八句中竟

① [越]阮公宝纂辑《苏江志始》卷下,越南汉喃研究院所藏 A. 966 抄本,第72—73 页。
② [越]吴士连等撰,陈荆和编校《大越史记全书》(下)本纪卷十七,第910 页。

有"并三才立位成位，照四方行明继明""斯民斯世何多幸，兴太平风颂太平"①四句用了复辞的修辞手法，通篇滑易，反而远离了古人所称赞的"桃花细逐杨花落，黄鸟时兼白鸟飞"（杜甫）、"南陇鸟过北陇叫，高田水入低田流"（梅尧臣）诸诗②语意高妙的境界。其次，尽管冯克宽所作诗歌数量远超于他人，却过犹不及，一些意象、词汇、典故反复出现，充斥着陈词滥调。例如名词尧、舜、四海、天地、太平、南山、西母，数词一、三、千、万等反复使用；又如"黄发老臣陪盛宴""受赐小臣齐祝圣""下臣忝奉南来使""小臣忝预金香使""小臣愧乏千秋鉴"③ 等口吻和句意也是大同小异，明显表现出才力不足、诗作格调不高的缺点。

　　显然，冯克宽贺寿诗的功利性政治意义要更重于彰显本国文教水平的文化意义。我们可以在更宽广的历史视野下来审视冯克宽的出使。《大越史记全书》对这次出使还有补充记载：

　　　　先是，使臣冯克宽等赍贡物及代身金人、沉香、象牙至燕京，上表乞修职贡。明帝见表大悦，复诏封帝为安南都统使司都统使，管辖南国土地人民，及赐安南都统使司银印一颗，使冯克宽等赍敕书回国。克宽乃上表曰："臣主黎氏，是安南国王之胄，愤逆臣莫氏僭夺，不忍负千年之仇，乃卧薪尝胆，思复祖宗之业，以绍祖宗之迹。彼莫氏本安南国黎氏之臣，弑其君而夺其国，实为上国之罪人，而又暗求都统之职。兹臣主无莫氏之罪，而反受莫氏之职，此何义也，愿陛下察之。"明帝笑曰："汝主虽非莫氏之比。然以初复国，恐人心未定，方且受之，后以王爵加之，未为晚也。汝其钦哉，慎勿固辞。"克宽乃拜受而回。④

这段文字记录了冯克宽如明进贡、请封的经过。黎圣宗之后，越南整个封建社会就从鼎盛走向了衰落。从 1498 年起，此后短短的三十年间，皇位经历了六次更迭，社会动荡。莫登庸于嘉靖六年（1527）成功篡夺了黎氏皇位，改元明德。嘉

①　［越］佚名撰，康世昌、朱旭强校点《人物志》，第 230 页。
②　杨慎《升庵诗话》卷十，何文焕《历代诗话》，中华书局，1981 年，第 831 页。
③　［越］佚名撰，康世昌、朱旭强校点《人物志》，第 226、227、231 页。
④　［越］吴士连等撰，陈荆和编校《大越史记全书》（下）本纪卷十七，第 916—917 页。

靖十一年（1532）阮淦等人拥立黎昭宗之子黎维宁称帝于哀牢，后迁到清化，与莫氏政权对峙，正式形成了越南南北分治的局面。黎莫双方都曾试图通过向明朝进贡，以争取明朝的承认，从而确立己方政权在国内的合法地位。嘉靖十五年（1536），黎氏派使臣郑垣从云南入明，恳请明朝出兵讨伐莫登庸。尽管明朝对于是否要出兵讨伐莫氏，一直议而不决，却一直在边境积极备战。嘉靖十九年（1540），内忧外患的莫登庸迫于明朝的威慑，率众入明，并递上降本。明朝也因其戴罪之身，仅授予莫氏都统使之职，为此明世宗下谕曰："今革去安南国号王封，特授尔都统使之职，赐从二品衙门银印。"①

从万历十一年（1583）开始，莫氏政权走向衰落，黎氏逐渐复兴，并重掌越南大局。具体处理中越两国外交事务的广西地方官提出了"不拒黎，亦不弃莫"政治策略，并得到朝廷的支持②。正是在这样的背景下，冯克宽于万历二十五年（1597）入明朝贡，并为黎世宗请封。明朝尽管承认了黎氏政权的合法性，却没有恢复其安南国王的封号，仅仅参照此前对莫氏的册封，授予黎世宗"都统使"的名衔，赐银印一颗。虽然《大越史记全书》记载了冯克宽对此上表力争，以"明帝见表大悦"等细节描述，有意营造出了明朝对黎氏政权颇为友好的氛围，但从结果来看，冯克宽并未完成外交上的政治使命。换而言之，他精心撰写的贺寿诗未曾为实现政治目的起到任何助力。时任广西左江副使的杨寅秋有《谕交南夷使冯克宽》一文云："疏草来阅，天恩深重，天威震肃，整点毋忽略。至本道绥怀汝国，三年来披肝露胆，不欲费汝国槟榔半咽。"③ 公文中的倨傲语气显露出明朝作为宗主国对黎氏政权居高临下的真实姿态，丝毫看不出明廷相较于莫氏更看重黎氏的立场，也与《大越史记全书》所记明帝"见表大悦"，笑着解释"汝主虽非莫氏之比"的和蔼态度大相径庭。

值得注意的是，作为有时间可考的，最早明确记载了冯克宽出使事件的《大越史记全书》属编年体史书，作者范公著没有将冯克宽与明帝的对话系于他出使

---

① 夏言《夏桂洲文集》卷九《敕安南都统使莫登庸》，《四库全书存目丛书·集部》第74册，齐鲁书社，1994—1997年，第457页。

② 《明史》卷三百二十一《安南传》记载广西巡抚陈大科等人的言论，"不拒黎，亦不弃莫"乃左江副使杨寅秋所概括的明王朝对待越南政局的态度，中华书局，1976年，第8335—8336页。

③ 杨寅秋《临皋文集》卷四，文渊阁《四库全书》本，第45页。

的这一年，而是在记录万历二十六年（1598）十二月初六日，实际掌权的郑松"差候命官杜汪等先备仪注礼物，至镇南交关迎接北使"① 时才加以补述。可见在史官眼里，冯克宽以贺寿诗折服各国使臣，得到万历皇帝的嘉奖，为国赢得声誉，才是他此次出使最值得追记的事件，又以官方的立场肯定了他使明的历史功绩，冯克宽由此赢得了身前身后名。黎光兴二十二年（1599）二月二十七日，"以工部左侍郎冯克宽为吏部左侍郎，封梅岭侯"②。此后由黎僖编写的《大越史记全书》续编乾隆五年（1740）条，记载时人将如清使臣范谦益比之为冯克宽，予以褒奖曰："谦益文章德行，为时模楷。使燕增重国体，人比之冯克宽。"③ 至此，冯克宽已然成为越南使臣的典范。

二、冯克宽"两国状元"文学形象的文本建构

《大越史记全书》所记载的这次诗赋外交，被越南各类典籍不断地强化、增衍，最终构建出了一位才华横溢，凭借诗赋外交力压诸国，有着"两国状元"之美誉的越南使臣形象。这一形象的建构经过了三个维度的塑造。

首先，采用越南玉谱④描写所奉祀神灵的笔法和套式，将其神化。在越南古代文人的笔下，著名历史人物从出生开始就被赋予神异的色彩，少儿时期即展现出异于常人的天分等，预设其一生的杰出乃天命所授，冯克宽也不例外。《太宰梅郡公录》记载其曰：

> 公生于戊子年正月日，啼声长而大，有一乡老来闻之，谓人曰："此子不凡，他日必成令器。"公质颖悟，性真率，闻见甚敏，书籍酷好。会众戏游，亦有节止。九岁能议戒色挽，十六岁颇擅诗名，有《言志诗集》，深识

① ［越］吴士连等撰，陈荆和编校《大越史记全书》（下）本纪卷十七，第916页。
② ［越］吴士连等撰，陈荆和编校《大越史记全书》（下）本纪卷十七，第917页。
③ ［越］吴士连等撰，陈荆和编校《大越史记全书》（下）续编卷三，第1097页。
④ 玉谱又称为神迹，是各村庄所供奉神祇功迹的记录。每部神迹包含有小传、功绩、历代所褒封的神号。从本质上来看，玉谱是一种用于祭祀礼仪场合的汉文文书，它们往往使用文学的语言与文学创作的方式来夸饰传主功绩、虚构传奇故事及相关的村社历史，并杂用白话与文言。详见拙作《越南汉喃古籍的文献学研究》，中华书局，2007年，第247页。

时机，预知国运。①

关于冯克宽幼年的出类拔萃，《老窗粗录》的描写更为夸张，云其幼时就有不同于普通孩子的品质："声洪目秀，手骨不凡。五六岁时，屹如大丈夫品量。"又借其父母之间的对话，以展现他的天资高于常人：

> 夫人喜告公曰："全赖阴功，幸我有子。察儿色质，不类凡儿。公宜教以读书，以观其立志。万一彼苍不负，幸遇其时，扶大厦于将颠，补穹囿于既系，愿足矣。妾又□术教子成名，郎君亦无遗憾。"②

《大南奇传·冯尚书传》更是继承了越南神迹的民间叙事传统，将其出生神化为某神童之转世：

> 每自家赴京，憩耕云桥。有老人，年七十余，每见公即掩面大哭。公召问故，老人曰："癃老无知，万望长君恕罪。敢以实对。"公曰："第言何害？"老人曰："臣观长君形貌，手足，面傍有痕，酷似老人之子，十分无异。是以见贵人而思及子耳。"公曰："老之子死何年？"对曰："屈指计之已四十年矣。"公曰："老之子前有学否？"对曰："老亲二十岁生得一男，长六七岁，以神童名。及十三岁，应考稍通，擢山西处首选。末及，入试场而死。"公曰："今有书籍颇存乎？"对曰："尚留二箧，极心怜子，犹自珍重。"公命取来一卷，看则字迹与公正无异。诗文赋六，皆公口气。公以为奇，遂命迎回养为义父。③

类似的片段还见于《听闻异录》《本国异闻录》《大南显应传》等书，这固然只

---

① ［越］佚名撰，康世昌、朱旭强校点《人物志》，孙逊、郑克孟、陈益源主编《越南汉文小说集成》第 18 册，第 224 页。
② ［越］佚名撰，刘玉珺、朱旭强校点《老窗粗录》，《越南汉文小说集成》第 6 册，第 86 页。
③ ［越］佚名撰，郑克孟、朱旭强校点《大南奇传》，《越南汉文小说集成》第 11 册，第 315 页。

是小说家的虚构，但在通俗文学中反复以这样一种简单的文学形态和模式来塑造冯克宽的形象，可见他不仅超越了官方正统文化，还在世俗民间的认知里成了历代杰出文士的样板。

其次，夸大与增饰冯克宽出使明朝这一普通历史事件，将其提升到以才智赢得民族自信、捍卫国家尊严的高度。这对于冯克宽"两国状元"形象的塑造起到了最为直接的核心作用，相关的汉文学文本则充斥着浓厚的政治意味。从前引文可知《大越史记全书》记载冯克宽被明帝嘉奖一事时，并没有提到他被授予"状元"的封号，然而《太宰梅郡公录》转述《大越史记全书》的记载后，特地加了一句"因赐'南国状元'等字以荣之，给之冠服"，又有小字注曰："故俗号为'状冯公'。"① 收录《太宰梅郡公录》的《人物志》是一部记录越南著名历史人物行状，同时还兼录诗文的著作，其编撰不同于严格意义上的小说。虽然虚构了冯氏"南国状元"之名，但把叙事框定在一定史实范围之内，毕竟在越南本土冯克宽并未摘得状元之冠，他仅中二甲进士。

在章回体小说《越南开国志传》里，冯克宽文学形象被塑造得更为丰满，他的"状元"之名从偏远南国远播至中央王朝，获得了"两国状元"的美誉。小说描写冯克宽出使之前的事迹，就为他赢得这一美誉作了铺垫，指出他"生得聪明慧智，识量过人，有诸葛、刘基之才，颜、曾、思、孟之学。文章冠世，胆略超群，真当世之状元也"②。接下来描述他与明朝天子对话，《越南开国志传》云：

> 明朝天子见冯克宽面丑体卑，笑曰："昔日沐晟、张辅在安南，回言南邦人才济济，豪杰彬彬，今使者克宽到此，料已选择精矣。人才之盛，可以见矣。"遂问冯克宽曰："汝于南邦，官居何职？"克宽奏曰："臣在南邦应试，幸中状元，封为户部尚书之职。"

冯克宽出使时实际官职仅为正三品工部左侍郎，这里为了与他状元的身份匹配，将其官职虚抬为正二品户部尚书。

---

① ［越］佚名撰，康世昌、朱旭强校点《人物志》，《越南汉文小说集成》第 18 册，第 225 页。
② ［越］阮榜中撰，赵维国校点《越南开国志传》卷一，《越南汉文小说集成》第 7 册，第 30 页。下文所引，皆出自此版本的第 30—32 页，不再出注。

为了进一步展现冯克宽的才华，小说还采用了中国古典小说"三复"的情节组织模式，虚构了三组机智对答。第一组是冯克宽回答了明帝的天下事何谓易，何谓难，饮食何为美味，玩器何为宝物之问。第二组是明帝命人制作假雀置殿前竹丛之上，问冯克宽是否识得此雀。冯克宽则将假雀摔坏，昂然回奏，以竹子比作君子，将雀比作小人，以喻上国君主怠慢臣下。如果说第一个回合的较量只是展现了冯克宽的才思敏捷，那么第二个回合冯克宽不仅在口头言语上占了上风，而且将对答上升到维护国家尊严的层面。第三组是冯克宽凭借母子天性，轻易分辨出两匹马孰是母孰是子。这既从汉文化的角度，也从生活的层面，再次渲染了冯克宽的聪明才智，使小说具有了一波三折的艺术效果。

《越南开国志传》对于明廷反应的描写，也是层层深入。冯克宽从容地回答完明帝的三个问题后，小说描写到："明朝文武称赞不已，帝曰：'南邦使人，面体丑陋，言语如流，吾试观之，辨其才也。'"小说先抑后扬，前文描写冯克宽的长相丑陋只是一个铺垫，不过是为了显示出明朝以貌取人的浅薄。冯克宽将竹子、雀分别比作君子和小人之后，明帝的反应是"面有惭色，默然不语"，朝廷百官则"各自骇然，皆褒称不已"，进一步显示出冯克宽聪明绝顶，达到了让人大为惊讶的地步。在三个回合的机智对答全部结束时，明帝"甚奇之"，"意欲苦留"，最后"诏敕封冯克宽为两国状元"。小说至此也顺理成章地完成了"两国状元"的人物形象塑造①。

再次，将外交的场景从中国移植到越南本土，夸饰、虚构的空间得到了转换和扩展，并鲜明地体现出了"南国有人"的文化追求和自主意识的勃发。《南天珍异集》写道：

> 时北朝占天星，相位有缺，御颁青缎一匹，内着"青翠"二字，遣使牒送本国。朝臣会议，经十余日不辨，奉旨差官就桩鹊处召还。公奏云："余久居深山不问国事，乐与禽兽为伍，羞于入朝面君。"再奉旨差官载回，公即辨"青翠"二字为"十二月出卒"字。北国知其我南有人，由是

---

① 关于冯克宽"状元"身份在越南文献中的形成过程，可参阅冯小禄、张欢《越南冯克宽〈使华诗集〉三考》，《文献》2018年第6期，第34—46页。

得安。①

冯克宽熟稔中国民间颇为流行的拆字游戏，这一文字知识被拔高为"南国有人"的明证，《老窗粗录》《南天珍异集》《听闻异录》《人物志》等多种越南典籍都记述了类似的情节。其中《听闻异录·梅岭侯成母志录》将这个情节写得更详细，在冯克宽解出"十二月出卒"后，与北使还有一段言语的交锋：

> 上命撰来文，远知天旨，即日送之渡河见客，入见坐定，北使责之以公干，辞色俱厉。公止优游谈笑、吟风弄月而已，未曾说到北事。北使复责之曰："某以公事来，而君以闲谈泛应，得非有他私乎？"公乃从容对曰："小国偶罹厄运，贡道不通，垂十六年，不得见皇华一面。快睹瑞麟，辱临敝邑，举国君臣，不能庆贺，姑且暂留玉趾，聊写渴尘。至于出卒之期，处分已定，不须频频说道。"回出来文，自袖中呈于坐右。北使见之自服。②

这是《越南开国志传》两国斗胜模式的另一种表现形式。不同的是，《越南开国志传》中的冯克宽，以南国状元倾世之才折服了明朝的满朝文武，尚有对"诵《诗》三百，使于四方，可以不辱君命"这一使臣精神的理想呈现，上文所引却是在本土语境和强烈的民族自主意识之下，对于"国中有人，北人叹服"这一文化构想的文学表达。二者的共同点是都抛弃或忽略了中越外交关系的历史真实，对中越邦交关系进行了一番具有越南民族特点的文学想象与书写。

三、"东国有人"的反衬：朝越诗文互往中的冯克宽

冯克宽于万历二十五年（1597）出使中国一事，同年出使明朝的朝鲜使臣李睟光的著作也有相关记录，见于李睟光《芝峰先生文集》卷八《安南国使臣唱和

---

① ［越］佚名撰，朱旭强校点《南天珍异集》卷一，《越南汉文小说集成》第 10 册，第 216 页。引文中冯克宽语原为喃文。

② ［越］佚名撰，朱旭强校点《听闻异录》，《越南汉文小说集成》第 12 册，第 227 页。

问答录》（下文简称《问答录》）。李晬光（1563—1628），字润卿，号芝峰，朝鲜全州人，朝鲜李朝实学派的先驱。万历二十五年（1597），时年 35 岁的李晬光以贺圣节使兼进慰使身份第二次出使明朝，因而与冯克宽有了笔谈和诗文交往。其中李晬光为冯克宽的贺寿诗所作的序文在越南广为流传，全文如下：

> 夫天地有精英清淑之气，或钟于万物，或钟于人，故气之所钟，扶舆磅礴，必生环奇秀异之材，不专乎近而在乎远，不禀于物则在于人焉。吾闻交州，南极也。多珠玑金玉、琳琅象犀之奇宝。是因精英清淑之气，特钟于彼，而宜有异人者出于其间，岂独奇宝乎哉？今使臣冯公，旛然其发，臞然其形，年七十而颜尚韶，译重三而足不茧，观礼明庭，利宾王国。其所著万寿庆贺诗三十一篇，揄扬叙述，词意浑厚，足以唾珠玑而声金玉，亦岂所谓异人者哉？噫！大明中天，圣人御极，惠怀四溟，威怛九裔，巍巍荡荡，轶周家之盛，宜乎白雉呈祥，黄耇向德。今子之来，抑未知天果无烈风，海果不扬波，如曩日成周时否耶？若然，则吾子即古之黄耇，而斯诗之作，祥于献雉远矣。古有太史氏采风谣，以弦歌之。又安知吾子之词，不编于乐官，而彰中国万世之盛也欤？不佞生在东方，得接子之话、观子之词，恍然飙车云驭，神游火海之乡，足涉铜柱之境，幸亦大矣！其敢以不文辞？是为序。[①]

是序亦见载于冯克宽的别集《梅岭使华手泽诗集》，文辞略有不同，表达的意义并无根本区别。全序对冯克宽极尽褒奖之辞，不仅直白地称赞冯氏虽然年过七十容颜却不显衰老，而且对冯氏的贺寿诗也以"词意浑厚，足以唾珠玑而声金玉"大加赞扬，又以周公时越裳氏献白雉之事比之，称冯诗所涵祥瑞更甚于白雉。

单从这篇序文看来，未完成政治外交使命的冯克宽似乎已赢得了同属于藩属国的朝鲜使臣的肯定，甚至连安南这个在明朝心目中，地位不如朝鲜的南陲小国，也因为冯克宽而获得了人杰地灵的赞誉，从而实现了长久以来越南使臣一直所秉承的"扬声名于当朝，垂休光于异域"[②] 的政治抱负。曾于万历八年

① ［朝］李晬光《安南国使臣唱和问答录》，［韩］林基中编《燕行录全集》第 10 册，东国大学校出版部，2001 年，第 135—137 页。

② ［越］阮傑《华程诗集序》，［越］阮偡《华程消遣集》，越南汉喃研究院所藏 A. 1361 抄本，第 1 页。

（1580）十二月如明岁贡的越南士人杜汪在《梅岭使华诗集序》中称赞冯氏："天皇帝奇其才，相国公爱其能，而余辉剩馥，亦起敬于邻国之使，其斗南第一人物乎！"① 因而，不仅越南多种典籍收录了这篇序文，朝鲜使臣序诗这一事件还被相关的文学作品加以发挥，成了塑造冯克宽这一越南理想士人形象的重要素材。如《老窗粗录》以小说笔法描写某阮姓尚书见冯克宽画像的情景：

> 但见皤然白发，俨若朱颜，头顶法冠，身穿象服，儒家四宝，种种具陈。酷肖老臣象貌。阮公乃盥手焚香，□向前拜礼，重修舟艨，厚遗遣还。原来阮公于前夜四更末，梦见一隶告云：前朝相公来见。未及迎接，公遽觉起，乃唤门童嘱曰："来日有何人来谒，引来告见我。"逮旦，他果携公传神像轴来，阮公看果，语家曰："冯公正气，山岳钟灵，经今风火不常。精神如生，平生如此自许。今日显圣又如此。我读冯公诗集，见高丽使臣季晔诗序称曰，昔人果不谬哉！"②

引文中的"高丽使臣季晔"当为朝鲜使臣李睟光之讹误。这一段文字以后辈虔诚的口吻，展现了冯克宽在越南历史文化中的卓然地位。倘若结合更广泛的史料，却不难发现，冯克宽这一彰显了"南国有人"文化理想的光辉使臣形象，仍不过是越南士人一厢情愿的理解与想象。

李睟光为冯克宽所作序文之后，另有一文描写冯克宽及越南使团曰：

> 使臣姓冯名克宽，自号毅斋，年逾七十，形貌甚怪。涅齿被发，长衣阔袖，用缁布全幅盖头，如僧巾样，以半垂后过肩焉。其人虽甚老，精力尚健，常读书写册不休。若值朝会诣阙，则束发着巾帽，一依天朝服饰，而观其色，颇有蹙额不堪之状，既还，即脱去。一行凡二十三人皆被发，贵人则涅齿，下人则短衣跣足。虽冬月赤脚无袴袜，盖其俗然也。其寝处必于床上，不为炕突。其饮食略如华人而不精洁。其服多绫绢，无绞锦绵絮之衣。

---

① ［越］冯克宽《使华手泽诗集》，《越南汉文燕行文献集成》第1册，复旦大学出版社，2011年，第59页。

② ［越］佚名撰，刘玉珺、朱旭强校点《老窗粗录》，《越南汉文小说集成》第6册，第89页。

其状率皆深目短形，似猕猴之样。其性颇温顺，略知文字，喜习剑技，其法异于《纪效新书》，欲令军官辈学习，则秘而不教。其言语类倭而用合口声，其中解汉音者只一人，以汉译或文字相通。其国俗书则字画甚异，殆不能解见矣。①

这段文字充满了李睟光对冯克宽及其使团的轻视。序文中"皤然其发，臞然其形，年七十而颜尚韶"的冯克宽实"形貌甚怪"，甚至连冯氏的衣着也是鄙俗的，尤其是"值朝会诣阙，则束发着巾帽，一依天朝服饰，而观其色，颇有蹙额不堪之状"一句，看似只是对冯氏不习惯大明衣冠的实写，实则故意贬损安南使臣粗陋，无法融入中华先进文明中来。接下来还从生活习惯、外貌、语言、文化素养等多个方面，将对冯克宽一个人的鄙视扩展到对整个安南使团的贬低，用不客气的口吻指出安南人饮食"不精洁"，衣服的质量较差，懂汉语的随员只有一人②，文化水平也仅仅只是"略知文字"，最为刻薄的是称安南使团成员长相"深目短形，似猕猴之样"。

前文指出，《大越史记全书》所记载的冯克宽于万历二十五年出使，是因撰有三十首贺寿诗而赢得了明帝的嘉奖，也由此李睟光才为之撰写了那篇满是赞美之辞的序文。然而以诗赋之才在越南扬名后世的冯克宽，在李睟光笔下却只是一个谦卑平庸的普通文人。《问答录》记载了朝鲜使臣序诗的另一种描述，兹引如下：

　　初欲观其文体如何，试制长句以送，则使臣辄和之，因此往复累度。使臣每见睟光等所为诗，击节称赏曰："文章高了，自后必称大手笔。"盖以他国之文，过奖如是也。使臣且请曰："不佞有万寿贺诗集。敢请使公序其端。以沾大手笔泽云云。"求之甚恳，屡辞不获。遂作书赠之，使臣致序曰："喜

---

① ［朝］李睟光《安南国使臣唱和问答录》，［韩］林基中编《燕行录全集》第10册，第137—138页。
② 相比之下，朝鲜使臣的汉语能力似乎要更突出。例如，朝鲜使臣柳梦寅（1559—1623）多次出使明朝，不仅文才出众，而且他本人就精通汉语。

见使公诗序，词藻烨然。过情之誉，窃自耻之。多谢！多谢！"①

在这段回忆文字中，李晬光对冯克宽的诗才无任何正面评价，反借其之口夸耀自己文章出众。对于冯克宽与李晬光之间"往复累度"的唱和，也仅有一句看似客观的简单叙述，与冯氏对李晬光诗才的极力褒扬形成了鲜明对比。显然在李晬光笔下的朝越诗赋外交中，以冯克宽为代表的越南使臣不过是朝鲜使臣标榜"东国有人"的陪衬而已。

李晬光对冯克宽的轻视背后实为对安南国的鄙夷。《问答录》收录有六组二人的唱和诗，诗中李晬光以"万里来从瘴疠乡，远凭重译谒君王""来因献雉通蛮徼，贡为包茅觐象舆""蛮馆旅怀无竹叶，瘴江行李有蓝舆""闻道交南俗，民居瘴海堧""水毒跕飞鸢""沙边饶蜮弩"②等诗句，不留情面地暗讥越南乃地偏路远、落后荒凉、毒虫横生的瘴乡恶土。李晬光的贺寿诗序文称安南"多珠玑金玉、琳琅象犀之奇宝"，唱和诗却又云其"山出异形饶象骨"，安南盛产象骨，无非是因为山形地貌皆怪异；"犀珠旧认蕃方货"，安南的贡品犀珠不过是蕃邦货；"象自村童驭，香随贾客舡"③，象牙、香这些安南向明朝廷进献的贡品，其实是村童常见，商贾就能随船载售的普通之物而已。李晬光所记录的笔谈，更是借冯克宽之口宣扬了朝鲜为"文献之邦"的骄傲与自豪，《问答录》云："使臣曰：贵大国旧称文献之国，贱国非敢望也。"其后还有小注曰：

> 朝会时，我国使臣为首立于前行，安南使臣次于后行。相接之际，每致恭逊之意。④

在明朝重要的礼仪场合，一向以朝鲜为首，作为安南正使的冯克宽在正式场合中

---

① ［朝］李晬光《安南国使臣唱和问答录》，［韩］林基中编《燕行录全集》第 10 册，第138—139 页。

② ［朝］李晬光《安南国使臣唱和问答录》，［韩］林基中编《燕行录全集》第 10 册，第128—135 页。

③ ［朝］李晬光《安南国使臣唱和问答录》，［韩］林基中编《燕行录全集》第 10 册，第128、133、134 页。

④ ［朝］李晬光《安南国使臣唱和问答录》，［韩］林基中编《燕行录全集》第 10 册，第144 页。

持恭逊的态度，属于正常的礼仪规范。而联系上下文读来，字里行间却透露着李睟光的优越感。其他的朝鲜使臣为《问答录》所作的序跋也表达了类似的态度和自傲，如车天辂云："我先生年甚富，文甚高，才德又甚优。虽使上国之人当之，不多让。况于日南老也何有？"郑士信则曰："章我东之文献，振大雅于蛮貊。"①在这场难得的朝越使臣相会中，冯克宽不但没有像越南文人所想象的那样，曾为安南赢得了"南国有人"的声誉，反而成了李睟光等人用以传达朝鲜士人"东国有人"、朝鲜国为"文献之邦"等文化理想的最佳配角。

四、"南国有人"文化理想的产生：
文化认同与政治背离

在明朝的宗藩关系中，中国最重要的属国便是朝鲜和安南。《明史》将朝鲜和安南分别排在外国列传的第一、第二位。这两个国家长期以来都受到中华文明的熏陶，士人们都有在诗赋外交中表达"国中有人"、本国为"文献之邦"的强烈愿望②。在李睟光之前，朝鲜中宗二年（1507），申用溉送别奏请承袭正使卢公弼（1445—1516）时云：

> 我国之倚望于公者，如持左契交手相付。而中朝士大夫，亦知东国有斯人也，必将内服。然则公可谓天下之士也，非一国之士也。③

如果说这还只是送别者对于出使者的美好愿望，那么多次出使明朝，且与李睟光同时代的柳梦寅（1559—1623），对于为东国争胜、渴望能在明朝一展自身才学

①　［朝］李睟光《安南国使臣唱和问答录》，［韩］林基中编《燕行录全集》第10册，第153页。

②　左江《明代朝鲜燕行使臣"东国有人"的理想与现实》对朝鲜文人"东国有人"的文化理想有详细论述，张伯伟编《域外汉籍研究集刊》第5辑，中华书局，2009年，第119—140页。

③　［朝］申用溉《二乐亭集》卷七《送领敦宁卢公弼赴京序》，《韩国文集丛刊》（7），汉城景仁文化社1991年，第67页。

的愿望，则更能代表诗赋外交中当事人的心声。他说：

> 若余者，不烦象胥，语言无不通。如以青骡角巾彷徉天下，緣冀兖出青
> 徐，历豫梁掠荆杨，出入乎邹鲁洙四濂洛，复游乎燕赵之间，以与夫诗书礼
> 乐之儒，忠信道德之士，瑰伟俶傥博雅之流，披心腹，倒肝胆，结义气，使
> 天下之人皆知东国有人也，则虽死吾不恨矣。①

从申用溉和柳梦寅的论述来看，他们达成愿望的方式是与中国杰出的文士作深入
的交流，以展现自己出色的汉文化水平。遗憾的是，从嘉靖开始，朝鲜使臣的行
动被限制在入住的玉河馆，制约了朝鲜使臣与中国士人的交流，而朝鲜对"人臣
无外交"的遵循，更使"东国有人"的理想无法实现②。

　　显然，冯克宽和李晬光都不曾在与中国文士的交流中为本国赢得各自所期待
的声誉。但是他们及相关文人都没有错过这场朝越诗文酬唱所提供的历史契机。
在以本国文人为读者的个人文集中，他们都采用了夸饰、变形的方式来呈现彼此
之间的交往，以达到颂扬己方的目的。冯克宽《梅岭使华手泽诗集》杜汪序称冯
克宽"与朝鲜国使芝峰道人、金羊逸士往来鸣和诸篇，一吟一咏，愈出愈奇，可
谓独步，才超古余波，德照邻者矣"③。在冯克宽的另一个燕行录抄本《使华手
泽诗集》中，还有所谓的海东逸士与冯氏之间的唱和诗。这些以海东逸士、金羊
逸士之名而被传抄的诗歌，用了与李晬光唱和诗相同的典故和意象，却将原作中
贬低、讽刺安南的语辞进行了修改，从而将诗歌主题变为了称赞安南。有学者经
过辨析认为海东逸士、金羊逸士有可能为虚构的人物④。

　　朝鲜文人则进一步渲染李晬光在越南的文化影响。《问答录》序跋中多次记
述朝鲜士人赵完璧漂流至安南，见家家诵读李晬光诗一事，以此沾沾自喜，认为
此事能使安南人知"吾东大雅之盛""吾东文献之盛"，其中郑士信所述较详：

① ［朝］柳梦寅《於于集》卷三《送朴说之东说赴京序》，《韩国文集丛刊》（63），第
　　359 页。
② 左江《明代朝鲜燕行使臣"东国有人"的理想与现实》，第 140 页。
③ 冯克宽《梅岭使华手泽诗集》，《越南汉文燕行文献集成》第 1 册，复旦大学出版社，2011
　　年，第 76—77 页。
④ 陆小燕、叶少飞《万历二十五年朝鲜安南使臣诗文问答析论》，张伯伟编《域外汉籍研究
　　集刊》第 9 辑，中华书局，2013 年，第 413—419 页。

> 有晋州士人赵完璧者，丁酉之变，为倭所抢去。尝自日本随商倭再至安
> 南，见其国内人，家家传诵芝峰诗，若捧拱璧，如仰神人。以问于完璧曰：
> 若既是朝鲜人，若知尔国李芝峰乎？相与啧啧不已，其歆艳倾慕，在在皆
> 是。完璧近岁得返本国乡土，据其所见闻，有此云云。①

姑且不论这样的记载在越南现存的史料中找不到任何支撑，仅就李晬光的汉诗水
平而言，也未曾明显超越冯克宽，所谓的"若捧拱璧，如仰神人"，显然已夸张
到让人难以相信的地步②。从越南的文献记录来看，安南对李晬光的了解只限于
几首被润色、修改的唱和诗，以及那篇掩盖了他真实态度和文化心理的序文，安
南文士由此误以为他们的使臣冯克宽在朝越诗赋外交中实现了"南国有人"的文
化理想。

可见，表达与实现"国中有人"的文化理想并非越南文人独有的历史现象，
但朝越二者的思想基础不同。朝鲜"东国有人"文化理想的基础是长久以来所形
成的以"事大慕华"为核心理念的小中华思想。他们认同同为中华的明朝，在思
想上极力主张"慕华"，历代朝鲜王朝的政治制度、文化思想，乃至日常生活习
惯、衣冠文明，皆以中国为本位；外交关系中对明朝奉行"以小事大"的原则，
谨守番邦之责③。因此整个明代，中国与朝鲜皆保持着非常亲密和友好的宗藩关
系，明朝也一直优待朝鲜，视之为藩属国之首。越南方面尽管在文化上同样认同
中国，以儒家学说为官方正统思想，仿照中国的科举制度，以儒家经典为选拔人
才的标准。然而这种认同仅停留在取其长而为我所用的层面。在实践中，越南知
识分子更重视中华律典服务于社会现实的功用，并没有像朝鲜士林那样心悦诚服
地将中华视为正统，以慕华为金科玉律。

从政治关系来看，相比较于朝鲜而言，安南与中原王朝的关系不算友好。越
南长期以来自称为"大越"，从陈朝开始就曾以阳奉阴违的态度面对强势的元朝
统治者，不理会元朝向安南诏谕的君长亲朝、子弟入质、编民数、出军役、输纳

---

① ［朝］李晬光《安南使臣问答录》，［韩］林基中编《燕行录全集》第 10 册，第 153 页。
② 关于赵完璧所言的可信度问题，陆小燕、叶少飞《万历二十五年朝鲜安南使臣诗文问答析
　论》一文从赵完璧与安南人语言不通的角度作了辨析。
③ 参见孙卫国《朝鲜王朝"小中华"思想的核心理念及其历史演变》，《韩国研究论丛》第
　28 辑，社会科学文献出版社，2014 年，第 140—159 页。

税赋、仍置达鲁花赤统治六事①。理论上各内属国都需遵守六事，然而元朝对安南的要求比高丽更严格，在《元史》诸国列传中，六事仅见于《安南传》，尤其是为了应对"君长亲朝"的要求，安南还发生过以宗亲代替国王前往大都的事件。在与明朝的交往中，越南统治者除在致明朝的文书中使用明朝的年号外，对内均使用本国的年号。明洪武年间，发生了黎季犛篡夺陈朝帝位的事件，越南却隐瞒了这一事实，以陈炜的名义继续朝贡。洪武二十六年（1393）四月，明太祖得知越南发生过废立后，盛怒之下拒绝接受安南国进贡。永乐五年（1407），越南胡朝屡屡侵犯广西边陲，明成祖应陈朝宗室陈天平之请，大规模入越讨伐胡朝，在取得胜利之后对越南进行了短暂的统治，直至宣德四年（1429），越南才正式脱离明朝的统治。对于这段历史，越南史书云：

> 帝奋起义兵，削平明贼，十年而天下大定。……胡篡陈祚，明人南侵，郡县我疆域，臣妾我兆庶，法峻刑苛，赋繁役重，凡中国豪杰之士，多阳假以官，安插于北。帝智识过人，明而能刚，不为官爵所诱。②

"帝"指的是黎太祖黎利，文中则直接将明朝斥之为"明贼"。引文中的"中国"并不是指代明朝政权，而是越南的自称，如此一来，越南一方面否定了明朝的政治核心地位，另一方面则将"居天下之中心"的中国观念据为己有③。即便是抛开明属统治时期这段关系复杂的时期，越南在本国的文献中也多以方位上的"南北"来指代中越，称中国为"北"，自称为"南"，以示二者地位平等。可互为观照的是，以小中华自居的朝鲜虽自称为"东国""海东"，却不曾以"东西"并称朝中二国④。

从前文第二部分所述可以看到，强烈的民族自尊心，以及对中央政权的背

---

① 黎崱著，武尚清点校《安南志略》卷二，中华书局，2000年，第47页。
② ［越］吴士连等撰，陈荆和编校《大越史记全书》（中）本纪卷十，东京大学东洋文化研究所，1985年，第515页。
③ 李焯然《越南史籍对"中国"及"华夷"观念的诠释》，《复旦学报》2008年第2期，第12页。
④ 朝鲜不曾以"东西"指代朝中两国的现象，乃2021年5月21日南开大学孙卫国教授在西南交通大学、中国文化大学、胡志明人文社会科学大学共同举办的"2021年燕行录朝越比较研究学术论坛"中赐告。

离，甚至谴责，使得越南的野史、笔记、小说对冯克宽状元使臣形象的塑造，往往都置于南北对峙、相互较量的语境里，结局自然也是越南一方占据上风。越南小说《骊州记》还增衍虚构了中国使臣与冯克宽一同赴越颁赐二品都统使银印，却粗心以铜印代之的情节：

> 王建立与本国使冯克宽、阮仁瞻等至京师。二十五日丙子，皇上御舟渡江京菩提馆拜诏接使迎回殿中行礼。节制官、文武大臣入内殿朝谒。敕书宣讳毕，见所颁银印一颗乃是铜印，节制官长国公宣怒，对明使曰："天朝中国，宜居中持平，劝善惩恶以镇服外国可也。今则于莫氏篡夺能以银印颁之，于黎氏正统之胄，却以铜印予之。以若所为，甚失柔远之意。"
>
> 王建立曰："这事出于上司门下，而国家一日万几，岂及细察。今当复写本申奏朝廷，严查辨白。"长公复厉声曰："天朝正统，宜大居正，着正言、行正事。今乃放纵官司，欺诈下国。只恐生事边方，驯致夷狄之祸。"①

小说借越南长国公之口，在华夷内外秩序、宗藩尊卑和正统观念的框架下，痛斥明朝对下国的凌辱，以此挽回冯克宽未能为黎主取得"安南国王"封号而丧失的颜面。小说虚构这一艺术情节的深层动因仍是越南文人思想上对明朝政权的不认可。小说最后以"南国有人谁敢侮，北潘起敬赠交仪"束尾，再次鲜明地以南北对举，展现了越南有意淡化宗藩尊卑、认为中越两国政治平等的民族意识。

结论和余论

中越两国保持了近千年的宗藩关系，两国相互派遣使臣是这段历史中普通而常见的事件，就历史意义而言，冯克宽的出使并无多少特殊之处。由于他不但留下了为明神宗所写的三十一首贺寿诗，还带回了朝鲜使臣李睟光为其贺寿诗撰写的序文。因此，在编著者强烈的民族意识之下，越南的官方史书淡化了冯克宽在政治事务中的失败，夸大了他在诗赋外交中的贡献；越南的各类野史笔记、小说

---

① ［越］陈维维、严明校点《骊州记》，《越南汉文小说集成》第7册，第331页。

传记等也在这样的集体文化意识下，以文学的手段塑造了冯克宽"两国状元"的形象，借以表达"南国有人"的文化理想。

从汉代开始，东亚逐渐形成了以中国为中心的汉文化圈，这个文化共同体一直到十九世纪中叶①。同为藩属国的朝鲜也有着彰显"东国有人"的强烈愿望，两国在相同的政治体制影响下和文化精神熏陶下形成了相同的文化理想，这表明虽然东亚各文明单位之间的政治立场、历史关系有差别，却仍然表现出了文化上持久的内聚力。"彼此虽殊山海域，渊源同一圣贤书"②是东亚诗赋外交的建立基础，所以冯克宽与李睟光在北京的诗文酬唱给双方都提供了一个表达本国文化愿望的宝贵机遇。李睟光在外文辞令中的虚伪和居高临下，以及冯克宽强烈的民族自尊，使得越、朝双方关于这场诗赋外交的文本记录均超越了历史叙事的边界，各自以文学虚构、夸饰的方式细致呈现了"国中有人"文化构想，李、冯二人也相互成为对方建构这一文化理想的见证人和衬托者。

由于安南文化上对中华文明的认同和政治上对中央政权的背离，使得冯克宽出使明朝这一事件在越南文化阶层中的流传的演绎极具本土特色。越南古代汉文学叙事往往回避现实世界里因宗藩关系而造成的政治不对等，以空间方位代替政治指称，将中越两国置于南北平等、立场对立的语话架构内，虚构了千篇一律的、越南在文化争胜中总是赢过中国的故事情节，体现了越南强烈的民族自主意识，这甚至促发了越南叙事文学热点的形成。越南古代汉文小说关于中越外交和中越关系的内容极其丰富，凡是涉及两国文化争胜的题材，无不体现出上述特点。试举关于越南另外一位著名使臣莫挺之的文学叙事以证之：

> 其在北使，与北人遇于涂，公乘驴触其马，北人语云："触我骑马，东夷之人也？西夷之人也？"公应曰："遏予乘驴，南方之强钦，北方之强钦！"

---

① 葛兆光认为东亚文化共同体于十七世纪中叶以后就全盘崩溃，参见《宅兹中国：重建有关"中国"的历史论述》，中华书局，2011 年，第 151—152、166 页；王贞平《多极亚洲中的唐代中国：外交与战争的历史》（Tang China in Multi-Polar Asia：A History of Diploamacy and War），将这种分崩离析的描述上推到唐代，上海文化出版社，2020 年译本。本文更赞同张伯伟先生汉文化圈终结于十九世纪中叶的观点，参见氏著《东亚汉文研究的方法与实践》，中华书局，2017 年，第 14—15 页。

② ［越］冯克宽《使华手泽诗集》，《越南汉文燕行文献集成》第 1 册，复旦大学出版社，2011 年，第 66 页。

又与对答，北人出对云："杞己木，梧吾木，如何以杞为梧？"公应云："僧曾人，佛弗人，云胡以僧事佛？"北人云："安去女，以豕为家。"公曰："因出人，入王成国。"北人云："后世子孙有国者，但嫌单字，享国不长。"……

又，北朝后妃薨，临祭，命公读祝，但见空纸，公即矢口而读云："青天一朵云，烘炉一点雪。上苑一枝花，广寒一片月。噫！云散雪消，花残月缺！北人惊服。"其后脱轩先生有咏云："第一魁元早致身，居官不改旧清贫。扇铭重誉燕台阁，北使应知国有人。"①

这类作品创作情境近似、表现内容趋同、故事情节相互模仿。越南汉文小说中充满了这类程式化的写作②，这固然是缺乏艺术原创性的表现，却有另一层面超越文学的内涵：一代又一代的越南文人通过虚构、重写两国间文化争胜的场景，塑造了冯克宽、莫挺之等光彩照人的越南知识分子形象，既向本国后辈文人，也向处于中华文明优势地位的他者传递着文化自强的政治愿景。

（本文原以"'国中有人'：越朝诗文中的冯克宽形象"

为题刊于《外国文学评论》2022 年第 1 期）

作者简介：

刘玉珺，1976 年 10 月出生，广东南海人，1999 年 6 月毕业于广西师范大学首届国家文科基地班，获文学学士学位；2002 年 6 月毕业于广西师范大学中文系，获文学硕士学位。2002 年 9 月至 2005 年 6 月，就读于扬州大学中国文化研究所，完成博士学位论文《越南汉喃古籍的文献学研究》，获文学博士学位。2007 年 7 月从首都师范大学历史学博士后流动站出站，到西南交通大学艺术与传

---

① ［越］佚名撰，刘玉珺、朱旭强点校《老窗粗录》，《越南汉文小说集成》第 6 册，第 48—49 页。

② 关于越南两国文化争胜题材小说的研究，可参阅吕小蓬《越南古代汉文小说中越使臣斗胜故事的模式化特征》，魏崇新编《人文丛刊》第 9 辑，学苑出版社，2015 年，第 248—255 页。

播学院工作，现为西南交通大学人文学院中文系教授、博士生导师，兼任中文系主任。研究方向为域外汉籍、汉唐文学与文献。目前出版有《越南汉喃古籍的文献学研究》（中华书局，2007 年）、《四库唐人文集研究》（巴蜀书社，2010 年）、《越南汉籍与中越文学交流研究》（中国社会科学出版社，2019 年）等学术著作；荣获四川省哲学社会科学优秀成果奖三次；先后主持有国家社科基金青年项目"16 至 20 世纪的越南汉籍与中越文学交流"、一般项目"中国古典诗歌对越南诗歌传统形成的影响研究"，以及国家社科基金重大招标项目"中越书籍交流研究（多卷本）"。

越南《四书五经性理大全节要》及其与科举的关系

王　皓

　　《四书五经性理大全》（以下简称《大全》）是明永乐十二年（1414）十一月，成祖命翰林学士胡广、杨荣、金幼孜所编撰的大型儒学著作，含《四书大全》《五经大全》和《性理大全》三书。此书编撰用时近十月，在永乐十三年九月完成，进献成祖，共计二百二十九卷。成祖为此书撰序，于永乐十五年（1417）三月颁行天下。此后，《大全》也在越南被广泛传播，对当地文化发生了较大影响。近年来，研究者在考察儒学在越南传播和越南科举文化时，大都涉及《大全》南传及其对越南科举影响的讨论。总结起来主要有三点认识：其一，《大全》等儒学书籍的输入，极大程度地促进了儒学在越南的传播和发展①；其二，《大全》被越南政府大量刊刻并颁发给各级学校，成为以备科考的重要教材②；其三，对《大全》的节录和改编，表现出越南接受中国文化的本土特色③。这些

---

① 　主要成果有：程林辉《儒学在越南的传播和影响》，《南昌大学学报》2005 年第 6 期。阎春《〈四书大全〉的编纂与传播研究》，华东师范大学 2009 年博士论文。陈文《科举取士与儒学在越南的传播发展——以越南后黎朝为中心》，《世界历史》2012 年第 5 期。[越]丁克顺《越南儒学研究的历史与状况》，《复旦学报》2013 年第 6 期。张品端《朱子学在越南的传播与影响》，《泉州师范学院学报》2013 年第 1 期。

② 　主要成果有：陈文《越南黎朝时期的社学和私塾——兼论中国古代基层教育制度对越南的影响》，《东南亚研究》2007 年第 5 期。陈文《试论明朝在交阯郡的文教政策及其影响》，《中国边疆史地研究》2008 年第 2 期。刘志强《越南阮朝科举及其本土特色》，《东南亚纵横》2010 年第 4 期。[越]丁克顺《越南儒学科举及其对越南文化与教育的贡献》，《教育与考试》2017 年第 1 期。

③ 　主要成果有：戴可来《对越南古代历史和文化的若干新认识》，《北大亚太研究》第 2 集，北京大学出版社，1993 年。陈文《越南科举制度研究》，商务印书馆，2015 年。

认识都指出了《大全》对于越南儒学和科举发展的影响和意义，不过对《大全》在越南的流传过程、越南对《大全》的节要和喃译以及相关文献的现存情况等问题都未作细究。为此，本文拟立足于《大全》在越南的生存和传播，试做以下探讨。

一、《四书五经性理大全》在越南的流传

永乐十七年（1419）二月《大全》传入越南，据《大越史记全书》记载："明遣监生唐义颁赐《五经四书性理大全》《为善阴骘》《孝顺事实》等书于府州县儒学。"[①] 从这一记录可知，当时《大全》在越南的传播范围是极其广泛的。原因是在此前后，明朝曾多次在交阯设立各类学校，而儒学是其中重点建设的教育机构。如《明太宗实录》记载：

（永乐五年六月癸未）设交阯布政司永盈库，交州府医学、僧纲司，泸江驲丰盈库、永丰仓，建平府永盈库、常丰仓，三江府丰济仓，嘉林州儒学。

（永乐十四年五月丙午）设交阯府、州、县儒学及阴阳、医学、僧纲、道纪等司：交州、北江、建平、谅江、奉化、建昌、镇蛮、新安、顺化、三江、太原、宣化十二府，归化、宁化、三带、慈廉、福安、武宁、北江、长安、谅江、上洪、快、清化、爱、宋潮、下洪、南策、洮江、沱江、宣江一十九州，慈廉、石室、平陆、安乐、立石、扶宁、清潭、芙蒟、嘉林、超类、慈山、东岸……麻笼、安立六十二县儒学。

（永乐十六年三月丁巳）设交阯顺化府永盈仓，安乐、古藤、农贡、麻笼、美良五县儒学，细江县阴阳学，廷河、大湾二县道会司。

（永乐十七年三月癸亥）设交阯谅山府及七源、广源、上文、下文、万崖、上思郎、下思郎、九真、嘉兴、广威十州，多翼、右兰、丘温、镇夷、

---

① 黎文休、吴士连等著，陈荆和编校《大越史记全书》本纪卷一〇，东京大学东洋文化研究所，1982年，第517页。

丹巴、脱渊、大蛮、宣化、富良、弄石、大慈、感化、永宁、宋江、俄乐、安乐十七县儒学。①

很明显，在永乐年间越南建立了含府、州、县在内的三级儒学机构，以教授儒学经典。《大全》被输入儒学机构，便得以广泛传播和普及。永乐二十年（1422）五月，"交阯宣化、太原、镇蛮、奉化、清化、新安等府及所隶州县学师生贡方物诣阙，谢赐《五经四书性理大全》《为善阳骘》书"②。这就是说，《大全》在颁行天下的五年时间内，已成为越南各府、州、县儒学机构中的重要教材。

事实上，在《大全》传入越南之后不久，黎太宗政府就开始组织重刊《大全》。《大越史记全书》卷一一载绍平二年（1435）十二月"新刊《四书大全》板成"③，自此以后，黎朝曾多次刊印《四书》《五经》，颁行各地。其相关记录如下：

1. 黎圣宗光顺八年（1467）四月"颁《五经》官板于国子监。从秘书监学士武永祯之言也"。

2. 黎昏德公永庆三年（1731）"夏，四月，命阁院官校阅《五经》本，刊行颁布"。

3. 黎纯宗龙德三年（1734）"春，正月，印《五经》板，颁布天下。王亲制序文"。又"三月，命文臣阮效、范谦益等，分刻《四书》、诸史、《诗林》、《字汇》诸本书，颁行"。又"《五经》板成，命藏于国学"。

4. 黎懿宗永佑二年（1736）"时，经史印板颁行，令学者公相授受，禁买北书"④。

从以上事例可见，后黎朝对《四书》《五经》的刊印主要采取了以下三项措施：其一，这是一项由官方主导的大型刊印活动，受到朝廷高度重视；其二，对《四书》《五经》的刊印并非是简单复制，而是需要审查和校阅；其三，《四书》《五经》的官板由"国子监""国学"等教学机构收藏，所印典籍交由学者公相

---

① 《明太宗实录》卷六八、卷一七六、卷一九八、卷二一〇，上海书店影印，1982 年，第952、1924、1925、2070、2131 页。

② 《明太宗实录》卷二四九，第 2321 页。

③ 《大越史记全书》本纪卷一一，第 591 页。

④ 《大越史记全书》本纪卷一二，第 663 页；续编卷二、卷三，第 1072、1080、1081、1086 页。

授受。如此一来，《大全》就从由中方直接输入转变为由越方自行刻印。对于这一点，在《越史通鉴纲目》卷三七中亦有相似记录，载龙德"三年春正月，颁《五经大全》于各处学官。先是遣官校阅《五经》北版，刊刻书成颁布，令学者传授，禁买北书。又令阮效、范谦益等，分刻《四书》、诸史、《诗林》、《字汇》诸本刊行"①。所以，当越南后黎朝在经历三百年对《大全》的刻印，得以满足自身需求后，便编颁布了"禁买北书"的政令。

通过以上事例可以明确一点：《大全》在越南主要有两种版本传播和扩散，即中国传入的印本和越南的重印本。这在越南现存的目录书中有比较集中的体现，如《内阁书目》与《内阁守册》，前者奉编于维新二年（1908）十一月初四日，后者由陈贞諴编于维新八年（1914）。二者所记录的与《大全》相关的典籍如下：

　　《内阁书目》：《易经大全》（壹部，玖本）、《诗经大全》（壹部，拾本）、《礼记大全》（壹部，拾陆本）、《春秋大全》（壹部，拾叁本）、《五经大全》（壹部，现陆拾本）、《四书大全》（壹部，现贰拾叁本）、《论语大全》（现陆本）、《孟子大全》（玖本）、《春秋大全》（拾肆本）、《论语大全》（捌本）、《孟子大全》（柒本）、《中庸大全》（叁本）、《论语大全》（五本）、《大学大全》（叁本）。

　　《内阁守册》：《易经大全》（一部，十本）、《诗经大全》（一部，十本）、《四书大全》（一部，现二十六本，内欠《大学》、欠《学而》《为政》、欠《梁惠王》《滕文公》）、《孟子大全》（一部，九本）、《中庸大全》（一部，三本）、《大学大全》（一部，三本）、《礼记大全》（一部，十六本）、《春秋大全》（一部，十四本）、《易经大全》（一部，十本）、《书经大全》（一部，九本）、《性理大全》（一部，现十九本）。②

这些典籍均为阮朝内阁收藏，只是无法对它们做中国传入本和越南重印本的区分。不过，有一点是值得注意的，《大全》在越南的传播过程中出现了两种形式：

---

① 潘清简等纂《钦定越史通鉴纲目》，越南汉喃研究院图书馆藏印本，编为 A. 1/1—9 号。
② 《内阁书目》，越南汉喃研究院图书馆藏抄本，编为 A. 113/1—2 号；《内阁守册》，越南汉喃研究院图书馆藏抄本，编为 A. 2644 号。

一是统编式传播，体现了《四书大全》和《五经大全》的整体性；二是打破统编的专书式传播，表现了四书、五经的独立性。

就越南对《大全》的重印而言，在陈文理所编撰的《北书南印板书目》中记载有《易经大全》《性理大全》《五经大全》《四书大全》四种。阮进荣等编撰的《古学院书籍守册》中著录有《四书大全》① 一部，乃是嗣德十二年翻刻明朝传本；《五经大全》② 一部，乃是翻刻清康熙年间传本。这些典籍都是由越南自行刊印。除此之外，在维新六年（1912）阮性五等编撰《新书院守册》中，对新书院收藏的中越印本做了详细著录。内容如下：

书名	数量	作者信息	存佚情况
《易经大全》	拾壹部	明廷臣	内柒部各拾肆本（微虫）
			内壹部拾叁本（欠卷贰、卷叁）
			内壹部拾贰本（欠卷首、卷壹、卷贰）
			内壹部拾本
			内壹部玖本（均微虫。欠卷首、卷壹）
《书经大全》	壹部	宋王应麟	本国印。玖本
《诗经大全》	壹部	清廷臣	本国印。五本（自首卷至《彤弓》，余欠）
《礼记大全》	叁部		内壹部拾捌本
			内壹部拾陆本
			内壹部拾贰本
《春秋大全》	贰部	明廷臣	内壹部拾叁本
			内壹部拾肆本
《五经大全》	贰部	明廷臣	内壹部陆拾贰本
			内壹部肆拾壹本

① 《四书大全》详细信息：全。以朱子集注为尊，从倪氏原本，又采讲说以补辑。明胡广等。原书四十卷，现钉为十一卷。刻于明朝，嗣德十二年。
② 《五经大全》详细信息：《易经大全》（全。明胡广。原书二十卷，现钉为四卷。刻于清康熙年间）、《书经大全》（全。明胡广。原书十卷，现钉为三卷。刻于清康熙年间）、《诗经大全》（全。明胡广。原书十五卷，现钉为四卷。刻于清康熙年间）、《礼经大全》（全。明胡广。原书三十卷，现钉为五卷。刻清康熙年间）、《春秋大全》（全。明胡广。原书三十七卷，现钉为五卷。刻于清康熙年间）。

（续表）

书名	数量	作者信息	存佚情况
《四书大全》	贰部	明廷臣	内壹部叁拾壹本
			内壹部拾壹本
《论语大全》	贰部		内壹部捌本
			内壹部五本
《孟子大全》	壹部	陆陇其	柒本

可见在新书院藏书中有统编本的《四书》《五经》大全各两部，单行的《易经大全》十一部和《春秋大全》两部，其作者信息被标注为"明廷臣"，说明这几部典籍是由中国直接传入越南的。另有《书经大全》和《诗经大全》各一部，虽然所标注的作者信息分别为"王应麟"和"清廷臣"，但又注明为"本国印"，说明这两部典籍是越南据明清印本的重印本。总之，以上目录书所著录的内容，基本反映了《大全》存在中、越两种印本在越南传播的事实。

通过调查，目前可以见到与《大全》相关的版本主要有以下几种：

1. 《大学大全》。越南国家图书馆藏印本二种，编为 R. 1228 和 R. 1229 号，前者为明命十六年（1835）柳文堂藏板印本，后者为嗣德十六年（1863）多文堂印本。越南社会科学通信院图书馆藏印本一种，编为 HN. 702 号，为嗣德二年（1849）莲池寺藏板印本，存卷首和前两卷。三者均据清陆陇其编撰的《三鱼堂四书大全》本重印。

2. 《论语大全》。越南国家图书馆藏印本一种，编为 R. 1023—1025、R. 1225—1227 号，共六册二十卷。越南社会科学通信院图书馆藏福文堂印本一种，编为 HN. 871 号，存卷十五至卷十六。二者均据《三鱼堂四书大全》本重印。

3. 《书经大全》。越南国家图书馆藏嗣德十四年（1861）盛文堂印本一种，编为 R. 1276—1277、R. 1279、R. 1282 号，共四册十一卷（含卷首）。越南汉喃研究院图书馆藏印本一种，共四册十卷。法国吉美博物馆图书馆藏嗣德二十年（1867）锦文堂印本一种，存九卷（阙第八卷），编为 FC. 30274—30279 号。三者均据雍正八年重刻本印制。

4. 《诗经大全》。越南国家图书馆藏印本二种，一种编为 R. 176、R. 1359—

1361 号，存前四卷；一种为嗣德十年（1857）印本，编为 R. 1303、1306、1309、1310、1314、1316、1318、1320、1324 号，共九册十六卷（含卷首）。越南汉喃研究院图书馆藏嗣德十四年（1861）印本一种，共四册十五卷。法国吉美博物馆图书馆藏嗣德二十年（1867）锦文堂印本一种，编为 FC. 30269—30273 号，存五册十卷（含卷首、卷一至卷三、卷八至卷九、卷十二至卷十五）。以上均据雍正五年重刻本印制。

5.《易经大全》。越南国家图书馆和汉喃研究院图书馆各藏印本一种，前者共九册二十一卷（含卷首），编为 R. 937—945 号；后者共五册九卷。二者均据康熙五十四年重刻本印制。

6.《礼记大全》。越南国家图书馆藏印本一种，编为 R. 1332、R. 1326—1329 号，共五册三十卷。越南汉喃研究院图书馆藏康熙丙寅年（1686）五云楼藏板印本一种，共六册三十卷。会安圆觉寺藏印本一种，存一册卷二十一至卷二十二。河内胜严寺藏印本一种，存卷首、卷一至卷二。法国吉美博物馆图书馆藏康熙丁酉年（1717）五云楼藏板印本一种，编为 FC. 63700 号，共十一册三十卷。以上均据黄际飞校正本印制。

7.《春秋大全》。越南汉喃研究院图书馆藏印本一种，共六册三十五卷。越南社会科学通信院图书馆藏印本二种，一种为五云楼藏板印本，编为 HN810 号，存卷三十六至卷三十七；一种为嗣德二十一年（1868）有文堂印本，编为 HN. 989 号，存卷首及前三卷。

上述现存的《大全》版本情况主要包含两个信息：第一，就《大全》的版本而言，这些典籍大多是康熙、雍正年间的重刻重校本。第二，就越南对《大全》的重印而言，大多发生在阮朝的明命、嗣德年间。这就是说，越南现在流传的《大全》已不是明朝传入的印本，而是经清朝重新校正刊印的印本。因此，从历史记录到现存典籍，可以发现自永乐十六年之后的三百年间，明清时期所刊印的各种《大全》都相继传入过越南，并且在越南被多次重刻重印。可以说，《大全》是一部在越南传播广泛、影响深远的大型儒学典籍。正如越南史籍所述："自明成祖颁定《五经四书性理大全》于府州县学，而文学始渐发达，至黎而文献得称于中国矣。"① 又如吴甲豆所说："明于我南令设府县学校，颁《四书》《五经》

① 佚名《大南郡县风土人物略志》，越南汉喃研究院图书馆藏抄本，编为 A. 1905 号。

及《性理》书，亦欲文化国人也。"① 在越南学者看来，《大全》传入越南对其文献储备和文化发展都起到了至关重要的作用。

二、裴辉璧与《四书五经性理大全节要》

从越南的儒学发展来看，时人接受相关典籍的一个重要表现即是将其缩减和重编，以适应教育和科举的需求。如戴可来说："越南接受中国文化的特点，主要是把中国文化加以简化和实用化，以适应越南的国情。越南在学术上形成了一种简化、明快的风格。陈朝的朱文安，把中国的四书简化，写成《四书说约》；裴辉璧把明朝的《性理大全》简化为《性理撮要》。"② 就《大全》而言，在《历朝宪章类志·文籍志》中著录《性理纂要》二卷、《四书五经》十五卷，云："探花阮辉㑮撰。参采诸名家读本，纂录要约，但就中刊削，迁就甚多，颇流穿凿。"又《古学院书籍守册》之《国书守册》亦著录《五经四书》，云："取《五经》《四书》约辑成书，黎阮辉㑮。目及书十五卷。"③ 可见阮氏之书很有可能就是依据《大全》约辑而成，在篇幅上做了大量裁减。此外，裴辉璧的《四书五经性理大全节要》（以下简称《节要》）是在越南影响最大的一部作品。裴辉璧（"璧"一作"碧"，1744—1818），一名裴璧，字希章，又字黯章，号存翁、存庵、存斋等。河东青池盛烈社人。黎景兴三十年（1769），"殿试，赐裴辉璧进士出身"④，时年二十六岁。后补义安督同，升行参。西山北上，乃潜隐山西，至嘉隆即位返回河内。屡征不仕，寿七十五。著有《皇越诗选》《皇越文选》《存庵文集》《行参官家训演音》《旅中杂说》《乂安诗集》等。裴氏所撰《节要》的时间不详，书共三十二卷，其中《四书大全节要》八卷（含《大学》一卷、《论语》三卷、《孟子》三卷、《中庸》一卷）、《五经大全节要》十九卷（含《书

---

① 吴甲豆《中学越史撮要》，越南汉喃研究院图书馆藏维新五年（1911）印本，编为 A.770/1—2 号。

② 戴可来《对越南古代历史和文化的若干新认识》，载《北大亚太研究》第 2 集，北京大学出版社，1993 年，第 103 页。

③ 《古学院书籍守册》，越南汉喃研究院图书馆藏抄本，编为 A.2601/1—11 号。

④ 《大越史记全书》续编卷五，第 1169 页。

经》四卷、《诗经》四卷、《易经》四卷、《礼记》三卷、《春秋》四卷)、《性理大全节要》五卷。

　　对于裴氏《节要》,在越南的目录书中多有著录。如《北书南印板书目》著录有《五经节要》和《四书节要》二书,《大南书目》中著录有《论语节要》一书。又如《内阁守册》和《内阁书目》均著录有《五经节要》一部,存十六本;其中前书详计《五经节要》缺"《易》卷一、《书》卷三、《春秋》卷二",另外又著录《性理节要》一部,存五本。再如《古学院书籍守册》之《国书守册》详细著录有《五经节要》《四书节要》和《性理节要》三书,称黎裴辉璧据《大全》原本节刊而成,其中《五经节要》目及书十九卷,现存九卷;《四书节要》目及书八卷,现存三卷,为成泰二年(1890)印本;《性理节要》目及书五卷,现存一卷。这些记录说明,裴氏《节要》是被作为越南自行编撰的儒学典籍,获得了社会的普遍认同。

　　据不完全统计,现今以下单位还保存着《节要》的全本或残本:

书名		收藏地	版本与编号
四书大全节要	大学	越南国家图书馆	藏印本一种,一卷全本,编为 R. 380 号。
		越南汉喃研究院图书馆	藏成泰七年(1895)柳文堂印本一种,一卷全本,编为 AC. 226/1 号。
		越南社会科学通信院图书馆	藏印本三种,均为一卷全本:一种为嗣德三十二年(1879)集文堂印本,编为 HN. 703 号;一种为成泰二年(1890)富文堂印本,含两件,分别编为 HN. 1387 和 HN. 1382 号;一种刊印单位及年代不详,编为 HN. 1388 号。
		河内普仁禅寺	藏抄本一种,一卷全本,编为 22 号。
		法国吉美博物馆图书馆	藏成泰七年(1895)盛美堂藏板印本一种,一卷全本,编为 FC. 61511 号。
	论语	越南国家图书馆	藏印本两种,刊印单位及年代不详。一种编为 R. 129 号,存第一卷和第二卷;一种编为 R. 3428 号,存第一卷。
		越南汉喃研究院图书馆	藏成泰七年(1895)柳文堂印本一种,三卷全本,编为 AC. 226/2 号。
		越南社会科学通信院图书馆	藏抄本一种,存第三卷,编为 HN. 701 号。
		河内普仁禅寺	藏抄本一种,编为 24 号,存第一卷。

（续表）

书名		收藏地	版本与编号
四书大全节要	论语	胡志明市人文与社会科学大学汉喃遗产搜寻与研究所	藏收集于前江省凯来县的印本一种，无编号，刊印单位及年代不详，存第三卷。
		法国吉美博物馆图书馆	藏印本一种，刊印单位及年代不详，编为 FC. 63706 号，存第一卷。
	孟子	越南汉喃研究院图书馆	藏成泰七年（1895）柳文堂印本一种，三卷全本，编为 AC. 226/3-4 号。
		胡志明市人文与社会科学大学汉喃遗产搜寻与研究所	藏印本及复印本各一种，刊印单位及年代不详。印本无编号，收集于永隆省永隆市，存第三卷；复印本编为胡志明市第 9 郡第 4 号，存第一卷。
	中庸	越南汉喃研究院图书馆	藏成泰七年（1895）柳文堂印本一种，一卷全本，编为 AC. 226/1 号。
		河内普仁禅寺	藏抄本一种，一卷全本，编为 23 号。
		胡志明市人文与社会科学大学汉喃遗产搜寻与研究所	藏印本两种，均为一卷全本，刊印单位及年代不详。一种无编号，收集于槟椥省巴知县；一种编为胡志明市第 9 郡第 5 号。
五经大全节要	书经	越南国家图书馆	藏绍治二年（1842）印本一种，四卷全本，编为 R. 1287 号。
		越南汉喃研究院图书馆	藏印本二种，四卷全本。一种为绍治六年（1846）多文堂印本，存两件，分别编为 HVv. 4/1-4、AC. 422/1-2 号；一种为成泰九年（1897）聚文堂印本，编为 AC. 194/1-2 号。
		法国吉美博物馆图书馆	藏美文堂印本一种，四卷全本，编为 FC. 30250-30253 号。
		胡志明市人文与社会科学大学汉喃遗产搜寻与研究所	藏印本一种，刊印单位及年代不详。无编号，收集于槟椥省真洛县，存第四卷。
	诗经	越南汉喃研究院图书馆	藏印本二种，四卷全本。一种为绍治六年（1846）多文堂印本，编为 AC. 422/3-4 号；一种为成泰九年（1897）聚文堂印本，编为 AC. 194/3-4 号。
		胡志明市人文与社会科学大学汉喃遗产搜寻与研究所	藏印本两种，刊印单位及年代不详。第一种编号胡志明市第 9 郡 1-3 号，存第二卷至第四卷；第二种无编号，收集于槟椥省真洛县，为四卷全本。
	易经	越南汉喃研究院图书馆	藏印本二种，四卷全本。一种为绍治六年（1846）多文堂印本，编为 AC. 422/5-6 号；一种为成泰九年（1897）聚文堂印本，编为 AC. 194/5-6 号。

（续表）

书名		收藏地	版本与编号
五经大全节要	易经	胡志明市人文与社会科学大学汉喃遗产搜寻与研究所	藏印本一种，刊印单位及年代不详，无编号，收集于隆安省芹约县，存第一卷。
	礼记	越南汉喃研究院图书馆	藏印本二种，三卷全本。一种为绍治六年（1846）多文堂印本，编为 AC. 422/7−8 号；一种为成泰九年（1897）聚文堂印本，编为 AC. 194/7−8 号。
	春秋	越南汉喃研究院图书馆	藏印本二种，四卷全本。一种为绍治六年（1846）多文堂印本，编为 AC. 422/9−10 号；一种为成泰九年（1897）聚文堂印本，编为 AC. 194/9−10 号。
		胡志明市人文与社会科学大学汉喃遗产搜寻与研究所	藏印本三种，皆无编号，刊印单位及年代不详。一种收集于槟椥省巴知县，为四卷全本；一种收集于前江省凯来县，存第二卷；一种收集于前江省鹅贡县，存第三卷至第四卷。
性理大全节要		越南国家图书馆	藏印本两种：一种为绍治三年（1843）集文堂印本，存第一卷，编为 R. 372 号；一种为绍治四年（1844）美文堂印本，五卷全本，编为 R. 928−932 号。
		越南社会科学通信院图书馆	藏印本一种，刊印单位及年代不详，存第五卷，编为 HN. 1742 号。

值得注意的是，这些藏本主要反映了以下四个特点：第一，《节要》的传播方式虽以刊印为主，不过也出现了一些抄本。可见，尽管当时越南的刊刻技术已较为发达，且刊印《节要》的单位众多，但是仍不能充分满足社会需求，人们会选用抄录的方式来弥补流通的不足。第二，从《节要》的刊印时间来看，最早有绍治二年（1842）印本，最晚有成泰九年（1897）印本，这说明《节要》主要是阮朝士子所研习的一套读本。第三，《节要》在越南的传播是十分广泛的，南北各地均有流传。如果说北方的各个单位对《节要》的收藏是对官方藏书的反映，那么，胡志明市人文与社会科学大学汉喃遗产搜寻与研究所的收藏则反映了《节要》在民间的遗存。第四，从现存的《节要》可见，其书首一般都保留有永乐十三年的明成祖御制序、胡广等人的进书表、《大全》中各书的目录等篇章，另有刊印者的序言和标识，均注明所据为"裴氏原本"。这些都说明，裴氏《节要》是一部并未改变《大全》原本结构的作品，它是以一种更为简洁明了的方式将《大全》的精要集中起来，成为越南士子所青睐的一部举业的教材。

随着裴氏《节要》在越南的广泛流传，在其基础上又产生了一批重要作品。主要表现在以下两个方面：

1. 对《节要》再做约省。据《古学院书籍守册》之《国书守册》记载，阮朝出现了多个据裴氏《节要》新编的作品。如阮朝学部奉旨编撰有《三经新约》和《三传新约》二书，前者"取裴辉璧节要《诗》《书》《礼》原本刊约"，共五卷；后者则"取裴辉璧节要《论语》《孟子》《大学》原本刊约"，共三卷，所藏均为维新九年（1915）印本。另外，还有阮朝膺腥编撰的《论语菁花》和《大学要旨》以及胡浔恺编撰的《邹书摘录》，三书依次参照《论语节要》《大学要节》和《孟子节要》刊省，均为一卷。可见这是一次由官方主持的编书活动，对裴氏《节要》又进一步做了裁减。

目前越南社会科学通信院图书馆藏有《书经新约》印本一种，题署为胡得忠、阮文谈、阮善行等奉旨编撰于维新八年（1914），书成并刊印于维新九年。书首有署名"学部"的《经传新约序》，略云："今文明日启，书籍日繁，泰西新学迭出于文界……成泰十八年，改定学法试法，汉字外参以法字国语字试士，年例准三十岁内。夫以有限之年花，博无涯之学海，三年董帷万轴邺架。学旧学者犹且苦于无日，何暇新学？年前奉准设修书局，《国朝前正编》《国朝律例》等书，经奉刊辑，示简约也。兹又摘经之《诗》《书》《礼》，传之《论》《孟》《大学》，照裴辉璧（存奄）节要原本，再加刊省，使学者得有余力而法字国语字可博及焉……成书具在志学者，博学非敢有叛经废经为也。"[1] 说明在《经传新约》编纂之时，正值西方新学兴起之日，此书乃为兼顾新学和旧学而编纂。

2. 对《节要》进行喃译。据《古学院书籍守册》之《国书守册》记载，黎贵惇编撰有《五经节要演义》和《四书约解》二书，均据裴氏《节要》本翻译为喃文。前书共二十卷，为明命十八年刊印；后书共十九卷，为明命二十年刊印。另外，范廷倅编撰有《中庸演歌》，乃是"从《中庸节要》本演成上六下八格"，共一卷。

黎氏所撰《演义》在越南多个单位都有收藏。比如在越南汉喃研究院图书馆藏有《五经节要演义》多文堂明命十八年（1837）印本，共十二册，但缺《礼记节要演义》；又藏有《诗经节要演义》印本二种，为多文堂明命十七年（1837）

---

① 《书经新约》，越南社会科学通信院图书馆藏印本，编为 HN.890 号。

和明命十八年（1838）印本；还有《礼记节要演义》四卷、《春秋节要演义》六卷等①。此外，越南社会科学通信院图书馆藏有《易经节要演义》和《诗经节要演义》的抄本各一种，前者存第一卷和第四卷，后者存第三卷和第四卷；在胡志明市人文与社会科学大学汉喃遗产搜寻与研究所、河内普仁寺、会安圆觉寺等单位亦藏有《春秋节要演义》《诗经节要演义》的残本。从以上作品的刊印时间来看，比现存裴氏《节要》的时间更早，可见在《节要》刊行不久，对其喃译的活动就开始了。所以对于裴氏《节要》而言，实际上是有汉喃两种版本在越南流传，对越南的科举发生了显著影响。

三、《四书五经性理大全节要》与科举的关系

明代科举重视以《四书》《五经》取士，据《明史·选举志》记载明朝"专取四子书及《易》《书》《诗》《春秋》《礼记》五经命题试士"②。此后颁布科举定式，规定"初场试《四书》义三道，经义四道。《四书》主朱子《集注》，《易》主程《传》、朱子《本义》，《书》主蔡氏《传》及古注疏，《诗》主朱子《集传》，《春秋》主左氏、公羊、谷梁三传及胡安国、张洽《传》，《礼记》主古注疏"③。如此，《四书》《五经》便成为明代士子重要的研习对象。而《大全》的编撰则进一步推动了明代科举的发展，事实也证明在《大全》颁行天下后，"二百余年以来，庠序之所教，制科之所取，一禀于是"④。随着《大全》的广泛流传，后世则出现了诸多对其校正、续补和增删的作品，如明陈一经《四书大全纂》、李廷机《李太史参补古今大方四书大全》，清陆陇其《三鱼堂四书大全》、吴荃《四书大全汇解》、魏裔介《四书大全纂要》等。尤其是对《大全》的删节之作，其目的也是满足科举的需求。如《四库全书总目》记述说：

---

① 详见王小盾编《越南汉喃文献目录提要》，台湾"中研院"中国文哲研究所，2002 年。
② 张廷玉等《明史》卷七〇《选举志》，中华书局，1974 年，第 1693 页。
③ 《明史》卷七〇《选举志》，第 1694 页。
④ 高攀龙《高子遗书》卷七《崇正学辟异说疏》，文渊阁《四库全书》第 1292 册，上海古籍出版社，1987 年影印，第 441 页。

（魏裔介《四书大全纂要》）是编以明永乐间所著《四书大全》泛滥广博，举业家鲜能穷其说，乃采其要领，俾简明易诵。然《大全》庞杂万状，沙中金屑，本自无多。裔介所摘，又未能尽除枝蔓，独得精华，则亦虚耗心力而已。

（陆陇其《三鱼堂四书大全》）明永乐间，胡广等奉诏撰《四书大全》。……虽有明二百余年悬为功令，然讲章一派从此而开。庸陋相仍，遂似朱子之书专为时文而设，而经义于是遂荒。是编取胡广书，除其烦复，刊其舛谬，又采《蒙引》《存疑》《浅说》诸书之要以附益之。自较原本为差胜，然终未能尽廓清也。①

既然《大全》在中国的传习及其被后世删节是为了应试，那么在越南也是如此。陈文说越南黎朝"对儒家经典的摘要节要读物，主要是供举子应试参考"②。对此，在现存裴氏《节要》书首的刊印者序中均有详述，内容如下：

《四书大全节要序》云："节，约也；要亦约也。何约乎？便于决科而已矣。夫科举之学与义理之学不同，义理之学必自博而之约，科举之学则主于约。故取经传之全而节之。就中裴氏私本较诸家为善。前既取其五经而梓之，今乃及于四书。其间训释援引，一依原本，而皆颜之曰'节要'云。"

《五经大全节要序》云："科举之设，其来尚矣。既有科举，则有科举之文。有科举之文，则有科举之学。节要者，科举之学也。不然五经语孟载道之文皆要也，何以节为？诸家各有私本，而求其训释详核，援引该博，则于裴氏本深有取焉。前既刊其四书，兹又取其五经而刊之，俾并行于世，曰'节要'，仍其名也。若夫义理之学，则何敢云云。"（又一印本序）云："节要者，裴氏原本也。五经载道之文，皆要也。科举之学专于理会，文字往往节而约之，以便记诵备决科。前辈诸家，各有私本，就中训解详核，引用渊

---

① 永瑢等《四库全书总目》，中华书局，1965 年，第 314—315 页。
② 陈文《科举取士与儒学在越南的传播发展——以越南后黎朝为中心》，《世界历史》2012年第 5 期，第 77 页。

博，则未有如是本者。因锓之梓，颜以节要，亦曰举学之要云。"①

这三篇序文主要表达了两个意思：其一，之所以选择刊印裴氏《节要》，是因为此书"较诸家为善"且"训释详核，援引该博"，是删节《大全》的典范。其二，之所以要对《大全》加以删节，是因为"节要"是科举之学，可以"便记诵备决科"。究其实质，裴氏《节要》就是一部由私家编撰而被广泛认可的举业之作。

需要说明的是，越南科举自李仁宗太宁四年（1075）始，就一直重视用儒学经典来考核士子，科考需"选明经博学及试儒学三场"②。不仅如此，在李仁宗天符睿武七年（1126）曾"设庆贺《五经》礼于寿圣寺"，李高宗贞符十年（1185）又选"能通诗书者侍学御筵"③。到了陈朝，在陈太宗元丰三年（1253）九月，"诏天下儒士诣国子院，讲《四书》《六经》"；陈圣宗绍隆十年（1267）四月，"选用儒生能文者，充馆阁省院"；又绍隆十五年（1272）十月，"诏求贤良明经者为国子监司业，能讲谕《四书》《五经》之义，入侍经幄"④。从以上事件可见，李陈两代都推崇儒学，尤其重视对儒学经典的传授，并将其纳入到科考之中。

在后黎朝，《大全》传入越南并被官方大量刊印，这无疑使《四书》《五经》成了学校教育的重心。如黎光顺八年（1467）三月置五经博士，说："时监生治诗书经者多，习《礼记》《周易》《春秋》者少，故置五经博士，专治一经，以授诸生。"⑤ 黎熙宗正和十四年（1693）六月，阮名实等提出人才培养的方针，认为"人才由学校而出，历代得人之盛，皆由教养有素"，所以"国子监当设兼官审择祭酒、司业及五经教授学政，居留本监，时常教习"。黎景兴四十年（1779）六月申定学规，"命国子监官与提督学政，教习士人。……其《四书》

---

① 《四书大全节要》，法国吉美博物馆图书馆藏成泰七年（1895）盛美堂藏板印本。《五经大全节要》，法国吉美博物馆图书馆藏美文堂印本，越南国家图书馆藏绍治二年（1842）印本。

② 《大越史记全书》本纪卷三，第248页。

③ 《大越史记全书》本纪卷三、卷四，第265、304页。

④ 《大越史记全书》本纪卷五，第336、345、348页。

⑤ 《大越史记全书》本纪卷一二，第662页。

《五经》，务在熟讲义理。《通鉴纲目》与国史，须融会贯通。命题当用贯通经传大旨"①。如此，经学教育逐渐在各级教学单位得到全面推行。为了提高经学的地位，达到培养人才的目的，在黎昏德公永庆四年（1732）二月还颁布了"崇经学，禁子书"②的政令。

基于上述教育要求，经传在后黎朝的各类考试中就自然成为命题的重点。如：

（黎光顺三年壬午［1462］四月）定保结乡试例。……乡试法：先暗写汰冗一科。自第壹场《四书》、经义共五道。……第肆场策一道，经史时务中出题限一千字。

（黎洪德三年［1472］三月）会试天下举人……其试法：第壹场，《四书》八题。举子自择四题作四文，《论》四题，《孟》四题。《五经》每经三题，举子自择一题作文，惟《春秋》二题併为一题，作一文。……第肆场，策问一道，其策题以经书旨意之异同、历代政事之得失为问。

（黎洪德四年［1473］六月）试教职。其试法：第壹场《四书》各一题，《五经》各一题。

（黎洪德六年［1475］三月）会试天下举人……是科试法：第壹场《四书》，《论》三题，《孟》四题，《中庸》一题，总八题，士人自择四题作文，不可缺。《五经》每经各三题，独《春秋》二题。……第肆场策问，其策题则以经史同异之旨、将帅韬钤之蕴为问。③

科考中，《四书》《五经》都被安排在首场，这意味着考生是否能精研儒学经典将关系到科考的成败。所以那些与科举相关的典籍就成为应试宝典，有广泛的社会需求。比如在洪德十五年（1484）四月十三日颁定了官书领降宪司检刷令，其原因是"前递年官书领降在外各府，如《四书》《五经》《登科录》《会试录》《玉堂文范》《文献通考》《文选》《纲目》及诸医书之类，间有贪冒府官，擅自固执，以为己私，不曾交付学官医官"，为此，要求"各处宪司检刷该内各府前

① 《大越史记全书》续编卷一、卷五，第1021、1191页。
② 《大越史记全书》续编卷二，第1073页。
③ 《大越史记全书》本纪卷一二，第645—646、691页；本纪卷一三，第696、699页。

项诸书，而本府官擅自固执，学书不与交付学官，医书不与交付医官者，具实纠奏，送刑部治罪"①。可见，《四书》《五经》等书是被定为官书而受政府管控的。即便是这些官书有广泛的社会需求，那么也应由相关机构来增补刊印和统一发放。

这一点对《大全》来说也是如此。阮圣祖时期，面对全国科举教材严重不足的现状，在明命八年（1827）二月下令"北城捡在城文庙原贮《五经四书大全》《武经直解》及前后正史、《四场文体》诸印本送京，置于国子监"；又在明命十七年（1836）十二月"颁《五经四书大全》《四书人物备考》《诗韵辑要》于京外学堂（国子监、诸直省学政教授、训导凡一千一百七十部）"②。所采取的措施是：将文庙所存《大全》等举业典籍由国子监统一管理，并向各地学堂进行了大规模发放。但是，如此举措仍未能满足各地对《大全》的需求。阮宪祖绍治六年（1846）科道江文显、邓明珍等上奏，说："明命年间，在京国子监颁《四书五经大全》各五部，在外省学府学各一部，以备学臣讲肄而已。学者如欲抄写，则卷帙太繁，继晷穷年殆难为力。讨买无由，遂不免断章摘句，率行削略求其义理之淹博，其可得乎？此学者之通弊也。兹请在京由国子监监臣详捡《四书五经大全》原本，有舛谬者，量行补刻。在外左畿由平定，右畿由乂安，南圻由嘉定，北圻由河内、南定各镌刻《四书五经大全》印板各一本，仍由所在学堂尊置。凡所在府省并附近各辖，不拘官民士庶，情愿印刷者并听。夫如是，书籍流布，天下共之，万世传之，人人仰无穷之教泽矣。"奏文中反映了因《大全》只由在外省学府学收藏而未能广泛流布的现状。尽管学者们想通过抄写《大全》方式加以弥补，但终究因其卷帙浩繁，而陷入了断章摘句的弊端。所以请求朝廷准许能在外省刊印《大全》，以广其传。不过，阮帝的批复却是："原给经籍可资讲肄，如有何辖尚未颁给者，准礼部会同国子监臣，将在监现藏《五经四书大全》印板详加捡正续印，增给士人。有愿印刷者，听就国子监印刷。至如所请在外诸省开局镌刻，多有行不著处，著不准行。"③ 他同意由礼部会同国子监续印《大

① 《大越史记全书》本纪卷一三，第 720 页。
② 《大南实录正编第二纪》卷四二、卷一七六，庆应义塾大学言语文化研究所 1975 年影印本，第 1979、4003 页。
③ 《大南实录正编第三纪》卷五八，庆应义塾大学言语文化研究所 1977 年影印本，第 5492 页下—5493 页上。

全》，增给士人；但不同意在外诸省开局镌刻。这表明，由于越南自李朝以来科考都以儒学经典为主，所以《大全》自然成了众多儒生研习的重要教材。不过，《大全》自传入越南后就被列为官书，其刊印与发放都受朝廷的管控。即便是在刻印业相对发达的阮朝，朝廷禁止其他机构和私人刊印的政令，也使得《大全》难以满足社会的现实需求。这样一来，就形成了官方对《大全》刊印数量的不足而社会的实际需求量大的两难局面。既然如此，那么裴氏《节要》等私家删节《大全》之作的出现，或许其中的一个重要原因就是为了让这一局面得到改善。

（原刊于《域外汉籍研究集刊》第十八辑，中华书局，2019 年）

作者简介：

　　王皓，1983 年 10 月出生，四川泸定人。2002—2006 年就读于西华师范大学文学院，获文学学士学位。2006—2012 年就读于四川师范大学文学院，完成《陈孚〈交州稿〉与元代的中越文化交流》，获文学硕士学位；2009—2012 年完成《宋代外交行记与语录研究》，获文学博士学位。现为温州大学人文学院副研究员，东亚文化研究所成员，从事域外汉文献的整理工作。研究兴趣主要是唐宋文学与域外汉文献。

王小盾教授学术年表

1977 年

12 月，参加恢复高考后首次考试，由江西师范学院南昌分院录取，从外语班转入中文班。

1979 年

9 月，进入上海复旦大学攻读硕士学位。专业方向中国文学批评史，导师王运熙教授。

1982 年

6 月，硕士学位论文《明曲本色论的渊源及其在嘉靖时代的兴起》通过答辩。

12 月，通过扬州师范学院博士生入学考试。专业方向"隋唐燕乐歌辞"，导师任中敏教授。

1985 年

12 月，博士学位论文《隋唐五代燕乐杂言歌辞研究》通过答辩。进入上海师范大学文学研究所工作。

1986 年

1 月，往北京中国音乐研究所会见黄翔鹏教授，同中国音乐研究者建立密切合作的关系。

1987 年

9 月，往山西五台山参加"五台山学术思想讨论会"，发表论文《五台山与唐代佛教音乐》。

11 月，论文《琴曲歌辞〈胡笳十八拍〉新考》发表于《复旦学报》第 4 期，《隋唐燕乐》发表于《中国首批文学博士学位论文选集》。

1988 年

5 月，论文《唐大曲及其基本结构类型》发表于《中国音乐学》第 2 期。

6 月至 7 月，在温州师范学院学习音韵学，为期 52 天。

9 月，长篇论文《唐代酒令与词》发表于中华书局《文史》第 30 辑。

10 月，论文《南乐北渐和中国音乐风格的形成》发表于《中国社会科学》第 5 期。《原始信仰和中国古神》一书由上海古籍出版社出版。

本年评为副研究员，开始指导中国古代文学专业硕士研究生。

1989 年

3 月，往香港浸会学院参加佛教音乐讨论会，发表论文《汉唐佛教音乐述略》。

12 月，论文《论〈宋书乐志〉所载十五大曲》发表于《中国文化》第 3 辑。《隋唐五代燕乐杂言歌辞集》（同任半塘先生合作）一书由巴蜀书社出版。

1990 年

全年阅读关于考古学、民族学、史前研究的书刊。承担国家哲学社会科学基金青年项目"传播方式和中国诗体的变迁"。

1991 年

1 月，论文《解析敦煌舞谱结构的钥匙》发表于《中国音乐学》第 1 期。

7 月，所著第一部论文集《汉唐音乐文化论集》由台湾学艺出版社出版。

12 月，论文《佛教呗赞音乐与敦煌讲唱辞中"平""侧""断"诸音曲符号》发表于《中国诗学》创刊号。

本年评为研究员。《隋唐五代燕乐杂言歌辞集》一书获第 5 届中国图书奖荣誉奖、首届全国优秀古籍二等奖、首届四川省最佳图书奖。

1992 年

本年获得霍英东教育基金资助，进行"汉民族文学艺术与周边文化"研究。11 月，往云南南部考察边疆地区的民族文化。

指导叶昶完成硕士学位论文《宋代话本小说及其存在条件》，在上海师范大学通过答辩。此文后发表于《扬州大学中国文化研究所集刊》第一集。

1993 年

3 月，《唐代酒令艺术》一书由台湾文津出版社出版。此书后由上海知识出版社（1995 年）、东方出版中心（1996 年）出版简体字本。

5 月，论文《楚宗庙壁画鸱龟曳衔图》（同叶昶合作）发表于《中国文化》

第 8 辑。

7 月，在拉萨参加藏学讨论会，发表论文《论藏族文化的起源》。会后在泽当、穷结、萨迦、江孜、比如、安多、那曲等地考察四十多天。

12 月，由国务院学位委员会批准为中国古代文学专业博士生导师。

本年，指导潘建国完成硕士学位论文《唐代论议研究》，在上海师范大学通过答辩。承担国家教委八五规划项目"中国原始艺术及思想研究"。

1994 年

5 月，所著《唐代酒令与词》获上海市 1986—1993 年哲学社会科学优秀成果一等奖。论文《敦煌文学与唐代讲唱艺术》发表于《中国社会科学》第 3 期。

7 月至 9 月，往新疆考察，走访三十多个县市。

9 月迁居扬州，任扬州大学中国文化研究所所长。首届博士生入学。

10 月，论文《论古神话中的黑水、昆仑与蓬莱》发表于上海古籍出版社《选堂文史论苑》。

本年享受国务院颁发的政府特殊津贴。指导朱渊清完成硕士学位论文《六诗论：关于〈诗〉的起源的若干问题》，在上海师范大学通过答辩。

1995 年

1 月，长篇论文《火历质疑》发表于《中国天文学史文集》第 8 集。

1996 年

1 月，论文《中国韵文的传播方式及其体制变迁》发表于《中国社会科学》第 1 期。

11 月，所著《隋唐五代燕乐杂言歌辞研究》由中华书局出版。长篇论文《敦煌论议考》（同潘建国合作）发表于《中国古籍研究》创刊号。

1997 年

1 月至 4 月，偕博士生赵塔里木往吉尔吉斯斯坦、哈萨克斯坦，对东干民族（西北中国人迁入中亚后形成的民族）的音乐与文学进行考察研究。

11 月，论文《汉藏语猴祖神话的谱系》发表于《中国社会科学》第 6 期。

12 月，所著《唐代酒令艺术》获江苏省哲学社会科学优秀成果一等奖。

本年，指导王胜华、戴伟华完成博士学位论文《中国戏剧的早期形态》《唐代使府与文学研究》，在扬州大学通过答辩。

1998 年

6 月，所著第二部论文集《中国早期艺术与宗教》由东方出版中心出版。

8 月至 9 月，首次往越南河内汉喃研究院考察汉文古籍。

12 月，所编《扬州大学中国文化研究所集刊》由江苏古籍出版社出版，发表长篇论文《诗六义原始》。

本年，所著《隋唐五代燕乐杂言歌辞研究》获上海市哲学社会科学优秀著作二等奖、国家教育部人文社会科学优秀著作三等奖。指导傅修延、王廷洽、赵塔里木完成博士学位论文《中国叙述传统的形成》《楚文化与两汉文学》《在中亚传承的中国西北民歌：东干民歌研究》，在扬州大学通过答辩。

1999 年

4 月，论文《原始佛教的音乐及其在中国的影响》发表于《中国社会科学》第 2 期。

12 月，长篇论文《唐代谣歌研究》发表于《中国人文社会科学博士硕士文库》。

本年，指导周广荣、汪俊、方志远完成博士学位论文《梵语〈悉昙章〉在中国的传播和影响》《两宋之交文学发展的地域性研究》《明代城市与明代市民文学研究：以成化、弘治、正德为中心》，在扬州大学通过答辩。

2000 年

3 月至 6 月，论文《小说和诗体传》《演音、演歌、演传和演字》等发表于越南国家社会科学研究中心刊物《汉喃杂志》第 1 期、第 2 期。

7 月，论文《中国音乐文献学：以杨荫浏为枢纽的两个时期》（同喻意志合作）发表于《中国音乐学》第 3 期。

8 月，往敦煌参加"敦煌学国际学术讨论会"，发表论文《从莫高窟第 61 窟维摩诘经变看经变画和讲经文的体制》。

9 月，任四川大学中国俗文化研究所兼职研究员。论文《唐传古乐谱和与之相关的音乐文学问题》（同陈应时合作）发表于《中国社会科学》第 5 期。

本年，所著《诗六义原始》获上海市哲学社会科学优秀成果一等奖。承担教育部古籍委员会项目"历代乐志律志校释"。指导马银琴、何剑平完成博士学位论文《西周诗史》《敦煌维摩诘文学研究》，在扬州大学通过答辩。

2001 年

2 月至 4 月，第二次往越南考察研究汉文古籍。

3 月，论文《〈越南汉文小说丛刊〉和与之相关的文献学问题》发表于台湾《"中央研究院"中国文哲研究集刊》第 18 期。

5 月，完成《越南汉喃文献目录提要》一书。

9 月，论文《中国音乐学史上的"乐""音""声"三分》发表于《中国学术》第 3 期。

11 月，论文《东干文学和越南古代文学的启示：关于新资料对文学研究的未来影响》发表于《文学遗产》第 6 期。

12 月，所著《汉文佛经中的音乐史料》一书（同何剑平、周广荣合作）由巴蜀书社出版。长篇论文《越南访书札记》发表于《新国学》第三卷。

本年，承担国家社会科学基金项目"《乐府诗集》研究"。指导孙晓晖、李方元、王福利完成博士学位论文《两唐书乐志研究》《宋史乐志研究》《辽金元三史乐志研究》，在扬州大学通过答辩。

2002 年

9 月，论文《越南古代诗学述略》（同何仟年合作）发表于《文学评论》第 5 期。

11 月，论文《〈行路难〉与魏晋南北朝的说唱艺术》发表于《清华大学学报》第 6 期。

12 月，调任清华大学中文系教授，迁居北京。

本年，指导许继起、孙尚勇、崔炼农、喻意志、尚丽新完成博士学位论文《秦汉乐府制度研究》《乐府史研究》《汉魏六朝乐府辞乐关系研究》《〈乐府诗集〉成书研究》《〈乐府诗集〉的刊刻和流传》，分别在扬州大学、上海师范大学通过答辩。又指导朱旭强完成硕士学位论文《乐纬所见颛顼帝喾乐名考辨》，在上海师范大学通过答辩。

2003 年

1 月，《越南汉喃文献目录提要》一书由台湾"中央研究院"文哲研究所出版。论文《从越南俗文学文献看敦煌文学研究和文体研究的前景》发表于《中国社会科学》第 1 期。

2 月初，第三次往越南考察汉文古籍，3 月末因 SARS 返回。所著第三部论文集《从敦煌学到域外汉文学》由商务印书馆出版。

12 月,《词曲研究》(同杨栋合编)一书由湖北教育出版社出版。论文《隋唐五代词曲概述》等发表于韩国敦煌学会所编《东西文化交流研究》第 6 辑。

本年,指导曹柯平、何仟年、杨晓霭、蒋瑞完成博士学位论文《中国洪水后人类再生神话类型学研究》《越南古典诗歌传统的形成:莫前诗歌研究》《宋代声诗研究》《铭刻书写与中国散文的产生》,分别在扬州大学、上海师范大学通过答辩。

2004 年

2 月,往韩国汉阳大学中文系任教一年。

4 月,论文《早期道教的音乐与仪轨》发表于韩国道教文化学会《道教文化研究》第 20 辑。

6 月至 7 月,在汉阳大学音乐学院作系列演讲,内容有:"20 世纪的中国传统音乐研究""隋唐燕乐和中国音乐史的分期""音乐文献学:中国传统音乐研究的入门途径""从'乐''音''声'三分看中国古代音乐学的性格""《胡笳十八拍》和古琴艺术史""乐部和中国音乐传承研究"。

9 月,论文《潘重规先生"变文外衣"理论疏说》发表于台湾敦煌学会《敦煌学》第 25 辑。

12 月,长篇论文《唐代乐部研究》和 *Yuebu of the Tang Dynasty: Musical Transmission from the Han to the Early Tang Dynasty*(均同孙晓晖合作)分别发表于《国学研究》第 14 卷和 Yearbook for Traditional Music,Vol. 36.

本年多次在韩国参加学术会议和演讲会,发表论文《中国词学的普遍性和特殊性》《从曲子辞到词:关于词的起源》《〈高丽史·乐志〉"唐乐"的唐代渊源》《罗丽二朝的佛教音乐史料》《〈红楼梦〉中的子平之术:人物命运及小说正续二书的关系》等。指导王立增、温显贵完成博士学位论文《唐代乐府诗体研究》《清史乐志研究》,分别在扬州大学、上海师范大学通过答辩。

2005 年

1 月,论文《从〈高丽史·乐志〉"唐乐"看宋代音乐》发表于《中国音乐学》第 1 期。

3 月,论文《龙的实质和龙神话的起源》《从敦煌本共住修道故事看唐代佛教诗歌文体的来源》等发表于《清华大学古代汉文学论集》。

5月，长篇论文《〈高丽史·乐志〉"唐乐"的文化性格及其唐代渊源》发表于《域外汉籍研究》创刊号。

9月，论文《〈文心雕龙〉风格理论的〈易〉学渊源》发表于《清华大学学报》第5期。

指导朱旭强、刘玉珺完成博士学位论文《交趾汉化研究》《越南汉喃典籍的文献学研究》，分别在上海师范大学、扬州大学通过答辩。

2006 年

9月，调任四川师范大学教授。迁居成都。

11月，在四川省峨边县毛坪乡长梯村度过彝族新年。

12月，往首尔。此后由韩国学术交流基金会资助，在梨花女子大学工作八个月，进行《高丽史乐志》研究。

本年承担四川省哲社重点项目"中国早期思想与符号研究"。指导徐厚广完成硕士学位论文《法藏敦煌〈诗经〉卷子P2506、P2514、P2538研究》，在清华大学通过答辩。

2007 年

本年多次在韩国参加学术会议，发表论文《龙信仰在朝鲜半岛的流传》《〈高丽史乐志〉研究对于中国学术的意义》《关于〈高丽史乐志〉研究的四个问题》。

8月回国，参加南京大学域外汉籍研究国际学术研讨会，发表论文《从〈高丽史〉的编印看鲜初史学》。再次受聘为扬州大学文学院教授。

10月，在四川茂县飞虹乡、黑虎乡和黑水县考察羌族文化。《夏代的"九歌"及其同五行说的关联》发表于《中国音乐学》第4期。

11月，论文《经呗新声与永明时期的诗歌变革》（同金溪合作）发表于《文学遗产》第6期。

本年承担国家哲学社会科学基金项目"高丽史乐志研究"。指导金溪、刘明完成硕士学位论文《六朝诗歌吟诵与诗体变革》《敦煌残卷所见先唐诗歌研究》，在清华大学通过答辩。

2008 年

1月，往云南楚雄考察彝族文化，在楚雄苍岭镇西云村、姚安县太平镇白沙冲村、姚安县仁和乡大石丫口、永仁县猛虎乡阿里地村住宿、调查。

3月，论文《从"五官"看五行的起源》发表于《中华文史论丛》第89辑。

4 月，论文《从朝鲜半岛上梁文看敦煌儿郎伟》发表于南京大学《古典文献研究》第 11 辑。

6 月，由日本住友财团提供小额资助，在庆应义塾大学工作一年，进行"大陆音乐在日本的传承"研究。《四神：起源和体系形成》一书由上海人民出版社出版。

7 月，《中国早期思想与符号研究》（两卷本）由上海人民出版社出版。

9 月，论文《韩国学者的"唐乐"研究》发表于《音乐研究》第 5 期。

11 月，论文《关于〈古今乐纂〉和音乐文献的辨伪》发表于《文艺研究》第 11 期。

本年，指导李飞跃完成硕士学位论文《中晚唐五代宫廷及教坊乐舞人员流散考》，在清华大学通过答辩。

2009 年

1 月，受聘为日本上野学园大学日本音乐史研究所特邀研究员。

3 月，论文《论汉文化的"诗言志，歌永言"传统》发表于《文学评论》第 2 期。

6 月起，主持二十四史和《清史稿》修订工程分支项目"历代乐志修订"。

10 月，论文《论中国乐部史上的隋代七部乐》发表于《中国音乐学》第 4 期。在西昌参加"古彝文化与三星堆文化探源学术研讨会"，发表论文《论三星堆、金沙遗址兽面图像同古彝文化的关联》。

11 月，主持召开"古代汉文学的生存与传播学术讨论会"。

本年，指导张宏、王皓完成硕士学位论文《汉晋时期地方教育与文学关系研究》《陈孚〈交州稿〉与元代的中越文化交流》，在四川师范大学通过答辩。

2010 年

1 月，考察笔记《走过茂县是北川》发表于《中华文化论坛》第 1 期；工作总结《关于各史乐志音乐名词的书名号等问题》发表于《点校本二十四史及〈清史稿〉修订工程简报》第 42 期。

5 月，论文《〈文心雕龙·乐府〉三论》发表于《文学遗产》第 3 期；《论道藏中的音乐史料》（同王皓合作）发表于《音乐研究》第 3 期；《再论音乐文献辨伪的原则和方法》发表于《文艺研究》第 5 期；《域外汉籍研究中的古文书和古记录》发表于《域外汉籍研究集刊》第 6 辑。

6月，论文《论〈老子〉首章及其"道"的原型》发表于《中华文史论丛》第2期。

8月上旬，往西昌参加火把节活动，提交论文《论火把节的来源兼及中国民族学的"高文化"问题》，前往普格县西洛镇、螺髻山镇考察。中旬到四川省马边县，参加热布（草偶）、神鬼像（泥偶）讨论会。

9月，长篇论文《饕餮神话和艺术的真相》发表于《艺术与科学》第10卷。所著第四部论文集《起源与传承：中国古代文学与文化论集》一书由凤凰出版社出版。

本年，《中国早期思想与符号研究》一书获四川省哲学社会科学优秀成果一等奖。指导蒲政、王波完成硕士学位论文《苏轼唱和词研究》《大晟府的音乐与文学》，在四川师范大学通过答辩。

2011年

3月至4月，演讲稿《经典之前的中国智慧》连载于《西南民族大学学报》第3期、第4期。

5月，论文《从〈琴操〉版本论音乐古籍辑佚学》（同余作胜合作）发表于《音乐研究》第3期。

6月至8月，《从〈酉阳杂俎〉看唐代音乐》发表于《音乐艺术》第3期；《朝鲜半岛〈步虚子〉的中国起源》发表于《四川师范大学学报》第4期；《明朝和高丽的音乐交往：1368年—1373年》发表于《中国音乐学》第5期。

10月，往北京参加国家社科重大招标项目"中国上古知识、观念与文献体系的生成与发展研究"申报，未成功。

12月，《论变文、讲经文的联系与区别——关于梅维恒〈唐代变文〉的几个问题》，发表于《国学研究》第28卷。

本年，指导路勤凤、任子田完成硕士学位论文《中国文学史上的平城时代》《汉末魏晋谈论与说理文研究》，在四川师范大学通过答辩。

2012年

1月，第五部论文集《隋唐音乐及其周边》由上海音乐学院出版社出版。

3月，《论〈梅葛〉中的文化数字》发表于《民族文学研究》第2期；《论〈汉书艺文志〉所载汉代歌诗的渊源》（同许继起合作）发表于《中国社会科学院文学研究所学刊》；《论火把节的来源——兼及中国民族学的"高文化"问题》

发表于《清华大学学报》第 2 期。后文于次年获"百盛—清华学报优秀论文奖"。

3 月至 7 月，《域外汉文音乐文献述要》（《越南、韩国篇》《日本篇》《乐书目录篇》）发表于《中国音乐学》第 2 期至第 4 期。

7 月至 9 月，《高丽俗乐的中国渊源》发表于《中国社会科学》第 7 期；《鱼山梵呗传说的道教背景》（同金溪合作）发表于《中国文化》第 36 期。

9 月，调任温州大学人文学院教授。迁居温州。

10 月，承担国家社科重大招标项目"域外汉文音乐文献整理与研究"。

11 月，受聘为新疆师范大学中亚音乐文化研究中心首席专家。

本年，指导余作胜、王皓、武玉秀完成博士学位论文《汉代乐书的文献学研究》《宋代外交行记与语录研究》《唐代净土文学艺术研究》，分别在四川师范大学、扬州大学通过答辩。

2013 年

2 月，《鱼山梵呗传说考辨》（同金溪合作）发表于《文史》第 102 辑。

5 月，往韩国延世大学参加渊民学会年会，作主题发言《论渊民先生的乐府观》。

7 月，《中国音乐文学史上的三大问题》（同伍三土合作）发表于《文艺研究》第 7 期。

8 月，《从敦煌学到域外汉文献研究》由商务印书馆出版。

12 月，《中国音乐文献学初阶》由北京大学出版社出版。

本年，指导伍三土完成博士学位论文《宋词音乐的专题研究》，在扬州大学通过答辩。指导邓培果完成硕士学位论文《梁代宫廷音乐与诗歌关系研究》，在四川师范大学通过答辩。

2014 年

5 月，《邛崃〈竹麻号子〉研究的赋学意义》发表于《四川师范大学学报》第 3 期。

6 月，《从上古图文献看孔子诗学》（同陈绪平合作）发表于《中华文史论丛》第 2 期。

7 月，《从李家源看朝鲜半岛的乐府观》发表于《文学评论》第 4 期。

11 月，《章贡随笔》由南京大学出版社出版。

12 月，《朝鲜世宗时期的礼乐及其同中国的关联》发表于《曲学》第 2 辑。

《汉文佛经音乐史料类编》（同何剑平、周广荣、王皓合作）由凤凰出版社出版，并获全国优秀古籍二等奖。

本年，指导樊昕、张长彬完成博士学位论文《唐集在宋代的生存状况研究》《敦煌曲子辞写本整理与研究》，在扬州大学通过答辩。指导陈绪平、任子田完成博士学位论文《中国早期文献与文学研究》《从口传到书写：中国早期史书的史源研究》，指导张晓琪完成硕士学位论文《新辑木鱼歌文献研究》，在四川师范大学通过答辩。

2015 年

1 月，《论神话对于历史的象征性表达：读羌族神话〈燃比娃取火〉》（同沈德康合作）发表于《四川大学学报》第 1 期。

2 月 9 日至 3 月 20 日，偕博士后金溪往美国考察日本汉文古籍、越南汉文古籍和中亚音乐研究资料。2 月 13 日在密歇根大学参加印度音乐讨论会，宣讲"古印度的佛教音乐及其在中国的传播"。此后在密歇根大学亚洲图书馆、华盛顿国会图书馆、波士顿哈佛燕京图书馆、哈佛大学考古与艺术图书馆、纽约哥伦比亚大学东亚图书馆、哥伦比亚大学音乐图书馆、纽约公共图书馆、加州大学柏克莱校区东亚图书馆、加州大学柏克莱校区东南亚图书馆作访问考察。

6 月，《东亚俗文学的共通性》发表于《中国社会科学》第 5 期；《中国雅乐史上的周世宗：兼论雅乐的意义和功能》（同李晓龙合作）发表于《中国音乐学》第 2 期。

本年指导李晓龙完成博士学位论文《魏晋南北朝音乐文学专题研究：以仪式音乐与文学的关系为中心》，在四川师范大学通过答辩。指导张志辉完成硕士学位论文《北属时期越南散佚文献研究》，在温州大学通过答辩。《高丽俗乐的中国渊源》获国家教育部第 7 届人文社会科学研究成果三等奖、浙江省社科联社科成果一等奖。

2016 年

5 月，《从黎圣宗看中越之间的诗歌唱酬》（同张娇合作），发表于《域外汉籍研究集刊》第 13 辑。

5 月—7 月，《西方世界的中亚音乐研究：中国关系篇》《西方世界的中亚音乐研究：中亚各地区篇》（同金溪合作），发表于《音乐研究》第 3 期、第 4 期。

7 月 29 日至 8 月 12 日，往冲绳考察琉球古籍和古代音乐。7 月 30 日在琉球大学参加"2016 琉球·朝鲜文化交流 600 周年纪念学术大会",发表论文《从 1832 年谢恩使看琉球王国的外交用乐》。会后访问琉球大学图书馆、冲绳县立图书馆、冲绳县公文馆。

9 月,《"绝地天通"天学解》发表于《中华文史论丛》第 3 期。

10 月,《朝鲜半岛的乐府和雅乐》发表于《中国音乐》第 4 期。

11 月,《经典之前的中国智慧》由北京大学出版社出版。

12 月 6 日,率王皓、任子田、黄岭往胡志明市,开始为期三个月的学术考察。

本年指导金溪完成博士后出站报告《汉唐散佚乐书的整理与研究》,在中国音乐学院通过答辩。指导陈蕾完成硕士学位论文《文学史上的"浙东"》,在温州大学通过答辩。

2017 年

1 月上旬、中旬在胡志明市考察,1 月 22 日起往顺化、会安等地考察,2 月 6 日至 3 月 5 日在河内考察,先后访问约二十个研究院图书馆和寺院图书馆。

4 月,《上古中国人的用耳之道》发表于《中国社会科学》第 4 期。

9 月,《论东亚音乐中的"乱""乱声"与"乱序"》(同刘盟合作)发表于《音乐研究》第 5 期。

10 月,《从〈乐家录〉看丝绸之路东线的"船乐"》(同崔静合作)发表于《音乐文化研究》创刊号。

本年指导崔静、刘盟、宁倩完成硕士学位论文《〈乐家录〉中的大曲研究》《〈体源钞〉的文献学研究》《〈体源钞〉引中国典籍研究》,在温州大学通过答辩。

2018 年

6 月,《敦煌舞谱:一个文化表象的生成与消亡》发表于《音乐艺术》第 2 期。《上古中国的"乐"和"音乐":写在〈中国历代乐论〉出版之际》发表于《国学研究》第 40 卷。

9 月,《中国古代的音乐史书写》(同金溪合作)发表于《音乐艺术》第 3 期。

本年指导黄岭、谭清、高宇星完成硕士学位论文《越南重刊本中国佛典的文献学研究》《〈山海经〉中的博物之学》《明万历年间俗文学文体观研究》,在温州大学通过答辩。

2019 年

1 月，《论朝鲜半岛词文学的产生》发表于《文学评论》第 1 期；《论日本音乐文献中的古乐书》（同张娇合作）发表于《文艺研究》第 1 期；《观察中国音乐文献学的三个维度》（同金溪合作）发表于《音乐艺术》第 1 期。

5 月，《从越南的四所寺院看汉籍在域外的生存》（同王皓、黄岭、任子田合作）发表于《域外汉籍研究集刊》第 18 辑。

9 月，《日本音乐史的另一面：古记录中的日本宫廷音乐》（同王皓合作）发表《音乐研究》第 5 期。

10 月，审定洛秦主编《中国历代乐论》，由漓江出版社和上海音乐学院出版社出版。

11 月，《论中国音乐史料的编纂》（同金溪合作）发表于《音乐研究》第 6 期；《越南汉文佛教典籍的海上来源》（同黄岭合作）发表于《国际汉学研究通讯》第 18 期。受聘担任河南师范大学音乐舞蹈学院讲席教授。

本年指导刘娇、李西美完成硕士学位论文《高丽教育与高丽汉诗关系研究》《〈汉书·艺文志·诸子略〉杂家书汇考》，在温州大学通过答辩。《上古中国人的用耳之道》获浙江省第 20 届哲学社会科学优秀成果奖二等奖。

2020 年

1 月，受聘担任温州大学音乐学院特聘教授。完成《论中国早期经典的形成》一文。编定《硬石岭曝言》一书并交付凤凰出版社，编入"凤凰枝文丛"。

6 月，指导张军、朱敏、刘嘉宇完成硕士学位论文《宋代音乐典籍汇考》《宋仁宗朝文人音乐活动研究》《滇桂南部民间文学的仪式展演研究》，在温州大学通过答辩。

2021 年

1 月，《日本唐乐曲〈苏莫者〉及其南海来源》发表于《中华文史论丛》第 141 辑；《汉文化视野中的东亚和东南亚音乐》发表于《音乐研究》2021 年第 2 期。

9 月，承担国家社科重点项目"《越南古籍总目》编纂与研究"。

11 月，《论中国早期教育史上的"教治"》（同韩朝合作）发表于《四川大学学报》第 6 期。

6 月，指导李滔、吴云燕完成硕士学位论文《玄觉大师〈永嘉证道歌〉研究》《琉球汉籍书目研究》，在温州大学通过答辩。11 月，指导孙可臻完成博士学位论文《中国传统乐谱的旋律书写方式及相关问题研究》，在中国音乐学院通过答辩。

2022 年

1 月，《琉球音乐史的高光时刻——1832 年的上江户使团及其中国背影》发表于《音乐研究》第 1 期；长篇论文《中国多声音乐的早期历程》发表于《中国音乐学》第 1 期。

勸學篇

导师训诫笔录

王胜华

2001 年 6 月摄于扬州，左一为作者

求学的基本功有三条：一是找得到资料，二是读得懂资料，三是能够分析和运用资料。可以分别比作及门、登堂、入室。文献学是及门之学，也就是人们常说的目录、版本、校勘；语言学是登堂之学，也就是人们常说的文字、音韵、训诂。清代人经常提这六个词，可见这是他们心目中的基础学问。

作为入门，可以先读两本书，一是《史记》，二是《四库全书总目》。以此为基础，再去阅读其他典籍。理由是：《四库全书总目》教人找到资料，《史记》则教人读懂资料。所以读《四库全书总目》要特别注意它的结构；读《史记》则可以采用三个角度：语言学角度，把它当作古汉语的典范作品来读；历史学角度，把它当作第一部中国通史和第一部纪传体史书来读；文学角度，把它当作文学叙事法的经典和文学典故的渊薮来读。

从硕士论文和《西盟佤族猎头习俗与头颅崇拜》来看，你有比较开阔的视野，有想象力和驾驭问题的能力；但在思考和表述的规范上欠佳，例如行文与结构不均匀。你的"野"，既表现在行为上，又表现在学习上，是个思想方法的问题。所以要在"整饬"方面加强训练。写文章要注意得体，该说的说到位，不该说的不啰嗦。要做到清楚明白。

我接触过三个关于天才的解释。如果移用到做学问，那么，关于学者素质，最重要的是以下三条：（一）注意力：能对特定事物保持长时间的思考；（二）灵活性：善于修改自己；（三）深入思考的能力：能够在充满矛盾的意见或现象中找到潜在的统一的逻辑。

卡片可以做在电脑中，索引则用手抄，以便于分类。

思维活跃的人应该充分利用电脑，以便提高处理资料的速度和范围；但每条资料都要逐字逐句亲自过手。古人所谓"得之于心而应之于手"，我的理解是：只有用手抄资料，用手改文章，才能用心去理解资料。所谓买书不如借书，借书不如抄书，道理也在这里。

合理的论文结构，等于思想的一半；完善的资料，等于论文成功的一半。两者的共同处是：不到写完论文，它们都不会达到完善的地步。所以，文章不怕改，写作计划不怕改。

任半塘先生搜集资料的方法、写书方法都比较特殊。他喜欢采用的资料方式是竭泽而渔。比如，在图书馆的古籍库里，从第一架的第一本看到最后一架的最后一本，不放过每一本书。抄写资料的时候，他用旧报纸装订成一个大本，分好门，别好类；把资料卡片粘贴于有关的门类当中。贴完后，以它为资料长编从头书写，每两年可写一本专著。

受任先生的影响，我在写作博士学位论文期间，把《丛书集成初编》翻阅了一遍。我的方法是：先检出那些与自己的专业相关的书籍，再找不同版本比较着阅读。因为要做资料校勘——既有对校，也有他校，所以我喜欢使用大幅的活页纸，以便把同一主题的资料汇聚在一起。

读书需要一种节奏，太快不行，太慢也不行。其中既有一个"熟能生巧"的问题，要精；又有一个读书量的问题，要大。观千剑然后识器，不大就不会有鉴赏能力；贵在得间，不精就不会有深刻的思想。所谓"由博返约"，可以理解为关于读书节奏的一种提示。

校勘书稿是一个长学问的工作，对一条引文的涵义的确认，有时也能引发理论系统的变化。

做学问须有"孤胆"意识。一旦深入无人之境，"气"就比"才"还重要了。

中国上古的资料很少，有如舞台上的追光，到处都是暗区。所以要用其他手段使暗区发生光亮，以便使点的认识发展为线和面的认识。根据我的经验，旧式的考据法不完全适用于先秦文化研究。因为它的原则是一分光亮说一分话，不考虑暗区。

针对这种情况，我们特别要讲全局观念、理论意识和比较研究的方法。但这些方法既有重视逻辑的优点，又有不够具体的缺点。为此要作一个折中，即我们的思考应从光亮出发，以它为依据；但不止于光亮，也就是不以它为目的。这样就要把许多光亮用为标准器。标准器的意义是规定了事物与特定时间、特定空间的关系。把每一种事物都放到特定的时间和地点中加以认识，用多种学科的手段和资料落实事物之间的联系，这样的研究方法，大概可以称作新考据法吧。

顾颉刚的疑古之法，用于中古和近古可以，用于上古则不行。因为上古是一个口碑资料的比重远远大于典籍史料的时期，每一种史料都经过若干年的口头传承才书于竹帛，所以不能根据典籍形式上的真伪（作者及其年代的真伪）、记载的先后来判断事实的真伪和先后。

单从瞽蒙的功能来看，我们就知道，在先秦时代，人们有一个用口传方式作忠实记录的传统。古史辨派没有注意到这一传统的存在。

研究先秦文化，非要学习语言学不可，起码要做到一条：会使用工具书和现有成果，例如音韵学的上古同音字表。这样就要建立一定的学术鉴赏力，能通过比较而了解有关成果的优劣。

所谓"文化"，实际上是人与自然的关系。人同自然有什么样的关系，文化就有什么样的类型。这种类型是由工具确定下来的，因为工具具有主观和客观两重属性：既是自然物，又是人体器官的延长。所以，反映文化类型的艺术风格是同工具型态相对应的，是由于特定工具的使用而固定下来的。例如乐器之于音乐风格，又如书写材料之于文字和书籍、之于绘画和书法。

做学问也有"通变"的问题："通则可久，变则可大。"首先要讲究通，即遵循传统的体例来做文献考订。易引发歧义的概念不要使用，例如"原始"一词。

学术工作会让人发现自己的年轻，也会使人长寿（例如任半塘先生享寿九十五高龄）。三年博士学业，使我的生命密度更大了。很想再体验一次。

买书首先购买基本史料书。你知道"经常"两个字的含义吗？"经"是串连竹简的线，因而代表经典、常规；"常"是画了太阳、月亮的旗帜，因而代表天命。两个字连起来，意思是最崇高的，同时是恒久不变的，也就是最平常的。基本史料书也是这样，常读常新。

写论文和写书是两件不同的事情。论文以解决问题为目的，求深入透彻；写书则要面面俱到，求周全。这两者的差别主要不是篇幅的差别，而是学术方式的区别。最令人愉快的事情是写不受篇幅限制的论文。

买书是节约生命的一种手段，可以减少无谓的奔忙；但是又要常进图书馆。

在图书馆里，按科学分类而排列起来的图书不仅给人一种庄严感和紧张感，而且会向人提示知识的系统性。读学位期间要用百分之五十的时间去泡图书馆。在那里，你才真会懂得"思而不学则殆"的道理。因为许多问题一进图书馆就解决了。

真正的学者是具有平常心的。如果把做学问看作一种生活方式，那么，它与工人做工、农民种地就没有什么区别——可以使人自信，但不会使人自负。所谓"古之学者为己，今之学者为人"，就是把求学当成生存状态的意思。

应该根据资料的重要性，对不同资料采取不同的处理方法。在编《先秦表演艺术史料汇编》的时候，关于主要问题的资料要求好、求完备，一旦发现便输入电脑；背景资料则先用快和省的方法收集。

处理少数民族资料同文献资料的关系，可以先考虑两个问题：（一）分析各民族语言中的相关词语，确定他们的艺术分类观念；根据这些观念来确定中国早期表演艺术的范围和分类。（二）对上述两种分类进行比较，取得沟通两者的理论结构。

范围问题先不忙解决。收集材料宁滥勿缺，分类讲究内在逻辑。

关于事物定名和资料分类，有三条原则：（一）尊重历史上的约定俗成；（二）注意训诂学内容与科学分析的统一，若二者发生冲突，则以前者服从后者；（三）反映事物本质及其内在的逻辑性。每个人对概念的理解都有差别，但在同一本书中，必须保持理论的系统性，避免矛盾。

这篇论文要解决的第一个问题是表演艺术分类的问题。对少数民族艺术文化进行科学的分类和定位，是一项很有意义的工作。

所有研究工作的第一步，都是观察和分类。对事物进行科学的分类，是建立概念体系的第一步。为什么"辨章学术，考镜源流"这句话会被学者们认同呢？就是因为这八个字强调了分类，或者说强调了知识的逻辑性："辨章学术"讲平面的分类，"考镜源流"讲历史的逻辑。

你的最大优点是懂得作有价值的投入。现在是发扬这一优点的时候。

你不太习惯简朴的生活；但要知道，只有在简朴的生活中才会产生深刻的思想！

我们的教学方针是不讲刻苦，只讲有恒；取法乎上，不怕退居于中。成果讲质量，不求数量。所以不必为选题的艰巨而恐惧和焦虑。三年时间做一件事，应当是能够游刃有余的。现在这份资料，做完先秦便是保本了，做到两汉是超额。

我们的工作对扬州大学的学术风气是有推动作用的。同学们都有学术理想，放在另一个环境里，都是最优秀的人物。来到一起了，势必形成你追我赶的局面。这是好事。不过对你来说，就有一个既要保证健康又要抓紧时间出成果的问题。我认为你应该注意效率：把时间集中花在大事情上，小事情少管；多进图书馆，以便最充分地使用资料。以前你谈到的一些文献工作的技术问题，其实只要进进图书馆便能解决。

同戴伟华相比，你的转折更大。去年考试的时候，你给了我一个惊喜与放心。在未来三年，我希望能够不断地尝受这样的惊喜。我认为有理由这样期待，因为你谈到的许多问题——关于先秦两汉典籍的时代确定、关于少数民族资料同汉文献的契合、关于资料分类等，正好提供了思考和解决问题的前景。

目前的文献学练习有三个意义：其一是进行史料学的训练，其二是为学位论文准备资料并提出问题，其三是建立一种全面占有资料的研究习惯。现在很难说哪一条意义更为重要；长远地看，最重要的也许是第三条。事实上，考据习惯不仅会使人获得真正的学术自信，而且会使人品味到特殊的愉悦。我想，如果把学者分为蜘蛛型、蚂蚁型、蜜蜂型三种类型，那么，最快乐的应该是蚂蚁型的学者。他们的收获虽然琐碎，但很频繁。你应该是属于蜜蜂型的，但当你表现出图书占有欲的时候，我也看到了你身上的蚂蚁本性。我认为这是一种很好的结合。

建议你把资料工作的每一步骤都看作一门课程，即"类书""丛书""辑佚书"等课程。最好能参考有关文献学著作（比如《类书流别》《丛书概论》）按时代顺序分门别类地阅读古书，以便弄清史源，了解各书之间的关系。

据我估计，未来的《先秦表演艺术史料汇编》将同时采用三种排列方式：正文部分按史料的时代、以书为单元来排列，然后在正文之后附录依艺术功能的和依外部形式的两种主题分类索引。关于艺术功能的分类是能够揭示事物本质的分类，认真做一下，博士论文就好写了。至于少数民族田野工作的资料，则将主要用于论文，而不是用于这部《史料汇编》，现在尚不必急于处理。

你是个流浪汉。当然，流浪的生活也是一种境界。

根据古人的经验，治学可以用整理一本书的方式奠基。例如整理了《礼记》，就可以做礼乐文化和先秦艺术的研究了。但要注意采用目录学方法来完成这项工作。后者叫作"即类求书"，前者叫作"因书究学"。

进行跨学科研究是件不容易的事情。虽然你目前的文献工作尚有些生硬，但仍然有希望成为多面的行家。同样，长于西学的傅修延教授也会是一位多面的行家。不过他一直在同我讨论"因材施教"问题，怕因为脱胎换骨而使自己"失去信心"。他的名声和成就，也许会对他构成障碍。我同你一样，对教师的职业和职责是很有感情的，因此很看重这一批兄弟式的学生。

你目前的工作顺序是很合理的，要注意的是多看已经整理的古籍，一方面求得资料完备，另一方面也可以借鉴文献学方法。天下书买不尽，所以还要充分利用图书馆。

哲学是一个人在脑子无所事事之时才去思考的东西。比如爱因斯坦，把相对论做完了，就搞起哲学来了。我们的工作其实是有哲学色彩的。

从人的角度看，马克思也是很可爱的。写《资本论》之前，他像你一样很容易激动。革命失败后，他才静下心来钻进了图书馆。

我读博士学位的时候，曾经把《资本论》通读了一遍，考察了马克思的研究方法。我认为，归根结底，这些方法的核心是范畴分析，也就是把经济范畴的物质内容和它的社会形式加以区分。比如他的范畴比较法，实质上是从劳动二重性、货币二重性推导出资本范畴；又比如他的矛盾分析法，实质上是确定资本范畴二重性的关系；再比如他的历史分析法，实质上是讨论在资本的物质内容掩盖下的历史形式。

我曾经用马克思的思路来观察隋唐五代音乐文学，发现每一种文学体制都有决定它之所以如此的内容、形式，这也就是隋唐燕乐的音乐结构。而每一种音乐结构，又有决定它之所以如此的历史背景。这样一来，我在博士学位论文中，就按照不同文化背景下产生的不同音乐结构，提出了一些体裁概念，根据这些体裁把隋唐五代音乐文学区分为曲子、大曲、谣歌、著辞、琴歌、讲唱六类，分别进行研究。这项研究比较深刻地揭示了音乐文学内部关系及其历史发展的原理。你也可以考虑做一个类似的尝试，从现象深入本质，注意揭露对象的内部关系。

至于马克思的具体工作方法，他用一段很精彩的话做了表述："在形式上，叙述方法必须与研究方法不同。研究必须充分地占有材料，分析它的各种发展形式，探寻这些形式的内在联系。只有这项工作完成以后，现实的运动才能适当地叙述出来。这点一旦做到，材料的生命一旦观念地反映出来，呈现在我们面前的就好像是一个先验的结构了。"马克思这段话有三个要点：第一，研究必须充分占有资料；第二，要从形式分析入手，进而探讨形式的内在联系；第三，叙述方法与研究方法不同。在研究阶段，必须经过由具体到抽象的过程，也就是从事物的外部形式深入掌握它的内部联系；在叙述阶段，必须采用从抽象到具体的方法，也就是在逻辑上再现被研究客体的客观结构。看看马克思，我们就知道，写一篇优秀的博士学位论文是一件需要理论思维的事情。

我曾经给《资本论》创作排过一个简单的时间表，由此来观察马克思的工作方法：

——十九世纪四十年代，马克思研究了李嘉图《政治经济学及试验原理》及其他经济学著作。

——1851年，马克思迁居伦敦，系统收集了经济资料和经济理论资料。在七年时间内，做了数十册笔记。在对古典经济学家的理论以及各种经济资料摘要记录的同时，加上了自己的评语。

——1857年到1859年，他写作《政治经济学批判》手稿，建立货币理论，并且确定了由抽象到具体的写作方法。这个阶段被人们称作《资本论》的初稿阶段。

——1861 年，他把 23 本笔记统一编码。第二年，写出了《剩余价值理论》，系统考察了经济学理论的发展史。这一部分，也就是后来的《资本论》第四卷。

——1863 年，他开始写作《资本论》第三卷，考察资本的生产过程。

——1866 年，他写作并出版了《资本论》第一卷，考察了经济学中最抽象的范畴——商品、货币、资本。

——1870 年以后，写作并出版《资本论》第二卷《流通过程》。

通过这份时间表可以看出，《资本论》写作有三个技术上的特点：第一，马克思是从最后一卷写到最前面一卷的。马克思自己也说过：他开始写《资本论》的顺序同读者将要看到的顺序恰恰是相反的。第二，他积累资料的方式是笔记的方式。他也做索引，但是只做自己的笔记索引。这种方式，有利于保持资料的完整性。第三，他的研究有三级形式：第一级是加在资料笔记上的评论，第二级是根据这些评论所作的逻辑上的发挥，第三级是依据全部资料建构的理论体系。总体看来，马克思的研究成果，是在经济观察与理论思维两者之间反复过多次的研究成果。

比较马克思的三个级别的研究成果，我们还可以看到他的理论体系性和客观性的特点。他的理论越往上升，就越是具有这两个特点。在前两级研究成果中，马克思比较注意逻辑推演，喜欢使用"天国的信仰和信仰的天国""批判的武器和武器的批判"一类辩证分析语言，喜欢追究词语的语义学、范畴学涵义。但在《资本论》完成稿中，这一类语言就不见了，呈现在读者面前的，只有非常洗练、非常严密的理论结构。马克思曾经说经济学的方法是从抽象到具体；又说逻辑的过程要和历史的过程一致；还说黑格尔的哲学是从天上到地下，他自己的理论是从地下到天上。我理解，他强调的是理论必须以现实的人和人的现实活动为出发点和复归点，必须反映历史的逻辑，也就是要保证理论的完整性和客观性。

对二十世纪人类思想影响最大的人是谁？现在很多人认为是三个犹太人，也就是马克思、爱因斯坦和弗洛伊德。这三个人的成功点，其实都可以归结为经验观察同理论思维相结合。弗洛伊德有丰富的精神病临床经验；爱因斯坦首先是个物理学家、数学家，然后才是个哲学家；马克思也是在《资本论》的研究过程中，最终完成他的理论体系的。所以，当大家喜欢谈系统论、信息论、控制论的时候，我觉得不妨谈谈马克思。我认为，一种研究，假如它把握了材料的内在生命，假如它像马克思的深层历史学和弗洛伊德的深层心理学一样，具有理论的深刻性，那么，它必然会包含系统的观念、整体的观念、动态的观念、结构的观念、反馈的观念。

我的意思是：所谓提高理论水平，本质上就是学会把握材料的内在生命，而不是摆弄新词语。这是我读马克思书的体会，供你参考。

先秦文献不存在版本问题。就你目前的工作而言，与其买《四部丛刊》，还不如买《丛书集成》。当然，从收藏的角度看，或者从经济的角度看，《四部丛刊》是最好的丛书。

对于文学研究者，学习音韵学的目的有两条：（一）学会查找汉字的古音；（二）了解语词的同源关系——也就是通过语词的本来联系领悟事物的内在联系。但隔行如隔山，要有吃苦的思想准备。

学国际音标很难。那些从未经验过的发音，几乎无法记住。所以人们常常把音素变成音位来记忆。这样看来，可以读《广韵声系》《说文通训定声》一类书，来代替国际音标的学习。也就是说，学习的重点是了解字音的关系，而不是字音本身。

有的人进行学术研究是为了寻求摆脱平庸的方法，但这个方法也会随着时间的变化而变得平庸。傅修延告诉我：有两种读书人，一种是"苦大仇深"型的，能够发愤读书；另一种是"欢喜"型的，能够快乐读书。他和我都主张因为"欢喜"而不是因为"苦大仇深"而读书。这就是孔子说的："知之者不如好之者，好之者不如乐之者。"知道读书的意义不算重要，重要的是有读书兴趣，而且能够陶醉其中。

进行跨学科的研究，转折是大了些，但这样反而容易产生里程碑式的成果。除非实在转不过来，就不要放弃尝试。赵塔里木在博士学业方面的选择是意义重大的。他研究一个起源于陕西，经过甘肃、宁夏、新疆迁入中亚的人群和他们的音乐，于是把田野资料和历史文献结合起来，把音乐研究和文学研究结合起来，从一般意义上的民族音乐学走向了跨境音乐文化研究，或者说走向了历史的人类学的音乐文化研究。他的经验值得大家借鉴。

学制不必拘泥于三年，三年半更好，四年也未尝不可。关键是把学位论文写出水平来。

（1995 年 10 月 21 日，星期六）你的文献工作有一定的进步，但不能放松。下一步的工作有四项：（一）把原著读完；（二）进行资料分类；（三）校勘；（四）注释，而后写出论文提纲。

学术发展的标志在于提供新的资料、新的认识角度和新的视野。要讲究材料与结构，通过行动来修正思想。

这三者其实是相互联系的：新的角度不仅意味着对传统资料进行新的解释，而且意味着改变资料之间的联系。这必定会迫使你亲自处理原始资料。

一个好的学术品质，大概是三方面的结合：远大的学术理想，朴素的工作作风，灵活的研究方法。

通过训练，培养充分占有资料的习惯。只有这样才能建立大家风范。真假学者的区别也在这里。

建立起一个学术框架后，要及时修改，千万不要固定下来。在着手博士学位论文之前，可以先写一篇相关的文章作为线索和突破口，而后再作展开。另外还有一种寻找线索与方法的路径，也就是对已有的相关成果进行分析和批评。我的意思是：学术研究的两种常用方法——"滚雪球"之法和"结算"之法，都可以用来补充和修正计划。套用孟子一句话：固执于计划不如无计划。

博士学位论文总要解释和解决传统研究中的若干问题。也就是说，它是在"解难题"的过程中建立新的规范——建立一些新起点的。新规范突破旧规范，又被更新的规范突破，这正是学术的发展规律。从这一角度看，有价值的新成果应当成为更新的研究的起点。

写作时要注意参考其他论文，但不必花太多时间；可以在写完自己的论文之后来复看。因为那些论文的意义并不在于向你提供思想，而在于弥补你的思想缺损——包括资料的缺损和问题的缺损。

中国现代学科的分类法和概念体系来自西方。这在自然科学方面是能够理解的；而在人文科学领域，就发生了问题。中国人文研究者不仅要面对当前的世界，而且要面对传统的遗产，于是，西方的方法就不太灵了。

文学是语言的艺术。艺术的语言，亦即有人工修饰色彩的语言，是文学最根本的手段和工具。当一种艺术语言——区别于日常的、生活的、普通的语言——产生出来之时，文学就产生了。韵文就是这样的语言。各个民族所认同的最初的文学，都是韵文。

人们为什么要在日常的、普通的语言之外，造一种特殊语言呢？在我看来，是因为他们有一种超现实的生活——面向神灵的生活。所以我认为，韵文是成形于古代的祭祀活动的。韵文主要有两个功能：第一，它可以在语言中建立一个形式的系统——所谓韵律——来加强记忆；第二，它可以用艺术语言的修饰特征来暗示超现实的事物。这样的东西产生出来、传播开来、被大家接受，显然不会仅仅依靠日常的分散活动。所以说最早的韵文文体必定是通过古代的祭祀仪式而形成的。

据研究，在各民族文学产生之初，有一个古歌时代。这种古歌是有韵的。民间诗歌中，凡用于祭祀的文体都有严格的韵律，而情歌则不然，韵律不严格，甚至无韵。傣族人将格律一辞称为"搭桥的木头"，很有意味。这个"桥"所连通的是语言和语言，即普通的语言与祭祀的语言。语言的格律越严格，那么祭祀的仪式规范及其思想内容就越是能够准确地传承下来。

音乐与文学的关系非常有趣。这一关系，可以从传播的角度来理解。也就是说，在先秦时代，歌唱、朗诵和书写，分别代表了音乐与文学相关联的一种方式。——书写（包括铭刻）是表面上解除了关联的那种方式。

《周礼》中有一种官员叫"大师"，由盲人（瞽蒙）担任，是盲人活动的主持。他精于听读和记诵，所以被选为专门的仪式官。大师和其他瞽蒙的功能后来部分地被纸与笔代替，但他们所标志的历史及传统——用口诵来传承知识的传统，却深刻地影响了中国文化。

国子们从瞽蒙那里学会了诗歌，就用诵的方式参预祭祀、宴会和外交活动。他们的技能是把原来用方言歌唱的风歌，改用赋的方式——雅言诵的方式——来表达；按表达场合的要求，又增加了一些新的象征或暗示。这就是所谓"不歌而诵谓之赋"。南京大学的前辈学者曾经正确地使用了"赋"的这一概念。

赋是属于知识分子的艺术，用当时的普通话（雅言），而不用方言。在这里，文学的发展是以消减瞽蒙职能（复述"土风"的职能）为代价的。就是说，赋代表了一种不需要精确重复的文学——具有某种个性或创造性的文学，这样就孕育了最初的文学家——被称作"辞人"的文人。

赋在春秋时代是用作交际的手段的，但这种传统被战国时的乱局打破。这就是班固《汉书·艺文志》所说的"周道寖坏，聘问歌咏不行于列国"。其结果是"学《诗》之士逸在布衣，而贤人失志之赋作矣"。所以从屈原时代开始，赋成为一种文学方式。或者说，屈原时代的作品变成一种文体，为后人所仿效。

以上这种情况，既可以理解为作家文学的产生，也可以理解为以"翰藻"为特征的纯文学的产生。因为在汉代，赋和书写结合起来了。我们知道，只有付诸视觉的东西才会讲究辞藻。歌唱是即兴的，声音稍纵即逝，不可能"事出于沉思，义归乎翰藻"。

书写的文学，作用于视觉的文学，从汉代起成为文学的主流。这使人逐渐忽略掉文学在书面记录之前的形态。这样就有两种文学史——书面文学的历史和口语文学的历史。现在我们说的文学史都是书面文学史，但将来会产生真正的口语文学史，因为田野资料已经进入了文学研究者的视野。

我的意思是：在对事物（例如"赋"这一概念）进行理论阐释之前，先要搞清楚它所依据的事实、它的早期史。从中可以了解事物的"原因和原理"。

进行研究，要有属于自己的资料，这不仅是博士学位论文的前提，也是安身立命的本钱。有时也用别人的资料，但那是辅助。

写史要有一个时间元素。这一点，田野资料（文化人类学资料）不具备。因此，要把文献资料用作历史研究的标准器。我们为什么要讲比较研究——把汉民族文学同少数民族文学结合起来研究呢？因为汉文文献有年代学的功用。

必须大量阅读，大量做笔记。电脑是一回事，手写又是另一回事。手写的笔记便于加深记忆，而且使用方便。

你的论文是一个动脑筋的工作。过去戏剧史学界想解决而又未解决的问题，要由你采用你自己的方法来加以解决了。首先一个方法，是置身于问题所在的那个时代，置问题于它所在的那个系统。

有人说，天才都是记忆力中等的人。这有道理。因为人脑既要用于掌握知识，又要用于掌握知识之间的联系。天才是创造者，他更需要后一种能力。知识的各种细节，时间长了不免会遗忘；但从掌握事物联系的角度看，知识的骨架也有独立的价值。我做博士论文，最熟悉的知识是关于中古乐曲及其流变的知识。那时唐五代的所有曲名及其来源变化我都烂熟于心。这些知识对我的帮助很大，因为它们组成了我所研究的那个事物关系网的网点。

古人对事物的省略是无所不在的，在文献中常常可以见到。比如敦煌舞谱，说它残，其实不残，只是有些地方作了省略。有时，一个题材会用三种文本来记录、表示。例如唐代的讲经文，法师用一个文本，都讲用一个文本，梵呗用一个文本，所有文本都是"足本"的组成部分。所以不要随便用"残本"一词，把事情简单化。

文学家作为人，其人格有不同方面的表现。研究文学要"知人论世"，理解学术也是这样。

有一种情况是：学者讨论问题时常常会从感情出发。这样不免会夸张事实。比如郭沫若先生认定《胡笳十八拍》是蔡琰所作，理由是这样的好作品，除了她还有谁写得出来？关于藏族文化起源的观点对立，也是有感情因素的。四川的学者多主"西羌说"，西藏的学者则多主"土著说"。当然，这种情况也可以理解为：人的认识角度，同他所处的环境很有关系。环境会造就观察角度，观察角度会影响思想高度。

由此可见，你到扬州来研究云南，这件事是有意义的。

经学与儒家哲学史不是一回事。经学以崇拜的态度研究儒家经典，带有宗教意味；而儒家哲学史却是客观的，并不仰视自己所研究的对象。所以经学家看重"微言大义"，讲究师法家法，而哲学史注重研究客观规律。

从这一角度看，用历史比较的方法（而不是鉴赏家的方法）来研究文学，正代表了文学研究的独立。

尊重传统也是一种创新的方法，所谓"大俗大雅"。

1995 年 12 月 20 日，星期三，访问博士生宿舍：

注意几条：（一）最重要的是健康。（二）学习不靠刻苦，而靠坚持；你的时间是有浪费的，但不必着急。（三）资料工作和论文都是有弹性的，质和量两方面都如此。（四）看书的速度必须快起来。（五）开题报告是必须的，但同时是有待修改的。表面散乱的提纲，有时是唯一正确的选择。

你用于读书的时间是不够的。一个人上了年纪，要改变原来的习惯很不容易。现在的任务是要静下来，利用好这个寒假。

1995 年 12 月 24 日，星期日，在扬州大学中国文化研究所：

你来自艺术院校，是另一个文化圈的人，特点是聪明、知识面广、讲究张扬个性。这是艺术家的特点。而另外四位同学（傅修延、赵塔里木、戴伟华、王廷洽）都来自综合型大学，比较注意合作和继承。这是学者的特点。来自不同的文化圈，可能会有文化冲突。比如由于文化不同、语言不同、表达方式不同，开玩笑也可能引起冲突。现在的小环境是你从未经历过的，发生一些问题很正常。你来扬州读书，学的是国学的一套，"入乡随俗"，当然要有新的生活标准了。性格和生活习惯无所谓好，无所谓不好，关键要看用什么标准来衡量。现在衡量的标准是搞好学习和学术，学会一种同你过去的习惯有区别的学术方法和风格。从这个目标看，你应当对自己的习惯有所修改。

同学们在原单位，都生活在家庭之中，长期不同"外人"如此亲近了；现在突然亲密地住在一起，不免会互相刺痛。当然，感觉到刺痛，也说明大家是互相珍惜的。如果是这样，那么有一点小的摩擦反而更好一些。现在要注意的是：开玩笑要适度，避免互相伤害；特立独行也要照顾到别人。

学问也有价值上的高低之分。关于价值，有两个经济学的尺度，可以移用于学术批评：其一是看成果中所包含的劳动量，其二是看它在交换中的关系。学术界目前比较强调后者。这样也有道理，因为衡量一部作品的优劣，确实要看它能为别人提供多少用处。所以，为别人着想，为读者着想，是学术规矩的本质。所谓著述体例，就是因此而重要起来的。

研究一个大问题，是需要很长一段时间来读书的。期间主要是分析材料，不必急于把思想形成文字。而你是个动手型的人，似乎不敲击键盘便无法思考。所以，你在今后的时间里，要注意静下心来读书写作；毕业后再从事自己所习惯的研究。这样做是有百利而无一害的。

什么是幸福？幸福是一种感受，它往往取决于一个人的价值观同周围环境的协调。一个人是不是为全人类而存在的？很难说。我的经验是：人们总是特别关心自己的小圈子，希望在其中得到认可。

下一步学习的安排：（一）读书。先读先秦之书，后读两汉之书。（二）想问题。化整为零，把博士论文所涉及的范围用若干小问题代替。列出这些问题，在读书过程中逐一解决。（三）熟悉著述体例。对注疏文体、论著文体作一研究，选一些优秀的古籍整理著作——比如《周礼正义》《吕氏春秋校释》《华阳国志校补图注》——加以揣摩。关于论文体例，可以看《文史》，看陈寅恪和陈垣的著作，也可以看我的论文。（四）熟悉图书馆。每周至少在文史研究室看半天书，了解其中图书的分布。常去图书馆借、还图书。注意看专业期刊、人大复印资料、《古史辨》和各种上古史论集。

现存的秦汉文献是可靠的，不断出土的考古成果可以证明这一点。顾颉刚疑古的贡献在于把那些被奉为经典的东西还原为史料。

作为学者，我们当然要掌握各种各样的研究方法：既能针对资料作考据学研究和文献学研究，又能从资料中抽取思想，提出问题，解决问题。但比较而言，对我们来说，最重要的思维方法是归纳法，而不是演绎法。后者是理论学科常用的方法，例如文艺学。它讲究逻辑，讲究建立认识框架。而对于我们来说，框架并不重要，最要讲究的是事实，有时，事实就是一切。我们为什么要这样做呢？这是因为，有了可靠的事实，就可以通过它们的时间关系、空间关系，找到历史的逻辑。这是最具真理性的一种逻辑。

1996 年 1 月 17 日，星期三：
推荐一本关于历史语言学的书，读后写出心得。

语言学不同于小学。小学仅以文本为研究对象，而语言学把口语、体态语等等也包括进来了。你和塔里木都掌握了不少非文本的资料，怎样把这些资料与文献结合起来是一个问题。

西方语言学的比较方法首先在印欧语系中取得了成功，而后转向其他语系，其目的是研究和发现两种以上语言的亲缘关系。虽然分为"历史比较语言学"和"结构主义语言学"两大流派，但前者是后者的基础，后者只是前者的补充。

比较是一种非常重要的研究方法，有了比较才可以鉴别，才可以发现事物的本来面貌及其间的联系。中原文献与云南少数民族在文学艺术方面如何比较，要考虑。先考虑哪些单元可以用于比较，应从形态、功能等角度来做比较尝试。论文的题目富于挑战性，这是一件好事。

让你直接依靠文献来做文章，弯子转得太大了些。而采取口传资料与文本资料相结合的方法，则有可能做出超越目前的文学研究模式的文章。实际上，你要做的工作是一部文学史前史。

1996 年 1 月 20 日，星期六：

应当把科研项目的设计当作跨世纪的设计，考虑如何让下个世纪的人注意到它。只要是这样的工作，哪怕短文也会产生影响。中国语言学初期的文章都不长，甚至只有几句话，但是影响巨大。在目前社会科学研究各学科中，语言学的方法是比较完善的。

我是在文学研究圈子里想问题，所以总是想突出去；而你不同，你要先进入文学研究圈再说。

对于你的工作来说，符号学不如语言学有用，因为后者积累了大量史料，而且重视空间维度、时间维度的分析。

学习少数民族语言，三年能否学好是一个问题，不妨边干边学，学多少算多少。田野作业时，可以聘请翻译，选点要精。你对云南少数民族的艺术资源是心中有数的。这是一个前提。

你的优势在于，你过去的研究对象（云南少数民族戏剧），与现在资料工作所指向的对象（华夏民族的表演艺术），是同源的关系。要保持个人的研究风格。你已经不知不觉地进入比较研究了。

从毕生的角度考虑，文献资料的工作不可忽视。两汉的资料也要做。哪怕只研究先秦，两汉的资料也不会浪费。当然，在篇幅上可以有所侧重。

1996 年 1 月 28 日，星期日：

我过去对商王庙号做过一些研究，方法与结论都和张光直不同。不过有一点相同，即注意把庙号中的干名理解为某一族团的符号。这项工作比较多地使用了考古学资料，也比较多地使用了推理的论证方法。在研究上古文化时，这两种方法都是不可避免的。因为在这个领域，常常会出现能够合乎逻辑地加以解释但资料不够的情况。这时就不能简单使用列举资料的方法。例如，许多资料说商人崇拜的"玄鸟"是燕子，但我们在那么多的商代墓葬中，却从未发现燕子的形象。这就说明"燕子说"很可疑。考古学资料指明的事实是：在商民族王室中有两种鸟的崇拜，母系一方崇拜"玄鸟"，即猫头鹰（鸱鸮）；这是具有图腾性质的神鸟。父系一方崇拜鸷鸟，即鹰科动物；所以鹰的形象常常用作王权的标志。值得注意的是：这两种鸟都是短尾巴鸟，有文化的统一性。另外，在甲骨文中，它们也明确地用为图腾标志和王权标志。

在学术研究中必然发生学科之间的移植，例如考古学、民族学向文学研究的移植。到二十一世纪，文学研究必然会依靠这些移植而有所突破。你能在多大程度上利用语言学的方法？这很难说，要看灵感。灵感是计划的反面。有时，灵感不出现，谁也没办法。

1996 年 2 月 14 日，星期三，检查《先秦表演艺术史料汇编》：

提几点意见：

（一）文献整理工作首先要讲规范，体例严谨，一以贯之。不说外行话，少说自己的话。如果文献资料仅仅服务于博士学位论文，当然可以简略一些；但即使这样也应当讲规范。

（二）所谓"汇编"，就是"汇"了要"编"，要注意以资料注资料。常识问题不必作注。主题要鲜明，侧重于表演艺术。所引用的书名用题解的方式出注，目的是表示资料的时代和来源。另外，题解要扼要地介绍资料，所以要注意对所选段落的内容及时代加以说明。要尽可能避免主观，只介绍客观知识。

（三）两汉的资料如能全部用为先秦资料的注释，则只搞先秦；如果资料浪费太大，那么可以考虑把两汉列为一章。你的工作目的实际上是解决艺术起源问题。就这一点而言，先秦资料已足够了。事物的发生形态，是最本质的形态。

其他注意事项是：保持逻辑上的一致性。注疏资料要有详有略，关于艺术表演的要不厌其详。不使用"大学者""著名"等限定语，否则把自己放在不平等的位置上了。不使用含糊的辞语，要清楚明白。原始资料要查核出处而后使用，可脱去原有的外衣。

文献整理都是校勘第一、注疏第二。因为文献工作的目的是求真：先求文本之真，而后求事实之真。

有两个方法可以使书稿的题目庄重起来，其一是宁小勿大，其二是宁拙勿巧。

可以考虑先把资料罗列起来，今后再按体例整理。要动一番脑筋。重点在于自己的发明。

《丛书集成初编》是否已看完？回到云南必须定期寄交学习日记和学习计划。日记只须寄打印稿，论文则可寄软盘。

利用做博士论文的机会看点线装书、手抄本。了解了事物的形式才能真正了解事物的内容。

边缘人自有边缘人的价值和乐趣。

1996 年 3 月 29 日，星期五，在博士生宿舍，谈毕业论文：

题目小一些好，行文朴素一些好。这篇论文是学术史发展的结果。由于历史的原因，陈多老师已经涉及了这个领域，但未来得及深入。

论文写作，应先在一个点上解决问题，以此作为估价全篇的基础，这样比一个泛泛的提纲要好。因为点的突破可以造成创造力的辐射。

文章的内在逻辑力量并不一定能与形式统一。所以，先不要去考虑长短。如果能解决问题，五万字也可以。

你的工作实际上是两本书，一是学位论文，二是资料汇编。资料工作未必在答辩前完成，也可以在其后；但它是论文的基础。它的主要目的是进行学术训练。

论文的核心是个仪式形态的问题。乐律的问题不必深究，主要关注表演行为。

1996 年 4 月 2 日，星期二，谈资料整理工作：

由于先秦表演艺术资料在内容范围和典籍分布方面都比较散乱，我原来关于以书籍为单位的设想便显得不妥当了。所以要对目前的工作体例加以修改，改编为以事项为单元的资料集，可称为《先秦表演艺术史料》。

这样一来，资料集和学位论文，两项工作可以一致起来。如果先编资料集，那么可以编成《先秦表演艺术史长编》（参考《中国通史参考资料》和《中国古代文学史长编》）；如果两书同步，则可参考论文提纲来设计资料集的单元。

尽管如此，仍然应该从文献学角度考虑资料集的体例。因为资料集有两项独立的功能：其一可以巨细不遗地罗列有关史料，而减轻论文的负担；其二可以进行文献学方面的训练。这种训练对于你是特别必要的。

为了做到有层次地展示史料，亦即有分析地处理价值不同的史料，除校勘记外，本资料集仍然可以考虑使用笺注形式。笺注的内容包括：同主题关系不甚大的资料，例如背景资料；时代较晚的资料，例如后人的注疏或后代的同类记述；解释性的资料，例如语言学资料和编者按语。这是不同于另外两部长编的地方，请根据具体情况灵活处理。

资料工作一要讲整饬，二要讲简明。为此，尽量少造符号，而多用习惯用语。例如不用符号，而直接说"郑众注""郑玄注""贾公彦疏"，或者简化为"郑玄云"等等。

1996 年 4 月 17 日，因内出血而入院后：

目前先不必考虑什么学问，重要的是把身体搞好。

1996 年 7 月 3 日，星期三，谈作业：

只有把田野资料同文献资料结合起来，你的毕业论文才可以立于不败之地。你的作业，可以根据这一考虑来定题：

（一）文献学：《先秦表演艺术史料》（已基本完成）。

（二）文学：《云南各民族关于艺术起源的传说》。

（三）学术史（语言学）：《云南各民族的表演艺术语汇》。

其中后两题，意在帮助你用"同情的理解"去考察少数民族所本有的艺术观念。不知你是否有修改意见？做第三题时，可先查看已有的资料或工具书（例如各种语言志和民族语辞典），在此基础上对民族学院的学生做一次调查；等目标确定之后，再考虑田野工作。这样可以使时间利用得经济一些：作业做完了，你的论文也就有了一个坚实的资料基础和理论基础。

我最近也偷空做了些研究工作，在写一篇论文，题为《汉藏语猴祖神话的谱系》。写作的本意是在比较研究方面做点尝试，以便为你和塔里木的工作提供借鉴。现在刚刚完成收集资料阶段，体会有二：（一）把关于平等关系的比较、影响关系的比较推进为关于血缘关系的比较，是必要而可行的；（二）这种研究要充分利用语言学的成果。我所做的资料工作，很大一部分便是少数民族语文方面的工作。例如，我曾把包括汉民族在内的各民族语言中的猴名称收集起来，逐一建立资料卡片，登记了它们的各种读音。

写论文时，请注意"小心求证"。过去订计划，是"战略上藐视敌人"；现在研究问题，则要"战术上重视敌人"。

论文不求规模大，只求质量高——思想新颖但内容坚实。至于文章表达，则要以逻辑力为重，追求厚实的风格。

1997 年 9 月 22 日，星期一，谈论文修改：

用历史学方法写论文，而不要追求心理学上的解释，要使论文明朗。

"早期形态"是一件武器、一个思路，不必去论证它。将各种形态的早期表演艺术摆出来后，再说戏剧。戏剧史就是戏剧形态更替的历史。

现在的论文受了教科书的影响，要改。要把学者当作读者。答辩委员不一定懂戏剧，但懂得学术规范。

1997 年 9 月 25 日，星期四，在博士生宿舍再谈论文修改：

先把论文写完，取得一个整体观，再作具体修改。

你对"形态"的理解有问题。过去所谓历史一般理解为线型的进化，就是小孩成长为大人。现在你描述的历史不能采用这种进化论。你知道键盘乐器和弦乐器的区别吗？键盘乐器演奏出来的声音，是跳跃的连续而不是绵延的连续。也就是说，各种形态有自己独立的思想内容和形式。它们的关系不像二胡等弦乐器。弦乐器的声音是绵延不断的。

论文成稿以后也不必指望可以好好休息，因为还要修改它。但可以调整作息规律。人在一天的某几个小时中是必须睡眠的，不可违背。

1997 年 9 月 27 日，星期六，在博士生宿舍再谈论文修改：

关于仪式的问题，头脑要清楚，文中不要出现对一个概念的两种界定。如果取社会仪式的标准，那么游戏与娱人的散乐形态就不必后移；如果取宗教仪式的标准，那么就要考虑采用另外的处理办法。

讨论中国戏剧早期形态的演进，并不意味着后一形态是前一形态的结果，而是认为某种形态联系于某个特定的社会历史阶段。所谓中国戏剧史，不过表现为各种形态的嬗替。

把中国戏剧的早期形态描绘成"排箫"形的图表，很有问题。不是非删不可，而是要解释，写出深度。其实，这个结构已经告诉我们在事物的高级形式中包含了低级形式。也就是说，历史上的东西都不会消失——过去所产生的东西，在后来都有保留。所以，我们提出"信仰中心"这一概念，即认为一个时代有一个信仰中心，不排除其他信仰形式的存在。

要保持清楚的思路。别人的意见只能用作参考，因为它不能代替你的思路。

我不喜欢那些关于文化与心理的理论叙述。不是说排斥它们，而是说只能把它们用作历史学叙述的补充。这里有一个比例和主次的问题。

行文要防止武断，说话要有根据。"我们认为"一类话可删。

关于嬗替规律的思路很好。

修改顺序是先易后难。

1997 年 10 月 6 日，星期一，追记近日训示：

学术论文的表述贵在简明扼要，以最少的字表示最多的内容。故古籍出注不必用尾注。

学术的生命是规范：言必有据，格式整饬。写学术论文之时，要放弃其他文体的风格。

言多必失，文字一长就容易出现毛病。一定要弄清一句话及一个字为什么要写出来，于问题的推进有何意义、于上下文有何意义、于论证和论点有何意义。

用词要到位，说话要清楚。每一个标点符号都有确定的语义。

今天的"戏剧"概念是从西方来的。仅用训诂的方法是解决不了戏剧定义问题的。

写自己懂了的东西，不要写未作研究的东西。

1997 年 11 月 7 日，星期五，关于学位论文的审查意见：

申请人长期在云南地区从事群众艺术的组织工作和艺术史的教学与研究工作，在本课题所涉及的范围内有深厚积累。在上海戏剧学院攻读硕士学位期间，他根据两位导师的指导，用历史比较的方法，对中国戏剧起源问题作了富有特色的探讨。1994 年考入我校之时，专业和外语都取得非常好的成绩，能够较熟练地运用日语进行学术交流，也具有独立从事科学研究的能力。入校三年来，他克服种种困难，迅速转入新的学习轨道，在工作中表现了勇于献身的精神。期间最重要的进步是：从擅长进行田野工作，到同时也能够熟练地利用古文献进行科学研究。他是以艰苦奋斗、不屈不挠的学术作风达到这一目标的。

本论文由申请人独立完成。其主要特点是：把中国戏剧的发生发展过程理解为一系列戏剧形态相嬗替的过程，综合运用考古学、民族学、历史文献学三方面的资料，对传统的中国戏剧起源问题作了全面的、合乎逻辑的解释。这篇论文的材料有较高的学术质量，其分析有较显著的学术深度，其论证思路富有学术创造性，因此，是一篇具有较高水平的博士学位论文。

但本论文也表明：作者有必要在熟练地、严格地掌握学术规范方面，作进一步的提高。

1997 年 11 月 17 日，星期一，在学位论文答辩会上作情况介绍：

王胜华长我一岁，是一个尊师重道的人。他生活在云南多民族地区，曾参与和组织了一些民族文化活动。1987 年考入上海戏剧学院，读硕士，成绩优秀；但也暴露出与学术的某种不协调。考为博士生后，他花了两年时间进行转型，比如全面更换了自己的藏书，这是一个标志，也是一个进步。他在文献方面下了很多功夫，例如编制了《先秦表演艺术年表》。这篇论文的长处是综合运用了多学科资料，有创造性。

前：王小盾教授、佴荣本教授、龙晦教授、傅璇琮教授、郁贤皓教授、杨明教授、叶长海教授
1997 年 11 月 17 日博士论文答辩会后摄于扬州大学

1997 年 11 月 22 日，星期六，在博士生宿舍再谈论文修改：

注意形态关系中的内在逻辑，做到两个不分开：扮演与对形态的论述不要分开，演绎与对形态的描述不要分开。

可以考虑将年表和资料集作为附录，但需要简化一些。

注意学术规范，引文要格式统一。

时间可按一年来计划，不必搞得太累。人在压力不大的时候写出的书是高质量的。比如我在 1985 年至 1994 年就是无压力的状态。这样反而能取得开拓性的成果。

再到图书馆去看一批书。

1998 年 1 月 13 日，星期二，临别赠言：

你现在和过去不一样了。有了学位，就是有了力量，如果稍不注意，你的话就会对别人造成伤害。

不要排斥"学院派"的研究方法。所谓"学院派"，其特点就是讲规范，注意用各种各样的手段来保证研究所得之论点符合客观事实。

多闻阙疑。不成熟的、不能作定论的话，要留有余地或者不说。虽然不排除推测，但要谨慎。要承认自己的局限，个人所做的工作只是学术整体的一个部分。真理不可能由一个人来掌握。

创造与再现是不同的两码事，再现性的工作只要使用不多的资料，而创造性的工作则必须大量读书。

求真和求善可以结合起来。真理是最高的道义，不必关心那些好与坏的所谓评价。

（此本原载王胜华《中国戏剧的早期形态》，
题名为"胜华问学手记"，云南大学出版社，2005 年。
收录时改回最初的标题）

却顾所来径，苍苍横翠微

傅修延

　　每当回望昆吾峰下的修习时光，我都会想起用作本文标题的这句诗。过往种种，确如李白所言都已隐没在那苍苍一片的翠微之下，然而谁会忘记当年在那崎岖山路上的辛苦攀登呢？

　　我是做叙事学的，这门学科在我看来主要是研究叙事中的各种可能性——叙事涉及的各个层面中存在着诸多可能的变化，叙事学家致力于从貌似无序的排列中找到秩序，以证明随机性的叙事终究还是在许多确定性的选择中做出取舍。每个人的人生其实也是一种叙事，即通过选择来决定自己的人生故事。年少时我们面前摆放着几乎无限多的可能性，只须从中做出选择并着手实现，然而实现了一种可能，便意味着失去了实现其他可能的可能——已经实现了的和那些未能实现的相比，实乃一粟之于沧海。所以，正是我们自己的选择，决定了对每个人来说只有一次的人生。

　　我感到庆幸的是，四分之一世纪前投奔扬州的举动，是被后来事实证明了的明智选择，这一选择决定了我此后的学术发展。事实上就在来扬州的第二年，我便意识到自己身上正在发生某种变化。1996 年 6 月 12 日，扬州大学中国文化研究所举行了一场欢迎来宾和考生的聚会，我以老生代表在会上作了这样的发言：

　　　　欢迎大家加入我们的行列，欢迎与我们建立长远的学术、工作与友谊联系。扬州虽小，却产生了中国学术史上伟大的扬州学派。今天，一种新的扬州风格也在形成之中。昆吾师所确立的和代表的，或者说通过他的一系列专著与文章，包括演讲与授课体现出来的学术规范——那种文学与史学相结合

1998 年 11 月 17 日摄于扬州，左一为作者

的方法，那种注意事物间广泛与深刻内在联系的透视目光，那种从历史条件与事物关系来考察对象的角度，以及努力追求事物存在形式与它的历史过程相对应性的敏感，以及在充满矛盾的现象或意见中找到潜在的统一逻辑的智慧，最后是对多种学科的兼容并蓄为我所用，构成了可望成为当代学术楷模的扬州风范。我们把扬州看作当年的延安。延安虽小，却有多少仁人志士向它投奔，从延安确立的政治规范走到了全国。同样，我刚才说的扬州风范也有可能走向全国，只要我们大家共同付出努力。

　　昆吾师还让我以博士研究生入学考试阅卷者的身份说话，我理解他的用意：每一份答卷都体现了很高的水平，令我这个阅卷者自愧弗如，这是一次很好的学习机会。我们这些"老兵蛋子"到这里来也很不容易，来此之前，我们都程度不同地自认为拥有比较雄厚的学科基础和开阔的学术视野，也都有长期而且丰富的求学、教学和治学经历；坦率地说，我们的眼光曾经是相当高傲和挑剔的。然而，"会当凌绝顶，一览众山小"，一旦来到昆吾峰这座学术高地，我们才体会到什么是真正的大家风范，什么是真正值得追求的学术品格，于是我们毅然向真理投降，勇敢地战胜了自己，投奔了学术上的延安。

《韩非子·喻老》中有这么一句话："是以志之难也，不在胜人，在自胜也。故曰：'自胜之谓强。'"走这条脱胎换骨之路，对我们这些大龄学生来说是痛苦的，但有一首歌是如此唱道——"这是我们的选择"，应当说我们别无选择。朱德在延安文艺工作座谈会上说"我投降无产阶级"，他是从旧军阀这条路走向革命的，最终成了正果。我们也在追求一种学术正果。我们这些有共性的老生在扬州相聚，又各自带来了自己的"特产"。这种学科上的优化组合，学问上的优势互补，在我们当中潜移默化地发生，极其有益于我们的成长。我们的学习青春在这里梅开二度，再度焕发出振奋心灵的光辉。一年来我从同学那里不付学费得到的文化、历史、音乐、戏剧、民族学和古代文学知识，将令我终身受益。我庆幸自己选择了扬州。

当然我的发言也不完全是一本正经地谈学术，一开头我就用了欢迎"新兵蛋子"这样的玩笑之辞——"新兵蛋子"的命名权属于如今已登仙界的王胜华老兄，他来扬州比王廷洽、赵塔里木和我要早，因此有资格按部队习惯这样来称呼我们。无规矩不成方圆，我们后来也把这顶帽子扣到新来者头上。扬州岁月除了学术也有许多趣事可记，记得当时常有把酒欢歌的机会。鲁迅日记中那些"尽酒一瓶""饮一巨碗而归"的文字，在我的读书日记中也多有出现。1997 年 11 月 17 日戴伟华与王胜华二位学兄顺利通过答辩，当晚我们在伟华家中喝到 10 点多钟，酒酣耳热之余，伟华和胜华的高昂情绪终于在东干革命歌曲《列宁世界光》中找到了喷火口。两位名字都带"华"的兄弟相互拥抱着反复高歌："列宁世界光，列宁世界光，我们把光撒上，叫世界亮，我们是年轻军，凡常往前行……"这首歌是塔里木教会大家的，写到这里我耳边响起了当时的歌声，似乎又看到了他们眼睛里放射出来的"世界光"。还有一次我们被人邀饮归来，胜华因不胜酒力由我们几个架着在街上踉踉跄跄地行走，两脚勉强点地的他仍似唱非唱地吼出几声，把一位走在我们前面的下夜班女工吓得连连放快脚步。

我的扬州三年，在许多人看来是去了一趟学术加油站，或者说是一个学外语和外国文学的人戴了顶古代文学博士帽回来。然而我知道自己身上的变化，补上国学这条短腿只是具体的表象，西学和国学两翼齐飞也仅属方法论层面上的完善，关键还是自己的价值观有了更为清晰的定位：在任何一个成熟的中国学人心

1998 年 11 月 17 日摄于扬州

中，西学永远不可能与国学等价，中国的学术文化是我们的根本，外来的东西只有作用于这个根本才能获得意义。这样来看自己的学术方向，就会发现西方学者创立的叙事学主要植根于西方的叙事实践，他们引以为据的叙事材料很少越出西欧与北美的范围，这当然与他们的价值观与知识储备有关，但若长此以往，叙事学就会真的成为缺乏普适性的西方叙事学，无法做到"置之四海而皆准"。我之所以举起中国叙事学这面旗帜，就是想在这方面有所突破和超越。敢于使用"超越"二字，是因为我们这边的学者大多具有贯通中西的优势，而对汉语望而生畏的西方学者无法像我们这样做到既知己又知彼。

除了价值观，我对学科体制的认识也有深化。24 年前的那次发言只触及扬州风范的皮毛，后来我逐渐意识到，昆吾师的打通文史、使用多学科方法和注意事物间的内在联系等，说到底都是跨越学科藩篱，不拘一格地使用最合适的研究工具与手段。学科之分本身就属人为，罗兰·巴特曾用"一体无分"对其作了批判，很难说哪种理论工具能为哪门学科所专美。我这些年研究的中国叙事传统不只涉及文学，因此需要开展"知识考古"般的四处寻访与刨根问底，从人类学、宗教学、符号学、传播学、语言学、心理学和民俗学等领域中广泛征求工具与材料，如此才有可能探明中国叙事的谱系，为传统的发生与形成提供更为合理的解释。事实上，我近期几篇还算过得去的文章，都是从人类学、传播学、宗教学、符号学和心理学那里得到启发，有趣的是这些领域中有人还把我引为同道，如我钦佩的赵毅衡老师就一口咬定我做的是符号学研究，他在总结"中国符号学四十年"时多次提到我的相关成果。

不过其他学科的工具箱不是想开就能开，需要大量读书并到人家那里去作学徒——有时为了一篇文章，我的书架上需要增加整整两排新书。老伴问我为什么到这个年纪还如此折腾，还说我想用一辈子活人家几辈子，我说这样才有意思，活着不就是穷尽一个人的所有可能吗？不过这些与昆吾师相比又是小巫见大巫了。众所周知他有无数次海内外负笈游学的经历，我印象深刻的一次是二十世纪八十年代中期，他获得博士学位未久便又背起行囊赴温州参加音韵学高级进修班，授课的是他硕士时期的同学潘悟云先生。拿到结业证书时他说自己是在温州取得"最后学历"，当时的他不知道，自己后来又将收获许多有形无形的结业证书。写到这里我还有点感慨不发不快：越是饱学之士越觉得自己学有不足，而那些一味吃老本的人根本意识不到自己腹笥瘠薄。

故事不能讲太长，结束前我要引用池莉关于故事讲述人的一段话："往事并不如意，我们曾经忍饥挨饿、受歧视、被欺负、倒霉、不讨老师喜欢、怀才不遇、无立锥之地，然而，故事一波三折，情形逐渐改变……饥饿的结果使我们学会了热爱美食。事实一点不假，你就是赢家。现在，你鲜活地坐在往事末端，作为自己历史的主人翁，栩栩如生地讲述着。"我要对这段话作点补充，只有勇于挑战者才能喜滋滋地坐上往事末端，我们这些过来人哪个没有一波三折的人生？曾经的知识饥饿教会了我们热爱学术，让我们无比珍惜后来的书斋生活，我们不敢说已经做好了学术，但我们至少知道什么是好的学术。我们能成为现在的我们，是当年的我们做对了选择的结果，为此我们都要感谢昆吾峰下的修习时光。

文化所——现代的"书院"

汪　俊

我1996—1999年在扬州大学中国文化研究所读博士学位。这三年的学习使我所获甚多，肯定是我一生中最重要的一段学术经历。我觉得，文化所在紧跟时代步伐的同时固守了传统，这个传统就是从乾嘉以来的扬州学派到任半塘先生的实事求是、注重基础的实学。每一届新生入学，王小盾先生都要提出对博士生的三个基本要求：一、远大的学术理想；二、朴素的工作作风；三、灵活的研究方

2014年10月25日摄于扬州，左一为作者

法。他反对走捷径，哗众取宠。他多次对我们说：学术研究是为了解决问题，不是取悦于人，我们的工作是要对历史负责，因此必须严谨认真；研究工作要从找原始材料开始，然后判读材料，分析处理材料。强调对材料建立感情。

　　文化所的教学和科研活动大体上是与每个同学毕业论文的写作有机结合在一起的。这个过程又是以问题为主的师生互动，开展起来极具特色。每学期开学之初，小盾先生都会发给我们一张本学期的学习计划，上面每个人这学期要做的事和要读的书清清楚楚。每当拿到这份时间安排很紧凑的计划，我们就会产生紧迫感，提醒自己要以最饱满的热情和最佳精神状态来迎接新的学习阶段。在我这一届，小盾先生给我们开的课，计有：古典文献学、《汉书·艺文志》导读、敦煌学概论、中国学术史、中国史专题、学术研究方法等等，还有一些临时的辅导讲座。每学期照例都要根据学习内容和研究方向，请若干外校专家来讲课或开讲座。如音乐文学是本学科点的独有特色，在这方面，我们就听过赵宋光先生的"中国古代乐律学"，后来又请了崔宪讲"中国乐律学基础"，李玫讲"中国乐律学史专题"。并且每次上课和讲座以后必定都有讨论，其目的一方面是巩固所学，另一方面是结合自己的专业研究方向，增强横向联系。

前排：陈文和教授、王小盾教授、张伯伟教授、李昌集教授、郑克晟教授、鲁国尧教授、陈允吉教授、傅修延教授、戴伟华教授，1999 年 11 月 3 日摄于扬州

文化所就仿佛古时的书院，与外界世俗的交往不多。这使我们每一位博士生都能体会到：读学位最好的收获，是利用最好的时间、最好的条件，来完成一件最好的成果，从而登上一个新的学术高峰。这也是任老留下来的传统。当年任老就要求小盾先生"一年三百六十五天，读书三百六十天，一天也不休息"。任老自己也是这样做的。因此凡到过文化所的人都有一种共同的感觉：只要一踏入文化所，就会领略到其特有的学术氛围。在这里，学习的节奏是快速的紧张的，或者可以说是辛苦而又枯燥的。但是，同学与老师、同学与同学之间的关系和乐而融洽，再加上周围花草茂盛、绿树掩映的环境，这里又时时洋溢着愉快祥和、清雅典重的气息。文化所又好像是一个大家庭，大家在生活上互相关心、互相帮助，在学习上互相鼓励、互相促进。实际上，我们形成了一个活泼的充满生机的学术团体。我入学的时候，高年级同学有王胜华、戴伟华、傅修延、赵塔里木、王廷洽，同年级有方志远、周广荣，后一、两届有何剑平、马银琴、李方元、孙晓晖、王福利。他们在原单位都是佼佼者，如今聚到一起，大家都有强烈的探索精神和求知的紧迫感，读书劲头很大。人人的生活都是宿舍、食堂、图书馆三点一线。日常的学术气氛也很浓，几乎每周都有正式或非正式的讨论漫谈。大家谈自己的论文课题，发表意见，互相质疑、提问，彼此探讨切磋。而且为了不占用各人自由支配的读书和去图书馆的时间，讨论会一般都放在周末的双休日（那时双休日图书馆的文史研究室不开放），从整个白天一直迁延到晚间十一二点是常有的事。后来戴伟华兄虽已毕业拿到了学位，但依然继续加入我们的这种讨论。

由于我就在扬大工作，毕业之后，因为课务繁忙，只是断续参加一些文化所的讨论会，在时时感受到学弟学妹们生机勃勃的学术活力的同时，亦颇怀念当年那种紧张而枯燥的学习生活。如今，学术以外的东西对学术的影响越来越大，不管怎么样，远大的学术理想、朴素的工作作风、灵活的研究方法，是我在文化所三年学习之最大所得，无论何时也不会丢弃的。

王师著作研读二则

戴伟华

一、《隋唐五代燕乐杂言歌辞研究》

《隋唐五代燕乐杂言歌辞研究》① 的出版，是学术界一件可喜可贺的事。研究中国音乐与文学关系的著作摆在我们面前的就那么几部，而它是最有分量的后出转精之作。这一部著作无疑是音乐与文学研究相结合的典范，精义迭出，新见纷呈，表现了作者的智慧和才力。因某种缘分我有幸读过昆吾师的博士论文打印稿，十年后又读到了此书的校样，现在看到这部印刷精美的 45 万字的著作，感触是很多的。当今的学术迅疾发展，十年对那些忙于理论建构和追逐文化思潮的人，不知更换了几茬几代，以至于不少人若干年后羞于再提最初隆重推出的幼稚建树。因此，当我们读《研究》时，更加体会到真知灼见的学术所具有的长久的魅力——此书不仅以其博大的体系和透辟的分析体现出对历史事物研究的客观性和理性，而且还提示了文学史研究的基本途径：在充分占有原始材料的基础上，努力考察事物的广泛联系，认真分析事物的阶段性发展，以说明文学的发展规律。

把文学作为一种文化事项，放在较宽阔的背景下进行研究，这并非是一种时髦，而是由资料与对象的本性决定的，是文学研究向深层次展开的客观选择。比如关于音乐与文学关系的研究，乃缘于文学史上如下一些基本事实：诗三百以音乐为标准划分为风雅颂，楚辞源于民间娱神的巫歌，汉乐府民歌及南朝民歌均为

① 中华书局，1996 年，下称《研究》。

歌唱的文学，"歌行""声诗"皆由音乐术语而成为文学术语，"曲子"与"词"本属母与子的亲缘……文学的本质恰恰能在与音乐的联系中得到解释。这样的研究困难不在于选择一种中介，如音乐所凭依的风俗、制度或宗教，而在于对围绕中介的种种关系的深入探讨。作为一个文学史工作者，对文学史的熟悉是最基本的能力。而对深化文学史研究的中介物及其背景事物的真正认识却是难以做到的。迄今为止的研究已经昭示了这样一个事实：大多研究者对引入文学研究的种种中介事物或背景事物缺少深入的了解，常见的情况是把某一领域的概论移来生硬拼接。这样的研究非但不能将学术研究引向深入，最危险的也是最可能的却是会扰乱视听，致使治丝益棼。《研究》启示我们：正确的做法是通过创造性的研究熟悉和把握文学的各种相关事物，成为所讨论的每一对象领域的专家（甚至在那一领域你的成果也是处于领先地位），这样你的研究才能具有充分的价值。这是我读《研究》的第一个感受。

《研究》是对隋唐五代燕乐杂言歌辞的研究，其中介事物有种种风俗与仪式，而其中主要的背景事物是燕乐。因此，作者对有关音乐的问题，特别是作为中古民族文化交流之果实的"燕乐"，用了相当大的篇幅进行了探讨。一方面充分吸收了当代音乐研究的重要成果，比如在论述中国古谱存在形式时，指出指位谱和音位谱中，指位谱为主要形式，引用了日本正仓院的唐笙字谱、日本京都神光院所藏初唐写本《碣石调幽兰》琴谱等，或反证，或旁证（47页）；又如为了阐释郑译八音之乐的理论及其乐律学背景，引用了黄翔鹏《八音之乐与"应""和"声考索》，指出郑译理论表现了胡乐和俗乐在乐律学理论上融合的音乐本质内涵以及开启了二十八调体系的音乐学意义（39—40页）。另一方面，也是主要方面，他对中国音乐的历史发展和燕乐体系的建立过程作了细密的分析。这一点突出体现了他一贯的学术品格：客观的态度和对真理的不懈追求。他在界定隋唐五代燕乐概念的时候，在对中古音乐史作出阶段性划分的时候，显示了深厚的音乐学的素养和功力。例如"关于乐律、乐器和夷夏之辨"节，虽然主要涉及音乐的物质形态，但不难看出作者对音乐史演进的总体把握。音乐在本质上是诉之于听觉的表演艺术，而提供给音乐史工作者研究的材料大多是纸上的记载，因此，准确掌握音乐史术语的确切而具体的内涵，是一件很困难的事情。作者从不愿意用模糊的描述去对待这类事物，而总是在众多的材料中细心勾划概念的本质特征。例如关于大曲结构的术语，名目繁多，且有歧义，作者指出："它们的歧义，实质上是由于从不同角度看待大曲的结构而形成的。例如日本资料较重管乐，宋大曲资料较重节奏乐，《乐府诗集》较重歌辞，白居易《霓裳羽衣歌》较重舞蹈。"（178 页）这一基本的认识使作者能系统揭示大曲结构术语的对应关系，并能在研究中灵活运用。

对音乐史的深入研究使作者具备了较高的音乐学造诣，这使他总能在比较高的层次上和当代音乐史专家进行对话。他说："据音乐学家黄翔鹏的审核，本书关于中古音乐史的论述，可以得到音乐形态学资料的充分支持。"（588 页）这意味着文学资料与音乐学资料的高度统一，也意味着历史（音乐文学史）与逻辑（民族音乐的深层结构）的高度统一。毫无疑问，在中国的文学研究界，他是往音乐学领域走得最远最深的学者。

现象与现象之间、事物与事物之间发生联系，有表层的联系，也有本质的联系。最有价值的工作当然在于揭示事物之间的本质联系。越是能在纷乱的表象之后揭示出潜在的联系，越能显示研究者的素质和研究成果的价值。这是读《研究》的第二个感受。

隋唐五代燕乐杂言歌辞的研究容纳了极为复杂的材料和各个层次的问题。就这部著作所涉及的方面来看，它包涵了曲子、大曲、著辞、琴歌、歌谣、讲唱等音乐文学品种，而每一品种又具有丰富的内容。例如在"曲子"一章，作者研究了曲子及其特征、风俗歌与妓歌、曲子的产生、杂言曲子辞、关于依调填辞等诸多问题。提出这些问题，可以说就已经在分类学上取得具有相当意义的成果了；时下一些著作习惯的做法是停留在这一步，仅仅把材料堆砌起来，作简单的描述或概括。但《研究》却没有这样，而表现了非常自觉的科学研究意识：在事物的联系中努力探寻事物运行的原因和原理。读毕全书，回头来看第 7 页的隋唐五代燕乐基本概念构成图，我们就可以了解到作者如何展开自己的思路，如何在丰富的门类中找到事物之间的联系的：因为这一图表是作者深入论证、具体考订的结果。例如，作者对曲子产生背景的风俗歌与妓歌，到包括依调填辞在内的复杂的曲辞关系都作了细致而翔实的论述。因此，《研究》的这一导读图，代表的是一个从抽象到具体再回到抽象的分类学的成果。在占有翔实资料的基础上，对事物作出能够揭示其深刻本质的分类，这大概是《研究》对于中国中古音乐文学研究的一个主要贡献。

学术研究态度应该是客观的，而研究的成果当有助于学科的建设和发展，

《研究》不仅有助于中国音乐史的研究，也有助于中国文学史的深入研究。这是读《研究》的第三个感受。

这部著作尽管用了大量篇幅讨论音乐问题，但其着眼点则在文学。作者始终关注中国文学史中的重大问题，一开始，就引述了文学史教科书关于词起源问题的讨论（11 页），而在结束语中又交代了隋唐五代燕乐歌辞研究对文学史家的意义（481 页）。书中有关文学的创见是不胜枚举的，这里且谈一谈其中涉及的词起源问题和世传蔡琰《胡笳十八拍》的真伪问题。

二十一世纪文学研究有一个热点，就是研究词的起源。形成热点的原因大概有二：一方面，敦煌资料和新兴的中国音乐研究把人们的目光引向隋唐燕乐这个背景事物，问题的解决有了新的条件；另一方面，这一思路却未得到文学研究者的广泛认同，因为传统的一个问题——词律是如何产生的？词和诗到底有怎样的关系？并未得到合理解释。作者在进行隋唐燕乐研究的时候，发现这一问题可以转换为初盛唐的教坊乐如何进入中晚唐文人生活的问题，因而注意到盛唐以后发展起来的饮妓艺术，以及与之相联系的酒筵歌舞。在全面占有资料（包括考古资料、敦煌文献）的基础上，提出了一个"令格"概念，认为晚唐五代的文人曲子辞格律既不同于敦煌曲子辞的格律，又不同于宋代文人词的格律；因此，它的产生原因不仅在于音乐，也不仅在于诗律，还在于酒令令格。或者说，从曲子辞向词的转化，在其早期阶段起重要作用的是音乐，而在其后期阶段起重要作用的是酒令。它在民间辞阶段获得歌调，在乐工辞阶段获得依调撰词的曲体规范，在饮妓辞阶段增加众多的改令令格，这些令格到五代以后的文人辞阶段才转变成由词谱所规定的种种格律。词律迥异于近体诗律，因此，不能把近体诗看作词的主源。本书《著辞》章，即对此作了集中论述。

关于《胡笳十八拍》，二十世纪五十年代末期，中国文学研究界有过一场激烈的争论。此即关于《胡笳十八拍》的作者及创作年代的争论。争论双方的阵营十分强大，郭沫若、刘大杰各为一方的主将。讨论的结果编成了一部几十万字的论文集，但却没有得出明确的结论。原因是什么呢？是因为争论双方都没有看到《胡笳十八拍》的本质：它是一首琴歌，而不是普通的文学作品。尽管双方都拿出了一批足以支持自己观点的资料，但他们却无法对这些资料作出合乎逻辑的解释。《研究》的作者在研究唐代琴歌时注意到了这一问题，因此很自然地补充了三类资料。一是七弦琴艺术史的资料。根据这些资料，可以清晰地描写出《胡笳》曲的发展过程：开始是琴小曲（魏晋南北朝），后来是琴大曲（盛唐），其间有分为大小两种《胡笳曲》的过程（始于西晋），唐代以后又有从单纯器乐曲到伴奏曲的发展过程。从中知道，十八拍的《胡笳曲》产生在盛唐董庭兰以后，而不是蔡文姬时代。二是考古学资料，例如敦煌文献所记的《胡笳十八拍》和《淳化秘阁法帖》所记的《胡笳十八拍》的若干字句。根据这些资料，唐代流行的《胡笳十八拍》是《大胡笳十八拍》，即刘商作辞的《胡笳十八拍》；旧题蔡琰的《小胡笳十八拍》，是直到宋初才有明确的文字记载的。三是民间遗存的资料，例如今天所能见到的 38 份《胡笳》琴谱。这些琴谱可以分为三个系统：一是题作《小胡笳》的系统，四段的结构，和中唐的记载相同；二是题作《大胡笳》的系统，它往往按刘商的辞意列标题，是唐代《大胡笳十八拍》的遗存；三是题作《胡笳十八拍》的系统，它其实只是《小胡笳十八拍》，因为它按"紧五慢一"定弦，调式和《小胡笳》相同。作者认为：人们所争论的《胡笳十八拍》，只是《小胡笳十八拍》；它在中唐时候只有四段，到五代才完成十八段的结构。根据目录书的记载，它的作者是南唐人蔡翼，而不是汉魏之际的蔡琰。《研究》"琴歌"章的这一考订，是相当有说服力的。

以上是我读《隋唐五代燕乐杂言歌辞研究》的粗略感受。说实在的，由于自己对音乐知识的了解甚少，所谈未必能正确传达出《研究》的精髓。但这一部著作给人的启示是很多的，比如上文所谈到的《胡笳十八拍》的考订，便表明此书在论述问题时非常重视文物资料和民间遗存。关于这种文献、文物、遗存资料作三重论证的方法，书中有另一个例子：为了说明大曲的音乐结构，作者引用了新疆木卡姆与之印证，肯定了西安鼓乐同唐大曲"散——慢——快"形式结构的对应。此外，作者还能在充满矛盾的现象中敏锐地揭示事物的本质，甚至常常把揭示矛盾作为研究的开端。比如作者指出：在岸边成雄那里，"一方面把十部伎、三大舞等等当作雅乐，一方面又把它们（'大乐伎'）归入俗乐，是有矛盾的"。（25页）正是在这一起点上，作者一步步地揭示了燕乐与俗乐之间的对立统一关系。

二、《中国早期艺术与宗教》

王昆吾（小盾）师的《中国早期艺术与宗教》一书由东方出版中心于 1998

年 6 月出版，这是作者对学术界的又一重大奉献。在关于中国早期社会文化现象的研究中，多年来积存了不少神秘难解的问题，如火历的真相、十二支的来历、曾侯乙墓龙虎二十八宿图的内涵、古黑水昆仑与蓬莱的地望、龙和凤的原型、中国神话的谱系、风雅颂赋比兴等术语的本义等。它们皆寓意深远地传达了中国文化的智慧。这部巨著在充分占有史料及实地踏访的基础上，运用考古学、民族学、科技史等学科的研究手段，对上述问题作了全面深入的探讨，多发前人之覆，因而在艺术考古、文学传播、宗教音乐系统的发生、民族文化的起源等学术领域，提纲挈领地展示了一系列具有重要启发意义的观点和思路。

收入本书的论文，多篇曾在《中国社会科学》上刊出。本书内容主要关于中国文化艺术史中若干千古疑难问题的考释，视野宽广而论述深入。其中一个重要特点就是考据学方法和其他多种学科方法的结合，因此从某种意义上说，这是一部具有现代意义的考据学力作。本文拟从这一角度，即运用多学科的知识和方法作综合考察的角度，谈谈拜读《中国早期艺术与宗教》的几点感受。首先，可以举出以下方法论方面的例证：

（一）利用实物史料进行考证

随着地下文物的出土，人们越来越懂得了实物史料在研究中的作用。1934 年，陈寅恪在《王静安先生遗书序》中称颂王国维的治学方法，其中之一就是"取地下之实物与纸上之遗文互相释证"。昆吾师在研究中对此是有自觉意识的。在本书中利用实物史料进行考据的例子随处可见，可谓游刃有余，得心应手。例如《楚宗庙壁画鸱龟曳衔图》运用了大量的考古资料：（一）长沙马王堆一号汉墓帛画中的鸱和龟。据此说明太阳在黑夜中的化身即为鸱，而龟则是太阳在黑夜的东行之舟。（二）河南新郑汉代画像砖中的鸱和龟。据此说明人间的黄昏就是冥间的黎明，鸱与龟共同代表了冥间的太阳。（三）汉甘泉宫遗址中的鸱与龟、蟾蜍与玉兔瓦当。据此说明鸱与龟蛇的形象是表现太阳主题的形象，反映了一种特殊的"运日"神话。（四）郑州汉代画像砖中的鸱、龟和白虎。其涵义是黄昏时升上冥间星空的太阳，由此印证了在世界的一半时间和一半空间中鸱和龟是太阳及其运动的象征这一古人关于夜间太阳或冥间太阳的观念。这些实物史料复原了一个业已在历史上消失的神话故事，使《天问》中"鸱龟曳衔"一句话的真正含义得到最好的揭示。此外一个例子是《鸡彝和鸮彝》。它根据出土器物上的各种造型资料和纹饰资料，根据《说文解字》"隹""鸟"二部分列的事实，说明中国新石器时代的鸟崇拜乃分为两大支——东方的短尾鸟崇拜和西方的长尾鸟崇拜；并进一步指出，鸡彝和斝彝在符号意义上的区别也反映了夏商文化的区别。这一论证，使出土器物在空间上和时间上都得到了规定，被赋予具体的意义。从另一方面说，这种工作也可以说是"思想史的考古"——在对上古史实作考订时，有意识地注意到凝聚为物质形态的符号所涵有的哲学命题。

关于运用实物资料进行考证的要点，昆吾师在理论上也作过表述。这就是他在《火历论衡》中所强调的文献资料与出土文物的逻辑统一。他说："对古代文物中的形象进行解释，应当充分利用文献资料以作互证，兼顾各部分图案的逻辑统一。""无论二十八宿图还是漆书文字，它们都是对《国语·周语下》所记载的星宿信仰体系的表现。"这些话或可理解为：由于中国的历史悠久的文献学传统，由于中国古代文献资料所特具的连续性和较明确的年代性，考据学可以为考古学、民族学提供有效的时间尺度。因此，中国的一切历史科学，都应当把考据学作为研究方法的基础。

（二）利用民俗资料进行考证

中国是一个多民族国家，民俗资料极为丰富，但由于搜集和阅读都有许多困难，要熟练地运用这些资料来为研究服务，洵非易事。昆吾师正是因此而表现了特殊的功力的。他为了掌握民族学或民俗学的资料，除大量搜集和阅读外，还赴西藏、新疆、云南等地区作了较深入的考察。所以本书能娴熟地利用民族学、民俗学资料进行文学艺术研究和历史研究。其中《对藏族文化起源问题的重新思考》《潮汕文化的一支古老来源》二文，便是在实地考察的基础上完成的。作者曾介绍了关于藏族文化起源一文的基本观点——藏民族及其文化的起源过程，是一个从更大的文化共同体中分离出来的漫长历程——的产生背景：

> 1993 年八九月间，在拉萨举办的藏学讨论会上，我曾就这一问题向四川的全体与会代表征求了意见，会后又往山南、日喀则、那曲等地区作了几十天考察。所知所闻证实了我关于藏文化与其他文化有着深刻联系的看法：它是一个复杂的共同体，有相当大的地方差异；这些差异既反映了自然环境和

生产方式的差异，也反映了不同的历史文化的积累，说明藏文化在其阶段性发展中接受了广泛的影响。如果说宗教和语言是维系民族文化统一性的两个最重要的因素，那么，通过藏传佛教可以看到吐蕃文化或雅隆文化对于这种统一性的重要作用，通过藏语及其方言分化则可以看到这种统一性的另一个更深远的基础。我们应当立足于后者来讨论藏族文化起源的问题，正像应当着眼于华夏民族形成的时代（而不是秦汉统一的时代或儒家文化形成的时代）来讨论汉族文化起源问题一样。研究者的责任并不是去辩护某种感情，而是尽可能客观地发掘隐藏在表面现象之下的重要事实，根据它所存在的历史条件对它作出理论解释。

由此可见，利用民族资料进行研究，不仅是一种方法，也是一种学术精神，即对学术的真理性认真负责的精神。正是由于这种精神，作者在论述时重视材料的丰满和齐备。例如此文在讨论藏族以石块为神主的祭龙仪式时，引用了《嘉绒族源初探》《嘉绒藏区的信仰民俗》《石棉县蟹螺乡江坝大队尔苏藏族宗教习俗调查》《冕宁县泸宁区藏族调查笔记》《冕宁县庙顶地区藏族社会历史调查》《雅砻江下游考查报告》《藏族白石崇拜探微》和《论藏族本教的神》等论文和调查报告，使这个具体问题获得了充分的论证条件。

（三）利用语言学资料进行考证

语言学资料对于学术研究的意义，自清代乾嘉以来，日益受到人们的重视，已成为考据学的重要支撑点。但传统学术所重视的语言学资料，大致属于汉语语文资料；随着历史比较语言学的传入，一个国际视野的中国语言学，包括中国各民族语研究和汉语各亲属语研究在内的语言学才建立起来。昆吾师正是站在这样一个前沿位置上来从事他的考据学工作的。

最有代表性的一个例子是《汉藏语猴祖神话的谱系》。此文依据分布在彝族、羌族、僜族、汉族、白族、怒族、瑶族等 18 个民族当中的 45 个关于猴祖创生人类的神话，展示出了汉藏语猴祖神话的谱系。这一谱系建筑在三个分类体系——关于汉藏语猴祖神话主题和情节的分类体系，关于上述主题、情节的历史形态的分类体系，关于汉藏语诸民族猴名称的原始语音的分类体系——之上，其核心，便是汉语古音构拟和汉藏语诸分支语词的比较。来自《藏缅语语音和词汇》《藏缅语族语言词汇》《壮侗语族语言简志》《苗瑶语方言词汇集》《侗台语概论》和中国少数民族语言简志丛书、历年各期《民族语文》的资料，在这里构成了中国猴祖神话的不同历史形态与不同民族文化相对应的生动图景。

同样的情况还见于书中其他文章。例如《诗六义原始》一文在讨论"风""雅""颂"等术语的来源时，论证了"雅"的语源：作为从"佳"（《说文解字》释为短尾鸟）之字，其上古音读近于"乌""鸦"。作者引用了汉语各亲属语的资料——藏语的 khata、khada，纳西语的 layya，彝语的 nan、aniba，哈尼语的 xana、ana，景颇语的 ukha，壮语的 yoka、ka，傣语的 ka、kalam，侗语和布依语的 a，水语的 qa，土家语、毛南语的 ka，独龙语的 takka 等，说明"雅"原指鸦雀的鸣声，所以此字可以在先秦典籍中与"夏"字相通而代表语音的文读或诸夏的普通话，亦即"雅言"之雅。又如《对藏族文化起源问题的重新思考》运用了汉藏语的比较来阐述汉藏文化共同体存续时间的下限。昆吾师很推崇现代语言学所取得的成果，认为语言研究在引入音标、语言调查、谱系分类等技术以后，传统的"小学"已变成了现代语言学，使语言学这一学科在二十一世纪完成了从"古代形式"到"现代形式"的转变。因此，他积极利用语言学的成果来从事自己的研究，一个目的是扩大文学研究的视野和资料范围，另一个目的，则不妨说是为了推动中国古代文学学科的现代化。

（四）利用宗教资料进行考证

一旦从发生学角度来观察中国的文学艺术，那么，宗教便是不可忽视的一种文化现象。这不仅因为早期艺术总是宗教形态的艺术，而且因为中国和西方通过丝绸之路所进行的文化交流，也以宗教为重要纽带。而中国中古时期的文学艺术新品种，一般可以归结为中西文化交流的产物。由于这一缘故，《中国早期艺术与宗教》一书多处利用宗教资料进行考证。除《火历论衡》《从生殖崇拜到祖先崇拜》等文讨论了宗教的早期形式——原始信仰形式之外，书中直接研究宗教与艺术关系的文章还有《汉唐佛教音乐述略》《五台山与唐代佛教音乐》《佛教呗赞音乐与敦煌讲唱辞中"平""侧""断"诸音曲符号》《早期道教的音乐与仪轨》《唐代的道曲和道调》等篇。这是本书命名为"早期艺术与宗教"的由来。

在昆吾师看来，上述情况，实际上不仅为中国文学艺术研究提供了一个认识角度，而且提供了一个资料库藏。所以他的研究工作，始终把宗教资料当成重要支点。近年来，他已编成《汉文佛经中的音乐史料》① 一书，作为研究的必备工具。这一工具使一些具体的考订工作显得游刃有余，或者说，使昆吾师建立了这样一个习惯——在研究的过程中从不放过一点有用的资料来解决问题。例如在讨论敦煌讲唱音曲符号"断"的涵义时，他引用了两则资料予以考证："其一，'梵呗'一语，在佛教中又译作'止断'或'止息'，意为'由此外缘已止已断，尔时寂静，任为法事'。其二，'断'是敦煌俗语，意为美妙，如《佛说观弥勒菩萨上生兜率天经讲经文》：'堂堂好个丈夫儿，头面身材皆称断。'参考这两种用法，'断'似可释为呗赞妙曲。五会佛赞中有'极妙演清音'一种声法，其名义与此类似。"有关敦煌讲唱俗语"断"字的涵义，可资参考的资料极少，但这里却对之作了非常细致的考证，结论令人信服。

昆吾师的考证，其方法不是单一的，而往往是综合使用各种资料和各种方法来完成的。从这一角度看，《中国早期艺术与宗教》在考据学上的意义极其重大。其荦荦大者，亦可列举五端，兹略作评述。

第一，事物呈现出清楚的时间关系和事物运动的段落关系。例如《诗六义原始》一文论证了从"六诗"到"六义"的演变经过了若干阶段，认为今本《诗经》的各种格式均是六诗影响的产物。六诗是西周乐教的六个项目，服务于仪式上的史诗唱诵和乐舞，其中"风"与"赋"是用言语传述诗的两种方式，分别指方言诵和雅言诵。"六诗"中的"风"和"赋"，其内涵即相当于六语中的"讽"和"诵"，在国子之教中，"讽"和"诵"的对比是直述和吟诵这两种方式的对比；在瞽蒙之教中，"风"和"赋"的对比则是方言诵和雅言诵的对比。"比"和"兴"是用歌唱传述诗的两种方式，分别指赓歌与和歌。"比"代表比次重叠的倡和关系，表现在文辞上，是章节的重复；"兴"则代表了起调与和调相连续的倡和关系，表现在文辞上，是乐句的丰富。由此而有了反映其作为重唱与和唱本质的形式，诗的复沓、单行章段、诗章章余。"雅"和"颂"则是加入器乐因素来传述诗的方式，分别指乐歌和舞歌。作为乐歌的"雅"之所以成立，来自三个方面的有力证据：《左传·襄公二十九年》关于二雅皆用工歌的歌诗方式的记载、《汉书·食货志》关于采诗比其音律的整理方法的记载、《诗经》中的乐舞资料。昆吾师辨析细密，如对雅颂进行考辨时作了如下精彩的表述：六诗中的

———————————

① 巴蜀书社，2002 年。

"雅""颂"与《诗经》中的《雅》《颂》,是不可等同的两件事物。"六诗"是教诗之方式,《诗经》是用诗之文本,两者有关联也有差异。后者较晚起,故《雅》《颂》可包括乐歌与舞歌的涵义,但又不止于指乐歌和舞歌。从现有资料看,上述两者的主要分别大致是:《雅》是仪式乐歌,而"雅"却是弦歌;《颂》是祭祀乐歌,而"颂"却是舞歌。这一分别是通过乐歌用于礼仪、舞歌用于祭祀的长期实践活动形成的。这里不仅区别了"雅""颂"与《雅》《颂》在功能上的差异,也显示了两者在时间上的层次和演变轨迹。总体上看,从六诗到六义经历了三个阶段,即以乐教为中心的时期,以诗为聘问歌咏手段的时期,以德教为中心的时期。昆吾师进一步指出:"诗的功能变化了,才有六诗涵义的蜕变。"在乐教阶段,诗之功能用于仪式和劝谏,从大师的职掌可以了解诗是由于政治目的而创作或收集到宫廷来的,服务于国家礼仪,乐教成了早期诗歌传授的主要方式。在聘问歌咏的阶段,诗之功能从用于仪式到用于专对,即从用于乐教到用于乐语之教。这可以看成对诗歌加以整理的过程,也可以看成是诗本义逐渐丢失的过程——在大师和乐工那里,这种丢失表现为诗之辞和诗之乐的疏离。在德教阶段,上述分离表现为诗教与乐教的分离,诗有了新的面貌和性质,其应用范围远远超出过去卿大夫们的出纳王命和宴享交接,而成了人生各种活动的指导。"诗"不仅是用于辞令的语言资料,而且也是用于思想和处世的语言资料。从用于乐语之教到用于德教,诗歌再次经历了一个整理过程,诗本义亦受到新的修饰或校正,诗歌从此主要不再作为乐歌而存在了,而是作为文学而存在。至此,诗之发展阶段已非常明晰地呈现在人们面前,而有关诗经解释的一些概念之间的矛盾也得到合理的澄清。

以上关于诗的考论,显示了昆吾师对上古文艺的独特见解,在纷乱的现象后面隐含着表演艺术和文学的区别,先生正是洞察这一区别,娴熟地运用音乐理论,理清了六诗和六义之间的关系,研究的深入展开正是以阶段性的划分为标识的。在《鸡彝和斝彝》一文中,昆吾师也努力从鸡彝和斝彝在符号意义上的区别来理解夏商文化的区别,使鸡彝和斝彝不仅具有部族崇拜的意义,也具有了文化分期的意义。昆吾师对《周礼·司尊彝》"春祠,夏禴,祼用鸡彝、鸟彝""秋尝,冬烝,祼用斝彝、黄彝"作了如下解释:灌器和季节相互对应,春夏同属阳季,故夏春之祼用鸡彝、鸟彝;秋冬同属辛季,故秋冬之祼用斝彝、黄彝。在古人的心目中,鸡彝、鸟彝代表春夏间的阳气,斝彝、黄彝代表秋冬间的阳气。殷人是以辛来代表秋季的，鄂彝同辛金在文化性格上有众多一致，商文化与夏文化相区别的一个重要之点就是商民族所崇拜的太阳已不是春天的太阳，在某一历史时代，它转变为秋天的太阳；商民族所崇拜的生命，已不是萌芽状态的生命，它某一时代转变成为与秋藏或收获相联系的生命。因此夏商民族所使用的彝器的区别，不仅反映了这两个民族的鸟崇拜的区别，而且意味着这两个民族的灌礼拥有不同的文化基础，经由不同的途径而形成。这里的考述始终关注历史文化进程中的段落层次。循此思路，我们也可以找到灌礼在重农耕的周代所对应的文化内涵。

第二，隐含的事物结构和关系更为明晰，体现出逻辑结构和历史结构的统一。如《汉藏语猴祖神话的谱系》，努力揭示逻辑结构（民族文化的结构）与历史结构的对应，指出这是潜藏在中国文化深处的最具奥妙的一种关系。该书第202页汉藏语猴祖神语的分类表，则基本反映了中国猴祖神话的不同历史形态与不同民族文化的对应。大部分汉藏语民族的猴名称有共同来源，以"猱""夒"等语词及其训诂学资料为中介，猴为氏族祖神的神话可与大部分藏缅语民族对应；以"蒙""獿""罔两"等语词及其训诂学资料为中介，猴为山怪、木石之怪的神话可与若干壮侗语民族对应；华夏民族的猴名称与猴神话表现为上述两大族语的过渡。事实说明汉藏语各民族的猴祖神话有同源关系。这种对应关系正是昆吾师研究所一贯追求逻辑结构和历史结构的统一的体现。

第三，学术具有创造性和独断精神。章学诚《文史通义·答客问》高度评价了"独断之学"，云："未有不孤行其意，虽使同侪争之而不疑，举世非之而不顾。"这里揭示了学术的真正魅力之所在。打开《中国早期艺术与宗教》，处处体现了昆吾师的独断之学。《火历论衡》一文，指出过去的火历研究缺少分析观念，把大火观测和星观测相混淆，把星宿火崇拜和自然火崇拜相混淆。《楚宗庙壁画鸱龟曳衔图》考证了《天问》"鸱龟曳衔"一语所隐含的中国古代龟—日神话系统的内涵。《论古神话中的黑水、昆仑与蓬莱》一文认为神话中的地望，其实质是反映了人类曾经历了用具体物名表示抽象概念的阶段。《早期道教的音乐与仪轨》指出道教音乐的仪式化过程表现为通神、宣化、养生、遣欲等功能次第转型的过程，早期道教音乐的四个品种也是依次出现的：先有祭神音乐，次有仙歌，再有诵经音乐，最后有赞道音乐等等，不一一举例。可以说每一篇文章都很精彩，都有独创和发明。这里展示的不仅是一种知识体系，更是一种治学的刚毅精神、"聪明正直至大至刚"的品格完善。

第四，解决了学术史上的重大问题。考据学并不是有些人所认为的那样，只是饾饤之学，在细微末节上用了些功夫，不能解决大问题，不能成为系统理论。轻视考据学的说法当然是荒谬的。读过昆吾师的这一大著，我们可以更清醒地认识到，科学意义上的考据，不仅能够解决中国学术史上的重大问题，而且本身就是一个成熟的深刻的理论系统。如果没有众多的资料支撑，如果没有具备学术穿透力的考据眼光，如何能理解"鸤龟曳衔"的本义，如何去发现"六诗"到"六义"的阶段性演变，又如何去探究《高兴歌》的文化意蕴。不难看出，收入该集的每一篇文章都在解决学术史上一个至关重要的问题。举例来说，《诗六义原始》考证了从"六诗"到"六义"的发展过程，这在《诗经》学史上是非常重要的问题。这一问题不搞清楚，中国文学史的第一章将是含混不清的——源不清，流何以清？正是在这一基础上，《中国韵文的传播方式及其体制变迁》才对汉赋的含义和演进作了入木三分的解释。

第五，在方法上为学术研究提供了示范意义，而且这种方法具有跨学科和前沿价值。例如《火历论衡》一文的宗旨，不仅在于辨明火历之名实，更在于表述一种方法论思想。作者说："研究每一种历法，都必须把它放在整个历法体系中加以认识。""由于古代历法既是一种知识，又是一种文化。因此，必须说明每一研究对象在复杂的民族关系和时代关系中的具体位置。一旦建立了这种文化的和历史的分析观念，古代历法研究中的各种疑难问题就是不难解决的。"又如《论古神话中的黑水、昆仑与蓬莱》一文提出，应在一个更广大的背景下认识古代神话中的地望等名物，即将其视为某种思想系统中的符号："在原始信仰和诸子哲学之间，古代中国人曾经历了一个用具体物名表示抽象概念的阶段。"推而广之，这一认识对解读上古文化的各个具体问题都有方法论的指导意义。所以作者说："通过对古神话中几个地名的考释来建立这样一个认识：当我们考察上古文化的时候，既要避免像历史学家通常所做的那样，按现代人的思维方式和表达方式去理解早期文明中的事物；又要避免像神话学家通常做的那样，把这些事物简单地解释为'原始思维'或'原始信仰'。"这样我们也就找到了认识古代神话中某些形象所表示的意义的钥匙。《对藏族文化起源问题的重新思考》一文第二节其小标题分别为：（一）文献学的证据：从藏、羌关系看藏族文化的起源。（二）考古学的证据：从半月形高地文化传播看藏族文化的起源。（三）语言学和宗教学的证据：从藏、汉关系看藏族文化的起源。这里通过具体操作指出考据学使用的方法，即从文献学、考古学、语言学和宗教学的综合运用来解决问题。而《中国史前文明研究的地理学方法》一文主要就是谈研究方法的。

很有意思的是自然科学研究允许用各种方法来进行试验，而人文科学研究者很少有这种试验的意识。我认为昆吾师很重视人文科学研究的试验，而且是自觉的。比如用各种手段，特别是历史比较语言学的方法来研究猴祖神话就是一次成功而有启发意义的试验。它所研究的不仅是文学现象及其思想要素的平行关系和相互影响的关系，更主要是发生学上的亲缘关系。运用资料和方法时，最重要的一个环节是对汉语中二十几个名称所作的古音构拟。构拟的结果是造成了一批链条型的史料：从语音角度把各个民族语类型联系起来，从语义角度把各个神话形态联系起来，从而成为汉藏语猴祖神话谱系树的脉络和类型标志。如果说语音研究属音韵学范围、语义研究属训诂学范围，那么，传统的考据学便成了神话学的、文化人类学的、历史比较语言学的等等现代学术方法的基础。以上是昆吾师

2009 年 3 月摄于扬州，左一为作者

在一次学术会议上就《汉藏语猴祖神话的谱系》一文所作的关于考据学与其他方法结合的演讲内容，精辟而深刻。

昆吾师说过："为了提高认识水平和学术质量，我们有必要采用一切可能的手段扩大史料的效用，考据是其中最基本的手段。因此，学术方法问题，可以理解为因研究目的的需要而实行的考据学与其他方法的不同形式的结合。"《中国早期艺术与宗教》无疑是考据学和其他方法结合研究中国文化、中国艺术的典范之作。

昆吾（小盾）师这一学术思想和学术探索也体现在他的研究生教育上，他希望自己的博士生不仅勤奋严谨，而且要视野宏通，"具有科学精神和开放姿态"。"王师的学术研究工作有自己的一套独特的理念，这就是：以中国各民族的文学艺术现象为研究对象，而不囿于单一民族的作家文学研究；通过比较和分析来探求事物本质的原理，而不是简单的现象描述和价值评判；综合使用考据学、考古学、民俗学的资料与方法，而不是平面的文献研究。他把这种学术理念也贯彻到了博士生培养工作的实践中。"① 下面列出王师指导 1994 级到 2002 级博士论文题目：

1. 汉民族文学与其他文学艺术的比较研究：

94 王胜华：《中国戏剧的早期形态》

95 赵塔里木：《在中亚传承的中国西北民歌：东干民歌研究》

95 傅修延：《中国叙述传统的形成》

2. 唐宋作家文学研究：

94 戴伟华：《唐代使府与文学研究》

96 汪　俊：《两宋之交文学发展的地域性研究》

00 杨晓霭：《宋代声诗研究》

3. 文学传播和文体变迁研究：

95 王廷洽：《楚文化与两汉文学》

96 方志远：《明代城市与明代市民文学研究：以成化、弘治、正德为中心》

96 周广荣：《梵语〈悉昙章〉在中国的传播与影响》

97 何剑平：《敦煌维摩诘文学研究》

97 马银琴：《西周诗史》

---

① 周广荣《梵语〈悉昙章〉在中国的传播与影响》"后记"，宗教文化出版社，2004 年，第421 页。

99 曹柯平：《中国洪水后人类再生神话的类型学研究》

00 蒋　瑞：《铭刻书写与中国散文的起源》

4. 音乐文献研究：

98 孙晓晖：《两唐书乐志研究》

98 李方元：《宋史乐志研究》

98 王福利：《辽金元三史乐志研究》

01 温显贵：《清史稿乐志研究》

5. 音乐文学研究：

99 许继起：《秦汉乐府制度研究》

99 孙尚勇：《乐府史研究》

99 崔炼农：《汉魏六朝乐府辞乐关系研究》

99 喻意志：《〈乐府诗集〉成书研究》

99 尚丽新：《〈乐府诗集〉的刊刻和流传》

01 王立增：《唐代乐府诗研究》

6. 域外汉文学研究：

00 何仟年：《越南古典诗歌传统的形成：莫前诗歌研究》

02 刘玉珺：《越南汉喃古籍的文献学研究》

02 朱旭强：《交趾汉化研究》

可见，王师对研究生培养是精心安排的，体现出独特的学术个性和风格。他说："中国有一句话说'薪火相传'，又有一句话说'譬如积薪，后来居上'。前一句话，说明师生之间的关系是老树新枝的关系，是学术理念的传续；后一句话，则说明师生之间的关系是前浪后浪的关系，是合力与接力。"① 王师指导学生非常重视文献考据工作，"他要求每一位博士生在开始做博士论文之前，必须先完成一项文献学的训练"②。

应该看到，王昆吾（小盾）师最初是做《隋唐五代燕乐杂言歌辞研究》的，后来进一步关注艺术、宗教等和文化或文学的关系。从方法论上看，这一学术经历对做唐代文学与文化研究者很有启发。

---

① 　周广荣《梵语〈悉昙章〉在中国的传播与影响》"序"，宗教文化出版社，2004 年，第 4 页。
② 　周广荣《梵语〈悉昙章〉在中国的传播与影响》"序"，"后记"，第 421 页。

从论文选题到出版

杨晓霭

　　我的博士学位论文《宋代声诗研究》，从选题到出版，记录了我在昆吾峰下最为难忘的求学过程。后记中的话，有对昆吾师指导的感恩，有我自己的学习心得，也表达了对扬州大学瘦西湖校区的缕缕回忆。今值昆吾师七十大寿，又是老师执教 35 年的纪念日，再拾这篇后记，作为给先生的祝福，也算是给先生的一份贺礼吧！

2003 年 6 月 15 日摄于扬州，后排左二为作者

这本小书是在我的博士学位论文基础上修订而成的。当按照惯例需要写后记时，我情不自禁打开了我 2003 年 6 月 14 日在博士论文答辩会上的陈述，并不由自主地将其中的主要内容粘贴到了下面的位置。

一、关于选题

研究宋代声诗，对我来说，实在是偶然。2000 年进校后，导师王昆吾先生针对我的实际情况，为我布置了三个作业。第一个是在其他两位同学工作的基础上，作"先唐音乐文学作品解题"，第二个是读唐以后的书，考察唐人诗文刊印的情况；第三个是有关《乐府诗集》的著录、版本、刊行、引证、评论等。我也围绕三年的研究方向和王老师交换了一些意见。出于对自己知识基础的考虑，我明确表示，不搞音乐文学研究，也未选唐人诗文刊印的题目。那么，应该做什么，自己心中也很茫然。在这种情况下，王老师提供给我三个选择方向，并阐明了他指导学生选题的标准，简称作"三结合"。王老师的原话是："结合培养工作，选择可以在资料上实现突破因而有发展前途的题目；结合学术趋向，选择有前沿意义因而能造成积极影响的题目；结合我的研究计划，选择可以和集体的各项工作相互策应的题目。"王老师的"三结合"原则，为我博士生阶段的学习指明了方向，也使我从中学习到了如何选择一个学术课题的思路和视界。我当时按照王老师提出的原则，结合作业以及自己原有的基础，对三个方向作了比较，选择了《宋明乐府诗学》为研究方向，并在做《乐府诗集》作业时，注意搜集了有关资料。同时，自己还存有一个想法，觉得既然在扬州大学读学位，就应该对师祖任老半塘先生和王老师的著作及其学术思想有较为全面深入的学习和了解。于是，在做"唐前音乐文学作品解题"时，结合作业，又认真阅读了任先生的《唐声诗》和王老师的《隋唐五代燕乐杂言歌辞研究》。这些阅读和作业，足足花了一年时间。受自己已有知识结构和知识基础的限制，书读得很吃力。并且，一边读一边总在怀疑自己的理解是否正确。也是受这两本著作的影响，在读宋人别集、笔记等文献时，就顺手抄下了一些有关音乐、歌诗等方面的资料。

　　经过一年半的学习，对宋人的乐府观渐次有了较为明晰的认识，我便按照郭茂倩《乐府诗集》的体例，为宋代乐府诗划了一个范围。郭茂倩对乐府诗的界定采取了较为宽泛的原则，集中所录的作品，歌辞与文人拟"乐府"，兼收并蓄。当我试图站在郭茂倩的立场上来认识乐府诗时，也就将入乐的"乐府诗"与不入乐的乐府诗二者均纳入到了自己研究的视野。在这样一个宽泛的"乐府诗"概念下，我写成了一份三万多字的开题报告。这个报告自然被王老师否定了。当时，王老师要求我依自己目前收集得较多的资料，重新拟一个提纲。为此，我和王老师进行了三次讨论。我用一天一夜的时间，阅读资料，整理思路，写出提纲。第二天早上，在王老师吃早饭的时候，将我的想法给他作一个陈述，他边听边发表一些自己的意见。就这样，在第三天的晚上，我将开题报告交给了王老师。最后讨论决定，题目定作《宋代声诗研究》。这一天正好是 2002 年 6 月 14 日。

　　选定这个题目的主要依据有四方面。第一，任先生在研究唐声诗的同时，对唐以后诗歌歌唱的情况有所考察，并阐述了唐以后诗词同时入乐，相长相成的观点。这对我进一步研究已经在理论和资料上作了开拓，给予了启迪。第二，任先生治学，讲求资料先行。他主张和实践的原则，被王老师概括为：大禹治水和竭泽而渔。大禹治水，从读任先生的著作中，我体会到，是指对资料的考察，追流溯源，直接源头，然后加以疏通，划出一条史的线索；竭泽而渔自然是指对相关资料的"一网打尽"。因此，他有关唐以后诗词同时入乐——相长相成的说法，应该能得到文献的验证。第三，我考察过宋人的乐府观，他们对诗歌入乐传统的维护，复古倾向十分鲜明。对此，郭茂倩的《乐府诗集》、郑樵《通志·乐略》、王灼《碧鸡漫志》等重要的总集、史论、文论著作均从不同角度有所反映。因此，退一步想，即使没有大量的歌唱本事材料可以论证任先生的学说，而我们从观念上也能对宋代诗歌能不能弦歌的情况加以考察。第四，关于声诗的界定，任先生之所以在《唐声诗》中要下那样一个十分严格的定义，是出于唐代声诗的特殊情况，也是为了在研究过程中操作方便而作的一些策略上的安排。他并不否认声诗在形式上包括齐言、杂言。声诗既然并非仅仅为齐言，那么，杂言的呢？再推开一步，扩大一下，如今我们所称作"词"的长短句，换一个角度，不是又可以叫作抒情诗吗？带着这样一些推想，在开题之后，我又作了三个月的资料搜集工作。通读了《全宋诗》，仿照任先生和王老师《隋唐五代燕乐杂言歌辞集》的体例，参考宋人编辑《唐诗纪事》的方法，初步编辑了《宋代声诗纪事》，同时对《全宋诗》中有关乐舞的资料编成了一个索引。在这两项工作完成后，我又翻阅了扬州大学图书馆所存五十册《全宋文》，重点选读了部分别集，对宋人文中有关声诗概念的运用作了大致把握。随后又阅读了《全宋词》《全宋词补辑》。这些工作做完以后，我对我的选题充满了信心。也坚信这个选题是有意义的。

宋诗是和宋词并存的重要文学体裁。宋诗是否入乐，诗词之间构成怎样的关系？这是中国古代文学，特别是中国古代音乐文学研究中的前沿问题。在任先生和王老师研究的基础上，对这一问题作进一步的考察论证，即意味着对这一问题的进一步补充和开拓，能填补一个学术的空缺。对这一问题的深入，对中国文学研究的认识角度和研究视野的扩大能起到一定的推进作用。而这一研究的展开必须建立在广泛搜集材料的基础上，因而也能为宋代文学以及其他领域的研究提供丰厚的文献资源。

2002 年 12 月摄于扬州

二、撰写心得

撰成学位论文，自己体会较深的有四点：

（一）选取恰当的方法

我的论文的撰写，采用了传统文献考据的方法，结合资料本身的特点，利用了统计、制表等辅助性手段。也学习模仿了大禹治水、竭泽而渔、天子狩猎、读书得间，这些前辈学者成功使用过的方法，并将其互相结合。王老师在介绍任先生大禹治水、竭泽而渔治学方法的同时，还为我们介绍了王运熙先生的治学经验，将其概括为：天子狩猎，读书得间。我在搜集资料和撰写中，运用天子狩猎的方法，先划出一定的范围，再将这一范围内的资料"竭泽而渔"。又借大禹治水之法，追流溯源，将材料按时间先后排列疏通，理出一条史的发展线索。如绪论部分的撰写，即先从宋人别集中，择出有声诗概念运用的字句，再借引得、类书等工具书及电子版提供的方便，查找宋前典籍中有关这一概念的运用情况，进而论述宋人对声诗概念的认识。论文第五章的撰写，主观意图是想通过宋代文人声诗活动的考察，论述宋代声诗观的发展变化，贯穿历史意识。这一章的初稿，字数达二十多万，按通行宋代文学史的发展线索，从宋初三朝论起，分五节写到南北宋之交。大致勾勒了北宋文人对声诗的认识、创作以及声诗歌唱的变化轨迹。

（二）注意资料的品质

宋代文献极其繁富。仅《四库全书》所存宋人别集有 298 种，其他经史子部与宋有关的约 313 种。而今人编成的《全宋诗》72 册，共录九千多位诗人。宋人著述，数量大，版本也复杂。同一条材料，版本不同，文字出入很大，需要加以辨别，择善而从。如铜阳居士《复雅歌词序略》，不少学者引用时均注明此序见于祝穆《新编古今事文类聚》续集卷二十四，题为《复雅歌词序略》或《复雅歌词序》。查四库本《新编古今事文类聚》，发现祝穆并未全录这一序，而且也没有《复雅歌词序略》或《复雅歌词序》一类的题目。后来读宋谢维新《古今合璧事类略要》（四库本），在外集卷十一"音乐门"中碰到了这一条，题作《复雅歌词序略》，文字很完整，但与四库本

《新编古今事文类聚》对校，出入很大，异文多达 21 处。又如李清照的词论，对《苕溪渔隐丛话》所录内容如何标点，就直接关涉到对其理论的理解。诸如此类问题，自己进行了比勘，作了自己的处理。但有些处理，看来是择善而从了，其实也是采取了走捷径的办法，心中未免惴惴不安。还有个别材料，想到断句等各方面的麻烦，便作了转引，如《南唐近事》中有关南唐先主的一条材料。这些表现，逃不过专家们的慧眼。当先生们当面给我指出来的时候，真是汗颜，也感慨良多。做学问真是容不得半点假冒伪劣啊！

（三）历练"优秀"的人生

英国史学家汤因比在其《历史世界》中，曾阐述过一个十分著名的观点："优秀需要苦难。"我把它与中国先秦伟大的哲学家孟子"天将降大任于斯人"的著名论断和在一起，作为我论文写作过程中"精神胜利"的两剂良药。以阿 Q 的方法，安慰和麻醉自己前行。受学力才识的限制，在论文的撰写过程中，自己时不时有力不从心之感，总担心自己会说外行话，而对一个问题的论述，常常会陷入捉襟见肘的尴尬。但它的撰写，对我来说，算得上是经历了一场人生的磨难。从 2002 年的 6 月 22 日到 2003 年的 4 月 29 日，我除了在从兰州到南京的火车上拼命睡觉，其他时间几乎没有睡过一个囫囵觉。常常不顾夜间什么时候，忽然有点想法，就爬起来坐在电脑前。而最艰难的日子，是今年 3 月 20 日到 4 月 29 日。这一个多月的时间，我每天都在数日子，每天都给自己规定修改完成的字数。感觉就是紧张得喘不过气来。当论文即将交付打印的时候，视力下降到在两尺以外看电脑屏幕时，字迹一片模糊。每当这时，我真的非常羡慕那些说写论文是如何如何快乐的人。而我经常在自我怀疑、自我否定中感到气馁。

（四）培养感恩的心怀

很小的时候，我的祖母和父母常常提醒，做人要时时记着他人对自己的好。这篇论文的完成，让我再一次感受到"他人"在一个人的生活历程中是多么重要。这篇论文的完成，的确凝结了几代学者的心血，浸润着每一位关心我的老师、同学、同事、朋友的友谊，也是我幸福家庭的一份收获。

任老半塘先生的《唐声诗》，出版于 1982 年。当时任先生已年逾八旬，他老人家生命不息、学习不止的精神将永远鼓舞我们不断努力。是任先生的著作将我引进了音乐文学学术的殿堂，我们永远怀念他。导师王昆吾老师视学术如同生命的刻苦和执着，为我们树立了榜样。

扬州大学中国文化研究所——如同古代书院式的一方"净土"，让我永生难忘。我宿舍门前的枇杷树、窗外的樱桃、阵阵沁人心脾的月季花香，每天清晨将我从梦中唤醒的鸟鸣……都给我留下了美好的回忆。

生活所赐予我的一切恩泽，都在促我奋发，催我向上，让我不敢懈怠，而我也只能以不断地拼搏来做些许的报答。

我曾和同学坐在北京图书馆门前高高的台阶上，谈论学术追求和学术前程。把在中华书局出书看成是衡量自己努力的一个标尺。论文稿终于要交到中华书局。当年提交给答辩委员会的实在是一份不能令人满意的答卷，时至今日，提交在读者面前的同样是一本不能令人满意的"成果"。中华书局的顾青、俞国林、王传龙先生，以自己最大的耐心接纳、修改了这部"不能令人满意"的书稿，也以他们最大的热情鼓励、支持了这部书稿的出版，让我再一次不得不感叹："我一生遇到的尽是好人！"发着这个感叹的时候，我的眼前又浮现出一个个慈祥可亲的面孔：南京大学教授、鹤发童颜的卞孝萱先生，没有卞先生的引领，我可能

2003 年 6 月 15 日摄于扬州

不会走出西北高原去感受瘦西湖的阳春三月；西北师大胡大浚先生是引领我走上学术之路的第一位老师。这部书稿的最终完成，以至我的每一篇学术论文的写作，都离不开他严厉的督导和悉心的关怀。无论何时何地，我将永远怀抱感恩之心！

行文至此，我又情不自禁地翻看了我的学术日记，"抚迹犹酸辛"。下面摘抄几段，以见我三年来修改论文时的心绪。

2004 年 6 月 14 日

真是奇迹般的，不知是什么原因让我在这时打开了这篇陈述稿，而当我再一次流着眼泪看完我的陈述时，我才感觉到今天是 2004 年 6 月 14 日。离论文的完稿、提交答辩，已整整一年了，其中的缺漏尚未做出完满的答复。时光如电，令人心惊！

2005 年 6 月 14 日

今天是我故意打开电脑，又一次阅读我的答辩陈述。时间已过去了整整两年。论文的修改在缓慢地进行。缓得令人心衰，慢得令人窒息。而层出不穷的问题，也让我去年还想对"尚未做出完满的答复"的反思与想要做出完满答复的愿望大大动摇，我仍然感到力不从心。朋友们鼓励说："交稿吧，没有人会对自己的论文满意，也没有谁的论文中不会没有问题。"说得很对。可是，我还是不能下决心。知道自己的论文有问题存在，是否可将它解决到至少在自己看来它不再存在？

2006 年 6 月 14 日

论文的修改并未像我计划的那样在今天定稿。感受仍然是去年写的那两句话："缓得令人心衰，慢得令人窒息。"这种感受是无奈中的叹息！学术研究本来是神圣的，一件社会科学研究成果的出现，也许不能为社会有所贡献，但也至少不应该处处产生"以讹传讹"的祸害。生活在大学里，以教学为天职、以培养人才为己任的教师们，在突飞猛进的时代大潮中，人人怀揣一颗躁动不安的心，这也完全是"常规"。科研与教学理应相辅相成，不可偏废。这是真道理，一点不假。可是教研工作无涯，人生有涯。在有涯的此生，面对无涯的工作时，有着教师、学者双重身份的人们，所面对的也是良心的抉择。有许多人感叹一辈子都没做上自己喜欢的工作，而我喜欢读书，热爱教学，这一切都如愿以偿了。现在的工作岗位给了我双重的乐趣，我似乎没有理由不珍惜我的研究，也没有理由不愉快地进行教学。

是为后记。丙戌秋日。

宿舍窗外，枇杷花开

师门求学散忆

温显贵

2001 年 9 月，我负笈东游，从武汉来到了扬州瘦西湖畔的扬州大学，入籍于昆吾师门下，成为一名在读博士，开启了我人生最为重要的三年求学之旅。

说起师门渊源，还不得不绕个弯，多说几句。在我计划读博的时候，先入师门的许继起、蒋瑞得知后极力让我报考昆吾师门下，我其实已经有打算报考的学校，并有了大体的眉目。犹豫之际，王师的一封信让我坚定了选择，最终来到了扬州（当年我是用上海师大的名额录取的）。依稀记得，篇幅不长的信件里充满了老师对我的鼓励以及对读博期间的学业规划，既让我无理由拒绝，也同时让我对未来有了一定的信心。

许继起、蒋瑞二位，原本是湖北大学古籍所文献学的硕士毕业生，毕业后先后考入昆吾师门。类似的情况还有周广荣、入籍于昌集老师门下的刘旭青两位。他们在湖大的时候，我刚好留校工作不久，跟他们都有很好的关系。另外，从湖大中文系文艺学专业过去的马银琴，当时在湖大我还不是特别熟悉。这几位在湖大算得上是我的师弟师妹，但到了王师门下，都算得上是我的师兄师姐了，这个理，我永远都认！

入门后，我被安排做《清史稿·乐志》校释工作，这是王师当时主要学术关注点"历代乐志律志校释"系列中的一个小点。王师之前之所以希望我过去读书，也是基于学位论文选题范围的考虑。因为这个"系列"当时还有《清史稿·乐志》工作尚未启动。但对于我来讲，其核心文献涉及的清代（乃至整个中国古代）音乐史问题，说实话我心里特别虚。尽管之前已经有方元、福利、晓晖几位师兄师姐在做唐宋元明时期的相关整理校释及研究工作，而且相关的毕业论文也大体基本成型，可以提供一些参考，但具体到《清史稿·乐志》文本中的音乐史、"乐律"之类的专业问题我还是一窍不通。不过，既来之则安之，当时也只能硬着头皮往下做了。好在王师会根据实际需要，不定期地组织我们进行集中汇报进度、讨论和修正体例、解剖具体问题，让我在实际的观摩、讨论和操作中学到了一些基本方法，才使得这一选题涉及问题的解决办法逐步明朗起来。

专业课学习，由王师上课居多。让我最渴望的就是每次课堂时间。王师可以用精准不带废话的语言表述高大上的学术问题，清晰透彻，这至今让我折服。我想，这一定程度上来自个人天赋和思想格局，又很大程度上取决于宽广的学术视野、一以贯之的学术锤炼。虽不能至，心向往之，这永远值得我学习！

毕业论文的最终题目和文章框架的最后成型，也是在拟定、否定、修正中反复不断。记得当时王师国内国外讲学、访书活动比较多，我多半必须抓住趁他回学校的时间段，跟他讨论学位论文的事情。每一次讨论之后，都会有一些新的认识，也逐渐增强了信心。加之有《清史稿·乐志》的基本文本做依托，所以论文的最后完成总体来看还算顺利，最终以《〈清史稿·乐志〉研究》为题写成学位论文（文稿 27 万字），通过答辩，三年准时毕业。

众所周知，《清史稿》成书仓促，其《乐志》部分在史料的选择上也不免粗疏，又主要以《律吕正义》为参考，并未能全面真实地反映清代宫廷音乐的面貌。因而作为清代宫廷音乐的正史记录，它与真实的历史之间有着较大的差距。而《〈清史稿·乐志〉研究》作为学位论文，从题目上看，就平实而难有创新。在写作过程中，我力图结合文献学、音乐学、历史学的相关知识和方法，在前期《〈清史稿·乐志〉校释》工作的基础上，对清代宫廷音乐作了较为全面的描绘和呈现，试图探析出清代礼乐的本质特质。论文上编在台湾学者陈万鼐《清史乐志之研究》重点研究乐律的基础上，对乐律之外的乐制、乐章、乐器、乐舞等进行分析。这恰好可以规避掉我对乐律问题陌生的先天缺陷。下编是上编的进一步拓展，弥补《清史稿·乐志》政书之体的不足，针对《清史稿·乐志》偏重乐章记录，而"乐制"部分内容仅录一卷，造成对清代的宫廷音乐制度的变革及雅乐复兴过程的阐述过于简明的缺憾，参考《清朝文献通考》中丰富的乐制内容，对《清史稿·乐志》进行了补充。从清代宫廷音乐的种类、礼乐机构的设置、时代变迁对音乐发展的影响等角度出发，重点揭示清代宫廷礼乐制度不同于明代的特色，勾勒清代礼乐制度的发展过程。上编主要对文献进行比勘和分类，而下编则侧重于呈现历史的生动丰富性。

论文由于有《清实录》《清朝通典》《清朝通志》《律吕正义》《律吕正义后编》《清朝文献通考》《清朝续文献通考》及清代大量野史、笔记作为文献基础，为全部研究的展开提供了很好的材料支撑，因而对清代宫廷礼乐制度的内容及特质的分析也尽量客观得当，并通过史料梳理提出了一些有关清代音乐史研究的见解，也使一些相沿成习的错误认识也得到了某些纠正。

2017 年 9 月摄于武汉，左一为作者

不过，由于是修满三年就仓促毕业，所以回头再看自己的学位论文，软肋还是挺多，遗憾更是不在少数。这主要还是因为自己的专业储备、学术素养不够，尤其是解决问题的能力很差所致。记得当年答辩的时候，王师因为在韩国做客座教授的时间还未结束，因而并未回国，我和同年级的王立增师弟一起借扬州大学古代文学专业博士生答辩之机，跟其他导师的学生一块完成答辩的。导师不在现场，说实话我一方面内心充满控制不住地恐惧，生怕因为论文问题太多被揪住而难堪，另一方面更害怕因为自己的糟糕表现而引来对师门的负面评价。好在参与答辩的山东大学的袁世硕先生、华东师大的陈大康先生、北京广播学院的张晶先生、徐州师大的李昌集先生、扬州大学的钱宗武先生、田汉云先生，都善于包容，尽管他们也指正了论文写作上的不足及改进方向，但大都以鼓励为多，让我深得启发，获益良多。

毕业后，我依旧回到了湖北大学古籍所工作。那个时候，湖大古籍所是以传统语言文献为研究方向，并着重以传统辞书的编纂为工作重点。而我的博士三年所学，和所里的工作思路其实具有一定的不相融和之处。所以，很长时间在承接所里的工作任务时都有点孤单和迷茫，始终找不到切合点，有时甚至觉得无用。后来，上海音乐学院的洛秦老师联合王师主持《历代乐论》工作，又把我们做音乐史方向的几位同门聚拢了起来，我仍然负责清代（1840 年前时段，以后列入近代）乐论的工作，这才又让我有了重操旧业之感。如今，《乐论》的成果很快就要出版面世了，之前因种种原因搁置起来的"历代乐志律志"校释工作也会在王师的带领下重新启动。前后联想起来，其实还挺有成就感。再回看这些年来的经历，自己在学术进程中所做有分量的事情、发表的重点文章、承担的科研课题，还真都与博士阶段的学习和积累密不可分。自己不仅再无任何理由抱怨之前的专业困惑，倒是应该感激扬州三年在昆吾师门下的读书修为。

扬州三年，匆匆而过。除了亲炙师教，还有缘幸会了一些学术名家。他们或身在扬州大学，地缘之利可以请益赐教；或路过扬州小憩，为我们临时讲座；或因为主持师门毕业论文答辩，应邀而至，得以聆听高见。名家们情怀各具，风度有异，不一而足，这不仅让我们亲睹了名家风采，更让我们开阔了眼界，也都终身受益。从教学过程和学生培养的角度来看，这何尝不是一种值得推广的举措！转益多师，有百利而无一害！

还有一批充满朝气、各有学术抱负的同门们！2001—2004 年度因为结识你们，有你们相伴，也使得三年原本单调枯燥的扬州生活被涂抹上一层多彩的颜色，映入脑海，永堪回味。我们一块参加师门聚餐、一起讨论感兴趣的话题、一起参加运动、一起在周末去古旧书市场淘书、一起见证瘦西湖的阴晴雨雪，一幕幕、一桩桩，至今清晰如昨，挥之不去。就拿羽毛球运动来说吧，去扬州之前，我并不怎么打羽毛球，甚至连基本规则都不清楚。不知从哪一天开始，我在扬大参与了这项运动。依稀记得，球场是扬大校园的一处露天场地，风雨天自然是无法进行的。没有球网，好像是何仟年、朱旭强、王立增三位买来球网，又从哪里找来两根竹子截为立杆，用色拉油的空桶装上沙子，插上立杆，装上网，再扯上四条线固定在地面区域线旁边，一个简易而实用的球网就成了。场地里的区域线也经常会被雨水冲淡无法看清，他们也会不失时机地买来白色油漆补画清楚。从那时开始，渐渐喜欢上这项运动。记得只要是没有风雨的日子，到了傍晚，我们都会大呼小叫的约球，一起参与。每场球下来，大汗淋漓，但又觉得浑身舒服。在那个露天球场里，我学会了一些羽毛球的规则，以及基本手法。这让我受益的是，回到湖大后，仍有机会可以和喜欢羽毛球运动的一帮球友们一起运动，至今仍然没怎么间断，成了我最大的业余爱好！

　　恍惚间，离开昆吾师门已近二十年了。我们也都在各自的领域里做着属于自己的一份事业，踏实而又有盼头。饮水思源，永远感念三年时间师门受教的难得机会。负笈寻师，让我学有积累，也在单飞的征程中有了前行的力量。

2017 年 9 月摄于神农架

　　回忆是残酷的，因为那些是再也回不来时光。回忆又是温暖的，它会让你触碰到那些往事，引发怀念与思考。此时此刻，因为新冠肺炎疫情我们仍然隔离在家中，但行笔之际，因为有那么多有关师门的往事涌现于脑海，屋外的危险顿感不复存在。我被这些温暖包围着，尽管都是碎片化的，但心头却始终是热的。

好吧，就让这些温暖永存心间，伴随左右，没齿不忘！

2020 年 4 月 18 日草于武汉家中

青眼高歌，丹黄细点

——我的扬州书院学记

孙晓辉

《诗经·小雅·菁菁者莪》毛序云："菁菁者莪，乐育材也。"南宋朱熹在其《白鹿洞赋》中有"乐《菁莪》之长育，拔俊髦而登进"的句子。朱熹曾与诸生共守陆九渊先生之训，以致尊德问道，致学广大。在我的博士求学生涯中，经历了一次书院式的"菁莪"洗礼。我们的山长王小盾教授以扬州大学中国文化研究所为精舍，与诸生共守任半塘先生之训，崇尚扬州学派之"实学"传统，审问慎思，明辨独立，践履一种传统经学与现代文史兼修的平行教育方式。师生共同坚守扬州那一方清土，在昆吾师的言传身教之下，一批敬业乐群的博士从那里蝉蜕而出。

一、初入扬州

与扬州的机缘肇始于我进入大学的第一课。1984 年 9 月，16 岁的我从鄂西兴山县一中考入华中师范大学历史系（现历史文化学院）。历史系为新生精心安排了一位大师杏坛开讲——他就是张舜徽先生！张先生年事已高，操浓厚的湖南口音。我隐隐约约地听懂了"历史文献学""乾嘉学术"和"扬州学派"等等。当年年少无知的我自然不会想到这些学术语汇与我会产生怎样的联系，我依然热衷于广播台、演讲协会等花枝招展的事情。直到大学四年级，有幸听熊铁基教授的课，才迷上了汉唐文化史。

1988 年夏，我被分配到武汉音乐学院附中教历史课。学生们聪明伶俐，每天至少接受 6 个小时的音乐训练，剩下的时间才均给文化课。文化课学习相当于佐餐，以致有同学异想天开地在历史试卷上涂鸦，制造一些惊人答案，比如"秦始皇修建第一座长江大桥"，"五胡乱华"之"五胡"是"二胡、京胡、高胡、板胡"等等。教学之余沉闷时，我就在文化课教研室破旧的故纸堆里找书看，把二十五史、四书五经当小说读，没有想到自己竟然直接跌入荡气回肠、惊心动魄的历史场景之中。我突然意识到一种内心"自觉"，即追寻"学术"以"自度"。

其后，我幸运地进入武汉音乐学院的课堂旁听，感谢音乐学系的田可文老师和汪申申老师等诸位先生接纳我走进他们的课堂。1994 年 9 月，考入武汉音乐学院音乐学系攻读中国音乐史方向硕士研究生，导师童忠良教授。三年后，硕士毕业论文写作的是《北宋〈玉音法事〉曲目考释及其结构探讨》。毕业后，童忠良教授和崔宪老师又为我"指出向上一路"，推荐我去报考扬州大学王小盾教授的博士生。1998 年春，我第一次乘船去扬州赶考，暮色苍茫时候从汉口港上船，漂

2005 年夏摄于清华园，右一为作者

流一夜后，第二天早上才到黄石！如此要在长江之上漂几天才能到扬州呀？我站在甲板上远眺逐渐宽阔的江面，竟然撕心裂肺地大哭起来，后悔离开年幼的女儿和温暖的家！我意识到扬州就是我的一个学术远方！我全然没有"烟花三月下扬州"的喜悦，只有前途茫茫的彷徨！两天两夜后，我到达南京，又从南京中央门车站乘汽车辗转到扬州。从此，开始了我的学术的皈依之路。

进入王小盾教授所在的那栋平房，门口有"扬州大学中国文化研究所"的牌子！师母接待我，并带我参观了老师的书房。墙上有半塘先生手书的"毕生奠基"，书法透出重拙之美。我第一次看到一个学者可以有如此多的藏书！同届考生有李方元兄和曹柯平君二位。面试考场设在李昌集老师家，考官三位，就是文化所的三位老师：王小盾老师、陈文和老师和李昌集老师。曲家李昌集教授也是书法大家，热爱收藏，据说在扬州天宁寺（清代编纂《全唐诗》的地方）收购了不少的古董。考官们就地取材，让考古学出生的曹柯平辨伪器物真假。只见曹柯平若有所思地摸一个，就很抱歉地说："对不起啊，李老师。这不是真的。"陈文和老师则用浓厚的扬州方言问询我们文献学常识和乾嘉学术的标志性成果，俨然是乾嘉学者们的代言者！当年他正用力编纂《钱大昕全集》，即将杀青。那氛围我至今记忆犹新。我对三位老师的印象：陈文和老师是直接承袭清代学人衣钵的传统学者；李昌集老师更像是明清时期的江南文人；而王小盾老师是一位严谨的现代学者。三位老师的学养让我感受到了扬州的厚德载物和学术的源远流长。

"扬州学派"一说，最早由清代桐城派方东树在《汉学商兑》中提出，张舜徽先生在《清代扬州学记》这样评价："清代学术，以为吴学最专，徽学最精，扬州之学最通。无吴、皖之专精，则清学不能盛；无扬州之通学，则清学不能大。"王小盾老师主编的《扬州大学中国文化研究所集刊》发刊词就庄严宣告，以弘扬扬州实学传统为宗旨，以学术薪火传承为担当！

二、一堂师友

扬州大学中国文化研究所的精舍就在美丽的瘦西湖畔，我们师生在扬州师范学院的两排老平房结庐而居。这里风景旖旎，自然恬静，枇杷树、樱桃树和蔷薇花相互辉映，一幅"烟月扬州树树花"的胜景。师生朝夕共处，夏弦春诵。王老师编制学规，广纳图书，他主坛的讲会课程，打通经学、史学、文学、音乐学，甚至涉及自然科学。例如"《诗》六义原始""《周易》发生史""《汉书·艺文志》导读""《乐府诗集》系列""历代乐志律志校释""天文学"等皆是必修的经典课程和教学范本。我在博士论文《两唐书乐志研究》后记《学术的诗经境界》中这样记述听课体会：

> "我的学术经历"一课，使我知道学术的传承是人的传承，师承关系如同细胞分裂；"《汉书·艺文志》导读"让我认识到真正的学术应该经得起千年聚讼，最强大的理论是最古老的理论；"《周易》和中国古代的星相占卜"让我体悟出神秘是科学的土壤；"中国古代的天文学"则启蒙了一个对科学"困而不学"之人。特别是昆吾师和逍遥父女合作讲授的"天文学讲座"使我受益终生：一位少女帮助我驱赶了对科学的恐惧，使我突然产生了对宇宙的亲和，使我仰望苍穹不再眩晕，并开始思考古代的礼乐观与宇宙观的系列问题。

1998 年 12 月摄于上海王运熙先生家中

每学期除了王老师的主讲，外请专家的讲座或是答辩评点也是重要的会约仪式。每遇升堂会讲，诸生皆整肃仪容，敛容素听。我们在扬州聆听了陈允吉教授、赵宋光教授、钟振振教授、陈尚君教授、江晓原教授、张伯伟教授、王兆鹏教授、余秋雨教授、车锡伦教授、丁承运先生、陈得芝教授、陈文和老师、李昌集教授等诸位先生的教诲。

这种书院式的教育更重视学者人格的培养与生成！各位同窗的相遇如丽泽之水，江河行地，水水相连汇融。同声相应、同气相求，每位师长的人格是鲜活的！各届分班教学、互相观摩，不同专业，互惠滋养，共同进德修业。王胜华师兄、戴伟华师兄、傅修延师兄、赵塔里木师兄、王廷洽师兄、方志远师兄、汪俊师兄、何建平师兄、周广荣师兄、马银琴师姐等，皆是"受命不迁，苏世独立"的学者，"可师长兮"！同届李方元师兄、王福利师兄，以及曹柯平、许继起、孙尚勇、尚丽新、喻意志、杨晓霭、温显贵、崔炼农、蒋瑞、王立增等诸位同门，吾辈皆情同手足，亲密无间，成为莫逆之交。大家专心致学，相辅其仁，成为一个"敬业乐群"的大家庭。

正如钱穆先生在《新亚学规》里说："课程学分是死的、分裂的。师长人格是活的、完整的。你应该转移自己目光，不要仅注意一门门的课程，应该先注意一个个的师长！"同门闻善相告，闻过相警，多闻阙疑，患难相恤，以"认真"与"固定"的姿势潜心修业。师门的好学风主要体现在：

第一，立皓首穷经的学者之志，把学术视为追求真理的过程。博士阶段的学习是为毕生学术奠基的。这一阶段是学者独立人格、批评精神和创造能力养成的关键时期。《礼记·中庸》："博学之，审问之，慎思之，明辨之，笃行之。"朱熹《白鹿洞书院揭示》强调："学、问、思、辨四者，所以穷理也。"研究生时候求知的修炼达到何种深度，决定了以后一生的研究路向和所能达到的长度。

第二，重视学术积累，大量阅读原著，构建系统的知识谱系。阅读是与前贤的深度邂逅。阅读时必须以"东方主义式的凝视"，细读文本，力透纸背，句句而论，字字而议；养成科学地、有序地处理材料的习惯；悉心培养自己专心做一件事的能力；练就面对相互矛盾意见和现象时保持独立思考，看到它们内在潜藏的同一逻辑的能力；培养问题意识，"善待问者如撞钟，叩之以小者则小鸣，叩之以大者则大鸣"（《礼记·学记》）；"辨章学术，考镜源流"，务必用力寻求事务本原，以建构文本的历史脉络。

第三，保持"内自讼"（出《论语·公长》）之心，每日三省吾身，不断自我修正。自我诉讼的最好途径就是每日抽思，写作学术札记或读书笔记。老师在学术札记旁的批点和提示，就是自我校正的方向。《周易·系辞传》："无咎者，善补过者也。"只有不断地自我完善，才能够有高质量的学术呈现。

今之视昔，回望当年负笈求学的一堂师友彼此给予的精神慰藉，是学术收获之外的人生馈赠！戴伟华师兄讲授的《文史考据学》；傅修延师兄讲授的叙事学以及用英文朗诵的诗歌；方志远师兄的明代典故脱口秀（比如天热，某县官坐在水缸里办公）；赵塔里木师兄跨境民族的音乐文化研究的理想，以及他对新疆人民风趣幽默的生动再现；何剑平师兄的不语修行（一日众等在寒冽的晨曦中打篮球，球上有血，问无人答。中午大家才看见何师兄的伤口。修行至此！）；还有周广荣师兄和马银琴师姐旷世的学术婚礼，主婚人是德高望重的赵宋光先生，嘉宾皆为学界名流！学弟之中，也都是佼佼者，尚丽新（喵喵）女史的善良细致，杨晓霭女史的爽朗笑声，许继起君的腼腆内秀，温显贵君的持重缜密，还有我的太极拳老师蒋瑞君！我会时常想念他们。师友们的关爱无处不在，友情地久天长，并惠及下一代。记得大约是2010年，女儿文昭在中国传媒大学上大学实习时，一天突发疾病困在北京街头，我在武汉接到电话，情急之下求助周广荣师兄，周师兄从中国社会科学院快速赶到现场，带文昭去医院看病，还垫付医药费。今年三月的某天，我身陷在武汉疫情最阴霾的日子里，银琴师姐举着手机，为我一人单独举办了一场早春清华园的直播，良辰美景，阳光明媚。正如神说，"要有光，就有了光"！

我们结庐的精舍簇拥着王老师和师母，这里有浓厚的尊师重道氛围。师母是一位精致的上海女性，她很小资地、有创意地经营平房周围那一亩三分地。按照时令种菜，春天教我们认识荠菜和马兰头等野菜，夏天会带一群博士挖洋姜。为了防鸟儿偷吃樱桃，师母把樱桃树打扮得像施巫的萨满。每次外出，她总记得为我们带好吃的或小礼物，还亲手为我的女儿做小花裙。当我们女生都以为她是相夫教子的家庭女性时，我们却被她绘制的地图惊艳了，那是如同电脑扫描一般精细准确的深描地图，她本是上海师范大学地理系的专业绘图员。为了王老师的事业，她毅然放弃了这些绝活本事，风轻云淡地在瘦西湖畔东篱下采菊。

我和李方元师兄同届，王福利君也加入了我们。我们三人围绕"历代乐志律志"为主题进行学术训练。继丘琼荪先生的成果之后，我、李方元和王福利分别

左起：王福利、孙晓辉、李方元

主攻隋唐五代、宋史和辽金元三史的乐志校释与研究。我们各位镇守一个朝代，又互相依仗，步步为营，遥相呼应。三人之中，我接受王老师的批评最多。为此，我心中颇不服气，以为王老师偏心，舍不得批评已功成名就的方元教授。有一天，我真诚地问方元兄，为什么王老师总批评我！方元兄坦诚地回复："你的学习状态给人的感觉仿佛是尽快完成学业，然后就回家去过另外一种生活，也就是说，学术还没有成为你生命中的一部分！我们寝室的何剑平和我都把学习视为自己生命的一部分！"从此，我也开始了"无言是大道"的修行，"不离丛林"，虚心接受批评，将老师的治学方法与学术意识自觉深入骨髓。终于三载半后考绩，三人盈科而进，校读过的每一本书都变成千手观音来帮助我们。

三、受人之托

有一位先生从未有来过扬州，但他是半塘先生之外护佑我们扬州书院的另一位灵魂式的人物。他就是黄翔鹏先生！来自音乐界的访学者在这里备受欢迎，皆是因为王老师有受黄先生所托，为音乐界培养人才的使命使然！——"受人之托，忠人之事"，这是王老师时常念叨的话。

新旧世纪之交，王小盾老师主持的扬州大学中国文化研究所在学界声名鹊起，四方之士多有前来求学、访学之士。其中音乐界前来攻读博士的有中国音乐学院的赵塔里木教授、西南大学音乐学院的李方元教授、武汉音乐学院的我，还有湖南师范大学音乐学院的喻意志师妹。此外，还有很多慕王老师高名前来访学的优秀学者，赴上海师范大学访学的有崔宪老师和张振涛老师，前来扬州的有福建师范大学音乐学院在读博士李玫、中国艺术研究院中国音乐研究所的在读博士李幼平、南京师范大学音乐学院的徐元勇诸君、星海音乐学院的周凯模老师，以及日本友人佐佐木先生、山寺三知等。李幼平师兄在扬州宣读了他的"宋代大晟钟研究"的开题报告，李玫学姐与我们一起完成了系列的文献学训练与讲座。

还有多位音乐界的高人也到了扬州。

1998 年秋摄于扬州大学半塘先生碑前

一位是赵宋光先生。1998 年秋，他来到扬州筹划与王小盾老师进行乐律学和文献学的合作研究计划。王老师特邀赵先生为我们讲授乐律学史，他自己讲授文献学。赵先生当时发出了这样的感叹："世界上还有哪个民族能像中华民族这样，每一个稳定的王朝都留下了乐律方面的长篇记述？"我们有幸聆听和初步接触了赵先生的乐律思维及其表述方式，即他抽离的五个概念（音程系数、音程值、相对波长、相对音高、生律编号），将这五个概念并置在"五度链"的轴心上，成为他释读古代乐律文献的利器。在两位导师的共同指导下，我们寻找《淮南子》《梦溪笔谈》《事林广记》《词源》等乐律文献的重要版本进行对读合参。当时，来自不同学科的两位导师在文献学和乐律学之间的思想碰撞和各自坚守，让我们感觉到面对乐律文献时，不同学科追求"文本之真"和"事实之真"的巨大差异性，深知乐律文献校勘和释读的艰难！幸有接受文献学训练的李玫博士完成了赵先生系统释读燕乐二十八调乐律文献的鸿鹄之志。二十年后，李玫的鸿篇大作《"燕乐二十八调"文献通考》出版，也是 1998 年秋天扬州的学术善果。

另一位是古琴演奏家成公亮先生。成先生于 2000 年 6 月 3—20 日进驻我们书院。我们传阅他的《走进邵坞》系列散文，赞叹真琴人的隐逸之志。每天暮色苍茫时，我当琴童，为先生摆好琴桌，点上蜡烛。师生们安静地围坐，真是"神闲意定，万籁收声天地静，写出寥寥千古意"的音声场景。烛光中听成先生演奏《归去来辞》《文王操》《忆故人》《凤凰千仞》和《龙朔操》等。每闻《忆故人》，就有清泪滴落；闻《归去来辞》，知他倦鸟知返，渴望"东皋舒啸"；闻《文王操》，仰慕才德全尽的"圣人"；闻《凤凰千仞》，羡慕心游六合的"至人"。我最爱《龙朔操》，因为我出生于昭君故里，有昭君崇拜意识（女儿取名文昭），每次听先生弹此曲，仿佛看见舞蹈着的昭君，至美至善！从琴曲创作的角度，成先生的《袍修罗兰》系列成就最高，《地》中的古指法运用，《如来藏》的平和净土，皆达到了以琴声呈现佛教"我、人、众生，皆大欢喜"的妙音意境。同时，女儿红雨的跨国佳姻，促成成先生探索古琴音乐与西方音乐的结合，尝试"太湖与风车"的对话，古琴与钢琴的循环唱和。对于古琴的远播，成先生是最"出位"的那一位。

古琴也是我的另一个扬州情结。我热爱古琴，曾在扬州寻访广陵派琴人。2000 年秋，我无意中在天宁寺博物馆附近的中药房听到广陵大师刘少椿先生演奏的古琴音响，驻足打听，原来老板正是刘少椿先生之子、扬州著名的中医刘延龄先生。仁慈的刘先生告诉我，父亲刘少椿一生最爱古琴，抗战逃亡时只抱一张古琴！此后，我又在扬州古街坊里拜见了广陵琴家梅曰强先生，听他弹跌宕多变、绮丽细腻的《老梅花》。那时梅先生正忙着出资翻刻光绪版的《蕉庵琴谱》。

在扬州，能够见到中国最重要的琴家。丁承运先生，琴风苍劲古朴、高远沉雄。第一次听《流水》，就被丁先生滚沸走弦之气势震撼。记得当年还请教丁先生"荀勖笛律"的史料辨伪、"清商三调《魏书·乐志》陈仲儒条"的校勘问题。后来有缘，丁先生也来到武汉音乐学院执教，我有幸成为丁先生和夫人付丽娜老师的学生，在扬州的广陵琴愿也终于如愿。

在扬州，还见到了琴家林友仁先生、香港唐健垣先生和台湾黄树志先生等。黄先生执着于他的丝弦实验。不同琴弦的材质，我们能够体悟到古今之别：钢丝弦如同简体字风，而丝弦代表着繁体字风。

四、昆吾严师

每每想到恩师的教诲，就会想起梁启超对康有为在万木草堂教学的评价："其讲演也，如大海潮，如狮子吼，善能震荡学者之脑气，使之悚息感动，终历不能忘，又常反复说明，使听者涣然冰释，怡然理顺，心悦而诚服。"当年的我虽然满怀学术的虔诚之心拜入昆吾师门下，但处处流露出凭兴趣取舍的"浮学"习惯，且有严重的思维发散能力，皆为学术研究之大忌，因为这样很难构建历史与逻辑的认知序列。为改变我的坏习惯，老师频繁地发出警告，甚至当头棒喝！至今我耳边还会响起他修改论文时的咆哮："主语呢?!"那个师门著名的教学案例"盗墓贼"的原型就是我。老师专门针对我实施的教育主要体现在：

第一，端正学习态度，学习目标专一，博士期间只专注于文献学训练。地层的叠积和文献的有序，有异曲同工之妙。任何资料的断章取义行为都是盗墓贼的做法，所以不能做盗墓贼，要做科学的考古学家。文献学以文本为主要研究对象，通过排比资料，使文献有序，以"网罗"的方式搜集资料解决问题——而不是"抓取"的方式。

第二，严格核对原文，追求古本之真，注重校勘、注释的技术处理，审慎使用文献工作语言。我在校刊《隋书》和两《唐书》乐志律志之时，老师不断派出蒋瑞等同学对我的工作进行严格的质量检核，迫使我不断回头及时校正，让"手校目验"成为工作常态，并恪守"躬自校雠，丹黄不去手"，"善校善读"，"博观详审，辨其良楛"（傅增湘语）。

第三，培养作为学者的矜持，学会自律和自慎。即便是请教提问，也必须是三思而后言。时常自省深戒反思，就像果树那样不断被剪枝，去伪存真，落尽皮毛独存精神。

第四，注重逻辑能力的培养，力争思维缜密、文字肃正的学术表述。我记得博士论文开题的那天晚上，昆吾师较为肯定我在史源学方面的敏感，同时表达对我写作能力的担忧。此后也一直不断提醒我"加强学术表述能力"。

多年以后，受益的我才慢慢领悟老师的一片苦心！所以无论昆吾师的药方多苦多辛，我都会饮！在扬州，我的卦象是"坎"变"困"卦，学业陷入重重险境，因为内心虔诚亨通，努力向前，"终无咎"，而获得嘉尚。为此我感谢昆吾先生！

毕业后，因为扬州的善缘，我继续在武汉大学随王兆鹏教授完成了博士后经历，尝试在任半塘先生的唐代文献研究和唐圭璋先生的宋代词学研究中找到一些新的契合点。此后，我就一直在武汉音乐学院工作至今。因为王小盾老师每年都会受邀参加音乐界的重要活动，所以时常能够见到老师。每次见面我都会倾诉自己的困惑，恭请老师指点迷津。数十年来，我们的昆吾师依然经年劳作，笔耕不辍，开启山林，实为学者中罕见。

大约五年前，师门传出一张王老师在越南图书馆工作照震撼了我。王老师坐在水泥地上，斜靠着墙，非常疲惫地睡着了。此时老师至少65岁了，画面令人痛惜！我不禁落下泪来。当吾辈学术激情都快退却了，老师还在披荆斩棘，不断开辟新的学术领域！那几年，正是老师频繁出国搜集域外汉籍的时候。记得2014年夏秋，我去密歇根大学林萃青教授门下访学，期间还有一个使命就是为王老师到美国访书打好前站。我拜访过哈佛大学燕京学社图书馆、音乐图书馆以及加州大学伯克利分校东亚图书馆等，伯克利分校东亚图书馆馆长周欣平教授给予了很大的帮助。2015年，王老师和金溪学妹去美国的时候，密歇根正值零下20℃的寒冬，老师因此患了严重的冻疮。据说王老师国家社科重大课题"域外音乐文献的整理与研究"即将结集出版450万字，那些砥砺回国的资料都是他殚精竭虑地搜集起来的！

另外一件事情发生在2017年9月。"历代乐志律志校释"一直是王老师未了的心愿。这次他亲自来武汉组织我们这一届历代乐志律志重启工作会议，当时我

2017 年 9 月摄于神农架

正在武汉音乐学院湖北音乐博物馆工作。参加会议的有西南大学李方元教授、苏州大学王福利教授、湖北大学温显贵教授、中国音乐学院金溪博士和我。期间老师听我汇报湖北非遗展演系列，如神农架陈切松老师传唱《黑暗传》，房县的老师们传唱《诗经》民歌，竹溪县陈如军老师搜集了大量的民间唱本。老师立即改变行程，14—16 日我们一行 5 人前往房县尹吉甫镇、门古寺镇，并深入神农架大九湖乡采风。从房县到神农架，汽车盘旋在海拔 3000 米的地方。其中最艰难的一段山路叫做"十回首"，都是极度左旋右旋的道路。我们大家都被颠得受不了。老师一路严重晕车，每隔一段路都要停下来剧烈呕吐。大山里没有人家，更没有医院！看着老师痛苦的样子，我当时心里非常难受，甚至害怕！后悔不该冒失带老师进山。我祈祷险途尽快结束，向师母完璧归赵。我感叹，老师已经不能像盛年时矫健地穿行在青藏高原上，或行走在中国的边疆，或与塔兄一起驰骋在吉尔吉斯斯坦的原野上。但是，老师依然以卓然前行的姿势，做着我们的榜样！所以我们没有理由放弃我们皈依的学术理想。

2017 年 9 月摄于神农架《黑暗传》传承人王本才家门前

其后，我们历代乐志律志工作组在完成洛秦老师的"中国历代乐论"工作后，重新集结，由李方元领衔申报国家社科项目。我和我的研究生们组成的鄂西唱本工作组也得到王老师的恩泽，传授他从事敦煌写本和越南抄本文献整理的经验。2017 年 10 月，王老师专程派来有著录越南手抄本经验的温州大学研究生崔静、刘盟指导我们团队工作。目前团队搜集的第一批鄂西手抄唱本已经完成著录和扫描计 237 种（持有者 70 多人），分类撰写了 12 万字的《现存鄂西唱本目录提要》。

总之，昆吾师的治学品质在于：

1. 取法乎上，追求有生命力的学术。以"文献工作先行"的姿态深度耕耘，透过层层瓦砾辨识历史的记忆之场。保持朴素、踏实的工作作风，因为我们所要追求的真理是朴素的，所以要朴素地表达它。

2. 关注一切书写形态，走进历史与田野的结合。王老师秉承半塘先生重视俗文学的传统，提倡整体关照中国人创造的一切形态的历史书写，包括口传形态。比如老师关注的越南、贵州、鄂西等地的唱书，都是乡土社会记忆的重要载体。这些口传唱本是本地的"小传统"，还是波及深远的文化"大传统"的遗存？这需要不同的地方性知识彼此间的相互批注。

3. 放眼世界，描绘超越国界的汉文化版图。考察域外汉籍中的传播过程及接受影响，能看到"异域之眼"中的中国文化书写及其全球化背景。来自世界汉文化圈的新材料能够帮助我们走出学术盲区，以全球史理念重新审视和撰写中国史和中国音乐史。这一学术新领地，是老师这一辈学者（王老师、南京大学张伯伟教授和复旦大学周振鹤教授等）注重"文化身份"表达的自觉行为，他们旨在以主动的姿态融入国际学术话语体系。

耶稣会神父利玛窦《交友论》中将朋友定义为"第二个我"，其实，每个学生也是有一个潜在"第二个我"，如何让最好的自己去影响学生，王老师以他的全力以赴、知行合一、追求极致的行为为我们领跑！学术以百年论升降，王小盾老师在扬州实施的书院式的博士培养探索是有勋业之功的。借用徐复观先生称儒家为"为人生而艺术"，道家"为艺术而人生"，我们时常争论老师是"为人生而学术"，还是"为学术而人生"！无论是"把学术视为生命"，"把生命视为学术"，都是一种"学术与我为一"的至高境界。

不觉中年蹉跎，自己已到了"发将素""知天命"的年龄，笔者始知自振。知之非艰，行之维艰。二十年过去了，扬州师友的情谊深深镌刻在我们的记忆里！我至今记得 2000 年清明节深夜，我们十一位同学在昆吾师带领下，缓步到半塘先生碑前鞠躬。昆吾师说："半塘先生是最具有创造性的人，他始终向前看！严正做人，刚直不阿，不屈不挠，开创学术领域，至老身为榜样。"当时钱竞老师在场，他说以后到此祭拜的人会更多！

2020 年 5 月 25 日初稿
6 月 16 日定稿于两湖书院

记王小盾老师为我布置的三份作业

潘建国

1991 年初夏，我从上海师范大学中文系本科毕业，考取了本校文学研究所王小盾老师的硕士研究生，专业方向为"中国古代文学与文化"。那时文学研究所刚刚经历风波，有些沉寂，但依然群英荟萃，相对年长的学者有孙逊教授、郑克鲁教授、朱乃长教授、刘初棠教授、李时人教授等。小盾老师才刚不惑，按现在

1994 年硕士毕业时摄于上海师范大学，右一站立者为作者

的说法是一枚"青椒"。文学所的老师是专职研究员，不给本科生开课，所以，我们对文学所的老师一般都不太熟悉。我已想不起第一次拜谒王老师的情形了，也许是在他师大家属区十二宿舍的家里，也许是在文学所的阅览室里，但见面的时间很早，大概是沾了本校的光，录取通知一出来，我就去拜见。王老师衣着朴素，不戴眼镜，笑起来有些拘谨，也不是那么健谈，和我想象中的学者略为不同。但是，谈到读书，说起学术，他的眼睛里顿时精光四射，英气勃发，语言也变得流畅起来，而且极为书面化，富有逻辑性，感觉记录下来就是一篇不用修改的文章。这着实让我吃了一惊，当时我正沉迷于金庸古龙的武侠小说，眼前的小盾老师，仿佛就是一位怀有绝世武功却又深藏不露的少侠，类似《倚天屠龙记》中曾在光明顶孤身对决六大门派高手的英雄张无忌。

这次拜见的成果，是王老师给我"开小灶"布置了一份入学前的暑假作业，即查找资料撰写《公元前二世纪中国人对鸟的分类》。说实话，当时我听到这个题目，完全懵了，不明白老师为何要我这个中文系的学生去研究这个生物系的题目。根本不知所措，也无从下手。王老师提示我从查找古代字书开始。循着他的指示，我整个暑假都泡在师大图书馆，翻检《说文解字》《释名》《尔雅》《方言》等书，勾出全部与鸟有关的汉字及释义，然后再去读《诗经》《楚辞》及汉赋所涉鸟名和字义，还通检了《考古》《文物》以及汉画像石资料，寻找鸟类的早期图像资料。最后，我如期完成了作业，核心观点是认为公元前二世纪中国人按照尾巴的长短，将鸟分为两大类，大致利用两个偏旁部首加以区分，即长尾巴鸟多使用"鸟"，短尾巴鸟多使用"隹"。这个结论现在看起来不免幼稚可笑，我也忘了王老师是如何评价的。不过，这份作业的完成过程，创造了诸多我的平生第一次：第一次进行了真正带有研究性质的学习，第一次系统翻检汉代字书，第一次接触考古文物资料，第一次全程体会学术研究从枯燥彷徨到发现兴奋的种种滋味。我也逐渐明白了老师的良苦用心：即用一种相对有趣的方式，教我熟悉各种汉代字书，修炼汉唐文史研究的基本功。王老师这种鼓励学生带着学术问题阅读基本典籍的教学方法，无疑是行之有效的，多年以后我成了导师，也一直努力在研究生教学中尝试王老师的这种方法。顺便说一句，当时王老师之所以想到给我布置这份作业，或许与他正在研究"四灵"文化有关，所有早期文字图像中的动物及其文化意义，皆在他的关注范围之内，王老师给我师兄叶昶（他是师门的首位研究生）就布置了考察"鸱龟曳衔"的作业。而通过布置与自己最新研究课题有一定关联性的作业，将年轻稚嫩的学生迅速带入某一学术领域的前沿阵地，取法乎上，耕读其中，最后所得自亦多可喜，我觉得这未尝不是王老师在研究生培养方面取得巨大成功的秘法之一。

九月正式入学后，我才发现王老师原来只有两名正式的学生，就是叶昶师兄和我，上课方式也是私塾式的，大多在王老师十二宿舍的家里，这给我们带来了一个特别的福利，就是经常趁机赖在王老师家里蹭饭，王师母烧的家常菜好吃极了，饭前饭后与当时还在读小学的王老师女儿王肖遥聊天，也是一件赏心乐事，听她讲述许多天才的观察，指认天空中目力可见的许多星星的天文亮度，惊叹之余，乃深信王老师所说儿童的天才创意与人类童年时代的文明创造具有某种深刻的可比性和关联性，真是精辟之语。偶尔有几次读书聊天晚了，研究生宿舍楼已锁门，我们就睡在王老师家的书房里，有一次午夜梦回，竟然见到王老师来为我们盖被子，顿觉暖意盈怀，有些泪目，虽然黑暗中无人知晓，但内心的波澜起伏以及由此产生的对于老师和学问的敬重、依恋与虔诚之情，许多年后回想起来仍是那么强烈清晰。王老师给我们开过许多专题性课程，印象比较深的有《史记》这门课，老师提前宣布了考试方式，是闭卷考试，题型有两种，一是填空题，列出若干成语典故，请填写出自哪篇世家哪篇列传；二是翻译题，王老师提供《史记》若干片段的白话文，要求回译为原文，越接近《史记》原文得分越高。应付这门考试，除了反复阅读《史记》之外，没有任何取巧的方法，我和叶师兄一边读，一边像科举考试贴题那样，相互考校，玩到后面倒也不亦乐乎。当时，王老师正在撰写《火历论衡》，对于早期天文学兴趣浓厚，曾许诺要为我俩开讲《史记天官书》课程，这可真是要读"天书"了，我和叶师兄心内惴惴，相对无语，幸好后来王老师学术兴趣转移了，我们才算"逃过一劫"。还有一门关于汉藏语系的课程，王老师竟请大名鼎鼎的语言学家潘悟云老师亲来讲授，他自己也和我们一起听课做笔记，潘老师那时刚调入上师大工作，住房还没安顿好，就借居在研究生宿舍楼里，课后我们常去他的宿舍请教聊天，朝夕相处，留下了许多难忘的回忆。遗憾的是，我所学的汉藏语系上古音系知识，因后来专业方向的转变，几乎没有用武之地，久而久之，已差不多还给了潘老师。

大概在研一下学期，王老师给我布置了第二份作业。那时王老师正与学界友人共同主持一个集体项目，编撰一部大型的古代器物大辞典，命我编写其中"书册"部分的条目，涉及书写材料和书籍版刻方面的大量术语，对于我来说不啻是要去开辟一个全新的领域。当时通读了所能借到的全部相关学术论著，从清人叶德辉《书林清话》到王国维《五代两宋监本考》、孙毓修《中国雕版源流考》、马衡《中国书籍制度变迁之研究》、钱存训《纸和印刷》、卡特《中国印刷术的发明和它的西传》、李约瑟《中国科学技术史》第五卷第一分册《纸和印刷》、张秀民《中国印刷史》、毛春翔《古书版本常谈》等等。我先从书中勾选出与"书册"有关的术语词条，再参酌诸家，加以释义，并尽力提供最早的书证。那个时候没有电子检索手段，除了参考论著及工具书之外，就得自己翻查原始典籍，这花费了不少时间，但也熟悉了史料检索的方法与途径。"书册"部分的词条后来大约有千余条，总字数超过五十万，叶师兄负责编撰有关"旗帜"的词条，总字数似乎超过百万，如果按照出版社的稿酬标准，我俩的稿酬都超过万元，其他专业的研究生们煞是羡慕，背后常戏称我俩为"万元户"，这是二十世纪八九十年代对于一小部分富裕人士的专称。不过，直到研究生毕业，这部大辞典也没出版，迄今为止我也不知道它是否出版了，"万元户"自然是没能当成，但这份作业给我带来的收获和影响，却是巨大深远的。自此我对古籍版本以及中西印刷史产生了浓厚兴趣，并开始逛旧肆淘古书。那时是个穷学生，囊中羞涩，只能购买几毛钱一册的《四部丛刊》零种或几块钱一册的坊刻残本，读研期间最为"豪气"的一次购书，是在上海文庙周末书市上花了一百五十元购买了清康熙刻本《施注苏诗》，它是晚清文人王韬的旧藏，藏印累累，当时一百五十元，大概相当于三个月的伙食费，书款中有一百元还是我的女友也是现在的爱人资助的。后来，无论走到世界何方，古书店和图书馆都是我最想观览的"景点"，对于东西方"书册"制度，也逐渐有了一些自己的研究心得。不仅如此，我的文学研究较为注重文献，带有实证风格，已出版的几本小书也大多是关于小说书目版本文献之类的。而追寻这一切开始之开始，实际上就是三十年前王老师给我布置的第二份作业。

我读研那几年，正值厚积薄发的王老师进入学术成果发表的井喷期，他的多部著作先后出版，其中包括他与任老合编的《隋唐五代燕乐杂言歌辞集》（1990）以及独著的《汉唐音乐文化论集》（1991）、《唐代酒令艺术：关于敦煌舞谱、早期文人词及其文化背景的研究》（1993）等书。在拜读老师著作的过程中，我接触到唐人郭湜《高力士外传》的一则记载，叙高力士陪玄宗流亡蜀中，"或讲经、论议、转变、说话，虽不近文律，终冀悦圣情"。此处，"讲经""转变""说话"

三种伎艺活动，借助学界的研究，大致有所了解，但排在第二位的"论议"究竟是一种怎样的活动，如何也能"冀悦圣情"？我向王老师请教，王老师就顺势给我布置了第三份作业，即编写一份关于"论议"的资料长编，划定的范围是动态的，由唐代开始向上追溯，直至找到"论议"活动的源头为止。书海茫茫，我该从哪里进入呢？正在这个时候，狂热购书的王老师，竟然机缘巧合以较低的价格购进了两套《丛书集成初编》，一套放在他的研究室，一套放在我和叶师兄的寝室，供我俩使用。于是，我准备将《初编》中唐代及唐前的全部书籍，先翻一遍，这个决定实际上是有些盲目的，但当时年轻气盛，加之《初编》就在手边，翻阅方便，也就不管不顾地实施了；与此同时，截止唐代的诸家正史、隋唐类书、唐人笔记、唐人别集、佛道典籍等，也列入了长编的搜检范围。通常是白天我去图书馆看书，晚上在宿舍检读《初编》，如此日复一日的工作，大概持续了近一年，关于"论议"的资料长编还真的越来越长了，王老师鼓励我将它作为毕业论文选题。我听从了老师建议，又经过大半年的努力撰写，1994 年 4 月，终于完成了硕士论文初稿《敦煌论议研究》，论文系统考察了汉唐时期"论议"伎艺的起源、仪轨变迁、表演底本及其与相关伎艺的关系诸问题。记得那天定稿，是

右起：王小盾教授、叶长海教授、陈允吉教授、陈尚君教授、
李时人教授、潘建国，1994 年 6 月摄于上海师范大学

在王老师位于上师大第一教学楼内的研究室，老师帮我逐页检查修改，师徒两人挑灯夜战，终于定稿打印，谁知才打印了三分之一，打印纸竟用完了，看着我一脸不甘的神情，王老师说："小潘，你在这儿等着，我回家去取纸。这篇论文，你写得很认真，值得我回去一次。"当时，已是凌晨一点多，夏夜深沉，整个校园除了昏黄的路灯，几乎漆黑一片。我独自坐在电脑前，听着老师的脚步声，踢踢踏踏，在教学楼漫长阴暗的走廊内逐渐远去，又再次响起，逐渐走近，老旧的针式打印机重又叽叽喳喳，欢快地打印出了厚厚一叠论文稿，捧读在手，沉甸甸，喜滋滋，而油墨香味无疑成了世界上最美好的滋味。那一夜，那声响，那味道，那光影，那一切，都深深镌刻在我的脑海心间，永难磨灭。

　　硕士毕业后，我留在上师大中文系工作，1995 年跟随孙逊教授攻读博士学位，研究方向开始转入中国古代小说。差不多与之同时，王老师被借调到扬州大学担任博士生导师，工作重心也从上海转移到了扬州。大概 1997 年寒假，我和爱人去扬大探望王老师王师母，他们和博士生周广荣、马银琴等人同住在任老生前居住的平房中，墙上挂着一帧任老精神矍铄的照片，那神情似乎在鼓动着屋内诸生雄赳赳气昂昂，跨过扬子江，跨过太平洋。当晚，王师母留我们住在周广荣、马银琴（他俩回老家了）的房间内，小盾老师还带我去扬大家属区拜访了当时也是"青椒"的戴伟华兄。2004 年，我离开上海前往北大做博士后，2006 年出站留任北大中文系，此后只有寒暑假才会回到南方，加之学术研究方向与王老师相隔甚远，我们见面的机会越来越少。但我时常想起在上师大追随王老师读书买书的幸福时光，想起老师布置给我的这三份作业，正是它们导引着我踏上学术研究的正轨，慢慢从一个懵懂少年变成了一名学者。而当我也成了导师，也开始带硕士生博士生的时候，我常常扪心自问：一名老师能够传递给学生什么？最需要传递的又是什么？每次看到年已古稀的小盾老师，仍然一头乌发，仍然精神抖擞，仍然上下求索，仍然保持着蓬勃旺盛的学术创造力，我都难抑心中感动，也似乎从中领悟到了问题的答案：对于书籍的迷恋，对于学术的虔诚，对于未知的探寻，还有理所当然地将读书研究视为人生要义的朴素情怀，这些都远比具体的课程知识更为珍贵，更能令人在任何艰困幽暗时刻都不会失去内心的欢愉和力量。

扬州读书散记

许继起

去扬州之前，对王老师的认知，主要还是从广荣、银琴伉俪那里得来的。打算读书的计划，也在对未来选择的犹豫中成行了。第一次去扬州，是 1998 年中秋节，那时候武汉、南京还没有通火车，长途汽车需要经过大别山一途，鉴于对安全的考虑，在广荣反复的确定中，决定坐船去。

中秋节之后二天下午，搭乘武汉到南京的轮渡。晚上简单吃点方便面和面包，在二等舱铺睡了一觉。那时候出行的基本是务工人员，船上很安静。夜深醒来，去到甲板上，坐在船头，洁净的月亮，江水径流，金风萧萧，也是很有记忆的一个情景。简单想了想，明天即将去到想象中的扬州，还是有些兴奋。

第二天到南京接近中午，下午三点左右到了扬州西站，然后换乘公交，很快就顺利到达扬大瘦西湖校区。和武汉的喧闹相比，扬州街道上车辆人流不多，显得很安静。后来跟剑平兄讲到初到的感觉，他说扬州的人、街道、风和街角的石头，也都是软软的感觉，这个说法形象而贴切。

到中国文化研究所时，王老师外出不在，孙姐、元老、福利、剑平兄都在各自的宿舍里看书，简单介绍后，他们又回到各自书桌前。晚饭前王老师回到家，因为之前听说过老师的很多训诫，初次见面，心怀惴惴，诚惶诚恐。见面时，老师面带微笑，简单问过学习、论文准备情况，然后惠赠《隋唐五代燕乐杂言歌辞研究》，这算是第一次跟老师的正式见面。

天黑时分，广荣做好晚饭，喊老师一起吃，边吃边聊。说到跟学习、学术相关的问题，老师谈话的节奏也瞬间流畅起来，这是第一顿"学术晚餐"。在以后读书期间，这种"学术晚餐"成为日常。连缀起王胜华和各位同门"王师训诫录"中实录文字，各自的学习感悟，吉光片羽，各呈精彩。老师睿智的语言和活跃的思想，就像深秋夜晚的星星，明亮而闪耀，高远而浩瀚，也因此在同门心里深埋了学术的种子。

晚饭结束，老师回到书房。我跟孙姐、广荣、银琴边收拾，边聊天，孙姐略带拐弯的武汉语调，带着天生的聪明、幽默与和善。收拾完毕，各自回房看书。接近子时，广荣说带我去个地方。银琴、孙姐我们一行四人，边走边聊武汉风土，走到教师餐厅，穿过紫藤长廊，绕过虹桥宾馆，来到学校东门，讲述了"半塘"的来历。我们走到半塘碑前，默然行礼后，孙姐说要行大礼，我规整地跪下三叩头，祈愿祖师爷在天之灵安和享乐，一切顺利平安。回想这段往事，历历在目，难免会情绪涌动。

扬州读书四年的时间中，看书、书店、食堂、图书馆、敲键盘、打篮球，是大致不变的流程。几块菜地、樱桃、枇杷、柿子、梅雨、冬寒，四季轮换。开春时节的小青菜，唇齿留香；五月的樱桃，甘甜适口；七月的枇杷，酸甜掺半；深秋的柿子，绵软汁甘。打球过后浃背汗湿，剑平兄的米汤软糯香甜，跳跃的鼠标

2014 年 10 月 25 日摄于扬州，右一为作者，中间为师母朱绿梅女士

符、仓颉文字与屏幕黑白相间，偶有客人到访的好奇和新鲜。隔壁老师书房的灯总是亮到很晚，师母探访时，地道的上海红烧肉是很殷实的犒赏。每年论文答辩，陈文和老师开始四下张罗，整个文化所像过节一样充满了生机。毕业的学生回来，就像回家一样自然，除了印证传说的轶事，便是应付新生奇怪的问题。扬州的自然和生活，都很普通简单，节奏均衡。中国文化研究所，像是一块圈好的天然牧场，随时间而自足，随知识而茁壮。

老师在上海师大、扬州大学的家里，都有很多书籍，同学们除了去图书馆借书外，就是跟老师借书，尤其很多专业的书。借完拿个小本本记录，以便归还，有些特别想要的，也会归为己有。老师买来新书，也会拿出来品赏。从读书到教学，老师去的最多的地方应该是书店和图书馆。印象很深的一次，是跟老师、广荣一起去北京地坛书市，老师买了大半麻袋的书，硬是跟我们一起挤地铁背回清华。在北京地铁过道涌动的人流中，老师朴素的蓝青衣衫，忽前忽后，瞬间记忆变得深刻而感动。之后，广荣说起这事，也是同样感慨。同学们买书的热情一样不减，和扬州的几家书店老板，因为书也成了朋友。

说到老师扬州的书，我读的不多，但是基本上每一本都触摸过。老师因为工作调动，要把扬州的书运到北京，我很有幸，接到老师分配打包装书的任务。我打算请李川一起帮忙，他痴迷读书，也会喜欢整理书籍。满屋子的书，得需要点时间。有一天，经过扬大门口的水果店，看到门口放着闲置的泡沫箱，这个既防潮又防挤压，装书应该还不错。经过简短的交谈，跟水果店老板讲好陆续提供泡沫箱。

老师的客厅、卧房、储藏间，基本都是书，种类齐全，常用工具书、文学、历史、哲学、音乐、戏曲、考古、佛道、神话、少数民族文学等，整套的《考古》《考古学报》《文物》以及少数民族文学文化期刊，超出了古代文学学科的领域。因为每天工作量不大，看到喜爱的书，不免会随手翻阅一下。坐下来休息时，除了翻翻书，便是和李川一起感叹。读书需要积累，需要历练，需要升华。阅读知识是一种技能，领悟知识需要能力。把但丁三部曲看作学习知识的过程，倒也挺合适。

打包装书的过程，有个小小插曲，至今印象深刻。在整理书籍时，无意中落下一个散开的信笺。打眼过去，开头是"小盾"，下面有任先生的落款。既然是祖师爷的手书真迹，说不定会有读书学问的金针银线，欣喜之余，难掩手眼。

2014 年 10 月 25 日摄于扬州

这是一封任半塘先生写给老师博士考试录取后，即将来扬州师范学院读书的信。信的大致内容是，读书要勤奋、用功，时间紧迫，要抓紧，也谈到当时学术研究状况和社会斗争形势。专心读书之外，要围好研究所的栅栏，以防犬狼等等。信笺用朱笔写成，个别地方划了醒目的圆圈和横线，应该是要提醒老师注意的重点。语气硬朗，朱笔大字，充满了斗志。新生入学前，老师的耳提面命，总是有很大影响。王老师的学术文章中，那些绵密的文字，就像开荒的重型机器，用环环扭结的齿轮，碾压出一条条平坦康途；那些简洁的文字，像山间的霓虹和飞泉，是苍茫山岚磨砺出的断壁悬岩；那些华丽的文字，像自然随时间轮转，开出四时飞花般烂漫；那些细腻素朴的随笔，包含了一个学者情怀的磊磊印记，盛满了对人情事理、自然百物的人文感悟，也成了读书人的枕上书。

老师的书，让人印象深刻。扬州简易的书架，清华复古的胡桃色橱窗，成都教室一层的工作室，温州联排飘窗的阅读室，一次一次规模不断扩大，一次一次接纳故人新客。工作学习在哪，书就在哪，书伴人行，人走书随，他们是朋友，也是家人，陪伴老师也最长长久久。

　　阅读书籍需要饱满的情绪，学习需要长久的坚持，由此散落纸笔的文字，就能触摸到坚韧的温度。老师对学术的充沛热情，像酝酿在熔岩下涌动的温泉，绵绵亘久，纵横川流。在陌生的学术领域，老师独自扛起旗帜，行疆拓地，追今抚古。

　　第二次回到扬州已经是十年之后，当时蒋寅老师带领古代室十一位同事，特地到半塘碑前缅怀任先生，并拍照合影留念。我来到中国文化研究所旧址，樱桃树、枇杷树没有了，青砖蓝瓦依旧，柿子树、梧桐树也长出了新的年轮。伸展时间，拉长记忆，一切恍惚昨日。

2010 年 10 月 31 日摄于北京语言大学

　　每次看到老师神情专注的沉思，兴高采烈的演讲，不经意间的智慧谐趣，茂密乌黑的头发，依然年轻的颔首微笑，我们看不到岁月在老师那儿留下的痕迹，一切都顺理成章，又生机盎然。无论老师在哪，他好像会远远的不时看着你，随时能解决遇到的所有疑问和犹豫，此时心里涌起的是满足感和幸福感，是依赖，也是寄托。萍水知遇，恩如泰山，不敢言谢，谨祈祝福。

　　春华在目，满月盈怀，祝老师、师母永远年轻、健康、事事顺心如意。

"桃花源"琐忆

马银琴

　　2019 年年底的一次聚会上，傅刚、陈引驰、孙明君等几位老师聊到我们的导师王昆吾小盾先生，说他培养学生的成才率很高。陈老师便向我们询问王老师培养学生的特别的方法，我正寻思如何回答，旁边的飞跃笑着说："孙晓晖老师不是早就总结过嘛，说王老师是先摧毁你的精神意志，然后重建。""谁来重建?"陈老师追问。"肯定自己呀，只能自己重建，还有就是师兄弟们的相互支持。"回

扬州大学中国文化研究所博士生宿舍窗前的樱桃花（杨晓霭提供）

答陈老师的同时，我的脑海里飞速闪现当年扬州求学时的诸多景象。

二十世纪九十年代末的扬州大学中国文化研究所，因其偏僻幽静的独特环境，以及师生比邻而居、"松散"培养的相处方式，被不少到访的学者称赞为"世外桃源"。我们居住的地方，除了土地平旷，屋舍俨然，房前屋后有月季、美竹以及枇杷、樱桃、柿子等多种果树环绕之外，还有种植着韭菜、丝瓜等多种蔬菜的一块块"良田"。对初来乍到者而言，这样的环境的确会给人以"世外桃源"的鲜明印象。但是，对于桃源中人来说，"苦修"恐怕才是最真实、最深刻的记忆。

一、严师的教诲

在入学之前，我就已经从广荣那里对昆吾师严格认真的风格有所了解，因此也做好了接受严格训练的心理准备。但是，进门之后的学习压力，仍然远远超出了我预计的程度。实际上，在还没有正式开学的 1997 年 9 月 7 日，昆吾师就用"敲山震虎"之办法，给我上了第一堂课。他在检查广荣的工作之后，针对他学习中存在的两个误区进行了批评：

> 一是不能对知识的获得产生应有的兴奋。知识是什么？知识不就是那些原始资料吗？别人的只能是别人的，你自己的要从原始资料开始：从中去发现问题去辨别其真伪正误。对我们来说，真正的知识就是这原始资料了，而不是别人的论点。小周也许是受了小马的影响，总是从文艺学的角度来思考问题，总想先来构建一个理论体系。古人的学问从来不在那些体系当中，相反，最有价值的倒是那些札记之类。这至少说明做学问同做其他事情一样，要从小事做起，做好小事才能去做大事；即使是有很大才能的人，也得从小事开始。

> 第二个误区是没有创新。没有用心去分析资料，因而发现不了问题，发现不了问题就不可能有创新……小周的学习从硕士阶段向博士阶段的过渡用了一年的时间还没有完成……现在发现这些问题弥补还来得及，而且可以成为小马的借鉴，以后我对小马他们就会警惕很多。也是我大意了，我原以为

经过三年硕士的学习这些常识性的东西都已经掌握了，现在看来常识也是需要讲的……我原以为年轻是财富，现在发现经验也是一种财富，而且更为重要。

这一次针对广荣却处处以我为参照的"批评"，让我感受到了空前的压力。"总是从文艺学的角度思考问题"，这在日后被概括为"文艺学思维"，成为我首先需要面对和改变的根本问题。但除此之外，当时我并没有领悟"真正的知识就是这原始资料"的意义。实际上，当时同样没有意识到的，是这开学之前就已产生的"警惕"，早为我日后家常便饭式的"挨剋"埋下了伏笔。

正式入学之后，我遇到了一系列的困难和问题，但其中最困扰我的，是"究竟该怎样读书"这个问题。这应该是一个困扰我多时但一直没能开窍的"老问题"，所以在 11 月 8 日的日记中，我如此记录再次提出这个问题时的心情："我预先准备了再次接受老师的批判……到目前为止，让我感到困惑的仍然是这个问题，哪怕再被老师说一顿，我也要把这个问题弄明白，否则这样在黑暗中的摸索不知要持续到什么时候。"于是，11 月 9 日，我得到这样的教诲：

> 现在你的问题，是要在一个相对短的时间里完成专业的转变。这个转变比我们原来想象的要难得多。实际上，我为此花过整整三年时间。在复旦大学读书的时候，我从导师那里得到过许多批评。现在回想起来，那些批评的主要效果，就是帮助我完成了专业的转变：学会了"归纳"这个最基本的思维方法，学会了热爱知识本身，学会了注意事物细节，回到作为读书人的本来的位置上。
>
> 应当说，当时我的条件比你现在要好一些。因为那时刚从艰苦的劳动环境中回到课堂，有特别旺盛的求知欲，也有同农民相似的平常心。你的条件既然不如我，那么，你就不能着急，要为完成这个转变做更多的思想准备。
>
> 我们是不是可以先建立这样一个观念呢：第一年，是你补读中国古代文学硕士生的一年。只要达到这个要求，就是你的成功。

我总算是初步弄明白了"究竟该怎样读书"，同时也意识到了通过资料来积累知识的意义。"不悬目的"而自生目的，积累到了一定的阶段，自然也就知道接下来该怎么办了。于是，从 1997 年年底开始，我着手修订《诗三百年表》，正式走上了由建立属于自己的资料库开始进入研究工作的学术之路。

　　当然，这个领悟的过程并不是一蹴而就的。对我而言是漫长的求索过程，对昆吾师来说则是一个教学心态的调整过程。一方面，我在不断被打击的过程中执着地苦苦求索；另一方面，实施"打击"之后的反思，也让他逐渐懂得了"不能着急"的道理。于是，到 1998 年，"不着急"成为他说的最多的一句话。5 月 15 日，他说："不着急。首先我不着急，其次你不着急。不着急的意思是承认学习的阶段性，一个阶段有一个阶段的认识和思想方式。"9 月 16 日，"老师说因为有广荣的经验，因此他对我不着急"。于是，到 10 月 10 日，在我被连骂"糊涂"之后，我记下了对"不着急"的"不满"："我一直在努力地争取，争取不让老师为录取我而感到后悔，即使不能让他满意，也不能让他失望，然而……该怎么办呢？我希望老师给我指导，指出我的学习中存在的问题，他只说句'不着急'，可是……"

前排右起：王小盾教授、田汉云教授、孙昌武教授、周勋初教授、陈允吉教授、李昌集教授、王胜华教授、许建中教授，2000 年 10 月 10 日摄于扬州

在扬州的第一年，就是在不断被批评和被批之后的"不着急"所造就的夹缝中度过的。在这个过程中，一种"对话"也在不知不觉中建立起来：从入学之初的"不知所措"，我逐渐学会了反思，通过读书日记来发表看法，然后在日记被检查时获得老师的反馈。相比于当面求教时"打击"居多，他给我的书面反馈更加从容和理性。比如1998年的2月16日，被批评"为什么不能把看书当成一个学习的过程"之后，我写下了这样一段话：

老师说我为什么不能把看书当成一个学习的过程。我有点不明白他的意思，若不算学习，那我这算什么呢？也许他觉得我太急躁，太急于出成果，于是总为没有所获而着急。我想不是这样的，我觉得学习总是要有目的性的，没有目的便不是主动、积极的学习，而学习便是为了有所收获。人说"不问收获，只讲耕耘"，那是因为对于耕耘的结果早已有了十足的把握，其实在这种"不问"与"只讲"之中渗透了对耕耘成果的执着追求，只是不用言语表述罢了。我是在学习，同时也在学习怎样去学习。

在这一段文字之后，他写下了这样的一段话：

2000年10月10日摄于扬州

我对"不问收获，只讲耕耘"的理解：（一）耕耘本身是有意义的，就像工作本来就包含快乐一样；（二）耕耘和收获之间是有距离的，要承认这一距离；（三）收获是耕耘的自然结果，这样说，比说"耕耘的目的是收获"更好。

对于急躁的人而言，书写无疑是延缓急躁情绪的最好方式。于是，这样的记录与反馈成为求学三年"耳提面命"之外最主要的交流方式：

1998 年：

3.18 周三：老师说他对我们三个很担心，因为我们三个总是不开窍，不能举一反三："孔子曰：'举一隅不以三隅反，则不复也。'你知道这句话吗？孔子、孟子的书你本来应该读得很熟的，只是现在时间不够。"我问他是不是对我们很失望，他说不是失望，只是担心。然而……［我太着急了。］

4.15 周三：老师说给我做《诗经》的题目也许是不合适的，因为《诗经》的研究需要一些非常规的方法。他一定觉得我是个脑筋很死，不知变通的人。但我现在看《诗经》却正起劲。［主要的意思是研究工作应先做常规的题目，再做非常规的题目。］

5.10 周日：……《诗经》时代诗歌的创作没有固定的格式，诗的形式完全视情感抒发的需要而来，不能以后世作家文学的标准来衡量，错简之说是没有根据的。［等材料积累多了再作最后的判断。目前的任务是学习（包括批判）别人，跟着别人想问题。等到发现非要另辟蹊径不可的时候，再进入另一个会话，用另一种方法搞研究。］

1999 年：

3.31 周三：继续阅读《商周青铜器铭文选》，各器系年中反映出来的西周王年与《诗三百年表》所采用的各王在位年数相差较大，尤以恭王在位年数最有问题，《年表》中于恭王在位年数取八年之说，而此书却有系于恭王二十七年的《伊簋》。诸如此类的问题颇让人伤脑筋。［混乱后面隐藏着联系和统一。找这个统一很难，但它是研究者，应该说是优秀的研究者的责任。现在你的条件比较好，别人在矛盾的观点中找统一，而你是在复杂的材料中找统一。］

4.26 周一：晚上老师又为王立先生安排了一次讲座……这又一次提醒我应注意有关《诗经》套语的问题。这种套语结构应有历时性与共时性两种时间向度上的区别，且涉及同期铜器铭文的套语问题，要理清其中的关系颇为困难。[这件事做起来是需要智慧的。也可以把它当作训练智慧的机会。智慧和聪明不同：聪明是一种权宜之计，智慧才接触事情的本质。]

2000 年：

4.4 周二：晚上贺照田讲《常规研究与创造性的获得》，钱竞老师助讲。很有一些触动。其实，有很多人并不是没有意识到创造性的重要意义或者说不想进行创造性的研究，问题往往出在人们错误地把标新立异理解成创造性的表现……[创造性的实质是合理的联想。若缺少知识，联想就没有基础了。]

上述内容中，出现在方括号中的，就是昆吾师针对日记中提及的问题给出的回复。昆吾师写过一篇《进入学术工作的十条经验》，系统总结过他对如何从事学术研究的看法。就我自己而言，受益最深的学术思想，可以概括如下：

一、重视资料建设，把搜集资料作为研究工作的基础。在不知道该怎么办的时候，就去搜集资料；以"竭泽而渔"的方式建立起属于自己的资料库，对资料分类分析的过程，就是形成自己的观点和看法的过程；所有论点，都必须来自扎扎实实的资料分析。

二、建立科学的分类观念。分类讲究内在的逻辑，在对资料进行分类分析之前，首先需要确立分类的原则和标准，标准清楚了，才能理清类与类之间的逻辑关系。

三、用联系的观念分析材料。资料的意义不仅体现在资料本身，更体现在资料与资料的关系中。要善于从联系的角度思考问题，寻找有限的、混乱的材料背后隐藏着的联系和统一。

四、正视历史记录的真实性。历史记录都是有依据的，资料的价值，有时就体现在它的错误或不实中；记载的错误同样揭示着某种真实，即促使它出现错误的力量或原因；看似矛盾的记载反映出来的差异，往往是记录本身历史性的表现，差异的存在有助于认清事物的本质及其在不同历史阶段上的表现。

正是在上述思想的指导下，我最终完成了对《诗经》作品的编年，并以此为基础完成了《两周诗史》的撰写。而这两项工作，都曾经被认为是"不可能"完成的。

除了研究思路上的指引之外，"不迷信，要宽容"也是他常说的一句话。这样的教导，让我在摸索学术的门径时，也从心理上逐渐走向成熟。也许因为真的沉重过，所以深深理解"云淡风轻"的意义。当我最终完成昆吾峰下的修习，走上独立的学术之路后，我不再轻易为一些小事情绪激动，也能更宽容地对待身边的人与事。不仅如此，严师的教诲也让我不再惧怕打击，同时也学会了不迷信任何人。

永远感恩我的老师！

二、慈祥的师母

在我求学扬州的三年，恰是师母跟随昆吾师长居扬州的时期。比邻而居的环境与师母天生的热心肠，给我们提供了亲密接触的良好条件。她会喊我们一起逛街、买菜，也会拉着我们一起垦荒、种菜；她会给我们送信、喊我们接电话，也为我们缝制衣服、制作美食。在物质条件相对贫困的学生时代，来自味觉的记忆无疑是最深刻的。师母除了经常请我们下馆子"解馋"之外，还经常亲自给我们做饭吃。仅1998年一年，被记录下来的就有多次：

师母朱绿梅女士，
2014 年 10 月 26 日摄于扬州

1月6日：腊八时节，师母请我们喝腊八粥。非常好喝，这是平生第一次过腊八。

1月30日：如期返校，老师比较高兴，中午吃了师母送来的饺子，晚饭便在他们那边吃了。师母祝我们幸福。

2 月 11 日：告诉老师猛兄来了，他惊喜地连问是不是真的，并且马上决定让师母晚上包元宵请我们去吃，欢迎猛兄的到来并庆祝元宵节。

2 月 12 日：师母炸春卷给我们吃，很香啊！

5 月 30 日：今日端午节，师母送过来几个粽子吃了，算是过节了。

10 月 5 日：晚上与猛兄、王福利、孙晓晖一起分吃师母送给我们的一盒高级月饼。

11 月 25 日：晚上由师母发起，大伙一起包水饺。师母做的沙拉非常好吃。

12 月 7 日：晚上师母做饭给我们吃，实在幸福！

腊八粥、饺子、汤圆、春卷、粽子、月饼……这些时令性的美食，无一不是师母提供的。1999 年 7 月 28 日，我还记录了这样一件事情："昨晚十二点半，正站在床上赶蚊子准备睡觉，听见师母喊我，赶紧去打开门，却见她拿着刚刚做好、洗过的新衣服，说晾晾干明天就能穿了。感动不已……"

除了物质方面的直接供给，师母还曾带领我们在房前屋后开荒垦田、除草种

2014 年 10 月 26 日摄于扬州

菜。除了青菜、黄瓜、韭菜、丝瓜、苦瓜之类的常见品种，我们还种过花生、芋头、菊花菜等等。她照料着这些菜地，就像照看孩子一样精心。她会为不小心铲断一根丝瓜苗心疼不已，也会为藤蔓上结出第一根苦瓜欢欣鼓舞。为了让菜地变得更加肥沃，她甚至自己制作过农家肥，导致我们好几天都不敢打开窗户。现在回想起来，当年的文化所能够被称为"世外桃源"，师母所带领的种菜队伍以及由此创造的瓜繁菜茂的生活场景，恐怕是其最显眼的表现。

当然，除了这些日常生活的事情之外，最让我们"感激涕零"的，则是作为"救援者"的师母。

每每挨批之后，师母总是会及时给我们打气："不要害怕你们王老师，被他骂一顿就骂一顿了，别理他。我经常被他骂的，我就不理他。"更多的时候，是到了该吃饭、该睡觉的时候而昆吾师还在上课，师母就成为唯一能"解救"我们的人。记得1999年10月的一个晚上，一场讲座之后接着座谈会，有人打开话匣子就收不住了，大概过了十点半还没有结束。我当时在自己屋里干活，没有参与座谈。师母敲我的窗户了解情况之后，说自己打算"搞点破坏"。去而复返之后，给我塞进来一个小纸条要我递给老师。我把纸条送到堂屋，他接过去打开就读了起来："树老根多，人老话多……"然后一边读一边迅速地站起身来收拾东西，宣布下课，只留下满脸惊讶的小伙伴们。我不得不说："是师母写的……"大家顿时释然："师母又一次救了我们！"

集腋成裘！就是这样一件又一件的小事，让师母在我们的心目中变得越来越重要，越来越亲近。

三、大师兄

1996年到扬州时，我就见到了早入师门的戴伟华、傅修延、赵塔里木以及和广荣一起参加考试的方志远、汪俊等诸位师兄。他们的儒雅、风趣、博学多识，当时就给我留下了极为深刻的印象。这一帮和昆吾师几乎同龄的"老学生"的风采以及他们对老师表现出来的尊敬，也成为我立志报考扬州的重要原因。

1997年9月入学后的第一件大事，就是94级两位师兄王胜华、戴伟华的毕业答辩。和当时其他学校的毕业答辩大学安排在六月份不同，扬州大学中国文化研究所的博士生答辩，从第一届开始，就被安排在了每年的 11 月份。因此，每年的十月、十一月，就是扬州大学中国文化研究所最热闹的时候。这大概也是昆吾师最为期待的特殊时期，因为从我们刚刚入学的 9 月份开始，他就已经期盼着"老学生"的到来了。在他多次的渲染中，之前未曾见过的大师兄王胜华就成了一个传奇式的人物，以至于在 9 月 22 日真正见到他时，我居然还产生了一点点的"遗憾"：

> 王胜华今日到了，广荣他俩把屋子打扫得干干净净并准备了丰盛的晚餐以迎接他的到来。看到他与我所想相去不远，心里十分高兴。只是遗憾他没有老师说的引人注目的大胡子……他并非如他自己所言的一副衰老景象，而且从他的言谈所表现出来的内心世界仍然十分年轻。这种心态因其难得而更显可贵，我很喜欢他这种人：坦诚，率直，爽朗而不羁。

因为他年长于老师，又是我们最大的师兄，为了表示对他的尊敬，我们称他为"王老"。这一次王老在扬州居住了两个多月，关于他的许多令人难忘的故事，也都是这个时期发生的。比如，他喜欢喝酒，尤其是写作时更离不开酒，写得顺利时要喝一口，思路不畅时，也要喝一口。有一次修改论文至深夜，手边的一瓶酒见底后，没有战略储备，于是摸到厨房，把何剑平师兄用来炒菜的料酒给喝了。第二天何师兄炒菜时找不到料酒，随口问他。他一脸无辜地说不知道呀，也许半夜叫小老鼠给偷喝了吧。等到吃饭时，却又忍不住来了个"坦白从宽"。还有一次，他修改论文比较顺利，心情很好，决定下厨房露一手。不料杀好多时的鱼放进油锅后突然蹦了起来，只听得"啊呀"一声大叫，他扔掉锅盖铲子就从厨房里逃了出来。这成为很长时间一起吃饭时我们谈笑的话题，每当何师兄说起此事，他总是涨红了脸争辩："这个嘛，何剑平他诬陷我，你们不要相信。啊哈哈……"

除了这些生活中的趣事，他的尊师重道也在我心里留下了不可磨灭的印记。在我们还没有见到王老之前，由他笔录而成的"导师训诫录"就已被昆吾师作为指导学生的"补充材料"在我们当中流传。他如实地记录了很多老师对他的"批评"，比如：

2000 年 10 月 10 日摄于扬州，从左至右依次为：何剑平、王胜华、马银琴

你的"野"，既表现在行为上，又表现在学习上，是个思想方法的问题。所以要在"整饬"方面加强训练。写文章要注意得体，该说的说到位，不该说的不啰嗦。要做到清楚明白。

你不太习惯简朴的生活；但要知道，只有在简朴的生活中才会产生深刻的思想！

你是个流浪汉。当然，流浪的生活也是一种境界。

你用于读书的时间是不够的。一个人上了年纪，要改变原来的习惯很不容易。现在的任务是要静下来，利用好这个寒假。

这份"导师训诫录"，以文字的形式，忠实地记录了老师的"训诫"。在扬州生活的两个多月，他除了遵照老师的要求反复修改博士学位论文，经常拿昆吾师教导他的话教导我们之外，也通过实际行动，身体力行地展示了作为学生应该如何执守"师道尊严"，如何践行"尊师重道"。

从年龄上讲，他比昆吾师要大一岁，但他时时处处都牢记着学生的身份，时时处处都以师礼尊奉着昆吾师。记得最初我还请教过被老师批评该怎么办的问题，他说："那你得听着，他是老师，我们是学生。即使老师错了，那也是对的。师道尊严，那是必须要维护的。"有一次吃饭，他一边喝着酒一边给我们讲故事，豪放得像个侠客。昆吾师突然来访，他立刻变得非常恭谨，房间的气氛因此显得严肃而凝重。等送走老师，重新坐下后，他大笑着说："现在要序齿了。"俨然以老大哥自居。就这样，他以自己的行为维护着师道尊严，也给我们这些他眼中的"新兵蛋子"树立着榜样。

2001 年在上海，我一度陷入了人生最痛苦的阶段。正在那个时候，王老来看我，除了告诫我要加强锻炼，增加营养之外，临别前还送我一个"平安扣"："这是我的一个朋友送给我的，我把它送给你，希望它能保佑你平安健康。"他的确把平安与健康送给了我。谁也没有想到的是，七年之后的 2008 年 11 月 25 日，我们非常意外地收到了大师兄已于三天前病逝的消息……

怀念大师兄！

四、诸"老"兄长情

从 1997 年 10 月大师兄王胜华被称为"王老"开始，其他的各位年长的师兄弟们也先后有了"老"称：戴老（戴伟华）、傅老（傅修延）、塔老（赵塔里木）、洽老（王廷洽）、方老（方志远）、汪老（汪俊）、元老（李方元）。如果说王老教给我们的是执守"尊师重道"的谨严，其余诸"老"带来的，则更多的是充满欢笑的融洽与温暖。

1996 年跟随广荣赴扬州时，我就认识了戴老、傅老以及同样前来参加考试的方老和汪老。戴老和汪老家在扬州，当时的接触不是太多。而回校汇报学习情况的傅老和我一样参加了 1996 年考生团的许多活动，包括游览瘦西湖等。他和我二哥长得很像，所以第一次见他，便有莫名的亲切感。1997 年 5 月我到扬州参加考试，第二次见到他，又一次领略了他的"流行风"。因此，等到 11 月 13 日第三次见到他时，我记下了这样一段话："傅老今天到了，因为二哥的缘故，每次见到他我总是感到很亲切，有一种非常熟悉的感觉。从长相到神情乃至走路的姿势都是极为相像，我非常高兴在远离家人之时他能带给我一些见到家人的感觉。"

1998 年 11 月 21 日摄于扬州

也是从这时起，他开始成了我的"二哥"。1998 年元旦，收到他寄来的贺年卡，便署名为"二哥"。但是，当时的我并不认同这个称呼，因为他那时已经是江西师范大学的副校长，"二哥"这个称呼总是让我产生一种想要"高攀"的感觉。我很排斥这种感觉。一直到 1999 年元旦，他给老师打来电话，我们也被喊过去说话。在我一声"傅老"之后，他说"怎么不叫二哥呢"，于是我便叫了一声。随着这一声叫出口，"二哥"这个称呼才在我的心里扎了根。如昆吾师所言，他是一个让人快活的人。二十多年过去了，他从我的"二哥"，也自然地升格为我女儿的"二舅"。以至于每次和她说到"二舅"，都需要指明是哪个"二舅"。

　　和王老、傅老一样，师兄弟中的其他几"老"，都是在职攻读博士学位。除了戴老和汪老，其他人并不长住扬州，每年只在答辩季来扬州短住一段时间。即使这短暂的相处，也仍然留下了许多美好的回忆：

　　1997 年：

　　10 月 31 日：适逢周末，猛兄与王老便请我们吃火锅，所请者为离家无人疼的"巴士"。边吃边穷侃，中间戴老来，又给我们带来了许多欢乐。

11 月 10 日：在方老的指导下，学着不看键盘来打字。

11 月 17 日：晚上，我们会聚在戴老家中，用歌声与笑声来宣泄喜悦之情，《列宁世界光》成为最好的表达方式。

11 月 19 日：晚上洽老给我刻章，我平生有了第一枚自己的篆刻印章，喜悦之情溢于言表。

1998 年：

11 月 1 日：晚上十点来钟，四人各从自己房间走出，不知是谁提议，在小小的桌子上打起了乒乓球，不时出现一些精彩的场面让我们四人笑得前仰后合。有一次球钻进了做球网的粉笔盒内，还有一次钻进了墙角的苹果箱，塔老从中摸出一只大苹果做发球状……

11 月 2 日：晚上老师、塔老、广荣、孙姐和我共五人一起吃火锅，塔老与老师分别讲了许多笑话。塔老讲他一位同事睡觉时有哈萨克斯坦姑娘亲其脸，醒后说自己做梦，草原的景色极美，有一只可爱的小羊舔他的脸……

11 月 7 日：晚上元老、猛兄请客，对元老的厨技赞叹不已。

12 月 4 日：塔老决定下周一离开扬州，今天元老、猛兄二人请我们吃饭，为塔老送行。明天早晨孙姐请客到"豆浆大王"吃早点，晚上我与广荣请客，后天老师、师母请客。按孙姐的话，这是"阳关三叠"。

1999 年：

9 月 23 日：上午方老到了。方老是一位能给人带来许多快乐的人，他还没来得及进屋，我们这里便已笑作一团了。

11 月 1 日：近五点钟，傅老到了。非常高兴！准备晚饭，吃火锅。戴老也来了。很多人都表演了节目，傅老仍然表现出了他喜唱新歌的特点。之后产生"江西诗派"，在师母的题目底下，几位江西人每人献诗一首：方老即兴创作，傅老朗诵了一首华兹华斯的诗（英文、中文），老师则朗诵了一首他自己二十多岁时写的诗："星星掉进草丛里了……"

相比于这些温暖但很零碎的记忆，最让我和广荣难忘的，是发生在 1998 年 11 月 18 日的那场婚礼。

当年的博士生论文答辩会安排在 11 月 17 日，参加答辩的有傅老、塔老和洽老三位。我是在 11 月 16 日得知昆吾师要为我们操办婚礼的消息的。我和广荣一头雾水，不知该如何做准备，于是去向塔老求教。塔老告诉我不用我们操心，听王老师的安排，由他们负责，我们只需等待即可。于是，在 17 日紧张的论文答辩活动结束之后，由师兄弟们分工负责的婚礼筹备工作就紧锣密鼓地开始了。其他的细节我并不知情，只知道负责为我们准备礼服的塔老和孙姐，为了给我买到一套合意的"嫁衣"，拉着我跑遍了扬州的商场。当我和广荣被收拾一新，身着"礼服"来到常兴楼时，才知道这是一场多么热闹的"婚宴"。除了昆吾师、师母、李昌集师、陈文和师、侴荣本师和当时居住在扬州的兄弟姐妹们之外，参加者还有刚刚参加完博士论文答辩、尚未离开扬州的赵宋光先生、余秋雨先生，以及正在扬州游学的李球、李玫、李幼平以及国际友人山寺三知等。将近三十多人济济一堂！那大概是我和广荣有生以来最鲜艳、最靓丽的时刻了。

　　我的"娘家人"二哥自觉主动地承担起了司仪的职责。在二哥随机但有条不紊的安排下，"证婚人""伴郎""伴娘"一个不少，敬酒、点烟、掀盖头、咬苹果、击鼓传花一节不落。连大师兄王老发来的祝贺三位师兄圆满完成学业的电报报文，也在二哥的宣读中出现了"并祝周、马婚礼圆满成功"的应时语句。最热闹的环节是和击鼓传花同时进行的文艺汇演：由二哥《九九女儿红》"掀起你的红盖头"开场，孙姐的《摘菜调》《祝福》、洽老的"十五的月亮"（《敖包相会》）、师嫂陈秋琴的《杨柳叶子青》以及与戴老合作的《夫妻双双把家还》、李玫姐的《燕子》和古筝独奏、山寺三知的《北国之春》、元老的四川民歌、赵宋光先生的西北民歌、塔老的新疆舞、方老的吉安话诗朗诵、福利兄的《我爱北京天安门》，猛兄的《三套车》，昆吾师、塔老等人的革命歌曲大合唱……婚礼的气氛在欢笑声中被一步一步推向高潮。没有表演节目的陈文和老师在被大家"检举"出来之后，给我们送上了最美好的祝福："和和美美，白头到老！"

　　这是一次没有特别策划却让我们终生难忘的婚礼。被指为"伴娘"的小顾说："我这个伴娘是碰上的。"其实，当时在座的所有人，都是"碰上的"。正如二哥所言："今天的这一切都是自然而然的，因为有缘，有缘才在一起。"因为有缘，我们得与诸位师友相识相知；因为有缘，我们有了"19981118"这个别样的婚礼……在这里，由衷感谢李昌集老师！他请来的录相师，为我们永久地记录下了这最幸福的时刻！我们也记住了"证婚人"赵宋光先生的话："你们身在福中，知福！"我们知福！因为知福，所以更加惜福！

1998 年 11 月 18 日摄于扬州

　　婚礼结束后，从二哥给我们的记账单上，我看到了各位老师和兄弟姐妹们实实在在的情意。这场"众筹"的婚礼，夯实了我和广荣对诸位师长以及兄弟姐妹们永不褪色的感情。

五、患难手足情

　　和偶居扬州的诸"老"相聚，留下来的多是快乐的记忆。而我们这些以"兄""姐""弟""妹"相称的、长居扬州的博士生之间，更多的则是在"抗重压""抗打击"的过程中通过抱团取暖而建立起来的手足深情。

　　在诸多的兄弟姐妹中，第一个要说的是"猛兄"何剑平。"猛兄"这个称呼，来自他和方老、广荣的组团。他们仨同年到的扬州，在"王老师的学生都很猛"的氛围中，他们分别有了"老猛""大猛"和"小猛"的"别名"。"大猛"在与广荣的朝夕相处中变成了"猛兄"，于是我也非常自然地沿用了"猛兄"这个称呼。在"老猛"和"小猛"都被遗忘之后,"猛兄"成为"三猛"中唯一留存下来且一直被使用的称呼。以至于有一年他来北京,见面后我们让小楠问"何伯伯好",她惊讶地反问:"为什么叫何伯伯?难道不是猛伯伯吗?"

猛兄是广荣扬州求学期间同居三年多的室友,同时又因为和我同届入学,成为与我们交往最多的师兄。2000年年初,昆吾师曾经拿龟兔赛跑中的乌龟比喻猛兄:"小何是龟兔赛跑中的乌龟,极有定力,到任何时候都是不慌不忙的。"我当时因为被老师暗指为"骄傲的兔子"感到非常难过。此后大约过了两个月,我使用的电脑突然出现意外不能启动。就在我坐立不安的时候,从猛兄处传来这样一句话:"这下乌龟该休息一下了。"他的"幸灾乐祸",一下子缓解了我的焦虑:我为什么要为"兔子"难过呢?我可以选择和猛兄一样,做个不慌不忙、持之以恒的乌龟啊。

2014年10月25日摄于扬州大学中国文化研究所故址门前

猛兄是个温厚少言的人,尽管私底下我从广荣那里听到过很多出自猛兄的精彩言语,但我们聚在一起时,他通常是不怎么说话的。被追问时,他说得最多的也是"这个嘛……",或者"我得想想"。猛兄很会做饭,尤其擅长做鱼汤,因此,借着广荣的便利到他那里蹭吃蹭喝是经常的事情。除此之外,印象最深刻的,就是打球时一起争抢摔爬的情景了。

当年,为了锻炼身体,我们曾先后组建过乒乓球队、跑步队、篮球队等等形式,最终以篮球队不受人数限制且不那么单调而成为坚持得最久的一个项目。这支以运动为目的篮球队,因为不守任何规则、抢球如同打架,曾被驻足观望的路人誉为"一群疯子"。从一次争球过程中篮球首先承受不住压力发生爆球,就可以想见这群人打起球来的"疯狂"程度。在这样的球场上,受伤是常有的事情。我自己就多次在打球时扭伤脚踝,右手小指至今不能完全伸直,也是那时候打球受伤留下的后遗症。猛兄是这支球队坚定的参与者,那次抢爆球的事情,就发生在他和福利兄之间。作为球队的积极参与者,多起"事故"的发生便都与他脱不了干系。除了抢爆球的那次之外,还有一次跑得太猛,他和孙姐发生正面碰撞,孙姐的鼻梁撞在了猛兄的下巴上。就在孙姐疼得眼泪哗哗直流时,旁边的福利兄突然唱起前一天孙姐唱过的《信天游》:"大雁听过我的歌,小河亲过我的脸……"大家一下子都笑了起来,包括正在掉眼泪的孙姐。之后,在孙姐鼻梁上的青肿消褪后的很长时间里,"小河亲过我的脸",都是能让我们开怀大笑的一个梗。

和猛兄的温厚少言相比,孙姐晓晖是一个开朗活泼的人,走到哪里就能给哪里带来一片笑声。尽管她的名字因为历史原因在各种正式场合被确定为"晓辉",但我仍然会不由自主地写成她在扬州时一直使用的"晓晖"字样。她比我晚一年入学,按行辈我是师姐。但是,当时的我始终不好意思被一个跟自己的姐姐同龄的人称为"姐"。于是,在一番僵持之后,我们达成共识,她呼我"琴姐",我则喊她"孙姐"。这样的称呼也一直使用到了今天。

我和广荣1997年结婚,但婚后一直遵守规定过着分居的生活。孙姐入校后,曾积极奔走,希望让我们有机会住到一起。在撞了南墙之后,她才踏踏实实和我做起了室友。因此,两年多时间里,我们俩都在同一个屋檐下生活,我与她的交流,实际上比广荣和猛兄都要多。我们俩是"饭友",经常搭伙一起做饭;是球友,一起打过乒乓球打过篮球;是诤友,共同生活学习的过程遇到问题相互箴诚、保持清醒;更是战友,在面对各种各样的困难和打击时,她都会坚定地站在我的身边,陪我一起共渡难关。已经记不清有多少次她陪我走过黑暗的校园,也

2000 年 11 月 10 日摄于扬州大学

记不清有多少次她因为我难过而难过，我因为她快乐而快乐了。2000 年 4 月 1 日发生的一件小事，足以说明孙姐性格的平和与可爱：

> 吃完早饭刚准备工作，猫儿告诉我今天是四月一号。对呀，是愚人节。猫说今天可以随便骗人的，她一定要骗几个人。随说着话，孙姐从卫生间出来。我想也没想就说了句："孙姐，你的电话。"她一听便匆匆跑到老师家去了。我与猫儿哈哈大笑的时候她返回来，疑惑地说师母说没有电话呀。等她明白怎么回事后，说要去骗别人，过了一会回来，颇为遗憾地说想骗张执浩没骗倒。

张执浩是孙姐的爱人，在孙姐来扬州读书之后，他独自承担起了照顾女儿的责任，成为孙姐最坚强的后盾。在那个年代，除了写信，打电话就是他们最主要的联络方式，这也是孙姐能被我轻易骗到的根本原因。很多次打完电话之后，她都会因为年幼的女儿在电话线那头不理自己而难过，为自己没有尽到做母亲的责任而深深自责。每当这个时候，我们这些还没有其他牵挂的同居者，也就当仁不让地变成了她的情绪稳定器。

上面说到的"猫儿"，是 1999 年入学的师妹尚丽新。因为她特别喜欢猫，便有了"猫儿"这个昵称。从性格上来说，丽新与孙姐不同，她于人于事都有敏锐的观察力和判断力。初次见面，就对她言语间流露出来的不经意却有些犀利的批判意味留下了深刻的印象。等到同居一室之后，越来越多地看到了她的善良与温柔。她曾经给我读过一段抄自马克思的话：

> 如果你以人就是人以及人同世界的关系是一种充满人性的关系为先决条件，那么你只能用爱去换取爱，用信任换取信任。如果你想欣赏艺术，你必须是一个有艺术修养的人；如果你想对他人施加影响，你必须是一个能促进和鼓舞他人的人。你同人及自然的每一种关系必须是你真正的个人生活的一种特定的、符合你的意志对象的表现。

丽新就是这样一个"用爱去换取爱，用信任换取信任"的人。她入校之后，和我住在用书架隔开的同一间屋子里，也是我真正意义上的"室友"。因此，我这边有个风吹草动，第一个受影响的人就是她。记得有一次我在打球时扭伤了脚，躺在床上稍有响动，她就会赶紧问一句"琴姐，你要拿什么"，或者"琴姐，你要做什么叫我一声"，吓得我都不敢轻易翻身了。

在善良与温柔之外，她又具有典型的北方人大大咧咧的性格。我们一起搭伙做饭时，有好几次从她负责清洗的青菜中吃出泥来。所以有一次挖回荠菜之后，她一边洗一边说："这回荠菜我可是一个一个洗的，不会再不干净了吧。"然后又补充到："这回再有泥，但愿叫我吃着，可别又让你吃到了。"我忍不住哈哈大笑："也许你吃到了也觉不出来呢。"

重温当年的日记，这些快乐的小事仍然能让我开怀笑不停。然而，最不能忘记的，仍然是身处困境时得到的温暖和力量。随手从日记中摘出几条：

> 1999 年 9 月 25 日：广荣去买菜，碰到孙尚勇。孙尚勇不声不响买了一盒红花油让他带回来。

> 2000 年 1 月 18 日：继起买了两条鱼，一块豆腐，说是做好了给我吃。

2000 年初春摄于扬州，左为作者，右为尚丽新

正僵持时，曹柯平来，说猛兄要我去他们那边吃晚饭，继起拿了鱼和豆腐一起去了。吃的青拌面。

2000 年 1 月 19 日：猛兄送来一条鱼，继起帮我剥了些葱，要我将鱼蒸了吃。

2000 年 2 月 18 日：味觉全失，吃饭尝不出一点滋味，没有一点胃口。永丽把中午吃剩的米饭给我煮成了稀饭。

2000 年 2 月 19 日：猛兄与继起一起来，邀请我和他们一起吃晚饭。

2000 年 2 月 21 日：中午准备煮方便面，猛兄来，说要帮我做上饭，想想便答应了。从晚上开始再自己做吧。

2000 年 2 月 28 日：接连两天晚上猫给我拔火罐，说是可以止咳。

蹭吃蹭喝的事情集中出现在 2000 年年初，是因为这个时期我生了一场重病，而广荣已于 1 月 5 日离开扬州去了北京。这是我在扬州读书期间最困难的一个阶段，正是这帮温暖的兄弟姐妹，助我驱散了冬日的严寒，最终迎来了春暖花开的人间四月天。

在这个最困难的时期，广荣虽不在身边，但他一如既往都是我最大的精神支柱。作为师兄型的丈夫，他责无旁贷地承担起了帮助我、引导我、支持我的责任。在扬州同学的两年多，他一方面要承受来自导师的直接压力，另一方面，"表扬一个人就是批评另一个人"，当这个策略被昆吾师经常拿来使用时，我多多少少也会给他带来了更多无形的压力。重压之下，他也会抱怨，也会不满，也会发脾气。当两个同样焦虑的人都期望能得到对方更多一点的理解和支持时，战争总是必不可免的。尤其是在他撰写博士论文期间，仅仅因为我做的饭菜不合意遭他嫌弃，我们就不知道吵过多少次架。但吵架归吵架，他始终都是我身后那个最坚定的支持者。2000 年 1 月跟着王邦维先生做博士后之后，他就成了领工资的人。2 月份办好各种手续，3 月份他就把工资卡寄给了我。虽然在收到卡的当天我用这样一句话抒发心情："这个臭家伙！不够麻烦的。"但是，这份无保留的支持与信任，成为最有力的精神力量，陪伴我跨过了此后一个又一个门槛。我能在学术的道路上走到今天，和他有怨无悔、始终如一的付出与支持密不可分。

2000 年年底，我毕业离开扬州。整整二十年过去，回过头来打量扬州求学的日子，能够清晰看到那三年多的学习经历给我们的人生带来的翻天覆地的改变：当年接受的学术训练，为我走上学术道路奠定了最坚实的基础；当年受到的种种批评，也早已融化为我的学术生涯中最可宝贵的精神财富。昆吾师曾以"盗墓贼"比喻缺少系统性思维的学习与研究潜在的破坏性，他也曾以果树需要剪枝来阐释改变固有习惯的意义。被视为"盗墓贼"是让人羞愧的，被不断的"修剪"也是非常痛苦的。然而，正是这些令人羞愧和痛苦的经历，成就了我们这一群人日后的自信与坚强；也正是在这个被"修剪"的过程中，我们逐渐领悟了学术应有的尊严。

日居月诸，春秋代序，在时光的流逝中我们已步入中年。当很多记忆被时间的流水刷洗得越来越淡，甚至不留痕迹时，围绕扬州留存下来的仍然鲜活、生动的记忆，承载着对老师、师母以及兄弟姐妹们沉甸甸的感念之情！

永远的扬州，永远的"扬州帮"！

写作此文时，正值武汉因新冠肺炎疫情严重被封城，全国各地普遍出现感染者的特殊时期。时刻牵挂着身处武汉城中的孙姐和其他诸多的师友，但是，除了着急，除了通过微信发送一个隔空的"抱抱"、喊一喊"加油"之外，从里渗到外的感觉是个体在灾难面前的无力与渺小。庆幸的是，中国人不是渺小而无力的个体。当国家力量介入之后，各条战线上出现了奋勇争先的人群。"中国人总是被他们之中最勇敢的人保护得很好。"这群最勇敢者不计回报的付出甚至牺牲，给更多的普通人带来了希望的曙光。期待真正的"拐点"早日出现，相信阴霾与严寒很快就会过去，春暖花开的日子很快就能到来！

祈愿国家平安，人民幸福！

2020 年 2 月 4 日初稿
2020 年 2 月 11 日定稿
于易简斋

微风过后，花痕仍在

——追忆跟随小盾师学习的片段

王立增

对于一段历史或回忆来说，最好的记录方式或许是流水账，因为流水账里没有虚构和想象，不需要采用文学手法去添加虚情浮词。我愿意用流水账式的文字，呈现我跟随小盾师学习与交往的一些片段，表达对老师与师门的感恩。

一

我以前中师毕业，后来通过进修获得了本科文凭。1998 年，考入西北师范大学，攻读古代文学专业硕士研究生。虽然跨入了研究生的行列，但我知道，我的专业基础并不厚实，缺少了高中和四年制本科阶段的严格训练。欣慰的是，黄土高原赋予我踏实吃苦的精神品格，我常常流连往返于图书馆和自习室，认真阅读了唐宋时期的部分文献，但视野始终没有开阔起来，知识结构的缺陷似乎也未能完全弥补——这是多年以后才发现的。

第一次听说小盾师的名字，是在杨晓霭老师那里。研二有一门"唐诗研究"的课程，杨老师讲授了部分内容。后来听杨老师说，她要去扬州大学读博士了，导师是王小盾先生。因为自己也有读博的打算，正在了解各个学校的博导，回去后从图书馆里迅速借到了王老师的两本书，一本是《隋唐五代燕乐杂言歌辞研究》，另一本是《中国早期艺术与宗教》。说实话，当时并没有完全读懂，因为我

2003 年 6 月 15 日摄于扬州，后排右一为作者

仍沉浸在传统的作家作品研究中，而这两本书里涉及音乐、艺术、宗教等诸多"文学"以外的东西，但那时就对王师留下"知识广博""视野宏通"的印象。

到了研三，要确定读博的学校了。我曾联系过北京的几个学校，也联系了上海的学校和扬州大学。当我的报名材料寄到扬州王老师手里时，正好杨晓霭老师在扬州读博，自然少不了推荐与虚美，于是很快就收到了王老师的回信。我记得，王老师的回信是厚厚的一叠纸，除一篇介绍自己学术经验的文章外，还有一封信，大概是说明扬州大学文化所如何培养博士生的一些情况。这与我当时收到的其他导师的回信相比，王老师的信内容更为丰富，对未来的规划更为明确。我毫不犹豫地放弃了别的学校，选择了扬州大学。其实，我的出身和条件并不好，没有发表过高大上的论文，王老师能不厌其烦地写长信，无疑给了我莫大的鼓舞。

入学考试还算顺利。作为一名北方人，"烟花三月下扬州"，无疑是多么富有吸引力！可完全出乎我的意料，到扬州已是四月了，天气依然很冷，我当时穿的衣服不多，孙尚勇师兄慷慨拿出自己的毛衣，让我感觉到了家庭般的温暖！这次扬州之行，不仅看到了美丽的瘦西湖，还近距离接触到王老师和其他师兄师姐，更是被"作坊式师徒制"的博士培养模式感到新奇（这个词语是后来听到的）。

大家住在前后两排平房里，后排中间是王老师的房间，里面到处是书，左右两间和前排都是学生住，或一人一小间，或两人一大间。早晨起床后，王老师会带着学生一起去操场打篮球，八点后大家各自干活，晚上有时自己烧菜，生活单调又有规律。这里像一个世外桃源，没有喧嚣和纷扰，只有郁郁葱葱的枇杷树悄无声息地生长着，时常会传来一声又一声的猫叫。像我这样跌跌撞撞走上学术道路的人来说，能有这样的机会和环境读书，无疑是求之不得的。

　　离开扬州时，王老师找我谈过一次话。王老师以前去过哈萨克斯坦等地，接触过东干人。东干人是陕甘回族的后裔，因历史原因迁移到哈萨克斯坦一带。他们至今使用的语言仍然充斥着大量的陕甘方言，我是甘肃人，有些录音带是可以听懂的。王老师拿出一些卡片，上面记录了去当地采访的情形，又交给我几盒录音带，要我暑假里翻译出来，鼓励我以后专门做东干文学。回到甘肃后，起初也查阅过相关资料，但最终因俄语方面的障碍而放弃了。也许，这是我自己一生的学术遗憾吧！辜负了王老师的殷切期望。王老师还布置了一项作业，便是读《史记》，以后要考试。后来开学后，果真考过一次《史记》，我的功底当然不行，据说温显贵师兄考分很高，让我相形见绌。

二

2001 年 9 月入学后，我每天都能听到王老师的教诲。扬州多雨，这与我的家乡不同，尤其是那一段时间正在热播电视剧《情深深雨濛濛》，大街上到处回荡着主题曲，更是增加了我的乡愁。但很快就因为学习任务多，忘记这一切了。先是协助师兄校订历代史书中的《乐志》，我的工作是核对李方元师兄所负责的《宋史·乐志》部分，这让我翻阅了一大批古代的音乐典籍。后来，王老师布置了一项文献学方面的训练作业——"宋人编选唐诗考论"，目的是把宋人对唐诗的编选及校改进行"竭泽而渔"式地梳理与考证。当时我还没有电脑，只能将看到的资料一一抄录在卡片上，前后花了两三个月的时间，积累了厚厚一本。然而，由于我学养不足，没有产出多少学术成果，倒是培养出"坐冷板凳"的习惯，熟悉了文献的获取与搜集方法。

依照王老师指导学生的惯例，一年级是不谈毕业论文的。我曾以宋代文学为中心，想到几个题目，最终都没有实施。当时，王老师的兴趣在《乐府诗集》研究方面，师兄孙尚勇、崔炼农、许继起和师姐尚丽新、喻意志正在整理和校注《乐府诗集》，每人分得其中的 2—3 类，深入钻研，隔一段时间集中汇报，并对相关的制度、地理、引书、人名、音乐术语、版本著录等进行仔细考辨。王老师希望我也加入这个学术团队中，考虑到我以前硕士阶段做唐代文学，遂确定以唐代乐府诗为研究对象，但首先要对唐代乐府诗（尤其是《乐府诗集》中选录的作品）进行编年、校注、考释等，完成文献资料的收集与整理。当时心理有过比较强烈的抵触，最后还是接受了。

永远难以忘怀的是，2002 年 4 月 18 日，王老师看到我对乐府诗研究有畏难情绪，专门为我讲授一次课。那天中午，好像王老师为了备课，没有去食堂吃饭。在下午的课堂上，王老师一口气布置了系列制表作业，分别是：

表一：唐人乐府一览（按年代先后排列），要求列出序号、篇名、作者、年代、题目类型（古题、新题、始辞情况）、拟乐府类型、题材、体式、定式情况、《乐府诗集》归属、《文苑英华》归属、其他；

表二：唐人乐府在各时间段的情况（填数字），要求列出年号或帝号、时间、

题目类型、拟乐府类型、题材、体式、定式情况、《乐府诗集》归属、《文苑英华》归属、其他；

表三：题目类型与年代的关系，要求列出题目类型、初唐、盛唐、中唐、晚唐（或帝号）；

表四：题目类型与作品的形式和内容，要求列出题目类型、拟乐府类型、题材、体式、定式情况、《乐府诗集》归属、《文苑英华》归属、其他；

表五：《文苑英华》"乐府""歌行"作品一览，要求列出卷数、篇名、作者、年代、体式、题材、其他别名、出入情况、其他归属。

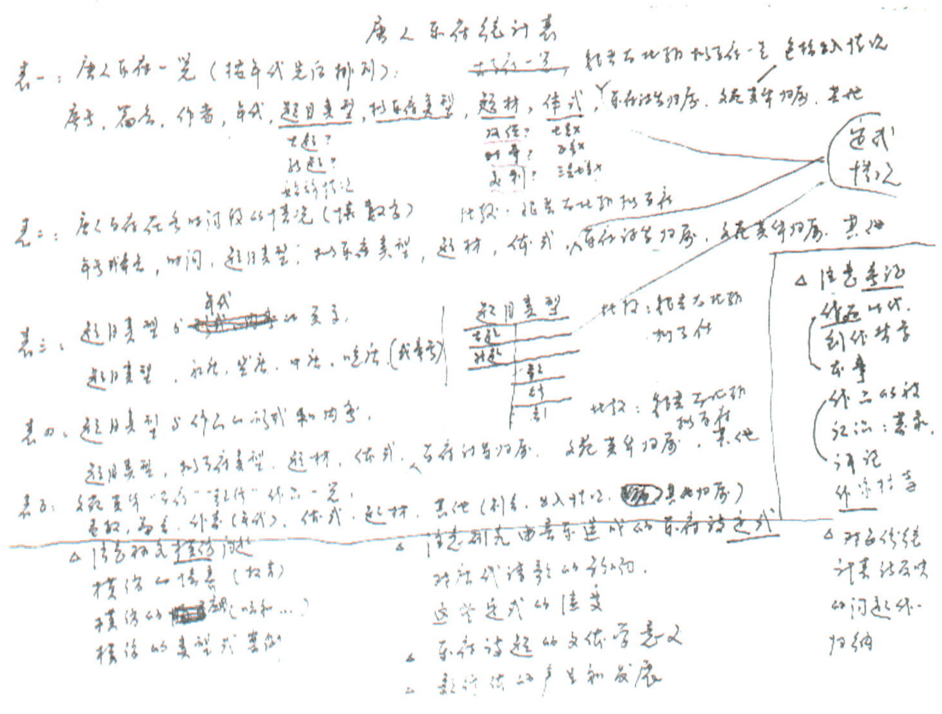

图1

前四个表格都是针对唐代乐府诗，另外还要求将魏晋南北朝拟乐府的情况同样制成相应的表格，便于后期对二者进行比较。这样合起来其实是八个表格，加上表五，总共是九个表格。在制作表格的过程中，王老师指出，要注意以下事项：

△注意研究模仿问题

模仿的培养（教育）

模仿的应用（唱和）

模仿的类型或案例

△注意研究由音乐造成的乐府诗定式

对唐代诗歌的影响

这些定式的演变

△乐府诗题的文体学意义

△歌行体的产生和发展

△注意考证

作品时代、创作背景、本事

作品的被认识、著录、评论

作家档案

△对各份统计表所反映的问题作一归纳

王老师布置作业的这张纸我一直珍藏着，见图 1。以上这段文字也见于我的

前排左起：钱宗武教授、董国炎教授、陈大康教授、袁世硕教授、张晶教授、田汉云教授、李昌集教授，2004 年 6 月 7 日摄于扬州

《唐代乐府诗体研究》一书后记中。可以说，是王老师带领我走进了乐府诗研究的殿堂，确定了研究思路，找到了学术门径，深深地影响了我的学术思维方式。正如一阵微风吹过，虽然繁花落尽，但花痕犹在，这是春天留给世界的念想，我沾溉于此，任何语言难表谢意。

<h1 style="text-align:center">三</h1>

毕业之后，我到徐州师范大学（现改名为江苏师范大学）任教。王福利师兄一直在这所学校工作，并担任学院领导。初来乍到，一切生活琐事需要打理，幸亏有师兄的照顾与帮助，得以顺利落脚。以后，便开启了日常生活模式，上课、工作、家庭……学术方面没有多少长进，向王老师汇报的次数较为稀疏。

2019 年底，我的一本著作要出版，乞序于王老师。年后，新冠疫情渐起，王老师说在上海，正好有时间阅读我的书稿。一般情况下，为别人的书作序，写几句鼓励性的话便可以交差了。没想到王老师格外认真，从 2 月 6 日至 4 月 3 日，近两个月里每天阅读书稿，将其中的一些错误之处一一指出，立即在微信上发给我。现摘录几条，立此存照：

（1）第 5 页有一句话可核对一下：1985 年出版的杨生枝《乐府诗史》第六章论"隋唐乐府"，认为隋唐是"乐府的完作成期"。

（2）"乐器有宫征商羽之异"，应为"徵"。

（3）李白也提出"大雅久不作，吾镜竟谁陈"，镜字误。

（4）《横吹曲辞》有一处写成《横吹歌辞》了。

天哪！竟然有这么多低级错误出现，有些是校对不精，有些是书写错误。你们一定能够想象到，当我收到这些信息时，是多么无地自容呀！同时，也再一次领略了王老师对学术的严谨及对学生的严格。

现在我们的环境已经和以前不一样了，各种各样的评估、项目、评奖、会议层出不穷，研究者天天沉迷于填表，奔走于江湖，有人为了丰富表格而活着，也有人为了名利而努力奋斗着。这些年来，王老师到过很多地方，但对学术的那种纯粹的感情始终没有变。我觉得从王老师那里永远学不到的，不仅是学术的视野、学术的方法，更是对学术的感情！我自知天性愚钝，早年又有知识结构方面的缺陷，在学术研究上缺乏灵性，在生活及人际交往中难以长袖善舞，因而常有天地狭窄之困与随波逐流之感。最近这几年，我几乎每年都要跟学生读一次《庄子》，很自私地讲，读《庄子》不是为了研究，而是给我自己的心灵找一个栖息的地方。

　　十九年前，踏入王门，是我人生之大幸！得到王老师的耳提面命和各位师兄师姐的帮助，才有了我的今天。这一切，难于用言辞表达，唯有将感恩存放于心间。与如今王门壮大，年轻的师弟师妹朝气蓬勃，在学界崭露头角，愿王门能以开创性的研究领域和独特的研究方法，在学术史上留下浓墨重彩的一笔！

参透金刚见真如

张长彬

最初，我是从王福利老师那里得窥昆吾师的峥嵘风范的。2007 年 9 月，已工作九年的我重返校园，成了徐州师范大学中国古代文学专业的一名硕士研究生。当时，我对自己的前途毫无规划，考研主要是为了获得些许改变。我感觉，似乎再也没有变化过，时年三十多岁的我成了一个外壳僵硬、内心顽固，似乎有着某些憧憬，而进步手段又极度贫乏的人。我要改变什么？当时的我并不清楚，只是模糊地知道我想要改变。

入学后的第一堂课是文学院的研究生动员大会。第一位主讲的领导说了些生存焦虑方面的话题。第二位发言的领导很年轻，他就是王福利老师，时任文学院科研副院长。他的话让我十分惊异，首先，他倡导的为学目的和第一位领导恰恰相反。其次，他还说了一些我闻所未闻的学术思想和治学方法："要从事实出发，不要从原则出发""看起来难的事情容易做""大禹治水与天子狩猎""要学会做减法"，这些智慧的观念第一次进入了我的耳朵。王福利老师告诉我们，这些认识都是他的老师王小盾先生总结出来的。在后来的师生双向选择中，我选择了王福利老师，也幸运地被王老师接纳。接下来的三年时间里，王福利老师的每一堂课、每一次讲话几乎都会说到他的老师，我也渐渐确定了自己的职业理想，要做一名学者。

职业规划虽已确定，但我想要改变自己的目标并未有多大进展，我的愚顽始终把我困于混沌之中。王福利老师所讲的"扬州故事"让我意识到，在我所闻知的一切人物中，最有可能帮我改变的就是王小盾先生。这个意识虽然明确，但我仍然满怀犹豫与害怕，一来害怕先生的严厉，二来也害怕改变本身。

2013 年 4 月 21 日摄于扬州，右一为作者

感谢命运，让我与老师有了这段缘分。我带着忐忑与兴奋，开始了与老师一次次电光火石般的交流。我是 2011 年到 2014 年在扬州做的博士生，当时老师是扬大的兼职博导，我与老师交流的机会并不多，但是效果却很显著。"电光火石"这个词语真是极好地形容了我与老师的交流，每一次都很短暂，每一次都很灿烂。

"如切如磋，如琢如磨"，老师对我的教诲，形象地实践了古人的这一教育思想。我是一块没有灵性的顽石，老师就是一把最有硬度的金刚钻，材质注定了我难成良器，但老师终究把我打造成了一件可用之物。

由于交流的机会不多，这些打造多是通过"切"或"琢"的方式开展的。老师的金刚之力重若千钧，有时只是稍稍弹指，我便浑身裂纹；如若实锤砸下，我则碎作一地。这是从未有过的感觉，虽则痛楚，却也爽快。

第一次和老师在扬州见面是 2011 年 9 月初，老师单独请我吃饭，我们聊到了"改变"这个话题。我把自己渴望改变的心愿告诉了老师，老师表示会尽量帮我。当时也许我们谁都没有想到，获得改变的机缘在十几分钟后就来到了。

老师给喻意志师姐写的《〈乐府诗集成书研究〉序》是以这样的一段话开头的：

> 最近这些年，每到秋季开学的时候，我要来扬州大学给博士生新生上上课。……每讲一轮，我面前就会出现一批新面孔。终于到了这一天，新面孔里出现了第四代博士生，也就是学生的学生。这时我就有点隔世之感了，觉得他们真好像在"听奶奶讲那过去的事情"。
>
> 今天我请一位博士生吃饭，饭后在夜色苍茫的校园里散步。他向我谈起他的硕士导师，也就是我过去的学生，这使我不免把两代学生相比起来了。他说，他和导师已经是两代人了，他已经不像导师那样单纯和朴素了。这话让我微微一震。我不免想：尽管眼前这个校园的建筑物变化不大，但没料到，它的内容却有这样大的不同。这大概就是所谓"物是人非"吧。

没错，这个让老师感到"物是人非"的第四代博士生就是我。在老师的眼中，我们是在这样的环境中成长的：

> 在现在这个"与时俱进"的时代，到处都是热土，到处都是物质刺激，到处都喊"早出人才""快出成果"，各种声音破门而入，人的心灵的确比以往任何时代都容易被欲望所激荡。高等学校自然不例外，在这里，很容易看到哗众取宠之学、阿世媚俗之学、粗制滥造之学。

老师描述的很准确，当我说出那番话的时候，我清晰地看到老师的身体"微微一震"，然后是一阵的沉默。当时我就知道，是我太急于改变，把自己的缺点暴露得太快，老师有点接受不了，尽管我的自我描述是贴标签式的，并没有具体举例。沉默的那几分钟里，我知道老师一定非常失望与后悔。因为几个月前，老师把他酝酿了十年的"敦煌歌辞"项目交给了我，那一刻，他一定在认为所托非人。

事后证明这个猜想是对的。吃完饭，老师提议到我的宿舍去看看。在宿舍中，老师看到，我的书橱里歪歪斜斜地躺着大概不到十本书，接着，他又向我舍友的书橱看去。舍友是一位学化学的研究生，橱子里的书满满当当。也许有了前一次的心理准备，这一次老师的身体上没有显现出意外的迹象，他只是淡淡地问了一句："他是学什么的？"我回答了老师，我记得老师当时并没有再回话，然后我们就下了楼。

夜色中，我们沉默地走了一会，老师对我说："你看学化学的同学都有这么多书，而你只有这么几本，没有书怎么做学问呢？我大概看错人了，把这么重要的任务交给了你。当然了，你很活泼，这也是好事……"他沉默了一会，接着说："已经这样了，你先试试看吧。不要送我了，你回去吧。"老师的语气虽然不重，但意思很明确。我感觉自己完全被否定了，这份否定我很在意，这是我人生中第一次这么在意别人的否定。

十几天之后，我交给了老师第一份正式的作业《敦煌歌辞残卷目录》，近八万字，耗时约三个月。又过了两个月，我交上了第二份作业《文献学工具书分类列举》，老师的回复都以"很好"作为肯定，我内心的压力这才略有所纾解。老师在《〈乐府诗集成书研究〉序》的结尾处写道：

> 我设想，如果让这些学生评论自己的老师，那么她们一定会说：她们不像导师那样单纯和朴素，尽管师生之间的年龄相差不到十岁。但现在我却觉得，对这句话应该这样来理解：年轻人已经建立了对单纯和朴素的向往，正在从她们的年轻导师那里传承心中的田园。

据相关细节判定，这篇序文的写作开始于扬州，开始于和我发生那番对话的当晚，完成于成都，时间未出 9 月。时至如今，我也不知道上面的话语是否也包括对我的原谅，但是"对单纯和朴素的向往"的确是我的本意。我感觉老师的这份理解来得恰如其时，如果它来得太早，我便没有机会改变；如果它迟迟不来，我便会一直惶惶不安。

对我改变最大的"琢切"事件发生在学位论文开题之前。那一次老师来扬州时心情很好，但我的一个重大错误却让老师在扬州度过了怒气冲冲的几天。那天，老师一到扬州就请三土和我吃了顿丰盛的晚餐。饭后，我们回到老师的宿舍，老师开始仔细地看我的开题报告。报告的前半部分老师还挺满意，但是到了最后，我担心的（可能也是我所期待的）那场暴风骤雨终于来了。其实这份开题报告几天前我就通过电子邮件发给老师看过，当看到老师的肯定性回复时我心里就很纳闷：我明明犯了老师的头条大忌——"从原则出发"，老师为什么没有批评我呢？直到那天晚上我才知道，老师应该是没有看到最后的部分。为了犯这个错误，我把写开题报告的主要精力都用在了那个问题之上。无论何时，再看我当时的论述，那都是一个巨大的错误。但当时我内心隐秘的想法是：我体内确实住有这样一个"心魔"，我需要借助强有力的人去降服它，而这正是天不再与的一次机会。那一晚，我的顽劣终于暴露无遗，与老师一直争辩到子夜。后来，开题答辩成了我的批判会，2012 级同学的课堂上我也成了反面典型。那几天，我和老师应该都是在高涨的情绪中度过的。大概过了四五天之后，老师让我去他家送一样东西。老师在书桌后面坐着，背对着阳光，面朝着我，我坐在书桌的这一侧。老师说："前两天我批评你不对，不是说你超不过我，而是说你在这个问题的认识上是错误的，方法也是错误的。你只要努力，不一定就超不过我。希望你从这次错误中吸取教训。"由于老师背对着阳光，我看不清老师的脸，但永远记住了这些话。后来，老师背着他的双肩包走了，走之前并没有和我再说什么。看着他的背影，想着他来扬州时的笑容，我感觉他走得很落寞，却把安慰留给了我。

几个月后，我通过邮件向老师报告毕业论文的进度，老师回复说——

　　长彬：

　　　　你目前的工作方法对头、设想合理，可以按计划继续。你热爱学术、工作认真，这态度也表明你适合做学术工作。不过近年来经济形势和学术生态有一些变化；你是否能达到理想，我不能肯定。也许在谋生这件事情上，你会遇到一些不顺利。

我猜不透老师说的"能否达到理想"这句话中的"理想"指的是什么，我想，从我犯的重大错误中老师可能还是会担心我在世俗生活方面有过高的期望吧。在那方面，我担心过结果太差会对不起支持我的亲人，但我犯错的动因却并非根源于此。我身上的矛盾性，可能是由我对事实深层真相的过度渴求与我在发掘真相的方法与能力上的过度贫弱之间的冲突所导致的吧。因为明白了这一点，我会有意地抑制前者而用功于后者。在前一个问题上，我至今仍然控制不太好，但如果没有老师的那一次严厉制止和提醒，我不知道今天自己会荒唐到何种程度；而在后一方面获得提升的最有效手段，还是向老师学习。

现在回想起来，老师对我的教育，更多时候采取的其实还是"磋"与"磨"的温和手段。至今难忘，第一次去上海师大见老师的时候，老师将我送出大门，送过马路，送到车站，送上了公交车；至今难忘，老师在上海、在扬州请我们吃过的每一顿饭；至今难忘，几乎每一次见面老师都会塞给我们厚厚的一叠生活费；至今难忘，老师与我合作论文时那一遍又一遍认真细致的修改；至今难忘，老师给我们上过的课，老师对我说过的话……可能是因为有着极高的纯度和硬度吧，那些温和的关爱，那些短短的话语，也会在我的生命中留下永久不能磨灭的印痕。

2014 年 5 月 11 日摄于扬州

现在想一想，比起十年前，我确实如愿获得了深刻的改变。这种改变在于，建立了自己对于这个世界的独立认知，这种认知的眼界也许是狭小的、浅薄的，但已经知道了自己知道什么、不知道什么，而且知道了获取进步的正确方法。现在才明白，人其实可以分为两个境界：第一境界是社会中的自然人，模模糊糊地没有自己的样子，没有自己的想法，却以为自己是了不起的，是自由的；第二境界是脱离了自然状态的个体的人，能够一定程度地跃升到社会之上、历史之上去俯瞰世界，虽见解不多，但绝不甘人云亦云，更不敢无凭乱说。想想从前的自己是多么无知地顽固，顽固地无知，如果不是老师强有力地棒喝一声，如今的我应该还在那个万劫不复的死循环中无尽地轮回。

2020 年 5 月 29 定稿

词作三首

伍三土

玉梅令 为先生寿

霜厓说法，闻者拈花笑，斯人老、再传古道。徒又传徒子，徒子授徒孙，西湖柳碧，半塘春晓。　　及门砚友，各聆玄妙，吾来晚、厕身如蚤。看敦煌残卷，山长摩挲处，舞摇据、遗文自蹈。

惜红衣

丁酉春，返维扬旧游之地，往祭任先生半唐。会所在瘦西湖后、大明寺侧，去宋夹城不远，唐开元寺旧址在兹。昔廉承武、藤原贞敏于此授受琵琶谱，今无余迹矣。先生诞辰，至今百二十年，唐乐之传，凡千二百年。天数乘除，因慨古今。

蝶影偷香，桃红点镜，柳绵飞过。暗换春期，游人背芳陌。霓虹卍转，千车渡、虹桥幻惑。思索，今古时空，似深漪交错。　　琼花散魄，历史凋亡，青霄备棺椁。祖师擎火，无言照其垩。唐乐东传之地，昔日繁华烟若。望梦痕尤在，风里流云不落。

行香子

学海寻蹊，解惑存疑，在何方、又历星期。案头龙井，窗外晨曦，并古人言，古人梦，古人谜。　　微明物理，稍悟天机，想尊师、夙梦清奇。明年依旧，日月东西，祝永团圆，长安乐，偶休栖。

扬州大学东门半塘

编后记

马银琴

    2020 年 1 月，樊昕师弟来京，几位在京的师兄弟包括潘建国师兄、李飞跃师弟等相与联络，说起该给昆吾师祝寿的事情。把京城几位同门的心愿告诉其他的师兄弟，大家心意相同，一拍即合。大家都觉得应该遵照传统习俗，在今年比较好，事情就这么定下来了。文集的编辑，就是祝寿活动的议程之一。

    在最早筹划文集的编定时，傅修延师兄就提出在展示诸同门学术成果的论文集之外可再编一本学习体会集："昆吾峰下修习的体会，对自己学术发展的深刻影响，也可收个集子。可长可短，可写可不写。避免歌功颂德，据实写来。""写得具体生动些，留住我们的集体记忆；还有学友的互动，彼此印象。"这个建议也得到了诸同门热烈的响应。因此，文集的内容便由收录学术论文的《勤奋录》与叙写求学心得的《承学录》两个部分构成。

    《勤奋录》中的所有文章，除王胜华师兄和喻意志师妹的两篇之外，其余均为作者本人选择提交的代表作。文章的排列，依照论文主旨与问题，分"理论探索""跨学科关联研究""传统文学与文学史问题研究""音乐文学与文献学研究""宗教文化与文学艺术研究""域外汉文学研究"六个部分，以类相从；小类之中，又以研究对象所关联的时代为序。其中的每一篇文章，既是作者学术成就的展示，也是昆吾师学术思想在不同学科领域内的延伸与传承。

    作为昆吾师及门弟子学术成果的第一次汇集，我们不能忘记曾经一起学习、相与切磋，但现在已经离我们而去的胜华师兄和意志师妹。以他们对昆吾师至诚至敬的感念之情，若仍然在世，一定会积极响应。基于此，我和孙晓辉分别从知网上下载整理了胜华师兄的《云南古戏台的分类与价值》与意志师妹的《从宋本〈乐府诗集〉小注看〈乐府诗集〉的编纂》纳入《勤奋录》。为了核对意志师妹的相关信息使之更加准确，孙姐费了很多周折。

《承学录》共收录十余篇文章，依作者年龄长幼为序编排。每篇文章切入的角度各不相同，涉及的事情与抒发的感情也各各不同，但无一例外都展示了在昆吾峰下修习的甘苦，展示了对学术事业的热忱，同时也展示了对于学术真谛的感悟。正如温显贵兄所言，写文章、找照片的过程，"又复习了一遍好多故事，温暖与感慨并存！""温暖与感慨并存！"也是此集最大的特点。

至 2020 年 7 月初，两部文集编辑工作初步完成。这是为师门聚会切磋准备的献礼，但是，计划中的相聚因为新冠肺炎疫情的持续被迫延后。至 2021 年 7 月，由傅修延、方志远、曹柯平三位兄长操持半年，准备在南昌召开的学术讨论会，因为疫情的反复被再次取消。两年多的时间里，新型病毒不断出现。到今天为止，疫情的发展仍然看不到边际，世界的不确定性仍在增加。但在诸多的不确定之中，有些事情仍然是确定的。因为这一份确定，才有了"扬州帮"这个凝聚的集体，才有了这部沉甸甸的《高处摩翎集》。

"高处摩翎集"是文集准备出版时才拟定的书名。文集最初编成时，分"承学录"和"悟学集"两个部分，前者为学术论文集，仅在师门内以电子文本的形式流传。后者为学术心得集，一直没有获得公示他人的机会。前不久，几位师兄弟小范围聚首，言及当下疫情的严峻形势，认为今年 7 月师门相聚恐仍无望，若能将初时编成的文集出版，也算全了一个心愿。这个提议得到了同门师兄弟的一致响应，于是在樊昕师弟的奔走周旋之间，出版事宜迅速敲定，两部集子合为一书由凤凰出版社正式出版。

合为一书的文集该取一个怎样的书名呢？大家在微信群里展开了热烈的讨论。当我和樊昕师弟把文集准备出版的信息以及大家对书名的诸种建议告诉王老师之后，老师提出"可以把学术渊源联系到任先生那里"。于是，经过反复斟酌，任先生词作《玉簟凉·入秋羊城述感》被老师捡出，依最后一句"秋后隼，瞰海云、高处摩翎"，最终把书名确定为《高处摩翎集——王昆吾先生执教三十五周年纪念》。任先生青年时创办过"汉民中学"，为教育事业劳心劳力；后半生致力于学术事业，由此有了"二北"与"半塘"的名号。面前这部最初为祝寿起意编辑的文集，最终以"执教三十五周年纪念"的形式呈现，重视的仍然是教书育人，彰显的仍然是学术传承。

在老师确定书名时，樊昕师弟也找出了一幅任先生的篆书作品"勤奋录"。

经过讨论，原名"承学录"的学术论文集被更名为"勤奋录"，而原名"悟学集"的学术心得集，则被更名为"承学录"。"勤奋"一名，直接源于任先生的手书，也是诸同门取得今日之成绩的根本原因；而"承学"之中，是薪火相传的学术精神、志趣与方法。"勤奋承学"，更寄寓着对未来的诸多期许。

感谢在文集编辑过程中积极提供文章的所有兄弟姐妹！具体的编辑工作，从一开始就得到了戴伟华师兄、傅修延师兄具体而微的指导与帮助。伟华师兄更是慨然允诺，担起了为学术论文集做序的责任。两部文集初次编成时，飞跃师弟对全稿做了通读，校改了许多文字上的错误。之后，他又请当时兼任《数字人文》杂志美编的清华美院杨昶贺博士设计了电子版文集的封面。这一设计成果虽然未能在正式出版时得到保留，但杨博士曾经给予的帮助，仍然让我们心怀感激！

感谢樊昕师弟和凤凰出版社的大力支持！

筹划该集时，疫情未起；文集出版时，疫情肆虐全球。感慨之际，细读任先生的《玉簟凉·入秋羊城述感，即武瞿师白门对月原韵，并依梅溪四声寄呈斠玄道长》竟觉与今日情境如此契合，故抄录全词于此：

零乱风灯。正感入壮怀，影泻当庭。珠潮掀冷月，泛到处清冥。汹汹时会正急，间旧劫几度堪惊。空笑尔词人何用，悲喜频更。 鲰生。心惊沸鼎，人拟过江，羞溅弱泪新亭。千年沙面碧，染薄海同腥。犹有血性未泯，便矢志、激厉霜星。秋后隼，瞰海云、高处摩翎。

是为记。

2022 年 4 月 1 日
于易简斋